W0336807

Java 7 – Das Handbuch

Java 7

Das Handbuch

DIRK LOUIS   PETER MÜLLER

Markt+Technik

Bibliografische Information der Deutschen Nationalbibliothek

Die Deutsche Nationalbibliothek verzeichnet diese Publikation in der Deutschen Nationalbibliografie; detaillierte bibliografische Daten sind im Internet über <http://dnb.d-nb.de> abrufbar.

Die Informationen in diesem Buch werden ohne Rücksicht auf einen eventuellen Patentschutz veröffentlicht. Warennamen werden ohne Gewährleistung der freien Verwendbarkeit benutzt. Bei der Zusammenstellung von Texten und Abbildungen wurde mit größter Sorgfalt vorgegangen. Trotzdem können Fehler nicht vollständig ausgeschlossen werden. Verlag, Herausgeber und Autoren können für fehlerhafte Angaben und deren Folgen weder eine juristische Verantwortung noch irgendeine Haftung übernehmen.
Für Verbesserungsvorschläge und Hinweise auf Fehler sind Verlag und Herausgeber dankbar.

Alle Rechte vorbehalten, auch die der fotomechanischen Wiedergabe und der Speicherung in elektronischen Medien. Die gewerbliche Nutzung der in diesem Produkt gezeigten Modelle und Arbeiten ist nicht zulässig.

Fast alle Hardware- und Softwarebezeichnungen und weitere Stichworte und sonstige Angaben, die in diesem Buch verwendet werden, sind als eingetragene Marken geschützt. Da es nicht möglich ist, in allen Fällen zeitnah zu ermitteln, ob ein Markenschutz besteht, wird das Symbol ® in diesem Buch nicht verwendet.

10 9 8 7 6 5 4 3 2 1

14 13 12

ISBN 978-3-8272-4353-9

© 2012 by Markt+Technik Verlag,
ein Imprint der Pearson Deutschland GmbH,
Martin-Kollar-Straße 10–12, D-81829 München/Germany
Alle Rechte vorbehalten
Covergestaltung: Thomas Arlt, tarlt@adesso21.net
Titelfoto: Marco Lindenbeck, webwo GmbH, mlindenbeck@webwo.de
Lektorat: Brigitte Bauer-Schiewek, bbauer@pearson.de
Fachlektorat: Rainer G. Haselier, Amsterdam, Haselier IT Services Amsterdam
Korrektorat: Petra Kienle
Herstellung: Elisabeth Prümm, epruemm@pearson.de
Satz: Reemers Publishing Services GmbH, Krefeld
Druck und Verarbeitung: Kösel, Krugzell (www.KoeselBuch.de)
Printed in Germany

Überblick

Teil D GUI-Programmierung 427

Teil E Weiterführende und ergänzende Techniken 679

Teil F Spezielle Programmiergebiete 897

Inhalt

Vorwort

Die Programmiersprache Java liegt mittlerweile in der siebten Version vor und hat nach einigen stürmischen Anfangsjahren nun einen hohen Grad an Stabilität, Performanz und Funktionalität erreicht. Es ist daher auch nicht verwunderlich, dass Java mittlerweile neben – oder sollte man sagen vor – C++ und C# die wichtigste Programmiersprache für Neuentwicklungen von kommerziellen Software-Produkten ist und sich auch im Hochschulbereich sowie im Hobby- und Freizeitbereich großer Beliebtheit erfreut. Und der Trend setzt sich fort: Google hat Java als Programmiersprache für seine Android-Apps (für Smartphones mit Android-Betriebssystem) auserwählt und Java damit einen weiteren riesigen Boom beschert (Grund genug für uns, einen eigenen App-Teil in das Buch aufzunehmen.)

Leider hat das Aufblühen von Java einen kleinen Schönheitsfehler: Die Komplexität ist mit den Möglichkeiten gewachsen. Während man immer noch relativ schnell die Grundlagen der Sprache erlernen kann, ist das Erforschen und effiziente Nutzen der Java-Klassenbibliothek, die von mehreren hundert Klassen in der Version 1.0 auf aktuell über 6.500 explodiert ist, zu einer Herkulesaufgabe geworden. Doch nur wer die Möglichkeiten kennt, die in der aktuellen Java-Klassenbibliothek schlummern, kann zeitraubende und fehleranfällige Eigenentwicklungen vermeiden.

Vor diesem Hintergrund versteht sich das vorliegende Buch als ein Lehr- und Nachschlagebuch für Einsteiger und fortgeschrittene Leser, das neben einer Einführung in die grundlegenden Prinzipien der objektorientierten Programmierung alle wichtigen Aspekte und Möglichkeiten der Sprache Java und der Java-Klassenbibliothek erläutert. Dabei wurde aus der mittlerweile riesigen Bibliothek eine Auswahl getroffen, die nach unserer Erfahrung mindestens 90 Prozent aller üblichen Programmierbedürfnisse abdecken sollte. Dies umfasst die vollständige Erläuterung der Sprache Java – inklusive spezieller Einführungen für Einsteiger bzw. Umsteiger auf der Buch-DVD – und einer ausführlichen Behandlung der objektorientierten Programmierung, sowie die Beschreibung der wesentlichen Aspekte moderner Java-Anwendungen wie grafische Oberflächen, Netzwerkkommunikation und Datenbankzugriffe, um nur einige aufzuzählen. Besonderer Wert wurde auf Hunderte von Codebeispielen und direkt kompilier- und ausführbaren Programmen gelegt, die nicht nur die erläuterte Theorie im Praxiseinsatz zeigen, sondern auch gleich als Ausgangsbasis für Ihre Eigen- und Weiterentwicklungen dienen können.

Die Screenshots zu den Beispielen, die Sie im Buch sehen, wurden größtenteils unter Windows (Vista oder 7) erstellt.

Auf der begleitenden Buch-DVD finden Sie neben dem Quellcode der Beispielprogramme alles, was Sie zur Java-Programmierung benötigen: von der neuesten Version des Java-SDK (für Windows und Linux), über die zugehörige Originaldokumentation und verschiedene Java-Entwicklungsumgebungen bis hin zu der ebenso populären wie leistungsfähigen Datenbank-Software MySQL, die in den Datenbankkapiteln zum Einsatz kommt.

Wir haben das Buch mit großer Sorgfalt und hohem Zeitaufwand erstellt. Dennoch lässt es sich bei einem Werk dieses Umfangs und dieser komplexen Thematik erfahrungsgemäß nie ganz vermeiden, dass sich Tippfehler, irreführende Formulierungen oder gar inhaltliche Fehler einschleichen. Scheuen Sie sich in diesem Fall nicht, uns per E-Mail eine Nachricht[1] zukommen zu lassen. Auch für Anregungen oder Themenwünsche (was fehlt, was sollte detaillierter besprochen werden?) sind wir jederzeit dankbar. Etwaige Berichtigungen und Ergänzungen werden wir unter `www.carpelibrum.de` veröffentlichen.

Viel Erfolg und Spaß mit Java wünschen Ihnen die Autoren!

Dirk Louis (`autoren@carpelibrum.de`)

Peter Müller (`leserfragen@gmx.de`)

Neuerungen zu Java 7

Für Leser, die bereits Java 6 kennen und sich schnell über die wichtigsten Neuerungen informieren wollen, hier ein Überblick.

Tabelle 1.1: Behandelte Neuerungen von Java 7

Neuerungen in der Sprache	Beschrieben in Kapitel
Verkürzte Definition von Variablen mit generischen Datentypen (Diamant-Operator)	14.4.1
Binäre Literale und Unterstriche als Trennzeichen in Literalen	4.4.1
Erweitertes try-catch für Ressourcen	16.6.4
Strings als switch-Ausdrücke	7.2.4
Neuerungen in den Java-Bibliotheken	**Beschrieben in Kapitel**
Join/Fork-Framework für Multithreading	30.7
Grafikeffekte durch Überlagerung mit `JLayer`	23.4
Transparente Fenster	26.1
Nimbus-Look&Feel	19.5
Neue I/O-Klassen für Dateien und Verzeichnisse	31.1

1 Bitte unter Angabe des vollständigen Titels und einer Seitenangabe

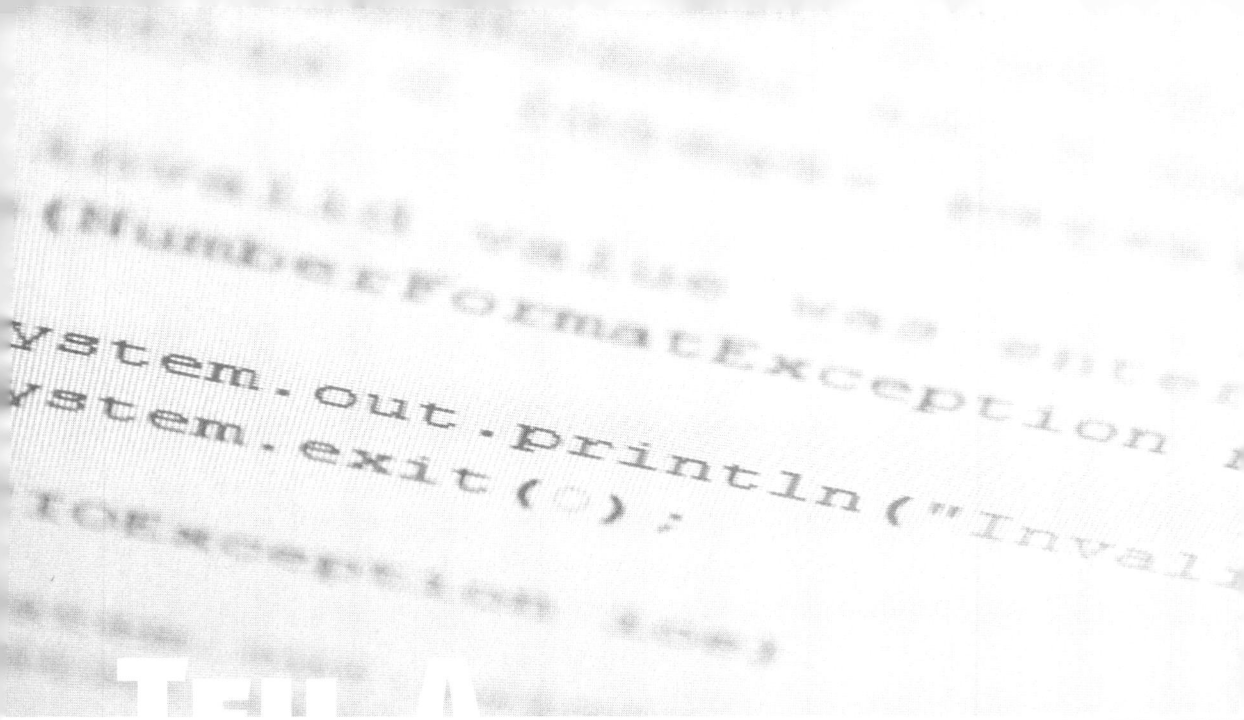

Teil A
Einführung

Kapitel 1
Java war früher eine Eiche

Die Geschichte Javas – nicht die der Insel Java, sondern die der Programmiersprache Java – ist recht bewegt und wir wollen zur Einstimmung mit einem kurzen Rückblick auf seine Entstehung beginnen.

Das Green-Projekt und die Sprache Oak

1990 war Sun Microsystems auf der Suche nach einem neuen Betätigungsfeld. Das Kerngeschäft mit Workstations[1] und Servern lief zwar gut, doch die Konkurrenz des PCs, der immer leistungsfähiger, günstiger und anwenderfreundlicher wurde, war bereits zu spüren. Um langfristig nicht ins Abseits zu geraten, wurde ein Team zusammengestellt, das eruieren sollte, welches die nächsten großen Trends in der Computertechnologie sein könnten. Die streng geheime Untersuchung, die unter dem Namen »Green«-Projekt geführt wurde, kam bald zu dem Ergebnis, dass einer der bedeutendsten Trends die zunehmende Ausstattung von elektronischen Gebrauchsgeräten mit Mikroprozessoren und deren Anbindung an das Internet sei. Ein Trend, der den PC, dieses »Abfallprodukt« der Computerentwicklung, dieses Artefakt im privaten Heim, vollkommen überflüssig machen könnte.

Die Mitarbeiter des Green-Projekts gingen nun daran, ein Produkt zu kreieren, das dem prognostizierten Trend nicht nur entsprechen, sondern selbst zum Trendsetter werden sollte: Star7, ein PDA mit Touchscreen, drahtloser Netzanbindung, PCMCIA-Schnittstelle, eigener Unix-Version, einer kleinen animierten Figur namens Duke (siehe Abbildung), die dem Anwender bei der Bedienung des Geräts

1 Leistungsfähige, meist vernetzte Rechner für den professionellen Einsatz, traditionell mit UNIX-Betriebssystem, beispielsweise Solaris (von Sun), ausgestattet.

Hilfestellung leisten sollte, und ... einer eigenen, plattformunabhängigen, robusten, objektorientierten Programmiersprache namens Oak.[2]

Star7 wurde firmenintern gut aufgenommen, doch nachfolgende Versuche, das Produkt zur Marktreife zu führen, scheiterten. Sun war seiner Zeit einfach zu weit voraus. Das Projekt, für das noch 1992 eine eigene Firma, First Person Inc., gegründet wurde, zerfiel, die Mitarbeiter zerstreuten sich.

Aus Oak wird Java

Mittlerweile hatte sich im Internet einiges getan. 1993 wurde am Cern-Institut in Lausanne das World Wide Web, das »Netz im Netz«, ins Leben gerufen. Noch im gleichen Jahr entwickelte man am NCSA[3] den ersten grafischen Webbrowser, den Mosaic-Browser, an dem auch der Student Marc Andreessen mitarbeitete, der ein Jahr später Netscape gründen und den legendären Netscape Navigator auf den Markt bringen sollte.

Bei Sun hatte man derweil die Entwicklung des World Wide Webs und der Browser aufmerksam verfolgt. Aus Sicht von Sun stellte sich die Situation in etwa wie folgt dar: Auf der einen Seite gab es eine schnell wachsende Gemeinde von Internet-Anwendern, die das Web nutzten und freudig jede Entwicklung begrüßten, die es gestattete, Webseiten lebendiger und interaktiver zu gestalten. Auf der anderen Seite hatte man bei Sun eine leistungsfähige, plattformunabhängige Programmiersprache namens Oak, für die es derzeit keine rechte Verwendung gab, sowie erste Ergebnisse aus einem Projekt, das Sun zum Teil mitfinanziert hatte und das sich mit der Entwicklung einer »virtuellen Maschine« beschäftigte, die es Programmierern ermöglichen würde, ihre Anwendungen auf unterschiedlichen Architekturen und Betriebssystemen auszuführen.

Wie wäre es nun, wenn man die virtuelle Maschine in einen Browser integrieren und Oak so weiterentwickeln würde, dass Oak-Programme innerhalb dieses Browsers auf beliebigen Plattformen ausgeführt werden könnten? Browser und Programmiersprache könnte man frei im Internet zur Verfügung stellen, um einen neuen Standard zu setzen und später mit Lizenzierungen Gewinn zu erwirtschaften. Darüber hinaus würde man die Attraktivität des Internets erhöhen, was zweifelsohne wiederum den Verkaufszahlen der eigenen Workstations und Server zugutekäme, die sich durch hochwertige Netzwerktechnik und beste Vernetzbarkeit auszeichneten. Und vielleicht liebäugelte man auch schon mit der Idee des Internet-PCs, der keine Festplatte haben und seine Anwendungen aus dem Internet beziehen sollte – sozusagen ein früher Vorfahr der Cloud-Technologie.

Ein neues Team wurde zusammengestellt, dem auch James Gosling wieder angehörte. Aus Oak wurde Java (der Name »Oak« wurde bereits von einer anderen Firma für eines ihrer Produkte verwendet, und so einigte man sich in der Cafeteria, bei viel

2 Angeblich soll Oak die Abkürzung für »Object Application Kernel« sein. Dies würde zwar der Vorliebe der Amerikaner für Akronyme entsprechen, doch höchstwahrscheinlich wurde diese höchst prosaische Erklärung erst im Nachhinein gefunden, und der Name stammt von einer Eiche (englisch »Oak«), die James Gosling, der Vater von Oak, von seinem Bürofenster aus sah.

3 National Center für Supercomputing Applications

heißem Kaffee, auf den Namen Java), und 1995 wurde der erste javafähige Browser, HotJava, vorgestellt. Gleichzeitig kündigte Netscape-Chef Andreessen an, dass er Java für seinen Navigator, den damals unumstrittenen Marktbeherrscher, lizenzieren wird. Und im Januar 1996 wurde das JDK 1.0, die erste Version der Java-Entwicklungstools, zum Download im Internet freigegeben. Der Ansturm auf das JDK war gewaltig und es glich geradezu einem Wunder, dass der Server nicht zusammenbrach. Aber schließlich gehörte Sun ja schon immer zu den führenden Anbietern von High-End-Servern.

Java und Bill Gates

Doch nicht überall wurde Java mit Euphorie und Wohlwollen begrüßt, so zum Beispiel im Hause Microsoft.

Gerade hatten Gates und Microsoft es geschafft, den ungeliebten Konkurrenten DR DOS durch – so jedenfalls die Vorwürfe des Konkurrenten – absichtlich täuschende Produktvorankündigungen, unlautere Lizenzierungsverfahren, schwarze Listen für Beta-Tester und versteckte Inkompatibilitäten, die verhinderten, dass Windows 3.x zusammen mit DR DOS lief, aus dem Markt zu drängen[4], als man erkennen musste, dass man die Entwicklung des Internets verschlafen und seine Bedeutung und Bedrohung unterschätzt hatte.

Einmal erwacht, ging Microsoft in die Gegenoffensive: mit eigenem Internet-Portal (MSDN), eigener Webserver-Software (IIS usw.) und eigenem Webbrowser – dem Internet Explorer. Anfangs versuchte Microsoft Java zu ignorieren, doch man erkannte bald, dass es ohne Java-Unterstützung schwierig würde, gegenüber dem Netscape-Browser Marktanteile zu gewinnen. Netscape vertrieb seinen Browser praktisch kostenfrei, gegen Entrichtung einer Registrierungsgebühr, und setzte darauf, dass sich die Popularität des Navigators indirekt auszahlen würde, beispielsweise durch erhöhte Absatzzahlen der Netscape-Server-Software – ein Konzept, das anfangs bestens aufging.

Microsoft konterte, indem es Java lizenzierte, den Internet Explorer aufrüstete und ganz offiziell kostenlos im Internet zum Download anbot. Ja, Microsoft belohnte sogar Firmen, die zur weiteren Verbreitung des Internet Explorers beitrugen. Einmal in Schwung gekommen, stellte Microsoft dann auch noch seine Server-Software kostenlos zur Verfügung – ein Schritt, der Netscape besonders empfindlich traf. Der letzte Coup bestand darin, den Internet Explorer zusammen mit dem Betriebssystem Windows 98 auszuliefern. Dies brach dem Navigator endgültig das Genick, und brachte Microsoft eine folgenschwere Klage vor Gericht

---

4 DR DOS war 1989 von der Firma Digital Research entwickelt und als Konkurrenzprodukt zu MS DOS, dem ursprünglichen Microsoft-Betriebssystem (auf dem Windows anfangs nur als ganz normale Anwendung aufgesetzt war), auf den Markt gebracht worden. 1991 wurde Digital Research von dem Netzwerkhersteller Novell übernommen, doch dem Verdrängungskampf des Marktführers konnte man sich nicht erwehren: 1994 wurde die Weiterentwicklung eingestellt. 1996 wurde DR DOS, deren einziger Wert eventuelle Entschädigungszahlungen wegen unlauteren Geschäftsgebarens seitens Microsoft waren, für 400.000 $ an die Firma Caldera verkauft. Im Januar 2000 einigten sich Microsoft und Caldera außergerichtlich.

ein. Wieder einmal wurden die US auf Microsofts Geschäftsgebaren aufmerksam und es kam zum zweiten Antitrust Case »United States v. Microsoft«.

Zurück zu Java. Der Browser-Krieg war kaum in Gang gekommen, da eröffnete Microsoft eine zweite Front und wandte sich Java zu.

Das erste Geschoss, das Gates auf Java abfeuerte, trug die Aufschrift ActiveX und erwies sich als wenig durchschlagskräftig. ActiveX war keine eigene Programmiersprache, sondern lediglich eine Technologie zur Erstellung von Software-Komponenten, die in Webseiten und Programme eingebettet werden konnten – vornehmlich also Konkurrenz für die beiden Java-Technologien der Java-Applets und der JavaBeans. Im Vergleich zu diesen war ActiveX jedoch kompliziert zu programmieren, plattformgebunden und unsicher in der Verwendung (zumindest für den unbedarften Websurfer, der sich ActiveX-Elemente aus Webseiten auf seine lokale Festplatte lud).

Microsofts zweites Geschoss war schon gewichtiger. Zuerst lancierte Microsoft die integrierte Entwicklungsumgebung Visual J++ für Java, dann stattete es diese Umgebung mit einer eigenen Java Virtual Machine[5] aus. Microsoft rechtfertigte dies damit, dass die eigene Virtual Machine besser sei als die Sun-Machine und man seinen Kunden nur das Beste bieten wolle. Sun sah darin einen Versuch, den Java-Standard aufzuweichen und eine zweite zum Sun-Standard inkompatible Java-Laufzeitumgebung zu etablieren. Um die Integrität der Java-Plattform zu erhalten, strengte Sun eine Gerichtsklage an. Der Prozess verlief gut für Sun und im Januar 2001 konnte man Microsoft einen außergerichtlichen Frieden diktieren. Microsoft durfte weiter die Sun Java-Technologie lizenzieren und unverändert verwenden, musste aber die Weiterentwicklung seiner eigenen Microsoft Virtual Machine aufgeben und die Auslieferung bis zum Jahr 2004 gänzlich einstellen.

C# und .NET

Die eigene Java Virtual Machine war Microsoft untersagt worden, doch den Konzern traf dies nur marginal. Arbeitete man doch bereits an einer neuen Virtual Machine, diesmal nicht für Java, sondern für eine eigene Programmiersprache: C#.

C# ist Java sehr ähnlich, und ebenso wie Java-Code wird C#-Code nicht in maschinenspezifische Befehle, sondern in virtuellen Objektcode übersetzt. Wenn ein C#-Programm gestartet wird, lädt die Virtual Machine (die Laufzeitumgebung) den Objektcode, wandelt ihn in maschinenspezifischen Code um und führt ihn aus.

Die »Virtual Machine« für C# heißt .NET-Framework. Ähnlich wie die Java Virtual Machine besteht das .NET-Framework in der Hauptsache aus Werkzeugen zum Ausführen der Programme (Interpreter, Garbage Collector usw.) sowie einer umfangreichen Klassenbibliothek, auf die der Programmierer beim Schreiben seiner Programme zurückgreifen kann.

5 Die Virtual Machine ist der Kern der Laufzeitumgebung, in der Java-Programme ausgeführt werden. Ein Java-Programm kann auf jedem Rechner ausgeführt werden, auf dem eine Java Virtual Machine installiert ist (weitere Informationen zu diesem Punkt finden Sie in Kapitel 2.1).

Im Gegensatz zur Java Machine unterstützt das .NET-Framework jedoch nicht nur eine, sondern eine Vielzahl von Programmiersprachen. Welche Sprachen unterstützt werden? Alle Sprachen, für die ein .NET-Compiler verfügbar ist, der den Quelltext in den virtuellen Objektcode des Frameworks übersetzt. Gehört Java auch zu diesen Sprachen? Nein, nicht soweit uns bekannt ist. Microsoft stellt aber Programme zur Verfügung, mit denen Java-Quelltext in C#-Code umgewandelt werden kann. Ist es sinnvoll, seine Java-Programme in C++-Programme umzuwandeln? Nur, wenn Sie von Java auf C# umsteigen möchten.

Und sollte man auf C# umsteigen? Ist C# besser als Java? Wird C# Java verdrängen?

C# und .NET sind zweifelsohne eine starke Konkurrenz zu Java, doch sie werden Java nicht verdrängen. Beide, Java wie C#, haben ihre Vorzüge und auch ihre Nachteile, Stärken wie Schwächen, und beide werden sich im Konkurrenzkampf weiterentwickeln und reifen.

Jüngste Entwicklung, Oracle und OpenJDK

Die Programmiersprache Java ist im Grunde genommen nichts weiter als eine technische Spezifikation, die beschreibt, wie Java-Code aussehen soll. Lebendig wird diese Spezifikation erst durch eine Entwicklungsumgebung, das JDK, das dem Programmierer die Mittel an die Hand gibt, um in Java geschriebene Quelltexte in lauffähige Java-Programme umzuwandeln.

Früher oblagen Pflege und Weiterentwicklung der Sprache Java und des zugehörigen JDK ganz der Firma Sun Microsystems, in deren Auftrag die Sprache Java überhaupt erst entwickelt wurde. Doch Sun hat sich mittlerweile aus diesem Aufgabenbereich weitestgehend zurückgezogen. Bereits 2006 begann man mit der Umwandlung des JDK in ein OpenSource-Projekt, wenige Jahre später wurden dann die weiteren Rechte an Java an die Firma Oracle verkauft.

Seitdem gibt es zwei wichtige Referenzimplementierungen: das OpenJDK und das Oracle JDK.

Oracle hat zugesichert, das OpenJDK weiter zu unterstützen, sodass derzeit nicht zu befürchten ist, dass die JDK-Versionen stark auseinanderdriften werden. Zudem wird das JDK für Java SE derzeit von Oracle weiter kostenfrei zum Download angeboten und darf im Rahmen der Lizenzbedingungen genutzt werden. Lediglich für diverse kommerzielle Zusatzkomponenten, die optional hinzugenommen werden können, sind Lizenzgebühren zu bezahlen.

Solange dies so bleibt, empfehlen wir die Arbeit mit dem Oracle JDK. Sofern Sie aber mit einem Betriebssystem arbeiten, auf dem eine passende Version des OpenJDK bereits vorinstalliert ist, können Sie diese natürlich ebenfalls verwenden.

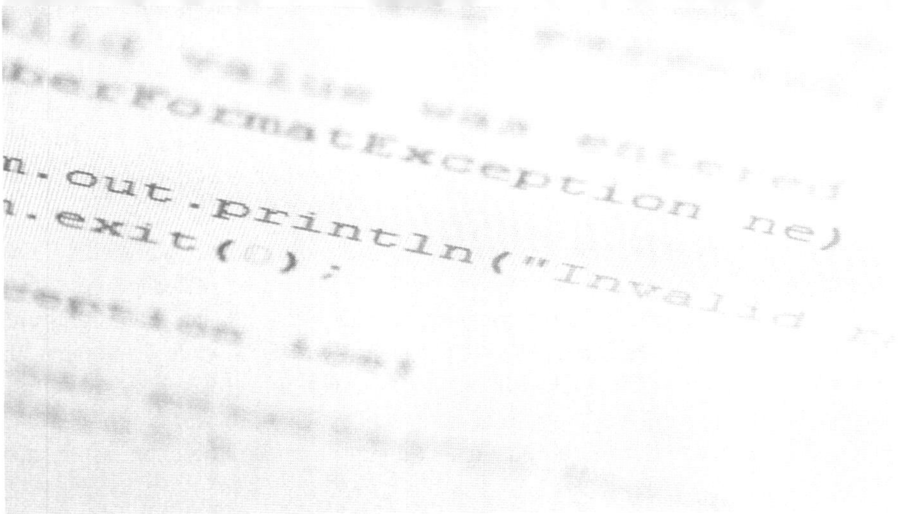

Kapitel 2
Das erste Programm

Die wichtigste Aufgabe des Programmierers – die Tätigkeit, die (hoffentlich) den größten Teil seiner Arbeitszeit ausmacht, die ihn ebenso begeistert wie ermüdet, die ihn höchste Ekstase und tiefste Depressionen durchleben lässt, die ihm Fluch und Leidenschaft ist – ist das Aufsetzen der Programmquelltexte. Die nachfolgende Umwandlung dieser Quelltexte in ausführbare Programme ist dagegen nur eine Formalität. Immerhin, sie muss gemacht werden. Wie dies geht und welche Hilfsmittel Ihnen dabei zur Verfügung stehen, ist Thema dieses Kapitels.

2.1 Programmerstellung in Java

Java-Programme müssen kompiliert und interpretiert werden. Umsteigern von rein kompilierten (C++, Pascal ...) oder rein interpretierten Sprachen (Perl ...) mag dies umständlich erscheinen, doch die Gründe liegen auf der Hand: Durch geschickte Kombination können die Vorteile beider Techniken genutzt werden.

2.1.1 Portierbarkeit und Robustheit

Java blickt auf eine recht bewegte Entwicklungsphase zurück, in der es schon zu manchen Verwerfungen, Kehrtwendungen und Neuorientierungen kam. Treu geblieben ist sich die Sprache aber stets in dem Ziel, eine Sprache für Programme in Netzwerken zu sein.

Anfangs – zu Zeiten von Oak – sollten dies Anwendungen sein, die vernetzte Verbrauchergeräte intelligenter machen, später – als aus Oak Java wurde – kam die erfolgreiche Neuausrichtung auf das World Wide Web und die Erstellung von Programmen für Webseiten (Applets).

Seitdem hat sich viel getan. Die Programmierung von Applets für Webseiten, Ende der Neunziger noch eine Sensation, hat stark an Bedeutung verloren und wurde von neu aufkommenden Konkurrenztechnologien wie Flash, Silverlight und HTML 5 weitgehend verdrängt. Dafür hat sich Java mittlerweile erfolgreich als universelle Programmiersprache für Desktop-, Server- und Netzwerk-Anwendungen etabliert. Und mit der App-Programmierung für Android-Smartphones und Tablet-PCs ist in den letzten Jahren ein spannendes und stark boomendes Einsatzfeld hinzugekommen.

Trotzdem sollte man nicht vergessen, dass viele der herausragenden Eigenschaften, die Java auszeichnen und die uns heute bei der Erstellung jeglicher Art von Java-Anwendungen zugutekommen, auf Design-Entscheidungen zurückgehen, die notwendig waren, um Java-Programme und Applets netzwerktauglich zu machen:

Plattformunabhängigkeit durch Interpretation

Da Netzwerke nicht selten Endgeräte mit den unterschiedlichsten Plattformen (Kombination von Prozessor und Betriebssystem) verbinden, war den Designer von Java von vornherein klar, dass Java interpretiert werden musste.

Compiler übersetzen den Quelltext eines Programms traditionell in prozessor- und betriebssystemspezifischen Maschinencode. Meist ist dies der Maschinencode des aktuellen Systems, auf dem der Programmierer seinen Code erstellt.[1]

Stellen Sie sich nun vor, Sie würden mit einem solchen Compiler ein Applet für die Intel/Windows-Plattform erstellen. Das Applet betten Sie in eine Webseite ein und veröffentlichten diese im Web. In kürzester Zeit würden Sie eine große Zahl »begeisterter« E-Mail-Zuschriften von Webbesuchern erhalten, die die Webseite mit dem Applet-Code auf ihren Rechner heruntergeladen haben und, da sie keinen Intel/Windows-Rechner verwenden, statt der Ausgabe des Applets nur eine leere Fläche sehen – vielleicht noch mit einer Fehlermeldung, dass der Appletcode auf diesem Rechner nicht ausgeführt werden kann.

Die Lösung dieses Problems liegt darin, den Quelltext erst auf dem Rechner des Anwenders (hier der Websurfer) in plattformspezifischen Maschinencode zu übersetzen. Dies leistet der Interpreter. Voraussetzung ist natürlich, dass auf dem System des Anwenders ein passender Interpreter installiert ist.

Der Java-Interpreter ist ein kleines Programm namens *java*, das es für alle wichtigen Plattformen gibt. Allein mit dem Java-Interpreter können Java-Programme aber noch nicht ausgeführt werden.

---

1 Will der Programmierer seine Programme für andere Plattformen erstellen, muss er dazu Cross-Compiler (laufen auf einer Plattform, kompilieren für eine andere) verwenden oder sich für jede Plattform einen eigenen Entwicklungsrechner einrichten.

Die Java-Standardbibliothek

Software, die über CD oder DVD ausgeliefert wird, unterliegt praktisch keinerlei Größenbeschränkung. Wenn Sie jedoch Programme schreiben, die der Anwender vor jeder Ausführung über das Internet herunterlädt, wie es beispielsweise bei den Applets der Fall ist, wird die Codegröße zu einem ganz entscheidenden Faktor. Wie aber lässt sich die Codegröße klein halten?

Heute gehört zu praktisch jeder Programmiersprache eine umfangreiche Standardbibliothek mit vordefinierten Funktionen oder Klassen, auf die der Programmierer in seinen Quelltexten zurückgreifen kann. Die Java-Standardbibliothek enthält beispielsweise Klassen für die Ein- und Ausgabe, für mathematische Berechnungen, für die GUI-Programmierung und vieles mehr. In traditionellen kompilierten Sprachen wird der Bibliothekscode, den der Programmierer in seinem Quelltext verwendet, bei der Programmerstellung in der Regel in die Programmdatei eingebunden. Je mehr Bibliothekselemente der Programmierer verwendet, umso größer wird die Programmdatei.

Um diese »unnötige« Aufplusterung der Programmdatei zu vermeiden, wird in Java der Bibliothekscode erst vom Interpreter eingebunden. Dies setzt natürlich voraus, dass die Standardbibliothek zusammen mit dem Java-Interpreter auf dem Rechner des Anwenders installiert ist.

Robustheit

Gibt es fehlerfreie Programme? Denkt man an die Produkte mancher Software-Häuser, so möchte man dies bezweifeln. Doch woran liegt es, dass hundertfach getestete Programme immer noch Fehlfunktionen aufweisen, ja sogar abstürzen? Die Gründe sind verschieden, müssen nicht einmal im Verantwortungsbereich der Programmierer liegen. Auf jeden Fall aber spielt die zunehmende Komplexität der Programme eine entscheidende Rolle – und die Frage, inwieweit die Sprache dem Programmierer hilft, mit wachsender Komplexität fertig zu werden.

Javas Meinung zu diesem Punkt könnte klarer nicht sein: Die Verantwortung für eine sichere, fehlerfreie Programmierung kann nicht allein dem Programmierer überlassen werden, die Sprache selbst muss den Programmierer soweit es geht entlasten bzw. ihn zu sicherer, defensiver Programmierung anhalten.

Java setzt dies vorbildlich um. Nicht nur durch die konsequente Objektorientierung, die Absicherung der Bibliotheksmethoden durch Exceptions, die strenge Typisierung, sondern gerade und vor allem auch durch die automatische dynamische Speicherverwaltung – eine stete Fehlerquelle –, die nahezu vollständig aus den Händen des Programmierers in den Verantwortungsbereich des Interpreters gegeben wurde.

INFO

Javas dynamische Speicherverwaltung – Objekte werden dynamisch reserviert, der Zugriff auf die Objekte erfolgt über Referenzen, Objekte, auf die keine Referenzen verweisen, werden von der automatischen Speicherbereinigung, der »Garbage Collection«, entsorgt – geht übrigens auf die objektorientierte Sprache Smalltalk zurück.

Die Java-Laufzeitumgebung

Das Gesamtpaket aus erweitertem Interpreter (die Java Virtual Machine, s.u.), der Java-Standardbibliothek (runtime classes), dem Java-Plug-In für die Ausführung von Applets in Browsern sowie einigen weiteren Hilfsprogrammen, die zum Starten und Ausführen von Java-Code benötigt werden, bezeichnet man als die *Java-Laufzeitumgebung* (Java Runtime Environment, kurz JRE).

Die JRE gibt es für Windows, Solaris und Linux. Eine aktuelle Version ist auch im großen Bruder der JRE, dem Java Development Kit (JDK), enthalten. Beides kann kostenlos von der Oracle-Website `http://java.com/de/download/index.jsp` heruntergeladen werden.

Software-Entwickler dürfen eine unveränderte JRE mit ihren Java-Programmen an die Anwender weitergeben und auf deren System mitinstallieren.

2.1.2 Effizienz und Schutz geistigen Eigentums

Traditionell ist die Interpretation vom Programmcode mit zwei schwerwiegenden Nachteilen verbunden:

- Die Programmausführung wird verlangsamt, da der Interpreter die gerade auszuführenden Codeabschnitte immer erst noch übersetzen muss.
- Das Programm wird als Quelltext an den Anwender übergeben. Das Know-how, das womöglich in dem Quelltext steckt, ist dadurch ungeschützt und kann leicht kopiert werden.

Kompilierte Sprachen kennen diese Probleme nicht, da die Übersetzung komplett vor der Auslieferung des Programms erfolgt und das Programm nicht als Quelltext, sondern als binärer Maschinencode vertrieben wird.

Um nun die Vorzüge der Kompilation mit der Notwendigkeit der Interpretation zu verbinden, geht Java einen Zwischenweg: Der Java-Quelltext wird kompiliert und interpretiert.

2.1.3 Das Java-Modell und die Virtual Machine

Nachdem der Programmierer den Java-Quelltext fertiggestellt hat, übersetzt er ihn mithilfe des Java-Compilers *javac* – allerdings nicht in den Maschinencode eines bestimmten Prozessors, sondern in plattformunabhängigen *Bytecode*. Die resultierenden Class-Dateien (der Compiler schreibt den Bytecode jeder übersetzten Klassendefinition in eine eigene Datei mit der Extension *.class*) stellen das fertige Programm dar und werden vom Programmierer an die Anwender verteilt.

Der Anwender, auf dessen System die passende JRE installiert ist (oder von der Setup-Routine des erworbenen Programms installiert wird), führt das Programm mithilfe des Interpreters und den anderen Teilen der JRE aus. Der Interpreter übersetzt den Bytecode, beginnend mit der `main()`-Methode des Programms, schrittweise in plattformspezifischen Maschinencode und lässt diesen ausführen.

Die Interpretation des vorkompilierten Bytecodes ist zwar immer noch langsamer als die direkte Ausführung optimierten Maschinencodes, auf jeden Fall aber um einiges schneller als die Interpretation von reinem Quelltext. Moderne Java-Interpreter, die sogenannten Just-In-Time-Compiler (JITter) beschleunigen die Programmausführung, indem sie oft benötigte Programmteile in optimierten Maschinencode übersetzen und im Arbeitsspeicher halten, sodass bei Wiederverwendung während der aktuellen Programmausführung keine erneute Übersetzung notwendig ist. Zusätzlich werden fortlaufend Hot-Spot-Analysen gemacht, d.h., sehr oft durchlaufene Codeabschnitte (die »Hot-Spots«) werden parallel zur Programmausführung intensiv optimiert und dadurch noch schneller. Manche Entwicklungsumgebungen bieten darüber hinaus auch Compiler an, die den Bytecode komplett in Maschinencode übersetzen (wie ein konventioneller C++-Compiler beispielsweise), sodass zur Ausführung gar kein Java-Interpreter mehr benötigt wird (auf Windows-Systemen hat man dann eine normale *.exe* Datei vorliegen).

Der erweiterte Java-Interpreter führt nicht nur den Bytecode aus, er reserviert auch den vom Programm benötigten dynamischen Speicher und gibt nicht weiter benötigten Speicher wieder frei (Speicherbereinigung). Aus Sicht des generierten Bytecodes gleicht er einem virtuellen Rechner, auf dem der Bytecode ausgeführt wird. Der erweiterte Java-Interpreter wird daher auch gemeinhin als die **Java Virtual Machine** (JVM) bezeichnet. Der Bytecode ist demnach der Maschinencode der Java Virtual Machine.

2.2 Installation des JDK

Um Java-Programme erstellen und testen zu können, benötigen Sie grundsätzlich nichts weiter als das Java SE Development Kit (Java-SDK oder kurz JDK). Die zum Zeitpunkt der Drucklegung dieses Buches aktuelle Version, Java SE 7, finden Sie in der 32- und 64-Bit-Version für Windows und Linux auf der Buch-DVD. Ansonsten können Sie sich neuere wie ältere Versionen für die verschiedenen Plattformen von der Java-Site herunterladen (`http://java.com/de/download/index.jsp` oder `http://www.oracle.com/technetwork/java/javase/downloads/index.html`[2]). Das JDK enthält sämtliche Tools, die Sie für die Java-Programmierung benötigen.

Die JDK-Tools sind fast ausnahmslos Konsolenanwendungen, deren Bedienung dem einen oder anderen Leser antiquiert vorkommen wird. Wer lieber mit integrierten Entwicklungsumgebungen arbeitet, der findet im Internet eine Reihe von leistungsfähigen Java-Entwicklungsumgebungen namhafter Software-Häuser, von denen es zumeist auch kostenlose Download-Versionen gibt:

- Eclipse von IBM (`www.eclipse.org`)
- NetBeans von Oracle (`www.netbeans.org`)
- IntelliJ IDEA von Jetbrains (`http://www.jetbrains.com/idea/`)

2 Beachten Sie, dass sich die Verzeichnisstruktur von Websites ändern kann. Falls Sie unter `http://java.com/de/download/index.jsp` nichts mehr finden sollten, beginnen Sie einfach mit dem Home-Verzeichnis `java.com` und suchen Sie sich Ihren Weg zum JDK.

INFO

In der Regel schaffen wir es, die eine oder andere Entwicklungsumgebung (als kostenlose Voll- oder Demoversion) mit auf die Buch-DVD zu packen.

EXKURS

Ältere JDK-Versionen

Ältere JDK-Versionen benötigen Sie, wenn Sie Java-Programme erstellen möchten, die von älteren Virtual Machines ausgeführt werden sollen. Wenn Sie beispielsweise mit dem aktuellen JDK Applets für Webseiten schreiben, kann es passieren, dass diese in den Browsern der Webbesucher nicht angezeigt werden, weil diese nicht das aktuelle Java-Plug-In verwenden. Um daraus resultierenden Beschwerde-Mails zu entgehen, können Sie entweder einen Link zum Download des aktuellen Plug-Ins anbieten oder Ihr Applet gleich für eine ältere Virtual Machine kompilieren.

Installieren Sie hierzu die ältere JDK-Version parallel zu ihrer aktuellen Version und führen Sie eine Cross-Kompilierung durch (siehe Anhang zu JDK-Tools).

2.2.1 Installation

Die Installation des Java Development Kit (JDK) ist relativ einfach. Wir beschreiben sie nachfolgend kurz für Windows und Linux.

Nachdem Sie das Paket von der Buch-DVD kopiert oder von Oracles Webserver (z.B. `http://java.com/de/`) heruntergeladen haben, müssen Sie die selbst extrahierende Datei nur noch ausführen und die Fragen zur Lizenz und zur Konfiguration der Installation beantworten.

Windows

Führen Sie die EXE-Setupdatei aus (über den Dialog START/AUSFÜHREN oder durch Doppelklick auf die Datei im Windows Explorer).

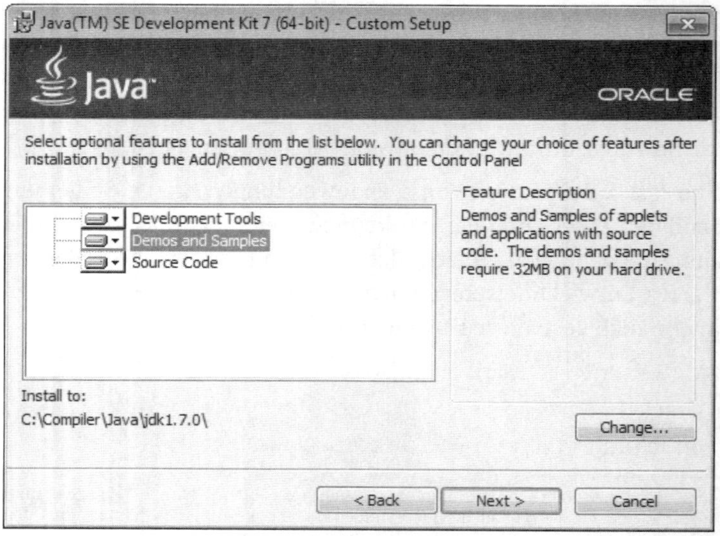

Abbildung 2.1: Auswahl der zu installierenden Komponenten

Lassen die das JDK möglichst vollständig installieren (Voreinstellung, siehe Abbildung 2.1) und gestatten Sie dem Setup-Programm, auch die Konfiguration Ihrer Browser zu aktualisieren.

INFO

Wenn Sie nicht genügend Festplattenspeicher zur Verfügung haben, deaktivieren Sie die Option PUBLIC JRE. Das JDK (Option DEVELOPMENT TOOLS) enthält eine eigene private Version der JRE, die zum Testen der Programme verwendet werden kann. Die Optionen SOURCE CODE und DEMOS können Sie bei Speichermangel ebenfalls deaktivieren. Allerdings spart dies relativ wenig Mbytes, und insbesondere die Quelldateien der Java-API sind für fortgeschrittene Java-Programmierer eine wertvolle Referenzquelle!

Linux

Legen Sie ein Verzeichnis an, unter dem das JDK installiert werden soll (beispielsweise *Java*), und kopieren Sie in dieses die JDK-Archivdatei (*jdk-7-linux-i586.tar.gz* für 32-Bit-Systeme bzw. *jdk-7-linux-x64.tar.gz* für 64-Bit-Systeme). Danach öffnen Sie ein Konsolenfenster, wechseln in das angelegte Verzeichnis und lassen die Datei entpacken:

```
tar zxvf jdk-7-linux-i586.tar.gz
```

Danach läuft die Installation automatisch ab.

Deinstallation

Wenn Sie das JDK irgendwann wieder deinstallieren möchten, rufen Sie die mitgelieferte Deinstallationsroutine über die SYSTEMSTEUERUNG, Symbol PROGRAMME UND FUNKTIONEN (bzw. SOFTWARE in älteren Windows-Versionen) auf.

Wenn Sie für Ihre Browser statt des neu installierten Plug-Ins lieber Ihr altes Plug-In verwenden wollen, klicken Sie in der Systemsteuerung auf das JAVA-Symbol und wählen dort das gewünschte Plug-In aus.

2.2.2 Anpassen des Systems

Wenn die Installation erfolgreich abgeschlossen worden ist, ist Ihre Festplatte um mehrere Hundert Mbytes (je nach den gewählten Installationsoptionen) ärmer und Sie um das JDK der neuesten Version reicher. Jetzt müssen Sie Ihr System nur noch so konfigurieren, dass Sie mit den JDK-Tools bequem arbeiten können.

Erweiterung des Systempfads

Die Java-Tools (insbesondere *javac* und *java*) werden über die Konsole aufgerufen. Wenn Sie dabei nicht immer dem Programmnamen den vollständigen Pfad zur EXE-Datei des Compilers voranstellen wollen:

```
Konsolenprompt:> c:\Compiler\Java\jdk1.7.0\bin\javac
```

müssen Sie den Pfad zu den JDK-Tools in den Systempfad des Betriebssystems einfügen.

- Windows 7: Die Umgebungsvariable `PATH` wird über den Dialog der Systemeigenschaften verwaltet. Öffnen Sie das START-Menü und rufen Sie die SYSTEMSTEUERUNG auf. Wählen Sie für die Anzeige die Option KLEINE SYMBOLE und doppelklicken Sie dann auf das Symbol SYSTEM. Danach klicken Sie links auf den neu eingeblendeten Link ERWEITERTE SYSTEMEINSTELLUNGEN und im aufspringenden SYSTEMEIGENSCHAFTEN-Dialog, Seite ERWEITERT, auf die Schaltfläche UMGEBUNGSVARIABLEN. Danach können Sie die Systemvariable auswählen, zum Bearbeiten laden und den Pfad zu den Java-Programmen anhängen (siehe Abbildung 2.2).

Abbildung 2.2: Anpassung der PATH-Variablen unter Windows 7

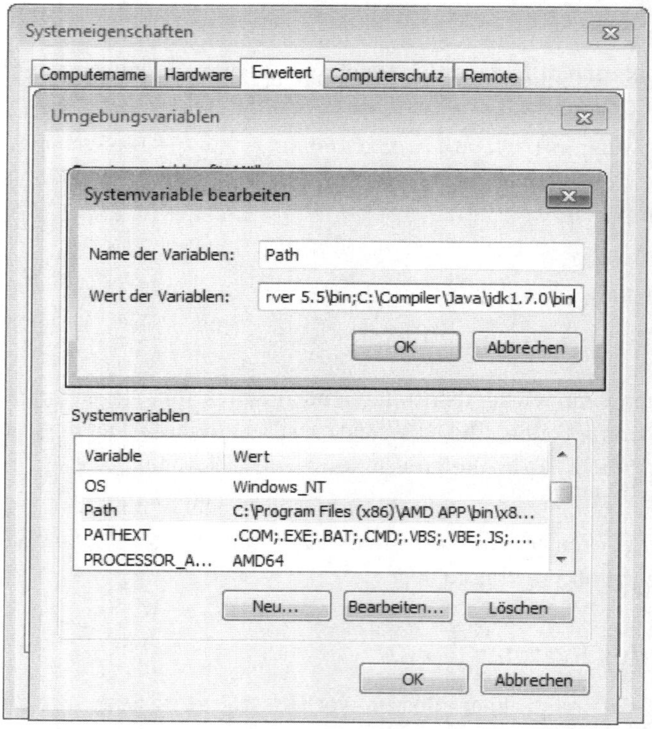

- Windows Vista und XP: Analoges Vorgehen, nur dass Sie den Dialog SYSTEMVARIABLE BEARBEITEN auf folgendem Weg erreichen: Rufen Sie über START oder START/EINSTELLUNGEN die Systemsteuerung auf, schalten Sie diese gegebenenfalls in die klassische Ansicht und Sie gelangen via SYSTEM, Register ERWEITERT (ERWEITERTE SYSTEMEINSTELLUNGEN unter Vista), Schaltfläche UMGEBUNGSVARIABLEN zum Ziel.
- Linux: Suchen Sie die Pfadangabe `path` in der zuständigen INI-Datei (je nach Konfiguration *.login*, *.profile*, *.tcshrc*, *.bashrc* o.ä.) und fügen Sie das Java-BIN-Verzeichnis, das z.B. */home/ihrname/Java/jdk1.7.0/bin* lauten könnte, in der nächsten Zeile nach der bisherigen Pfadangabe hinzu.

Für die C-Shell sieht dies beispielsweise wie folgt aus:

```
set path = (/home/ihrname/Java/jdk1.7.0/bin . $path)³
```

Für die Bourne-Again-Shell (bash) könnte der Eintrag so lauten:

```
export PATH=/home/ihrname/Java/jdk1.7.0/bin:.:${PATH}
```

oder

```
PATH="/home/ihrname/Java/jdk1.7.0/bin:.:$PATH"⁴
```

Um den neuen Pfad zu testen, müssen Sie ein neues Konsolenfenster öffnen (Windows-Anwender rufen dazu je nach Betriebssystem START/PROGRAMME/ZUBEHÖR/EINGABEAUFFORDERUNG, START/PROGRAMME/EINGABEAUFFORDERUNG oder START/PROGRAMME/MSDOS-EINGABEAUFFORDERUNG auf). Tippen Sie hinter dem Prompt *javac -version* ein und schicken Sie den Befehl durch Drücken der [Enter]-Taste ab. Statt einer Fehlermeldung, dass der Befehl nicht gefunden wurde, sollte die Meldung des Java-Compilers mit seiner Versionsnummer erscheinen.

Abbildung 2.3: Der Pfad wurde korrekt aktualisiert, die Java-Tools können von jedem Verzeichnis aus aufgerufen werden.

Setzen des Klassenpfads

Die zweite Einstellung betrifft die CLASSPATH-Variable.

Java-Programme bestehen aus Klassen. Diese sind in Quelltextdateien (Extension *.java*) oder als Bytecode in Class-Dateien (Extension *.class*) definiert. Wenn Sie ein Java-Programm kompilieren oder ausführen, suchen sich die zuständigen Java-Tools (Compiler oder Interpreter) zu allen im Programm verwendeten Klassen die zugehörigen Quelltext- oder Class-Dateien zusammen.

Standardmäßig wird im aktuellen Arbeitsverzeichnis (also von dem aus z.B. der Interpreter aufgerufen worden ist) und in den Class-Archiven *.jar* im LIB-Verzeichnis der JDK-Installation gesucht (gilt erst ab JDK 1.2).

Solange Sie für jedes Programm ein eigenes Verzeichnis anlegen und die Quelltextdateien des Programms zusammen in diesem Verzeichnis speichern, gestaltet sich die Programmerstellung und -ausführung daher recht einfach.

---

3 Mehrere Verzeichnisangaben werden durch Leerzeichen getrennt.
4 Mehrere Verzeichnisangaben werden durch einen Doppelpunkt getrennt.

Probleme gibt es meist nur dann, wenn irgendein anderes Programm bei der Installation die CLASSPATH-Variable gesetzt hat. Dann suchen die JDK-Tools nämlich nicht mehr im aktuellen Verzeichnis – es sei denn, das aktuelle Verzeichnis – symbolisiert durch einen Punkt (.) – wurde explizit in der Umgebungsvariablen mit aufgeführt. Oft ist dies aber nicht der Fall, sodass Sie den Eintrag für das aktuelle Verzeichnis selbst anhängen müssen, z.B.

alter Eintrag: `CLASSPATH=c:\programme\einTool`
neuer Eintrag: `CLASSPATH=c:\programme\einTool;.`

Unter Windows XP/Vista/7 bearbeiten Sie die CLASSPATH-Umgebungsvariable im Dialogfeld der Systemeigenschaften (analog zu der oben beschriebenen Einrichtung der PATH-Variablen).

TIPP

Falls die CLASSPATH-Variable von einem früher installierten Programm gesetzt wurde, das Sie aber gar nicht mehr benutzen bzw. bereits deinstalliert haben, dann können und sollten Sie die CLASSPATH-Variable am besten ganz löschen.

2.2.3 Die Java-Dokumentation

Zum Schluss möchten wir Sie noch auf die Java-Dokumentation hinweisen, die Sie sich ebenfalls von der Buch-DVD bzw. vom Oracle-Server herunterladen können. (Scrollen Sie ans Ende der Webseite http://www.oracle.com/technetwork/java/javase/downloads/index.html.)

Sie sollten auf diese Informationsquelle nicht verzichten, auch wenn sie nur in Englisch vorliegt. Speziell die Java-API-Dokumentation, die eine Referenz der Java-Klassen enthält, ist für den fortgeschrittenen Java-Programmierer – und das sind Sie nach Lektüre dieses Buches ganz zweifelsohne – unverzichtbar.

Entpacken Sie die heruntergeladene ZIP-Datei einfach in ein geeignetes Verzeichnis (natürlich unter Beibehaltung der Pfadangaben). Die Dokumentation wird dann in ein Unterverzeichnis *docs* entpackt.

Die Startseite der Dokumentation ist die Datei *docs/index.html.*

Die Startseite der API-Dokumentation ist die Datei *docs/api/index.html.*

2.2.4 Wo Sie weitere Hilfe finden

Weitere Informationen finden Sie auf der Support-Site zu diesem Buch, www.carpelibrum.de, und auf den Download-Webseiten von Oracle.

Leider mussten wir in der Vergangenheit auch feststellen, dass die großen Browser- und Betriebssystemhersteller ihre Produktzyklen nicht nach den Überarbeitungszyklen unserer Bücher ausrichten. Sollten Sie Probleme mit neuen Betriebssystemen oder Browserversionen haben, schauen Sie bitte auf unserer Website nach.

Sollten die Hinweise im Buch und auf der Website nicht ausreichen, haben Sie keine Scheu, sich per E-Mail an uns zu wenden (autoren@carpelibrum.de).

2.3 Welche Art Programm darf es sein?

In Java können Sie die verschiedensten Arten von Programmen schreiben. Die vier wichtigsten Grundtypen sind:

- Konsolenanwendungen
- GUI-Anwendungen
- Applets
- Android-Apps

Zum Einstieg in die Java-Programmierung konzentrieren wir uns ganz auf die Konsolenanwendungen. Der GUI-Programmierung ist Teil D dieses Buches gewidmet, Applets werden Sie in Teil F kennenlernen und Teil G ist den Android-Apps gewidmet.

2.4 Konsolenanwendungen

Konsolenanwendungen sind – unserer Meinung nach zu Unrecht – die Stiefkinder der modernen Software-Entwicklung. Ohne Fenster und ohne grafische Benutzeroberfläche fristen sie in der bunten Welt der Window-Manager ein kümmerliches Nischendasein. Viele PC-Benutzer, insbesondere aus der Microsoft-Windows-Gemeinde, wissen nicht einmal mehr, was eine Konsole ist und wie man mit ihr arbeitet. Die Schuld daran trägt nicht allein der Zeitgeist, sondern auch die Microsoft-Betriebssystemdesigner, die – nachdem sie zu einer Zeit, als Mac- und UNIX-Benutzer schon längstens von leistungsfähigen Window-Managern profitierten, ihre Anhänger mit mittelmäßigen Surrogaten wie Windows 3.1 oder Windows 95 quälten – nunmehr dazu übergegangen sind, die Erinnerung an MS-DOS zu löschen und die Konsole (unter Windows meist Eingabeaufforderung tituliert) immer geschickter vor den Augen der Anwender zu verbergen.

Dabei haben Konsolenanwendungen durchaus ihre Vorzüge: Die Programme sind klein und schlank, schnell in der Ausführung und – sofern man einigermaßen mit der Arbeit auf der Konsole vertraut ist – gut zu bedienen. Sie eignen sich vorzüglich als Lehr- und Übungsbeispiele zum Einstieg in die Programmierung (weswegen es sich bei den Beispielprogrammen aus den ersten Teilen dieses Buches fast ausnahmslos um Konsolenanwendungen handelt), werden aber auch weiterhin in der professionellen Software-Entwicklung eingesetzt – beispielsweise für Webserver-Software (gelegentlich ergänzt um fensterbasierte Konfigurationsprogramme), Tools für Systemadministratoren oder eben für Entwickler (siehe Anhang zu JDK-Tools).

INFO

Eine Einführung in die Bedienung der Konsole finden Sie auf unserer Website `www.carpelibrum.de`.

2.4.1 Ein einfaches Konsolen-Grundgerüst

Viele Programmierlehrbücher beginnen mit einem kleinen Programm, das die Meldung »Hello World« auf den Bildschirm ausgibt. Wir wollen uns dieser Tradition anschließen und eine Konsolenanwendung erzeugen, die sich mit einem freudigen »Hallo Welt« meldet.

Listing 2.1: HalloWelt.java – Ein einfaches Konsolen-Grundgerüst

```
// Das erste Konsolenprogramm
public class HalloWelt {

   public static void main(String[] args) {
      System.out.println("Hallo Welt!");
   }
}
```

Das Programm besteht aus einer einzigen Klasse namens `HalloWelt`, die wiederum über eine einzige Methode, `main()`, verfügt.

`main()` ist die Eintrittsmethode, mit der die Programmausführung beginnt. Jedes Programm muss genau eine `main()`-Methode enthalten und diese muss als `static` definiert sein, damit sie von der Java Virtual Machine ohne Instanziierung ihrer Klasse ausgeführt werden kann.

`System` ist eine Klasse aus der Java-Standardbibliothek. Sie enthält ein statisches `PrintStream`-Objekt namens `out`, über dessen `println()`-Methode Strings auf den Konsolenbildschirm ausgegeben werden können.

INFO

Die `main()`-Methode muss immer mit dem Schlüsselwort `public` definiert werden, damit sie von der Java Virtual Machine aufgerufen und ausgeführt werden kann. Die zugehörige Klasse muss nicht, wird aber meist ebenfalls als `public` definiert. (Einfach weil es in Java sinnvoll ist, Klassen mit `public`-Elementen als `public` zu definieren.) Wenn Sie eine Klasse als `public` definieren, müssen Sie sie in einer Datei speichern, die den gleichen Namen hat wie die Klasse! (Woraus folgt, dass in einer Datei keine zwei `public`-Klassen definiert werden können.)

Kommentare

Die erste Zeile im obigen Quelltext ist ein Kommentar, der der Erläuterung des Quelltextes dient und vom Compiler ignoriert wird. Java kennt drei Arten von Kommentaren:

- //-Kommentare reichen bis zum Ende der aktuellen Zeile.
- Mehrzeilige Kommentare werden mit /* eingeleitet und enden mit */.
- Kommentare, die zwischen den Zeichenfolgen /** und */ stehen, können mithilfe des JDK-Tools *javadoc* zu einer HTML-Dokumentation im Stil der Java-API-Dokumentation aufbereitet werden (siehe Anhang zu JDK-Tools).

2.4.2 Konsolenanwendungen erstellen und ausführen

Um Konsolenanwendungen auf Ihrem Computer zu erstellen und auszuführen, gehen Sie folgendermaßen vor:

1. Öffnen Sie einen Texteditor, mit dem Sie Ihren Quelltext als ASCII-Text abspeichern können.
   Unter Windows eignet sich beispielsweise der Notepad-Editor, den Sie über das Start-Menü mit START/PROGRAMME/ZUBEHÖR/EDITOR aufrufen können. (Alternativ können Sie START/AUSFÜHREN aufrufen, in dem erscheinenden Dialogfeld *notepad* eingeben und abschicken. Unter Windows 7/Vista geht es noch einfacher: Sie tippen *notepad* einfach in das Suchfeld des Startmenüs ein.)
   Eine gute Alternative zum Notepad-Editor ist die Freeware *Notepad++*, die Sie unter `http://notepad-plus-plus.org/` herunterladen können.
   Natürlich können Sie auch mit einer integrierten Entwicklungsumgebung wie NetBeans oder Eclipse arbeiten. In diesem Fall müssen Sie sich in der Dokumentation darüber informieren, wie Sie Java-Projekte für Konsolenanwendungen anlegen und die zugehörige Quelltextdatei in den integrierten Editor laden.
2. Geben Sie den Java-Quelltext ein.
   Legen Sie in Ihrem Editor eine neue Datei an, tippen Sie obigen Quelltext ein und speichern Sie die Datei unter dem Namen *HalloWelt.java*. Wichtig ist dabei, dass die Quelltextdatei exakt den gleichen Namen trägt wie die in dem Quelltext definierte Hauptklasse (hier also `class HalloWelt`), wobei auch die Groß- und Kleinschreibung zu beachten ist. Weiterhin wichtig ist, dass die Datei die Dateiendung *.java* trägt!
   Bei Verwendung von Notepad gibt es manchmal Probleme, weil der Notepad-Editor die Dateiendung *.txt* anhängt (aus *HalloWelt.java* wird dann *HalloWelt.java.txt*). Um dies zu vermeiden, gibt es zwei Möglichkeiten. Die erste Lösung besteht darin, den kompletten Dateinamen, samt Extension, in Anführungszeichen zu setzen: "*HalloWelt.java*". Die zweite Möglichkeit ist, die Extension *.java* im Windows Explorer zu registrieren. Speichern Sie dazu nach Methode 1 eine Datei mit der Extension *.java*. Wechseln Sie danach in den Windows Explorer und doppelklicken Sie auf die Datei. Ist die Extension noch nicht registriert, erscheint jetzt ein Dialogfenster (oder eine Folge von Dialogfenstern), in dem Sie *Notepad* als gewünschtes Bearbeitungsprogramm auswählen und die Option setzen können, die dafür sorgt, dass dieser Dateityp immer mit dem ausgewählten Programm geöffnet wird. Wenn Sie anschließend den Dialog mit OK abschicken, wird die Extension *.java* registriert und mit Notepad als Standardverarbeitungsprogramm verknüpft. Danach können Sie *java*-Dateien per Doppelklick in Notepad laden und werden nie wieder Ärger mit an Java-Dateien angehängte *.txt*-Extensionen haben.
   (NetBeans, Eclipse und andere integrierte Entwicklungsumgebungen arbeiten meist mit Projekten. Lesen Sie in der Dokumentation zu Ihrer Entwicklungsumgebung nach, wie Sie neue Projekte anlegen und Quelltexte eingeben.)

3. Kompilieren Sie den Quelltext.

   Falls Sie mit dem JDK und einem einfachen Texteditor arbeiten (und nicht mit einer Entwicklungsumgebung), müssen Sie ein Konsolenfenster öffnen, in diesem zum Verzeichnis Ihrer Java-Quelldatei wechseln und dort den Java-Compiler *javac* aufrufen:

   ```
   Prompt:> javac HalloWelt.java <Enter>
   ```

   Im Gegensatz zu Linux-Anwender sind viele Windows-Anwender heutzutage gar nicht mehr mit dem Umgang mit der Konsole vertraut. Unter Windows heißt die Konsole »Eingabeaufforderung« oder »MS-DOS-Eingabeaufforderung« und wird über das Start-Menü aufgerufen (START/PROGRAMME/ oder START/PROGRAMME/ZUBEHÖR). In der Konsole müssen Sie nun mithilfe des `cd`-Befehls in das Verzeichnis wechseln, in dem Sie die Datei *HalloWelt.java* abgespeichert haben. Nehmen wir an, es war das Verzeichnis *c:\Beispiele\Kapitel02*. Dann tippen Sie hinter dem Prompt der Konsole den Befehl *cd c:\Beispiele\Kapitel02* ein und schicken ihn durch Drücken der `Enter`-Taste ab.

   Nun kommen wir zum eigentlichen Kompilieren, bei dem der Java-Quelltext (die Datei mit der Extension *.java*) an den Java-Compiler (*javac*) übergeben wird. Tippen Sie zum Kompilieren folgenden Befehl ein:

   ```
   javac HalloWelt.java
   ```

   Schicken Sie den Befehl wiederum durch Drücken der `Enter`-Taste ab. Dieser Aufruf erzeugt eine ausführbare Bytecode-Datei mit der Extension *.class* – in unserem Beispiel also *HalloWelt.class*.

   Sollten Sie beim Abschicken des Befehls eine Meldung in der Form »Befehl oder Dateiname nicht gefunden« erhalten, ist Ihr System nicht so eingerichtet, dass Sie die Java-Entwicklungsprogramme aus jedem beliebigen Verzeichnis aufrufen können. Lesen Sie dann bitte noch einmal den Abschnitt »Erweiterung des Systempfads« in Kapitel 2.2.2.

   (In NetBeans, Eclipse und anderen integrierten Entwicklungsumgebungen rufen Sie den entsprechenden Menübefehl zur Kompilation Ihres Projekts auf.)

4. Lassen Sie die fertige Anwendung ausführen.

   Dazu rufen Sie den Java-Interpreter (*java*) auf und übergeben diesem als Parameter den Namen Ihrer kompilierten Bytecode-Datei, aber ohne die Endung *.class*:

   ```
   Prompt:> java HalloWelt
   ```

   Sollten Sie daraufhin eine Fehlermeldung der Form »`Exception in thread "main" java.lang.NoClassDefFoundError: HalloWelt`« erhalten, bedeutet dies, dass der Interpreter die gewünschte Java-Klasse nicht findet. Dies kann daran liegen, dass die *class*-Datei nicht erzeugt wurde (kontrollieren Sie nach dem Kompilieren mithilfe des DOS-Befehls *dir*, ob die Datei *HalloWelt.class* im Verzeichnis angelegt wurde). Möglich ist auch, dass Sie den Klassennamen nicht exakt so eingegeben haben, wie er im Quelltext definiert ist. (Achten Sie auf gleiche Groß- und Kleinschreibung!) Meist liegt es aber daran, dass irgendeines der auf Ihrem System installierten Programme die Java-Umgebungsvariable `CLASSPATH` so gesetzt hat, dass die Class-Dateien im aktuellen Verzeichnis nicht mehr gefunden werden. Dann müssen Sie die `CLASSPATH`-Variable bearbeiten und um den Platzhalter für das aktuelle Verzeichnis (;.) erweitern. Wie dies geht, ist weiter oben in Abschnitt 2.2.2 beschrieben.

(In NetBeans, Eclipse und anderen integrierten Entwicklungsumgebungen rufen Sie den entsprechenden Befehl zur Ausführung Ihres Projekts auf.)

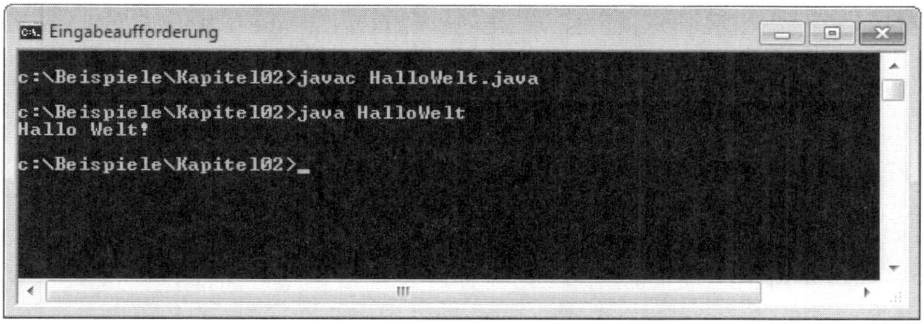

Abbildung 2.4: Kompilation und Ausführung der Anwendung HalloWelt im Verzeichnis C:\Beispiele\Kapitel02

2.5 Klassen, Pakete und die Standardbibliothek

In Java gibt es keine in die Sprache integrierten Befehle für typische Programmieraufgaben, wie z.B. die Berechnung eines Sinus, das Vergleichen von Strings oder auch nur das Einlesen von Daten über die Tastatur bzw. die Ausgabe von Strings auf die Konsole.

Zum Ausgleich wird Java mit einer umfangreichen Standardbibliothek ausgeliefert, die für nahezu jede grundlegende Programmieraufgabe (Abfragen der Systemzeit, Stringmanipulationen, Sinusberechnung, Ein- und Ausgabe und, und, und) eine Lösung bereithält – allerdings stets in Form einer Klasse.

Manche dieser Klassen definieren statische Elemente, auf die Sie direkt über den Klassennamen zugreifen können – so z.B. die Klasse `Math`:

```
double hoehe = entfernung * Math.tan(Math.toRadians(winkel));
```

Andere Klassen instanziieren Sie, um Objekte der Klasse zu erzeugen – beispielsweise die Klasse `String`:

```
String gruss = new String("Hallo ");
```

Danach können Sie die Objekte mithilfe der `public`-Elemente der Klassen bearbeiten:

```
String name = new String("Fred");
gruss.concat(name);  // hängt name an gruss an
```

Nicht selten enthalten die Klassen überladene Methoden (und Konstruktoren), die eine Operation je nach übergebenen Argumenten unterschiedlich ausführen. Wenn Sie beispielsweise die statische Methode `println()` mit einem String-Argument aufrufen, gibt die Methode den String auf die Konsole aus und bricht danach die Zeile um. Wenn Sie die Methode ohne Argument aufrufen, gibt die überladene Methode nur einen Zeilenumbruch aus:

```
System.out.println("Text ausgeben");   // Text und Zeilenumbruch
System.out.println();                  // Zeilenumbruch
```

Pakete

Die Java-Standardbibliothek ist in sogenannte **Pakete** organisiert. Diese ordnen die Klassen nicht nur nach ihrer Funktionalität, sondern helfen auch, Namenskonflikte (in einem Programm darf es keine zwei Klassen mit gleich lautenden Namen geben!) zu vermeiden.

Grundsätzlich gilt: Wenn Sie auf eine Klasse zugreifen wollen, müssen Sie den Namen des Pakets, in dem die Klasse definiert ist, voranstellen. Ist das Paket selbst Teil eines übergeordneten Pakets, müssen Sie den Pfad vom obersten Paket bis zum Paket der Klasse angeben.

Die Klasse `Scanner` ist beispielsweise eine Klasse für fortgeschrittene Eingabeoperationen und im Paket `util` definiert, das selbst wieder Teil des Pakets `java` ist. Der korrekte Zugriff auf den Konstruktor der Klasse lautet daher:

```
java.util.Scanner( );
```

Wenn Ihnen die Voranstellung des Paketpfads zu lästig ist, können Sie die Klassennamen eines Pakets zu Anfang des Quelltextes einmalig importieren. Danach können Sie die Klassennamen direkt verwenden:

```
import java.util.Scanner;     // importiert den Klassennamen Scanner

import java.util.*;           // importiert alle KLassennamen aus
                              // java.util, die im Quelltext verwendet
                              // werden.
```

Lediglich die Namen der Klassen im Paket `java.lang` – hierzu gehören unter anderem `System`, `Integer` und `Math` – müssen nicht explizit angegeben oder importiert werden.

INFO

Beachten Sie, dass in Java die allgemein akzeptierte Konvention gilt, dass Paketnamen (meist) mit Kleinbuchstaben geschrieben werden, während Klassennamen mit einem Großbuchstaben beginnen. Felder und Methoden beginnen mit Kleinbuchstaben. In Namen, die aus mehreren Wörtern zusammengesetzt sind, beginnen die nachfolgenden Wörter mit Großbuchstaben.

REF

Mehr zum Konzept der Pakete in Kapitel 10.1.

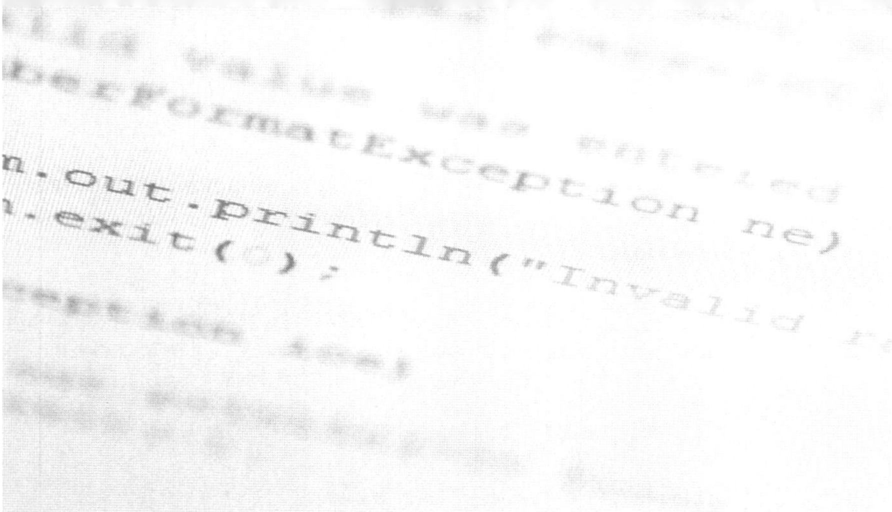

Kapitel 3
Java-Stilkonventionen

Die Java-Syntax gibt vor, wie Definitionen und Anweisungen aufgebaut sein müssen, damit sie vom Java-Compiler akzeptiert werden. Verstöße gegen diese Syntaxregeln werden mit Fehlermeldungen bestraft. So pedantisch der Compiler auf die Einhaltung der syntaktischen Formen achtet, so freizügig ist er, wenn es um Fragen des Stils geht: Sollen Variablennamen mit Groß- oder mit Kleinbuchstaben beginnen, sollen Variablennamen von Klassennamen durch die Schreibweise unterschieden werden und soll man Unterstriche in zusammengesetzten Variablennamen verwenden? Sollen Anweisungsblöcke eingerückt werden und, wenn ja, wie weit? Wo sollen die Klammern des Anweisungsblocks stehen? Sollen Operatoren und Operanden durch Leerzeichen getrennt werden und wie sollen Kommentare aussehen? Zu viel Freiheit kann manchmal recht verwirrend sein. Aus diesem Grund möchten wir Ihnen mit den folgenden Konventionen, die teils auf Suns Empfehlungen zurückgehen, teils am Stil der Java-Bibliotheken orientiert sind, ein wenig Halt geben.

Bezeichner

Bezeichner, i.e. Namen für Klassen, Variablen, Konstanten usw., können aus einer beliebigen Kombination von Buchstaben, Ziffern und Unterstrichen bestehen, dürfen aber nicht mit einer Ziffer anfangen und dürfen weder einem Schlüsselwort noch einem der vordefinierten Literale `true`, `false` oder `null` entsprechen.

Ansonsten haben Sie jegliche Freiheiten. Nutzen Sie diese, um Ihren Klassen, Variablen und anderen Elementen sinnvolle, informative und möglichst prägnante Namen zu geben.

Und wenn Sie darüber hinaus noch die folgenden Konventionen zur Unterscheidung der verschiedenen Bezeichner beherzigen, haben Sie bereits viel für die Lesbarkeit Ihrer Quelltexte getan.

Tabelle 3.1: Konventionen für Bezeichner

Bezeichner für	Schreibweise	Beispiel
Pakete	Pakete für den internen Gebrauch sollten mit Kleinbuchstaben beginnen. Der erste Teil sollte nicht »java« sein. Pakete, die weitergegeben werden, sollten eindeutig sein. Sie können dies sicherstellen, indem Sie den Domänennamen Ihrer Firma oder Website (soweit vorhanden) komponentenweise umdrehen.	`statistik.tests` `com.firma.stats`
Klassen und Schnittstellen	Substantive; jedes Wort beginnt mit Großbuchstaben.	`Vektor` `EineKlasse`

Methoden	Verben; der Name beginnt mit Kleinbuchstaben, jedes weitere Wort mit Großbuchstaben.
	Methoden, die die Werte von Feldern abfragen oder ändern, beginnen mit »`get`« oder »`set`«, gefolgt von dem Variablennamen.
	Methoden, die die Länge von etwas zurückliefern, heißen »`length`«.
	Methoden, die boolesche Variablen abfragen, beginnen mit »`is`«, gefolgt von dem Variablennamen.
	Methoden, die ihr Objekt umformatieren, beginnen mit »`to`«, gefolgt von dem Zielformat.
		`wecken()`
		`alarmAusloesen()`
		`getFeldname()`
		`setFeldname()`
		`length()`
		`isFeldname()`
		`toString()`

Felder	Substantive; der Name beginnt mit Kleinbuchstaben, jedes weitere Wort mit Großbuchstaben.	`farbe` `einFeld`
Konstanten	Vollständig in Großbuchstaben, einzelne Wörter werden durch Unterstriche getrennt.	`PI` `MAX_ELEMENTE`
lokale Variablen und Parameter	Meist kurze, zum Teil auch symbolische Namen in Kleinbuchstaben. Einbuchstabige Namen werden üblicherweise so gewählt, dass der Buchstabe auf den Typ der Variablen, hinweist: `l` für `long`, `i`, `j`, `k` für `int`, `e` für Exception.	`l` `tmp`

Blöcke

Die öffnende geschweifte Klammer steht am Ende der einleitenden Zeile, dann folgen die eingerückten Anweisungen und zum Schluss die schließende Klammer, die selbst nicht eingerückt wird.

Tabelle 3.2: Blöcke

Block	Beispiel
Klassendefinition Methodendefinition	(siehe Code unten)

```
class EineKlasse {
   private int feld = 0;

   public int kurzeMethode()     {
     return feld1;
   }
   public int laengereMethode()  {
      // Anweisungen
   }
}
```

Tabelle 3.2: Blöcke (Forts.)

Block	Beispiel

if-Bedingung	`if (i < 10) {`
	`   // Anweisungen`
	`} else {`
	`   // Anweisungen`
	`}`

switch-Verzweigung	`switch  (i) {`
	`case 0:        // Anweisungen`
	`               break;`
	`case 1:        // Anweisungen`
	`               break;`
	`}`

Schleifen	`for (int k = 0; k < n; ++k) {`
	`   // Anweisungen`
	`}`

try-catch-Block	`try {`
	`     // Anweisungen`
	`} catch (Exception e) {`
	`    // Fehlerbehandlung`
	`}`

Kommentare

Kommentieren Sie Klassen, Felder, Methoden mit /* ... */-Kommentaren vor den Elementen. Wenn Sie beabsichtigen, Ihren Code später richtig zu dokumentieren, überlegen Sie sich, ob Sie diese Kommentare nicht gleich von Anfang an JavaDoc-kompatibel formulieren (siehe Anhang zu den Java-Tools).

Wenn Sie einzelne Codeabschnitte in einer Methode kommentieren – etwa die Bedeutung einer Schleife oder der verschiedenen Zweige einer if-Verzweigungen –, verwenden Sie möglichst Einzeilen-Kommentare (//). Dies hält Ihnen die Option offen, beim Debuggen Ihrer Anwendung größere Codeabschnitte zwischenzeitlich durch mehrzeilige Kommentare auszukommentieren.

```
Anweisungen
/*
auskommentierte Anweisungen      // mit einzeiligen Kommentaren
*/
Anweisungen
```

Sonstiges

Zwischen Operatoren und Operanden steht ein Leerzeichen.

Teil B
Java-Grundlagen

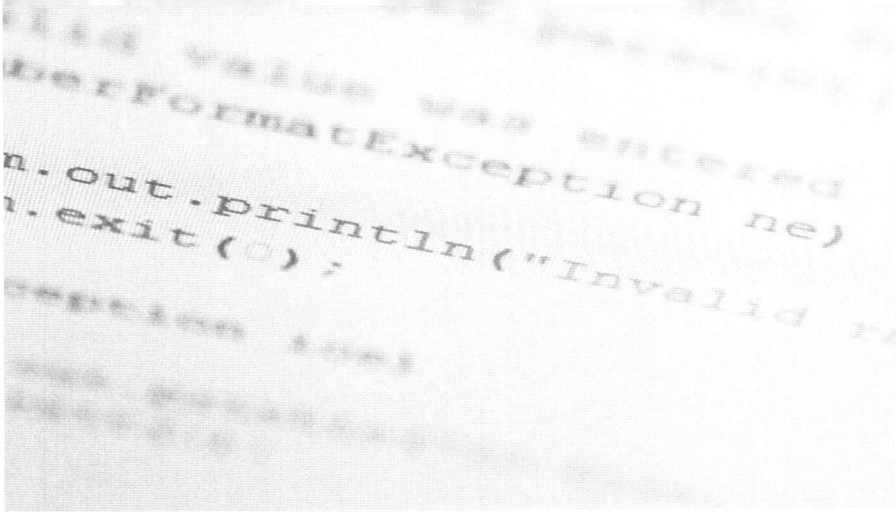

Kapitel 4
Variablen

Eine Variable ist ein Name für einen Speicherbereich, in dem ein Datenobjekt abgelegt werden kann (beispielsweise eine ganze Zahl, eine Gleitkommazahl, ein String usw.).

4.1 Definition

In Java muss jede Variable vor der Verwendung definiert werden:

```
int meineVar;
```

Java unterscheidet zwischen Groß- und Kleinschreibung in Bezeichnern

Der Compiler sorgt dann dafür, dass bei Ausführung des Programms Arbeitsspeicher für die Variable reserviert wird. Für den Compiler ist der Variablenname einfach ein Verweis auf den Anfang eines Speicherbereichs. Für den Programmierer steht die Variable vor allem für den Wert, der gerade in dem zugehörigen Speicherbereich abgelegt ist.

4.1.1 Die Bedeutung des Datentyps

Bei der Definition geben Sie nicht nur den Namen der Variablen (im obigen Beispiel `meineVar`), sondern auch deren *Datentyp* an (im Beispiel `int`).

Tabelle 4.1: Auswahl der wichtigsten Java-Datentypen

Wichtige Java-Datentypen	Art der Werte
`boolean`	Wahrheitswerte: `true` (wahr) und `false` (nicht wahr)
`int`	Ganzzahlen
`double`	Gleitkommazahlen (Zahlen mit Nachkommastellen)
`char`	Einzelne Zeichen
`String`	Strings (Text)

Der Datentyp teilt dem Compiler mit,

- wie viel Speicher für die Variable reserviert werden muss. (Für `int`-Variablen sind dies vier Byte.)
- wie der Inhalt des Speicherbereichs der Variablen zu interpretieren ist. (Dies ist nötig, weil alle Daten im Arbeitsspeicher binärcodiert sind, also als eine Folge von Nullen und Einsen gespeichert werden. Dabei gibt es für die verschiedenen Arten von Daten (Text, Ganzzahlen, Gleitkommazahlen) unterschiedliche Codierungsverfahren, die festlegen, wie die Werte der unterschiedlichen Datentypen binärcodiert werden beziehungsweise wie die binärcodierten Werte wieder zurückverwandelt werden.)
- wie groß der Wertebereich ist. (Dieser Wert ergibt sich aus der Größe des Speicherbereichs und der Art der Codierung. Für `int`-Variablen geht der Wertebereich von -2.147.483.648 bis 2.147.483.647.)
- welche Operationen auf den Werten des Datentyps ausgeführt werden können. (Beispielsweise kann man ganze Zahlen multiplizieren, nicht aber Strings.)

INFO

Die Codierung der Werte wird vollständig vom Compiler übernommen, sodass Sie als Programmierer sich grundsätzlich nicht damit belasten müssen. Für ein tieferes Verständnis der Datentypen (etwa des Überlauf-Verhaltens von ganzen Zahlen oder Manipulationen auf Bitebene mit den Bitoperatoren), ist ein wenig Hintergrundwissen über die Codierung der elementaren Datentypen sehr von Vorteil (siehe Kapitel 11.2 und 11.3).

4.1.2 Vereinfachte Definition

Mithilfe des Komma-Operators können mehrere Variablen des gleichen Datentyps hintereinander definiert werden:

```
typ    var1, var2, var3;
```

Sie sollten diese Schreibweise jedoch nur für Variablen verwenden, die bedeutungsmäßig zusammengehören, beispielsweise:

```
String vorname, nachname;
int x, y;
```

Auf diese Weise sorgen Sie dafür, dass Ihr Code übersichtlich und leicht verständlich bleibt. Wozu im Übrigen auch die kurze Kommentierung wichtiger Variablen beiträgt.

Beispiele für gültige Definitionen sind:

```
int i;
int i, j, n;
double bruch;
String name;            // Name des eingeloggten Benutzers
```

4.1.3 Regeln für die Namensgebung

In der Wahl Ihrer Variablennamen (wie auch anderer Bezeichner, beispielsweise Methoden- oder Klassennamen, siehe nachfolgende Kapitel) sind Sie gänzlich frei, solange Sie sich an folgende Regeln halten:

- Erlaubt sind Groß- und Kleinbuchstaben (A – Z und a – z), die Ziffern von 0 bis 9, der Unterstrich _ und das Dollarzeichen (letzteres jedoch nur, um automatisch generierten Code zu unterstützen). Andere Zeichen, insbesondere Leerzeichen, Punkte, und sonstige Sonderzeichen, sind nicht erlaubt.
- Das erste Zeichen muss ein Buchstabe oder ein Unterstrich sein.
- Die in Java definierten Schlüsselwörter (siehe Anhang zur Syntaxübersicht) dürfen nicht als Bezeichner verwendet werden.

Tatsächlich ist Java sogar großzügiger als hier angegeben, da es mit dem Unicode-Zeichensatz arbeitet und als »Buchstaben« auch nationale Eigenheiten wie eigene Zeichendarstellungen oder Umlaute zulässt. Grundsätzlich möchten wir aber von der Verwendung solcher Zeichen abraten. So könnten Sie beispielsweise für bestimmte Variablen griechische Zeichen verwenden. Doch abgesehen davon, dass die Eingabe dieser Zeichen umständlich ist, müssen Sie zusätzlich noch in Kauf nehmen, dass diese Zeichen auf manchen Rechnern und in Nicht-Unicode-Editoren nicht angezeigt werden können. Auch die deutschen Umlaute sollten Sie – ganz besonders in Klassennamen – meiden. Der kompilierte Klassencode muss nämlich in einer Klassendatei abgespeichert werden, die den Namen der Klasse trägt. Tauchen in dem Klassennamen Umlaute oder sonstige Zeichen auf, die auf Betriebssystemebene nicht unterstützt werden, können die Programme nicht ausgeführt werden.

Beherzigen sollten Sie bei der Vergabe von *Variablennamen* auch die folgenden Konventionen:

- Beginnen Sie die Namen stets mit Kleinbuchstaben; setzt sich der Name aus mehreren Wörtern zusammen, sollten die nachfolgenden Wörter mit Großbuchstaben anfangen.
- Geben Sie (wichtigen) Variablen informative Namen, die auf die Bedeutung der in der Variablen gespeicherten Daten hinweisen.

- Lokale Hilfsvariablen, wie Schleifenvariablen oder Variablen zum Abspeichern von Zwischenergebnissen, erhalten kurze Namen.

Gültige Variablennamen sind:

```
int n;
int option1;
int _name;
int alterWert;
```

Während die folgenden Namen nicht akzeptiert werden:

```
int 123;                        // ungültiger Name, fängt mit Ziffer an
int case;                       // Schlüsselwort
```

INFO

Beachten Sie auch, dass Java zwischen Groß- und Kleinschreibung unterscheidet. Die zwei Bezeichner `eineVar` und `EineVar` werden also von dem Java-Compiler als voneinander verschieden angesehen.

4.1.4 Initialisierung

Wenn Sie möchten, können Sie einer Variablen direkt bei der Definition einen Anfangswert zuweisen. Man bezeichnet dies als **Initialisierung**.

```
int ersteZahl  = 8754;
int zahl1 = 11, zahl2 = 22, ergebnis;
```

Sie müssen nicht jede Variable initialisieren. Wenn es jedoch für eine Variable einen sinnvollen Anfangswert gibt, sollten Sie die Variable auch mit diesem Wert initialisieren.

4.2 Verwendung

Nun war schon so oft die Rede davon, dass man in Variablen Werte speichern kann, dass es Zeit wird, sich dies in der Praxis anzuschauen.

4.2.1 Werte zuweisen

```
int zahl1, zahl2;

zahl1 = 8754;
zahl2 =  398;
```

Hier wird in der Variablen `zahl1` der Wert `8754` und in der Variablen `zahl2` der Wert `398` abgelegt.

Die Zuweisung erfolgt mithilfe des Zuweisungsoperators =. Der Operator nimmt den Wert rechts des Operators und speichert ihn in der links stehenden Variablen. Voraussetzung ist allerdings, dass der Wert rechts vom gleichen Typ wie die Variable ist oder zumindest vom Compiler in diesen Typ konvertiert werden kann.

INFO

Daten, die als Werte direkt im Code stehen (wie im obigen Beispiel die Zahlen 8754 und 398), werden in der Programmierung als *Literale* bezeichnet. Literale gehören wie Variablen einem bestimmten Typ an, nur dass dieser Typ nicht explizit angegeben, sondern vom Compiler aus dem Format des Literals abgelesen wird. So bestehen beispielsweise int-Literale nur aus Ziffern (8754), während string-Literale in Anführungszeichen stehen ("Hallo"). Für eine vollständige Übersicht über die verschiedenen Literale siehe Abschnitt 4.4.

4.2.2 Werte abfragen

Einen Wert in einer Variablen abzuspeichern, ist natürlich nur dann interessant, wenn man auf den Wert der Variablen später noch einmal zugreifen möchte – beispielsweise um den Wert in eine Formel einzubauen oder auszugeben.

Listing 4.1: Variablen.java

```
public class Variablen {

   public static void main(String[] args) {
      int zahl1, zahl2;
      int produkt;

      zahl1 = 8754;
      zahl2 =  398;

      produkt = zahl1 * zahl2;

      System.out.println();
      System.out.println(" Das Produkt von " + zahl1
                         + " und " + zahl2
                         + " ist: " + produkt);
   }
}
```

Hier werden in der main()-Methode zuerst drei Variablen definiert. Den beiden Variablen zahl1 und zahl2 werden feste Werte zugewiesen. In der nachfolgenden Anweisung werden die Werte der Variablen zahl1 und zahl2 abgefragt und miteinander multipliziert. Das Ergebnis der Multiplikation wird der Variablen produkt zugewiesen. Anschließend werden die Inhalte der Variablen mithilfe von System.out.println() auf die Konsole ausgegeben.

Ausgabe des Programms:

```
Das Produkt von 8754 und 398 ist: 3484092
```

Woher weiß der Compiler, wenn er auf einen Variablennamen trifft, ob er der Variablen einen Wert zuweisen oder ob er den aktuellen Wert der Variablen abfragen soll?

Etwas vereinfacht ausgedrückt, gilt:

- Taucht der Variablenname auf der linken Seite einer Zuweisung auf (wie in `zahl = 100;`), weist der Compiler der Variablen den Wert des Ausdrucks auf der rechten Seite des =-Operators zu.
- Taucht der Variablenname an irgendeiner anderen Stelle auf (wie in `System.out.println(zahl);`), verwendet der Compiler anstelle des Variablennamens den aktuellen Wert der Variablen.

Dank dieser Unterscheidung können Sie sogar in ein und derselben Anweisung den Wert einer Variablen abfragen, manipulieren und der Variablen wieder zuweisen:

```
int zahl = 11;
zahl = zahl * 3;
```

Bei der Auswertung dieser Anweisung fängt der Compiler auf der rechten Seite des =-Operators an. Er ersetzt `zahl` durch den aktuellen Wert der Variablen (11). Diesen multipliziert er mit 3. Das Ergebnis (33) speichert er als neuen Wert von `zahl`.

4.3 Gültigkeitsbereiche

Wo Sie eine Variable definieren, hat großen Einfluss auf die Codebereiche, in denen Sie die Variable verwenden können. Dabei geht es allerdings nicht darum, ob Sie die Variable nun in der 14. oder 15. Zeile Ihres Codes definieren. Entscheidend ist, ob Sie die Variable in einer Methode, wie z.B. `main()`, oder außerhalb jeder Methode in einer Klasse definieren.

```
public class HalloWelt {
   int var1;

   public static void main(String[] args) {
      int var2;
      System.out.println("Hallo Welt!");
   }
}
```

- Wenn Sie eine Variable im Anweisungsblock einer Methode definieren – wie im obigen Beispiel `var2` –, erzeugen Sie eine *lokale Variable*. Diese ist ab dem Ort ihrer Definition in der Methode verfügbar.
- Wenn Sie eine Variable in einer Klassendefinition definieren – wie im obigen Beispiel `var1` –, erzeugen Sie ein Feld. Dieses ist überall in der Klasse, insbesondere auch in den Methoden, verfügbar.

INFO

Mehr zur Bedeutung der Gültigkeitsbereiche in Kapitel 10.2.

4.4 Literale und Konstanten

Die Daten eines Programms können nicht nur durch Variablen, sondern auch durch Konstanten repräsentiert werden. Wie der Name schon andeutet, kann der Wert einer Konstante zur Laufzeit nicht mehr verändert werden. In Java gibt es zwei verschiedene Möglichkeiten, Konstanten einzuführen:

- Literale
- symbolische Konstanten

4.4.1 Literale

Literale sind Werte elementarer Datentypen, Strings oder Nullwerte, die direkt im Quelltext stehen. Sie werden beispielsweise zur Initialisierung von Variablen, als Vergleichswerte in Bedingungen oder als Konstanten in Formeln verwendet:

```
int eineVar = 122;
if (eineVar < 10) {
   eineVar = 10 * eineVar;
   ...
```

Für jeden der oben aufgeführten Datentypen ist genau festgelegt, wie seine Literale aufgebaut sein müssen. So kann der Compiler aus dem Format der Literale auf den Datentyp schließen.

Tabelle 4.2: Literale

Datentyp	Literale
`boolean`	Nur zwei Werte: `true, false`

`char`	Einzelne in Hochkommata[a] gestellte Zeichen:
	`'c', 'Ü'`
	Escape-Sequenzen (siehe Abschnitt 5.1.3):
	`'\n', '\\'`
	Angabe des Unicodes des Zeichens:
	`'\u0011'`

Strings	Zeichenfolge, die in Anführungszeichen steht: `"Dies ist ein String"`

`int`	Positive und negative ganze Zahlen:
	`12, -128`
	Oktalzahlen beginnen mit einer führenden 0:
	`012, -077`
	Hexadezimalzahlen beginnen mit 0x:
	`0x12, 0xEEFF`
	Binärzahlen beginnen mit 0b:
	`0b1011, 0b`

`long`	Wie `int`-Zahlen, aber mit angehängtem l oder L: `12l, -077L. 0xEEFFL`

Tabelle 4.2: Literale (Forts.)

Datentyp	Literale

`double`	Zahl mit Dezimalpunkt:
	`47.11,0.0, .01`
	Zahl in Exponentialschreibweise[b]:
	`10e-2d, 3e4, 0.3e0.4`
	Zahl mit Suffix d oder D:
	`41.11d, 11d, 0D`

`float`	Wie `int`-Zahlen, aber mit angehängtem f oder F: `47.11f, 0.0F, 0.1f, 10e-2F`
Referenztypen	Nur ein Wert: `null`

a. Auf der deutschen Tastatur liegt das Hochkomma über dem #-Symbol.
b. Der Buchstabe e wird in Gleitkommaliteralen zur Kennzeichnung eines nachfolgenden Exponenten zur Basis 10 verwendet. $3.14e^3$ bedeutet also $3.14 * 10^3$ und nicht etwa $3.14 * e^3$ (mit e gleich der Eulerschen Zahl).

Bei längeren Zahlen-Literalen kann man schon mal den Überblick verlieren, ob die eingetippte Zahlenkolonne auch wirklich den gewünschten Wert repräsentiert. Hierfür gibt es ab Java 7 eine kleine Erleichterung: Sie können Unterstriche zur optischen Auflockerung einfügen, also z.B.:

```
int unklar = 4986457;
int klar = 4_986_457;
```

Der Wert des Literals bleibt dadurch natürlich unverändert. Eine kleine Einschränkung gibt es allerdings: Sie dürfen keinen Unterstrich am Anfang oder Ende des Literals setzen.

4.4.2 Symbolische Konstanten – konstante Variablen

Wenn Sie eine Variable mit dem Schlüsselwort `final` definieren, verwandeln Sie sie in eine symbolische Konstante. Symbolische Konstanten sind Variablen, denen nur einmal ein Wert zugewiesen werden kann. Danach kann ihr Wert nicht mehr geändert werden.

Für `final`-Variablen gibt es zwei wichtige Einsatzgebiete:

- Die Definition von benannten Konstanten, die mehrfach im Quelltext benötigt werden. (Dies macht den Quelltext besser lesbar und hilft auch, wenn man bei einer späteren Überarbeitung des Programms den Wert einer Konstanten ändern möchte.)
- Die Definition von Konstanten, deren Wert sich erst zur Laufzeit ergibt (etwa weil der Wert vom Benutzer eingegeben wird).

```
final double PI  = 3.14159;
final int ERDOBERFLAECHE  = 510100933;  // in km2
```

Außerdem ist es eine gute Konvention, für Konstanten nur Großbuchstaben zu verwenden – man kann die Konstanten im Programm dann gut erkennen.

Konstanten, die nicht nur der eigenen, sondern auch anderen Klassen zur Verfügung stehen sollen, werden meist als `public static final` definiert (siehe die Abschnitte zu konstanten und statischen Feldern in Kapitel 8.2) und können seit Java 5 »statisch« importiert werden (siehe Kapitel 10.1.2)

REF

4.5 Ein- und Ausgabe

Programme leben davon, dass sie mit dem Benutzer Daten austauschen. Selbst einfachste Programme – wie z.B. ein Programm, das auszählt, wie viele Buchstaben in einem Text enthalten sind – müssen in der Lage sein, zu verarbeitende Daten einzulesen (den auszuzählenden Text) und Ergebnisse und Meldungen auszugeben (die Anzahl der Buchstaben).

Konsolenanwendungen können für die Ein- und Ausgabe die Konsole verwenden, d.h., sie benutzen das Konsolenfenster, von dem aus sie gestartet wurden, als Benutzerschnittstelle, über die sie Eingaben einlesen und in die sie Ausgaben schreiben.

Die folgenden Abschnitte stellen Ihnen verschiedene Techniken vor, wie Sie Daten über die Konsole ausgeben oder einlesen können. Die Vielfalt der Möglichkeiten ist leider etwas verwirrend, was daran liegt, dass gerade die Java-Unterstützung für die Ein- und Ausgabe mehrfach überarbeitet und erweitert wurde. Im Moment geht es uns daher vor allem darum, die Grundtechniken vorzustellen und Ihnen einen Überblick zu verschaffen. Detailliertere Informationen zu den einzelnen Klassen und Techniken finden Sie in Kapitel 31.

4.5.1 Ausgabe

Der klassische Weg, in Java auf die Konsole zu schreiben, führt über das `out`-Objekt der Bibliotheksklasse `System` und deren `println()`-Methode.

System.out.println()

Das `out`-Objekt repräsentiert im Java-Quelltext den Konsolenbildschirm. Um Strings (Text) auszugeben, rufen Sie einfach die Methode `println()` des Objekts auf:

```
System.out.println("Hallo Welt!");
```

Mit der gleichen Methode können Sie auch Werte elementarer numerischer Datentypen ausgeben. Die Werte werden automatisch in ihre String-Darstellung umgewandelt:

```
double zahl = 0.234;
System.out.println(zahl);  // gibt den Text "0.234" auf die Konsole aus
```

Ja, dank des +-Operators können Sie sogar die Ausgabe von Strings mit der Ausgabe von Variablenwerten koppeln:

```
System.out.println("Der Wert der Variablen zahl lautet: " + zahl);
```

Die Methode `println()` schließt die Ausgabe immer mit einem Zeilenumbruch ab. Sollte dies nicht gewünscht sein, verwenden Sie einfach statt `println()` die Methode `print()`:

```
System.out.print(zahl);
```

System.out.printf()

Leider gibt die `println()`-Methode dem Programmierer keine Gelegenheit, in die Formatierung der Ausgabe einzugreifen. Aus diesem Grunde wurde in Java 5 die Methode `printf()` eingeführt, mit der Werte und Variableninhalte über Platzhalter in einen Ausgabestring eingebettet und formatiert werden können. (Umsteigern von C/C++ dürfte diese Form der Ausgabe wohlbekannt sein.)

```
System.out.printf("Der Wert von 'zahl' ist: %1$f \n", zahl);
```

Ausgabe:

```
Der Wert von 'zahl' ist: 0,234000
```

Der Platzhalter in diesem Beispiel lautet `%1$f`. Die Platzhalter scheinen recht kryptisch, sind letzten Endes aber ganz einfach zu lesen. Jeder Platzhalter beginnt mit `%`. Dann folgt eine optionale Angabe `n$`, die besagt, dass der Platzhalter durch den Wert des `n`-ten Arguments aus der nachfolgenden Argumentenliste ersetzt werden soll. Wenn Sie die `n$`-Angabe weglassen, wird dem ersten Platzhalter automatisch das erste Argument zugewiesen, dem zweiten Platzhalter das zweite Argument und so weiter.

```
// Zwei Argumente
System.out.printf(" %1$f %2$f %n", eineZahl, nochEineZahl);
System.out.printf(" %f %f %n", eineZahl, nochEineZahl);

// Ein Argument zwei Mal ausgeben
System.out.printf("%1$f %1$f %n", zahl);
```

Das Suffix `f` ist eine Typbezeichnung, die angibt, dass eine Gleitkommazahl ausgegeben werden soll. Andere Suffixe sind `s` für Strings oder `d` für Integer.

Die `printf()`-Methode schließt die Ausgabe nicht mit Zeilenumbruch ab. Sie können in den auszugebenden String aber den vordefinierten Platzhalter `%n` einbauen, der für einen Zeilenumbruch steht. (Alternativ können Sie auch die Escape-Sequenz `\n` einbauen.)

Ein großer Vorzug von `printf()` ist, dass die auszugebenden Variableninhalte über die Platzhalter formatiert werden können. Beispielsweise können Sie festlegen, dass für Gleitkommazahlen nur maximal zwei Nachkommastellen ausgegeben werden sollen. Außerdem wird in der Ausgabe zur Abtrennung der Nachkommastellen das Komma (statt des Punktes) verwendet.

```
System.out.printf("Der Wert von 'zahl' ist: %1$.2f %n", zahl);
```

Ausgabe:

```
Der Wert von 'zahl' ist: 0,23
```

REF **Ausführliche Erläuterungen zu `printf()` finden Sie in Kapitel 31.4.2.**

Console und printf()

Leider kann man über das `System.out`-Objekt keine Umlaute auf die Konsole ausgeben – weder deutsche Umlaute wie ä, ö oder ß noch Umlaute anderer Sprachen wie œ, å oder ç. Versuchen Sie es dennoch, erscheinen auf der Konsole irgendwelche falschen Zeichen oder Symbole. Der Grund dafür ist die – etwas veraltete – OEM-Zeichencodierung der Windows-Konsole, die von dem `System.out`-Objekt nur halbherzig unterstützt wird.[1]

Doch glücklicherweise gibt es seit Java 6 eine Lösung für die einfache Ausgabe auf Konsole, inklusive Formatierung und Unterstützung für die Umlaute: die Klasse `Console` aus dem Paket `java.io` und ihre `printf()`-Methode.

Allerdings gibt es kein vordefiniertes Objekt `System.console`, welches analog zu `System.out` das Konsolenfenster repräsentiert. Dies ist aber nicht weiter tragisch, denn es gibt eine Methode `System.console()`, die Ihnen eine Referenz auf ein solches Objekt zurückliefert. Die `printf()`-Methode von `Console` verwenden Sie dann genauso wie die `printf()`-Methode von `System.out`.

```
import java.io.*;
...

Console cons = System.console();            // Console-Objekt beschaffen
cons.printf("Grüße");                       // Text ausgeben
cons.printf("\n");                          // Text ausgeben
```

Wenn Sie nur wenige, über den Quelltext verstreute Ausgaben vornehmen, können Sie den `printf()`-Aufruf auch direkt an den `console()`-Aufruf anhängen:

```
System.console().printf("Grüße");
```

Beachten Sie bei Einsatz einer integrierten Entwicklungsumgebung (Eclipse, NetBeans usw.), dass `System.console()` beim Start von der IDE aus möglicherweise `null` zurückliefert und somit nicht für Testläufe benutzt werden kann.

Ausführlichere Informationen zur Klasse `Console` finden Sie in Kapitel 31.5.

Unsere Empfehlung

Verwenden Sie

- `System.console().printf()` für alle Ausgaben, die Teil des endgültigen Programms sein sollen.

  Ihre Programme profitieren dann von korrekt dargestellten Umlauten, länderspezifischen Gleitkommaformatierungen (auf deutschen Systemen beispielsweise Komma zur Abtrennung der Nachkommastellen) und weiteren von Ihnen gesteuerten Formatierungen wie z.B. die Anzahl der Nachkommastellen.

1 Alle Zeichen aus dem 7-Bit-ASCII-Zeichensatz (dies wären die Buchstaben von A bis Z, die Ziffern und die wichtigsten Satzzeichen) werden korrekt ausgegeben. Zusätzliche Zeichen des erweiterten 8-Bit-OEM-Zeichensatzes können nur mit Tricks und Wissen über die beteiligten Zeichencodes korrekt ausgegeben werden.

- `System.out.println()` für Kontrollausgaben während der Programmentwicklung, insbesondere bei Einsatz einer integrierten Entwicklungsumgebung, um sich während eines Testlaufs schnell einmal über bestimmte Abläufe im Programm oder Inhalte einzelner Variablen zu informieren, sowie als Alternative zum Ausgeben von Leerzeilen (Zeilenumbrüchen).

INFO

Wir selbst werden es in diesem Buch so halten, dass wir in Listings mit Programmcharakter (wobei der praktische Nutzen der Programme dahingestellt sei) mit dem `Console`-Objekt arbeiten und in Listings, die rein didaktischen oder veranschaulichenden Zwecken dienen, uns der guten alten `System.out.println()`-Ausgaben bedienen.

4.5.2 Eingabe

Während die Ausgabe auf die Konsole noch recht einfach ist, gestaltet sich das Einlesen von Werten über die Tastatur schon etwas schwieriger. Zwar gibt es als Pendant zu `System.out` auch ein Objekt `System.in`, das die Tastatur repräsentiert, doch verfügt dieses nur über Methoden, die Daten als unformatierte Byteströme einlesen. Um einzelne Werte (Strings, Integer- oder Gleitkommazahlen) formatiert einzulesen, muss man einen anderen Weg gehen.

Console und readLine()

Mit der `readLine()`-Methode der Klasse `Console` können Sie eine ganze Eingabezeile von der Konsole einlesen. In der Praxis sieht dies meist so aus, dass Sie zuerst einen Text ausgeben, der den Benutzer auffordert, die gewünschten Daten einzugeben. Anschließend rufen Sie `readLine()` auf. Die Methode wartet, bis der Benutzer seine Daten eingegeben und die [Enter]-Taste gedrückt hat. Dann liest die Methode die komplette Eingabezeile ein und gibt sie als String zurück.

```
import java.io.*;
...

cons.printf("Geben Sie Ihren vollständigen Namen ein: ");
String name = cons.readLine();
```

Wenn Sie den Benutzer auffordern, Zahlen einzugeben, müssen Sie bedenken, dass diese von der `readLine()`-Methode ebenfalls als Strings (beispielsweise als die Ziffernfolge `"123"`) entgegengenommen und zurückgeliefert werden. Diese Strings müssen Sie dann erst noch in echte Zahlen umwandeln. Dafür gibt es die parse-Methoden der Klassen `Integer`, `Long`, `Float` und `Double`.

Tabelle 4.3: Ausgesuchte Umwandlungsmethoden

Umwandlung in	Methode
int	Integer.parseInt(str);
long	Long.parseLong(str);
float	Float.parseFloat(str);
double	Double.parseDouble(str);

```
import java.io.*;
...

cons.printf("Geben Sie Ihr Alter ein: ");
String eingabe = cons.readLine();

int geburtsjahr = Integer.parseInt(eingabe);
```

INFO

Wenn die Eingabe des Benutzers nicht in den gewünschten Zahlentyp umgewandelt werden kann, löst die betreffende parse-Methode eine Exception aus. Wie Sie diese Exceptions abfangen und behandeln können, erfahren Sie in Kapitel 16. Im Moment wollen wir den Quelltext nicht unnötig komplizieren und vertrauen darauf, dass der Benutzer Zahlen als Ziffernfolgen (`"11"` nicht `"elf"`) und Nachkommastellen mit Punkt statt mit Komma abtrennt (`"12.5"`).

Listing 4.2: Eingabe.java – Ein- und Ausgabe in Konsolenanwendungen

```
import java.io.*;

public class Eingabe {

   public static void main(String[] args) {
      String name;
      int geburtsjahr;

      // Objekt für Konsole beschaffen
      Console cons = System.console();

      // Daten ausgeben und einlesen
      cons.printf("\n");
      cons.printf(" Geben Sie Ihren vollständigen Namen ein: ");
      name = cons.readLine();

      cons.printf(" Geben Sie Ihr Geburtsjahr ein: ");
      String eingabe = cons.readLine();
      geburtsjahr = Integer.parseInt(eingabe);
      cons.printf("\n");


      cons.printf(" %1$s, %2$d war ein sehr guter Jahrgang!",
                  name, geburtsjahr);
      cons.printf("\n");
   }
}
```

Aufruf:

```
C:\Beispiele\Kapitel04>java Eingabe
Geben Sie Ihren vollständigen Namen ein: Sean Nase
Geben Sie Ihr Geburtsjahr ein: 1965

Sean Nase, 1965 war ein sehr guter Jahrgang!
```

STOP

Beachten Sie bei Einsatz einer integrierten Entwicklungsumgebung (Eclipse, NetBeans usw.), dass `System.console()` beim Start von der IDE aus `null` zurückliefert und somit nicht für Testläufe benutzt werden kann.

BufferedReader

Früher war das Einlesen von Werten über die Tastatur noch komplizierter, denn man musste sich zu `System.in` erst ein passendes Reader-Objekt basteln:

Listing 4.3: Eingabe_BufferedReader.java – Ein- und Ausgabe in Konsolenanwendungen

```
01 import java.io.*;
02
03 public class Eingabe_BufferedReader {
04
05    public static void main(String[] args) throws IOException {
06       int zahl;
07
08       System.out.println();
09       System.out.print(" Geben Sie einen Integer-Wert ein: ");
10       BufferedReader tastatur =
                   new BufferedReader(new InputStreamReader(System.in));
11       String eingabe = tastatur.readLine();
12
13       zahl = Integer.parseInt(eingabe);
14       System.out.println(" " + zahl);
15       System.out.println();
16    }
17 }
```

Um die komplette Eingabe (bis zum [Enter]) auf einmal einzulesen, erzeugt das obige Programm in Zeile 10 zuerst für das Standardeingabegerät (`System.in`) ein `InputStreamReader`-Objekt:

```
new InputStreamReader(System.in)
```

und auf der Basis dieses Objekts ein `BufferedReader`-Objekt:

```
BufferedReader tastatur = new BufferedReader(...);
```

Dieses Objekt besitzt endlich eine Methode, mit der die Eingabezeile eingelesen werden kann: `readLine()`.

In Zeile 11 wird die Eingabe eingelesen und in dem String `eingabe` abgelegt. Danach wird der String in einen `int`-Wert umgewandelt (vgl. vorangehender Abschnitt zu `Console`).

INFO

Die zum Einlesen benutzte `BufferedReader`-Methode löst für unerwartet fehlschlagende Einlesevorgänge Exceptions aus, die unbedingt behandelt werden *müssen*. Um uns vor der ordnungsgemäßen Fehlerbehandlung zu drücken – wir werden uns erst in Kapitel 16 intensiver mit der Fehlerbehandlung durch Exceptions beschäftigen –, definieren wir die Methode `main()` einfach so, dass sie IO-Exceptions weiterleitet (Zeile 5).

Scanner

Listing 4.4: Eingabe_Scanner.java – Ein- und Ausgabe in Konsolenanwendungen

```
01 import java.util.Scanner;
02
03 public class Eingabe_Scanner {
04
05    public static void main(String[] args) {
06
07       System.out.println();
08       System.out.print(" Geben Sie einen Integer-Wert ein: ");
09
10       Scanner sc = new Scanner(System.in);
11       int zahl = sc.nextInt();
12
13       System.out.println(" Sie haben " + zahl + " eingegeben");
14       System.out.println();
15    }
16 }
```

Um das Einlesen von Benutzereingaben zu vereinfachen, wurde in Java 5 die Klasse `Scanner` eingeführt, die im Paket `java.util` der Standardbibliothek definiert ist.

Im obigen Beispiel wird in Zeile 10 ein Objekt von `Scanner` erzeugt. Damit der Scanner von der Tastatur liest, wird als Argument `System.in` übergeben.

Der Rest ist dank der next-Methoden der Klasse `Scanner` recht einfach.

Tabelle 4.4: Ausgesuchte next-Methoden der Klasse Scanner

Methode	Beschreibung
`String next()`	Liest eine Eingabe als String ein. (Liest nur bis zum ersten Leerzeichen.)
`int nextInt()`	Liest eine Eingabe als `Integer` ein. (Liest nur bis zum ersten Leerzeichen.)
`int nextDouble()`	Liest eine Eingabe als `Double` ein. (Liest nur bis zum ersten Leerzeichen.)
`String nextLine()`	Liest eine ganze Eingabezeile als String ein.

Der Aufruf einer next-Methode hält das Programm so lange an, bis der Benutzer eine Eingabe durch Drücken der [Enter]-Taste abschickt. Dann liest die next-Methode die Eingabe ein und liefert sie als Rückgabewert an das Programm. (Mehr zur Klasse `Scanner` in Kapitel 31.4.)

INFO

Beachten Sie, dass das obige Programm nur unzureichend gegen inkorrekte Benutzereingaben abgesichert ist. Gibt der Benutzer falsch formatierte Werte ein, die sich nicht in einen `int`-Wert umwandeln lassen (»3.24«, »drei«), löst das Programm eine Exception aus und wird beendet.

Unsere Empfehlung

Verwenden Sie

- `System.console().readLine()` zum Einlesen von Strings (vor allem wenn diese Umlaute enthalten könnten) und in Kombination mit den parse-Methoden auch zum Einlesen von Zahlenwerten und anderen Datentypen.
- `BufferedReader`, wenn Sie für Ihre Einleseroutinen gezielt die Flexibilität und Anpassungsfähigkeit des Stream-Modells nutzen wollen (siehe Kapitel 31.3).
- `Scanner`, in Kombination mit `System.in` oder `System.console().reader()`, um komplexere Eingaben schnell und bequem analysieren, parsen und formatieren zu können (siehe Kapitel 31.4.1).

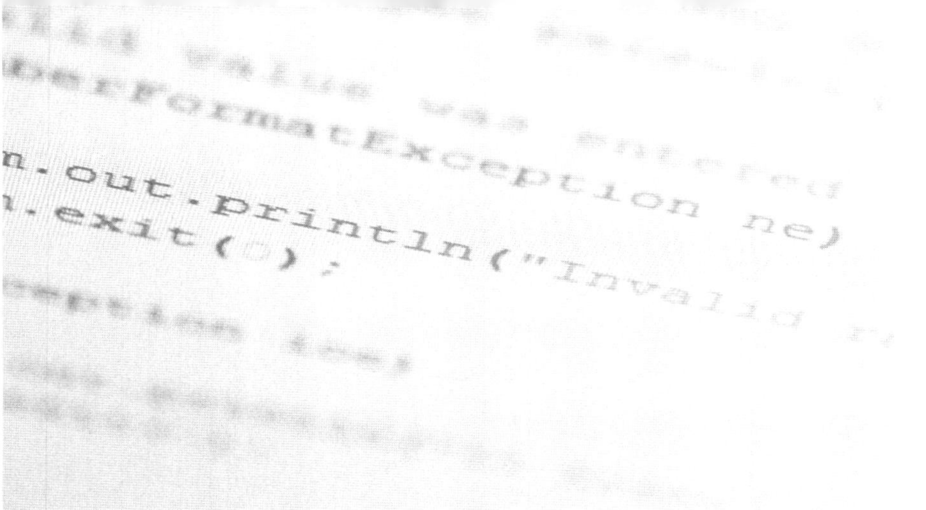

Kapitel 5
Datentypen

In Java beginnt jede Variablendefinition mit einer Typangabe, die dem Compiler mitteilt, welche Art von Daten in der Variablen gespeichert werden kann.

Da die Unterscheidung der Datentypen ein sehr wichtiges Konzept typisierter Programmiersprachen (zu denen auch Java gehört) darstellt und zudem weitreichende Auswirkungen auf unseren Programmcode hat, werden wir uns in diesem Abschnitt etwas ausführlicher mit dem Konzept der Datentypen in Java beschäftigen.

5.1 Die elementaren Datentypen

Die elementaren oder primiviten Datentypen von Java sind in der Sprache fest verankert. Jeder dieser Datentypen verfügt über ein eigenes Schlüsselwort, das Sie in der Variablendefinition als Typ angeben, und Operatoren, mit denen die Werte dieses Datentyps verarbeitet werden können.

5.1.1 Integer-Typen

Variablen von Integer-Typen akzeptieren als Werte ganzzahlige Daten (Integer). Die einzelnen Integer-Typen unterscheiden sich in der Größe des reservierten Speicherbereichs und damit in ihren Wertebereichen. So kann der Programmierer nach Bedarf den speicherschonendsten Typ für seine Variablen wählen (beispielsweise `byte` für Altersangaben, `int` für Standardaufgaben, `long`, wo besonders große Zahlen verarbeitet werden müssen).

Tabelle 5.1: Die Integer-Datentypen

Typ	Größe	Wertebereich	Nullwert	Wrapper-Klasse
`byte`	1	-128 bis 127	0	`Byte`
`short`	2	-32.768 bis 32.767	0	`Short`
`int`	4	-2147483648 bis 2147483647	0	`Integer`
`long`	8	-9223372036854775808 bis 9223372036854775807	0	`Long`
`char`[a]	2	Die Zeichen '\u0000' bis '\uFFFF' des Unicode-Zeichensatzes	`'\u0000'`	`Character`

a. wird in Abschnitt »Zeichen« separat besprochen

Verfügbare Operatoren:

- Vorzeichen: + , -
- Arithmetik: + , -, *, /, %
- Inkrement und Dekrement: + + , --
- Vergleiche: = = , ! = , < , < = , > , > =
- Bitweise Verknüpfungen: > > , > > > , < < , ~ , &, |, ^
- Bedingungsoperator ?:

INFO

Wenn Sie mit noch größeren Zahlen arbeiten möchten, als der Datentyp `long` erlaubt, können Sie auf die Gleitkommatypen zurückgreifen. Diese können wesentlich größere Zahlen repräsentieren, haben aber das Problem, dass unter Umständen die Genauigkeit der Zahlendarstellung leidet (siehe *Kapitel 11.3*). Die beste Lösung für die Programmierung mit großen, ganzzahligen Werten sind daher meist die speziellen Klassen `BigInteger` und `BigDecimal` (siehe *Kapitel 11.5*).

5.1.2 Gleitkommatypen

Die Datentypen `float` und `double` dienen der Repräsentation von Zahlen mit Nachkommastellen.

Tabelle 5.2: Die Gleitkomma-Datentypen

Typ	Größe	Wertebereich	Nullwert	Wrapper-Klasse
`float`	4	$+/-3{,}40282347 \cdot 10^{38}$ Genauigkeit: 7 signifikante Stellen	`0.0`	`Float`
`double`	8	$+/-1{,}79769313486231570 \cdot 10^{308}$ Genauigkeit: 15 signifikante Stellen	`0.0`	`Double`

Verfügbare Operatoren:

- Vorzeichen: + , -
- Arithmetik: + , -, *, /, %
- Inkrement und Dekrement: + + , --
- Vergleiche: = = , ! = , < , < = , > , > =
- Bedingungsoperator ?:

5.1.3 Zeichen

Der Datentyp `char` dient zur Abspeicherung und Repräsentation einzelner Zeichen. Variablen vom Typ `char` können Sie Zeichenliterale wie `'a'`, Zahlen von 0 bis 65535 oder Escape-Sequenzen wie `'\n'` zuweisen.

Typ	Größe	Wertebereich	Nullwert	Wrapper-Klasse
`char`	2	Die Zeichen '\u0000' bis '\uFFFF' des Unicode-Zeichensatzes	`'\0'` bzw. `'\u0000'`	`Character`

Tabelle 5.3: Der char-Datentyp

Verfügbare Operatoren: wie Integer-Typen

Zeichentypen sind integrale Typen

In Java gehört der Zeichentyp `char` zu den integralen Typen (Ganzzahltypen), da er ja nicht wirklich Zeichen, sondern Zahlencodes speichert. (Anhand dieses Zeichencodes wird dann im Zeichensatz nachgeschlagen, welches Symbol für das Zeichen angezeigt wird. Im Unicode steht z.B. der Code 65 für das Zeichen A und der Code 66 für B.)

Es ist daher auch möglich, einer `char`-Variablen statt eines Zeichenliterals

```
char c = 'A';
```

eine Zahl aus dem Wertebereich zuzuweisen.

```
char c = 65;
```

Das folgende Programm nutzt diese Tatsache, um die ersten Zeichen des Unicode-Zeichensatzes mithilfe einer einfachen Schleife auszugeben. (Die in dem Programm verwendete `for`-Schleife und die Operatoren < und ++ werden Sie in späteren Kapiteln kennenlernen.)

Listing 5.1: Zeichen.java – Ausgabe der ersten 255 Zeichen

```
import java.io.*;

public class Zeichen {

   public static void main(String[] args) {
      for(char c = 0; c < 255; ++c)
            System.out.print(" " + c);

      System.out.println();
   }
}
```

INFO

Die Schleife des Programms gibt die Zeichen des OEM-Zeichensatzes Ihrer Konsole aus. Um die Zeichen des Unicode-Zeichensatzes auszugeben, müssten Sie die Klasse `Console` zur Ausgabe verwenden, siehe *Kapitel 4.5*.

Escape-Sequenzen

Escape-Sequenzen sind mit einem Backslash eingeleitete Zeichenfolgen, die es Ihnen gestatten, Zeichen auszugeben, für die es keine grafische Darstellung gibt (etwa der Zeilenumbruch) oder die vom Compiler ansonsten nicht als einfaches Zeichen, sondern als Bedeutung tragendes Symbol (etwa das »\n«-Zeichen für den Zeilenumbruch) interpretiert werden.

Tabelle 5.4: Die Escape-Sequenzen

Escape-Sequenz	Beschreibung
\'	Einfaches Anführungszeichen
\"	Doppeltes Anführungszeichen
\\	Backslash
\b	Rückschritttaste
\f	Seitenvorschub
\n	Neue Zeile (Zeilenumbruch)
\t	Horizontaler Tabulator
\r	Wagenrücklauf

```
char zeichen = '\n';
String text = "Der Pfarrer sprach: \"Der Tod ist der Sünde Sold.\""
```

Unicode-Zeichen eingeben

In Zeichen- und String-Literalen können Sie sämtliche Unicode-Zeichen verwenden.

```
char zeichen = 'å';
String gruss = "Hallo Småland";
```

Wie aber können Sie diese Zeichen eingeben?

Eine Möglichkeit ist, die Tastaturbelegung zu wechseln und die Zeichen dann normal einzutippen. Dies erfordert jedoch, dass Ihr System für eine Änderung der Tastaturbelegung eingerichtet ist, dass in den verwendeten Schriftfonts für die Zeichen Abbilder definiert sind, dass Sie ständig zwischen den Tastaturbelegungen hin und her wechseln.

Etwas bequemer geht es, wenn Ihr Editor eine Symboltabelle anbietet, aus der Sie die Zeichen auswählen können.

Schließlich können Sie, wenn Sie die Unicode-Codes der Zeichen kennen, diese angeben. Um dem Compiler anzuzeigen, dass ein Unicode-Wert folgt, geben Sie zuerst das Präfix `\u` ein, gefolgt von dem vierstelligen, hexadezimalen Unicode-Wert:

```
char zeichen = '\u00E5';
String gruss = "Hallo Sm\u00E5land";
```

INFO

Wie Zeichen und Strings, die Sie in Ihren Java-Programmen ausgeben, auf dem Bildschirm dargestellt werden, hängt davon ab, welches Programm die Anzeige letztlich übernimmt, welche Zeichensatzcodierung es benutzt und welche Fonts zur Verfügung stehen. Wenn Sie beispielsweise das folgende Programm auf der Windows-Konsole ausführen:

Listing 5.2: Unicode.java – Unicode-Zeichen ausgeben

```
public class Unicode {

   public static void main(String[] args) {
      String gruss = "Hallo Sm\u00E5land";
      System.out.println(gruss);
   }
}
```

sehen Sie auf der Windows-Konsole vermutlich die Ausgabe »Hallo SmÕland!«. Dies liegt daran, dass die Windows-Konsole nicht mit Unicode, sondern einem OEM-Zeichensatz arbeitet, bei dem die Codenummer E5 eben nicht für å, sondern für Õ steht.

Wenn Sie die Ausgabe mithilfe des >-Symbols beim Aufruf in eine Textdatei umleiten:

```
C:\Beispiele\Kapitel05> java Unicode > test.txt
```

und diese dann in einen Editor laden (Notepad, Word), werden Sie feststellen, dass der Gruß wie gewünscht »Hallo Småland« lautet.[1]

INFO

Im Anhang finden Sie Tabellen mit den Unicodes einiger häufig benötigter Zeichen.

EXKURS

Von ASCII zu Unicode

In den Anfangszeiten des Computers war Arbeitsspeicher ein teures Gut, weshalb man bemüht war, Speicher zu sparen, wo es nur ging. (Denken Sie beispielsweise an das Jahr 2000-Problem, das daher rührte, dass man in älteren Programmen aus Sparsamkeit die Jahreszahlen nur mit 2 Ziffern abspeicherte – also 87 statt 1987.) So speicherte man Zeichen anfangs auch nur in 7 Bit. In 7 Bit können aber leider nur 128 Zeichen codiert werden, weswegen in die Standardisierung dieses Zeichencodes (7-Bit-ASCII) ausschließlich die Zeichen der amerikanischen Tastatur Eingang gefunden haben. Es folgten Erweiterungen auf 8 Bit (gleich 256 Zeichen) mit Unterstützung für Umlaute und Sonderzeichen der verschiedenen europäischen Länder, deren wichtigster Zeichencode Latin-1 (ISO 8859-1) war.

Doch erst mit der Ausdehnung auf 16-Bit wurde es möglich, sämtliche bekannten Zeichen und Zeichensätze in einer Codierung zusammenzufassen. Die mit Abstand wichtigste 16-Bit-Codierung ist heute der Unicode (siehe `www.unicode.org`*), der nicht nur alle europäischen Zeichen, sondern auch die Schriftzeichen der Araber, der Chinesen, Koreaner und Japaner sowie häufig gebrauchte Symbole (DingBats) codiert.*

1 Wie Sie aus Kapitel 4.5 bereits wissen, können Sie die wichtigsten europäischen Sonderzeichen aber auch korrekt auf der Windows-Konsole anzeigen lassen, indem Sie Ihre Strings mit `System.console().printf()` ausgeben.

7-Bit-ASCII (Basic Latin) und seine 8-Bit-Erweiterung (Latin 1 Supplement) sind in Unicode eingeschlossen. Die Zeichen haben ihre Codenummern behalten, der Bitcode wurde lediglich mit Nullen bis auf 16 Stellen aufgefüllt.

5.1.4 boolean

Die booleschen Wahrheitswerte `true` (wahr) und `false` (falsch) bilden in Java einen eigenen Datentyp: `boolean`. Dieser Datentyp wird vor allem zum Aufbau von Bedingungen benötigt (siehe Kapitel 7.1).

Steckbrief

Tabelle 5.5: Der boolean-Datentyp

Typ	Größe	Wertebereich	Nullwert	Wrapper-Klasse
`boolean`	1	`true` und `false`	`false`	`Boolean`

Verfügbare Operatoren:

- Vergleiche: = = und ! =
- Logische Verknüpfung: !, &, ^, |, &&, ||
- Bedingungsoperator ?:

5.2 Die komplexen Datentypen

Heute gibt es kaum noch Programme, die rein mit Zahlen, Zeichen und booleschen Werten arbeiten. Java gestattet es dem Programmierer daher, auch eigene Datentypen für komplexere Daten zu definieren – wie z.B. Adressen, Musik-CDs, Flugbuchungen oder womit auch immer ein Programm arbeiten möchte. Java unterscheidet folgende Kategorien komplexer Datentypen:

- Klassen
- Schnittstellen
- Arrays
- Aufzählungen

Die mit Abstand bedeutendste Kategorie selbst definierter Datentypen bilden die *Klassen*. Sie erlauben nicht nur eigene Datentypen auf der Basis elementarer und/oder bereits definierter komplexer Datentypen zu erzeugen und – in Form von Methoden – mit typspezifischen »Operationen« auszustatten, sie bilden auch die Basis der objektorientierten Programmierung!

Nutzen wir die Gelegenheit, uns an dieser Stelle schon einmal mit den Ideen der objektorientierten Programmierung und der Arbeit mit Klassen etwas näher vertraut zu machen.

5.2.1 Objektorientierte Programmierung in Java

Objektorientierte Programmierung bedeutet, dass der Programmierer versucht, die ihm gestellten Aufgaben mithilfe von Objekten zu lösen – eine Form der Problemlösung, die uns Menschen unter anderem den Titel »Werkzeug-Benutzer« eingebracht hat.

Stellen Sie sich ein Grundstück vor, das von einem kleinen Bach durchflossen wird. Von diesem Bach wollen Sie einen Kanal abzweigen, der zu einem Feld führt, das Sie auf diese Weise bewässern möchten. Wie gehen Sie vor?

Sie könnten den Kanal mit Ihren Händen graben. Diese Lösung verzichtet auf jegliche Hilfsmittel. Übertragen auf die Software-Entwicklung würde dies bedeuteten, dass Sie auf die Vorzüge einer höheren Program-miersprache verzichten und in Assembler auf Maschinenbefehl-Ebene programmieren. In der Software-Entwicklung hat dieser Ansatz durchaus Vorzüge, führt allerdings hier wie dort zu blutigen Händen.

Oder Sie benutzen eine Schaufel. Sie akzeptieren einfache Hilfsmittel, erledigen aber die ganze Arbeit in Handarbeit. In der Software-Entwicklung wäre dies mit dem Einsatz einer strukturieren, aber nicht objektorientierten höheren Programmiersprache vergleichbar.

Sie könnten aber auch den Bauplan für einen kleinen Bagger entwerfen, den Bagger konstruieren und mit diesem den Kanal ausheben. Dies entspräche dem objektorientierten Ansatz. Statt alles in Handarbeit zu machen, überlegen Sie sich, wie ein Hilfsmittel (im OOP-Ansatz ein Objekt) aussehen müsste, mit dem Sie die gestellte Aufgabe schnell und effizient erledigen können. Da Sie kein solches Hilfsmittel zur Verfügung haben, entwerfen Sie einen Bauplan (im OOP-Ansatz eine Klasse), der beschreibt, wie das Hilfsmittel (Objekt) auszusehen hat. Dann konstruieren Sie nach dem Bauplan das Hilfsmittel (Objekterzeugung). Ist das Hilfsmittel fertig, benutzen Sie es zur Lösung der Aufgabe.

In einem Aspekt stimmt die Korrelation zwischen technischem und objektorientiertem Lösungsansatz allerdings nicht: Während bei dem technischen Lösungsansatz der zweite Schritt (der Bau des Baggers) die meiste Zeit und Mühe kostet, kann sich der Programmierer darüber freuen, dass dieser Schritt (die Objekterzeugung) fast vollständig vom Compiler übernommen wird. Die Relation zwischen dem ersten und dritten Schritt ist hingegen durchaus realistisch wiedergegeben: Bei der objektorientierten Programmierung fließt viel Arbeit in die Konstruktion der Klassen (Baupläne). Die Programmierung mit den Objekten der Klassen fällt dafür umso leichter.

5.2.2 Wie sind OOP-Objekte beschaffen?

Die Objekte, mit denen wir es in der objektorientierten Programmierung zu tun haben, sind den Objekten, denen wir in der realen Welt begegnen, durchaus vergleichbar. Sie besitzen

- Merkmale
  Die Merkmale beschreiben das Objekt und seinen Zustand. Vielleicht haben Sie gerade eine Tasse vor sich stehen. Wenn Sie die Tasse anblicken, registriert Ihr Gehirn sofort eine ganze Reihe von Merkmalen wie Größe, Form, Inhaltsvolumen, Farbe oder auch Merkmale, die den aktuellen Zustand beschreiben (etwa Lackschäden oder verbliebene Menge Kaffee in der Tasse).
- und Verhaltensweisen
  Die Verhaltensweisen geben an, wie das Objekt zu verwenden ist (aus einer Tasse kann man trinken) oder wie das Objekt selbst reagieren kann (eine Tasse kann zerspringen).
  Im Allgemeinen denkt man bei »Verhaltensweisen« an Aktivitäten, die ein Objekt von selbst zeigt: etwa das Wachsen einer Pflanze, das Wiehern eines Pferdes, das Umkippen einer Flasche oder das Klingeln des Weckers. Im objektorientierten Sinne zählen zu den Verhaltensweisen aber auch Aktivitäten, die mit der Bedienung oder Verwendung eines Objekts zu tun haben, also das Gießen einer Pflanze, das Pflegen eines Pferdes, das Öffnen einer Flasche oder eben das Trinken aus einer Tasse.

EXKURS

Arten von Objekten

Die Nachbildung realer Dinge durch Objekte ist ein wichtiges und mächtiges Instrument der objektorientierten Programmierung. Auf der anderen Seite würde die objektorientierte Programmierung schnell an ihre Grenzen stoßen, wenn ihre Objekte ausschließlich Dinge der realen Welt nachbilden könnten. Glücklicherweise kann ein Objekt aber nahezu alles sein, was als Einheit aus Merkmalen und zugehörigen Verhaltensweisen ausgedrückt werden kann. So gibt es beispielsweise

- *Objekte, die Dinge der realen Welt nachbilden.*
- *Objekte, die virtuelle Dinge repräsentieren (beispielsweise Dinge, die auf dem Bildschirm zu sehen sind, wie Fenster oder Schaltflächen oder ein gezeichnetes Monster).*
- *Objekte, die Daten repräsentieren oder verwalten (ein Programm zur Verwaltung von Musik-CDs könnte die einzelnen CDs als Objekte darstellen und zusammen in einem Container-Objekt verwalten, das das Ablegen, Sortieren und Suchen bestimmter CDs erleichtert).*
- *Objekte, die einfach eine bestimmte Funktionalität zur Verfügung stellen (beispielsweise für einen gegebenen Satz von Daten statistische Berechnungen wie Mittelwert, Standardabweichung u. a. ausführen).*

5.2.3 Objekte und Klassen

OOP-Objekte kommen nicht aus dem Nichts, sondern werden aus Klassen erzeugt.

Die Klassendefinition

Klassen sind nichts anderes als vom Programmierer definierte Datentypen. In der Klassendefinition werden die Merkmale und Verhaltensweisen des Objekts zusammengefasst. Merkmale werden dabei als Variablen (Felder), Verhaltensweisen als Methoden definiert.

Eine Klasse zur Erzeugung von `Mitarbeiter`-Objekten könnte beispielsweise über die Felder `name` und `gehalt` sowie die Methode `wirdBefoerdert()` verfügen:

Listing 5.3: Aus Klassen.java – Definition einer Klasse

```
class Mitarbeiter {
   public String name;                          // Felder für Merkmale
   public int gehalt;

   public void wirdBefoerdert(int betrag)        // Methode für
                                                 // Verhaltensweise
   {
      gehalt = gehalt + betrag;
   }
}
```


Klassen und Objekte

Die Beziehung zwischen Klasse und Objekt sollte ganz klar sein. Im objektorientierten Denkmodell ist ein Objekt ein Ding, beispielsweise Sie selbst, Ihr Nachbar, der Bleistift, der neben Ihnen liegt, oder die Bäume, die Sie sehen, wenn Sie aus dem Fenster schauen. Einerseits ist jedes dieser Objekte für sich genommen einzigartig, andererseits gibt es zu jedem dieser Objekte auch gleichartige Objekte. Wenn Sie beispielsweise in ein Schreibwarengeschäft gehen, um einen Buntstift zu kaufen, finden Sie dort rote, blaue, grüne und gelbe, dicke und dünne, billige und teure Buntstifte.

Zur Bezeichnung gleichartiger Objekte verwenden wir in der Sprache Oberbegriffe: »Buntstift« ist beispielsweise ein solcher Oberbegriff. Er weckt in uns die Vorstellung von einem langen, dünnen Schreibgerät aus Holz, das eine bestimmte Farbe und eine bestimmte Dicke hat, das man anspitzen und mit dem man malen kann. Beachten Sie, dass der Oberbegriff »Buntstift« nichts über die genaue Farbe oder Dicke aussagt, er legt nur fest, dass die Objekte, die wir als Buntstifte ansehen, Merkmale wie Farbe und Dicke haben. Welche Farbe und welche Dicke ein Buntstift-Objekt hat, ist seine Sache.

Was in der Sprache die Oberbegriffe sind, sind in der objektorientierten Programmierung die Klassen. Auch Klassen sind allgemeine Beschreibungen für eine Gruppe gleichartiger Objekte. Während wir in der Sprache Oberbegriffe jedoch meist nur dazu verwenden, die Objekte, denen wir täglich begegnen, zu beschreiben und zu klassifizieren, erfüllen die Klassen in der objektorientierten Programmierung zwei Aufgaben:

- Sie beschreiben die Dinge, die wir in dem Programm verwenden wollen.
- Sie dienen als Vorlage oder Gussform, aus der wir die Objekte, mit denen wir arbeiten wollen, erst erzeugen.

5.2.4 Die Objekterzeugung

Eine Klasse ist lediglich ein Datentyp. Der nächste Schritt besteht folglich darin, eine Variable vom Typ der Klasse zu definieren.

```
Mitarbeiter jim;
```

Dies ist allerdings erst einmal nur eine Variable. Die Variable enthält noch kein Objekt. Welches Objekt auch? Es wurde ja noch gar kein Objekt erzeugt. Dies geschieht erst vermittels des `new`-Operators:

```
jim = new Mitarbeiter();
```

Der `new`-Operator sorgt dafür, dass im Speicher ein Objekt, man spricht auch von einer Instanz, der Klasse angelegt wird. Jedes Objekt erhält dabei Kopien der in der Klasse definierten Felder und einen Verweis auf die Methoden der Klassen.

Oft werden Variablendefinition und Objekterzeugung in einem Schritt ausgeführt:

```
Mitarbeiter jim = new Mitarbeiter();
```

INFO

Die einzelnen Objekte, die von einer Klasse gebildet werden, besitzen also jede einen eigenen Satz von Feldern, verwenden aber die gleichen Methoden. Die Einrichtung eines Objekts wird auch als Instanzbildung oder Instanziierung bezeichnet.

Klassen sind Referenztypen

Das mithilfe von `new` erzeugte Objekt wird allerdings nicht direkt in der Variablen `jim` gespeichert. Vielmehr wird das Objekt irgendwo im sogenannten Heap-Bereich des Arbeitspeichers angelegt und in der Variablen wird lediglich ein Verweis (eine Referenz) auf das Objekt gespeichert. Die Referenz liefert der `new`-Operator zurück.

Der Konstruktor

Sind Ihnen im Code der Objekterzeugung die runden Klammern hinter dem Typ `Mitarbeiter` aufgefallen?

```
Mitarbeiter jim = new Mitarbeiter();
```

Es sieht aus, als wäre an der Objekterzeugung eine Methode beteiligt, die den Namen der Klasse trägt. Nun, dies ist gar nicht mal so falsch.

Tatsächlich verfügt jede Klasse über eine spezielle »Methode«, den sogenannten Konstruktor, der genauso heißt wie die Klasse. Klassen, die keinen eigenen Konstruktor definieren, bekommen einen Ersatzkonstruk-tor vom Compiler zugeteilt. Der Konstruktor wird ausschließlich bei der Objekterzeugung aufgerufen.

Programmieren mit Objekten

Mithilfe des Punktoperators können Sie auf die Member eines Objekts zugreifen:

Listing 5.4: Klassen.java – Instanziierung und Verwendung eines Objekts

```
class Mitarbeiter { /* wie oben */ }


public class Klassen {

   public static void main(String[] args) {

      Mitarbeiter jim = new Mitarbeiter();
      jim.name = "Jim Bubble";
      jim.gehalt = 1500;

      System.out.println("\n " + jim.name + " verdient derzeit "
                                + jim.gehalt + " Euro.");

      jim.wirdBefoerdert(275);

      System.out.println("\n " + jim.name + " verdient jetzt "
                                + jim.gehalt + " Euro.");

   }
}
```

Allerdings ist der Zugriff nicht für jedes Element des Objekts erlaubt. Grundsätzlich können Sie über ein Objekt nur auf die Elemente zugreifen, die in der Klasse mit dem Zugriffsspezifizierer `public` definiert wurden. (Mehr zu Bedeutung und Verwendung der Zugriffsspezifizierer in Kapitel 8.5.2).

EXKURS

Die null-Referenz

Wenn Sie in einer Variablen die Referenz auf ein Objekt speichern:

```
Mitarbeiter assistent = new Mitarbeiter();
```

verweist die Variable so lange auf das Objekt, bis die Variable aufhört zu existieren, oder Sie ihr eine Referenz auf ein anderes Objekt zuweisen:

```
assistent = new Mitarbeiter();   // Zuweisung eines anderen Objekts
```

Soll die Variable zeitweilig ohne Objektverweis sein, weisen Sie ihr `null` *zu:*

```
assistent = null;
```

Strings und andere vordefinierten Klassen

In der Standardbibliothek von Java, verteilt auf zahlreiche Pakete, sind eine Reihe nützlicher Klassen (und andere komplexe Datentypen) vordefiniert.

Tabelle 5.6: Häufig benötigte Klassen aus der Standardbibliothek

Programmierung mit	Paket / Klasse	Buchkapitel
Strings	`java.lang.String`	5.3
mathemat. Funktionen	`java.lang.Math`	6.3.7
Zufallszahlen	`java.util.Random`	6.3.8
Datums- und Zeitangaben	`java.util.Date` `java.text.DateFormat`	28.2
Container-Klassen	`java.util.*`	29
GUI-Programmierung	`java.awt.*`	Teil D
Swing-Steuerelemente	`javax.swing.*`	Teil D

5.3 Die Klasse String

Zeichenketten – im Programmierjargon meist als Strings bezeichnet – werden in Java durch Objekte der *Klasse* `String` repräsentiert. Der »natürliche« Weg, ein String-Objekt zu erzeugen, wäre daher die Instanzbildung mit `new`:

```
String str = new String();     // erzeugt ein Objekt, das den leeren
                               // String "" repräsentiert

String str = new String("Hallo!");    // erzeugt ein Objekt, das den
                                      // String "Hallo!" repräsentiert
```

Im Vergleich zu anderen Klassentypen nehmen Strings in Java allerdings eine Sonderstellung ein, die es dem Programmierer erlaubt, Strings fast schon wie einen elementaren Datentyp zu verwenden. So gibt es:

- String-Literale

  Variablen vom Typ `String` können mit diesen Literalen initialisiert werden.

  ```
  String s = "Hallo!";
  ```

- einen eigenen Operator + zum Aneinanderhängen von Strings

  ```
  String a = "Am Anfang " + "hieß es Oak (Eiche).";
  String b = a + " Dann wurde es umbenannt in Java.";
  ```

  Für die anderen Klassentypen gibt es keine eigenen Operatoren, lediglich die allgemeinen Operatoren `=`, `==` und `!=`, die mit allen Datentypen verwendet werden können. (Allerdings sieht selbst deren Verhalten für Strings etwas anders aus als für die Objekte der anderen Referenztypen, siehe Kapitel 28.1.)

- String-Typumwandlungen

  Wenn Sie einen Wert oder ein Objekt mit `print()` oder `println()` auf die Konsole ausgeben, wird der Wert (das Objekt) automatisch in einen String verwandelt:

  ```
  int zahl = 3;
  System.out.println(zahl);  //gibt den String "3" aus
  ```

Und wenn Sie einen Wert eines elementaren Datentyps oder ein Objekt mithilfe des Konkatenationsoperators + mit einem String verketten, wird der Wert (das Objekt) ebenfalls automatisch in einen String verwandelt:

```
int zahl = 3;
String str = "-fach";
str = zahl + str;     // erzeugt den String "3-fach"
```

Die Umwandlung von Strings in andere Datentypen ist übrigens nicht ganz so komfortabel. Für elementare Datentypen führt sie über die entsprechenden `parseXxx()`-Methoden der zugehörigen Wrapper-Klassen:

```
String str = "3200";
int zahl = Integer.parseInt(str);
```

Zudem ist die Klasse `String` in dem Paket `java.lang` definiert, sodass der Programmierer `String` ohne Angabe des Pakets und ohne `import`-Anweisung verwenden kann. (Zur Erinnerung: Alle Klassennamen aus `java.lang` werden automatisch importiert.)

5

REF

Die Methoden der Klasse `String` stellen wir Ihnen in *Kapitel 6.5* vor. Das Vergleichen von Strings wird in *Kapitel 7.1.3* behandelt. Fortgeschrittene und tiefer gehende Aspekte der String-Programmierung werden in *Kapitel 28.1* vorgestellt.

5.4 Typumwandlung

Schwach typisierte Programmiersprachen – hierzu gehören viele Skript-Sprachen – zeichnen sich dadurch aus, dass sie a) Sprachelemente enthalten, die keinen festen Typ haben (beispielsweise Variablen, die Daten unterschiedlicher Typen aufnehmen können), und dass sie b) viele Typumwandlungen automatisch vornehmen.

In stark typisierten Sprachen wie Java haben alle Programmelemente, die mit Daten zu tun haben, einen festen, nicht-veränderlichen Datentyp. Doch auch sie müssen Typumwandlungen zulassen. Die Frage ist nur, welche Typumwandlung in welcher Form zugelassen wird. Drei Kategorien sind hier zu unterscheiden:

1. Typumwandlungen, die der Compiler automatisch vornimmt.
2. Typumwandlungen, die der Compiler nach expliziter Aufforderung vornimmt.
3. Typumwandlungen, die von der Sprache nicht unterstützt werden und daher vom Programmierer selbst programmiert werden müssen.

Die letzte Form der Typumwandlung ist natürlich immer möglich. In diese Kategorie fallen Typumwandlungen, die der Compiler nicht leisten kann oder die vom Sprachdesigner als zu riskant oder zu exotisch betrachtet werden, um sie direkt zu unterstützen (beispielsweise die Umwandlung beliebiger Klassentypen in Strings – wofür Java die Methode `toString()` vorgibt, die in jeder Klasse überschrieben und typspezifisch implementiert werden kann, siehe Kapitel 17.1).

In die zweite Kategorie fallen zumeist Umwandlungen, die der Compiler vornehmen kann, die aber mit dem Risiko des Informationsverlustes verbunden sind (beispielsweise geht bei der Umwandlung der Gleitkommazahl 3.2 in die Ganzzahl 3 der Nachkommateil verloren). In Java werden diese Umwandlungen als »narrowing conversions« bezeichnet. Um sie durchzuführen, muss der Programmierer explizit den (*typ*)-Operator verwenden und dadurch anzeigen, dass er sich über die Risiken der Typumwandlung im Klaren ist und diese trotzdem vornehmen will.

Die erste Kategorie ist Typumwandlungen vorbehalten, die der Compiler vornehmen kann, die keine Fehler produzieren und die in der Regel zu keinem Informationsverlust führen. Zu diesen gehört das Autoboxing, das zusammen mit den Wrapper-Klassen in Abschnitt 5.5 besprochen wird, und die sogenannten »widening conversions«.

5.4.1 Automatische oder implizite (»widening«) Typumwandlungen

Folgende Umwandlungen kann der Java-Compiler automatisch vornehmen:

- `byte` zu `short`, `int`, `long`, `float` oder `double`
- `short` zu `int`, `long`, `float` oder `double`
- `char` zu `int`, `long`, `float` oder `double`
- `int` zu `long`, `float` oder `double`
- `long` zu `float` oder `double`
- `float` zu `double`

Dies geschieht beispielsweise bei entsprechenden typvermischten Zuweisungen:

```
short s = 1234;
int   i = 2;
long l;

i = s;           // Umwandlung von short zu int
l = 12345;       // Umwandlung von int (Standard für ganzzahlige
                 // Literale) in long
```

Mindestens ebenso wichtig sind die automatischen Typumwandlungen für die Angleichung von Operanden eines Operators, die sogenannten »numerischen Promotionen«, siehe Kapitel 6.1).

```
short s = 1234;
int   i = 1000;
int erg;
erg   = s + i;        // Typ von s wird in int umgewandelt, damit beide
                      // Operanden (s und i) den gleichen Typ haben
```

STOP

Nicht alle »widening«-Typumwandlungen können ohne Informationsverlust durchgeführt werden. Bei der Umwandlung eines `int`-Werts in einen `float`-Wert sowie bei der Umwandlung von `long` in `float` oder `double` kann es wegen der geringeren Zahl signifikanter Stellen in den Gleitkommatypen durchaus zu Informationsverlusten kommen!

Implizite Typumwandlungen für Referenztypen

Der Vollständigkeit halber seien an dieser Stelle auch kurz die impliziten Typumwandlungen für Referenztypen aufgeführt:

- von abgeleiteter Klasse (Schnittstelle) in Basisklasse (Basisschnittstelle)
- von Klasse in Schnittstelle, die die Klasse implementiert
- von `null` in Klasse, Schnittstelle oder Array
- von Klasse, Schnittstelle oder Array in `Object`
- von Array-Typ `A[]` in Array-Typ `B[]`, vorausgesetzt es gibt eine implizite Umwandlung von `A` nach `B`

5.4.2 Explizite (»narrowing«) Typumwandlungen

Explizite Typumwandlungen werden mithilfe des `(`*typ*`)`-Operators durchgeführt:

```
int iZahl = 124;
short sZahl = (short) iZahl;
```

Beachten Sie, dass dabei nicht der Typ der Variablen `iZahl` oder ihres Werts geändert wird. Der Wert der Variablen wird ausgelesen, umgewandelt und der umgewandelte Wert wird in `sZahl` geschrieben!

INFO Explizite Typumwandlungen werden auch als *Casting*, der `(`*typ*`)`-Operator entsprechend als Cast-Operator bezeichnet.

Abgesehen von den impliziten Typumwandlungen können auch folgende Umwandlungen mithilfe des `(`*typ*`)`-Operators vorgenommen werden:

- `byte` zu `char`
- `short` zu `byte` oder `char`
- `char` zu `byte` oder `short`
- `int` zu `byte`, `short` oder `char`
- `long` zu `byte`, `short`, `char` oder `int`
- `float` zu `byte`, `short`, `char`, `int` oder `long`
- `double` zu `byte`, `short`, `char`, `int`, `long` oder `float`

Explizite Typumwandlungen für Referenztypen

Grundsätzlich kann jede implizite Typumwandlung auf Referenztypen durch explizite Typumwandlung zurückgenommen werden – mehr dazu in Kapitel 14.3.

5.5 Wrapper-Klassen

In der Java-Standardbibliothek gibt es zu jedem elementaren Typ eine passende Klasse, eine sogenannte Wrapper-Klasse.

INFO Die Bezeichnung Wrapper-Klassen deutet schon an, wofür die Klassen verwendet werden: zur Erzeugung objektorientierter Hüllen um elementare Daten.

Tabelle 5.7: Wrapper-Klassen

Elementarer Datentyp	Wrapper-Klasse
boolean	Boolean
char	Character
byte	Byte
short	Short
int	Integer
long	Long
float	Float
double	Double

Wozu werden diese objektorientierten Hüllen gebraucht?

- Zum einen stellen sie eine Reihe von nützlichen Methoden zur Bearbeitung elementarer Daten zur Verfügung.
- Zum anderen ist die Kapselung elementarer Werte in Objekte allein schon ein großer Vorteil – jedenfalls in einer ansonsten vollkommen objektorientierten Programmiersprache.

5.5.1 Nützliche Klassenelemente

Alle Wrapper-Klassen verfügen über

- Konstruktoren, mit deren Hilfe Wrapper-Objekte aus elementaren Daten oder Strings erzeugt werden können:

```
Double dObj = new Double(123.5);
Double dObj = new Double("123.5");
```

- verschiedene nützliche Methoden zum Bearbeiten der Objekte:

```
int i = dObj.compareTo(43.56);     // vergleichen
boolean b = dObj.isFinite();       // Wert gleich unendlich?
String s = dObj.toString();        // ausgeben
```

- sowie Methoden, mit deren Hilfe eine Typumwandlung in ausgewählte elementare Typen vorgenommen werden kann:

```
byte b = dObj.byteValue();
int i = dObj.intValue();
long l = dObj.longValue();
```

  Achtung! Die Wrapper-Klasse `Character` definiert lediglich die Umwandlungsmethode `toString()`. Zum Umwandeln eines Zeichens aus einem String in ein `char`-Zeichen verwenden Sie die String-Methode `charAt(index)`:

```
char z = str.charAt(0);
```

Für die wichtigsten Manipulationen ist die Erzeugung eines Wrapper-Objekts nicht einmal nötig: Die Klassen stellen leistungsfähige statische Methoden zur

Verfügung, die Sie direkt über den Klassennamen aufrufen können – für `Double` beispielsweise:

```
double d = 12.2;
int erg      = Double.compare(d, 100,1);
long l       = Double.doubleToLongBits(d);
boolean b    = Double.isInfinite(d);
        b    = Double.isNaN(d);
double d     = Double.parseDouble("12.2");
String s     = Double.toString(d);
Double dObj = Double.valueOf("12.2");
```

Schließlich definieren die Wrapper-Klassen wichtige, typspezifische Konstanten – für `Double` beispielsweise:

```
Double.MAX_VALUE             // größter positiver double-Wert
Double.MIN_VALUE             // kleinster positiver double-Wert ungleich 0
Double.NaN                   // Not-a-Number
Double.NEGATIVE_INFINITY     // neg. Unendlichkeit
Double.POSITIVE_INFINITY     // pos. Unendlichkeit
Double.TYPE                  // Instanz der Klasse class
```

5

5.5.2 Autoboxing

Java ist eine objektorientierte Sprache. Viele Konzepte und Elemente der Sprache sind daher nur für Objekte verfügbar. Mithilfe der Wrapper-Klassen können diese Möglichkeiten auch für elementare Daten nutzbar gemacht werden.

Vor Java 5 musste die Umwandlung von elementaren Datentypen in Wrapper-Objekte und umgekehrt allerdings explizit vom Programmierer angestoßen werden:

```
double d    = 11.11;                 // double-Wert
Double dObj = new Double(22.22);     // Double-Objekt

dObj = new Double(d);     // Umwandlung eines double-Werts
                          // in ein Double-Objekt
d = dObj.doubleValue();   // Umwandlung eines Double-Objekts
                          // in einen double-Wert
```

Um diese umständliche und ungelenke Syntax aus der Welt zu schaffen, wurde bereits in Java 5 das Konzept des Autoboxings eingeführt. Autoboxing bedeutet, dass der Compiler elementare Daten bei Bedarf automatisch in Objekte der zugehörigen Wrapper-Klassen umwandeln kann. Der umgekehrte Weg wird auch als Autounboxing bezeichnet.

Dank des Autoboxings vereinfacht sich obiger Code zu:

```
double d    = 11.11;                 // double-Wert
Double dObj = new Double(22.22);     // Double-Objekt

dObj = d;     // Autoboxing
d = dObj;     // Autounboxing
```

INFO

Autoboxing ist immer dann interessant, wenn »generisch« implementierte Klassen oder Methoden (siehe *Kapitel 14.3 und 14.4*) zusammen mit elementaren Daten genutzt werden sollen. Paradebeispiel hierfür ist die Abspeicherung von elementaren Daten in Container der Collections API (siehe *Kapitel 29*).

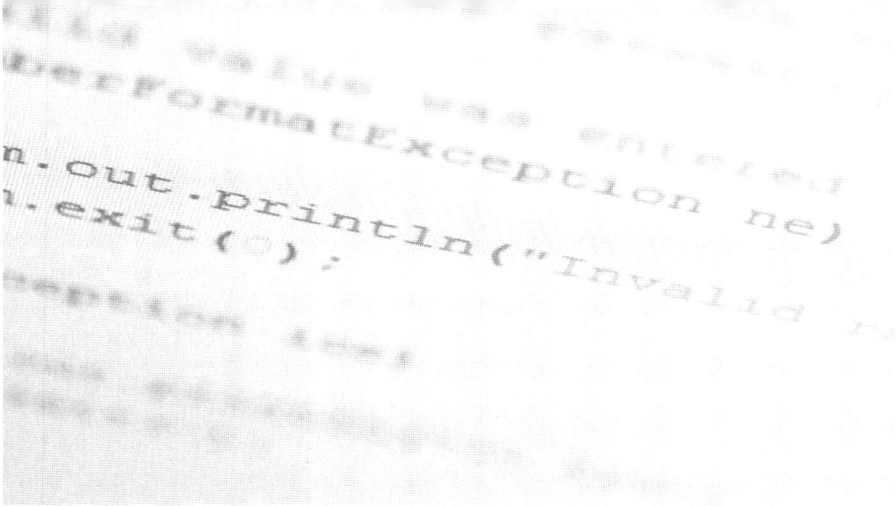

Kapitel 6
Operatoren und Ausdrücke

Nachdem Sie sich im vorangehenden Kapitel darüber informieren konnten, welche Datentypen Java unterstützt, werden Sie nun erfahren, wie Sie mit diesen Daten arbeiten können.

Das oberste Grundprinzip jeglicher Datenverarbeitung ist die *Typspezifität*, womit dem Umstand Ausdruck verliehen werden soll, dass es in der Programmierung keine universellen Operationen gibt, die auf jedwede Art von Daten angewendet werden können, sondern dass im Gegenteil die Datentypen vorgeben, welche Operationen auf ihnen erlaubt und für sie sinnvoll sind[1].

Diesem Faktum Rechnung tragend, ist der erste Teil des nachfolgenden Kapitels nach Datentypkategorien – numerische Datentypen, `boolean`, Strings und Referenztypen – geordnet und stellt Ihnen für jede dieser Kategorien die von Java zur Verfügung gestellten Bearbeitungsmöglichkeiten vor.

Java unterstützt die Datenverarbeitung auf drei Ebenen. Für jeden Datentyp gibt es:

- Operatoren
  Die Basis jeglicher Datenverarbeitung bilden die Operatoren – symbolische Zeichen, die datentypspezifische Operationen durchführen, die in der Sprache verankert sind – z.B. die Addition zweier Integer: `zahl1 + zahl2`. Mithilfe der Operatoren können die Daten in jeder erdenklichen Weise manipuliert und bearbeitet werden.

1 Die Ausnahme bilden einige wenige Operationen, die von allen Datentypen unterstützt werden.

- vordefinierte Klassen

  Manche, häufig benötigte Manipulationen sind mit den zur Verfügung stehenden Operatoren jedoch nur sehr mühselig zu implementieren – beispielsweise die Berechnung des Sinus einer Zahl. Um dem Programmierer die Arbeit zu ersparen, sind in der Java-Standardbibliothek für die verschiedenen Typkategorien spezielle Klassen mit einer Auswahl nützlicher Methoden vordefiniert, auf die der Programmierer zurückgreifen kann.
- die Möglichkeit, eigene Methoden zur Bearbeitung zu schreiben

  Wo Operatoren und vordefinierte Methoden nicht ausreichen, darf der Programmierer dann endlich selbst Hand anlegen und eigene Methoden zur Bearbeitung seiner Daten schreiben. (Was bei der Implementierung eigener Datentypen – vorwiegend Klassen, siehe Kapitel 8 – die Hauptarbeit darstellt.)

Das Hauptaugenmerk dieses Kapitels liegt auf den Operatoren; die wichtigsten Hilfsklassen für die einzelnen Typkategorien werden aber ebenfalls kurz angesprochen.

Den Abschluss des Kapitels bildet ein Ausflug in die Abgründe der Programmierung mit Operatoren und Ausdrücken.

Tabelle 6.1: Java-Operatoren nach Funktionalität geordnet

<table>
<tr><th>Kategorie</th><th>Symbol</th><th>Name</th></tr>
<tr><td>Vorzeichen</td><td>-, +</td><td>Vorzeichen für negative oder positive Zahlen</td></tr>
<tr><td>Arithmetik</td><td>+ - * / %</td><td>Operatoren für die Grundrechenarten (inklusive Modulo)</td></tr>
<tr><td>Zuweisung</td><td>=
*= /= %= += -= &=
^= |= <<= >>= >>>=
++ --</td><td>Zuweisung des Ergebniswerts eines Ausdrucks an eine Variable. Der reine Zuweisungsoperator kann mit verschiedenen anderen Operatoren gepaart werden.

Sonderformen der Zuweisung sind Inkrement und Dekrement</td></tr>
<tr><td>Vergleiche</td><td>!= == < > <= >=
?:</td><td>Vergleich von Zahlen und Ausdrücken
Bedingungsoperator</td></tr>
<tr><td>Aussagenlogik</td><td>! && || & | ^</td><td>Zur logischen Verknüpfung von booleschen Ausdrücken (siehe Kapitel 7.1.4)</td></tr>
<tr><td>Bitmanipulation</td><td>& ^ | ~ << >> >>></td><td>Für Operationen auf Bitebene, beispielsweise Invertierung aller Bits einer Variablen</td></tr>
<tr><td>Typumwandlung und -identifizierung</td><td>()
instanceof</td><td>Zur expliziten Typumwandlung
Typidentifizierung</td></tr>
<tr><td>Sonstige</td><td>()
,
[]</td><td>Methodenaufruf
Aneinanderreihung von Ausdrücken
Indizierung</td></tr>
</table>

6.1 Allgemeines

Bevor wir näher auf die einzelnen Operatoren eingehen, ein paar allgemeine Anmerkungen vorab.

6.1.1 Unär, binär, ternär

Nach der Anzahl ihrer Operanden werden die Operatoren als

- unär (ein Operand),
- binär (zwei Operanden) und
- ternär (drei Operanden)

klassifiziert. (Den einzigen ternären Operator Javas, den Bedingungsoperator, werden Sie erst in Kapitel 7.2 kennenlernen.)

6.1.2 Binäre numerische Promotionen

Die meisten Java-Operatoren sind binär, so z.B. auch die arithmetischen Operatoren für Addition, Subtraktion und so weiter.

```
int   a = 120000;
short b = 3;
int   c;
...
c = a + b;      // Addition
```

Auf CPU-Ebene können die binären Operationen aber nur dann durchgeführt werden, wenn die beiden Operanden exakt den gleichen Typ haben. Obige Operation, bei der ein `short`-Wert (`b`) und ein `int`-Wert (`a`) addiert werden, ist an sich also gar nicht zulässig. Besonders streng typisierte Sprachen würden hier von dem Programmierer erwartet, dass er die Typen selbst angleicht, etwa mithilfe einer Typumwandlung (Cast): `c = a + (int) b`, doch derart strenge Sprachen sind uns nicht bekannt. Die meisten Sprachen, darunter auch Java, gleichen die Typen der beiden Operanden gemäß den binären numerischen Promotionen an.

Die binären numerischen Promotionen legen fest, wie der Compiler die Typen der Operanden ohne größere Informationsverluste angleichen kann. Eine mögliche, wenn auch nicht sehr effiziente Vorschrift zur Durchführung einer numerischen Promotion könnte lauten:

1. Führe eine integrale Promotion durch, d.h., wandele alle `char`-, `byte`- und `short`-Operanden in `int`-Operanden um. Hierbei entsteht kein Informationsverlust.
2. Bestimme, welcher Operand gemäß der Folge `int < long < float < double` den »größten« Typ besitzt, und wandle den anderen Operanden in diesen Typ um. Hierbei kann es zu Informationsverlusten kommen, wenn Operanden vom Typ `int` oder `long` in `float` oder `double` umgewandelt werden.

INFO

Die integrale Promotion wird auch bei `char`-, `byte`- und `short`-Operanden unärer Operatoren vorgenommen.

6.1.3 Ausdrücke

Ausdrücke repräsentieren immer Werte. Im einfachsten Fall besteht der Ausdruck aus einem Literal, einer Variablen oder einem Methodenaufruf. In diesen Fällen ist der Wert des Ausdrucks gleich dem Wert des Literals, der Variablen bzw. dem Rückgabewert der Methode:

```
x = y;                    // Ausdruck aus einer Variablen (y)
x = 1;                    // Ausdruck aus einem Literal (1)
quadrat = Math.pow(x,2); // Ausdruck aus Rückgabewert einer Methode
```

Ausdrücke können auch durch Verknüpfung von Werten mit Operatoren gebildet werden.

```
j = i + n;                // Ausdruck aus Operator und zwei Operanden
if (x < 100)              // boolescher Ausdruck in Bedingung
eineMethode(x - y)        // Ausdruck als Argument einer Methode
```

Da Operatoren jede Art von Wert als Operand akzeptieren und jeder Ausdruck einen Wert darstellt, können mithilfe von Operatoren beliebig komplexe Ausdrücke aus Teilausdrücken gebildet werden.

```
x = x + 3  *  x;          // Ausdruck aus mehreren Operatoren
x = (x + 1) * ( x - 1);  // geklammerter Ausdruck
```

6.1.4 Anweisungen

Ausdrücke stehen in der Regel nicht allein, sondern sind Teil einer Anweisung, beispielsweise

- einer Zuweisung
  ```
  j = i + n;
  ```
- einer Kontrollanweisung (siehe Kapitel 7)
  ```
  if (x < 100) {
     x = 100;
  }
  ```
- eines Methodenaufrufs (siehe Kapitel 8.3)
  ```
  eineMethode(x - y);
  ```

Einzelne Anweisungen können mithilfe der geschweiften Klammern zu einem Anweisungsblock zusammengefasst werden:

```
{
   ersteAnweisung;
   zweiteAnweisung;
   dritteAnweisung;
}
```

Anweisungen enden mit einem Semikolon. Die Ausnahme von dieser Regel bilden die Kontrollanweisungen, die auch mit einem Anweisungsblock enden können.

Die leere Anweisung ;

Ein einzelnes Semikolon wird ebenfalls als Anweisung – als leere Anweisung – gedeutet, wenn das Semikolon an einer Stelle steht, wo eine Anweisung erlaubt ist.

```
System.out.println("Hallo");;
```

Hier stehen zwei Anweisungen in einer Zeile. Die erste Anweisung lautet `System.out.println("Hallo");` und gibt den String »Hallo« aus, die zweite Anweisung ist eine leere Anweisung, die nichts tut.

Dass Sie Anweisungen mit einem Semikolon abschließen müssen, kann man noch damit erklären, dass der Compiler dadurch das Ende einer Anweisung sicher erkennen kann. Doch welchen Sinn soll die leere Anweisung haben? Der Grund ist, dass es in Java Konstruktionen gibt, in denen Anweisungen zwingend angegeben werden müssen, damit die Konstruktion syntaktisch korrekt ist. Es gibt aber Fälle, in denen man an den betreffenden Stellen eigentlich gar keine Anweisungen ausführen lassen möchte (siehe `for`-Schleife in Kapitel 7.3). Für diese Fälle ist die leere Anweisung gedacht.

Für Programmiereinsteiger wird die leere Anweisung allerdings meist zum Fallstrick – beispielsweise wenn Sie sie hinter eine `if`-Bedingung setzen:

```
if (x < 100); {          // Fehler!
   x = 100;
}
```

6.2 Operationen auf allen Datentypen

Insgesamt vier Operatoren der Sprache sind für alle Datentypen definiert.

6.2.1 Der Zuweisungsoperator =

Der Zuweisungsoperator weist seinem linken Operanden den Wert des rechten Operanden zu.

Damit dies möglich ist, muss der linke Operand auf eine Adresse im Speicher verweisen, in die geschrieben werden kann. Mit anderen Worten: der Compiler erwartet links den Namen einer Variablen (die selbstredend nicht als `final` definiert sein darf). Der rechte Operand kann dagegen ein beliebiger Ausdruck sein, der einen Wert darstellt – also beispielsweise ein Literal, eine Variable, der Aufruf einer Methode, die einen Wert zurückliefert, oder eine Kombination aus Operatoren und eben genannten Werten.

```
int bestand, eingang;
bestand = 10;                  // Zuweisung eines Literals
eingang = 20;
bestand = bestand + eingang;   // Zuweisung eines arithm. Ausdrucks
```

STOP Für Referenztypen kopiert der Zuweisungsoperator die Referenzen, nicht die Objekte, auf die Referenzen verweisen! Siehe Kapitel 6.6.

L- und R-Werte

Ausdrücke, die als Adresse eines beschreibbaren Speicherbereichs interpretiert werden können, bezeichnet man in der Programmierung allgemein als L-Werte (das L steht hierbei für »left« und spielt darauf an, dass diese Ausdrücke links einer Zuweisung stehen dürfen). In Java ist der Begriff an sich überflüssig, da nur Variablennamen L-Werte darstellen können. In Programmiersprachen, die direkte Zeigermanipulationen erlauben, sind jedoch meist noch andere Ausdrücke als L-Werte erlaubt (beispielsweise `++zeiger`).

Das Pendant zu den L-Werten sind die R-Werte, die einen Wert darstellen und in Zuweisungen rechtsseitig auftauchen. Literale und Methodenaufrufe sind Beispiele für Ausdrücke, die nur R-Werte darstellen können, während (nicht-`final`) Variablen sowohl als L- wie auch als R-Wert fungieren können. (Der Compiler entscheidet dann je nach Kontext, ob in die Variable geschrieben oder ihr Wert abgefragt werden soll.)

6.2.2 Die Gleichheitsoperatoren == und !=

Mit dem Operator == können Sie prüfen, ob die Werte zweier Variablen gleich sind. Sind die Werte gleich, ist das Ergebnis `true`, ansonsten `false`.

```
int aktStand = 113;
boolean veraendert;
...
veraendert = (aktStand == 113);    // true, wenn aktStand immer noch 113
```

Der Operator != prüft den umgekehrten Fall, nämlich ob zwei Werte verschieden sind. Wenn ja, liefert er als Ergebnis `true`, ansonsten `false`.

```
int aktStand = 113;
boolean veraendert;
...
veraendert = (aktStand != 113);    // true, wenn aktStand nicht mehr 113
```

Die Gleichheitsoperatoren werden meist in Bedingungen von Schleifen und Verzweigungen eingesetzt (siehe Kapitel 7.1).

STOP Für Referenztypen vergleichen die Gleichheitsoperatoren lediglich die Referenzen, nicht die Objekte, auf die die Referenzen verweisen! Siehe Kapitel 6.6.

6.2.3 Der Typumwandlungsoperator (typ)

Den Typumwandlungsoperator () haben Sie bereits in Kapitel 5.4 kennengelernt. Mit seiner Hilfe können Sie einen Wert vom Typ A in einen Wert vom Typ B umwandeln (im Englischen »casten« genannt). Voraussetzung ist allerdings, dass eine solche Typumwandlung zulässig und vom Compiler durchführbar ist:

```
int iZahl = 124;
short sZahl = (short) iZahl;
```

6.3 Operationen auf numerischen Datentypen

Auch wenn man kein Mathematiker sein muss, um programmieren zu können, der Umgang mit Zahlen ist für die Programmierung von besonderer Bedeutung. So verwundert es nicht, dass Java breite Unterstützung für die Programmierung mit Zahlen bietet:

- ein breites Spektrum an Operatoren
- die Klasse Math mit ihren statischen Methoden
- die Klasse Random zur Erzeugung von Zufallszahlen
- die Wrapper-Klassen für die numerischen Datentypen (siehe Kapitel 5.5)
- die Klassen BigDecimal und BigInteger für Zahlen mit beliebiger Genauigkeit (siehe Kapitel 11.5)

6.3.1 Vorzeichen

Mit den unären Operatoren + und - können Sie arithmetischen Variablen ein Vorzeichen zuweisen. Werte ohne Vorzeichen sind automatisch positiv.

```
int x, y;
x = +3;          // gleichbedeutend mit x = 3;
y = -x;
```

6.3.2 Die arithmetischen Operatoren

Mit den arithmetischen Operatoren können Sie, wie es der Name vermuten lässt, einfache arithmetische Operationen durchführen, wie sie auch in anderen Programmiersprachen oder einfachen mathematischen Gleichungen üblich sind.

Tabelle 6.2: Die arithmetischen Operatoren

Operator	Bedeutung	Beispiel	
+	Addition	var = 3 + 4;	// var = 7;
-	Subtraktion	var = 3 - 4;	// var = -1;
*	Multiplikation	var = 3 * 4;	// var = 12;
/	Division	int var = 7 / 4; double var = 7.0 / 4.0;	// var = 1; // var = 1.75;
%	Modulo (Rest einer Division)	var = 7 % 4;	// var = 3;

Zur Verwendung der arithmetischen Operatoren gibt es kaum etwas zu sagen, da sie im Wesentlichen ganz wie in der Mathematik eingesetzt werden – einschließlich der Regel, dass Punkt- vor Strichrechnung geht und man für eine andere Abarbeitungsreihenfolge Klammern setzen muss. Lediglich Division und Modulo sind einer näheren Betrachtung wert.

Division

Die Division liefert für Integer- und Gleitkomma-Operanden unterschiedliche Ergebnisse.

Wenn zwei Integer-Operanden dividiert werden, ist das Ergebnis das ganzzahlige Ergebnis der Division:

```
int quotient;
quotient = 7 / 4;      // quotient = 1
```

Gehört einer der Operanden einem Gleitkommatyp an, wird eine Gleitkommadivision durchgeführt und das exakte Ergebnis der Division zurückgeliefert.

```
double quotient;
quotient = 7.0 / 4.0;      // quotient = 1.75
```

Auch die Division durch Null wird unterschiedlich gehandhabt. Bei der Integer-Division führt die Division durch Null zur Auslösung (Werfen) einer `ArithmeticException`. Die Gleitkommadivision liefert als Ergebnis unendlich, die durch die Gleitkomma-Konstante `NEGATIVE_INFINITY` repräsentiert wird.

```
double quotient  = 13.65 / 0.0;

if( Double.isInfinite(quotient) )
   System.out.println("Unendlichkeit heisst in Java: " + quotient);
```

Beachten Sie, dass Sie keine direkten Vergleiche gegen `Double.NEGATIVE_INFINITY` (oder `Double.POSITIVE_INFINITY`) vornehmen können, sondern die Methode `isInfinite()` aufrufen müssen. Der obige Code erzeugt die Ausgabe:

```
Infinity
```

INFO

Um eine exakte Gleitkommadivision für Integer-Operanden zu erzwingen, genügt es, einen der Operanden in einen Gleitkommatyp zu verwandeln. Der zweite Operand wird gemäß den binären numerischen Promotionen automatisch angepasst.

```
int op1 = 7;
op2 = 4;
double quotient = (double) op1 / op2;
```

Modulo

Der Modulo-Operator liefert den ganzzahligen Rest einer Ganzzahldivision.

```
int rest;
rest = 7 % 4;      // rest = 3
```

Wenn `a` und `b` zwei Integer sind, gilt demnach: `(a/b)*b+(a%b)` gleich `a`.

Und wenn `a` und `b` zwei Gleitkommazahlen sind? Dann führt der Compiler die Modulo-Operation so durch, dass das Ergebnis einer Integer-Modulo-Operation entspricht.

6.3.3 Inkrement und Dekrement

Zwei in der Programmierung häufig benötigte Operationen für Zahlen sind die Erhöhung beziehungsweise Verminderung um den Wert 1.

Hierfür gibt es in Java zwei spezielle Operatoren: `++` und `--`.

Die Anweisung

```
++zaehler;
```

setzt den Wert der Variablen `zaehler` um `1` hoch.

INFO

Die Erhöhung um 1 bezeichnet man auch als *Inkrement*.

6

Die Anweisung

```
--zaehler;
```

setzt den Wert der Variablen `zaehler` um `1` herab.

INFO

Die Verminderung um 1 bezeichnet man auch als *Dekrement*.

Präfix- und Postfix-Notationen

Das Besondere an den Operatoren `++` und `--` ist, dass man sie auch in Ausdrücken (also auf der rechten Seite von Zuweisungen) verwenden kann:

```
var1 = 3 * ++var2;
```

und dass man sie sowohl vor als auch hinter den Namen der Variablen setzen kann:

```
++var;
```

```
var++;
```

Zwischen beiden Formen gibt es einen wichtigen Bedeutungsunterschied:

- Bei der Voranstellung (Präfix-Notation) erhöht der Operator den Wert der Variablen und gibt den neuen Wert an den umliegenden Ausdruck weiter.
- Bei Nachstellung (Postfix-Notation) erhöht der Operator den Wert der Variablen, gibt aber den alten Wert an den umliegenden Ausdruck weiter.

Wenn einer der Inkrement- oder Dekrement-Operatoren alleine in einer Anweisung verwendet wird, ist es prinzipiell egal, ob Sie den Operator voran- oder nachstellen:

```
++var;     // der Wert von var wird um 1 erhöht
```

```
var++;     // der Wert von var wird um 1 erhöht
```

Nicht so in komplexeren Ausdrücken:

```
int x = 0, y = 0;

x = ++y * 5;         // danach ist y = 1 und x = 5
x = 0;
y = 0;
x = y++ * 5;         // danach ist y = 1 und x = 0
```

INFO

Der nachgestellte Operator funktioniert so, dass intern eine temporäre Hilfsvariable eingerichtet wird. In dieser wird der aktuelle Wert der Variablen gespeichert. Erst danach wird der Wert der Variablen um 1 erhöht. Zurückgeliefert wird aber vom Operator der alte, in der Hilfsvariablen gespeicherte Wert.

6.3.4 Die Bit-Operatoren

Auf Hardware-Ebene werden alle Daten im Rechner binär, als Folge von Nullen und Einsen (Bits) dargestellt und abgespeichert. Mithilfe der Bit-Operatoren können Sie die Werte von *Integer*-Variablen auf der Ebene dieser Bits manipulieren – was in manchen Fällen zu sehr einfachen und schnellen Lösungen führt.

Tabelle 6.3: Bit-Operatoren

Operator	Aufgabe	Beispiel
&	bitweise UND-Verknüpfung	`0xFF & 223`
|	bitweise ODER-Verknüpfung	`0xFF | 0x20`
^	bitweises XOR (exklusives ODER)	`var1 ^ 0x0`
~	bitweises Komplement	`~var1`
<<	Linksverschiebung	`j << 3`
>>	Rechtsverschiebung mit Erhalt des Vorzeichens	`i >> 2`
>>>	Rechtsverschiebung ohne Erhalt des Vorzeichens	`j >>> 3`

STOP

Die Bit-Operatoren sind nur für Integer-Typen (`char`, `byte`, `short`, `int` und `long`) definiert. Die Operanden unterliegen der integralen Promotion.

bitweises UND: &

Der `&`-Operator geht die Bits der beiden Operanden nacheinander durch. Immer wenn für eine Bitposition in beiden Operanden das jeweilige Bit auf 1 gesetzt ist, wird auch das entsprechende Bit im Ergebniswert auf 1 gesetzt. Andernfalls wird das Ergebnisbit auf 0 gesetzt.

```
   0110 0001
 & 1101 1111
--------------
   0100 0001
```

Dieser Operator kann beispielsweise eingesetzt werden, um Bits in einer Integer-Variablen gezielt zu löschen.

```
int i = 0xFF;     // i = 255
i &= 0xF0;        // setzt alle Bits außer den Bits 5 bis 8 auf 0
                  // i = 240
```

bitweises ODER: |

Der |-Operator geht die Bits der beiden Operanden nacheinander durch. Immer wenn für eine Bitposition in einem der Operanden das jeweilige Bit auf 1 gesetzt ist, wird auch das entsprechende Bit im Ergebniswert auf 1 gesetzt. Andernfalls wird das Ergebnisbit auf 0 gesetzt.

```
    0110 0001
  | 1101 1111
 --------------
    1111 1111
```

Dieser Operator kann eingesetzt werden, um gezielt zusätzliche Bits in einer Integer-Variablen zu setzen.

```
int i = 0xFF;     // i = 255
i &= 0xF0;        // setzt alle Bits außer den Bits 5 bis 8 auf 0
i |= 0xF;         // setzt die ersten 4 Bits auf 1
                  // i wieder gleich 255
```

bitweises XOR: ^

Der ^-Operator geht die Bits der beiden Operanden nacheinander durch. Immer wenn für eine Bitposition in genau einem der Operanden das jeweilige Bit auf 1 gesetzt ist, wird auch das entsprechende Bit im Ergebniswert auf 1 gesetzt. Andernfalls wird das Ergebnisbit auf 0 gesetzt.

```
    0110 0001
  ^ 1101 1111
 --------------
    1011 1110
```

Dieser Operator kann eingesetzt werden, um Bits umzuschalten (gesetzte Bits werden gelöscht und umgekehrt).

```
int i = 0x8;     // i = 8
i ^= 0xB;        // 0xB = 11 -> löscht 4. Bit
                 //             setzt Bit 1 und 2
```

bitweises Komplement: ~

Der ~-Operator für das bitweise Komplement geht die Bits des Operanden durch und invertiert die einzelnen Bits. Immer wenn für eine Bitposition im Operanden das jeweilige Bit auf 1 gesetzt ist, wird das entsprechende Bit im Ergebniswert auf 0 gesetzt und umgekehrt.

```
  ~ 0110 0001
--------------
    1001 1110
```

Für vorzeichenbehaftete Integer-Werte, die intern durch das 2n + 1-Komplement codiert werden (siehe Kapitel 11.2), entspricht das Ergebnis des bitweisen Komplements einer Negation plus der Subtraktion von 1.

```
int i = 50;
i = ~i;        // i = -51
```

Linksverschiebung: <<

Der Operator für die Linksverschiebung kopiert die Bits des ersten Operanden in den Ergebniswert – allerdings um so viele Positionen nach links gerückt, wie der zweite Operand angibt. Die rechts entstehenden Leerstellen werden mit 0 aufgefüllt:

Tabelle 6.4: Linksverschiebung

int i = 3; i = i << 2;	int-Wert	Bitmuster (nur 8 Bit)
vor Verschiebung	3	0000 0011
nach Verschiebung	12	0000 1100

Die Anzahl der Positionen, um die verschoben werden kann, ist begrenzt. Ist der linke Operand vom Typ `int`, wertet der Compiler nur die niederwertigsten fünf Bits aus, wodurch Verschiebungen um 0 bis 31 Positionen möglich sind. Ist der linke Operand vom Typ `long`, werden die niederwertigsten sechs Bits des rechten Operanden ausgewertet, wodurch Verschiebungen um maximal 63 Positionen möglich sind. Negative Verschiebungen sind nicht möglich, da das Vorzeichenbit ja gar nicht ausgewertet wird (`i = i << 2;` ist also gleichbedeutend zu `i = i << -2;`).

Multiplikation um Potenzen von 2

Jede Linksverschiebung um eine Position entspricht einer Multiplikation mit 2.

Eine Linksverschiebung um n Stellen entspricht daher einer Multiplikation mit 2^n.

```
int i = 10;
i <<= 3;      // Multiplikation mit 8 (2^3) -> i = 80;
```

Rechtsverschiebung: >>

Der Operator für die Rechtsverschiebung kopiert die Bits des ersten Operanden in den Ergebniswert – allerdings um so viele Positionen nach rechts gerückt, wie der zweite Operand angibt. Die links entstehenden Leerstellen werden mit Nullen oder Einsen aufgefüllt – je nachdem, ob der linke Operand positiv (führende Null) oder negativ (führende Eins) ist. So bleibt das Vorzeichen erhalten.

int i = 12; i = i >> 2;	int-Wert	Bitmuster (nur 8 Bit)
vor Verschiebung	12	0000 1100
nach Verschiebung	3	0000 0011

Tabelle 6.5: Rechtsverschiebung

Die Anzahl der Positionen, um die verschoben werden kann, ist wie bei der Linksverschiebung auf 31 bzw. 63 Positionen begrenzt.

Division um Potenzen von 2

Jede Rechtsverschiebung um eine Position entspricht einer Division durch 2.

Eine Rechtsverschiebung um n Stellen entspricht daher einer Division durch 2^n.

```
int i = 72;
i >>= 3;      // Division durch 8 (2^3) -> i = 9;
```

Rechtsverschiebung ohne Erhalt des Vorzeichens: >>>

Der >>>-Operator für die Rechtsverschiebung ohne Erhalt des Vorzeichens kopiert die Bits des ersten Operanden in den Ergebniswert – allerdings um so viele Positionen nach rechts gerückt, wie der zweite Operand angibt. Die links entstehenden Leerstellen werden mit Nullen aufgefüllt.

6.3.5 Die kombinierten Zuweisungen

Neben dem einfachen Zuweisungsoperator = gibt es die zusammengesetzten Zuweisungsoperatoren, die gleichzeitig eine arithmetische oder bitweise Operation und eine Zuweisung durchführen. Die zusammengesetzten Zuweisungsoperatoren haben das Format:

```
<op>=
```

wobei <op> durch die Operatoren +, -, *, /, %, <<, >>, >>>, &, ^ oder | ersetzt werden kann.

Die zusammengesetzten Zuweisungen verwenden den linken Operanden zweifach: zuerst als R-Wert für die eigentliche Operation (Addition +, Multiplikation * usw.) und danach als L-Wert, in den das Ergebnis der Operation geschrieben wird.

```
bestand <op>= eingang;
```

ist demnach nichts anderes als eine verkürzte Schreibweise für

```
bestand = bestand <op> eingang;
```

Diese Kurzform ist zunächst zwar etwas gewöhnungsbedürftig, spart aber dem Programmierer Tipparbeit und dem Anwender Laufzeit.

6.3.6 Die Vergleichsoperatoren

Mit den vergleichenden Operatoren, die auch relationale Operatoren genannt werden, können Sie zwei numerische Werte vergleichen. Das Ergebnis einer Vergleichsoperation ist vom Datentyp `boolean` und somit entweder wahr (`true`) oder falsch (`false`).

```
i == 1      // gleich?
i != 1      // ungleich?
i < 1       // kleiner?
i <= 1      // kleiner gleich?
i > 1       // größer?
i >= 1      // größer gleich?
```

Die Vergleichsoperatoren werden meist in Bedingungen von Schleifen und Verzweigungen eingesetzt und daher in Kapitel 7.1 näher vorgestellt

6.3.7 Die Klasse Math

Bestimmte, häufig benötigte Rechenoperationen, wie das Ziehen einer Wurzel oder das Berechnen des Sinus eines Winkels, sind mithilfe der Operationen für die Grundrechenarten nur sehr schwer zu verwirklichen. Aus diesem Grunde gibt es die Klasse `Math`, die eine Reihe von mathematischen Konstanten, Funktionen und Operationen (Sinus, Betrag, Logarithmus, usw.) in Form von statischen Feldern und Methoden zur Verfügung stellt.

Tabelle 6.6: Math-Felder für mathematische Konstanten

Feld	Beschreibung
`Math.E`	Die Zahl E (Basis des natürlichen Logarithmus, 2.71828...)
`Math.PI`	Die Zahl π (3.14159...)

Tabelle 6.7: Statische Math-Methoden für mathematische Funktionen[2]

Methode	Beschreibung
`typ Math.abs(typ x)`	Absoluter Betrag
`Math.acos(x)`	Arkuskosinus Das Argument x muss zwischen -1.0 und 1.0 liegen.
`Math.asin(x)`	Arkussinus Das Argument x muss zwischen -1.0 und 1.0 liegen.
`Math.atan(x)`	Arcustangens von x
`Math.atan2(x,y)`	Winkel des Punktes (x,y) relativ zur x-Achse Dient der Umrechnung von kartesischen Koordinaten (x,y) in polare Koordinaten (radius, winkel).
`Math.cbrt(x)`	Kubische Wurzel
`Math.ceil(x)`	Rundet auf die nächste Ganzzahl auf.
`Math.cos(x)`	Kosinus

2 Methoden mit der Typangabe `typ` sind für `double`, `float`, `long` und `int` definiert. (Können also dank integraler Promotion mit beliebigen numerischen Datentypen verwendet werden.)
Methoden ohne Typangabe sind für `double`-Argumente und Rückgabewerte definiert.

Tabelle 6.7: Statische Math-Methoden für mathematische Funktionen[2] (Forts.)

Methode	Beschreibung
`Math.cosh(x)`	Hyperbolischer Kosinus
`Math.exp(x)`	Exponentialfunktion Liefert e^x zurück, wobei e die Basis des natürl. Logarithmus ist.
`Math.expm1(x)`	Liefert e^x -1 zurück.
`Math.floor(x)`	Rundet auf die nächste Ganzzahl ab.
`Math.hypot(x, y)`	Liefert `sqrt(`$x^2 + y^2$`)` zurück.
`Math.log(x)`	Liefert den natürlichen Logarithmus ln x zurück.
`Math.log10(x)`	Logarithmus zur Basis 10
`Math.log1p(x)`	Liefert ln (x+1) zurück.
`typ Math.max(typ x, typ y)`	Die größere der Zahlen x und y
`typ Math.min(typ x, typ y)`	Die kleinere der Zahlen x und y
`Math.pow(x, y)`	Liefert die Potenz x^y.
`Math.random(x)`	Liefert eine Zufallszahl größer gleich 0.0 und kleiner 1.0.
`Math.rint(x)`	Rundet x auf den nächsten ganzzahligen Wert auf oder ab.
`long Math.round(double x)`	Rundet das Argument auf den nächsten `long`-Wert auf oder ab.
`int Math.round(float x)`	Rundet das Argument auf den nächsten `int`-Wert auf oder ab.
`Math.signum(x)`	Vorzeichen Liefert -1.0, 0.0 oder +1.0 zurück, je nachdem, ob das Argument kleiner, gleich oder größer Null ist.
`Math.sin(x)`	Sinus
`Math.sinh(x)`	Hyperbolischer Sinus
`Math.sqrt(x)`	Quadratwurzel Das Argument muss positiv sein.
`Math.tan(x)`	Tangens
`Math.tanh(x)`	Hyperbolischer Tangens
`Math.toDegrees(x)`	Wandelt das Bogenmaß x in einen Winkel um.
`Math.toRadians(x)`	Wandelt den Winkel x in Bogenmaß um.

Tabelle 6.8: Spezielle Math-Methoden zur Programmierung mit Gleitkommazahlen[3]

Methode	Beschreibung
`typ Math.copySign(typ x, typ y)`	Liefert den Wert von x mit dem Vorzeichen von y zurück.
`int Math.getExponent(typ x)`	Liefert den Exponenten (zur Basis 2) des Arguments.
`double Math.IEEEremainder( double x, double y)`	Rest der Modulo-Operation für Gleitkommazahlen, gemäß IEEE 754 (liefert zum Teil andere Ergebnisse als der %-Operator).
`typ Math.nextAfter(typ x, typ y)`	Liefert die nächstgelegene repräsentierbare Gleitkommazahl neben x (in Richtung zur Gleitkommazahl y). Wenn y größer als x ist, gilt: `Math.nextAfter(x,y) == x+Math.ulp(x)`
`typ Math.nextUp(typ x)`	Liefert die nächstgrößere repräsentierbare Gleitkommazahl nach x.
`typ Math.scalb(typ x, int faktor)`	Liefert x * 2^{faktor} zurück.
`typ Math.signum(typ x)`	Vorzeichen Liefert -1.0, 0.0 oder +1.0 zurück, je nachdem, ob das Argument kleiner, gleich oder größer Null ist.
`typ Math.ulp(typ x)`	Liefert den positiven Abstand zwischen dem Gleitkommaargument und der nächsthöheren Gleitkommazahl.

Verwendung

Die Programmierung mit den Math-Methoden ist die Einfachheit selbst:

Sie rufen die gewünschte Methode einfach über die Klasse Math auf, übergeben ihr die benötigten Parameter und erhalten das Ergebnis zurück. Um beispielsweise die Wurzel von 102355 zu berechnen, schreiben Sie:

```
double wurzel;       // Variable zur Aufnahme des Ergebnisses
wurzel = Math.sqrt(102355);
```

INFO

Eine Import-Anweisung ist nicht nötig, da die Klasse Math im Paket java.lang definiert ist. Es steht Ihnen aber ab Java 5 frei, die statischen Methoden/Konstanten mit static import zu importieren, um die Elemente danach ohne das Math-Präfix verwenden zu können:

```
import static java.lang.Math.sqrt;  // Statischer Import der Methode
                                    // Math.sqrt() am Anfang der Datei
...
double wurzel = sqrt(102355);       // Zugriff ohne Math-Präfix in Code
```

Die trigonometrischen Methoden

Bei Verwendung der trigonometrischen Methoden ist zu beachten, dass diese Methoden als Parameter stets Werte in Bogenmaß (Radiant) erwarten. Beim Bogenmaß wird der Winkel nicht in Grad, sondern als Länge des Bogens angegeben, den der Winkel aus dem Einheitskreis (Gesamtumfang 2 π) ausschneidet: 1 rad = 360°/2 π; 1° = 2 π /360 rad.

3 Methoden mit der Typangabe typ sind für double und float definiert.

360 Grad entsprechen also genau 2 π, 180 Grad entsprechen 1 π, 90 Grad entsprechen 1/2 π. Wenn Sie ausrechnen wollen, was 32 Grad in Radiant sind, multiplizieren Sie einfach die Winkelangabe mit 2 * π und teilen Sie das Ganze durch 360 (oder multiplizieren Sie mit π und teilen Sie durch 180).

```
bogenlaenge = Math.PI/180 * grad;
```

`Math` stellt zur bequemen Umrechnung von Grad in Radiant und umgekehrt die Methoden `toDegrees()` und `toRadians()` zur Verfügung. Beachten Sie aber, dass diese Umrechnung nicht immer exakt ist. Gehen Sie also beispielsweise nicht davon aus, dass `cos(toRadians(90.0))` exakt 0.0 ergibt.

6.3.8 Zufallszahlen

Die Erzeugung von Zufallszahlen mithilfe von Computern ist im Grunde gar nicht zu realisieren. Dies liegt daran, dass die Zahlen letzten Endes nicht zufällig gezogen werden, sondern von einem mathematischen Algorithmus errechnet werden. Ein solcher Algorithmus bildet eine Zahlenfolge, die sich zwangsweise irgendwann wiederholt. Allerdings sind die Algorithmen, die man zur Erzeugung von Zufallszahlen in Programmen verwendet, so leistungsfähig, dass man von der Periodizität der erzeugten Zahlenfolge nichts merkt.

Math.random()

Wenn Sie in Ihrem Java-Code Zufallszahlen benötigen, beispielsweise zur Erzeugung zufälliger Zahlen für einen Rechentrainer, ist es am einfachsten, sich diese von der Methode `Math.random()` liefern zu lassen.

Jedes Mal, wenn Sie diese Methode aufrufen, liefert sie Ihnen einen Gleitkommawert zurück, der größer oder gleich 0.0 und kleiner als 1.0 ist.

```
double zufallszahl;

zufallszahl = Math.random();
```

Die Methode erzeugt die Zufallszahlen jedoch nicht selbst. Vielmehr greift sie auf eine weitere Klasse der Java-Standardbibliothek zurück: `java.util.Random`. Von dieser Klasse instanziiert sie ein Objekt, das ihr zukünftig als Zufallszahlengenerator dient und deren `nextDouble()`-Methode sie jedes Mal aufruft, wenn sie selbst aufgerufen wird. Die `random()`-Methode ist also nichts anderes als eine Convenience-Methode für die Erzeugung von Zufallszahlen.

Wer mehr Kontrolle ausüben möchte, erzeugt sich seinen eigenen Zahlengenerator.

java.util.Random

Die Klasse `Random` besitzt zwei Konstruktoren.

- `Random(int seed)` erzeugt ein Zahlengenerator-Objekt, das mit einem `int`-Wert initialisiert wird. Das Besondere daran: Zwei `Random`-Objekte, die mit dem gleichen `seed`-Wert initialisiert wurden, produzieren stets die gleiche Folge von

Zufallszahlen. Dies bedeutet aber auch, dass ein Programm, das ein Random()-Objekt mit einem seed-Wert verwendet, immer die gleiche Folge von Zufallszahlen verarbeitet. Diese zufälligen, aber reproduzierbaren Zahlenfolgen sind zum Testen und Vergleichen von Programmen, die mit Zufallszahlen arbeiten, sehr wichtig.

- Random() erzeugt ein Zahlengenerator-Objekt, das intern mit der aktuellen Systemzeit initialisiert wird und daher nicht reproduzierbare Zufallszahlen liefert.

```
java.util.Random generator = new Random(3);      // reproduzierbare Zahlen
java.util.Random generator = new Random();       // nicht reproduzierbare Zahlen
```

TIPP

Die Praxis sieht in der Regel so aus, dass man während der Entwicklungsphase den Zahlengenerator mit einem festen seed-Wert initialisiert. Dies erleichtert das Testen und Debuggen des Programms. Zum Schluss, wenn das Programm fertiggestellt ist und ausgeliefert werden kann, löscht man den seed-Wert.

Die eigentlichen Zufallszahlen »zieht« man danach durch Aufruf der Random-Methoden:

- nextInt(), nextInt(int n), nextLong() zur Generierung einer ganzzahligen Zufallszahl im jeweiligen Wertebereich (also von int oder long). Die Variante mit dem Parameter n erzeugt eine Zufallszahl zwischen 0 (inklusive) und n (exklusive).
- nextFloat() und nextDouble() zur Erzeugung einer Gleitkommazahl aus dem Wertebereich von float bzw. double.

Grundsätzlich ist jede Zahl aus dem Wertebereich gleich wahrscheinlich. Für manche (eher mathematisch-statistische) Anwendungen werden jedoch Folgen von gaußverteilten Zufallszahlen benötigt. Dies erlaubt die Methode nextGaussian().

Angepasste Zufallszahlen

Mit Zufallszahlen wie 0.34 oder 0.00032 lässt sich in einem Programm aber nur selten etwas Vernünftiges anfangen. Meist benötigt man ganzzahlige Zufallszahlen aus einem bestimmten Wertebereich, beispielsweise eine zufällig ausgewählte Zahl zwischen 1 und 10 oder 12 und 15. In so einem Fall gehen Sie wie folgt vor.

1. Zuerst ermitteln Sie, wie viele ganzzahlige Werte der angestrebte Wertebereich umfasst.

   Wenn Sie beispielsweise Zufallszahlen zwischen 2 und 7 (2 und 7 mit eingeschlossen) benötigen, umfasst der Wertebereich 6 Werte.
2. Dann rufen Sie die Methode Random.nextInt() mit dem in Schritt 1 ermittelten Wertebereich auf (in unserem Beispiel also 6 oder allgemein formuliert MAX – MIN + 1).

   ```
   zufallszahl = generator.nextInt(7 - 2 + 1);
   ```

   In zufallszahl steht jetzt eine Zahl aus dem Bereich 0 bis 5.

3. Zuletzt addieren Sie die Zahl, mit der der Wertebereich beginnen soll (im Beispiel die 2).

   ```
   zufallszahl = generator.nextInt(7 - 2 + 1) + 2;
   ```

   In `zufallszahl` steht jetzt eine Zahl zwischen 2 und 7.

Das folgende Programm erzeugt eine Zufallszahl zwischen den inklusiven Grenzen MIN und MAX:

Listing 6.1: Zufallszahl.java – Zufallszahlen erzeugen

```
// Einsatz des Zufallszahlengenerators
import java.util.*;

class Zufallszahl {
   public static void main(String args[]) {
      final int MIN = 5;
      final int MAX = 10;
      int zz;

      Random generator = new Random();

      zz = generator.nextInt(MAX-MIN + 1) + MIN;

      System.out.println(" Gezogene Zahl: " + zz);
   }
}
```

6.4 Operationen auf boolean

Neben den allgemeinen Operatoren gibt es für die Verarbeitung boolescher Werte noch eine Klasse eigener Operatoren: die logischen Operatoren.

6.4.1 Die logischen Operatoren

Die logischen Operatoren kombinieren boolesche Ausdrücke (also Ausdrücke, die einen bestimmten Wahrheitswert darstellen – etwa Vergleiche) zu komplexeren Aussagen, die ebenfalls wieder wahr (`true`) oder falsch (`false`) sein können.

Tabelle 6.9: Die logischen Operatoren

Operator	Aufgabe	Beispiel
`&&, &`	Logisches Und	`(i > 1 && i < 10)`
`||, |`	Logisches Oder	`(i < 1 || i > 10)`
`!`	Logisches Nicht	`!(i == 0)`

Ebenso wie die Vergleichsoperatoren werden die logischen Operatoren meist in Bedingungen von Schleifen und Verzweigungen eingesetzt und daher in Kapitel 7.1 näher vorgestellt.

6.5 Operationen auf Strings

Die Strings nehmen unter den Datentypen Javas eine Sonderstellung ein, da sie einerseits zu den Referenztypen zählen und durch Objekte der Klasse `String` repräsentiert werden, andererseits aber so stark in die Sprache integriert sind, dass sie fast schon wie Daten elementarer Datentypen verwendet werden können (siehe hierzu Kapitel 5.3).

Zu diesen besonderen Vorzügen der Strings gehört auch, dass sie als einziger Referenztyp über einen eigenen Operator verfügen: den Konkatenationsoperator.

6.5.1 Der Konkatenationsoperator

Mit die wichtigste Operation zur Bearbeitung von Strings ist das Anhängen eines Strings an einen anderen. Im Programmierjargon bezeichnet man dies als *Konkatenation*.

Um das Aneinanderhängen von Strings so bequem wie möglich zu machen, wurde in Java der + -Operator auch für Strings definiert.

```
String gruss = "Hallo";
String name  = "Programmierer";
String ausgabe;

ausgabe = gruss + " " + name + "!";

System.out.println(ausgabe);
```

STOP

Verwechseln Sie den Konkatenationsoperator nicht mit dem Additionsoperator für numerische Datentypen. Beide haben zwar das gleiche Symbol (+), repräsentieren aber gänzlich unterschiedliche Operationen.

Steht das +-Zeichen zwischen zwei Operanden, von denen einer dem String-Typ, der andere einem numerischen Typ angehört, wandelt der Compiler den numerischen Wert automatisch in einen String um, und interpretiert das + als Konkatenationsoperator:

```
int zahl = 144;
int wurzel;

wurzel = Math.sqrt(zahl);
System.out.println("wurzel : " + wurzel);
```

6.5.2 Die Klasse String

Sieht man einmal von den allgemeinen Operatoren =, ==, != und (*typ*) ab, ist der Konkatenationsoperator der einzige Operator, der für Strings definiert ist. Kompensiert wird dies durch die zahlreichen Methoden der Klasse `String`, die Ihnen jeden erdenklichen Komfort bei der Bearbeitung Ihrer Zeichenketten und Texte bietet.

Konstruktoren

Insgesamt definiert die Klasse `String` neun Konstruktoren, darunter:

- `String()`
  Erzeugt ein leeres String-Objekt, das den leeren String `""` repräsentiert.
  `String str = new String();`
- `String(byte[] bytes)`
- `String(byte[] bytes, String charset)`
  Diese beiden Konstruktoren erwarten ein `byte`-Array mit den einzelnen Zeichen. Da das String-Objekt intern mit Unicode arbeitet, werden die einzelnen Bytes intern vom Konstruktor in Unicode übersetzt. Der erste Konstruktor wählt dazu die Standardzeichencodierung des zugrunde liegenden Betriebssystems (in Deutschland in der Regel ISO-8859-1), der zweite verwendet die in `charset` angegebene Codierung.
- `String(char[] chars)`
- `String(char[] chars, int offset, int count)`
  Diese Konstruktoren initialisieren ihre Objekte mit den Zeichen aus einem `char`-Array. Da der Datentyp `char` in Java Unicode-Zeichen speichert, entfällt hier die Zeichenkonvertierung. Der zweite Konstruktor initialisiert das String-Objekt mit den `count`-Zeichen, die ab der Position `offset` im Array `chars` zu finden sind.
- `String(String original)`
  Erzeugt ein neues String-Objekt als Kopie eines bestehenden String-Objekts. Anders als beim =-Operator, der Referenzen auf String-Objekte kopiert, wird hier eine echte Kopie erstellt, d.h., es gibt danach zwei String-Objekte, die beide gleich lautende Strings enthalten.

6

INFO

Vergessen Sie auch nicht die Möglichkeit, Strings automatisch erzeugen zu lassen:

```
String str = "Ich bin ein String";
```

Methoden

Tabelle 6.10 zeigt eine Auswahl der wichtigsten Methoden von `String`.

Tabelle 6.10: Wichtige Methoden der Klasse String

Methode	Beschreibung[a]
`char` **`charAt`**`(int index)`	Liefert das Zeichen an der Position `index`. Erste Position ist 0.
`int` **`compareTo`**`(String str)`	Vergleicht den String mit `str`. Rückgabewert ist kleiner 0 für »lexikografisch kleiner«, 0 für »gleich« und größer 0 für »lexikografisch größer«.
`boolean` **`equals`**`(String str)`	`true`, wenn der String identisch ist zu `str` (entspricht Wert 0 bei `compareTo()`).
`String` **`concat`**`(String str)`	Vergrößert den String, indem `str` angehängt wird.
`String` **`replace`**`(char alt, char neu)`	Ersetzt alle Vorkommen von `alt` durch `neu`.

Tabelle 6.10: Wichtige Methoden der Klasse String (Forts.)

Methode	Beschreibung[a]
`byte[] getBytes()`	Liefert die Zeichenkette des Strings als `byte`-Array, codiert mit der Standardzeichencodierung.

`int indexOf(int z)`
`int indexOf(int z, int start)`
`int indexOf(String str)`
`int indexOf(String str, int start)`
	Durchsucht den String nach `z` bzw. `str` und liefert die erste Position, wo `z` gefunden wurde (oder –1 bei Misserfolg). Optional kann die Startposition mitgegeben werden, ab der die Suche beginnen soll.

`int length()`	Die Anzahl an Unicode-Zeichen der Zeichenkette (nicht die Anzahl an Bytes!) .
`boolean matches(String reg)`	`true`, wenn der String den regulären Ausdruck `reg` erfüllt.
`boolean startsWith(String str)` `boolean endsWith(String str)`	`true`, wenn der String mit `str` anfängt bzw. endet.
`String substring(int start, int end)`	Liefert den Teilstring ab Position `start` bis Position `end` (exklusive).
`String trim()`	Entfernt führende/nachfolgende Leerzeichen.
`static String valueOf(xxx wert)`	Liefert eine Stringdarstellung von `wert` vom primitiven Datentyp `xxx` (z.B. `int`, `float` usw.)

a. Positionsangaben sind stets nullbasiert! Bei Bereichsangaben der Art `start – ende` gilt, dass `ende` die erste Position bezeichnet, die nicht mehr betroffen ist (z. B. bei `substring()`).

REF

Das Vergleichen von Strings wird noch einmal in Kapitel 7.1.3 aufgegriffen. Fortgeschrittene und tiefer gehende Aspekte der String-Programmierung werden in Kapitel 28.1 behandelt.

6.6 Operationen auf Referenztypen

Für Referenztypen gibt es keine eigenen Operatoren.

Immerhin ist es möglich, mithilfe der allgemeinen Operatoren (siehe Abschnitt 6.2) Typumwandlungen zwischen Referenztypen vorzunehmen sowie Referenzen zu kopieren und zu vergleichen:

```
EineKlasse obj1 = new EineKlasse();
EineKlasse obj2 = null;

// Referenz zuweisen
obj2 = obj1;
...
```

Was passiert in dem obigen Code?

In der ersten Zeile wird mit dem Schlüsselwort `new` ein Objekt der Klasse `EineKlasse` erzeugt und die Referenz auf dieses Objekt in der Variablen `obj1` gespeichert. In der Variablen `obj2` wird die `null`-Referenz abgelegt. Würden Sie jetzt die beiden Objekte mit dem ==-Operator auf Gleichheit überprüfen (`obj1 == obj2`), wäre das Ergebnis `false`, da die beiden Referenzen nicht auf dasselbe Objekt verweisen.

Weiter unten wird dann der Wert von `obj1` an `obj2` zugewiesen, d.h. die in `obj1` gespeicherte Referenz wird in `obj2` kopiert. Folglich weisen danach sowohl `obj1` als auch `obj2` auf dasselbe Objekt und ein Vergleich (`obj1 == obj2`) würde das Ergebnis `true` liefern.

6.6.1 Die Basisklasse Object

Alle in Java definierten Klassen (und Arrays) gehen auf eine oberste Basisklasse zurück: `Object` aus dem Paket `java.lang`.

Diese Rückführung sämtlicher Klassen auf eine Basisklasse ist von großer Bedeutung für die Programmierung, und zwar in zweierlei Hinsicht:

- Erstens kann jeder Klassentyp in den Typ `Object` umgewandelt werden.
- Zweitens erbt jede Klasse die in `Object` definierten Elemente.

Die Bedeutung der Typumwandlung in `Object` lässt sich ohne Hintergrundwissen und Erfahrungen in der objektorientierten Programmierung nur schwer ermessen. Wir werden daher in Kapitel 14.3 noch einmal darauf zurückkommen.

Die Vorzüge, die sich aus der Vererbung der in `Object` definierten Elemente ergeben, liegen dagegen auf der Hand: Die Lücke, die die fehlenden Operatoren aufreißen, kann durch geeignete Methoden in `Object` wieder geschlossen werden. So gibt es in `Object` beispielsweise Methoden, mit denen man die Objekte von Referenztypen kopieren oder vergleichen kann.

Warum aber so umständlich? Warum haben die Designer von Java nicht einfach weitere Operatoren definiert:

```
EineKlasse obj1 = new EineKlasse();
EineKlasse obj2;

obj2 =  obj1;          // Referenz aus obj1 in obj2 kopieren
obj2 =$ obj1;          // Objekt, auf das obj1 verweist, in obj2 kopieren
                       // !!! erfundene Syntax, in Java nicht gültig !!!
```

Bedenken Sie, dass jede Klasse (und jedes Array) einen eigenen Datentyp darstellt und eine ganz eigene Art von Objekten erzeugt. Operationen zu implementieren, die für alle diese unterschiedlichen Objekttypen sinnvoll und nützlich sind, ist schlichtweg unmöglich. Oder können Sie sich vorstellen, wie eine Vergleichsoperation aussehen müsste, mit der Zeitangaben (Objekte der Klasse `java.util.Date`) ebenso verglichen werden können wie Objekte einer von Ihnen definierten Klasse `Adresse` oder die Objekte irgendeiner beliebigen anderen Klasse? Genau diese Quadratur des Kreises müssten aber in der Sprache verankerte Operatoren vollbringen.

Das Konzept der via `Object` vererbten Methoden ist dagegen wesentlich flexibler, denn jede Klasse hat die Möglichkeit, die Implementierung der geerbten Methoden zu überschreiben. (Wie die Überschreibung genau funktioniert, wird Thema der Kapitel 13 und 15 sein.)

So definiert `Object` beispielsweise eine Methode `toString()`, die dazu gedacht ist, eine String-Repräsentation des aktuellen Objekts zurückzuliefern. In `Object` ist diese Methode so implementiert, dass sie einen String erzeugt, der aus dem Klassennamen des Objekts, dem @-Zeichen und einen das Objekt spezifizierenden Integer-Code (Hash-Code) besteht: »klassenname@hashcode«.

```
Object obj = new Object();
System.out.println(obj.toString());  // Ausgabe: java.lang.Object@7ced01
```

Da alle Klassen von `Object` abgeleitet werden, können Sie sich darauf verlassen, dass jedes Objekt (egal welcher Java-Klasse) über die Methode `toString()` verfügt, die eine String-Repräsentation des Objekts zurückliefert. Dies kann die von `Object` vorgegebene Stringdarstellung sein, es kann aber auch eine von der Klasse des Objekts angepasste Version sein. Denken Sie beispielsweise an die Wrapper-Klassen zu den numerischen Datentypen, die `toString()` so überschreiben, dass eine Stringdarstellung der durch die Objekte repräsentierten Zahlen zurückgeliefert wird.

```
Integer zahl = new Integer(314);
System.out.println(zahl.toString());   // Ausgabe: 314
```

Die Methoden von Object

Die Klasse `Object` definiert zwei Gruppen von Methoden. Die erste Gruppe dient der Threadsynchronisierung:

```
void notify()
void notifyAll()
void wait()
void wait(long timeout)
void wait(long timeout, int nanos)
```

Diese Methoden sind fertig implementiert und können nicht überschrieben werden! Sie werden in Kapitel 30 behandelt.

In der zweiten Gruppe sind die allgemein nützlichen Methoden zusammengefasst, die – abgesehen von `getClass()` – von abgeleiteten Klassen überschrieben werden können:

Tabelle 6.11: Allgemein nützliche Methoden aus Object

Methode	Beschreibung
`protected Object` **`clone()`**	Erzeugt eine Kopie des aktuellen Objekts und liefert diese zurück. Die von `Object` vorgegebene Implementierung löst eine `CloneNotSupportedException` aus, wenn die Klasse, für deren Objekt die Methode aufgerufen wird, nicht die `Cloneable`-Schnittstelle implementiert. Ansonsten wird eine »flache« Kopie erstellt, d.h., die Inhalte der Felder werden 1:1 kopiert (siehe Kapitel 17.2). Siehe Kapitel für ein Beispiel, wie diese Methode überschrieben werden kann.
`boolean` **`equals`**`(Object obj)`	Testet zwei Objekte auf Gleichheit. Die von `Object` vorgegebene Implementierung liefert `true`, wenn die Referenzen auf das aktuelle Objekt und das Argument identisch sind – arbeitet also genauso wie der `==`-Operator für Referenzen. Siehe Kapitel 17.3 für ein Beispiel, wie diese Methode überschrieben werden kann.

Tabelle 6.11: Allgemein nützliche Methoden aus Object (Forts.)

Methode	Beschreibung
`protected void finalize()`	Diese Methode wird vom Garbage Collector (Speicherbereinigung) aufgerufen, wenn das Objekt aufgelöst wird. Die von `Object` vorgegebene Implementierung tut nichts. Abgeleitete Klassen können diese Methode überschreiben, wenn ihre Objekte irgendwelche Systemressourcen freigeben oder sonstige Aufräumarbeiten verrichten möchten. Siehe auch Kapitel 8.6.5.
`Class getClass()`	Liefert die Laufzeitklasse des Objekts zurück. Kann nicht überschrieben werden. Siehe Kapitel 14.3.3.
`int hashCode()`	Liefert einen Hashcode für das Objekt zurück, wie er beispielsweise von Objekten verlangt wird, die als Schlüssel zu Hashtabellen (Instanzen von `java.util.Hashtable` oder `java.util.HashMap`) verwendet werden. Die von `Object` vorgegebene Implementierung liefert einen für jedes Objekt eindeutigen Integer-Wert (meist wird die Methode so implementiert, dass sie die Speicheradresse des Objekts zurückliefert). Siehe Kapitel 29.5 für ein Beispiel zur Verwendung von Hashtabellen.
`String toString()`	Liefert eine Stringdarstellung des Objekts zurück. Die von `Object` vorgegebene Implementierung setzt den String aus den Rückgabewerten von `getClass()` und `hashCode()` zusammen: `getClass().getName() + "@" + Integer.toHexString(hashCode());` Siehe Kapitel 17.1 für ein Beispiel, wie diese Methode überschrieben werden kann.

INFO

Denken Sie nicht nur daran, dass Sie die `Object`-Methoden für Objekte jeder beliebigen Klasse nutzen und aufrufen können. Denken Sie auch beim Schreiben eigener Klassen daran, die Methoden – wo möglich und sinnvoll – durch eigene, den Klassen gemäße Implementierungen zu überschreiben (siehe Kapitel 17).

6.7 Sonstige Operatoren

Weitere Operatoren von Java sind:

Tabelle 6.12: Sonstige Operatoren

Operator	Aufgabe
,	Aneinanderreihung von Variablen oder Ausdrücken, die jeder für sich ausgewertet werden sollen: `int i = 1, j = 3, n = 3;`
.	Zugriff auf Elemente von Objekten: `obj.element = 3;`
[]	Zugriff auf Elemente eines Arrays (siehe Kapitel 9.2)

Tabelle 6.12: Sonstige Operatoren (Forts.)

Operator	Aufgabe
`{}`	Anweisungsblöcke Initialisierungslisten für Arrays (siehe Kapitel 9.1)
`()`	Methodenaufruf und Parameterlisten (siehe Kapitel 8.3)
`instanceof`	Ermittelt, ob ein Objekt einer bestimmten Klasse angehört (siehe Kapitel 14.3.3)
`?:`	Bedingungsoperator (siehe gleichnamiger Abschnitt in Kapitel 7.2)

6.8 Reihenfolge der Ausdrucksauswertung

In Ausdrücken, die aus mehreren Operatoren bestehen, stellt sich die Frage, wie diese Ausdrücke berechnet werden. Dabei spielen die Priorität und die Assoziativität der Operatoren, die Reihenfolge der Operandenauswertung sowie die Klammerung eine entscheidende Rolle.

6.8.1 Priorität

Nehmen wir zum Beispiel die Variable `y`, der wir den Wert des Ausdrucks `3 + x * 4` zuweisen:

`y = 3 + x * 4;`[4]

Die Variable `x` habe den Wert 2. Welchen Wert hat die Variable `y` nach der Zuweisung?

Im ersten Moment würde man wohl davon ausgehen, dass die Operatoren in der Reihenfolge abgearbeitet werden, in der sie im Ausdruck von links nach rechts auftauchen. Zuerst würde 3 + 2 berechnet, dann das Ergebnis mit 4 multipliziert. Die Variable `y` erhielte damit den Wert 20.

Auf den zweiten Blick wird man sich vielleicht überlegen, dass – wie in der Mathematik – die Punktrechnung vor der Strichrechnung ausgeführt werden könnte. Dann würde zuerst 2 * 4 berechnet und zum Ergebnis der Wert 3 addiert. Die Variable `y` erhielte dann den Wert 11.

Tatsächlich ist Letzteres der Fall. Der Grund hierfür ist, dass die Operatoren in Kategorien unterschiedlicher Priorität eingeteilt sind und Operatoren mit höherer Priorität vor den Operatoren niedriger Priorität abgearbeitet werden. Da die Operatoren für Multiplikation und Division in der internen Rangordnung der Operatoren eine höhere Priorität einnehmen als die Operatoren für Addition und Subtraktion, gilt auch bei der Auswertung von Ausdrücken, dass Punkt vor Strich geht.

Tabelle 6.13 am Ende des Abschnitts listet die verschiedenen Operatoren geordnet nach ihrer Priorität auf.

4 Mathematiker werden hierin unschwer die Gleichung einer Geraden mit der Steigung 4 erkennen, doch dies sei nur so nebenbei bemerkt.

6.8.2 Klammerung

Wenn Sie sich wegen der Auswertungsreihenfolge der Operatoren nicht sicher sind oder einfach eine andere Auswertungsreihenfolge vorgeben wollen, können Sie die Ausdrücke klammern. Die Klammern haben oberste Priorität, das heißt, Teilausdrücke in Klammern werden vorrangig ausgewertet.

Wenn Sie also möchten, dass der Interpreter in dem Ausdruck 3 + x * 4 zuerst die 3 zu dem Wert von x addiert und dann das Ergebnis mit 4 multipliziert und an y zuweist, müssen Sie schreiben:

```
y = (3 + x) * 4;
```

Aber auch wenn die Operatoren in der gewünschten Reihenfolge ausgewertet werden, können Klammern hilfreich sein, da sie die Lesbarkeit des Codes verbessern.

```
y = 3 + (x * 4);
```

Überflüssige Klammern entlarven Sie nicht gleich als Dilettanten, der die Regeln für die Operatorenauswertung nicht beherrscht, sondern zeugen vielmehr von Verantwortungsbewusstsein und dem Bemühen um gut verständliche Quelltexte. STOP

6.8.3 Operandenauswertung

Weiter oben wurde ausgeführt, dass Operatoren mit höherer Priorität vor anderen Operatoren im Ausdruck mit niedriger Priorität ausgeführt werden. Man könnte daraus schließen, dass der Compiler bei der Ausdrucksauswertung sich den Operator höchster Priorität sucht, diesen auswertet und dann zu den Operatoren niedriger Priorität übergeht. Doch dem ist nicht so!

Der Compiler arbeitet die Ausdrücke grundsätzlich von links nach rechts ab, wobei er sofort mit der Auswertung der Operanden beginnt. Stellt er fest, dass er die Operanden zu einem Operator vollständig ausgewertet hat, führt er die Operation durch. Und wo kommt dabei die Priorität ins Spiel? Sie bestimmt die Zuordnung der Operanden zu den Operatoren. Ein Beispiel soll dies verdeutlichen.

```
x = 3;
y = x - 7 * ++x + x;
```

Würde der Compiler hier mit der Auswertung bei dem Operator mit der höchsten Priorität beginnen (++x), würde x als Erstes auf 4 gesetzt und der letztendlich ausgewertete Ausdruck wäre 4 - (7 * 4) + 4 = -20.

Tatsächlich ermittelt der Compiler aber zuerst die Speicheradresse von y, dann springt er zur rechten Seite der Zuweisung und ersetzt x durch den aktuellen Wert 3. Er könnte jetzt die 3 an y zuweisen, aber er erkennt die höhere Priorität des Minus-Operators, die ihm sagt, dass die 3 eben nicht der zweite Operand des Zuweisungsoperators ist, sondern der erste Operand des Minus-Operators. Also sucht er den zweiten Operanden des Minus-Operators und findet die 7, die aber wieder nur der erste Operand des Multiplikationsoperators und so weiter. Schließlich erreicht er den Inkrementoperator und sein Argument x:

```
y = (3 - (7 * (++x)
```

Da der Inkrementoperator ++ nur einen einzigen Operanden besitzt (x), führt er die Inkrementoperation aus: x wird der Wert 4 zugewiesen und dieser Wert ergibt auch gleichzeitig den zweiten Operanden des Multiplikationsoperators.

```
y = (3 - (7 * 4)
```

Jetzt kann der Compiler auch die Multiplikation ausführen.

```
y = (3 - 28
```

Und auch die Subtraktion wird berechnet, da der nachfolgende Operator keine höhere Priorität hat.

```
y = (-25
```

Das Zwischenergebnis -25 ist der erste Operand des noch verbleibenden +-Operators, dessen zweiter Operand der Wert von x (jetzt 4) ist.

```
y = (-25 + 4);
```

Der Compiler muss also nur noch die Addition durchführen und das Ergebnis ist schließlich der rechte Operand für die Zuweisung an y.

INFO

Beachten Sie, dass der Compiler, obwohl die Ausdrucksauswertung von links nach rechts voranschreitet, die beteiligten Operatoren strikt in der Reihenfolge ihrer Priorität ausgewertet hat.

STOP

Der hier geschilderte Ablauf beschreibt die Vorgehensweise des *javac*-Compilers, ist allerdings nicht durch den Java-Standard abgesichert. Dieser schreibt nämlich lediglich vor, dass die Priorität berücksichtigt wird, dass ein Operator erst nach seinen Operanden ausgewertet wird und dass für binäre Operatoren immer zuerst der linke Operand berechnet wird. Ausdrücke mit Nebeneffekten (siehe unten), könnten daher von verschiedenen Compilern unterschiedlich berechnet werden.

6.8.4 Prioritätentabelle der Operatoren

Die folgende Tabelle listet die Operatoren nach ihrer Priorität geordnet auf. 1 ist die höchste Priorität:

Tabelle 6.13: Priorität und Assoziativität der Operatoren

Priorität	Operatoren	Bedeutung
1	()	Methodenaufruf
	[]	Arrayindex
	.	Elementzugriff
2	++	Inkrement
	--	Dekrement
	+, -	Vorzeichen
	~	Bitkomplement
	!	logische Negation
	()	Typumwandlung

Tabelle 6.13: Priorität und Assoziativität der Operatoren (Forts.)

Priorität	Operatoren	Bedeutung
3	*	Multiplikation
	/	Division
	%	Modulo (Rest der Division)
4	+	Addition
	-	Subtraktion
	+	Konkatenation (Stringverkettung)
5	<<	Linksverschiebung
	>>	Rechtsverschiebung
	>>>	Rechtsverschiebung
6	<, <=	kleiner, kleiner gleich
	>, >=	größer, größer gleich
	`instanceof`	Typüberprüfung eines Objekts
7	==	gleich
	!=	ungleich
8	&	bitweises UND
	&	logisches UND
9	^	bitweises XOR
	^	logisches XOR
10	|	bitweises ODER
	|	logisches ODER
11	&&	logisches UND
12	||	logisches ODER
13	?:	Bedingungsoperator
14	=	Zuweisung
	*=, /=, %=, +=, -=, &=, ^=, |=, <<=, >>=, >>>=	zusammengesetzte Zuweisung
15	,	Komma-Operator

6.9 Nebeneffekte

Beim Aufbau komplexerer Ausdrücke, die mehrere Operatoren und Werte enthalten, sollte man unbedingt auf mögliche unerwartete Nebeneffekte achten.

Nebeneffekte ergeben sich immer dann, wenn eine Anweisung implizit weitere Anweisungen auslöst – beispielsweise wenn Sie in den Ausdruck auf der rechten Seite einer Anweisung einen Methodenaufruf einbauen oder einen Operanden inkrementieren oder dekrementieren.

```
y = Math.sin(2.4) * 3;
y = 3 * ++x;
```

Meist sind solche Nebeneffekte erwünscht und werden gezielt eingesetzt. Ungenaue Kenntnisse der Arbeitsweise des Compilers können aber ebenso wie »besonders geschickt« ausgetüftelte Ausdrücke schnell dazu führen, dass sich Nebeneffekte einstellen, die vom Programmierer weder gewünscht noch vorhergesehen wurden.

Die meisten ungewollten Ergebnisse resultieren daraus, dass

- Nebeneffekte auf die im Ausdruck enthaltenen Werte rückwirken und nicht in der vom Programmierer erwarteten Reihenfolge abgearbeitet werden. (Hierfür konnten Sie in dem vorangehenden Abschnitt 6.8 bereits eine Reihe von Beispielen sehen.)
- ein (Teil) Ausdruck gar nicht ausgeführt wird. Dies ist meist der Fall, wenn die logischen Vergleichsoperatoren `&&`, `||` eingesetzt werden, bei denen die Auswertung von links beginnend direkt abgebrochen wird, wenn der Wert des gesamten Ausdrucks bereits feststeht, z.B.

  ```
  if(a++ == 4 && b++ == 4) {
     // ...
  }
  ```

  Hier möchte der Programmierer wahrscheinlich, dass `a` und `b` beide um eins erhöht werden und hat dies in die `if`-Abfrage integriert. Während der Ausführung wird dies aber nur dann passieren, wenn `a` den Wert 4 hat. Falls `a` einen anderen Wert hat, wird der Ausdruck `b++ == 4` gar nicht mehr erreicht, sodass nur `a` inkrementiert wird.

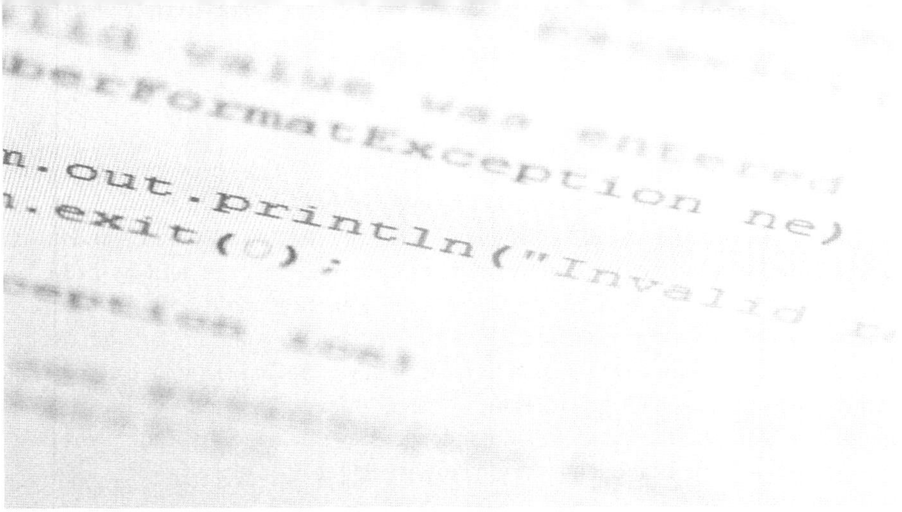

Kapitel 7
Kontrollstrukturen

Bis jetzt sahen die vorgestellten Beispiele und Codefragmente stets so aus, dass die Anweisungen in der `main()`-Methode nacheinander von oben nach unten ausgeführt wurden.

Mithilfe spezieller Sprachkonstrukte kann der Programmierer diesen sequenziellen Programmfluss aufbrechen und umleiten. Die Programmlogik unterscheidet hierbei zwischen:

- **Verzweigungen**. Anhand einer im Programm definierten Bedingung wird entschieden, an welcher Stelle das Programm weiter ausgeführt werden soll.
- **Schleifen**. Ein bestimmter Anweisungsblock wird wieder und wieder ausgeführt, bis eine im Programm definierte Abbruchbedingung erfüllt ist.
- **Sprüngen**. Die Programmausführung wird von der aktuellen Anweisung zu einer bestimmten anderen Anweisung umdirigiert.

Die folgenden Abschnitte beschäftigen sich mit der Syntax dieser Sprachkonstrukte, ihrem praktischen Einsatz in Programmen sowie den potenziellen Fallen und Fehlerquellen, die zu beachten sind.

INFO

Neben den Verzweigungen, Schleifen und Sprüngen gibt es noch ein weiteres Konzept zur Umlenkung des Programmflusses: die Exceptions. Exceptions dienen ausschließlich der Fehler- und Ausnahmebehandlung. Sie werden in Kapitel 16 behandelt.

7.1 Entscheidungen und Bedingungen

Zweimal schon hat die Computertechnologie entscheidende Umwälzungen in unserem alltäglichen Leben und im Gefüge unserer modernen Gesellschaften herbeigeführt. Die erste Umwälzung begann in den Siebzigern mit der Miniaturisierung der elektronischen Rechner[1] und der Einführung des Personal Computers, kurz PC. Immer kleiner und immer leistungsfähiger werdend breitete sich der PC epidemisch aus und revolutionierte die Datenverarbeitung in Wissenschaft und Industrie, in Amtsstuben wie in Kinderzimmern. Die zweite Revolution folgte in den Neunzigern und war eine der wenigen, vielleicht sogar die einzige Revolution, die vom Militär initiiert wurde – wenn auch gänzlich unbeabsichtigt. Die Rede ist vom Internet, das aus dem vom U.S.-Militär geförderten ARPANET hervorging[2] und sich – trotz gelegentlicher Blasenbildung und zunehmender Kommerzialisierung – zu einem weltumspannenden, internationalen Forum entwickelt hat.

Wird es nach PC und Internet noch eine weitere Computerrevolution geben? Die Chancen stehen gut, dass die Entwicklungen auf dem Gebiet der virtuellen Realität unsere Realität genauso entscheidend verändern werden wie zuvor der PC und das Internet. Und auch die künstliche Intelligenz – anfangs stark gefördert, später mangels ausbleibender Resultate zum Teil belächelt – schickt sich so langsam an, immer mehr Entwicklungen in marktreife Produkte zu überführen – was wohl auch daran liegt, dass die Ansprüche an die »Intelligenz« der eigenen Produkte zurückgeschraubt wurden. Für uns ist es hingegen an der Zeit, die »Intelligenz« unserer Programme zu erhöhen.

Was ist überhaupt Intelligenz? Intelligenz ist schwer zu definieren und noch schwerer zu messen[3]. Es gibt allerdings bestimmte Eigenschaften, die eng mit der Vorstellung von Intelligenz verbunden sind: beispielsweise die Lernfähigkeit oder die Möglichkeit auf wechselnde Umwelteinflüsse zu reagieren. Begreift man nun die Daten, die ein Programm verarbeiten soll, als die »Umwelteinflüsse« des Programms, zeichnet sich der Weg, wie Programme intelligenter werden, klar ab: sie müssen so programmiert werden, dass sie in Abhängigkeit von den Werten der Daten unterschiedlich reagieren können.

Ein Programm, das eine Zahl einliest und die Wurzel dieser Zahl berechnet, ist in diesem Sinne ein dummes Programm. Gibt man eine negative Zahl ein (für die die Wurzel nicht definiert ist), liefert das Programm falsche Ergebnisse oder stürzt ab.

---

1 Bereits 1947 hatten Shockley, Bardeen und Brattain den Transistor erfunden, der in den Fünfzigerjahren nach und nach die sperrigen Vakuumröhren ersetzte. Die Winzigkeit des Transistors hatte aber auch Nachteile: in komplexeren, dichten Schaltungen war er nur sehr schwer zu verlöten. Dieses Problem wurde Ende der Fünfziger durch die integrierten Schaltkreise (zeitgleich erfunden von Jack Kilby und Robert N. Noyce) gelöst.

2 In den Sechzigerjahren galt eine der Hauptsorgen des U.S.-Militärs seiner fragilen Infra- und Kommunikationsstruktur, die im Falle eines atomaren Erstschlags seitens der UdSSR vollkommen zusammenbrechen könnte. Um sich gegen alle Eventualitäten abzusichern, wurde im Auftrag des Militärs an den Universitäten des Landes der Prototyp eines verteilten, dezentralisierten Computer-Netzwerks aufgebaut: das ARPANET. 1983 wurden die militärischen Rechner abgespalten (MILNET), das ARPANET wurde unter Kontrolle der National Science Foundation zum NSFNet und später zum weltumspannenden Internet.

3 Früher versuchte man zum Beispiel, die Intelligenz in Korrelation zum Gehirnvolumen zu bringen. Das meines Wissens schwerste je gemessene menschliche Gehirn gehörte Lord Byron, dem Vater der späteren Lady Ada Lovelace, die bereits im 19. Jahrhundert erste Entwürfe einer Programmiersprache ausarbeitete und heute allgemein als »erste Programmiererin« anerkannt ist. Interessant ist auch, dass das Gehirn von Marilyn Monroe mit 1440 Gramm ein gutes Stück über dem Durchschnitt eines männlichen Gehirns lag.

Ein besseres, intelligenteres Programm prüft die Eingabe und entscheidet dann, ob es die Wurzel berechnet und ausgibt oder ob es den Benutzer mit einer passenden Meldung auf seinen Bedienungsfehler hinweist.

7.1.1 Bedingungen

Um Entscheidungen treffen zu können, muss ein Programm Kriterien enthalten, auf deren Basis die Entscheidungen gefällt werden. Diese Kriterien oder *Bedingungen* schreibt der Programmierer im Quelltext als boolesche Ausdrücke nieder.

INFO

Ein **boolescher Ausdruck** ist ein Ausdruck, der zu einem booleschen Wert ausgewertet wird.

Die einfachste Entscheidung, die ein Programm treffen kann, ist die Frage, ob ein Anweisungsblock ausgeführt werden soll oder nicht. In Java sieht die zugehörige Syntax wie folgt aus:

```
...
if (Bedingung) {
   Anweisungen;
}
...
```

Diese Konstruktion kann wie ein deutscher Konditionalsatz gelesen werden:

»Wenn die Bedingung erfüllt ist, dann (und nur dann) führe den nachfolgenden Anweisungsblock aus.«

Als Bedingung kann wie gesagt jeder beliebige Ausdruck dienen, der zur Laufzeit zu einem booleschen Wert ausgewertet werden kann. Ergibt der Ausdruck `true`, bedeutet dies, dass die Bedingung erfüllt ist und der nachfolgende Anweisungsblock ausgeführt wird. Ergibt der Ausdruck `false`, ist die Bedingung nicht erfüllt und der Anweisungsblock wird übersprungen.

Meist bestehen Bedingungen aus Vergleichen, die mithilfe der Vergleichsoperatoren (siehe nachfolgender Abschnitt) aufgesetzt wurden.

```
if (variable >= 100) {
    System.out.println("variable hat einen Wert größer 100");
}
```

Sie können aber auch einzelne boolesche Werte (in Form von Konstanten, Variablen oder Rückgabewerten von Methoden) als Bedingung verwenden.

```
boolean geaendert;
...
if(geaendert) {
   // Code zum Speichern der Änderungen
}
```

Schließlich können Sie boolesche Ausdrücke mithilfe der logischen Operatoren (siehe übernächster Abschnitt) zu komplexeren Bedingungen zusammenfassen.

7.1.2 Die Vergleichsoperatoren

Mit den vergleichenden Operatoren, die auch relationale Operatoren genannt werden, wird ein Vergleich zwischen zwei Operanden, die auch Ausdrücke sein können, durchgeführt. Das Ergebnis dieser Operation ist vom Datentyp `boolean` und somit entweder wahr (`true`) oder falsch (`false`).

Tabelle 7.1: Vergleichsoperatoren

Operator	Vergleich	Beispiel für i = 2
`==`	Gleichheit	`if (i == 1)    // false`
`!=`	Ungleichheit	`if (i != 1)    // true`
`<`	Kleiner als	`if (i < 1)     // false`
`<=`	Kleiner gleich	`if (i <= 1))   // false`
`>`	Größer als	`if (i > 1)     // true`
`>=`	Größer gleich	`if (i >= 1)    // true`

Das Ergebnis eines Ausdrucks können Sie

- entweder in einer Variablen vom Typ `boolean` speichern

```
int var1 = 12;
int var2 = 13;
boolean b;

b = var1 < var2;  // b gleich true
b = var1 > var2;  // b gleich false
```

- oder direkt in den Bedingungen von Verzweigungen oder Schleifen verwenden.

```
if (var1 == var2) {
  System.out.println("gleich");
}
```

Die Vergleichsoperatoren <, <=, > und >= sind ausschließlich für die numerischen Datentypen (`char`, `byte`, `short int`, `long`, `float` und `double`) definiert. Operanden anderer Typen werden vom Compiler zurückgewiesen. Gehören die beiden Operanden eines Vergleichsoperators unterschiedlichen numerischen Typen an, werden die entsprechenden numerischen Promotionen durchgeführt (siehe Kapitel 6.1.2).

Die Gleichheitsoperatoren = und != sind für alle Datentypen definiert, also beispielsweise auch für `boolean` oder für Referenztypen. Im letzteren Fall prüfen die Operatoren, ob die Referenzen auf das gleiche Objekt verweisen. Für »echte«, typspezifische Vergleiche stellen die Referenztypen die Methode `equals()` zur Verfügung (die in selbst definierten Klassentypen überschrieben werden sollte, siehe Kapitel 17.3).

7.1.3 String-Vergleiche

Mancher Programmierer wird bedauern, dass die Vergleichsoperatoren nicht auch für Strings definiert sind. Dies würde allerdings voraussetzen, dass Java erlaubt, die Bedeutung der in die Sprache integrierten Operatoren für die Verwendung mit Klassen umzudefinieren. Diese Technik, die sogenannte Operatorenüberladung, wird von Java allerdings nicht unterstützt. Wir müssen in Java bei Stringvergleichen daher auf die Vergleichsoperatoren verzichten.

Dafür entschädigt uns die String-Implementierung von Java mit

- direkten Vergleichen mit == und != für String-Literal-Instanzen und allen »interned« String-Objekten, siehe auch Kapitel 28.1.1.

```
String str1 = "ABCDEFG";
String str2 = new String("ABCDEFG");
str2 = str2.intern();

System.out.println(str1 == "ABCDEFG"); // liefert true
System.out.println(str1 == str2);     // liefert true
```

- verschiedenen in der Klasse `String` definierten Vergleichsmethoden.

boolean isEmpty()

Prüft, ob ein leerer String (`""`) vorliegt. Falls ja, liefert die Methode `true` zurück.

```
if (s1.isEmpty())
   System.out.println(" Leerer String s1");
```

boolean equals(Object obj)

Vergleicht den aktuellen String mit `obj` und liefert `true` zurück, wenn `obj` ein String-Objekt ist, das die gleiche Zeichenfolge enthält wie das aktuelle Objekt.

```
String s1 = new String("Genau");
String s2 = new String("Genau");
String s3 = new String("genau");

System.out.println( s1.equals(s2) );       // liefert true
System.out.println( s1.equals(s3) );       // liefert false
```

INFO

Die Methode überschreibt die gleichnamige, von `Object` geerbte Methode (und definiert daher einen `Object`-Parameter).

boolean equalsIgnoreCase(String str)

Vergleicht den aktuellen String mit `str` und liefert `true` zurück, wenn beide die gleichen Zeichenfolgen enthalten – wobei nicht zwischen Groß- und Kleinschreibung der Buchstaben unterschieden wird.

```
String s1 = new String("Genau");
String s2 = new String("Genua");
String s3 = new String("genau");

System.out.println( s1.equalsIgnoreCase(s2) );       // liefert false
System.out.println( s1.equalsIgnoreCase(s3) );       // liefert true
```

boolean contentEquals(StringBuffer str)

Vergleicht den aktuellen String mit `str` und liefert `true` zurück, wenn beide die gleichen Zeichenfolgen enthalten.

```
String s1 = new String("Genau");
StringBuffer sb = new StringBuffer("Genau");

System.out.println(s1.contentEquals(sb));           // liefert true
```

int compareTo(Object obj)

int compareTo(String str)

int compareToIgnoreCase (String str)

Diese drei Methoden vergleichen den aktuellen String mit dem String des Arguments und stellen fest, ob der aktuelle String kleiner, gleich oder größer ist (wobei `compareToIgnoreCase()` nicht zwischen der Groß- und Kleinschreibung von Buchstaben unterscheidet). Das Ergebnis wird als Integer-Wert zurückgeliefert.

Tabelle 7.2: Rückgabewerte der compareTo-Methoden

Rückgabewert	Bedeutung
< 0	aktueller String kleiner
0	aktueller String gleich
> 0	aktueller String größer

```
String s1 = new String("Genau");
String s2 = new String("Genua");

int erg = s1.compareTo(s2);
if(erg == 0)
   System.out.println("gleich");
else if (erg < 0)
   System.out.println("kleiner");
else
   System.out.println("groesser");
```

Ausgabe:

```
kleiner
```

EXKURS

Strings vergleichen

Strings werden lexikografisch verglichen, das heißt, der Compiler geht die beiden Strings von vorne nach hinten durch und vergleicht Zeichen für Zeichen, bis er auf das erste Zeichen trifft, das in beiden Strings unterschiedlich ist. Dann stellt er fest, welches dieser Zeichen im Unicode zuerst kommt (sprich den kleineren Integer-Code hat). Der String, zu dem dieses Zeichen gehört, ist der lexikografisch kleinere der beiden verglichenen Strings.

Sind die beiden Strings bis zum Ende eines Strings gleich, entscheidet die String-Länge. Ist auch diese gleich, sind die beiden Strings gleich.

Dass Strings gemäß der Unicode-Codierung ihrer Zeichen verglichen werden, führt dazu, dass die Vergleiche gelegentlich zu »unerwarteten« Ergebnissen führen:

- *Großbuchstaben sind bei Stringvergleichen immer kleiner als Kleinbuchstaben (Z ist also kleiner als a), weil die Großbuchstaben im Unicode-Zeichensatz vor den Kleinbuchstaben stehen.*

  ```
  String s1 = new String("Genau");
  String s2 = new String("genau");

  System.out.println( s1.compareTo(s2) );      // Ausgabe: -32
  ```

- *Deutsche Umlaute und Sonderzeichen anderer Sprachen sind nicht entsprechend der nationalen Alphabete eingereiht, sondern folgen im Unicode hinter den ASCII-7-Zeichen.*

  Beispielsweise liegt das deutsche 'ä' 127 Stellen hinter dem 'e', weswegen »Fälle« größer als »Felle« gilt:

  ```
  String s1 = new String("Fälle");
  String s2 = new String("Felle");

  System.out.println( s3.compareTo(s4) );      // Ausgabe: 127
  ```

Wenn Sie Strings gemäß der jeweiligen nationalen Alphabete vergleichen wollen, müssen Sie dazu ein den nationalen Eigenheiten angepasstes `Collator`*-Objekt erzeugen und dessen* `compare()`*-Methode aufrufen (die als Ergebnis –1, 0 oder 1 zurückliefert):*

```
String s3 = new String("Fälle");
String s4 = new String("Felle");

java.text.Collator deCollator =
              java.text.Collator.getInstance(java.util.Locale.GERMAN);

System.out.println( deCollator.compare(s3, s4)  );  // -1
```

Wie zu vermuten, liefern die `compareTo`-Methoden nicht irgendeinen negativen oder positiven Wert zurück, wenn sie unterschiedliche Strings vergleichen. Tatsächlich geben sie die Differenz zwischen den beiden Unicode-Codes des ersten Zeichenpaars, dessen Zeichen nicht übereinstimmen.

```
String s1 = new String("Genau");
String s2 = new String("Genua");

int erg = s1.compareTo(s2);
```

Hier ist das erste Zeichenpaar, in dem sich die Strings unterscheiden, das vierte Paar (`'a'` – `'u'`). Der Unicode von `'a'` ist 0061 (dezimal 97), der von `'u'` ist 0075 (dezimal 117). Die Differenz zwischen `'a'` und `'u'` beträgt folglich `-20` und genau diesen Wert liefert die Methode im obigen Beispiel zurück.

7.1.4 Die logischen Operatoren

Java kennt sechs logische Operatoren zur Durchführung logischer UND-, ODER- und NICHT-Verknüpfungen. Bei den logischen UND- und ODER-Operatoren wird der Wahrheitswert der Operanden verknüpft, der logische NICHT-Operator konvertiert den logischen Wert seines Operanden ins Gegenteil. Die Operanden müssen selbst boolesche Werte oder Ausdrücke sein. Das Ergebnis einer logischen Verknüpfung ist wiederum ein boolescher Wahrheitswert.

Tabelle 7.3: Die logischen Operatoren

Operator	Aufgabe	Beispiel
`&&, &`	Logisches Und	`if (i > 1 && i < 10)`
`||, |`	Logisches Oder	`if (i < 1 || i > 10)`
`^`	Logisches XOR (eXklusives Oder)	`if (i < 1 ^ i > 10)`
`!`	Logisches Nicht	`if ! (i == 0)`

&&, & – logisches UND

Mit dem Operator `&&` wird eine logische UND-Verknüpfung durchgeführt. Das Ergebnis der Verknüpfung hat nur dann den Wert `true`, wenn beide Operanden den Wert `true` besitzen.

Die folgende Wahrheitstabelle zeigt Ihnen die möglichen Kombinationen.

Tabelle 7.4: UND-Verknüpfung

1. Operand	2. Operand	Ergebnis
wahr	wahr	wahr
wahr	falsch	falsch
falsch	wahr	falsch
falsch	falsch	falsch

Mithilfe der logischen UND-Verknüpfung und einer `if`-Bedingung können Sie beispielsweise überprüfen, ob der Wert einer Variablen zwischen 10 und 100 liegt:

```
if( (x > 10) && (x < 100) )
```

Der `&&`-Operator wird von links nach rechts nur so weit ausgewertet, bis das Ergebnis feststeht. Wenn der linke Operand bereits den Wert `false` liefert, wird die Auswertung abgebrochen.

Man kann die Auswertung des zweiten Operanden erzwingen, wenn man den logischen Operator `&` verwendet:

```
if( (x > 10) & (x < 100) ) // aber ineffizienter
```

Wegen der optischen Verwechslungsgefahr zum Bitoperator & ist davon jedoch abzuraten. Ferner deutet das Erzwingen einer Gesamtauswertung darauf hin, dass der Code an sich schlecht strukturiert ist, und man sollte überlegen, wie man ihn umschreiben kann (siehe auch Kapitel 6.9).

||, | – logisches ODER

Der logische ODER-Operator verknüpft seine Operanden so, dass das Ergebnis der Verknüpfung den Wert `true` hat, wenn mindestens einer der Operanden den Wert `true` hat.

Die folgende Wahrheitstabelle zeigt Ihnen die möglichen Kombinationen.

1. Operand	2. Operand	Ergebnis
wahr	wahr	wahr
wahr	falsch	wahr
falsch	wahr	wahr
falsch	falsch	falsch

Tabelle 7.5: ODER-Verknüpfung

Mithilfe der logischen ODER-Verknüpfung und einer `if`-Bedingung können Sie beispielsweise überprüfen, ob der Wert einer Variablen kleiner als 10 oder größer als 100 ist:

```
if( (x < 10) || (x > 100) )
```

Wie der `&&`-Operator wird auch der `||`-Operator nur so weit ausgewertet, bis das Ergebnis feststeht. Wenn Sie möchten, dass immer beide Operanden ausgewertet werden, verwenden Sie den Operator `|` (Achtung, Nebeneffekte! Vgl. Kapitel 6.9).

^ – logisches XOR

Der logische XOR-Operator verknüpft seine Operanden so, dass das Ergebnis der Verknüpfung den Wert `true` hat, wenn genau einer der Operanden den Wert `true` hat.

Die folgende Wahrheitstabelle zeigt Ihnen die möglichen Kombinationen.

1. Operand	2. Operand	Ergebnis
wahr	wahr	falsch
wahr	falsch	wahr
falsch	wahr	wahr
falsch	falsch	falsch

Tabelle 7.6: XOR-Verknüpfung

! – logisches NICHT

Der logische NICHT-Operator verkehrt den Wahrheitswert seines logischen Operanden ins Gegenteil.

```
boolean sechsRichtige = false;

if (!sechsRichtige) {
  System.out.println("Schade: wieder kein Hauptgewinn!");
}
```

7

7.2 Verzweigungen

Java kennt drei Formen von Verzweigungen:

- die einfache `if`-Anweisung, die im Grunde weniger eine Verzweigung als eher eine kleine Umleitung darstellt und lediglich kontrolliert, ob ein nachfolgender Anweisungsblock ausgeführt werden soll oder nicht.
- die `if-else`-Verzweigung, die anhand einer Bedingung prüft, welcher von zwei alternativen Anweisungsblöcken ausgeführt werden soll.
- die `switch`-Verzweigung, die anhand des Werts eines *numerischen* Ausdrucks (oder ab Java 7 einer Zeichenkette) entscheidet, mit welchen von mehreren alternativen Anweisungsblöcken die Programmausführung fortzusetzen ist.

7.2.1 Die einfache if-Anweisung

Die einfache `if`-Anweisung entscheidet, ob ein nachfolgender Anweisungsblock ausgeführt werden soll oder nicht.

```
if (Bedingung)  {
   Anweisungen;
}
```

Ist die Bedingung erfüllt (`true`), wird der auf die Bedingung folgende Block ausgeführt, ist die Bedingung falsch (`false`), wird der Block übersprungen und das Programm wird mit der nächsten Anweisung hinter der `if`-Anweisung fortgeführt.

Besteht der von der `if`-Anweisung kontrollierte Block nur aus einer einzelnen Anweisung, können die Blockklammern weggelassen werden:

```
if (Bedingung)
   Anweisung;
```

STOP

Niemals hinter die Bedingung ein Semikolon setzen!

```
if (Bedingung);      // !!!! fataler Fehler !!!!!
   Anweisung;
```

Der Compiler würde sonst annehmen, dass das Semikolon für eine leere Anweisung steht und diese durch die `if`-Bedingung kontrolliert werden soll (siehe auch Abschnitt »Die leere Anweisung ;« in 7.5).

Beispiel Das folgende Codefragment implementiert einen Zähler, der wie ein zweistelliges, mechanisches Zählwerk bei Erreichen des Werts 100 auf 0 zurückgesetzt wird. Für das korrekte Zurücksetzen sorgt eine `if`-Anweisung.

```
long counter = 0;
...
// Zähler inkrementieren
++counter;

// Zähler zurücksetzen
if (counter > 99)
  counter = 0;
...
```

INFO

Statt der `if`-Anweisung könnten Sie hier auch den Modulo-Operator zum Zurücksetzen des Zählers verwenden (`counter %= 100;`). Die `if`-Anweisung ist allerdings besser verständlich.

7.2.2 Die if-else-Verzweigung

Mit der `if`-Verzweigung können Sie nicht nur die Ausführung einer einzelnen Anweisung oder eines Anweisungsblocks kontrollieren, Sie können auch alternativ einen Anweisungsblock A oder einen Anweisungsblock B ausführen lassen. Dazu wird die `if`-Konstruktion um eine `else`-Klausel erweitert:

```
if (Bedingung) {
   Anweisung(en);
}
else {
   Anweisung(en);
}
```

7

Bei Ausführung des Programms wird als Erstes die Bedingung überprüft. Ist diese erfüllt (ergibt der Ausdruck in der Bedingung `true`), wird der direkt folgende Anweisungsblock ausgeführt. Ist dieser abgearbeitet, wird das Programm direkt mit der nächsten Anweisung unter dem `else`-Block fortgesetzt. Der `else`-Block selbst wird übersprungen. Ist die Bedingung nicht erfüllt (`false`), wird der Anweisungsblock direkt unter der `if`-Bedingung übersprungen und das Programm wird mit dem `else`-Block fortgesetzt.

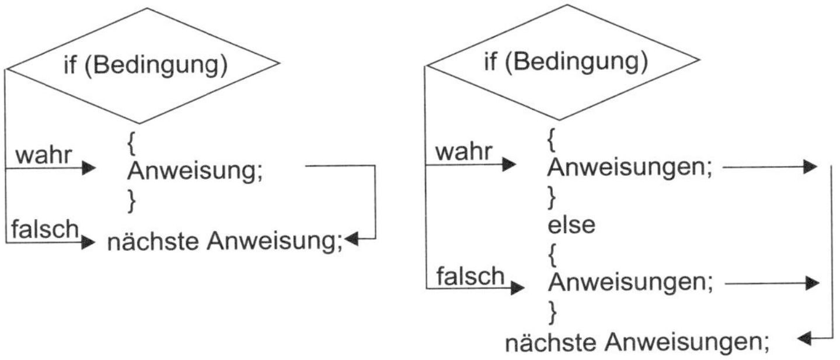

Abbildung 7.1: Ausführung der if- und der if-else-Anweisung

Beispiel

Die `if-else`-Verzweigung wird häufig zur Fehlerbehandlung und zur Eigenkontrolle des Programms eingesetzt. Wenn Sie beispielsweise Eingaben vom Anwender einlesen, ist es sinnvoll zu überprüfen, ob diese das richtige Format haben bzw. im gewünschten Wertebereich liegen.

Listing 7.1: Wurzel.java – Programm zur Wurzelberechnung

```
import java.util.Scanner;
import java.io.Console;

public class Wurzel {
   public static void main(String args[]) {
```

```
            Console cons = System.console();
            cons.printf("\n");

            double zahl;

            cons.printf(" Geben Sie eine Zahl ein: ");
            Scanner sc = new Scanner(cons.reader());
            zahl = sc.nextDouble();

            if (zahl >= 0.0)
               cons.printf(" Wurzel von %.2f = %.2f \n",
                           zahl, Math.sqrt(zahl));
            else
               cons.printf(" Wurzel von negativen Zahlen kann nicht "
                          + "berechnet werden \n");

            cons.printf("\n");
        }
    }
```

Ausgabe:

```
Geben Sie eine Zahl ein: 144
Wurzel von 144,00 = 12,00
```

Verschachtelung

Selbstverständlich ist es auch möglich, `if`-Verzweigungen zu verschachteln, das heißt, im `if`- oder `else`-Teil eine weitere `if`-Verzweigungen einzubauen.

```
if(n > 100)
   if(m < 100)
     System.out.println("m kleiner n\n");
   else
     System.out.println("m groesser oder gleich n ");
```

Beachten Sie den Unterschied zu:

```
if((n > 100) && (m < 100))
   System.out.println("m kleiner n ");
else
   System.out.println("m groesser oder gleich n ");
```

Die Zuordnung von `if` und `else` wird nicht durch die Einrückung bestimmt

Beide Konstrukte sind von der Bedeutung her gleich. Die obere Form lässt sich aber besser ausbauen, wenn `n` noch mit anderen Werten verglichen werden soll:

```
if(n > 100) {
  if(m < 100)
     ...
  if(p < 100)
     ...
  if(r < 100)
     ...
}
```

Beim Verschachteln von `if`-Verzweigungen stellt sich gelegentlich die Frage, zu welcher `if`-Bedingung ein gegebener `else`-Teil gehört (»dangling-else«-Problem).

Der else-Teil gehört immer zu dem letzten vorangehenden if-Teil, der noch über keinen else-Teil verfügt. Im obigen Beispiel gehörte der else-Teil also zur if-Bedingung if(m < 100).

else if

Gelegentlich sieht man auch die sogenannten »else-if«-Ketten. Diese sind so konstruiert, dass mehrere Bedingungen abgefragt werden, von denen nur eine erfüllt sein kann.

```
int n = -150;

if((n > -200) && (n <= -100))
     System.out.println("n zwischen -200 und -100");

  else if((n > -100) && (n <= 0))
     System.out.println("n zwischen -100 und 0");

  else if((n > 0) && (n <= 100))
     System.out.println("n zwischen 0 und 100");
```

Eine Spezialisierung dieser »else-if«-Ketten ist die switch-Verzweigung (siehe unten), mit der man den Wert **eines** Ausdrucks mit verschiedenen Konstanten vergleichen kann.

7.2.3 Der Bedingungsoperator ?:

Einfache if-else-Verzweigungen können auch mithilfe eines speziellen Operators, des Bedingungsoperators ?:, ausgedrückt werden. Der Bedingungsoperator erwartet als einziger Operator drei Operanden: eine Bedingung und zwei Ausdrücke, von denen je nach Ergebnis der Bedingung einer ausgeführt wird.

```
Bedingung ? Ausdruck1 : Ausdruck2;
```

Die Auswertung des Operators läuft folgendermaßen ab:

- Wenn die Auswertung der Bedingung nicht 0 (also true) ergibt, wird Ausdruck1 ausgeführt.
- Ergibt die Auswertung der Bedingung 0 (also false), wird Ausdruck2 ausgewertet.

```
int max, eins, zwei;
eins = 1;
zwei = 2;
max = (eins > zwei) ? eins : zwei;
```

Die gleiche Zuweisung kann auch als if-else-Anweisung formuliert werden:

```
if (eins > zwei)
    max = eins;
 else
    max = zwei;
```

INFO

Die ?:-Syntax ist zwar sehr kurz und prägnant, sie ist aber auch relativ schwer zu lesen. Setzen Sie sie daher sparsam und nur in Fällen ein, wo sie leicht zu verstehen ist.

7.2.4 Die switch-Verzweigung

Die `switch`-Verzweigung dient dazu, den Wert einer numerischen Variablen, eines numerischen Ausdrucks oder – seit Java 7 auch eines Strings – mit einer Reihe von Konstanten zu vergleichen.

```
switch (Ausdruck) {
case KONST1:      Anweisungen;
                  break;
case KONST2:      Anweisungen;
                  break;
default:          Anweisungen;
                  break;
}
```

Die `switch`-Verzweigung wird so ausgewertet, dass zuerst der aktuelle Wert des Ausdrucks bestimmt und dann mit den Konstanten der `case`-Marken verglichen wird. Im Falle einer Übereinstimmung springt die Programmausführung zu der Anweisung, die auf die entsprechende `case`-Marke folgt, und wird von dort aus fortgesetzt. Entspricht der Wert des Ausdrucks keiner der `case`-Konstanten, springt die Programmausführung zu der `default`-Marke. Hier lassen sich also alle Fälle behandeln, für die keine eigenen `case`-Marken vorgesehen werden.

Die `default`-Marke ist allerdings optional und kann weggelassen werden. Fehlt die `default`-Marke und gibt es keine Übereinstimmung zu den `case`-Konstanten, wird das Programm mit der nächsten Anweisung hinter der `switch`-Verzweigung fortgeführt.

Die `break`-Anweisung sorgt dafür, dass die `switch`-Verzweigung nach Abarbeitung der Anweisungen zu einer `case`-Marke verlassen wird.

INFO

Wenn für eine `case`-Marke mehrere Anweisungen ausgeführt werden sollen, müssen diese nicht mit geschweiften Klammern zu einem Anweisungsblock zusammengefasst werden. Der Grund hierfür ist, dass die `case`-Marken nicht mit den Blöcken einer `if-else`-Verzweigung zu vergleichen sind. Die gesamte `switch`-Verzweigung ist im Grunde ein einziger Block von aufeinander folgenden Anweisungen. Die `case`-Marken legen lediglich fest, ab welcher Anweisung mit der Ausführung dieses Blocks begonnen werden soll. Sie dienen praktisch als Einsprungsmarken. Das Pendant zu den `case`-Marken sind die `break`-Anweisungen, die aus der `switch`-Verzweigung herausführen und mit denen man verhindern kann, dass die Anweisungen der nächsten `case`-Marke ausgeführt werden.

`switch`-Anweisungen bieten sich immer dann an, wenn eine Variable (oder allgemeiner ein Ausdruck) mehrere Werte annehmen kann und man auf die verschiedenen Werte unterschiedlich reagieren möchte.

```
int note;
...
switch(note) {
case 1:      System.console().println("Note: sehr gut");
             break;
```

```
case 2:     System.console().println("Note: gut");
            break;
case 3:     System.console().println("Note: befriedigend");
            break;
case 4:     System.console().println("Note: ausreichend");
            break;
case 5:     System.console().println("Note: mangelhaft");
            break;
case 6:     System.console().println("Note: ungenügend");
            break;
default:    System.console().println("Fehler: ungültige Note");
}
```

Ab Java 7 können Sie, wie gesagt, auch anhand der Werte einer String-Variablen verzweigen:

```
String antwort = null;
int typNr;

// hier wird in antwort ein String abgelegt

if(antwort != null) {
  switch(antwort) {
     case "Kunde" : typNr = 0;
                    break;
     case "Firma" : typNr = 1;
                    break;
     default      : typNr = 2;
                    break;
  }
}
```

Wichtig ist der vorausgehende Test, ob die zu prüfende String-Variable ungleich `null` ist. Die `switch`-Anweisung ruft nämlich intern für die Vergleiche die `String`-Methode `equals()` auf und diese Aufrufe würden eine `NullPointerException` generieren, wenn die String-Variable `antwort` nicht auf ein gültiges `String`-Objekt verweist.

Menüs für Konsolenanwendungen

Konsolenanwendungen kann man auf einfache Weise mit einem (nicht-grafischen) Menü ausstatten, indem man die Liste der Menübefehle auf dem Bildschirm ausgibt und zur Auswahl der Befehle verschiedene Tasten (Ziffern oder Buchstaben) vorgibt. Drückt der Anwender dann eine der vorgeschlagenen Tasten, wird der Wert der Taste eingelesen, ausgewertet und mit dem Aufruf einer passenden Funktion beantwortet. Die Zuordnung der Tasten zu den aufzurufenden Funktionen erfolgt in einer switch-Anweisung.

Listing 7.2: Menue.java – Menüs für Konsolenanwendungen

```
import java.io.*;

public class Menue {
```

```
    public static void main(String args[]) {
       Console cons = System.console();

       // Menü anzeigen
       cons.printf("\n Menü \n\n");
       cons.printf(" Neue Adressen eingeben       <1> \n");
       cons.printf(" Nach Adresse suchen          <2> \n");
       cons.printf(" Adressenliste ausgeben       <3> \n");
       cons.printf(" Programm beenden             <4> \n\n");

       // Eingabe von Anwender
       int befehl = 0;
       String eingabe = cons.readLine();
       befehl = Integer.parseInt(eingabe);

       // Befehl bearbeiten
       switch(befehl) {
       case 1:    cons.printf(" Neue Adressen eingeben \n");
                  break;
       case 2:    cons.printf(" Nach Adresse suchen \n");
                  break;
       case 3:    cons.printf(" Adressenliste ausgeben \n");
                  break;
       case 4:    cons.printf(" Programm beenden \n");
                  System.exit(0);
                  break;
       }

       cons.printf("\n Auf Wiedersehen! \n");    }
}
```

Ausgabe:

```
 Menü

Neue Adressen eingeben      <1>
Nach Adresse suchen         <2>
Adressenliste ausgeben      <3>
Programm beenden            <4>

2
Nach Adresse suchen

 Auf Wiedersehen!
```

case-Marken ohne break-Anweisung

Wie bereits erwähnt, hört die Abarbeitung der switch-Verzweigung nicht automatisch auf, wenn die Anweisungen einer case-Marke abgearbeitet sind. Wenn Sie keine break-Anweisung setzen, wird die Ausführung einfach mit den Anweisungen der nächsten case-Marke fortgesetzt. Meist ist dies unerwünscht, manchmal aber auch goldrichtig. Genauer gesagt immer dann, wenn Sie mehrere Werte des switch-Ausdrucks mit den gleichen Anweisungen verbinden wollen.

Listing 7.3: Taschenrechner.java – Einfacher Taschenrechner

```
import java.io.*;

public class Taschenrechner {

   public static void main(String args[]) throws IOException {
      Console cons = System.console();
      cons.printf("\n");

      // Nacheinander Operand 1, Operator und Operand 2 einlesen
      cons.printf(" Ersten Operanden eingeben : ");
      double zahl1 = Double.parseDouble(cons.readLine());

      cons.printf(" Operator eingeben         : ");
      char operator = cons.readLine().charAt(0);

      cons.printf(" Zweiten Operanden eingeben: ");
      double zahl2 = Double.parseDouble(cons.readLine());
      System.out.println();


      cons.printf(" %.2f %c %.2f = ", zahl1, operator, zahl2);

      // Befehl bearbeiten
      switch(operator) {
      case '+':   cons.printf(" %.2f \n", (zahl1 + zahl2));
                  break;
      case '-':   cons.printf(" %.2f \n", (zahl1 - zahl2));
                  break;
      case 'X':
      case 'x':
      case '*':   cons.printf(" %.2f \n", (zahl1 * zahl2));
                  break;
      case ':':
      case '/':   cons.printf(" %.2f \n", (zahl1 / zahl2));
                  break;
      default:    cons.printf("\n Operator nicht bekannt \n");
                  break;
      }

    cons.printf("\n");
    }
}
```

Aufruf:

```
Ersten Operanden eingeben : 12
Operator eingeben         : /
Zweiten Operanden eingeben: 5

 12,0 / 5,0 = 2,4
```

7

7.3 Schleifen

Schleifen dienen dazu, eine Anweisung oder einen Anweisungsblock mehrfach hintereinander ausführen zu lassen.

7.3.1 Die while-Schleife

Die `while`-Schleife ist die allgemeinste Schleife, an deren Aufbau man sich die Grundprinzipien der Funktionsweise von Schleifen gut verdeutlichen kann.

Listing 7.4: WhileSchleife.java – berechnet Potenzen von 2

```
public class WhileSchleife {

   public static void main(String args[]) {
      System.out.println();

      long n = 0;

      while (n <= 10) {
         System.out.println(" 2 hoch " + n + " ist: " + Math.pow(2,n));
         ++n;
      }

      System.out.println();
   }
}
```

Ausgabe:

```
2 hoch 0 ist: 1.0
2 hoch 1 ist: 2.0
2 hoch 2 ist: 4.0
2 hoch 3 ist: 8.0
2 hoch 4 ist: 16.0
2 hoch 5 ist: 32.0
2 hoch 6 ist: 64.0
2 hoch 7 ist: 128.0
2 hoch 8 ist: 256.0
2 hoch 9 ist: 512.0
2 hoch 10 ist: 1024.0
```

Jede Schleife besteht aus einem Schlüsselwort (im Falle der `while`-Schleife das Schlüsselwort `while`), einer Bedingung, die bestimmt, ob die Schleife ausgeführt werden soll, und einem Anweisungsblock, der wiederholt ausgeführt werden soll:

```
while (Bedingung) {
  Anweisungen;
}
```

Bis hierhin unterscheidet sich die `while`-Schleife nur durch das Schlüsselwort vom Aufbau einer `if`-Bedingung. Während aber die Anweisung (bzw. der Anweisungsblock) einer `if`-Bedingung bei erfüllter Bedingung nur einmal ausgeführt und das Programm danach mit der unter der `if`-Bedingung folgenden Anweisung fortgesetzt wird, springt das Programm nach Ausführung eines Schleifenblocks wieder zurück zur Schleifenbedingung, um diese erneut zu prüfen. Auf diese Weise wird der Anweisungsblock der Schleife so lange wieder und wieder ausgeführt, wie die Bedingung `true` ergibt. Für den Programmierer folgt daraus, dass er die Schleife so aufsetzen muss, dass sie nicht nur bei Bedarf ausgeführt, sondern vor allem auch wieder abgebrochen wird.

Meist wird dazu eine Schleifenvariable eingerichtet, die die Ausführung der Schleife steuert und die üblicherweise einen kurzen Namen hat: beispielsweise `i` oder `n`. Diese Schleifenvariable wird

- vor der Schleife initialisiert (im obigen Beispiel `n = 0;`)
- zu Anfang der Schleife in der Bedingung ausgewertet (`n <= 10`)
- in der Schleife verändert (meist wird die Variable inkrementiert: `++n`, man kann sie aber auch dekrementieren oder ihren Wert in beliebiger anderer Weise ändern)

Durch die Kombination dieser drei Anweisungen können Sie festlegen, wie oft die Schleife wiederholt wird. Dies wird deutlich, wenn man nachvollzieht, wie eine solche Schleife ausgeführt wird.

7

Ausführung einer Schleife

Im obigen Programm beispielsweise wird die Schleifenvariable `n` zu Anfang auf 0 gesetzt. Dann beginnt die Schleife. Zu Beginn der Schleife steht die Schleifenbedingung. Solange diese Bedingung erfüllt ist (wahr ist), wird die Schleife wiederholt ausgeführt. Da `n` anfangs wie gesagt gleich 0 ist und die Schleifenbedingung prüft, ob `n` kleiner gleich 10 ist, ist die Bedingung erfüllt und der Anweisungsblock der Schleife wird ausgeführt (man spricht hier von Iteration). Innerhalb des Anweisungsblocks wird die Schleifenvariable inkrementiert, sodass sie nun den Wert 1 hat. Schließlich ist der Anweisungsblock komplett abgearbeitet. Die Programmausführung springt jetzt wieder zurück zur Schleifenbedingung, die erneut überprüft wird. Da 1 immer noch kleiner gleich 10 ist, wird die Schleife erneut ausgeführt und so weiter, bis in der 11. Abarbeitung der Schleife die Schleifenvariable `n` auf 11 gesetzt wird. Danach ist die Schleifenbedingung nicht mehr erfüllt und das Programm wird mit der ersten Anweisung hinter der Schleife fortgesetzt. Insgesamt gibt die Schleife also die Zweierpotenzen bis 1024 (2^{10}) aus.

Verwendung der Schleifenvariablen im Anweisungsblock

In den meisten Fällen wird die Schleifenvariable nicht nur zur Steuerung der Schleife, sondern auch zur Abwandlung der Befehle in der Schleife eingesetzt.

Schleifendurchgänge bezeichnet man auch als *Iterationen*.

Schleifen führen ein und denselben Code mehrfach hintereinander aus. Das wäre ziemlich langweilig, wenn dieser Code bei jeder Ausführung (Iteration) exakt das gleiche Ergebnis liefern würde.

```
n = 0;
while (n <= 10) {
   System.out.println("2 hoch 3 ist: "  + Math.pow(2,3));
   ++n;
}
```

Ausgabe:

```
2 hoch 3 ist: 8
2 hoch 3 ist: 8
...
```

Interessant ist eine Schleife meist erst dann, wenn der Code im Schleifenblock bei jeder Iteration ein anderes Ergebnis liefert. Dies wird meist dadurch erreicht, dass man in den Anweisungen Variablen verwendet, deren Werte sich in der Schleife ändern. Die Schleifenvariable bietet sich dazu natürlich förmlich an, denn der Programmierer kann und muss für sie festlegen, in welchen Schritten sich ihr Wert von welchem Anfangswert bis zu welchem Endwert verändert:

```
n = 0;
while (n <= 10) {
   System.out.println("2 hoch " + n + " ist: " + Math.pow(2,n));
   ++n;
}
```

STOP

Wenn Sie die Schleifenvariable neben der Steuerung der Schleife auch für andere Aufgaben nutzen, müssen Sie darauf achten, dass der Wert der Schleifenvariablen dabei nicht verändert wird, denn jede Änderung der Schleifenvariablen beeinflusst die Steuerung der Schleife:

```
while (i <= 100)  {
  i = i * i;                  // Fehler?! Schleifenvariable wird nicht
  System.out.println(i);      // mehr in Einerschritten hoch gezählt
  ++i;
}
```

Neben der Schleifenvariablen können sich natürlich auch die Werte anderer Variablen in der Schleife verändern.

Schließlich gibt es auch Fälle, in denen Sie keine eigene Schleifenvariable zur Steuerung definieren müssen, sondern eine der Variablen, die Sie in der Schleife bearbeiten, als Schleifenvariable verwenden können. Das folgende Beispiel nutzt diese Möglichkeit zur Erzeugung zweier unterschiedlicher Zufallszahlen zwischen 1 und 10.

Unterschiedliche Zufallszahlen ziehen

Wie Sie zwei beliebige Zufallszahlen zwischen 1 und 10 ziehen, wissen Sie bereits:

```
var ersteZahl  = Math.floor(Math.random()*10 + 1);
var zweiteZahl = Math.floor(Math.random()*10 + 1);
```

Die beiden Zahlen sind dann zwar zufällig, sie können aber auch zufällig identisch sein. Um unterschiedliche Zufallszahlen zu erhalten, ziehen Sie zuerst die erste Zahl und dann in einer `while`-Schleife die zweite, bis die zweite Zahl ungleich der ersten ist:

Listing 7.5: Zufallszahlen.java – erzeugt zwei unterschiedliche Zufallszahlen zwischen 0 und 5

```
import java.util.*;            // für Random

public class Zufallszahlen {

   public static void main(String[] args) {
      System.out.println();
      final int MAX = 5;

      Random generator = new Random();

      int ersteZahl  = generator.nextInt(MAX);
      int zweiteZahl = ersteZahl;  // Initialisierung stellt
                                   // sicher, dass die Schleife
                                   // mindestens einmal ausge-
                                   // führt wird

      while (ersteZahl == zweiteZahl)  {
         zweiteZahl = generator.nextInt(MAX);
      }

      System.out.println("Erste  Zufallszahl: " + ersteZahl);
      System.out.println("Zweite Zufallszahl: " + zweiteZahl);
   }
}
```


7.3.2 Die do-while-Schleife

Die `do-while`-Schleife ist eng mit der `while`-Schleife verwandt. Der einzige wirkliche Unterschied zwischen einer `while`- und einer `do-while`-Schleife besteht darin, dass bei der `while`-Schleife die Schleifenbedingung bereits vor dem ersten Ausführen des Anweisungsblocks getestet wird, während die `do-while`-Schleife den Anweisungsblock auf jeden Fall einmal ausführt und erst danach die Bedingung überprüft. Dieses Verhalten ist günstig, wenn man einen bestimmten Code mindestens einmal und gegebenenfalls mehrfach ausführen lassen möchte.

Die do-while-Schleife ist eine »annehmende« Schleife, weil Sie ihren Block mindestens einmal ausführt, die while-Schleife wird dagegen als »abweisende« Schleife bezeichnet.

```
Initialisierung;
do {
   Anweisung(en) inklusive Veränderung;
} while (Bedingung);
```

STOP

Beachten Sie das Semikolon hinter der Bedingung. (Bei der normalen `while`-Schleife darf kein Semikolon auf die Bedingung folgen.)

Greifen wir noch einmal das Beispiel mit den beiden unterschiedlichen Zufallszahlen auf.

```
int ersteZahl  = generator.nextInt(MAX);
int zweiteZahl = ersteZahl;
```

```
while (ersteZahl == zweiteZahl)  {
   zweiteZahl = generator.nextInt(MAX);
}
```

Hier trat das Problem auf, dass der Anweisungsblock mit der Ziehung der zweiten Zufallszahl mindestens einmal ausgeführt werden musste. Unsere Lösung sah so aus, dass wir der Variablen `zweiteZahl` vor dem Eintritt in die Schleife den Wert von `ersteZahl` zugewiesen haben (sodass die Schleifenbedingung beim Eintritt in die Schleife `true` ergibt).

Eine andere Möglichkeit wäre gewesen, `zweiteZahl` direkt mit einer Zufallszahl zu initialisieren:

```
int ersteZahl  = generator.nextInt(MAX);
int zweiteZahl = generator.nextInt(MAX);

while (ersteZahl == zweiteZahl)  {
   zweiteZahl = generator.nextInt(MAX);
}
```

An dieser Variante stört, dass vor und in der Schleife der gleiche Code steht. Wenn Sie später die Anweisung in der Schleife ändern (beispielsweise für die zweite Zahl eine Zufallszahl zwischen 1 und 20 ziehen wollen), müssen Sie immer daran denken, auch die Anweisung vor der Schleife zu ändern, sonst wird der Code fehlerhaft.

Die sauberste Lösung ist daher die Implementierung einer `do-while`-Schleife, deren Anweisungsblock automatisch mindestens einmal ausgeführt wird.

Listing 7.6: Aus Zufallszahlen2.java

```
int ersteZahl  = generator.nextInt(MAX);
int zweiteZahl;

do  {
   zweiteZahl = generator.nextInt(MAX);
} while (ersteZahl == zweiteZahl);
```

7.3.3 Die for-Schleife

```
for (Initialisierung; Bedingung; Veränderung) {
  Anweisungen;
}
```

STOP

Die letzte Anweisung im Schleifenkopf, die Veränderung, wird nicht mit einem Semikolon abgeschlossen!

Die `for`-Schleife ist eine weitere Schleifenvariante, bei der die drei Anweisungen zur Bearbeitung der Schleifenvariablen (Initialisierung, Bedingung und Änderung) im Schleifenkopf zusammengezogen sind – was die `for`-Schleife im Vergleich zur `while`-Schleife sehr übersichtlich macht. Eingesetzt wird die `for`-Schleife vor allem dann, wenn die Anzahl der Schleifeniterationen bereits bei Aufsetzen des Codes feststeht. Dies war beispielsweise in unserem einführenden while-Schleifenbeispiel zur Berechnung der Potenzen der Fall, weswegen wir den Code dieser Schleife jetzt als for-Schleife schreiben werden.

Listing 7.7: ForSchleife.java – berechnet Potenzen von 2

```
public class ForSchleife {

   public static void main(String args[]) {
      System.out.println();

      long n;
      for (n = 0; n <= 10; ++n) {
         System.out.println(" 2 hoch " + n + " ist: " + Math.pow(2,n));
      }
   }
}
```

Zu Beginn der Schleife wird die Initialisierungsanweisung aus dem Schleifenkopf ausgeführt. In obiger Schleife bedeutet dies, dass die Schleifenvariable n definiert und auf 0 gesetzt wird.

Danach werden die Anweisungen in der Schleife so lange wiederholt ausgeführt, wie die im Schleifenkopf formulierte Bedingung – in obiger Schleife n <= 10 – erfüllt ist.

Nach jedem Schleifendurchgang wird die dritte und letzte Anweisung aus dem Schleifenkopf, die Änderungsanweisung, ausgeführt, die in obiger Schleife die Schleifenvariable inkrementiert (++n).

Schleifenvariable in Schleifenkopf definieren

In Java können Sie die Schleifenvariable direkt im Initialisierungsteil definieren. Sie ist dann nur im Kopf und Anweisungsblock der Schleife gültig und wird beim Verlassen des Blocks automatisch aufgelöst.

```
public static void main(String args[]) {
   System.out.println();

   for (long n = 0; n <= 10; ++n) {
      System.out.println(" 2 hoch " + n + " ist: " + Math.pow(2,n));
   }
}
```

Die for-Schleife für Arrays und Collections

Seit Java 5 gibt es eine weitere Variante der for-Schleife geben: die sogenannte »for-each«-Schleife. Mit ihr können Sie alle Elemente eines Arrays (siehe Kapitel 9.2), einer enum-Aufzählung (siehe Kapitel 9.5), einer Collection (siehe Kapitel 29.6) bzw. ganz allgemein jedes Objekts, das die Schnittstelle Iterable implementiert, durchlaufen:

```
// gegeben sei ein Array 'zahlen' mit 10 Integer-Elementen.
// Werte der Elemente mit 'for each'-Schleife ausgeben
for(int i : zahlen)  {
    System.out.println(i);
}
```

Mehr zu dieser angenehmen Kurzform in den oben aufgeführten Kapiteln.

7.3.4 Endlosschleifen

Wichtig ist, dass Sie beim Aufsetzen einer Schleife sicherstellen, dass diese wirklich wieder verlassen wird. Betrachten Sie folgende Schleife:

```
int n = 1;
while ( n <= 10 ) {
  ...
  --n;
}
```

Hier wird die Schleifenvariable `n` nach jedem Schleifendurchgang dekrementiert, das heißt, um 1 vermindert. Der Wert von `n` wird nie größer als 10 werden, und die Schleife wird nie verlassen!

Solche Endlosschleifen sind ein häufiges Beispiel für logische Fehler innerhalb eines syntaktisch korrekten Programms.

Besonders tückisch sind Schleifen, die bei hundert Programmaufrufen korrekt arbeiten und beim 101-ten Programmaufruf in eine Endlositeration ausarten.

Die folgende Schleife wird beispielsweise nur dann zur Endlosschleife, wenn die Variable `zugabe` vor Eintritt in die Schleife einen negativen Wert zugewiesen bekommen hat.

```
for(int n=1; n <=10; n + zugabe) {
  ...
}
```

7.3.5 Schleifen mit mehreren Schleifenvariablen

Die Verwendung mehrerer Schleifenvariablen ist kein Problem und an keinerlei syntaktische Besonderheiten geknüpft. Hier ein Beispiel für eine `while`-Schleife mit zwei Schleifenvariablen:

```
int i = 1;
int j = 10;

while (i <= 10 && j >= 1) {
  System.out.print(" " + i++ * j--);
}
```

Ausgabe:

```
10 18 24 28 30 30 28 24 18 10
```

Schleifen mit mehreren Schleifenvariablen

Erlaubt ist auch die Formulierung von for-Schleifen mit mehreren Schleifenvariablen. Syntaktisch wird dies durch Verwendung des Komma-Operators ermöglicht, mit dem man Initialisierungs- Bedingungs- und Reinitialisierungsteil der for-Schleife in mehrere Teile untergliedern kann.

```
for (int i = 1, j = 10; i <= 10 && j >= 1; ++i, --j) {
  System.out.print(" " + i * j);
}
```

Ausgabe:

```
10 18 24 28 30 30 28 24 18 10
```

7.3.6 Performance-Tipps

Soll die Ausführungsgeschwindigkeit eines Programms verbessert werden, steht die Optimierung der Schleifen immer an vorderster Stelle. Dadurch, dass die Anweisungsblöcke der Schleifen mehrfach iteriert werden, können schon kleine Optimierungen in diesen Anweisungen zu einer deutlichen Verbesserung der Laufzeit führen.

Hier eine kleine Checkliste:

- Nehmen Sie alle unnötigen Anweisungen aus der Schleife heraus.
- Prüfen Sie alle Anweisungen, in denen keine Schleifenvariable auftaucht, ob man diese Anweisungen nicht als Initialisierung vor die Schleife oder zur Nachbearbeitung hinter die Schleife stellen kann.
- Vermeiden Sie, soweit es geht, zeitschluckende Operationen (Ein- und Ausgabe in Dateien, Bildschirmausgaben, Funktionsaufrufe).

  Wenn Sie beispielsweise Punkte auf dem Konsolenbildschirm ausgeben wollen, um dem Anwender anzuzeigen, dass das Programm noch arbeitet und nicht etwa abgestürzt ist, geben Sie nur in jeder hundertsten oder tausendsten Iteration einen Punkt aus.
- Vermeiden Sie das Erzeugen von temporären Objekten in der Schleife (besser: ein Objekt vor der Schleife erzeugen und dann in der Schleife verwenden)

7.4 Sprunganweisungen

Verzweigungen und Schleifen sind Konstrukte, die es nur auf der Ebene der höheren Programmiersprachen gibt. Auf Maschinenebene sind sie unbekannt. Womit sich die Frage stellt, wie Verzweigungen und Schleifen von den Übersetzertools in Maschinenbefehle umgewandelt werden?

Zwar gibt es auf Prozessorebene grundsätzlich keine Befehle für Schleifen und Verzweigungen, dafür gibt es aber praktisch keinen modernen Prozessor, der nicht einen oder mehrere Sprungbefehle bereitstellen würde.

EXKURS

Von Neumann und die konditionellen Sprünge

Der in Budapest geborene deutsche Mathematiker John von Neumann lehrte nach seinem Studium an verschiedenen deutschen Universitäten Mathematik, bis er 1931 ordentlicher Professor der University of Princeton wurde. Ein äußerst fruchtbares Forscherleben begann, in dessen Verlauf von Neumann die Theorie der Spiele begründete und wertvolle Gedanken zur Gruppen- und Funktionstheorie beisteuerte. Umfassende Arbeiten auf dem Gebiet der angewandten Mathematik weckten schließlich sein Interesse an elektronischen Rechenmaschinen.

Inspiriert von dem elektronischen Großrechner ENIAC beschäftige sich von Neumann intensiver mit der Theorie von Rechenmaschinen. Im Jahr 1945 formulierte er zwei Konzepte, die unsere Vorstellung von einem Computer nachhaltig geprägt haben:

- *Das »shared-program«-Konzept forderte, dass ein Computer eine einfache, feststehende Struktur haben soll, die es ihm gestattet, unterschiedliche Programme auszuführen, ohne dass dazu Änderungen an der Hardware vorgenommen werden müssen. Kurz gesagt: Hard- und Software sollten getrennt werden.*
- *Das »conditional control transfer«-Konzept forderte, dass der Code eines Programms zusammen mit den Daten im internen Speicher des Rechners abgelegt werden soll, um die Programmausführung kontrollieren zu können. (Grundlage für Sprünge, Verzweigungen, Schleifen und Funktionsaufrufe).*

Wenige Jahre später wurden die ersten »Von Neumann«-Rechner vorgestellt, beispielsweise EDVAC, UNIVAC, der SSEC von IBM oder Maniac (1952). Heute basieren alle modernen Rechner/Prozessoren auf der »Von Neumann«-Architektur und stellen Befehle zur Durchführung konditioneller Sprünge zur Verfügung.

Dadurch, dass der Code eines Programms beim Start Maschinenbefehl für Maschinenbefehl in die Zellen des Arbeitsspeichers geladen wird, erhält jeder Maschinenbefehl eine eindeutige Adresse, über die er angesprochen werden kann.

Die Adresse des ersten Befehls, mit dem die Programmausführung beginnen soll, wird beim Start in ein spezielles CPU-Register, das Befehlsregister, geschrieben. Der Prozessor führt diesen Befehl aus und inkrementiert die Adresse im Befehlsregister, sodass es auf den nachfolgenden Befehl weist. Dieser wird ebenfalls ausgeführt, die Adresse im Befehlsregister abermals inkrementiert und so geht es im Turnus immer weiter, bis die Befehle nach und nach abgearbeitet sind oder ein Sprungbefehl geladen und ausgeführt wird. Der Sprungbefehl ersetzt die Adresse im Befehlsregister durch seine eigene Zieladresse und bricht so die streng sequenzielle Abarbeitung auf. Verzweigungen, Schleifen, Funktionsaufrufe – praktisch alle Mittel, die uns von Java und anderen höheren Programmiersprachen zur Steuerung des Programmablaufs zur Verfügung gestellt werden – sind letztlich Sprünge zu bestimmten Code-Abschnitten und werden durch die direkte Zuweisung von Adressen an das Befehlsregister ermöglicht.

Die Bedeutung dieser Sprungbefehle und der zugrunde liegenden Von-Neumann-Architektur kann gar nicht hoch genug eingeschätzt werden.

Wo aber sind die Sprungbefehle in Java? Gibt es sie nur im engen Korsett von Verzweigungen und Schleifen, oder können wir auch selbst festlegen, dass die Programmausführung von einer Anweisung A zu einer beliebigen Anweisung B springen soll?

Um es vorwegzunehmen: Java erlaubt *keine beliebigen* Sprünge, wohl aber Sprünge zum vorzeitigen Verlassen von Schleifen und Verzweigungen.

7.4.1 Abbruchbefehle für Verzweigungen

Mithilfe der `break`-Anweisung können Sie die Anweisungsblöcke von Verzweigungen vorzeitig verlassen. Typisch ist der Einsatz von `break` in `switch`-Verzweigungen, wofür Sie bereits einige Beispiele gesehen haben. Die `break`-Anweisung kann aber auch zum vorzeitigen Beenden von `if-else`-Blöcken verwendet werden:

7.4.2 Abbruchbefehle für Schleife

Die Anweisungsblöcke von Schleifen können sowohl mit der `break`- als auch der `continue`-Anweisung vorzeitig beendet werden.

Tabelle 7.7: Abbruchbefehle für Schleifen

Befehl	Beschreibung
`continue`	Mithilfe der `continue`-Anweisung kann die **aktuelle Schleifeniteration** abgebrochen werden. Nach Ausführung der `continue`-Anweisung werden die restlichen Anweisungen des Schleifenblocks übersprungen und die nächste Schleifeniteration wird begonnen. Das heißt, die Schleifenbedingung wird erneut ausgewertet (und in `for`-Schleifen wird auch die Inkrement-Anweisung ausgeführt).
`break`	Mithilfe der `break`-Anweisung kann die **ganze Schleife** abgebrochen und verlassen werden. Die Programmausführung wird danach mit der ersten Anweisung nach der Schleife fortgesetzt.

Das folgende Beispiel demonstriert die Verwendung der `continue`-Anweisung. Es berechnet die ersten sieben Quadratzahlen und gibt sie aus. Lediglich die Quadratzahl von 5 wird übersprungen.

```
for( int i = 1; i <= 7; ++i)  {
  if (i == 5)
    continue;

  System.out.println(" Quadrat von " + i + ": " + i * i);
}
```

Ausgabe:

```
Quadrat von 1: 1
Quadrat von 2: 4
Quadrat von 3: 9
Quadrat von 4: 16
Quadrat von 6: 36
Quadrat von 7: 49
```

Der gleiche Code mit einer break- statt der continue-Anweisung beendet die Schleife mitten in der fünften Iteration.

```
for( int i = 1; i <= 7; ++i)  {
  if (i == 5)
    break;

  System.out.println("Quadrat von " + i + ": " + i * i);
}
```

Ausgabe:

```
Quadrat von 1: 1
Quadrat von 2: 4
Quadrat von 3: 9
Quadrat von 4: 16
```

Die continue-Anweisung bietet sich somit an, um

- die vollständige Ausführung des Schleifenblocks zu verhindern – beispielsweise, um Fehler zu vermeiden oder Zeit einzusparen,
- einzelne Iterationen aus der Schleife ganz herauszunehmen.

STOP

Wenn Sie die continue-Anweisung in einer while- oder do-while-Schleife verwenden, müssen Sie darauf achten, dass die Schleifenvariable im Schleifenblock noch vor der continue-Anweisung verändert (inkrementiert, dekrementiert usw.) wird, sonst erzeugen Sie eine Endlosschleife.

```
do  {
  if( n%10 == 0 )
    continue;

  System.out.print(" " + Math.pow(n,2));

  n++;       // Reinitialisierung

} while(n <= 100);
```

Der Fehler liegt hier darin, dass durch die continue-Anweisung auch die Reinitialisierung der Schleifenvariablen übersprungen wird und sich daher nach dem ersten Ausführen der continue-Anweisung an dem Wert der Schleifenvariablen und der Auswertung der Schleifenbedingung nichts mehr ändert.

In for-Schleifen besteht dieses Problem meist nicht. Wenn man sich an die Regel hält, den Wert der Schleifenvariablen nur im Reinitialisierungsteil des Schleifenkopfes zu ändern, kann nichts passieren. Die continue-Anweisung springt an das Ende des Schleifenblocks, danach wird der Reinitialisierungsteil ausgeführt, die Bedingung überprüft und gegebenenfalls die neue Iteration begonnen.

Gewollte Endlosschleifen

Mithilfe der break-Anweisung können Sie »gewollte Endlosschleifen« implementieren, die so lange ausgeführt werden, bis *im* Anweisungsblock eine bestimmte Bedingung erfüllt wird.

Das nachfolgende Programm nutzt eine solche Schleife, um immer wieder neue Werte von Anwender abzufragen, für die das Programm dann die Potenz zur Basis 2 berechnet und ausgibt. Erst wenn der Anwender eine 0 als Wert eingibt, wird die Schleife verlassen.

Listing 7.8: Potenzen.java – Berechnet die Potenz zur Basis 2 einer eingegebenen Zahl

```
import java.util.Scanner;

public class Potenzen {
   public static void main(String args[]) {
      System.out.println();

      Scanner sc = new Scanner(System.in);
      int zahl;

      while(true) {
         System.out.print("\nGeben Sie einen Zahl ein: ");
         zahl = sc.nextInt();

         if (zahl == 0)
            break;

         System.out.println(" 2^" + zahl + " = " + Math.pow(2, zahl));
      }

      System.out.println();
   }
}
```

Ausführung:

```
C:\Beispiele\Kapitel07>java Potenzen

Geben Sie einen Zahl ein: 7
2^7 = 128.0

Geben Sie einen Zahl ein: 8
2^8 = 256.0

Geben Sie einen Zahl ein: 32
2^32 = 4.294967296E9

Geben Sie einen Zahl ein: 0
```

INFO

Wenn Sie die for-Syntax bevorzugen, lassen Sie einfach die nicht benötigten Teile des Schleifenkopfes leer:

```
for(;;) {
  ...
  if(bedingung)
    break;   // Schleife verlassen
  ...
}
```

7.4.3 Abbruchbefehle mit Sprungmarken

Die einfachen Sprunganweisungen break und continue beenden immer nur den aktuellen Block. Gelegentlich ergeben sich aber Fälle, in denen man mehrere Blöcke auf einmal verlassen möchte – beispielsweise um aus verschachtelten Schleifen herauszuspringen.

Für solche Fälle können Sie break und continue mit Sprungmarken verwenden:

1. Zuerst setzen Sie vor das Ziel des Sprungs eine Sprungmarke (Label). Die Sprungmarke besteht aus einem frei wählbaren Bezeichner plus abschließenden Doppelpunkts und wird vor die Anweisung gesetzt, zu der gesprungen werden soll.

   ```
   sprungmarke:
      for(...
   ```

2. Danach müssen Sie das Sprungziel nur noch in der Sprunganweisung angeben.

   ```
   ...
   if (Bedingung)
      break sprungmarke;
   ```

Das folgende Codefragment verschachtelt eine while-Schleife, eine if-Bedingung und eine for-Schleife.

```
      int i = 1;
ganzaussen:
      while(true) {
         if( true ) {
            for(int i = 0; i < 5; ++i) {
               ...
               if( true )
                  break ganzaussen;
            }
            System.out.println("hinter for");
         }
         System.out.println("hinter if");
      }
      System.out.println("hinter while");
```

Die break-Anweisung in der for-Schleife springt zu der Sprungmarke ganzaussen, sprich zur äußeren while-Schleife, die sofort beendet wird. Der Code, so wie er hier steht, erzeugt daher nur eine einzige Ausgabe:

```
hinter while
```

INFO

Die continue-Anweisung kann nur zu Zielen springen, die auf den Kopf einer umliegenden Schleife verweisen. Die aktuelle Iteration der Schleife wird daraufhin beendet, die Schleife mit der nächsten Iteration fortgesetzt.

Die break-Anweisung kann zu beliebigen umliegenden Schleifen- oder Verzweigungsköpfen springen. Die Schleife/Verzweigung, die angesprungen wird, wird daraufhin direkt beendet und das Programm mit der Anweisung unter der Schleife/Verzweigung fortgesetzt.

No goto

Selbst in Kombination mit Sprungmarken können `break` und `continue` nur sehr begrenzt eingesetzt werden:

- Es sind nur Sprünge aus Schleifen bzw. Verzweigungen heraus erlaubt!
- Es kann nur in umliegende Blöcke gesprungen werden (ohne Sprungmarke sogar nur in den direkt umliegenden Block)!
- Es kann demnach nicht aus Methoden heraus oder in einen vorangehenden oder nachfolgenden Block gesprungen werden!

Andere Programmiersprachen legen den Entwicklern keine derartigen Beschränkungen auf, sondern erlauben direkte Sprünge zu mehr oder weniger beliebigen Zielen – wofür sie meist ein eigenes Schlüsselwort, `goto`, definieren. Warum also kennt Java keine `goto`-Sprünge?[4]

Es gab einmal eine Zeit als direkte Sprünge zu beliebigen Zielen recht verbreitet waren (insbesondere unter Basic-Programmierern), doch ein notwendiges Konzept sind die `goto`-Sprünge nicht. Schon 1966 konnten Bohm und Jacopini nachweisen, dass in einer strukturierten Programmiersprache jedes Programm mit `goto`-Sprüngen auch als Programm ohne `goto`-Sprünge geschrieben werden kann. Hinzukommt, dass die Verwendung von `goto`-Sprüngen schnell zu unverständlichen Konstruktionen und einer schier nicht mehr nachvollziehbaren Programmlogik führt. Insofern fördert Javas Verzicht auf `goto`-Sprünge nur die Lesbarkeit und Sicherheit unserer Programmquelltexte – die Sie selbst durch sparsamen Einsatz der Sprungmarken-Syntax noch weiter erhöhen können.

7.5 Fallstricke

So einfach Verzweigungen und Schleifen von der Syntax und der Konzeption her sind, so tückisch können sie sich in der Praxis verhalten. Die folgende Liste versucht, die häufigsten Fehlerquellen und Verständnisprobleme anzusprechen.

7.5.1 Die leere Anweisung ;

In Abschnitt »Anweisungen« aus Kapitel 6.1 wurde bereits kurz die "leere" Anweisung vorgestellt: Ein einzelnes Semikolon wird an Stellen, wo Anweisungen stehen dürfen oder vom Compiler erwartet werden, als vollwertige, wenn auch leere, d.h. nichts tuende Anweisung interpretiert.

Zwei typische Einsatzgebiete für leere Anweisungen sind die leeren Schleifen und die reduzierten `for`-Schleifen:

Leere Schleifen

Eine leere Schleife liegt vor, wenn der gesamte funktionelle Code der Schleife schon im Schleifenkopf (bei `while`-Schleifen in der Bedingung) steht.

---

4 In Java gibt es zwar das Schlüsselwort `goto`, doch es wird nicht weiter von der Sprache unterstützt.

```
for(int n=0; n<12; n++, System.out.println(n))
   ;
```

Empfehlenswert ist eine solche Implementierung allerdings meist nicht – bestenfalls ist sie geeignet, Java-Anfänger zu verblüffen.

Reduzierte for-Schleifen

Die Syntax der `for`-Schleife erfordert, dass im Schleifenkopf Initialisierung, Bedingung und Inkrement angeführt werden. Für die Ausführung einer Schleife sind aber nicht immer alle drei Teile erforderlich – beispielsweise wenn eine weiter oben definierte und initialisierte Variable als Schleifenvariable dienen soll. Nun kann der Initialisierungsteil aber nicht einfach entfallen. Der Compiler würde sonst den Bedingungsteil als Initialisierungsteil deuten und sich wundern, wo der dritte Teil geblieben ist. Anstatt die Teile einfach wegfallen zu lassen, setzen wir daher leere Anweisungen:

```
for(; eineVar < 100; eineVar++)
```

Vorsicht, Semikolon

Die leere Anweisung kann in Verbindung mit Schleifen und Verzweigungen aber auch zu heimtückischen Fehlern führen.

Während einfache Anweisungen in Java stets mit einem Semikolon abgeschlossen werden, enden Verzweigungen und abweisende Schleifen mit dem zugehörigen Anweisungsblock. Das letzterer auch aus einer einzelnen Anweisung bestehen kann und dann nicht mit Blockklammern geschrieben werden muss, spart unnötige Tipparbeit, wird aber gerade für Programmieranfänger häufig zur Falle.

Setzt der Programmierer nämlich hinter eine `if`-Bedingung oder einen Schleifenkopf ein Semikolon – sei es versehentlich oder im Irrglauben die Anweisung auf diese Weise korrekt abzuschließen –, deutet der Compiler das Semikolon nicht als Abschluss, sondern als leere Anweisung.

```
System.out.println(1);
System.out.println(2);

if (option == 0);
  System.out.println(3);

System.out.println(4);
System.out.println(5);
```

Dieser Code gibt immer (unabhängig von dem Wert, den `option` in der `if`-Bedingung hat) die Zahlen von 1 bis 5 aus.

7.5.2 Nebeneffekte in booleschen Ausdrücken

Während für die logischen Verknüpfungsoperatoren `&` und `|` stets beide Operanden ausgewertet werden, wird bei den logischen Operatoren `&&` und `||` auf die Auswertung des rechten Operanden verzichtet, wenn der Wert der Verknüpfung bereits nach Auswertung des linken Operanden feststeht. Dies kann die Effizienz eines Programms erhöhen, kann in Verbindung mit Nebeneffekten aber auch zu hässlichen Fehlern führen.

```
if( (y*2.4 < 100) & (x > 50) )
```

Die obige Bedingung ist nicht sehr effizient formuliert, da die relativ aufwändige Gleitkommamultiplikation ganz unnötigerweise jedes Mal durchgeführt wird. Effizienter wäre es die Operanden auszutauschen, sodass die zeitraubende Multiplikation im rechten Operanden steht, und dann den &&-Operator zu verwenden:

```
if( (x > 50) && (y*2.4 < 100) )
```

Ergibt jetzt der erste Vergleich, dass x kleiner oder gleich 50 ist, wird der zweite Vergleich nicht mehr durchgeführt.

Vorsicht ist jedoch geboten, wenn die Operanden Nebeneffekte haben.

```
if( (++y*2.4 < 100) & (x > 50) )
```

Hier wird im linken Operanden nicht nur ein Vergleich durchgeführt, sondern gleichzeitig auch eine Erhöhung um 1 ausgeführt. Wenn Sie diese Bedingung wie folgt umformulieren

```
if( (x > 50) && (++y*2.4 < 100) )
```

wird das Inkrement von y nur noch dann durchgeführt, wenn x größer 50 ist. Dieses Verhalten kann gewollt sein, kann aber auch falsch sein. Festzuhalten bleibt auf jeden Fall, dass Nebeneffekte in den rechten Operanden von &&- und ||-Operatoren mit größter Vorsicht und Konzentration zu behandeln oder besser noch zu vermeiden sind.

7.5.3 Warteschleifen (?)

Zum Grundrepertoire eines ordentlichen Programmierers gehört auch, dass er weiß, wie er Verzögerungen in seinen Code einbaut. Meist ist dies nicht sonderlich schwer, vorausgesetzt man weiß, welche Bibliotheksklassen bei Erfüllung dieser Aufgabe weiterhelfen. Gerade Programmieranfänger und Hobby-Programmierer neigen aber dazu, sich mit selbst konstruierten Schleifen zu behelfen:

```
for(int i = 0; i < 1000; ++i)        // keine gute Idee!
   for(int j = 0; j < 1000; ++j)
      Math.sin(i+j);
```

Beachten Sie aber, dass eine solche Implementierung stark systemabhängig ist, in dem Sinne, dass die effektive Wartezeit empfindlich von dem Prozessor und der Taktung des Rechners abhängt, auf dem das Programm ausgeführt wird.

Ich erinnere mich beispielsweise an eine Implementierung eines Memory-Spiels, dass ich früher auf einem langsamen 486er installiert hatte. Wenn der Computer mit Aufdecken an der Reihe war, deckte er zwei Karten auf, zeigte diese zwei bis drei Sekunden offen an und drehte sie dann wieder um. Als ich das Programm später auf einem Pentium laufen lassen wollte, deckte der Computer die Karten so schnell auf und wieder zu, dass man den Eindruck gewann, er wolle den Mitspieler partout nicht in die Karten schauen lassen. Das Programm war damit praktisch unbrauchbar geworden.

Dient die Verzögerung also nicht nur dem Debuggen des Programms, sondern ist wichtiger Bestandteil der Programmausführung, muss man andere Wege gehen.

sleep() Die Java-Standardbibliothek stellt hierzu beispielsweise die statische `Thread`-Methode `sleep(long millis)` an, mit deren Hilfe die Ausführung des Programms für die in Millisekunden angegebene Dauer anzuhalten ist.

currentTimeMillis() Daneben kann man mithilfe der `System`-Methode `currentTimeMillis()` die aktuelle Systemzeit in Millisekunden abfragen.

Das folgende Programm nutzt die Methode `System.currentTimeMillis()`, um das Programm acht Sekunden nach dem Start zu beenden, und die Methode `Thread.sleep()`, um bis zum Ende des Programms jede Sekunde einen Punkt auszugeben – damit der Anwender nicht denkt, das Programm wäre abgestürzt.

Listing 7.9: Warten.java – Demonstriert, wie man Verzögerungen einbaut

```
public class Warten {
   public static void main(String args[]) throws InterruptedException {

      System.out.print("\n Bitte warten: ");

      // Zeit für Programmende berechnen (Aktuelle Zeit +  8 Sekunden)
      long endZeit = System.currentTimeMillis() + 8 * 1000;

      while(endZeit > System.currentTimeMillis()) {
         System.out.print(". ");

         Thread.sleep(1000);
      }
   }
}
```

Kapitel 8
Klassen und Objekte

Klassen und Objekte sind in Java nahezu allgegenwärtig. Von Anfang an haben sie Sie bei Ihren Bemühungen, die Sprache Java zu erlernen, begleitet – etwa in Form der Hauptklassen unserer Programme, der Programmierung mit Strings, der Verwendung statischer Klassenmethoden wie `Math.sin()` oder `System.out.println()`. Aber auch die Beschäftigung mit den grundlegenden Konzepten der Sprache (Daten, Operatoren, Kontrollstrukturen) hat Sie häufig zu den Referenztypen im Allgemeinen und nicht selten zu den Klassen im Besonderen geführt.

Nun ist es an der Zeit, sich ausführlicher mit der Definition von Klassen und der Programmierung mit Objekten zu beschäftigen.

INFO

Die folgenden Unterkapitel konzentrieren sich vorwiegend auf die technischen und syntaktischen Aspekte der Klassendefinition; Fragen des Klassen-Designs und der sinnvollen Konzeption von Klassen und Objekten werden erst wieder im Unterkapitel 8.6 aufgegriffen.

Für eine anschauliche, schrittweise Einführung in die objektorientierte Programmierung, die Klassendefinition und die mit den Klassen verbundenen Ideen und Konzepte, siehe auch den Einsteigerkurs auf der Buch-DVD.

8.1 Die Klassendefinition

Klassen dienen dazu, Datenelemente und Methoden in einem Datentyp zu kapseln. Sie gestatten es, verschiedene Zugriffsberechtigungen für die einzelnen Elemente zu vergeben, und können durch Vererbung Klassenhierarchien aufbauen.

8.1.1 Syntax

Die allgemeine Syntax ist aufgrund zahlreicher optionaler Angaben recht kompliziert. Wir betrachten daher zuerst das Grundgerüst ohne optionale Angaben:

```
class Klassenname {
   ELEMENTDEFINITION
   ELEMENTDEFINITION
   ELEMENTDEFINITION
   ...
   ELEMENTDEFINITION
}
```

Auf das Schlüsselwort `class`, das die Klassendefinition einleitet, folgen der von Ihnen frei wählbare Name der Klasse (aber bitte die Regeln zur Namensgebung beachten, siehe Kapitel 4.1.3) und die in geschweifte Klammern eingefassten Definitionen der Klassenelemente.

Die Klassenelemente

Als Elemente einer Klasse können Sie Felder (auch als Attribute oder Membervariablen bezeichnet), Konstruktoren und Methoden definieren:

```
class Demo {
   int zahl1;                          // Felder
   int zahl2;

   Demo(int param1, int param2) {      // Konstruktor
     zahl1 = param1;
     zahl2 = param2;
   }

   long Summe() {                      // Methoden
      return zahl1 + zahl2;
   }
   long Produkt() {
      return zahl1 * zahl2;
   }
}
```

Die Felder sind die Datenelemente der Klasse. Wenn Sie später Objekte (Instanzen) der Klasse erzeugen, erhält jedes Objekt der Klasse einen eigenen Satz Kopien von den in der Klasse definierten Feldern.[1] (Mehr zu den Feldern in Abschnitt 8.2.)

Die Methoden sind die »Operatoren« des Klassentyps. In der Methodendefinition können Sie auf sämtliche in der Klasse definierten Felder zugreifen. Später, wenn Sie für ein Objekt der Klasse eine Methode aufrufen, greifen die Feldzugriffe auf exakt den Satz Felder zu, der zu dem Objekt gehört.[2] (Mehr zu den Methoden in Abschnitt 8.3.)

1 Gilt nicht für Felder, die als `static` deklariert wurden.
2 Gilt nicht für Methoden, die als `static` deklariert wurden.

Konstruktoren sind spezielle Methoden, die an der Instanzbildung beteiligt sind. Sie tragen stets den Namen der Klasse und werden ohne Rückgabetyp definiert. (Mehr zu den Konstruktoren in Abschnitt 8.4.)

INFO

Alle Elemente haben ihre Klasse als Gültigkeitsbereich.

Die optionalen Angaben

Die allgemeine Syntax der Klassendefinition – samt allen optionalen Angaben – sieht folgendermaßen aus:

```
[zugriff_k][mod_k] class Klassenname [extends Basisklasse]
                              [implements Schnittstellen]
{
  [zugriff_e][mod_e] ELEMENTDEFINITION
  [zugriff_e][mod_e] ELEMENTDEFINITION
  [zugriff_e][mod_e] ELEMENTDEFINITION
  ...
  [zugriff_e][mod_e] ELEMENTDEFINITION
}
```

Die meisten optionalen Angaben sind mit speziellen objektorientierten Techniken verbunden und werden an gegebener Stelle zusammen mit diesen besprochen. Daher an dieser Stelle nur eine kurze Übersicht.

Tabelle 8.1: Optionale Klassenangaben

Angabe	Bedeutung
[zugriff_k]	Einer der Zugriffsspezifizierer `public`, `protected` oder `private`. Eine Klasse die ohne Zugriffsspezifizierer definiert wird, ist in allen Quelldateien ihres Pakets verfügbar (kann dort also beispielsweise zum Erzeugen von Objekten oder als Basisklasse für die Definition weiterer Klassen verwendet werden). Eine Klasse, die als `public` definiert ist, kann auch in anderen Paketen verwendet werden. (Siehe auch Kapitel 10.1 zur Programmierung mit Paketen.) Die Spezifizierer `protected` und `private` können nur auf innere Klassen angewendet werden (siehe Kapitel 10.4).

[mod_k]	Einer oder mehrere der Modifizierer `abstract`, `final`, `static` oder `strictfp`.
	`abstract`
	Die Klasse kann nur als Basisklasse für die Definition weiterer Klassen verwendet werden (siehe Kapitel 15.1).
	`final`
	Die Klasse kann nicht als Basisklasse für die Definition weiterer Klassen verwendet werden (siehe Kapitel 13).
	`static`
	Nur für innere Klassen (siehe Kapitel 10.4)
	`strictfp`
	Legt fest, dass alle Methoden (und innere Klassen) FP-strikt sind und nicht mit höheren Gleitkommagenauigkeiten rechnen als für `float` und `double` vorgesehen (siehe Kapitel 11.7).

Tabelle 8.1: Optionale Klassenangaben (Forts.)

Angabe	Bedeutung
[extends Basisklasse]	Angabe einer Basisklasse, von der die aktuelle Klasse abgeleitet wird (siehe Kapitel 13).
[implements Schnittstellen]	Angabe einer oder mehrerer Schnittstellen, die die aktuelle Klasse implementiert (siehe Kapitel 15.2).

[zugriff_e]	Einer der Spezifizierer `public`, `protected` oder `private`. Jedes Klassenelement kann mit genau einem dieser Spezifizierer definiert werden. Dieser regelt, ob von außerhalb der Klasse (d.h. vom Code anderen Klassen aus) auf dieses Element zugegriffen werden kann.
	Die wichtigsten Zugriffsarten sind
	`private`
	Das Element ist nur in der eigenen Klasse verfügbar.
	kein Spezifizierer
	Das Element ist in allen Klassen des aktuellen Pakets verfügbar.
	`public`
	Das Element ist grundsätzlich in allen Klassen verfügbar.
	Mehr dazu gleich in Abschnitt 8.5.

[mod_e]	Einer oder mehrere der folgenden Modifizierer:
	`abstract`
	Nur für Methoden
	Methode, die nur als Signatur, ohne Anweisungsblock, in der Klasse definiert ist (siehe Kapitel 15.1).
	`final`
	Konstantes Feld, dessen Anfangswert nicht mehr geändert werden kann (siehe Abschnitt 8.2.3) .
	Konstante Methode, die in abgeleiteten Klassen weder verdeckt noch überschrieben werden kann (siehe Kapitel 14.2.4).
	`static`
	Statisches Element (Klassenvariable oder statische Methode), das nicht über Objekte der Klasse, sondern über die Klasse angesprochen wird (siehe Abschnitte 8.2.4 und 8.3.6).
	`synchronized`
	Nur für Methoden
	Dient der Synchronisierung von Threadzugriffen (siehe Kapitel 30.3).
	`strictfp`
	Nur für Methoden
	Macht alle Gleitkommaberechnungen in der Methode FP-strikt (siehe Kapitel 11.7).
	`native`
	Zur Definition nativer (plattformspezifischer) Methoden (meist in anderen Sprachen geschrieben, siehe Kapitel 39).
	`transient`
	Nur für Felder
	Feld, das nicht persistent gespeichert wird (siehe Kapitel 31.3.8).
	`volatile`
	Nur für Felder
	Threadsicheres Feld (siehe Kapitel 30.3).

Beispiel

Listing 8.1: Punkt.java – Eine Klasse für Punkte

```
01 /*
02  * Klasse zur Programmierung mit Punkten/Koordinaten
03  * im zweidimensionalen Raum
04  *
05  */
06 public class Punkt {
07    private double x = 0;
08    private double y = 0;
09
10    public Punkt(double xParam, double yParam) {
11       x = xParam;
12       y = yParam;
13    }
14
15    public void verschieben(double dx, double dy) {
16       x += dx;
17       y += dy;
18    }
19
20    public String toString() {
21       return "(" + x + "," + y + ")";
22    }
23 }
```


Die Klasse `Punkt` ist in keinem Paket definiert. Der Compiler ordnet sie daher automatisch dem namenlosen »unnamed«-Paket zu. Damit die Klasse aber auch von Klassen verwendet werden kann, die in anderen Paketen definiert sind (beispielsweise als Basisklasse zur Definition von Feldern oder zur Erzeugung lokaler Variablen in den Methoden), wurde sie als `public` definiert (Zeile 6). (Die `public`-Definition bedingt, dass die Klasse in einer Quelldatei gleichen Namens definiert werden muss.)

Die Felder `x` und `y`, die die Punktkoordinaten speichern, wurden als `private` definiert. Sie können daher nur von den Methoden der Klasse abgefragt und geändert werden.

Damit der Programmierer dennoch sinnvoll mit den Objekten der Klasse arbeiten kann, definiert sie verschiedene nicht-`private` Methoden:

- einen Konstruktor zum Erzeugen von Punkt-Objekten (und Setzen der Koordinaten)
- eine Methode zum Verschieben (Ändern der Koordinaten)

Zum einfacheren Testen der Programmierung mit den Punkten wurde zusätzlich die von `Object` geerbte `toString()`-Methode überschrieben.

Damit die Methoden nicht nur im aktuellen (`unnamed`-) Paket, sondern wie ihre Klasse auch in anderen Paketen verwendet werden können, wurden sie durchweg als `public` definiert.

8.1.2 Instanzbildung

Sinn und Zweck der meisten Klassen ist es, als Schablone für die Erzeugung von Objekten (Instanzen) zu dienen.

Objekte werden in Java mithilfe des Schlüsselworts `new` gebildet:

```
Klassentyp objVar = new Klassentyp();
```

Hier wird ein Objekt der Klasse `Klassentyp` erzeugt und eine Referenz (Verweis) auf das Objekt in der Variablen `objVar` abgespeichert. (Variablen, die Referenzen auf Objekte enthalten, werden auch als **Objektvariablen** bezeichnet.)

Zwei Punkte sind besonders zu beachten:

- Die Instanzbildung ist stets mit dem Aufruf eines Konstruktors der Klasse verbunden! Klassen, für die der Autor keinen Konstruktor definiert hat, werden vom Compiler automatisch mit einem Standardkonstruktor ausgestattet, der ohne Argumente aufgerufen wird.

  Definiert der Autor der Klasse eigene Konstruktoren, kann er festlegen, welche Operationen bei Erzeugung einer Instanz ausgeführt werden sollen und welche Argumente dem Konstruktor übergeben werden können.
- Alle Klassen sind Referenztypen, d.h., die erzeugten Objekte werden frei im Arbeitsspeicher (im sogenannten Heap) angelegt. In den Objektvariablen werden lediglich Verweise (Referenzen) abgespeichert.

EXKURS

Was genau geschieht bei der Instanzbildung?

Wenn Sie eine Variable von einem elementaren Datentyp definieren, wird im Arbeitsspeicher des Rechners für die Variable Speicherbereich reserviert, in dem der Wert der Variablen abgelegt werden kann.

Im Falle eines Objekts gibt es aber nicht nur einen einzelnen abzuspeichernden Wert, sondern einen Verbund von Feldern und Methoden. Für ein Objekt wird daher ein größerer zusammenhängender Speicherbereich reserviert.

In diesem Bereich werden zuerst einmal die einzelnen Felder untergebracht. Der Compiler sieht in der Klassendefinition nach, welche Felder für die Objekte der Klasse definiert sind, und reserviert im Objekt den zugehörigen Speicher. Anders als bei den lokalen Variablen der Methoden werden die Felder der Objekte auch gleich initialisiert: entweder mit dem bei der Felddefinition in der Klasse angegebenen Initialisierungswert oder – falls kein Initialisierungswert angegeben wurde – mit dem Nullwert des Feldtyps.

Und wie sieht es mit den Methoden aus? Methoden bestehen aus Code und dieser ist für alle Objekte einer Klasse gleich. Es wäre daher sinnlos, diesen Code für alle Objekte einer Klasse zu kopieren. Stattdessen wird der Code an einem festen Ort im Speicher abgelegt und in den einzelnen Objekten werden Verweise gespeichert, die auf den Code der Methoden gerichtet sind.

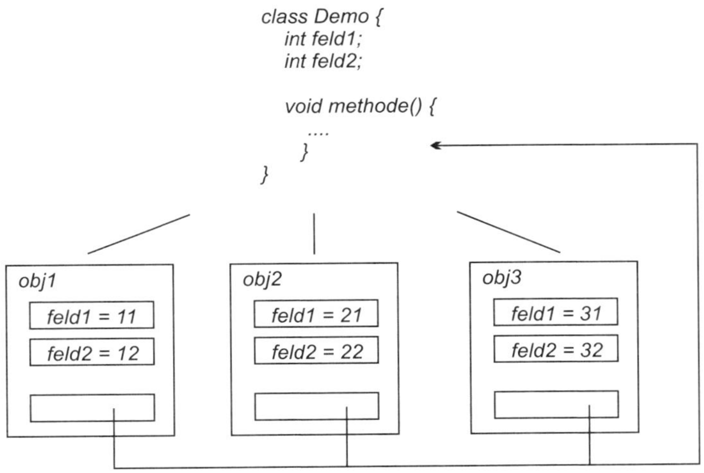

Abbildung 8.1: Speicherbelegung für Objekte

Nachdem das Objekt im Speicher angelegt wurde, wird der Konstruktor ausgeführt.

Ist die Instanzbildung abgeschlossen, liefert der `new`*-Operator eine Referenz auf das neue Objekt zurück.*

8.1.3 Mit Objekten programmieren

Mit den Objekten der Klasse kann der Programmierer arbeiten.

- Er kann auf die Felder und Methoden zugreifen, sofern es deren Zugriffsspezifizierer zulassen. Viele Klassen – u.a. auch unsere Beispielklasse `Punkt` aus Abschnitt 8.1 – sind so konzipiert, dass die Felder als `private` definiert sind (sodass ein Zugriff über Objekte nicht möglich ist), die Klasse dafür aber zugängliche, meist gar `public`-Methoden zur Verfügung stellt, mit denen der Programmierer das Objekt manipulieren oder es für sich arbeiten lassen kann:

```
// aus Programm.java - verwendet die Klasse Punkt aus Punkt.java
public class Programm {

   public static void main(String[] args) {

      Punkt p1;
      p1 = new Punkt(-2,10);
      p1.verschieben(50,0);
      ...
```

- Er kann die Objektreferenzen kopieren (oder mit == bzw. != vergleichen):

```
      Punkt p2 = p1;
```

- Er kann die Objekte – genauer gesagt, die Objektreferenzen – an andere Methoden übergeben:

```
      System.out.println(" p1 = " + p1);
      System.out.println(" p2 = " + p2);
   }
}
```

Die null-Referenz

Wenn Sie in einer Objektvariablen die Referenz auf ein Objekt speichern

```
p = new Punkt(-2,10);
```

verweist die Variable so lange auf das Objekt, bis die Variable aufhört zu existieren oder Sie ihr eine Referenz auf ein anderes Objekt zuweisen:

```
p = new Punkt(0,10);        // Zuweisung einer anderen Referenz
```

Soll die Objektvariable zeitweilig ohne Objektverweis sein, weisen Sie ihr die Null-Referenz zu:

```
p = null;
```

An kritischen Stellen können Sie dann prüfen, ob die Variable auf ein Objekt verweist oder nicht:

```
if (p != null) {
  // p verweist auf ein Punkt-Objekt, also weiter
  ...
```

INFO

Zugriffe über `null`-Referenzen lösen zur Laufzeit eine `NullPointerException` aus:

```
Punkt p = null;
p.verschieben(50,0);  // Fehler! p weist auf kein Punkt-Objekt. Zugriff
                      // auf die Punkt-Methode verschieben() löst daher
                      // eine NullPointerException aus.
```

8.2 Felder

Felder sind die Datenelemente der Klasse. Sie werden oft auch Membervariablen oder Klassenattribute genannt. Definiert werden sie wie alle Variablen durch Angabe des Datentyps und des Feldnamens:

```
class Demo {
   int feld1;
   double feld2;
   public  double feld3;
   ...
```

Optional können ein Zugriffsspezifizierer (siehe Abschnitt 8.5) und verschiedene Modifizierer angegeben werden.

Tabelle 8.2: Feldmodifizierer

Modifizierer	Bedeutung
`final`	Konstantes Feld, dessen Anfangswert nicht mehr geändert werden kann (siehe Abschnitt »Konstante Felder«).
`static`	Statisches Feld (Klassenvariable), das nicht über Objekte der Klasse, sondern über die Klasse angesprochen wird (siehe Abschnitt »Statische Felder«).
`transient`	Feld, das nicht persistent gespeichert wird (siehe Kapitel 31.3.8).
`volatile`	Threadsicheres Feld (siehe Kapitel 30.3).

Der Gültigkeitsbereich der Felder ist die Klasse selbst, d.h., alle Methoden der Klasse (einschließlich Konstruktoren) können auf die Felder zugreifen.

Bei der Instanzbildung bekommt das erzeugt Objekt von jedem Feld der Klasse eine eigene Kopie. Wichtige Ausnahme: statische Felder (also mit vorangestelltem `static` definiert) existieren nur einmal pro Klasse und nicht pro Instanz. Statische Felder werden daher oft Klassenvariablen genannt zur Unterscheidung der anderen Felder, die auch als Instanzvariablen bezeichnet werden.

8.2.1 Initialisierung

Der übliche Ort zur Initialisierung von Feldern ist der Konstruktor:

```
class Demo {
   int feld;

   public Demo(int param)  {
      feld = param;
   }
...
```

Allerdings handelt es sich hierbei technisch gesehen gar nicht um eine Initialisierung, sondern lediglich um die Zuweisung eines Anfangswerts. Initialisiert wurde das Feld nämlich bereits bei seiner Erzeugung (als es im Speicherbereich des Objekts angelegt wurde). Der Compiler weist den Feldern dabei ihren Standardwert zu (beispielsweise 0 für `int`, 0.0 für `double`, `false` für `boolean`). Wenn Sie möchten, dass ein Feld mit einem anderen Wert initialisiert wird, müssen Sie diesen bei der Felddefinition angeben:

```
class Demo {
   int feld = 10;
   ...
```

Die echte Initialisierung ist schneller als die Zuweisung eines Anfangswerts im Konstruktor, aber auch weniger flexibel. Zwar können Sie die Felder nicht nur mit Literalen, sondern auch mit Ausdrücken, ja sogar mit statischen Methoden oder Werten bereits definierter Felder initialisieren, doch ändert dies nichts an der Tatsache, dass der Initialisierungswert vom *Autor der Klasse* während der *Implementierung* der Klasse festgelegt wird und dass alle Objekte der Klasse die gleichen Feldwerte erhalten – wohingegen der Konstruktor es dem *Benutzer der Klasse* erlaubt, zum Zeitpunkt der *Instanzbildung* individuelle Anfangswerte an die Objekte zu verteilen.

8.2.2 Objektvariablen als Felder

Felder können auch vom Typ einer Klasse sein. Diese Felder werden wie alle anderen Felder auch behandelt. Allerdings sollten Sie unbedingt darauf achten, dass dem Feld ein Objekt zugewiesen wird, bevor über das Feld auf Elemente der betreffenden Klasse zugegriffen wird.

```
class EineKlasse {
   int wert;
}

class Demo {
   EineKlasse feld = new EineKlasse();
   ...
```

INFO

Felder von Referenztypen werden bei der Instanzbildung mit der `null`-Referenz initialisiert.

8.2.3 Konstante Felder

Konstante Felder sind Felder, deren Wert nach der Zuweisung eines Anfangswerts nicht mehr verändert werden kann (symbolische Konstanten). Sie werden mit dem Schlüsselwort `final` definiert:

```
class Demo {
   final int MAX_ANZAHL = 5;
   ...
}
```

`final`-Felder werden meist direkt initialisiert, spätestens aber im Konstruktor der Klasse müssen sie ihren Anfangswert erhalten.

```
class Demo {
   final int MAX_ANZAHL;

   Demo(int anz) {
      MAX_ANZAHL = anz;
   }
   ...
}
```

Der Anfangswert des Feldes kann jederzeit abgefragt, aber nicht mehr geändert werden.

Static final-Konstanten

Konstanten, die von allgemeinem Interesse sind, werden meist als `static final` definiert, damit sie auch ohne Objekt der Klasse verwendet werden können – vergleiche beispielsweise `Math.PI`.

Da der Konstruktor nur bei der Objekterzeugung aufgerufen wird, können `static final`-Konstanten ihren Anfangswert nicht im Konstruktor erhalten. Sie werden daher fast immer direkt initialisiert (obwohl es auch möglich ist, in der Klasse einen `static`-Anweisungsblock zu definieren und die Konstanten dort mit Anfangswerten zu versehen, siehe Abschnitt 8.6.8).

Listing 8.2: Konstanten.java – Verwendung von konstanten Feldern

```
import java.io.*;

class Geographie  {
   final static int ERDOBERFLAECHE = 510100933;     // in qkm
}

public class Konstanten {

   public static void main(String[] args) throws IOException {
      Console cons = System.console();
      cons.printf("\n");

      double flaeche;
      double prozent;

      // Eingabe von Anwender
      cons.printf(" Die Fläche Ihres Landes (in qkm): ");
      String eingabe = cons.readLine();
      flaeche = Double.parseDouble(eingabe);

      prozent = 100 * (flaeche / Geographie.ERDOBERFLAECHE);

      cons.printf(" Ihr Land umspannt %.2f%% der Erdoberfläche \n",
                  prozent);

      cons.printf("\n");
   }
}
```

Ausgabe:

```
Fläche Ihres Landes (in qkm): 357022
Ihr Land umspannt 0,07% der Erdoberfläche
```

INFO

Der Platzhalter `%%` gibt das Prozentzeichen aus.

INFO

Konstanten, die von allgemeinem Interesse sind, sollten Sie in der Regel in `public`-Klassen als `public static final` definieren. Auf diese Weise können auch Klassen anderer Pakete auf die Konstanten zugreifen. (Mehr zur Arbeit mit Paketen sowie der Importierung von statischen Konstanten in Kapitel 10.1).

8.2.4 Statische Felder

Statische Felder sind Felder, die mit dem Schlüsselwort `static` definiert wurden.

Statische Felder existieren lediglich als Felder ihrer Klasse. Sie werden nicht bei der Instanzbildung als Felder der Objekte angelegt. Dies hat verschiedene Konsequenzen:

- Von einem statischen Feld einer Klasse gibt es immer nur eine einzige Kopie. Statische Felder stellen daher beispielsweise eine Möglichkeit dar, wie die einzelnen Objekte einer Klasse untereinander Daten und Informationen austauschen können.

- Statische Felder werden über den Namen der Klasse angesprochen. Statische Felder können daher benutzt werden, ohne dass ein Objekt der Klasse erzeugt wurde.

Statische Methoden können auf die statischen Felder ihrer Klasse direkt (allein über den Feldnamen) zugreifen. Alle anderen Methoden (nicht-statische Methoden der gleichen Klasse sowie beliebige Methoden anderer Klassen) können über den Klassennamen auf die statischen Felder zugreifen.

```
class Demo {
  static final int feld = 3;
}

public class Programm {
   static int feld = 2;

   public static void main(String[] args) {
      // Zugriff auf statische Felder
      System.out.println(feld);
      System.out.println(Demo.feld);
   }
}
```

Statische Felder sind beileibe nicht nur für die Implementierung von Klassen interessant, die reine Sammlungen statischer Methoden darstellen (vergleiche `java.lang.Math`). Auch das Mischen statischer und nicht-statischer Klassenelemente ist möglich. Das folgende Beispiel nutzt ein statisches Feld, um mitzuzählen, wie viele Objekte der Klasse erzeugt wurden.

Listing 8.3: StatischeFelder.java – Instanzen zählen

```
class Gespenster {
   static int anzahl = 0;

   Gespenster() {
      ++anzahl;
   }
}


public class StatischeFelder {

   public static void main(String[] args) {
      System.out.println();

      Gespenster gespenst1 = new Gespenster();
      Gespenster gespenst2 = new Gespenster();
      Gespenster gespenst3 = new Gespenster();
```

```
        System.out.println(" Es spuken zurzeit "
                           + Gespenster.anzahl + " Gespenster.");

        System.out.println();
    }
}
```

In Zeile 7 definiert die Klasse `Gespenster` das statische Feld `anzahl`, das zum Zählen der erzeugten Objekte dienen soll, und initialisiert es mit dem Wert 0. Im Konstruktor der Klasse wird das Feld inkrementiert.

In der `main()`-Methode werden drei Objekte der Klasse `Gespenster` erzeugt (Zeilen 21 bis 23). Die Konstruktoraufrufe sorgen dabei für die Inkrementierung des statischen Zählers. Schließlich wird die aktuelle Anzahl der Gespenster abgefragt und ausgegeben.

8.2.5 Instanzvariablen und Klassenvariablen

Die statischen Felder einer Klasse werden auch als **Klassenvariablen** bezeichnet, da sie zur Klasse gehören und mit dieser gespeichert werden.

Nicht-statische Felder werden demgegenüber als **Instanzvariablen** bezeichnet, da sie zu den erzeugten Instanzen gehören.

8.3 Methoden

In Java gibt es keine allein stehenden Anweisungen. Alle Anweisungen sind in Methoden verpackt[3], die wiederum Teil von Klassendefinitionen sind. Die Beziehung zwischen Klassen und Methoden ist übrigens recht zwiespältig.

- Meist definiert der Programmierer Klassen, um von diesen Objekte zu erzeugen (oder um die Klassen an andere Programmierer weiterzugeben, damit diese Objekte der Klassen erzeugen können). In diesem Fall, dem Normalfall bei der objektorientierten Programmierung, implementieren die Methoden die »Verhaltensweisen« der Objekte. Die Verhaltensweisen können grob in zwei Kategorien geteilt werden:
  - in Methoden, die den Zustand des Objekts ändern (hierzu gehört z.B. die Methode `verschieben()` aus unserer Demoklasse `Punkt`),
  - und Methoden, die der Programmierer über das Objekt aufruft, um von ihm eine bestimmte Aufgabe erledigen zu lassen (hierzu gehört beispielsweise die Methode `println()` des vordefinierten Objekts `System.out`, die wir dazu verwenden, Texte auf die Konsole auszugeben).

  Hier dominiert die Klasse die Methode, d.h., welche Methoden in der Klasse definiert werden, hängt davon ab, welche Art von Objekten die Klasse repräsentieren soll.

3 Wirklich alle? Nein, immer wieder finden sich kleine Gruppen aufmüpfiger Anweisungen in `static`-Blöcken von Klassen zusammen (siehe Abschnitt 8.6.8). Diese sind im Vergleich zu den Methoden von weit untergeordneter Bedeutung und werden daher an dieser Stelle einfach übergangen.

- Gelegentlich kommt es aber auch vor, dass der Programmierer die Implementierung bestimmter Aufgaben in Methoden auslagern möchte, einfach um seinen Quelltext modularer zu gestalten oder um die Implementierung dieser Aufgaben leichter in anderen Programmen wiederverwenden zu können. Diese Methoden stellen eine reine, an kein Objekt gebundene Funktionalität dar. In imperativen Sprachen würde man sie als eigenständige Funktionen definieren. In Java ist dies nicht möglich, Java kennt nur Methoden von Klassen. Also definiert der Programmierer die Methoden als `static` und bastelt um sie herum eine Klasse[4], um den Forderungen der Java-Spezifikation Genüge zu tun.

  Hier dominieren die Methoden die Klasse, die nur pro forma definiert wird.

Unabhängig davon, für welchen Zweck Sie Methoden benötigen, die Syntax der Methodendefinition und die mit den Methoden verbundenen Konzepte sind stets gleich.

8.3.1 Methodendefinition

Allgemein hat eine Methodendefinition folgende Form:

```
[zugriff][modifizierer] typ Methodenname([PARAMETER]) {
   ANWEISUNGEN;
}
```

`typ`: Datentyp des Rückgabewerts der Methode. Eine Methode, die keinen Rückgabewert liefert, muss mit dem Rückgabetyp `void` definiert werden.

`Methodenname`: Der Name der Methode, der im Rahmen der Konventionen zur Namensgebung (siehe Kapitel 4.1.3) frei wählbar ist und an den sich ein Klammernpaar anschließt.

Optional sind die Angabe von Parametern (siehe Abschnitt 8.3.3), die Zuordnung eines Zugriffsspezifizierers (siehe Abschnitt 8.5) sowie die Definition eines oder mehrerer der folgenden Methodenmodifizierer:

Tabelle 8.3: Methodenmodifizierer

Modifizierer	Bedeutung
`abstract`	Methode, die nur als Signatur, ohne Anweisungsblock, in der Klasse definiert ist (siehe Kapitel 15.1).
`final`	Konstante Methode, die in abgeleiteten Klassen weder verdeckt noch überschrieben werden kann (siehe Kapitel 14.2.4).
`static`	Statische Methode, die nicht über Objekte der Klasse, sondern über die Klasse aufgerufen wird (siehe Abschnitt 8.3.6).
`synchronized`	Dient der Synchronisierung von Threadzugriffen (siehe Kapitel 30.3).
`strictfp`	Macht alle Gleitkommaberechnungen in der Methode FP-strikt (siehe Kapitel 11.7).
`native`	Zur Definition nativer (plattformspezifischer) Methoden (meist in anderen Sprachen geschrieben, siehe Kapitel 39).

4 Wie man verhindern kann, dass von einer solchen Klasse Objekte erzeugt werden, lesen Sie in Abschnitt 8.6.7.

Implementierung und Aufruf

Methoden können ohne Zugriffsbeschränkung auf die Felder ihrer Klasse zugreifen.[5] Als `private` definierte Felder können überhaupt *nur* in den Methoden ihrer Klasse verwendet werden:

```
public class Punkt {
   private double x = 0;
   private double y = 0;

   public Punkt(double xParam, double yParam) {
      x = xParam;                              // Zugriff auf private
      y = yParam;                              // Felder x und y
   }

   public void verschieben(double dx, double dy) {
      x += dx;                                 // Zugriff auf private
      y += dy;                                 // Felder x und y
   }

   public String toString() {
      return "(" + x + "," + y + ")";          // Zugriff auf private
                                               // Felder x und y
   }
}
```

8

Methoden können von anderen Methoden aufgerufen werden.

```
public class Programm {
   public static void main(String[] args) {
      Punkt p = new Punkt(0,10);

      p.verschieben(50,0);

      System.out.println(" p = " + p);
   }
}
```

Hier erzeugt die `main()`-Methode ein `Punkt`-Objekt und ruft danach die Methode `verschieben()` auf. Eine Zeile darunter ruft sie die Methode `println()` des Objekts `System.out` auf. Die Methode `println()` ruft selbst auch wieder eine Methode auf: nämlich `p.toString()`. Der Aufruf ist versteckt in der Implementierung der Klasse `PrintStream` (von der `out` ein Objekt ist).

INFO

Letzten Endes besteht ein Java-Programm nur aus einer Kette von ineinander verschachtelten Methodenaufrufen, beginnend und endend mit `main()`.

8.3.2 Datenverarbeitung und Datenaustausch

Da Methoden in Java grundsätzlich der einzige Ort sind, wo Anweisungen vorkommen, sind sie auch der einzige Ort, wo Daten verarbeitet werden können. Welche Daten aber kann eine Methode verarbeiten?

5 Achtung! Statische Methoden können nur auf statische Felder zugreifen.

Nun, abgesehen von den in der Methode definierten Literalen, sind es drei Kategorien von Variablen, die hier eine Rolle spielen:

Die lokalen Variablen
: Dies sind die Variablen, die in der Methode selbst definiert werden. Sie sind ab dem Ort ihrer Definition in der Methode gültig. (Denken Sie daran, dass lokale Variablen – im Gegensatz zu Feldern – nicht automatisch initialisiert werden und der Compiler Zugriffe auf lokale Variablen nur zulässt, wenn sichergestellt ist, dass diese einen definierten Wert besitzen (siehe auch Kapitel 10.3)).

Die Felder
: Methoden können auf alle Felder ihrer Klasse zugreifen.[6]

Die Parameter
: Definiert eine Methode Parameter, kann (ja muss) ihr die aufrufende Methode beim Aufruf Daten übergeben.

Methoden müssen Daten aber nicht nur verarbeiten, sie müssen sie auch austauschen.

Betrachten Sie folgende Methode:

```
class Demo {
   void quadrat5Berechnen() {
      int quadr = 5 * 5;
      System.out.println(quadr);
   }
}
```

Diese Methode ist nahezu nutzlos. Abgesehen davon, dass man zur Berechnung des Quadrats nicht unbedingt eine eigene Methode braucht, weist sie zwei gravierende Mängel auf:

- Sie erledigt nicht nur die ihr gestellte Aufgabe, sondern verarbeitet das Ergebnis auch gleich (anstatt es an den Aufrufer zurückzuliefern und diesem die weitere Verarbeitung zu überlassen)
- Sie ist zu spezifisch, da sie nur das Quadrat von 5 berechnet (anstatt die Zahl, deren Quadrat sie berechnen soll, vom Aufrufer zu übernehmen)

Eine wesentlich bessere Implementierung der Methode würde also einen Parameter definieren, über den sie beim Aufruf die zu verarbeitende Zahl einliest und das Ergebnis als Rückgabewert zurückliefern:

```
long quadrat (int zahl) {
   long quadr = zahl * zahl;
   return quadr;                  // oder direkt: return zahl * zahl;
}
```

6 Achtung! Statische Methoden können nur auf statische Felder zugreifen.

Diese Methode kann wesentlich flexibler eingesetzt werden, wo immer eine Quadratzahl benötigt wird:

```
class Irgendeine {
   ...
   void eineMethode() {
      Demo obj = new Demo();
      long faktor;
      ...
      faktor = obj.quadrat(5);
      ...
```

Welche grundsätzlichen Möglichkeiten gibt es, zwischen zwei Methoden Daten auszutauschen?

Instanzvariablen

Alle (nicht-`static`) Methoden einer Klasse können auf die in der Klasse definierten Instanzvariablen (nicht-`static`-Felder) ohne Zugriffsbeschränkung zugreifen. Instanzvariablen sind daher global in allen Methoden der Klasse gültig. (Im Gegensatz zu den lokalen Variablen, die nur in ihrer Methode gültig sind.)

Vergessen Sie bei dieser Betrachtung nicht, dass die Methoden in der Praxis nur über Objekte aufgerufen werden. Die für ein Objekt aufgerufenen Methoden teilen sich daher die Instanzvariablen des Objekts und können über diese Daten austauschen.

Klassenvariablen

Klassenvariablen werden nur einmal erzeugt.

Als `private` definierte Klassenvariablen sind nur für die Methoden der Klasse zugänglich. (Statische Methoden können auf die Klassenvariablen direkt zugreifen, nicht-statische Methoden müssen den Klassennamen voranstellen.) Da Klassenvariablen nur einmal erzeugt werden, können sie als globale Variablen einer Klasse angesehen werden, die sich die statischen Methoden und die Objekte der Klasse teilen.

Durch Verwendung weniger restriktiver Zugriffsspezifizierer können Klassenvariablen immer globaler werden. `public`-Klassenvariablen von `public`-Klassen können schließlich grundsätzlich überall verwendet werden.

Grundsätzlich sollten Sie den Datenaustausch über globale Klassenvariablen vermeiden. Nutzen Sie globale Klassenvariablen möglichst nur für Konstanten (vergleiche `Math.PI`) und weichen Sie zum Datenaustausch zwischen den Methoden auf Parameter aus.

Parameter

Parameter sind ideal für den Datenaustausch zwischen Methoden:

- die Methode gibt durch die Parameterdefinition vor, welche Art von Daten sie bearbeitet;

- der Aufrufer übergibt im Aufruf die Daten, die er verarbeiten lassen möchte.

(Für Daten, die über Instanzvariablen ausgetauscht werden können, müssen natürlich keine Parameter mehr definiert werden.)

Rückgabewerte

Stellen einen speziellen Weg dar, wie eine Methode einen Wert (oder ein Objekt) an den Aufrufer zurückliefern kann.

Tabelle 8.4: Datenaustausch zwischen Methoden

Datenfluss	Realisierung durch
Datenfluss in eine Methode hinein	Parameter
Datenfluss aus einer Methode heraus	Rückgabewert, Referenztyp-Parameter
Gemeinsame Daten	– Instanzvariablen (global zu Methoden eines Objekts) – `private`-Klassenvariablen (global zu Klasse und ihren Objekten) – normale Klassenvariablen (global zu Klassen eines Pakets) – `public`-Klassenvariablen (global)

8.3.3 Parameter

In der Methodendefinition geben Sie die Parameter in den runden Klammern hinter dem Methodennamen an. Die einzelnen Parameter werden dabei wie ganz normale Variablen definiert und – falls mehrere Parameter definiert werden – durch Kommata getrennt. Innerhalb der Methode können Sie die Parameter dann wie ganz normale lokale Variablen verwenden.

```
public void tueWas(int zahl)  {
    zahl = 12;
    ...
}
public void tueWasAnderes(int zahl, String text)   {
    zahl = 12;
    text += "***";
    ...
}
```

Methodenaufruf

Beim Aufruf wird für jeden Parameter der Methode ein passendes Argument übergeben. Passend heißt in diesem Fall, dass der Datentyp des Arguments mit dem Datentyp des Parameters übereinstimmen muss (wobei implizite Typumwandlungen, siehe Kapitel 5.4, berücksichtigt werden). Notfalls kann der Programmierer das Argument mithilfe einer expliziten Typumwandlung an den Typ des Parameters angleichen.

Ein Argument kann ein beliebiger Ausdruck sein (Literal, Variable, Rückgabewert einer dritten Methode oder eine Kombination aus Operanden und Operatoren). Aufrufe der beiden oben definierten Methoden könnten wie folgt aussehen:

```
int wert = 12;
String s = "Hallo";
tueWas(wert);              // bei Aufruf in Methode der
tueWasAnderes(3, s);       // gleichen Klasse
...
obj.tueWas(wert);          // bei Aufruf aus Methode einer
obj.tueWasAnderes(3, s);  // anderen Klasse
```

Vorgang der Parameterübergabe

Parameter werden mit Kopien des Arguments initialisiert

Wird eine Methode aufgerufen, wird zuerst Speicher für ihre Parameter reserviert. Dann werden die Werte der im Aufruf übergebenen Argumente in die Parameter kopiert. Die Parametervariablen werden also mit den Werten der Argumente initialisiert.

Später, wenn der Anweisungsblock der Methode abgearbeitet ist und die Programmausführung zum Aufrufer zurückkehrt, werden die Parameter (zusammen mit den lokalen Variablen der Methode) aufgelöst und ihr Speicher wieder freigegeben.

EXKURS

Parameter und Argumente

Die Verwendung der Begriffe »Parameter« und »Argument« ist in der Literatur recht uneinheitlich und hängt offenbar von den persönlichen Vorlieben des Autors/Programmierers ab. Die »offizielle« Terminologie bezeichnet die in der Methodendefinition spezifizierten Variablen als formale Parameter oder formale Argumente und die im Aufruf übergebenen Werte entsprechend als Parameter oder Argumente. Die Terminologie wird allerdings sehr uneinheitlich und oftmals auch nur nachlässig verwendet. Wir folgen daher der weniger offiziellen, dafür aber eingängigeren Terminologie, dass wir die in der Methodendefinition spezifizierten Variablen als Parameter und die im Aufruf für die Parameter übergebenen Ausdrücke als Argumente bezeichnen.

Übergabe von Wert- und Referenztypen

Wenn Sie eine Methode mit einem Parameter aufrufen und dabei eine Variable als Argument übergeben, reserviert der Compiler im Arbeitsspeicher Platz für den Parameter und kopiert den Wert des Arguments in den Parameter. Im Falle von elementaren Datentypen wird dabei der tatsächliche Wert kopiert, sodass man nach dem Kopieren zwei unterschiedliche Variablen hat (das übergebene Argument und den Parameter), die beide den gleichen Wert haben. Im Falle von Instanzen von Klassen werden dagegen nicht die Objekte kopiert, sondern nur die Verweise auf die Objekte. Nach der Übergabe einer Instanz hat man also zwei Variablen (das Argument und den Parameter), die beide auf ein und dasselbe Objekt im Speicher verweisen.

Dies hat Auswirkungen auf die Bearbeitung des Parameters in der Methode. Wenn die Methode in ihrem Anweisungsblock den Wert eines Parameters vom Typ eines elementaren Datentyps verändert, betrifft diese Änderung nur den Parameter, nicht das übergebene Argument. Verändert die Methode dagegen ein Feld eines übergebenen Objekts, ändert sie das Objekt, auf das sowohl der Parameter als auch das übergebene Argument verweisen.

Listing 8.4: Parameter.java – Übergabe und Verarbeitung von Wert- und Referenztypen

```
class Demo {
   public int feld;

   public void methode1(int zahl) {
      zahl = 2;
      System.out.println("   In Methode: " + zahl);
   }

   public void methode2(Demo obj)  {
      obj.feld = 2;
      System.out.println("   In Methode: " + obj.feld);
   }
}


public class Parameter {
   public static void main(String[] args) {
      System.out.println();

      Demo obj = new Demo();
      obj.feld = 1;
      int wert = 1;

      System.out.println(" Uebergabe eines int-Werts");
      System.out.println("   In main(): " + wert);
      obj.methode1(wert);
      System.out.println("   In main(): " + wert);
      System.out.println();

      System.out.println(" Uebergabe eines Objekts");
      System.out.println("   In main(): " + obj.feld);
      obj.methode2(obj);
      System.out.println("   In main(): " + obj.feld);

      System.out.println();
   }
}
```

In diesem Programm werden einmal ein Werttyp (`wert`) und einmal ein Referenztyp (`obj`) als Argument an entsprechende Methoden übergeben. Vor und nach dem Aufruf der Methoden werden die Werte der Argumente (im Falle der Klasseninstanz der Wert des Feldes `feld`) ausgegeben. In der Methode selbst werden die Werte der Parameter übergeben. Das Interessante ist nun, ob sich die Werte der Variablen/Instanz in `main()` nach dem Aufruf der Methode geändert haben.

Ausgabe:

```
Uebergabe eines int-Werts
  In main(): 1
  In Methode: 2
  In main(): 1

Uebergabe eines Objekts
  In main(): 1
  In Methode: 2
  In main(): 2
```

Wie Sie der Ausgabe entnehmen können, kann eine Methode die ihr übergebenen Objekte von Referenztypen ändern, nicht aber Argumente von Werttypen.

Übergabeverhalten ändern

Grundsätzlich kann man mit dem Standardverhalten bei der Übergabe von Argumenten an Parameter ganz gut zurechtkommen. Trotzdem gibt es Situationen, in denen man sich genau das gegenteilige Verhalten wünscht:

- Die Änderungen, die die Methode an einem Referenztyp-Objekt vornimmt, sollen nur den Parameter und nicht das Argument betreffen.
- Die Methode soll den Wert eines übergebenen Werttyp-Arguments direkt ändern können.
- Die Methode soll den Wert eines Parameters nur abfragen, nicht aber ändern können.

8

Objekte als Kopien übergeben

Im ersten Fall müssen Sie so vorgehen, dass Sie im Aufrufer vor der Übergabe eine echte Kopie des zu übergebenden Objekts erstellen. Das bedeutet, ein neues Objekt gleichen Typs anzulegen und dessen Feldern die Werte aus den Feldern des ursprünglichen Objekts übergeben.

```
Demo obj = new Demo();       // Demo wie oben
obj.feld = 1;

Demo obj2 = new Demo();      // Kopie erstellen
obj2.feld = obj.feld;

System.out.println(" Uebergabe eines Objekts");
System.out.println ("   In main(): " + obj.feld);     // Ausgabe: 1

obj.methode2(obj2);                                   // Ausgabe: 2

System.out.println ("   In main(): " + obj.feld);     // Ausgabe: 1
```

STOP

Weisen Sie bloß nicht der Kopie das ursprüngliche Objekt zu:

```
obj2 = obj;
```

Sonst steht in `obj2` nicht der Verweis auf das neu angelegte Objekt, sondern `obj2` wird umgebogen auf das Objekt, auf das `obj` verweist – mit dem Erfolg, dass Sie keinen Verweis auf ein zweites Objekt, sondern wieder nur den Verweis auf das ursprüngliche Objekt übergeben. (Mehr zum Kopieren von Objekten in Kapitel 17.2.)

Werte als Referenzen übergeben

Möchten Sie hingegen der Methode gestatten, den Wert eines Werttyp-Arguments direkt zu ändern, müssen Sie:

1. Eine eigene Wrapper-Klasse für den betreffenden Typ schreiben. Diese sollte – anders als die vordefinierten Wrapper-Klassen der Standardbibliothek – die direkte Änderung des gekapselten Werts erlauben.
2. Parameter, Argument und Methodenimplementierung vom ursprünglichen elementaren Datentyp auf den Typ der zugehörigen Wrapper-Klasse umstellen.

Listing 8.5: Parameter2.java – Übergabe eines int-Werts als Objekt

```
class IntWrapper {
   public int wert;

   IntWrapper(int i) {
      wert = i;
   }
}

class Demo {
   public int feld;

   public void methode1(IntWrapper zahl) {
      zahl.wert = 2;
      System.out.println("   In Methode: " + zahl.wert);
   }
}

public class Parameter2 {
   public static void main(String[] args) {
      System.out.println();

      Demo obj = new Demo();
      obj.feld = 1;
      int wert = 1;

      System.out.println(" Uebergabe eines IntWrapper-Objekts");
      IntWrapper intObj = new IntWrapper(wert);
      System.out.println("   In main(): " + intObj.wert);
      obj.methode1(intObj);
      System.out.println("   In main(): " + intObj.wert);

      System.out.println();
   }
}
```

Ausgabe

```
Uebergabe eines IntWrapper-Objekts
  In main(): 1
  In Methode: 2
  In main(): 2
```

INFO

Dass eine Methode den Wert der ihr übergebenen Argumente ändert, ist allerdings eher der Sonderfall. Die meisten Methoden arbeiten wie mathematische Funktionen, das heißt, man übergibt ihnen Parameter, die von der Methode zur Berechnung einer Formel oder zur Erfüllung irgendeiner anderen Aufgabe benötigt werden. Die Parameter bleiben dabei von der Methode unbehelligt (d.h., die Methode liest nur deren Werte, aber überschreibt sie nicht).

Verändert werden vornehmlich Instanz- und Klassenvariablen, und berechnete Ergebnisse werden als Rückgabewerte zurückgeliefert.

Nicht veränderbare Parameter

Wenn Sie Parameter definieren, deren Wert von der Methode nicht verändert werden soll, können Sie den Parameter als `final` definieren. Der Compiler hilft Ihnen dann sicherzustellen, dass der Wert des Parameters nach der Initialisierung mit dem Aufrufargument nicht mehr geändert wird.

```
public void eineMethode(final int param)
```

In kleinen übersichtlichen Methoden scheint dies zwar unnötig, doch je umfangreicher eine Methode wird, umso wahrscheinlicher ist es, dass Sie oder ein anderer Programmierer bei einer späteren Überarbeitung der Methode doch versuchen, den Wert des Parameters zu ändern.

STOP

Die `final`-Definition eines Referenztyp-Parameters garantiert lediglich, dass die Referenz im Parameter nicht geändert werden kann. Änderungen am Objekt, auf das die Referenz verweist, sind weiterhin möglich.

8

8.3.4 Rückgabewert

Methoden, die einen Rückgabewert zurückliefern möchten, müssen den Datentyp des Rückgabewerts in der Methodendefinition vor dem Methodennamen angeben.

```
public int methode(int a, int b)
```

Die obige Methode erwartet beispielsweise zwei `int`-Argumente und liefert einen `int`-Wert als Ergebnis zurück.

INFO

Methoden, die keinen Rückgabewert zurückliefern, müssen in der Definition als Datentyp `void` angeben.

Zum Zurückliefern des Ergebnisses verwenden Sie die `return`-Anweisung. Schreiben Sie einfach das Schlüsselwort `return` in eine neue Zeile und dahinter geben Sie den zurückzuliefernden Wert (Variable oder Ausdruck) an.

```
public int tueWas(int a, int b)  {
    return a * b;
}
```

Methoden, die Rückgabewerte zurückliefern, stehen in Ausdrücken stellvertretend für ihren Rückgabewert:

```
ergebnis = obj.tueWas(12, 7);
ergebnis = (3 + eineVar) * obj.tueWas(12, 7);
System.out.println(obj.tueWas(12, 7));
```

INFO

Selbstverständlich kann der Rückgabewert nicht nur zum Zurückliefern von Ergebnissen verwendet werden. Wenn die eigentliche Aufgabe einer Methode beispielsweise darin besteht, einem bestimmten Feld der Klasse einen neuen Wert zuzuweisen, kann sie den Rückgabewert in unterschiedlichster Weise nutzen:

- Sie kann den neuen Wert zusätzlich als Ergebniswert zurückliefern.
- Sie kann einen Fehlercode zurückliefern, den der Aufrufer in einer `if`-Bedingung überprüfen kann (beispielsweise `false`, um anzuzeigen, dass die Aufgabe wegen eines Fehlers nicht ordnungsgemäß erledigt werden konnte, und `true`, um anzuzeigen, dass alles geklappt hat).
- Sie braucht überhaupt keinen Rückgabewert zurückzuliefern. In diesem Falle muss in der Methodendefinition an der Stelle des Rückgabetyps das Schlüsselwort `void` stehen.

Methoden vorzeitig beenden

Die `return`-Anweisung liefert nicht nur einen Wert zurück, sie beendet gleichzeitig auch die Ausführung der Methode. Meist steht die `return`-Anweisung daher als letzte Anweisung am Ende der Methode. Sie können aber auch den Programmfluss in der Methode mittels `if`- oder `switch`-Verzweigungen aufspalten und die einzelnen Verzweigungen mit eigenen `return`-Anweisungen abschließen.

Listing 8.6: Return.java – Rückgabewerte von Methoden

```
import java.util.Scanner;
import java.io.Console;

class Demo {

   static String belohnung(int alter) {

      if (alter < 12)
         return "eine Kinderlieder-CD!";

      else if (alter < 26)
         return "die CD \"Gangsta\'s Paradise\" von Coolio";

      else
         return "das Weisse Album der Beatles";
   }
}


public class Return {

   public static void main(String[] args) throws IOException {
      Console cons = System.console();
      cons.printf("\n");

      cons.printf("\n Sie haben bei unserem Musikquiz gewonnen! \n");
      cons.printf("\n Geben Sie Ihr Alter an: ");
```

```
        Scanner sc = new Scanner(cons.reader());
        int alter = sc.nextInt();

        cons.printf("\n Ihr Gewinn ist ... %s \n",
                    Demo.belohnung(alter));

        cons.printf("\n");
    }
}
```

Ausführung:

```
Sie haben bei unserem Musikquiz gewonnen!

Geben Sie Ihr Alter an: 54

Ihr Gewinn ist ...  das Weisse Album der Beatles
```

8.3.5 this

Gegeben sei eine Klasse `Vektor`, die wie folgt definiert wurde:

```
public class Vektor {
   public double x;
   public double y;

   public void addieren(Vektor v2)  {
      x += v2.x;
      y += v2.y;
   }

   public void subtrahieren(Vektor v2)  {
      x -= v2.x;
      y -= v2.y;
   }
}
```

Betrachten Sie nun den folgenden Code, der aus der `main()`-Methode eines Programms stammen könnte:

```
Vektor vekt1 = new Vektor();
Vektor vekt2 = new Vektor();
...
vekt1.x = 10;
vekt2.x = 20;
```

Was passiert hier?

In den ersten Zeilen werden zwei Objekte der Klasse `Vektor` erzeugt sowie die Variablen `vekt1` und `vekt2` angelegt, in denen Verweise auf die `Vektor`-Objekte abgespeichert werden.

Weiter unten in der dritten Zeile wird dann dem Feld `x` des Objekts, auf das `vekt1` verweist, der Wert 10 und dem Feld `x` des Objekts, auf das `vekt2` verweist, der Wert 20 zugewiesen. Dass dies möglich ist, liegt daran, dass jedes Objekt bei seiner Erzeugung einen eigenen Satz von Kopien der Klassenfelder erhält.

Die Anweisung

```
vekt1.x = 10;
```

bedeutet für den Compiler also

1. Gehe zum Speicherbereich des Objekts, auf das `vekt1` verweist.
2. Suche in diesem Speicherbereich nach dem Platz für die Kopie des Feldes `x`.
3. Schreibe in das Feld den Wert `x`.

Analog geht der Compiler für `vekt2.x = 20;` vor, nur dass er zum Speicherbereich des Objekts geht, auf das die Instanz `vekt2` verweist.

So weit, so gut. Was machen Sie aber aus dem folgenden Code:

```
Vektor vekt1 = new Vektor();
Vektor vekt2 = new Vektor();
...
vekt1.addieren(vekt2);
```

Wird dieser Code genauso abgearbeitet wie vorhin der Code zum Zugriff auf ein Feld? Mitnichten, denn während jedes Objekt der Klasse eigene Kopien aller Felder der Klasse erhält, stehen die Methoden der Klasse nur ein einziges Mal im Arbeitsspeicher!

Wenn das Programm auf den Aufruf einer Methode stößt, springt das Programm in den Code dieser Methode. Im obigen Falle wäre dies die Methode `Addieren()` der Klasse `Vektor`. Der Code dieser Methode sieht aber wie folgt aus:

```
public void addieren(Vektor v2) {
    x += v2.x;
    y += v2.y;
}
```

Woher weiß das Programm, wenn es in der Methode ist, welche Felder mit `x` und `y` gemeint sind. Für uns ist es klar, dass `vekt1.x` und `vekt1.y` gemeint sind, weil die Methode für das Objekt `vekt1` aufgerufen wurde, doch erklärt dies nicht, wie das Programm nach dem Sprung in die Methode wissen kann, wofür `x` und `y` stehen.

Die Erklärung ist ebenso einfach wie trickreich. Die Virtual Machine greift auf alle Feldnamen über einen internen Instanzbezeichner namens `this` zu.

```
this.x += v2.x;
this.y += v2.y;
```

Wenn Sie nun die Methode `addieren()` über die Instanz `vekt1` aufrufen, wird beim Aufruf der Methode der Verweis aus `vekt1` nach `this` kopiert. Wird die Methode über die Instanz `vekt2` aufgerufen, wird der Verweise aus `vekt2` nach `this` kopiert. `this` zeigt also bei Abarbeitung der Methode immer auf das aktuelle Objekt, für das die Methode aufgerufen wurde. So ist sichergestellt, dass Methoden stets die Felder des aktuellen Objekts bearbeiten.

INFO

Tatsächlich wird der Objektverweis in der Regel aus der Objektvariablen an den Anfang des Stackrahmens für den Methodenaufruf kopiert. `this` ist letzten Endes also eine synonyme Adresse für die erste Variable im aktuellen Stack.

this verwenden

Das Schlüsselwort `this` können Sie auch selbst in der Implementierung der Methoden verwenden. Viele Programmierer nutzen `this` beispielsweise, um die Verdeckung von Feldern durch gleichnamige Methodenparameter zu umgehen.

Wenn Sie eine Methode definieren, die Argumente zum Setzen von Feldern entgegennimmt, stehen Sie vor dem Problem, wie Sie die Parameter nennen. Am einfachsten und übersichtlichsten wäre es, die Parameter ebenso wie die Felder zu nennen:

```
class Mensch {
   int alter;
   string name;

   Mensch(int alter, string name) {         // Konstruktor
      alter = alter;
      name  = name;
   }
}
```

Dies führt jedoch nicht zu dem gewünschten Ergebnis, da die Parameter `alter` und `name` die gleichnamigen Felder im Konstruktor verdecken. Obiger Code weist daher einfach den Parametern `alter` und `name` noch einmal ihre alten Werte zu.

Diesen Code können Sie auf zweierlei Weise korrigieren:

- Sie können den Parametern also andere Namen geben, beispielsweise die Groß-/Kleinschreibung ändern oder ein Präfix voranstellen:

```
class Mensch {
   int    alter;
   string name;

   Mensch(int paramAlter, string paramName) {
      alter = paramAlter;
      name  = paramName;
   }
}
```

- Sie können auf die verdeckten Felder mithilfe des `this`-Verweises zugreifen:

```
class Mensch {
   int    alter;
   string name;

   Mensch(int alter, string name) {
      this.alter = alter;
      this.name  = name;
   }
}
```

8.3.6 Statische Methoden

Statische Methoden werden ebenso wie die statischen Felder durch Voranstellung des Schlüsselwortes `static` definiert und nur über den Klassennamen aufgerufen.

Statische Methoden können nur auf andere statische Elemente einer Klasse zugreifen (Ausnahme: die Konstruktoren der Klasse!). Nach den Ausführungen des vorangehenden Abschnitts sollte auch klar sein warum. Statische Methoden verfügen über keinen `this`-Verweis.

Statische Methoden und private Konstruktoren

Statische Methoden werden meist zur Implementierung von Funktionssammlungen verwendet. Es ist aber auch möglich, in einer Klasse, die echte Objekte beschreibt, normale und statische Methoden gemeinsam zu verwenden.

Schauen Sie sich noch einmal das Programm *StatischeFelder.java* aus dem Abschnitt 8.2.4 an. Dort wurde ein statisches Feld zum Zählen der Gespenster-Objekte verwendet. Das Beispiel hatte aber keine sinnvolle Verwendung für den Zähler. In dem nachfolgenden Beispiel soll der Zähler dazu genutzt werden, die maximale Anzahl Gespenster auf 3 zu begrenzen. Dies wird mithilfe eines Tricks erreicht, der darin besteht, den einzigen Konstruktor der Klasse als `private` zu definieren und die Objekterzeugung durch eine statische Methode zu kontrollieren.

Listing 8.7: StatischeMethoden.java – Instanzen zählen und begrenzen

```
class Gespenster {
   static int anzahl = 0;
   String name;

   private Gespenster() {
      ++anzahl;
      name = "Gespenst" + anzahl;
   }

   static Gespenster gespenstErzeugen() {
      if (anzahl < 3)
         return new Gespenster();
      else
         return null;
   }

   void spuken()  {
      System.out.println("\t" + name + ": Huuhuu!");
   }

}

public class StatischeMethoden {

   public static void main(String[] args) {
      System.out.println();

      Gespenster gespenst1 = Gespenster.gespenstErzeugen();
      Gespenster gespenst2 = Gespenster.gespenstErzeugen();
      Gespenster gespenst3 = Gespenster.gespenstErzeugen();
      Gespenster gespenst4 = Gespenster.gespenstErzeugen();
      Gespenster gespenst5 = Gespenster.gespenstErzeugen();
```

```
33
34         System.out.println(" Es spuken zurzeit "
35                          + Gespenster.anzahl + " Gespenster.");
36
37         if (gespenst1 != null) gespenst1.spuken();
38         if (gespenst2 != null) gespenst2.spuken();
39         if (gespenst3 != null) gespenst3.spuken();
40         if (gespenst4 != null) gespenst4.spuken();
41         if (gespenst5 != null) gespenst5.spuken();
42
43         System.out.println();
44     }
45 }
```

Ausgabe:

```
Es spuken zurzeit 3 Gespenster.
        Gespenst1: Huuhuu!
        Gespenst2: Huuhuu!
        Gespenst3: Huuhuu!
```

Die Definition der Klasse `Gespenster` hat sich etwas verändert. Zum einen wurde ein Feld `name` hinzugefügt. Dieses Feld dient einfach dazu, den einzelnen Gespenstern Namen zu geben und das Programm etwas netter zu gestalten. Zugewiesen werden die Namen im Konstruktor in Zeile 7.

Der Konstruktor selbst wurde als `private` definiert (Zeile 5).

Da es nun keinen öffentlichen Konstruktor für die Klasse gibt, ist es auch nicht mehr möglich, außerhalb der Klasse, beispielsweise in der `main()`-Methode, Objekte der Klasse zu erzeugen.

Statt des Konstruktors stellt die Klasse zur Erzeugung von Objekten daher die statische Methode `gespenstErzeugen()` zur Verfügung (Zeilen 10 bis 15). Diese kann, da sie ja eine Methode der Klasse ist, den `private` Konstruktor aufrufen. Auf diese Weise erzeugt sie ein Objekt der Klasse, jedoch nur solange der Zähler `anzahl` kleiner 3 ist. Den Verweis auf das Objekt liefert sie zurück (Zeile 12). Wird die Methode aufgerufen, obwohl schon drei Gespenster existieren, liefert sie `null` zurück.

Die letzte Erweiterung der Klasse `Gespenster` ist die Methode `spuken()` in den Zeilen 17 bis 19.

In der `main()`-Methode wird die Methode `Gespenster.gespenstErzeugen()` fünfmal aufgerufen. Die zurückgelieferten Verweise werden in Objektvariablen gespeichert (Zeilen 28 bis 32). In Zeile 34 wird geprüft, wie viele Gespenster erzeugt wurden. Die erzeugten Gespenster dürfen schließlich spuken.

STOP

Bevor die Methode `spuken()` für eine `Gespenst`-Variable aufgerufen wird, ist aber zu bedenken, dass einige der `Gespenst`-Variablen `null`-Verweise enthalten. Ein Zugriff über einen `null`-Verweis würde aber zum Abbruch des Programms führen. Um dies zu vermeiden, prüft das Programm zuerst, ob in der Variablen ein gültiger Verweis steht, und ruft nur im Erfolgsfall die Methode `spuken()` auf.

8.3.7 Überladung

In Java – wie in den meisten objektorientierten Programmiersprachen – ist es möglich, Methoden zu *überladen*. Dies bedeutet nichts anderes, als dass innerhalb einer Klasse mehrere Methoden mit dem gleichen Methodennamen definiert werden können. Voraussetzung ist allerdings, dass die Methoden anhand ihrer Parameterliste unterscheidbar sind (sonst kann der Compiler am Methodenaufruf nicht mehr ablesen, welche Methode ausgeführt werden soll).

INFO

Name und Parameterliste einer Methode werden zusammen als »**Signatur**« der Methode bezeichnet.

Warum Überladung?

Der Name einer Methode sollte stets auf ihren Verwendungszweck, die von ihr durchgeführte Operation, hindeuten. Wenn Sie beispielsweise eine Klasse für die Programmierung von Vektoren schreiben und in dieser eine Methode zum Addieren von Vektoren implementieren, werden Sie sicher nicht auf die Idee kommen, diese Methode »vektorBearbeiten01« oder »vektVerarbeiten« zu nennen. Sie werden sie auf den Namen »addieren« taufen.

Manchmal stehen Sie aber vor dem Problem, dass Sie eine Operation für unterschiedliche Parameter mehrfach implementieren müssen. Ohne Überladung müssten Sie sich für jede Variante der Operation einen eigenen Methodennamen ausdenken. Das ist lästig und vereinfacht auch nicht gerade die Programmierung mit den Objekten dieser Klasse. Dank der Überladung ist es jedoch möglich, einer Operation genau einen Namen zuzuweisen – und diesen für alle Implementierungen der Operation beizubehalten.

Ein gutes Beispiel hierfür ist die Methode `println()`. Wie Sie wissen, können Sie mit dieser Methode sämtliche Datentypen in Strings umwandeln und auf die Konsole ausgeben. Allerdings leistet dies nicht eine `println()`-Methode allein; vielmehr gibt es derer ganze neun (zehn, wenn man `println()` ohne Parameter dazuzählt):

```
public void println()
public void println(boolean x)
public void println(char x)
public void println(int x)
public void println(long x)
public void println(float x)
public void println(double x)
public void println(char x[])
public void println(String x)
public void println(Object x)
```

Die Überladung erspart es Ihnen, sich für eine Operation (das Ausgeben auf die Konsole) zehn verschiedene Methodennamen zu merken (`println()`, `printlnBool()`, `printlnChar()` ...).

Mittels Überladung können Sie auch gleichnamige Methoden implementieren, die die gleiche Operation in Abhängigkeit von der Anzahl und Art der übergebenen Argumente unterschiedlich ausführen.

So gibt es in der Klasse `String` beispielsweise zwei Methoden `substring()`, die einen Teilstring des aktuellen String-Objekts zurückliefern:

```
public String substring(int beginIndex)
```

Diese Methode liefert den Teilstring zurück, der mit dem Zeichen an der angegebenen Indexposition beginnt und bis zum Ende des aktuellen Strings geht.

Die Schwestermethode

```
public String substring(int beginIndex, int endIndex)
```

liefert dagegen den Teilstring zwischen `beginIndex` und `endIndex` zurück.

In Java gewinnt die Überladung noch durch einen weiteren Umstand an Bedeutung. Da die Instanzbildung immer mit dem Aufruf eines Konstruktors verbunden ist, der Konstruktor aber immer den gleichen Namen trägt wie die Klasse (!), stellt die Überladung den einzigen Weg dar, wie Sie Objekte mit Argumenten unterschiedlicher Typen und Anzahl erzeugen können.

8

Überladene Methoden aufeinander zurückführen

`substring()` ist ein gutes Beispiel für eine Methode, die

- einerseits mehrere Parameter definiert, um möglichst flexibel einsetzbar zu sein (`substring(int beginIndex, int endIndex)`),
- andererseits überladene Varianten anbietet, die weniger Parameter definieren und Spezialfälle der allgemeinen Muttermethode darstellen (`substring(int beginIndex)` – Spezialfall, dass `endIndex` gleich der Anzahl Zeichen im aktuellen String ist).

Meist werden die überladenen Spezialfälle mithilfe der allgemeinen Methode implementiert. So lautet die Implementierung von `substring(int beginIndex)` einfach:

```
public String substring(int beginIndex) {
   return substring(beginIndex, count);     // count ist ein Feld der
                                            // Klasse String, das die
                                            // Anzahl Zeichen im String-
}                                           // Objekt speichert
```

8.3.8 Methoden mit variabler Anzahl Argumente

Grundsätzlich müssen beim Aufruf einer Methode immer genau so viele Argumente übergeben werden, wie in der Methodendefinition Parameter aufgelistet sind. An dieser Regel ist nicht vorbeizukommen, es sei denn mit einem Trick. In Java beruht dieser Trick auf dem Einsatz von Arrays. Obwohl Arrays in diesem Buch erst in Kapitel 9 besprochen werden, gehört die Definition von Methoden, die eine variable Anzahl Argumente übernehmen können, ohne Zweifel hierher und soll daher auch hier besprochen werden. (Sollten Sie mit dem Konzept der Arrays nicht vertraut sein, lesen Sie zuerst Kapitel 9.)

Der Trick

Der Trick zur Implementierung von Methoden mit variabler Anzahl Argumente beruht darauf, dass Array-Parameter ohne Größenangabe definiert werden und daher als Argumente Arrays mit beliebig vielen Argumenten akzeptieren können. (Die Elementtypen der Arrays müssen natürlich übereinstimmen.)

Die grundlegende Vorgehensweise sieht demnach wie folgt aus:

1. Die Methode wird mit einem Array als Parameter definiert.
2. In der Methode werden die einzelnen Array-Elemente – beispielsweise mithilfe einer `for`-Schleife – durchlaufen und verarbeitet.
3. Beim Aufruf werden die Argumente in ein Array gepackt und an die Methode übergeben.

Das folgende Programm demonstriert diesen Trick anhand einer Methode zur Berechnung von Mittelwerten:

```
public class Varargs {

   static double mittelwert(double[] werte) {
      double summe = 0;

      for (double d : werte)
         summe += d;

      return summe/werte.length;
   }

   public static void main(String[] args) {

      double[] daten1 = {1, 2, 3, 4, 5, 6, 7};
      System.out.println( mittelwert(dateln) );

      double[] daten2 = {12, 0.5, 9};
      System.out.println( mittelwert(daten2) );
   }
}
```

Die ...-Syntax

Seit Java 5 gibt es eine neue Syntax für die Definition von Methoden mit variabler Anzahl Argumente. Der Array-Parameter wird nicht mehr als Array, sondern mit Auslassungspunkten ... definiert. Der Vorteil für den Programmierer: Bei Verwendung dieser Syntax kann er die Argumente nicht mehr nur als Array, sondern auch als Auflistung übergeben.

Listing 8.8: Varargs.java – Methoden mit variabler Argumentenzahl

```
public class Varargs {

   static double mittelwert(double... werte) {
      double summe = 0;

      for (double d : werte)
         summe += d;

      return summe/werte.length;
   }

   public static void main(String[] args) {
      System.out.println();

      double[] daten = {1, 2, 3, 4, 5, 6, 7};
      System.out.println(" " + mittelwert(daten) );

      System.out.println(" " +  mittelwert(1, 2, 3, 4, 5, 6, 7) );
   }
}
```

INFO

Die neue Syntax ändert nicht an der zugrunde liegenden Technik: die Argumente werden immer noch als Arrays übergeben, nur dass jetzt der Compiler in der Lage ist, die Argumente gegebenenfalls selbst in ein Array zu verpacken.

8

STOP

Wenn Sie die traditionelle Array-Syntax verwenden, können Sie vor und nach dem Array-Parameter noch beliebige weitere Parameter definieren.

Wenn Sie die ...-Syntax verwenden, *muss* der ...-Parameter der letzte Parameter sein!

8.4 Der Konstruktor

Konstruktoren sind spezielle Methoden einer Klasse. Sie tragen den Namen der Klasse und werden ohne Rückgabetyp definiert. Sie dienen der Erzeugung von Objekten der Klasse und können nicht wie andere Methoden für bestehende Objekte aufgerufen werden.

```
class Demo {
   ...
   Demo() { ... }          // Konstruktor
   ...
}
```

Der Programmierer kann den Konstruktor dazu nutzen, Code zur Konfiguration und Initialisierung der Objekte der Klasse auszuführen.

Meist wird der Konstruktor dazu benutzt, den Feldern der Objekte sinnvolle Anfangswerte zuzuweisen. Die folgende Konstruktor-Implementierung ist jedoch unnötig:

```
class Demo {
   int zahl1;
   int zahl2;

   Demo() {
     zahl1 = 1;
     zahl2 = 5;
   }
...
}
```

Für die Zuweisung konstanter Werte (bzw. Werte, die zur Kompilierzeit berechnet werden können), nutzt man besser die (effizientere) direkte Initialisierung der Felder:

```
class Demo {
   int zahl1 = 1;
   int zahl2 = 5;

   Demo() {
   }
...
}
```

Hilfreich sind hingegen Konstruktoren, denen der Benutzer der Klasse Argumente zur Initialisierung[7] der Feldobjekte übergeben kann:

```
class Demo {
   int zahl1;
   int zahl2;

   Demo(int zahl1, int zahl2) {       // Konstruktor
     this.zahl1 = zahl1;
     this.zahl2 = zahl2;
   }
...
}

public class Programm {
   public static void main(String[] args) {

      Punkt p = new Punkt(-2,10);      // Instanzbildung mit Konstruktor
      ...
```

Ansonsten kann der Konstruktor natürlich auch für jegliche sonstigen Initialisierungsarbeiten genutzt werden – beispielsweise das Öffnen von Dateien (deren Inhalt das Objekt bearbeitet), die Einrichtung eines Zufallsgenerators (falls das Objekt mit Zufallszahlen arbeitet) und anderes mehr.

7 Streng genommen ist dies natürlich keine Initialisierung mehr, sondern die Zuweisung eines Anfangswerts.

8.4.1 Klassen ohne selbst definierten Konstruktor

Ohne Konstruktor können keine Objekte von einer Klasse erzeugt werden. Aus diesem Grunde erzeugt der Compiler automatisch für jede Klasse, die keinen eigenen Konstruktor definiert, einen Ersatzkonstruktor.

Der vom Compiler generierte Ersatzkonstruktor definiert keine Parameter und führt auch keinen Code aus.

INFO

Einen Konstruktor, der keine Parameter definiert, bezeichnet man als Standardkonstruktor.

Wenn Sie in Ihrer Klasse einen eigenen Konstruktor definieren, erzeugt der Compiler keinen Standardkonstruktor mehr für die Klasse.

8.4.2 Der Standardkonstruktor

Dass bei Definition eines eigenen Konstruktors kein Ersatzkonstruktor generiert wird, ist an sich kein Verlust. Wenn der von Ihnen definierte Konstruktor jedoch Parameter definiert, besitzt Ihre Klasse danach keinen Standardkonstruktor mehr.

Ein fehlender Standardkonstruktor muss kein Manko sein. Manche Klassen definieren ganz bewusst keinen Standardkonstruktor, damit der Benutzer der Klasse gezwungen ist, bei der Erzeugung von Objekten Werte zu deren sinnvollen Initialisierung anzugeben (siehe das letzte Demo-Beispiel).

In anderen Fällen kann ein fehlender Standardkonstruktor die Arbeit mit der Klasse unnötig erschweren.

Denken Sie beispielsweise daran, dass Objekte einer Klasse oft auch als Felder anderer Klassen, als Elemente eines Arrays (siehe Kapitel 9) oder als Basisklasse (siehe Kapitel 13) benutzt werden.

```
class Wert {
   int wert;

   Wert(int w) {
      wert = w;
   }
}

public class Demo {
   Wert feld;
   Wert[] einArray = new Wert[10];
   ...
}
```

Felder und Array-Elemente von Klassentypen werden in Java automatisch mit der `null`-Referenz initialisiert. Der obige Code wird also ohne Probleme kompiliert.

Nun kann es aber sein, dass Methoden der Klasse `Demo` auf das `feld`-Objekt oder die in `einArray` verwahrten Objekte zugreifen möchten, um deren Methoden aufzurufen oder deren Feldwerte zu setzen. Für diese Methoden ist es unwichtig, wie die Objekte initialisiert wurden, aber sie sind darauf angewiesen, dass die Objekte existieren! (Zur Erinnerung: Zugriffe der Art `obj.feld` oder `obj.methode()` für Objektvariablen, die eine `null`-Referenz enthalten, lösen eine `NullPointerException` aus.)

Der Programmierer wird die Objekte daher im Zuge der Felddefinition bzw. im Konstruktor der Klasse `Demo` erzeugen – und sich ärgern, dass der fehlende Standardkonstruktor der Klasse `Wert` ihn zwingt, den Objekten sinnlose Fantasiewerte zuzuweisen:

```
public class Demo {
   Wert feld = new Wert(0);
   Wert[] einArray = new Wert[10];

   Demo() {
     for(int i = 0; i < 10; ++i)
        einArray[i] = new Wert(0);
   }
...
```

In solchen Fällen bietet es sich an, den Konstruktor zu überladen und neben den parametrisierten Konstruktoren auch einen Standardkonstruktor anzubieten:

```
class Wert {
   int wert;

   Wert() {             // Standardkonstruktor
   }

   Wert(int w) {
      wert = w;
   }
}
```

8.5 Zugriffsspezifizierer

Die Zugriffsspezifizierer regeln, welche Klassen bzw. Klassenelemente wo benutzt werden können.

Zugriff und Zugriffsbeschränkungen werden immer aus Sicht der Klasse festgelegt. Diese unterscheidet zuerst einmal zwischen

- dem *Zugriff von innen* (ein Element der Klasse greift auf ein anderes Element der Klasse zu) und
- dem *Zugriff von außen* (aus einer anderen Klasse heraus)

Während der Zugriff von innen keinerlei Zugriffsbeschränkungen unterliegt und grundsätzlich direkt über den Namen des Elements erfolgt[8], unterliegt der Zugriff von außen der Regelung durch den Zugriffsspezifizierer und erfolgt meist[9] über qualifizierte Bezeichner.

8 Ausnahme: Der Zugriff auf statische Klassenelemente aus nicht-statischen Anweisungsblöcken heraus.
9 Die Ausnahme ist der Zugriff aus abgeleiteten Klassen.

EXKURS

Qualifizierte Bezeichner

Namen sind in Java in einer Hierarchie organisiert, die die Hierarchie der bezeichneten Elemente widerspiegelt: Felder und Methoden sind Klassen (und Objekten) untergeordnet, Klassen sind Paketen untergeordnet, Pakete sind in eine Pakethierarchie eingebunden.

Wenn Sie innerhalb einer Klasse auf ein Element der Klasse zugreifen (Zugriff von innen), reicht es, den einfachen Namen des Elements anzugeben, da der Compiler aus dem Kontext des Zugriffs (Klassendefinition) schließen kann, welches Element genau gemeint ist.

Wenn Sie dagegen in einer Methode Objekte erzeugen und dann auf ein Feld (`feld1`*) eines dieser Objekte (*`obj1`*) zugreifen möchten, müssen Sie zuerst den Namen des Objekts und dann – mit dem Punktoperator angehängt – den Feldnamen angeben:* `obj1.feld1`*. Gleichermaßen können Sie im Quelltext eines Pakets alle im Paket definierten Klassen über ihren einfachen Namen ansprechen. Wenn Sie aber Objekte einer Klasse aus einem anderen Paket erzeugen wollen, müssen Sie dem Klassennamen den Paketnamen (und gegebenenfalls alle übergeordneten Pakete) voranstellten:* `java.util.Random`.

Die mit dem Punktoperator gebildeten Namensangaben nennt man qualifizierte Bezeichner.

```
obj.wert          // Feld wert aus dem Objekt obj
obj.tueWas()      // Methode tueWas() aus der Klasse des Objekts obj
java.util.Random  // Klasse Random aus Paket java.util
java.util.Math.PI // statische Konstante PI aus Klasse Math aus
                  // Paket java.util
```

Für den Zugriff von außen können vier Stufen unterschieden werden:

Zugriffsspezifizierer	Beschreibung
`private`	kein Zugriff von außen
–	Zugriff nur innerhalb des Pakets (Standardzugriff)
`protected`	Zugriff in Paket und aus abgeleiteten Klassen
`public`	uneingeschränkter Zugriff (aus allen Paketen)

Tabelle 8.5: Zugriffsstufen

EXKURS

Schnellkurs: Pakete und Zugriffsbeschränkung

Bisher haben wir uns in diesem Buch nur sehr sporadisch und oberflächlich mit Paketen befasst. Sie haben eine kleine Einführung erhalten, wie Sie Klassen aus den Paketen der Standardbibliothek verwenden, und Sie haben erfahren, dass alle Klassen, die nicht in einem Paket definiert werden, automatisch dem »unnamed«-Paket zugeteilt werden. Wie Sie eigene Pakete definieren können, wurde hingegen noch nicht angesprochen. Dies ist aber auch gar nicht nötig, denn die Arbeit mit eigenen Paketen wird erst interessant, wenn man umfangreiche Programme ent-

wickelt (womöglich gar im Team arbeitet) oder Bibliotheken erstellt, die an andere Programmierer weitergegeben werden. Für das Erlernen von Java ist die Definition eigener Pakete sogar eher hinderlich, da sie das Kompilieren und Ausführen der Programme erschwert.

Die Aufteilung von Klassen auf Pakete könnte hingegen gar nicht einfacher sein: eine einfache `package`*-Anweisung im Quelltext genügt, und alle Klassen in der Quelltextdatei gehören dem angegebenen Paket an.*

Wenn Sie später größere Programme schreiben, werden Sie den Quelltext auf mehrere Quelldateien verteilen (eine gute Faustregel lautet: »eine Klasse pro Quelldatei«) und in alle Quelldateien die gleiche `package`*-Anweisung schreiben. Dann liegen alle Klassen des Programms, obwohl auf mehrere Quelldateien verteilt, in einem Paket und können zusammenarbeiten.*

Und wie steht es mit den Klassen aus der Standardbibliothek? Wie Sie wissen, liegen diese alle in verschiedenen, hierarchisch organisierten Paketen. Dass wir sie trotzdem in unseren Programmen verwenden können, liegt natürlich daran, dass diese Klassen und ihre wichtigsten Elemente als `public` *definiert sind.*

8.5.1 Zugriffsspezifizierer für Klassen

Die Klassendefinition gibt nicht nur den Namen und die Elemente der Klasse an. Sie regelt auch den Zugriff auf die Klasse, d.h., sie bestimmt, wer mit der Klasse arbeiten darf – sei es um Objekte der Klasse zu erzeugen, sei es um statische Elemente der Klasse aufzurufen, sei es um eigene Klassen von der Klasse abzuleiten (siehe Kapitel 13).

Für Klassen gibt es nur zwei Zugriffsstufen: die Standardeinstellung und den `public`-Zugriff.

- Wird die Klasse ohne Zugriffsspezifizierer definiert, kann sie innerhalb ihres Pakets verwendet werden. (Standardzugriff für Klassen.)
- Wird die Klasse als `public` definiert, kann sie auch in anderen Paketen verwendet werden. (Nicht vergessen: Eine `public` definierte Klasse muss in einer Quelldatei gleichen Namens abgespeichert werden!)

INFO

Dass Klassen per Voreinstellung in allen Quelldateien ihres Pakets verfügbar sind, ist ein großer Vorteil, denn es erlaubt uns, die Klassen unserer Programme beliebig auf mehrere Quelldateien zu verteilen.

Was aber, wenn man den Zugriff auf eine Klasse im Paket stärker beschränken möchte? Da die Zugriffsspezifizierer `protected` und `private` für Klassen nicht definiert sind, muss man in solchen Fällen zu anderen Hilfsmitteln greifen:

- Sie können die Klasse in ein eigenes Paket auslagern.
- Sie können die Klasse als innere Klasse einer anderen Klasse definieren und dann wie für ein beliebiges Klassenelement auch `protected` und `private` als Zugriffsspezifizierer vergeben (mehr zu inneren Klassen in Kapitel 10.4).
- Sie können die Klasse zusätzlich als `final` (darf nicht als Basisklasse verwendet werden) oder `abstract` (kann nur als Basisklasse verwendet werden) definieren.

8.5.2 Zugriffsspezifizierer für Klassenelemente

Für Klassenelemente können Sie alle vier Zugriffsstufen vergeben:

Zugriffsspezifizierer	Beschreibung
`private`	Das Element kann nur innerhalb der eigenen Klasse verwendet werden (Zugriff von innen).
(kein Spezifizierer)	Wie `private`, zusätzlich können alle Klasse des gleichen Pakets von außen (über einen qualifizierten Bezeichner, d.h. für statische Elemente über den Klassennamen, ansonsten über ein Objekt) auf das Element zugreifen. Dies ist der Standard.
`protected`	Wie der Standard. Zusätzlich können abgeleitete Klassen auf das Element zugreifen (sogar direkt, ohne qualifizierten Bezeichner).
`public`	Gestattet den uneingeschränkten Zugriff aus allen Paketen.

Tabelle 8.6: Zugriffsspezifizierer für Klassenelemente

Die folgenden Codefragmente verdeutlichen die Auswirkung der Zugriffsspezifizierer. Die nicht erlaubten Zugriffe, die zu Compilerfehlern führen, sind fett hervorgehoben.

```
// Datei Demo1
// unnamed-Paket
class Helfer {
  private int priv =1;
          int std  =2;
  public  int pub  =3;

   void inkr() {
      priv++;
      std++;
      pub++;
   }
}

public class Demo1 {
   Helfer feld =
         new Helfer();

   void m() {
      feld.priv = 0;
      feld.std = 0;
      feld.pub = 0;
      feld.inkr();
   }
}
```

```
// Datei Demo2
// unnamed-Paket

public class Demo2 {
   Helfer feld =
         new Helfer();

   void m() {
      feld.priv = 0;
      feld.std = 0;
      feld.pub = 0;
      feld.inkr();
   }
}
```

```
// Datei Demo3
package p;

public class Demo3 {
   Helfer feld =
         new Helfer();

   void m() {
      feld.priv = 0;
      feld.std = 0;
      feld.pub = 0;
      feld.inkr();
   }
}
```

Die Klasse Demo1 darf selbstverständlich die im gleichen Paket definierte Klasse Helfer verwenden und beispielsweise ein Objekt der Klasse erzeugen. (In diesem Fall stehen Demo1 und Helfer sogar zusammen in einer Datei, obwohl dies aus Sicht von Java nicht weiter von Bedeutung ist.)

Die Methode m() demonstriert, dass Demo1 auf nahezu alle Elemente des Helfer-Objekts zugreifen kann – lediglich die als private definierten Elemente sind vor dem Zugriff von außen geschützt!

Die Klasse Demo2 demonstriert, dass es für Java nur wichtig ist, ob zwei Klassen innerhalb eines gemeinsamen Pakets liegen (und sei dies das unnamed-Paket). Ob die Klassen in verschiedenen Quelldateien definiert sind, ist unerheblich.

Die Klasse Demo3 ist in einem anderen Paket definiert. Ihr ist jeder Zugang zu Helfer verwehrt – zum Teil gleich aus mehreren Gründen.

- Zuerst einmal kann sie von Helfer weder Variablen definieren noch Objekte erzeugen, weil Helfer nicht public ist.
- Wäre Helfer public, würde der Quelltext von Demo3 aber immer noch nicht kompiliert, denn da Helfer in einem anderen Paket liegt, muss der Zugriff über einen qualifizierten Bezeichner der Form Paketname.Klassenname erfolgen. Dies ist aber für Elemente aus dem anonymen unnamed-Paket nicht möglich.
- Wenn schließlich Helfer in einem Paket demo definiert wäre und Demo3 über demo.Helfer ein Objekt der Klasse erzeugte, so wären immer noch die meisten Zugriffe in m() fehlerhaft, denn aus dem Paket p kann nur auf die public-Elemente von Helfer, sprich pub und inkr(), zugegriffen werden.

8.6 Klassen-Design

Die Vielfalt der mit der Klassendefinition verbundenen Syntaxformen, Techniken und Konzepte kann für den Einsteiger recht verwirrend sein. Glücklicherweise legt sich diese Verwirrung meist recht schnell. Schon nach wenigen selbst definierten Klassen gewinnt der Programmierer an Sicherheit und muss nur noch in speziellen Fällen Syntaxformen, Modifizierer oder anderes nachschlagen. Doch je sicherer er in syntaktischen Fragen wird, umso stärker treten andere Fragen in den Vordergrund: »Sind meine Klassen sicher?« »Genügen sie den Anforderungen der objektorientierten Programmierung?« »Kann man mit ihnen sinnvoll arbeiten?«

Gutes Klassen-Design lässt sich nicht dozieren. Es ergibt sich aus einer Kombination von technischem Grundwissen, Erfahrung und eingehender Bedarfsanalyse. Dennoch gibt es gewisse Leitregeln und Standardlösungen, die Sie kennen und beachten sollten.

8.6.1 Was ist eine »gute« Klasse?

Eine gute Klasse:

- Dient einem bestimmten Zweck.
  Beispielsweise dient die `String`-Klasse von Java der Programmierung mit Strings.
- Erfüllt ihre Aufgabe in korrekter und effizienter Weise.
  Gut, das sollte eigentlich selbstverständlich sein.
- Ist einfach in der Anwendung.
  Der Benutzer einer Klasse möchte nicht erst eine seitenlange Dokumentation zur korrekten Verwendung der Klasse lesen. Er erwartet vielmehr, dass er an den Namen der Klasse und ihrer `public`-Elemente ablesen kann, wozu und wie er die Klasse (bzw. Objekte der Klasse) einsetzen kann.
- Ist sicher in der Anwendung.
  »Sicher« bedeutet, dass die Klasse durch Implementierung ihrer Methoden und durch Vergabe der Zugriffsspezifizierer einen unsachgemäßen, fehlerhaften Umgang mit ihren Objekten von vornherein möglichst unterbindet.

8.6.2 Auswahl der Klassenelemente

Nicht immer sind die Elemente, die in eine Klassendefinition aufgenommen werden sollen, auf Anhieb zu identifizieren. Dann gilt es abzuwägen, welche Elemente wichtig sind, welche Elemente nützlich sein könnten und welche Elemente unwichtig oder gar unsinnig sind. Dabei helfen meist die folgenden Fragen:

- Was macht man in der realen Welt üblicherweise mit den Objekten, die meine Klasse beschreibt? Was sind die Merkmale dieser Objekte?
- Was werden die Programmierer, die meine Klasse verwenden, mit den Objekten der Klasse machen wollen?
- Wozu will ich selbst meine Klasse verwenden, was will ich mit den Objekten der Klasse anstellen?

INFO

Zur Umsetzung größerer Projekte, die eine Vielzahl von Objekten verschiedener Klassen umfassen, gibt es eine Reihe von speziellen Verfahren und Programmen (CASE-Tools), die dem Programmierer helfen, die benötigten Objekte, die einzelnen Elemente der Objekte und die Beziehungen zwischen den Objekten zu identifizieren und in Klassendefinitionen umzusetzen. Es gibt sogar eine eigene Sprache, mit der Objekte/Klassen unabhängig von der späteren Implementierungssprache entworfen und formuliert werden können: UML, die »Unified Modelling Language«.

8.6.3 Zugriffsrechte und öffentliche Schnittstelle

Wenn Sie Klassen definieren, müssen Sie die Klasse stets aus zwei Perspektiven betrachten:

- aus der Sicht des Programmierers, der die Klasse definiert (Autor der Klasse) und

- aus der Sicht des Programmierers, der die Klasse nutzt, indem er in seinen Programmen Objekte der Klasse erzeugt und verwendet (Benutzer der Klasse)

Dass Sie in den meisten Fällen beide Programmierer verkörpern, spielt dabei keine Rolle. Wichtig ist, dass Sie beim Definieren der Klasse immer daran denken, dass irgendjemand später mit Ihrer Klasse programmieren muss. Und dieser Jemand erwartet zu Recht, dass er mit den Objekten der Klasse sinnvoll, einfach und sicher programmieren kann. Um dies zu erreichen, vergibt die Klasse unterschiedliche Zugriffsrechte für die in ihr enthaltenen Elemente und bestimmt so, welche Elemente nach außen sichtbar sind und welche Elemente vor dem Zugriff von außen geschützt werden.

Die Klasse als Black Box

Die Zugriffsrechte machen aus der Klasse eine »Black Box« – vergleichbar einem CD-Player. Der CD-Player besteht aus

- einem Laser,
- einer Reihe von Operationen, die durch mehr oder weniger komplizierte elektronische Schaltungen realisiert sind (beispielsweise Operationen wie »NächstesLied«, »PositioniereLaser«, »Abspielen«, »Anhalten«, »BewegeLaser«, »DreheCD«, »TonwiedergabeEin«, »TonwiedergabeAus«) und
- einem Gehäuse mit einem Bedienfeld.

Die gleichen Zutaten finden wir in Klassen wieder. Der Laser entspricht einem Feld, die Operationen den Methoden, das Gehäuse der Klassendefinition, die Felder und Methoden kapselt, und das Bedienfeld sind die `public`-Definitionen, die bestimmen, welche Elemente nach außen sichtbar sind.

Treiben wir die Analogie noch etwas weiter und analysieren wir, warum der CD-Player so einfach zu bedienen ist, dass selbst kleine Kinder mit ihm CDs abspielen können.

Information Hiding

Warum ist ein CD-Player einfach zu bedienen? Weil man ihn verwenden kann, ohne zu wissen, wie er intern funktioniert. Um mit einem CD-Player eine CD abzuspielen, müssen Sie nur eine CD einlegen und den Play-Knopf drücken. Sie brauchen nicht zu wissen, wie der CD-Player intern aufgebaut ist oder welche Schaltkreise mit dem Play-Knopf verbunden sind.

Übertragen auf eine Klasse bedeutet dies, dass die Klasse so definiert sein sollte, dass Benutzer die öffentlichen (`public`) Elemente der Klasse verwenden können, ohne wissen zu müssen, wie diese Elemente intern implementiert sind. Man bezeichnet dies als Information Hiding.

INFO Die Definition einer Klasse kann, wie die Entwicklung eines CD-Players, viel Arbeit verursachen und viel Fachwissen erfordern. Die Benutzung der Klasse sollte dagegen kinderleicht sein.

Einfachheit

Die einfache Bedienung des CD-Players beruht nicht nur auf Information Hiding. Wichtig ist auch die Auswahl der Bedienelemente. Ein CD-Player, der auf seinem Bedienfeld Schalter für die Operationen »BewegeLaser«, »DreheCD«, »TonwiedergabeEin« anbietet, wäre keineswegs so einfach zu bedienen. Der Benutzer müsste zum Abspielen einer CD nacheinander die Schalter »TonwiedergabeEin«, »DreheCD« und »BewegeLaser« drücken. Der CD-Player ist also auch deshalb so einfach zu bedienen, weil sein Bedienfeld nur solche Operationen anbietet, die mit den Vorstellungen des Benutzers von der Bedienung des CD-Players 1:1 übereinstimmen.

Übertragen auf eine Klasse bedeutet dies, dass die Klasse Felder und Methoden, die intern für die Implementierung der Klasse wichtig sind (wie z.B. `bewegeLaser()`, `dreheCD()`, `tonwiedergabeEin()`), als `private` definiert, und nur solche Elemente durch `public`-Definition veröffentlicht, deren Verwendung für den Benutzer intuitiv ersichtlich ist. Manchmal sind die veröffentlichten Methoden dabei nur noch Hüllklassen für den Aufruf interner `private`-Methoden:

```
class CDSpieler {
   ...
   private void bewegeLaser() {...};
   private void dreheCD() {...};
   private tonwiedergabeEin() {...};
   public abspielen() {
      tonwiedergabeEin();
      dreheCD();
      bewegeLaser();
   }
   ...
}
```

Sicherheit

Warum sind CD-Player sicher? Hierfür gibt es drei Gründe:

- Die Operationen, die über die Bedienelemente ausgelöst werden, sind so implementiert, dass ihre Verwendung sicher ist.

  Beispielsweise spielen die Schaltungen, die mit dem Play-Schalter verbunden sind, nicht nur die CD ab, sondern sorgen auch dafür, dass der Abspielvorgang bei Erreichen des CD-Randes beendet wird. (Ein schlechter CD-Spieler würde dagegen den Laser-Motor beim Versuch, den Laser über das CD-Ende hinauszubewegen, so lange heißlaufen lassen, bis der Benutzer den Stopp-Schalter drückt.)
- Interne Elemente werden dem Zugriff des Benutzers entzogen.

  So wird zum Beispiel die Stärke des Lasers in der Fabrik fest eingestellt. Es gibt keine Möglichkeit für den Benutzer, die Stärke des Lasers zu ändern.
- Manchmal kann man dem Benutzer den Zugriff auf interne Elemente nicht verwehren. In solchen Fällen wird der Zugriff durch spezielle Schaltungen vermittelt und kontrolliert.

Zum Abspielen bestimmter Lieder auf einer CD ist es nötig, dass der Laser auf den Liedanfang positioniert werden kann. Anstatt aber dem Benutzer ein Rädchen anzubieten, mit dem er den Laser selbst positionieren kann, bietet der CD-Player Schalter zum Vor- und Zurückspringen an. Diese vereinfachen nicht nur das Auffinden der Liedanfänge, sondern verhindern auch, dass der Benutzer versucht, den Laser über das Ende der CD hinaus zu bewegen.

Übertragen auf Klassen bedeutet dies,

- dass die Methoden der Klasse, insbesondere die `public`-Methoden der Klasse, nicht nur korrekt arbeiten, sondern auch, so weit es möglich ist, Fehler in der Bedienung der Klasse detektieren und abfangen,
- dass Elemente, die für den Benutzer uninteressant sind, als `private` definiert werden,
- dass Elemente, die für den Benutzer interessant sind, deren direkte Verwendung aber ein Risiko darstellt, als `private` definiert sind und für den Zugriff eigene, sichere `public`-Methoden zur Verfügung gestellt werden.

get-/set-Methoden

Der letzte Punkt betrifft vor allem die Felder von Klassen. Oft hängt die sinnvolle Arbeit mit den Objekten einer Klasse davon ab, dass die Werte der Felder abgefragt oder geändert werden können. Insbesondere die direkte Änderung der Feldwerte kann aber für die Klasse ein enormes Sicherheitsproblem bedeuten.

Stellen Sie sich beispielsweise eine Klasse `Bruch` vor, mit Feldern für Zähler und Nenner:

```
class Bruch {
   int zaehler;
   int nenner;

   double ausrechnen() {
      return (double) zaehler / nenner;
   }
}
```

Wenn der Benutzer der Klasse dem Feld `nenner` eines seiner `Bruch`-Objekte den Wert `0` zuweist, führt dies zu einer unerlaubten Nulldivision in der Methode `ausrechnen()`. Um dies zu verhindern, kontrolliert man den Zugriff auf das Feld über eine passende öffentliche Methode und definiert das Feld selbst als `private`:

```
// Aus GetSet.java
class Bruch {
   int zaehler;
   private int nenner;

   int getNenner() {                    // get-Methode
      return nenner;
   }
   void setNenner(int arg) {            // set-Methode
      if (arg != 0)
```

```
        nenner = arg;
    else
    System.out.println(" Fehler! Nenner darf nicht 0 sein!");
  }
  double ausrechnen() {
    return (double) zaehler / nenner;
  }
}
```

Der über Methoden vermittelte Zugriff auf Felder ist in der objektorientierten Programmierung so weit verbreitet, dass es für diese Art von Methoden eine eigene Bezeichnung gibt: get- und set-Methoden. Per Konvention sollten Sie die Namen dieser Methoden stets aus einem der Präfixe get/set und dem Feldnamen bilden.

Die öffentliche Schnittstelle

Die Gesamtheit der `public`-Elemente wird als öffentliche Schnittstelle der Klasse bezeichnet. Sie ist, um noch einmal den Vergleich mit dem CD-Player zu bemühen, quasi das Bedienfeld der Klasse.

In manchen Sprachen sind die Elemente der öffentlichen Schnittstelle die einzigen Elemente, die von außen verfügbar sind. Während es in diesen Sprachen nur eine Außenwelt gibt, unterscheidet Java deren zwei: das eigene Paket und die Welt der anderen Pakete, oder – in der Annahme, dass Sie die Klassen eines Programms in einem gemeinsamen Paket (und sei es das unnamed-Paket) definieren – das eigene Programm und die anderen Programme.

Die unterschiedliche Weltsicht von Java schlägt sich auch im Zugriffsmodell nieder. Java sieht die Außenwelt des eigenen Pakets dagegen als freundlich an. Meist handelt es sich ja dabei um die Klassen des eigenen Programms und diesen sollen keine unnötigen Hindernisse in den Weg gelegt werden. Daher sind alle Klassenelemente standardmäßig im Gültigkeitsbereich des Pakets verfügbar. Elemente, die im eigenen Paket nicht verfügbar sein sollen, müssen explizit als `private` definiert werden, Elemente, die auch in anderen Paketen verfügbar sein sollen, müssen explizit als `public` definiert werden. Java unterscheidet also letztendlich zwischen zwei öffentlichen Schnittstellen: einer freizügigen öffentlichen Schnittstelle zu den Klassen des eigenen Pakets und einer strengeren öffentlichen Schnittstelle zu den anderen Paketen.

Leider muss man konstatieren, dass dieses System, das für die Entwickler von Programmen sehr bequem ist, die eigentliche Idee des Zugriffsschutzes verwässert und – nicht nur bei Programmieranfänger – schnell zu einer sehr laxen Handhabung der Zugriffsspezifizierer führt. Wenn Sie Ihre ersten Klassen schreiben, sollten Sie sich unbedingt dagegen wehren, und alle Klassenelemente konsequent als `private` oder `public` definieren.

8.6.4 Einsatz des Konstruktors

Die Aufgabe des Konstruktors ist es, die neu erzeugten Objekte einzurichten und sie in einen Zustand zu versetzen, der ein ordnungsgemäßes Arbeiten mit den Objekten sicherstellt. Dazu gehört

- den Feldern der Objekte Anfangswerte zuzuweisen (siehe Abschnitt 8.4),
- wichtige Initialisierungsarbeiten auszuführen.

  Die Objekte einer anderen Klasse sollen vielleicht mit Werten aus einer Datei initialisiert werden. Dann steht im Konstruktor der Code zum Öffnen der Datei, zum Einlesen der Werte, zum Zuweisen der Werte an die Felder und zum Schließen der Datei. Wieder andere Objekte erfordern, dass bestimmte Ressourcen bereitgestellt werden – beispielsweise eine Verbindung ins Internet oder zu einer Datenbank – oder dass bestimmte Aufgaben oder Berechnungen direkt bei Erzeugung des Objekts zu erledigen sind. All dies fällt in den Aufgabenbereich des Konstruktors.

INFO Nutzen Sie die Möglichkeit der Überladung, um dem Benutzer der Klasse gegebenenfalls mehrere Wege der Objekterzeugung anzubieten (siehe beispielsweise Konstruktoren der Klasse `String` in Kapitel 6.5.2). Denken Sie auch daran, dass der Compiler für Klassen, die einen eigenen, parametrisierten Konstruktor definieren, keinen Standardkonstruktor mehr erzeugt.

8.6.5 Objektauflösung

Wenn Sie im Konstruktor Ressourcen anfordern, die während der Lebensdauer des Objekts bestehen bleiben sollen, stellt sich die Frage, wann und wo Sie diese Ressourcen wieder freigeben können? Auf diese Frage gibt es zwei Antworten:

- entweder Sie verwalten die Ressource nicht im Objekt, sondern im umliegenden Code, der das Objekt erzeugt und benutzt,
- oder Sie geben die Ressource bei Auflösung des Objekts frei.

Speicherbereinigung

Die automatische Speicherbereinigung der Java Virtual Machine sorgt dafür, dass Objekte, die nicht mehr benötigt werden (auf die keine Referenzen mehr verweisen), aus dem Heap-Speicher entfernt werden. Zu gewissen Zeitpunkten springt diese Speicherbereinigung (im Englischen Garbage Collector genannt) an und durchsucht den Heap nach nicht mehr gebrauchten Objekten. Wird die Speicherbereinigung fündig, löscht sie das Objekt.

Was der Programmierer tun kann, um überflüssige Objekte zu entsorgen, ist:

1. die Referenzen zu löschen, indem er den Variablen, die Referenzen auf das Objekt enthalten, die `null`-Referenz zuweist:

   ```
   objVar = null;
   ```

2. warten, bis die Speicherbereinigung das Objekt entsorgt.

Wenn Sie möchten, dass die Speicherbereinigung sofort gestartet wird, rufen Sie die Methode System.gc() auf.

STOP

Wie die Speicherbereinigung konkret arbeitet, wird vom Java-Standard nicht festgelegt, üblich ist aber ein Stufenmodell, welches die Objekte klassifiziert und bei jedem Durchlauf nur die Objekte der erste Kategorie löscht (während die Kategorien der anderen Objekte hochgestuft werden). Aus diesem Grunde kann es nötig sein, System.gc() zwei oder gar dreimal aufzurufen, um ein Objekt definitiv sofort zu löschen.

finalize()

Die Auflösung eines Objekts führt nicht unbedingt dazu, dass die von dem Objekt verwendeten Ressourcen (geöffnete Datei, Internetverbindung usw.) freigegeben werden. Wenn Sie sichergehen möchten, dass diese Ressourcen bei der Objektauflösung freigegeben werden oder dass irgendwelche sonstige Abschlussarbeiten ausgeführt werden sollen, überschreiben Sie die von Object geerbte Methode finalize():

```
protected void finalize() {
   // aufräumen
}
```

Diese Methode wird automatisch von der Speicherbereinigung aufgerufen, bevor sie das Objekt auflöst.

Listing 8.9: Finalize.java – Instanzen zählen und begrenzen

```
class Gespenster {
   static int anzahl = 0;
   String name;

   private Gespenster() {
      ++anzahl;
      name = "Gespenst" + anzahl;
   }

   static Gespenster gespenstErzeugen() {
      if (anzahl < 3)
         return new Gespenster();
      else
         return null;
   }

   protected void finalize() {
      --anzahl;
   }

   void spuken()  {
      System.out.println("\t" + name + ": Huuhuu!");
   }

}
```

```
public class Finalize {

   public static void main(String[] args) {
      System.out.println();

      Gespenster gespenst1 = Gespenster.gespenstErzeugen();
      Gespenster gespenst2 = Gespenster.gespenstErzeugen();
      Gespenster gespenst3 = Gespenster.gespenstErzeugen();
      Gespenster gespenst4 = Gespenster.gespenstErzeugen();
      Gespenster gespenst5 = Gespenster.gespenstErzeugen();

      System.out.println(" Es spuken zurzeit "
                         + Gespenster.anzahl + " Gespenster.");

      if (gespenst1 != null) gespenst1.spuken();
      if (gespenst2 != null) gespenst2.spuken();
      if (gespenst3 != null) gespenst3.spuken();
      if (gespenst4 != null) gespenst4.spuken();
      if (gespenst5 != null) gespenst5.spuken();

      System.out.println();

      gespenst2 = null;
      System.gc();

      System.out.println(" Jetzt spuken noch "
                         + Gespenster.anzahl + " Gespenster.");

      if (gespenst1 != null) gespenst1.spuken();
      if (gespenst2 != null) gespenst2.spuken();
      if (gespenst3 != null) gespenst3.spuken();
      if (gespenst4 != null) gespenst4.spuken();
      if (gespenst5 != null) gespenst5.spuken();

      System.out.println();
   }
}
```

Ausführung:

```
Es spuken zurzeit 3 Gespenster.
        Gespenst1: Huuhuu!
        Gespenst2: Huuhuu!
        Gespenst3: Huuhuu!

Jetzt spuken noch 2 Gespenster.
        Gespenst1: Huuhuu!
        Gespenst3: Huuhuu!
```

STOP

`finalize()` **wird nicht bei Beendigung des Programms (beispielsweise nach** `System.exit()`**-Aufruf) ausgeführt – es sei denn, Sie haben zuvor im Programm**

```
System.runFinalizersOnExit(true);
```

ausgeführt. Diese Methode ist allerdings nicht threadsicher, weswegen von ihrem Gebrauch abgeraten wird.

Eigene Aufräummethoden

Schließlich gibt es die Möglichkeit, eigene Aufräummethoden zu schreiben und diese explizit über das Objekt aufzurufen, bevor Sie es zum Löschen freigeben (sprich seine Referenzen löschen):

```
obj.aufraeumen();
obj = null;
```

INFO

Die Fensterklassen der Java-AWT-Bibliothek definieren hierfür beispielsweise eine Methode `dispose()`.

8.6.6 Einsatz von Methoden

Methoden können in einer Klassendefinition verschiedenen Zwecken dienen:

- Sie können eine genau definierte Aufgabe erledigen (Dienstleister).
  Ein gutes Beispiel hierfür ist die Methode `System.out.println()` zum Ausgeben von Daten auf die Konsole.
- Sie können die Felder ihres Objekts ändern (Zustandsänderer).
- Sie können als öffentliche Schnittstelle zu `private`-Feldern dienen (get- u. set-Methoden).

Nur-Lesen- und Nur-Schreiben-Felder

Wenn Sie ein `private`-Feld definieren, sind Sie keineswegs verpflichtet, dieses komplett mit get- und set-Methode auszustatten. Sie können ebenso gut `private`-Felder definieren, die nur über eine get-Methode oder umgekehrt eine set-Methode verfügen.

Im ersten Fall erhalten Sie ein Feld, dessen Wert von außen abgefragt, aber nicht verändert werden kann. (Nur-Lesezugriff)

Im zweiten Fall erhalten Sie ein Feld, dessen Wert von außen gesetzt, aber nicht abgefragt werden kann. (Nur-Schreibzugriff)

8.6.7 Klassen als Methodensammlungen

Nicht jede Klasse dient dazu, eine bestimmte Art von Objekten zu beschreiben. Manche Klassen sind nichts anderes als Sammlungen von Methoden, Feldern, Konstanten usw. zu einem bestimmten Themenbereich. In solchen Fällen werden die Methoden und Felder der Klasse als `static` definiert und über den Namen der Klasse (statt über ein Objekt der Klasse) aufgerufen – siehe zum Beispiel die Klasse `Math`.

Instanzbildung verhindern

Wenn Sie Klassen als Methodensammlungen mit rein statischen Elementen entwerfen, sollten Sie verhindern, dass Instanzen der Klasse gebildet werden. Zu diesem Zweck definieren Sie in der Klasse einen einzigen, leeren Konstruktor, den Sie als `private` definieren:

```
private Klassenname() {
}
```

Factory-Methoden

Gelegentlich sieht man Klassen, die nicht über Konstruktoren, sondern über sogenannte Factory-Methoden instanziiert werden.

Um zu verhindern, dass auf normalem Weg Instanzen der Klasse erzeugt werden, wird sie mit einem `private`-Konstruktor definiert.

Dann definiert der Autor der Klasse eine statische Methode, die den `private`-Konstruktor aufruft und das erzeugte Objekt als Rückgabewert zurückliefert.

In der Klasse `Gespenster` aus dem Abschnitt 8.3.6 haben wir diese Technik bereits benutzt, um die Zahl der erzeugten `Gespenster`-Objekte auf drei zu begrenzen:

```
class Gespenster {
   static int anzahl = 0;
   String name;

   private Gespenster() {
      ++anzahl;
      name = "Gespenst" + anzahl;
   }

   static Gespenster gespenstErzeugen() {
      if (anzahl < 3)
         return new Gespenster();
      else
         return null;
   }

   void spuken() {
      System.out.println("\t" + name + ": Huuhuu!");
   }
}
```

8.6.8 Klassenerzeugung und statischer Klassencode

Wenn eine Klasse das erste Mal in einem Programm verwendet wird, wird sie initialisiert, d.h., die Initialisierungsanweisungen für die statischen Felder werden ausgeführt und wenn die Klasse statische Anweisungsblöcke enthält, so werden diese ebenfalls abgearbeitet.

Die folgende Version der Klasse `Gespenster` definiert beispielsweise ein `private static`-Feld `maxAnzahl`, das die maximale Zahl erlaubter Gespenster-Objekte angibt, und initialisiert dieses mit einem vom Benutzer anzugebenden Wert. Die entsprechende Abfrage erfolgt, nein, nicht in der statischen Methode `gespenstErzeugen()`, sonst würde der Wert für `maxAnzahl` ja bei jedem zu erzeugenden Gespenst neu abgefragt, sondern in einem `static`-Block, der nur ein einziges Mal ausgeführt wird.

Listing 8.10: StatischerCode.java – Instanzen zählen und begrenzen

```
class Gespenster {
   private static int maxAnzahl;
   static int anzahl = 0;
   String name;

   ... // wie gehabt

   static {
      try {
         System.out.print("Maximale Anzahl Gespenster eingeben : ");
         BufferedReader tastatur =
                  new BufferedReader(new InputStreamReader(System.in));
         maxAnzahl = Integer.parseInt(tastatur.readLine());
      }
      catch (IOException e) {
      }
   }
}


public class StatischerCode {

   public static void main(String[] args) {
     System.out.println();

     Gespenster gespenst1 = Gespenster.gespenstErzeugen(); // Jetzt wird
                                                           // die Klasse Gespenster
                                                           // initialisiert
     ... // wie gehabt
   }
}
```

Ausführung:

```
Maximale Anzahl Gespenster eingeben : 2
Es spuken zurzeit 2 Gespenster.
        Gespenst1: Huuhuu!
        Gespenst2: Huuhuu!
```

Beachten Sie, dass der Code zum Einlesen der Eingabe in eine `try-catch`-Konstruktion eingebettet werden musste, da eine `throws`-Definition nur bei Methoden, nicht bei statischen Blöcken möglich ist. (Mehr zu `try` und `catch` und zur Exception-Behandlung in Kapitel 16.)

INFO

Wann wird eine Klasse im obigen Sinne verwendet? Wenn sie instanziiert wird, wenn eine statische Methode der Klasse aufgerufen wird, wenn auf ein statisches Feld der Klasse zugegriffen wird, wenn eine abgeleitete Klasse verwendet wird.

Kapitel 9
Arrays und Aufzählungen (enum)

Die Programmbeispiele, die Sie bis jetzt gesehen haben, kamen stets mit einer relativ kleinen, gut zu handhabenden Anzahl von Daten aus. Wie sieht es aber aus, wenn Sie in einem Programm eine größere Anzahl von Daten verarbeiten müssen, etwa eine größere Anzahl von Messergebnissen oder ein- bis zweihundert Adressen, die Sie aus einer Datei oder Datenbank einlesen? Müssen Sie dann Hunderte von einzelnen Variablen definieren?

```
int messwert1, messwert2, messwert3, messwert4...
```

Nein, selbstverständlich gibt es für dieses Problem eine wesentlich elegantere Lösung: die Arrays.

INFO

Die effiziente Verwaltung größerer Datenmengen in einem Programm ist ein uraltes Problem, mit dem sich die Informatik schon früh intensiv auseinandergesetzt hat. Als Ergebnis dieser Bemühungen kennen wir heute verschiedene Grundmodelle zur Speicherung von Daten: Listen, Hashes, Stacks, Queues oder eben Arrays. Was die Arrays gegenüber den anderen Datenstrukturen auszeichnet, ist der indizierte Zugriff auf die im Array gespeicherten Werte. Zudem sind die Arrays fest in die Sprache integriert, während andere Datenstrukturen »nur« in Form von vordefinierten Container-Klassen zur Verfügung stehen.

9.1 Definition und Erzeugung

Ein Array, auch Datenfeld oder Feld genannt, ist die Zusammenfassung von mehreren Werten/Objekten des gleichen Typs in einer übergeordneten Datenstruktur. Die einzelnen Werte/Objekte werden als Elemente des Arrays bezeichnet und können individuell über einen Index angesprochen werden.

INFO Zwar können in einem Array grundsätzlich immer nur Elemente eines Datentyps zusammengefasst werden, doch können sie mittels Typumwandlung – in Grenzen – auch andere Typen aufnehmen. Insbesondere können sie in einem Array vom Typ einer Basisklasse nicht nur die Objekte des Basisklassentyps, sondern auch aller abgeleiteter Typen verwahren (siehe Kapitel 14.3).

9.1.1 Variablendefinition

Array-Typen werden nicht wie Klassen durch eine explizite Typdefinition eingeführt. Sie werden vielmehr ad hoc bei der Variablendefinition definiert:

```
int[] feld;
```

Die obige Definition erzeugt eine Variable vom Typ »Array von int-Elementen«.

Die allgemeine Syntax der Variablendefinition lautet:

```
typ[] variablenname;
```
[1]

typ gibt dabei den Typ der im Array verwalteten Elemente an und kann jeder beliebige Wert- oder Referenztyp sein. (Fortgeschrittene werden sich jetzt vielleicht fragen, ob man auch für Schnittstellentypen Array-Variablen definieren kann? Ja, kann man.)

INFO Alle Array-Variablen, die die gleiche Art von Elementen verwahren (den gleichen Elementtyp haben), gehören ein und demselben Array-Typ an. Die Größe oder Länge des Arrays, d.h. die Anzahl Elemente, die in ihm verwahrt werden können, ist eine Eigenschaft des noch zu erzeugenden Array-Objekts, nicht des Array-Typs.

9.1.2 Array-Erzeugung

Arrays sind in Java Objekte und werden daher mit dem Schlüsselwort new erzeugt. Die Gesamtzahl der Elemente, die ein Array aufnehmen kann, wird bei der Erzeugung des Array-Objekts angegeben (und kann später nicht mehr geändert werden).

Die allgemeine Syntax zur Erzeugung eines Array-Objekts sieht wie folgt aus:

```
new typ[Anzahl_Elemente];
```

typ kann jeder beliebige Wert- oder Referenztyp sein kann.

Anzahl_Elemente muss ein int-Wert sein.

Die folgende Zeile erzeugt ein Array für 12 double-Werte:

```
new double[12];
```

---

1 In C/C++ galt der Grundsatz, dass die Deklaration eines Typs seiner Verwendung analog sein muss. In C/C++ werden Array-Variablen daher so deklariert, dass die []-Klammern nicht an die Typangabe, sondern an den Variablennamen angehängt werden: int feld[]. (Entspricht der Syntax für den indizierten Zugriff: feld[3] = 142;)
Um die Portierung von C++-Code zu vereinfachen, hat Java diese Syntax übernommen. In neu geschriebenem Code sollten Sie jedoch die bessere, da deutlichere Schreibweise typ[] varname verwenden.

Die von new zurückgelieferte Referenz auf das erzeugte Array-Objekt speichert man für gewöhnlich in einer passenden Array-Variablen:

```
double[] feld = new double[12];
```

feld verweist jetzt auf ein Array-Objekt vom Typ double[], das 12 double-Elemente enthält. Die Elemente des Arrays wurden automatisch vom Compiler mit dem typeigenen Nullwert (für double 0.0) initialisiert.

Größenangaben (Länge)

Etwas heikel ist oftmals die Größenangabe bei der Erzeugung der Array-Objekte. Da die Größe nicht mehr nachträglich verändert werden kann (bestenfalls kann ein neues Array-Objekt erzeugt und die Elemente aus dem zu kleinen oder zu großen Array-Objekt hinüberkopiert werden), muss der Programmierer die Größe des Arrays möglichst genau an den tatsächlichen Bedarf anpassen.

Wenn Sie wissen, dass Sie in einem Array exakt 10 Elemente verwahren wollen, ist dies kein Problem. Manchmal ergibt sich die Anzahl der aufzunehmenden Elemente aber erst zur Laufzeit und ist nur schwer oder womöglich gar nicht abzuschätzen. In diesen Fällen kommt Ihnen zugute, dass die Größenangabe kein Literal sein muss, sondern aus einem beliebigen Ausdruck bestehen kann, der einen int-Wert liefert.

Ein Programm, mit dem der Anwender den Mittelwert einer beliebigen Zahl von Messwerten berechnen kann, könnte beispielsweise so aufgebaut sein, dass es zuerst vom Anwender die Zahl der Messwerte abfragt, dann ein passendes Array-Objekt erzeugt, in dieses die Messwerte einliest und schließlich den gewünschten Mittelwert berechnet.

```
...
// Anzahl der Messwerte abfragen
int anzahlElemente;
System.console().printf(" Geben Sie die Anzahl der Messwerte ein: ");
int anzahlElemente = Integer.parseInt(System.console().readLine());

// Array erzeugen
double[] messwerte = new double[anzahlElemente];
...
```

Initialisierungslisten

Array-Objekte können auch implizit erzeugt werden – mithilfe einer Initialisierungsliste. In dieser werden einfach die Werte aufgeführt, die als Elemente in das Array aufgenommen werden sollen. Die Größe des Array-Objekts ergibt sich dabei automatisch aus der Anzahl der aufgelisteten Werte

```
int[] zahlen = {1, 2, 3, 7, 12, 24};
```

```
double[] weitereZahlen = {7.2, var1, var2 - 3.0, 0.5};  // var1 und var2
                                                        // seien vom Typ
                                                        // double
```

9

Der Compiler erzeugt hier implizit ein passendes Array-Objekt, initialisiert dessen Elemente mit den Werten aus der Initialisierungsliste und speichert die Referenz auf das Objekt in der Array-Variablen.

Arrays von Objekten

Selbstverständlich können Sie nicht nur Arrays von Elementen der einfachen Datentypen, sondern auch mit Objekten als Elemente definieren:

```
class Demo {
   int n;
   Demo(int n) {
      this.n = n;
   }
}
...
Demo[] objArray = new Demo[3];
```

Obige Anweisung erzeugt ein Array für drei Objekte vom Typ `Demo`. Statt der Objekte speichert das Array allerdings erst einmal nur drei `null`-Verweise.

Um das Array mit Objekten zu füllen, können Sie den Array-Elementen explizit Objekte zuweisen:

```
objArray[0] = new Demo(1);
objArray[1] = new Demo(2);
objArray[1] = new Demo(2);
```

oder das Array statt mit der `new`-Syntax mit einer Initialisierungsliste erzeugen:

```
Demo[] objArray = {new Demo(1), new Demo(2), new Demo(3)};
```

9.2 Auf Array-Elemente zugreifen

Die Elemente eines Arrays werden im Speicher hintereinander als Block abgelegt. Dies ermöglicht es dem Programmierer, die einzelnen Elemente im Array über ihre Position im Array anzusprechen.

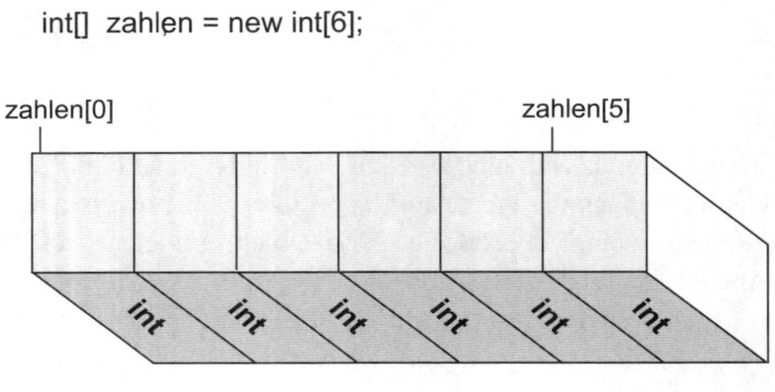

Abbildung 9.1: Ein int-Array im Speicher

9.2.1 Der indizierte Zugriff

Um auf ein bestimmtes Element in einem Array zuzugreifen, hängen Sie die Position des Elements als Index in eckigen Klammern an den Array-Namen an. Beachten Sie aber, dass die Nummerierung der Elemente im Array mit 0 beginnt, das erste Element im Array also den Index 0 hat.

Das erste Element in einem Array hat den Index 0! Der letzte Index ist die Anzahl der Elemente im Array minus 1.

Wenn Sie also dem ersten Element im Array `zahlen` den Wert 12 zuweisen wollen, schreiben Sie:

```
zahlen[0] = 12;
```

Wenn Sie dem zweiten Element den doppelten Wert des ersten Elements zuweisen wollen, schreiben Sie:

```
zahlen[1] = 2 * zahlen[0];
```

Achten Sie darauf, nur Indizes zu verwenden, die im Bereich [0, AnzahlElemente-1] liegen. Zugriffe über Arraygrenzen hinweg lösen eine `ArrayIndexOutOfBoundsException`-Ausnahme aus.

9.2.2 Arrays in Schleifen durchlaufen

Mithilfe von Schleifen können Sie bequem beliebig große Arrays Element für Element durchlaufen und bearbeiten. Die Schleifenvariable wird dabei meist als Index für den Zugriff auf die Elemente verwendet.

So können Sie ein Array aus hundert Zahlen beispielsweise elegant und effektiv mit den ersten hundert Quadratzahlen füllen:

```
int[] zahlen = new int[10];

for (int i = 0; i < 10; ++i) {
   zahlen[i] = (i+1)*(i+1);
}
```

Denken Sie daran, dass der Index der Array-Elemente von 0 bis n-1 läuft (wenn n die Anzahl der Elemente im Array ist). Wir müssen also aufpassen, dass Ihre Schleifenvariable, die Sie ja als Index für die Array-Elemente verwenden wollen, von 0 bis 9 läuft.

Da Sie in den Array-Elementen aber nicht die Quadrate für die Zahlen von 0 bis 9, sondern von 1 bis 10 speichern wollen, weisen Sie dem Element `zahlen[i]` nicht das Ergebnis von `i*i`, sondern von `(i+1)*(i+1)` zu.

length

Die explizite Angabe der Arraygröße ist allerdings stets eine gefährliche Angelegenheit. Schnell hat man sich vertan oder vergisst, die Angabe anzupassen, nachdem man die Arraygröße in der Definition nachträglich geändert hat. Sie können solche Fehler vermeiden, indem Sie die Anzahl der Elemente im Array direkt über die length-Eigenschaft des Array-Objekts in Erfahrung zu bringen:

```
int[] zahlen = new int[10];

for (int i = 0; i < zahlen.length; ++i) {
   zahlen[i] = (i+1)*(i+1);
}
```

Und falls Sie die Indexvariable i innerhalb der Schleife gar nicht benötigen, können Sie sie auch ganz einsparen und sich der in Java 5 eingeführten »for-each«-Syntax bedienen, mit der die Elemente eines Arrays automatisch und gefahrlos durchlaufen werden können:

```
for(int i : zahlen)  {
    System.out.println(i);
}
```

Programmbeispiel

Das folgende Programm liest eine beliebige Anzahl double-Werte über die Tastatur ein und berechnet deren Mittelwert.

Listing 9.1: Mittelwert.java – Beliebig große Arrays erzeugen

```
import java.io.*;

public class Mittelwert {

   public static void main(String[] args) {
      Console cons = System.console();
      cons.printf("\n");

      // Anzahl der Messwerte abfragen
      cons.printf(" Geben Sie die Anzahl der Messwerte ein: ");
      int anzahlElemente = Integer.parseInt(cons.readLine());

      // Array erzeugen
      double[] messwerte = new double[anzahlElemente];

      // Messwerte einlesen
      for(int i = 0; i < anzahlElemente; ++i) {
         cons.printf(" Geben Sie den " + (i+1) + ". Messwert ein: ");
         messwerte[i] = Double.parseDouble(cons.readLine());
      }

      // Mittelwert berechnen und ausgeben
      double mittelwert = 0;
      double summe      = 0;

      for(int i = 0; i < messwerte.length; ++i)
         summe += messwerte[i];

      mittelwert = summe/messwerte.length;
```

```
        cons.printf("\n");
        cons.printf(" Der Mittelwert betraegt: %.2f \n", mittelwert);

        cons.printf("\n");
    }
}
```

Ausführung:

```
Geben Sie die Anzahl der Messwerte ein: 4
Geben Sie den 1. Messwert ein: 100
Geben Sie den 2. Messwert ein: 200
Geben Sie den 3. Messwert ein: 300
Geben Sie den 4. Messwert ein: 400

Der Mittelwert betraegt: 250,00
```

9.3 Programmieren mit Arrays

Bestimmte Aufgaben kehren bei der Programmierung mit Arrays immer wieder. Für die wichtigsten Aufgaben sind in der Bibliotheksklasse `java.util.Arrays`, aber auch in den Array-Typen selbst, nützliche Methoden und Felder definiert.

9.3.1 Array-Länge bestimmen

Die Länge eines Arrays ist gleich der Anzahl der Elemente im Array. Dabei spielt es keine Rolle, ob Sie in den Elementen eigene Werte abgelegt haben oder nicht. Ein Array, das wie folgt definiert wurde:

```
int[] meinArray = new int[12];
```

hat demnach die Länge 12.

Die Länge eines Arrays kann über das Feld `length` abgefragt werden:

```
System.out.println(meinArray.length);  // Ausgabe 12
```

Das `length`-Feld wird meist in Zusammenhang mit dem Durchlaufen von Arrays mittels Schleifen eingesetzt (siehe Abschnitt 9.2.2).

9.3.2 java.util.Arrays

Die Klasse `java.util.Arrays` definiert statische Methoden zum Füllen (`fill()`), Vergleichen (`equals()`), Sortieren (`sort()`) und schnellem Durchsuchen (`binarySearch()`) von Arrays. Jede dieser Methoden ist für die verschiedenen elementaren Datentypen und für Argumente vom Typ `Object` überladen. Vor allem während der Entwicklungsphase sind die `toString()`-Methoden hilfreich, mit denen der Inhalt eines Arrays schnell und bequem ausgegeben werden kann.

Arrays in Strings umwandeln

Um die Elemente eines Arrays `daten` zur Kontrolle auf die Konsole auszugeben, schreiben Sie einfach:

```
System.out.println( Arrays.toString(daten) );
```

Füllen, Setzen, Löschen – mit fill(typ[] feld, typ wert)

Der flexibelste und dennoch sehr effiziente Weg, um mehreren oder allen Elementen eines Arrays Werte zuzuweisen, ist zweifelsohne die Programmierung einer Schleife (siehe oben).

Soll mehreren Elementen der gleiche Wert zugewiesen werden, können Sie auch auf die Methode `Arrays.fill()` zurückgreifen.

Im einfachsten Fall übergeben Sie der Methode das zu bearbeitende Array und den Wert, der den Elementen im Array zugewiesen werden soll.

```
int[] einArray = new int[100];
java.util.Arrays.fill(einArray, 3);
```

Wenn Sie den Wert nicht allen Elementen im Array, sondern lediglich einem bestimmten Bereich zuweisen wollen, übergeben Sie als Argumente:

- das zu bearbeitende Array
- den Index des ersten Elements, das den Wert zugewiesen bekommen soll
- den Index, der auf das letzte Element folgt, das den Wert zugewiesen bekommen soll
- den zuzuweisenden Wert

```
boolean[] einArray = new boolean[100];
java.util.Arrays.fill(einArray, 50, 100, true);
```

Hier wird den Elementen `einArray[50]` bis einschließlich `einArray[99]` (das letzte Element im Array) der Wert `true` zugewiesen.

INFO

Löschen, im Sinne von »aus dem Array entfernen« können Sie die Elemente eines Arrays nicht. Wohl aber können Sie die in den Elementen gespeicherten Werte löschen, indem Sie die Elemente auf ihre Nullwerte (`0`, `0.0`, `false` oder `null`) zurücksetzen.

Arrays kopieren und vergrößern

Zum bequemen Kopieren von Arrays gibt es die Methoden `copyOf()` und `copyOfRange()`.

Die Methode `copyOf()` übernimmt ein beliebiges Array, kopiert es und liefert die Kopie zurück.

```
int[] original = {1, 2, 3, 4, 5, 6};
int[] kopie = Arrays.copyOf(original, original.length);

// kopie = [1, 2, 3, 4, 5, 6]
```

Als Parameter übergeben Sie neben dem zu kopierenden Array die gewünschte Länge der Kopie. Für eine vollständige Kopie übergeben Sie – wie im obigen Beispiel – die Länge des Originals. Sie können aber auch eine kleinere oder größere Elementzahl festlegen. In ersterem Fall werden nur die n ersten Elemente des Originals kopiert. Im zweiten Falle wird die Kopie mit Nullwerten bis zur gewünschten Länge aufgefüllt. (Sie erstellen also eine originalgetreue, **vergrößerte** Kopie Ihres Arrays!)

INFO

Arrays sind statische Datenstrukturen: einmal erzeugt, kann ihre Größe nicht mehr verändert werden. Die Methode `copyOf()` ist allerdings eine brauchbare Option, um von Arrays, deren Speicherplatz zu niedrig kalkuliert war, eine vergrößerte Kopie zu erstellen. (Ansonsten sollten Sie aber für dynamisch wachsende Datenmengen auch dynamische Datenstrukturen verwenden, siehe Kapitel 29.)

Wenn Sie gezielt einen bestimmten Teil eines Arrays kopieren wollen, verwenden Sie die Methode `copyOfRange()` und übergeben dieser neben dem zu kopierenden Array, die nullbasierten Indizes des ersten zu kopierenden und des ersten nicht mehr zu kopierenden Elements.

```
int[] original = {1, 2, 3, 4, 5, 6};
int[] kopie = Arrays.copyOfRange(original, 2, 4);

// kopie = [3, 4]
```

STOP

Enthält das zu kopierende Array Elemente von Referenztypen, werden lediglich die Referenzen kopiert. Wenn Sie also ein Array mit drei Objekten einer selbst definierten Klasse `Schafe` kopieren, verweisen die Elemente im neuen Array auf dieselben `Schafe`-Objekte wie die Elemente des alten Arrays. Mehr dazu in Kapitel 17.2.

Vergleichen – mit equals(typ[] feld1, typ[] feld2)

Mit dieser Methode können Sie feststellen, ob zwei Arrays gleich sind. Im Gegensatz zum ==-Operator, der prüft, ob zwei Referenzen identisch sind, prüft die `equals()`-Methode, ob die Array-Objekte, auf die die beiden übergebenen Referenzen verweisen, die gleiche Anzahl Elemente enthalten und ob diese paarweise gleich sind.

```
int[] feld1 = {1, 2, 3, 4, 5};
int[] feld2 = {1, 2, 3, 4, 5};
int[] feld3 = {1, 2, 3, 0, 5};
int[] feld4 = {1, 2, 3, 4, 5, 6};

feld1 == feld2;                          //liefert false
java.util.Arrays.equals(feld1, feld2);   //liefert true
java.util.Arrays.equals(feld1, feld3);   //liefert false: 4.Paar ungleich
java.util.Arrays.equals(feld1, feld4);   //liefert false: ungleiche Länge
```

Sortieren – mit sort(typ[] feld)

Arrays sind ein wunderbares Mittel, Gruppen von Daten abzuspeichern: Sie sind schnell angelegt und lassen sich dank der Indizierung auch bequem durchlaufen – beispielsweise um Messwerte einzulesen oder die Daten im Array nacheinander auszugeben.

Etwas komplizierter wird es allerdings, wenn man gezielt nach bestimmten Daten im Array suchen will. Nehmen Sie nur an, Sie hätten eine Reihe von Messdaten, die alle im Bereich zwischen -10 und 10 liegen, und Sie wollen nun wissen, ob es einen Wert gibt, der möglichst nahe an 0 liegt. Oder Sie haben das Alter von 1000 Testpersonen abgespeichert und wollen nun ein Histogramm erstellen, in dem aufgeschlüsselt ist, wie viele Testpersonen jünger als 18, wie viele zwischen 18 und 35, wie viele zwischen 35 und 55 und wie viele älter als 55 sind. Oder Sie haben Städtenamen gespeichert und wollen nachprüfen, ob »Cuxhaven« bereits aufgenommen wurde.

All diese Aufgaben ließen sich relativ einfach lösen, wenn die Daten im Array sortiert abgelegt wären. Das Sortieren von Daten ist daher ein altbekanntes Problem der Informatik, für deren Lösung es eine Reihe effizienter Algorithmen gibt. Einer der leistungsfähigsten Algorithmen ist Quicksort von C.A.R. Hoare, der seinen Namen mit der Entwicklung dieses Algorithmus zweifelsohne unsterblich gemacht hat.

Um in Java Arrays nach dem Quicksort-Verfahren zu sortieren, müssen Sie lediglich die Methode `java.util.Arrays.sort()` aufrufen:

```
int[] feld = {1, 8, 7, 9, 5, 4, 2, 5};
java.util.Arrays.sort(feld);
for(int i = 0; i < feld.length; ++i)
   System.out.print(feld[i] + " ");
```

Ausgabe:

```
1 2 4 5 5 7 8 9
```

Wenn Sie lediglich einen Teilbereich sortieren möchten, übergeben Sie zudem den Index des ersten zu sortierenden Elements und den Index, der auf das letzte zu sortierende Element folgt:

```
int[] feld = {1, 8, 7, 9, 5, 4, 2, 5};
java.util.Arrays.sort(feld, 2, 5);
for(int i = 0; i < feld.length; ++i)
   System.out.print(feld[i] + " ");
```

Ausgabe:

1 8 **5 7 9** 4 2 5

Wenn Sie ein Array mit Objekten eines Klassentyps sortieren möchten, muss der Klassentyp die Schnittstelle `Comparable` implementieren (siehe Kapitel 17.3).

INFO

Arrays von Objekten werden nicht nach dem Quicksort-, sondern nach dem Mergesort-Verfahren sortiert.

Absteigende Sortierung

Um ein Array absteigend zu sortieren, können Sie so vorgehen, dass Sie eine Kopie erstellen, diese aufsteigend mit `sort()` sortieren, und dann die Elemente in der umgekehrten Reihenfolge in ihr Array zurückkopieren. Wenn das Array Elemente von Klassentypen enthält, können Sie die Sortierreihenfolge auch über die Implementierung der `Comparable`-Schnittstelle oder durch explizite Übergabe eines `Comparator`-Objekts steuern (siehe Kapitel 29.7).

Suchen

In Arrays können größere Datenmengen verwaltet werden. Das Ablegen von Werten oder Objekten in einem Array wäre allerdings ziemlich uninteressant, wenn es nicht auch die Möglichkeit gäbe, die Elemente im Array effizient zu bearbeiten. Hierzu gehören:

- der indizierte Zugriff auf einzelne Elemente
- das Durchlaufen der Array-Elemente in einer Schleife

und

- das Aufspüren eines bestimmten Elements im Array.

Angenommen Sie wollten in einem Array von Namen (sprich String-Objekten) nach einem bestimmten Vornamen suchen – beispielsweise um danach mit dem Namen weiter zu arbeiten, um hinter dem Namen einen neuen Namen einzufügen oder einfach um festzustellen, ob der Name schon im Array eingetragen ist.

Eine einfache, aber auch ineffiziente Methode nach dem Namen zu suchen, besteht darin, das Array in einer Schleife zu durchlaufen und für jedes Element zu testen, ob es den gesuchten Namen enthält. Eine solche **lineare Suche** kann sehr schnell gehen (wenn gleich das erste Element den gesuchten Namen enthält), sie kann aber auch sehr lange dauern (wenn erst das letzte Element den gesuchten Namen enthält oder der Name gar nicht im Array abgespeichert ist).

9

Eine wesentlich effizientere Suchmethode ist die binäre Suche, die allerdings voraussetzt, dass das Array sortiert ist. Die **binäre Suche** greift sich das mittlere Element aus dem Array heraus und prüft, ob dieses kleiner oder größer dem gesuchten Wert ist. Je nach Ergebnis des Vergleichs wird dann nach dem gleichen Muster in der unteren oder oberen Hälfte des Arrays weitergesucht. Auf diese Weise wird der Suchraum bei jedem Schritt halbiert. Die binäre Suche ist recht effizient, für ein Array von n Elementen endet die Suche spätestens nach log2 (n + 1) Vergleichen.

binarySearch()

Erfreulicherweise hält die Klasse `java.util.Arrays` bereits eine fertig implementierte statische Methode zur Durchführung von binären Suchen bereit: `binarySearch()`. Beim Aufruf übergeben Sie der Methode das zu durchsuchende Array und den zu suchenden Wert. Als Ergebnis erhalten Sie den Index des Elements zurück, das den gesuchten Wert enthält (oder einen Wert kleiner 0, wenn der Wert nicht gefunden wurde).[2]

STOP

Die binäre Suche setzt ein sortiertes Array voraus!

Listing 9.2: BinSuche.java – Binäre Suche in sortierten Arrays

```
import java.io.*;
import java.util.*;
```

2 Dem Betrag des Rückgabewerts lässt sich übrigens entnehmen, an welcher Position das Element stehen würde, wenn es im Array vorkäme.

```
public class BinSuche {

   public static void main(String[] args) throws IOException {
      Console cons = System.console();
      cons.printf("\n");

      String[] namen = {"Gwenda", "Batya", "Laika", "Laetitia"};

      Arrays.sort(namen);

      cons.printf(" Geben Sie den zu suchenden Namen ein: ");
      String gesucht = cons.readLine();

      int pos = Arrays.binarySearch(namen, gesucht);
      if (pos >= 0)
           cons.printf(" Name gefunden an Position " + pos);
      else
           cons.printf(" Name nicht gefunden ");

      cons.printf("\n");
   }
}
```

Ausführung:

```
Geben Sie den zu suchenden Namen ein: Gwenda
Name gefunden an Position 1
```

9.3.3 Arrays als Parameter

Selbstverständlich können Arrays auch als Argumente an Methoden übergeben werden.

Die Methode definiert dazu einen Parameter vom zugehörigen Array-Typ:

```
public void argumenteAusgeben(int[] array) {
}
```

Beim Aufruf wird dann einfach das zu bearbeitende Array (dessen Größe beliebig sein kann) an den Parameter übergeben:

Listing 9.3: ArrayParameter.java – Übergabe von Array-Argumenten

```
class Demo {

   public void argumenteAusgeben(int[] array) {
      for(int i = 0; i < array.length; ++i)
         System.out.print(" " + array[i]);
   }
}

public class ArrayParameter {

   public static void main(String[] args) {
      System.out.println();
```

```
      Demo obj = new Demo();

      int[] satz01 = {1, 2, 3, 4};
      int[] satz02 = {5, 6, 7, 8, 9, 10};

      System.out.print("\n Uebergabe von Satz 1:  ");
      obj.argumenteAusgeben(satz01);

      System.out.print("\n Uebergabe von Satz 2:  ");
      obj.argumenteAusgeben(satz02);

      System.out.println();
   }
}
```

Ausgabe:

```
Uebergabe von Satz 1:   1 2 3 4
Uebergabe von Satz 2:   5 6 7 8 9 10
```

9.3.4 Befehlszeilenargumente

Konsolenprogramme besitzen die erfreuliche Eigenschaft, dass man ihnen beim Aufruf Argumente mitgeben kann – beispielsweise Optionen, die das Verhalten des Programms steuern, oder zu verarbeitende Daten.

Der Java-Interpreter übergibt diese Argumente beim Programmstart an den `args`-Array-Parameter der `main()`-Methode. In der `main()`-Methode können Sie die im Array gespeicherten Befehlsargumente abfragen und auswerten.

Das folgende Programm demonstriert dies, indem es einfach die übergebenen Befehlszeilenargumente wieder auf die Konsole ausgibt.

Listing 9.4: Befehlszeile.java

```
public class Befehlszeile {

   public static void main(String[] args) {

      System.out.println("\n Befehlszeilenargumente: ");

      for(int i = 0; i < args.length; ++i)
         System.out.println("  " + (i+1) + ". Argument: " + args[i]);

      System.out.println();
   }
}
```

Wenn Sie dieses Programm z.B. wie folgt aufrufen:

```
C:\Beispiele\Kapitel09>java Befehlszeile 35 "Mein Name"
```

erhalten Sie als Ausgabe:

```
Befehlszeilenargumente:
 1. Argument: 35
 2. Argument: Mein Name
```

Eine etwas fortgeschrittenere Anwendung zeigt das folgende Beispiele.

Listing 9.5: Taschenrechner.java

```
import java.io.*;

public class Taschenrechner {

   public static void main(String args[]) {
     Console cons = System.console();
     cons.printf("\n");

     if (args.length != 3) {
       cons.printf(" Falsche Anzahl Argumente in Befehlszeile \n");
       cons.printf(" Aufruf: java Taschenrechner Zahl Operator Zahl\n");
       System.exit(0);
     }

     // Die Befehlszeilenargumente aufteilen
     double zahl1     = Double.parseDouble(args[0]);
     char operator    = args[1].charAt(0);
     double zahl2     = Double.parseDouble(args[2]);

     cons.printf(" %.2f %c %.2f = ", zahl1, operator, zahl2);

     // Befehl bearbeiten
     switch(operator) {
     case '+':    cons.printf(" %.2f \n", (zahl1 + zahl2));
                  break;
     case '-':    cons.printf(" %.2f \n", (zahl1 - zahl2));
                  break;
     case 'X':
     case 'x':
     case '*':    cons.printf(" %.2f \n", (zahl1 * zahl2));
                  break;
     case ':':
     case '/':    cons.printf(" %.2f \n", (zahl1 / zahl2));
                  break;
     default:     cons.printf("\n Operator nicht bekannt \n");
                  break;
     }

     cons.printf("\n");
   }
}
```

Aufruf:

```
C:\Beispiele\Kapitel09>java Taschenrechner 3 x 7

 3,00 x 7,00 = 21,00
```

INFO

Auf der Windows-Konsole führen Aufrufe mit * möglicherweise dazu, dass der Befehlszeileninterpreter von Windows eine falsche Zahl an Argumenten übergibt. Setzen Sie * dann in Anführungszeichen: "*".

9.4 Mehrdimensionale Arrays

Bisher haben wir uns nur mit eindimensionalen Arrays beschäftigt. Java erlaubt aber auch die Definition mehrdimensionaler Arrays.

9.4.1 Definition und Objekterzeugung

Um eine Variable für ein mehrdimensionales Array zu definieren, hängen Sie für jede Dimension ein eigenes Klammernpaar an den Elementtyp an:

```
int[][] feld;          // Zweidimensionale Array-Variable
```

Gleichermaßen verfahren Sie bei der Objekterzeugung, wo Sie für jede Dimension die Anzahl der Elemente in rechteckigen Klammern angeben. Für ein zweidimensionales Array sähe dies beispielsweise wie folgt aus:

```
int[][] feld = new int[5][10]
```

Ein solches mehrdimensionales Array ist nichts anderes als ein Array, dessen Elemente wieder Arrays sind – im obigen Beispiel ein Array von 5 Arrays à 10 `int`-Werten.

Zugriff

Der Zugriff auf einzelne Elemente im Array erfolgt durch Angabe der Indizes für die jeweiligen Dimensionen (Unterarrays).

Um beispielsweise im oben definierten Array `feld` auf den siebten `int`-Wert im 1. Unterarray zuzugreifen, schreiben Sie:

```
feld[0][6] = 122;
```

Initialisierungslisten

Auch für mehrdimensionale Arrays kann man Initialisierungslisten verwenden:

```
int[] feld1 = {1, 2, 3, 4};

int[][] feld2 = { {1,1},{2,2},{3,3},{4,4} };

int[][][] feld3 = { {{111,112},{121,122}},
                    {{211,212},{221,222}},
                    {{311,312},{321,322}},
                    {{411,412},{421,422}} };
```

Wie Sie bereits aus Abschnitt 9.1 wissen, werden in einer Initialisierungsliste die einzelnen Werte für die Elemente des Arrays durch Kommata getrennt aufgeführt.

Für mehrdimensionale Arrays haben Sie nun die Besonderheit, dass die einzelnen Elemente wiederum Arrays sind (jedenfalls für die höheren Dimensionen). Folglich brauchen Sie zur Initialisierung jedes dieser Unter-Arrays wiederum eine eigene Initialisierungsliste.

9.4.2 Speicherbelegung

Um sicher mit mehrdimensionalen Arrays programmieren zu können, ist es oftmals wichtig, eine konkrete Vorstellung davon zu haben, wie die Elemente eines mehrdimensionalen Arrays organisiert und im Speicher angelegt sind.

Im Speicher werden die Elemente mehrdimensionaler Arrays in linearer Folge abgelegt. Betrachten Sie hierzu das folgende Array:

```
int[][][] dreiDim = new int[2][3][4];
```

`dreiDim` ist ein Array, das 2 Elemente vom Typ `int[3][4]` enthält, jedes `int[3][4]`-Unterarray enthält 3 Elemente vom Typ `int[4]`, jedes `int[4]`-Unterarray enthält 4 Elemente vom Typ `int`.

Abbildung 9.2: Speicherbelegung für ein mehrdimensionales Array

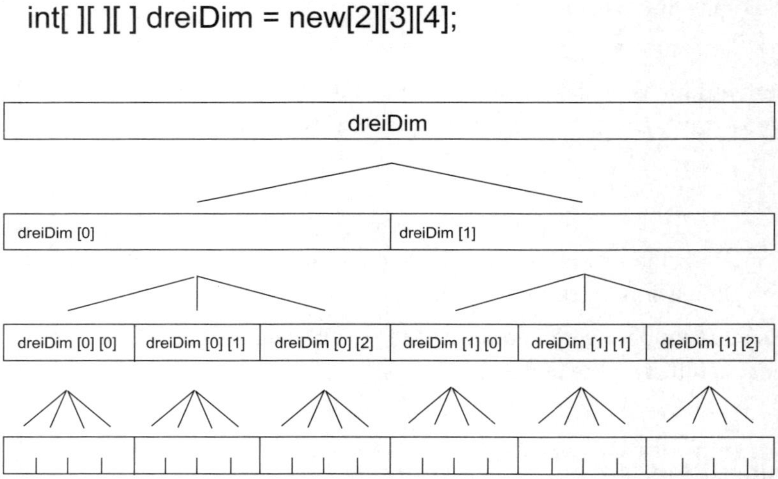

Im Speicher werden die Elemente der Unterarrays nacheinander von der tiefsten zur höchsten Ebene abgelegt.

Um also ein mehrdimensionales Array vom Anfang bis zum Ende in der Reihenfolge durchzugehen, in der die Elemente im Speicher abgelegt sind, fängt man mit dem Element mit den kleinsten Indizes an und zählt die Indizes von rechts nach links hoch, das heißt, der letzte Index (ganz rechts) verändert sich am schnellsten.

```
dreiDim[0][0][0]
dreiDim[0][0][1]
dreiDim[0][0][2]
dreiDim[0][0][3]
dreiDim[0][1][0]
dreiDim[0][1][1]
dreiDim[0][1][2]
dreiDim[0][1][3]
```

usw.

Mit diesem Wissen es nicht schwer, beispielsweise Code zu schreiben, der die Elemente in einem dreidimensionalen Array so ausgibt, wie sie im Speicher liegen:

```
int[][][] feld = { {{111,112},{121,122}},
                   {{211,212},{221,222}},
                   {{311,312},{321,322}},
                   {{411,412},{421,422}} };

for (int i = 0; i < feld.length; ++i) {
   for (int j = 0; j < feld [i].length; ++j) {
      for (int n = 0; n < feld [i][j].length; ++n)
         System.out.print(feld [i][j][n] + " ");

      System.out.println();
   }
   System.out.println();
}
```

Ausgabe:

```
111 112
121 122

211 212
221 222

311 312
321 322

411 412
421 422
```

9.4.3 Vorteile und Anwendung

Mehrdimensionale Arrays speichern die in ihnen abgelegten Werte zwar ebenso wie eindimensionale Arrays als lineare Folge, haben aber den Vorzug, dass sie dieser eine logische Ordnung überstülpen. Das klingt vielleicht ein wenig kompliziert, ist aber nichts anderes als die Umsetzung eines auch im Alltag häufig verwendeten Prinzips.

Beispiel

Stellen Sie sich die Sitzplätze im Parkett eines Theaters oder Kinos vor (siehe Abbildung 9.3). Stellen Sie sich 200 Sitzplätze, verteilt auf 10 Reihen zu je 20 Sitzplätzen vor.

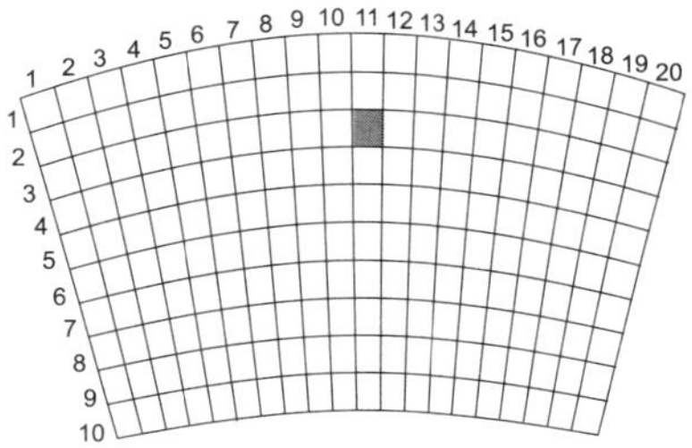

Abbildung 9.3: Das Parkett als zweidimensionales Array

Ihre Aufgabe soll es sein, die Belegung dieser Sitzplätze mit einem Programm zu verwalten. Es bietet sich an, die Plätze in Form eines Arrays zu verwalten:

```
boolean[] sitze = new boolean[200];
```

Dieser Ansatz ist aber insofern ungeschickt, als die natürliche Anordnung der Sitzplätze in 10 Reihen zu je 20 Plätzen in dem flachen, eindimensionalen Array verloren geht. Sie merken dies beispielsweise, wenn jemand den 11. Platz in der 3. Reihe bucht und sie dieses Element im Array auf `true` setzen wollen (wobei `true` für »belegt« steht).

Geschickter ist es, ein passendes zweidimensionales Array anzulegen.

```
boolean[][] sitze = new boolean[10][20];
```

Der nächste Schritt wäre nun, den Elementen im Array Anfangswerte zuzuweisen. Da zu Anfang alle Plätze frei sein sollen (`false`) können wir uns diesen Schritt allerdings sparen, denn der Compiler initialisiert Array-Elemente vom Typ `boolean` automatisch mit dem Wert `false`.

Zur Probe buchen Sie den 11. Platz in der 3. Reihe und geben die gesamte Belegung aus.

```
sitze[2][10] = true;
```

Hier der vollständige Quelltext:

Listing 9.6: Theater01.java

```
01 class Theater01 {
02    public static void main(String[] args) {
03      System.out.println();
04
05      boolean[][] sitze = new boolean[10][20];
06
07      sitze[2][10] = true;
08
09      for(int reihe = 1; reihe <= sitze.length; ++reihe) {
10        for(int platz = 1; platz <= sitze[reihe-1].length; ++platz) {
11            if (sitze[reihe-1][platz-1] == false)
12               System.out.print(" f");
13            else
14               System.out.print(" b");
15        }
16        System.out.println();
17      }
18
19      System.out.println();
20    }
21 }
```

Beachten Sie bitte auch die Grenzen für die Schleifenvariablen `reihe` und `platz` in den Zeilen 9 und 10. Anstatt sie wie gewohnt von `0` bis `length-1` laufen zu lassen, wurden sie an die Nummerierung der Reihen und Plätze angepasst und laufen daher von `1` bis `length`. Beim Abfragen der aktuellen Sitzreservierung in Zeile 11 müssen beide daher erst durch Abzug von 1 in korrekte Indizes verwandelt werden.

Ausgabe:

```
f f f f f f f f f f f f f f f f f f f f
f f f f f f f f f f f f f f f f f f f f
f f f f f f f f f f b f f f f f f f f f
f f f f f f f f f f f f f f f f f f f f
f f f f f f f f f f f f f f f f f f f f
f f f f f f f f f f f f f f f f f f f f
f f f f f f f f f f f f f f f f f f f f
f f f f f f f f f f f f f f f f f f f f
f f f f f f f f f f f f f f f f f f f f
f f f f f f f f f f f f f f f f f f f f
```

9.4.4 Dynamisch erzeugte Unterarrays variabler Länge

Nicht immer hat man das Glück, dass die Unterarrays die gleiche Größe haben.

Nehmen Sie beispielsweise an, in dem Parkett aus dem vorangehenden Abschnitt gäbe es in der dritten und vierten Reihe nur jeweils 18 Plätze (siehe Abbildung 9.4).

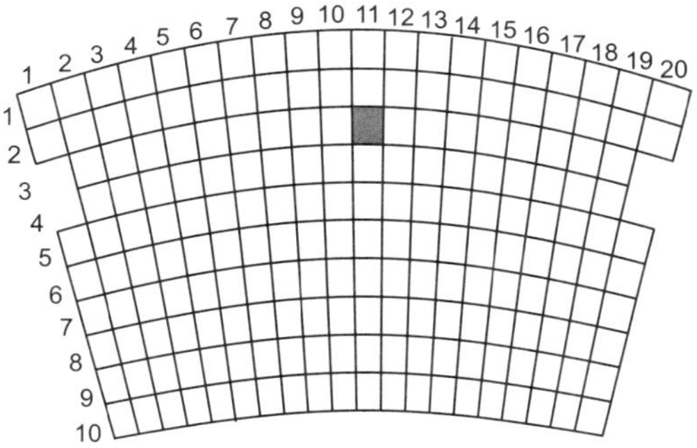

Abbildung 9.4: Ein unregelmäßiges zweidimensionales Arrays

Um ein mehrdimensionales Array zu erzeugen, das dieses Parkett repräsentiert, müssen Sie die Unterarrays wegen ihrer variablen Größe dynamisch erzeugen.

1. Wenn Sie das Array-Objekt mit `new` erzeugen, geben Sie für die zweite Dimension keinen Wert an.

```
boolean[][] sitze = new boolean[10][];
```

Sie haben jetzt ein Array-Objekt mit 10 Elementen, in denen Sie beliebig große Unterarrays mit `boolean`-Elementen ablegen können.

2. Der nächste Schritt besteht darin, diese Unterarrays, die die Sitzplätze pro Reihe repräsentieren, zu erzeugen:

```
for(int reihe = 1; reihe <= sitze.length; ++reihe)  {
   if (reihe < 3 || reihe > 4)
      sitze[reihe-1] = new boolean[20];
   else
      sitze[reihe-1] = new boolean[18];
   }
```

Nach der Einrichtung des Arrays können Sie einzelne Sitze reservieren. Um zum Beispiel den elften Platz in der dritten Reihe zu reservieren, greifen Sie zuerst auf das Unterarray für die dritte Reihe zu (`sitze[2]`) und hängen diesem den Index für den Platz an (`[10]`):

Auch zu diesem Beispiel noch einmal der vollständige Quelltext:

Listing 9.7: Theater02.java

```
class Theater02 {

   public static void main(String[] args) {
      System.out.println();

      boolean[][] sitze = new boolean[10][];

      // Unterarrays erzeugen
      for(int reihe = 1; reihe <= sitze.length; ++reihe)  {
         if (reihe < 3 || reihe > 4)
            sitze[reihe-1] = new boolean[20];
         else
            sitze[reihe-1] = new boolean[18];
         }

      sitze[2][10] = true;

      for(int reihe = 1; reihe <= sitze.length; ++reihe) {
         if (reihe == 3 || reihe == 4)
               System.out.print("  ");

         for(int platz = 1; platz <= sitze[reihe-1].length; ++platz) {
            if (sitze[reihe-1][platz-1] == false)
               System.out.print(" f");
            else
               System.out.print(" b");
         }
         System.out.println();
      }

      System.out.println();
   }
}
```

Ausgabe:

```
f f f f f f f f f f f f f f f f f f f f
f f f f f f f f f f f f f f f f f f f f
  f f f f f f f f f f b f f f f f f f
  f f f f f f f f f f f f f f f f f f
f f f f f f f f f f f f f f f f f f f f
f f f f f f f f f f f f f f f f f f f f
f f f f f f f f f f f f f f f f f f f f
f f f f f f f f f f f f f f f f f f f f
f f f f f f f f f f f f f f f f f f f f
f f f f f f f f f f f f f f f f f f f f
```

9.5 Aufzählungen (enum)

Aufzählungen sind Datentypen, die vom Programmierer durch »Aufzählung« ihrer Werte definiert werden. Typische Beispiele sind Aufzählungen für Wochentage, Jahreszeiten, Rundungsmodi, Farbpaletten, Schulnoten und so weiter.

```
enum Wochentag { MONTAG, DIENSTAG, MITTWOCH, DONNERSTAG,
                 FREITAG, SAMSTAG, SONNTAG }
```

INFO

In Java gab es vor Version 5 keine Möglichkeit zur Definition von Aufzählungstypen. In älterem Code findet man daher öfter noch als Ersatz die Definition statischer Integer-Konstanten:

```
public static final int MONTAG = 0;
public static final int DIENSTAG = 1;
public static final int MITTWOCH = 2;
...
```

9.5.1 Definition und Verwendung

Aufzählungstypen werden in Java (ab Version 5) mit dem Schlüsselwort `enum` definiert:

```
enum Wochentag { MONTAG, DIENSTAG, MITTWOCH, DONNERSTAG,
                 FREITAG, SAMSTAG, SONNTAG }
```

Diese Syntax definiert intern eine Klasse, die auf die Basisklasse `Enum` zurückgeht, nicht explizit instanziiert werden kann, dafür aber automatisch für jede Aufzählungskonstante ein eigenes Objekt erzeugt und diese Objekte beginnend mit Null durchnummeriert.

Doch dies sind Implementierungsdetails! Für die tägliche Arbeit sollten Sie die Aufzählungen als Sammlung von Konstanten betrachten und im Hinterkopf behalten, dass diese »Konstanten« eigentlich Objekte sind.

Variablen definieren

Wie für Integer-Datentypen können Sie auch für `enum`-Typen Variablen definieren und diesen Konstanten aus dem Wertebereich des Typs zuweisen:

```
Wochentag tag = Wochentag.MONTAG;
```

Die Zuweisung von Integer-Werten ist jedoch nicht möglich, ebenso wenig wie das explizite Casting von Integer zu `enum`.

```
Wochentag tag = 15;                // nicht möglich
Wochentag tag = 3;                 // nicht möglich
Wochentag tag = (Wochentag) 3;     // nicht möglich
```

Aufzählungskonstanten vergleichen

Aufzählungskonstanten können mit != und ==, nicht aber mit den relationalen Operatoren <, <=, > und >= verglichen werden. Als Ersatz implementieren Aufzählungstypen die Schnittstelle `Comparable` (siehe auch Kapitel 17.3), d.h., sie stellen eine Methode compareTo() zur Verfügung, mit der zwei Aufzählungskonstanten verglichen werden können.

```
if( Wochentag.MONTAG.compareTo( Wochentag.DIENSTAG )  < 0 )
        System.out.println(" Der Montag kommt vor dem Dienstag");
```

Die Methode compareTo() liefert -1, 0 oder +1 zurück, je nachdem, ob die Position des aktuellen Objekts kleiner, gleich oder größer als die des übergebenen Objekts ist.

STOP

Wenn Sie Aufzählungskonstanten mit compareTo() vergleichen, bedeutet dies, dass Sie Annahmen über die Reihenfolge der Konstanten in der Aufzählungsdefinition machen. Sollten Sie später diese Reihenfolge ändern, müssen Sie prüfen, ob Ihre compareTo()-Aufrufe noch korrekt sind. (Vergleiche mit ==, != oder equals() bleiben stets korrekt, es sei denn, die beteiligten Konstanten werden ganz aus der Aufzählung entfernt.)

Aufzählungen und switch

Aufzählungstypen sind hervorragend geeignet, um switch-Verzweigungen zu implementieren:

```
public static String herkunft(Wochentag tag) {

   String s;

   switch (tag) {
      case MONTAG:     s = "Tag der römischen Mondgöttin Luna";
                       break;
      case DIENSTAG:   s = "Tag des nordischen Kriegsgottes Tyr";
                       break;
      case MITTWOCH:   s = "Tag des nordischen Gottes Odin";
                       break;
      case DONNERSTAG: s = "Tag des nordischen Donnergottes Thor";
                       break;
      case FREITAG:    s = "Tag der nordischen Göttin Freya";
                       break;
      case SAMSTAG:    s = "Tag des römischen Gottes Saturn";
                       break;
      case SONNTAG:    s = "Tag des römischen Sonnengottes Sol";
                       break;
      default:         s = "Unbekannter Tag";
   }

   return s;
}
```

Aufzählungen und for

Mithilfe der in Java 5 neu eingeführten for-Schleifensyntax und der statischen Methode values() können die Konstanten einer Aufzählung bequem durchlaufen werden:

```
for( Wochentag tag : Wochentag.values() ) {
   ...
}
```

Die statische `values()`-Methode liefert ein Array der Aufzählungskonstanten zurück, welches dann von der `for`-Schleife durchlaufen wird. Über die Schleifenvariable (hier `tag`) können Sie innerhalb der Schleife auf die aktuelle Aufzählungskonstante zugreifen.

Das nachfolgende Beispiel nutzt diese Möglichkeit, um sowohl den Namen des Wochentags als auch seine Herleitung auszugeben. Der Name des Wochentags ist in diesem Beispiel gleich dem Namen der Aufzählungskonstante, die von der Methode `toString()` zurückgeliefert wird. Für die Herleitung wird die Schleifenvariable an die Methode `herkunft()` übergeben.

Listing 9.8: EnumDemo_v1.java – Herleitung der deutschen Wochentagsnamen

```
import java.io.*;

public class EnumDemo_v1 {

   enum Wochentag { MONTAG, DIENSTAG, MITTWOCH, DONNERSTAG,
                    FREITAG, SAMSTAG, SONNTAG }

   public static String herkunft(Wochentag tag) {

      String s = "";

      switch (tag) {
         case MONTAG:     s = "Tag der römischen Mondgöttin Luna";
                          break;
         case DIENSTAG:   s = "Tag des nordischen Kriegsgottes Tyr";
                          break;
         case MITTWOCH:   s = "Tag des nordischen Gottes Odin";
                          break;
         case DONNERSTAG: s = "Tag des nordischen Donnergottes Thor";
                          break;
         case FREITAG:    s = "Tag der nordischen Göttin Freya";
                          break;
         case SAMSTAG:    s = "Tag des römischen Gottes Saturn";
                          break;
         case SONNTAG:    s = "Tag des römischen Sonnengottes Sol";
                          break;
      }

      return s;
   }


   public static void main(String[] args) {
      Console cons = System.console();
      cons.printf("\n");

      for( Wochentag tag : Wochentag.values() )
         cons.printf(" %1$-12s -   %2$s \n",
                     tag.toString(), herkunft(tag));
```

9

```
        cons.printf("\n");
    }
}
```

Aufruf:

```
C:\Beispiele\Kapitel09>java EnumDemo_v1

 MONTAG       -   Tag der römischen Mondgöttin Luna
 DIENSTAG     -   Tag des nordischen Kriegsgottes Tyr
 MITTWOCH     -   Tag des nordischen Gottes Odin
 DONNERSTAG   -   Tag des nordischen Donnergottes Thor
 FREITAG      -   Tag der nordischen Göttin Freya
 SAMSTAG      -   Tag des römischen Gottes Saturn
 SONNTAG      -   Tag des römischen Sonnengottes Sol
```

Methoden für Aufzählungstypen

Aufzählungen sind in Java Klassen und folglich gibt es eine Reihe von vordefinierten Methoden, die für Aufzählungskonstanten aufgerufen werden können. Neben den Methoden der obersten Basisklasse `Object` (siehe Kapitel 6.6) sind dies vor allem Methoden der Basisklasse `Enum`. Die interessantesten sind in Tabelle 9.1 aufgeführt.

Tabelle 9.1: Ausgesuchte Methoden für Aufzählungstypen

Methode	Beschreibung
Object **clone**()	Von `Object` geerbt. Wurde so überschrieben, dass sie bei Aufruf eine `CloneNotSupportedException` wirft. Auf diese Weise wird verhindert, dass Aufzählungsobjekte (die wegen ihrer Konstanten- und Vergleichssemantik einzigartig sein sollen) kopiert werden können.
int **compareTo**(E obj)	Zum Vergleichen zweier Aufzählungskonstanten, siehe oben.
boolean **equals**(Object obj)	Liefert `true` zurück, wenn das aktuelle und das übergebene Objekt identisch (`this == obj`) sind.
String **name**()	Liefert den Namen zurück, unter dem die Konstante in der Aufzählung aufgeführt ist.

int **ordinal**()	Liefert die Ordinalzahl der Konstante zurück (entspricht der Position der Konstante in der Aufzählung).
	Vorsicht! Wenn Sie diese Methode verwenden, bedeutet dies in der Regel, dass Sie in Ihrem Code Annahmen darüber machen, welche Ordinalzahlen den Konstanten zugewiesen sind. Wenn Sie beispielsweise mit folgendem Code prüfen, ob in der Variablen `tag` der Samstag gespeichert ist:
	`if (tag.ordinal() == 5)`
	setzen Sie voraus, dass der Samstag der sechste Tag in der Aufzählung ist. Dies wäre beispielsweise der Fall, wenn Sie die Aufzählung mit dem Montag als erstem Tag der Woche beginnen. Sollten Sie allerdings später aus irgendwelchen Gründen die Aufzählung an englische Gepflogenheiten anpassen und deshalb den Sonntag an die erste Stelle rücken, würde obiger Code nur noch falsche Ergebnisse liefern.
	Sie können sich daher viel Ärger sparen, wenn Sie schreiben:
	`if (tag == Wochentag.SAMSTAG)`

Methode	Beschreibung
String **toString**()	Liefert den Namen zurück, unter dem die Konstante in der Aufzählung aufgeführt ist.
Array **values**()	Liefert ein Array mit den Konstanten der Aufzählung zurück. Wird zumeist in Verbindung mit der for-Schleife genutzt, siehe oben.

Tabelle 9.1: Ausgesuchte Methoden für Aufzählungstypen (Forts.)

9.5.2 Eigene enum-Klassen

Da enum-Aufzählungen in Java letzten Endes Klassendefinitionen sind, ist es möglich, in Aufzählungen neben den Konstanten(objekten) auch eigene Methoden und Felder zu definieren. Sie können Ihre enum-Aufzählungen sogar mit eigenen Konstruktoren versehen, die den Feldern jedes Objekts eigene Anfangswerte zuweisen.

Zu beachten ist lediglich, dass eine enum-Klasse ausschließlich private-Konstruktoren definieren kann. Es ergibt sich damit folgende, spezielle Syntax:

```
[public | protected | private] enum Aufzählungsname {
   KONSTANTE_1 (Argumente),
   KONSTANTE_2 (Argumente),
   KONSTANTE_3 (Argumente);

   // Felder
   ...

   // Konstruktor
   Aufzählungstyp (Parameter) {
      ...
   }

   // Methoden
   ...
}
```

Am Anfang des Aufzählungstyps steht die Liste der Konstanten, die mit Semikolon abgeschlossen wird. Die einzelnen Konstanten werden durch Kommata voneinander getrennt und können in runden Klammern Werte definieren, die intern bei der Erzeugung der Konstantenobjekte an den Konstruktor der enum-Klasse übergeben werden.

Der Konstruktor ist immer private. Er muss Parameter definieren, die von Anzahl und Typ her zu den Argumenten der Konstanten passen.

Das folgende Beispiel ist eine Adaption des Wochentagprogramms aus Listing 9.8. Der gesamte Code zur Herleitung der Wochentagsnamen wurde in die enum-Klasse verlagert: Zum Speichern der Textinformation wurde ein Feld beschreibung eingerichtet. Die Texte selbst werden den Konstanten als Argumente mitgegeben und vom eigens definierten Konstruktor im Feld beschreibung abgespeichert. Die Methode herkunft(), die zu einem Wochentag die passende Namensherleitung zurückliefert, wurde ebenfalls in die enum-Klasse integriert.

Listing 9.9: EnumDemo_v2.java – Herleitung der deutschen Wochentagsnamen

```
import java.io.*;

enum Wochentag {

   MONTAG     ("Tag des nordischen Kriegsgottes Tyr"),
   DIENSTAG   ("Tag der römischen Mondgöttin Luna"),
   MITTWOCH   ("Tag des nordischen Gottes Odin"),
   DONNERSTAG ("Tag des nordischen Donnergottes Thor"),
   FREITAG    ("Tag der nordischen Göttin Freya"),
   SAMSTAG    ("Tag des römischen Gottes Saturn"),
   SONNTAG    ("Tag des römischen Sonnengottes Sol");

   private String beschreibung;

   Wochentag(String beschreibung) {
      this.beschreibung = beschreibung;
   }

   public String herkunft() {
      return beschreibung;
   }
}


public class EnumDemo_v2 {

   public static void main(String[] args) {
      Console cons = System.console();
      cons.printf("\n");

      for( Wochentag tag : Wochentag.values() )
         cons.printf(" %1$-12s -   %2$s \n",
                     tag.toString(), tag.herkunft());

      cons.printf("\n");
   }
}
```

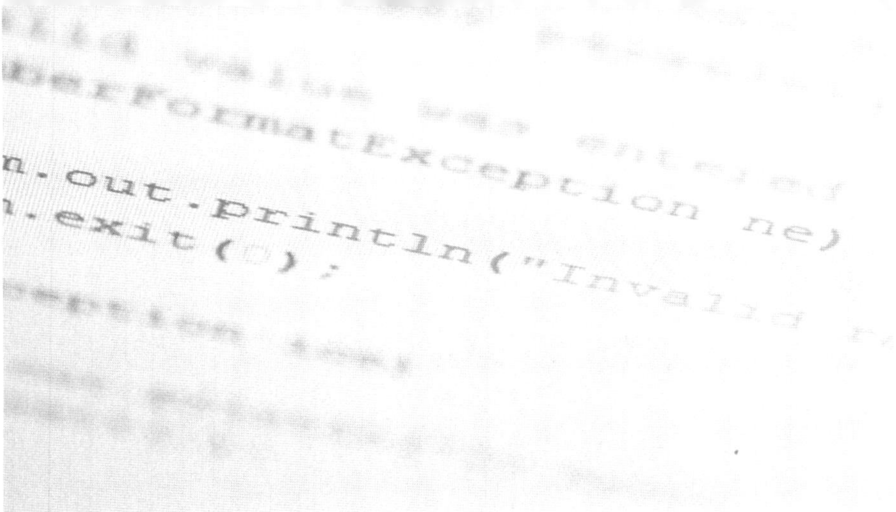

Kapitel 10
Pakete, Gültigkeitsbereiche und andere Fragen

Alle Elemente, die Sie per Definition in ein Programm einführen, sind immer nur in einem bestimmten Bereich gültig – dem sogenannten Gültigkeitsbereich (englisch »scope«). Welche Gültigkeitsbereiche es in Java gibt und welche sonstigen Konzepte mit der Verfügbarkeit von Variablen und Datentypen verbunden sind, ist Thema dieses Kapitels.

10.1 Pakete

Pakete erfüllen in Java eine wichtige Aufgabe: sie organisieren Klassen- und Schnittstellendefinitionen in einer hierarchischen Struktur, die dem Programmierer hilft, Namenskonflikte zu vermeiden und nicht-`public` Klassen und Klassenelemente zu verbergen.

Beispiel

Folgende Situation: Sie erhalten zusammen mit zwei Kollegen den Auftrag, eine Flugbuchungssoftware zu entwickeln. Sie selbst übernehmen die Aufgabe, die Buchungen zu implementieren, die Kollegin Trudi schreibt die Klasse zur Verwaltung der angebotenen Flüge, der dritte Mann im Team liefert Klassen für die zu transportierenden Frachtgüter und Personen, die Sie und Trudi in ihrem Code verwenden und instanziieren.

- Sie selbst implementieren insgesamt zwei Klassen: `Buchung` und eine Hilfeklasse `Flug`, von der Sie in `Buchung` Objekte erzeugen.
- Trudi definiert drei Klassen: `Zeitplan`, `Fluege` und eine Hilfsklasse, die sie in den anderen Klassen instanziiert und die sie – ohne sich mit Ihnen abgesprochen zu haben – `Flug` nennt.

- Der letzte Mann definiert zwei Klassen: `Frachtgut` und `Fluggast`, die eine Reihe von `public`-Methoden zur Verfügung stellen, die aber auch einige Elemente mit Standardzugriff (»verfügbar in Paket«) definieren, die sie wechselseitig verwenden.

Tabelle 10.1: Implementierung ohne Pakete

Sie	Trudi	3. Mann
// Buchung.java class Flug class Buchung	// Flugplanung.java class Flug class Fluege class Zeitplan	// Fracht.java class Frachtgut class Fluggast

Zum Schluss erstellen Sie zusammen mit Ihren Kollegen eine Hauptklasse mit `main()`-Methode, in der Sie die Funktionalität der einzelnen Klassen zusammenführen.

Beim Kompilieren dann der Ärger: Es gibt in den Quelldateien zwei Klassen `Flug`. Um den Namenskonflikt zu lösen, laden Sie Ihre Quelldatei *Buchung.java* und lassen mit der Suche-Ersetze-Funktion alle Vorkommen von Flug in `MeinFlug` (Not macht nicht immer erfinderisch) ändern. Dabei erhascht der dritte Mann einen Blick auf Ihren Code und ist entsetzt. Trotz seiner Warnung haben Sie auf nicht-`public`-Elemente seiner Klassen `Frachtgut` und `Fluggast` zugegriffen (der Standardzugriff macht´s möglich). Sie kontern, dass die Verwendung dieser Elemente doch offensichtlich sei, aber er belehrt Sie, dass dem nicht so ist, dass unsachgemäße Verwendung sogar zu Fehlern führen kann.

In diesem Moment betritt ihr Projektleiter das Büro, erfasst in Sekunden die Situation (deshalb ist er ja der Projektleiter) und entscheidet, dass für das Programm ein eigenes Paket `firma.fb` mit drei Unterpaketen – eins für jeden Programmierer im Team – erstellt wird.

Danach sehen die Klassendefinitionen wie folgt aus:

Tabelle 10.2: Implementierung mit Paketen

Sie	Trudi	3. Mann

// Buchung.java
package
    firma.fb.buchung;
 	
class Flug
public class Buchung
	// Fluege.java
	package
	    firma.fb.fluege;
	
	class Flug
	public class Fluege
		// Frachtgut.java
		package
		    firma.fb.fracht;
		
		public class Frachtgut

	// Zeitplan.java
	package
	    firma.fb.fluege;
	
	class Zeitplan
		// Fluggast.java
		package
		    firma.fb.fracht;
		
		public class Fluggast

Jetzt gibt es keinen Namenskonflikt mehr, denn statt zweier Klassendefinitionen für Flug, gibt es jetzt eine Klasse `firma.fb.buchung.Flug` und eine Klasse `firma.fb.fluege.Flug`, die in ihren Paketen genauso verwendet werden wie zuvor.

Auch unerwünschte Zugriffe auf nicht-`public`-Elemente der Klassen anderer Programmierer sind jetzt nicht mehr möglich, da der Zugriff über Paketgrenzen hinweg nur für `public`-Elemente gestattet ist (siehe Kapitel 8.5).

Dafür müssen alle Klassen, die in anderen Paketen verwendet werden sollen, als `public` definiert werden – mit der zusätzlichen Konsequenz, dass sie auch in einer eigenen Quelldatei gleichen Namens gespeichert werden müssen. Des Weiteren muss der Zugriff auf Klassen anderer Pakete über einen vollständigen Qualifizierer (`firma.fb.fracht.Fluggast`) erfolgen oder der Klassenname muss zuvor importiert werden (`import firma.fb.fracht.Fluggast`).

10.1.1 Klassen aus anderen Paketen verwenden

Um Klassen aus anderen Paketen zu verwenden, gibt es zwei Möglichkeiten:

- Sie stellen dem Klassennamen den Paketnamen voran.
  ```
  java.util.Random zahlenGenerator = new java.util.Random();
  ```
- Sie importieren den Klassennamen und greifen auf die Klasse allein über ihren Namen zu.
  ```
  import java.util.Random;
  Random zahlenGenerator = new Random();
  ```

STOP

Sie können nur solche Klassen anderer Pakete verwenden, die als `public` definiert wurden und deren Quelltext- oder Class-Datei im Quell- bzw. Klassenpfad (siehe *Anhang zu JDK-Tools*) zu finden ist.

Pakete importieren

Es gibt zwei Wege, wie Sie Klassennamen (und Schnittstellennamen) aus Paketen importieren können.

Zum einen können Sie einzelne Klassennamen direkt importieren:

```
import paketname.klassenname;
```

Zum anderen können Sie den Compiler anweisen, die Klassennamen aus einem Paket bei Bedarf zu importieren:

```
import paketname.*;
```

INFO

Die Klassen aus dem Paket `java.lang` – `Object`, `String`, die Wrapper-Klassen der elementaren Datentypen, `System`, `Thread` und einige andere – müssen nicht importiert werden.

10.1.2 Statische Elemente aus anderen Paketen verwenden

Elemente, die in einer Klasse als `static` definiert sind, sind dafür gedacht, in anderen Klassen direkt, ohne dass ein Objekt erzeugt werden muss, verwendet zu werden. Typisches Beispiel hierfür sind die mathematischen Funktionen der Klasse `Math`:

```
double wurzel = Math.sqrt(zahl);
```

Dass die statischen Elemente hierbei stets über den Klassennamen angesprochen werden müssen, kann man als Vorteil (die eindeutige Qualifizierung schließt Verwechslungen aus, es können nebeneinander gleichlautende Elemente aus verschiedenen Klassen verwendet werden) aber auch als Nachteil (es ist lästig, immer den Klassennamen voranstellen zu müssen) angesehen werden.

Für Fälle, in denen die vollständige Qualifizierung eher einen Nachteil darstellt, gibt es ab Java 5 einen neuen Import-Mechanismus, speziell für statische Elemente. Mit der Kombination `import static` können Sie einzelne oder alle statischen Elemente einer Klassen so importieren, dass Sie die Elemente danach direkt, ohne vorangestellten Klassennamen, verwenden können:

```
import static java.lang.Math.sqrt;  // statischer Import
                                    // eines statischen Math-Elements

import static java.lang.Math.*;     // statischer Import
                                    // aller statischen Math-Elemente
```

Statt

```
double wurzel = Math.sqrt(zahl);
```

können Sie dann einfach schreiben:

```
double wurzel = sqrt(zahl);
```

INFO

Zur Erinnerung: Die Klasse `Math` selbst muss nicht importiert werden, da sie im Paket `java.lang` definiert ist, deren Elemente automatisch importiert werden.

Statische Konstanten

Der statische Import eignet sich auch hervorragend zum Importieren statischer Konstanten – seien dies einfache `static final`-Konstanten (siehe Kapitel 8.2.4) oder Konstanten einer Aufzählung (siehe Kapitel 9.5).

```
import static paket.klasse.konstante  // statischer Import einer
                                      // Konstante

import static paket.aufzaehlung.*     // statischer Import aller
                                      // Konstanten einer Aufzählung

import static paket.klasse.aufzaehlung.*  // statischer Import aller
                                          // Konstanten einer
                                          // Aufzählung, die innerhalb
                                          // einer Klasse definiert ist
```

Nutzen Sie die Möglichkeit des statischen Imports sparsam. Denken Sie nicht nur an die Tippersparnis, achten Sie auch auf die Lesbarkeit Ihres Quelltextes (statisch importierte Methoden sind äußerlich nicht von klasseneigenen Methoden zu unterscheiden) und potenzielle Namenskonflikte.

STOP

10.1.3 Klassen einem Paket zuordnen

Grundsätzlich gilt: Nicht Klassen (oder Schnittstellen) werden Paketen zugeordnet, sondern Quelltextdateien. Indem Sie nämlich am Anfang der Quelltextdatei unter Verwendung des Schlüsselworts `package` einen Paketnamen angeben, bestimmen Sie, dass die Quelltextdatei, und damit alle darin definierten Klassen und Schnittstellen, dem Paket zugehören.

```
package paketname;
```

Wenn Sie die Klassen einem untergeordneten Paket zuordnen wollen, geben Sie zuerst das oder die übergeordneten Pakete und zum Abschluss das untergeordnete Paket an:

```
package basisPaket.subPaket.subsubPaket;
```

Beachten Sie, dass Paketnamen immer voll qualifiziert sein müssen. Paketangaben der Form `package subPaket` sind nicht korrekt.

Pakete erzeugen

Wenn Sie `package` mit einem neuen Paketnamen verwenden, wird automatisch ein neues Paket des angegebenen Namens erzeugt. Dies gilt auch für untergeordnete Pakete.

Das »unnamed«-Paket

Um Programmieranfängern den Einstieg in die Java-Programmierung zu erleichtern, gestattet es die Java-Spezifikation, Quelltextdateien auch ohne `package`-Definition aufzusetzen. Dies vereinfacht die Programmerstellung und erlaubt dem Programmierer, die Auseinandersetzung mit dem Paket-Konzept auf später zu verschieben.

Alle Klassen (und Schnittstellen) aus Quelltextdateien ohne `package`-Definition gehören dem sogenannten »unnamed«-Paket an.

Für umfangreichere Programme und Bibliotheken sollten Sie stets eigene Pakete definieren.

INFO

10.1.4 Pakete auf der Festplatte

Wenn Sie Ihre Quelltexte kompilieren, erzeugt der Compiler für jede Klasse eine eigene Class-Datei. Diese Class-Dateien müssen auf der Festplatte so abgespeichert werden, dass die Speicherstruktur die Pakethierarchie widerspiegelt. Das JDK bildet zu diesem Zweck Pakete auf Verzeichnisse ab.

Wenn Sie also den Quelltext einer Klasse `Demo` kompilieren, die im Paket `meinPaket.test` definiert ist, erzeugt der Compiler auf der Festplatte ein Verzeichnis *meinPaket* mit einem Unterverzeichnis *test* und speichert in diesem die Class-Datei *Demo.class*.

Wenn Sie umgekehrt in einem Programm die Klasse `Demo` verwenden, sucht der Interpreter bei Ausführung des Programms im Verzeichnis *meinPaket\test* nach der Class-Datei der Klasse.

INFO

Alternativ können Sie die Verzeichnisstruktur der Klassen in einem komprimierten ZIP- oder JAR-Archiv speichern (siehe *Anhang zu JDK-Tools*).

10.1.5 Pakete kompilieren

Mit welchen Befehlen Sie Ihre Java-Programme kompilieren und ausführen können, hängt davon ab, wie die Quelltextdateien auf der Festplatte verteilt sind und ob die Quelltextdateien Paketen angehören.

Die meisten Programme aus diesem Buch bestehen nur aus wenigen Quelltextdateien (oftmals nur einer), die keine `package`-Definitionen enthalten (also dem unnamed-Paket angehören).

Programme aus mehreren Quelldateien kompilieren

Wenn Sie für jedes dieser Programme ein eigenes Verzeichnis anlegen, in dem Sie alle Quelltextdateien des Programms speichern, gestaltet sich die Programmerstellung besonders einfach:

- Zum Kompilieren rufen Sie den Compiler aus dem Programmverzeichnis mit dem Befehl auf:

  ```
  javac *.java
  ```

  Oder

  ```
  javac Programmklasse.java
  ```

  wenn das Programm nur aus einer Datei besteht.
- Zum Ausführen schicken Sie den Befehl

  ```
  java Programmklasse
  ```

  ab, wobei Programmklasse der Name der Java-Klasse ist, die die `main()`-Methode enthält. Dieses Verfahren ist Ihnen seit Kapitel 2 sicherlich gut bekannt.

Wenn Sie beginnen, eigene Pakete zu definieren, müssen Sie beachten, dass die Class-Dateien nicht mehr im aktuellen Verzeichnis gespeichert werden, sondern in einer Verzeichnishierarchie, die die Pakethierarchie widerspiegelt. Um Quell- und Class-Dateien ohne allzu großen Aufwand, übersichtlich und leicht kompilierbar abzuspeichern:

1. Legen Sie für jedes Programm ein eigenes Verzeichnis an.
2. Speichern Sie alle Quelltextdateien des Programms in diesem Verzeichnis.

Um das Programm zu kompilieren:

3. Wechseln Sie auf der Konsole in das Verzeichnis des Programms und schicken Sie den folgenden Befehl ab:

```
javac -d . *.java
```

Um das Programm auszuführen:

4. Rufen Sie aus dem Verzeichnis den *java*-Interpreter mit folgendem Befehl auf:

```
java paket.Programmklasse
```

   wobei `paket` für das Paket des Programms steht. (Wenn die Programmklasse mit der `main()`-Methode in einem Unterpaket `paket.subPaket` definiert ist. muss auch im *java*-Aufruf `paket.subPaket` stehen. Am besten kopieren Sie die Paketangabe gleich aus der `package`-Definition, dann schleichen sich auch keine Tippfehler ein.)

INFO

Zur Probe finden Sie *auf der Buch-DVD* im Verzeichnis *Kapitel10/PaketDemo* ein Programm aus zwei Klassen, `Programm` und `Punkt`, die in einem Paket `paketdemo` definiert sind.

REF

Mehr zur Verwendung von *javac* und *java* im *Anhang zu den JDK-Tools*.

10.2 Gültigkeitsbereiche und Lebensdauer

In Java gibt es fünf verschiedene Kategorien von Variablen: Klassen- und Instanzvariablen, Array-Elemente, Parameter und lokale Variablen[1].

Welcher dieser Kategorien eine Variable angehört, entscheidet vor allem der Ort der Definition. Eine Variable, die im Anweisungsblock einer Methode definiert wurde, ist automatisch eine lokale Variable, eine in der Klasse definierte Variable ist ein Feld – und je nach Definition `static` (Klassenvariable) oder nicht-`static` (Instanzvariable).

Der Ort der Definition entscheidet aber nicht nur, welcher Kategorie eine Variable angehört, sondern auch in welchem Bereich sie gültig ist und verwendet werden kann.

10.2.1 Gültigkeitsbereiche

Eine Variable kann immer nur innerhalb ihres Gültigkeitsbereichs verwendet werden.

Lokale Variablen

Den kleinsten Gültigkeitsbereich haben die lokalen Variablen. Sie sind nur in dem Anweisungsblock gültig, in dem sie definiert wurden. Dies kann der Anweisungs-

1 Streng genommen, sind es sogar sieben Kategorien, denn die Parameter werden technisch gesehen noch einmal in Methoden-, Konstruktor- und Exception-Parameter unterschieden.

block einer Methodendefinition, aber auch der Block einer `if`-Verzweigung, einer Schleife oder auch der Kopf einer `for`-Schleife sein.

```
01 class Demo {
02 ...
03    void tueWas() {
04       int a = 1;                       // a lokal zu tueWas()
05
06       for(int i = 1; i < 5; ++i) {     // i lokal zu Schleife
07          int b = 5;                    // b lokal zu Schleife
08
09          a *= i;                       // okay
10          c *= i;                       // Fehler
11       }
12
13       for(int i = 1; i < 5; ++i)       // i lokal zu Schleife
14          ;
15       int c = 2;                       // c lokal zu tueWas()
16
17       if (a < 10) {
18          int b = 10;                   // b lokal zu if-Block
19
20          c = 100;                      // korrekt
21        }
22    }
23 ...
24 }
```

Beachten Sie,

- dass eine lokale Variable immer nur ab dem Ort ihrer Definition gültig ist (die Variable `c` kann daher in Zeile 20, nicht aber in Zeile 10 verwendet werden),
- dass gleichnamige Variablen in unterschiedlichen Gültigkeitsbereichen unterschiedliche Variablen darstellen (so können beispielsweise die `for`-Schleifen beide für ihre Schleifenvariable den Namen `i` verwenden).

Parameter

Parameter sind überall in ihrer Methode gültig. (Konstruktorparameter entsprechend im Anweisungsblock des Konstruktors und Exception-Parameter im zugehörigen `catch`-Block)

```
void tueWas(int param) {

   lokVar = 3 * param;
   ...
}
```

Felder

Der Gültigkeitsbereich der Felder ist ihre Klasse.

INFO

Die beiden Feldtypen Instanz- und Klassenvariablen unterscheiden sich in Initialisierung, Erzeugung und Form des Zugriffs, nicht aber im Gültigkeitsbereich.

```
class Demo {
  static int KONSTANTE = 15;
  int feld = KONSTANTE;

  void tueWas()  {
    feld =   1;
  }

  void tueWasAnderes()  {
    feld =   2;
  }
}
```

Beachten Sie, dass die Reihenfolge der Definition in der Regel keine Rolle spielt, d.h., Sie können die Variablen an beliebiger Stelle definieren und auch in Methoden verwenden, die über der Felddefinition stehen. Übersichtlicher und allgemein üblich ist es jedoch, die Felder gebündelt vor den Methoden zu definieren.

Wenn Sie allerdings ein Feld mit einem Ausdruck initialisieren wollen, in den ein anderes Feld eingeht, so muss letzteres zuvor definiert worden sein.

```
class Demo {
  int feld = KONSTANTE;        // Fehler, KONSTANTE noch nicht definiert
  static int KONSTANTE = 15;
  ...
```

STOP

Wenn Sie ein Feld `a` mit dem Wert eines anderen Feldes `b` initialisieren, erhält `a` den Initialisierungswert von `b` (nicht etwa den Wert, der `b` womöglich im Konstruktor zugewiesen wird).

10

Array -Elemente

Der Gültigkeitsbereich der Array-Elemente ist das Array, als dessen Elemente sie erzeugt wurden.

10.2.2 Redefinition

Innerhalb eines Gültigkeitsbereichs müssen die Namen der Variablen eindeutig sein.

```
class Demo {
  int wert;                       // okay!

  void tueWas()  {
      ...
  }

  double wert;                    // Fehler! Gleicher Name in gleichem
}                                 // Gültigkeitsbereich
```

INFO

Paket-, Typ-, Methoden- und Variablennamen werden in Java streng unterschieden. Sie könnten also durchaus in einer Klasse `A`, sowohl ein Feld `A` als auch eine Methode `A()` definieren. Guter Stil ist dies aber nicht (ganz abgesehen davon, dass Feld- und Methodennamen per Konvention mit Kleinbuchstaben beginnen sollten).

10.2.3 Verdeckung

Gültigkeitsbereiche besitzen die Eigentümlichkeit, dass sie ineinander verschachtelt sein können.

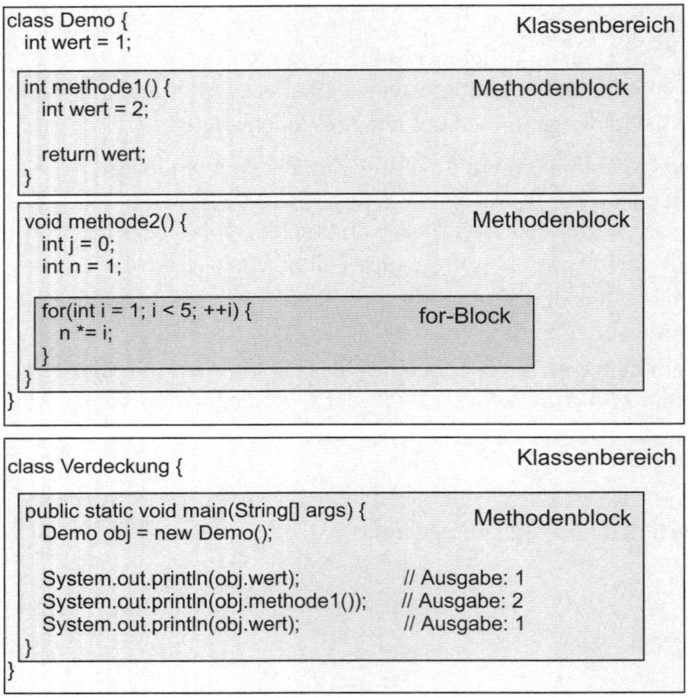

Abbildung 10.1: Verschachtelung von Gültigkeitsbereichen

Hierbei ist interessant, wie sich diese Verschachtelung auf die Verfügbarkeit der Variablen in den verschachtelten Gültigkeitsbereichen auswirkt.

Grundsätzlich gilt: Zum Gültigkeitsbereich einer Variablen gehören auch alle eingeschlossenen Gültigkeitsbereiche!

Dies muss so sein, denn nur so ist beispielsweise sichergestellt, dass ein Feld (Klassen-Gültigkeitsbereich) in den Methoden ihrer Klasse (eingeschlossene Block-Gültigkeitsbereiche) verfügbar ist.

Wie aber ist der Fall zu behandeln, dass in einem umliegenden und einem eingeschlossenen Gültigkeitsbereich zwei gleichnamige Variablen definiert werden?

```
class Demo {
  int wert;

  void tueWas()  {
     int wert = 1;                      // ???
```

Tatsächlich hätten die Designer von Java eine derartige Wiederverwertung von Variablennamen wohl am liebsten ganz verboten, denn die Praxis zeigt, dass es in solchen Fällen schnell zu Verwechslungen kommt (der Programmierer beispielsweise meint innerhalb von `tueWas()` auf das Feld zuzugreifen, während er in Wahrheit mit einer lokalen Variablen arbeitet). Ein grundsätzliches Verbot hätte aber fatale Folgen für die Vererbung von Klassen (siehe Kapitel 13) und wurde daher auf ein Verbot der Wiederverwendung innerhalb verschachtelter Blockbereiche beschränkt.

So gilt in Java:

- Eine in einem Gültigkeitsbereich `A` definierte Variable ist auch in allen eingeschlossenen Gültigkeitsbereichen gültig.
- Eine in einem inneren Gültigkeitsbereich `B` definierte Variable *verdeckt* alle gleichnamigen Variablen aus den umliegenden Gültigkeitsbereichen.
- Innerhalb verschachtelter Blockbereiche sind Redefinitionen verboten und werden vom Compiler abgefangen.

Listing 10.1: Verdeckung.java – Verdeckung von Variablen äußerer Gültigkeitsbereiche

```
class Demo {
   int wert = 1;

   int methode1() {
      int wert = 2;                   // okay! Gleicher Name, aber anderer
                                      // Gültigkeitsbereich
      return wert;
   }

   void methode2() {
      int j = 0;
      int n = 1;

      for(int i = 1; i < 5; ++i) {        // Achtung! Definition
         n *= i;                          // »for(int j = 1;...« würde
      }                                   // Fehlermeldung erzeugen, wegen
                                          // Redefinition von j
                                          // in verschachteltem Block
   }
}


class Verdeckung {
   public static void main(String[] args) {
      System.out.println();
```

```
      Demo obj = new Demo();

      System.out.println(" " + obj.wert);          // Ausgabe: 1
      System.out.println(" " + obj.methode1());    // Ausgabe: 2
      System.out.println(" " + obj.wert);          // Ausgabe: 1
   }
}
```

Auflösung der Verdeckung (nur für Felder)

Felder, die in Methoden ihrer Klasse verdeckt werden, sind immer noch über die `this`-Referenz zugänglich.

```
class Demo {
   int wert = 2;

   void tueWas()  {
     int wert = 1;

     System.out.println(wert);             // Ausgabe: 1
     System.out.println(this.wert);        // Ausgabe: 2
   }
}
```

10.2.4 Lebensdauer von Variablen

Mit dem Gültigkeitsbereich eng verflochten ist die Lebensdauer.

Lokale Variablen

Lokale Variablen werden erzeugt, wenn die Programmausführung in ihren Block eintritt, und aufgelöst, wenn der Block beendet wird.

Parameter

Parameter werden beim Aufruf ihrer Methode erzeugt und bei Rückkehr der Methode aufgelöst.

Instanzvariablen

Instanzvariablen werden bei der Instanzbildung erzeugt und zusammen mit ihrem Objekt aufgelöst.

Klassenvariablen

Werden zusammen mit ihrer Klasse erzeugt und aufgelöst.

EXKURS

Klassenerzeugung

Wenn eine Klasse das erste Mal in einem Programm verwendet wird (beispielsweise zur Erzeugung eines Objekts der Klasse), wird sie erzeugt, d.h., der Speicher für die Klassenvariablen wird reserviert, etwaige Initialisierungsanweisungen für die Klassenvariablen werden ausgeführt, und wenn die Klassendefinition einen `static`*-Anweisungsblock enthält, wird dieser ausgeführt:*

```
class Demo {
   int feld;

   Demo() {
      System.out.println(" Objekt wird erzeugt");
   }

   static {
      System.out.println(" Klasse wird erzeugt");
   }
}

public class Programm {
   public static void main(String[] args) {

      Demo obj1 = new Demo();
      Demo obj2 = new Demo();
   }
}
```

Ausgabe:

```
Klasse wird erzeugt
Objekt wird erzeugt
Objekt wird erzeugt
```

Array-Elemente

Array-Elemente werden zusammen mit ihrem Array-Objekt erzeugt und aufgelöst.

10.2.5 Lebensdauer von Objekten

Bei den Referenztypen ist zwischen der Lebensdauer der Variablen und der Objekte zu unterscheiden.

Wie Sie wissen, wird bei der Instanzbildung ein Objekt der Klasse erzeugt und eine Referenz auf dieses Objekt zurückgeliefert. Diese Referenz wird in einer Variablen gespeichert.

```
Demo obj = new CDemo();
```

Da Objekt und Objektvariable unterschiedliche Speicherbereiche belegen, können sie unterschiedliche Lebensdauer haben, und tatsächlich ... wenn die Objektvariable aufgelöst wird (weil ihr Gültigkeitsbereich verlassen wird), verlöscht lediglich die Referenz auf das Objekt. Das Objekt selbst bleibt bestehen.

Listing 10.2: Lebensdauer.java – Demonstriert die Unabhängigkeit von Variablen und Objekten

```
class Punkt {
   int x;
   int y;

   Punkt(int x, int y) {
      this.x = x;
```

```
07        this.y = y;
08     }
09 }
10
11 class Ursprung {
12    final int X;
13    final int Y;
14
15    Ursprung(int x, int y) {
16       X = x;
17       Y = y;
18    }
19
20    Punkt toPunkt() {
21       Punkt tmp = new Punkt(X,Y);
22       return tmp;
23    }
24 }
25
26
27 public class Programm {
28
29    public static void main(String[] args) {
30      System.out.println();
31
32      Ursprung u = new Ursprung(100,100);
33      Punkt p    = u.toPunkt();
34
35      System.out.println(" " + p.x + "," + p.y);
36    }
37 }
```

Interessant sind hier die Vorgänge in main(), speziell der Aufruf von u.toPunkt() in Zeile 32. Die Programmausführung springt an dieser Stelle in toPunkt() (Zeile 20). Die Methode erzeugt ein Objekt der Klasse Punkt und speichert die Referenz auf dieses Objekt in der lokalen Variablen tmp. Eine Zeile weiter unten kehrt die Methode zurück. Die Variable tmp verliert jetzt ihren Gültigkeitsbereich und wird aufgelöst. Zuvor aber wird die Referenz von tmp noch kopiert und von der Methode zurückgegeben. In Zeile 33 wird die Referenz entgegengenommen und in p gespeichert. Das erzeugte Punkt-Objekt bleibt von all diesen Vorgängen unberührt. Ihm ist es egal, welche Referenzen von welchen und wie vielen Variablen auf es verweisen.

INFO

Die Methode toPunkt() könnte übrigens auch so implementiert werden, dass sie die Referenz auf das erzeugte Objekt direkt zurückliefert:

```
Punkt toPunkt() {
   return new Punkt(X,Y);
}
```

Heap und Speicherbereinigung

Objekte werden in einem speziellen Speicherbereich, dem Heap, gespeichert. Die Objekte auf dem Heap bleiben so lange bestehen, wie es Variablen mit Referenzen auf sie gibt. Dies gestattet es, Objekte über Methodenaufrufe hinweg am Leben zu erhalten. Erst wenn es keine Referenzen mehr auf ein Objekt gibt, wird es von der Garbage Collection, dem automatischen Speicherbereiniger der Java-Laufzeitumgebung, aufgelöst.

Das Konzept der Referenztypen und der automatischen Speicherbereinigung hat verschiedene Vorteile:

- Die Lebensdauer der Objekte ist nicht an die Variablen geknüpft – wodurch insbesondere der Austausch über Methodengrenzen hinweg (siehe obiges Beispiel) vereinfacht wird.
- Wenn Methoden über Parameter oder Rückgabewert Objekte austauschen, tauschen sie nicht die tatsächlichen Objekte, sondern nur die Referenzen. Dies spart Speicher und Zeit, denn statt umfangreicher Objekte werden nur Referenzen kopiert. (Zur Erinnerung: beim Methodenaufruf werden die Werte der Argumente in die Parameter kopiert, bei der Rückgabe geschieht Entsprechendes, wenn die aufrufende Methode den Rückgabewert speichert.)
- Schließlich kann die aufgerufene Methode als Argumente übergebene Objekte direkt bearbeiten. (Ein Konzept, das in bestimmten Fällen natürlich auch als nachteilig angesehen werden kann, siehe Kapitel 8.3.3).
- Der Programmierer muss sich selbst nicht um die Speicherverwaltung zu kümmern. Er erzeugt die Objekte nach Bedarf und kann sich darauf verlassen, dass die Objekte, wenn sie nicht mehr benötigt werden (wenn es keine Referenzen mehr auf sie gibt), automatisch entsorgt werden.

INFO

Die Speicherbereinigung entsorgt die überflüssigen Objekte allerdings nicht unmittelbar. Vielmehr wird die Speicherbereinigung in periodischen Zeitabständen von der Laufzeitumgebung aufgerufen. Dann prüft sie, ob es Objekte ohne Verweise gibt, und löscht diese.

Wenn der Arbeitsspeicher zu einem kritischen Faktor wird (etwa weil Ihre Anwendungen auf Systemen mit wenig Arbeitsspeicher laufen sollen oder viele, umfangreiche Objekte erzeugen und verwerfen), sollten Sie die Speicherbereinigung selbst starten: mit `System.gc()`.

Referenztypen versus Werttypen

Die folgende Tabelle fasst noch einmal die wichtigsten Unterschiede von Wert- und Referenztypen zusammen.

Tabelle 10.3: Vergleich Wert- und Referenztypen

Eigenschaft	Werttypen	Referenztypen
Herkunft	in Sprache verankert	Einführung durch Definition in Code
Werte des Datentyps	je nach Typ Integer-Zahlen, Gleitkommazahlen, boolesche Werte, Zeichen	Objekte
Werte in Variablen	die Werte des Datentyps	Referenzen auf Objekte des Datentyps
Speicherreservierung	in Variablen	Objekte auf Heap Referenzen in Variablen
Lebensdauer der Werte	Wert existiert so lange wie die Variable, in der er gespeichert ist.	Referenz existiert so lange wie die Variable, in der er gespeichert ist. Objekt existiert so lange, wie es mindestens eine Referenz auf das Objekt gibt
Literale	typspezifische Literale	null (-Referenz)
Vertreter	`boolean`, `char`, `byte`, `short`, `int`, `long`, `float`, `double`	Arrays, Klassen, Schnittstellen

10.2.6 Übersicht Variablen

Tabelle 10.4: Variablen in Java

Variable	Gültigkeitsbereich	automat. Initialisierung	Lebensdauer
lokale Variable	Rest des Blocks (inklusive aller eingeschlossenen Blöcke)	nein	Ausführung des Blocks
Parameter	Methode (Konstruktor oder `catch`-Block)	mit Argument bei Methodenaufruf	Ausführung der Methode
Instanzvariable	Klasse	mit Nullwert	Lebensdauer des Objekts
Klassenvariable	Klasse	mit Nullwert	Lebensdauer der Klasse
Array-Element	Array-Objekt	mit Nullwert	Lebensdauer des Array-Objekts

10.3 Blöcke, lokale Variablen und »definitive Assignment«

Zu den verschiedenen Konzepten, die die Programmierung mit Java sicherer machen sollen, gehört auch die »definitive assignment«-Regel, die besagt, dass jeder Variablen ein definierter Wert zugewiesen werden muss, bevor der Wert der Variablen im Programm verwendet werden kann.

Das Problem

Für jede Variable, die Sie definieren, reserviert der Compiler im Arbeitsspeicher einen passenden Bereich, der groß genug ist, einen Wert vom Typ der Variablen (int, double, eine Referenz usw.) aufzunehmen. Noch aber hat die Variable keinen Wert. Halt, das ist falsch! Der reservierte Speicherbereich ist ja nicht einfach leer, er enthält ein mehr oder weniger zufälliges Bitmuster und folglich auch einen Wert – nur eben keinen definierten.

Die meisten Sprachen überlassen es dem Programmierer, dafür Sorge zu tragen, dass keine undefinierten Werte aus nicht-initialisierten Variablen verarbeitet werden – und öffnen dadurch Tür und Tor für unliebsame Laufzeitfehler.

```
// C++-Programm
#include <iostream>
using namespace std;

void main() {
   double zahl;
   double quadrat;

   cout << "Geben Sie eine Zahl ein: ";
   cin >> zahl;

   quadrat = zahl * zahl;
   cout << quadrat << endl;
}
```

Der Programmierer dieses C++-Codes glaubt alles richtig gemacht zu haben. Schließlich verwendet er beide definierten Variablen erst, nachdem er ihnen Werte zugewiesen hat. Doch hier erliegt er einem Irrglauben. Wenn nämlich die über cin eingelesene Eingabe nicht in einen double-Wert umgewandelt werden kann, wird die Anweisung abgebrochen und zahl bleibt undefiniert. Die Folge ist, dass die beiden abschließenden Anweisungen das Quadrat einer völlig zufälligen Zahl berechnen und ausgeben.[2] Im obigen Programm ist dies nicht allzu gravierend, da der Fehler vermutlich bald entdeckt wird. In umfangreicheren Programmen können Fehlerursache und Fehlermanifestation aber weit auseinander liegen, wodurch die Fehlerlokalisation erschwert wird. Vielleicht wird der Fehler sogar übersehen (weil er nur in bestimmten Situationen auftritt oder nur geringfügige Ergebnisfälschungen erzeugt) und die Benutzer vertrauen jahrelang auf die Berechnungen eines fehlerhaften Programms.

Um solche Fehler möglichst zu vermeiden, verlangt Java, dass jeder Variablen ein definierter Wert zugewiesen wird, bevor der Wert der Variablen im Programm verwendet werden kann.

2 Im Grunde genommen hat der Programmierer sogar zwei Fehler begangen: Er hat sowohl versäumt, die Benutzereingabe zu prüfen, als auch sicherzustellen, dass der Wert der Variablen zahl erst abgefragt wird, nachdem ihr ein sinnvoller, definierter Wert zugewiesen wurde.

»definitive assignment«

Wie kontrolliert der Compiler, dass keine Variable vor der ersten Wertzuweisung benutzt wird?

Zuerst einmal unterscheidet er zwischen Feldern und lokalen Variablen.

Mit den Feldern – Klassen- wie Instanzvariablen – hat er wenig Arbeit. Er initialisiert sie automatisch bei der Erzeugung. Hat der Programmierer keinen Initialisierungswert vorgesehen, weist der Compiler der Variablen den typeigenen Nullwert zu.

```
class Demo {
   static int feld1;        // wird mit 0 initialisiert
   double feld2;            // wird mit 0.0 initialisiert
   int feld3 = 10;          // wird mit 10 initialisiert
...
```

Anders die lokalen Variablen. Sie werden nur dann initialisiert, wenn der Programmierer einen Initialisierungswert vorgegeben hat; eine automatische Initialisierung mit Nullwerten findet nicht statt. Dafür spürt der Compiler sämtlichen Wegen von der Definition bis zur ersten Wertabfrage nach, um sicherzustellen, dass auf jedem dieser Wege eine Wertzuweisung stattfindet.

Das ist nicht immer leicht.

Listing 10.3: DefAssign01.java – Demonstriert, wie der Compiler die definitive Zuweisung sicherstellt

```
import java.util.*;

public class DefAssign01 {

   public static void main(String[] args) {
      System.out.println();

      int zahl;
      Random zahlengenerator = new Random();

      switch(zahlengenerator.nextInt(3)) {
      case 0:        zahl = 0;
                     break;
      case 1:        zahl = 1;
                     break;
      default:       zahl = 2;
                     break;
      }
      System.out.println(" " + zahl);
   }
}
```

Obwohl hier zwischen der Definition und der ersten Wertabfrage von `zahl` eine `switch`-Abfrage liegt, die gar noch in Abhängigkeit von einem Zufallswert verzweigt, kann der Compiler ohne Probleme verifizieren, dass die Variable vorab einen Wert zugewiesen bekommt.

A) Alle case-Marken führen zu einer Wertzuweisung an zahl.

B) Da eine default-Marke definiert wurde, gibt es immer eine Marke, zu der die Programmausführung springt.

Aus A) und B) folgt, dass zahl in der switch-Anweisung einen Wert zugewiesen bekommt.

Doch nicht in allen Fällen kommt der Compiler zum richtigen Ergebnis.

Listing 10.4: DefAssign02.java

```
import java.util.*;

public class DefAssign02 {

   public static void main(String[] args) {
      System.out.println();

      int zahl;
      Random zahlengenerator = new Random();

      switch(zahlengenerator.nextInt(3)) {
      case 0:       zahl = 0;
                    break;
      case 1:       zahl = 1;
                    break;
      case 2:       zahl = 2;
                    break;
      }
      System.out.println(" " + zahl);
   }
}
```

Auch hier bekommt zahl in der switch-Anweisung einen Wert zugewiesen. Zwar wurde auf die default-Marke verzichtet, aber dafür gibt es für sämtliche Werte, die zahlengenerator.nextInt(3) zurückliefern kann, eine eigene case-Marke. Pech nur, dass der Compiler dies nicht verifizieren kann. Er wird die Übersetzung mit der Fehlermeldung »variable zahl might not be initialized« verweigern.

INFO

»variable might not be initialized«-Fehlermeldungen entgehen Sie am einfachsten, indem Sie alle lokalen Variablen bei der Definition initialisieren. Nebenbei beschleunigen Sie so auch noch die Kompilation, da dem Compiler die unter Umständen recht zeitaufwändige Verfolgung der verschiedenen Programmausführungswege erspart bleibt.

Andererseits ist eine Initialisierung mit sinnvollen Werten nicht immer möglich. Dann sollten Sie sich überlegen, ob Sie mit Nullwerten (die zumindest die Fehlersuche erleichtern) initialisieren wollen oder doch warten, bis Sie den Variablen sinnvolle Werte zuweisen können, und es ansonsten dem Compiler überlassen sicherzustellen, dass keine undefinierten Variablen verwendet werden.

Lokale Variablen in switch-Anweisungen

Sie können in einer switch-Anweisung keine lokalen Variablen vor der ersten case-Marke definieren:

```
switch (ausdruck) {
int lokVar;        // nicht erlaubt in Java
case 0:   ...
```

Das ist ein wenig schade, denn es macht die Definition lokaler switch-Variablen, die in mehreren case-Abschnitten verwendet werden, etwas unübersichtlich. Sie müssen

- die Variable einmal vorab definieren und
- ihr in jedem case-Abschnitt, in dem sie verwendet wird, zuerst einen Wert zuweisen.

Listing 10.5: Switch.java – lokale switch-Variablen

```
import java.util.*;

public class Switch {

   public static void main(String[] args) {
      System.out.println();

      Random zahlengenerator = new Random();
      int zufallszahl = zahlengenerator.nextInt(3);

      switch(zufallszahl) {
      case 0:             System.out.println(" 0");
                          break;
      case 1:             int zahl = 1;
                          zahl *= 1;
                          System.out.println(" " + zahl);
                          break;
      case 2:             zahl = 1;
                          zahl *= 2;
                          System.out.println(" " + zahl);
                          break;
      }

      System.out.println();
   }
}
```

Vielleicht fragen Sie sich jetzt, warum die Variable zahl nicht im case 2-Abschnitt neu definiert werden muss? Schließlich wird die Definition aus dem case 1-Abschnitt ja nicht ausgeführt, wenn zufallszahl gleich 2 ist. An sich sollte die Variable zahl also im case 2-Abschnitt unbekannt sein.

Beginnen wir damit, dass eine Neudefinition von zahl im case 2-Abschnitt nicht möglich ist, da zahl dann im switch-Block zweimal definiert würde (die case-Abschnitte stellen keine eigenen Blöcke dar!) Dies erklärt jedoch noch nicht, wieso die Variable zahl existiert, wenn die Programmausführung in den case 2-Abschnitt springt.

Die Lösung für dieses Rätsel ist, dass in Java alle lokalen Variablen direkt zu Beginn ihres Blocks angelegt werden – unabhängig von dem genauen Ort ihrer Definition. Für das obige Beispiel bedeutet dies, das die Variable `zahl` sofort bei Eintritt in den `switch`-Block angelegt wird. Die zur Definition gehörende Initialisierung wird zwar nur dann ausgeführt, wenn das Programm in den `case 1`-Abschnitt springt, und die Variable `zahl` ist auch erst unterhalb ihrer Definition gültig, aber angelegt und mit Speicher versehen wird sie beim Blockeintritt (also praktisch vor der ersten `case`-Marke).

INFO

Wem die obige Syntax zu unübersichtlich ist, der kann in jedem `case`-Abschnitt eigene lokale Variablen (mit unterschiedlichen Namen) definieren oder die gemeinsam verwendete Variable vor der `switch`-Anweisung definieren.

10.4 Innere Klassen

Der übliche Ort einer Klassendefinition ist im Bereich eines Pakets. Es ist aber auch möglich, Klassen als Elemente anderer Klassen zu definieren.

```
class A {
   class B {
      ...
   }
...
}
```

INFO

Klassen, die als Klassenelemente definiert werden, bezeichnet man als *innere* oder *nested* Klassen. Klassen, die keine inneren Klassen sind, werden in Java als *Top-level*-Klassen bezeichnet.

10

Innere Klassen sind meist Hilfsklassen, die für die Implementierung der übergeordneten Klasse benötigt werden. In der Regel werden Hilfsklassen als eigenständige Klassen implementiert – in eigenen Quelldateien oder zusammen mit einer der Klassen, die sie nutzen. Es gibt jedoch verschiedene Gründe, die dafür sprechen können, die Hilfsklasse als innere Klasse zu implementieren:

- Die Hilfsklasse wird nur von einer einzigen Klasse benötigt (dies ist in der Regel die Grundvoraussetzung für die Entscheidung, die Klasse als innere Klasse zu implementieren).
- Die innere Klasse kann durch die Vergabe der Zugriffsspezifizierer `protected` und `private` vor den anderen Klassen des Pakets verborgen werden (Zugriffsschutz).
- Die innere Klasse kann auf alle Elemente der übergeordneten Klasse zugreifen, selbst auf `private`-Elemente (vereinfachter Zugriff). Umgekehrt kann die äußere Klasse auf alle Elemente der inneren Klasse zugreifen.

Das folgende Programm demonstriert den wechselseitigen Zugriff (auf private Elemente!).

Listing 10.6: InnereKlassenProgramm.java – Demonstriert wechselseitigen Zugriff zwischen innerer und äußerer Klasse

```
class Aussen {
   class Innen {
      private int wert = 2;

      int getInnereWerte() {
         return wert;
      }
      int getAeussereWerte() {
         return a;                        // Zugriff auf private-Feld
      }                                   // von Aussen
   }

   private int   a = 1;
   Innen i = new Innen();

   void dreheInnenNachAussen() {
     int tmp = a;
     a = i.wert;                          // Zugriff auf private-Feld
     i.wert = tmp;                        // von Innen
   }

}

public class InnereKlassenProgramm {

   public static void main(String[] args) {
      System.out.println();

      Aussen aussenObj = new Aussen();
      System.out.println(" Aeussere Werte: " +
                         aussenObj.i.getAeussereWerte());
      System.out.println(" Innere   Werte: " +
                         aussenObj.i.getInnereWerte());

      aussenObj.dreheInnenNachAussen();
      System.out.println(" Aeussere Werte: " +
                         aussenObj.i.getAeussereWerte());
      System.out.println(" Innere   Werte: " +
                         aussenObj.i.getInnereWerte());

      System.out.println();
   }
}
```

Ausgabe:

```
Aeussere Werte: 1
Innere   Werte: 2
Aeussere Werte: 2
Innere   Werte: 1
```

Der Compiler speichert innere Klassen in eigenen Dateien, deren Dateinamen aus den Namen der äußeren und inneren Klasse zusammengesetzt wird – für obiges Beispiel:

Aussen.class und

Aussen$Innen.class

INFO

Dass die innere Klasse auf die `private`-Felder der äußeren Klasse zugreifen kann, liegt daran, dass sie intern mit einer Referenz auf die äußere Klasse ausgestattet wird (im obigen Beispiel `Aussen.this`), die für den Zugriff verwendet wird.

Dass sie direkt auf die `private`-Felder der äußeren Klasse zugreifen kann, wird dadurch möglich, dass der Compiler intern `public`-Zugriffsmethoden für diese Felder erzeugt.

Instanziierung innerer Klassen von außen

Da im obigen Beispiel die Klasse `Innen` nicht als `private` definiert ist, kann sie – wie jedes nicht-`private`-Element – im aktuellen Paket auch außerhalb von `Aussen` verwendet werden.

Dabei sind jedoch zwei Dinge zu beachten:

- Die innere Klasse muss über einen qualifizierten Bezeichner angesprochen werden (`AeussereKlasse.InnereKlasse`).
- Ein Objekt der inneren Klasse kann nur innerhalb eines Objekts einer äußeren Klasse existieren. Java bindet den Aufruf von `new` daher an ein Objekt der äußeren Klasse.

Die Instanzbildung innerhalb der `main()`-Methode könnte wie folgt aussehen:

```
Aussen.Innen innenObj = aussenObj.new Innen();
System.out.println(innenObj.getInnereWerte());    // Ausgabe 2
```

Statische innere Klassen

Statische innere Klassen sind innere Klassen,

- die keine Referenz auf die äußere Klasse besitzen (also nicht auf die Elemente der äußeren Klasse zugreifen können),
- deren Instanziierung nicht an das Vorhandensein eines Objekts der äußeren Klasse geknüpft ist (Instanziierung in anderer Klasse des Pakets: `Aussen.Innen innenObj = new Aussen.Innen();`)

Lokale Klassen

Sie können Klassen sogar innerhalb von Methoden definieren. Solche *lokalen Klassen* können nur innerhalb ihrer Methode verwendet werden. Sie werden stets ohne Zugriffsspezifizierer definiert, benötigen diese aber auch nicht, da von außerhalb der Methode ehedem nicht auf sie zugegriffen werden kann. Umgekehrt können lokale Klassen auch nicht auf die Elemente der übergeordneten Klasse zugreifen.

Anonyme Klassen

Anonyme Klassen sind Klassen, die ad hoc zur Erzeugung eines einzigen Objekts definiert werden. Diese Technik wird beispielsweise zur Ereignisbehandlung für GUI-Anwendungen eingesetzt, siehe Teil D. Da der nutzbringende Einsatz dieser Technik auf der Verwendung von Schnittstellen basiert, werden wir uns mit ihr erst in Kapitel 15.2 näher beschäftigen.

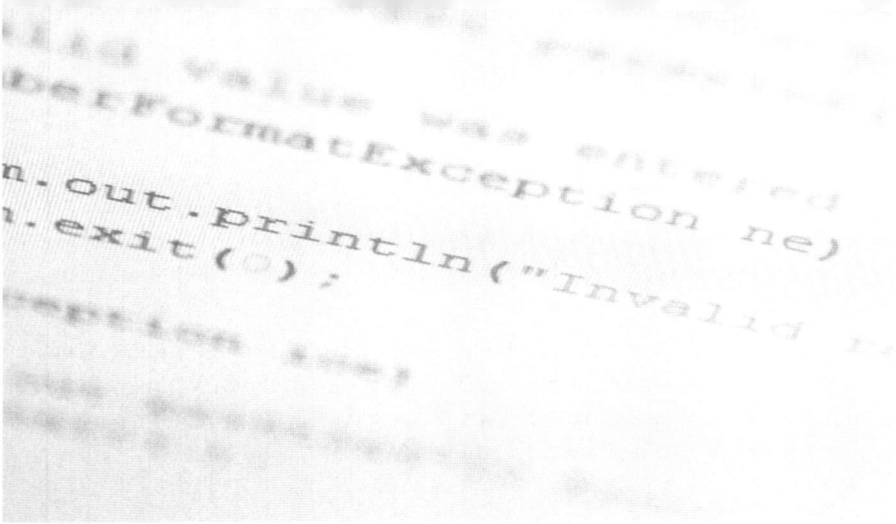

Kapitel 11
Stöbern und Entspannen

Zum Abschluss dieses Teils des Buches möchten wir Sie noch mit einigen mehr oder minder wichtigen, hoffentlich aber lehrreichen und kurzweiligen Techniken vertraut machen. Picken Sie sich einfach heraus, was Sie interessiert.

11.1 Das Java-Datenmodell

Seit sich Lady Ada Lovelace[1] in der ersten Hälfte des 19. Jahrhunderts mit der Programmierung von Rechenmaschinen beschäftigte und dabei den Grundstein für die heutigen Programmiersprachen legte, wurden schätzungsweise an die 1500 Programmiersprachen entwickelt. Nahezu sämtliche dieser Sprachen – seien sie maschinenorientiert, objektorientiert, ereignisorientiert oder wie auch immer man sie beschreiben und kategorisieren möchte – sind vor allem eines: datenorientiert.

Nicht nur, dass die verschiedenen Programmiersprachen die Verarbeitung von Daten unterstützen, meist bilden die Daten das Herz der Programmiersprache und die mit der Datenverarbeitung verbundenen Konzepte ziehen sich wie ein Adergeflecht durch sämtliche Bereiche der Programmierung. Kein Wunder also, dass hier, im Datenmodell, der Schlüssel zum tieferen Verständnis einer Programmiersprache liegt. Rekapitulieren wir daher kurz die wichtigsten Punkte.

1 Lady Ada Lovelace geb. Byron (1815-1852) war die einzige eheliche Tochter des englischen Schriftstellers und Romantikers Lord Byron.

11.1.1 Repräsentation von Daten

Um Daten verarbeiten zu können, müssen sie erst einmal im Programmquelltext repräsentiert werden. In Java gibt es hierfür verschiedene Möglichkeiten.

- Variablen

  Durch die Definition einer Variablen reserviert der Programmierer Speicherplatz für Werte eines bestimmten Datentyps. Im weiteren Verlauf kann er in der Variablen Werte besagten Typs abspeichern (natürlich immer nur einen Wert zurzeit) oder den jeweils aktuellen Wert abfragen.

  ```
  int eineVar;                  // Variablendefinition
  eineVar = 5 * 2;              // Zuweisung
  System.out.println(eineVar);  // Abfrage
  ```

- Literale

  Literale sind »wörtliche« Konstanten:

  ```
  3
  14.5
  "Dies ist ein String-Literal"
  ```

- Symbolische Konstanten

  Symbolische Konstanten sind Konstanten, die mit einem Namen verbunden wurden, der im weiteren Quelltext als Alias für die Konstante verwendet werden kann. Symbolische Konstanten werden mit dem Schlüsselwort `final` definiert.

  ```
  final double PI = 3.14159265358979323846;
  ...
  umfang = 2 * PI * radius;
  ```

- Rückgabewerte von Methoden

  Der Aufruf einer Methode, die als Ergebnis einen Wert zurückliefert, kann als Repräsentant des Ergebniswerts verwendet werden.

  ```
  // kreisUmfang(double r) sei eine Methode, die zum
  // angegebenen Radius den zugehörigen Kreisumfang
  // berechnet
  umfang = kreisUmfang(radius);
  ```

Allen vier Formen ist gemeinsam, dass sie typisiert sind, d.h., jede in einem Programm definierte Variable, jede Konstante (wörtlich oder symbolisch) und jeder Rückgabewert gehört einem bestimmten Datentyp an und kann nur Werte dieses Datentyps repräsentieren.

11.1.2 Das Typenkonzept

Während der Computer letzten Endes nur einen einzigen Datentyp, nämlich die Bitfolge, kennt, erfreut Java den Programmierer mit immerhin acht elementaren Datentypen sowie der Möglichkeit, sich auf der Basis der elementaren Datentypen eigene, komplexere Datentypen selbst zu definieren. Bestimmte, häufig benötigte komplexe Datentypen sind bereits vordefiniert und finden sich in der Java-Standardbibliothek wieder – beispielsweise Typen für Datums- und Zeitangaben, Strings oder Zufallszahlen. Der String-Typ nimmt dabei eine gewisse Sonderstellung ein, denn er ist so stark in die Sprache integriert, dass er fast schon wie ein elementarer Typ verwendet werden kann.

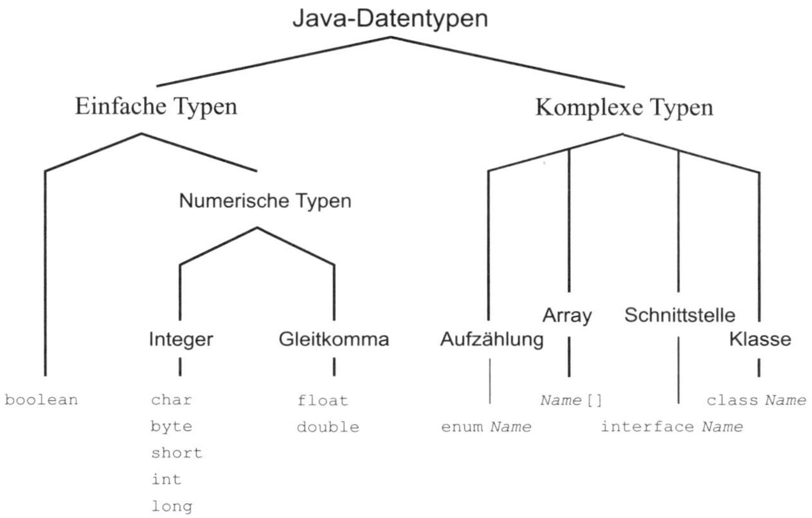

Abbildung 11.1: Die Java-Datentypen

Die elementaren Datentypen

Die elementaren Datentypen sind fest in der Sprache verankert. Für jeden elementaren Datentyp gibt es in Java:

- ein eigenes Schlüsselwort (zur Definition von Variablen und symbolischen Konstanten des Typs)
- eine eigene Syntax für Literale
- einen festen Wertebereich (Ergibt sich aus dem Codierungsverfahren, nach dem die Werte des Typs binär codiert werden, und der Größe des Speicherbereichs, der für Variablen des Typs reserviert wird.)
- einen Satz vordefinierter Operationen (samt passender Operatoren), die auf die Werte des Datentyps angewendet werden dürfen
- eine sogenannte Wrapper-Klasse, die zum einen nützliche Methoden und Konstanten für die Arbeit mit den Daten bereitstellt, zum anderen eine Objektrepräsentation der elementaren Daten erlaubt (Mehr zu den Wrapper-Klassen in Kapitel 5.5.)

Die Programmierung mit elementaren Datentypen gestaltet sich dadurch extrem einfach:

```
// Variablendefinition mit Schlüsselwörtern für
// Datentypen
int wert1, wert2;
int summe, differenz, produkt, quotient;
```

```
// Zuweisung von literalen Werten
wert1 = 10;
wert2 = 5;

// Anwendung erlaubter Operationen
summe     = wert1 + wert2;
differenz = wert1 - wert2;
produkt   = wert1 * wert2;
quotient  = wert1 / wert2;
```

Die komplexen Datentypen

Unter diesem Titel haben wir die Datentypen zusammengefasst, die nicht in der Sprache integriert sind. Sie müssen explizit in einer für den Compiler verständlichen Syntax definiert werden. Sie teilen sich in vier Kategorien auf:

- **Klassen**

  Die mit Abstand bedeutendste Kategorie selbst definierter Datentypen bilden die Klassen. Sie gestatten nicht nur dem Programmierer eigene Datentypen auf der Basis elementarer und/oder bereits definierter komplexer Datentypen zu erzeugen und – in Form von Methoden – mit typspezifischen »Operationen« auszustatten, sie bilden auch die Basis der objektorientierten Programmierung!

  Eine Schnelleinführung in die Programmierung mit Klassen finden Sie in Kapitel 5.2 oder auch im Einführungskurs auf der Buch-DVD. Die Syntax der Klassendefinition wurde in Kapitel 8 vorgestellt.

- **Schnittstellen**

  Schnittstellen ersetzen in Java das von manchen objektorientierten Sprachen angebotene Konzept der Mehrfachvererbung. Mit ihrer Hilfe können Klassen unabhängig von ihren Vererbungslinien kategorisiert und typisiert werden. Das Verfahren ist einfach zu implementieren, der praktische Nutzen enorm.

  Von Schnittstellentypen können keine Variablen definiert werden!

  Die Programmierung mit Schnittstellen wird in Kapitel 15.2 behandelt.

- **Arrays**

  Arrays sind Typen, die eine Folge von Werten (oder Objekten) *eines* Typs repräsentieren. Wenn Sie beispielsweise 100 Messwerte einlesen und bearbeiten müssen, ist es einfacher, diese in einem Array von 100 `double`-Werten zu speichern als in 100 explizit zu definierenden `double`-Variablen.

  Arrays wurden in Kapitel 9 behandelt.

- **Aufzählungen**

  Aufzählungen sind Datentypen, deren Wertebereich aus einer Gruppe von Konstanten besteht. Welche Konstanten zu einer Aufzählung gehören, legt der Programmierer selbst fest. Typische Beispiele sind Aufzählungen für Monate, Dateiflags usw.

  Aufzählungen wurden in Kapitel 9.5 behandelt.

Wert- und Referenztypen

Allen komplexen Datentypen gemeinsam ist, dass ihre Objekte nicht wie die Werte elementarer Datentypen im Speicherbereich ihrer Variablen, sondern frei im Arbeitsspeicher angelegt werden. In den Variablen der komplexen Datentypen wird lediglich ein Verweis (auch **Referenz** genannt) auf das Objekt gespeichert. Die komplexen Datentypen werden daher auch als Verweis- oder **Referenztypen** bezeichnet und von den elementaren oder **Werttypen** unterschieden.

Objekte von Referenztypen werden mit dem new-Operator erzeugt:

```
DemoKlasse obj = new DemoKlasse();     // Erzeugung eines Klassenobjekts

int[] einArray = new int[100];         // Erzeugung eines Array-Objekts
```

Das Objekt wird im Speicher erzeugt, der new-Operator liefert die Referenz auf das Objekt zurück, die in einer passenden Variablen gespeichert werden kann. Dies hat Folgen für die Programmierung.

Wenn Sie einer Variablen eines elementaren Datentyps, nennen wir sie b, eine Variable a zuweisen, kopieren Sie den Wert aus b nach a. Danach gibt es zwei Variablen a und b mit eigenen Werten, die für den Moment identisch sind, die aber unabhängig voneinander verändert und bearbeitet werden können:

```
int a = 3;
int b;
b = a;              // a = 3   b = 3
b = 12;             // a = 3   b = 12
```

Wenn Sie hingegen einer Variablen eines Referenztyps, nennen wir sie wieder b, eine Variable a zuweisen, kopieren Sie die Referenz aus a nach b. Danach gibt es zwei Variablen a und b, die als Werte Referenzen enthalten! Da die Referenzen momentan identisch sind, verweisen sie auf ein und dasselbe Objekt, das nun sowohl über a als auch über b bearbeitet werden kann.

```
class Demo {
   feld = 0;
   void aendern() {
      feld = 1;
   }
}
Demo a = new Demo();
Demo b;
b = a;              // a.feld = 0   b.feld = 0
b.aendern();        // a.feld = 1   b.feld = 1
```

STOP

Ebenso wie wir elementare Variablen als Repräsentanten der in ihnen gespeicherten Werte ansehen, betrachten wir Objektvariablen als Repräsentanten der Objekte, auf die sie verweisen. Dies ist selbstverständlich statthaft, darf jedoch nicht dazu führen, dass wir vergessen, dass der Wert einer Objektvariablen eine Referenz ist (und nicht das Objekt) und dass beim Zuweisen von Objektvariablen Referenzen – und nicht Objekte – kopiert werden.

Gleiches gilt für Vergleiche mit == und !=, die für Objektvariablen nur die Referenzen, nicht die Objekte vergleichen. Der Vergleich `obj1 == obj2` liefert daher genau dann `true` zurück, wenn die Referenzen in `obj1` und `obj2` identisch sind und auf ein und dasselbe Objekt verweisen.

11.2 Besonderheiten der Integer-Typen

Natürliche Zahlen werden üblicherweise durch das 2er-Komplement, genauer gesagt, das 2n + 1-Komplement dargestellt.[2] Mathematisch ausgedrückt, entspricht das 2er-Komplement der folgenden Abbildung:

$$\partial\ (a_n,\ldots,a_0) := \begin{cases} \sum\limits_{i=0}^{n-1} a_i \cdot 2^i & \text{für } a_n = 0 \\ \sum\limits_{i=0}^{n-1} a_i \cdot 2^i - 2^n & \text{für } a_n = 1 \end{cases}$$

Warum diese etwas umständlich anmutende Darstellung? Schließlich wäre es doch auch möglich, die ganzen Zahlen einfach durch die Umrechnung vom Dezimalsystem ins Binärsystem[3] zu codieren.

Das Problem ist die Codierung der negativen Zahlen.

Legt man beispielsweise fest, dass das höchste Bit (das MSB[4]) das Vorzeichen codiert (0 = positiv, 1 = negativ), und die restlichen Bits den vom Dezimalsystem ins Binärsystem umgerechneten Betrag der Zahl, so gehen die Rechengesetze verloren:

```
  110        // -2
+ 001        // +1
-------
  111        // -3 ???
```

Was man also braucht, ist eine Codierung, die

- negative und positive Zahlen unterscheidet
- eine leichte Umwandlung von positiven in negative Zahlen und umgekehrt erlaubt
- die Rechengesetze erhält

Dies leistet das 2n + 1-Komplement.

Positive Zahlen Positive Zahlen werden durch eine 0 im MSB gekennzeichnet. Die restlichen Bits enthalten den ins Binärsystem umgerechneten Betrag der Zahl.

2 Die Codierung wird nicht von der Sprachspezifikation vorgegeben, sie ist compiler- und plattformspezifisch. Das 2er-Komplement ist für Integer-Werte allerdings unumstrittener Standard.

3 siehe Anhang zu Zahlensystemen

4 MSB steht für »most significant bit«. In einem binären Wert ist dies das am weitesten links stehende Bit: **1**0011001. Das Pendant dazu ist das »least significant bit« (LSB).

```
2^7 2^6 2^5 2^4 2^3 2^2 2^1 2^0
 0   1   0   1   0   0   1   1        //  +83
```

Die größte positive Zahl bei einer n-Bit-Codierung ist 2^{n-1}-1. Für 8-Bit-Zahlen wäre dies 127 = 0111 1111 = $2^7 + 2^6 + 2^5 + 2^4 + 2^3 + 2^2 + 2^1 + 2^0$.

Negative Zahlen

Negative Zahlen werden durch eine 1 im MSB gekennzeichnet. Der durch die restlichen Bits codierte Betrag minus den Wert 2^n ergibt den Wert der Zahl.

```
2^7 2^6 2^5 2^4 2^3 2^2 2^1 2^0
 1   0   1   0   1   1   0   1        //  -83 = 45 - 128
```

Die vom Betrag größte negative Zahl bei einer n-Bit-Codierung ist -2^{n-1}. Für 8-Bit-Zahlen wäre dies –128 = 1000 0000 = 0 -2^7. (Dies erklärt im Übrigen auch die unsymmetrischen Wertebereiche der Integer-Typen.)

INFO

Um eine positive Zahl in 2n+1-Komplement in eine negative Zahl umzuwandeln, muss man nur

- alle Bits invertieren
- +1 addieren

Binär-, Oktal- und Hexadezimalzahlen

Manchmal ist es in der Programmierung einfacher, mit Binär-, Oktal- oder Hexadezimalzahlen statt mit Dezimalzahlen zu arbeiten. Java unterstützt diese daher durch eigene Literal-Formate.

Binäre Zahlenliterale beginnen mit dem Prafix 0b, gefolgt von Nullen und Einsen.

```
int zahl = 0b1011;
```

Oktale Zahlenliterale beginnen mit einer 0, (der Ziffer 0, nicht dem Großbuchstaben O), gefolgt von den oktalen Ziffern (0-7).

```
int zahl = 03567;
```

Hexadezimale Zahlenliterale beginnen mit dem Präfix 0x, gefolgt von den hexadezimalen Ziffern (0-9, A-F).

```
int zahl = 0x34CD;
```

EXKURS

Oktal- und Hexadezimalzahlen

Oktalzahlen sind Zahlen zur Basis 8, Hexadezimalzahlen haben die Basis 16. Da wir gewohnt sind, im Dezimalsystem zu rechnen und gar keine speziellen Ziffern für die hexadezimalen Werte 10 bis 15 haben (die im Dezimalsystem ja bereits zwei Stellen belegen), verwendet man zur Kennzeichnung dieser Ziffern die Buchstaben A (= 10) bis F (= 15). Die Hexadezimalzahl A2F entspricht demnach dem Wert $10 * 16^2 + 2 * 16^1 + 15 * 16^0 = 2560 + 32 + 15 = 2607$.

REF

Mehr zur Umrechnung zwischen den Zahlensystemen sowie den Vorzügen der hexadezimalen Schreibweise im Anhang zu den Zahlensystemen.

Über- und Unterlauf

Von Über- oder Unterlauf spricht man, wenn im Programm ein Wert auftaucht, der größer oder kleiner ist, als der Wertebereich seines Typs es erlaubt.

Der Compiler versucht, solche Fehler abzufangen, doch nicht immer ist dies möglich:

```
int i = 2147483647;          // maximaler Wert für int
System.out.println(i);
System.out.println(i + 1);
```

Ausgabe

```
2147483647
-2147483648
```

Was ist hier passiert? Die Bitcodierung von i = 2147483647 lautet:

```
01111111 11111111 11111111 11111111
```

Zu diesem Wert wird in der zweiten `println`-Ausgabe 1 (binär) addiert. Die resultierende Binärzahl lautet:

```
10000000 00000000 00000000 00000000
```

Dies aber ist die binäre Darstellung der negativen Zahl -2147483648.

REF Für weiterführende Erläuterungen siehe Abschnitt 11.6.

11.3 Besonderheiten von Gleitkommatypen

IEEE 754 Gemäß der Norm IEEE 754 werden Gleitkommazahlen üblicherweise als Kombination aus Vorzeichen, Mantisse und Exponent dargestellt:

Zahl = Vorzeichen * Mantisse * 2^{Exponent}

Abbildung 11.2: Die IEEE-Gleitkommaformate für float und double

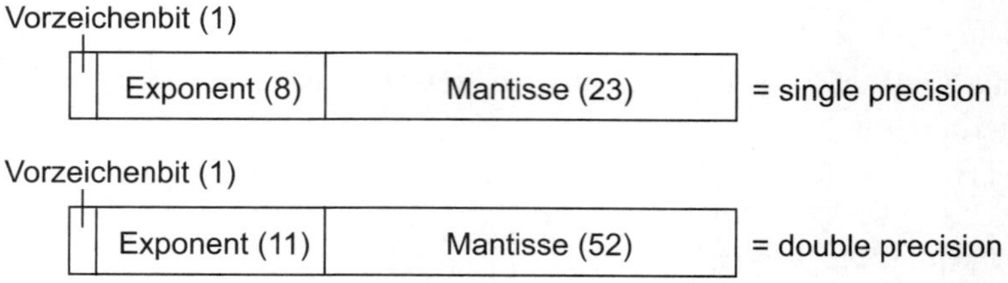

Vorzeichen Für die Codierung des Vorzeichens bedarf es natürlich nur eines einzelnen Bits, das angibt, ob die Zahl positiv (0) oder negativ (1) ist.

Mantisse Die Mantisse wird meist in normalisierter Form gespeichert, d.h., die Zahl wird derart umgeformt, dass die (binäre) Mantisse mit einer 1 beginnt und die Kommastelle nicht mehr in der Mantisse steht, sondern durch den Exponenten codiert wird.

Zur Veranschaulichung betrachten wir die dezimale Zahl 12,75. Diese können Sie als Kombination aus (dezimaler) Mantisse und Exponent zur Basis 10 schreiben als:

12,75 * 10^0

Sie können die gleiche Zahl aber auch schreiben als

`1,275 * 10`^{1}

und so das Komma bis auf eine Zifferstelle nach vorne rücken.

Das gleiche Verfahren können Sie natürlich auch im Binärsystem anwenden, mit dem besonderen Erfolg, dass zum Schluss auf jeden Fall eine 1 vor dem Komma stehen bleibt.

Die Zahl 12,75 lautet binär beispielsweise

`1100,11 * 2`^{0}

Durch Vorrücken des Kommas um drei Stellen wird daraus:

`1,10011 * 2`^{3}

Wenn Sie festlegen, dass die Zahlen nur in dieser normalisierten Form abgespeichert werden (und genau dies tut der IEEE 754-Standard), brauchen Sie die (binäre) 1 vor dem Komma überhaupt nicht mehr zu speichern.

Gemäß IEEE 754 werden in den Bits der Mantisse also nur die Nachkommastellen der normalisierten Zahlendarstellung gespeichert (für die Zahl 12,75 wären dies die Bits 10011).

Exponent

Der Exponent verfügt über kein Vorzeichenbit, sondern erzeugt negative Werte durch Abzug eines Bias, der für einen 8-Bit-Exponenten (`float`-Typ) 127 und für einen 11-Bit-Exponenten (`double`-Typ) 1023 beträgt.

Codierung eines 8-Bit-Bias	Exponent
0111 1110	(126 – 127 =) -1
0111 1111	(127 – 127 =) 0
1000 0000	(128 – 127 =) 1
1000 0001	(129 – 127 =) 2

Tabelle 11.1: Exponentencodierung

11

REF

Der Grund für die seltsame Exponentencodierung ist die Codierung einiger spezieller Gleitkommawerte, namentlich die Null, `NaN` und die Unendlichkeit (siehe nachfolgender Abschnitt).

Rechenbeispiel

Wie würde nun die Zahl 12.75 als `float`-Gleitkommazahl abgespeichert?

Binär codiert lautet die Zahl:

$1*2^3 + 1*2^2 + 0*2^1 + 0*2^0 + 1*2^{-1} + 1*2^{-2} = 1100{,}11$

Diese wird in Normalform gebracht.

$1100{,}11 * 2^0 = 1{,}10011 * 2^3$

Das Vorzeichenbit ist damit 0. Die abzuspeichernde Mantisse lautet 10011. Für den Exponenten wird die Bitfolge 1000 0010 gespeichert, da 1000 0010 gleich 130 ist und 130 minus einem Bias von 127 den gewünschten Exponenten von 3 ergibt

Für die gesamte Bitfolge ergibt sich somit:

12,75 = 0 1000 0011 10011000000000000000000

Null, NaN und die Unendlichkeit

Ab und an werden Sie zu Ihrer Überraschung feststellen, dass Ihre Gleitkommaberechnungen erstaunliche Werte produzieren – namentlich »NaN« oder »Infinity«.

```
double d = 1e308;
System.out.println(d * 10);         // Ausgabe: Infinity
```

Dies liegt daran, dass Gleitkommaberechnungen in Java keine Exceptions auslösen, sondern immer durchgeführt werden. Ungültige oder nicht mehr normal darstellbare Gleitkommawerte werden dabei durch spezielle Werte symbolisiert.

Tabelle 11.2: Besondere Gleitkommawerte

Auslösende Operation	liefert	IEEE-Format
Mathematisch ungültige Operationen, z.B. die Division durch Null	NaN	Exponent: 11..11[a]
Überlauf	Infinity	Vorzeichen: 0 Exponent: 11..11 Mantisse: 00..00
Unterlauf	denormalisierte Zahl oder 0.0	Mantisse: 0X..XX oder Vorzeichen: 1 Exponent: 11..11 Mantisse: 00..00

a. Dass der Exponent 11..11 in Kombination mit entsprechender Mantisse zur Kennzeichnung der Sonderwerte dient, ist im Übrigen auch der Grund dafür, dass er statt durch das 2n + 1-Komplement durch Bias-Abzug codiert wird.

```
double d = 0.0/0.0;
System.out.println(d);              // Ausgabe: NaN
```

STOP

Wenn Sie Sonderwerte explizit zuweisen möchten, können Sie dazu die entsprechenden symbolischen Konstanten der Wrapper-Klassen `Float` und `Double` (siehe Abschnitt 5.5) verwenden:

```
float f = Float.NEGATIVE_INFINITY;
double d = Double.NaN;
```

Direkte Vergleiche mit Infinity und NaN sind nicht möglich. Verwenden Sie für Vergleiche die `isNaN()`- und `isInfinity()`-Methoden der Wrapper-Klassen:

```
double d = 0.0/0.0;
if (d == Double.NaN)            // liefert false!
if ( Double.isInfinity(d) )     // liefert true
```

Signifikante Stellen und Genauigkeit

In der normalisierten Darstellung einer Gleitkommazahl steht die gesamte Zahleninformation in der Mantisse (und die Kommastelle ist im Exponenten codiert). Die einzelnen Ziffern in der Mantisse bezeichnet man daher auch als signifikante Ziffern und die Anzahl der Ziffernstellen, die für die Mantisse aufgewendet werden, bestimmt die Genauigkeit der Gleitkommadarstellung.

Im Falle des `float`-Typs stehen für die Mantisse nominal 23 Bit, tatsächlich aber 24 Bit zur Verfügung (die führende 1 wird ja nicht abgespeichert). Mit 24 Bit lassen sich überschlägig 7 dezimale Ziffern codieren. Man sagt daher, dass der `float`-Typ eine Genauigkeit von 7 signifikanten Stellen besitzt (der `double`-Typ hat eine Genauigkeit von 15 Stellen).

Beispiel

Betrachten Sie die folgende Zuweisung:

```
float f = 100000000.000f;
```

Obwohl die zuzuweisende Zahl mehr als sieben dezimale Stellen besitzt (es sind 12), kann die Zahl ohne Genauigkeitsverlust als Gleitkommatyp abgespeichert werden, denn nur eine Stelle (die 1) ist signifikant. Die nachfolgenden Nullen werden alle durch den Exponenten codiert.

Ganz anders die folgende Zahl:

```
float f = 100000000.100f;
```

Diese Zahl hat nur zwei abschließende Nullen. Die vorangehenden 10 Ziffern zählen allesamt wegen der abschließenden 1 zu den signifikanten Stellen. Diese Zahl kann daher nur mit Genauigkeitsverlust abgespeichert werden:

```
float f = 100000000.0f;
System.out.println(f);          // Ausgabe 1.0E8

f = 100000000.1f;
System.out.println(f);          // Ausgabe 1.0E8 L
```

INFO

In puncto Genauigkeit sind die Integer-Typen den Gleitkommatypen überlegen. Zwar haben sie einen viel kleineren Wertebereich, dafür aber werden alle gültigen Werte ohne Genauigkeitsverlust abgespeichert – was daran liegt, dass sie nicht zwischen signifikanten und nicht-signifikanten Stellen unterscheiden, oder anders formuliert: ihr gesamter Speicher ist der Mantisse eines Gleitkommatyps mit festem Exponenten 2^0 vergleichbar.

So kommt es, dass Sie die Zahl 123456789, mit neun signifikanten Stellen, ohne Genauigkeitsverlust in einer `int`, nicht aber in einer `float`-Variablen abspeichern können:

```
int i = 123456789;
System.out.println(i);       // 123456789

double f = 123456789f;
System.out.println(f);       // 123456792
```

Rundungsfehler im Binärsystem

Dass alle Zahlen im Arbeitsspeicher binär codiert werden müssen, hat noch einen weiteren unangenehmen Effekt. Manche Dezimalzahlen können im Binärsystem nur durch periodische Binärzahlen dargestellt werden. (Ähnlich wie der Bruch 2/3 im Dezimalsystem nur als 0,666666... dargestellt werden kann.) Beim Abspeichern im Rechner muss die periodische Zahlenfolge aber notgedrungen abgeschnitten werden – was einem unabsichtlichen Runden gleich kommt. Bei der Rückverwandlung in eine Dezimalzahl erhält man dann eine leicht veränderte Zahl.

11.4 Rekursion

Von Rekursion spricht man, wenn eine Methode sich selbst aufruft. Verschiedene Probleme, wie zum Beispiel die Berechnung der Fakultät, lassen sich durch Rekursion elegant lösen.

Vorsicht! Die Fakultät ist eine extrem schnell ansteigende Funktion. Bereits für relativ kleine Eingaben wie die Zahl 10 ergibt sich ein sehr hoher Wert (10! = 3.628.800).

Mathematisch ist die Fakultät definiert als:

```
n! = 1,                              wenn n = 0
n! = 1 * 2 * 3 ... * (n-1) * n,      für n = 1, ..
```

oder rekursiv formuliert:

```
fac(0) = 1;
fac(n) = n * fac(n-1);
```

Die rekursive Formel lässt sich leicht in eine rekursive Methode umwandeln:

Listing 11.1: Aus Rekursion.java

```
static long fakultaet(int zahl) {
   if (zahl < 0)
      return -1;          // Fehler

   if (zahl == 0)
      return 1;

   return (zahl * fakultaet(zahl - 1));
}
```

Zwei Dinge sind bei der Rekursion zu beachten:

- Das Wichtigste ist sicherzustellen, dass die Rekursion auch wieder beendet wird und nicht bis ins Unendliche (sprich zum Absturz) fortgesetzt wird.
- Rekursion birgt aber noch ein weiteres Problem, und dieses hat mit den Methodenaufrufen zu tun.

Wenn in Java eine Methode aufgerufen wird, wird in einem speziellen Teil des Arbeitsspeichers, dem sogenannten Stack, für die Methode Speicherplatz reserviert. Die Einrichtung und Verwaltung dieses »Stackrahmens« kostet Laufzeit. Diesen Zeitverlust bezeichnet man als Function Overhead.

In dem für die Funktion bereitgestellten Speicherbereich liegen die Speicherzellen der Methodenparameter, der lokalen Variablen und der Rücksprungadresse, die sicherstellt, dass nach Abarbeitung der Methode wieder an die richtige Stelle im Programm zurückgesprungen wird. Bei Beenden der Methode wird dieser Speicherbereich wieder freigegeben, es entsteht also kein Speicherverlust.

Es sei denn, Sie verwenden rekursive Methoden.

Ist die Rekursionstiefe sehr groß, kann es passieren, dass während der Rekursion der Stackspeicher vollständig belegt wird, da für jeden Methodenaufruf Speicherplatz reserviert werden muss. Das Programm stürzt dann mit einer entsprechenden Fehlermeldung ab. Dies passiert zwangsläufig, wenn ihre Rekursion keine Abbruchbedingung erreicht.

Ebenso kann die Erzeugung vieler, umfangreicher Objekte in rekursiven Methoden zu entsprechenden Engpässen im Heap führen.

Speicherschonender und rekursionslos könnte die Fakultät wie folgt berechnet werden:

Listing 11.2: Aus Rekursion.java

```
static long fakultaet(int zahl) {
   int n;
   long fakul = 1;

   if (zahl < 0)
      return -1;            // Fehler

   else if (zahl < 2)
      return fakul;

   n = zahl;
   while(n > 1 ) {
      fakul = fakul * n;
      --n;
   }

   return fakul;
}
```


INFO

Die Fakultät ist vor allem für die Berechnung von Wahrscheinlichkeiten wichtig. Wenn Sie beispielsweise sieben Kugeln, nummeriert von 1 bis 7, in einen Behälter geben und dann nacheinander ziehen, gibt es 7! Möglichkeiten, die Kugeln zu ziehen. (Permutationen)

11.5 Zahlen beliebiger Genauigkeit mit BigDecimal und BigInteger

In Kapitel 5.1 wurde es bereits angesprochen: Alle elementaren numerischen Typen arbeiten aufgrund ihrer festen Größe im Speicher mit begrenzter Genauigkeit (wobei die beiden Gleitkommatypen den größeren Integer-Typen sogar bezüglich der Anzahl signifikanter Stellen unterlegen sind).

Die Lage ist allerdings bei weitem nicht so tragisch, wie es sich anhört: die Integer-Typen arbeiten in ihrem (für `long` durchaus beachtlichen) Wertebereich absolut exakt und die Genauigkeit des Datentyps `double` ist meist mehr als zufrieden stellend.

Trotzdem gibt es natürlich Situationen, wo Wertebereich und Genauigkeit dieser Datentypen nicht ausreichen, etwa bei quantenphysikalischen Berechnungen oder in der Finanzmathematik, wo manchmal schon geringfügige Rundungs- oder Darstellungsfehler durch Multiplikation mit großen Faktoren zu extremen Abweichungen führen.

java.math.*

Für solche Fälle stellt Ihnen die Java-Bibliothek die Klassen `BigInteger` und `BigDecimal` aus dem Paket `java.math` zur Verfügung.

Beide Klassen

- arbeiten mit unveränderbaren Objekten, die Integer- (`BigInteger`) oder Gleitkommazahlen (`BigDecimal`) beliebiger Genauigkeit kapseln.
- definieren neben anderen Konstruktoren auch solche, die als Argument die String-Darstellung der zu kapselnden Zahl erwarten (so können die zu erzeugenden Objekte mit Zahlen initialisiert werden, die nicht mehr als Literale numerischer Datentypen geschrieben werden können).
  - **BigInteger**`(String zahl)`
  - **BigDecimal**`(String zahl)`
- definieren numerische Methoden für die vier Grundrechenarten.

  Beachten Sie, dass alle diese Methoden das Ergebnis der Operation als neues Objekt zurückliefern (da einmal erzeugte Big-Objekte wie gesagt unveränderlich sind):
  - `BigInteger` **add**`(BigInteger wert)`
  - `BigInteger` **subtract**`(BigInteger wert)`
  - `BigInteger` **multiply**`(BigInteger wert)`
  - `BigInteger` **divide**`(BigInteger wert)`
  - `BigInteger` **pow**`(int exponent)`
- definieren verschiedene weitere Methoden zur Umwandlung in oder aus elementaren Datentypen.
  - `long` **longValue**`()`
  - `double` **doubleValue**`()`
  - `static BigInteger` **valueOf**`(long wert)`
- definieren Vergleichsmethoden und verschiedene weitere nützliche Methoden (siehe API-Dokumentation).
  - boolean **equals**(Object o)
  - int **compareTo**(BigInteger wert)

Beispiel

Ein Anfangskapital von 200.000 € soll für 9 Jahre bei einer vierteljährlichen Verzinsung von 0,25 % p.Q. angelegt werden.

Das folgende Programm berechnet das Endkapital gemäß der Zinseszins-Formel $K_n = K_0 (1 + p/100)^n$ in drei Datentypen. `float`, `double` und `BigDecimal`.

Listing 11.3: Genauigkeit.java – zur Demonstration von BigDecimal

```
import java.math.BigDecimal;

class Verzinsung {

   // Berechnung mit float-Werten
   static float zinseszins(float startkapital, float zinssatz,
                           int zinsperioden) {
      return startkapital *
                      (float) Math.pow(1.0 + zinssatz, zinsperioden);
   }

   // Berechnung mit double-Werten
   static double zinseszins(double startkapital, double zinssatz,
                            int zinsperioden) {
      return startkapital * Math.pow(1.0 + zinssatz, zinsperioden);
   }

   // Berechnung mit BigDecimal-Werte
   static BigDecimal zinseszins(BigDecimal startkapital,
                             BigDecimal zinssatz, int zinsperioden) {
      zinssatz = zinssatz.add(new BigDecimal(1.0));

      BigDecimal faktor = new BigDecimal(0);
      faktor = faktor.add(zinssatz);

      for (int i = 1; i < zinsperioden; ++i) {
         faktor = faktor.multiply(zinssatz);
      }

      return startkapital.multiply(faktor);
   }
}


public class Genauigkeit {

 public static void main(String[] args) {
 System.out.println();

 System.out.println(Verzinsung.zinseszins(200000.0f, 0.025f, 80));
 System.out.println(Verzinsung.zinseszins(200000.0,  0.025,  80));
 System.out.println(Verzinsung.zinseszins(new BigDecimal("200000.0"),
                   new BigDecimal("0.025"), 80).doubleValue());

 }
}
```

Ausgabe:

```
1441913.6
1441913.5632458888
1441913.5632458988
```

Wie Sie sehen, weicht die `float`-Berechnung bereits in der ersten Nachkommastelle ab. (Dies liegt nicht nur an der Ausgabe als `float`-Zahl! Wenn Sie den Rückgabewert vor der Ausgabe mit `System.out.println()` in `double` umwandeln, werden Sie immer noch eine Abweichung sehen.) Die `double`-Berechnung weicht erst ab der 15. Stelle ab.

Einige Punkte im Umgang mit den `BigDecimal`-Objekten sind wert, näher betrachtet zu werden.

In Zeile 42/42 werden Startkapital und Zinssatz als `BigDecimal`-Objekte an die Methode `zinseszins()` übergeben. Bemerkenswert ist hierbei, dass die `BigDecimal`-Objekte auf der Grundlage von String-Darstellungen erzeugt werden. Nötig wäre dies nicht! Mit `BigDecimal(double)` oder der statischen Methode `valueOf(double)` hätten die Objekte auch auf der Grundlage von `double`-Literalen erzeugt werden können. `double`-Werte oder -Literale sind aber immer nur so genau, wie es ihr Datentyp zulässt! Die String-Darstellung ist dagegen weder an Stellen- noch an Genauigkeitsbeschränkungen gebunden!

In Zeile 21 wird der `zinssatz`-Parameter um 1 erhöht (siehe Formel zur Zinseszinsberechnung). Beachten Sie, dass die `add()`-Methoden – wie die anderen `BigDecimal`-Methoden – nicht den Wert des aktuellen Objekts verändern, sondern für das Ergebnis ein neues Objekt erzeugen und die Referenz auf dieses Objekt zurückliefern. Zeile 21 speichert das Ergebnis daher zurück in `zinssatz`.

Zeilen 23 und 24 legen für die nachfolgende Berechnung der Potenz $(1 + p/100)^n$ eine Kopie von `zinssatz` an.

Schließlich wird das Endkapital berechnet und zurückgeliefert.

Wieder in Zeile 42 angelangt, wird das Ergebnis des Methodenaufrufs mit `doubleValue()` in einen `double`-Wert umgewandelt und ausgegeben. Die Umwandlung in `double` ist notwendig, da `toString()` eine Stringdarstellung des `BigDecimal`-Objekts liefert, aus der der tatsächliche Wert praktisch nicht herauszulesen ist. Den mit der Umwandlung einhergehenden Genauigkeitsverlust müssen wir also in Kauf nehmen. Er ist aber nicht so tragisch. Entscheidend ist, dass die Formel, insbesondere die Potenz!, mit erhöhter Genauigkeit berechnet wurde.

11.6 Über- und Unterlauf

Numerische Operationen auf Integer-Zahlen können dazu führen, dass die Wertebereiche der verwendeten Datentypen über- oder unterschritten werden. In Java führen solche Überschreitungen

- manchmal trotz der Unachtsamkeit des Programmierers zu korrekten Ergebnissen,
- manchmal zu Fehlermeldungen des Compilers,
- manchmal zu falschen Ergebnissen, deren Ursache in größeren Programmen meist nur sehr schwierig zu finden ist.

Integer Promotion als Retter in der Not

Betrachten Sie folgenden Code:

```
short s = Short.MAX_VALUE;
System.out.println(s);
System.out.println(s + 1);
```

Wie müsste die Ausgabe der `println()`-Anweisungen aussehen?

Die Konstante `Short.MAX_VALUE` ist gleich dem größten positiven Wert des Datentyps `short`, also gleich 32767. Binär codiert besteht dieser Wert aus einer führenden Null (Vorzeichen-Bit) und 15 nachfolgenden Einsen:

```
0111 1111 1111 1111
```

Wird zu diesem Wert die binäre 1 hinzuaddiert, ergibt sich:

```
  0111 1111 1111 1111
+ 0000 0000 0000 0001
---------------------
  1000 0000 0000 0000
```

Dies entspricht der `short`-Codierung des Werts –32768. Wir haben es hier also mit einem klassischen Überlauf zu tun. Der positive Wertebereich wurde verlassen, das Ergebnis wegen der plötzlich im höchstwertigen Bit auftauchenden 1 als negative Zahl gedeutet.

Führt man den Code aber aus, ist von dem prognostizierten Überlauf nichts zu sehen:

```
32767
32768
```

Die Erklärung hierfür liegt in den Numeric Promotions. Vielleicht erinnern Sie sich düster daran, dass die Operanden eines numerischen Operators automatisch in einen gemeinsamen Typ umgewandelt werden. Der Compiler vergleicht dazu die Typen der Operanden und wandelt den Operand mit dem Typ mit dem kleineren Wertebereich in den Typ mit dem größeren Wertebereich. Der Zieltyp ist aber mindestens `int`! Was bedeutet dies für die Ausgabe `System.out.println(s + 1);`? `s` ist ein Operand vom Typ `short`, das Literal ist aber vom Typ `int`. Der Compiler wandelt daher den Wert aus `s` in einen `int`-Wert um, addiert 1 und übergibt als Ergebnis den `int`-Wert 32768 zur Ausgabe an `println()`.

So wird trotz Unachtsamkeit des Programmierers der korrekte Wert ausgegeben.

Überläufe können Fehlermeldungen provozieren

Betrachten Sie folgenden Code:

```
short s = Short.MAX_VALUE;
s = s + 1;                    // Fehler
System.out.println(s);
```

Hier würde die zweite Zeile tatsächlich zu einem Überlauf führen. Zwar wird dank der numerischen Promotionen wieder der korrekte (`int`)-Wert berechnet, doch nach der Speicherung in der `short`-Variablen `s` würde er als –32768 interpretiert.

Allerdings kommt es gar nicht zur Speicherung in s, denn die Speicherung eines int-Werts in eine short-Variable ist mit einem möglichen Informationsverlust verbunden und der Compiler quittiert den Versuch daher mit einer Fehlermeldung.

Besteht der Programmierer dennoch auf der Zuweisung, muss er das Ergebnis des rechtsseitigen Ausdrucks explizit in einen short-Wert umwandeln.

```
short s = Short.MAX_VALUE;
s = (short) (s + 1);
System.out.println(s);          // Ausgabe: -32768
```

Unerkannte Fehler

Oft genug werden Über- oder Unterläufe aber weder vom Programmierer noch vom Compiler erkannt und führen dann meist zu tückischen, nur schwer zu findenden Fehlern.

```
short s = Short.MAX_VALUE;
++s;
System.out.println(s);          // Ausgabe: -32768
```

Hier hat der Compiler keine Chance, den Überlauf zu erkennen, denn für den unären ++-Operator wird keine numerische Promotion durchgeführt.

Auch die folgenden Operationen sind weder mit numerischen Promotionen noch mit Zuweisungen an zu kleine Datentypen verbunden und werden daher stur, mit Überlauf, durchgeführt:

```
int i = Integer.MAX_VALUE;
System.out.println(i);          //  2147483647
System.out.println(i + 1);      // -2147483648

i = 2 * i;[5]
System.out.println(i);          // -2
```

INFO

Wenn Sie sich anschauen möchten, wie einzelne Integer-Werte binär codiert sind, können Sie dazu die Methoden `Integer.toBinaryString(i)` und `Long.toBinaryString(l)` verwenden. Beachten Sie aber, dass diese keine führenden Nullen ausgeben. Wenn Sie auf einen Blick sehen möchten, um wie viele vorangehende Nullen die Ausgabe zu kurz ist, geben Sie direkt darunter die Bitdarstellung des vom Betrag größten negativen Werts aus:

```
System.out.println(Integer.toBinaryString(i));
System.out.println(Integer.toBinaryString(Integer.MIN_VALUE));
```

11.7 cos(90 Grad) ist nicht gleich 0

Die Programmierung mit Zahlen bereitet normalerweise keine große Schwierigkeit, da sie im Großen und Ganzen so vonstatten geht, wie wir es von der Mathematik her gewohnt sind. Probleme entstehen da, wo unsere Schulmathematik versagt, weil das Rechnen auf einem Computer eben doch anderen Gesetzen folgt.

---

5 Multiplikation mit 2 entspricht Verschiebung der Bitstellen um eins nach links: So wird aus 0111 1111 ... 1111 die Binärzahl 1111 1111 .... 1110 = -2.

Quellen ständiger Freude sind vor allem Fehler, die auf Rundungen in Gleitkommazahlen zurückgehen. Wie Sie aus Abschnitt 11.3 wissen, können in den Variablen der Gleitkommatypen nur solche Zahlen exakt abgespeichert werden, die im Wertebereich liegen und deren (binäre) Mantisse nicht mehr signifikante Bit-Stellen benötigt als für den Typ bereitgestellt werden. Sollte die Mantisse doch mehr signifikante Stellen enthalten (weil der dezimale Wert bereits zu viele signifikante Stellen besitzt oder nur als Periode ins Binärsystem übertragen werden kann), muss die Zahl intern gerundet und überflüssige Zahlen abgeschnitten werden.

Meist sind solche Rundungen unkritisch. In Vergleichen auf exakte Übereinstimmung können sie sich aber bemerkbar machen und zu überraschenden Ergebnissen führen.

Rundungsfehler in Gleitkommavergleichen

Listing 11.4: Rundungsfehler01.java

```
public class Rundungsfehler01 {

   public static void main(String[] args) {
      System.out.println();

      double zahl = 0.0001;

      if (3*zahl == 0.0003)
         System.out.println(" Gleich 0.0003!");
      else {
         System.out.println(" Ungleich 0.0003!");
         System.out.println(" " + 3*zahl);
      }

      System.out.println();
   }
}
```

Hier führt der Vergleich nicht zu dem erwarteten Ergebnis, weil `0.0001` bei Übertragung ins Binärsystem eine Zahl mit Periode ergibt. Wird diese mit `3` multipliziert, ist das Ergebnis nicht mehr mit der Binärcodierung von `0.0003` identisch!

Achtung, mathematische Funktionen!

Kritisch sind auch eine Reihe von mathematischen Funktionen wie Wurzel, Sinus, Kosinus, Logarithmus usw. Obwohl diese Funktionen exakt definiert sind, stellen sie für den Rechner ein Problem dar: Er muss sie nach speziellen Verfahren der Pragmatischen Mathematik berechnen, die mit den Grundrechenarten auskommen! Meist geschieht dies in Form einer Reihenentwicklung, die sich mit jedem Glied der Reihe dem exakten Wert weiter annähert, ihn jedoch unter Umständen nie erreicht.

Andere mathematische Funktionen leider unter ungenauen, gerundeten Konstanten (beispielsweise kann die Umrechnungsmethode `toRadians()` wegen der nur angenäherten Konstante `Math.PI` nicht exakt rechnen).

Beispiel Wie bekannt, ist der Kosinus eines Winkels von 90 Grad mathematisch exakt 0. Der Rückgabewert von `Math.cos(Math.toRadians(90.0))` ist es leider nicht!

Listing 11.5: Rundungsfehler02.java

```
public class Rundungsfehler02 {

   public static void main(String[] args) {
      System.out.println();

      double cosinus = Math.cos(Math.toRadians(90.0));

      if (cosinus == 0.0)
         System.out.println(" Gleich 0.0!");
      else {
         System.out.println(" Ungleich 0.0!");
         System.out.println(" " + cosinus);
      }

      System.out.println();
   }
}
```

Ausgabe:

```
Ungleich Null!
6.123233995736766E-17
```

Wie Sie der Ausgabe entnehmen können, ist der Rückgabewert von `Math.cos (Math.toRadians(90.0))` sehr, sehr nahe an der `0.0` dran, aber trifft sie eben nicht ganz.

FP-Strict – strictfp

Die Gleitkommatypen sind in Java gemäß IEEE 754 auf 32 (`float`) bzw. 64 Bit (`double`) beschränkt. Moderne Prozessoren können aber bereits Gleitkommazahlen mit mehr Bitstellen und damit auch mit höherer Genauigkeit verarbeiten.

Die Java-Spezifikation bestimmt, dass Gleitkommatypen immer auf die besagten 32 oder 64 Bit beschränkt bleiben müssen, stellt dem Compiler-Bauer aber frei, für interne Zwischenwerte von Gleitkommaberechnungen die genaueren Darstellungen – soweit vom Prozessor unterstützt – zu verwenden. Es kann also sein, dass auf Ihrem Rechner Gleitkommaberechnungen mit erhöhter Genauigkeit durchgeführt, sodass nur beim Abspeichern des Endresultats in einer Gleitkommavariablen nennenswerte Rundungsfehler auftreten!

Der Rückgriff auf die erweiterten Möglichkeiten der Prozessoren birgt ein Problem. Der eine Rechner unterstützt Gleitkommadarstellungen höherer Genauigkeit, ein anderer nicht. Somit kann ein und dasselbe Programm auf unterschiedlichen Rechnern unterschiedliche Ergebnisse produzieren. Dies ist natürlich nicht immer wünschenswert.

Aus diesem Grund gibt es in Java das Schlüsselwort `strictfp`. Indem Sie es vor einer Methoden- oder Klassendefinition setzen, zeigen Sie dem Compiler an, dass die Gleitkommaberechnungen innerhalb der Methode (bzw. Klasse) stets FP-strikt sein soll, sprich keinen Gebrauch von etwaigen erweiterten Gleitkommadarstellungen des Prozessors zu machen, sondern sich mit den 32-Bit für `float` und 64-Bit für `double` zu begnügen.

```
public static strictfp void main(String[] args) {
...
}
```

11.8 Speicherbereiche

Die Java-Laufzeitmaschine verwaltet für Ihre Java-Programme drei Speicherbereiche:

- Codespeicher – In diesem Bereich werden die Maschinenbefehle des Programms verwahrt.
- Heap – In diesem Bereich werden die Objekte der Referenztypen gespeichert.
- Stack – In diesem Bereich werden die Methodenaufrufe verwaltet.

Methoden und Programmablauf

Allgemein läuft die Ausführung eines Programms wie folgt aus:

1. Die Java Virtual Machine lädt und übersetzt die Eintrittsmethode `main()`.
2. Die Anweisungen in `main()` werden der Reihe nach ausgeführt.
3. Trifft die Virtual Machine dabei auf einen Methodenaufruf, springt die Programmausführung in die Methode, und diese wird wiederum Anweisung für Anweisung abgearbeitet. Sind alle Anweisungen der Methode abgearbeitet, kehrt die Programmausführung in die aufrufende Methode zurück und wird von dem Ort des Methodenaufrufs aus fortgesetzt.
4. Mit der letzten Anweisung der `main()`-Methode endet das Programm.

Der Stack

Der Stack ist ein dynamisch wachsender und schrumpfender Speicherbereich, der vom Compiler verwaltet wird. Hier legt der Compiler alle Informationen ab, die er für die Protokollierung und Verwaltung der Methodenaufrufe benötigt.

Immer wenn Sie eine Methode aufrufen, wird der Stack um einen neuen Datenblock erweitert. In diesem Datenblock werden die Parameter der Methode, die lokalen Variablen der Methode und einige interne Informationen (von denen die Rücksprungadresse zum Code der aufrufenden Methode die wichtigste ist) abgelegt. Diesen Datenblock nennt man auch den Stack-Frame oder Stackrahmen der Methode.

Abbildung 11.3: Stack-Aktionen beim Aufrufen und Verlassen einer Methode

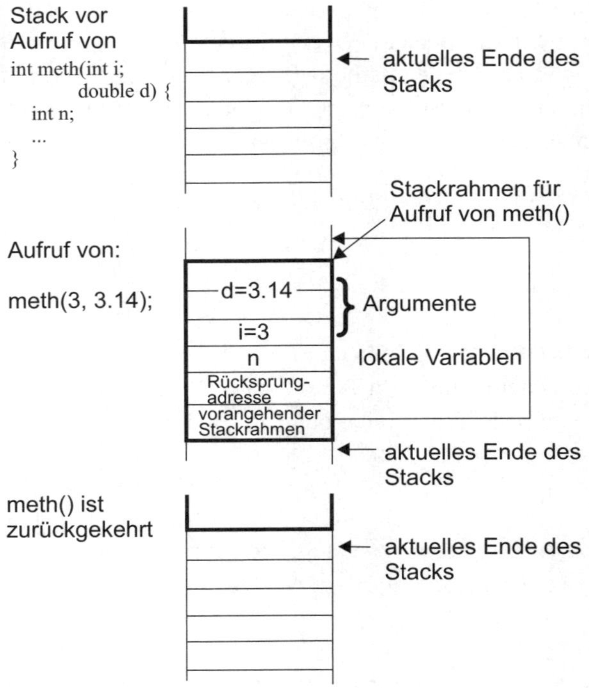

Solange eine Methode abgearbeitet wird, bleibt ihr Stackrahmen auf dem Stack liegen. Werden aus einer Methode heraus weitere Methoden aufgerufen, werden deren Stackrahmen auf den Stackrahmen der jeweils zuvor aufgerufenen Methode draufgepackt. Wird eine Methode beendet, wird ihr Stackrahmen vom Stack entfernt.

Der Stack ist also immer das genaue Abbild der zurzeit noch in Ausführung befindlichen Methoden. Die Stapelreihenfolge der Methoden zeigt an, welche Methode von welcher anderen Methode aufgerufen wurde.

- Die unterste Methode ist die aktuelle Methode, deren Anweisungen gerade abgearbeitet werden.
- Die darüber liegende Methode hat die unterste Methode aufgerufen und wartet nun, dass die aufgerufene Methode beendet wird.
- Die oberste Methode ist die Eintrittsmethode `main()`.[6]
- Die einzelnen Stackrahmen von unten nach oben gelesen zeigen an, über welche Methoden die aktuelle Methode aufgerufen wurde.

6 Genau genommen liegt darüber noch der Startcode, der `main()` aufruft.

11.9 Klammerung und Kellerautomat

Die Auswertung von geklammerten Ausdrücken ist eng mit dem Konzept der Kellerautomaten verbunden.

Ein Kellerautomat ist eine »Maschine«, die auf dem Speichermodell des Kellers (auch Stapel oder Stack) beruht.

Ein Keller oder Stapel wiederum ist eine Datenstruktur, die nur an ihrem oberen Ende den Zugriff auf die in ihr befindlichen Elemente zulässt. Man stellt sich einen Keller am besten als ein Rohr vor, das nur oben geöffnet ist. Die einzelnen Elemente, die in dem Rohr verwahrt werden, sind Scheiben vom Durchmesser des Rohres. Will man eine Scheibe in dem Rohr ablegen, lässt man sie von oben ins Rohr gleiten. Holt man eine Scheibe aus dem Rohr heraus, ist dies immer die oberste Scheibe. Will man eine beliebige Scheibe aus dem Rohr herausnehmen, muss man zuerst alle darüber befindlichen Scheiben herausnehmen.

Geklammerte Ausdrücke können mithilfe von Kellerautomaten berechnet werden

Ein Kellerautomat zur Verarbeitung von geklammerten Ausdrücken verwendet einen Keller als Ablage für die einzelnen Elemente eines Ausdrucks. Zugelassene Elemente sind öffnende Klammern, Werte (Variablen oder Konstanten), Operatoren und schließende Klammern. Die einzelnen Elemente sollen von links nach rechts in den Automaten eingelesen und verarbeitet werden. Zum Schluss soll als einziges Element der Wert des berechneten Ausdrucks im Keller stehen.

Als Vorbereitung wird der zu verarbeitende Ausdruck vollständig geklammert, d.h., um jeden Operator mit seinen zwei Operanden steht ein Klammernpaar. Der Ausdruck 3 * y - 7 + z aus dem obigen Beispiel würde also nach den Prioritäts- und Assoziativitäts-Regeln zu:

(((3 * y) - 7) + z)

Dann wird der Ausdruck Element für Element in den Keller eingelesen.

Tabelle 11.3: Verarbeitung der Ausdruckselemente im Keller

Element	Verarbeitung
Öffnende Klammern	werden nicht eingelesen, sondern einfach entfernt.
Operanden	werden eingelesen.
Operatoren	werden eingelesen.
Schließende Klammern	führen zur Auswertung der im Keller zuoberst abgelegten Operation. D.h., der oberste Operator und seine beiden Operanden werden aus dem Keller gelöscht und durch das Ergebnis der Operation ersetzt. Beachten Sie, dass im Keller durchaus mehrere Operatoren mit ihren Operanden übereinander abgelegt sein können – für Ausdrücke, in denen ein Operand selbst wieder Ergebnis einer Operation ist, beispielsweise: 3 * (y - 7)

Die nachfolgende Abbildung verdeutlicht die Arbeit der Kellermaschine für geklammerte Ausdrücke anhand des Ausdrucks: (((3 * y) – 7) + z).

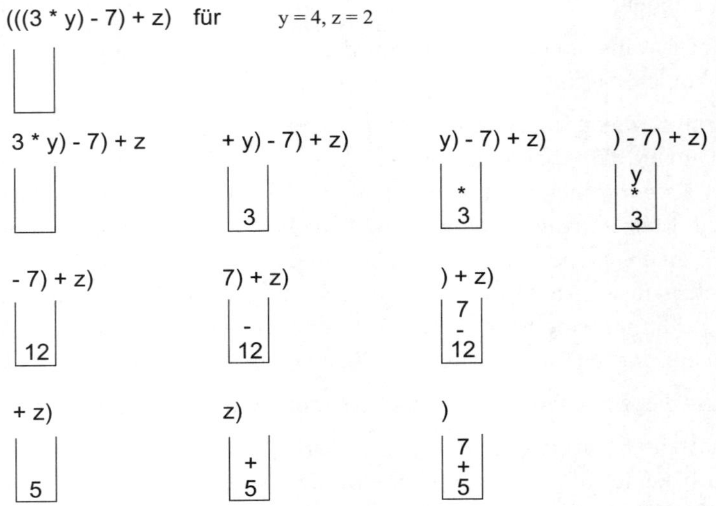

Abbildung 11.4: Auswertung eines geklammerten Ausdrucks mit einer Kellermaschine

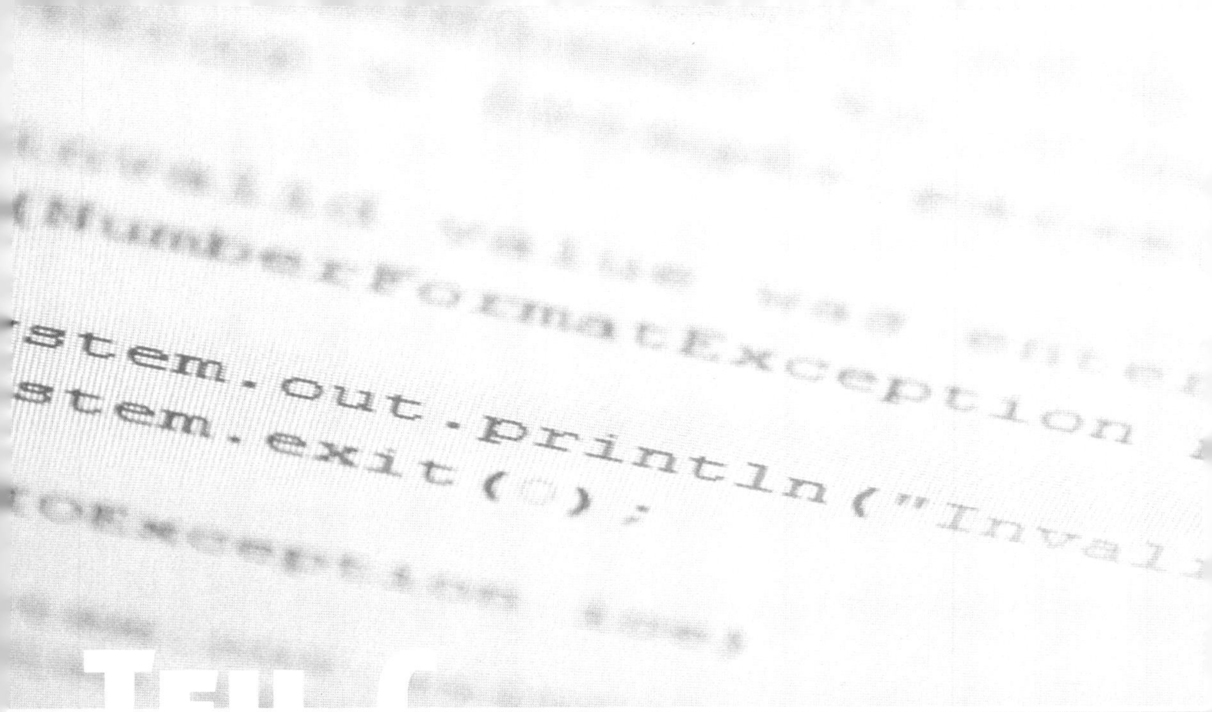

Teil C
Objektorientierte Programmierung in Java

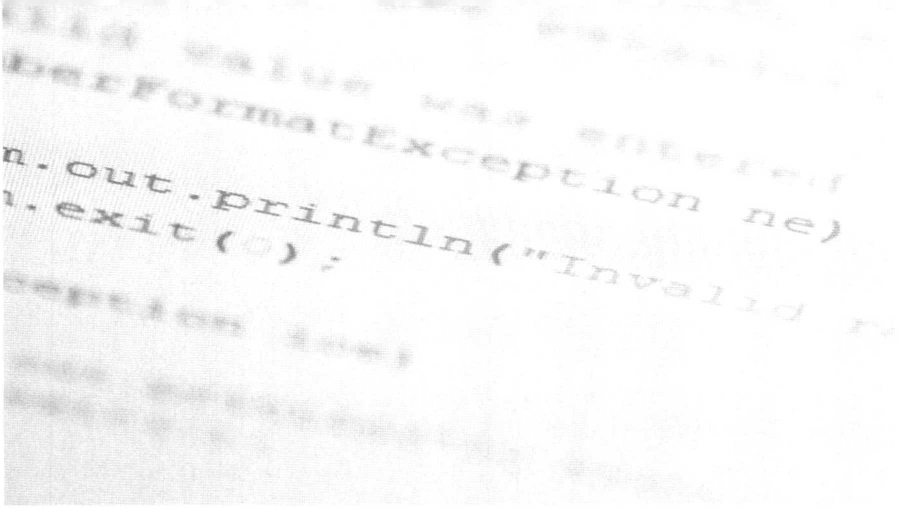

Kapitel 12
Objektorientiert denken – objektorientiert programmieren

Letzten Endes basiert die gesamte objektorientierte Programmierung auf einem einzigen Grundelement: der Klasse. Über die Technik der Klassendefinition, der Erzeugung von Objekten aus Klassen sowie der Arbeit mit Objekten konnten Sie sich bereits im zurückliegenden Teil informieren. Weiterführende, an die Klassen geknüpfte Techniken und Konzepte werden Sie im vor Ihnen liegenden Teil kennenlernen.

Doch objektorientierte Programmierung besteht nicht nur aus der Anwendung objektorientierter Techniken. Mindestens ebenso wichtig ist es, ein Gefühl für die besondere Art der objektorientierten Programmierung zu bekommen. Halten wir daher einen Moment inne und überlegen wir, was es – bar jeder Technik – bedeutet, objektorientiert zu programmieren.

12.1 Objektorientiertes Programmieren

Objektorientierte Programmierung bedeutet, dass der Programmierer versucht, die ihm gestellten Aufgaben mithilfe von Objekten zu lösen. Der erste Schritt dazu besteht üblicherweise darin, die beteiligten Objekte zu identifizieren und sich zu überlegen, wie diese zusammenarbeiten müssen, um die gestellte Aufgabe zu lösen. Erstaunlicherweise fällt dies blutigen Programmieranfängern oft leichter als Umsteigern, die von der imperativen Programmierung kommen. Warum ist dem so?

12.1.1 Denken Sie in Objekten!

Wer noch nie programmiert hat, denkt von Natur aus »objektorientiert«. Ein Beispiel: Angenommen Sie möchten am nächsten Morgen um Punkt 7 Uhr geweckt werden. Was tun Sie? Sie holen einen Wecker (d.h., Sie suchen sich ein passendes Objekt) und stellen diesen so ein, dass er Sie um 7 Uhr weckt (d.h., Sie weisen das Objekt an, um 7 Uhr zu klingeln).

Ein Programmierer denkt dagegen automatisch auf der Abstraktionsebene, die seiner Programmiersprache entspricht.

- Die niedrigste Abstraktionsebene ist die Ebene der Maschinen- und Assemblersprachen, auf der der Programmierer wie eine Maschine denkt: Ich lade die Systemzeit in ein Register und errechne, ob es schon 7 Uhr ist. Wenn ja, löse ich einen Systembeep aus, wenn nein, springe ich zurück zu dem Ladebefehl für die Systemzeit[1].
- Die imperative/strukturierte Programmierung stellt die nächsthöhere Abstraktionsebene dar. Hier denkt der Programmierer in Daten, Operatoren und Funktionen: Ich speichere die Zeit, zu der geweckt werden soll, in einer Variablen. In einer Schleife rufe ich dann eine Funktion auf, die die Systemzeit abfragt. Diese Zeit vergleiche ich mit der abgespeicherten Weckzeit. Ist die Zeit zum Wecken gekommen, wird die Schleife verlassen und ich rufe die Funktion für den Systembeep auf.
- Die objektorientierte Programmierung abstrahiert noch weiter. Sie fordert uns auf, Objekte zu identifizieren und festzulegen, welche Aufgaben welches Objekt übernehmen soll: Ich erzeuge ein Objekt `wecker`, das zu einem beliebigen Zeitpunkt klingeln kann. Dieses Objekt weise ich an, um 7 Uhr zu klingeln.

Die Schwierigkeit für Umsteiger von strukturierten Programmiersprachen besteht also vor allem darin, die niedere, datenorientierte Abstraktionsebene zu verlassen und wieder »natürlich« zu denken.

12.1.2 Wie sind Objekte beschaffen?

Die Objekte, mit denen der Programmierer plant und arbeitet, verfügen über

- *Merkmale* und
- *Verhaltensweisen*.

  Die Merkmale beschreiben das Objekt und seinen Zustand. (Später, wenn die Klasse für das Objekt implementiert wird, werden die Merkmale durch Felder repäsentiert.)

  Die Verhaltensweisen sind die Aktionen, die das Objekt ausführen kann. (Die Verhaltensweisen entsprechen den Methoden der Klasse.)

---

1 Ich muss gestehen, dass es schon einige Zeit her ist, dass ich in Assembler programmiert habe. Für Ungenauigkeiten in der obigen Darstellung möchte ich daher um Nachsicht bitten.

Welche Merkmale und Verhaltensweisen hätte beispielsweise das `wecker`-Objekt aus dem vorangehenden Abschnitt, das um 7 Uhr klingeln soll?

Zuerst einmal benötigt das `wecker`-Objekt ein Merkmal »alarmZeit«, in dem abgespeichert wird, wann der Alarm ausgelöst werden soll. Ebenfalls sinnvoll wäre ein Merkmal »alarmAktiviert«, das festhält, ob der Alarm aktiviert ist oder nicht. Wenn das Weckerprogramm über eine grafische Benutzeroberfläche verfügt, sollte das `wecker`-Objekt darüber hinaus Merkmale enthalten, die sein Aussehen beschreiben, beispielsweise »digitalOderAnalog«, »Hintergrundfarbe« oder »Sekundenanzeige«.

Nun zu den Verhaltensweisen. Damit das `wecker`-Objekt, die ihm gestellte Aufgabe (»um 7 Uhr zu wecken«) erfüllen kann, muss es zumindest über die Verhaltensweisen »AlarmEinstellen« und »Klingeln« verfügen. Eine Verhaltensweise »AlarmAbstellen« wäre ebenfalls wünschenswert.

INFO

Mit »Verhaltensweisen« verbinden wir in der Regel Aktivitäten, die ein Objekt von selbst zeigt: das Wachsen einer Pflanze, das Wiehern eines Pferdes, das Umkippen einer Flasche oder eben das Klingeln des Weckers. Im objektorientierten Sinne zählen zu den Verhaltensweisen aber auch Aktivitäten, die mit der Bedienung oder Verwendung eines Objekts zu tun haben, also das Gießen einer Pflanze, das Pflegen eines Pferdes, das Öffnen einer Flasche oder eben das »Stellen« eines Weckers.

Arten von Objekten

Das oben beschriebene `wecker`-Objekt ist dem Modell eines echten Weckers nachempfunden. Für den Programmierer hat dies den Vorteil, dass ihm sein Wissen über Aufbau und Bedienung eines Weckers bei Entwurf und Schreiben seines Programms zugutekommt. Stellt er seinen Programmcode anderen Programmierern zur Verfügung, können sich diese dank ihrer alltäglichen Erfahrungen im Umgang mit echten Weckern, schneller in Aufbau des Programms und des `wecker`-Objekts eindenken.

Die Nachbildung realer Dinge durch Objekte ist daher ein wichtiges und mächtiges Instrument der objektorientierten Programmierung. Auf der anderen Seite würde die objektorientierte Programmierung schnell an ihre Grenzen stoßen, wenn ihre Objekte ausschließlich Dinge der realen Welt nachbilden könnten. Glücklicherweise kann ein Objekt aber nahezu alles sein, was als Einheit aus Merkmalen und zugehörigen Verhaltensweisen ausgedrückt werden kann. So gibt es

- Objekte, die Dinge der realen Welt nachbilden.
- Objekte, die virtuelle Dinge repräsentieren (beispielsweise Dinge, die auf dem Bildschirm zu sehen sind, wie Fenster oder Schaltflächen oder ein gezeichnetes Monster).
- Objekte, die Daten repräsentieren oder verwalten (ein Programm zur Verwaltung von Musik-CDs könnte die einzelnen CDs als Objekte darstellen und zusammen in einem Container-Objekt verwalten, das das Ablegen, Sortieren und Suchen bestimmter CDs erleichtert).

- Objekte, die einfach eine bestimmte Funktionalität zur Verfügung stellen (beispielsweise für einen gegebenen Satz von Daten statistische Berechnungen wie Mittelwert, Standardabweichung u.a. ausführen).
- u.v.a.

12.2 Wie findet man einen objektorientierten Lösungsansatz?

Kleinere Programme werden häufig aus dem Bauch heraus geschrieben. Der Programmierer weiß, welche Aufgabe das Programm erfüllen soll (meist ist es eh nur eine einzige), und hat im Kopf bereits eine Vorstellung von dem ungefähren Programmablauf. Vielleicht steht der gesamte Code des Programms in der `main()`-Methode, vielleicht hat der Programmierer Teilprobleme in andere statische Methoden ausgelagert, die er von `main()` aus direkt aufruft, vielleicht hat er sogar eine eigene Klasse definiert, die er instanziiert und deren Methoden er nutzt.

Für etwas größere Programme sind dagegen meist schon mehrere Klassen zu definieren. Trotzdem werden auch diese Programme häufig aus dem Bauch heraus programmiert. Der Programmierer beginnt mit einer groben Vorstellung von den Mindestanforderungen, die das Programm erfüllen soll, und setzt diese in Code um. Während der Arbeit an dem Programm lernt er immer mehr über den Aufbau selbigens und passt seine Implementierung an – beispielsweise wenn er erkennt, dass diese oder jene Funktionalität, die er für sein Programm benötigt, am besten durch Objekte einer Klasse zur Verfügung gestellt würde, oder wenn er das Programm schrittweise ausbaut.

Werden die Programme noch umfangreicher, wird die angebotene Funktionalität immer komplexer, arbeitet gar ein ganzes Team von Programmierern an dem Projekt, verbietet sich die Programmierung »aus dem Bauch heraus« und es bedarf einer strengeren, methodischen Vorgehenweise.

12.2.1 Moderne Software-Entwicklung

Moderne Software-Entwicklung gliedert sich grundsätzlich in fünf Phasen:

1. **Anforderungsspezifikation** – In der ersten Phase wird festgelegt, welchem Zweck das Programm dienen und welche Aufgaben es erfüllen soll. Wird das Programm im Auftrag eines Kunden erstellt, ist es wichtig, die Anforderungen im Gespräch mit dem Kunden zu erarbeiten.
2. **Analyse** – In dieser Phase werden Bedienung und Arbeitsweise des Programms ausgearbeitet. Wichtig ist, dass die Analyse aus Sicht des Anwenders geschieht und sich auch dessen Terminologie bedient.

   Nach Beendigung der Analyse-Phase sollten Sie eine klare Vorstellung davon haben, wie die Anwender Ihr Programm nutzen und was sie von dem Programm erwarten. Zudem sollte die Analyse einen Eindruck von den Abläufen im Programm geben und erste Hinweise auf die benötigten Klassen liefern.

3. **Design** – In der Design-Phase werden die Ergebnisse der Analyse ausgewertet und in Klassen-Spezifikationen umgesetzt. Dabei ist zu erfassen, welche Klassen (Objekte) benötigt werden, welches die wichtigsten Elemente der Klassen sind und in welchen Beziehungen die Klassen zueinander stehen (Klasse A definiert Felder vom Typ der Klasse B, Klasse C ist von Klasse D abgeleitet, eine Methode der Klasse E übernimmt Objekte der Klasse A als Argumente und so weiter).
4. **Implementierung** – Das Klassen-Design wird in Code umgesetzt.
5. **Test** – Das Programm (oder einzelne Module des Programms) werden kompiliert, ausgeführt und getestet. Fehler werden analysiert und behoben.

Wenn Sie Glück haben, müssen Sie im Zuge der Programmentwicklung jede dieser Phasen nur ein einziges Mal durchlaufen (das sogenannte *Wasserfall-Modell*, siehe Abbildung 12.1).

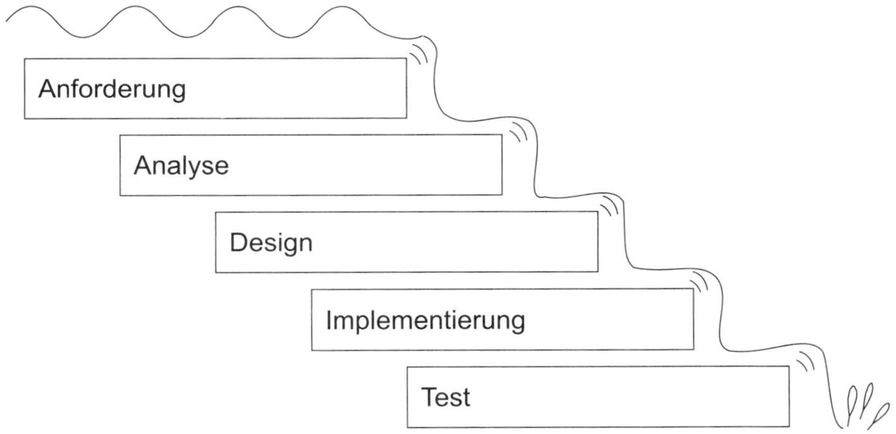

Abbildung 12.1: Das Wasserfall-Modell

Der Wasserfall ist jedoch eher eine Wunschvorstellung denn ein realistisches Modell. In der Praxis stellt sich die Software-Entwicklung vielmehr als iterativer Prozess dar, d.h., es muss immer wieder zu früheren Stufen zurückgesprungen werden.

Zeigen sich beispielsweise beim Testen Fehler in der Implementierung, muss der Code überarbeitet und die Fehler ausgemerzt werden.

Unstimmigkeiten und konzeptionelle Mängel können auch schon früher auftreten. Beispielsweise wenn die Programmierer in der Implementierungsphase entdecken, dass das Zusammenspiel mancher Klassen nicht stimmt oder dass zusätzliche Klassen benötigt werden. Dann müssen Design und gegebenenfalls Analyse korrigiert und verbessert werden.

Wenn Sie im Kundenauftrag arbeiten, empfiehlt es sich darüber hinaus, einen Prototyp zu entwerfen, der das Verhalten des angestrebten Produkts simuliert. Der Prototyp sollte die Benutzerschnittstelle und die Arbeit mit dem Programm demons-

12

trieren. Ein Prototyp für eine Bankautomaten-Software würde beispielsweise alle benötigten Befehle anbieten (Kontostand abfragen, Geld abheben, Überweisung tätigen), diese jedoch nicht vollständig implementieren (Zugriff auf Konten-Datenbank der Bank usw.), sondern mit fest codierten Zahlen auf einfache Weise simulieren – allerdings so, dass der Kunde ein genaues Bild davon erhält, wie mit dem Programm später gearbeitet wird. Anhand eines solchen Prototyps lassen sich Schwachstellen im Programm und Missverständnisse zwischen Ihnen und Ihrem Kunden schnell aufdecken. Oftmals hilft der Prototyp auch dem Kunden, eine genauere Vorstellung von seinen Wünschen und Anforderungen an das Programm zu gewinnen. Unter Umständen muss danach zwar der gesamte Entwicklungsprozess, beginnend mit der Anforderungsspezifikation, erneut durchlaufen werden, doch je größer und komplexer das Projekt umso lohnenswerter ist es, Zeit und Mühe in die frühen Entwicklungsphasen zu investieren.

UML

In den Achtzigern und Neunzigern des letzten Jahrhunderts wurden eine Reihe von Ideen und Methoden entwickelt, mit denen sich der Software-Entwicklungsprozess effizienter gestalten lässt (Coad-Yourdon, Booch, Rumbaugh OMT, OOSE/Jacobson, ROOM usw.). Manche dieser Methoden konzentrierten sich auf die objektorientierte Analyse (OOA), andere auf das objektorientierte Design (OOD), nicht wenige verfolgten einen ganzheitlichen Ansatz. Im Mittelpunkt der meisten Methoden standen dabei zwei Kernfragen:

- »Wie findet man am besten heraus, welche Klassen/Objekte für ein Programm benötigt werden?« und
- »Wie lassen sich die Ergebnisse der Analyse- und Design-Phasen am übersichtlichsten und sinnvollsten darstellen?«

Die Beantwortung der letzten Frage führte dazu, dass eine Vielzahl von unterschiedlichen Notationen für die Beschreibung und Dokumentation von Analyse- und Design-Ergebnissen eingeführt wurde. Dabei arbeiteten die meisten Notationen mit durchaus vergleichbaren Mitteln und einem quasi universellen Satz von Elementen.

Mitte der Neunziger ergab es sich, dass Booch, Jacobson und Rumbaugh, die in den Achtziger noch jeder für sich ihre eigene Methodik entworfen hatten, ihren Weg zur Firma Rational Software, fanden. Dort arbeiteten sie zusammen eine universelle Notation für die objektorientierte Softwareentwicklung aus: UML, die »Unified Modelling Language« war geboren. Die Bemühungen der »drei Amigos«[2] wurden von der Industrie aufgegriffen und UML wurde zum De-facto-Standard für objektorientierte Analyse und Design.

Heute basieren nahezu alle wichtigen Programme für objektorientierte Analyse und Design auf UML.

2 So der offizielle Spitzname des produktiven Trios.

INFO

Gute UML-basierte CASE-Tools für die objektorientierte Anwendungsentwicklung sind beispielsweise

- Rational Rose (http://www.rational.com)
- ObjectiF (http://www.microtool.de)
- ArgoUML (http://argouml.tigris.org/) (Open Source)

12.2.2 Fallbeispiel – Temperaturregelung

Auch für Programmierer, die nicht in einem Software-Entwicklungsteam arbeiten, die nicht mit CASE-Tools arbeiten und deren Programme noch von überschaubarer Komplexität sind, kann die Beschäftigung mit UML und den Prinzipien der objektorientierten Analyse durchaus von Vorteil sein und sich bei der Planung und Konzeption neuer Programme auszahlen.

In diesem Sinne möchten wir Sie anhand eines kleinen Beispiels ein wenig in die Praxis objektorientierter Analyse und Designs einführen.

REF

Für eine ausführlichere Unterweisung in der Kunst des objektorientierten Designs mit UML lesen Sie bitte in der einschlägigen Fachliteratur nach.

Anforderungsspezifikation

Der erste Schritt besteht darin aufzuschreiben, wofür das Programm gedacht ist und was es leistet.

»Das Programm soll die Temperatur im Raum überwachen und auf einem konstanten Wert halten. Der Anwender kann die gewünschte Temperatur einstellen. Fällt oder steigt die Raumtemperatur aufgrund externer Einflüsse, stellt das Programm die Abweichung von der Solltemperatur fest und versucht sie auszugleichen.«

Die Analyse-Phase

Wenn Sie mit der Anforderungsanalyse beginnen, sollten Sie im Hinterkopf behalten, dass es dabei vorrangig *nicht* um die Identifizierung irgendwelcher Klassen, Objekte und Methoden geht. Es geht erst einmal nur darum, zu begreifen und zu analysieren, wie das Programm eingesetzt wird und was es leisten muss. Für eine gute Anforderungsanalyse ist daher viel wichtiger, dass man sich in dem Arbeitsfeld auskennt, in dem das Programm eingesetzt wird (der sogenannten **Domäne**), als dass man über Kenntnisse in objektorientierter Programmierung verfügt.

INFO

Je komplexer das Einsatzfeld und die Aufgaben des Programms sind, umso wichtiger ist es, Fachleute aus dem jeweiligen Einsatzfeld in die Analyse einzubeziehen. Ebenfalls von Vorteil sind bereits gesammelte Erfahrungen in objektorientierter Analyse. In größeren Software-Teams wird die Analyse daher meist von Spezialisten übernommen.

Ein weit verbreitetes Verfahren zur objektorientierten Analyse ist die Formulierung von **Anwendungsfällen** (»use cases«).

Die Analyse mit Anwendungsfällen beginnt mit der Identifizierung der Akteure und Anwendungsfälle. In Anwendungsfalldiagrammen werden sodann die Beziehungen und Interaktionen zwischen den Akteuren und den Anwendungsfällen grafisch dargestellt. Zum Schluss setzt man detailliertere Beschreibungen der Anwendungsfälle – die sogenannten **Szenarien** – auf.

Anwendungsfälle identifizieren

Ein Anwendungsfall beschreibt immer, wer was mit dem Programm macht.

Der erste Anwendungsfall für das Temperaturregelungsprogramm lautet:

»Der Anwender stellt die Solltemperatur ein.«

Der Akteur ist in diesem Fall der »Anwender«, der eigentliche Anwendungsfall die Festlegung der Solltemperatur.

Der zweite Anwendungsfall besteht darin, dass sich die Außentemperatur ändert und das Programm die Temperaturdifferenz durch Regelung auszugleichen versucht.

Akteur ist hier die Außenwelt, den Anwendungsfall nennen wir »Temperatur regeln«.

Anwendungsfalldiagramme

Die Beziehung zwischen den Akteuren und den Anwendungsfällen wird in einem Anwendungsfalldiagramm dargestellt (siehe Abbildung 12.2).

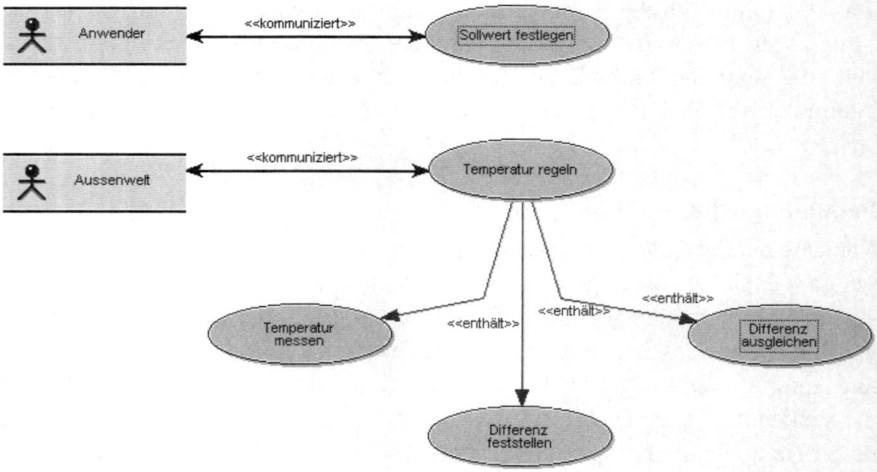

Abbildung 12.2: Anwendungsfälle für die Temperaturregelung

Wie Sie der Abbildung entnehmen können, werden die Beziehungen zwischen den Akteuren und Anwendungsfällen unterschiedlich klassifiziert. Typische Beziehungen sind:

- `<<kommuniziert>>`. Drückt die Beziehung zwischen einem Akteur und einem Anwendungsfall aus.
- `<<enthält>>`. Drückt aus, dass ein Anwendungsfall einen anderen »aufruft«.
- `<<erweitert>>`. Drückt aus, dass ein Anwendungsfall unter bestimmten Bedingungen durch die Einbindung eines anderen Anwendungsfalls erweitert wird.

Beschreibungen und Szenarien

Anwendungsfalldiagramme eignen sich hervorragend dazu, komplexe Abläufe zu visualisieren. Für eine gründliche Analyse ist es aber notwendig, weiter ins Detail zu gehen. Aus diesem Grunde setzt man Beschreibungen und **Szenarien**[3] für die einzelnen Anwendungsfälle auf.

Die Beschreibung des Anwendungsfalls »Sollwert festlegen« könnte wie folgt aussehen:

1. Akteur gibt die gewünschte Solltemperatur ein.
2. Das System speichert die Solltemperatur.

Der Anwendungsfall »Temperatur regeln« ließe sich beschreiben durch:

1. System fordert Messglied auf, die Außentemperatur festzustellen.
2. System gibt Messwert an Regelglied, um Differenz festzustellen.
3. System gibt Differenz an Stellglied, um Unterschied auszugleichen.

Messglied, Regelglied und Stellglied sind dabei die typischen Elemente eines Regelkreises.

Betrachten wir zum Schluss noch die Beschreibung des untergeordneten Anwendungsfalls »Temperatur messen«

1. System fragt aktuelle Temperatur ab.
2. Messglied fragt Temperatur von Außenwelt ab.
3. Messglied liefert Temperatur an System zurück.

Besser als die Textbeschreibungen können Diagramme die Abläufe beschreiben. Abbildung 12.3 zeigt ein Aktivitätsdiagramm, das für den kompletten Anwendungsfall »Temperatur regeln« erstellt wurde. Es verdeutlicht die Chronologie der Abläufe und zeigt auch an, welche Akteure/Komponenten die einzelnen Schritte ausführen. (Die Komponenten wurden der Beschreibung des Anwendungsfalls entnommen. Die Komponente Regelkreis steht für das »System«.)

3 Grundsätzlich gibt es zu jedem Anwendungsfall ein Hauptszenario, das den Ablauf des Anwendungsfalls beschreibt. Manche Anwendungsfälle können in Abhängigkeit von bestimmten Bedingungen unterschiedlich ablaufen. Diese abgewandelten Abläufe werden dann durch eigene Szenarien beschrieben.

Abbildung 12.3: Aktivitätsdiagramm für den Anwendungsfall »Temperatur regeln«.

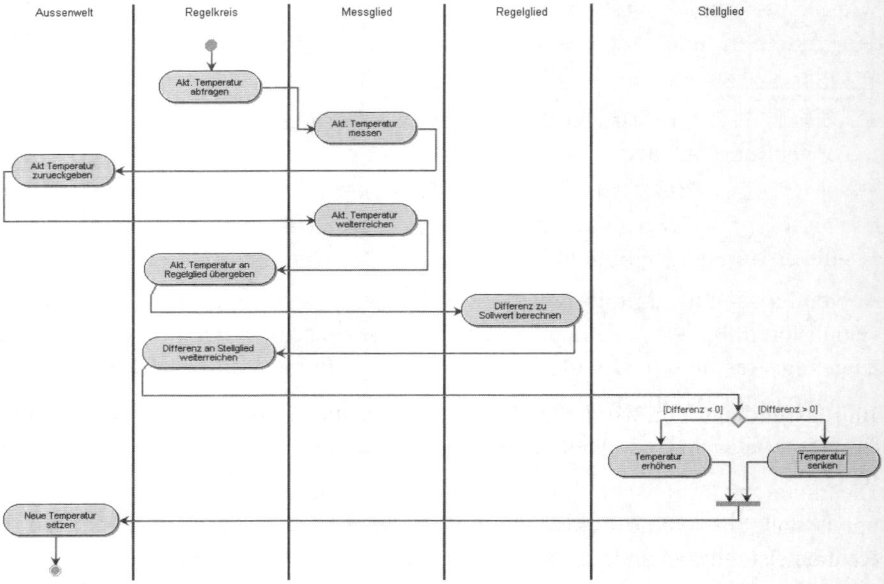

Die Design-Phase

In der Design-Phase geht es darum, die Erkenntnisse aus der Analyse in ein funktionierendes Klassen-Design umzuwandeln. Der erste Schritt hierzu ist die Erstellung eines **Klassendiagramms**.

Hinweise auf die Klassen, die Sie benötigen, geben uns die Anwendungsfälle. Alle Substantive, die in den Beschreibungen der Anwendungsfälle auftauchen, sind potenzielle Kandidaten für zu implementierende Klassen. Wenn Sie bereits ein Aktivitätsdiagramm erstellt haben, übernehmen Sie die »Komponenten« als Klassen in das Klassendiagramm.

Für jede Klasse legen Sie fest, welche Operationen sie ausführen soll (Hinweise auf die benötigten Operationen geben wiederum die Anwendungsfall-Beschreibungen und das Aktivitätsdiagramm). Können Sie aus den Operationen bereits auf benötigte Datenelemente (Attribute) schließen, führen Sie diese ebenfalls in der Klassenspezifikation auf.

INFO

Selbstverständlich stehen die Operatoren für die Methoden und die Attribute für die Felder der Klasse, doch sollten Sie in der Design-Phase noch nicht zu sehr an Implementierungsdetails denken. Gute OOD-Software gestattet es, für Operatoren und Attribute je zwei Namen anzugeben: einen Namen, der im Diagramm verwendet wird, und einen zweiten, den das Element in der später zu erzeugenden Klassendefinition tragen wird.

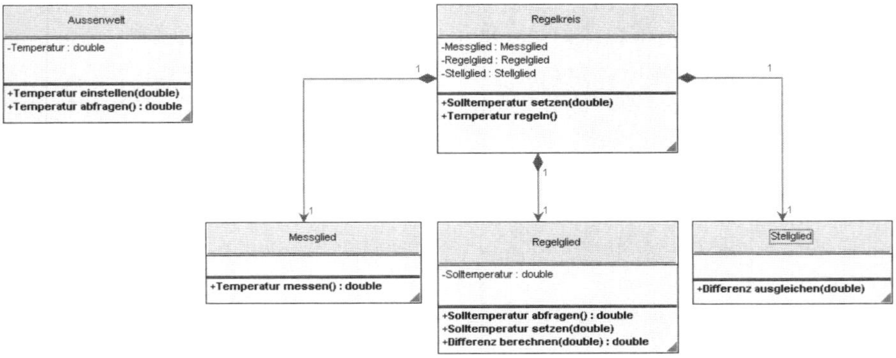

Abbildung 12.4: Klassendiagramm für das Temperaturregelungsprogramm

Im Klassendiagramm werden nicht nur die einzelnen Klassen mit ihren Attributen und Operatoren dargestellt, sondern auch die Beziehungen zwischen den Klassen.

Die Linien mit den ausgefüllten Rauten (siehe Abbildung 12.4) dienen in UML beispielsweise dazu, eine Komposition auszudrücken, d.h., die Klasse, auf die die Raute weist, enthält ein eingebettetes Objekt (sprich ein Feld) vom Typ der Klasse am anderen Ende der Beziehung.

- Assoziation

  Die Assoziation ist die häufigste und allgemeinste Beziehung zwischen zwei Klassen. Sie besagt, dass eine Klasse konzeptionell mit einer anderen Klasse verbunden ist. Beispielsweise könnte eine Klasse `Lehrer` mit einer Klasse `Schüler` assoziiert sein. (Die Beziehung könnte dann den Namen »unterrichtet« tragen.)

  Die Assoziation ist gerichtet. Ein Pfeil zeigt an, welche Klasse eine andere (auf die der Pfeil weist) »benutzt«. Sind die beiden Klassen gegenseitig aufeinander angewiesen, wird die Assoziation durch eine Linie ohne Pfeile dargestellt.

  Die Assoziation besitzt auch eine Multiplizität, die angibt, wie viele Objekte einer Klasse mit wie vielen Objekten einer anderen Klasse assoziiert sind. (Beispielsweise könnte ein Objekt der Klasse `Lehrer` mit beliebig vielen (*) Objekten der Klasse `Schüler` assoziiert sein.)

- Abhängigkeit

  Die Abhängigkeit zeigt an, dass eine Klasse eine andere benötigt. Meist wird sie benutzt, wenn die Operation einer Klasse ein Objekt einer anderen Klasse als Parameter verwendet.

  Die Abhängigkeit ist gerichtet.

- Aggregation

  Aggregation liegt vor, wenn eine Klasse andere Klassen als Bestandteil enthält Eine unausgefüllte Raute markiert das Ende der Klasse, die eine andere enthält.

  Die normale Aggregation kann noch verstärkt werden. Man spricht dann von Komposition (angezeigt durch eine ausgefüllte Raute). Wenn eine Klasse `B` mit einer Klasse `A` durch Komposition verbunden ist, wird das Objekt der Klasse `B`, das in der Klasse `A` enthalten ist, zusammen mit den Objekten der Klasse `A` erzeugt und aufgelöst. Des Weiteren kann ein Objekt, das in einem Objekt der Klasse `A` enthalten ist, nicht mehr Teil eines anderen Objekts sein.

Die Aggregation ist gerichtet.

- Generalisierung

  Die Generalisierung zeigt an, dass eine Klasse eine Erweiterung einer anderen Klasse ist. Sie entspricht dem objektorientierten Konzept der Vererbung (siehe nachfolgendes Kapitel).

  Die Assoziation ist gerichtet. Der Pfeil weist von der erweiterten Klasse zur Basisklasse.

INFO

Gibt es viele Klassen, ist es am übersichtlichsten, wenn man für jedes Anwendungsfalldiagramm ein eigenes Klassendiagramm erstellt. Besonders komplexe Anwendungsfälle kann man in mehreren Klassendiagrammen nachbilden. Auf jeden Fall sollte man sich um eine Zuordnung von Anwendungsfall- und Klassendiagrammen bemühen, da dies die Orientierung erleichtert (denken Sie daran, dass objektorientierte Programmierung ein iterativer Prozess ist, in dem man meist mehrmals von der Analyse zum Design und wieder zurück springt).

Implementierung

Schließlich werden die Klassenspezifikationen aus der Design-Phase in echte Klassendefinitionen umgesetzt und die Klassenmethoden implementiert. Wenn Sie Ihre Klassendiagramme mit einer modernen UML-Software erstellt haben, können Sie die Klassendefinitionen mit höchster Wahrscheinlichkeit von der UML-Software generieren lassen. Sie brauchen dann nur noch die Methoden zu implementieren (falls Sie dies nicht ebenfalls schon in der UML-Software erledigt haben) und den erzeugten Code nachbearbeiten.

Wenn Sie die Klassendiagramme auf Papier entworfen haben, müssen Sie die zugehörigen Quelldateien selbst anlegen und mit Ihren Klassendefinitionen füllen.

REF

Die Quelltextdateien zu dem Temperaturregelungsprojekt finden Sie auf der Buch-DVD. Es handelt sich allerdings nur um die Implementierung eines Prototyps. Anstatt die Außentemperatur zu messen und über eine Air Condition-Einheit zu regeln, liest und verändert der Regelkreis den Wert des `temperatur`-Feldes der Klasse `Aussenwelt`.

Die Klassen des Regelkreises und der Simulationsklasse `Aussenwelt` wurden in einem eigenen Paket `regelkreis` definiert. Zum Testen des Regelkreises wurde die Klasse `Simulation` geschrieben, die eine `main()`-Methode enthält und im unnamed-Paket definiert ist.

Das Simulationsprogramm wird mit der gewünschten Solltemperatur als Argument aufgerufen. Es stellt die Außentemperatur auf 0.3 Grad kälter als die Solltemperatur ein und ruft dann in einer `for`-Schleife den Regelkreis auf, der die Temperatur in 0.5 Grad-Schritten ausgleicht. Nach jeder 10. Iteration erzeugt ein Zufallsgenerator eine weitere Temperaturabweichung zwischen –1 und +1 Grad.

```
C:\Beispiele\Kapitel12>javac -d . Simulation.java

C:\Beispiele\Kapitel12>java Simulation 24
1. Iteration    Temperatur = 23,7
2. Iteration    Temperatur = 23,75
3. Iteration    Temperatur = 23,8
4. Iteration    Temperatur = 23,85
5. Iteration    Temperatur = 23,9
6. Iteration    Temperatur = 23,95
7. Iteration    Temperatur = 24
8. Iteration    Temperatur = 24
9. Iteration    Temperatur = 24

10. Iteration    Temperatur = 24,9
11. Iteration    Temperatur = 24,85
12. Iteration    Temperatur = 24,8
13. Iteration    Temperatur = 24,75
14. Iteration    Temperatur = 24,7
15. Iteration    Temperatur = 24,65
...
```

12.2.3 Programme aus mehreren Quelldateien

Wenn Sie größere Programme schreiben, die mehrere bis viele Klassen umfassen, sollten Sie die Klassendefinitionen unbedingt auf mehrere Quelldateien verteilen. Hierzu ein paar Tipps.

Aufteilung der Klassen

Die Grundregel zur Aufteilung von Klassen auf Quelltextdateien lautet:

»*Eine Klasse – eine Quelldatei*«

Dies ist natürlich nur eine Empfehlung, aber eine, die beherzigt werden sollte. Wenn Sie es in einem speziellen Fall dennoch vorziehen, von dieser Regel abzuweichen, dann sollten Sie dafür einen Grund haben – etwa:

12

- Eine Klasse A benötigt eine Hilfsklasse B. Darum definieren Sie B zusammen mit A in einer Datei. (Hier wäre überdies zu prüfen, ob B nicht sogar als (private?) innere Klassen von A definiert werden sollte, siehe Kapitel 10.4.)
- Sie haben mehrere kleine Klassen mit ähnlicher Funktionalität, die sich zusammen in einer Quelldatei einfach übersichtlicher verwalten und besser bearbeiten lassen (»Sieben Zwerge«-Prinzip).
- Sie schreiben ein Testprogramm mit ein bis drei Klassen begrenzten Umfangs, und Sie scheuen den Aufwand, die Klassen aufzuteilen.

Die Zusammenlegung von Klassendefinitionen in Quelltextdateien hat in Java allerdings ihre Grenzen, denn

»`public`-*Klassen müssen in Quelltextdateien abgespeichert werden, die den gleichen Namen tragen wie die Klasse.*«

Woraus folgt, dass in einer Quelltextdatei zwar mehrere Klassen, aber immer nur höchstens eine `public`-Klasse definiert werden kann.

Aber auch Quelltextdateien, die eine nicht-`public` Klasse enthalten, sollten Sie nach der Klasse benennen: Erstens müssen Sie dann nicht lange darüber nachgrübeln, wie Sie die Quelldatei nennen sollen. Zweitens können Sie dann am Namen der Quelldatei ohne Mühe ablesen, welche Klasse in ihr definiert ist. Drittens unterstützen Sie den Compiler dadurch bei der Suche nach benötigten Klassendefinitionen.

INFO

Trifft der Compiler bei der Übersetzung einer Quelldatei auf eine Klasse, die ihm noch nicht bekannt ist, sucht er im Quell- und Klassenpfad nach einer Class- oder Quelltextdatei (!), die den gleichen Namen trägt wie die Klasse. Findet er eine solche Datei, lädt er sie und entnimmt ihr die Klassendefinition. Eine Klasse, die in einer anders benannten Quelltextdatei definiert ist, wird nur gefunden, wenn es im Klassenpfad bereits eine Class-Datei der Klasse gibt oder Sie dem Compiler beim Aufruf explizit angeben, die betreffende Quelltextdatei zu laden und zu kompilieren. (Mehr zur Arbeitsweise des Compilers im Anhang zu den JDK-Tools.)

Pakete

Größere Programme (oder Bibliotheken), und ganz besonders solche, die Sie an andere Programmierer oder Kunden weitergeben, sollten Sie in Paketen organisieren.

Für Programme und Bibliotheksmodule, die für den privaten Gebrauch bestimmt sind, genügt meist ein einfacher Paketname, beispielsweise:

```
package regelkreis;
```

Programme oder Bibliotheken, die Sie verkaufen, sollten über eindeutige Paketnamen verfügen. Am einfachsten stellen Sie dies sicher, indem Sie den Namen Ihrer Webdomäne (sofern Sie über eine solche verfügen), in umgekehrter Reihenfolge als Präfix des Paketnamens verwenden:

```
package de.carpelibrum.software.regelkreis;
```

Wenn Sie alle Klassen eines Programms (oder einer Bibliothek) in einem Paket definieren, vereinfacht dies die Kompilierung. Wenn Sie allerdings mit mehreren Programmierern zusammen an einem großen Projekt arbeiten, sollten Sie sich überlegen, ob es nicht sinnvoller und übersichtlicher ist, das Projekt in Domänen mit eigenen Paketnamen aufzuteilen.

Verteilung der Quelldateien

Grundsätzlich sollten Sie für jedes Programm ein eigenes Verzeichnis anlegen und in diesem die Quelldateien des Programms speichern.

Wenn Ihr Programm jedoch aus mehreren Paketen besteht, empfiehlt es sich, unter dem Hauptverzeichnis des Programms für jedes der Pakete ein eigenes Unterverzeichnis anzulegen und in diesem Verzeichnis die zu dem Paket gehörenden Quelldateien abzuspeichern. Dies vereinfacht die spätere Kompilierung.

Beispiel

Ihr Programm definiert das Paket `demo`, verschiedene Klassen des Programms sind in den Paketen `demo.unterpaket1` und `demo.unterpaket2` definiert.

Dann legen Sie unter dem Hauptverzeichnis des Programms ein Verzeichnis `demo` mit zwei Unterverzeichnissen `unterpaket1` und `unterpaket2` an und verteilen, die Quelltextdateien entsprechend ihrer `package`-Definition auf diese Verzeichnisse.

INFO

Vergessen Sie nicht, Klassen, die in anderen Paketen verwendet werden, als `public` zu definieren, und denken Sie auch daran, dass Sie auf die `public`-Klassen anderer Pakete über den Paketnamen zugreifen müssen (oder zuvor den Namen importieren, siehe Kapitel 10.1).

Kompilierung und Ausführung

Keine eigenen Pakete

Wenn Ihr Programm kein eigenes Paket definiert und alle Quelltextdateien in einem Verzeichnis stehen, wechseln Sie auf der Konsole in dieses Verzeichnis und kompilieren Sie die Quelltextdateien mit dem Befehl:

```
javac *.java
```

Um das Programm auszuführen, rufen Sie folgenden Befehl auf:

```
java Programm
```

(Wobei `Programm` für den Namen der Klasse steht, die die `main()`-Methode enthält.)

Ein eigenes Paket

Wenn Ihr Programm ein eigenes Paket `demo` definiert und alle Quelltextdateien in einem Verzeichnis stehen, wechseln Sie auf der Konsole in dieses Verzeichnis und kompilieren Sie die Quelltextdateien mit dem Befehl:

```
javac -d . *.java
```

Class-Dateien von Klassen, die in einem Paket definiert sind, speichert der Compiler immer in einem Verzeichnis, das den Namen des Pakets trägt.[4] Die Option `-d .` sorgt dafür, dass dieses Verzeichnis unter dem aktuellen Verzeichnis (.) angelegt wird.

Um das Programm auszuführen, rufen Sie folgenden Befehl auf:

```
java demo.Programm
```

(Wobei `Programm` für den Namen der Klasse steht, die die `main()`-Methode enthält.)

STOP

Wechseln Sie nicht aus dem Hauptverzeichnis in das vom Compiler angelegte Paketverzeichnis *demo*, um von dort aus `java Programm` aufzurufen. Der Interpreter findet dort zwar eine Class-Datei namens *Programm.class*, erwartet aber in dieser eine Klasse `Programm` vorzufinden, die im »unnamed«-Paket definiert ist, während die gefundene `Programm`-Klasse im Paket `demo` definiert ist. Der Interpreter quittiert dies mit einer Fehlermeldung.

4 Enthält die Paketangabe Unterpakete (beispielsweise `eigenesPaket.subPaket`) werden die Class-Dateien im entsprechenden Verzeichnispfad gespeichert (*/eigenesPaket/subPaket*).

Mehrere eigene Pakete

Wenn Ihr Programm mehrere eigene Pakete definiert und die Quelltextdateien entsprechend ihrer Paketzugehörigkeit auf Unterverzeichnisse des Programmverzeichnisses verteilt sind (vergleiche Beispiel aus Abschnitt »Verteilung der Quelldateien«), wechseln Sie auf der Konsole in das übergeordnete Programmverzeichnis und kompilieren Sie die Quelltextdateien mit dem Befehl:

```
javac -d . demo/Programm.java
```

(Wobei `Programm` für den Namen der Klasse steht, die die `main()`-Methode enthält und davon ausgegangen wird, dass die Quelltextdatei im Unterverzeichnis `demo` steht.)

Um das Programm auszuführen, rufen Sie folgenden Befehl auf:

```
java demo.Programm
```

Achtung! Im obigen *javac*-Aufruf nutzen Sie den Umstand, dass sich der Compiler während der Übersetzung des Programms alle an dem Programm beteiligten Klassen zusammensucht und kompiliert. Handelte es sich um eine Bibliothek, deren Klassen auf verschiedene Pakete (Verzeichnisse) verteilt sind, müssen Sie davon ausgehen, dass die Klassen sich nicht gegenseitig verwenden. Folglich müssen Sie für eine vollständige Kompilierung alle zu kompilierenden Quelldateien angeben:

```
javac -d . demo/*.java  demo/unterpaket1/*.java  demo/unterpaket2/*.java
```

INFO

Wenn die Klasse mit der `main()`-Methode im unnamed-Paket liegt, gehen Sie analog vor, speichern die Quelltextdateien ohne Paket-Definition im Hauptverzeichnis des Programms und rufen folgende Befehle auf:

```
javac -d . Programm.java
```

```
java Programm
```

Kapitel 13
Vererbung und Komposition

Vererbung im objektorientierten Sinne bedeutet, dass eine Klasse die in ihr definierten Elemente an eine andere Klasse weitervererbt. Sie deswegen jedoch als ein bloßes Mittel zur bequemen Wiederverwertung von Code zu sehen, wäre falsch und würde ihr nicht gerecht, denn an die Vererbung knüpfen sich eine Reihe von weiteren, wichtigen objektorientierten Konzepten wie zum Beispiel die Überschreibung von Methoden, die Polymorphie, die abstrakten Klassen und der Aufbau von Klassenhierarchien. Wir haben es also mit einem recht umfangreichen Geflecht von aufeinander aufbauenden und voneinander abhängigen Konzepten zu tun, deren Grundlage die Vererbung ist. Andererseits stellt die Vererbung selbst auch nur einen Teilaspekt eines noch größeren Themenkomplexes dar – der Frage, in welche Beziehungen Klassen zueinander treten können.

13.1 Das Prinzip der Vererbung

Bei der Vererbung wird eine neue Klasse von einer bestehenden Klasse abgeleitet. Die abgeleitete Klasse erbt dadurch die Elemente ihrer Basisklasse.

Basisklasse und abgeleitete Klasse sind dabei ganz normale Klassen. Die Bezeichnungen »Basisklasse« und »abgeleitete Klasse« beziehen sich lediglich darauf, welche Funktion die Klassen bei der Vererbung erfüllen:

- Die *Basisklasse* gibt ihre Elemente weiter (vererbt sie). Anstelle von Basisklasse wird in Java auch häufig von der Superklasse gesprochen.
- Die *abgeleitete Klasse* nimmt die Elemente in Empfang (erbt sie). Anstelle von abgeleiteter Klasse wird in Java auch häufig von der Subklasse gesprochen.

Betrachtet man die Vererbung aus Sicht der abgeleiteten Klasse, spricht man auch von *Ableitung*.

13.1.1 Der grundlegende Mechanismus

Betrachten Sie folgende einfache Klasse.

```
class Basis {
   public int wert;

   public void ausgeben()  {
    System.out.println(" Wert = " + wert);
    }
  }
```

Um diese Klasse als Basisklasse einer neuen Klasse zu verwenden, müssen Sie lediglich bei der Definition der neuen Klasse den Namen der Basisklasse mit dem Schlüsselwort `extends` an den Namen der neuen Klasse anhängen.

```
class Abgeleitet extends Basis  {
   public void erhoehen() {
    wert += 10;
    }
  }
```

Jetzt verfügt die abgeleitete Klasse `Abgeleitet` neben der von ihr selbst definierten Methode `erhoehen()` automatisch auch über die Elemente der Basisklasse. Beachten Sie, dass Sie die geerbten Elemente sogar schon in den Methoden der abgeleiteten Klasse verwenden können (im obigen Beispiel erhöht die Methode `erhoehen()` das Feld `wert`, das die Klasse `Abgeleitet` von der Klasse `Basis` geerbt hat).

Die folgende `main()`-Methode vervollständigt das Programm und zeigt, dass man für Objekte der Klasse `Abgeleitet` sowohl die geerbten als auch die in der Klasse `Abgeleitet` definierten Elemente aufrufen kann (immer vorausgesetzt, die Zugriffsspezifizierer der Elemente erlauben es).

Listing 13.1: Vererbung.java

```
class Basis {
   int wert;

   void ausgeben()  {
      System.out.println(" Wert = " + wert);
   }
}

class Abgeleitet extends Basis {
   void erhoehen() {
      wert += 10;
   }
}
```

```
class Vererbung {
   public static void main(String[] args) {
      System.out.println();

      Abgeleitet obj = new Abgeleitet();
      obj.wert = 5;
      obj.erhoehen();
      obj.ausgeben();
   }
}
```

Die Ausgabe dieses kleinen Demoprogramms lautet schlicht:

```
Wert = 15
```

So unspektakulär diese Ausgabe auch ist, so zeigt sie doch, wie hervorragend der Mechanismus der Vererbung funktioniert.

13.1.2 Der Sinn der Vererbung

Im Laufe Ihrer Karriere als Programmierer werden Sie eine Vielzahl von Klassen zur Repräsentation verschiedenster Objekte und zur Lösung unterschiedlichster Aufgaben schreiben. Irgendwann werden Sie feststellen, dass Sie für die Implementierung einer neu zu erstellenden Klasse die Funktionalität einer Klasse, die Sie vor längerer Zeit einmal geschrieben haben, sehr gut verwenden könnten. Dies wirft die Frage auf, wie sich die Funktionalität, die eine Klasse darstellt, bei der Implementierung neuer Klassen sinnvoll wiederverwenden lassen kann. Die objektorientierte Programmierung bietet als Antwort auf diese Frage zwei unterschiedliche, sich ergänzende Konzepte an: die Vererbung und die Komposition (Einbettung).

Während bei der Vererbung die Elemente der bestehenden Klasse an die neue Klasse vererbt werden, geschieht bei der Einbettung nichts anderes, als dass in der neuen Klasse ein Feld vom Typ der bestehenden Klasse definiert wird.[1]

Tabelle 13.1: Vererbung versus Komposition

Vererbung	Komposition

`class X {`
`   ...`
`}`
 	
`class Y: X {`
`   ...`
`}`
	`class X {`
	`   ...`
	`}`
	
	`class Y {`
	`   X var;`
	`   ...`
	`}`

1 Auch wenn es Ihnen vielleicht nicht so richtig bewusst war, so haben Sie das Konzept der Einbettung doch schon fleißig verwendet, denn wann immer Sie in einer Ihrer Klassen ein Feld vom Typ der Klasse `string` deklarierten, haben Sie das Konzept der Einbettung genutzt.

In Abschnitt 13.5.2 werden wir ausführlicher auf die Unterschiede und Einsatzgebiete von Vererbung und Einbettung eingehen. Bis dahin merken Sie sich einfach, dass die Vererbung immer dann – aber auch nur dann – eingesetzt wird, wenn die abgeleitete Klasse eine logische Erweiterung oder Spezialisierung der Basisklasse darstellt.

13.1.3 Einige wichtige Fakten

Das Thema Vererbung ist recht komplex, zu komplex, um es an dieser Stelle in einigen wenigen Sätzen zusammenfassen zu können. Dieser Abschnitt soll Sie daher lediglich auf einige Punkte und technische Details aufmerksam machen, die bei der Auseinandersetzung mit den weit wichtigeren Konzepten schnell überlesen, vom Autor vergessen oder als allzu selbstverständlich angesehen werden.

- Die Basisklasse vererbt alle in ihr definierten Elemente mit Ausnahme der Konstruktoren und der `private`-Elemente.
- Es gibt keine Möglichkeit, auf die Auswahl der vererbten Elemente einzuwirken. (Das heißt, Sie können weder festlegen, dass ein bestimmter Konstruktor doch vererbt werden soll, noch können Sie ein Feld oder eine Methode von der Vererbung ausschließen.)
- Die Basisklasse wird durch die Vererbung nicht verändert. (Weder fehlen die vererbten Elemente später in der Basisklasse, noch wirken Definitionen in der abgeleiteten Klasse auf die Basisklasse zurück.)
- Eine Java-Klasse kann **nicht** gleichzeitig von zwei oder mehreren Basisklassen abgeleitet werden. (Stattdessen gibt es das Konzept der Schnittstellen.)
- Klassen, die als `final` definiert sind, können nicht als Basisklasse verwendet werden:

  ```
  final class B { ... }

  class A extends B {      // Fehler!!!
  ```

13.2 Wie greift man auf geerbte Elemente zu?

Auf den ersten Blick verhalten sich geerbte Elemente wie eigene Elemente der abgeleiteten Klasse, das heißt:

- In den Methoden der abgeleiteten Klasse können Sie die geerbten Felder und Methoden direkt verwenden.
- Der Zugriff von außen erfolgt wie üblich über ein Objekt (bei statischen Elementen über den Namen der Klasse).
- Der Zugriff kann durch die Vergabe von Zugriffsspezifizierern gesteuert werden.

Das Eingangsbeispiel scheint dies zu bestätigen:

Listing 13.2: Aus Vererbung.java

```
01 class Basis {
02    int wert;
03
04    void ausgeben()  {
05       System.out.println(" Wert = " + wert);
06    }
07 }
08
09 class Abgeleitet extends Basis {
10    void erhoehen() {
11       wert += 10;
12    }
13 }
14
15
16 class Vererbung {
17    public static void main(String[] args) {
18      System.out.println();
19
20       Abgeleitet obj = new Abgeleitet();
21       obj.wert = 5;
22       obj.erhoehen();
23       obj.ausgeben();
24    }
25 }
```

Wenn Sie allerdings im obigen Listing in Zeile 2 den Zugriffsspezifizierer `private` setzen, bricht das Beispiel zusammen, und Sie ernten für die Zugriffe auf `wert` in den Zeilen 11 und 21 eine Fehlermeldung:

Dass der Zugriff auf das `private`-Element von außerhalb der Klasse (Zeile 21) scheitert, ist verständlich, denn genau dieser Zugriff soll ja durch die `private`-Definition unterbunden werden. Warum aber kann die abgeleitete Klasse nicht auf das geerbte `private`-Element zugreifen (Zeile 11)? Um diese Frage beantworten zu können, müssen wir ein wenig weiter ausholen.

13.2.1 Geerbte Elemente bilden Unterobjekte

Werden Elemente durch Vererbung von einer Basisklasse an eine abgeleitete Klasse weitergegeben, bilden sie in der abgeleiteten Klasse eine eigenständige Untereinheit, einen Basisklassenanteil. Einerseits werden die Elemente also durch die Vererbung zu einem Teil der abgeleiteten Klasse, andererseits bleiben sie formal Basisklassenelemente.

Eine kleine Analogie soll dies verdeutlichen. Stellen Sie sich vor, Sie wären Autodesigner und -bauer. Für Leute mit dem nötigen Kleingeld entwerfen und erbauen Sie ausgefallene Einzelmodelle. Ein reicher Emir hat beispielsweise kürzlich das Modell »Blue Eagle« bei Ihnen bestellt. Als Basis für dieses Modell verwenden Sie

Fahrgestell und Motor eines Jaguar E, Chassis und Innenausstattung stellen Sie selbst her. Den fertigen Wagen verkaufen Sie für 120.000 Euro an den Emir, der nun stolzer Besitzer eines »Blue Eagle« ist. Dem »Blue Eagle« sieht man nicht an, dass er auf der Basis eines Jaguar E erbaut wurde. Die Bauteile des Jaguars sind zu Teilen des »Blue Eagle« geworden. Trotzdem sind es nach wie vor Jaguar-Elemente, und wenn es Probleme mit dem Fahrgestell oder dem Motor gibt, muss sich der Emir zur Reparatur an eine Jaguar-Vertragswerkstatt wenden.

Gleichermaßen werden die geerbten Elemente zu einem Teil der abgeleiteten Klasse, ohne jedoch dadurch ihre Abstammung von der Basisklasse aufzugeben. Dies hat Konsequenzen für die Programmierung mit geerbten Elementen.

Grundsätzlich können Sie mit den geerbten Elementen genauso programmieren wie mit den Elementen, die direkt in der abgeleiteten Klasse definiert wurden (siehe Beispiel *Vererbung.java*). In bestimmten Situationen tritt allerdings die Basisklassenherkunft der geerbten Elemente in den Vordergrund und muss berücksichtigt werden. Im Einzelnen betrifft dies:

- den Zugriff auf geschützte Klassenelemente (Methoden, die in der abgeleiteten Klasse definiert sind, können nur auf die geerbten Elemente zugreifen, deren Zugriffsspezifizierer dies zulassen, siehe nachfolgender Abschnitt),
- die Instanzbildung (wird von einer abgeleiteten Klasse ein Objekt erzeugt, bilden die geerbten Basisklassenelemente in diesem ein Unterobjekt, das durch einen Konstruktor der Basisklasse initialisiert werden muss, siehe Abschnitt 13.3),
- die Behandlung als Basisklassenobjekt (da Objekte abgeleiteter Klassen ein Basisklassenunterobjekt enthalten, kann man sie auch als Basisklassenobjekte behandeln, siehe Kapitel 14 zur Polymorphie).

Abbildung 13.1: Abgeleitetes Objekt und Unterobjekt der Basisklasse

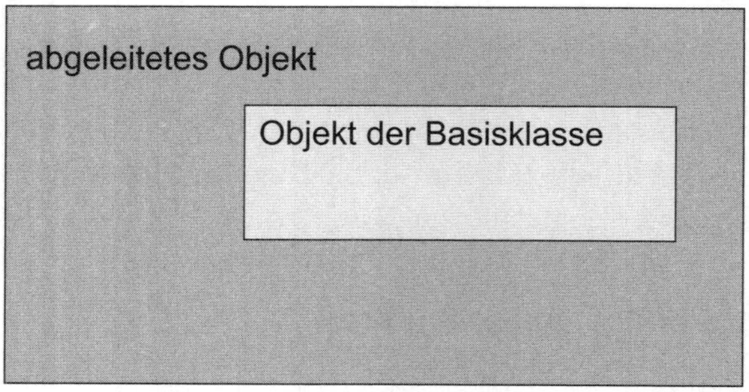

Warum bilden die geerbten Elemente Unterobjekte?

Die einfache Antwort auf diese Frage lautet: Vererbung ist eben ein objektorientiertes Konzept und kein Selbstbedienungsladen, in dem man sich hier ein Feld und da eine Methode in den Warenkorb packt. Der Autor der Basisklasse hat sich ja schließlich bei der Definition der Klasse etwas gedacht, er hat Methoden für den kontrollierten Zugriff auf die Felder geschrieben und die Felder als `private` definiert, damit diese auch wirklich nur über die betreffenden Methoden gelesen oder geändert werden, er hat Teilprobleme in Hilfsmethoden ausgelagert, die von anderen Methoden der Klasse fleißig verwendet werden, er hat einen Konstruktor zur korrekten Initialisierung der Felder der Klasse geschrieben.

Würde Vererbung so funktionieren, dass Sie sich einzelne Elemente der Basisklassen herauspicken oder auf geerbte `private`-Elemente, für die der Autor der Basisklassen an sich passende Zugriffsmethoden vorgesehen hat, in den Methoden der abgeleiteten Klasse direkt zugreifen könnten (siehe einleitendes Beispiel), würde das komplexe Wirkungsgefüge der Basisklasse aufgebrochen und die vom Autor der Basisklasse eingerichteten Schutzmechanismen, die einen korrekten Gebrauch der Basisklassenelemente sicherstellen sollten, zerstört. Der tatsächliche, objektorientierte Mechanismus der Vererbung hingegen stellt sicher, dass dieses komplexe Wirkungsgefüge samt der vorgesehenen Schutzmaßnahmen nur als Ganzes, eben als Untereinheit, vererbt wird. So wird die Basisklasse vor Missbrauch und der Autor der abgeleiteten Klasse vor unnötigen Fehlern im Gebrauch der geerbten Elemente bewahrt.

INFO

Ein weiterer Grund für die objektorientierte Natur der Vererbung ist, dass auf der Vererbung weitere wichtige objektorientierte Konzepte, namentlich der Aufbau von Klassenhierarchien und der Polymorphie, aufbauen (siehe Kapitel 14).

13.2.2 Vier Zugriffsebenen

Sie wissen nun, dass die geerbten Elemente in der abgeleiteten Klasse ihre Eigenständigkeit und ihren Zugriffsschutz beibehalten. Deshalb können Methoden, die in der abgeleiteten Klasse definiert sind, nicht auf geerbte `private`-Elemente zugreifen. Welche Rolle die Zugriffsspezifizierer sonst noch bei der Vererbung spielen, soll dieser Abschnitt klären.

public, Standard und private

Der Einsatz der Zugriffsspezifizierer `public` und `private` ist leicht zu erfassen:

Standardmäßig sind die (ohne Zugriffsspezifizierer definierten) Elemente einer Klasse in allen anderen Klassen des aktuellen Pakets (insbesondere also auch in der aktuellen Quelltextdatei) verfügbar. Geht man davon aus, dass der Programmierer für sein Programm ein eigenes Paket wählt (und sei es das unnamed-Paket), räumt dies den Klassen des Programms den uneingeschränkten wechselseitigen Zugriff ein, während es sie gleichzeitig vor dem Zugriff aus anderen Paketen schützt (d.h., Entwickler, die Ihr Programm auf ihrem System installiert haben, können Ihre Klassen nicht verwenden – außer sie definieren ihre Programme im gleichen Paket).

Wollen Sie den Zugriff ausdehnen, etwa um einzelne Klassen auch in anderen Programmen nutzen zu können oder als Bibliothek anderen Programmierern zur Verfügung zu stellen, definieren Sie die betreffenden Klassen und die zu veröffentlichenden Klassenelemente als `public` (nicht vergessen, die Klassen in eigenen Quelltextdateien abzuspeichern).

Wollen Sie den Zugriff weiter einschränken, um Implementierungsdetails (Hilfsfelder und -methoden) zu verbergen oder Klassenelemente vor falschem Gebrauch zu schützen, definieren Sie die betreffenden Elemente als `private`.

Listing 13.3: Zaehler.java – Implementierung eines einfachen Zählers

```
public class Zaehler {
   private int wert;

   public Zaehler() {
      wert = 0;
   }

   public void weiterdrehen() {
      ++wert;
   }

   public int abfragen()  {
      return wert;
   }
}


class ZaehlerTest  {

   public static void main(String[] args) {
      System.out.println();

      Zaehler zaehler = new Zaehler();

      for(int i = 0; i <= 10; ++i) {
         System.out.println(" " + zaehler.abfragen());
         zaehler.weiterdrehen();
      }

      System.out.println();
   }
}
```

Hier schützt die Klasse ihre Daten, speziell den Stand des Zählers, durch `private`-Definition. Der Zähler kann nur über die zugänglichen Methoden manipuliert werden.

STOP

Hier wurde die Klasse `Zaehler` als `public` definiert, damit sie auch in anderen Programmen verwendet werden kann. Die Klasse `ZaehlerTest` mit der `main()`-Methode dient vornehmlich zum Testen der `Zaehler`-Implementierung und wurde mit Standardzugriff definiert, damit sie zusammen mit `Zaehler` in einer Quelltextdatei gespeichert werden kann.

Zum Kompilieren und Ausführen rufen Sie die Java-Tools aus dem Verzeichnis der Quelldatei wie folgt auf:

```
javac Zaehler.java
```

```
java ZaehlerTest
```

Wenn Sie auf Grundlage der obigen Zähler-Klasse einen weiteren Zähler implementieren wollten, der nicht nur hoch- sondern auch herunterzählen kann, erweist sich die private-Definition des Zählerstandes (wert) jedoch als großes Problem, denn die Implementierung einer weiteren Methode zurueckdrehen(), die den Zählerstand herunterzählt, ist schlichtweg nicht möglich (der direkte Zugriff auf das Feld wird durch die private-Definition verwehrt und public-Methoden, mit denen man den Wert freisetzen könnte, werden von der Basisklasse nicht zur Verfügung gestellt.)

```
public void zurueckdrehen()  {
   --wert;        // Fehler, kein Zugriff da Element private
}
```

Glücklicherweise kommt bei der Vererbung die abgeleitete Klasse als dritte Zugriffsebene hinzu. Dieser Zugriffsebene beigeordnet ist der Spezifizierer protected.

protected

Wenn Sie ein Element als protected definieren, erweitern Sie den auf das aktuelle Paket beschränkten Standardzugriff um die Möglichkeit, auch aus abgeleiteten Klassen auf geerbte protected-Elemente zugreifen zu können.

Wurde also bei der Implementierung der Klasse Zaehler daran gedacht, das Feld wert als protected zu definieren, damit etwaige Klassen, die später einmal von Zaehler abgeleitet werden könnten, auf das Feld wert zugreifen können, ist der Ausbau des Zählers dagegen kein Problem.

Listing 13.4: Zaehler.java – Implementierung eines einfachen Zählers

```
public class Zaehler {
   protected int wert;

   ... // wie gehabt
}
```

Listing 13.5: MeinZaehler.java – Implementiert einen erweiterten Zähler

```
import java.io.Console;

public class MeinZaehler extends Zaehler {
   public MeinZaehler(int startwert) {
      wert = startwert;
   }

   public void zurueckdrehen()  {
      --wert;
   }
}

class MeinZaehlerTest  {
```

```
   public static void main(String[] args) {
      Console cons = System.console();
      cons.printf("\n");

      Zaehler zaehler = new Zaehler();

      cons.printf(" Mit Originalzaehler hochzaehlen:\n\n");
      for(int i = 0; i <= 10; ++i) {
         cons.printf(" %d \n", zaehler.abfragen());
         zaehler.weiterdrehen();
      }
      System.out.println("\n\n");


      // Einsatz des erweiterten, eigenen Zählers
      MeinZaehler meinZaehler = new MeinZaehler(10);

      cons.printf(" Der abgeleitete Zaehler ist auch fuer"
                + " Countdowns geeignet:\n\n");
      for(int i = 0; i <= 10; ++i) {
         cons.printf(" %d \n", meinZaehler.abfragen());
         meinZaehler.zurueckdrehen();
      }

      cons.printf("\n");
   }
}
```

Der protected-Zugriff ist in Java ein wenig diffizil. Will man nicht durcheinander kommen, muss man drei Fälle unterscheiden.

Gegeben sei eine Klasse Anbieter mit einem protected-Feld wert:

```
class Anbieter {
   protected int wert;
}
```

- Eine andere Klasse aus dem gleichen Paket kann Objekte der Klasse Anbieter erzeugen und auf deren wert-Feld zugreifen, weil sie im gleichen Paket definiert ist:

  ```
  // in Konsument
  Anbieter obj = new Anbie4ter();
  obj.wert = 1;
  ```

- Eine abgeleitete Klasse aus dem gleichen Paket kann ebenfalls Objekte der Klasse Anbieter erzeugen und auf deren wert-Feld zugreifen, weil sie im gleichen Paket definiert ist:

  ```
  // in Abgeleitet
  Anbieter obj = new Anbieter();
  obj.wert = 1;
  ```

  und sie kann direkt auf das geerbte wert-Feld zugreifen, weil das Feld als protected definiert wurde:

  ```
  // in Konsument
  wert = 1;
  ```

- Eine andere Klasse aus einem anderen Paket kann zwar Objekte der Klasse `Anbieter` erzeugen, **nicht** aber auf deren `wert`-Feld zugreifen, weil `Anbieter` in einem anderen Paket definiert ist:

```
// in Konsument
Anbieter obj = new Anbieter();
obj.wert = 1;                    // Kompilier-Fehler
```

  Sie kann aber selbstverständlich direkt auf ihr geerbtes `wert`-Feld zugreifen:

```
// in Konsument
wert = 1;
```

INFO

Seien Sie mit der Vergabe des Zugriffsspezifizierers `protected` vorsichtig. Sicherer für Ihre Klassen ist es, wenn Sie `private`-Felder definieren und `protected` oder `public` `get`/`set`-Methoden einrichten.

Tabelle 13.2 fasst die Bedeutung der Zugriffsspezifizierer noch einmal zusammen.

Tabelle 13.2: private, protected und public

Definition in Basisklasse	Zugriff aus Basisklasse	Zugriff aus abgeleiteter Klasse	Zugriff aus Paket (über Objekt oder Klassenname)	Zugriff aus anderem Paket (über Objekt oder Klassenname)
`private`	ja	nein	nein	nein
–	ja	ja, wenn diese in gleichem Paket	ja	nein
`protected`	ja	ja (aber über Objekt oder Klassenname nur, wenn die Basisklasse im gleichen Paket definiert ist)	ja	nein
`public`	ja	ja	ja	ja

STOP

Die Basisklasse hat keine besonderen Zugriffsrechte auf Elemente abgeleiteter Klassen.

INFO

`protected`-Elemente sind immer ein zweischneidiges Schwert. Sie vereinfachen den Programmierern abgeleiteter Klassen den Zugriff auf interne Elemente der Basisklasse, bergen aber das Risiko, dass die Elemente in den abgeleiteten Klassen in unsachgemäßer Weise verändert werden. Als Programmierer einer Basisklasse sollten Sie daher darauf achten, wirklich sensible Daten nicht als `protected` zu definieren, sondern lediglich `protected`- oder `public`-Methoden zur Verfügung stellen, die den Zugriff auf diese Elemente vermitteln. Als Programmierer einer abgeleiteten Klasse sollten Sie besonders beim Verändern des Werts eines `protected`-Feldes genau wissen, was Sie tun.

13.3 Wie initialisiert man geerbte Elemente?

Dass die geerbten Elemente in der abgeleiteten Klasse ein Unterobjekt bilden, merkt man auch daran, dass für die Einrichtung und Initialisierung dieser Elemente die Konstruktoren der Basisklasse und nicht die Konstruktoren der abgeleiteten Klasse zuständig sind.

13.3.1 Konstruktor und Basisklassenkonstruktor

Betrachten Sie einmal den folgenden Quelltext:

Listing 13.6: Basisklassenkonstruktor_1.java

```
class Basis {
   int b_wert;
}

class Abgeleitet extends Basis {
   int abg_wert;

   Abgeleitet() {
      abg_wert = 22;
      b_wert = 11;
   }
}


class Basisklassenkonstruktor_1 {

   public static void main(String[] args) {
      System.out.println();

      Abgeleitet obj = new Abgeleitet();
      System.out.println("   b_wert = " + obj.b_wert);
      System.out.println(" abg_wert = " + obj.abg_wert);
   }
}
```

Auf den ersten Blick werden Sie sagen, dass hier zur Erzeugung des abgeleiteten Objekts lediglich der Konstruktor `Abgeleitet()` aufgerufen wird, der das gesamte Objekt einrichtet und die Felder `b_wert` und `abg_wert` initialisiert. Doch dies täuscht! Zur Erzeugung des Basisklassenunterobjekts wird der Konstruktor der Basisklasse aufgerufen. Dass sich dies nicht im Quelltext widerspiegelt, liegt daran, dass der Compiler im obigen Beispiel zur Erzeugung des Basisklassenunterobjekts automatisch den Standardkonstruktor der Basisklasse heranzieht.

INFO

Zur Erinnerung: ein Standardkonstruktor ist ein Konstruktor, der ohne Argumente aufgerufen wird; wenn in einer Klasse überhaupt kein Konstruktor definiert wird, weist der Compiler dieser automatisch einen Standardkonstruktor zu.

Um zu verifizieren, dass die geerbten Elemente tatsächlich von einem Basisklassenkonstruktor initialisiert werden, definieren wir jetzt einen eigenen Standardkonstruktor, der b_wert einen spezifischen Wert zuweist, und kommentieren die Wertzuweisung im Konstruktor der abgeleiteten Klasse aus.

Listing 13.7: Basisklassenkonstruktor_2.java

```
class Basis {
   int b_wert;

   Basis() {
      b_wert = -999;
   }
}

class Abgeleitet extends Basis {
   int abg_wert;

   Abgeleitet() {
      abg_wert = 22;
      //b_wert = 11;
   }
}


class Basisklassenkonstruktor_2 {

   public static void main(String[] args) {
      System.out.println();

      Abgeleitet obj = new Abgeleitet();
      System.out.println("   b_wert = " + obj.b_wert);
      System.out.println(" abg_wert = " + obj.abg_wert);
   }
}
```

An der Ausgabe:

```
b_wert = -999
abg_wert = 22
```

können Sie ablesen, dass das Feld b_wert tatsächlich vom Basisklassenkonstruktor eingerichtet wurde.

Die Aufgabenteilung sieht also so aus,

- dass zur Erzeugung des Basisklassenunterobjekts ein in der Basisklasse definierter Konstruktor aufgerufen wird,
- dass der Konstruktor der abgeleiteten Klasse die weitere Einrichtung des eigenen Objekts übernimmt (Initialisierung der eigenen Felder und andere Arbeiten) und gegebenenfalls den geerbten Feldern neue Werte zuweist, die zur Erfüllung der Rolle, die das Basisklassenunterobjekt als Teil des abgeleiteten Objekts spielt, besser geeignet sind.

INFO

Jemand, der gerade dabei ist, sich in die objektorientierte Programmierung einzuarbeiten, wird sich jetzt vielleicht zu Recht fragen, warum dies alles so kompliziert sein muss. Wäre es nicht einfacher, wenn das Basisklassenunterobjekt von dem abgeleiteten Konstruktor mit eingerichtet würde? Die Antwort ist: Nein, im Gegenteil!

Angenommen Sie möchten von einer Klasse ableiten, die von jemand anderem stammt oder die Sie vor längerer Zeit einmal erstellt haben. Nehmen wir weiter an, es handelt sich um eine komplexere Klasse, deren Felder sorgfältig initialisiert und für deren Objekte bei der Instanziierung bestimmte Ressourcen (etwa eine Datei oder eine Netzwerkverbindung) eingerichtet werden müssen. Dank des Prinzips des Basisklassenunterobjekts müssen Sie beim Aufsetzen der abgeleiteten Klasse nur darauf achten, dass der Basisklassenkonstruktor zur Einrichtung des geerbten Unterobjekts aufgerufen wird. Dieser sorgt dann automatisch für die korrekte Initialisierung des Unterobjekts in Ihrem abgeleiteten Objekt. (Ein weiteres Beispiel dafür, wie eine wohldefinierte Klasse zu jedem Zeitpunkt die korrekte Verwendung ihrer Objekte sicherstellt.) Wäre der Konstruktor der abgeleiteten Klasse für die Einrichtung des geerbten Basisklassenunterobjekts verantwortlich, müssten Sie erst in der Dokumentation oder im Quelltext der Basisklasse nachschauen, wie deren Elemente zu initialisieren sind und welche weiteren Arbeiten im Konstruktor erledigt werden müssen – ein ebenso zweifelhaftes wie gefahrvolles Vergnügen.

13.3.2 Expliziter Aufruf eines Basisklassenkonstruktors

Stellen Sie sich vor, die Basisklasse besitzt keinen Standardkonstruktor, sondern nur einen Konstruktor, der beim Aufruf die Übergabe eines oder mehrerer Argumente erwartet.

```
class Basis {
   int b_wert;

   Basis(int p) {
      b_wert = p;
   }
}
```

Dann stehen Sie vor einem Problem, denn bei der Erzeugung abgeleiteter Objekte müssen ja auch die geerbten Basisklassenunterobjekte eingerichtet werden. Deren Konstruktor kann jedoch nicht ohne die Übergabe eines passenden Arguments aufgerufen werden. Es stellt sich also die Frage, wie man bei der Instanziierung eines Objekts einer abgeleiteten Klasse Argumente an den Basisklassenkonstruktor übergeben kann?

Weiterreichung von Argumenten an Basisklassenkonstruktoren

Zum Aufruf des Basisklassenkonstruktors stellt Java das Schlüsselwort `super` zur Verfügung. Im Konstruktor der abgeleiteten Klasse repräsentiert es den Konstruktor der Basisklasse.

Besitzt die Basisklasse keinen Standardkonstruktor, müssen Sie mit `super()` einen Konstruktor der Basisklasse aufrufen:

```
class Basis {
   int b_wert;

   Basis(int p) {
      b_wert = p;
   }
}

class Abgeleitet extends Basis {
   int abg_wert;

   Abgeleitet(int param) {
      super(1);

      abg_wert = param;
   }
}
```

Gegebenenfalls übernimmt der Konstruktor der abgeleiteten Klassen nicht nur die Argumente für die eigenen Felder, sondern auch die Anfangswerte für die geerbten Felder, und reicht diese an den Basisklassenkonstruktor weiter:

```
class Basis {
   int b_wert;

   Basis(int p) {
      b_wert = p;
   }
}

class Abgeleitet extends Basis {
   int abg_wert;

   Abgeleitet(int param1, double param2) {
      super(param2);

      abg_wert = param1;
   }
}
```


Auswahl eines Basisklassenkonstruktors

Der explizite Aufruf eines Basisklassenkonstruktors ist auch dann interessant, wenn die Basisklasse über mehrere Konstruktoren verfügt. Wie bei der Überladung kann der Programmierer in solchen Fällen über die Anzahl und die Typen der weitergereichten Argumente auswählen, welcher Basisklassenkonstruktor verwendet werden soll.

Listing 13.8: Basisklassenkonstruktor_3.java

```
class Basis {
   int b_wert;

```

```
   Basis() {
      b_wert = 1;
   }
   Basis(int p) {
      b_wert = p;
   }
   Basis(double p) {
      b_wert = (int) p;
   }
}

class Abgeleitet extends Basis {
   int abg_wert;

   Abgeleitet() {
      abg_wert = 1;
   }

   Abgeleitet(int param1, double param2) {
      super(param2);

      abg_wert = param1;
   }
}


class Basisklassenkonstruktor_3 {

   public static void main(String[] args) {
      System.out.println();

      Abgeleitet obj1 = new Abgeleitet();
      System.out.println(" obj1 \n");
      System.out.println("   b_wert = " + obj1.b_wert);
      System.out.println(" abg_wert = " + obj1.abg_wert);

      System.out.println();

      Abgeleitet obj2 = new Abgeleitet(22, 11);
      System.out.println(" obj2 \n");
      System.out.println("   b_wert = " + obj2.b_wert);
      System.out.println(" abg_wert = " + obj2.abg_wert);
   }
}
```

Ausgabe:

```
obj1

   b_wert = 1
 abg_wert = 1

obj2

   b_wert = 11
 abg_wert = 22
```

In diesem Beispiel ruft der Konstruktor aus Zeile 18 den Standardkonstruktor der Klasse `Basis` (Zeile 4) auf, während der Konstruktor aus Zeile 22 den Basisklassenkonstruktor mit dem `double`-Parameter (Zeile 10) verwendet.

EXKURS

Aufruf von Konstruktoren in Konstruktoren

Insgesamt gibt es drei Techniken, wie Sie in der Definition eines Konstruktors andere Konstruktoren aufrufen können:

- *Mit dem Schlüsselwort* `this` *können Sie einen anderen Konstruktor der gleichen Klasse aufrufen.*

  Meist nutzt man dies, um die Implementierung eines Konstruktors mit wenigen Parametern auf einen Konstruktor mit mehreren Parametern zurückzuführen:

```
Demo(int param1, int param2) { ... }

Demo(int param) {
   this(param, 0);
}
```

  (Vergleiche auch Abschnitt »Überladung« aus Kapitel 8.3 zur Überladung von Methoden.)

- *Mit dem Schlüsselwort* `super` *können Sie einen Konstruktor der Basisklasse aufrufen.*

```
Demo(int param1, int param2)
   super(param1);
   ...
}
```

- *Mit der Syntax* `(new Aussen()).super();` *können Sie den Konstruktor einer Basisklasse aufrufen, die als innere Klasse (siehe Kapitel 10.4) einer Klasse* `Aussen` *definiert ist.*

```
class Aussen {
   class Innen{}
}
class Abgeleitet extends Aussen.Innen {
   Abgeleitet () {
       (new Aussen()).super();
        ...
    }
}
```

13.4 Verdecken, überschreiben und überladen

Wenn Sie eine Klasse von einer anderen Klasse ableiten, begnügen Sie sich natürlich nicht damit, die Elemente der Basisklasse zu erben. Zudem werden Sie in der abgeleiteten Klasse weitere Elemente definieren, die die Funktionalität der Basisklasse erweitern, spezialisieren oder anpassen.

Dies kann so aussehen, dass Sie in der abgeleiteten Klasse gänzlich neue Elemente einführen – wie zum Beispiel in der Klasse `MeinZaehler`, in der gegenüber der Basisklassenimplementierung die Methode `zurueckdrehen()` hinzukam. Es ist aber auch möglich, in der abgeleiteten Klasse Elemente zu definieren, die den gleichen Namen tragen wie geerbte Basisklassenelemente. Dann gilt es, drei Fälle zu unterscheiden:

- Verdeckung
- Überschreibung
- Überladung

13.4.1 Verdeckung

Wenn Sie in einer abgeleiteten Klasse ein Feld definieren, das den gleichen Namen trägt wie ein geerbtes Feld, so verdeckt das neu definierte Feld im Gültigkeitsbereich der abgeleiteten Klasse das geerbte Feld.

Listing 13.9: Verdecken.java

```
class Basis {
   String name = "basis";
}

class Abgeleitet extends Basis {
   String name = "abgeleitet";                    // Verdeckung

   void ausgeben() {
      System.out.println("  eigener Name   = " + name);
   }
}


class Verdecken {

   public static void main(String[] args) {
      System.out.println();

      Abgeleitet obj = new Abgeleitet();

      obj.ausgeben();
      System.out.println("  eigener Name   = " + obj.name);
   }
}
```

Ausgabe:

```
eigener Name = abgeleitet
eigener Name = abgeleitet
```

Verdeckung und geerbte Methoden

Wie Sie wissen, bilden die geerbten Elemente in den Objekten der abgeleiteten Klasse Unterobjekte. Dies hat Konsequenzen für die Verdeckung.

Während die in der abgeleiteten Klasse definierten Methoden nämlich auf das neu definierte, verdeckende Feld zugreifen, arbeiten die geerbten Methoden weiter mit dem verdeckten Feld, das aus ihrem Basisklassenunterobjekt stammt.

```
class Basis {
   String name = "basis";

   String getName() {
      return name;
   }
}

class Abgeleitet extends Basis {
   String name = "abgeleitet";                          // Verdeckung

   void ausgeben() {
      System.out.println("\n Zugriff aus Abgeleitet: ");
      System.out.println(name);        // "abgeleitet"
      System.out.println(getName());   // "basis", da die geerbte Methode
   }                                   //    auf das verdeckte name-Feld
}                                      //    ihres Unterobjekts zugreift
```

Zugriff auf verdeckte Felder

Innerhalb der abgeleiteten Klasse können Sie jederzeit mit dem Schlüsselwort `super` auf verdeckte Felder zugreifen:

```
class Basis {
   String name = "basis";
}

class Abgeleitet extends Basis {
   String name = "abgeleitet";

   void ausgeben() {
      System.out.println("  eigener Name  = " + name);
      System.out.println("  geerbter Name = " + super.name);
   }
}
```

Von außen, über ein Objekt der abgeleiteten Klasse, können Sie ebenfalls auf die verdeckten Instanzvariablen zugreifen, jedoch nicht mittels des Schlüsselworts `super`, sondern durch Umwandlung des Objekts in den Typ der Basisklasse:

```
public static void main(String[] args) {
   System.out.println();

   Abgeleitet obj = new Abgeleitet();

   obj.ausgeben();
   System.out.println("  eigener Name  = " + obj.name);
   System.out.println("  geerbter Name = " + ((Basis) obj).name);
}
```

Hier wandelt der Ausdruck `((Basis) obj)` das Objekt `obj` in ein Objekt des Typs `Basis` um. Das Objekt wird dadurch auf das in ihm enthaltene Basisklassenunterobjekt reduziert. Über das umgewandelte Objekt kann auf das verdeckte Feld `name` zugegriffen werden (immer vorausgesetzt, die Zugriffsspezifizierer erlauben den Zugriff):

```
((Basis) obj).name
```

INFO

Auf verdeckte statische Felder (Klassenvariablen) können Sie wie gewohnt über den Klassennamen zugreifen.

13.4.2 Überschreibung

Methoden können ebenfalls verdeckt werden. Allerdings spricht man in diesem Fall nicht von Verdeckung, sondern von Überschreibung.

Die Überschreibung ist für die Vererbung von großer Bedeutung, denn sie erlaubt es dem Autor der abgeleiteten Klasse, das von der Basisklasse geerbte Verhalten (sprich ihre Methoden) durch Implementierung eigener Methodendefinitionen anzupassen.

Betrachten wir hierzu noch einmal die Klasse `Zaehler`:

```
// aus Zaehler.java
public class Zaehler {
   protected int wert;

   public Zaehler() {
      wert = 0;
   }

   public void weiterdrehen() {
      ++wert;
   }

   public int abfragen()  {
      return wert;
   }
}
```

Angenommen Sie benötigen einen `Zaehler`, der in Zweierschritten zählt.

Sie könnten zu diesem Zweck eine komplett neue Klasse `ZweiSchrittZaehler` definieren, doch dies ist im Grunde unnötige Tipparbeit, denn die neue Klasse wird in weiten Teilen (genauer gesagt, bis auf die Implementierung der Methode `weiterdrehen()`) zu `Zaehler` identisch sein.

Sie könnten `ZweiSchrittZaehler` auch von `Zaehler` ableiten und in einer neuen Methode `inZweierSchrittenWeiterdrehen()` definieren. Dies birgt jedoch die Gefahr, dass Sie – oder andere Programmierer, die mit `ZweiSchrittZaehler` arbeiten – zum Drehen des Zählers die Methode `weiterdrehen()` aufrufen (aus Versehen, Schusseligkeit oder einfach weil Sie die Methode `inZweierSchrittenWeiterdre-`

hen() übersehen haben). Dann aber wird der ZweiSchrittZaehler-Zähler in Einerschritten inkrementiert – ein Verhalten, das er ja an sich gar nicht zeigen sollte.

Die sauberste Lösung besteht darin, ZweiSchrittZaehler von Zaehler abzuleiten und die Methode weiterdrehen() zu überschreiben:

Listing 13.10: ZweiSchrittZaehler.java – Implementiert einen Zähler, der in 2er-Schritten hochzählt

```
public class ZweiSchrittZaehler extends Zaehler {
   public ZweiSchrittZaehler(int startwert) {
      wert = startwert;
   }

   public void weiterdrehen() {
      wert += 2;
   }

}

class ZweiSchrittZaehlerTest  {

   public static void main(String[] args) {
      System.out.println();

      ZweiSchrittZaehler zaehler = new ZweiSchrittZaehler(10);

      for(int i = 0; i <= 10; ++i) {
         System.out.println(" " + zaehler.abfragen());
         zaehler.weiterdrehen();
      }

      System.out.println();
   }
}
```

Beachten Sie, dass die überschreibende Methode den gleichen Namen, die gleiche Signatur (Parameter) und den gleichen Rückgabetyp wie die überschriebene Methode haben muss. Auch andere Teile des Methodenkopfs (throws-Definition, Zugriffsspezifizierer, Modifizierer) müssen weitgehend identisch übernommen werden (Der Zugriff darf bei der Überschreibung aufgelockert, nicht aber verstärkt werden.)

Die überschreibende Methode verdeckt in der abgeleiteten Klasse die gleichnamige geerbte Methode.

REF

Mehr zur Überschreibung und den mit der Überschreibung verbundenen Konzepten der dynamischen Bindung und der Polymorphie in Kapitel 14.

13.4.3 Überladung

Geerbte Methoden können in der abgeleiteten Klasse auch überladen werden.

REF

Der allgemeine Mechanismus der Überladung wurde bereits in Kapitel 8.3.7 beschrieben.

Listing 13.11: Aus Ueberladen.java

```
class Basis {
   protected int wert = 1;

   void erhoehen() {
      ++wert;
   }
}

class Abgeleitet extends Basis {

   void erhoehen(int betrag) {
      wert += betrag;
   }
}
```

Hier wird die geerbte Methode `erhoehen()` überladen. Für Objekte der Klasse `Abgeleitet` kann nun sowohl `erhoehen()` als auch `erhoehen(int)` aufgerufen werden:

```
// aus Ueberladen.java
class Ueberladen {

   public static void main(String[] args) {
      System.out.println();

      Abgeleitet obj = new Abgeleitet();

      obj.erhoehen();
      System.out.println(" Wert = " + obj.wert);

      obj.erhoehen(12);
      System.out.println(" Wert = " + obj.wert);    }
}
```

Ausgabe:

```
Wert = 2;
Wert = 14;
```

13.5 Vererbung und objektorientiertes Design

13.5.1 Wann ist Vererbung gerechtfertigt?

Dies ist die Gretchenfrage. Nehmen wir an, Sie benötigen eine Klasse `Autos`. Einer Ihrer Bekannten hat bereits eine Klasse `Schiffe` implementiert, die über eine Reihe von Feldern und Methoden verfügt, die Sie durchaus gebrauchen könnten (beispielsweise ein Feld für die Höchstgeschwindigkeit, ein Feld für die aktuelle Geschwindigkeit, Methoden zum Beschleunigen und Bremsen). Bedeutet dies, dass Sie Ihre Klasse `Autos` von der Klasse `Schiffe` ableiten dürfen?

```
class Autos extends Schiffe
```

Nun, technisch gesehen ist dies durchaus möglich. Doch Sie ahnen sicherlich schon, dass dies nicht der Sinn der Vererbung ist. Im obigen Falle beginnen die Probleme bereits damit, dass die Klasse `Schiffe` vermutlich Elemente wie `anzahlPassagiere` oder `ankerLichten()` oder `sinken()` enthält. Da die abgeleitete Klasse alle Elemente der Basisklasse[2] erbt, bedeutet dies, dass die Klasse `Autos` nun über eine Methode `ankerLichten()` verfügt. Man kann diese Methode zwar ignorieren (oder verdecken), doch ist dies natürlich nicht der Sinn der Sache.

Aber selbst wenn die Klasse `Schiffe` keine Elemente enthielte, die in der Klasse `Autos` nicht genutzt werden könnten, würde diese Vererbung der eigentlichen Zielsetzung widersprechen. Vererbung ist eben nicht allein ein Mechanismus, um bestehenden Code in neuen Klassen wiederzuverwerten. Vererbung setzt voraus,

- dass die abgeleitete Klasse eine Weiterführung oder Spezialisierung der Basisklasse ist, oder umgekehrt,
- dass die Basisklasse eine allgemeinere (abstraktere) Beschreibung der Objekte der abgeleiteten Klasse darstellt.

Letztere Bedingung wird meist durch die »Ist-ein«-Frage überprüft.

»Ist ein Objekt der abgeleiteten Klasse auch ein Objekt das Basisklasse?«

Wenn ja, dann ist die Vererbung sinnvoll.

Wenden wir die »Ist-ein«-Frage gleich einmal auf das Autos-Schiffe-Beispiel an. Wenn Sie die Klasse `Autos` von der Klasse `Schiffe` ableiten wollen, muss die Aussage »Ein `Autos`-Objekt ist ein `Schiffe`-Objekt« korrekt sein. Selbstverständlich ist ein Auto kein Schiff, die »Ist-ein«-Bedingung ist also nicht erfüllt, und Sie sollten tunlichst die Hände davon lassen, die Klasse `Autos` von der Klasse `Schiffe` abzuleiten.

Wie sähe dagegen eine gerechtfertigte Vererbung aus?

Nehmen wir an, Sie wollten eine Klasse zur Repräsentation von Lastkraftwagen implementieren. In diesem Fall können Sie die neue Klasse `Lastkraftwagen` ohne Probleme von der bereits vorhandenen Klasse `Autos` ableiten, denn ein Lastkraftwagen ist auch ein Auto – die »Ist-ein«-Bedingung ist also erfüllt.

Dies ist im Prinzip der einfachste Fall, wo man Vererbung nutzt. Man verfügt bereits über eine Klasse, die die Grundfunktionalität zur Verfügung stellt. Der Klasse fehlen aber bestimmte Felder und Methoden (zur Repräsentation von LKWs fehlt der allgemeineren Klasse `Autos` vielleicht ein Feld `Ladeflaeche` und Methoden `beladen()` und `entladen()`). Anstatt eine ganz neue Klasse aufzusetzen,

2 Alle Elemente mit Ausnahme der Konstruktoren.

13

leiten Sie von der Basisklasse ab und ergänzen in der abgeleiteten Klasse die zusätzlich benötigten Elemente.

Den zweiten wichtigen Fall haben wir in unserem Autos-Schiffe-Beispiel vorliegen. Wir haben festgestellt, dass es in `Autos` und `Schiffe` etliche Elemente gibt, die in beiden Klassen sinnvoll sind, dass aber keine »Ist-ein«-Beziehung besteht. Dies liegt daran, dass Autos und Schiffe sozusagen Geschwister sind, das heißt, man könnte Sie auf eine gemeinsame Basisklasse zurückführen. Ein guter Programmierer würde jetzt wie folgt vorgehen:

Er würde eine Basisklasse `Fahrzeuge` aufsetzen und die Elemente, die `Autos` und `Schiffe` gemeinsam sind, in diese Basisklasse auslagern. Dann würde er die Klassen `Autos` und `Schiffe` von der Basisklasse `Fahrzeuge` ableiten.

```
class Fahrzeuge

class Autos extends Fahrzeuge

class Schiffe extends Fahrzeuge
```

Abbildung 13.2: Klassenhierarchie aus zwei Ebenen

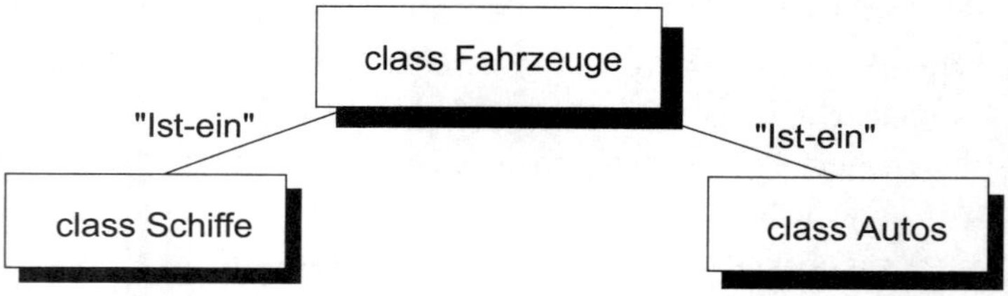

13.5.2 Vererbung versus Komposition

Das Pendant zur Vererbung ist die Komposition (oder Einbettung). Komposition bedeutet, dass eine Klasse Felder definiert, die vom Datentyp einer anderen Klasse stammen. Während die Vererbung durch eine »Ist ein«-Beziehung charakterisiert ist, entspricht die Komposition einer »Hat ein«-Beziehung.

Gegeben seien beispielsweise drei Klassen `Motor`, `Auto` und `Sportwagen`. Wie sehen die Beziehungen zwischen diesen Klassen aus?

Zwischen `Auto` und `Motor` besteht eine »Hat ein«-Beziehung, denn ein Auto hat einen Motor. In der Definition der Klasse `Motor` drückt sich dies wie folgt aus:

```
class Motor ...
class Auto {
  Motor meinMotor;
  ...
```

Zwischen den Klassen `Auto` und `Sportwagen` besteht dagegen eine »Ist ein«-Beziehung. Die Klasse `Sportwagen` wird also von `Auto` abgeleitet (und erbt dabei automatisch das `Motor`-Element).

```
class Sportwagen extends Auto
```

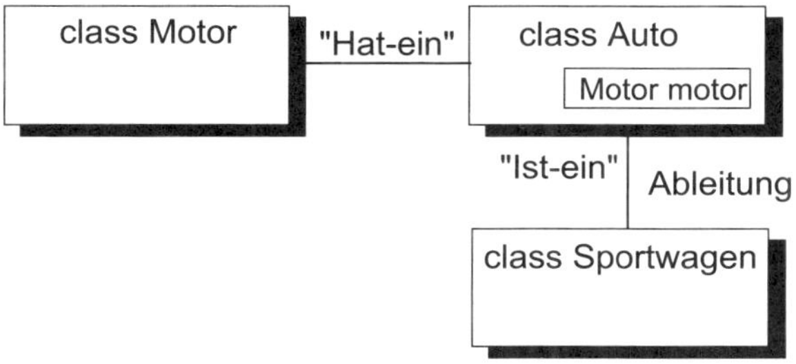

Abbildung 13.3: Vererbung und Einbettung

13.5.3 Klassenhierarchien

Grundsätzlich kann jede Klasse als Basisklasse fungieren (es sei denn, sie wurde als `final` definiert). Daraus folgt, dass abgeleitete Klassen selbst auch wieder als Basisklassen für weitere Klassen dienen können.

```
class A {
...
}
class B extends A {
...
}
class C extends B {
...
}
```

Da des Weiteren von einer Basisklasse beliebig viele Klassen abgeleitet werden dürfen, können auf diese Weise ganze Klassenhierarchien entstehen.

STOP

Von einer Basisklasse können mehrere Klassen abgeleitet werden, eine abgeleitete Klasse kann aber immer nur eine *direkte Basisklasse*[3] haben.

Es gibt eine oberste Basisklasse: java.lang.Object

Wie Sie bereits wissen, haben alle Java-Klassen eine gemeinsame oberste Basisklasse: `Object`.

- Klassen, die ohne Basisklasse definiert werden, bekommen `Object` automatisch als direkte Basisklasse zugewiesen.
- Abgeleitete Klassen erben `Object` indirekt über die letzte ihrer Basisklassen.

REF

Die Klasse `Object` wurde aufgrund ihrer zentralen Bedeutung bereits in Kapitel 6.6 beschrieben. Hinweise zur Überschreibung der von `Object` geerbten Methoden finden Sie in:

Kapitel 8.6.5 – Auflösung von Objekten mit `finalize()`

Kapitel 17.1 – Umwandlung von Objekten in Strings mit `toString()`

Kapitel 17.2 – Kopieren von Objekten in Strings mit `clone()`

Kapitel 17.3 – Vergleichen von Objekten in Strings mit `equals()`

---

3 Die »direkte« Basisklasse einer abgeleiteten Klasse ist die Basisklasse, die in der Klassendefinition hinter dem Schlüsselwort `extends` angegeben wurde.

Kapitel 14
Polymorphie und generische Programmierung

Der Begriff Polymorphie stammt aus dem Griechischen und bedeutet so viel wie »Vielgestaltigkeit«.[1]

Vielgestaltig ist auch die Verwendung des Begriffs der Polymorphie in der objektorientierten Programmierung, wo er sowohl einfache objektorientierte Grundtechniken und Konzepte, wie auch eine besonders effiziente und mächtige Art der objektorientierten Programmierung bezeichnet.

Die angesprochenen Grundtechniken sind die Definition polymorpher Methoden und die Arbeit mit polymorphen Variablen.

Doch erst die Kombination von polymorphen Variablen und polymorphen Methoden erschließt dem Programmierer neue, mächtige Wege der generischen, objektorientierten Programmierung.

14.1 Polymorphe Variablen

Wie Sie aus Kapitel 13.2 wissen, enthält jedes Objekt einer abgeleiteten Klasse auch ein Objekt seiner Basisklassen, ein Basisklassenunterobjekt (das selbst wieder ein Unterobjekt seiner Basisklasse ist, und so weiter bis zum abschließenden `Object`-Unterobjekt).

Dieser spezielle Aufbau gestattet es dem Programmierer, Objekte abgeleiteter Klassen bei Bedarf auch als Objekte ihrer Basisklassen zu behandeln. Insbeson-

1 poly = viel; morphos = Form, Gestalt

dere können Sie ein Objekt vom Typ einer abgeleiteten Klasse in einer Objektvariablen vom Typ einer zugehörigen Basisklasse abspeichern:

```
class Basis { ...}
class Abgeleitet { ... }

Basis      obj1 = new Basis();
Abgeleitet obj2 = new Abgeleitet();

obj1 = obj2;       // Jetzt verweist die Variable obj1 vom Typ Basis
                   // auf ein Objekt vom Typ Abgeleitet!!!
```

`obj1` ist in diesem Code-Fragment eine **polymorphe Variable**, da sie im Laufe des Programms auf Objekte unterschiedlichen Typs verweist!

Beispiel Das Programm *Polymorphie01* implementiert eine kleine Klassenhierarchie aus drei Klassen: der Basisklasse `Saeugetier` und den beiden abgeleiteten Klassen `Gepard` und `Elefant` (siehe Abbildung 14.1).

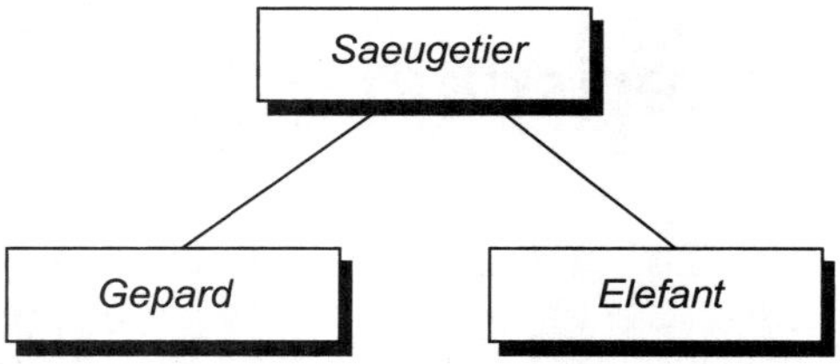

Abbildung 14.1: Säuger als Modell einer Klassenhierarchie

Listing 14.1: Polymorphie01.java – polymorphe Variablen

```
class Saeugetier {

   void steckbrief()  {
      System.out.println(" Ich bin ein Saeugetier.");
   }
}

class Gepard extends Saeugetier {

   void fauchen() {
      System.out.println(" Ffffffauchhhhhhh!");
   }
}

class Elefant extends Saeugetier {

   void spritzen() {
      System.out.println(" Spriiiiiiiiiiiitz!");
   }
}


class Polymorphie01 {
   public static void main(String[] args) {
      Saeugetier saeuger;
```

```
    saeuger = new Gepard();
    saeuger.steckbrief();

    saeuger = new Elefant();
    saeuger.steckbrief();
  }
}
```

Ausgabe:

```
Ich bin ein Saeugetier.
Ich bin ein Saeugetier.
```

Hier wird in der `main()`-Methode zuerst eine Objektvariable vom Typ `Saeugetier` definiert. Danach wird der Variablen zuerst ein Objekt der Klasse `Gepard` und später ein Objekt vom Typ `Elefant` zugewiesen.

Für beide Objekte wird jeweils die Methode `steckbrief()` aufgerufen. Dies ist möglich, weil die Methode von der Basisklasse `Saeugetier` geerbt wurde.

INFO

Der Zugriff auf Elemente abgeleiteter Klassen ist über eine Referenz vom Typ einer Basisklasse nicht möglich. So ist es beispielsweise nicht möglich, am Ende des Programms über die Objektvariable `saeuger` die in `Elefant` definierte Methode `spritzen()` aufzurufen, obwohl die Referenz in `saeuger` auf ein `Elefant`-Objekt verweist

14.1.1 Abgeleitete Objekte als Basisklassenobjekte verwenden

Wenn Sie ein Objekt einer abgeleiteten Klasse an eine Objektvariable vom Typ einer direkten oder indirekten Basisklasse zuweisen, wird das Objekt auf das entsprechende Basisklassenunterobjekt reduziert. Diese »Reduzierung« bedeutet allerdings nicht, dass das Objekt im Speicher wirklich irgendwie beschnitten oder verkleinert würde. Es bedeutet lediglich, dass man über die Basisklassenvariable nur auf die Elemente des Objekts zugreifen kann, die dieses von der Basisklasse geerbt hat.

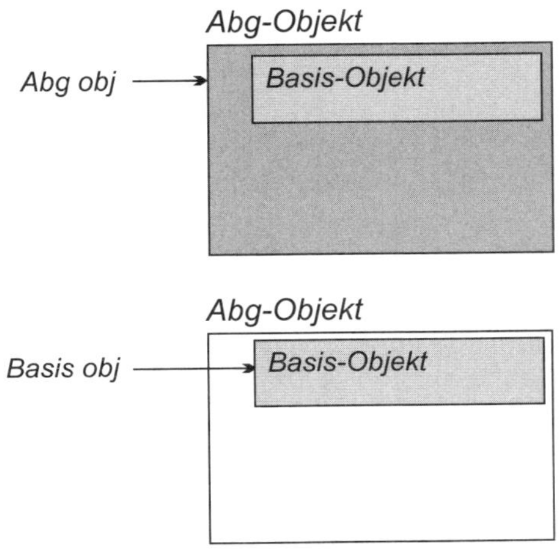

Abbildung 14.2: Verwendung eines Objekts einer abgeleiteten Klasse als Basisklassenobjekt

14

14.1.2 Rückverwandlung in Objekte abgeleiteter Klassen

Da die Reduzierung abgeleiteter Objekte auf ihre Basisklassenunterobjekte nur die Verwendung des Objekts betrifft, die physikalische Struktur des Objekts aber unbehelligt lässt, ist der Vorgang reversibel. Sie müssen lediglich die Objektreferenz in den Typ der abgeleiteten Klasse umwandeln:

```
((Elefant) saeuger).spritzen();
```

oder

```
Elefant dumbo = (Elefant) saeuger;
dumbo.spritzen();
```

EXKURS

Upcast und Downcast

Die Typumwandlung einer Objektreferenz vom Typ einer abgeleiteten Klasse in eine Basisklasse bezeichnet man als **Upcast**.

Die Typumwandlung einer Objektreferenz vom Typ einer Basisklasse in eine abgeleitete Klasse bezeichnet man als **Downcast**.

Beachten Sie, dass die explizite Typangabe beim Downcast auch dann notwendig ist, wenn der Compiler den Zieltyp – wie im zweiten Beispiel – am Typ der aufnehmenden Objektvariablen ablesen könnte.

Dies liegt daran, dass ein Downcast ein mögliches Sicherheitsrisiko darstellt.

Da ein abgeleitetes Objekt stets Unterobjekte seiner Basisklassen enthält, ist der Upcast vom Typ der abgeleiteten Klasse in eine Basisklasse immer möglich und mit keinerlei Gefahren verbunden. Der Compiler muss lediglich sicherstellen, dass der Zieltyp der Umwandlung tatsächlich eine Basisklasse des Originaltyps ist.

Hingegen ist ein Downcast vom Typ B in den Typ A nur dann sicher, wenn die umzuwandelnde Referenz auf ein Objekt verweist, das vom Typ A ist (oder ein Unterobjekt vom Typ A enthält). Dies ist jedoch nicht automatisch der Fall.

```
Saeugetier = new Gepard();
Elefant dumbo = (Elefant) saeuger;
```

Hier wird die von `new` zurückgelieferte Referenz vom Typ `Gepard` zuerst in den Typ `Saeugetier` umgewandelt (UpCast). Dann wird die gleiche Referenz in den Typ `Elefant` umgewandelt (DownCast). Da `Elefant` eine von `Saeugetier` abgeleitete Klasse ist, akzeptiert der Compiler diese Umwandlung. Bei Ausführung des Programms wird jedoch eine `ClassCastException` ausgelöst, da das Objekt, auf welches die Referenz verweist, nun mal ein `Gepard`-Objekt und kein `Elefant`-Objekt ist.

Durch die explizite Typumwandlung will der Compiler sicherstellen, dass sich der Programmierer über die Art der Typumwandlung und das damit verbundene Risiko im Klaren ist.

14.2 Polymorphe Methoden

Von polymorphen Methoden spricht man, wenn es zu einer Methode (einem Namen) mehrere Implementierungen gibt. Sie entstehen durch

- Überladung oder
- Überschreibung

Die Überladung von Methoden ist die trivialste Form der Polymorphie. Sie wurde bereits in Kapitel 8.3.7 behandelt und soll uns hier nicht weiter interessieren.

14.2.1 Polymorphie durch Überschreibung

Wesentlich interessanter ist die Polymorphie überschriebener Methoden. Wie Sie wissen, spricht man von Überschreibung, wenn eine abgeleitete Klasse eine geerbte Methode neu definiert und so die Ausführung der Methode mit eigenem klassenspezifischen Verhalten verbindet.

INFO

Überschreibung erfordert, dass die betroffenen Methoden den gleichen Namen, die gleichen Parameter, den gleichen Rückgabetyp und kompatible `throws`-Definitionen (siehe Kapitel 16.3.1) haben. Der Zugriff darf bei der Überschreibung aufgelockert, nicht aber verstärkt werden.

Listing 14.2: Aus Polymorphie02a.java – überschriebene Methoden

```
class Saeugetier {

   void steckbrief()  {
      System.out.println(" Ich bin ein Saeugetier.");
   }
}

class Gepard extends Saeugetier {

   void steckbrief()  {
      System.out.println(" Ich bin ein Gepard.");
   }
   void fauchen() {
      System.out.println(" Ffffffauchhhhhhh!");
   }
}

class Elefant extends Saeugetier {

   void steckbrief()  {
      System.out.println(" Ich bin ein Elefant.");
   }
   void spritzen() {
      System.out.println(" Spriiiiiiiiiiiiitz!");
   }
}
...
```

14

Wenn Sie jetzt von den Klassen Saeugetier, Gepard und Elefant Instanzen bilden und für diese die Methode steckbrief() aufrufen, wird jeweils die Version ausgeführt, die in der entsprechenden Klasse definiert ist:

```
saeuger = new Saeugetier();
saeuger.steckbrief();              // Ausgabe: "Ich bin ein Saeugetier."

Gepard gepard = new Gepard();
gepard.steckbrief();               // Ausgabe: "Ich bin ein Gepard."

Elefant elefant = new Elefant();
elefant.steckbrief();              // Ausgabe: "Ich bin ein Elefant."
```

So weit, so gut! Was aber passiert, wenn eine polymorphe Methode über eine polymorphe Variable aufgerufen wird?

14.2.2 »Echte« Polymorphie

Wenn Sie in einer Basisklassenvariablen die Referenz auf ein Objekt einer abgeleiteten Klasse speichern, wird die Referenz in den Typ der Basisklasse umgewandelt.

```
Saeugetier saeuger = new Gepard();
```

Wenn Sie über eine solche Referenz auf eine polymorphe Methode zugreifen, die in der Basisklasse definiert und in der abgeleiteten Klasse überschrieben wurde – wie z.B. steckbrief():

```
saeuger.steckbrief();
```

... stellt sich die Frage, welche Methodenversion der Compiler aufruft: Diejenige, die zum Typ der Referenz passt (Saeugetier.steckbrief()), oder diejenige, die zum Typ des Objekts passt, auf das die Referenz verweist (Gepard.steckbrief())?

Die Antwort ist:

- Grundsätzlich ruft der Compiler die Methodenversion auf, die zum Typ des Objekts gehört.
- Lediglich für Methoden, die als private, static oder final definiert wurden, ruft der Compiler die Methodenversion auf, die zum Typ der Referenz gehört.

Listing 14.3: Aus Polymorphie02b.java – überschriebene Methoden

```
// Klassenhierarchie wie in Polymorphie02a
...
class Polymorphie02b {

   public static void main(String[] args) {
      System.out.println();

      Saeugetier saeuger;

      saeuger = new Gepard();
      saeuger.steckbrief();
```

```
        saeuger = new Elefant();
        saeuger.steckbrief();
    }
}
```

Ausgabe:

```
Ich bin ein Gepard.
Ich bin ein Elefant.
```

Objekttyp geht vor Variablentyp

Warum gibt Java dem Typ des Objekts so klar den Vorzug gegenüber dem Typ der Objektvariablen?

Die Antwort auf diese Frage hat drei Teile.

- Erstens: »Echte« Polymorphie beruht gerade auf dem Umstand, dass ein Objekt stets sein eigenes typspezifisches Verhalten zeigt – unabhängig von dem Typ der Objektvariablen (der Referenz), über die der Zugriff erfolgt.
- Zweitens: Die Polymorphie eröffnet dem Programmierer neue, mächtige Formen der generischen Programmierung (siehe Abschnitt 14.2.4).
- Drittens: Java geht davon aus, dass der Programmierer, wann immer dieser die Referenz auf ein Objekt in einer Basisklassenvariablen speichert, die Vorzüge der Polymorphie nutzen möchte (und nicht etwa daran interessiert ist, dass sich das abgeleitete Objekt plötzlich wie ein wirkliches Basisklassenobjekt verhält).

Letzter Punkt ist durchaus bemerkenswert, zumal andere vergleichbare objektorientierte Sprachen (namentlich C++ und C#) den umgekehrten Weg gehen. In diesen Sprachen rufen Aufrufe über Basisklassenvariablen grundsätzlich die Basisklassenversion auf, d.h., es wird die Methode ausgeführt, die zum Typ der Variablen passt. Will der Programmierer polymorphes Verhalten, muss er dies durch spezielle Schlüsselwörter (meist `virtual`) in der Methodendefinition explizit anzeigen. In Java gibt es kein Schlüsselwort `virtual`, da alle Methoden per Voreinstellung polymorph sind (genauer gesagt, das Potenzial zur Polymorphie besitzen).

14.2.3 Dynamische und statische Bindung

Die Polymorphie durch polymorphe Variablen und Methoden stellt den Compiler vor ein Problem. Einerseits soll er zur Kompilierzeit Code erzeugen, der die zu dem Objekttyp gehörende Methode aufruft, andererseits kann er dem Aufruf selbst nur den Typ der Objektvariablen entnehmen:

```
saeuger.steckbrief();
```

Den Typ der Objektvariablen `saeuger` kann der Compiler direkt in der von ihm erstellten Symboltabelle nachschlagen, in der alle wichtigen Informationen über vom Programmierer eingeführte Bezeichner gesammelt sind.

Auf welchen Typ von Objekt `saeuger` verweist, ist dagegen nicht so einfach festzustellen. In einfachen Fällen könnte der Compiler die gewünschte Information dem vorangehenden Quelltext entnehmen:

```
saeuger = new Gepard();
saeuger.steckbrief();          // -> Objekt ist vom Typ Gepard
```

Doch eine solche Quelltextanalyse kann a) sehr aufwändig werden und führt b) nicht immer zum Erfolg, siehe folgendes Codefragment:

```
Saeugetier saeuger;

if (Math.random() < 0.5)
   saeuger = new Saeugetier();
else
  saeuger = new Gepard();

saeuger.steckbrief();
```

Hier hat der Compiler keine Chance! Der Typ des Objekts, auf das `saeuger` verweist, ergibt sich erst zur Laufzeit.

Rein kompilierte Sprachen wie C++ lösen dieses Problem, indem der Compiler polymorphe Methoden nicht direkt aufruft, sondern Maschinenbefehle generiert, die zur Laufzeit (d.h. während der Programmausführung) eruieren, welchen Typ das Objekt hat und die passende Methode aufrufen. Man bezeichnet dies als **dynamische Bindung**. Im Vergleich zur **statischen Bindung**, bei der der Compiler die Methode direkt aufrufen kann, führt die dynamische Bindung natürlich zu einer Verlangsamung der Programmausführung. Auch die Codegröße der Programme steigt (zur Unterstützung der dynamischen Bindung müssen in den Klassen und Objekten Hilfsstrukturen und -daten angelegt werden), weswegen es nicht weiter verwundert, dass in diesen Sprachen die dynamische Bindung (sprich die Polymorphie) explizit eingeschaltet werden muss.

Java nutzt hingegen den Umstand, dass die vorkompilierten Programme auf den Anwenderrechner immer noch interpretiert werden, und überlässt die Methodenauflösung dem Interpreter. Die Methodenaufrufe von Java sind dadurch grundsätzlich minimal langsamer, doch der Unterschied zwischen dem Aufruf polymorpher und nicht-polymorpher Methoden ist nicht so gravierend.

EXKURS

Methodenaufrufe in Java

Trifft der Java-Compiler auf einen Methodenaufruf, macht er Folgendes:

- *Er prüft, ob der Methodenaufruf syntaktisch korrekt ist.*
- *Er stellt alle Methodenversionen zusammen, die für einen Aufruf in Frage kommen.*

  Wurde die Methode beispielsweise über ein Objekt aufgerufen (`obj.tueWas()`), sucht der Compiler in der Klasse des Objekts `obj` und allen Basisklassen (wie auch implementierten Schnittstellen, siehe nächstes Kapitel) nach Methoden gleichen Namens und passender Parameter. Überladene Methoden mit abwei-

chender Parameterzahl oder Parametertypen werden dabei sofort aussortiert. Aufgrund von Überschreibung oder Überladung mit Parametertypen, die durch automatische Typumwandlung ineinander überführbar sind, können in diesem Schritt mehrere Methodenkandidaten gefunden werden.

- *Er stellt die »am besten passende« Methode fest und schlägt diese dem Interpreter vor.*

  Gibt es mehrere überladene Methodenkandidaten mit kompatiblen Parametern, wählt der Compiler diejenige Methode aus, die am besten zu den Typen der Aufrufargumente passt.

  Gibt es überschriebene Versionen, entscheidet sich der Compiler für die Version der am weitesten abgeleiteten Klasse (dies ist maximal die Klasse des aufrufenden Objekts).

  Dann generiert er Bytecode, der dem Interpreter angibt, welches die vom Compiler vorausgewählte Methode ist und um welche Kategorie von Methodenaufruf es sich handelt (virtual (potenziell polymorph), nonvirtual, static ...).

Die Kategorie des Methodenaufrufs teilt dem Interpreter mit, wie er weiter verfahren muss, um die richtige Methode aufzurufen. Für die Kategorien nonvirtual *oder* static *braucht der Interpreter praktisch nur noch die vom Compiler vorgeschlagene Methode aufspüren und aufrufen.*

Für virtual*-Methoden bestimmt der Interpreter die Klasse des Objekts (dies ist der Schritt, zu dem der Compiler nicht fähig ist) und prüft, ob es in dieser Klasse eine gleichnamige Methode gibt, die die Methodendefinition aus der Klasse der aufrufenden Objektvariablen überschreibt. Gibt es eine solche Methode, ruft er sie auf. Gibt es sie nicht, sucht er in den Basisklassen des Objekts weiter. Findet er keine überschreibenden Methoden, nähert er sich auf diese Weise immer mehr der Klasse der Objektvariablen (die ja eine Basisklasse von der Klasse des Objekts sein muss, sonst hätte die Referenz auf das Objekt ja nicht in der Objektvariablen abgelegt werden können).*

Nach diesem Verfahren wird also entweder eine überschreibende Methode oder die Version der Klasse der Objektvariablen aufgerufen.

14.2.4 Polymorphes Verhalten unterdrücken?

Per Voreinstellung sind in Java alle Methoden, die nicht `static`, `private` oder `final` definiert sind, potenziell polymorph, d.h., wenn sie in einer abgeleiteten Klasse überschrieben werden, unterstützen sie die Polymorphie und es wird immer die zum Objekttyp passende Methodenversion aufgerufen.

Dieses Verhalten kann der Programmierer nicht ändern. Er kann verhindern, dass eine Methode polymorphes Verhalten zeigt (eben durch `static`-, `private`- oder `final`-Definition), aber er kann nicht bestimmen, dass der Compiler für eine überschriebene Methode die Version aufruft, die zum Typ der Objektvariablen (sprich der Referenz) gehört.

static

Durch die `static`-Definition erzeugen Sie Klassenmethoden (siehe Kapitel 8.3.6). Da Klassenmethoden über Klassennamen (nicht über Objektvariablen) aufgerufen werden, hat dies den Nebeneffekt, dass Klassenmethoden nicht an dem Konzept der Polymorphie teilnehmen.

INFO

Die Neudefinition einer statischen Methode in einer abgeleiteten Klasse *verdeckt* die geerbte Methode.

Wird in einer Klasse eine statische Methode definiert, die eine geerbte nicht-statische Methode überschreibt, endet die Kompilierung mit einer Fehlermeldung des Compilers.

private

Als `private` definierte Methoden können in abgeleiteten Klassen neu definiert werden. Es handelt sich hierbei weder um Überschreibung noch um Überladung, sondern einfach um die Definition einer Methode, die zufällig ebenso heißt wie eine Methode aus einem anderen Gültigkeitsbereich (nämlich der Basisklasse).

Da `private`-Methoden nicht über Objektvariablen aufgerufen werden können, sind sie für die Polymorphie ehedem ohne Bedeutung.

final

Während `static` und `private` eigentlich anderen Zwecken dienen und nur als Nebeneffekt dazu führen, dass die mit ihnen definierten Methoden nicht an der Polymorphie teilnehmen, wurde der Methodenspezifizierer `final` in die Sprache aufgenommen, um das polymorphe Standardverhalten von Instanzmethoden zu unterbinden. Das heißt, `final`-Definition verbietet jegliche Überschreibung der Methode.

14.3 Generische Programmierung

Die Polymorphie ist der Grundstein für eine besondere Form der generischen objektorientierten Programmierung, die davon profitiert,

- dass (polymorphe) Basisklassenvariablen, insbesondere Parameter von Methoden oder Elemente von Arrays, auf Objekte aller abgeleiteter Klassen verweisen können, und
- dass der Programmierer – solange er mit den in der Basisklasse definierten Klassenelementen auskommt – ohne Rückumwandlung mit diesen Objekten arbeiten kann.

Die wichtigsten Einsatzgebiete hierfür sind Arrays von Basisklassentypen und Methoden mit Basisklassenparametern.

14.3.1 Basisklassen-Arrays

Objektvariablen sind in Java stets potenziell polymorph, da sie sowohl auf Objekte der eigenen als auch auf Objekte irgendwelcher abgeleiteten Klassen verweisen können.

Wozu aber sollten Sie die Referenzen von Objekten abgeleiteter Klassen überhaupt in Objektvariablen vom Typ einer Basisklasse abspeichern?

Nun, beispielsweise um Objekte verschiedener abgeleiteter Klassen gemeinsam in einem Array zu verwalten. Grundsätzlich werden Arrays für Elemente eines bestimmten Typs definiert und können auch nur Objekte dieses Typs aufnehmen.

Für unsere Säugetiere-Klassenhierarchie, in der von der Basisklasse `Saeugetier` zwei Klassen `Gepard` und `Elefant` abgeleitet wurden, bedeutet dies, dass es nicht möglich ist, ein Array für Elemente vom Typ `Gepard` zu definieren und in diesem dann Referenzen auf `Elefant`-Objekte zu speichern. Um dennoch Objekte verschiedener abgeleiteter Klasse gemeinsam in einem Array verwalten zu können, geht man den Umweg über eine gemeinsame Basisklasse. Wie Sie wissen, können Objekte abgeleiteter Klassen auch als Objekte ihrer Basisklassen betrachtet werden. Man bestimmt daher die erste Basisklasse, die allen abgeleiteten Klassen gemeinsam ist, und definiert ein Array für Elemente vom Typ dieser Basisklasse. In diesem Array können dann Referenzen auf Objekte sämtlicher abgeleiteter Klasse verwaltet werden. Definiert die Basisklasse Methoden, die in den abgeleiteten Klassen überschrieben sind, kann man sogar direkt das klassenspezifische Verhalten der Array-Elemente nutzen (ohne vorangehende Rückumwandlung, siehe Abschnitt 14.3.3).

Das folgende Beispiel zeigt, wie Objektreferenzen der abgeleiteten Klassen `Gepard` und `Elefant` in einem gemeinsamen Array verwaltet werden.

Listing 14.4: Basisklassenarrays.java – Einsatz generischer Arrays

```
class Saeugetier {

   void steckbrief()  {
      System.out.println(" Ich bin ein Saeugetier.");
   }
}

class Gepard extends Saeugetier {

   void steckbrief()  {
      System.out.println(" Ich bin ein Gepard.");
   }
}

class Elefant extends Saeugetier {

   void steckbrief()  {
      System.out.println(" Ich bin ein Elefant.");
   }
```

```
20 }
21
22
23 class Basisklassenarrays {
24
25    public static void main(String[] args) {
26       System.out.println();
27
28       Saeugetier[] saeuger = new Saeugetier[4];
29
30       for(int i = 0; i < saeuger.length; ++i)  {
31          if (Math.random() < 0.5)
32             saeuger[i] = new Gepard();
33          else
34             saeuger[i] = new Elefant();
35         }
36
37       System.out.println("\n Alle Tiere durchgehen: \n");
38       for(int i = 0; i < saeuger.length; ++i)
39           saeuger[i].steckbrief();
40    }
41 }
```

Ausgabe:

```
Alle Tiere durchgehen:

Ich bin ein Gepard.
Ich bin ein Elefant.
Ich bin ein Elefant.
Ich bin ein Gepard.
```

In Zeile 26 wird ein Array für Elemente vom Typ `Saeugetier` eingerichtet. In der darauf folgenden Schleife werden nach dem Zufallsprinzip fünf Tiere, Geparden oder Elefanten, erzeugt. Beachten Sie, dass tatsächlich Objekte der Klassen `Gepard` und `Elefant` erzeugt werden (Zeilen 32 und 34), die dann bei der Zuweisung an die Array-Elemente auf ihre Basisklassenunterobjekte reduziert werden.

In der abschließenden `for`-Schleife werden dann Steckbriefe der im Array verwalteten Tiere ausgegeben. Dass die Methode `steckbrief()` überhaupt für die Array-Elemente aufgerufen werden kann, verdanken wir dem Umstand, dass die Methode auch in der Basisklasse `Saeugetier` definiert ist. Dass die Version der Methode ausgeführt wird, die zu dem Typ des Objekts passt, verdanken wir dem Umstand, dass in Java alle Methoden, die nicht `static`, `private` oder `final` sind, standardmäßig als polymorphe Methoden mit dynamischer Bindung behandelt werden.

14.3.2 Basisklassenparameter

Die Reduzierung abgeleiteter Objekte auf ihre Basisklassenunterobjekte erlaubt nicht nur die Einrichtung allgemeiner Arrays, in denen Referenzen auf Objekte verschiedener abgeleiteter Klassen verwaltet werden können, sondern auch die

Implementierung generischer Methoden, die als Argumente Objekte beliebiger abgeleiteter Klassen akzeptieren.

Das folgende Beispiel definiert in der Hauptklasse eine statische Methode `alarmieren()`, die den Anwender informiert, wenn ein Raubtier angetroffen wurde, und eine Entwarnung ausgibt, wenn ein Nichträuber auftaucht.

Bevor wir zur Implementierung der Methode `alarmieren()` kommen, müssen wir allerdings noch die Klassenhierarchie überarbeiten:

- Die Klasse `Saeugetier` wird um ein konstantes `private`-Feld `raeuber` und eine zugehörige, im Paket frei zugängliche Methode `getRaeuber()` erweitert. Des Weiteren erhält die Klasse `Saeugetier` einen Konstruktor, der das `raeuber`-Feld initialisiert.
- Die abgeleiteten Klassen werden mit Konstruktoren ausgestattet, die den geerbten Basisklassenkonstruktor aufrufen, um das geerbte `raeuber`-Feld zu initialisieren.

Beachten Sie, dass es wichtig ist, das Feld `raeuber` und die Methode `getRaeuber()` in der Basisklasse `Saeugetier` zu definieren – nicht nur, um die Elemente elegant an die abgeleiteten Klassen vererben zu können, sondern auch damit die Elemente über Objektvariablen vom Typ `Saeugetier` zugänglich sind.

Die überarbeitete Klassenhierarchie sieht jetzt wie folgt aus:

Listing 14.5: Basisklassenparameter.java – Einsatz generischer Methoden

```
class Saeugetier {
   private final boolean raeuber;

   Saeugetier(boolean raeuber) {
      this.raeuber = raeuber;
   }

   void steckbrief()  {
      System.out.println(" Ich bin ein Saeugetier.");
   }

   boolean getRaeuber() {
      return raeuber;
   }
}

class Gepard extends Saeugetier {

   Gepard() {
      super(true);
   }

   void steckbrief()  {
      System.out.println(" Ich bin ein Gepard.");
   }
   void fauchen() {
```

```
      System.out.println(" Ffffffauchhhhhhh!");
   }
}

class Elefant extends Saeugetier {

   Elefant() {
      super(false);
   }

   void steckbrief()  {
      System.out.println(" Ich bin ein Elefant.");
   }
   void spritzen() {
      System.out.println(" Spriiiiiiiiiiiitz!");
   }
}
```

Jetzt können wir die generische `alarmieren()`-Methode aufsetzen:

```
class Basisklassenparameter {

   static void alarmieren(Saeugetier tier) {
      if (tier.getRaeuber() == true)
         System.out.println("\t Alarm! Ein Raeuber ist " +
                                    "unterwegs.\n");
        else
         System.out.println("\t Entwarnung! Nur ein " +
                                    "harmloser Pflanzenfresser.\n");

     }


   public static void main(String[] args) {
      System.out.println();

      Saeugetier[] saeuger = new Saeugetier[4];

      for(int i = 0; i < saeuger.length; ++i)  {
         if (Math.random() < 0.5)
            saeuger[i] = new Gepard();
         else
            saeuger[i] = new Elefant();
        }

      System.out.println("\n Alle Tiere durchgehen: \n");

      for(int i = 0; i < saeuger.length; ++i) {
          saeuger[i].steckbrief();
          alarmieren(saeuger[i]);
      }
   }
}
```

Ausgabe:

```
Alle Tiere durchgehen:

Ich bin ein Elefant.
        Entwarnung! Nur ein harmloser Pflanzenfresser.

Ich bin ein Elefant.
        Entwarnung! Nur ein harmloser Pflanzenfresser.

Ich bin ein Elefant.
        Entwarnung! Nur ein harmloser Pflanzenfresser.

Ich bin ein Gepard.
        Alarm! Ein Raeuber ist unterwegs.
```

Die Methode `alarmieren()` ist in den Zeilen 3 bis 11 definiert. Sie definiert einen Parameter vom Typ `Saeugetier`, dem beim Aufruf sowohl Objekte vom Typ `Saeugetier` wie auch sämtlicher von `Saeugetier` abgeleiteter Klassen übergeben werden können.[2]

In der Methode wird der Wert des Feldes `raeuber` abgefragt (Zeile 4). Je nach Ergebnis der Abfrage wird eine Warnung oder eine Entwarnung ausgegeben.

Aufgerufen wird die Methode in der `for`-Schleife in Zeile 30.

14.3.3 Typidentifizierung zur Laufzeit (RTTI)

Laufzeittypidentifizierung (englisch RunTime Type Identification = RTTI) bedeutet, dass man Code schreibt, der während der Ausführung des Programms den Datentyp eines Objekts feststellen und entsprechend reagieren kann.

Die beste Form der Laufzeittypidentifizierung besteht darin, die Typidentifizierung dem Compiler zu überlassen, sprich überschriebene Methoden zu verwenden. In den vorangehenden Abschnitten haben Sie dazu etliche Beispiele gesehen. So mächtig, sicher und bequem die Programmierung mit polymorphen Objekten und ihren polymorphen Methoden auch ist, sie hat auch ihre Grenzen. Und diese sind genau dann erreicht, wenn Sie über eine Basisklassenvariable, die auf ein abgeleitetes Objekt verweist, auf ein Element der abgeleiteten Klasse zugreifen wollen, das nicht von der Basisklasse geerbt (oder nicht überschrieben) wurde.

Bemühen wir noch einmal unsere Säugetiere-Klassenhierarchie. Die abgeleiteten Klassen `Gepard` und `Elefant` überschreiben nicht nur beide die geerbte `steckbrief()`-Methode, sondern definieren jeweils auch eigene Methoden, die typische Verhaltensweisen ihrer Objekte implementieren. Die Klasse `Gepard` definiert eine Methode `fauchen()`, die Klasse `Elefant` eine Methode `spritzen()`. Beachten Sie, dass die Verhaltensweisen nur für die jeweiligen Objekte der abgeleiteten Klassen typisch sind. Es ist daher nicht sinnvoll, die Methoden in die Basisklasse `Saeuge-`

2 Übergeben werden letztendlich natürlich nur die Referenzen auf die Objekte, nicht die Objekte selbst.

tier auszulagern und in den abgeleiteten Klassen zu überschreiben oder zu verdecken. (Dann könnten nämlich die Elefanten fauchen und die Geparde spritzen.)

Listing 14.6: Aus Typidentifizierung.java – Typidentifizierung im Programmcode

```
class Saeugetier {
   // ... wie gehabt
}

class Gepard extends Saeugetier {

   Gepard() {
      super(true);
   }

   void steckbrief()  {
      System.out.println(" Ich bin ein Gepard.");
   }
   void fauchen() {
      System.out.println(" Ffffffauchhhhhhh!");
   }
}

class Elefant extends Saeugetier {

   Elefant() {
      super(false);
   }

   void steckbrief()  {
      System.out.println(" Ich bin ein Elefant.");
   }
   void spritzen() {
      System.out.println(" Spriiiiiiiiiiiiitz!");
   }
}
...
```

Wenn Sie jetzt in einer Variablen vom Typ Saeugetier einen Verweis auf ein Gepard-Objekt verwahren, können Sie über die Variable auf die überschriebene Methode steckbrief() zugreifen, nicht aber auf die in der abgeleiteten Klasse definierte Methode fauchen().

```
Saeugetier tier = new Gepard();
tier.steckbrief();  // Okay
tier.fauchen();     // Fehler, da fauchen() kein Element
                    //          von Saeugetier
```

Zwar ist das Objekt, auf das tier verweist, vom Typ Gepard und verfügt folglich auch über die Methode fauchen(), doch da Sie über eine Variable vom Typ Saeugetier auf das Objekt zugreifen, wird der Zugriff verwehrt.

Um trotzdem auf die Methode fauchen() zugreifen zu können, müssen Sie den Typ der Referenz in den Typ des Objekts zurückverwandeln.

Wenn Sie den Typ des Objekts kennen, können Sie die Typumwandlung direkt vornehmen:

```
((Gepard) tier).fauchen();
```

oder

```
Gepard gepard = (Gepard) tier;
gepard.fauchen();
```

In Fällen, da der Typ des Objekts erst zur Laufzeit bekannt ist, müssen Sie allerdings anders vorgehen. Sie müssen den Typ des Objekts zur Laufzeit ermitteln und dann eine entsprechende Umwandlung vornehmen.

instanceof – Klassentyp eines Objekts feststellen

Den Typ eines Objekts können sie mithilfe des Operators `instanceof` abfragen:

```
if (OBJEKTREFERENZ instanceof KLASSENNAME)
```

Der Operator liefert `true` zurück, wenn das Objekt, auf das die angegebene Referenz verweist, vom Typ der angegebenen Klasse ist.

```
if (saeuger[i] instanceof Gepard)
   ((Gepard) saeuger[i]).fauchen();
```

oder

```
if (saeuger[i] instanceof Gepard) {
   Gepard gepard = saeuger[i];
   gepard.fauchen();
   ...
}
```

Der `instanceof`-Operator verhält sich so wie der Versuch einer impliziten oder expliziten Typumwandlung, nur dass die Typumwandlung nicht durchgeführt, sondern simuliert und ihr Ergebnis als boolescher Wert zurückgeliefert wird. Dies bedeutet im Einzelnen:

- Der Operator liefert `true` zurück, wann immer eine automatische Typumwandlung vom Typ des Objekts in den angegebenen Klassentyp möglich ist. Mit anderen Worten: der Operator liefert auch dann `true`, wenn Sie ein Objekt mit einem seiner Basisklassentypen vergleichen.

  ```
  if (saeuger[i] instanceof Saeugetier)  // ergibt true
  ```

- Der Operator liefert `false`, wenn nur eine explizite Typumwandlung möglich ist (Downcast).

  ```
  if (saeuger[i] instanceof Elefant)  // liefert false, wenn
                                      // saeuger[i] auf ein
                                      // Gepard-Objekt verweist
  ```

- Der Vergleich erzeugt eine Fehlermeldung des Compilers, wenn Vergleiche zwischen Typen durchgeführt werden, die weder durch Up- noch durch Downcast ineinander umwandelbar sind:

  ```
  if (new Gepard() instanceof Elefant)      // Fehlermeldung
  
  if (saeuger[i] instanceof AndereKlasse)  // Fehlermeldung
  ```

14

getClass() – beliebige Objekte und Klassen vergleichen

Der instanceof-Operator ist zur Rückumwandlung von polymorphen Objektvariablen immer die erste Wahl. Gelegentlich werden Sie aber auch Typen vergleichen wollen, die sich mit dem instanceof-Operator nicht vergleichen lassen. In diesem Fall können Sie auf die in Object definierte Methode getClass() zurückgreifen.

Die Java Virtual Machine erzeugt für jede im Programm verwendete Klasse eine Instanz der Java-Klasse Class. Wenn Sie über ein Objekt obj die Methode getClass() aufrufen, liefert die Methode eine Referenz auf die Class-Instanz zurück, die den Typ von obj repräsentiert.

Da für ein und dieselbe Klasse immer dieselbe Referenz zurückgeliefert wird, können Sie die Referenzen direkt für Typvergleiche nutzen

```
if (obj1.getClass() == obj2.getClass())
```

Um auch Vergleiche mit Klassennamen durchführen zu können, gibt es eine spezielle Syntax:

```
if (obj1.getClass() == Klassenname.class)
```

INFO

Die Schreibweise KLASSENNAME.class ist eine verkürzte Schreibweise für den Aufruf Class.forName("KLASSENNAME").

14.3.4 Noch einmal: Object

Zum Abschluss noch einmal der Hinweis auf die Klasse Object. Object ist automatisch die oberste Basisklasse jeder (!) in Java definierten Klasse. Folglich kann jedes Objekt von einer Object-Variablen referenziert werden, und Sie können

- in einem Array von Object-Elementen jedwede Art von Objekten verwalten (ein Prinzip, das beispielsweise von den Collections-Klassen der Java-Standardbibliothek genutzt wird, siehe Kapitel 29).
- einem Object-Parameter jedes beliebige Objekt als Argument übergeben (ein Prinzip, das beispielsweise von der in Object definierten equals()-Methode verwendet wird).

14.4 Java Generics

Ab Version 5 gibt es in Java noch eine weitere Säule der generischen Programmierung: die parametrisierten Datentypen, vielfach auch generische Datentypen oder *Java Generics* genannt

Java Generics erlauben dem Programmierer, Klassen zu definieren, ohne sich bezüglich der in der Klasse verwendeten Datentypen festlegen zu müssen. Wozu dies gut ist? Betrachten Sie dazu die Klasse Schachtel:

```
class Schachtel {
   private Integer inhalt;
```

```
   void hineinlegen(Integer objekt) {
      inhalt = objekt;
   }

   Integer herausnehmen() {
      Integer tmp = inhalt;
      inhalt = null;
      return tmp;
   }
}
```

Ein Objekt dieser Klasse ist das (nahezu) perfekte Abbild einer Schachtel, in die man Dinge hineinlegen und wieder aus ihr herausnehmen kann. Einziges Manko: In diesen Schachteln können nur `Integer`-Objekte abgelegt werden. Wenn Sie auch `Double`-Objekte in »Schachteln« verwahren möchten, müssen Sie die Klasse `Schachtel` in `SchachtelInt` umbenennen und eine zweite Klasse `SchachtelDouble` definieren:

```
class SchachtelDouble {
   private Double inhalt;

   void hineinlegen(Double objekt) {
      inhalt = objekt;
   }

   Double herausnehmen() {
      Double tmp = inhalt;
      inhalt = null;
      return tmp;
   }
}
```

Auffällig ist hieran, dass der Code der beiden Klassen bis auf die Datentypen der verwahrten Objekte identisch ist! Anstatt lauter verschiedene Klassen für die zu unterstützenden Datentypen zu definieren, liegt es daher nahe, eine einzige generische Klasse aufzusetzen: entweder indem man auf den Datentyp `Object` ausweicht oder ...

... indem man den Datentyp in der Klassendefinition noch offen lässt und einen Platzhalter einsetzt:

```
class Schachtel<T> {
   private T inhalt;

   void hineinlegen(T objekt) {
      inhalt = objekt;
   }

   T herausnehmen() {
      T tmp = inhalt;
      inhalt = null;
      return tmp;
   }
}
```

Genau dies ist das Prinzip von Java Generics: Die Klasse wird mithilfe eines Platzhalters »typunabhängig« implementiert, und der Typ wird erst bei Verwendung der Klasse festgelegt:

```
Schachtel<Integer> box1 = new Schachtel<Integer>();
box1.hineinlegen(12);
System.out.println(" In Schachtel gefunden: " + box1.herausnehmen());

Schachtel<Double> box2 = new Schachtel<Double>();
box2.hineinlegen(12.5);
System.out.println(" In Schachtel gefunden: " + box1.herausnehmen());
```

Beachten Sie, dass die Objekte, die Sie aus einer parametrisierten Klasse erzeugen, streng typisiert sind! Würden Sie im obigen Beispiel versuchen, in `box1` einen `Double`-Wert abzulegen, würden Sie eine Fehlermeldung des Compilers ernten, denn `box1` ist für Integer-Werte typisiert und die `box1`-Methode `hineinlegen()` erwartet ein Integer-Argument.

Mit anderen Worten: Sie können aus der Klasse `Schachtel` Objekte für beliebige Typen erzeugen, aber Sie können in einem konkreten `Schachtel`-Objekt immer nur den Typ ablegen, für den das Objekt typisiert wurde. (Umgekehrt wäre es, wenn Sie `Schachtel` auf der Basis des `Object`-Datentyps implementieren würden. Dann wären alle `Schachtel`-Objekte für den Datentyp `Object` ausgelegt, und da dies der oberste Basisklassentyp ist, können Sie in den Schachteln beliebige, wechselnde Typen ablegen.)

Wenn Sie parametrisierte Klassen schreiben, müssen Sie darauf achten, dass Klassencode, der mit untypisierten Objekten arbeitet, keine typspezifischen Operationen ausführt. Oder Sie müssen festlegen, dass die Klasse nur für ausgesuchte Datentypen, die bestimmte Operationen unterstützen (sprich Methoden bereitstellen), typisiert werden kann (siehe Abschnitt 14.4.3).

14.4.1 Syntax

Ein parametrisierter Datentyp ist eine Klasse, die Platzhalter für zumindest einen intern verwendeten Datentyp definiert.

Platzhalter können nur Referenztypen vertreten, also keine primitiven Datentypen wie `int`, `float` usw.

Die Platzhalter werden in eckigen Klammern an den Namen der Klasse angehängt. In der Wahl der Platzhalterbezeichner sind Sie frei; gerne verwendet werden T oder E. Wenn Sie verschiedene Typen durch Platzhalter repräsentieren möchten, müssen Sie für jeden Typ einen eigenen Platzhalter definieren.

```
class GenerischeKlasse<T>
class GenerischeKlasse<T, E>
```

Danach können die Platzhalter in der Klasse verwendet werden. Dabei repräsentiert jeder Platzhalter den Typ, der später – bei Instanziierung der Klasse – für ihn übergeben wird.

Das folgende Beispiel demonstriert die Einführung eines Platzhalters T und seine Verwendung in der Klasse:

```
class GenerischeKlasse<T> {
   private T feld;

   GenerischeKlasse(T param) {
      feld = param;
   }

   T getFeld() {
      return feld;
   }
}
```

Bei der Instanziierung der Klasse wird die Typisierung nachgeholt. Dazu wird – wieder in eckigen Klammern – für jeden Platzhalter ein gewünschter Referenztyp angegeben. Für die Klassen GenerischeKlasse würde dies z.B. so aussehen:

```
GenerischeKlasse<String> obj = new GenerischeKlasse<String>("Hallo");
GenerischeKlasse<Integer> obj2 = new GenerischeKlasse <Integer>(1234);
GenerischeKlasse<Boolean> obj3 = new GenerischeKlasse <Boolean>(true);
```

STOP

Die Definition von Arrays, deren Elemente vom Typ einer parametrisierten Klasse sind, ist nur bedingt möglich (siehe Abschnitt 14.4.3).

Verkürzte Variablendefinition (»Diamant-Operator«)

Bei der Definition von Variablen mit einem generischen Datentyp verlangt die Java-Syntax bis Version 6 die redundante Wiederholung der Typangabe, z.B.

```
Map<String, String> daten = new HashMap<String, String>();
```

Da auf der linken Seite schon definiert wird, dass Schlüssel und Wert vom Typ String sind, sollte dem Compiler eigentlich klar sein, dass die Instanz von HashMap auch diese Typen verwenden wird. Nun, ab Java 7 ist es ihm tatsächlich klar und man kann nun schreiben:

```
Map<String, String> daten = new HashMap<>();
```

INFO

Da <> mit etwas Phantasie an einen Diamanten erinnert, wird diese Schreibweise auch *Diamant-Operator* (diamond operator) genannt, obwohl es kein Operator im Sinne der Java-Sprachdefinition ist, sondern einfach nur eine verkürzte Schreibweise.

Methoden parametrisieren

Außer Klassen können Sie auch Methoden parametrisieren. In diesem Fall taucht der Typ-Parameter in der Signatur der jeweiligen Methode auf – in eckigen Klammern *vor* dem Rückgabetyp:

```
<T> rückgabetyp methodenname(parameter)
```

Danach kann der Platzhalter für Rückgabetyp, Parameterdefinition und die Anweisungen im Methodenkörper verwendet werden. Er sollte aber auf jeden Fall als Parametertyp auftauchen.

Die folgende, selbst nicht parametrisierte Klasse definiert eine parametrisierte Methode, die ein Objekt in eine Schachtel legt. Objekt und Schachtel werden als Parameter übergeben; ihre Typen werden durch den Platzhalter `T` angegeben: auf diese Weise können mit der Methode beliebige Objekte in passende Schachteln eingefügt werden.

```
class EineKlasse {

   static <T> void einfuegen(Schachtel<T> box, T objekt) {
        box.hineinlegen(objekt);
   }
}
```

Parametrisierte Methoden werden ohne explizite Typangaben aufgerufen. Der Compiler bestimmt die Typen für die Platzhalter aus den Typen der Argumente.

Für `einfuegen()` könnte dies wie folgt aussehen:

```
Schachtel<Integer> box = new Schachtel<Integer>();
EineKlasse.einfuegen(box, 14);
```

Wäre `einfuegen()` nicht statisch, würden Sie schreiben:

```
Schachtel<Integer> box = new Schachtel<Integer>();
EineKlasse inst = new EineKlasse();
inst.einfuegen(box, 14);
```

EXKURS

Parametrisierte Methoden

Verwechseln Sie parametrisierte Methoden nicht mit Methoden, die mit Platzhaltern ihrer Klasse definiert sind. Letztere übernehmen die Platzhalter der Klasse. Parametrisierte Methoden hingegen definieren eigene Platzhalter. Parametrisierte Methoden können daher innerhalb nicht-parametrisierter Klassen definiert werden:

```
class DemoKlasse {
   ...
   <T> void methode(T param) { ... }
}
```

Sie können in parametrisierten Klassen zusätzliche Platzhalter definieren und sie können gleichnamige Klassenplatzhalter für sich umdefinieren:

```
class DemoKlasse<T> {
   T zahl;
   ...

   <T> void methode(T param) {
        ...
   }
}
...

// DemKlasse-Objekt für Boolean erzeugen, aber
// methode() für Integer aufrufen.
DemoKlasse<Boolean> obj = new DemoKlasse<Boolean>();
obj.methode(123);
```

Parametrisierte Methoden sind an der Platzhalterspezifikation in eckigen Klammern zu erkennen.

14.4.2 Java Generics kontra Object-Implementierung

Die wesentliche Frage ist natürlich: Was hat man als Programmierer von Java Generics? Generics bietet sich immer dann an, wenn man eine Klasse oder Methode schreiben will, die für verschiedene Datentypen immer die gleichen Aktionen durchführt. Ohne generische Datentypen hat man zwei Möglichkeiten:

- Man schreibt für jeden gewünschten Datentyp eine eigene Klassendefinition.
- Man erstellt eine Klassendefinition, die auf der Basisklasse aller Java-Klassen operiert, nämlich `Object`.

Die erste Möglichkeit ist unpraktisch und zudem sehr aufwändig und fehleranfällig, da man alles mehrfach implementieren muss. Daher greift man meistens zur `Object`-Variante, die aber einen wesentlichen Nachteil hat: Der Compiler hat nun keine Chance, den übergebenen Objekttyp zu überprüfen, da jede Klasse letztlich von `Object` abgeleitet ist. Anders formuliert: Wenn zur Laufzeit ein falsches Objekt übergeben wird, könnte u.U. ein Fehler auftreten.

Betrachten wir zur Verdeutlichung die Java-Containerklassen (*Collections*), die im Paket `java.util` bereitgestellt werden[3]. Bei ihrer Implementierung haben die SUN-Entwickler in den bisherigen Java-Versionen bis J2SE 1.4 den `Object`-Weg gewählt und sich den oben erwähnten Nachteil eingehandelt:

```
01 LinkedList namen = new LinkedList();
02 namen.add("Peter");
03 namen.add("Dirk");
04 namen.add("Frank");
05
06 String erster = (String) namen.getFirst();
07
08 // Fehler!
09 JLabel label = new JLabel("Dana");
10 namen.add(label);
11 String letzter = (String) namen.getLast();
```

In Zeile 1 wird ein Container vom Typ `LinkedList` angelegt, in dem wir Strings als verkettete Liste ablegen wollen. In den darauf folgenden Zeilen werden nun einige `String`-Objekte eingefügt und in Zeile 6 lesen wir den ersten Namen der Liste aus. Da `LinkedList` intern nur mit `Object` arbeitet, muss dabei eine explizite Typkonvertierung nach `String` erfolgen. Die Falle lauert in den Zeilen 9-11. Hier fügt der Programmierer versehentlich in Zeile 9 ein Objekt vom Typ `JLabel` ein, geht aber in Zeile 11 davon aus, dass nur Strings gespeichert sind und macht einen entsprechenden Cast nach `String`.

3 Mehr zu Collections finden Sie in Kapitel 29.

Der Compiler kann diesen Fehler nicht erkennen, aber während der Laufzeit wird die Java Virtual Machine bei der Abarbeitung von Zeile 11 eine Exception wirft, da versucht wird, eine unerlaubte Konvertierung von JLabel nach String durchzuführen.

Für solche Fehlerszenarien naht nun Rettung durch Java Generics. Ab der Version J2SE 5 sind alle Collection-Klassen neu mit Parametrisierung implementiert worden, sodass man den gewünschten Typ bei der Instanziierung angeben kann:

```
01 LinkedList<String> namen = new LinkedList<String>();
02 namen.add("Peter");
03 namen.add("Dirk");
04 namen.add("Frank");
05
06 String erster = namen.getFirst();
07
08 // Fehler beim Kompilieren!
09 JLabel label = new JLabel("Dana");
10 namen.add(label);
11 String letzter = namen.getLast();
```

Nun weiß der Compiler, dass nur String-Objekte im Container namen abgelegt werden dürfen, und kann somit die Zeile 10 als fehlerhaft reklamieren. Durch den Einsatz von Generics kann man also Laufzeit-Fehler in Compile-Zeit-Fehler umwandeln und somit noch während der Programmentwicklung erkennen und beheben. Dies ist ein großer Fortschritt in Richtung fehlerfreier Code! Und nebenbei wird das Programm auch besser lesbar, weil die vielen Casts beim Auslesen aus dem Container überflüssig sind.

INFO

Generische Datentypen sind vor allem für die Erstellung von Containern interessant und hilfreich. Wenn Sie also ein normaler Anwendungsprogrammierer sind und mit den vorhandenen Collection-Klassen wie LinkedList oder HashMap auskommen, beschränkt sich der Kontakt mit Java Generics im Wesentlichen auf die Angabe des gewünschten Datentyps während der Instanziierung!

14.4.3 Wildcard-Typ und Einschränkungen

Beim Einsatz von Java Generics muss man sich leider auch an einige Eigentümlichkeiten gewöhnen, die dem Programmiergefühl teilweise zuwiderlaufen.

Die wichtigste Grundregel ist folgende: Wenn eine Klasse A von Klasse B abgeleitet ist, und wenn ferner eine generische Klasse G definiert ist, dann gilt **NICHT**, dass G<A> ein Subtyp von G<B> ist. Etwas konkreter wird dies an einem Beispiel:

```
class Mensch {
   ...
   String leseDaten() { ... }
}
```

```
class Mann extends Mensch {
   ...
}

class Frau extends Mensch {
   ...
}

LinkedList<Mann> laeufer      = new LinkedList<Mann>();
LinkedList<Frau> laeuferinnen = new LinkedList<Frau>();
LinkedList<Mensch> alle       = new LinkedList<Mensch>();
```

Obwohl Mann bzw. Frau von Mensch abgeleitet worden ist, sind laeufer und laeuferinnen für den Compiler kein Subtyp von alle! Dadurch ist es nicht möglich, eine allgemeine Methode zu erstellen, für die man als Parameter eine LinkedList<Mensch> definiert mit dem Gedanken, je nach Bedarf beim konkreten Aufruf eine LinkedList<Mann> oder LinkedList<Frau> zu übergeben, z.B. eine generische Methode zur Ausgabe aller Listenelemente:

```
void listeAusgeben(LinkedList<Mensch> liste) {
    for(Mensch i : liste) {
       System.out.println(i.leseDaten());
     }
}
```

Ein Aufruf der Art

```
listeAusgeben(laeufer);
```

führt dann zu einem Compiler-Fehler, da laeufer als LinkedList<Mann> definiert ist und dies ist eben kein Subtyp von LinkedList<Mensch>.

Der Wildcard-Typ

Es stellt sich die Frage, ob es überhaupt einen Typ gibt, der Basistyp zu allen Typen ist, die für eine parametrisierte Klasse erzeugt werden können? Oder anders ausgedrückt: Gibt es zu einer parametrisierten Klasse Demo<T> eine Typangabe, sodass man Variablen dieses Typs beliebig typisierte Demo-Objekte zuweisen kann?

Tatsächlich gibt es eine solche Typangabe, sie lautet Demo<?> und wird als Wildcard-Typ bezeichnet. Das »?« steht dabei für einen beliebigen, unbekannten Typ.

Mithilfe des Wildcard-Typs kann die Methode listeAusgeben() aus dem vorangehenden Abschnitt wie folgt implementiert werden:


```
void listeAusgeben(LinkedList<?> liste) {
    for(Object i : liste) {
       System.out.println( ((Mensch)i).leseDaten() );
    }
 }
```

Dieser Methode kann man nun sowohl eine Liste vom Typ LinkedList<Mann> als auch LinkedList<Frau> übergeben. Aber es gibt auch einen kleinen Schönheitsfehler. Da ? jeden beliebigen Datentyp repräsentieren kann, können ?-Objekte ausschließlich an Variablen vom Typ `Object` zugewiesen werden. Wir müssen daher in der `for`-Schleife der Methode mit `Object` arbeiten und umständlich zu `Mensch` casten.

INFO

Angenommen die `for`-Schleife lautete

```
for (Mensch i : list) ...
```

Für den Compiler bedeutet dies, dass ein Element aus `liste` an die `Mensch`-Variable `i` zugewiesen wird. Wir wissen, dass dies fehlerlos möglich ist, denn wir übergeben ja nur Listen mit `Mensch`-, `Mann`- oder `Frau`-Objekten. Der Compiler sieht bei der Kompilierung allerdings nur das `?`, welches für jeden beliebigen Typ steht. Er muss also davon ausgehen, dass womöglich `Auto`-Objekte, `JLabel`-Objekte oder Sonstiges an `i` übergeben werden. Daher lässt er die Zuweisung für die Definition `Mensch i` nicht zu.

INFO

Bitte verwechseln Sie `?` nicht mit `Object`. Der Platzhalter `?` steht nicht für `Object`, sondern für einen beliebigen Typ! Entsprechend bezeichnen auch die Definitionen `LinkedList<Object>` und `LinkedList<?>` nicht das Gleiche: Eine Variable vom Typ `LinkedList<Mann>` ist kein Subtyp von `LinkedList<Object>`, sondern nur von `LinkedList<?>`.

Arrays von parametrisierten Klassen

Arrays, die Objekte einer parametrisierten Klasse aufnehmen sollen, können ausschließlich mit dem Wildcard-Typ erzeugt werden:

```
// gegeben sei eine parametrisierte Klasse Schachtel<T>

// Array erzeugen
Schachtel<?>[] regal = new Schachtel<?>[10];

// Schachtel<T>-Objekte erzeugen...
Schachtel<Integer> box1 = new Schachtel<Integer>();
Schachtel<Integer> box2 = new Schachtel<Integer>();

// ... und in Array einfügen
regal[0] = box1;
regal[1] = box2;
```

Eingeschränkte Wildcards

Der Wildcard-Typ birgt noch einen weiteren Nachteil. Wildcard-Typ-Parameter akzeptieren uneingeschränkt jedwede typisierte Form der zugehörigen parametrisierten Klasse.

Für das obige Beispiel der `listeAusgeben()`-Methode bedeutet dies, dass man ohne Beschwerde des Compilers ein Argument vom Typ `LinkedList<String>` übergeben könnte. Erst zur Laufzeit käme es dann zu einem Fehler, weil die Konvertierung zu `Mensch` innerhalb der `for`-Schleife scheitern würde.

Als Lösung gibt es sogenannte *eingeschränkte* (engl. bounded) *Wildcards*, die festlegen, dass sich die Typangabe nur auf Klassen bezieht, die von einer bestimmten Basisklasse abgeleitet sind oder eine bestimmte Schnittstelle[4] implementieren.

```
? extends KlassenName
? extends SchnittstellenName
? extends KlassenName & SchnittstellenName_1 & SchnittstellenName_2
```

Während `extends` obere Grenzen definiert, kann mit `super` eine untere Grenze festgelegt werden:

```
? super KlassenName
```

Eine solche Definition definiert als Typ alle Klassen, die eine Basisklasse der angegebenen abgeleiteten Klasse sind.

Mit eingeschränkten Wildcards können wir die Ausgabe-Methode endlich wunschgemäß so definieren, dass der `LinkedList<>`-Parameter nur solche Argumente akzeptiert, die als Elemente Objekte beinhalten, die von `Mensch` abgeleitet sind:

```
void listeAusgeben(LinkedList<? extends Mensch> liste) {
   for(Mensch i : liste) {
      System.out.println( i.leseDaten() );
   }
}
```

Eingeschränkte Platzhalter

Die `extends`-Schranke lässt sich nicht nur auf Wildcards, sondern auch auf die Platzhalterdefinition in der Klasse anwenden.

Uneingeschränkte Platzhalter, wie in `eineKlasse<T>`, können bei der Instanziierung der Klasse durch jeden beliebigen Referenztyp ersetzt werden. Dies muss aber nicht immer wünschenswert sein. Oftmals ist es sogar unerwünscht – dann nämlich, wenn die parametrisierte Klasse speziell für Objekte einer konkreten Klassenhierarchie geschrieben wurde (oder Objekte, die eine bestimmte Schnittstelle implementieren, vgl. Kapitel 15.2) und daher intern auf Methoden und Felder zugreift, die in den entsprechenden Objekten vorhanden sind (aber natürlich nicht in jedweden beliebigen Objekten). In solchen Fällen kann der Platzhalter mit `extends` auf Typen eingeschränkt werden, die von einer bestimmten Basisklasse abstammen oder eine oder mehrere spezielle Schnittstellen implementieren.

Zur Veranschaulichung greifen wir noch einmal das Schachtel-Beispiel aus der Einführung auf:

```
class Schachtel<T> {
   private T inhalt;

   void hineinlegen(T objekt) {
      inhalt = objekt;
   }
```

4 Schnittstellen werden in Kapitel 15.2 besprochen.

14

```
   T herausnehmen() {
      T tmp = inhalt;
      inhalt = null;
      return tmp;
   }
}
```

In den Objekten dieser Klasse, den »Schachteln« sollen nun nicht mehr beliebige Objekte, sondern ausschließlich Schuhe (d.h. Objekte der `Schuh`-Klassenhierarchie) abgelegt werden können:

```
class Schuh {
   String name;
   int groesse;

   Schuh(String name, int groesse) {
      this.name = name;
      this.groesse = groesse;
   }
}
class Stiefel extends Schuh {

   Stiefel(String name, int groesse) {
      super(name, groesse);
   }
}
class Slipper extends Schuh {

   Slipper(String name, int groesse) {
      super(name, groesse);
   }
}
```

Zu diesem Zweck muss in der Definition der Klasse `Schachtel` lediglich der Platzhalter `T` auf `Schuh` eingeschränkt werden:

```
class Schachtel<T extends Schuh> {
   ...
```

Danach können Sie schreiben:

```
Schachtel<Schuh> box = new Schachtel<Schuh>();
```

```
Schachtel<Stiefel> box = new Schachtel<Stiefel>();
```

aber nicht mehr:

```
Schachtel<Integer> box = new Schachtel<Integer>();
```

14.4.4 Vererbung und Überladung

Selbstverständlich können parametrisierte Klassen auch als Basisklassen vererbt und Methoden mit Platzhaltern überschrieben und überladen werden.

Vererbung parametrisierter Klassen

Wenn Sie von einer parametrisierten Klasse eine neue Klasse ableiten, geben Sie bei der Ableitung

Platzhalter aufgreifen

- entweder an, von welcher Typisierung der Basisklasse Sie ableiten möchten,

  ```
  class Basis<T> {...}
  class Abgeleitet extends Basis<EinTyp> {...}
  ```

- oder definieren den (oder die) Platzhalter der Basisklasse hinter der *abgeleiteten* Klasse und reichen sie an die Basisklasse weiter.

  ```
  class Basis<T> {...}
  class Abgeleitet<T> extends Basis<T> {...}
  ```

  Noch deutlicher wird diese Regel bei der Ableitung von einer Basisklasse mit eingeschränktem Platzhalter:

  ```
  class Basis<T extends EineKlasse> {...}
  class Abgeleitet<T extends EineKlasse> extends Basis<T> {...}
  ```

Im ersten Fall definieren Sie eine ganz normale Klasse. Sollten Sie in dieser eine Methode aus der parametrisierten Basisklasse überschreiben wollen, ersetzen Sie den Platzhalter (der Basisklasse) durch `EinTyp`.

Im zweiten Fall definieren Sie eine parametrisierte Klasse, deren Platzhalter Sie wie gewohnt verwenden.

Neue Platzhalter definieren

Ob Sie den (oder die) Platzhalter der Basisklasse in der abgeleiteten Klasse benutzen, bleibt Ihnen überlassen. Und selbstverständlich können Sie für die abgeleitete Klasse auch eigene Platzhalter definieren:

```
class Basis<T> {...}
class Abgeleitet<E, T> extends Basis<T> {...}
```

Platzhalter weiter einschränken

Die Platzhalter der Basisklasse können Sie in der abgeleiteten Klasse weiter einschränken:

```
class Basis<T> {...}
class Abgeleitet<T extends EineKlasse> extends Basis<T> {...}
```

oder

```
// EineAbgKlasse sei abgeleitet von EineKlasse
class Basis<T extends EineKlasse> {...}
class Abgeleitet<T extends EineAbgKlasse> extends Basis<T> {...}
```

Einschränkungen aufzuheben oder abzuschwächen (einen größeren Kreis Klassen zulassen) ist nicht möglich:

```
// EineAbgKlasse sei abgeleitet von EineKlasse
class Basis<T extends EineAbgKlasse> {...}
class Abgeleitet<T extends EineKlasse> extends Basis<T> {...}  // FEHLER
```

Das folgende Beispielprogramm greift die Idee der »Schuhschachtel« aus dem vorangehenden Abschnitt auf und implementiert diese als eigene, von Schachtel<T> abgeleitete Klasse.

Listing 14.7: SchuhschachtelDemo.java – Ableitung von parametrisierter Klasse

```
// Schuh-Hierarchie
class Schuh {
   String name;
   int groesse;

   Schuh(String name, int groesse) {
      this.name = name;
      this.groesse = groesse;
   }
}
class Stiefel extends Schuh {

   Stiefel(String name, int groesse) {
      super(name, groesse);
   }
}
class Slipper extends Schuh {

   Slipper(String name, int groesse) {
      super(name, groesse);
   }
}


// parametrisierte Klassen
class Schachtel<T> {
   private T inhalt;

   void hineinlegen(T objekt) {
      inhalt = objekt;
   }

   T herausnehmen() {
      T tmp = inhalt;
      inhalt = null;
      return tmp;
   }
}

// Vererbung, die den Platzhalter einschränkt
class Schuhschachtel<T extends Schuh> extends Schachtel<T> {
}


public class SchuhschachtelDemo {

   public static void main(String[] args) {
      System.out.println();
```

```
        Schuhschachtel<Stiefel> box = new Schuhschachtel<Stiefel>();
        box.hineinlegen(new Stiefel("Rossini", 36));
        Stiefel obj = box.herausnehmen();
        if (obj == null)
           System.out.println(" Schachtel war leer");
        else
           System.out.println(" In Schachtel gefunden: " + obj.name
                              + ", Groesse: " + obj.groesse);
    }
}
```

Ausgabe:

```
In Schachtel gefunden: Rossini, Groesse: 36
```

Wenn Sie obigen Quelltext ändern und versuchen, `Schuhschachtel` für Integer zu typisieren, quittiert der Compiler dies mit einer Fehlermeldung!

Überladung von Methoden mit Platzhaltern

Wenn Sie parametrisierte Methoden überladen, müssen Sie beachten, dass es zu unauflösbaren Zweideutigkeiten kommen kann.

Angenommen Sie definieren in einer parametrisierten Klasse eine Methode `void eineMethode(T param)` und überladen diese mit einer Version für `Integer`-Argumente:

```
class Klasse<T> {
   ...
   void eineMethode(T param) { ... }
   void eineMethode(Integer param) { ... }
}
```

Solange Sie diese Klasse nicht für den Typ `Integer` typisieren, geht alles gut. Sobald Sie aber ein `Klasse<Integer>`-Objekt erzeugen und für dieses `eineMethode()` aufrufen, steht der Compiler vor dem Problem, dass er nicht entscheiden kann, welche Implementierung von `eineMethode()` aufgerufen werden soll. Die Folge ist, dass der Compiler die Kompilierung mit einer Fehlermeldung abbricht.

14.4.5 Hinter den Kulissen

Umsetzung des Generics-Konzepts

Viele Java-Programmierer stellen sich parametrisierte Klassen (bzw. Methoden) als Vorlagen oder Schablonen vor, aus denen der Compiler bei der Instanzbildung die eigentlichen Klassen erzeugt. Nach dieser Vorstellung würden die folgenden Instanziierungen einer Generics-Klasse `Demo<T>`:

```
Demo<Integer> obj1 = new Demo<Integer>();
Demo<Double>  obj2 = new Demo<Double>();
```

zwei `Demo`-Klassen erzeugen: eine, die für `Integer`, und eine, die für `Double` spezialisiert ist. Leser, die über Erfahrungen in der C++-Programmierung verfügen, werden hierin unschwer das Modell der C++-Templates wiedererkennen.

Eine (Klasse) für alle (Typen)

Java Generics sind jedoch anders implementiert. Der Java-Compiler erzeugt für eine parametrisierte Klasse immer nur eine einzige Klasse! Die Platzhalter in der Klasse ersetzt er dabei durch Basisklassentypen, die so gewählt sind, dass alle Typen, die der Platzhalter repräsentieren kann, von dem Basisklassentyp abgeleitet sind. Mit anderen Worten: ein einfacher Platzhalter `T` wird durch `Object` ersetzt (da nur `Object` die Zuweisung von Objekten beliebiger Klassentypen erlaubt), ein beschränkter Platzhalter `T extends Klasse` wird durch den Typ `Klasse` ersetzt.

```
// Klassendefinition
class Schachtel<T> {
   private T inhalt;

   void hineinlegen(T obj) {
      inhalt = obj;
   }

   T herausnehmen() {
      T tmp = inhalt;
      inhalt = null;
      return tmp;
   }
}
```

```
// intern erzeugte Klasse
class Schachtel {
   private Object inhalt;

   void hineinlegen(Object obj) {
      inhalt = obj;
   }

   Object herausnehmen() {
      Object tmp = inhalt;
      inhalt = tmp;
      return tmp;
   }
}
```

Die Typangaben aus der Instanzbildung:

```
Schachtel<Integer> obj1 = new Schachtel<Integer>();
Schachtel<Double>  obj2 = new Schachtel<Double>();
```

entfernt der Compiler. Als Ersatz fügt er Casts in den Code ein, die dafür sorgen, dass die Objekte der parametrisierten Klasse so und nur so verwendet werden können, wie es die vom Programmierer vorgegebene Typisierung vorsieht. Für das oben erzeugte Objekt `obj1` bedeutet dies, dass für `obj1.hineinlegen()`-Aufrufe nur `Integer`-Argumente akzeptiert werden und `obj1.herausnehmen()` stets `Integer`-Objekte zurückliefert, obwohl `obj1` intern mit `Object` arbeitet.

Fazit: Die Typisierung existiert nur im Quelltext und zur Kompilierzeit, nicht aber im Bytecode.

Untypisierte Verwendung parametrisierter Klassen

Parametrisierte Klassen sind dazu gedacht, dass sie bei der Instanzbildung typisiert werden. Was aber geschieht, wenn Sie von einer parametrisierten Klasse Objekte erzeugen, ohne Datentypen für den oder die Platzhalter anzugeben?

```
class Demo<T> { ... }
...
Demo obj = new Demo();
```

Der Compiler wird diesen Code anstandslos übersetzen, d.h., er erzeugt eine Klasse `Demo` mit dem Typ `Object` für `T` und instanziiert diese. Automatische Casts fügt der Compiler nicht ein, schließlich hat ihm ja niemand mitgeteilt, in welchen Typ er casten soll. Dafür gibt er eine Warnung aus, dass Ihr Code ungeprüfte Operationen enthält, wenn er auf Zuweisungen an Felder oder Parameter trifft, die in der Klasse mit Platzhalter definiert wurden.

INFO

Wenn Sie explizit aufgelistet haben möchten, welche Zuweisungen und Aufrufe ungeprüft sind, kompilieren Sie mit der Option `-Xlint:unchecked`.

Sie können die Warnung ignorieren und die aus der Klasse erzeugten Objekte so verwenden, als ob die Klasse von vornherein mit `Object` als Typ definiert worden wäre. (Achtung! Bei eingeschränktem Platzhalter wird `T` wie im vorangehenden Abschnitt ausgeführt nicht durch `Object`, sondern durch die angegebene Basisklasse ersetzt.)

Verzichten Sie aber keinesfalls aus Bequemlichkeit auf die Typisierung! Die Option der untypisierten Verwendung dient hauptsächlich der Abwärtskompatibilität. In Java 5 wurden nämlich etliche Klassen der Java-Bibliothek parametrisiert: allen voran die Collection-Klassen, aber auch Klassen wie `ThreadLocal` oder `Class`. Gäbe es nun nicht die Möglichkeit der untypisierten Verwendung dieser Klassen, hieße dies, dass bestehender Code, der diese Klassen verwendet und der geschrieben wurde, als diese Klassen noch nicht parametrisiert waren, ohne komplette Überarbeitung nicht für Java 5 neu kompiliert werden kann.

Einschränkungen

Wie Sie mittlerweile wissen, gibt es zu jeder parametrisierten Klasse immer nur eine Implementierung – egal für wie viele unterschiedliche Datentypen die Klasse typisiert wird. Dies hat Konsequenzen für die Programmierung:

- Sie können mit `instanceof` prüfen, ob ein Objekt einer parametrisierten Klassen angehört, nicht aber, ob es für einen bestimmten Typ typisiert wurde:

  ```
  if (obj instanceof Schachtel)             // korrekt
  if (obj instanceof Schachtel<INTEGER>)    // Compiler-Fehler
  ```

- `getClass()` liefert für alle Objekte einer parametrisierten Klasse dieselbe Referenz zurück – kann also ebenfalls nicht zur Unterscheidung von Typisierungen verwendet werden.

  Für

  ```
  Schachtel<Integer> obj1 = new Schachtel<Integer>();
  Schachtel<Double>  obj2 = new Schachtel<Double>();
  ```

  ergibt der folgende Test `true`:

  ```
  (obj1.getClass() == obj2.getClass()
  ```

- Sie können die Typisierung eines Objekts nicht durch Casten ändern

  ```
  obj1 = (Schachtel<Integer>) obj2;          // Compiler-Fehler
  ```

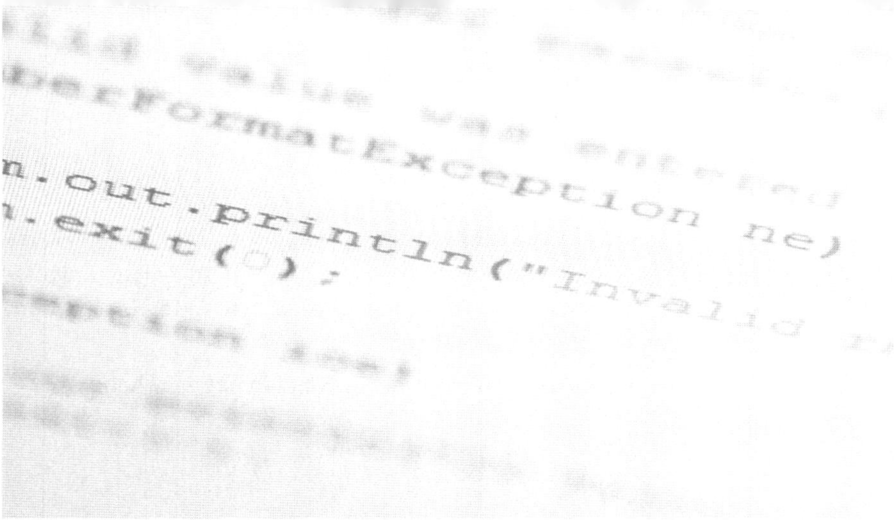

Kapitel 15
Abstrakte Klassen und Schnittstellen (Interfaces)

In Kapitel 13 wurde die Vererbung vor allem unter dem Aspekt der Code-Vererbung betrachtet. Durch die Polymorphie sind wir nun darauf gestoßen, dass Basisklassen nicht nur zur Vererbung von Code herangezogen werden können, sondern dass es mindestens genauso interessant sein kann, eine einheitliche Schnittstelle zu vererben. Nichts anderes ist nämlich die Programmierung mit polymorphen Methoden, die in den abgeleiteten Klassen überschrieben werden: der geerbte Name (die Schnittstelle) wird übernommen, die Definition (der Code) wird ersetzt.

In Fortsetzung dieses Gedankens kommt man zu Konzepten, die vornehmlich oder gar ausschließlich der Vererbung von Schnittstellen dienen – den abstrakten Klassen und schließlich den Java-Schnittstellen (Interfaces).

STOP

Vorsicht! Auch wenn Sie die Verschiebung von Elementen aus abgeleiteten Klassen in Basisklassen stets erwägen sollten, so dürfen Sie es doch nicht übertreiben und die natürlichen Bedingungen der Vererbung missachten. Verschieben Sie nur solche Elemente in die Basisklassen, die auch in allen abgeleiteten Klassen vorkommen, damit die »Ist-ein«-Beziehung gewahrt bleibt. (Eine Methode `ankerLichten()` aus einer Klasse `Schiff` in eine Basisklasse `Fahrzeug` zu verschieben, von der auch Klassen wie `Auto` oder `Motorrad` abgeleitet sind, wäre beispielsweise eine solche sträfliche Missachtung der Vererbungsregeln.)

15.1 Abstrakte Klassen

Die Polymorphie lehrt uns, wo sinnvoll, Methoden und Felder von den abgeleiteten Klassen in gemeinsame Basisklasse zu verlegen, um mit abgeleiteten Objekten, die über Basisklassenvariablen referenziert werden, nach Möglichkeit ohne explizite Typumwandlung arbeiten zu können.

Beispiel Für ein Geometrie-Programm könnten Sie folgende Klassen definiert haben:

```
class Kreis {
   private double radius = 1.0;

   public Kreis()           { }
   public Kreis(double r)    { this.radius = r; }

   public double getRadius() { return radius; }
   public void setRadius(double r) {
      if (r > 0)
         this.radius = r;
   }

   public double umfang()    { return 2 * Math.PI * radius; }
   public double flaeche()   { return Math.PI * radius * radius; }
}

class Rechteck {
   private double breite = 1.0;
   private double laenge = 1.0;

   public Rechteck() { }
   public Rechteck(double b, double l) {
      this.breite = b;
      this.laenge = l;
   }

   public double getBreite() { return breite; }
   public double getLaenge() { return laenge; }
   public void setBreite(double b) {
      if (b > 0)
         this.breite = b;
   }
   public void setLaenge(double l) {
      if (l > 0)
         this.laenge = l;
   }

   public double umfang()    { return 2 * (laenge + breite); }
   public double flaeche()   { return laenge * breite; }
}
```

Die Klassen dienen der Repräsentation von Kreisen und Rechtecken und stellen `public`-Methoden zur Berechnung von Umfang und Fläche ihrer Objekte zur Verfügung. (Die Klassen selbst sollen später als `public` definiert werden. Im Moment wurde aber noch auf die `public`-Definition verzichtet, um die Klassen in einer

Quelldatei definieren zu können – dies widerspricht zwar dem Prinzip Modularisierung, hat aber den Vorzug, dass wir Ihnen alle Klassen des Beispiels in einer Datei präsentieren können.)

Nachteilig an dieser Implementierung ist, dass es keine gemeinsame Basisklasse gibt, in der die gemeinsame Funktionalität (Methoden) definiert ist.

Möchte der Programmierer Kreis- und Rechteck-Objekte zusammen in einem Array verwalten, muss er dazu ein Array von Object-Elementen definieren:

```
Object[] formen = new Object[3];
formen[0] = new Kreis(3);
formen[1] = new Rechteck(10, 2);
formen[2] = new Kreis(12.8);
```

Die Vorteile der Polymorphie kann er dabei aber kaum nutzen, denn über Object-Variablen kann nicht auf die spezielle Funktionalität der Kreis- und Rechteck-Klassen zugegriffen werden. Will der Programmierer beispielsweise mithilfe einer Schleife die Gesamtfläche der erzeugten Formen berechnen, muss er in der Schleife die Objektreferenzen in die abgeleiteten Klassen zurückverwandeln:

```
double gesamtflaeche = 0.0;
for(int i = 0; i < formen.length; ++i) {
   if (formen[i] instanceof Kreis)
      gesamtflaeche += ((Kreis) formen[i]).flaeche();
   else
      gesamtflaeche += ((Rechteck) formen[i]).flaeche();
}
```

Um diese hässliche und fehleranfällige Implementierung zu vermeiden, beschließt der Programmierer die Klassen Kreis und Rechteck von einer gemeinsamen Klasse Form abzuleiten, in der die Methoden umfang() und flaeche() bereits definiert sind.

```
class Form {
   public double umfang()  { return 0; }
   public double flaeche() { return 0; }
}

class Kreis extends Form {
   // ... wie gehabt
}

class Rechteck extends Form {
   // ... wie gehabt
}
```

Jetzt kann das Array mit Elementen vom Typ Form definiert, und danach – dank der polymorphen Methoden – über die Form-Elemente auf die objektspezifische Funktionalität der Klassen Kreis und Rechteck zugegriffen werden.

```
Form[] formen = new Form[3];
formen[0] = new Kreis(3);
formen[1] = new Rechteck(10, 2);
formen[2] = new Kreis(12.8);
```

```
double gesamtflaeche = 0.0;
for(int i = 0; i < formen.length; ++i)
   gesamtflaeche += formen[i].flaeche();

System.out.println("Gesamtflaeche = " + gesamtflaeche);
```

Allerdings weist die erzeugte Klassenhierarchie zwei gravierende Fehler auf:

- Die von `Form` vererbten Methoden haben keine sinnvolle Implementierung. Im Beispiel schadet dies nicht weiter, da die Methoden in den abgeleiteten Klassen `Kreis` und `Rechteck` überschrieben werden. Wenn ein Programmierer die Klassenhierarchie irgendwann um eine Klasse `Dreieck` erweitert und dabei vergisst, die Methoden `flaeche()` und `umfang()` zu überschreiben, wird die geerbte Implementierung unweigerlich zu fehlerhaften Berechnungen führen.
- Eine weitere Fehlerquelle ist die Instanziierung der Klasse `Form`. Diese ist zwar möglich, erzeugt aber keine sinnvoll einsetzbaren Objekte.

Natürlich könnte man einem Missbrauch der Klasse durch eine gute Dokumentation entgegenwirken, doch besser ist es, was nicht sein darf, von vornherein zu verhindern. Zu diesem Zweck gibt es in Java das Schlüsselwort `abstract`.

15.1.1 Abstrakte Methoden

Durch Definition mit dem Schlüsselwort `abstract` können Sie in einer Klasse Methoden ohne Anweisungsteil definieren.

```
abstract typ methodenname(parameter);
```

Abstrakte Methoden werden dazu genutzt, Methodennamen als Schnittstellenvorgabe an andere Klassen zu vererben. Aufgabe der abgeleiteten Klassen ist es, die geerbten abstrakten Methoden zu überschreiben und mit einem Definitionskörper auszustatten.

15.1.2 Abstrakte Klassen

Eine Klasse, die zumindest eine abstrakte Methode enthält, bezeichnet man als abstrakte Klasse. Abstrakte Klassen müssen ebenfalls mit dem Schlüsselwort `abstract` gekennzeichnet werden.

```
abstract class klassenname {
   ...
```

Abstrakte Klassen können nicht instanziiert werden, d.h., man kann keine Objekte dieser Klasse bilden. Abstrakte Klassen können also lediglich als Basisklassen eingesetzt werden.

Eine Klasse, die von einer abstrakten Klasse abgeleitet wird, verpflichtet sich, alle abstrakten Methoden der Basisklasse zu überschreiben. Tut sie dies nicht, wird sie selbst zur abstrakten Klasse und muss mit dem Schlüsselwort `abstract` definiert werden.

Fortsetzung des Beispiels

Kommen wir noch einmal auf das Beispielprogramm mit der Formen-Klassenhierarchie zurück.

Um zu verhindern, dass von der Basisklasse `Form` Objekte erzeugt werden, wurde sie als `abstract` definiert. Da es für die beiden Methoden `flaeche()` und `umfang()` in `Form` keine sinnvolle Implementierung gibt, die Methoden vielmehr in den abgeleiteten Klassen überschrieben werden sollen, wurden die Methoden ebenfalls als `abstract` definiert.

Listing 15.1: AbstrakteKlassen.java – Vererbung von Namen durch abstrakte Klassen

```
import java.io.Console;

abstract class Form {
   public abstract double umfang();
   public abstract double flaeche();
}

class Kreis extends Form {
   // ...

   // Überschreibung der abstrakten Methoden
   public double umfang()    { return 2 * Math.PI * radius; }
   public double flaeche()   { return Math.PI * radius * radius; }
}

class Rechteck extends Form {
   // ...

   // Überschreibung der abstrakten Methoden
   public double umfang()    { return 2 * (laenge + breite); }
   public double flaeche()   { return laenge * breite; }
}


class AbstrakteKlassen {
   public static void main(String[] args) {
     Console cons = System.console();
     cons.printf("\n");

     Form[] formen = new Form[3];
     formen[0] = new Kreis(3);
     formen[1] = new Rechteck(10, 2);
     formen[2] = new Kreis(12.8);

     double gesamtflaeche = 0.0;
     for(int i = 0; i < formen.length; ++i)
        gesamtflaeche += formen[i].flaeche();

     cons.printf(" Gesamtfläche = %.2f \n", gesamtflaeche);    }
}
```

15

15.2 Schnittstellen

In Java können Sie eine Klasse von einer anderen Klasse ableiten. Diese kann wiederum von einer dritten Klasse abgeleitet sein und so fort, sodass ganze Erblinien (durch Verzweigung auch Hierarchien) entstehen.

In der Realität findet man aber meist komplexere Erbhierarchien. Sie selbst haben Ihre Anlagen beispielsweise von Vater und Mutter geerbt, ein Klavier kann sowohl als Musikinstrument wie auch als Möbel betrachtet werden, wenn Sie eine Klassenhierarchie zur Repräsentation von Verkehrsmitteln erstellen müssen, könnte es praktisch sein, die Klasse `Bus` aus den beiden Basisklassen `MotorisiertesFahrzeug` und `OeffentlichesVerkehrsmittel` zusammenzusetzen. Man spricht in so einem Fall von Mehrfachvererbung, d.h., eine Klasse wird von zwei oder mehreren Klassen abgeleitet. Doch wie sieht es damit in Java aus? Leider nicht so gut, denn in Java sind keine Mehrfachvererbungen erlaubt.

In Java gibt es keine Mehrfachvererbung von Klassen.

Warum diese Abneigung gegen Mehrfachvererbungen?

Zum einen sind die Möglichkeiten der Mehrfachvererbung meist nicht so mächtig, wie man sich das vorstellt. In der Praxis sieht man Mehrfachvererbungen daher auch in Programmiersprachen, die diese erlauben, eher selten.

Auf der anderen Seite stellen Mehrfachvererbungen einen Compiler vor etliche Probleme – beispielsweise dann, wenn der Programmierer eine Karo-Vererbung implementiert.

Abbildung 15.1: Karo-Vererbung

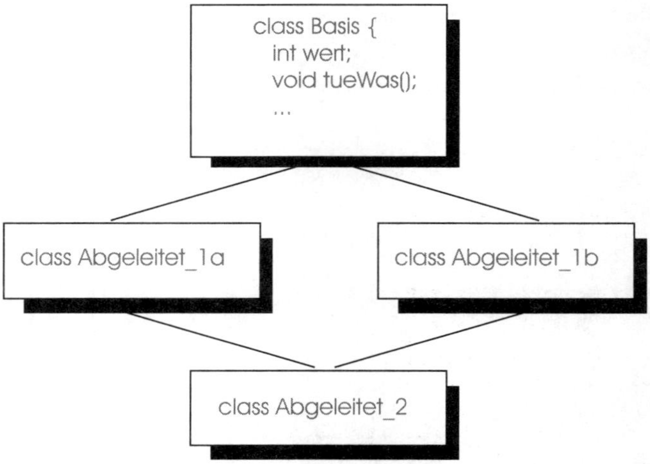

Das Vererbungsschema aus Abbildung 15.1 würde dazu führen, dass die Klasse `Abgeleitet_2` jeweils zwei Vorkommen der Elemente `wert` und `tueWas()` der Basisklasse `Basis` erbt: einmal auf dem Weg über die Klasse `Abgeleitet_1a` und einmal über `Abgeleitet_1b`. Das darf aber nicht sein: Ein Methodenname muss auf einen eindeutigen Code-Block weisen, ein Feld muss auf einen eindeutigen Speicherblock weisen. Der Compiler muss nun sehen, wie er damit fertig wird und dabei auch noch die Intention des Programmierers erfüllt.

Java umgeht diese Probleme, indem es ganz auf Mehrfachvererbung verzichtet und dafür ein anderes Konzept als Ersatz anbietet: die Schnittstellen (englisch: Interfaces).

15.2.1 Was sind Schnittstellen?

Schnittstellen können Sie sich am einfachsten als abstrakte Klassen vorstellen, die einzig und allein abstrakte `public`-Methoden enthalten.

```
interface Umkehrbar   {
   Object umkehren();
}
```

INFO

Elemente von Schnittstellen sind automatisch `public`.

Klassen können Schnittstellen erben, wodurch sie sich verpflichten, alle in der Schnittstelle deklarierten Elemente zu implementieren.

```
class Textpassage implements Umkehrbar {
   // muss die die Methode umkehren() implementieren
```

Vorzüge des Schnittstellenkonzepts

Schnittstellen vererben keinen Code, sie vererben lediglich die Namen von `public`-Methoden – eben eine öffentliche Schnittstelle. Wenn jemand ein Objekt von der oben anskizzierten Klasse `Textpassage` erzeugt, weiß er, dass er für dieses Objekt auf die Methode `umkehren()` zugreifen kann.

Vergleichen wir dies einmal mit dem Konzept der Vererbung:

Wenn eine Klasse `A` von einer anderen Klasse `B` abgeleitet wird, erbt sie die Schnittstelle der Klasse `B` (im Sinne der zugänglichen Elemente der Klasse) und deren Code, ja sie nimmt in sich ein Unterobjekt der Klasse `B` auf. Deswegen ist Vererbung nur sinnvoll, wenn Objekte der Klasse `A` auch als Objekte der Klasse `B` betrachtet werden können (»Ist-ein«-Beziehung).

Wenn eine Klasse `A` eine Schnittstelle `S` implementiert, erbt Sie nur die Schnittstelle, keinen Code. Eine Schnittstelle ist lediglich ein Prädikat, mit dem sich eine Klasse schmücken kann. Für die Verleihung dieses Prädikats bedarf es nur einer einzigen Voraussetzung: Die Klasse muss die Schnittstelle implementieren. Dies bedeutet, dass auch ganz unterschiedliche Klassen ein und dieselbe Schnittstelle implementieren können.

EXKURS

Schnittstellen sind wie Prädikate

Wenn Sie eine Software kaufen, auf der das Windows-Logo prangt, wissen Sie, dass diese Software auf Windows lauffähig ist.

Wenn Sie mit Objekten einer Klasse programmieren, die eine bestimmte Schnittstelle implementieren, wissen Sie, dass Sie für die Objekte dieser Klasse die in der Schnittstelle angegebenen Elemente verwenden können.

Beispiel Angenommen Sie sind Teil eines Teams, das an einer Grafik-Software arbeitet. Die Implementierung der unterschiedlichen Zeichenelemente (Kreise, Rechtecke, Linien, Bezier-Linien, Bitmaps ...) wurde auf verschiedene Programmierer verteilt, Ihnen wurden die Kreise und Rechtecke zugeteilt. Ein weiteres Mitglied des Teams, Rainer, soll den Code schreiben, der die einzelnen Elemente zeichnet.

In einer Teamsitzung wurde darüber gesprochen, dass es schön wäre, wenn alle auf den Bildschirm zu zeichnenden Elemente zusammen in einem Array verwaltet und mithilfe einer Methode `zeichnen()` ausgegeben werden könnten.

Ein Teammitglied schlägt daraufhin vor, alle Elemente auf eine gemeinsame Basisklasse `Zeichenelement` zurückzuführen. Ein anderes Mitglied gibt jedoch zu Bedenken, dass die zu zeichnenden Elemente seiner Meinung nach zu verschieden sind, um sie auf eine gemeinsame Basisklasse `Zeichenelement` zurückzuführen. Joe, der für die Implementierung der Bitmaps verantwortlich ist, wirft gar ein, dass eine Ableitung von `Zeichenelement` unmöglich ist, denn er möchte seine Klasse `Bitmap` von der Java-Klasse `Image` ableiten und da Java keine Mehrfachvererbung kennt, scheidet eine gemeinsame Basisklasse für alle Zeichenelemente aus.

Jetzt meldet sich Miriam zu Wort: »Das Problem verlangt doch geradezu danach, mithilfe einer Schnittstelle gelöst zu werden. Wenn die Schnittstelle eine `zeichnen()`-Methode deklariert und alle Zeichenelement-Klassen die Schnittstelle implementieren, ist sichergestellt, dass alle Objekte über eine passende Zeichnen-Methode verfügen und über Variablen vom Typ der Schnittstelle angesprochen werden können.«

Nach kurzem Überlegen stimmen alle zu und man einigt sich also auf die Definition einer Schnittstelle `Zeichenbar`, die eine einzige Methode `zeichnen()` definiert.

Schnittstellen versus Klassen

Schnittstellen werden ganz ähnlich wie Klassen definiert, weisen aber einige gewichtige Unterschiede auf:

- Schnittstellen werden mit dem Schlüsselwort `interface` definiert.
- Schnittstellen enthalten nur Definitionen von Methoden (ohne Anweisungsblock).
- Alle Elemente einer Schnittstelle sind automatisch `public` (schließlich soll die Schnittstelle ja die öffentliche Schnittstelle der sie implementierenden Klassen erweitern).
- Die Angabe von Zugriffsspezifizierern für Schnittstellenelemente ist ein Fehler.
- Schnittstellen haben keinen Konstruktor, Sie können also keine Objekte von Schnittstellen erzeugen; wohl aber können Sie Variablen von Schnittstellentypen definieren und diesen Objekte von Klassen zuweisen, die die Schnittstelle implementieren!

- Schnittstellen können von anderen Schnittstellen abgeleitet werden.
- Klassen können mehrere Schnittstellen implementieren.

15.2.2 Schnittstellen definieren

Definiert werden Schnittstellen mit dem Schlüsselwort `interface`. Auf das Schlüsselwort folgt der Name der Schnittstelle, der per Konvention eine Fähigkeit oder Eigenschaft angeben sollte, die durch die Schnittstelle verliehen wird (`Comparable`, `Sortable`, `Umkehrbar`, `Zeichenbar` ...).

Darunter folgt in geschweiften Klammern die Liste der Schnittstellenelemente:

Listing 15.2: Aus Schnittstellen.java

```
interface Zeichenbar {
   void zeichnen();
}
```

Als Elemente einer Schnittstelle können Sie deklarieren:

- Abstrakte `public`-Methoden ohne Anweisungsteil

  Eine explizite `abstract`-Definition ist nicht erforderlich, ebenso wenig wie das Schlüsselwort `public`.
- `public static final`-Konstanten

  Explizite Definition als `public`, `static` und `final` ist nicht erforderlich.

  Die Konstanten müssen allerdings in der Schnittstellendefinition initialisiert werden.

  ```
  int KONSTANTE = 1;
  ```

  Klassen, die die Schnittstelle implementieren, können auf die Konstante direkt (ohne Voranstellung des Schnittstellentyps) zugreifen.
- Typdefinitionen für Klassen und Schnittstellen

  Die definierten Typen sind automatisch `public` und `static`.

Schnittstellen vererben

Schnittstellen können wie Klassen von einer direkten Basisschnittstelle abgeleitet werden:

```
interface Zeichenbar extends Darstellbar{
   void zeichnen();
}
```

Anders als Klassen können Schnittstellen aber mehrere Basisschnittstellen besitzen:

```
interface Zeichenbar extends Darstellbar, Comparable{
   void zeichnen();
}
```

Erbt eine Schnittstelle ein Feld gleichen Namens auf verschiedenen Vererbungswegen (d.h. über unterschiedliche direkte Basisklassen), gibt der Compiler eine

Fehlermeldung aus. Werden mehrere gleichnamige Felder über eine Vererbungslinie geerbt, verdecken sich die Felder.

Geerbte Methoden können in abgeleiteten Schnittstellen überladen oder überschrieben werden.

15.2.3 Schnittstellen implementieren

Eine Klasse, die eine Schnittstelle implementieren möchte, hängt die Schnittstelle mit dem Schlüsselwort an den Klassennamen (bzw. die Angabe der direkten Basisklasse an).

```
class Kreis extends Form implements Zeichenbar {
```

Sie verpflichtet sich damit, für alle Methoden, die in der Schnittstelle aufgeführt sind, Anweisungsblöcke zu definieren.

INFO

Gibt es irgendwelche Auflagen oder Anmerkungen dazu, wie die Methoden der Schnittstelle zu implementieren sind, sollten diese möglichst beachtet werden.

15.2.4 Schnittstellen und Polymorphie

Schnittstellen unterstützen die Polymorphie in nahezu der gleichen Weise wie Basisklassen:

- Variablen vom Typ einer Schnittstelle können auf alle Objekte verweisen, deren Klasse die Schnittstelle (oder eine abgeleitete Schnittstelle) implementiert.
- Über die Schnittstellentyp-Variable können die in der Schnittstelle definierten (und geerbten) Methoden des Objekts aufgerufen werden, wobei stets die im Objekttyp definierten Methodenversionen ausgeführt werden.

Listing 15.3: Schnittstellen.java – Namensvererbung und Polymorphie durch Schnittstellen

```
interface Zeichenbar {
   public abstract void zeichnen();
}


abstract class Form {
   public abstract double umfang();
   public abstract double flaeche();
}

class Kreis extends Form implements Zeichenbar {
   private double radius = 1.0;

   public Kreis()            { }
   public Kreis(double r)    { this.radius = r; }

   public double getRadius() { return radius; }
   public void setRadius(double r) {
```

```
      if (r > 0)
         this.radius = r;
   }

   public double umfang()     { return 2 * Math.PI * radius; }
   public double flaeche()    { return Math.PI * radius * radius; }
   public void zeichnen()     { System.out.print(" o "); }
}

class Rechteck extends Form  implements Zeichenbar {
   private double breite = 1.0;
   private double laenge = 1.0;

   public Rechteck() { }
   public Rechteck(double b, double l) {
      this.breite = b;
      this.laenge = l;
   }

   public double getBreite() { return breite; }
   public double getLaenge() { return laenge; }
   public void setBreite(double b) {
      if (b > 0)
         this.breite = b;
   }
   public void setLaenge(double l) {
      if (l > 0)
         this.laenge = l;
   }

   public double umfang()     { return 2 * (laenge + breite); }
   public double flaeche()    { return laenge * breite; }
   public void zeichnen()     { System.out.print(" # "); }
}


class Schnittstellen {
   public static void main(String[] args) {
     System.out.println();

     Zeichenbar[] zeichenelemente = new Zeichenbar[3];
     zeichenelemente[0] = new Kreis(3);
     zeichenelemente[1] = new Rechteck(10, 2);
     zeichenelemente[2] = new Kreis(12.8);

     System.out.print("Formen zeichnen: \n\n\t");

     for(int i = 0; i < zeichenelemente.length; ++i)
        zeichenelemente[i].zeichnen();

     System.out.println();
   }
}
```

15

Ausgabe:

```
Formen zeichnen:

        o  #  o
```

15.2.5 Mehrere Schnittstellen implementieren

Eine Klasse kann zwar nur eine direkte Basisklasse haben, sie kann aber sehr wohl mehrere Schnittstellen implementieren.

```
class Klassenname implements Schnittstelle1, Schnittstelle2,
                  Schnittstelle3
{
   ...
```

Beispiel Das folgende Programm nutzt dies zur Implementierung einer generischen Methode `palindrom()` zum Detektieren von Palindromen[1].

Palindrome können in den verschiedensten Objekten vorkommen:

- Textpassagen ("Reliefpfeiler" – "reliefpfeileR")
- Datumsangaben ("20.02.2002")
- DNS-Sequenzen ("GUGCACGUG")

und so weiter.

Eine allgemein verwendbare Klasse zur Aufspürung von Palindromen könnte eine Methode `palindrom()` enthalten, die für Objekte der gängigsten palindromfähigen Klassen überladen ist:

```
class Palindrom {
   static boolean palindrom(Datum obj) { ... }
   static boolean palindrom(String obj) { ... }
}
```

Programmierer, die nur solche Objekte auf Palindrome untersuchen wollen, für die eine passende Methode vorgesehen wurde, können mit der Klasse gut arbeiten. Kein Zweifel! Programmierer, die DNS-Fragmente oder andere Objekte auf Palindrome hin untersuchen möchten, sind hingegen gezwungen, zwischen drei mehr oder weniger unattraktiven Optionen zu wählen:

- die Klasse direkt zu erweitern (falls Ihnen der Quelltext zur Verfügung steht),
- von der Klasse eine eigene Palindrom-Klasse abzuleiten und in dieser die zusätzlichen Überladungen zu implementieren,
- ganz auf Ihre Klasse zu verzichten und eigene Methoden zum Finden von Palindromen zu scheiben.

Ein weitaus besserer Ansatz besteht daher darin, die Methode `palindrom()` auf der Grundlage eines Schnittstellenkontrakts zu gründen.

1 Palindrome sind Elementfolgen, meist Texte, die vorwärts wie rückwärts gelesen die gleiche Elementabfolge haben. Bekannte (Text-)Palindrome sind »Gnudung«, »Reliefpfeiler«, »Ein Neger mit Gazelle zagt im Regen nie«.

Um festzustellen, ob es sich bei einem gegebenen Objekt um ein Palindrom handelt, muss das Objekt umgekehrt werden und Orignal und Umkehrung miteinander verglichen werden. Die Methode `palindrom()` könnte daher fordern, dass Klassen, deren Objekte ihr als Argumente übergeben werden sollen, zwei Schnittstellen implementieren:

- die in der Java-Standardbibliothek vordefinierte Schnittstelle `Comparable<T>`, die die Methode `int compareTo(T obj)` definiert, und
- die noch zu definierende Schnittstelle `Umkehrbar<T>`, die eine Methode `T umkehren()` definiert.

Die Methode `palindrom()` kann dann mithilfe der Methoden aus den Schnittstellen wie folgt definiert werden:

```
01 static boolean palindrom(Umkehrbar<?> param) {
02    Comparable<Object> obj1 = null, obj2 = null;
03
04    if (param instanceof Comparable) {
05       obj1 = (Comparable) param;
06       obj2 = (Comparable) param.umkehren();
07    } else {
08       System.console().printf(" palindrom()-Argument konnte nicht "
09                         + "in Comparable-Typ umgewandelt werden.\n");
10       System.exit(0);
11    }
12
13    if( obj1.compareTo(obj2) == 0)
14       return true;
15    else
16       return false;
17 }
```

Die Methode definiert ihren Parameter vom Typ `Umkehrbar<?>`, um sicherzustellen, dass nur Objekte übergeben werden, die die Schnittstelle `Umkehrbar` implementieren. Dass das übergebene Objekt auch die Schnittstelle `Comparable` implementiert, wird in der Methode mithilfe des `instanceof`-Operators geprüft[2]. Fällt der Test positiv aus, wird die Referenz auf das übergebene Objekt in einer `Comparable`-Variablen gespeichert (Zeile 5). Danach wird eine umgekehrte Kopie des Objekts erzeugt und in einer zweiten `Comparable`-Variablen gespeichert. (Die Typumwandlungen erzeugen eine Compiler-Warnung wegen »unchecked conversion«. Wir nehmen dies in Kauf). Zum Erzeugen der umgekehrten Kopie muss lediglich die Methode `umkehren()` aus der `Umkehrbar`-Schnittstelle aufgerufen wer-

2 Alternativ hätte man eine weitere Schnittstelle `UmkehrbarUndComparable` definieren können, die von `Umkehrbar` und `Comparable` abgeleitet ist

```
interface UmkehrUndVergleichbar<T> extends Umkehrbar<T>, Comparable<T> {
}
```

Die Implementierung der `palindrom()`-Methode würde dann noch weiter vereinfachen:

```
static boolean palindrom(UmkehrUndVergleichbar<?> obj) {

   if( obj.compareTo(obj.umkehren()) == 0)
      return true;
   else
      return false;
}
```

den. In Zeile 13 wird mithilfe der Comparable-Methode compareTo() geprüft, ob Original und Kopie gleich lauten. Wenn ja, liegt ein Palindrom vor und die Methode liefert true zurück, ansonsten false.

Beachten Sie, dass die Implementierung der Methode keinerlei Annahmen über den tatsächlichen Typ des übergebenen Objekts macht. Wichtig ist nur, dass die Methoden umkehren() und compareTo() aus den Schnittstellen verfügbar sind.

Das folgende Programm definiert nicht nur die Schnittstelle Umkehrbar und eine Klasse Palindrom, sondern auch eine Klasse Textpassage, die Umkehrbar und Comparable implementiert, sowie eine Hauptklasse Palindromtest, mit der Sie prüfen können, ob es sich bei einem Text um ein Palindrom handelt.

Listing 15.4: Palindromtest.java – Mehrere Schnittstellen implementieren

```
import java.util.Scanner;
import java.io.Console;

interface Umkehrbar<T>   {
   // erzeugt eine umgekehrte Kopie des Objekts
   // und liefert diese zurück
   T umkehren();
}


class Textpassage implements Umkehrbar<Textpassage>,
                             Comparable<Textpassage> {
   public String text;

   public Textpassage(String s)  {
      text = s;
   }

   public Textpassage umkehren()  {

      char[] tmp = new char[text.length()];

      // String umkehren
      for (int i = 0; i < text.length(); ++i)  {
         tmp[i] = text.charAt(text.length()-i-1);
      }

      // umgekehrte Textpassage zurückliefern
      return new Textpassage(new String(tmp));
   }

   public int compareTo(Textpassage obj)  {
     return text.compareTo(obj.text);
   }
}


class Palindrom {
```

```
    static boolean palindrom(Umkehrbar<?> param) {
        // ... wie gehabt
    }
}

class PalindromTest {

    public static void main(String[] args) {
        Console cons = System.console();
        cons.printf("\n");

        // Zu prüfenden Text einlesen
        cons.printf(" Geben Sie einen einzeiligen Text ein: ");
        Scanner sc = new Scanner(cons.reader());
        String text = sc.nextLine();

        cons.printf("\n");

        Textpassage t = new Textpassage(new String(text));

        if (Palindrom.palindrom(t) == true)
            cons.printf(" %s ist ein Palindrom! \n", t.text);
        else
            cons.printf(" %s ist kein Palindrom! \n", t.text);

        cons.printf("\n");
    }
}
```

Ausführung:

```
C:\Beispiele\Kapitel15>java PalindromTest
Geben Sie einen einzeiligen Text ein: hallo

hallo ist kein Palindrom!

C:\Beispiele\Kapitel15>java PalindromTest
Geben Sie einen einzeiligen Text ein: reliefpfeiler

reliefpfeiler ist ein Palindrom!
```

INFO

Das Programm erkennt nur Palindrome mit einheitlicher Groß- und Kleinschreibung und ohne Satzzeichen.

15.2.6 Schnittstellen durch anonyme Klassen implementieren

15

Generische Methoden, die darauf angewiesen sind, dass die ihnen übergebenen Objekte eine bestimmte Funktionalität – sprich bestimmte Methoden – aufweisen, definieren ihre Parameter zumeist von Schnittstellentypen, in denen die gewünschten Methoden deklariert sind. So kann der Programmierer sicherstellen, dass alle an seine Methode übergebenen Objekte über die benötigte Funktionalität verfügen.

In der GUI-Programmierung (siehe Teil D) müssen beispielsweise häufig Ereignisbehandlungsmethoden zu Steuerelementen oder Menübefehlen eingerichtet werden. Menüelemente verfügen hierzu über eine Methode namens `addActionListener()`, die einen Parameter vom Typ `ActionListener` definiert. `ActionListener` ist eine Schnittstelle, die eine einzige Methode namens `actionPerformed()` definiert.

Der Mechanismus zur Ereignisbehandlung sieht nun vor, dass der Programmierer

1. Eine Klasse definiert, die `ActionListener` implementiert.
2. Dabei in seiner Definition von `actionPerformed()` den Code angibt, der bei Eintritt des zugehörigen Ereignisses (hier der Aufruf des Menübefehls) ausgeführt werden soll.
3. Dann ein Objekt der Klasse erzeugt und als Argument an die `addActionListener()`-Methode des zugehörigen Steuerelements/Menübefehls übergibt.

Eigentlich ein sehr umständliches Verfahren, das daher rührt, dass es in Java keine Möglichkeit gibt, eine Methode als Argument zu übergeben.[3] So ist der Programmierer gezwungen, die Methode in ein Objekt zu verpacken und um dieses erzeugen zu können, muss er zuerst eine passende Klasse definieren.

Immerhin kann er, wenn er tatsächlich nur ein Objekt der Klasse erzeugen muss (was bei der Einrichtung von Ereignisbehandlungsmethoden häufig der Fall ist), das Verfahren abkürzen, indem er in einem Schritt eine anonyme Klasse definiert, instanziiert und das Objekt an die `addActionListener()`-Methode übergibt:

```
menuDateiBeenden.addActionListener(new ActionListener()  {
   public void actionPerformed(ActionEvent e) {
     System.exit(0);
   }
});
```

Hier wird mit `addActionListener()` eine `actionPerformed()`-Ereignisbehandlungsmethode für den Datei/Beenden-Menübefehl registriert. Als Argument wird der Methode ein Objekt übergeben, das im Aufruf als Objekt einer ad hoc definierten Klasse erzeugt wird, die `ActionListener` implementiert.

3 Methodenzeiger, wie sie aus Sprachen wie C++ bekannt sind, können in Java mithilfe der Reflection-API simuliert werden. Dieses Verfahren ist jedoch noch weitaus komplizierter als die Übergabe von in Objekten verpackten Methoden.

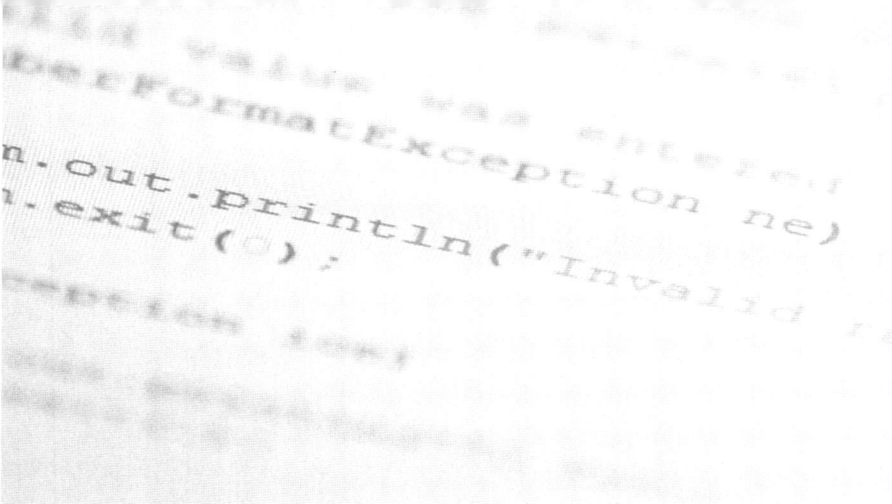

Kapitel 16
Fehlerbehandlung mit Exceptions

Die Exception- oder Ausnahmebehandlung ist eine spezielle Form der Fehlerbehandlung in einem Programm. Fehler ist aber nicht gleich Fehler. Prinzipiell kann man bei der Programmierung zwischen drei Fehlern unterscheiden:

Tabelle 16.1: Fehlerkategorien

Syntaktische Fehler	Entstehen durch Tippfehler und Nachlässigkeit beim Aufsetzen des Quelltextes. Syntaktische Fehler werden während der Kompilation vom Compiler erkannt.
Logische Fehler und Bugs	Das Programm stürzt ab oder tut nicht, wofür es programmiert wurde. Diese Art von Fehlern ist meist nur schwer zu finden. Vielleicht haben Sie irgendwo den Minus-Operator statt des Plus-Operators verwendet oder Sie schreiben über die Grenzen eines Arrays hinaus. Logische Fehler findet man, indem man einen Debugger einsetzt (oder eigene Debug-Informationen ausgeben lässt) und sich verdächtigen Quelltext nochmals gründlich durchliest.
Laufzeitfehler	Manche Fehlerquellen liegen außerhalb des Programms. Die wichtigsten externen Fehlerquellen sind Benutzerangaben (wenn der Benutzer eine positive Zahl eingeben soll, aber stattdessen eine negative Zahl eintippt) und Ressourcenanforderungen (wenn das Programm versucht, eine Datei auf Festplatte zu öffnen, die gar nicht existiert, oder mehr Speicher anfordert, als verfügbar ist). Will man solche Fehler abfangen, muss dies im Programm geschehen.

In diesem Kapitel interessieren uns vor allem die Laufzeitfehler (wobei die hier gezogene Grenze zwischen logischen Fehlern und Laufzeitfehlern fließend ist).

16.1 Möglichkeiten der Fehlerbehandlung

Grundsätzlich gilt, dass Sie Fehler möglichst an Ort und Stelle abfangen und korrigieren sollten.

16.1.1 Fehler an Ort und Stelle abfangen

Es gibt viele Fälle, in denen die Behandlung von Fehlern an Ort und Stelle möglich und angebracht ist:

Ein Konsolenprogramm, das ein Argument über die Befehlszeile einliest, sollte nicht direkt auf `args[0]` zugreifen, sondern zuerst sicherstellen, dass ein Befehlszeilenargument übergeben wurde:

```
public static void main(String[] args) throws InterruptedException {
   System.out.println();

   if (args.length != 1) {
      System.out.println(" Falsche Anzahl Argumente!");
      System.out.println(" Aufruf: java Programmname <Argument>");
      System.exit(0);
   }
...
```

INFO Statt zur Standardausgabe können Sie Fehler auch an die Standardfehlerausgabe `System.err` schicken.

Manche Methoden der Java-API (Standardbibliothek) liefern als Ergebnis ein Objekt zurück – oder `null`, wenn das gewünschte Objekt nicht erzeugt werden konnte. Beispielsweise liefert die Methode `getResource()` ein URL-Objekt zu einer Datei zurück. GUI-Programme können die Methode dazu verwenden, um Bilddateien – beispielsweise für das Anwendungssymbol – zu laden.

```
java.net.URL tmp = Hauptfenster.class.getResource("symbol.gif");
```

Bevor das Bild geladen und als Anwendungssymbol eingerichtet wird (mit `setIconImage()`), sollte sichergestellt werden, dass die Datei *symbol.gif* auch gefunden wurde. Da `getResource()` im Falle eines Scheiterns die `null`-Referenz zurückliefert, könnte die Fehlerbehandlung wie folgt aussehen:

```
if (tmp != null)
   setIconImage(Toolkit.getDefaultToolkit().createImage(tmp));
```

Vorsicht Benutzereingaben! Eine ständige Fehlerquelle sind auch Bedienfehler durch den Anwender. Das folgende Programm zur Berechnung von Brüchen liest Zähler und Nenner über die Tastatur ein.

Listing 16.1: Aus Bruchrechnung.java – Überprüfung von Benutzereingaben

```
import java.io.Console;

public class Bruchrechnung {

   public static void main(String[] args) {
      Console cons = System.console();
      cons.printf("\n");

      double zaehler = 0;
      double nenner = 0;


      cons.printf("- Programm zur Berechnung von Brüchen -");
      cons.printf("\n\n");

      cons.printf(" Geben Sie den Zähler ein: ");
      zaehler = Double.parseDouble(cons.readLine());

      while (true) {
         cons.printf(" Geben Sie den Nenner ein: ");
         nenner = Double.parseDouble(cons.readLine());

         if (nenner == 0)
            cons.printf(" Fehler! Nenner muss ungleich 0 sein.\n\n");
         else
            break;        // Schleife mit gültigem Nenner verlassen
      }

      cons.printf("\n %f : %f = %f\n",
                  zaehler, nenner, (zaehler/nenner));

      cons.printf("\n");
   }
}
```

Wenn der Anwender aus Versehen oder Unwissen für den Nenner eine 0 eingibt, führt das Programm eine Division durch Null aus. Als Ergebnis erscheint dann in der Ausgabe »Infinity«.[1]

Um derartige Fehlbedienungen auszuschließen, sollte der Programmierer prüfen, ob die Eingaben sinnvolle Werte enthalten. Tun sie dies nicht, sollte er eine Fehlermeldung ausgeben und das Programm gegebenenfalls beenden oder eine Nachbesserung verlangen.

Letzteres könnte im obigen Beispiel so aussehen, dass die Zeilen zum Einlesen des Nenners in eine Schleife eingefasst werden, die erst beendet wird, wenn ein Wert ungleich 0 eingegeben wurde – beispielsweise:

1 In anderen Programmiersprachen würde das Programm eine Exception auslösen oder abstürzen.

```
do {
   cons.printf(" Geben Sie den Nenner ein: ");
   nenner = Double.parseDouble(cons.readLine());
} while (nenner == 0);
```

oder

```
while (true) {
   cons.printf(" Geben Sie den Nenner ein: ");
   nenner = Double.parseDouble(cons.readLine());

   if (nenner == 0)
      cons.printf (" Fehler! Nenner muss ungleich 0 sein.\n\n");
   else
      break;        // Schleife mit gültigem Nenner verlassen
}
```

16.1.2 Fehler durch Rückgabewerte codieren

Häufig ist eine adäquate Fehlerbehandlung an Ort und Stelle aber nicht möglich oder unerwünscht.

Betrachten Sie dazu die folgende – zugegebenermaßen unnütze, aber durchaus lehrreiche – Methode:

```
public static double division(double zaehler, double nenner)  {
   return zaehler/nenner;
}
```

Die Methode übernimmt Werte für Zähler und Nenner und liefert den berechneten Bruch als Gleitkommazahl zurück. Wie in dem vorangehenden Beispiel stellt sich damit die Frage, wie sich die Methode verhalten soll, wenn sie mit einer 0 als Argument für `nenner` aufgerufen wird.

- Eine Möglichkeit wäre, den Fehler zu ignorieren und einfach den resultierenden Wert `infinity` zurückzuliefern.
- Eine andere Möglichkeit wäre, eine Fehlermeldung auszugeben oder einen neuen Wert für `nenner` anzufordern. Letzteres ist aber nicht möglich, da die Methode den Wert ja nicht (wie im obigen Fall) über die Tastatur vom Benutzer abfragt, sondern vom Aufrufer erhält. Auch die Ausgabe einer Fehlermeldung ist keine optimale Lösung, da Ausgaben stets die allgemeine Verwendbarkeit der Methode einschränken.
- Die beste Lösung wäre, wenn die Methode den Fehler an den Aufrufer rückmeldet und diesem die Behandlung des Fehlers überlässt.

Die Division durch Null könnte beispielsweise durch den Rückgabewert `NaN` angezeigt werden:

```
public static double division(double zaehler, double nenner)  {
   if (nenner == 0.0)
      return Double.NaN;
   else
      return zaehler/nenner;
}
```

Jetzt kann der Aufrufer prüfen, ob NaN (Division durch Null), Infinity (sehr großer Betrag) oder eine »normale« Zahl zurückgeliefert wurde.

```
double bruch = division(z, n);

if (Double.isNaN(bruch) {                  // Division durch Null
   ...
} else if ( Double.isInfinity(d) {          // Unendlichkeit
   ...
} else {                                   // normales Ergebnis
   ...
}
```

Nicht immer besteht die Möglichkeit, Fehler in Methoden durch spezielle Rückgabewerte (wie `NaN` oder `null`) zu codieren. Um die Fehler trotzdem zur Behandlung an die Aufrufer weiterreichen zu können, gibt es in der objektorientierten Programmierung das Konzept der Fehlerbehandlung mit Exceptions (im Deutschen oft auch als Ausnahmenbehandlung bezeichnet).

16.1.3 Fehlerbehandlung durch Exceptions

Die Exception-Behandlung ist eine moderne, objektorientierte Form der Fehlerbehandlung. Sie ist nicht dafür gedacht, die konventionelle Fehlerbehandlung vor Ort (mit `if`-Bedingungen) oder durch spezielle Rückgabewerte von Methoden grundsätzlich zu ersetzen. Sie ist aber erste Wahl, wenn es darum geht, das Auftreten und Erkennen des Fehlers von der Fehlerbehandlung räumlich zu trennen. Hierfür kann es zwei Gründe geben:

- Sie möchten den eigentlichen Code einer Methode nicht ständig durch Fehlerbehandlungscode unterbrechen.
- Die sinnvolle Behandlung eines Fehlers ist vor Ort nicht möglich, weswegen Sie den Fehler zur Behandlung an einen umliegenden Block oder eine aufrufende Methode weiterreichen möchten.

Gerade letztere Möglichkeit wird von Methoden aus Bibliotheksklassen häufig genutzt. Ein gutes Beispiel hierfür ist die Methode `Double.parseDouble()`, die einen String in einen `double`-Wert umwandelt und die Ihnen bereits aus zahlreichen Beispielprogrammen bekannt ist.

```
double zahl = Double.parseDouble("123.45");
```

Die Methode parst den übergebenen String und berechnet dabei schrittweise den zurückzuliefernden `double`-Wert. Stellt sie dabei fest, dass der String keine (im Sinne der Methode) korrekte Zahlendarstellung enthält und sich daher nicht umwandeln lässt, löst sie eine Exception des Typs `NumberFormatException` aus. Dies ermöglicht es der aufrufenden Methode, die Exception abzufangen und selbst zu entscheiden, wie der Fehler behandelt werden soll.

Hätte `parseDouble()` auch eine andere Form der Fehlerbehandlung wählen können?

Nein, aber prüfen wir ruhig die Alternativen:

- Die Methode könnte den Fehler selbst behandeln. Doch wie soll sie dies tun? Soll sie einfach einen Standardwert, beispielsweise `1.0` zurückliefern? Sehr fraglich! Programme, die `parseDouble()` verwenden, würden dann gar nicht erkennen, dass die Umwandlung gescheitert ist, und mit dem Wert `1.0` weiterarbeiten, als ob tatsächlich der String `"1.0"` übergeben worden wäre. Die Methode könnte `System.exit(0)` aufrufen und das Programm abstürzen lassen. Wahrscheinlich würde diese radikale Vorgehensweise aber dazu führen, dass die meisten Programmierer den Einsatz der Methode zu vermeiden suchen. Die Methode könnte eine Fehlermeldung ausgeben. Dann weiß das aufrufende Programm aber immer noch nicht, dass ein Fehler aufgetreten ist, und der Anwender erntet zur Laufzeit fortwährend Fehlermeldungen und wundert sich, dass das Programm trotzdem ungerührt weiterläuft.
- Die Methode könnte den Fehler durch Rückgabe des Werts `Double.NaN` anzeigen. Leider ist dieser Weg verwehrt, denn der Wert `Double.NaN` gehört zur korrekten Ergebnismenge: Der String `"NaN"` wird in `Double.NaN` umgewandelt.

INFO

Durch die räumliche Trennung von Fehlerauslösung und Fehlerbehandlung ist der Exception-Mechanismus nur bedingt geeignet, das Programm nach Auftreten einer Exception wieder in geordnete Bahnen zu führen. In einfachen Programmen muss man sich meist damit begnügen, den Fehler abzufangen und eine geeignete Fehlermeldung auszugeben, bevor das Programm beendet wird. In umfangreichen Programmen, die über eine »Endlossschleife« verfügen, über die der Anwender verschiedene Befehle aufrufen kann (wie es beispielsweise bei GUI-Programmen der Fall ist), kann man die Exception-Behandlung auch dazu nutzen, die aktuelle Aktion abzubrechen, den Benutzer über den aufgetretenen Fehler informieren, eventuell das Programm wieder in einen geordneten Zustand versetzen und es dann dem Anwender zu überlassen, die auslösende Aktion unter anderen Bedingungen noch einmal auszuführen.

Aufbau einer Exception-Behandlung

Jede Exception-Behandlung gliedert sich in drei Schritte.

1. Fehler tritt auf.

   Ausgangspunkt ist immer ein Fehler oder, allgemeiner ausgedrückt, eine Situation, die die standardmäßige Fortführung des Programms unmöglich macht.

   Beispiel: Der Funktion `division()` wird 0.0 als Argument für den Nenner übergeben.

```
public static double division(double zaehler, double nenner)
                                                throws Exception
{
   if (nenner == 0.0)
```

2. Exception wird ausgelöst (mit dem Schlüsselwort `throw`).

   Der Fehler wird abgefangen und in die Auslösung (das »Werfen«) einer Exception umgewandelt. Eine Exception ist einfach ein Objekt der Klasse `Exception` oder einer abgeleiteten Klasse.

```
public static double division(double zaehler, double nenner)
                                                  throws Exception
{
   if (nenner == 0.0)
      throw new Exception();
   else
      return zaehler/nenner;
}
```

   Der normale Ablauf des Programms wird durch den Auswurf der Exception abgebrochen. Das Programm wird dort fortgesetzt, wo die ausgelöste Exception abgefangen wird.

3. Exception wird abgefangen (Schlüsselwörter `try`, `catch`).

   Die ausgelöste Exception wird von innen nach außen zu den umliegenden Blöcken und Methoden weitergereicht.

   Erreicht die Exception dabei einen `try`-Block, für den ein zum Typ der Exception passender `catch`-Block definiert ist, wird die Exception von diesem abgefangen.

```
try {
   zaehler = 21.3;
   nenner  = 3.0;
   bruch = division(zaehler,nenner);
   System.out.println("\n\t" + zaehler + " : " + nenner + " =
                     " + bruch );

   // Aufruf der Exception wirft
   zaehler = 21.3;
   nenner  = 0.0;
   bruch = division(zaehler,nenner);
   System.out.println("\n\t" + zaehler + " : " + nenner + " =
                    " + bruch );

} catch (Exception e) {
   System.err.println("\n\tFehler: Exception wurde abgefangen!");
}
```

Hier noch einmal das vollständige Programm:

Listing 16.2: ExceptionBehandlung.java

```
import java.io.*;

public class ExceptionBehandlung {

   public static double division(double zaehler, double nenner)
                                                    throws Exception {
      if (nenner == 0.0)
         throw new Exception();
```

```
      else
         return zaehler/nenner;
   }

   public static void main(String[] args)  {
      System.out.println();

      double zaehler = 0;
      double nenner  = 0;
      double bruch   = 0;

      try {
         zaehler = 21.3;
         nenner  = 3.0;
         bruch = division(zaehler,nenner);
         System.out.println("\n\t" + zaehler + " : " + nenner + " = "
                             +  bruch );

         // Aufruf der Exception wirft
         zaehler = 21.3;
         nenner  = 0.0;
         bruch = division(zaehler,nenner);
         System.out.println("\n\t" + zaehler + " : " + nenner + " = "
                             +  bruch );

      } catch (Exception e) {
         System.err.println("\n\tFehler: Exception wurde abgefangen!");
      }

   }
}
```

Ausgabe des Programms:

```
        21.3 : 3.0 = 7.1000000000000005

        Fehler: Exception wurde abgefangen!
```

16.2 Exceptions abfangen

Der Abfangmechanismus für Exceptions beruht auf den Schlüsselwörtern `try` und `catch`.

Mit `try` wird ein Block definiert, der auf Exceptions hin überwacht wird.

An den `try`-Block angehängt folgen die `catch`-Blöcke, wobei jeder `catch`-Block eine Fehlerbehandlung für einen bestimmten Typ von Exception definiert.

```
try {

   // Anweisungen, die überwacht werden;

} catch(ExceptionTyp e) {
```

```
   // Fehlerbehandlung;

}
```

Hinter catch steht in Klammern der Exception-Typ, der abgefangen wird. Der catch-Block wird nur für diejenigen Exceptions ausgeführt, die in dem darüber liegenden try-Block auftreten und deren Datentypen mit der Typenangabe des catch-Blocks übereinstimmen (implizite Typumwandlungen werden berücksichtigt).

16.2.1 Mehrere catch-Blöcke

Unter einem try-Block können Sie mehrere catch-Blöcke definieren.

```
try {

   ...

} catch (EinExceptionTyp e) {
   ...
} catch (AndererExceptionTyp e) {
   ...
} catch (NochEinExceptionTyp e) {
   ...
}
```

Im Zusammenspiel mit der impliziten Typumwandlung von Exception-Objekten (Objekte abgeleiteter Exception-Klassen können in Basisklassentypen umgewandelt werden) eröffnet Ihnen dies verschiedene Möglichkeiten zum Abfangen von Exceptions.

Betrachten Sie zum Beispiel den Code zum Einlesen eines Zahlenwerts von der Tastatur:

```
BufferedReader tastatur =
                  new BufferedReader(new InputStreamReader(System.in));
String eingabe = tastatur.readLine();
double zahl = Double.parseDouble(eingabe);
```

Dieser Code kann zwei Typen von Exceptions werfen: readLine() löst eine IOException aus, wenn beim Einlesen ein Fehler auftritt, parseDouble() löst eine NumberFormatException aus, wenn der übergebene String nicht in eine double-Zahl umgewandelt werden kann.

Um beide Exceptions abzufangen, können Sie:

- Die Anweisungen in einen try-Block einschließen und darunter zwei catch-Blöcke für die betroffenen Exceptions definieren.

  ```
  try {

     ...

  } catch (IOException e) {
     ...
  ```

16

```
} catch (NumberFormatException e) {
  ...
}
```

- Wenn Sie für beide Exceptions den gleichen Behandlungscode ausführen wollen (beispielsweise das Programm mit einer Fehlermeldung beenden), können Sie einen `catch`-Block vom Typ einer gemeinsamen Basisklasse definieren (z.B. `Exception`) oder die gewünschten Exception-Typen hintereinander auflisten:

```
try {

  ...

} catch (IOException | NumberFormatException e) {
  ...
}
```

- Vielleicht erweitern Sie den `try`-Block später, sodass noch weitere Exception-Typen im Block auftreten können. Dann können Sie sich entscheiden, einzelne Exceptions mit speziellen typspezifischen `catch`-Blöcken abzufangen und andere Exceptions über eine gemeinsame Basisklasse zusammen zu behandeln.

  Der folgende Code fängt `NumberFormatException` in einem eigenen `catch`-Block ab und alle anderen Exceptions durch einen allgemeinen `catch(Exception)`-Block.

```
try {

  ...

} catch (NumberFormatException e) {
  ...
} catch (Exception e) {
  ...
}
```

STOP

Achten Sie darauf, die spezielleren `catch`-Blöcke immer vor den allgemeineren zu definieren, sonst würden die allgemeinen Blöcke auch die spezielleren Exceptions abfangen und der Compiler straft Sie mit Fehlermeldungen, dass es keine abzufangenden Exceptions mehr gibt.

16.2.2 Die Exception-Hierarchie

Technisch gesehen sind Exceptions Objekte von Klassen, die von der Basisklasse `Exception` abstammen. Die Funktionalität, die Exceptions auszeichnet, stammt aber nicht von `Exception` selbst, sondern von der Klasse `Throwable`[2]. Nur Objekte dieser Klasse (und ihrer abgeleiteten Klassen) können mit `throw` ausgelöst oder mit einem `catch`-Block abgefangen werden.

2 Der Name ist etwas verwirrend, deutet er doch an, es handele sich um eine Schnittstelle. `Throwable` ist aber tatsächlich eine Klasse.

Die Klasse `Throwable` definiert einige interessante Elemente, die sich auch in allen abgeleiteten Exception-Klassen wieder finden:

Tabelle 16.2: Einige interessante Elemente der Klasse Throwable

Klassenelement	Beschreibung
`Throwable()`	Standardkonstruktor
`Throwable(String meldung)`	Erzeugt ein `Exception`-Objekt mit einer spezifischen Fehlermeldung.
`Throwable getCause()`	Zum Verketten von Exceptions (wenn eine Exception eine andere Exception als Ursache hat) Siehe Abschnitt 16.4.2.
`String getMessage()`	Liefert den Meldungstext der Exception zurück.
`void printStackTrace()`	Gibt eine Beschreibung der Exception (vgl. `toString()`) und darunter eine Liste der auf dem Stack befindlichen Methoden aus.
`String toString()`	Liefert eine Beschreibung der Exception zurück, bestehend aus: – Klassenname der Exception – Klassenname der verketteten Exception (siehe `getCause()`) – Meldungstext

Von `Throwable` sind zwei Klassen abgeleitet: `Error` und `Exception`.

- `Error` repräsentiert schwerwiegende Fehler, die in der Regel in Zusammenhang mit der Arbeit der Virtual Machine stehen. Sie werden nur in Ausnahmefällen vom Programm behandelt.
- `Exception` ist die Basisklasse für die eigentlichen Ausnahmen, die in den Programmen abgefangen und behandelt werden sollen (und müssen).

Zu `Exception` gibt es eine ganze Reihe von direkten abgeleiteten Klassen, beispielsweise:

Tabelle 16.3: Einige wichtige Ausnahmen der Laufzeitumgebung

Exception-Klasse	Beschreibung
`ClassNotFoundException`	Wird ausgelöst, wenn ein Programm eine Klasse lädt (verwendet), deren Class-Datei nicht gefunden werden kann.
`IOException`	Für Fehler bei der Ein- und Ausgabe, wie z.B.: – `CharacterCodingException` – `EOFException` – `FileNotFoundException` – `ObjectStreamException` – `SocketException` – `UnsupportedEncodingException` – `ZipException`

Tabelle 16.3: Einige wichtige Ausnahmen der Laufzeitumgebung (Forts.)

Exception-Klasse	Beschreibung
NoSuchMethodException	Wird ausgelöst, wenn eine im Programm aufgerufene Methode nicht gefunden werden kann.
RuntimeException	Basisklasse für allgemeine Laufzeitfehler wie z.B.: - ArithmeticException - BufferOverflowException - BufferUnderflowException - ClassCastException - IllegalArgumentException - IndexOutOfBoundsException - NegativeArraySizeException - NoSuchElementException - NullPointerException - NumberFormatException - SecurityException - UndeclaredThrowableException

16.2.3 Der Parameter des catch-Blocks

Jeder `catch`-Block definiert einen Parameter. Der Datentyp dieses Parameters legt fest, welche Exceptions der `catch`-Block fangen soll.

```
catch(IOException ex) {                  // catch-Block für IOException
   System.err.println(ex.getMessage());
}
```

Des Weiteren kann der `catch`-Block über den Parameter (oft `e` oder `ex` getauft) auf die zugänglichen Methoden und Felder des `Exception`-Objekts zugreifen. Für die vordefinierten Exceptions aus der Java-Standardbibliothek sind dies im Wesentlichen die Elemente aus `Throwable`, die überwiegend zur Ausgabe von Fehlermeldungen dienen:

- `String getMessage()` – liefert den Meldungsstring (falls ein solcher bei Erzeugung des `Exception`-Objekts angegeben wurde)

  ```
  try {
     throw new Exception("Schwerer Fehler");
  } catch (Exception e) {
     System.console().printf("%s\n", e.getMessage());
  }
  ```

  Ausgabe:

  ```
  Schwerer Fehler
  ```

- `String toString()` – liefert den Typ der Exception und den Meldungsstring zurück

  ```
  try {
     throw new Exception("Schwerer Fehler");
  } catch (Exception e) {
  ```

```
    System.console().printf("%s\n", e.toString());
}
```

Ausgabe:

```
java.lang.Exception: Schwerer Fehler
```

- void printStackTrace() – liefert die Beschreibung der Exception und ein Abbild des Aufruf-Stacks

```
try {
    throw new Exception("Schwerer Fehler");
} catch (Exception e) {
    e.printStackTrace();
}
```

Ausgabe:

```
java.lang.Exception: Schwerer Fehler
at ExceptionBehandlung.main(ExceptionBehandlung.java:20)
```

sowie

- Throwable getCause() – die auslösende Exception (bei verketteten Exceptions)

INFO

Wenn Sie eigene Exception-Klassen definieren, steht es Ihnen natürlich frei, noch weitere Informationen über den auslösenden Fehler und seine Umstände in die Exception-Objekte zu packen.

16.3 Exceptions weiterleiten

Wenn Sie eine Exception in der Methode, in der sie auftritt, nicht abfangen und behandeln, können Sie sie weiterleiten.

16.3.1 Weiterleitung mit throws

Sie müssen dazu nur den Kopf der Methodendefinition um eine throws-Klausel erweitern und in dieser die Typen der weiterzuleitenden Exceptions angeben:

```
typ methodenname() throws EXCEPTIONTYP
```

Wir haben dies beispielsweise in Kapitel 4.5.2 dazu genutzt, die IOException-Ausnahmen, die beim Einlesen von Tastatureingaben mit der BufferedReader-Methode readLine() auftreten können, unbehandelt weiterzureichen:

```
public static void main(String[] args) throws IOException {
   ...

   BufferedReader tastatur =
                  new BufferedReader(new InputStreamReader(System.in));
   String eingabe = tastatur.readLine();
```

16.3.2 Exceptions und Behandlungszwang

Java unterscheidet zwei Kategorien von Exceptions.

- Exceptions, die von `RuntimeException` abgeleitet sind, heißen *unchecked* (*ungeprüft*). Man kann, muss sie aber nicht in einem `catch`-Block fangen bzw. im Methodenkopf mit `throws` definieren.
- Alle anderen von der Klasse `Exception` abgeleiteten Exceptions werden *checked exceptions* genannt. Sie müssen gefangen bzw. im Methodenkopf definiert werden.

Zu den von `RuntimeException` abgeleiteten Exceptions gehört unter anderem auch die `NumberFormatException` der parse-Methoden. Wenn Sie also in Ihrem Code eine der Methoden für die Umwandlung von Strings in elementare Zahlentypen aufrufen, beispielsweise `Double.parseDouble()`, hängt es ganz von Ihnen bzw. den Erfordernissen Ihres Programms ab, ob Sie die bei fehlschlagender Umwandlung ausgelöste Exception

- mit `try-catch` Blöcken abfangen und behandeln,
- mit `throws` an die Methode weiterreichen, die die aktuelle Methode gerade aufgerufen hat,
- weder abfangen noch in der Methodendefinition angeben (die Exception wird dann ebenfalls weitergereicht).

Auf alle anderen Exceptions muss der Programmierer wie gesagt reagieren (sogenannte *checked exceptions*): entweder indem er die Exception in einer `try-catch`-Konstruktion abfängt und behandelt[3] oder durch `throws`-Definition im Methodenkopf:

```
void berechneErgebnis() throws IOException {
   try {
     // Berechnungen ...
     // hier kann eine Exception vom Typ  MeineSpezialException oder
     // IOException geworfen werden
   }
   catch(MeineSpezialException ex) {
     // hier Behandlung
   }
}
```

In diesem Beispiel nehmen wir an, dass innerhalb des gesicherten `try`-Blocks zwei verschiedene Exceptions entstehen können: ein selbst definierter Typ `MeineSpezialException`, den wir innerhalb der Methode in einer anschließenden `catch`-Anweisung abfangen und behandeln. Außerdem kann eine `IOException` entstehen, die wir aber nicht weiter beachten; sie wird an den Aufrufer weitergeleitet. Der Compiler zwingt uns, dies im Methodenkopf mit `throws IOException` kund zu tun.

---

3 Notfalls kleiden Sie die betreffenden Anweisungen einfach in eine `try-catch`-Anweisung mit leerem `catch`-Block ein:

```
try {
  // Code, der eine Exception werfen kann
} catch (Exception e) {}
```

16.4 Exceptions werfen

Um selbst Exceptions zu werfen, erzeugen Sie einfach ein Objekt einer passenden `Exception`-Klasse, übergeben dem Konstruktor eventuell noch eine Fehlerbeschreibung und schicken das `Exception`-Objekt mit dem Schlüsselwort `throw` auf die Reise:

```
throw new Exception("Es ist ein schwerwiegender Fehler aufgetreten");
```

16.4.1 Exceptions erneut werfen

Manchmal möchte man mit abgefangenen Exceptions wie ein Arzt umgehen: ein bisschen behandeln, dann an einen Kollegen weiterleiten. In solchen Fällen fangen Sie die Exception ab, führen den lokalen Behandlungscode aus und werfen die Exception erneut mit `throw`:

```
try {
   // hier passiert etwas und viele verschiedene Exceptions können entstehen
}
catch(Exception ex) {
   ex.printStackTrace();
   throw ex;  // Typ = Exception
}
```

Der obige `catch`-Block fängt ohne Unterschied alle Ausnahmen, deren Typ auf die Basisklasse `Exception` zurückgeht, gibt den Stacktrace aus und wirft die Exception erneut. Doch es gibt einen Haken.

Nehmen wir an, im obigen Beispiel war die geworfene Exception vom Typ `NullPointerException`. Welchen Typ hat dann die durch `throw ex` weitergeworfene Exception?

Leider nicht das, was man vielleicht erwarten würde: `ex` ist nur noch vom allgemeinen Typ `Exception` (also dem Typ des `catch`-Parameters) und nicht mehr `NullPointerException`, was natürlich dazu führt, dass ein übergeordneter `catch`-Block für die Behandlung von `NullPointerException` nicht greifen würde.

Ab Java 7 gibt es in solchen Fällen die Möglichkeit, dem `catch`-Parameter ein `final` voranzustellen:

```
catch(final Exception ex) {
   ex.printStackTrace();
   throw ex; // Typ konkret= z.B. NullPointerException
}
```

Nun wird `ex` genau den Typ haben, der zur Laufzeit vorliegt, also z.B. `NullPointerException`.

INFO

Sie können Exceptions auf diese Weise nicht an nachfolgende `catch`-Blöcke desselben `try`-Blocks weiterreichen.

STOP

Verwenden Sie das Weiterwerfen von Exceptions nicht, um vor dem unerwarteten Verlassen einer Methode noch dringende Aufräumarbeiten zu erledigen. Dafür gibt es in Java den `finally`-Block (siehe Abschnitt 16.6.2).

16.4.2 Exceptions verketten

Wenn Sie geerbte Methoden überschreiben, müssen Sie die `throws`-Definition der geerbten Methode übernehmen. Dies kann zu Problemen führen – beispielsweise wenn die Basisklassenmethode keine `throws`-Definition spezifiziert, Sie aber in der überschreibenden Methode Code aufsetzen, der Exceptions wirft.

Sofern Sie die auftretenden Exceptions direkt im Code der überschreibenden Methode behandeln können, ist dies nicht weiter tragisch. Notfalls kleiden Sie die betreffenden Anweisungen einfach in eine `try-catch`-Anweisung mit leerem `catch`-Block ein:

```
try {

   // Code, der eine Exception werfen kann

} catch (Exception e) {}
```

Wenn Sie die Exception aber zur korrekten Behandlung unbedingt an den Aufrufer weiterreichen möchten, gehen Sie so vor, dass Sie eine `RuntimeException` erzeugen, die ja weder behandelt noch im Methodenkopf definiert werden muss (siehe Abschnitt 16.3.2), und die eigentliche Exception im Konstruktor als `cause`-Argument übergeben.

```
public static void eineMethode()  {
   try {
      throw new Exception("Originale Exception");
   } catch (Exception e) {
      throw new RuntimeException(e);  // Exceptions verketten
   }
}
```

Im behandelnden `catch`-Block kann die ursprüngliche Exception dann über die Methode `getCause()` abgefragt werden.

```
public static void main(String[] args)  {
   try {
      eineMethode();
   } catch (Exception e) {
      System.console().printf(" %s\n", e.getCause().toString());
   }
}
```

16.5 Eigene Exceptions definieren

Wenn Sie Exceptions werfen möchten, zu denen es keine passende Exception-Klasse in der Java-Standardbibliothek gibt, sollten Sie eine eigene Exception-Klasse definieren.

Listing 16.3: Aus EigeneExceptions.java – Eigene Exceptions definieren, werfen und abfangen

```
class NullDivisionException extends Exception {
   private double zaehler;

   public NullDivisionException() {
   }
   public NullDivisionException(String meldung) {
      super(meldung);
   }
   public NullDivisionException(String meldung, double zaehler) {
      super(meldung);
      this.zaehler = zaehler;
   }

   public dcuble getZaehler() { return zaehler; }
}
...
```

Hier wird eine eigene Klasse `NullDivisionException` definiert. Neben den für Exception-Klassen typischen Konstruktoren (ohne Argument und mit String-Argument für Meldung), wird noch ein weiterer Konstruktor definiert, dem als zusätzliches Argument der Wert des Zählers übergeben werden kann. Der Wert wird in einem `private`-Feld abgespeichert, das über die `public`-Methode `getZaehler()` abgefragt werden kann.

Listing 16.4: Aus EigeneExceptions.java – Eigene Exceptions definieren, werfen und abfangen

```
...
public class EigeneExceptions {

   public static double division(double zaehler, double nenner)
                                          throws NullDivisionException {
      if (nenner == 0.0)
         throw new NullDivisionException("Nulldivision", zaehler);
      else
         return zaehler / nenner;
   }

   public static void main(String[] args)  {
      Console cons = System.console();
      cons.printf("\n");

      double zaehler = 0;
      double nenner  = 0;
      double bruch   = 0;
```

```
        try {
            // Löst eine Exception aus
            zaehler = 21.3;
            nenner  = 0.0;
            bruch = division(zaehler,nenner);
            cons.printf("\n\t %f : %f = %f",
                        zaehler, nenner, bruch);

        } catch (NullDivisionException e) {
            cons.printf(" %s\n", e.getMessage());
            cons.printf(" Zaehler war gleich: %f \n", e.getZaehler());
        }

        cons.printf("\n");
    }
}
```

16.6 Programmfluss und Exception-Behandlung

Wird eine Exception ausgelöst, wird der normale Ablauf des Programms unterbrochen und das Programm dort fortgesetzt, wo die Exception abgefangen wird – also in einem `catch`-Block, der dem Datentyp der Exception entspricht.

Wie drastisch dabei in den normalen Programmablauf eingegriffen wird, hängt davon ab, wie schnell ein passender `catch`-Block gefunden wird.

Wird eine Exception ausgelöst, wird zuerst überprüft, ob die `throw`-Anweisung innerhalb eines `try`-Blocks liegt. Ist dies der Fall, wird überprüft, ob es unter dem `try`-Block einen passenden `catch`-Block gibt. Gibt es keinen `try`-Block oder keinen passenden `catch`-Block, wird die Exception an den umliegenden Block weitergereicht. Gibt es keinen umliegenden Block, der die Exception abfängt, wird die aktuelle Methode verlassen und die Exception an die aufrufende Methode weitergereicht. In dieser wird nun nach dem gleichen Schema nach einem passenden `catch`-Block Ausschau gehalten. So schreitet die Suche voran, bis ein passender `catch`-Block gefunden wurde, oder die Exception nach erfolglosem Durchsuchen der `main()`-Methode schließlich zur Behandlung an die Java Virtual Machine weitergereicht wird.

16.6.1 Die Problematik des gestörten Programmflusses

Die Art und Weise, in der der `catch`-Block zu einer Exception gesucht wird, führt nicht selten dazu, dass die aktuell in Ausführung befindlichen Methoden abrupt beendet und ihre Stackrahmen aufgelöst werden (**Stackauflösung** oder »**Stack Unwinding**«).

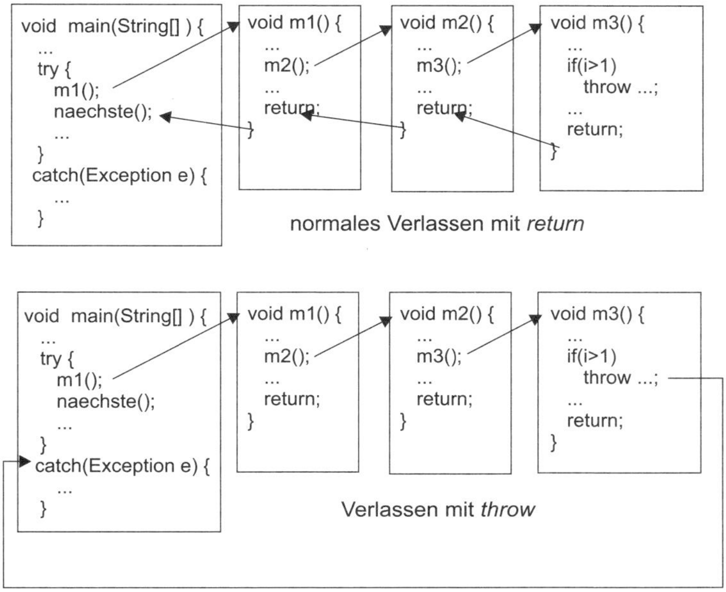

Abbildung 16.1: Stackauflösung durch Exception

16.6.2 finally

Das abrupte Beenden der Methoden im Zuge der Stackauflösung kann dazu führen, dass wichtige Abschlussarbeiten, die am Ende der Methodendefinitionen stehen (wie das Schließen von Dateien, die Freigabe von Ressourcen oder die Speicherung lokaler Objektreferenzen in Feldern der Klasse) nicht mehr ausgeführt werden.

Aus diesem Grunde bietet Ihnen Java die Möglichkeit, an einen `try`- oder `try-catch`-Block einen `finally`-Block anzuhängen, der auf jeden Fall ausgeführt wird – unabhängig davon, ob im `try`-Block eine Exception auftrat oder nicht.

Das folgende Codefragment nutzt dies, um sicherzustellen, dass ein Grafikkontext, der für ein `Image`-Objekt angefordert wurde, auf jeden Fall bei Beendigung der Methode ausgeführt wird:

```
Graphics g = image.getGraphics();
try {

   // Code, der eine Exception werfen kann

} catch (EineException e) {

   // Behandlungscode

} finally {

   g.dispose();      // Grafikkontext freigeben

}
```

Die Anweisungen im `finally`-Block werden auf jeden Fall ausgeführt:

- Sie werden ausgeführt, wenn im `try`-Block keine Exception auftritt.
- Sie werden ausgeführt, wenn im `try`-Block eine Exception auftritt, die nicht vom `catch`-Block behandelt wird.
- Sie werden ausgeführt, wenn im `try`-Block eine Exception auftritt, die vom `catch`-Block behandelt wird.
- Sie werden sogar ausgeführt, wenn im `try`-Block eine Exception auftritt, die im `catch`-Block behandelt wird und dort eine neue Exception wirft.

Nur wenn die Anweisungen im `finally`-Block selbst eine weitere Exception werfen, werden sie nicht vollständig abgearbeitet.

INFO

Ressourcen, die von lokal erzeugten Objekten reserviert werden, können Sie auch implizit über die Speicherbereinigung freigeben lassen – vorausgesetzt, die Objekte verfügen über eine `finalize()`-Methode, die Code zur Freigabe der Ressourcen enthält.

16.6.3 Unterdrückte Exceptions

Beim Einsatz von `finally`-Blöcken kann es zum Phänomen der unterdrückten Exceptions kommen. Schauen wir uns ein Beispiel an:

```
01 FileReader fr = null;
02 File datei  = new File("c:\\temp\\test.txt");
03
04 try {
05   // Dateizugriffe
06   int b = fr.read();
07 }
08 catch(IOException ex) {
09   ex.printStackTrace();
10 }
11 finally {
12   if(fr != null) {
13      fr.close();
14   }
15 }
```

Im obigen Beispiel könnte Folgendes passieren:

Im `try`-Block tritt bei Ausführung von `read()` (Zeile 6) ein Fehler auf und eine `IOException` (nennen wir sie *EXC_A*) wird geworfen. Bevor diese Exception nach oben weitergegeben werden kann, muss noch der `finally`-Block durchlaufen werden und die `close()`-Methode wird aufgerufen (Zeile 13). Dabei könnte eine weitere Exception vom Typ `IOException` ausgelöst werden, nennen wir sie *EXC_B*.

Frage: Welche Exception würde nun an den umfassenden Block/Aufrufer zurückgeliefert?

Anwort: Es wäre *EXC_B* aus dem `finally`-Block. Das ist häufig unpraktisch, da man ja eher daran interessiert ist, was genau im `try`-Block schiefging; der Fehler im `finally`-Block ist mehr ein Folgefehler und nicht so interessant.

16.6.4 try-catch-with-resources

Mit Java 7 wurde eine besondere Variante von try-catch eingeführt, bei der nach dem try-Schlüsselwort eine oder mehrere Ressourcen mitgegeben werden können. Unter Ressource ist in diesem Zusammenhang ein Objekt gemeint, welches zum einen die Schnittstelle java.lang.AutoClosable implementiert und zum anderen irgendwelche Systemressourcen anfordert. Folglich muss man sicherstellen, dass die betreffende Ressource auch wieder ordnungsgemäß freigegeben wird (durch Aufruf ihrer close()-Methode).

Grundsätzlich bietet sich für diese Aufgabe ein abschließender finally-Block an (siehe oben). Dies bläht natürlich den Code auf und kann ihn unübersichtlich machen. Erschwerend kommt hinzu, dass manche close()-Methoden selbst wieder eine Exception werfen können, sodass man dann diesen Aufruf auch wieder mit try-catch absichern muss – und schon ist der Code-Dschungel noch weiter gewachsen.

```
FileReader fr = null;
File datei  = new File("c:\\temp\\test.txt");

try {
   // Dateizugriffe
   int b = fr.read();
}
catch(IOException ex) {
  ex.printStackTrace();
}
finally {
  if(fr != null) {
    fr.close();
  }
}
```

Mit dem try-catch-with-resources-Mechanismus, der mit Java 7 eingeführt wurde, geht es kompakter. Sie erzeugen das Ressourcen-Objekt als Parameter des try-Blocks und können sicher sein, dass bei Verlassen des try-Blocks auf jeden Fall noch die close()-Methode des Objekts aufgerufen wird.

```
File datei = new File("c:\\temp\\test.txt ");
try(FileReader fr = new FileReader(datei.toFile())) {
  int b = fr.read();
}
catch(IOException ex) {
  ex.printStackTrace();
}
```

INFO

Natürlich können Sie für sonstige Abschlussarbeiten immer noch einen finally-Block hinzufügen.

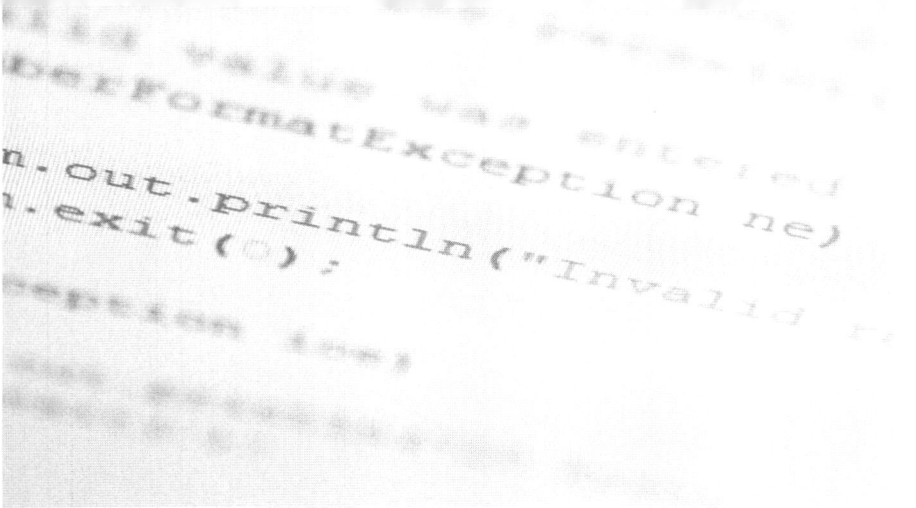

Kapitel 17
Programmieren mit Objekten

Letzten Endes sind Objekte von Klassen auch nur Daten, die in einem Programm bearbeitet und manipuliert werden. Es verwundert daher nicht, dass bei der Programmierung mit Objekten häufig die gleichen elementaren Operationen anfallen, die Sie auch von der Programmierung mit einfachen Zahlen und Strings her kennen: Kopieren, Vergleichen, Ausgeben. Leider werden diese Grundoperationen für Objekte nur sehr mäßig unterstützt. Wenn Sie also möchten, dass sich die Objekte Ihrer Klassen sinnvoll kopieren, vergleichen oder ausgeben lassen, müssen Sie selbst Hand anlegen und passende Methoden implementieren. Wie die Implementierung der Java-API Sie dabei unterstützt und wie Sie im Gegenzug durch Ihre Implementierungen die Java-API unterstützen können, ist Thema dieses Kapitels.

17.1 Objekte auf Konsole ausgeben

Objekte auf Konsole auszugeben, bedeutet in Java nichts anderes als die von `Object` geerbte Methode `toString()` zu überschreiben.

Zur Erinnerung: Die `PrintSteam`-Methoden `System.out.print()` und `System.out.println()` sind für Objekte so implementiert, dass sie für das übergebene Objekt die Methode `toString()` aufrufen und den Rückgabestring ausgeben. Die Erstdefinition in `Object` gewährleistet, dass `toString()` für alle Objekte aufgerufen werden kann. Ihre Aufgabe besteht nur noch darin, in Ihren Klassen bei Bedarf klassenspezifische Implementierungen zu definieren.

```
public String toString() {
   // Stringrepräsentation des Objekts erstellen und ausgeben
}
```

Meist werden Sie toString() dazu nutzen, einzelne oder alle Feldwerte des Objekts auszugeben. Für eine Klasse Vektor mit zwei Feldern x und y könnte toString() wie folgt aussehen:

Listing 17.1: Ausgeben.java – toString() überschreiben

```
class Vektor {
   int x;
   int y;

   Vektor(int x, int y) {
      this.x = x;
      this.y = y;
   }

   public String toString() {
      return new String("( " + x + " ; " + y + " )");
   }
}

public class Ausgeben {

   public static void main(String[] args) {
      System.out.println();

      Vektor v1 = new Vektor(12, 124);
      System.out.println("v1 : " + v1.toString());

      Vektor v2 = new Vektor(20, 0);
      System.out.println("v2 : " + v2.toString());

   }
}
```

Ausgabe:

```
v1 : ( 12 ; 124 )
v2 : ( 20 ; 0 )
```

INFO

Wenn Sie double-Werte ausgeben, sollten Sie sich überlegen, ob Sie nicht der besseren Lesbarkeit wegen die Anzahl der Dezimalstellen begrenzen. Die folgende toString()-Methode könnte von einer Vektor-Implementierung stammen, die für die x- und y-Koordinaten double-Felder definiert. Die toString()-Methode prüft eingangs, ob x und y weniger als zwei Nachkommastellen enthalten. Wenn ja, wird die Ausgabe auf zwei Nachkommastellen begrenzt. Der Aufruf nf.setMinimumFractionDigits(2) sorgt dafür, dass auf jeden Fall zwei Nachkommastellen ausgegeben werden.

```
public String toString() {
   NumberFormat nf = NumberFormat.getInstance();
   long x = (long) Math.floor(100.0 * this.x);
   long y = (long) Math.floor(100.0 * this.y);
```

```
   if( (x - this.x) < 0.00001 && (y - this.y) < 0.00001)
      nf.setMaximumFractionDigits(2);

   nf.setMinimumFractionDigits(2);
   return new String("( " + nf.format(this.x) +
                     " ; " + nf.format(this.y) + " )");
}
```

17.2 Objekte kopieren

Variablen elementarer Datentypen (wie auch Strings, siehe Kapitel 5.3) kopieren Sie einfach, indem Sie eine zweite Variable des gleichen Typs anlegen und dieser den Wert der ersten Variablen zuweisen:

```
int var1 = 1;
int var2 = var1;
```

Jetzt enthält var2 eine eigenständige Kopie des Werts von var2, den Sie unabhängig von var1 weiter bearbeiten können:

```
var2 = 3;

System.out.println(" var1: " + var1);
System.out.println(" var2: " + var2);
```

Dieser Code erzeugt folgende Ausgabe:

```
var1: 1
var2: 2
```

Objekte zu kopieren, ist dagegen nicht so einfach. Natürlich ist es möglich, zwei Objektvariablen mit zugehörigen Objekten anzulegen und dann der ersten Objektvariablen den Wert der zweiten zuzuweisen:

```
class Demo {
   public int zahl;
   public String str;
}
...

Demo obj1 = new Demo();
obj1.zahl = 1;
obj1.str  = "Eins";

Demo obj2 = new Demo();
obj2.zahl = 2;
obj2.str  = "Zwei";

obj2 = obj1;
```

Doch die Zuweisung von obj1 an obj2 kopiert lediglich die Referenz aus obj1 nach oj2. obj1 und obj2 verweisen danach beide auf das gleiche Objekt im Speicher.

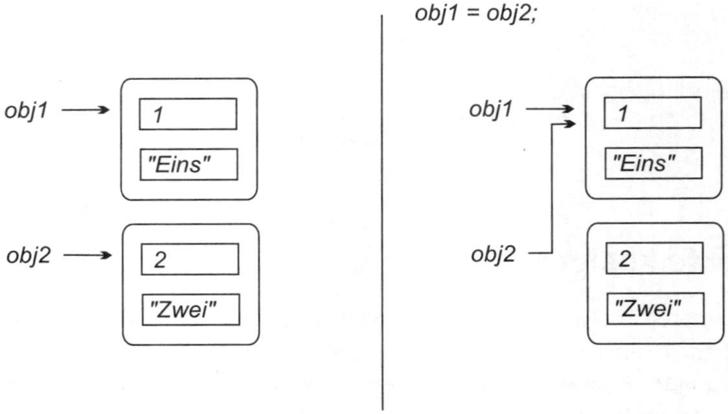

Abbildung 17.1: Kopieren von Objektverweisen

INFO

Und was ist mit dem Objekt, auf das `obj2` anfänglich verwiesen hat? Dieses Objekt existiert immer noch im Speicher, doch es gibt keine Referenz mehr, die darauf verweisen würde. Für uns ist es damit verloren. Wir haben keine Möglichkeit mehr, an das Objekt heranzukommen. Irgendwann wird die automatische Speicherbereinigung der Virtual Machine darüber stolpern und das Objekt löschen.

Wenn Sie jetzt über `obj2` den Feldern `zahl` und `str` neue Werte zuweisen:

```
...
obj2.zahl = 3;
obj2.str  = "Drei";
...
```

ändern Sie die Werte des Objekts, auf das sowohl `obj2` als auch `obj1` verweisen. Die Ausgabe der Feldwerte über die Objektvariablen `obj1` und `obj2` beweist es:

```
...
System.out.println(" obj1: " + obj1.zahl + ", " + obj1.str);
System.out.println(" obj2: " + obj2.zahl + ", " + obj2.str);
```

```
obj1: 3, Drei
obj2: 3, Drei
```

Für die Übergabe von Objekten an Methodenparameter oder die Verwaltung von Objekten in Arrays ist dieses Verhalten sehr nützlich, denn dort geht es ja meist nur darum, ein Objekt weiterzureichen. Eine echte, eigenständige Kopie eines Objekts erhält man aber auf diese Weise nicht.

17.2.1 Flaches Kopieren mit clone()

Alle Java-Klassen erben von `Object` die `protected`-Methode `clone()`. `clone()` erzeugt ein neues Objekt und kopiert die Inhalte der Felder des aktuellen Objekts in die Felder des neuen Objekts.

```
obj2 = (Klassentyp) obj1.clone();
```

Die Referenz auf das neue Objekt liefert die Methode als ihren Ergebniswert zurück. `clone()` ist also eine recht einfache Möglichkeit, Kopien von Objekten anzulegen.

Ihr Einsatz ist allerdings nicht ganz so einfach, wie obige Zeile andeutet.

Da `clone()` in `Object` als `protected` definiert ist, können alle Klassen, in ihrer Eigenschaft als von `Object` abgeleitete Klassen, auf ihre geerbte `clone()`-Methode zugreifen. Wenn sie aber ein Objekt einer anderen Klasse erzeugen und versuchen, auf dessen `clone()`-Methode zuzugreifen, ist dies nicht möglich – außer sie wären zusammen mit `Object` im Paket `java.lang` definiert, was aber in der Regel nicht zutrifft (und auch nicht sein sollte). (Siehe Kapitel 13.2.2 für eine ausführlichere Erklärung des `protected`-Zugriffs.)

Damit ein Objekt einer Klasse A also durch Aufruf von `clone()` kopiert werden kann, muss die Klasse A die geerbte `clone()`-Methode überschreiben und ihren Zugriff erweitern (entweder durch `public`-Definition oder durch Definition mit Standardzugriff im aktuellen Paket)

clone() überschreiben

Wenn Sie `clone()` überschreiben, um für die Objekte einer Klasse eine geeignete, zugängliche Kopiermethode zur Verfügung zu stellen, haben Sie zwei Möglichkeiten:

- Sie können in Ihrer `clone()`-Version selbst ein neues Objekt der Klasse erzeugen, in dessen Felder die Werte aus den Feldern des aktuellen Objekts kopieren und die Kopie zurückliefern, oder
- Sie rufen einfach die geerbte `clone()`-Methode auf.

Die zweite Möglichkeit ist stets vorzuziehen, nicht nur weil sie Ihnen Tipparbeit spart, sondern auch weil die Implementierung der `clone()`-Methode in `Object` Sie dann dazu zwingt, sich an bestimmte in der Java-Standardbibliothek geltende Konventionen zu halten.

Die Marker-Schnittstelle Cloneable

Zu diesen Konventionen gehört, dass alle Klassen, die »klonbar« sind, dies dadurch anzeigen, dass sie die Schnittstelle `Cloneable` implementieren.

```
public interface Cloneable {
}
```

`Cloneable` ist eine reine Marker-Schnittstelle, d.h. sie definiert keine Elemente. Klassen implementieren Marker-Schnittstellen allein zu dem Zweck, eine bestimmte Eigenschaft, eine besondere Funktionalität, anzuzeigen – im Falle von `Cloneable` die Unterstützung von `clone()` – und um die Reduzierung ihrer Objekte auf Typen der implementierten Schnittstelle zu ermöglichen.

STOP

Wenn eine Klasse die Schnittstelle `Cloneable` implementiert, sollte sie auch die geerbte `clone()`-Methode überschreiben.

Umgekehrt müssen Sie die Schnittstelle `Cloneable` implementieren, wenn Sie in Ihrer Version von `clone()` die von `Object` geerbte Version aufrufen, denn letztere prüft mit instanceof, ob das aktuelle Objekt in den Typ Cloneable umgewandelt werden kann (sprich, ob die Klasse als »klonbar« markiert ist).

Erweist sich das aktuelle Objekt als nicht klonbar, löst Object.clone() eine CloneNotSupportedException aus. Methoden, die Object.clone() überschreiben, müssen diese Exception daher entweder abfangen und behandeln oder in ihrer throws-Klausel definieren (siehe Kapitel 16.3).

Eine mögliche Überschreibung der Methode könnte demnach wie folgt aussehen:

```
class EineKlasse implements Cloneable {
   ...
   protected Object clone() {
      try {
         return super.clone();

      } catch (CloneNotSupportedException e) {
         return null;      // Liefere null-Referenz zurück, um anzuzeigen
      }                    // dass das Klonen gescheitert ist.
   }
}
```

Das Kopieren mit clone() erzeugt allerdings keine perfekte Kopie. Dies liegt daran, dass clone() einfach die Feldwerte des Originals an die zugehörigen Felder der Kopie zuweist. Für Felder von elementaren Datentypen und für Strings ist dies absolut ausreichend, für Felder von Klassentypen stehen wir aber wieder vor dem alten Problem: statt der eingebetteten Objekte werden die Referenzen auf die Objekte kopiert. Das folgende Programm verdeutlicht dies:

Listing 17.2: FlacheKopie.java – flaches Kopieren mit clone()

```
class Motor {
   String name;

   Motor(String s) {
      name = s;
   }
}

class Auto implements Cloneable {
   int maxGeschw;
   String name;
   Motor motor;

   Auto(String name, String motor, int maxGeschw) {
      this.name      = name;
      this.motor     = new Motor(motor);
      this.maxGeschw = maxGeschw;
   }

   protected Object clone() {
      try {
         return super.clone();
      } catch (CloneNotSupportedException e) {
```

```
         return null;
      }
   }

   public String toString() {
      return name + ", " + maxGeschw + ", " + motor.name;
   }

}


class FlacheKopie {

   public static void main(String[] args)  {
      System.out.println();

      System.out.println("\n Zwei Auto-Objekte\n");
      Auto wagen1 = new Auto("Porsche", "Porsche", 280);
      Auto wagen2 = new Auto("VW", "VW", 180);

      System.out.println("\t Wagen 1: " + wagen1);
      System.out.println("\t Wagen 2: " + wagen2);

      System.out.println("\n wagen2 = wagen1.clone() \n");
      wagen2 = (Auto) wagen1.clone();

      System.out.println("\t Wagen 1: " + wagen1);
      System.out.println("\t Wagen 2: " + wagen2);

      System.out.println("\n Wagen 2 mit neuer Hoechstgeschwindigkeit "
                         + "und neuem Motor \n");
      wagen2.maxGeschw  = 120;
      wagen2.motor.name = "VW";

      System.out.println("\t Wagen 1: " + wagen1);
      System.out.println("\t Wagen 2: " + wagen2);
   }
}
```

Ausgabe:

```
Zwei Auto-Objekte

         Wagen 1: Porsche, 280, Porsche
         Wagen 2: VW, 180, VW

 wagen2 = wagen1.clone()

         Wagen 1: Porsche, 280, Porsche
         Wagen 2: Porsche, 280, Porsche

 Wagen 2 mit neuer Hoechstgeschwindigkeit und neuem Motor

         Wagen 1: Porsche, 280, VW
         Wagen 2: Porsche, 120, VW
```

17

Nach dem Kopieren verweisen die motor-Felder von wagen1 und wagen2 auf dasselbe Motor-Objekt.

Sollen wagen1 und wagen2 über jeweils eigene Motor-Objekte verfügen, muss man die Auto-Objekte »tief« kopieren.

Abbildung 17.2: clone() und eingebettete Objekte

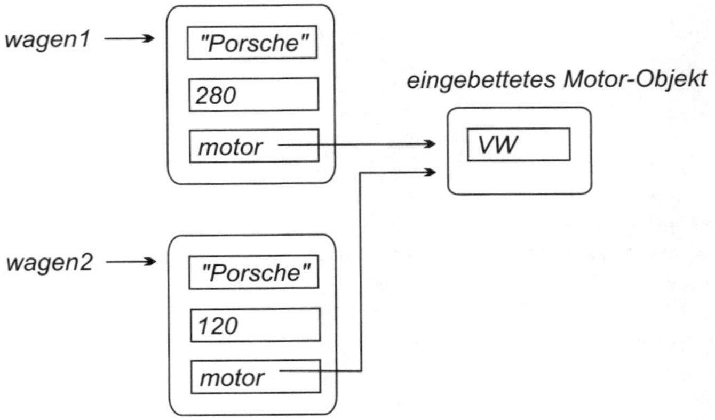

EXKURS

Flaches und tiefes Kopieren

Das Kopieren von Objekten besteht aus zwei Schritten:

1. *Es wird ein neues Objekt erzeugt, das vom gleichen Typ wie das zu kopierende Objekt ist.*
2. *Die Felder des Originalobjekts werden in die Felder des neu angelegten Objekts kopiert.*

Beim flachen Kopieren werden in Schritt 2 lediglich die Feldwerte kopiert. Dies bedeutet, dass für Felder von Klassentypen nur die Objektverweise (und nicht die eingebetteten Objekte) kopiert werden. Kopie und Original teilen sich danach die eingebetteten Objekte.

Beim tiefen Kopieren werden auch für eingebettete Objekte echte Kopien erstellt.

17.2.2 Tiefes Kopieren

Zur Erstellung tiefer Kopien mit clone() gehen Sie grundsätzlich so vor, dass Sie zuerst durch Aufruf von super.clone() eine flache Kopie erstellen und dann für alle eingebetteten Objekte echte Kopien erstellen.

Wenn die Klasse eines eingebetteten Objekts nicht klonbar ist (sprich nicht Cloneable implementiert), müssen Sie ein neues Objekt der Klasse erzeugen und mit den Feldwerten aus dem zu kopierenden Objekt initialisieren. Im einfachsten Fall geht dies mit einem Konstruktoraufruf:

Listing 17.3: Aus TiefeKopie1.java

```
class Motor {
   String name;
```

```
   Motor(String s) {
      name = s;
   }
}

class Auto implements Cloneable {
   int maxGeschw;
   String name;
   Motor motor;

   ...

   protected Object clone() {
      try {
         Auto wagen = (Auto) super.clone();
         wagen.motor = new Motor(this.motor.name);
         return wagen;

      } catch (CloneNotSupportedException e) {
         return null;
      }
   }
   ...
}
```

Wenn die Klasse eines eingebetteten Objekts selbst klonbar ist (sprich `Cloneable` implementiert (und `clone()` überschreibt)), können Sie `clone()` zum Kopieren der Objekte aufrufen:

Listing 17.4: Aus TiefeKopie2.java

```
class Motor implements Cloneable {
   String name;

   Motor(String s) {
      name = s;
   }

   public Object clone() {
      try {
         return super.clone();
      } catch (CloneNotSupportedException e) {
         return null;
      }
   }

}

class Auto implements Cloneable {
   int maxGeschw;
   String name;
   Motor motor;

   ...
```

17

```
   protected Object clone() {
      try {
         Auto wagen = (Auto) super.clone();
         wagen.motor = (Motor) motor.clone();
         return wagen;

      } catch (CloneNotSupportedException e) {
         return null;
      }
   }
   ...
}
```

Ausgabe von *TiefeKopie2*:

```
Zwei Auto-Objekte

         Wagen 1: Porsche, 280, Porsche
         Wagen 2: VW, 180, VW

 wagen2 = wagen1.clone()

         Wagen 1: Porsche, 280, Porsche
         Wagen 2: Porsche, 280, Porsche

 Wagen 2 mit neuem Motor und Hoechstgeschwindigkeit

         Wagen 1: Porsche, 280, Porsche
         Wagen 2: Porsche, 120, VW
```

17.3 Objekte vergleichen

Objekte können auf zweierlei Weise verglichen werden:

- Es kann überprüft werden, ob zwei Objekte gleich sind.
- Es kann überprüft werden, ob ein Objekt größer, kleiner oder gleich einem anderen Objekt ist.

Für die Überprüfung auf Gleichheit dient die Methode `equals()`, die von der obersten Basisklasse `Object` vererbt wird. Wenn Sie selbst festlegen wollen, wie die Objekte einer Ihrer Klassen verglichen werden sollen, müssen Sie `equals()` überschreiben.

Größenvergleiche zwischen Objekten sind wichtig, wenn die Objekte in eine bestimmte Reihenfolge gebracht oder sortiert werden sollen. Klassen, deren Objekte sortierbar sein sollen, sollten die Schnittstelle `Comparable` implementieren, in der die Methode `compareTo()` definiert ist.

INFO

Wenn Sie Objekte Ihrer Klassen in Collections verwalten, kann es von Vorteil sein, wenn Ihre Klassen die Schnittstelle `Comparator` implementieren (siehe Kapitel 29.7.2).

17.3.1 Gleichheit feststellen

Alle Java-Klassen erben von `Object` die Methode `equals()`, die die Gleichheit zweier Objekte feststellen kann.

```
// aus Object
public boolean equals(Object obj) {
   return (this == obj);
}
```

Wie Sie sehen, vergleicht die von `Object` vererbte Methode lediglich Objektverweise, während für eine vernünftige Arbeit mit der Methode eher Vergleiche auf der Basis von Feldwerten angebracht wären.

Betrachten Sie dazu die folgende Klasse:

```
class Punkt {
   int x;
   int y;

   Punkt(int x, int y) {
      this.x = x;
      this.y = y;
   }
}
```

Für diese Klasse würde man sich zweifelsohne eine `equals()`-Implementierung wünschen, die genau dann `true` zurückliefert, wenn zwei Punkte die gleichen x,y-Koordinaten haben:

```
01 // voreilige equals()-Implementierung
02 public boolean equals(Object obj) {
03
04    if (obj instanceof Punkt) {
05       Punkt p = (Punkt) obj;
06       return ( (p.x == x) && (p.y == y) );
07    } else
08       return false;
09 }
```

Hier prüft die Methode zuerst mittels des `instanceof`-Operators, ob sich das übergebene Objekt in ein Objekt der Klasse `Punkt` umwandeln lässt (Zeile 4). Ist dies möglich, führt sie die Typumwandlung durch (Zeile 5), um danach die Feldwerte des übergebenen Objekts mit den Feldwerten des aktuellen Objekts zu vergleichen. Das Ergebnis dieses Vergleichs wird zurückgeliefert (Zeile 6).

Aus Sicht der Klasse `Punkt` wäre diese Implementierung absolut ausreichend, doch die Java-Spezifikation verlangt, dass eine `equals()`-Implementierung mehr kann, als bloß die Objekte ihrer Klasse zu vergleichen.

Regeln für die Überschreibung von equals()

Für die Überschreibung von `equals()` gibt es einige mehr oder weniger verbindliche Regeln, die sicherstellen sollen, dass die `equals()`-Methode in allen Klassen in gleicher Weise arbeitet und für den Benutzer vorhersagbare Ergebnisse liefert. Diese Regeln lauten:

1. `obj1.equals(obj1)` soll `true` liefern. (*Reflexivität*)
2. `obj1.equals(null)` soll `false` liefern. (*null-Vergleich*)
3. `obj1.equals(obj2)` soll das gleiche Ergebnis liefern wie `obj2.equals(obj1)`. (*Symmetrie*)
4. `(obj1.equals(obj2) && obj2.equals(obj3))` soll nur dann `true` liefern, wenn auch `obj1.equals(obj3) true` liefert. (*Transitivität*)
5. Wiederholte Aufrufe von `obj1.equals(obj2)` sollen, solange weder `obj1` noch `obj2` geändert wurden, immer das gleiche Ergebnis liefern. (*Konsistenz*)
6. Klassen, die `equals()` überschreiben, sollten in der Regel auch `hashCode()` überschreiben.

Das sind eine Menge von Vorschriften, aber lassen Sie sich nicht abschrecken. Die meisten Vorschriften erfüllen sich ganz von selbst. Beispielsweise genügt die oben angedeutete Implementierung bereits sämtlichen Kriterien, mit Ausnahme von 3 und 6.

Symmetrie herstellen

```
// voreilige equals()-Implementierung
public boolean equals(Object obj) {

   if (obj instanceof Punkt) {
      Punkt p = (Punkt) obj;
      return ( (p.x == x) && (p.y == y) );
   } else
      return false;
}
```

Angenommen es gäbe zu `Punkt` eine abgeleitete Klasse `Punkt2`, die `equals()` mit nahezu identischem Code definiert (nur die Klassentypangaben `Punkt` sind durch `Punkt2` ersetzt). Weiter angenommen Sie würden von jeder dieser Klasse ein Objekt mit gleichen x,y-Koordinaten erzeugen:

```
Punkt   p1 = new Punkt(1, 2);
Punkt2  p2 = new Punkt2(1, 2);
```

Dann liefert obige Implementierung für die Vergleiche

```
p1.equals(p2)
p2.equals(p1)
```

einmal `true` und einmal `false`. Folglich ist die Implementierung von `equals()` nicht symmetrisch. Der Grund hierfür ist der `instanceof`-Operator.

- Im ersten Aufruf verweist `p2` auf ein `Punkt2`-Objekt. Der Vergleich mit `instanceof` ergibt daher `true` (weil `Punkt2` implizit in die Basisklasse `Punkt` umgewandelt werden kann), und da auch die Feldwerte von `x` und `y` für beide Objekte übereinstimmen, liefert der gesamte Vergleich `true`.

- Im zweiten Aufruf verweist p1 auf ein Punkt-Objekt und der instanceof-Operator prüft, ob dieses in die abgeleitete Klasse Punkt2 umgewandelt werden kann. Da dies nicht geht, liefert er false zurück. Die Programmausführung springt zum else-Teil und als Gesamtergebnis des Vergleichs wird false zurückgeliefert.

Glücklicherweise ist es aber gar nicht so schwierig, die Symmetrie herzustellen. Sie müssen nur im else-Teil statt false das Ergebnis der Basisklassenimplementierung zurückliefern:

```
// endgültige equals()-Implementierung
public boolean equals(Object obj) {

   if (obj instanceof Punkt) {
      Punkt p = (Punkt) obj;
      return ( (p.x == x) && (p.y == y) );
   } else
      return super.equals(obj);
}
```

Diese vergleicht das Punkt-Objekt mit dem Basisklassenunterobjekt des aktuellen Objekts und da dies ebenfalls vom Typ Punkt ist und die Koordinaten immer noch gleich sind, wird als Endergebnis true zurückgeliefert.

STOP

Wenn eine Rückführung auf die Basisklassenmethoden nicht möglich oder sinnvoll ist, sollten Sie einen anderen Weg einschlagen und mit getClass() sicherstellen, dass das aktuelle und das übergebene Objekt dem gleichen Klassentyp angehören:

```
public boolean equals(Object obj) {

   if (obj == this)   // Schnelltest für Reflexivität
      return true;

   if (obj == null)   // Schnelltest auf null
      return false;

   if (obj.getClass() != getClass() )    // wegen Symmetrie
      return false;

   Punkt p = (Punkt) obj;

   return ( (p.x == x) && (p.y == y) );  // eigentlicher Vergleich
}
```

INFO

Definiert eine Klasse Felder von Klassentypen, die Sie in den Vergleich mit einbeziehen wollen, rufen Sie in Ihrer equals()-Implementierung deren equals()-Methoden auf.

hashCode() überschreiben

Die letzte Bedingung, die Überschreibung von `public int hashCode()`, muss nicht unbedingt für jede Klasse erfüllt werden, wird aber zur Unterstützung von Hashtabellen (siehe Kapitel 29.5) benötigt.

Die Implementierung der Methode `hashCode()` sollte folgende Bedingungen erfüllen:

- Für zwei Objekte, die gemäß `obj1.equals(obj2)` gleich sind, sollen identische Integer-Werte zurückgeliefert werden.
- Der zurückgelieferte Integer-Wert soll für ein und dasselbe Objekt so lange gleich bleiben, wie sich die Werte der Felder, die in `equals()` verglichen werden, nicht ändern.
- Für zwei Objekte, die gemäß `obj1.equals(obj2)` verschieden sind, müssen keine unterschiedlichen Integer-Werte zurückgeliefert werden.

Meist wird dieser Wert durch Bitmanipulationen der Felder erzeugt, deren Wert auch in `equals()` berücksichtigt wird.

```
public int hashCode() {
   long bits = java.lang.Double.doubleToLongBits(getX());
   bits ^= java.lang.Double.doubleToLongBits(getY()) * 31;
   return (((int) bits) ^ ((int) (bits >> 32)));
}
```

Zum Abschluss hier noch einmal der vollständige Code:

Listing 17.5: Vergleichen.java – equals() überschreiben

```
class Punkt {
   int x;
   int y;

   Punkt(int x, int y) {
      this.x = x;
      this.y = y;
   }

   public boolean equals(Object obj) {

      if (obj instanceof Punkt) {
         Punkt p = (Punkt) obj;

         return ( (p.x == x) && (p.y == y) );
      } else
         return false;
   }

   public int hashCode() {
      long bits = java.lang.Double.doubleToLongBits( x );
      bits ^= java.lang.Double.doubleToLongBits( y ) * 31;
      return (((int) bits) ^ ((int) (bits >> 32)));
   }
```

```
   public String toString() {
      return new String("( " + x + " ; " + y + " )");
   }
}


public class Vergleichen {

   public static void main(String[] args) {
      System.out.println();

      Punkt p1, p2;
      Object o;

      p1 = new Punkt(1, 2);
      System.out.println(" " + p1.equals(p1));     // Ausgabe: true

      p1 = new Punkt(12, 124);
      System.out.println(" " + p1.equals(null));   // Ausgabe: false

      p1 = new Punkt(12, 124);
      o = new Object();
      System.out.println(" " + p1.equals(o));      // Ausgabe: false

      p1 = new Punkt(12, 124);
      o = p1 ;
      System.out.println(" " + p1.equals(o));      // Ausgabe: true

      p1 = new Punkt(1, 2);
      p2 = new Punkt(1, 2);
      System.out.println(" " + p1.equals(p2));     // Ausgabe: true

      p1 = new Punkt(1, 2);
      p2 = new Punkt(2, 1);
      System.out.println(" " + p1.equals(p2));     // Ausgabe: false
   }
}
```

17.3.2 Größenvergleiche

Wenn Sie möchten, dass die Objekte Ihrer Klassen nicht nur auf Gleichheit überprüft, sondern auch in eine Reihenfolge gebracht oder sortiert werden können, sollten Sie die Schnittstelle `Comparable` implementieren.

Comparable und die Methode compareTo()

Die Schnittstelle `Comparable<T>` enthält eine einzige Methode:

```
public int compareTo(T o)
```

die so implementiert werden muss, dass sie:

- den Wert 1 zurückliefert, wenn das aktuelle Objekt (für das die Methode aufgerufen wird) größer ist als das übergebene Objekt,

- den Wert -1 zurückliefert, wenn das aktuelle Objekt kleiner ist als das übergebene Objekt,
- den Wert 0 zurückliefert, wenn die beiden Objekte gleich groß sind.

Des Weiteren sollte die Methode so implementiert werden, dass

- (x.compareTo(y)) gleich -(y.compareTo(x)) ist,
- der Vergleich transitiv ist,
- (x.compareTo(y)==0) gleich (x.equals(y)) ist.

Listing 17.6: Aus CompareTo.java – Comparable implementieren

```
class Punkt implements Comparable<Punkt> {
   int x;
   int y;

   // .. wie oben

   public double abstand() {
      return Math.sqrt(x*x + y*y);
   }

   public final int compareTo(Punkt p) {
      if (this.equals(p))
         return 0;
      else if ( this.abstand() - p.abstand() > 0.0)
         return 1;
      else
         return -1;
   }
}
...
```

Die Methode compareTo() vergleicht die Punkt-Objekte nach ihrem Abstand vom Ursprung (0;0). Zur Berechnung der Abstände ruft sie die in Punkt definierte Methode abstand() auf.

Die Methode wurde als final definiert, um zu gewährleisten, dass sie nur für Objekte ihrer Klasse aufgerufen werden kann. Ohne diese Einschränkung kann die Regel, dass (x.compareTo(y)) gleich -(y.compareTo(x)) sein soll, nicht gewährleistet werden. (Problematisch ist hier, wie schon bei equals(), der Fall, dass x ein Objekt der Klasse und y ein Objekt einer abgeleiteten Klasse ist.)

Arrays von Objekten sortieren

Objekte, deren Klassen die Schnittstelle Comparable implementieren, können von Arrays und Collections-Klassen sortiert werden. Die Klasse Arrays definiert hierfür eine Methode sort(), die als Argument das zu sortierende Array übernimmt und dessen Elemente in aufsteigender Folge sortiert. Dazu muss die sort()-Methode aber in der Lage sein, zu entscheiden, wann ein Element größer oder kleiner als ein anderes Element ist, beziehungsweise wann zwei Elemente gleich sind. Für Elemente von Klassentypen bezieht sort() diese Informationen von der Methode Comparable.compareTo().

Wenn Sie möchten, dass Ihre Objekte mithilfe von Arrays.sort() sortiert werden können, reicht es nicht, dass Sie eine Vergleichsmethode namens compareTo() definieren. Ihre Klasse muss Comparable implementieren, damit die Objekte Ihrer Klasse über Comparable-Variablen angesprochen werden können.

STOP

Listing 17.7: Fortsetzung von CompareTo.java

```
...
public class CompareTo {

   public static void main(String[] args) {
      System.out.println();

      Punkt[] punkte = new Punkt[6];

      punkte[0] = new Punkt(0, 10);
      punkte[1] = new Punkt(12, 10);
      punkte[2] = new Punkt(-100, 10);
      punkte[3] = new Punkt(0, 100);
      punkte[4] = new Punkt(12, 10);
      punkte[5] = new Punkt(0, 0);

      System.out.println(" Vor Sortierung:\n");
      for(int i = 0; i < punkte.length; ++i)
         System.out.println("  " + punkte[i].abstand());

      java.util.Arrays.sort(punkte);

      System.out.println();
      System.out.println(" Nach Sortierung:\n");
      for(int i = 0; i < punkte.length; ++i)
         System.out.println("  " + punkte[i].abstand());
   }
}
```

17.4 Objekte befragen mit Reflection

Moderne Programmiersprachen bieten die Möglichkeit, unbekannte Objekte zur Laufzeit zu befragen, d.h., herauszufinden, um was für ein Objekt genau es sich handelt. Diese Technik wird meistens »Introspection« oder insbesondere bei Java »Reflection« genannt.

Im Vergleich zu der simplen Typprüfung via instanceof-Operator, die Sie schon in Abschnitt 14.3.3 kennengelernt haben, können Sie mittels Reflection erheblich mehr Informationen über ein Objekt sammeln und sogar die Eigenschaften des Objekts zur Laufzeit verändern.

Im Herzen der Reflection steht die Klasse java.lang.Class. Sie stellt den Zugang zu den Metadaten über ein gegebenes Java-Objekt bereit. Mithilfe der von Object geerbten Methode getClass() können Sie sich zu jedem Java-Objekt ein Class-Objekt erstellen lassen:

```
String str = "Ich bin ein String";
Class<String> stringInfos = str.getClass();
```

Die Methode `getClass()` macht dabei nichts anderes, als eine statische Klassenvariable zurückzuliefern; für Klassentypen können Sie daher alternativ diese Klassenvariable namens `class` auch direkt ansprechen, z.B.

```
Class<String> stringInfos = String.class;
```

INFO

Vielleicht etwas überraschend kann man `.class` auch auf elementare Datentypen aufrufen, z.B.

```
Class<Integer> integerInfos = int.class;
```

Mit der statischen Methode `Class.forName()` können Sie sich über Klassen informieren, die während des Kompilierens noch gar nicht verfügbar sind, von denen Sie aber den voll qualifizierten Namen kennen:

```
try {
  Class<?> spezialInfos = Class.forName("de.carpelibrum.SpezialKlasse");
}
catch(ClassNotFoundException ex) {
 ex.printStackTrace();
}
```

Da der Compiler hier während der Programmerstellung nicht die Möglichkeit hat, den gewünschte Klassentyp zu überprüfen, kann eine `ClassNotFoundException` geworfen werden, da erst zur Laufzeit die gewünschte Klasse mit dem Class-Loader geladen bzw. zu laden versucht wird.

17.4.1 Wer bist Du?

Mit einem `Class`-Objekt in der Hand können Sie herausfinden, wie ein vorliegendes Objekt beschaffen ist. Hierzu dienen die Methoden aus Tabelle 17.1.

Tabelle 17.1: Methoden von Class: Informationen über die zugrunde liegende Klasse sammeln

Methode	Beschreibung
`static Class<?> forName(String name)`	Liefert das Klassenobjekt für die Klasse mit dem angegebenen vollen Namen.
`String getSimpleName()`	Liefert den einfachen Klassennamen.
`String getName()`	Liefert den voll qualifizierten Klassennamen.
`boolean isPrimitive()`	Liefert `true`, wenn es sich um einen primitiven Datentyp handelt.
`boolean isInterface()`	Liefert `true`, wenn es sich um eine Schnittstelle handelt.
`boolean isArray()`	Liefert `true`, wenn es sich um ein Array handelt.
`boolean isEnum()`	Liefert `true`, wenn es sich um eine Aufzählung handelt.
`boolean isLocalClass()`	Liefert `true`, wenn es sich um eine lokale Klasse handelt (= innerhalb einer Methode definiert).

Tabelle 17.1: Methoden von Class: Informationen über die zugrunde liegende Klasse sammeln (Forts.)

Methode	Beschreibung
`boolean` **`isAnonymousClass`**`()`	Liefert `true`, wenn es sich um eine anonyme (also als namenlos definierte) Klasse handelt.
`boolean` **`isMemberClass`**`()`	Liefert `true`, wenn es sich um eine innere Klasse handelt (also innerhalb einer anderen Klasse definiert).
`boolean` **`isInstance`**`(Object obj)`	Liefert `true`, wenn die zugrunde liegende Klasse vom selben Typ wie `obj` ist.
`Class<? super T>` **`getSuperClass`**`()`	Liefert das `Class`-Objekt der Basisklasse.

17.4.2 Welche Felder und Methoden besitzt Du?

Mit Reflection und einem `Class`-Objekt können Sie auch Zugriff auf die vorhandenen Felder und Methoden einer Klasse gewinnen – und dies sogar unabhängig von Zugriffsspezifizierern wie `private` oder `protected`!

Tabelle 17.2: Informationen über Klassenattribute und Methoden

Methode	Beschreibung
`Field[]` **`getFields`**`()`	Liefert alle öffentlich zugänglichen Felder (`public`), inkl. der geerbten.
`Field` **`getField`**`(String name)`	Liefert das öffentliche Feld mit dem angegebenen Namen.
`Field[]` **`getDeclaredFields`**`()`	Liefert alle Felder.
`Method[]` **`getMethods`**`()`	Liefert alle öffentlich zugänglichen Methoden (`public`) inkl.geerbte.
`Method` **`getMethod`**`(String name, Class<?> ... paramTypen)`	Liefert die Methode mit dem angegebenen Namen und der angegebenen Parameterliste.
`Method[]` **`getDeclaredMethods`**`()`	Liefert alle Methoden.
`Constructor<T>` **`getConstructor`**`(Class<?> ... paramTypen)`	Liefert den Konstruktor mit der angegebenen Parameterliste.
`Constructor` **`getConstructors`**`()`	Liefert alle öffentlichen Konstruktoren.
`Constructor[]` **`getDeclaredConstructors`**`()`	Liefert alle Konstruktoren.

Das `Class`-Objekt liefert mit den entsprechenden Methoden Informationen über die vorhandenen Konstruktoren, Methoden und Felder. Die Informationen werden jeweils in Objekte spezieller Klassen aus dem `java.lang.reflect`-Paket verpackt: `Constructor`, `Method` sowie `Field`.

17

Tabelle 17.3: Methoden der Klasse Field

Methode	Beschreibung
String **getName**()	Liefert den Namen des Feldes.
Class<?> **getType**()	Liefert ein Class-Objekt zu dem Typ des Feldes.
int **getModifiers**()	Liefert einen int-Wert mit Flags zu den Modifizierern, mit denen das Feld definiert wurde.

Tabelle 17.4: Methoden der Klasse Method

Methode	Beschreibung
String **getName**()	Liefert den Namen der Methode.
Class<?> **getReturnType**()	Liefert ein Class-Objekt zum Rückgabetyp der Methode.
Class<?>[] **getParameterTypes**()	Liefert Class-Objekte zu den Methodenparametern.
int **getModifiers**()	Liefert einen int-Wert mit Flags zu den Modifizierern, mit denen die Methode definiert wurde.

Die `getModifiers()`-Methode von `Field` und `Method` liefert die Information, ob eine Methode bzw. ein Feld als `final`, `static`, `private` usw. definiert wurde. Den `int`-Wert übergibt man der Klasse `java.lang.reflect.Modifier` und ihren statischen Methoden `isPrivate()`, `isPublic()`, `isFinal()`, `isStatic()` usw.

17.4.3 Dynamisch Objekte erzeugen und verändern

Auch das Erzeugen eines Objekts sowie Zustandsänderungen lassen sich mit Reflection bewerkstelligen.

Zum Erzeugen benötigen Sie ein `Constructor`-Objekt, das Sie sich, wie oben gezeigt, beschaffen können. Dann erzeugen Sie mithilfe der Methode `newInstance()` zur Laufzeit das gewünschte Objekt:

```
try {
   Constructor<StringBuilder> konstruktor =
                        builderInfo.getConstructor(String.class);
   StringBuilder strBuilder = konstruktor.newInstance("Hallo");
   System.out.println(strBuilder.toString());
}
catch(Exception ex) {
  ex.printStackTrace();
}
```

STOP

Das Erzeugen von Objekten aus dynamischen Reflection-Informationen ist natürlich hochgradig fehleranfällig und kann ein ganzes Bündel an verschiedenen Exceptions werfen – beispielsweise `NoSuchMethodException`, wenn Sie versuchen, einen Konstruktor anzufordern, der gar nicht existiert.

Die wahre Reflection-Begeisterung entsteht, wenn wir die Inhalte von Variablen einer Klasse auslesen und sogar ändern können. Dies erlaubt das Field-Objekt:

```
Point punkt = new Point(10,20);
Class<Point> classInfo = Point.class;

try {
  Field x = classInfo.getField("x");
  System.out.println("Alter Wert von x: " + x.get(punkt));

  x.set(punkt, 55);
  System.out.println("Neuer Wert von x: " + x.get(punkt));

} catch (Exception ex) {
  ex.printStackTrace();
}
```

Im obigen Beispiel besorgen wir uns mit getField() das gewünschte Feld und können mit den Methoden get() und set() die Werte des konkreten Objekts punkt auslesen oder ändern. Dies funktioniert allerdings nur, weil x in der Klasse Point als public definiert ist.

17.4.4 Die dunkle Seite der Macht: private Felder ändern

Nur nach ausgiebiger Gewissensprüfung verraten wir Ihnen, dass man mit Reflection auch geschützte Felder ändern kann. Natürlich sollten Sie dies nur im absoluten Notfall tun und normalerweise niemals die vorgesehenen Schutzmechanismen umgehen!

Nehmen wir einmal folgende Situation an: Sie sollen unter Verwendung einer bestimmten, vorgegebenen Grafikbibliothek eine High-Performance-Grafikanwendung erstellen. Die Grafikbibliothek arbeitet intensiv mit Objekten der Klasse PunktGeheim, die folgende public-Elemente definiert:

```
public class PunktGeheim  {
   public PunktGeheim(int x, int y);
   public int getX();
   public int getY();
}
```

Nun arbeitet Ihr Code mit ausnehmend vielen Punkten, deren Koordinaten fortwährend geändert werden müssen. Leider stellt die Klasse PunktGeheim jedoch keine Methoden zum Ändern von Koordinaten zur Verfügung, sodass Sie gezwungen sind, jedesmal ein neues Objekt zu erzeugen! Aus Performance-Gründen wollen Sie dies unbedingt vermeiden und wenden daher etwas schwarze Magie an:

```
PunktGeheim punktGeheim = new PunktGeheim(100,100);
Class<PunktGeheim> infoPunktGeheim = PunktGeheim.class;

try {
  Field x = infoPunktGeheim.getDeclaredField("x");
  x.setAccessible(true);
  x.set(punktGeheim, 77);
```

```
  System.out.println("x neu: " + punktGeheim.getX());
}
catch(Exception ex) {
  ex.printStackTrace();
}
```

Die `Field`-Klasse besitzt nämlich eine interessante Methode: `setAccessible()` erlaubt das Ändern der Sichtbarkeit und macht die als `private` definierten Felder `x` und `y` zugänglich (bei der Klasse `PunktGeheim` wissen Sie eigentlich nicht, wie der interne Feldname lautet, aber das können Sie entweder raten – wenn es eine `getX()`-Methode gibt, dann ist `x` als Name recht wahrscheinlich – oder mit `getDeclaredFields()` alle Felder ausgeben lassen und die Namen analysieren). Schließlich kann mit der `set()`-Methode der Wert geändert werden.

INFO

Auch dunkle Magie hat ihre Grenzen. Wenn das Java-Programm mit einer besonders strikten Sicherheits-Richtlinie ausgeführt wird, dann wird der SecurityManager das Setzen einer privaten Variablen trotzdem verbieten!

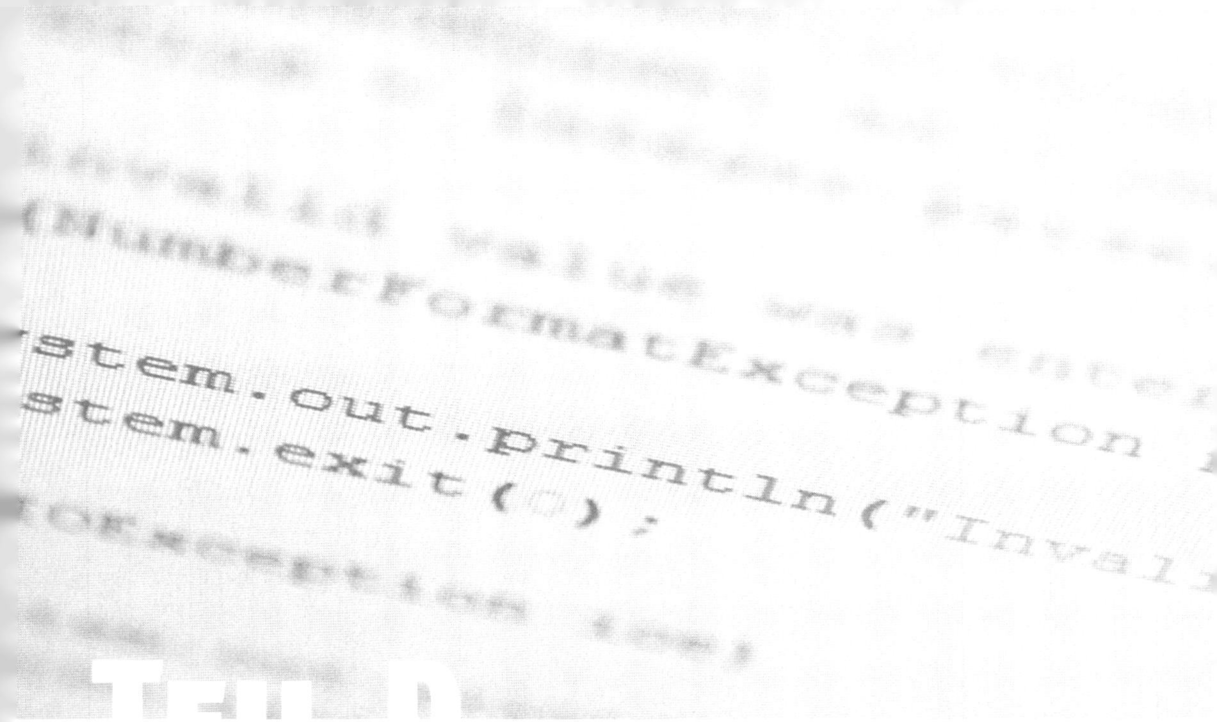

TEIL D
GUI-Programmierung

Kapitel 18
Grafische Benutzeroberflächen – Erster Einstieg

Die wenigsten Programme laufen nach dem Starten vollkommen selbstständig, ohne weitere Eingriffe durch den Benutzer. Normalerweise möchte oder muss der Benutzer den Programmablauf beeinflussen. Bei Konsolenprogrammen lassen sich zwar Parameter übergeben, Konfigurationsdateien einlesen oder Werte an definierten Stellen im Programmablauf vom Benutzer abfragen, die Möglichkeiten, Einfluss auf den Programmablauf zu nehmen, sind jedoch begrenzt und praktisch nur an Stellen möglich, die der Programmierer vorgesehen hat.

Grafische Benutzeroberflächen sind wesentlich flexibler. Hier steuert der Benutzer das Programm während der Laufzeit über grafische Elemente (siehe Abbildung 18.1).

INFO Häufig begegnet man der englischen Abkürzung GUI – Graphical User Interface – im Zusammenhang mit Elementen der Benutzeroberfläche.

Grafische Benutzeroberflächen zeichnen sich durch folgende Merkmale aus:

- Ergonomische Benutzerführung
- Interaktion des Benutzers mit dem Programm zur Laufzeit
- Fensterorientierte, komponentenbasierte Programmierung
- Programmsteuerung durch Ereignisse

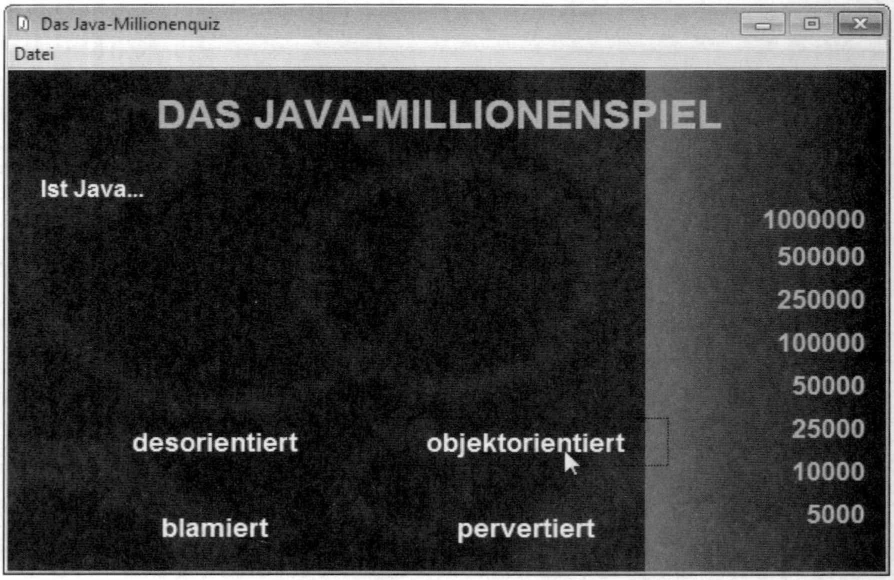

Abbildung 18.1: Beispiel für eine grafische Benutzeroberfläche (im Windows-Stil)

Außerdem lassen sich grafische Benutzeroberflächen in der Regel an persönliche Erfordernisse anpassen. Dazu gehören Farbe, Schriftart, Positionierung von Elementen und viele weitere Optionen.

18.1 Die Grundpfeiler: AWT und JFC/Swing

Im Gegensatz zu vielen anderen höheren Programmiersprachen wurde das JDK von Anfang an mit einer eigenen Unterbibliothek zur Erstellung von grafischen Benutzeroberflächen ausgeliefert. Diese Bibliothek hieß AWT (Abstract Window Toolkit) und bot alle grundlegenden Funktionalitäten – aber mehr auch nicht. Recht bald wurde ihr daher eine weitere GUI-Bibliothek namens *Java Foundation Classes* (JFC) zur Seite gestellt. JFC hatte als Arbeitsname den Titel *Swing*, der sich hartnäckig gehalten hat, sodass heute alle von Swing sprechen und der Name JFC eher unbekannt geblieben ist.

Heute wird das AWT kaum noch zum Aufbau von grafischen Benutzeroberflächen verwendet, weswegen wir es im Rahmen dieses Buchs nicht explizit behandeln und uns gleich auf Swing konzentrieren werden. Allerdings gibt es eine Reihe von fundamentalen Klassen und Mechanismen (z.B. bei der Behandlung von Tastatur- und Mausereignissen), die formal zum AWT gehören und auch in der Swing-Welt weiter genutzt werden. Wundern Sie sich also nicht, wenn hin und wieder ein Klassen- oder Paketname mit einem `awt` darin auftaucht.

Die wesentlichen Bausteine einer grafischen Benutzeroberfläche sind:

- **Fenster** sind der äußere Rahmen jeder grafischen Anwendung (und daher Namensgeber für ganze Betriebssysteme!). Sie bilden den Lebensraum, in dem die anderen Komponenten einer Anwendung existieren.
- **Komponenten** sind alle (sichtbaren oder unsichtbaren) Oberflächenelemente, z.B. eine Schaltfläche (Button). Man unterscheidet einfache Komponenten wie Schaltflächen oder Listenfelder von Container-Komponenten, die andere Komponenten in sich einbetten und mithilfe von Layout-Managern anordnen können.
- **Menüs** sind einblendbare Befehlslisten.
- **Layout-Manager** sind besondere Klassen, die zur Positionierung von sichtbaren Komponenten dienen.
- **Events** sind Nachrichten, die gesendet werden, wenn bestimmte Tastatur- und Mausereignisse sich ereignet haben, z.B. wenn der Mauszeiger bewegt wurde.
- **Zeichenoperationen** für Punkte, Linien, Farben, Text usw. erlauben das Zeichnen in Fenster und Komponenten.

Das Erstellen einer grafischen Benutzeroberfläche besteht immer aus dem Erzeugen eines Hauptfensters, das dann mit den gewünschten Komponenten und Menüs zum Leben erweckt wird.

18.2 Ein Grundgerüst für Benutzeroberflächen mit Swing

Das einfachste Swing-Programm, das man erstellen kann, besteht lediglich aus einem leeren Hauptfenster.

Listing 18.1: GrundgeruestSwing.java – Ein Grundgerüst für Benutzeroberflächen mit Swing-Komponenten

```
/*
 * GrundgeruestSwing.java
 *
 */

import javax.swing.JFrame;
import java.awt.Color;

public class GrundgeruestSwing extends JFrame {

   public GrundgeruestSwing() {
      super();

      // Titel setzen
      setTitle("Mein Swing-Programm");

      // weißer Hintergrund
      getContentPane().setBackground(Color.WHITE);
```

```
19
20          // bei Klick auf x-Symbol das Programm beenden
21          setDefaultCloseOperation(JFrame.EXIT_ON_CLOSE);
22      }
23
24      public static void main(String args[]) {
25          // Hauptfenster erzeugen und anzeigen
26          GrundgeruestSwing hauptfenster = new GrundgeruestSwing();
27          hauptfenster.setSize(400,300);
28          hauptfenster.setLocation(200,300);
29          hauptfenster.setVisible(true);
30      }
31  }
```

Für eine eigene GUI-Anwendung muss man immer eine eigene Hauptklasse erstellen, die von der Fensterklasse `javax.swing.JFrame` abgeleitet ist (Zeile 9). In ihrem Konstruktur beginnt dann die Einrichtung des Fensterinhalts. Zum Einstieg halten wir es kurz und setzen lediglich den Text für die Titelleiste des Fensters (Zeile 15). In Zeile 18 ändern wir die Hintergrundfarbe des Fensters in Weiß (anstelle eines standardmäßigen Hellgraus). Die Standardfarben sind in der Klasse `java.awt.Color` als Konstanten vordefiniert; Sie können aber auch eigene Farben definieren (siehe Kapitel 23.1.3).

Wie ein normales Konsolenprogramm hat auch ein Swing-basiertes Java-Programm eine `main()`-Methode, mit der die Programmausführung beginnt. Dort legen wir eine Instanz der gewünschten Fensterklasse an (Zeile 26), setzen eventuell noch einige Eigenschaften (in Zeile 27 und 28 legen wir die Größe des Fensters und die Position auf dem Desktop fest) und bringen schließlich das Fenster mit dem Aufruf `setVisible(true)` zur Anzeige.

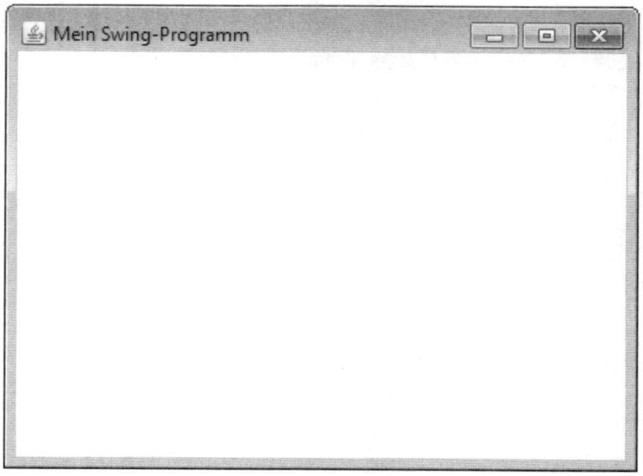

Abbildung 18.2: Das Fenster des Grundgerüsts

INFO

Auch ein GUI-Programm ist aus Sicht des Java-Compilers und der Java-Laufzeitumgebung ein ganz normales Java-Programm. Sie kompilieren das Programm daher mit

```
javac GrundgeruestSwing.java
```

und führen es dann aus via

```
java GrundgeruestSwing
```

Panes

Das Fenster, das wir mit unserem Einstiegsbeispiel angelegt haben, zeigt einfach eine weiße Fläche als Inhalt, deren Farbe wir mit dem seltsamen Aufruf

```
getContentPane().setBackground(Color.WHITE);
```

gesetzt haben.

Stellt sich die Frage, warum wir die Methode über den Rückgabewert von `getContentPane()` und nicht einfach direkt aufrufen?

Die Erklärung ist, dass der Inhalt eines `JFrame`-Fensters recht komplex aufgebaut ist und aus mehreren Schichten besteht, die Panes genannt werden. Die wichtigste Schicht heißt *ContentPane* und kann von einem `JFrame`-Objekt über die Methode `getContentPane()` ermittelt werden. Sie repräsentiert das sichtbare Innere des Fensters und daher müssen wir hier die Hintergrundfarbe setzen.

Fenster schließen

Fenster mit Titelleiste – man nennt solche Fenster auch *dekoriert* (decorated) – haben rechts oben immer eine SCHLIESSEN-Schaltfläche (das »X«). Die Voreinstellung für Swing-Fenster ist, dass das Fenster beim Schließen unsichtbar gemacht wird, ansonsten aber bestehen bleibt. Für das Hauptfenster eines Programms erwartet der Benutzer aber üblicherweise, dass bei Schließen des Fensters das Programm komplett beendet wird.

Wie sich ein Swing-Fenster beim Schließen verhält, können Sie über die `JFrame`-Methode `setDefaultCloseOperation()` festlegen. Um zu erreichen, dass die Anwendung beendet wird, übergeben Sie die Konstante `JFrame.EXIT_ON_CLOSE` (Zeile 21 im obigen Beispiel):

```
setDefaultCloseOperation(JFrame.EXIT_ON_CLOSE);
```

18.2.1 Komponenten hinzufügen

Unter einer *Komponente* versteht man in Swing ganz allgemein ein Objekt mit einer grafischen Darstellung, das sich auf dem Bildschirm anzeigen lässt und mit dem der Benutzer interagieren kann. Auch unser Hauptfenster ist eine Komponente, sozusagen die Mutter aller Komponenten, die wir in unserem Programm haben oder noch hinzufügen werden.

INFO

In anderen Programmierumgebungen wird der Begriff »Komponente« meist ganz allgemein für Software-Bausteine verwendet, während sichtbare Komponenten, mit denen der Anwender interagieren kann, als *Steuerelemente* bezeichnet werden.

In den nachfolgenden Kapiteln werden wir die vielen verfügbaren Mechanismen und Swing-Komponenten näher betrachten. Vorab aber werden wir uns ansehen, wie man eine Komponente in ein Fenster einfügt.

Komponenten einfügen

```
// Erzeugung
JButton taste;
taste = new JButton("1");

// Konfiguration
taste.setEnabled(false);

// In Fenster einbetten
this.add(taste1);          // this sei hier das Fenster
```

Zuerst definieren Sie eine Variable vom Typ der Komponente. Dann erzeugen Sie eine Instanz der Komponente und speichern die Referenz auf die Instanz in der Variablen. Anschließend können Sie die Komponente noch mithilfe der zur Verfügung stehenden set-Methoden konfigurieren (im obigen Code wird z.B. festgelegt, dass die Schaltfläche anfangs deaktiviert ist), bevor Sie sie dann mittels der Methode `add()` in das Fenster einfügen.

Ein wichtiger Punkt fehlt hier allerdings: Damit Sie darauf reagieren können, wenn der Anwender mit der Komponente interagiert (im Falle einer Schaltfläche wäre natürlich insbesondere das Drücken der Schaltfläche interessant), müssen Sie noch eine Ereignisbehandlung für die Schaltfläche einrichten. Da dies allerdings etwas komplizierter ist, heben wir uns dies für den nachfolgenden Abschnitt auf.

Die Komponentenreferenz

Unter Umständen benötigen Sie die Referenz auf die Komponente nur zur Konfiguration der Komponente nach der Erzeugung (falls Sie die nötige Konfiguration nicht sogar schon allein über den Konstruktor erledigen können) und zum Einbetten der Komponente in das Fenster (bzw. eine andere Container-Komponente).

Meist aber werden Sie auch von anderen Codestellen aus bequem auf die Komponente zugreifen wollen – beispielsweise in den Ereignisbehandlungsmethoden. Dann definieren Sie die Variable für die Komponente nicht wie oben gezeigt als lokale Variable, sondern als Feld der Fensterklasse, siehe Beispiel zur Ereignisbehandlung in Abschnitt 18.2.3.

Codeorganisation

In einfachen Programmen können Sie die Komponenten direkt im Konstruktor des Fensters erzeugen und einfügen. Wir selbst werden in unseren Beispielprogrammen des Öfteren davon Gebrauch machen. Allerdings kann dies schnell unübersichtlich werden. Unter Umständen ist es daher besser, das Anlegen und Konfigurieren von Komponenten in eine oder mehrere Methoden zu verlagern – im nachfolgenden Beispiel heißt diese Methode `init()` und ist in den Zeilen 39-52 definiert).

Und noch eine weitere Technik zur Codeorganisation wird in dem Beispiel demonstriert: Statt die Komponenten direkt in das Fenster einzufügen, schalten wir eine `JPanel`-Instanz als Container-Komponente dazwischen.

EXKURS

Container

Swing unterscheidet zwei Arten von Komponenten:

- **Container** *sind Komponenten, die andere Komponenten als untergeordnete Elemente aufnehmen und anordnen können. Wichtige Container sind beispielsweise Fenster wie* `javax.swing.JFrame` *sowie* `javax.swing.JPanel` *und* `javax.swing.JScrollPane`.
- **Einfache Komponenten** *realisieren eine bestimmte Ansicht bzw. Funktionalität. Typische Beispiele sind* `javax.swing.JLabel` *oder* `javax.swing.JButton`.

Listing 18.2: HalloSwingWelt.java – Komponenten hinzufügen

```
01 /*
02  * HalloWeltSwing.java
03  *
04  */
05
06 import java.awt.Color;
07 import javax.swing.JButton;
08 import javax.swing.JFrame;
09 import javax.swing.JLabel;
10 import javax.swing.JPanel;
11
12 public class HalloWeltSwing extends JFrame {
13
14    public HalloWeltSwing() {
15       super();
16
17       // Fenster konfigurieren
18       setTitle("HalloWeltSwing");
19       setDefaultCloseOperation(JFrame.EXIT_ON_CLOSE);
20
21       // JPanel einrichten
22       JPanel hauptPanel = init();
23
24       // Kurzform für this.getContentPane().add(hauptPanel);
25       this.add(hauptPanel);
26    }
```

```
27
28     public static void main(String args[]) {
29        // Hauptfenster erzeugen und anzeigen
30        HalloWeltSwing hauptfenster = new HalloWeltSwing();
31        hauptfenster.setSize(400,300);
32        hauptfenster.setLocation(200,300);
33        hauptfenster.setVisible(true);
34     }
35
36     /**
37      * Komponenten initialisieren
38      */
39     private JPanel init() {
40        JPanel panel = new JPanel();
41
42        JLabel label    = new JLabel("Hallo Welt!");
43        JButton button  = new JButton("Klick mich");
44        JButton button2 = new JButton("Ende");
45
46        panel.add(label);
47        panel.add(button);
48        panel.add(button2);
49
50        panel.setBackground(Color.WHITE);
51        return panel;
52     }
53  }
```

Im Beispiel erzeugen wir in Zeile 40 einen Container vom Typ `JPanel`. Dann erzeugen wir ein Beschriftungsfeld (Label) und zwei Schaltflächen, fügen sie dem Container mit der Method `add()` hinzu und geben das Panel als Rückgabewert zurück. In Zeile 22 fügen wir dann das erstellte Panel in das Fenster (genauer gesagt die ContentPane des Fensters) ein.

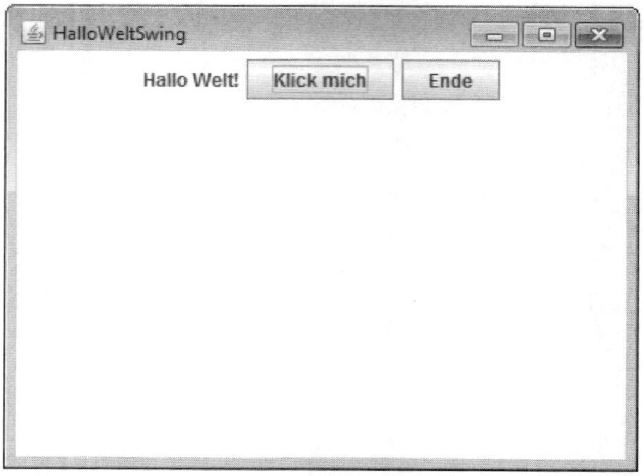

Abbildung 18.3: Hauptfenster mit mehreren eingebetteten Komponenten

Ein wichtiges Detail steckt in Zeile 50. Hier setzen wir für unser Panel die Hintergrundfarbe auf Weiß. Im vorigen Beispiel hatten wir dies bei der ContentPane selbst getan. Da wir aber jetzt ein die ContentPane ausfüllendes Panel hinzufügen, würde man nur den Standardhintergrund dieses Panels sehen (der hellgrau ist). Deshalb müssen wir das Setzen der Farbe nun bei der von uns erzeugten `JPanel`-Instanz erledigen.

Layout-Manger

Wenn Sie das Programm kompilieren und ausführen, werden Sie sehen, dass die hinzugefügten einfachen Komponenten (ein `JLabel`-, zwei `JButton`-Objekte) in einer Reihe nebeneinander angeordnet sind. Dies wurde automatisch von einem besonderen Objekt, dem Layout-Manager, erledigt. Jede `JPanel`-Instanz hat einen Layout-Manager: Standardmäßig ist er vom Typ `java.awt.FlowLayout`, der einfach alle mit `add()` hinzugefügten Komponenten nebeneinander aufreiht, bis der Platz verbraucht ist, und dann in einer neuen Zeile weitermacht. Es gibt die Möglichkeit, andere Layout-Manager zu verwenden, was in Kapitel 19.3 weiter beleuchtet wird.

Etwas anderes wird Ihnen auffallen, wenn Sie die Komponenten anklicken: Es passiert nichts! Im Falle des Beschriftungsfelds ist dies in Ordnung, denn Beschriftungsfelder dienen nur zur Anzeige von Texten. Bei den Schaltflächen erwartet ein Benutzer aber irgendeine Reaktion, denn dafür sind sie ja vorgesehen.

18.2.2 Auf Ereignisse reagieren

Ein Benutzer interagiert mit der grafischen Benutzeroberfläche, die von einem Betriebssystem wie Microsoft Windows bereitgestellt wird, indem er die Maus bewegt, herumklickt, scrollt oder auf der Tastatur etwas tippt. All diese Aktionen erzeugen Ereignisse, die an das entsprechende Programm zur Auswertung gesendet werden.

Die verschiedenen Bestandteile eines Swing-Programms wie z.B. Schaltflächen können (müssen aber nicht) sich für verschiedene Arten von Ereignissen registrieren, d.h., sie signalisieren der Ereignisquelle, dass sie über ein bestimmtes Ereignis informiert werden wollen. Die Registrierung erfolgt mithilfe von speziellen *Lauscher*-Klassen (auch *Listener* genannt).

Das Beispiel aus dem vorigen Beispiel enthielt zwei Schaltflächen, die wir nun mit einer einfachen Ereignisbehandlung versehen, sodass sie auf Mausklicks reagieren und etwas tun.

Das Klicken auf eine Schaltfläche erzeugt ein Ereignis vom Typ `java.awt.ActionEvent`, sodass wir eine Lauscher-Klasse bereitstellen müssen, die die entsprechende Schnittstelle `java.awt.ActionListener` implementiert. Wir nehmen dazu unsere Hauptklasse (die von `JFrame` abgeleitet ist) und lassen sie nun noch zusätzlich die `ActionListener`-Schnittstelle implementieren (Zeile 9).

Listing 18.3: HalloSwingWelt2.java – Auf Mausklicks reagieren

```
import java.awt.Color;
import java.awt.event.ActionEvent;
import java.awt.event.ActionListener;
import javax.swing.JButton;
import javax.swing.JFrame;
import javax.swing.JLabel;
import javax.swing.JPanel;

public class HalloWeltSwing2 extends JFrame implements ActionListener {

   private JButton button;
   private JButton button2;
   private Color[] farben;
   private int farbIndex;
   private JPanel hauptPanel;

   public HalloWeltSwing2() {
      super();

      // Fenster konfigurieren
      setTitle("HalloWeltSwing2");
      setDefaultCloseOperation(JFrame.EXIT_ON_CLOSE);

      // Hintergrundfarben
      farben = new Color[]{Color.WHITE, Color.ORANGE, Color.YELLOW,
                          Color.MAGENTA, Color.BLUE, Color.CYAN};
      farbIndex = 0;
      hauptPanel = init();

      // Kurzform für this.getContentPane().add(hauptPanel);
      this.add(hauptPanel);
   }

   public static void main(String args[]) {
      HalloWeltSwing2 hauptfenster = new HalloWeltSwing2();
      hauptfenster.setSize(400,300);
      hauptfenster.setLocation(200,300);
      hauptfenster.setVisible(true);
   }

   /**
    * Komponenten initialisieren
    */
   private JPanel init() {
      JPanel panel = new JPanel();

      JLabel label     = new JLabel("Hallo Welt!");
      button           = new JButton("Klick mich");
      button2          = new JButton("Ende");

      button.addActionListener(this);
      button2.addActionListener(this);

```

```
54        panel.add(label);
55        panel.add(button);
56        panel.add(button2);
57
58        panel.setBackground(farben[farbIndex]); // Startfarbe weiß
59        return panel;
60     }
61
62     /**
63      * Ereignisbehandlung für Klick auf Schaltflächen
64      */
65     public void actionPerformed(ActionEvent event) {
66        Object quelle = event.getSource();
67
68        if(quelle == button) {
69          // Farbe wechseln
70          farbIndex++;
71
72          if(farbIndex == farben.length) {
73             farbIndex = 0;
74          }
75
76          hauptPanel.setBackground(farben[farbIndex]);
77        }
78        else if(quelle == button2) {
79          // Programm beenden
80          System.exit(0);
81        }
82     }
83  }
```

Die `ActionListener`-Schnittstelle hat nur eine Methode namens `actionPerformed()`, die wir in den Zeilen 65-82 implementieren. Wenn die Methode später bei Eintritt des zugehörigen Ereignisse automatisch aufgerufen wird, wird ihr ein ein `ActionEvent`-Objekt als Argument übergeben, das nähere Informationen über das Ereignis enthält. So liefert z.B. die Methode `getSource()` eine Referenz auf die Komponente, für die das Ereignis ausgelöst wurde – in unserem Fall also die Schaltfläche, auf die der Benutzer geklickt hat. Mit diesem Wissen können wir nun unterscheiden, welche Schaltfläche gedrückt wurde und entsprechend reagieren: Im Falle der KLICK MICH-Schaltfläche ändern wir die Hintergrundfarbe (Zeile 68-77), bei Drücken der ENDE-Schaltfläche wird das Programm beendet (Zeile 78-81).

Durch die Implementierung der Methode `actionPerformed()` wird unsere Hauptklasse zu einem vollwertigen `ActionListener` und wir können sie bei den Schaltflächen als Lauscher für die Ereignisbehandlung registrieren. Dies erfolgt in den Zeilen 51 und 52 mit der Methode `addActionListener()`. Nur Komponenten, für die ein `ActionEvent` ausgelöst werden kann, besitzen eine solche Methode (die `JLabel`-Klasse beispielsweise hat sie nicht).

Beachten Sie auch einige kleinere Umbauten, die wir im Vergleich zur vorigen Version des Beispiels gemacht haben: Die Variablen für `button`, `button2` und `hauptFenster` sind nun keine lokalen Variablen mehr, sondern Instanzvariablen der Klasse `HalloWeltSwing2`, damit wir in `actionPerformed()` darauf Zugriff haben.

Damit ist der Einstieg in die Swing-Welt abgeschlossen und Sie haben hoffentlich ein erstes Gefühl, wie Java-Programme mit einer grafischen Benutzeroberfläche aufgebaut sind. In den nachfolgenden Kapiteln werden wir tiefer eintauchen und die vielen Möglichkeiten und Aspekte von Swing weiter erforschen.

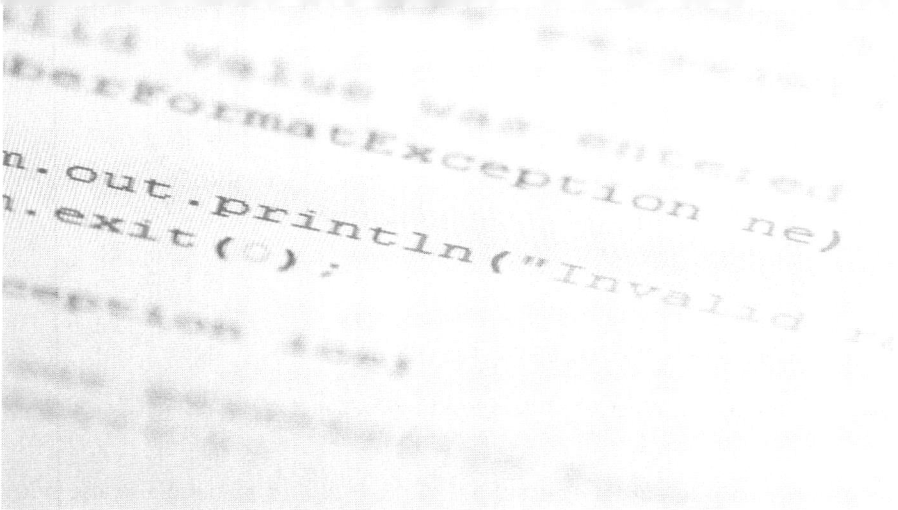

Kapitel 19
Benutzeroberflächen

Das vorangehende Kapitel hat erste Grundlagen für grafische Benutzeroberflächen behandelt, die wir nun weiter ausbauen wollen. Dies betrifft vor allem die Möglichkeiten, Komponenten mithilfe von Layout-Managern grafisch anzuordnen sowie die Behandlung von Maus- und Tastaturereignissen.

19.1 Modell-Ansicht-Steuerung

Die Swing-Komponenten basieren auf dem Entwurfsmuster Model-View-Controller (Modell-Ansicht-Steuerung):

- *Models* kapseln die Daten und stellen Methoden für den Datenzugriff bereit.
- *Views* zeichnen visuelle Darstellungen der Daten eines Modells.
- *Controller* sind für die Behandlung von Ereignissen zuständig.

Dieses Entwurfsmuster spiegelt die Charakteristika einer Komponente wider. Das Modell repräsentiert den Inhalt der Komponente, beispielsweise den Zustand einer Schaltfläche oder die Einträge in einem Listenfeld. Die Ansicht ist für die visuelle Erscheinung des Inhalts maßgebend, beispielsweise in welcher Farbe, Größe oder Schriftart der Inhalt angezeigt wird. Dadurch ist es auch möglich, das Erscheinungsbild (Look&Feel) der Benutzeroberfläche zu ändern und somit das betriebssystemkonforme Aussehen zu simulieren. Auf dieses austauschbare Erscheinungsbild gehen wir in Abschnitt 19.5 noch näher ein. Schließlich wird das Verhalten einer Komponente – beispielsweise die Reaktion auf Ereignisse – durch den Controller realisiert.

Die möglichen Wechselwirkungen zwischen Model, View und Controller bilden die Grundlage für die Flexibilität der Swing-Komponenten.

REF

Mehr zur MVC-Architektur in Kapitel 24.1.

19.2 Das Hauptfenster (JFrame)

Der äußere Rahmen einer Swing-Anwendung bildet das Hauptfenster vom Typ `javax.swing.JFrame`.

INFO

`JFrame` ist nicht die einzige Fensterklasse in Swing. Es gibt beispielsweise noch interne Fenster und Dialogfenster, die in Kapitel 22 betrachtet werden.

Abbildung 19.1: Hauptfenster

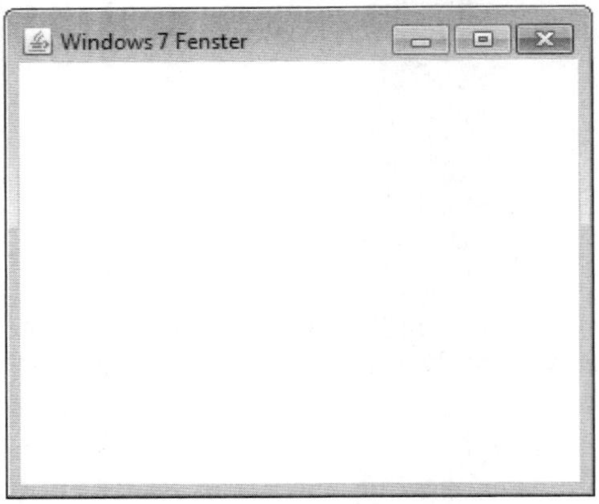

Fenster besitzen nicht weiter überraschend eine Vielzahl an Eigenschaften, die Sie mit geeigneten Methoden beeinflussen können:

- Ein Fenster hat eine Titelleiste mit einem Namen sowie den bekannten kleinen Schaltflächen rechts oben zum Minimieren, Maximieren und Schließen; ein Fenster mit Titelleiste nennt man *dekoriert* (decorated).
- Es gibt einen Rahmen (vom Typ `javax.swing.Border`), der die grafische Abgrenzung zur Umgebung bildet.
- Sichtbarkeit: Ein Fenster kann sichtbar sein, aber auch zeitweise vom Bildschirm verschwinden und unsichtbar gemacht werden (verborgen sein).
- Transparenz: Ein sichtbares Fenster kann teilweise oder ganz durchscheinend sein, sodass Fenster oder Desktop durchschimmern (mehr dazu in Kapitel 26.1).
- Ein Fenster hat typischerweise eine rechteckige Grundform, die allerdings auch geändert werden kann, sofern das Fenster undekoriert ist, sowie eine bestimmte Größe und Position auf dem Bildschirm.
- Das Fenster hat einen Platz in der Fensterreihenfolge des grafischen Betriebssystems, der beinflusst werden kann, d.h., ob es im Hintergrund oder vor allen anderen Fenstern angezeigt werden soll.

Tabelle 19.1: Wichtige Methoden von JFrame

Methode	Beschreibung
`JFrame()` `JFrame(String titel)`	Konstruktor. Optional kann der Fenstertitel übergeben werden.
`Container getContentPane()`	Liefert die ContentPane zurück, in die Komponenten hinzugefügt werden können.
`JMenuBar getJMenuBar()`	Liefert die Menüleiste zurück.
`JRootPane getRootPane()`	Liefert die RootPane zurück.
`void setDefaultCloseOperation(int op)`	Legt fest, was ein Klick auf die SCHLIESSEN-Schaltfläche (X) des Fensters genau bewirken soll.
`static void setDefaultLookAndFeelDecorated(boolean v)`	Übernimmt für neu erzeugte Fenster die Dekorationseinstellungen des Standard- Look&Feel.
`void setLocation(int x, int y)`	Setzt die Position der linken oberen Ecke auf dem Bildschirm (nur eine Empfehlung an das Betriebssystem).
`void setOpacity(float f)`	Setzt die Transparenz zwischen 0 (völlig durchsichtig) bis 1.0 (= völlig undurchsichtig, normal).
`void setShape(Shape s)`	Setzt die Form des Fensters auf die übergebene Form `s`.
`void setSize(int b, int h)`	Legt die Größe des Fensters fest.
`void setTitle(String str)`	Setzt den Titel für die Titelleiste.
`void setUndecorated(boolean v)`	Wenn `true` übergeben wird, dann ist das Fenster undekoriert (ohne Titelleiste).
`void setVisible(boolean v)`	Macht das Fenster sichtbar oder unsichtbar.
`void toFront()`	Bringt das Fenster in den Vordergrund.
`void toBack()`	Bringt das Fenster in den Hintergrund.

19.2.1 Das Look&Feel

Beim Anlegen einer `JFrame`-Instanz wird das generelle Aussehen des Fensters vom Look&Feel des umgebenden Betriebssystems bestimmt, d.h., das Fenster wird beispielsweise wie ein typisches Windows-Fenster aussehen.

Wenn Sie *vor* dem Erzeugen eines `JFrame`-Fensters die statische Methode `JFrame.setDefaultLookAndFeelDecorated(true)` aufrufen, legen Sie fest, dass fortan das Design des Standard-Look&Feel verwendet wird – dies ist per Voreinstellung das sogenannte Metal-Look&Feel. Das Fenster sieht dann nicht mehr wie ein Windows-Fenster aus, sondern eben wie ein Metal-Fenster.

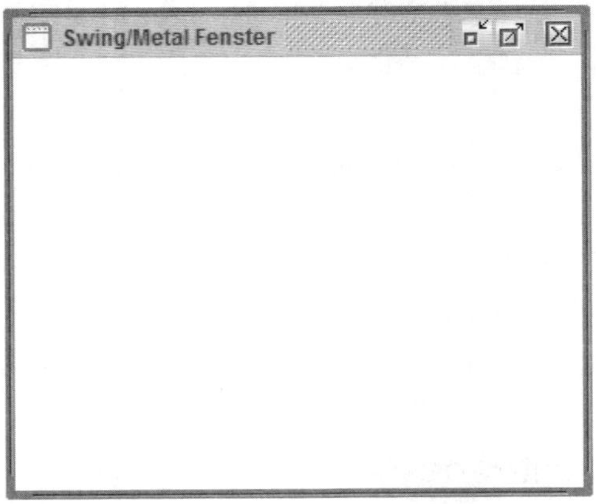

Abbildung 19.2: Fenster im Metal-Look&Feel

REF

Mehr zur Einstellung des Look&Feel in Abschnitt 19.5.

Hauptfenster schließen

Beim Schließen des Hauptfensters erwartet ein Benutzer üblicherweise, dass das Fenster und die gesamte Anwendung geschlossen wird. Dies ist jedoch nicht das Standardverhalten von `JFrame`. Durch Aufruf der Methode `setDefaultCloseOperation()` können Sie steuern, wie sich das Fenster beim Schließen verhalten soll:

```
JFrame frame = new JFrame();
Frame.setDefaultCloseOperation(JFrame.EXIT_ON_CLOSE);
```

Tabelle 19.2: Fensterkonstanten (Window-Constants), die das Verhalten beim Schließen eines Fensters steuern

Konstante	Beschreibung
`DO_NOTHING_ON_CLOSE`	Die Konstante sagt selbst schon alles: Das Klicken auf die SCHLIESSEN-Schaltfläche (X) wird schlichtweg ignoriert.
`HIDE_ON_CLOSE`	Standardverhalten, das das Fenster verbirgt, wenn es der Benutzer schließt. Das Fenster existiert aber nach wie vor und kann mit `setVisible(true)` wieder sichtbar gemacht werden.
`DISPOSE_ON_CLOSE`	Verbirgt das Fenster und löst es dann auf. Damit werden alle von diesem Fenster belegten Ressourcen freigegeben.
`EXIT_ON_CLOSE`	Beendet die Anwendung mit `System.exit(0)`.

INFO

Bevor die gesetzte Standardoperation zum Schließen ausgeführt wird, ruft die Java-Laufzeitumgebung alle `WindowsListener` auf, die Sie zuvor bei der `JFrame`-Instanz registriert haben. Dadurch ist es beispielsweise möglich, vor dem Beenden des Programms geänderte Dokumente zu speichern bzw. den Benutzer zum Speichern aufzufordern.

19.2.2 Die Panes-Hierarchie

Vom äußeren Fenster des Typs `JFrame` ausgehend sind die inneren Komponenten in einer bestimmten Hierarchie baumartig aufgebaut.

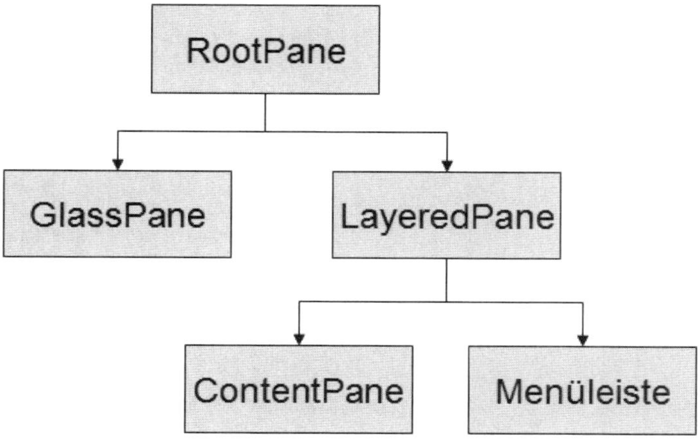

Abbildung 19.3: Die Pane-Hierarchie

- Die Hierarchie beginnt mit der *RootPane* (Instanz von `javax.swing.JRootPane`). Sie enthält je eine *GlassPane* (durchsichtige Instanz der Klasse `javax.swing.JPanel`) und eine *LayeredPane* (Instanz von `javax.swing.JLayeredPane`).
- Die LayeredPane (Instanz von `javax.swing.JLayeredPane`) liegt grafisch gesehen über der RootPane. Sie enthält eine *ContentPane* (standardmäßig eine Instanz von `JPanel`) und optional eine Menüleiste (Instanz von `javax.swing.JMenuBar`).
- Die *GlassPane* (vom Typ `java.awt.Component`) heißt so, weil Sie sich diese als durchsichtig denken können. Sie liegt grafisch gesehen über der LayeredPane und kann dazu verwendet werden, weitere Komponenten und Effekte über dem eigentlichen Inhalt des Fensters anzuzeigen.

Die Fenster-Basisklasse `JFrame` enthält für jede dieser Panes eine passende Methode, die eine Referenz auf die Pane zurückliefert: `getRootPane()`, `getLayeredPane()`, `getGlassPane()`, `getContentPane()` – sowie analog benannte set-Methoden, mit denen Sie die Panes austauschen können.

Normalerweise hat man als GUI-Entwickler nur mit der ContentPane zu tun. Sie bildet den Start-Container, in dem man seine benötigten Komponenten einbaut (oder auch wieder entfernt). Alle Container-Komponenten bieten entsprechende Methoden an, um Komponenten als untergeordnete Elemente (Kinder) hinzuzufügen bzw. wieder zu entfernen. Die untergeordneten Komponeten werden intern in einer Liste verwaltet (siehe Kapitel 29). Das Anordnen der Komponenten erfolgt im Zusammenspiel mit einem Layout-Manager (siehe Abschnitt 19.3).

Methode	Beschreibung
`Component` **`add`**`(Component comp)`	Fügt `comp` hinzu.
`Component` **`add`**`(Component comp, int index)`	Fügt `comp` an Position `index` hinzu. (`index` ist die Position der Komponente in der internen Liste.)

Tabelle 19.3: Methoden zum Verwalten von Komponenten

Tabelle 19.3: Methoden zum Verwalten von Komponenten (Forts.)

Methode	Beschreibung
`Component get(int index)`	Liefert die Komponente an Position `index`. (`index` ist die Position der Komponente in der internen Liste.)
`void invalidate()`	Komponente als ungültig markieren.
`void remove(Component comp)`	Entfernt die untergeordnete Komponente `comp`.
`void remove(int index)`	Entfernt die untergeordnete Komponente an Position `index`.
`void removeAll()`	Entfernt alle untergeordneten Komponenten.
`void revalidate()`	Bewirkt Neuberechnung der Komponente.
`void validate()`	Komponente und alle untergeordneten Komponenten validieren.

Da Container-Komponenten ihre Unterkomponenten in einer internen Liste verwalten, können Sie auf Komponenten, die via `add()` hinzugefügt wurden, später sowohl über die Position in dieser Liste als auch über die eigentliche Objektreferenz ansprechen.

Immer wenn Unterkomponenten hinzugefügt oder entfernt worden sind, gilt die Komponente als ungültig, und man muss durch einen Aufruf von `validate()` eine Neuberechnung des Layouts veranlassen. Manchmal erkennt Swing aber nicht automatisch, ob eine Komponente ungültig sein soll. Dann können Sie mit `invalidate()` nachhelfen und selbst anzeigen, dass die Komponente neu berechnet und gezeichnet werden soll.

Da Änderungen an einer Komponente oft auch den übergeordneten Container betreffen, müssen Sie gegebenenfalls für diesen Container die Methode `validate()` aufrufen. Dieser Container hat möglicherweise selbst wieder einen übergeordneten Container, der ebenfalls betroffen ist, und so weiter, bis Sie bei der ContentPane als oberstem Container landen. Daher lässt man häufig die Neuberechnung ganz oben beginnen:

```
getContentPane().validate();
```

INFO

Da man `invalidate()` und `validate()` für Komponenten(teil)bäume oft benötigt, gibt es ab Java 7 noch eine kleine Erleichterung: Für eine dynamisch zur Laufzeit geänderte Komponente kann man `revalidate()` aufrufen, und alle notwendigen `validate()`- und `invalidate()`-Aufrufe werden automatisch durchgeführt.

19.3 Komponenten anordnen: Layout-Manager

Für das Anordnen von Komponenten in einem Container stehen zahlreiche verschiedene Strategien zur Verfügung, die von einem spezialisierten Layout-Manager realisiert werden:

- `java.awt.FlowLayout` ordnet Komponenten von links nach rechts zentriert in einer Reihe (Standard-Layout für `JPanel`).
- `java.awt.BorderLayout`: unterteilt die Fläche in die fünf Bereiche Norden, Süden, Osten, Westen, Mitte (Standard-Layout für `JFrame`).
- `java.awt.CardLayout` legt die Komponenten wie bei einem Kartenstapel übereinander, sodass immer nur eine sichtbar ist.
- `javax.swing.OverlayLayout` ordnet Komponenten übereinander an
- `java.awt.GridLayout` ordnet die Komponenten tabellenartig in gleich großen Zeilen und Spalten an.
- `java.awt.GridBagLayout` entspricht GridLayout, aber die einzelnen Zellen bzw. Komponenten können verschieden groß sein.
- `javax.swing.BoxLayout` ordnet Komponenten entweder horizontal oder vertikal an.
- `javax.swing.GroupLayout` ordnet Komponenten in horizontalen und/oder vertikalen Gruppen an.

Außerdem gibt es noch einige spezielle Layout-Manager, die nur für ganz bestimmte Zwecke gedacht sind und die wir nicht weiter besprechen werden:

- `javax.swing.ScrollPaneLayout` ist der von `JScrollPane` verwendete Layout-Manager, der neue Komponenten einer Bildlaufkomponente verwaltet.
- `javax.swing.ViewportLayout` ist der von `JViewport` verwendete Standard-Manager, der den Sichtbereich von Anwendungen verwaltet.
- `javax.swing.SpringLayout` realisiert die Abstände zwischen den Komponenten mithilfe von Federn (`Spring`-Objekten) und ist für sogenannte GUI-Builder gedacht (also Programme, mit denen man eine grafische Benutzeroberfläche zusammenklicken kann).

Zum Setzen eines Layout-Managers verwendet man die `setLayout()`-Methode, die jede Container-Komponente (d.h. von `java.awt.Container` abstammend) anbietet.

Auf der Buch-DVD finden Sie im zugehörigen Kapitel ein kleines Demoprogramm *LayoutManagerDemo.java*, um die wichtigsten Layout-Manager auszuprobieren.

DVD

19.3.1 Der FlowLayout-Manager

Der `FlowLayout`-Manager (Paket `java.awt`) richtet die Komponenten von links nach rechts in einer Zeile aus. Passen nicht alle Komponenten auf eine Zeile, beginnt der `FlowLayout`-Manager eine neue Zeile. Standardmäßig werden die Komponenten innerhalb jeder Zeile zentriert ausgerichtet mit einem Abstand von 5 Pixeln zwischen den Komponenten. Optional kann man im Konstruktoraufruf eine andere Ausrichtung spezifizieren sowie die vertikalen und horizontalen Abstände festlegen.

Tabelle 19.4: Konstruktoren des FlowLayout-Managers

Konstruktor	Beschreibung
`FlowLayout()`	Richtet die Komponenten zentriert mit einem Abstand von 5 Pixeln aus.
`FlowLayout(int align)`	Richtet die Komponenten entsprechend dem Parameter `align` wie folgt aus: `FlowLayout.LEFT`: nach links ausgerichtet `FlowLayout.CENTER`: zentriert (Standard) `FlowLayout.RIGHT`: nach rechts ausgerichtet
`FlowLayout(int align, int hgap, int vgap)`	Richtet die Komponenten entsprechend dem Parameter `align` aus, wobei der horizontale Abstand `hgap` Pixel und der vertikale Abstand `vgap` Pixel beträgt.

Zum Beispiel richtet die Anweisung

```
setLayout(new FlowLayout(FlowLayout.LEFT));
```

einen `FlowLayout`-Manager ein, der die Komponenten linksbündig ausrichtet und den Standardabstand von 5 Pixeln verwendet, während der Layout-Manager für Abbildung 19.4 mit

```
setLayout(new FlowLayout());
```

erzeugt wurde.

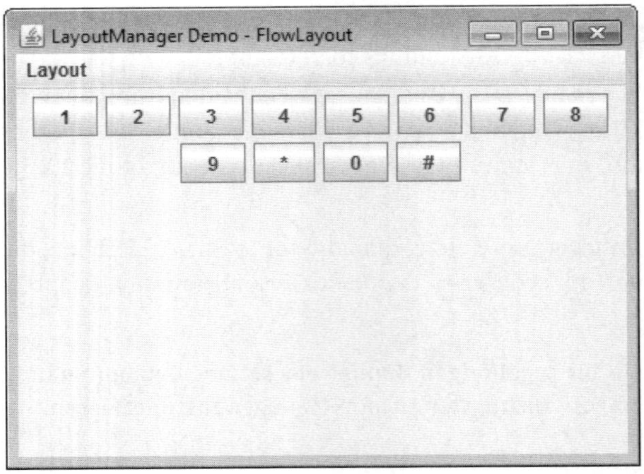

Abbildung 19.4: 12 Schaltflächen mit FlowLayout-Manager zentriert ausgerichtet

19.3.2 Der GridLayout-Manager

Der `GridLayout`-Manager (Paket `java.awt`) ordnet die Komponenten tabellenartig in Zeilen und Spalten an, wobei alle Felder (Zellen) des Rasters gleich groß sind und jeweils genau eine Komponente aufnehmen. Die Komponenten werden in der Reihenfolge der `add()`-Aufrufe innerhalb einer Zeile von links nach rechts und zeilenweise von oben nach unten angeordnet.

Tabelle 19.5: Konstruktoren des GridLayout-Managers

Konstruktor	Beschreibung
`GridLayout()`	Erzeugt ein Raster mit einer Spalte je Komponente in einer Zeile.
`GridLayout(int z, int s)`	Erzeugt ein Raster mit `z` Zeilen und `s` Spalten.
`GridLayout(int z, int s, int hgap, int vgap)`	Erzeugt ein Raster mit `z` Zeilen und `s` Spalten, wobei die Spalten einen Abstand von `hgap` Pixel und die Zeilen einen Abstand von `vgap` Pixel aufweisen.

Mit diesem Layout lässt sich zum Beispiel gut das Bedienfeld einer Telefontastatur erzeugen, z.B.

```
JPanel panel = new JPanel();
GridLayout gridLayout = new GridLayout(0, 3, 10, 10 );
panel.setLayout(gridLayout);

// erzeuge Buttons 1, 2, …
for(int i = 1; i <= 9; i++) {
   JButton button = new JButton(String.valueOf(i));
   panel.add(button);
}

JButton button = new JButton("*");
panel.add(button);
button = new JButton("*");
panel.add(button);
button = new JButton("*");
panel.add(button);
```

Dieser Code setzt außerdem im Konstruktor des Layout-Managers den horizontalen und vertikalen Abstand der Schaltflächen auf 10.

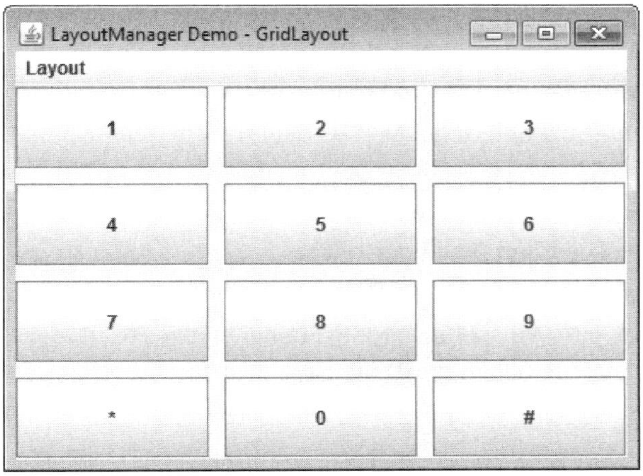

Abbildung 19.5: Eine Telefontastatur mit dem GridLayout-Manager

Der `GridLayout`-Manager beachtet die festgelegte Anzahl der Spalten nur dann, wenn für die Anzahl der Zeilen 0 angegeben wird. Bei einem Wert ungleich 0 für die Anzahl der Zeilen ergibt sich die Anzahl der Spalten aus der Gesamtzahl der Komponenten und der spezifizierten Zeilenanzahl. Die Anweisung

```
setLayout(new GridLayout(4, 1, 10, 10));
```

liefert beispielsweise für den obigen Code dasselbe Layout wie in Abbildung 19.5.

Wenn Sie dagegen die Anzahl der Zeilen mit 0 und die Anzahl der Spalten mit 2 festlegen, erhalten Sie ein Layout, bei dem die 12 Schaltflächen in 6 Zeilen und 2 Spalten angeordnet sind. Mit anderen Worten: 0 bedeutet, dass die Komponenten gleichmäßig aufgeteilt werden. Beachten Sie, dass nicht beide Werte gleich 0 sein dürfen, sonst wird eine `IllegalArgumentException`-Ausnahme ausgelöst.

19.3.3 Der GridBagLayout-Manager

Der `GridBagLayout`-Manager (Paket `java.awt`) erzeugt ein Raster-Layout ohne Einschränkungen hinsichtlich der Zeilen- und Spaltengröße. Außerdem lassen sich aneinandergrenzende Zellen verbinden, um größeren Komponenten Platz zu bieten.

Diese Flexibilität hat ihren Preis. Der Entwurf eines GridBag-Layouts bedeutet erheblichen Arbeitsaufwand und vollzieht sich typischerweise in folgenden Schritten:

1. Sie erzeugen ein Objekt vom Typ `GridBagLayout` und verwenden es als Layout-Manager für die Container-Komponente.
2. Sie erzeugen ein Objekt vom Typ `GridBagConstraints`, in dem Sie die Informationen für die Anordnung der Komponenten im Layout festlegen.
3. Sie legen für jede Komponente Einschränkungen fest (Felder des `GridBagConstraints`-Objekts) und übergeben dann beides mit `add(Komponente, Einschränkungen)` an den Container.

Zu den Feldern oder Parametern des `GridBagConstraints`-Objekts gehören:

- Zeilen- und Spaltenpositionen: `gridx` und `gridy`
- Breite und Höhe: `gridwidth` und `gridheight`
- Gewichtsfelder: `weightx` und `weighty`
- Füllwert und Ankerpunkt: `fill` und `anchor`
- Leerraum (Padding): `insets`

Wir verzichten hier auf eine detailliertere Darstellung. Zwar bietet der `GridBagLayout`-Manager die größte Freiheit in der Zusammenstellung eines Layouts, doch sind wirklich interessante Layouts in der Praxis unserer Erfahrung nach kaum mit vertretbarem Aufwand von Hand zu erstellen. Unser Tipp:

TIPP

Wenn Sie Komponenten frei und pixelgenau platzieren möchten, arbeiten Sie ganz ohne Layout (siehe Abschnitt 19.3.9) oder, noch besser, verwenden Sie eine leistungsfähige integrierte Entwicklungsumgebung mit integriertem GUI-Designer, in dem Sie die Komponenten frei platzieren können und der für Sie den zugehörigen Layout-Code erstellt (früher oft ein `GridBagLayout`, mittlerweile meistens `GroupLayout`).

19.3.4 Der BorderLayout-Manager

Der `BorderLayout`-Manager (Paket `java.awt`) ordnet die Komponenten eines Containers in fünf Bereichen an: Nord, Süd, Ost, West und Mitte. Jeder Bereich des Layout-Managers nimmt nur eine einzige Komponente auf. Die Komponente füllt dann den entsprechenden Bereich des Layout-Managers vollständig oder teilweise – je nach Vorgaben bzw. Einschränkungen – aus.

Der `BorderLayout`-Manager ordnet zunächst die Randkomponenten entsprechend der von ihnen benötigten Größe an und teilt dann den restlichen Platz der mittleren Komponente zu. Der folgende Code ordnet fünf Schaltflächen in einem Rahmen-Layout an:

```
JPanel panel = new JPanel();
BorderLayout borderLayout = new BorderLayout();
panel.setLayout(borderLayout);
JButton nord   = new JButton("Norden");
JButton sued   = new JButton("Süden");
JButton ost    = new JButton("Osten");
JButton west   = new JButton("Westen");
JButton center = new JButton("Center");

panel.add(nord, BorderLayout.NORTH);
panel.add(sued, BorderLayout.SOUTH);
panel.add(ost, BorderLayout.EAST);
panel.add(west, BorderLayout.WEST);
panel.add(center, BorderLayout.CENTER);
```

Die Komponenten kann man in beliebiger Reihenfolge in den Container einfügen, die Lage ergibt sich aus den Positionskonstanten (z.B. `BorderLayout.NORTH`).

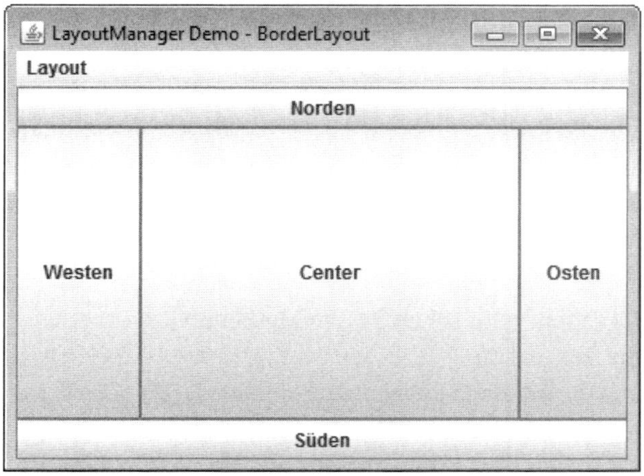

Abbildung 19.6: Beispiel für ein Rahmen-Layout

Wenn der Platz bereits für die Randkomponenten verbraucht wird, ist die mittlere Komponente möglicherweise nicht mehr sichtbar (siehe Abbildung 19.7).

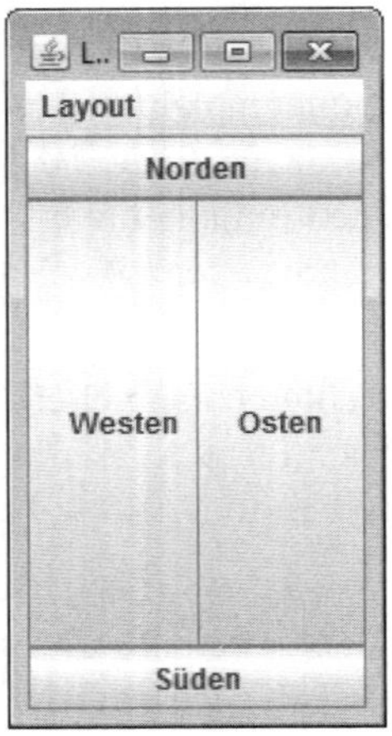

Abbildung 19.7: Dasselbe Beispiel wie in Abbildung 19.6, wobei aber das Fenster so weit verkleinert wurde, dass der mittlere Bereich nicht mehr sichtbar ist.

Tabelle 19.6: Konstruktoren des BorderLayout-Managers

Konstruktor	Beschreibung
`BorderLayout()`	Konstruiert ein neues Rahmen-Layout ohne Lücken zwischen den Komponenten.
`BorderLayout(int hgap, int vgap)`	Konstruiert ein neues Rahmen-Layout mit den spezifizierten horizontalen (`hgap`) und vertikalen (`vgap`) Abständen zwischen den Komponenten.

19.3.5 Der CardLayout-Manager

Der `CardLayout`-Manager (Paket `java.awt`) verwaltet Komponenten in der Art eines Spielkartenstapels: Er betrachtet jede Komponente als Karte und zeigt die »oberste« Karte an.

Tabelle 19.7: Konstruktoren des CardLayout-Managers

Konstruktor	Beschreibung
`CardLayout()`	Konstruiert ein neues Karten-Layout ohne Lücken.
`CardLayout(int hgap, int vgap)`	Konstruiert ein neues Karten-Layout mit den spezifizierten horizontalen (`hgap`) und vertikalen (`vgap`) Abständen zwischen den Komponenten.

In Tabelle 19.8 sehen Sie die Methoden des `CardLayout`-Managers, mit denen sich der Kartenstapel (d.h. der Komponentenstapel) nacheinander durchlaufen oder eine Komponente gezielt auswählen lässt.

Tabelle 19.8: Die Methoden des CardLayout-Managers, mit denen sich Karten auswählen lassen

Methode	Beschreibung
`void first(Container parent)`	Wechselt zur ersten Komponente des Containers.
`void last(Container parent)`	Wechselt zur letzten Komponente des Containers.
`void next(Container parent)`	Wechselt zur nächsten Komponente des Containers.

Methode	Beschreibung
void **previous**(Container parent)	Wechselt zur vorhergehenden Komponente des Containers.
void **show**(Container parent, String name)	Wechselt zu der Komponente, die dem Layout mithilfe der Methode addLayoutComponent unter dem angegebenen Namen hinzugefügt wurde.

Tabelle 19.8: Die Methoden des CardLayout-Managers, mit denen sich Karten auswählen lassen (Forts.)

19.3.6 Der OverlayLayout-Manager

Der `OverlayLayout`-Manager (Paket `javax.swing`) verwaltet Komponenten ähnlich wie `CardLayout` in der Art eines Stapels. Die größte enthaltene Komponente bestimmt die Breite und Länge des Stapels und alle Komponenten werden gemeinsam ausgerichtet. Eine zuunterst liegende große Komponente mit darüber liegenden kleineren Komponenten bleibt dabei teilweise sichtbar: Dies ist der wesentliche Unterschied zu `CardLayout`, wo immer nur die oberste Komponente sichtbar ist.

Konstruktor	Beschreibung
OverlayLayout(Container container)	Konstruiert ein neues Overlay-Layout für die angebene Container-Komponente.

Tabelle 19.9: Konstruktor des OverlayLayout-Managers

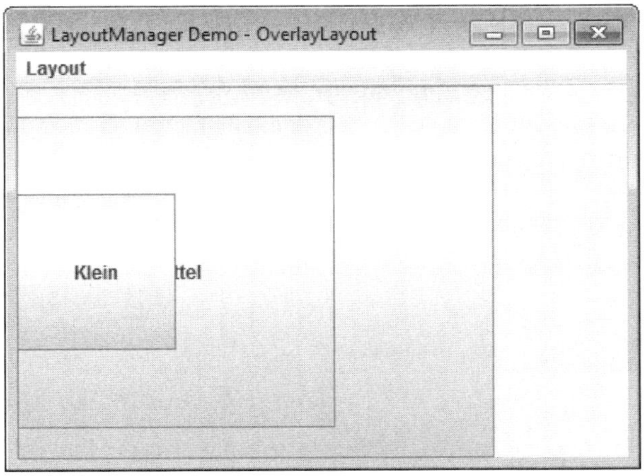

Abbildung 19.8: Überlagerung mit OverlayLayout

Ein weiterer Unterschied zu Layout-Managern aus dem `awt`-Paket ist der Umstand, dass man die Komponenten direkt zum `OverlayLayout`-Manager hinzufügt und nicht mit der `add()`-Methode beim Container selbst:

```
JPanel panel = new JPanel();
OverlayLayout overlayLayout = new OverlayLayout(panel);
panel.setLayout(overlayLayout);

JButton klein = new JButton("Klein");
klein.setMaximumSize(new Dimension(100, 100));
panel.add(klein);
```

```
JButton mittel = new JButton("Mittel");
mittel.setMaximumSize(new Dimension(200, 200));
panel.add(mittel);

JButton gross = new JButton("Groß");
gross.setMaximumSize(new Dimension(300, 300));
panel.add(gross);
```

19.3.7 Der BoxLayout-Manager und die Containerklasse Box

Der `BoxLayout`-Manager (Paket `javax.swing`) ordnet mehrere Komponenten entweder vertikal oder horizontal an. Die jeweilige Anordnung bleibt auch dann erhalten, wenn sich die Größe des Rahmens ändert. Die Klasse `Box` stellt einen Container dar, der das `BoxLayout` als Standard verwendet, während die Klasse `JPanel` standardmäßig mit dem `FlowLayout`-Manager arbeitet.

Der `BoxLayout`-Manager legt die Größe der Komponenten nach ihren bevorzugten Breiten bzw. Höhen fest. Bei einem horizontalen Layout bestimmt er zunächst die maximale Höhe der höchsten Komponente und versucht dann, alle anderen Komponenten in vertikaler Richtung an diesen Wert anzupassen. Erreicht eine Komponente diese Höhe nicht, wird sie vertikal ausgerichtet. Wenn die Summe der bevorzugten Breiten aller Komponenten kleiner als die Breite des Containers ist, werden die Komponenten bis zu ihrer maximalen Breite erweitert. Anschließend ordnet der Layout-Manager die Komponenten von links nach rechts ohne zusätzlichen Zwischenraum entsprechend der Reihenfolge an, wie die Komponenten in den Container eingefügt wurden. Überschreitet die Summe der bevorzugten Breiten die Abmessungen des Containers, werden die Komponenten gestaucht – höchstens aber bis zu ihren minimalen Breiten. Reicht der Platz im Container auch dann nicht aus, sind einige Komponenten nicht sichtbar. Analog läuft die Anordnung der Komponenten bei einem vertikalen Layout ab.

Abbildung 19.9: Vertikales BoxLayout

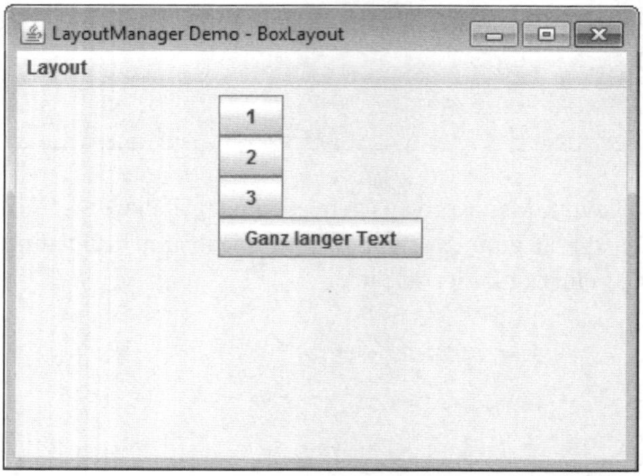

Da sich verschiedene Komponenten (zum Beispiel Textfelder) unbeschränkt vergrößern lassen, sollte man hier die maximalen Größen mithilfe der in Tabelle 19.12 genannten Methoden auf die bevorzugten Werte setzen.

Die Anordnung der Komponenten kann man mit sogenannten Füllern beeinflussen, beispielsweise um etwas Zwischenraum zwischen den Komponenten zu erhalten oder um kleinere Komponenten im Container zu zentrieren, ohne dass sie überproportional erweitert werden. Der `BoxLayout`-Manager unterscheidet folgende Füller:

- Struts (Streben) fügen einen festen Abstand zwischen den Komponenten ein.
- Rigid Areas (starre Bereiche) trennen aneinandergrenzende Komponenten mit einem festen Abstand und legen gleichzeitig ein Höhen- bzw. Breitenminimum für die jeweils andere Richtung fest.
- Glue-(Leim-)Füller rücken die Komponenten so weit wie möglich auseinander. Die Bezeichnung ist etwas irreführend, da die Wirkung eher einer Feder (englisch »Spring«) entspricht.

Die Abstände lassen sich mit den Methoden der Klasse `Box` einrichten. Diese Klasse stellt einen Container dar, der das `BoxLayout` verwendet. Möchte man Komponenten mit einem `BoxLayout` anordnen, kann man eine Grundfläche (`JPanel`) verwenden und für diese den `BoxLayout`-Manager festlegen oder die Komponenten gleich in einen `Box`-Container einfügen. Das Beispielprogramm am Ende dieses Kapitels demonstriert beide Möglichkeiten. Die in Tabelle 19.10 aufgeführten Methoden der Klasse `Box` lassen sich in beiden Fällen verwenden.

Methode	Beschreibung
`static Box` **`createHorizontalBox()`** `static Box` **`createVerticalBox()`**	Erzeugt einen Container, der seine Komponenten von links nach rechts bzw. von oben nach unten anzeigt.
`static Component` **`createHorizontalGlue()`** `static Component` **`createVerticalGlue()`** `static Component` **`createGlue()`**	Erzeugt eine unsichtbare Komponente, die sich unbeschränkt horizontal, vertikal bzw. in beide Richtungen gleichzeitig erweitern kann.

`static Component` **`createHorizontalStrut(`**`int breite)`
`static Component` **`createVerticalStrut(`**`int hoehe)`
`static Component` **`createRigidArea(`**`Dimension d)`
	Erzeugt eine unsichtbare Komponente mit fester Breite, fester Höhe bzw. fester Breite und Höhe.

Tabelle 19.10: Methoden der Klasse Box

Im Konstruktor des `BoxLayout`-Managers

```
BoxLayout(Container target, int axis)
```

bedeutet `target` den Container, für den Sie das `BoxLayout` einrichten möchten, und `axis` die Ausrichtung der Komponenten. Für `axis` sind folgende Werte definiert:

- X_AXIS: Legt fest, dass die Komponenten von links nach rechts angeordnet werden.
- Y_AXIS: Legt fest, dass die Komponenten von oben nach unten angeordnet werden.
- LINE_AXIS: Legt fest, dass die Komponenten in der Richtung einer Textzeile angeordnet werden, wie sie durch die Eigenschaft ComponentOrientation des Zielcontainers vorgegeben ist.
- PAGE_AXIS: Legt fest, dass die Komponenten entsprechend dem Zeilenfluss über eine Seite angeordnet werden, wie er durch die Eigenschaft ComponentOrientation des Zielcontainers vorgegeben ist.

19.3.8 Der GroupLayout-Manager und die Klasse Group

Der GroupLayout-Manager (Paket javax.swing) wurde – ähnlich wie das weiter obene besprochene GridBagLayout – vornehmlich für die Implementierung durch grafische GUI-Designer entworfen. In einfachen Layouts, die mit nicht zu vielen Verschachtelungen und automatisch vergebenen Abstandhaltern auskommen, kann es aber auch ohne die Hilfe eines GUI-Designers verwendet werden.

Der GroupLayout-Manager arbeitet immer mit zwei Gruppen:

- Einer Gruppe, welche die Elemente horizontal ausrichtet (wird mit setHorizontalGroup() registriert), und
- einer Gruppe, welche dieselben Elemente vertikal ausrichtet (wird mit setVerticalGroup() registriert).

Jeder dieser Gruppen weisen Sie eine Instanz einer von Group abgeleiteten Gruppenklasse zu: GroupLayout.ParallelGroup oder GroupLayout.SequentialGroup. Die beiden Gruppenklassen unterscheiden sich in der Art, wie sie ihre eingebetteten Elemente anordnen.

- GroupLayout.SequentialGroup ordnet die enthaltenen Elemente hintereinander (bei Verwendung als horizontale Gruppe) bzw. untereinander (bei Verwendung als vertikale Gruppe) an.
- GroupLayout.ParallelGroup ordnet die enthaltenen Elemente an einer gemeinsamen Linie aus (siehe Tabelle 19.11).

Tabelle 19.11: Mögliche Ausrichtungen für ParallelGroup

Konstante aus GroupLayout.Alignment	Bei Verwendung als horizontale Gruppe	Bei Verwendung als vertikale Gruppe
BASELINE	Ausrichtung an Grundlinie	–
CENTER	Zentrierung	Zentrierung
LEADING (Standardwert)	Ausrichtung an linkem Rand	Ausrichtung an oberem Rand
TRAILING	Ausrichtung an rechtem Rand	Ausrichtung an unterem Rand

Beide Gruppenklassen können als Elemente Komponenten (addComponent()), Abstände (addGap()) oder wieder Gruppen (addGroup()) enthalten.

Doch genug der Theorie. Zwei kleine Beispiele dürften die Arbeit mit GroupLayout besser veranschaulichen als jede Erklärung.

Beispiel 1: Simulation eines FlowLayouts

Drei Labels sollen hintereinander in einer Linie angeordnet und an ihrem oberen Rand ausgerichtet werden (siehe Abbildung 19.10).

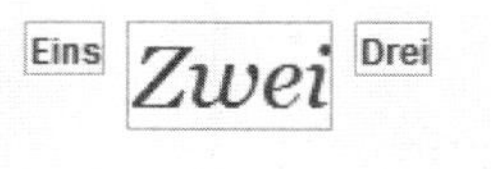

Abbildung 19.10: Einzeiliges GroupLayout (unter Windows 7)

Um die Labels horizontal in einer Linie auszurichten, erzeugen Sie eine SequentialGroup und fügen dieser die Labels hinzu. Die Gruppe richten Sie anschließend als horizontale Gruppe des GroupLayout-Objekts ein (Aufruf von setHorizontalGroup()).

Um die Labels an ihrer Oberkante auszurichten, erzeugen Sie eine ParallelGroup mit der Ausrichtung GroupLayout.Alignment.LEADING und fügen dieser die Labels hinzu. Die Gruppe richten Sie anschließend als vertikale Gruppe des GroupLayout-Objekts ein (Aufruf von setVerticalGroup()).

```
// Layout-Manager instanziieren und einrichten
GroupLayout layout = new GroupLayout(getContentPane());
getContentPane().setLayout(layout);

// automatische Abstaende einstellen
layout.setAutoCreateGaps(true);
layout.setAutoCreateContainerGaps(true);

// Komponenten erzeugen
JLabel lb1 = new JLabel("Eins");
lb1.setBorder(BorderFactory.createEtchedBorder());
JLabel lb2 = new JLabel("Zwei");
lb2.setFont(new Font("Georgia", Font.ITALIC, 30));
lb2.setBorder(BorderFactory.createEtchedBorder());
JLabel lb3 = new JLabel("Drei");
lb3.setBorder(BorderFactory.createEtchedBorder());

// horizontale Gruppe
GroupLayout.SequentialGroup horizGruppe = layout.createSequentialGroup();
horizGruppe.addComponent(lb1);
horizGruppe.addComponent(lb2);
horizGruppe.addComponent(lb3);

// vertikale Gruppe
GroupLayout.ParallelGroup vertGruppe =
               layout.createParallelGroup(GroupLayout.Alignment.LEADING);
vertGruppe.addComponent(lb1);
```

```
vertGruppe.addComponent(lb2);
vertGruppe.addComponent(lb3);

layout.setHorizontalGroup(horizGruppe);
layout.setVerticalGroup(vertGruppe);
```

INFO

Was würde passieren, wenn Sie als vertikale Gruppe ebenfalls eine `SequentialGroup` verwenden würden?

```
GroupLayout.SequentialGroup horizGruppe = layout.createSequentialGroup();
horizGruppe.addComponent(lbl);
horizGruppe.addComponent(lb2);
horizGruppe.addComponent(lb3);

GroupLayout.SequentialGroup vertGruppe = layout.createSequentialGroup();
vertGruppe.addComponent(lbl);
vertGruppe.addComponent(lb2);
vertGruppe.addComponent(lb3);

layout.setHorizontalGroup(horizGruppe);
layout.setVerticalGroup(vertGruppe);
```

In diesem Fall würden die drei Labels auf einer Diagonale angeordnet.

Beispiel 2: Ausrichtung von Label-Textfelder-Kombinationen

`GroupLayout` eignet sich besonders gut für die Ausrichtung von gestapelten Kombinationen aus Steuerelementen mit beigeordneten Beschriftungsfeldern (Labels).

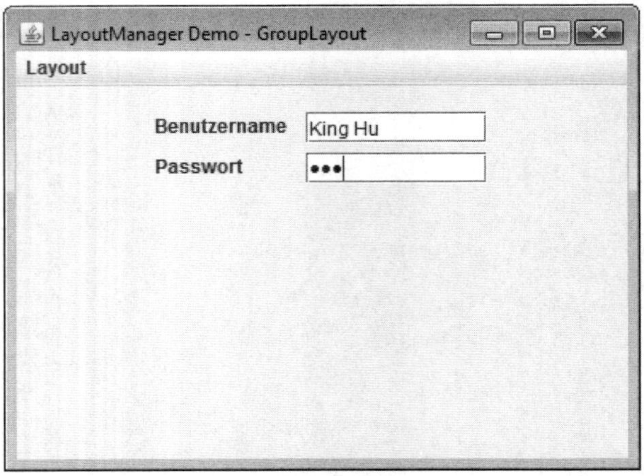

Abbildung 19.11: Zweizeiliges GroupLayout

In einem solchen Layout erzeugen Sie für die horizontale Gruppe ein `SequentialGroup`-Objekt mit zwei Elementen: einer Gruppe der Labels (erste Spalte) und einer Gruppe der Steuerelemente (zweite Spalte, in der Abbildung die Textfelder). Die beiden Gruppen erzeugen Sie als `ParallelGroup`-Objekte:

```
JLabel label1        = new JLabel("Benutzername");
JTextField textFeld = new JTextField("King Hu");
```

```
JLabel label2          = new JLabel("Passwort");
JPasswordField passwortFeld = new JPasswordField(10);

GroupLayout.SequentialGroup horizGruppe = layout.createSequentialGroup();
GroupLayout.ParallelGroup hsub1 = layout.createParallelGroup();
hsub1.addComponent(label1);
hsub1.addComponent(label2);

GroupLayout.ParallelGroup hsub2 = layout.createParallelGroup();
hsub2.addComponent(textFeld);
hsub2.addComponent(passwortFeld);
horizGruppe.addGroup(hsub1);
horizGruppe.addGroup(hsub2);
```

Die Entscheidung für `SequentialGroup` als horizontale Gruppe sorgt dafür, dass die beiden Untergruppen wie Spalten nebeneinander angeordnet werden.

Die Untergruppen erzeugen Sie als `ParallelGroup`-Objekte, um festlegen zu können, wie die Elemente einer Gruppe zueinander ausgerichtet werden. Im obigen Beispiel verwenden wir die Standardausrichtung `LEADING`, was bedeutet, dass die Elemente an ihrer linken Kante ausgerichtet werden.

Jetzt müssen Sie noch dafür sorgen, dass die Label-Steuerelement-Zeilen untereinander angeordnet werden, und Sie müssen festlegen, wie Label und Steuerelement zueinander ausgerichtet werden sollen.

Zu diesem Zweck erzeugen Sie für die vertikale Gruppe ein `SequentialGroup`-Objekt mit zwei Elementen: einer Gruppe für die erste Zeile und einer Gruppe für die zweite Zeile. Die beiden Gruppen erzeugen Sie als `ParallelGroup`-Objekte:

```
GroupLayout.SequentialGroup vertGruppe = layout.createSequentialGroup();
GroupLayout.ParallelGroup vsub1 = layout.createParallelGroup();
vsub1.addComponent(label1);
vsub1.addComponent(textFeld);

GroupLayout.ParallelGroup vsub2 = layout.createParallelGroup();
vsub2.addComponent(label2);
vsub2.addComponent(passwortFeld);
vertGruppe.addGroup(vsub1);
vertGruppe.addGroup(vsub2);
```

Die Entscheidung für `SequentialGroup` als vertikale Gruppe sorgt dafür, dass die beiden Untergruppen wie Zeilen untereinander angeordnet werden.

Die Untergruppen erzeugen Sie als `ParallelGroup`-Objekte, um festlegen zu können, wie die Elemente einer Gruppe zueinander ausgerichtet werden. Im obigen Beispiel verwenden wir die Standardausrichtung `LEADING`, was bedeutet, dass die Elemente an ihrer oberen Kante ausgerichtet werden.

INFO

Wie können Sie erreichen, dass die Labels rechts- statt linksbündig ausgerichtet werden? Antwort: Sie müssen bei der Erzeugung der Gruppe `hsub1` die Ausrichtungskonstante `GroupLayout.Alignment.TRAILING` an `createParallelGroup()` übergeben.

Und wie können Sie erreichen, dass die Labels an der unteren statt der oberen Kante der Textfelder ausgerichtet werden? Antwort: Sie müssen bei der Erzeugung der Gruppen `vsub1` und `vsub2` die Ausrichtungskonstante `GroupLayout.Alignment.TRAILING` an `createParallelGroup()` übergeben.

19.3.9 Null-Layout (kein Layout-Manager)

Layout-Manager befreien den Programmierer von Standardaufgaben, die mit der eigentlichen Funktionalität eines Programms bzw. der Benutzeroberfläche wenig zu tun haben, wie es beim automatischen Ausrichten oder der Größenanpassung von Komponenten der Fall ist. Gelegentlich ist es aber von Vorteil oder sogar notwendig, auf die Unterstützung durch Layout-Manager zu verzichten und Komponenten in eigener Regie zu bemessen und zu positionieren.

Da für jeden Container ein Standard-Layout-Manager definiert ist, müssen Sie diesen zunächst mit

```
setLayout(null);
```

deaktivieren, um die Komponenten manuell positionieren zu können. Als Nächstes erzeugen Sie die gewünschte Komponente und fügen sie in den Container ein. Schließlich legen Sie Position und Größe der Komponente fest, zum Beispiel mit der Methode `setBounds()`:

```
taste1.setBounds(10, 10, 50, 15);
```

Die Methode `setBounds()` übernimmt die x- und y-Koordinaten der linken oberen Ecke (relativ zur linken oberen Ecke des umgebenden Containers) sowie die Breite und Höhe der Komponente.

STOP

Seien Sie sich bewusst, dass die Anordnung der Komponenten bei Einsatz von Null-Layout auch von der Bildschirmauflösung beeinflusst wird und daher die Oberfläche bei verschiedenen Benutzern unterschiedlich aussieht.

Wenn kein Layout-Manager aktiv ist, müssen Sie selbst für die Neuberechnung der Positionen aller Komponenten sorgen, wenn die Größe des Containers geändert wird. Es empfiehlt sich daher, beim Container einen `ComponentListener` (siehe auch Abschnitt 19.4.3) zu registrieren und dort die Aktualisierung der Größen und Positionen der betroffenen Komponenten durchzuführen. Letztlich läuft dies darauf hinaus, dass Sie einen eigenen Layout-Manager implementieren!

19.3.10 Größenfestlegung

Komponenten, die zu einer Container-Komponente wie beispielsweise `JPanel` hinzugefügt werden, werden automatisch vom Container und dessen Layout-Manager positioniert. Obwohl die Komponente selbst nicht weiter kontrolliert, wie sie vom Layout-Manager angeordnet wird, kann sie ihn zumindest über ihre bevorzugte Minimal-, Maximal- und Lieblingsgröße informieren.

Tabelle 19.12 listet die Methoden für die Größenfestlegung von Swing-Komponenten auf, wie sie von der Basisklasse `javax.swing.JComponent` an alle Komponenten vererbt werden.

Tabelle 19.12: JComponent-Methoden zur Größenfestlegung von Swing-Komponenten

Methode	Beschreibung
void **setMaximumSize**(Dimension)	Legt die Maximalgröße einer Komponente fest.
void **setMinimumSize**(Dimension)	Legt die Mindestgröße einer Komponente fest.
void **setPreferredSize**(Dimension)	Legt die bevorzugte Größe einer Komponente fest.
Dimension **getMaximumSize**()	Gibt die Maximalgröße einer Komponente zurück.
Dimension **getMinimumSize**()	Gibt die Mindestgröße einer Komponente zurück.
Dimension **getPreferredSize**()	Gibt die bevorzugte Größe einer Komponente zurück.

Die Größenangabe wird dabei immer als Objekt vom Typ `java.awt.Dimension` mitgegeben und besteht aus der Angabe von Breite und Höhe der Komponente in Pixeln.

Man kann sich aber nicht darauf verlassen, dass die festgelegten Größen tatsächlich eingehalten werden. Es handelt sich eher um eine Art Empfehlung, die der Layout-Manager berücksichtigen kann – aber nicht muss.

Zum Beispiel lässt sich die bevorzugte Größe für ein Label vom Typ `JLabel` wie folgt festlegen:

```
JLabel label = new JLabel("Ich bin ein Label");
label.setPreferredSize(new Diemnsion(100, 100));
```

INFO

Zur Größenfestlegung gibt es auch die Methode `setSize()`, die eine feste Größe vorgibt. Diese sollten Sie grundsätzlich nur für Komponenten verwenden, die keinen Layout-Manager verwenden. Generell sind die oben gezeigten Methoden vorzuziehen. Allerdings sind die konkreten Ergebnisse der Größenänderungen immer vom Layout-Manager abhängig und bleiben ein kleines Glücksspiel. Das heißt, Sie werden wohl um ein wenig Herumprobieren nicht herumkommen.

19.4 Ereignisse behandeln

Grafische Benutzeroberflächen arbeiten ereignisgesteuert. Das heißt, das zugrunde liegende Betriebssystem überwacht die Umgebung ständig auf Ereignisse wie Tastenbetätigungen oder Mausklicks und meldet diese an die laufenden Programme. Für die eigentliche Ereignisverarbeitung sind die einzelnen Programme selbst zuständig.

Ereignisquellen

Komponenten der Benutzeroberfläche wie zum Beispiel Schaltflächen, Kontrollkästchen, Bildlaufleisten oder Listenfelder lösen Ereignisse aus, man spricht daher auch von *Ereignisquellen*.

Ereignisse

Die Informationen über ein Ereignis werden ganz im Sinne der objektorientierten Programmierung in einem *Ereignisobjekt* gekapselt. Die Basisklasse aller Ereignisobjekte ist `java.util.EventObject`. Davon ist `AWTEvent` als direkte Subklasse abgeleitet. `AWTEvent` ist ihrerseits die Basisklasse aller AWT-Ereignisklassen.

Ereignisempfänger (Listener)

Bearbeitet werden Ereignisse in den Methoden spezieller Klassen, den sogenannten *Ereignisempfängern* oder *Listenern*.

19.4.1 Grundlegender Mechanismus

Eine Java-Komponente behandelt die Ereignisse also nicht selbst, sondern delegiert die Ereignisbehandlung an einen oder mehrere *Ereignisempfänger* (Listener). Um eine Ereignisbehandlung für ein bestimmtes Ereignis einzurichten, registriert die Komponente (die Ereignisquelle) ein passendes Empfängerobjekt und sendet diesem bei Eintritt des Ereignisses ein entsprechendes Ereignisobjekt.

Abbildung 19.12: Ereignisbehandlung in Java

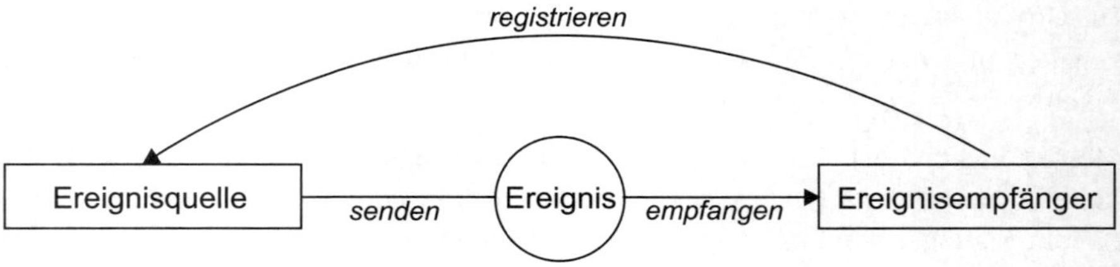

Um ein Programm mit grafischer Benutzeroberfläche für die Ereignisbehandlung einzurichten, sind folgende Schritte auszuführen:

1. Das Paket `java.awt.event` importieren, um die Namen der Klassen und Schnittstellen für die Ereignisbehandlung bekannt zu machen.

   ```
   import java.awt.event.*;
   ```

2. Ereignisempfänger (Listener) definieren.

   Listener sind einfach Klassen, die bestimmte vordefinierte Java-Schnittstellen implementieren. Diese Schnittstellen deklarieren die Methoden, die bei Eintritt des Ereignisses ausgeführt werden.

   Für das Klickereignis von Schaltflächen gibt es beispielsweise die Schnittstelle `ActionListener` mit der alleinigen Methode `actionPerformed()`. Um auf das Drücken einer Schaltfläche zu reagieren, definieren Sie eine Klasse, die `ActionListener` implementiert, und setzen in der überschriebenen `actionPerformed()`-Version den Code zur Behandlung des Ereignisses auf:

   ```
   class SchalterLauscher implements ActionListener {

      public void actionPerformed(ActionEvent e) {
         // hier Code zur Behandlung des Ereignisses
      }
   }
   ```

3. Den oder die Ereignisempfänger bei der Quelle (Komponente) registrieren. Für ein Button-Objekt als Ereignisquelle könnte dies wie folgt aussehen:

   ```
   Button schalter = new Button("Klick mich!");
   schalter.addActionListener(new SchalterLauscher());
   ```

Varianten

In Java gibt es viele verschiedene Möglichkeiten, eine Ereignisbehandlung aufzubauen:

- Sie können gleiche Ereignisse verschiedener Komponenten (beispielsweise die Klickereignisse mehrerer Schaltflächen) in einer gemeinsamen Ereignisbehandlungsmethode bearbeiten oder für die einzelnen Komponenten jeweils eine eigene Ereignisbehandlungsmethode definieren.
- Sie können die Ereignisempfänger mit den Behandlungsmethoden direkt dort definieren, wo Sie die Komponenten erzeugen und konfigurieren, oder gebündelt an einem anderen Ort definieren.
- Für manche Ereignisse können Sie sogar zwischen verschiedenen Listener-Schnittstellen wählen.

Welchen Weg Sie einschlagen, ist meist eine reine Design-Entscheidung, die nicht selten von Fall zu Fall entschieden wird. Beginnen wir mit dem Grundmodell.

Trennung von Ereignisempfänger und Ereignisquelle

Ein Schalter soll deaktiviert werden, wenn er gedrückt wird. Das folgende Programm definiert zu diesem Zweck eine Ereignisempfänger-Klasse, die ActionListener implementiert, und registriert diese für den Schalter.

```
import java.awt.*;
import java.awt.event.*;

public class Demo extends Frame {
   Button schalter;

   // Ereignisempfänger
   private final class SchalterLauscher implements ActionListener {
      public void actionPerformed(ActionEvent e) {
            schalter.setEnabled(false);
      }
   }

   public Demo() {
      ...

      // Ereignisquelle
      schalter = new Button("Schalter");
      schalter.addActionListener(new SchalterLauscher());
      ...
```

Mehrere Quellen – ein Empfänger

Gibt es mehrere Schaltflächen, deren Klickereignisse behandelt werden sollen, kann man für alle diese Schalter Ereignisempfängerobjekte der gleichen Klasse (hier SchalterLauscher) oder sogar für alle Schalter dasselbe Ereignisempfängerobjekt registrieren:

```
schalter1 = new Button("Schalter 1");
schalter1.addActionListener(new SchalterLauscher());

schalter2 = new Button("Schalter 2");
schalter2.addActionListener(new SchalterLauscher());
```

oder

```
SchalterLauscher sl = new SchalterLauscher();

schalter1 = new Button("Schalter 1");
schalter1.addActionListener(sl);
schalter2 = new Button("Schalter 2");
schalter2.addActionListener(sl);
```

In der Ereignisbehandlungsmethode actionPerformed() muss dann allerdings überprüft werden, von welcher Komponente das Ereignis ausging. Der ActionEvent-Parameter verfügt zu diesem Zweck über die Methode getActionCommand(), die für Schaltflächen den Titelstring zurückliefert:

```
private final class SchalterLauscher implements ActionListener {
   public void actionPerformed(ActionEvent e) {
      String s;

      // Befehlszeichenfolge von Taste übernehmen
      s = e.getActionCommand();

      if (s == "Schalter 1") {
         schalter1.setEnabled(false);
      } else if (s == "Schalter 2") {
         schalter2.setEnabled(false);
      }
   }
}
```

Anonyme Ereignisempfängerklassen

Wenn verschiedene Ereignisse zu behandeln sind, füllt sich der Quelltext schnell mit lauter inneren Klassen für die Ereignisbehandlung. Wem dies zu unübersichtlich ist, kann die Ereignisempfängerklassen ad hoc als anonyme Klassen definieren und instanziieren:

```
import java.awt.*;
import java.awt.event.*;

public class Demo extends Frame {
   Button schalter;

   public Demo() {
      ...

      // Ereignisquelle und -empfänger
      schalter = new Button("Schalter");
      schalter.addActionListener(new ActionListener() {
         public void actionPerformed(ActionEvent e) {
            schalter.setEnabled(false);
         }
      });
      ...
```

Der Konstruktorname ist in diesem Fall der Name der zu implementierenden Schnittstelle. Die Klassendefinition folgt direkt hinter den runden Klammern des Konstruktoraufrufs.

Diese Technik ist sehr übersichtlich, solange der Ereignisbehandlungscode – wie im Beispiel – kurz ist. Wird der Ereignisbehandlungscode umfangreicher, ist es meist doch übersichtlicher, ihn auszulagern. Möchte man dabei aber nicht auf die elegante Ad-hoc-Definition der Ereignisempfängerklassen verzichten, kann man so vorgehen, dass man in den Ereignisbehandlungsmethoden der Listener-Schnittstellen selbst definierte Methoden aufruft, die man an anderer Stelle im Quelltext gesammelt definiert:

```
import java.awt.*;
import java.awt.event.*;

public class Demo extends Frame {
   Button schalter;

   public EBRModelle() {
      ...

      // Ereignisquelle und -empfänger
      schalter = new Button("Schalter");
      schalter.addActionListener(new ActionListener() {
         public void actionPerformed(ActionEvent e) {
            schalterGedrueckt(e);
         }
      });
   }
...

   // Ausgelagerte Ereignisbehandlungsmethoden
   public void schalterGedrueckt(ActionEvent e) {
      schalter.setEnabled(false);
   }
```

Dieses Modell erlaubt es auch wieder, mehrere Komponenten mit einer Behandlungsmethode zu verbinden.

```
schalter1 = new Button("Schalter 1");
schalter1.addActionListener(new ActionListener() {
   public void actionPerformed(ActionEvent e) {
      schalterGedrueckt(e);
   }
});
schalter2 = new Button("Schalter 2");
schalter2.addActionListener(new ActionListener() {
   public void actionPerformed(ActionEvent e) {
      schalterGedrueckt(e);
   }
});
...
public void schalterGedrueckt(ActionEvent e) {
      String s = e.getActionCommand();
```

```
        if (s == "Schalter 1") {
            schalter1.setEnabled(false);
        } else if (s == "Schalter 2") {
            schalter2.setEnabled(false);
        }
    }
```

TIPP

Auf der Buch-DVD finden Sie das Programm *EreignisbehandlungModelle.java*, das anhand von vier Schaltern die oben dargestellten Möglichkeiten implementiert.

19.4.2 Ereignisse und Ereignisempfänger (Listener)

Java unterteilt die Ereignisse in verschiedene Kategorien, z.B. Mausereignisse, Tastaturereignisse, Fensterereignisse usw. Für jede Ereigniskategorie gibt es im Paket `java.awt.event` eine eigene Ereignisklasse, eine zugehörige Listener-Schnittstelle zur Definition von Ereignisempfängern und Methoden zum Registrieren und Abmelden von Ereignisempfängern.

Tabelle 19.13: Ausgewählte Ereignis-Klassen

Ereignis	Beschreibung	Listener	add-Methode
ActionEvent	Eine Aktion ist aufgetreten.	ActionListener	addActionListener()
ComponentEvent	Eine Komponente wurde verschoben oder in Größe oder Sichtbarkeit geändert.	ComponentListener	addComponentListener
ContainerEvent	Eine Komponente wurde hinzugefügt oder entfernt.	ContainerListener	addContainerListener()
FocusEvent	Eine Komponente hat den Fokus erhalten oder verloren.	FocusListener	addFocusListener()
ItemEvent	Ein Element wurde ausgewählt (markiert) oder die Auswahl (Markierung) wurde aufgehoben.	ItemListener	addItemListener()
KeyEvent	Eine Tastenbetätigung hat in einer Komponente stattgefunden.	KeyListener	addKeyListener()
MouseEvent	Eine Mausaktion hat in einer Komponente stattgefunden.	MouseListener MouseMotionListener	addMouseListener() addMouseMotionListener()
MouseWheelEvent	Das Mausrädchen wurde gedreht.	MouseWheelListener	addMouseWheelListener()
TextEvent	Der Text eines Objekts hat sich geändert.	TextListener	addTextListener()
WindowEvent	Der Zustand eines Fensters hat sich geändert.	WindowListener	addWindowListener()

Um ein bestimmtes Ereignis zu behandeln, müssen Sie sich also nur die passende Kategorie aussuchen, eine Ereignisempfängerklasse definieren, die die entsprechende Schnittstelle aus dem Paket `java.awt.event` implementiert, und schließlich ein Objekt dieser Klasse mit der zugehörigen Registriermethode bei der Ereignisquelle anmelden.

Doch Achtung! Zu manchen Ereigniskategorien gehören verschiedene Ereignisse. Zu den Mausereignissen gehört beispielsweise:

- das Klicken (Drücken und Loslassen)
- das Drücken allein
- das Loslassen allein
- das Bewegen der Maus in den Bereich der Komponente
- das Bewegen der Maus aus dem Bereich der Komponente heraus

In solchen Fällen sind in den Listener-Schnittstellen mehrere Methoden vorgegeben – eine Methode für jedes Ereignis. (Die oben aufgeführten Ereignisse korrespondieren beispielsweise zu den `MouseListener`-Methoden `mouseClicked()`, `mousePressed()`, `mouseReleased()`, `mouseEntered()` und `mouseExited()`.)

In Tabelle 19.14 sind die Listener-Schnittstellen mit ihren Methoden aufgeführt. (Auf die Bedeutung der Adapterklassen gehen wir im nachfolgenden Abschnitt ein.)

Tabelle 19.14: Ausgewählte Listener-Schnittstellen

Listener-Schnittstelle	Methoden	Adapterklasse
ActionListener	actionPerformed(ActionEvent)	**keine**
ComponentListener	componentHidden(ComponentEvent) componentMoved(ComponentEvent) componentResized(ComponentEvent) componentShown(ComponentEvent)	ComponentAdapter
ContainerListener	componentAdded(ContainerEvent) componentRemoved(ContainerEvent)	ContainerAdapter
FocusListener	focusGained(FocusEvent) focusLost(FocusEvent)	FocusAdapter
ItemListener	itemStateChanged(ItemEvent)	**keine**
KeyListener	keyPressed(KeyEvent) keyReleased(KeyEvent) keyTyped(KeyEvent)	KeyAdapter
MouseListener	mouseClicked(MouseEvent) mouseEntered(MouseEvent) mouseExited(MouseEvent) mousePressed(MouseEvent) mouseReleased(MouseEvent)	MouseAdapter

Tabelle 19.14: Ausgewählte Listener-Schnittstellen (Forts.)

Listener-Schnittstelle	Methoden	Adapterklasse
MouseMotionListener	mouseDragged(MouseEvent) mouseMoved(MouseEvent)	MouseMotionAdapter
MouseWheelListener	mouseWheelMoved(MouseWheelEvent)	keine
TextListener	textValueChanged(TextEvent)	keine
WindowListener	windowActivated(WindowEvent) windowClosed(WindowEvent) windowClosing(WindowEvent) windowDeactivated(WindowEvent) windowDeiconified(WindowEvent) windowIconified(WindowEvent) windowOpened(WindowEvent)	WindowAdapter

Beachten Sie, dass manche Aktionen des Benutzers mehrere Ereignisse auslösen und auch mehrere Methoden aufrufen. Wenn der Benutzer eine Schaltfläche drückt und loslässt, werden beispielsweise folgende Methoden der Reihe nach ausgeführt:

`mousePressed()` – `mouseReleased()` – `mouseClicked()` – `actionPerformed()`

In solchen Fällen können Sie sich aussuchen, welche Methode Ihrem Zweck am besten dient, oder auch mehrere der Methoden mit Ereignisbehandlungscode versehen.

Definieren müssen Sie aber stets alle Methoden – dies ist schließlich Teil des Kontrakts, den eine Klasse eingeht, die eine Schnittstelle implementiert. Manchmal ist dies recht lästig. Aus diesem Grund gibt es die Adapterklassen.

19.4.3 Adapterklassen

Wenn Sie mit einer Klasse eine Schnittstelle implementieren, verpflichten Sie sich, sämtliche in der Schnittstelle deklarierten Methoden zu definieren. Bei Listener-Schnittstellen wie `ActionListener`, die lediglich eine einzige Methode deklarieren, spielt das keine Rolle, weil Sie diese Methode ohnehin definieren möchten. In anderen Schnittstellen sind dagegen mehrere Methoden deklariert, von denen Sie vielleicht nur wenige oder gar nur eine einzige implementieren wollen. Zum Beispiel deklariert die Schnittstelle `WindowListener` gleich sieben Ereignisbehandlungsmethoden (siehe Tabelle 19.14).

Zur Arbeitserleichterung gibt es deshalb für alle Listener-Schnittstellen mit mehr als einer Methode sogenannte *Adapterklassen*, die sämtliche Methoden in der Art von Dummy-Routinen – d.h. ohne funktionellen Code – implementieren.

Auf Größenänderungen reagieren

Wenn Ihre Komponente beispielsweise auf eine Größenänderung reagieren soll, müssen Sie einen `ComponentListener` hinzufügen. Der hat aber neben der Methode `componentResized()` noch weitere, die Sie vielleicht gar nicht benötigen. In solchen Fällen können Sie zum `ComponentAdapter` greifen, von dem Sie eine eigene Klasse ableiten (meistens an Ort und Stelle als anonyme Klasse), in der Sie dann nur die gewünschte Methode implementieren, z.B.:

```
JPanel meinPanel = new JPanel();
meinPanel.addComponentListener(new ComponentAdapter() {
            public void componentResized(ComponentEvent arg0) {
               // hier gewünschte Funktionalität implementieren
            }
        });
```

19.4.4 Die Ereignis-Klassen

Die Ereignisobjekte, die automatisch durch die interne Java-Implementierung als Argumente an die Ereignisbehandlungsmethoden der Listener-Schnittstellen übergeben werden, dienen dazu, Informationen über das Ereignis an die behandelnde Methode weiterzureichen. Diese Informationen können wie üblich über `public`-Methoden abgefragt werden.

Alle Ereignisklassen sind von der Basisklasse `java.awt.AWTEvent` abgeleitet und bieten damit unter anderem die folgenden wichtigen Methoden an:

Tabelle 19.15: Methoden der Basisklasse AWTEvent

Methode	Beschreibung

`int getID()`	Liefert eine Zahl zurück, die den Ereignistyp genauer codiert. Sie können diese ID mit den in `AWTEvent` definierten Ereignistypkonstanten (z.B. `ACTION_EVENT_MASK`, `FOCUS_EVENT_MASK` ...) vergleichen:
	`if( (e.getID() & AWTEvent.ACTION_EVENT_MASK) > 1 ) {`
	`   ...`
	`}`

`Object getSource()`	Liefert eine Referenz auf die Komponente, die Quelle des Ereignisses ist.
`void setSource(Object neu)`	Ändert die Quelle des Ereignisses (interessant für Ereignisse, die mehrere Behandlungsmethoden auslösen).

Von `AWTEvent` sind zahlreiche weitere spezielle Ereignisklassen abgeleitet, um den unterschiedlichen Arten von Ereignissen gerecht zu werden und Zusatzinformationen zu transportieren. Einen Überblick der wichtigsten zeigt Abbildung 19.13.

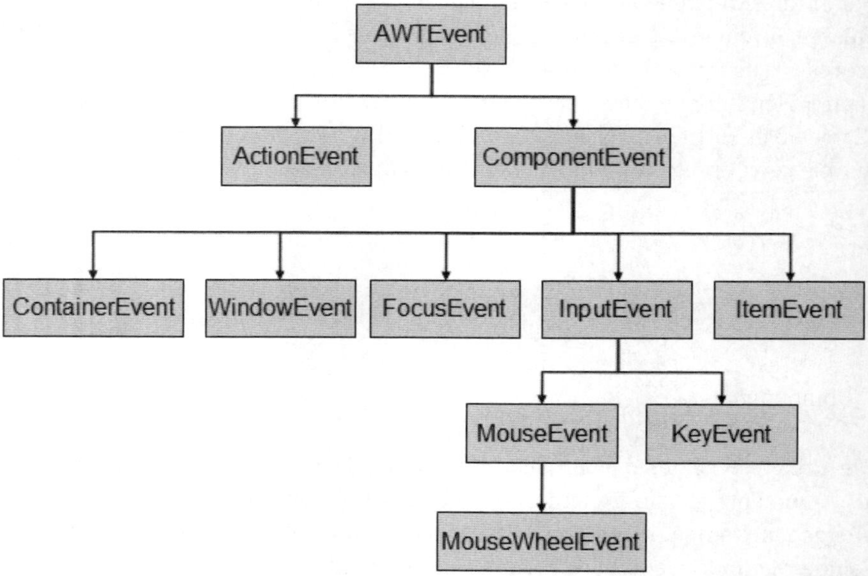

Abbildung 19.13: Ereignis-Hierarchie

ActionEvent

Ein `ActionEvent` wird ausgelöst, wenn geklickt wurde, um eine Aktion zu starten, typischerweise auf ein Objekt vom Typ `JButton`.

- `long getWhen()` liefert den Zeitstempel, wann das Ereignis auftrat.
- `String getActionCommand()` liefert einen String, der die Quelle spezifiziert (z.B. den Titel einer Schaltfläche).
- `int getModifiers()` liefert Informationen, welche Zusatztasten (`Strg`-Taste, `Shift`-Taste, `Alt`-Taste) während der Aktion gedrückt waren.

Es mag Sie verwundern, wozu `getActionCommand()` dienen soll, wo doch schon die geerbte Methode `getSource()` ausreicht, um die Quelle des Ereignisses herauszufinden. Die Methode braucht man in der Regel nicht, sie kann aber nützlich sein, wenn man beispielsweise eine Schaltfläche hat, deren angezeigter Text während des Programmlaufs gewechselt wird. Mit `getSource()` könnte man die verschiedenen Zustände nicht bemerken, da ja immer dasselbe Objekt zurückgeliefert wird.

Falls der Anwender während des Klicks noch Zusatztasten gedrückt hielt, sind in dem Rückgabewert von `getModifiers()` die entsprechenden Bits gesetzt. Mithilfe der Bitoperationen und der in `ActionEvent` definierten Tasten-Konstanten (`ActionEvent.CTRL_MASK`, `ActionEvent.SHIFT_MASK`, `ActionEvent.ALT_MASK`) können Sie herausfinden, welche Tasten gedrückt waren.

ComponentEvent

Ein `ComponentEvent` besagt, dass eine Komponente bewegt wurde, seine Größe geändert hat oder sich ihre Sichtbarkeit geändert hat.

- Component getComponent() liefert eine Referenz auf die betroffene Komponente.
- int getID() (aus der Basisklasse AWTEvent) identifiziert die genaue Art des Ereignisses (ComponentEvent.COMPONENT_MOVED, ComponentEvent.COMPONENT_RESIZED, ComponentEvent.COMPONENT_HIDDEN, ComponentEvent.COMPONENT_SHOWN).

Darüber hinaus ist ComponentEvent die Basisklasse für alle nachfolgenden Ereignisklassen.

ContainerEvent

Das ContainerEvent wird ausgelöst, wenn eine Komponente in einen Container eingefügt oder aus diesem entfernt wurde.

- Container getContainer() liefert eine Referenz auf die betroffene Container-Komponente.
- Component getChild() liefert eine Referenz auf die Komponente.
- int getID() (aus der Basisklasse AWTEvent) identifiziert die genaue Art des Ereignisses (ContainerEvent.COMPONENT_ADDED, ContainerEvent.COMPONENT_REMOVED).

WindowEvent

Ein Ereignis vom Typ WindowEvent zeigt an, dass sich der Zustand eines Fensters (typischerweise ein JFrame- oder JDialog-Objekt) geändert hat.

- int getNewState() liefert den neuen Zustand als WindowEvent-Konstante zurück (WINDOW_ACTIVATED, WINDOW_DEACTIVATED, WINDOW_OPENED, WINDOW_CLOSED, WINDOW_ICONIFIED, WINDOW_DEICONIFIED, WINDOW_GAINED_FOCUS, WINDOW_LOST_FOCUS).
- int getOldState() liefert den alten vorigen Zustand als Konstante zurück.
- Window getOppositeWindow() liefert das Fenster zurück, das bei Fokuswechsel oder Aktivierungswechsel beteiligt war.
- Window getWindow() liefert das Fenster zurück, für welches das Ereignis ausgelöst wurde.

FocusEvent

Immer wenn eine Komponente den Eingabefokus erhält (also bereit ist, Maus- und Tastatureingaben zu empfangen) oder an eine andere Komponente verliert, wird ein FocusEvent ausgelöst und an die betroffenen Komponenten gesendet.

- Component getOppositeComponent() liefert eine Referenz auf die andere Komponente zurück, die am Fokuswechsel beteiligt ist.
- boolean isTemporary() mit dem Rückgabewert true bedeutet, dass der Fokuswechsel nur vorübergehend ist (z.B. ein kurzzeitiger Fokusverlust, weil eine Bildlaufleiste benutzt wird, um die Komponente zu scrollen).
- int getID() (aus der Basisklasse AWTEvent) identifiziert die genaue Art des Ereignisses (FocusEvent.FOCUS_GAINED, FOCUS_LOST).

InputEvent

InputEvent ist die Basisklasse für die beiden wesentlichen Eingabemethoden einer grafischen Oberfläche: Maus- und Tastaturereignisse. Sie stellt daher eine Reihe von Methoden bereit, um Zusatzinformationen abzufragen.

- long getWhen() liefert den Zeitstempel, wann das Ereignis geschah.
- boolean isAltDown() liefert true, wenn die [Alt]-Taste zum Zeitpunkt des Ereignisses gedrückt war.
- boolean isControlDown() liefert true, wenn die [Strg]-Taste zum Zeitpunkt des Ereignisses gedrückt war.
- boolean isShiftDown() liefert true, wenn die [Shift]-Taste zum Zeitpunkt des Ereignisses gedrückt war.

MouseEvent

Das bei Weitem wichtigste Ereignis für grafische Oberflächen ist natürlich das MouseEvent, das bei jeder Zustandsänderung der Maus ausgelöst wird – also bei Bewegung der Maus und bei Mausklicks auf der entsprechenden Komponente. Wichtige Methoden zur Auswertung sind:

- int getID(){ XE "getID() (MouseEvent)" } liefert genauere Informationen über die Art des Ereignisses als MouseEvent-Konstante zurück: MOUSE_CLICKED, MOUSE_DRAGGED, MOUSE_ENTERED, MOUSE_EXITED, MOUSE_MOVED, MOUSE_PRESSED, MOUSE_RELEASED, MOUSE_WHEEL.
- int getButton(){ XE "getButton() (MouseEvent)" } gibt an, welche Maustaste gedrückt wurde: linke/mittlere/rechte Taste (MouseEvent.BUTTON1, BUTTON2, BUTTON3).
- int getClickCount(){ XE "getClickCount() (MouseEvent)" } gibt an, wie viele Klicks mit dem Ereignis verbunden sind (z.B. wird für einen Doppelklick der Wert 2 zurückgegeben).
- Point getLocationOnScreen() { XE "getLocationOnScreen() (MouseEvent)" } gibt die absolute Position in Pixeln an, wo das Ereignis auf dem Bildschirm stattfand (links oben = 0,0).
- Point getPoint() { XE "getPoint() (MouseEvent)" } gibt die Mausposition relativ zur linken oberen Ecke der auslösenden Komponente an.
- boolean isPopupTrigger(){ XE "isPopupTrigger() (MouseEvent)" } liefert true zurück, wenn das Ereignis der definierte Trigger für das Anzeigen eines Popup-Menüs ist (z.B. bei Windows ein Klick mit der rechten Maustaste).

Beim Verarbeiten von MouseEvent-Objekten in den entsprechenden Methoden von MouseListener müssen Sie im Hinterkopf behalten, dass gewisse Aktivitäten mehrere Ereignisse auslösen. Ein Klick mit der linken Maustaste beispielsweise erzeugt drei Ereignisse:

- MouseEvent.MOUSE_PRESSED
- MouseEvent.MOUSE_RELEASED
- MouseEvent.MOUSE_CLICKED

Bei der Implementierung müssen Sie daher genau überlegen, worauf Sie reagieren und was Sie ignorieren können, um zu vermeiden, dass doppelte Aktionen durchgeführt werden.

MouseWheelEvent{ XE "API:java.awt.event.MouseWheelEvent" }{ XE "MouseWheelEvent" }

Eine Spezialisierung von `MouseEvent` ist das `MouseWheelEvent`, das bei Betätigung des Mausrads gesendet wird und genaue Auswertungen über den Zustand des Rads erlaubt:

- `int getScrollAmount()`{ XE "getScrollAmount() (MouseWheelEvent)" } liefert die Anzahl an Einheiten, der eine Bewegung des Mausrads entsprechen soll.
- `int getWheelRotation()`{ XE "getWheelRotation() (MouseWheelEvent)" } liefert die Anzahl der Positionen, um die das Rad weitergedreht worden ist; ein negativer Wert bedeutet Richtung nach oben (weg vom Benutzer), positive Werte nach unten (hin zum Benutzer).

KeyEvent{ XE "API:java.awt.event.KeyEvent" }{ XE "KeyEvent"}

Dieses Ereignis wird ausgelöst, wenn eine Taste auf der Tastatur gedrückt worden ist. Die wichtigsten Methoden sind:

- `int getID()`{ XE "getID() (KeyEvent)" } liefert genauere Information über die Art des Ereignisses als `KeyEvent`-Konstante zurück: `KEY_PRESSED`, `KEY_RELEASED`, `KEY_TYPED`.
- `int getModifiers()` liefert Informationen, welche Zusatztasten (`Strg`-Taste, `Shift`-Taste, `Alt`-Taste) gedrückt waren.
- `char getKeyChar()`{ XE "getKeyChar() (KeyEvent)" } liefert den Buchstaben, welcher der gedrückten Taste zugeordnet ist.
- `int getKeyCode()`{ XE "getKeyCode() (KeyEvent)" } liefert eine eindeutige Zahl zur Identifikation der gedrückten Taste zurück. Hierzu sind in `KeyEvent` zahlreiche Konstanten definiert, z.B. `KeyEvent.VK_ESCAPE` für die `Esc`-Taste, `VK_ENTER` für die `Enter`-Taste, `VK_A` für den Buchstaben `A`, `VK_F1` für die Funktionstaste `F1` usw.
- `static String getKeyText(int keyCode)`{ XE "getKeyText() (KeyEvent)" } liefert einen beschreibenden String für die übergebene Taste, z.B. F1 für die Funktionstaste `F1` .

Wie bei Mausereignissen gilt auch bei Tastaturereignissen, dass das Drücken einer Taste gleich mehrere `KeyEvent`-Objekte generiert, die an die entsprechenden `KeyListener`-Implementierungen gesendet werden:

- `KeyEvent.KEY_PRESSED`
- `KeyEvent.KEY_RELEASED`
- `KeyEvent.KEY_TYPED`

ItemEvent{ XE "API:java.awt.event.ItemEvent" }{ XE "ItemEvent" }

Ein `ItemEvent` wird erzeugt, wenn sich der Auswahlzustand einer Komponente ändert. Dies betrifft sowohl Komponenten, die als Ganzes ausgewählt werden können (wie z.B. Kontrollkästchen (`JCheckBox`)) als auch Komponenten, in denen eine Auswahl getroffen werden kann (wie bei einem Listenfeld (`JList`)). Wichtige Auswertemethoden sind:

- `Object getItem() { XE "getItem() (ItemEvent)" }` liefert das auslösende Element, z.B. einen Listeneintrag.
- `ItemSelectable getItemSelectable()`{ XE "getItemSelectable() (ItemEvent)" } liefert die Komponente, für die das Ereignis ausgelöst wurde (z.B. das `JList`-Objekt).
- `int getStateChange()`{ XE "getStateChange() (ItemEvent)" }: liefert Informationen über den Zustandswechsel (`ItemEvent.SELECTED` oder `DESELECTED`).

19.5 Austauschbares Erscheinungsbild (Look&Feel)

Swing unterstützt je nach Plattform mehrere Look&Feels (Designs, die das Aussehen der Fenster und Steuerelemente festlegen). Standard ist das Look&Feel »Metal«, das im Paket `javax.swing` untergebracht ist.

Das Paket `com.sun.java` enthält weitere Look&Feels, die allerdings nicht in jeder Java-Implementierung vorhanden sind. Aufgrund der restriktiven Lizenzpolitik von Microsoft und Apple ist beispielsweise das Look&Feel »Windows« nur für die Windows-Versionen der Java-Laufzeitumgebung und das Look&Feel »Mac« nur für die Mac-Versionen verfügbar.

Tabelle 19.16: Vordefinierte Look&Feels

Look&Feel	Klasse
Metal	`javax.swing.plaf.metal.MetalLookAndFeel` Standard-Look&Feel (seit Java5 im »Ocean«-Design)
Windows	`com.sun.java.swing.plaf.windows.WindowsLookAndFeel`
Motif	`com.sun.java.swing.plaf.motif.MotifLookAndFeel`
GTK	`com.sun.java.swing.plaf.gtk.GTKLookAndFeel`
Nimbus	`com.sun.java.swing.plaf.nimbus.NimbusLookAndFeel`

Das Look&Feel können Sie nach zwei Verfahren ändern:

- statisch über Datei *swing.properties*
- dynamisch über die Methode `UIManager.setLookAndFeel()`

Beim ersten Verfahren legen Sie eine Datei *swing.properties* im Verzeichnis */jdk/jre/lib* an und tragen folgende Zeilen für die Look&Feels Metal, Motif und Windows ein:

```
swing.defaultlaf=javax.swing.plaf.metal.MetalLookAndFeel
#swing.defaultlaf=com.sun.java.swing.plaf.motif.MotifLookAndFeel
#swing.defaultlaf=com.sun.java.swing.plaf.windows.WindowsLookAndFeel
```


Eigenschaftsdateien behandeln Zeilen, die wie hier mit einem amerikanischen Nummernzeichen (#) beginnen, als Kommentar, sodass Sie die Look&Feels umschalten können, indem Sie einfach das Nummernzeichen am Beginn der Zeile mit dem gewünschten Look&Feel entfernen und jeweils am Beginn der anderen Zeilen setzen. Achten Sie darauf, dass nur ein Look&Feel aktiv ist.

Auf diese Weise lässt sich das Look&Feel allerdings nicht zur Laufzeit eines Programms wechseln, da die Eigenschaftsdatei *swing.properties* nur beim Starten eines Programms eingelesen wird.

Die Klasse `UIManager` erlaubt es, das Look&Feel zur Laufzeit des Programms umzuschalten. Von den zahlreichen Methoden dieser Klasse sind hier vor allem folgende interessant:

- `static void setLookAndFeel()` legt ein neues Look&Feel fest. Die Methode übernimmt als Parameter entweder ein `LookAndFeel`-Objekt oder eine Zeichenfolge, die den jeweiligen Klassennamen enthält und dem Wert entspricht, der in der Eigenschaftsdatei nach `swing.defaultlaf=` angegeben ist (siehe oben).
- `static String getSystemLookAndFeelClassName()` liefert das native Look&Feel der Ausführungsplattform.
- `static String getCrossPlatformLookAndFeelClassName()` gibt den Namen der `LookAndFeel`-Klasse zurück, die ein plattformunabhängiges Look&Feel implementiert – das Java-Look&Feel (JLF).
- `static UIManager.LookAndFeelInfo[] getInstalledLookAndFeels()` liefert ein Array mit den vorhandenen Look&Feels.

Wenn Sie ein Look&Feel mit der Methode `setLookAndFeel()` festlegen, kann eine Ausnahme vom Typ `UnsupportedLookAndFeelException` auftreten, falls das Look&Feel nicht existiert. Deshalb verlangt der Compiler, dass Sie diese Ausnahme abfangen. Es genügt, wenn Sie den entsprechenden Abschnitt des Codes in einen `try-catch`-Block einschließen.

```
try {
  UIManager.setLookAndFeel(UIManager.getSystemLookAndFeelClassName());
}
catch(Exception ex) {
  ex.printStackTrace();
}
```

Das neue Look&Feel gilt automatisch für alle Komponenten, die Sie nach der Festlegung des Look&Feel erzeugen. Falls Sie das Look&Feel bereits zu Beginn einer Anwendung (beispielsweise in der `main()`-Methode oder im Konstruktor des Hauptfensters) einrichten, sind keine weiteren Vorkehrungen erforderlich. Ändern Sie dagegen das Look&Feel zur Laufzeit des Programms, müssen Sie das neue Look&Feel dem Hauptfenster und gegebenenfalls allen untergeordneten Fenstern (d.h. auch den Komponenten) mit der Methode

```
SwingUtilities.updateComponentTreeUI(Container);
```

mitteilen.

Ein Beispiel für das Einstellen des Erscheinungsbildes finden Sie im nächsten Abschnitt.

19.6 Swing-Beispielprogramm

Dieses Beispielprogramm fasst noch einmal zusammen, wie Sie das Swing-Grundgerüst mit Komponenten und Ereignisbehandlung erweitern können. Es fügt in den Inhaltsbereich des Hauptfensters zwei Grundflächen ein, wobei die linke Grundfläche `lbox` einige Oberflächenelemente enthält und in der rechten Grundfläche `rbox` vier Schaltflächen für die Umschaltung des Look&Feel untergebracht sind. Die Elemente in der linken Hälfte sollen lediglich zeigen, wie sich das Look&Feel auswirkt und haben keine Funktion

Die Abbildungen zeigen das laufende Programm mit den drei Erscheinungsbildern Nimbus, Windows und Metal.

Abbildung 19.14: Das Programm LAF mit dem Look&Feel Nimbus

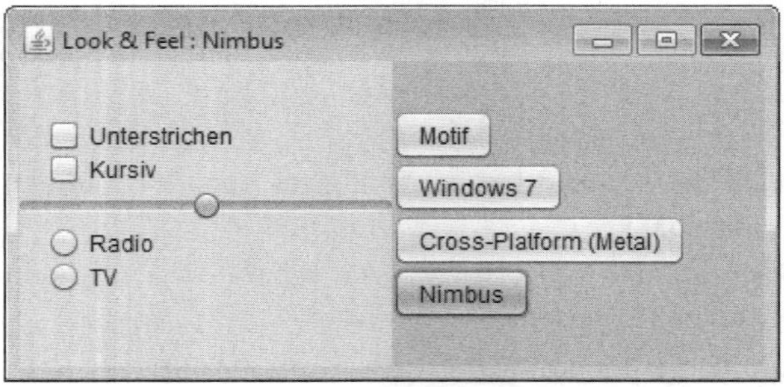

Abbildung 19.15: Das Programm LAF mit dem Look&Feel Windows

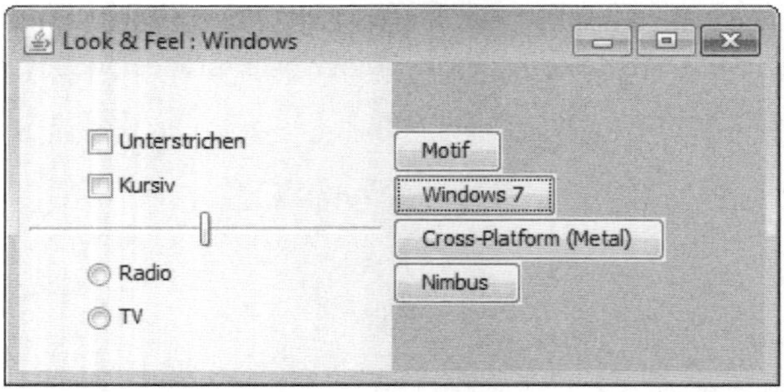

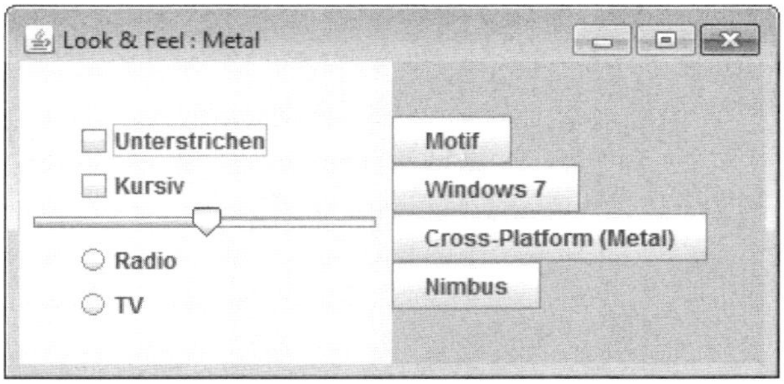

Abbildung 19.16: Das Programm LAF mit dem Look&Feel Metal

Listing 19.1: LAF.java – Programm zum Umschalten des Look&Feel und zur Demonstration des BoxLayout-Managers

```
/* LAF.java
*/
import java.awt.*;
import java.awt.event.*;
import javax.swing.*;

public class LAF extends JFrame {
   Box rbox;
   JPanel lpanel;

   JButton bmotif, bnativ, bcross, bnimbus;
   ButtonListener butLis = new ButtonListener();

   Container contentPane = getContentPane();

   public LAF() {

      super();
      // Hauptfenster einrichten
      setTitle("Look and Feel");
      contentPane.setBackground(Color.LIGHT_GRAY);
      contentPane.setLayout(new GridLayout(0,2));
      bmotif   = new JButton("Motif");

      String osName = System.getProperty("os.name");

      bnativ   = new JButton(osName);
      bcross   = new JButton("Cross-Platform (Metal)");
      bnimbus  = new JButton("Nimbus");
      bmotif.addActionListener(butLis);
      bnativ.addActionListener(butLis);
      bcross.addActionListener(butLis);
      bnimbus.addActionListener(butLis);


      // Rechte Grundfläche mit Schaltflächen zum
      // Umschalten des Look&Feel

      // Box-Container mit vertikaler Ausrichtung
```

```
      rbox = Box.createVerticalBox();
      rbox.add(Box.createGlue());
      rbox.add(bmotif);
      rbox.add(bnativ);
      rbox.add(bcross);
      rbox.add(bnimbus);
      rbox.add(Box.createGlue());

      // Linke Grundfläche zeigt lediglich einige Elemente
      // zur Demonstration des Erscheinungsbildes
      // BoxLayout-Manager für linke Grundfläche festlegen
      lpanel = new JPanel();
      lpanel.setLayout(new BoxLayout(lpanel, BoxLayout.Y_AXIS));

      JCheckBox chk1 = new JCheckBox("Unterstrichen");
      JCheckBox chk2 = new JCheckBox("Kursiv");
      JSlider slider = new JSlider(0,100);
      JRadioButton radio1 = new JRadioButton("Radio");
      JRadioButton radio2 = new JRadioButton("TV");

      lpanel.add(Box.createVerticalStrut(30));
      lpanel.add(chk1);
      lpanel.add(chk2);
      lpanel.add(slider);
      lpanel.add(radio1);
      lpanel.add(radio2);
      contentPane.add(lpanel);
      contentPane.add(rbox);

      setDefaultCloseOperation(JFrame.EXIT_ON_CLOSE);
      this.setTitle("Look & Feel : " + UIManager.getLookAndFeel().getName());
   }

   // Hier Ereignisbehandlungsmethoden für Komponenten
   // Ereignisbehandlung für Schaltflächen zum Umschalten des Look&Feel
   private class ButtonListener implements ActionListener {
      public void actionPerformed(ActionEvent e) {

       try {
         if (e.getSource()==bmotif) {
            UIManager.setLookAndFeel(
               "com.sun.java.swing.plaf.motif.MotifLookAndFeel");
         }

         if (e.getSource()==bnativ) {
             UIManager.setLookAndFeel(
                 UIManager.getSystemLookAndFeelClassName());
         }

         if (e.getSource()==bcross) {
            UIManager.setLookAndFeel(
              UIManager.getCrossPlatformLookAndFeelClassName());
         }

```

```
94          if(e.getSource() == bnimbus) {
95              UIManager.setLookAndFeel(
96            "com.sun.java.swing.plaf.nimbus.NimbusLookAndFeel");
97          }
98
99          }
100       catch(Exception ex) {
101             System.err.println(ex.getMessage());
102       }
103
104       // Das neue Look&Feel allen Komponenten mitteilen
105       SwingUtilities.updateComponentTreeUI(contentPane);
106       setTitle("Look & Feel : " + UIManager.getLookAndFeel().getName());
107       }
108   }
109
110   public static void main(String args[]) {
111       // Fenster erzeugen und anzeigen
112       LAF hauptfenster = new LAF();
113       hauptfenster.setSize(400,200);
114       hauptfenster.setLocation(200,300);
115       hauptfenster.setVisible(true);
116   }
117 }
```

Das Programm ordnet eine linke und eine rechte Grundfläche in einem Rasterlayout mit zwei Spalten an (Zeile 22). Die Zeilen 23 bis 29 erzeugen vier Schaltflächen mit den Beschriftungen »Motif«, aktuelles Betriebssystem (z.B. »Windows 7«), »Cross-Platform (Metal)« sowie »Nimbus«, über die sich das betreffende Look&Feel zur Laufzeit des Programms auswählen lässt. Die Zeilen 30 bis 33 registrieren den Listener für die Aktionsereignisse der Schaltflächen.

Zeile 40 erzeugt für die rechte Grundfläche ein vertikales `BoxLayout` mit der Methode `createVerticalBox()` der Klasse `Box`. Die Zeilen 40 bis 46 zeigen, wie sich die Schaltflächen in der rechten Grundfläche zentrieren lassen: Als Erstes fügt Zeile 41 einen Glue-Füller ein, darauf folgen in den Zeilen 42 bis 45 die vier Schaltflächen (ohne zusätzlichen Zwischenraum) und den Abschluss bildet wieder ein Glue-Füller (Zeile 46).

Für die linke Grundfläche legt Zeile 52 den `BoxLayout`-Manager explizit fest. Die Konstante `Y_AXIS` bewirkt die senkrechte Ausrichtung der Komponenten. Zeile 60 zeigt, dass sich die Methoden der Klasse `Box` auch für eine `JPanel`-Komponente mit `BoxLayout` aufrufen lassen: Die Methode `createVerticalStrut(30)` fügt einen festen Abstand von 30 Pixel, gerechnet vom oberen Rand des Containers, ein. Daran anschließend ordnet der Layout-Manager die beiden Kontrollkästchen `chk1` und `chk2`, einen Schieberegler und zwei Optionsfelder (RadioButton) an.

Die Zeilen 66 und 67 fügen abschließend die beiden Grundflächen in die ContentPane des Fensters ein.

In Zeile 70 setzen wir die Anzeige der Titelleiste so, dass der Name des aktuellen Look&Feel erscheint.

Die Ereignisbehandlungsklasse ab Zeile 75 ist dafür verantwortlich, das Look&Feel nach Drücken der entsprechenden Schaltfläche umzuschalten. Die Methode `getSource()` des `ActionEvent`-Objekts liefert das Objekt, in dem das Ereignis aufgetreten ist. Die vier `if`-Anweisungen in den Zeilen 79 bis 94 testen, um welche Schaltfläche es sich gehandelt hat. Je nach gewählter Schaltfläche wird dann die Methode `UIManager.setLookAndFeel()` mit dem Klassennamen des zugehörigen Erscheinungsbildes in Form einer Zeichenfolge aufgerufen. Das Setzen des plattformübergreifenden Look&Feel Metal und des plattform-spezifischen Look&Feels (z.B. Windows) könnten wir zwar auch durch Angabe eines entsprechenden Klassennamens machen, aber hierfür gibt es in `UIManager` die Methoden `getCrossPlatformLookAndFeelClassName()` und `getSystemLookAndFeelClassName()`, die zu bevorzugen sind.

Schließlich teilt Zeile 105 das neue Look&Feel der ContentPane und allen darin enthaltenen Komponenten mit und als letzten Schritt passen wir die Anzeige der Titelleiste an.

Kapitel 20
Komponenten (Steuerelemente)

In diesem Kapitel werden wir uns die wichtigsten und am häufigsten eingesetzten Swing-Steuerelemente etwas genauer ansehen.

20.1 Component und JComponent

Jede Swing-Komponente besitzt neben speziellen Eigenschaften, die nur in ihrer jeweiligen Klasse definiert sind, eine Reihe von allgemeinen Eigenschaften, die von den Basisklassen `java.awt.Component` und `javax.swing.JComponent` geerbt sind.

Die folgenden Eigenschaften sind grundsätzlich allen Komponenten gemein:

- eine rechteckige Form bestimmter Größe
- ein Rahmen, der durch ein Objekt vom Typ `javax.swing.Border` beschrieben wird
- eine relative Position in Bezug auf den übergeordneten Container sowie eine absolute Position auf dem Bildschirm (Positionsangaben beziehen sich immer auf die linke obere Ecke der Komponente)
- eine Referenz auf den übergeordneten Container
- eine Hinter- und eine Vordergrundfarbe (Schriftfarbe) vom Typ `java.awt.Color`
- eine Schriftart (Typ `java.awt.Font`)
- eine Vorgabe für die Darstellung des Mauszeigers, wenn er sich über der Komponente befindet (Typ `java.awt.Cursor`)
- einen Tooltip, d.h. eine kurze Zeichenkette, die eingeblendet wird, wenn der Mauszeiger etwas länger über der Komponente verweilt

- Zustandsinformationen, ob die Komponente aktiv ist und ob sie sichtbar ist
- die Fähigkeit den Foksu anzunehmen (den Fokus kann immer nur eine Komponente einer Anwendung inne haben – Fokuswechsel werden den Komponenten über die zugehörigen Ereignisse angezeigt)
- Methoden zum Registrieren passender Lauscher-Objekte (Listener) für die Ereignisbehandlung
- einen Grafikkontext (Typ `java.awt.Graphics`) zum Zeichnen in der Komponente

Zum Abfragen und Verändern dieser Eigenschaften steht eine Vielzahl von Methoden bereit. Die wichtigsten sind in der nachfolgenden Tabelle aufgeführt.

Tabelle 20.1: Auswahl der wichtigsten von Component und JComponent vererbten Methoden

Methode	Beschreibung
void **add**(PopupMenu)	Verbindet die Komponente mit einem Kontextmenü.
void **addXxxListener**(XxxListener)	Ein Satz von Methoden zur Registrierung eines entsprechenden Lauscher-Objekts.
boolean **contains**(int x, int y)	Prüft, ob die übergebene x,y-Koordinate im Bereich der Komponente enthalten ist (x und y werden relativ zum Koordinatensystem der Komponente angegeben).
Color **getBackground**()	Liefert die aktuelle Hintergrundfarbe zurück.
Border **getBorder**()	Liefert den Rahmen zurück.
Rectangle **getBounds**()	Liefert das umgebende Rechteck der Komponente zurück.
Component **getComponentAt**(int x, int y)	Liefert die untergeordnete Komponente, die die Position (x,y) umschließt.
Cursor **getCursor**()	Liefert die Form zurück, die der Cursor über der Komponente annimmt.
Font **getFont**()	Liefert die in der Komponente verwendete Schriftart zurück.
Color **getForeground**()	Liefert die aktuelle Vordergrundfarbe zurück.
Graphics **getGraphics**()	Liefert einen Grafikkontext für die Komponente zurück.
int **getHeight**()	Liefert die Höhe der Komponente zurück.
Point **getLocation**()	Liefert die Position der Komponente relativ zu ihrem Container zurück (Nullpunkt links oben).
Point **getLocationOnScreen**()	Liefert die Position auf dem Bildschirm (Nullpunkt links oben) zurück.
String **getName**()	Liefert den Variablennamen der Komponente zurück.
Container **getParent**()	Liefert die übergeordnete Komponente der Komponente zurück.
Dimension **getSize**()	Liefert die aktuelle Größe der Komponente zurück.
String **getToolTipText**()	Liefert den anzuzeigenden Tooltip zurück.

Methode	Beschreibung
int **getWidth**()	Liefert die Breite der Komponente zurück.
int **getX**()	Liefert die x-Koordinate der linken oberen Ecke der Komponente zurück.
int **getY**()	Liefert die y-Koordinate der linken oberen Ecke der Komponente zurück.
void **invalidate**()	Erklärt den Zeichenbereich der Komponente für ungültig, um Neuzeichnen anzuregen.
boolean **isEnabled**()	Prüft, ob die Komponente aktiviert ist.
boolean **isVisible**()	Prüft, ob die Komponente sichtbar ist.
void **paint**(Graphics)	Zeichnet die Komponente.
void **paintAll**(Graphics)	Zeichnet die Komponente und alle untergeordneten Komponenten.
void **print**(Graphics)	Druckt die Komponente.
void **printAll**(Graphics)	Druckt die Komponente und alle untergeordneten Komponenten.
void **paintImmediately**(Rectangle r)	Zeichnet umgehend den angegebenen rechteckigen Ausschnitt der Komponente neu.
void **print**(Graphics g)	Zum Ausdrucken der visuellen Darstellung der Komponente.
void **removeXxxListener**(...Listener)	Ein Satz von Methoden zur Streichung eines Lauscher-Objekts.
void **repaint**()	Veranlasst das Neuzeichnen der Komponente.
void **repaint**(int, int, int, int)	Veranlasst das Neuzeichnen eines Teilbereichs einer Komponente.
void **setBackground**(Color)	Bestimmt die zu verwendende Hintergrundfarbe.
void **setBorder**(Border)	Setzt einen neuen Rahmen.
void **setBounds**(Rectangle)	Presst (verschiebt und ändert die Größe) die Komponente in das übergebenene Rechteck.
void **setCursor**()	Bestimmt die Form, die der Mauszeiger über der Komponente annehmen soll.
void **setEnabled**(boolean)	Aktiviert oder deaktiviert die Komponente.
void **setFont**(Font)	Bestimmt die in der Komponente zu verwendende Schriftart.
void **setForeground**(Color)	Bestimmt die zu verwendende Vordergrundfarbe.
void **setLocation**(int, int) void **setLocation**(Point)	Verschiebt die Komponente an eine neue relative Position (falls vom Layout-Manager erlaubt).
void **setSize**(int, int)	Spezifiziert eine neue Breite und Höhe für die Komponente.

Tabelle 20.1: Auswahl der wichtigsten von Component und JComponent vererbten Methoden (Forts.)

Tabelle 20.1: Auswahl der wichtigsten von Component und JComponent vererbten Methoden (Forts.)

Methode	Beschreibung
void **setToolTipText**(String str)	Setzt den anzuzeigenden Tooltip.
void **setVisible**(boolean)	Macht eine Komponente sichtbar oder unsichtbar.
void **update**(Graphics)	Aktualisiert eine Komponente durch Neuzeichnen.

20.2 Beschriftungsfelder - JLabel

JLabel-Komponenten sind Beschriftungsfelder (Labels), die einzeiligen Text und/oder ein Bild anzeigen können. Beschriftungsfelder setzt man vor allem ein, um Komponenten zu kennzeichnen, die keine eigenen Beschriftungselemente haben, beispielsweise Textfelder. Das Beschriftungsfeld und die zu kennzeichnende Komponente sollten eine optische Einheit bilden, um dem Benutzer die Orientierung zu erleichtern.

Die Werte für Text, Symbol und/oder Ausrichtung können Sie im Konstruktor festlegen, wenn Sie das Beschriftungsfeld erzeugen, oder zur Laufzeit des Programms mit den entsprechenden JLabel-Methoden.

JLabel implementiert die Schnittstelle SwingConstants, die unter anderem Konstanten für die horizontale Ausrichtung definiert. Für ein Beschriftungsfeld kommen die folgenden Konstanten infrage:

- SwingConstants.LEFT: nach links ausgerichtet
- SwingConstants.RIGHT: nach rechts ausgerichtet
- SwingConstants.CENTER: zentriert
- SwingConstants.LEADING: Text vor Symbol
- SwingConstants.TRAILING: Text nach Symbol

Tabelle 20.2 gibt die wichtigsten Konstruktoren und Methoden von JLabel an.

Tabelle 20.2: Konstruktoren und Methoden von JLabel

Konstruktor / Methode	Beschreibung
JLabel(Icon symbol) **JLabel**(Icon symbol, int horizontaleAusrichtung) **JLabel**(String text) **JLabel**(String text, int horizontaleAusrichtung) **JLabel**(String text, Icon symbol, int horizontaleAusrichtung)	Erzeugt ein Beschriftungsfeld mit dem angegebenen Bild (symbol), dem angegebenen Text (text) und/oder der angegebenen Ausrichtung (horizontaleAusrichtung).
void **setIcon**(Icon symbol)	Legt das angegebene Bild für das Beschriftungsfeld fest.
void **setText**(String text)	Legt den angegebenen Text für das Beschriftungsfeld fest.
void **setHorizontalAlignment**(int ausrichtung)	Legt die angegebene Ausrichtung fest.

Tabelle 20.2: Konstruktoren und Methoden von JLabel (Forts.)

Konstruktor / Methode	Beschreibung
`void setHorizontalTextPosition( int textPosition)`	Legt die Position des Textes relativ zum Bild fest: `SwingConstants.LEADING`: Text links neben dem Bild `SwingConstants.TRAILING`: Text rechts neben dem Bild (Standardeinstellung)

Das folgende Codefragment erzeugt ein `Icon`-Objekt für ein Symbol, das in der Datei *java_logo.png* gespeichert ist, und legt dann vier Beschriftungsfelder an. Der zweite Konstruktor (Zeile 4) erzeugt ein Beschriftungsfeld mit einer leeren Zeichenfolge und ohne Bild. Die Anweisung in Zeile 8 legt für dieses Beschriftungsfeld ein Symbol zur Laufzeit fest. Zeile 9 stellt das Symbol vor den Text des Beschriftungsfelds `label4`.

```
1:  ImageIcon symbol = new ImageIcon("java_logo.png");
2:
3:  JLabel label1 = new JLabel("Label 1", symbol, SwingConstants.RIGHT);
4:  JLabel label2 = new JLabel();
5:  JLabel label3 = new JLabel("Label 3");
6:  JLabel label4 = new JLabel("Label 4", symbol, SwingConstants.LEFT);
7:
8:  label2.setIcon(symbol);
9:  label4.setHorizontalTextPosition(SwingConstants.LEADING);
```

INFO

Wenn Sie sowohl einen Text als auch ein Symbol im Konstruktor angeben, müssen Sie auch eine Ausrichtung festlegen.

Das Ergebnis dieser Anweisungen ist in Abbildung 20.1 zu sehen.

Abbildung 20.1: Beispiele für Beschriftungsfelder mit Text und/oder Symbol

20.3 Schaltflächen, Kontrollkästchen und Optionsfelder

Es gibt eine Basisklasse `AbstractButton`, von der sich Schaltflächen (`JButton`), Kontrollkästchen (`JCheckBox`) und Optionsfelder (`JRadioButton`) sowie verschiedene Menükomponenten (`JMenu`, `JMenuItem`, `JRadioButtonMenuItem`, `JCheckBoxMenuItem`) ableiten. Die Klasse `AbstractButton` implementiert den größten Teil der Funktionalität und somit das grundsätzliche Verhalten der genannten Komponenten. Die in Tabelle 20.3 aufgeführten Methoden sind dementsprechend für Steuerelemente wie Schaltflächen, Wechselschalter, Kontrollkästchen und Optionsfelder verfügbar.

Tabelle 20.3: Ausgewählte Methoden der Klasse AbstractButton

Methode	Beschreibung
`void addActionListener(ActionListener l)`	Registriert einen Aktionsereignisempfänger für die Schaltfläche.
`void addChangeListener(ChangeListener l)`	Registriert einen Änderungsereignisempfänger für die Schaltfläche.
`void addItemListener(ItemListener l)`	Registriert einen Elementereignisempfänger für die Schaltfläche.
`void doClick()`	Simuliert per Programm einen Klick auf die Schaltfläche.
`String getActionCommand()`	Gibt den Aktionsbefehl für diese Schaltfläche zurück.
`boolean isSelected()`	Gibt den Zustand der Schaltfläche zurück.
`String paramString()`	Gibt eine Zeichenfolgendarstellung dieser Schaltfläche zurück.
`void setEnabled(boolean b)`	Aktiviert oder deaktiviert die Schaltfläche.
`void setHorizontalAlignment(int align)`	Legt die horizontale Ausrichtung von Symbol und Text fest.
`void setHorizontalTextPosition( int textPosition)`	Legt die horizontale Position des Textes relativ zum Symbol fest.
`void setIcon(Icon symbol)`	Legt das Bild auf der Schaltfläche fest.
`void setSelected(boolean b)`	Legt den Zustand der Schaltfläche fest.
`void setText(String text)`	Legt den Text der Schaltfläche fest.
`void setVerticalAlignment(int align)`	Legt die vertikale Ausrichtung von Symbol und Text fest.
`void setVerticalTextPosition( int textPosition)`	Legt die vertikale Position des Textes relativ zum Symbol fest.

20.3.1 Schaltflächen – JButton

Eine `JButton`-Schaltfläche löst ein Aktionsereignis aus, wenn der Benutzer sie aktiviert, d.h., mit der Maus darauf klickt. Einen Ereignisempfänger registrieren Sie mit der Methode `addActionListener()`, und in der Methode `actionPerformed()` des Listener-Objekts werten Sie das Ereignis aus.

Eine Schaltfläche kann nicht nur Text anzeigen, sondern auch Bilder. Tabelle 20.4 gibt die Konstruktoren der `JButton`-Komponente an.

Konstruktor	Beschreibung
JButton()	Erzeugt eine leere Schaltfläche ohne Text und Bild.
JButton(Icon symbol) **JButton**(String text) **JButton**(String text, Icon symbol)	Erzeugt eine Schaltfläche mit dem angegebenen Bild (`symbol`) und/oder dem angegebenen Text (`text`).

Tabelle 20.4: Konstruktoren von JButton

20.3.2 Wechselschalter – JToggleButton

Die Klasse `JToggleButton` leitet sich von `AbstractButton` ab und realisiert eine Schaltfläche mit zwei Zuständen – »ausgewählt« und »nicht ausgewählt«. Die Schaltfläche kann sowohl Text als auch ein Bild anzeigen. Wenn der anfängliche Zustand nicht spezifiziert wird, befindet sich die Schaltfläche im Zustand »nicht ausgewählt«. Tabelle 20.5 gibt die Konstruktoren der `JToggleButton`-Komponente an.

Konstruktor	Beschreibung
JToggleButton()	Erzeugt einen anfänglich nicht ausgewählten Wechselschalter ohne Text und Bild.
JToggleButton(Icon symbol) **JToggleButton**(Icon symbol, boolean selected) **JToggleButton**(String text) **JToggleButton**(String text, boolean selected) **JToggleButton**(String text, Icon symbol) **JToggleButton**(String text, Icon symbol, boolean selected)	Erzeugt einen Wechselschalter mit dem angegebenen Bild (`symbol`), dem angegebenen Text (`text`) und/oder dem angegebenen Zustand (`selected`).

Tabelle 20.5: Konstruktoren von JToggleButton

Das folgende Codebeispiel fügt einen Wechselschalter in den Inhaltsbereich eines Rahmens ein. Um den Zustand des Schalters nach dem Anklicken anzuzeigen, richtet das Programm einen Ereignisempfänger für Elementereignisse (`ItemEvent`) ein. Die Methode `itemStateChanged()` von `ItemListener` gibt Auskunft über den Zustand der Schaltfläche. Mit der von `AbstractButton` geerbten Methode `set-`

`Text()` ändert der Ereignisempfänger die Beschriftung der Schaltfläche, um den jeweils aktuellen Zustand zu kennzeichnen.

Listing 20.1: JToggleButtonDemo.java

```
import java.awt.*;
import java.awt.event.*;
import javax.swing.*;

public class JToggleButtonDemo extends JFrame {
   Container contentPane = getContentPane();
   JToggleButton toggleButton;
   ButtonListener lauscher = new ButtonListener();

   public JToggleButtonDemo() {
      super();

      // Hauptfenster einrichten
      setTitle("JToggleButton-Demo");
      contentPane.setBackground(Color.lightGray);

      // Komponenten einfügen
      toggleButton = new JToggleButton("Nicht ausgewählt");
      toggleButton.addItemListener(lauscher);

      contentPane.setLayout(new FlowLayout());
      contentPane.add(toggleButton);

      setDefaultCloseOperation(JFrame.EXIT_ON_CLOSE);
   }

   // Ereignisbehandlungsmethoden für Komponenten
   class ButtonListener implements ItemListener {
      public void itemStateChanged(ItemEvent e) {
         int zustand = e.getStateChange();

         if(zustand == ItemEvent.SELECTED)
           toggleButton.setText("Ausgewählt");
         else
           toggleButton.setText("Nicht ausgewählt");
      }
   }

   public static void main(String args[]) {
      JToggleButtonDemo hauptfenster = new JToggleButtonDemo();
      hauptfenster.setSize(350,100);
      hauptfenster.setLocation(200,300);
      hauptfenster.setVisible(true);
   }
}
```

Abbildung 20.2 zeigt den Wechselschalter im nicht ausgewählten, Abbildung 20.3 im ausgewählten Zustand.

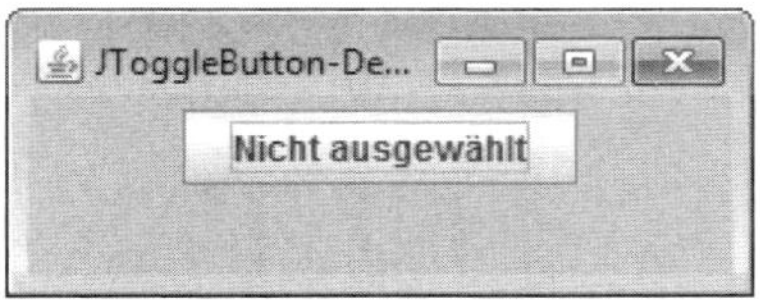

Abbildung 20.2: Schaltfläche im nicht ausgewählten Zustand

Abbildung 20.3: Schaltfläche im ausgewählten Zustand

20.3.3 Schaltflächengruppen – ButtonGroup

Mit der Klasse `ButtonGroup` lassen sich mehrere Schaltflächen zu einer Gruppe zusammenfassen, wobei jeweils nur eine Schaltfläche einen aktiven Zustand einnehmen kann. Die Klasse eignet sich für jede Gruppe von Objekten, die von `AbstractButton` abgeleitet sind. Insbesondere verwendet man `ButtonGroup` für Gruppen von `JRadioButton`- und `JToggleButton`-Komponenten, d.h. Optionsfelder und Wechselschalter.

Tabelle 20.6 gibt den Konstruktor und ausgewählte Methoden von `ButtonGroup` an.

Tabelle 20.6: Konstruktor und Methoden von ButtonGroup

Konstruktor / Methode	Beschreibung
`ButtonGroup()`	Erzeugt eine neue Schaltflächengruppe.
`void add(AbstractButton b)`	Fügt die Schaltfläche b in die Gruppe ein.
`int getButtonCount()`	Gibt die Nummer der Schaltfläche in der Gruppe zurück.
`void remove(AbstractButton b)`	Entfernt die Schaltfläche b aus der Gruppe.

Wenn eine Schaltflächengruppe erstmalig angezeigt wird, weisen alle Schaltflächen den nicht ausgewählten Zustand auf. Nachdem der Benutzer einmal eine Schaltfläche ausgewählt hat, bleibt immer eine Schaltfläche in der Gruppe ausgewählt. Mit den Methoden der Schaltflächengruppe kann man den ursprünglichen Zustand – alle Schaltflächen nicht ausgewählt – nicht wiederherstellen.

Das Programm in Listing 20.2 zeigt, wie Sie eine Schaltflächengruppe mit drei voneinander abhängigen Wechselschaltern erzeugen. Zeile 26 legt den anfänglichen Zustand des ersten Schalters mit »ausgewählt« fest.

Listing 20.2: ButtonGroupDemo.java – erzeugt eine Schaltflächengruppe mit drei Wechselschaltern

```
import java.awt.*;
import java.awt.event.*;
import javax.swing.*;
```

```
public class ButtonGroupDemo extends javax.swing.JFrame {
   Container contentPane = getContentPane();
   ButtonGroup gruppe = new ButtonGroup();
   Box box = Box.createVerticalBox();
   JToggleButton eins, zwei, drei;

   public ButtonGroupDemo() {
      super();

      // Hauptfenster einrichten
      setTitle("ButtonGroup-Demo");
      contentPane.setBackground(Color.LIGHT_GRAY);

      // Wechselschalter erzeugen und in Gruppe einfügen
      // Der erste Schalter wird anfangs ausgewählt
      eins = new JToggleButton("Nummer 1", true);
      zwei = new JToggleButton("Nummer 2");
      drei = new JToggleButton("Nummer 3");
      gruppe.add(eins);
      gruppe.add(zwei);
      gruppe.add(drei);

      // Wechselschalter in Box einfügen
      box.add(Box.createVerticalGlue());
      box.add(eins);
      box.add(zwei);
      box.add(drei);
      box.add(Box.createVerticalGlue());

      JPanel panel = new JPanel();
      panel.add(box);
      contentPane.add(panel);

      setDefaultCloseOperation(JFrame.EXIT_ON_CLOSE);
   }

   public static void main(String args[]) {
      ButtonGroupDemo hauptfenster = new ButtonGroupDemo();
      hauptfenster.setSize(300,200);
      hauptfenster.setLocation(200,300);
      hauptfenster.setVisible(true);
   }
}
```

Die Schaltflächen werden sowohl in die Schaltflächengruppe eingefügt, um das abhängige Verhalten zu realisieren, als auch in den Container `box`, um die Schaltflächen anzuzeigen. Das ist erforderlich, weil `ButtonGroup` keine Container-Komponente ist, die in andere Container eingefügt werden kann.

Wenn Sie die Schaltflächen nicht in eine Schaltflächengruppe einfügen, lassen sie sich unabhängig voneinander ein- und ausschalten. Von diesem Verhalten können Sie sich überzeugen, indem Sie einfach die drei Zeilen mit den `gruppe.add()`-Aufrufen auskommentieren und das Programm erneut kompilieren.

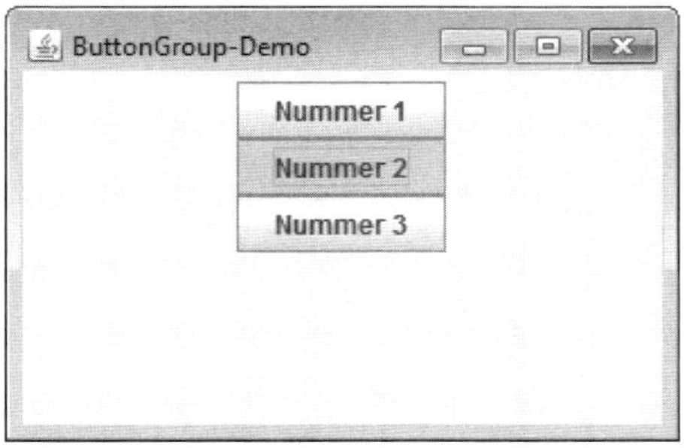

Abbildung 20.4: Schaltflächengruppe mit Wechselschaltern, in der die zweite Schaltfläche ausgewählt wurde

20.3.4 Kontrollkästchen – JCheckBox

Die Klasse `JCheckBox` repräsentiert Kontrollkästchen – das sind Schaltflächen, die zwei Zustände annehmen können (und von `JToggleButton` und damit letztlich von `AbstractButton` abgeleitet sind). Normalerweise gibt man für Kontrollkästchen einen Titel an. Allerdings ist es auch möglich, ein Symbol anzuzeigen.

Tabelle 20.7: Wichtige Konstruktoren und Methoden von JCheckBox

Konstruktor / Methode	Beschreibung
`JCheckBox()`	Erzeugt ein anfangs nicht ausgewähltes Kontrollkästchen ohne Text und Bild.

`JCheckBox(Icon symbol)`
`JCheckBox(Icon symbol, boolean selected)`
`JCheckBox(String text)`
`JCheckBox(String text, boolean selected)`
`JCheckBox(String text, Icon symbol)`
`JCheckBox(String text, Icon symbol, boolean selected)`
	Erzeugt ein Kontrollkästchen mit dem angegebenen Bild (`symbol`), dem angegebenen Text (`text`) und/oder dem angegebenen Zustand (`selected`).

`boolean isSelected()`	Liefert `true`, wenn das Kontrollkästchen ausgewählt ist.
`void setSelected(boolean wert)`	Ändert den Auswahlzustand.
`void setText(String txt)`	Ändert den angezeigten Text.

Da Kontrollkästchen ihrem Wesen nach Schaltflächen sind, lösen sie auch Aktionsereignisse (`ActionEvent`) und Änderungsereignisse (`ItemEvent`) aus. Das Programm in Listing 20.3 erzeugt drei Kontrollkästchen und zeigt in einem Beschriftungsfeld am unteren Rand an, welche der Kontrollkästchen momentan ausgewählt sind.

Listing 20.3: JCheckBoxDemo.java

```
import java.awt.*;
import java.awt.event.*;
import javax.swing.*;
```

```
public class JCheckBoxDemo extends JFrame {
   ButtonListener lauscher = new ButtonListener();
   Label label = new Label();         // Beschriftungsfeld zur Anzeige des
                                      // aktiviert. Kontrollkästchens
   Box box = Box.createVerticalBox();  // Container für Kontrollkästchen
   Panel panel = new Panel();         // Grundfläche für Beschriftungsfeld
   JCheckBox eins, zwei, drei;
   String checkBoxText;               // Zeichenfolge für aktiviertes
Kontrollkästchen

   public JCheckBoxDemo() {
      super();

      // Hauptfenster einrichten
      setTitle("JCheckBox-Demo");
      getContentPane().setBackground(Color.LIGHT_GRAY);
      setDefaultCloseOperation(JFrame.EXIT_ON_CLOSE);

      // Layout für Container festlegen
      getContentPane().setLayout(new BorderLayout());

      // Kontrollkästchen erzeugen:
      eins = new JCheckBox("Eins");
      zwei = new JCheckBox("Zwei");
      drei = new JCheckBox("Drei");

      // Kontrollkästchen in Grundfläche einfügen
      box.add(Box.createVerticalGlue());
      box.add(eins);
      box.add(zwei);
      box.add(drei);
      box.add(Box.createVerticalGlue());

      // Ereignisempfänger registrieren
      eins.addItemListener(lauscher);
      zwei.addItemListener(lauscher);
      drei.addItemListener(lauscher);

      // Beschriftungsfeld für aktiviertes Kontrollkästchen
      panel.setLayout(new GridLayout());
      checkBoxText = "";             // Anfänglich leeres Beschriftungsfeld
      label.setText(checkBoxText);

      // Ausrichtung für Beschriftungsfeld festlegen
      label.setAlignment(Label.LEFT);
      panel.add(label);

      // Grundflächen in JFrame hinzufügen
      getContentPane().add(box, BorderLayout.CENTER);
      getContentPane().add(panel, BorderLayout.SOUTH);
   }

   // Schaltflächenklicks auswerten
   class ButtonListener implements ItemListener {
```

```
      public void itemStateChanged(ItemEvent e) {
         String s = "Ausgewählt: ";

         // Feststellen, welche Kontrollkästchen ausgewählt sind
         if (eins.isSelected()) s = s + " EINS";
         if (zwei.isSelected()) s = s + " ZWEI";
         if (drei.isSelected()) s = s + " DREI";

         // Ergebnis in Beschriftungsfeld anzeigen
         label.setText(s);
      }
   }

   public static void main(String args[]) {
      JCheckBoxDemo hauptfenster = new JCheckBoxDemo();
      hauptfenster.setSize(300,200);
      hauptfenster.setLocation(300,300);
      hauptfenster.setVisible(true);
   }
}
```


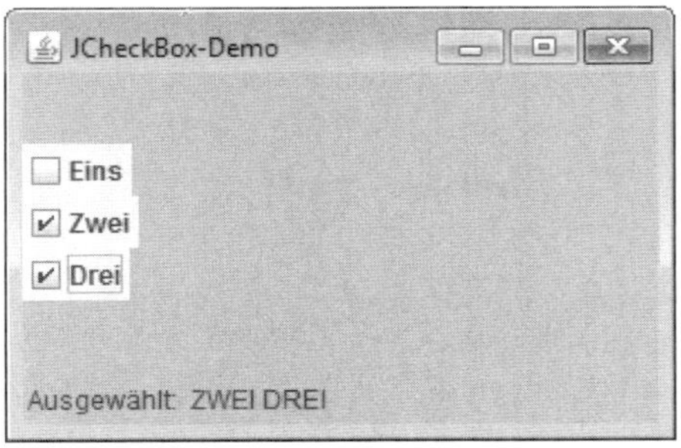

Abbildung 20.5: Demoprogramm mit Anzeige der ausgewählten Kontrollkästchen

20.3.5 Optionsfelder – JRadioButton

Genau wie Kontrollkästchen oder Wechselschalter sind auch Optionsfelder letztlich Schaltflächen, die zwei Zustände einnehmen können. Sie werden als Instanzen der Klasse `JRadioButton` erzeugt. Die gegenseitige Abhängigkeit der einzelnen Optionsfelder – es darf jeweils nur eine Option aktiv sein – muss man jedoch mithilfe einer Schaltflächengruppe (`ButtonGroup`) selbst programmieren, siehe weiter oben den Abschnitt 20.3.3.

Wenn Sie beispielsweise im Programm *JCheckBoxDemo* (siehe Listing 20.3) den Schaltflächentyp von `JCheckBox` in `JRadioButton` ändern, erhalten Sie zwar eine visuelle Repräsentation von Optionsfeldern, nicht aber das Verhalten einer Optionsfeldgruppe. Erst wenn Sie die Optionsfelder in eine Schaltflächengruppe wie in Listing 20.2 gezeigt aufnehmen, entsteht die typische Funktionalität von Optionsfeldern. Der relevante Teil des Codes sieht folgendermaßen aus:

```
// Optionsfelder erzeugen und in Gruppe einfügen
eins = new JRadioButton("Eins");
zwei = new JRadioButton("Zwei");
```

```
drei = new JRadioButton("Drei");

gruppe.add(eins);
gruppe.add(zwei);
gruppe.add(drei);

// Optionsfelder in Grundfläche einfügen
box.add(Box.createVerticalGlue());
box.add(eins);
box.add(zwei);
box.add(drei);
box.add(Box.createVerticalGlue());
```

Abbildung 20.6: Gruppe von Optionsfeldern

Tabelle 20.8: Wichtige Konstruktoren und Methoden von JRadioButton

Konstruktor / Methode	Beschreibung
JRadioButton() **JRadioButton**(String txt) **JRadioButton**(Icon icon) **JRadioButton**(String txt, Icon icon)	Konstruktor, optional mit dem angegebenen Text oder Symbol.
boolean **isSelected**()	Liefert `true`, wenn ausgewählt.
void **setSelected**(boolean wert)	Ändert den Auswahlzustand.
void **setText**(String txt)	Ändert den angezeigten Text.

20.4 Listenfelder - JList

Ein Listenfeld ermöglicht dem Benutzer die Auswahl einer oder mehrerer Alternativen. Verwirklicht werden sie als Instanzen der Klasse `javax.swing.JList`. Listenfelder besitzen in der Regel mehrere Einträge und es ist möglich, mehrere davon gleichzeitig mit der Maus auszuwählen (durch Drücken der [Shift]- oder [Strg]-Taste).

Das Anlegen eines Listenfelds mit anzuzeigenden String-Elementen sieht wie folgt aus:

```
JList<String> liste = new JList<String>();
String[] elemente = {"Eins", "Zwei", "Drei", "Vier", "Fünf", "Sechs", "Sieben",
                     "Acht", "Neun", "Zehn};
liste.setListData(elemente);
```

Typischerweise wird eine `JList` in Kombination mit einer `JScrollPane` als Container verwendet (mehr zu `JScrollPane` in Kapitel 26.2.1). Während der Benutzer immer nur Einträge auswählen kann, die im sichtbaren Anzeigebereich liegen, können Sie vom Programmcode aus beliebige Einträge auswählen. Sie müssen dazu nur die Methode `setSelectedIndex()` aufrufen und ihr den Index des auszuwählenden Eintrags übergeben. Allerdings sollten Sie dann zusätzlich noch die Methode `ensureIndexIsVisible()` aufrufen, um sicherzustellen, dass die Anzeige entsprechend angepasst und der ausgewählte Eintrag notfalls in den sichtbaren Bereich gerückt wird.

```
JScrollPane pane = new JScrollPane(liste);
liste.setSelectedIndex(9);      // letzten Eintrag auswählen
liste.ensureIndexIsVisible(9); // scrollPane anpassen falls notwendig
```

`JList`-Objekte unterstützten per Voreinstellung die Mehrfachauswahl, d.h., der Benutzer kann durch Drücken der [Strg]- oder [Shift]-Taste und gleichzeitigen Mausklicks mehrere einzelne Einträge oder Bereiche auswählen.

Abbildung 20.7: Listenfeld

Der Auswahlmodus kann mit der Methode `setSelectionMode()` eingestellt werden. Die Methode erwartet als Argument eine `ListSelectionModel`-Konstante:

- `SINGLE_SELECTION`: Es kann nur ein Eintrag ausgewählt werden.
- `SINGLE_INTERVAL_SELECTION`: Es können mehrere aufeinander folgende Einträge ausgewählt werden.
- `MULTIPLE_INTERVAL_SELECTION`: Erlaubt die Auswahl beliebiger Einträge.

Möchte man sofort reagieren, wenn der Benutzer einen anderen Eintrag auswählt, kann man einen `ListSelectionListener` installieren (via `addListSelectionListener()`). Die Schnittstelle `ListSelectionListener` hat nur eine einzige Methode:

valueChanged(). Der Code für einen Ereignisempfänger, der alle momentan ausgewählten Einträge in einem Beschriftungsfeld anzeigt, sieht zum Beispiel folgendermaßen aus:

```
class AuswahlListener implements ListSelectionListener {
   public void valueChanged(ListSelectionEvent e) {
      if(e.getValueIsAdjusting() == false) {
         JList elemente        = (JList) e.getSource();
         java.util.List auswahl = elemente.getSelectedValuesList();
         String s = "Ausgewählt: ";

         for(int i = 0; i < auswahl.size(); i++)
           s = s + auswahl.get(i) + " ";

         // Ergebnis in Bezeichnungsfeld anzeigen
         anzeigeLabel.setText(s);
      }
   }
}
```

INFO

Wichtig ist der Test, ob der Benutzer die Auswahl beendet hat (Aufruf der Methode getValueIsAdjusting()), um mehrfache und überflüssige Reaktionen des Lauschers zu vermeiden.

Wenn Sie lediglich wissen möchten, welche Einträge ausgewählt sind, und nicht sofort darauf regieren wollen, wenn der Benutzer die Auswahl ändert, brauchen Sie natürlich keine Ereignisbehandlung. Verwenden Sie eine der Zugriffsmethoden des Listenfelds, die nachfolgend aufgeführt sind.

Tabelle 20.9: Wichtige Methoden von JList

Konstruktor / Methode	Beschreibung
JList<E> () JList(ListModel<E> model)	Konstruktor für Inhalte vom Typ E.
void clearSelection()	Aktuelle Auswahl aufheben.
ListModel getModel()	Liefert das ListModel (die interne Datenstruktur).
int getSelectedIndex()	Liefert den Index des ersten ausgewählten Eintrags.
int[] getSelectedIndices()	Liefert ein Array mit den ausgewählten Indizes zurück (bei SINGLE(MULTIPLE INTERVAL_SELECTION).
E getSelectedValue()	Liefert den ersten ausgewählten Eintrag (vom Typ E) zurück.
List<E> getSelectedValuesList()	Liefert eine Liste der ausgewählten Einträge zurück (bei SINGLE/MULTIPLE INTERVAL_SELECTION).
int getSelectionMode()	Liefert den aktuellen Auswahlmodus als Konstante zurück.
boolean getValueIsAdjusting()	Liefert true, wenn die Listenauswahl gerade geändert wird.
boolean isSelectedIndex(int index)	Liefert true, wenn der Eintrag an der Position index ausgewählt ist.

Konstruktor / Methode	Beschreibung
void **setSelectedIndex**(int index)	Wählt den Eintrag an der Position index aus.
void **setSelectedIndices**(int[] indizes)	Wählt die Einträge im Array indizes aus.
void **setSelectionMode**(int selectionMode)	Legt den Auswahlmodus der Liste fest: SINGLE_SELECTION SINGLE_INTERVAL_SELECTION MULTIPLE_INTERVAL_SELECTION

Tabelle 20.9: Wichtige Methoden von JList (Forts.)

INFO

Wie fast immer in Java werden die Einträge einer JList ab 0 beginnend gezählt.

20.4.1 Dynamisches Ändern von Einträgen

Das dynamische Hinzufügen und Entfernen von Listeneinträgen für eine bereits erzeugte JList-Instanz ist etwas komplizierter. Ein JList-Objekt verwaltet seine Einträge in einer internen Datenstruktur, die Listenmodell genannt wird und die Schnittstelle ListModel implementiert.

Um nun die Liste während der Programmausführung zu ändern, müssen Sie eine Klasse bereitstellen, die ListModel implementiert. Für einfache Standardaufgaben können Sie dazu die bereits vorhandene Klasse DefaultListModel (Paket javax.swing) verwenden.

Eine Instanz des Listenmodells übergeben Sie dem Konstruktor der JList:

```
DefaultListModel<String> model = new DefaultListModel<String>();
liste = new JList<String>(model);
```

Danach erfolgt das Hinzufügen oder Entfernen von Einträgen über die DefaultListModel-Instanz, z.B.

```
String[] elemente = {"Eins", "Zwei", "Drei", "Vier", "Fünf", "Sechs"};,

for(String str : elemente) {
   model.addElement(str);          // am Ende anfügen
}
model.add(0, "Null");              // an Position 0 hinzufügen
model.remove(model.getSize()-1) ;  // letztes Element entfernen
```

Konstruktor / Methode	Beschreibung
DefaultListModel<E>()	Konstruktor
void **add**(int index, E element)	Fügt den Eintrag an der Position index ein.
void **addElement**(E element)	Fügt den Eintrag ans Ende an.
void **clear**()	Entfernt alle Einträge.
boolean **contains**(Object elem)	Testet, ob elem bereits in der Liste ist.

Tabelle 20.10: Wichtige Methoden von DefaultListModel

Tabelle 20.10: Wichtige Methoden von DefaultListModel (Forts.)

Konstruktor / Methode	Beschreibung
`int getSize()`	Liefert die aktuelle Anzahl der Einträge.
`E remove(int index)`	Entfernt den Eintrag an Position `index` und liefert ihn zurück.
`void setElementAt(E elem, int index)`	Ersetzt den Eintrag an Position `index` durch `elem`.

20.5 Kombinationsfelder (JComboBox)

Ein Kombinationsfeld – auch Combobox genannt – ermöglicht die Anzeige von mehreren Elementen, aus denen der Benutzer auswählen kann. Kombinationsfelder werden in Swing als Instanzen der Klasse `JComboBox` (Paket `javax.swing.JComboBox`) erzeugt.

Der Unterschied zu `JList` aus dem vorigen Abschnitt ist, dass immer nur ein Element ausgewählt werden kann und auch nur dieses Element angezeigt wird. Die anderen verfügbaren Einträge sind nur bei Expansion des Kombinationsfelds in einer aufgeklappten Liste kurzzeitig sichtbar. Dadurch ist diese Komponente sehr platzsparend und wird gerne eingesetzt.

Abbildung 20.8: Kombinationsfeld

Zum Anlegen eines Kombinationsfelds erzeugt man zunächst das `JComboBox`-Objekt und fügt dann mit der Methode `addItem()` die gewünschten Einträge hinzu; alternativ kann man dem Konstruktor auch gleich eine Liste von Objekten übergeben.

```
String[] elemente = { "Null", "Eins", "Zwei", "Drei", "Vier"};
JComboBox<String> combo = new JComboBox<String>(elemente);
combo.addItem("Fünf");
```

Ferner kann man noch festlegen, welcher Eintrag ausgewählt ist und somit angezeigt wird (sonst wird einfach das erste Element genommen), z.B.

```
int anzahl  = combo.getItemCount();
combo.setSelectedIndex(anzahl-1); // das letzte Element auswählen
```

INFO

Wie fast immer in Java werden die Einträge ab 0 beginnend gezählt.

Einträge können natürlich auch wieder problemlos mit der Methode `removeItem()` entfernt werden, zum Beispiel:

```
combo.removeItem("Null");
```

Um festzustellen, wenn in dem Kombinationsfeld ein anderer Eintrag ausgewählt wird, müssen Sie einen `ItemListener` installieren:


```
class AuswahlListener implements ItemListener {
   public void itemStateChanged(ItemEvent e) {
      int zustand = e.getStateChange();
      String s = "";

      if (zustand == ItemEvent.SELECTED)
        s = "Ausgewählt: " + e.getItem();

      // Ergebnis in Beschriftungsfeld anzeigen
      elabel.setText(s);
   }
}
```

Falls nur von Interesse ist, welcher Eintrag ausgewählt ist, können Sie auf eine Ereignisbehandlung verzichten. Rufen Sie im Programm bei Bedarf mit `getSelectedItem()` oder `getSelectedIndex()` den momentan ausgewählten Eintrag ab.

Tabelle 20.11: Wichtige Methoden von JComboBox

Konstruktor / Methode	Beschreibung
JComboBox() **JComboBox<E>**(E[] elemente)	Konstruktor
void **addItem**(Object o)	Fügt den Eintrag o in die Liste des Kombinationsfelds ein.
Int **getItemCount**()	Liefert die Anzahl der Einträge in der Liste des Kombinationsfelds.
Int **getSelectedIndex**()	Liefert den Index des ausgewählten Eintrags.
Object **getSelectedItem**()	Liefert den ausgewählten Eintrag.
void **removeItem**(Object o)	Entfernt den Eintrag o aus der Liste des Kombinationsfelds.
void **setSelectedIndex**(int pos)	Markiert den Eintrag an Position pos als ausgewählt.

20.6 Fortschrittsanzeige – JProgressBar

Fortschrittsanzeigen sind nützlich, um bei zeitaufwändigen Berechnungen oder sonstigen Aktivitäten eines Programms den Benutzer über den aktuellen Status zu unterrichten. Wenn ein Programm nicht sofort auf Eingaben reagiert, könnte der Benutzer annehmen, dass das Programm abgestürzt ist. Eine Fortschrittsanzeige liefert in diesem Fall den Hinweis, dass das Programm noch arbeitet – ob ordnungsgemäß oder nicht sei dahingestellt.

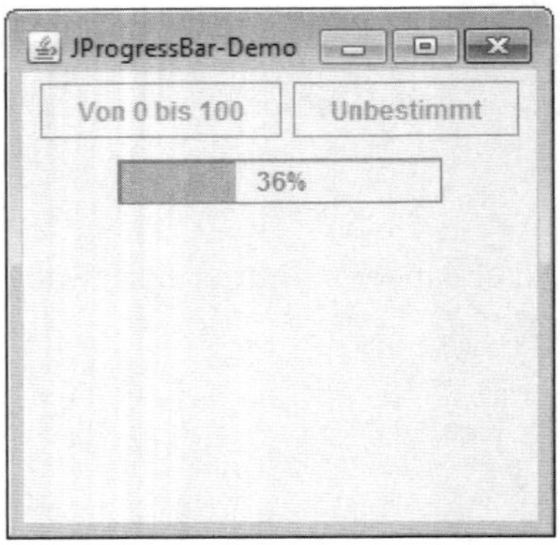

Abbildung 20.9: Eine Fortschrittsanzeige

Die zuständige Klasse in Java heißt `JProgressBar`. Diese Komponente stellt standardmäßig einen ganzzahligen Wert innerhalb eines festgelegten Wertebereichs dar (per Voreinstellung 0 bis 100).

```
JProgressBar fortschritt = new JProgressBar();
```

Wie andere Steuerelemente können Sie die Fortschrittsanzeige mit der Methode `add()` in einen übergeordneten Container einfügen. Es empfiehlt sich, in der Nähe der Fortschrittsanzeige ein Beschriftungsfeld anzuordnen, damit der Benutzer weiß, welchen Vorgang die Fortschrittsanzeige repräsentiert.

Tabelle 20.12 listet wichtige Konstruktoren und Methoden der `JProgressBar`-Komponente auf.

Tabelle 20.12: Konstruktoren und Methoden von JProgressBar

Konstruktor / Methode	Beschreibung
`JProgressBar()`	Erzeugt eine horizontale Fortschrittsanzeige, die einen Rahmen, aber keine Fortschrittszeichenfolge anzeigt.
`JProgressBar (int orientierung)`	Erzeugt eine Fortschrittsanzeige mit der angegebenen Orientierung: `JProgressBar.VERTICAL` – senkrecht `JProgressBar.HORIZONTAL` – waagerecht
`JProgressBar (int min, int max)`	Erzeugt eine horizontale Fortschrittsanzeige mit den angegebenen kleinsten und größten Werten.
`JProgressBar (int orientierung, int min, int max)`	Erzeugt eine Fortschrittsanzeige mit der angegebenen Orientierung und den angegebenen kleinsten und größten Werten.
`int getMaximum()` `int getMinimum()`	Liefert den größten und kleinsten Wert, der im Modell der Fortschrittsanzeige gespeichert ist.
`void setIndeterminate(boolean wert)`	Wenn `true` übergeben wird, dann wird eine unbestimmte Anzeige (ohne genauen Fortschrittswert) angezeigt.
`void setMaximum(int n)` `void setMinimum(int n)`	Legt den größten und kleinsten Wert fest (wird im Modell der Fortschrittsanzeige gespeichert).

Konstruktor / Methode	Beschreibung
void **setString**(String s)	Legt den anzuzeigenden Fortschrittstextes fest.
void **setStringPainted**(boolean anzeigen)	Aktiviert oder deaktiviert die Anzeige des Fortschrittstextes.
void **setValue**(int n)	Setzt die aktuelle Fortschrittsanzeige auf den Wert n.

Tabelle 20.12: Konstruktoren und Methoden von JProgressBar (Forts.)

Den Wertebereich, den die Fortschrittsanzeige füllen soll, legen Sie entweder im Konstruktor der Fortschrittsanzeige oder mit den Methoden `setMinimum()` und `setMaximum()` fest. Den aktuellen Wert in der Anzeige setzen Sie mit der Methode `setValue()`.

STOP

Swing-Komponenten und ihre Methoden sind mit wenigen Ausnahmen nicht threadsicher, d.h., man darf aus einem Arbeitsthread heraus nicht auf die Swing-Komponenten zugreifen, da man ansonsten dem parallel ablaufenden Event-Handling-Thread in die Quere kommen kann.

Wenn das Aktualisieren der Fortschrittsanzeige nicht im Event-Handling-Thread von Swing erfolgt (z.B. in einer `actionPerformed()`-Methode eines `ActionListener`-Objekts), sondern aus einem separaten Arbeitsthread heraus, dann sollten Sie den Aufruf von `setValue()` mithilfe der Methode `SwingUtilities.invokeLater()` kapseln. Auf der Buch-DVD finden Sie im Beispielverzeichnis zu diesem Kapitel ein kleines Demoprogramm *JProgressBarDemo.java*.

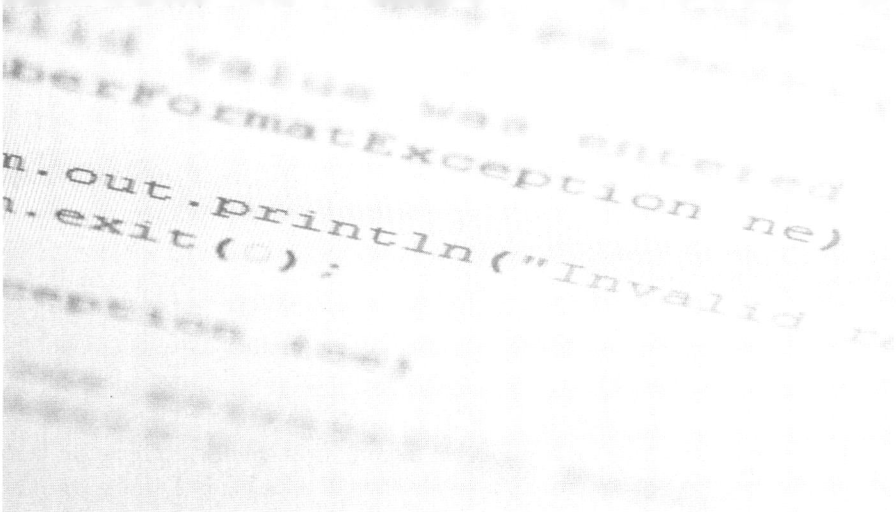

Kapitel 21
Menüs

Unter einem Menü, oder korrekter einer Menüleiste mit Menüs, versteht man eine besondere Komponente, die sich am oberen Rand eines Fensters befindet und die Auswahl von Kommandos per Maus oder Tastatur erlaubt.

Menüs sind ein Standardmerkmal von grafischen Benutzeroberflächen, und daher gibt es natürlich auch in den Java-Bibliotheken eine umfassende Unterstützung zu ihrer Erstellung. Im Folgenden wird dabei nur die Swing-Bibliothek berücksichtigt.

Die Abbildung 21.1 zeigt Ihnen eine Übersicht der wichtigsten Menübestandteile.

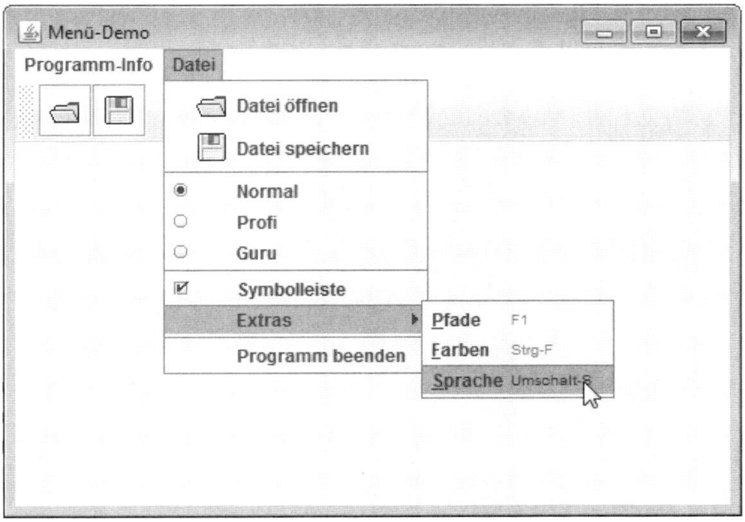

Abbildung 21.1: Übersicht von Menübestandteilen

In diesem Beispiel sehen Sie eine Menüleiste mit den beiden Menüs PROGRAMMINFO und DATEI. Das Menü DATEI ist aufgeklappt und zeigt die vorhandenen Menüeinträge – Items oder Elemente genannt – an. Ein Menüelement kann in Java ein einzelner Eintrag sein (beispielsweise DATEI ÖFFNEN), oder auch ein ganzes Untermenü wie EXTRAS, das selbst wiederum aus weiteren Menüelementen besteht. Weitere Möglichkeiten sind die Verwendung von Kontrollkästchen oder Optionsfeldern als Menüelemente, die Definition von Tastaturkürzeln sowie die Einblendung von Symbolen in den Menüelementen.

Als Ergänzung zum Menü verfügen viele Programme über eine Symbolleiste, welche einen schnelleren Zugriff auf häufig benötigte Menüelemente ermöglicht. Die Symbolleiste des obigen Beispielprogramms besteht lediglich aus zwei Symbolen für das Öffnen und Speichern.

In den folgenden Abschnitten werden die oben vorgestellten Möglichkeiten und noch einiges mehr erläutert. Außerdem finden Sie auf der Buch-DVD im zugehörigen Unterkapitel das Programm *MenuDemo.java*, welche das obige Menübeispiel generiert. Es dürfte sich für die meisten Fälle als guter Ausgangspunkt für Ihre eigenen Menüleisten eignen.

21.1 Erstellen von Menüs

Das Erstellen eines Menüs besteht im Wesentlichen aus zwei Schritten. Man muss die Menüelemente definieren und zu einer Menüleiste zusammenbauen. Dies erfolgt ganz ähnlich, wie Sie es vom Umgang mit Fenstern und Komponenten kennen. Außerdem muss man eine geeignete Ereignisbehandlung festlegen.

21.1.1 Aufbau einer Menüleiste

Alle Komponenten zum Aufbau einer Menüleiste finden sich im Paket *javax.swing* wieder. Die Menüleiste selbst wird dabei durch eine Instanz der Klasse `JMenuBar` dargestellt. Jeder Eintrag in der Menüleiste wird in Java als Menü bezeichnet und durch eine Instanz von `JMenu` dargestellt. Die Einträge in den einzelnen Menüs, die Menüelemente, werden durch Instanzen der Klasse `JMenuItem` repräsentiert. `JMenu` und `JMenuItem` bieten dabei eine Fülle an Methoden, von denen die wichtigsten in Tabelle 21.1 und Tabelle 21.2 aufgeführt sind.

Tabelle 21.1: Wichtige Konstruktoren und Methoden von JMenu

Konstruktor / Methode	Beschreibung
`JMenu(String str)`	Konstruktor. Erzeugt ein `JMenu` mit dem Namen `str`.
`JMenuItem add(String str)`	Fügt ein Menüelement mit Namen `str` hinzu und liefert es als `JMenuItem` zurück.
`JMenuItem add(JMenuItem item)`	Fügt `item` hinzu und liefert es wieder zurück.
`Component add(Component c)`	Fügt die Komponente `c` hinzu und liefert sie wieder als Ergebnis zurück.
`void addSeparator()`	Fügt einen Trennstrich zur optischen Trennung ein.

Um ein JMenu-Menü mit Menüelementen zu füllen, benutzt man die add()-Methoden von JMenu. Dabei kann man entweder einen einfachen String übergeben oder aber ein JMenuItem. Letzteres ist zu empfehlen, da man dann über vielfältige Möglichkeiten verfügt, die im Laufe dieses Kapitels noch näher besprochen werden.

Konstruktor / Methode	Beschreibung
JMenuItem(String str)	Konstruktor. Erzeugt ein JMenuItem mit dem Namen str.
JMenuItem(String str, Icon icon)	Konstruktor. Erzeugt ein JMenuItem mit dem Namen str und nebenstehendem Symbol icon.
JMenuItem(String str, int mnemonic)	Konstruktor. Erzeugt ein JMenuItem mit dem Namen str und dem Tastaturkürzel mnemonic.
void **setEnabled**(boolean status)	Aktiviert (= true) oder deaktiviert das Menüelement.
void **setMnemonic**(int k) void **setMnemonic**(char c)	Setzt ein Tastaturkürzel via Keycode k oder Buchstabe c. Falls c im Namen des Menüelements gefunden wird, wird er unterstrichen dargestellt.
void **setAccelator**(Keystroke ks)	Setzt das Tastaturkürzel ks auf dieses Menüelement.
void **addActionListener**(ActionListener al)	Registriert das Menüelement beim ActionListener al.

Tabelle 21.2: Wichtige Konstruktoren und Methoden von JMenuItem

21

Das folgende Codefragment zeigt, wie eine Menüleiste aufgebaut wird:

```
// im Konstruktor einer JFrame-Klasse:
JMenuBar menuLeiste = new JMenuBar();
JMenu menuDatei = new JMenu("Datei");

// Menü zusammenbauen
JMenuItem itemOeffnen= new JMenuItem("Datei öffnen",
                                     new ImageIcon("open.gif"));
JMenuItem itemSpeichern = new JMenuItem("Datei speichern",
                                     new ImageIcon("save.gif"));
JMenuItem itemBeenden = new JMenuItem("Programm beenden");
menuDatei.add(itemOeffnen);
menuDatei.add(itemSpeichern);
menuDatei.addSeparator();
menuDatei.add(itemBeenden);

// Menü zur Menüleiste hinzufügen
menuLeiste.add(menuDatei);

// Menüleiste zum Fenster hinzufügen
setJMenuBar(menuLeiste);
```

Dieser Code erzeugt eine Menüleiste mit einem einzigen Menü DATEI, das wiederum aus den Menübefehlen DATEI ÖFFNEN, DATEI SPEICHERN sowie PROGRAMM BEENDEN besteht, getrennt durch einen Strich (*Separator*). Die beiden ersten Menüelemente werden dabei zusammen mit einem Symbol dargestellt, das jeweils aus der angegebenen Datei geladen wird. Die Reihenfolge der add()-Aufrufe zum Hinzufügen von Komponenten bestimmt dabei, in welcher Reihenfolge sie auf dem

Bildschirm erscheinen. Wenn die Menüleiste komplett zusammengesetzt ist, wird sie schließlich mit der Methode setJMenuBar() zum Fenster (also ein JFrame oder JDialog) hinzugefügt.

Untermenüs

Neben einfachen Menübefehlen kann man einem Menü auch ein anderes Menü hinzufügen, das dadurch zu einem Untermenü wird. Grafisch werden solche Untermenüs durch einen kleinen Pfeil markiert, sodass ein Benutzer sieht, dass sich dahinter weitere Einträge verbergen. Das obige Menü menuDatei könnte man beispielsweise um ein Untermenü menuExtras erweitern:

```
JMenu menuExtras = new JMenu("Extras");
JMenuItem menuExtrasFarben = new JMenuItem("Farben");
JMenuItem menuExtrasSprache = new JMenuItem("Sprache");
menuExtras.add(menuExtrasFarben);
menuExtras.add(menuExtrasSprache);

menuDatei.add(menuExtras);  // als Untermenü hinzufügen
```

Kontrollkästchen und Optionsfelder

Außerdem ist es möglich, Kontrollkästchen (Checkboxen) und Optionsfelder (RadioButtons) als Menüelemente zu verwenden. Hierfür dienen die Klassen JCheckBoxMenuItem und JRadioButtonMenuItem. Sie sind von JMenuItem abgeleitet und haben somit die gleichen Methoden.

Der Einsatz erfolgt analog zu den bekannten Klassen JCheckBox und JRadioButton in den »normalen« Swing-Komponenten. Für JRadioButtonMenuItem bedeutet dies, dass man eine Instanz der Klasse javax.swing.ButtonGroup verwenden muss, um die Optionsfelder logisch zu einer Gruppe zusammenzufassen:

```
JCheckBoxMenuItem menuDateiCISymbolleiste;
menuDateiCISymbolleiste = new JCheckBoxMenuItem("Symbolleiste");
menuDateiCISymbolleiste.setSelected(true);
menuDatei.add(menuDateiCISymbolleiste);

ButtonGroup menuDateiModus = new ButtonGroup();
JRadioButtonMenuItem  menuDateiRBNormal =
                          new JRadioButtonMenuItem("Normal", true);
JRadioButtonMenuItem  menuDateiRBGuru =
                          new JRadioButtonMenuItem("Guru", false);
menuDateiModus.add(radioitemNormal);
menuDateiModus.add(radioitemProfi);
menuDateiModus.add(radioitemGuru);
menuDatei.add(menuDateiRBNormal);
menuDatei.add(menuDateiRBGuru);
```

INFO

Beim Aufbau von Menüs muss man (wie auch beim Aufbau einer Komponentenhierarchie) im Auge behalten, ob ein Menüelement nur einmalig für den Aufbau des Menüs benötigt wird, oder auch später im Programmablauf. Ein typisches Beispiel ist das Aktivieren bzw. Deaktivieren von Menüelementen via setEnabled(). Damit dies möglich ist, muss das zugehörige JMenuItem-Objekt natürlich klassenweit bekannt sein, also als Instanzvariable definiert sein.

21.1.2 Kontextmenüs (Popup-Menüs)

Ein normales Menüfenster mit seinen enthaltenen Menüs ist statisch in dem Sinne, dass es immer am oberen Rand des Fensters zu finden ist. Moderne GUI-Oberflächen haben jedoch noch eine Art dynamisches Menü auf Lager, das *Popup-Menü*, auch *Kontextmenü* genannt (siehe Abbildung 21.2).

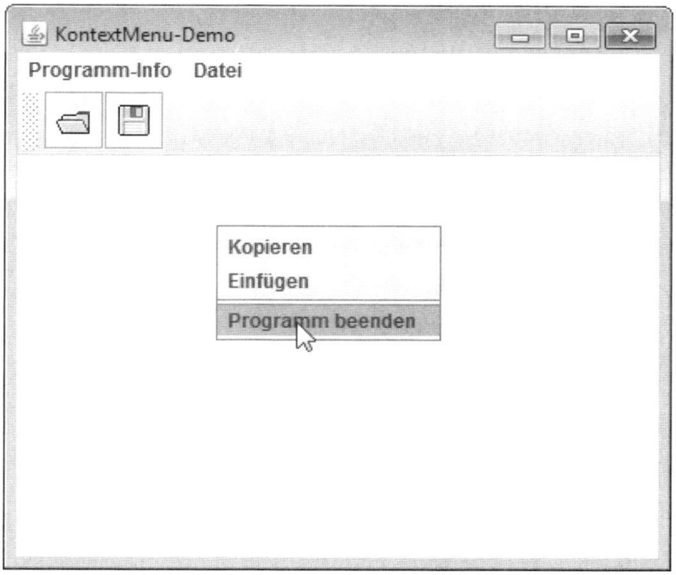

Abbildung 21.2: Ein Kontextmenü

Die Idee hierbei ist, dass durch eine besondere Mausaktion (unter Windows typischerweise das Drücken der rechten Maustaste) ein Menü an der aktuellen Mausposition aufgebaut wird. Idealerweise bietet dieses aufpoppende Menü nur Aktionen an, die im momentanen Programmzustand gerade möglich bzw. sinnvoll sind.

Für die Definition von solchen Kontextmenüs bietet Java die Klasse `javax.swing.JPopupMenu`, mit der sich die Realisierung kinderleicht durchführen lässt.

Konstruktor / Methode	Beschreibung
`JPopupMenu()`	Konstruktor. Erzeugt ein `JPopupMenu`.
`JMenuItem add(String str)` `JMenuItem add(JMenuItem item)`	Fügt einen Eintrag `str` oder das `JMenuItem item` hinzu. Das (gegebenenfalls erzeugte) `JMenuItem` wird zurückgegeben.
`void addSeparator()`	Fügt einen Trennstrich zur optischen Trennung ein.
`void show(Component c, int x, int y)`	Zeigt das Kontextmenü in der Komponente `c` an Position `x,y`.

Tabelle 21.3: Wichtige Konstruktoren und Methoden der Klasse JPopupMenu

```
JPopupMenu popup = new JPopupMenu();
JMenuItem popupKopieren = new JMenuItem("Kopieren");
JMenuItem popupEinfuegen = new JMenuItem("Einfuegen");
JMenuItem popupEnde = new JMenuItem("Programm beenden");

popup.add(popupKopieren);
popup.add(popupEinfuegen);
popup.addSeparator();
Popup.add(popupEnde);

// MouseEvent e
popup.show(e.getComponent(), e.getX(), e.getY());
```

Das war eigentlich schon alles[1]! Man legt eine Instanz von `JPopupMenu` an und fügt dann ganz normal wie bei einem `JMenu` die gewünschten Menüelemente hinzu. Die Anzeige erfolgt dann mit der Methode `show()`, der man üblicherweise die aktuelle Mausposition übergibt. Der obige Code wird in der Regel in einer `mousePressed()`- und `mouseReleased()`-Methode implementiert (siehe auch den nachfolgenden Abschnitt).

21.1.3 Ereignisbehandlung

Wer sich nach obigem Vorgehen eine wunderbare Menülandschaft zusammengestellt hat und das Programm ausführt, wird keine große Freude an seinen Menüs haben. Sie lassen sich zwar anklicken, aber es passiert nichts, denn es fehlt noch die Ereignisbehandlung. Grundsätzlich wird die Standardereignisbehandlung von Swing verwendet, aber zur Klarheit sollen an dieser Stelle dennoch einige Hinweise erfolgen. Generell gilt, dass häufig mehrere Vorgehensweisen zur Ereignisbehandlung möglich sind, je nach konkretem Bedarf.

Für das Eingangsbeispiel kommen drei Arten von Ereignissen zum Tragen:

- Für Menüelemente vom Typ `JMenuItem` wird durch das Klicken auf ein Menüelement ein `ActionEvent` ausgelöst – analog zu einem `JButton` – und man kann mithilfe der Schnittstelle `ActionListener` in dessen `actionPerformed()`-Methode die gewünschte Behandlung durchführen. Analog könnte man, falls erforderlich, für die verwendeten `JRadioButtonMenuItem` einen `ActionListener` registrieren, um je nach Auswahl eine bestimmte Aktion durchzuführen[2].
- Für Menüelemente vom Typ `JCheckBoxMenuItem` bietet es sich an, einen `ItemListener` zu registrieren, um das ausgelöste `ItemEvent` in der `ItemListener`-Methode `itemStateChanged()` zu verarbeiten.
- Für ein Kontextmenü muss ein `MouseListener` implementiert sein, der das generierte `MouseEvent` in der `mouseReleased()`-/`mousePressed()`-Methode behandelt. Für die im Kontextmenü angebotenen `JMenuItem`-Elemente kommt dann wieder der `ActionListener`-Ansatz zur Anwendung.

---

1 Nicht gezeigt sind hier die notwendigen `addActionListener()`-Aufrufe für die Ereignisbehandlung der Einträge!

2 Je nach Anwendungsfall könnte sich auch der Einsatz von `ItemListener` als geeignet erweisen.

Für die Menüelemente vom Typ `JMenuItem` besteht die Ereignisbehandlung also aus der Registrierung eines geeigneten `ActionListener`, der meist von der Fensterklasse selbst implementiert wird. Dadurch hat man leichten Zugriff auf Klassenvariablen und auszuführende Methoden:

```
// im Konstruktor der Fensterklasse
JMenuItem menuDateiOeffnen = new JMenuItem("Datei öffnen",
                                       new ImageIcon("open.gif"));
menuDateiOeffnen.addActionListener(this);

// ...
// Methode zur Ereignisbehandlung (Schnittstelle ActionListener)
public void actionPerformed(ActionEvent e) {
   if(e.getActionCommand().equals("Programm beenden"))
      System.exit(0);

   // usw.
}
```


Jedes `ActionEvent` trägt als `ActionCommand` den String, der bei Instanziierung des auslösenden `JMenuItem` mitgegeben wurde. Dadurch lässt sich dann bei Verwendung eines einzigen `ActionListener`-Objekts herausfinden, welches Menüelement gewählt wurde. Natürlich ist es auch möglich, jedes `JMenuItem` bei einer eigenen Instanz eines `ActionListener` zu registrieren, sodass eine solche Identifikation nicht mehr notwendig ist.

Für Menüelemente vom Typ `JCheckBoxMenuItem` kann man analog vorgehen mit dem Unterschied, dass ein `ItemListener` zum Einsatz kommt, der beispielsweise von der Fensterklasse selbst implementiert wird:

```
// im Konstruktor der Fensterklasse:
menuDateiCISymbolleiste = new JCheckBoxMenuItem("Symbolleiste");
menuDateiCISymbolleiste.setSelected(true);
menuDateiCISymbolleiste.addItemListener(this);
// ...

// Methode zur Ereignisbehandlung (Schnittstelle ItemListener)
public void itemStateChanged(ItemEvent e) {
  Object item = e.getItemSelectable();

  if(item == menuDateiCISymbolleiste) {
   if(e.getStateChange() == ItemEvent.DESELECTED)
      getContentPane().remove(symbolLeiste);
   else
      getContentPane().add(symbolLeiste,BorderLayout.NORTH);

   repaint();
   }
}
```

In diesem Beispiel wird das `JCheckBoxMenuItem`-Element dazu verwendet, die Symbolleiste (siehe Abschnitt 21.3) zu entfernen bzw. wieder anzuzeigen.

Die Ereignisbehandlung für die Menüelemente eines Kontextmenüs ist identisch zur Ereignisbehandlung für ganz normale Menüs. Die einzige Besonderheit ist das Anzeigen des Kontextmenüs selbst, das ja erst (unter Windows) beim Loslassen der rechten Maustaste erscheinen soll. Hierzu muss man die Methode `mouseReleased()` der Schnittstelle `MouseListener` implementieren bzw. zu einem `MouseAdapter` greifen (falls sonst keine Methoden der Schnittstelle benötigt werden und Sie sich das lästige Definieren der ansonsten leeren Methoden ersparen möchten).

```
public void mouseReleased(MouseEvent e) {
   if(e.isPopupTrigger() == true) {
      // Kontextmenü erzeugen und anzeigen
      // ...
   }
```

Um zu unterscheiden, ob es sich um eine normale Mausaktion handelt oder ob der Benutzer ein Kontextmenü aufrufen will, dient die besondere Methode `isPopupTrigger()` der Klasse `MouseEvent`.

TIPP

Die Aktivierung der Kontextmenüs ist plattformabhängig. Aus diesem Grund sollte bei Programmen, die nicht nur auf Windows laufen sollen, neben der `mouseReleased()`-Methode auch `mousePressed()` entsprechend implementiert werden.

21.2 Tastaturkürzel

Menüs sind zwar nett anzusehen, haben aber den Nachteil, dass der Anwender bei umfangreichen Programmen mitunter unzählige Male herumklicken muss, bis er endlich das gewünschte Menüelement in einem Untermenü erreicht hat. Für erfahrene Anwender ist daher meist eine Abkürzung über die Tastatur sehr hilfreich. Bei solchen *Tastaturkürzeln* wird eine bestimmte Tastenkombination mit einem Menüelement verknüpft, sodass der Anwender einfach die Tasten drückt und sich das Herumirren in den Menüs sparen kann.

Bei der Swing-Bibliothek sieht man sich als Programmierer beim Erstellen von Tastaturkürzeln mit zwei Begriffen konfrontiert: *Mnemonics* und *Accelerators* (Beschleunigern).

21.2.1 Mnemonics

Das mnemonische Kürzel (Mnemonic) eines Menüelements ist die Taste (in der Regel ein Buchstabe), die bei *geöffnetem* Menü gedrückt werden kann, um das Menüelement auszuwählen. Grafisch erkennt man das mnemonische Kürzel daran, dass im Menüelement der entsprechende Buchstabe unterstrichen ist.

Zum Erstellen eines Mnemonic brauchen Sie nur dem Konstruktor von `JMenuItem` die gewünschte Taste mitgeben:

```
JMenuItem menuDateiExtrasPfade = new JMenuItem("Pfade",'P');
```

Da das mnemonische Kürzel nur bei bereits geöffnetem Menü wirksam ist, hat es nur begrenzten Nutzen. Meist greift man gleich zu den im nächsten Abschnitt vorgestellten Accelerators.

21.2.2 Accelerators

Ein *Accelerator* (»Beschleuniger«) besteht im Gegensatz zu dem mnemonischen Kürzel meistens aus zwei Tasten[3], die als Kombination gedrückt werden müssen, um ein Menüelement auszuwählen. Der wesentliche Vorteil gegenüber Mnemonics ist, dass der Accelerator immer greift, unabhängig davon, ob das betreffende Menü gerade geöffnet ist oder nicht.

Das Zuweisen eines Accelerators zu einem Menüelement erfolgt über `JMenuItem` und dessen Methode

```
public void setAccelerator(Keystroke ks)
```

Diese Methode erwartet ein Objekt der Klasse `javax.swing.Keystroke`, welches die gewünschte Taste oder Tastenkombination definiert. Falls eine Kombination verwendet werden soll, dann können nicht beliebige Paare von Tasten gewählt werden, sondern es muss immer eine Umschalttaste und eine »normale« Taste verwendet werden. Hierzu definiert die Klasse `java.awt.Event` Konstanten für die verschiedenen Umschalttasten (Tabelle 21.4).

Konstante	Beschreibung
SHIFT_MASK	[SHIFT]
CTRL_MASK	[STRG]
ALT_MASK	[ALT]

Tabelle 21.4: Konstanten für Umschalttasten in java.awt.Event

Diese Konstanten können beliebig addiert werden, beispielsweise `Event.CTRL_MASK+Event.ALT_MASK` repräsentiert das gleichzeitige Drücken von [STRG] und [ALT].

Zum Erstellen eines `Keystroke`-Objekts für die Übergabe an `setAccelerator()` von `JMenuItem` existiert kein eigener Konstruktor, sondern die statischen Factory-Methoden

```
public static KeyStroke getKeyStroke(char z)
public static KeyStroke getKeyStroke(int keycode, int modifier)
```

Die erste Methode erwartet als `z` den gewünschten Buchstaben, während die zweite Variante den Tastaturcode `keycode` und zusätzlich eine der oben genannten Konstanten der Klasse `Event` zur Festlegung der Umschalttaste erwartet. Falls keine zusätzliche Umschalttaste gewünscht wird, kann man als `modifier` den Wert 0 übergeben.

3 Das ist eine Konvention. Man darf auch einen Accelerator mit einer Taste definieren.

Die zweite Form kann zudem für beliebige Tasten via Angabe des Tastaturcodes verwendet werden. Für Großbuchstaben (ohne Umlaute) entspricht der Tastaturcode dem ASCII-Wert, sodass man einfach das entsprechende char-Zeichen übergeben kann. Für die restlichen Tasten sind die Codes in java.awt.event.KeyEvent definiert.

INFO

Häufig benötigte Werte aus der Klasse KeyEvent sind:

VK_ENTER (Return/Enter-Taste), VK_SPACE (Leerzeichentaste), VK_TAB (Tab-Taste), VK_F1 (F1-Taste). Buchstaben sind als VK_A, VK_B usw. verfügbar, Ziffern als VK_0, VK_1, ... Beachten Sie bei Buchstaben, dass keine Unterscheidung in Groß-/Kleinbuchstaben erfolgt.

Beispiele:

```
// STRG + Taste 'P'
Keystroke ctrl_p = Keystroke.getKeyStroke('P',Event.CTRL_MASK);

// Taste F1
Keystroke f1 = Keystroke.getKeyStroke(KeyEvent.VK_F1,0);

// STRG + ALT + Taste 'P'
Keystroke ctrl_alt_p = Keystroke.getKeyStroke('P',Event.CTRL_MASK +
                                               Event.ALT_MASK);
```

Das Zuweisen des Tastaturbeschleunigers zum gewünschten Menüelement erfolgt dann wie erwähnt durch setAccelerator(), z.B.:

```
JMenuItem menuDateiExtrasPfade = new JMenuItem("Pfade",'P');
menuDateiExtrasPfade.setAccelerator(ctrl_p);
```

Wie in diesem Codefragment gezeigt, kann man Mnemonics und Accelerators auch zusammen einsetzen (dabei muss das mnemonische Kürzel nicht mit dem Buchstaben aus dem Accelerator übereinstimmen).

21.3 Symbolleisten

Symbolleisten sind in gewisser Hinsicht das grafische Analogon zu den Tastaturkürzeln. Der Benutzer soll eine Funktion direkt per Mausklick auswählen können, ohne sich langwierig in diversen Menüs und Untermenüs zu verirren. Hierzu dient die Symbolleiste in Form der Klasse javax.swing.JToolBar.

JToolBar stellt einen Container bereit, in den man beliebige Komponenten einträgt. Typischerweise nimmt man Instanzen vom Typ JButton oder JToggleButton, wobei jede Schaltfläche mit einem Symbol (Icon) besetzt wird:

```
// Symbolleiste anlegen
JToolBar symbolLeiste = new JToolBar();
JButton btnOeffnen = new JButton(new ImageIcon("open.gif"));
btnOeffnen.setActionCommand("Datei öffnen");
symbolLeiste.add(btnOeffnen);
```

```
btnOeffnen.addActionListener(this);

// zum Fenster hinzufügen
getContentPane().add(symbolLeiste, BorderLayout.NORTH);
```

Die Ereignisbehandlung erfolgt dabei ganz normal über einen `ActionListener`, bei dem jede einzelne Schaltfläche registriert werden muss. Dabei ist darauf zu achten, dass die Schaltflächen in der Symbolleiste und die zugehörigen Menüelemente in der Menüleiste mit dem gleichen Ereignisbehandlungscode verbunden werden, damit nicht Nutzer und Programmierer im Chaos versinken! Ebenso sollte man im Sinne der Benutzerfreundlichkeit bei Einsatz von Symbolleisten daran denken, die korrespondierenden Einträge in den Menüs der Menüleiste mit dem gleichen Symbol zu markieren und durch Einsatz der `JButton`-Methode `setToolTipText()` für jedes Element in der Symbolleiste eine Kurzbeschreibung (QuickInfo) mitzugeben.

TIPP

Sun empfiehlt, für Standardfunktionalitäten nicht eigene Symbol-Kreationen zu verwenden. Unter http://java.sun.com/developer/techDocs/hi/repository können Sie das JAR-Archiv *jlfgr-1_0.jar* mit zahlreichen Standardsymbolen herunterladen und mit einem zip-fähigen Komprimierprogramm (z.B. WinZip) entpacken.

21.4 Die Zwischenablage

Ein vor allem unter Windows beliebter Mechanismus zum Datenaustausch zwischen Anwendungen ist die Zwischenablage (*Clipboard*). Man kennt sie beispielsweise von Texteditoren, bei denen man mit den Befehlen »Einfügen« und »Kopieren« mit der Zwischenablage kommunizieren kann.[4]

Was von der Benutzung her so einfach erscheint, ist hinter den Kulissen relativ kompliziert, wenn komplexere Dinge wie Textformatierungen oder Bilder ausgetauscht werden sollen. Dies ist wohl auch der Grund dafür, dass die Zwischenablage nur mit begrenzter Funktionalität in der Java-Bibliothek (genauer: im Paket `java.awt.datatransfer`) realisiert worden ist. Problemlos und ohne großen Aufwand lassen sich nur einfache Zeichenketten austauschen, worauf wir uns an dieser Stelle daher auch beschränken wollen.

Für den Zugriff auf die System-Zwischenablage[5] benötigt man die Klasse `Clipboard`.

4 Unter Windows können Sie den Inhalt der Zwischenablage durch Aufruf von *clipbrd* aus einem Konsolenfenster heraus betrachten.

5 Man kann auch anwendungsinterne Zwischenablagen definieren, was hier jedoch nicht betrachtet wird.

Tabelle 21.5: Ausgesuchte Methoden der Klasse Clipboard

Methode	Beschreibung
String **getName**()	Liefert den zugewiesenen Namen zurück; für die System-Zwischenablage ist dies »System«.
Transferable **getContents**(Object anfrag)	Liefert den Inhalt der Zwischenablage oder null, falls leer; anfrag identifiziert den Aufrufer.
void **setContents**(Transferable daten, ClipboardOwner sender)	Kopiert daten in die Zwischenablage; sender identifiziert den Aufrufer.
void **addFlavorListener**(FlavorListener lauscher) void **removeFlavorListener**(FlavorListener lauscher)	Registriert oder löscht einen Listener, der darüber informiert, wenn neue DataFlavor-Inhalte in der Zwischenablage verfügbar sind.
DataFlavor[] **getAvailableDataFlavors**()	Liefert ein Array von DataFlavor-Objekten zurück, in denen der Inhalt der Zwischenablage zur Verfügung gestellt werden kann.
boolean **isDataFlavorAvailable**(DataFlavor typ)	Gibt an, ob der Inhalt der Zwischenablage in dem spezifizierten DataFlavor zurückgeliefert werden kann.
Object **getData**(DataFlavor typ)	Liefert den Inhalt der Zwischenablage in dem spezifizierten DataFlavor zurück.

Mit getContents() liest man die aktuell vorhandenen Daten aus der Zwischenablage aus und mit setContents() werden neue hineingeschrieben (vorhandene werden dabei überschrieben). Die Beschreibung der auszutauschenden Daten erfolgt mithilfe eines Objekts, welches die besondere Schnittstelle Transferable implementiert. Hiervon gibt es zurzeit nur eine einzige vorgegebene Implementierung, nämlich StringSelection für die Darstellung von Zeichenketten. Tabelle 21.6 zeigt eine Auflistung der Methoden von Transferable und somit auch StringSelection.

Tabelle 21.6: Konstruktoren und Methoden der Klasse StringSelection

Konstruktor / Methode	Beschreibung
StringSelection(String text)	Konstruktor. Erzeugt eine Instanz mit text als Dateninhalt.
Object **getTransferData**(DataFlavor f)	Liefert die Daten als Datenart f.
DataFlavor[] **getTransferDataFlavors**()	Liefert ein Array mit allen verfügbaren Datenarten, die für getTransferData() angeboten werden.
boolean **isDataFlavorSupported**(DataFlavor f)	Liefert true, wenn die Datenart f unterstützt wird.

Ein Transferable-Objekt kann möglicherweise die Daten in verschiedenen Varianten präsentieren, die als DataFlavor durch eine gleichnamige Hilfsklasse definiert sind. Derzeit werden jedoch nur wenige als Konstante in dieser Klasse definiert, darunter DataFlavor.stringFlavor für Zeichenketten und DataFlavor.imageFlavor für Bilder.

Der lesende Zugriff auf Zeichenketten in der System-Zwischenablage wird im folgenden Codefragment verdeutlicht:

```
// import java.awt.datatransfer.*;

Clipboard zal = Toolkit.getDefaultToolkit().getSystemClipboard();
StringSelection text = new StringSelection("Hallo Clipboard!");
zal.setContents(text, null);
```

Zunächst muss man sich eine Referenz auf die Zwischenablage besorgen. Dies besorgt die Methode getSystemClipboard() aus der Klasse Toolkit. Nun muss nur noch eine Instanz von StringSelection mit dem gewünschten Text erzeugt werden und mit setContents() an die Zwischenablage übergeben werden. Als zweiten Parameter gibt man dieser Methode eine Referenz auf den Clipboard-Besitzer mit. Dies kann beispielsweise das Fenster sein, dessen Klasse dann aber die Schnittstelle ClipboardOwner mit der Methode lostOwnerShip() implementieren muss. Wenn Sie nicht auf wechselnde Besitzstände reagieren wollen, übergeben Sie einfach null.

Die umgekehrte Richtung, d.h. das Lesen von Daten aus der Zwischenablage, ist ein wenig aufwändiger.

```
// import java.awt.datatransfer.*;

Clipboard zal = Toolkit.getDefaultToolkit().getSystemClipboard();
Transferable inhalt = zal.getContents(this);

if(inhalt != null) {
  DataFlavor stringTyp = DataFlavor.stringFlavor;

  if(inhalt.isDataFlavorSupported(stringTyp)) {
     try {
         String text = (String) inhalt.getTransferData(stringTyp);
         System.out.println(text);
     }
     catch(Exception e) {
         System.err.println(e);
     }
  }
}
```

Zunächst wird mit getContents() der aktuelle Inhalt der Zwischenablage ermittelt. Da es sein kann, dass die Zwischenablage Daten aus einer anderen Anwendung enthält, die für den Aufrufer nicht verwertbar sind, muss erst geprüft werden, ob es sich bei den Daten um ein geeignetes Format handelt. Dies erfolgt in

Zeile 9 mit der Methode `isDataFlavorSupported()`. Nun kann in Zeile 11 mit `getTransferData()` auf den Inhalt zugegriffen werden. Dieser Zugriff muss mit `try-catch` abgesichert werden, da eine `UnsupportedFlavorException` geworfen werden kann, falls der übergebene `DataFlavor` nicht unterstützt wird[6].

INFO

Auf der Buch-DVD finden Sie die Datei *KontextMenuDemo.java*, bei der es sich um das vorangegangene Beispiel *MenuDemo.java* handelt, erweitert um die Verwendung des Clipboards für eine `JTextArea`-Instanz. Benutzt wird die Zwischenablage über die Befehle des Kontextmenüs.

6 Dies kann hier nicht passieren, weil wir ja vorher einen entsprechenden Test durchführen. Aber der Compiler ist gnadenlos und will eine Absicherung.

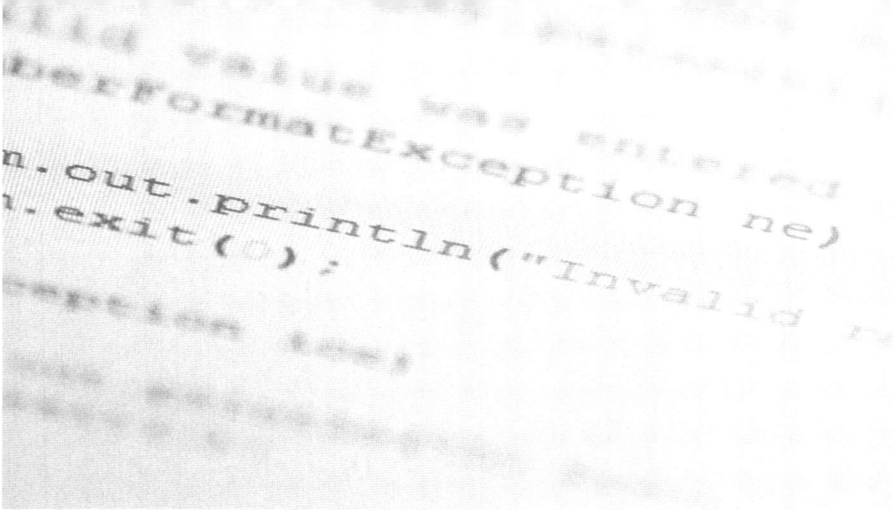

Kapitel 22
Dialogfenster

Neben Fenstern vom Typ `JFrame` bietet Swing noch zwei weitere Arten von Fenstern an: *interne Fenster* und *Dialogfenster* (oft einfach Dialoge) genannt.

- Interne Fenster sehen aus wie normale Fenster, existieren aber nur innerhalb des Hauptfensters und können innerhalb dieses Bereichs verschoben, vergrößert/verkleinert werden und benehmen sich wie man es von Fenstern gewöhnt ist.
- Dialogfenster sind Hilfsfenster, die im Gegensatz zu den Haupt- oder internen Fenstern nur kurze Zeit auf dem Bildschirm benötigt werden. In der Regel werden sie für die Anzeige von Nachrichten, Fehler- und Statusmeldungen der Benutzereingaben verwendet.

22.1 JDesktopPane und JInternalFrame

Ein unter Windows beliebtes Verfahren zur Anordnung von Komponenten nennt sich *MDI* (Multiple Document Interface) und ist vorrangig bei Textverarbeitungs- oder Grafikprogrammen anzutreffen. Hierbei werden zentrale Container als Kindfenster dargestellt, die jedoch immer innerhalb des Hauptfensters der Anwendung leben. Davon abgesehen haben sie das Look&Feel eines typischen Fensters, inklusive der Möglichkeit zur Minimierung (= Ablage innerhalb des Hauptfensters). MDI wird auch von der Swing-Bibliothek unterstützt – in Form der Klassen `JDesktopPane` und `JInternalFrame` (Paket `javax.swing`).

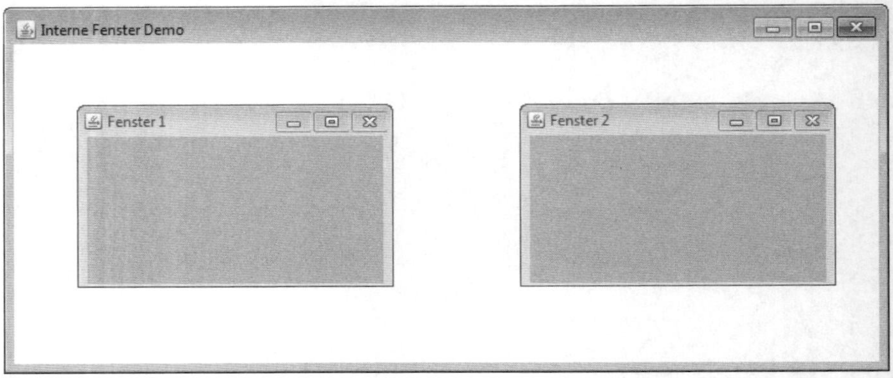

Abbildung 22.1: Interne Fenster im Windows-Look&Feel

Als Hauptfenster dient wie in einem »normalen« Swing-Programm eine Instanz von `JFrame`, wobei die als Kindfenster darzustellenden Komponenten jedoch nicht der üblichen ContentPane hinzugefügt werden. Stattdessen werden sie zu Instanzen der Klasse `JInternalFrame` hinzugefügt, die wiederum in einer `JDesktopPane`-Instanz zusammengefasst werden. Sie stellt das Analogon zur üblichen ContentPane dar und ersetzt diese.

Eine typische Codesequenz sieht folgendermaßen aus:

```
01 JDesktopPane desktop = new JDesktopPane();
02 desktop.setDesktopManager(new DefaultDesktopManager());
03 setContentPane(desktop);

04 JInternalFrame kind = new JInternalFrame(("Fenster 1");
05 kind.setLocation(100,50);
06 kind.setIconifiable(true);
07 kind.setMaximizable(true);
08 kind.setClosable(true);
09 kind.setBackground(Color.LIGHT_GRAY);
10 kind.setSize(250,150);
11 kind.setVisible(true);

12 desktop.add(kind);
```

In den Zeilen 1-3 wird die ContentPane des Hauptfensters ersetzt durch eine Instanz von `JDesktopPane`. Hierzu wird noch ein Objekt der Klasse `DefaultDesktopManager` benötigt, die für die Verwaltung der Kindfenster verantwortlich ist.

Der nächste Schritt besteht dann in der Erzeugung eines Kindfensters (Zeilen 4-11) als Instanz von `JInternalFrame`. Hierbei ist zu beachten, dass `JInternalFrame` kein echtes Fenster ist und nicht von `JFrame` bzw. `Frame` abgeleitet ist. Es ist letztlich eine von `JComponent` abgeleitete Komponente, die sich tarnt und nur so aussieht wie ein Fenster. Daher sind die verschiedenen `setXxx()` Aufrufe notwendig, um die typischen Fensterbestandteile zu generieren. Zu guter Letzt wird das erzeugte Kindfenster zur ContentPane (die nun vom Typ `JDesktopPane` ist) des Hauptfensters hinzugefügt.

Methode	Beschreibung
`JInternalFrame(String name)`	Konstruktor. Erzeugt das Kindfenster mit dem Titel `name`.
`Container getContentPane()`	Liefert die ContentPane des Kindfensters, um Komponenten hinzuzufügen.
`void setLocation(int x, int y)`	Die Pixelposition des Fensters (linke obere Ecke) innerhalb des Hauptfensters.

`void setClosable(boolean modus)`
`void setIconifiable(boolean modus)`
`void setMaximizable(boolean modus)`
	Für `modus = true` werden Schaltflächen zum Schließen, Verkleinern, Maximieren in der Titelleiste angezeigt.

Tabelle 22.1: Wichtige Methoden der Klasse JInternalFrame

INFO

22

Während ein `JFrame` standardmäßig vom Look&Feel des umgebenden Betriebssystems beeinflusst wird (also beispielsweise Windows), verwenden interne Fenster das Metal-Look&Feel. Wenn Sie dies ändern möchten, müssen Sie aktiv werden und z.B. mit dem Aufruf

```
UIManager.setLookAndFeel(UIManager.getSystemLookAndFeelClassName());
```

am besten in der `main()`-Methode der Anwendung ein anderes Look&Feel setzen.

22.2 Standarddialoge

Die in der Java-Bibliothek bereitgestellten Klassen zur Realisierung von Standarddialogen erzeugen durchweg modale Dialogfenster, d.h., der Programmablauf wird gestoppt und das Dialogfenster muss vom Anwender erst geschlossen werden, bevor der Fokus wieder zu anderen Fenstern (desselben Programms) wechseln kann.

Für die Implementierung eigener Dialoge gibt es die Klasse `javax.swing.JDialog`.

DVD

Auf der Buch-DVD finden Sie im Verzeichnis zu diesem Kapitel die Datei *DialogDemo.java* mit Codebeispielen für alle in diesem Kapitel besprochenen Dialogfenster.

22.2.1 JOptionPane

Dialoge werden am häufigsten für kurze Meldungen verwendet, beispielsweise wenn eine Operation erfolgreich durchgeführt worden ist, oder für einfache Fragen der Art »Datei wirklich überschreiben?«, die mit Ja oder Nein beantwortet werden können. Für solche Fälle bietet sich die Klasse `JOptionPane` aus dem Paket `javax.swing` an. Sie definiert eine Reihe von statischen Methoden, mit deren Hilfe sich schnell und unkompliziert ein Standarddialog auf den Bildschirm zaubern lässt.

Tabelle 22.2: Wichtige Methoden der Klasse JOptionPane

Methode	Beschreibung
`static void showMessageDialog( Component c, Object nachricht, String titel, int nachrichtentyp)` `static void showMessageDialog( Component c, Object nachricht, String titel, int nachrichtentyp, Icon symbol)`	Erzeugt ein Dialogfenster mit einer Nachricht und einem OK-Schalter.
`static int showConfirmDialog( Component c, Object nachricht, String titel, int optionstyp, int nachrichtentyp)` `static int showConfirmDialog( Component c, Object nachricht, String titel, int optionstyp, int nachrichtentyp, Icon symbol)`	Erzeugt ein Dialogfenster mit einer Nachricht und Schaltern für OK/Ja/Nein/Abbrechen. Die gedrückte Schaltfläche wird als `int`-Konstante zurückgegeben: `YES_OPTION` (Ja-Schalter), `NO_OPTION` (Nein-Schalter), `OK_OPTION` (OK-Schalter), `CLOSED_OPTION` (Schließen-Schalter der Fensterleiste).
`static String showInputDialog( Component c, Object nachricht, String titel, int nachrichtentyp)` `static Object showInputDialog( Component c, Object nachricht, String titel, int nachrichtentyp, Icon symbol, Object[] auswahlWerte, Object startAuswahl)`	Erzeugt ein Dialogfenster mit einer Frage oder in der zweiten Form bei Übergabe eines Arrays `auswahlWerte` ein Kombinationsfeld mit `startAuswahl` als vordefiniertem Wert. Die Eingabe des Benutzers wird als `String` bzw. `Object` zurückgegeben.

Die Methoden aus Tabelle 22.2 erwarten u.a. die folgenden Argumente:

- **c**: Eine Referenz auf die Komponente, zu der das Dialogfenster gehören soll. Dies bewirkt eine Anzeige des Fensters direkt unterhalb der Komponente; außerdem wird der gleiche Fensterrahmen verwendet, der auch bei dem Fenster, das die Komponente enthält, zum Einsatz kommt. Bei Übergabe von `null` wird der Dialog auf dem Bildschirm zentriert ausgegeben.
- **nachricht**: Ein String oder eine Komponente, die als Nachricht im Dialogfenster erscheinen soll.

- **nachrichtentyp**: Eine in `JOptionPane` definierte Konstante, die festlegt, welches Standardsymbol im Dialogfenster erscheinen soll. Zur Verfügung stehen:
  `ERROR_MESSAGE`: Stoppschild
  `INFORMATION_MESSAGE`: I(nformation)-Symbol
  `WARNING_MESSAGE`: Ausrufezeichen
  `QUESTION_MESSAGE`: Fragezeichen
  `PLAIN_MESSAGE`: kein Symbol
- **optionstyp**: Eine in `JOptionPane` definierte Konstante, die festlegt, welche Schaltflächen im Dialogfenster angezeigt werden sollen:
  `DEFAULT_OPTION` : OK
  `YES_NO_OPTION` : Ja/Nein
  `YES_NO_CANCEL_OPTION` : Ja/Nein/Abbruch
  `OK_CANCEL_OPTION` : OK/Abbruch
- **symbol**: Ein Symbol, das anstelle des durch den Nachrichtentyp festgelegten Standardsymbols angezeigt werden soll. Bei Übergabe von `null` wird das Standardsymbol verwendet.
- **titel**: Ein String, der in der Fensterleiste erscheint.

Der folgende Code erzeugt zum Beispiel den Dialog aus Abbildung 22.2.

```
String[] sprachen = new String[] {"C++", "C#", "Pascal", "Java",
                                  "Oberon", "Perl"};

Object auswahl = JOptionPane.showInputDialog(this,
                   "Nennen Sie Ihre Lieblingssprache!",
                   "showInputDialog", JOptionPane.QUESTION_MESSAGE,
                   null, sprachen, "Java");
```

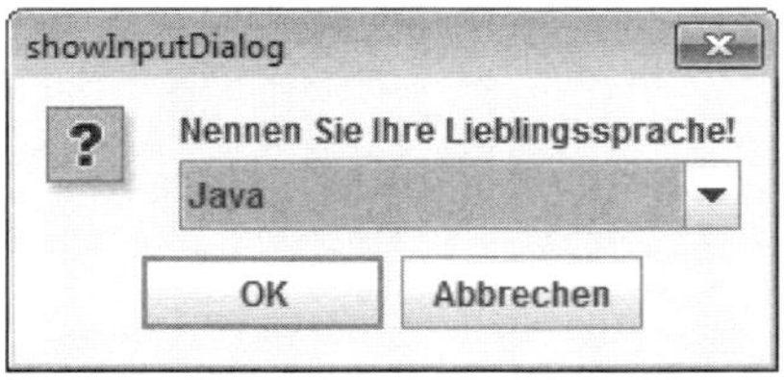

Abbildung 22.2: Dialogfenster mit JOptionPane.showInputDialog()

22.2.2 JFileChooser

Eine häufig wiederkehrende Aufgabe ist die Auswahl eines Dateinamens zum Öffnen oder Speichern einer Datei. Anstatt dies mühsam selbst zu implementieren, bietet die Klasse `JFileChooser` aus dem Paket `javax.swing` ein komfortables Dialogfenster an, mit dem man im Dateisystem navigieren und die gewünschte Datei auswählen kann.

Tabelle 22.3: Wichtige Methoden der Klasse JfileChooser

<table>
<tr><th>Konstruktor / Methode</th><th colspan="2">Beschreibung</th></tr>
<tr><td><code>JFileChooser()</code>
<code>JFileChooser(String verz)</code>
<code>JFileChooser(File verz)</code></td><td colspan="2">Konstruktor. Als Startverzeichnis wird das Home-Verzeichnis des Benutzers bzw. <code>verz</code> verwendet.</td></tr>
<tr><td rowspan="4"><code>int showOpendialog(Component c)</code>
<code>int showSaveDialog(Component c)</code></td><td colspan="2">Öffnet einen Dialog mit einem Schalter ÖFFNEN bzw. SPEICHERN. Der Dialog erscheint zentriert über der Komponente <code>c</code>.
Rückgabe ist eine Konstante für den gedrückten Schalter:</td></tr>
<tr><td>APPROVE_OPTION</td><td>ÖFFNEN/SPEICHERN</td></tr>
<tr><td>CANCEL_OPTION</td><td>ABBRUCH</td></tr>
<tr><td>ERROR_OPTION</td><td>Fehler oder Fenster vom Anwender geschlossen</td></tr>
<tr><td><code>int showDialog(Component c, String text)</code></td><td colspan="2">Öffnet einen Dialog mit einem Schalter mit der Beschriftung <code>text</code>. Der Dialog erscheint zentriert über der Komponente <code>c</code>.</td></tr>
<tr><td><code>void setSelectedFile(File datei)</code></td><td colspan="2">Setzt die ausgewählte Datei als Vorgabewert auf <code>datei</code>.</td></tr>
<tr><td><code>File getSelectedFile()</code></td><td colspan="2">Liefert die vom Anwender ausgewählte Datei.</td></tr>
<tr><td><code>void setFileFilter(FileFilter filter)</code></td><td colspan="2">Setzt den (einzigen) Dateifilter auf <code>filter</code>.</td></tr>
<tr><td><code>void addChoosableFileFilter(FileFilter filter)</code></td><td colspan="2">Fügt <code>filter</code> zu einer Liste von auswählbaren Dateifiltern hinzu.</td></tr>
</table>

Ein typischer Einsatz von `JFileChooser` sieht folgendermaßen aus:

```
// Startverzeichnis: aktuelles Arbeitsverzeichnis
JFileChooser dateiAuswahl = new JFileChooser(".");
int status = dateiAuswahl.showOpenDialog(this);

if(status == JFileChooser.APPROVE_OPTION) {
   File datei = dateiAuswahl.getSelectedFile();

   //...
}
```

Beachten Sie hierbei, dass `JFileChooser` nur zur Ermittlung eines Dateinamens dient! Um das eigentliche Laden oder Speichern muss sich der Programmierer selbst kümmern.

Dateifilter

Häufig möchte man dem Anwender im DATEI ÖFFNEN-Dialog nur ganz bestimmte Dateien anbieten – beispielsweise nur Dateinamen mit der Endung *.java*. Hierzu dienen Dateifilter. Dabei handelt es sich um Instanzen von selbst definierten Klassen, die von der Klasse `FileFilter` aus dem Paket `javax.swing.filechooser` abgeleitet sind. Instanzen des Filters können dann dem `JFileChooser`-Dialog über dessen Methoden `setFileFilter()` oder `addChoosableFileFilter()` mitgegeben werden.

STOP

Die Verwendung von FileFilter birgt die Gefahr möglicher Namenskonflikte, denn im Paket java.io existiert eine gleichlautende Klasse FileFilter. Da man bei Einsatz von JFileChooser mit hoher Wahrscheinlichkeit auch java.io importiert, kann es zu einer Namenskollision kommen, sodass man für eine der beiden FileFilter-Klassen den vollen qualifizierten Namen verwenden muss.

Leider ist diese FileFilter-Klasse abstrakt, d.h., man muss somit eine eigene Klasse von FileFilter ableiten und die gewünschte Filterfunktionalität implementieren.

Tabelle 22.4: Methoden der Klasse javax.swing.filechooser.FileFilter

Methode	Beschreibung
FileFilter()	Konstruktor
abstract boolean **accept**(File f)	Liefert true, wenn der Filter die Datei oder das Verzeichnis f akzeptieren soll.
abstract String **getDescription**()	Liefert eine Beschreibung des Filters.

Listing 22.1 zeigt eine Implementierung einer eigenen Filterklasse, die Sie für Ihre Zwecke direkt einsetzen oder als Grundlage verwenden können.

Listing 22.1: Aus DialogDemo.java – Eine eigene FileFilter-Klasse

```
import java.io.*;

class DateiFilter extends javax.swing.filechooser.FileFilter  {
   private String beschreibung;
   private String endung;

   DateiFilter(String endung, String beschreibung) {
      this.endung = endung;
      this.beschreibung = beschreibung;
   }

   public String getDescription() {
      return beschreibung;
   }

   // Verzeichnisse und Dateien der eingestellten Endung durchlassen
   public boolean accept(File datei) {
      if(datei.isDirectory() == true)
         return true;
      else {
         return (datei.getName().endsWith(endung));
      }
   }
}
```

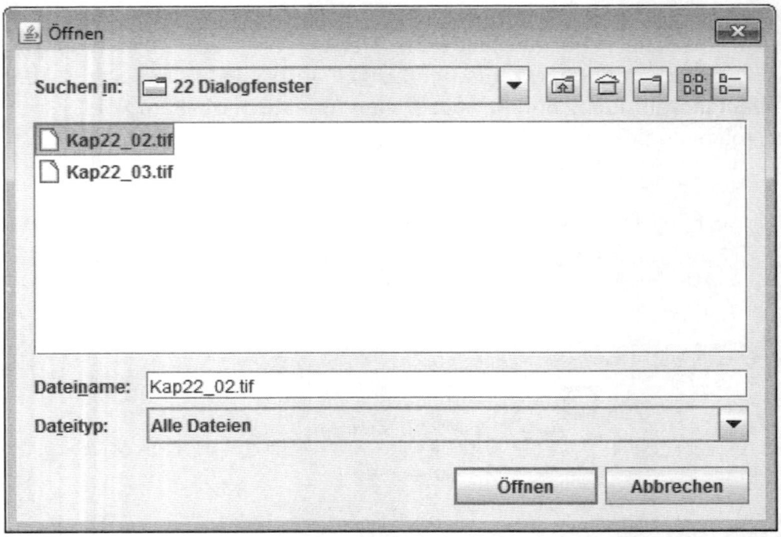

Abbildung 22.3: Dateiauswahldialog mit JFileChooser

22.2.3 JColorChooser

Eine weitere Auswahlmöglichkeit realisiert die Klasse `JColorChooser` aus dem Paket `javax.swing`: eine grafische Farbauswahl. Sie lässt sich als Komponente in eigene Oberflächen einbauen oder als separates Dialogfenster erzeugen, worauf wir uns an dieser Stelle beschränken wollen.

Tabelle 22.5: Wichtige Konstruktoren und Methoden der Klasse JColorChooser

Konstruktor / Methode	Beschreibung
`JColorChooser()` `JColorChooser(Color startFarbe)`	Konstruktor. Die Farbe Weiß wird als Vorgabewert verwendet. Optional kann auch eine Startfarbe mitgegeben werden.
`Color getColor()`	Liefert die aktuell ausgewählte Farbe.
`static Color showDialog(Component c, String titel, Color startFarbe)`	Erzeugt ein Dialogfenster über `c`. Die voreingestellte Farbe wird auf `startFarbe` gesetzt. Die gewählte Farbe wird als `Color`-Objekt zurückgegeben oder `null`, falls nichts ausgewählt wurde.

Der typische Einsatz von `JColorChooser` ist ganz einfach:

```
Color auswahl = JColorChooser.showDialog(this,"Farbauswahl",
                                          Color.YELLOW);

if(auswahl != null) {
    // ...
}
```

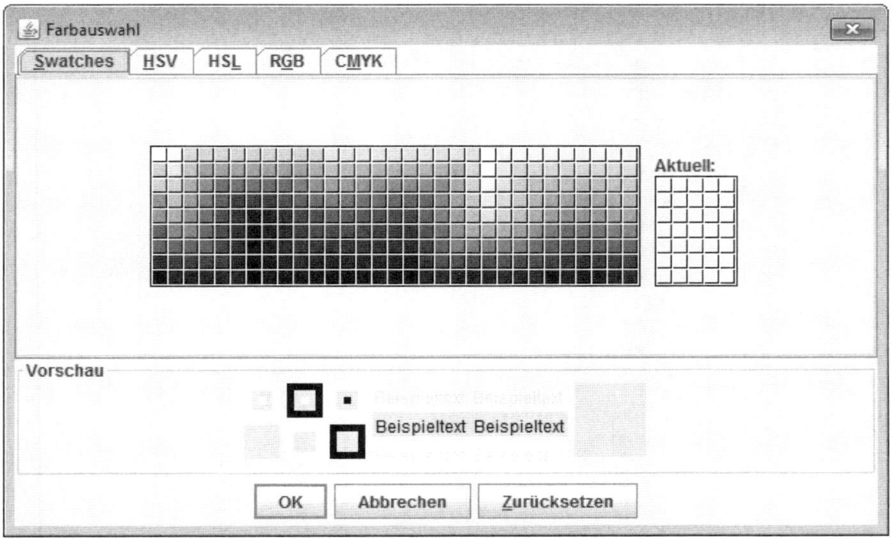

Abbildung 22.4: Farbauswahldialog mit JColorChooser

22.3 Eigene Dialoge mit JDialog

Wer mit den bisher dargestellten Dialogfenstern nicht auskommt, muss in den sauren Apfel beißen und ein eigenes Dialogfenster implementieren. Hierzu kann man als Basisklasse `javax.swing.JDialog` verwenden. Diese Klasse realisiert ein einfaches Fenster analog zu `JFrame` und stellt somit auch eine ContentPane bereit, in die man nach Herzenslust Komponenten hinzufügen kann.

Tabelle 22.6: Konstruktoren der Klasse JDialog

Konstruktor	Beschreibung
`JDialog(Frame parent, boolean modal)` `JDialog(Frame parent, String titel, boolean modal)`	Konstruktor. `parent` bezeichnet das Fenster, vor der das Dialogfenster erscheinen soll (auch `null` möglich). `modal = true` erzeugt ein modales (blockierendes) Fenster.

Das folgende Listing zeigt ein Beispiel für ein selbst definiertes Dialogfenster, bei dem drei Schieberegler vom Typ `JSlider` sowie ein OK-Schalter eingesetzt werden.

Listing 22.2: Aus DialogDemo.java – Implementierung eines Dialogfensters

```
// Beispiel-Klasse für eigenen Dialog
class AudioRegler extends JDialog
                  implements ActionListener, ChangeListener {
   private AudioDaten audioDaten;

   private JSlider slLaut = null;
   private JSlider slBaesse = null;
   private JSlider slHoehen = null;

```

```
private boolean okStatus = false;

public AudioRegler(Frame besitzer, String titel, boolean modal) {
   super(besitzer, titel, modal);

   setSize(300,350);
   audioDaten = new AudioDaten(10,2,2);
   Container cp = getContentPane();
   cp.setLayout(new FlowLayout());

   Box slider = erzeugeSlider();
   cp.add(slider);

}

private Box erzeugeSlider() {
   Box ergebnis = new Box(BoxLayout.Y_AXIS);
   JPanel slPanel;
   JLabel label;
   Component abstand1 = Box.createVerticalStrut(20);
   Component abstand2 = Box.createVerticalStrut(20);

   slPanel = new JPanel();
   slLaut = new JSlider(JSlider.HORIZONTAL,0,50,
                        audioDaten.lautStaerke);
   slLaut.addChangeListener(this);
   slLaut.setMajorTickSpacing(10);
   slLaut.setMinorTickSpacing(1);
   slLaut.setPaintTicks(true);
   slLaut.setPaintLabels(true);
   slLaut.setBorder(BorderFactory.createEtchedBorder());
   label = new JLabel("Lautstärke");
   slPanel.add(slLaut);
   ergebnis.add(label);
   ergebnis.add(slPanel);

   slPanel = new JPanel();
   slHoehen = new JSlider(JSlider.HORIZONTAL,0,10,
                          audioDaten.hoehen);
   slHoehen.addChangeListener(this);
   slHoehen.setMajorTickSpacing(5);
   slHoehen.setMinorTickSpacing(1);
   slHoehen.setPaintTicks(true);
   slHoehen.setPaintLabels(true);
   slHoehen.setBorder(BorderFactory.createEtchedBorder());
   label = new JLabel("Höhen");
   slPanel.add(slHoehen);
   ergebnis.add(abstand1);
   ergebnis.add(label);
   ergebnis.add(slPanel);

   slPanel = new JPanel();
   slBaesse = new JSlider(JSlider.HORIZONTAL,0,10,
                          audioDaten.baesse);
```

```
      slBaesse.addChangeListener(this);
      slBaesse.setMajorTickSpacing(5);
      slBaesse.setMinorTickSpacing(1);
      slBaesse.setPaintTicks(true);
      slBaesse.setPaintLabels(true);
      slBaesse.setBorder(BorderFactory.createEtchedBorder());
      label = new JLabel("Bässe");
      slPanel.add(slBaesse);
      ergebnis.add(abstand2);
      ergebnis.add(label);
      ergebnis.add(slPanel);

      JPanel Schalters = new JPanel();
      JButton ok = new JButton("OK");
      ok.addActionListener(this);
      Schalters.add(ok);
      ergebnis.add(Schalters);
      return ergebnis;
   }


   public AudioDaten getAudioDaten() {
      if(okStatus == true)
         return audioDaten;
      else
         return null;
   }

   public static AudioDaten showDialog(Frame f, String titel)  {
      AudioRegler audio = new AudioRegler(f,titel,true);
      audio.setVisible(true);
      return audio.getAudioDaten();
   }

   public void stateChanged(ChangeEvent e) {
     JSlider sl = (JSlider) e.getSource();

      if(!sl.getValueIsAdjusting()) {
     int wert = (int) sl.getValue();

     if(sl == slLaut)
           audioDaten.lautStaerke = wert;

     if(sl == slHoehen)
           audioDaten.hoehen = wert;

     if(sl == slBaesse)
           audioDaten.baesse = wert;

      }
    }

    public void actionPerformed(ActionEvent e) {
       okStatus = true; // OK-Schalter gedrückt
```

```
118         setVisible(false);
119     }
120
121 }
122
123 // Hilfsklasse für Audio-Daten
124 class AudioDaten {
125   public int lautStaerke;
126   public int hoehen;
127   public int baesse;
128
129   AudioDaten(int l, int h, int b) {
130      lautStaerke = l;
131      hoehen = h;
132      baesse = b;
133   }
134 }
```

Die Klasse `AudioRegler` wird von `JDialog` abgeleitet. In den Zeilen 12-20 wird zunächst der Konstruktor des Dialogs definiert, der als Argumente das zugehörige Vaterfenster, den Dialogtitel sowie den Modus (modal, nicht-modal) übernimmt und diese Werte in Zeile 13 an den Konstruktor der Basisklasse `JDialog` weitergibt. Ab diesem Punkt werden Sie fast nichts Neues sehen, da wie bei einem altbekannten `JFrame` nun auf der ContentPane entsprechende Komponenten (hier `JSlider` und `JButton`) platziert werden. Außerdem muss man sich natürlich um die entsprechende Ereignisbehandlung kümmern (Schnittstelle `ActionListener` mit der Methode `actionPerformed()` für den OK-Schalter, Schnittstelle `ChangeListener` mit `stateChanged()` für die Schieberegler).

Der Aufruf des Dialogfensters erfolgt vom Aufrufer aus gesehen dann folgendermaßen:

```
// Dialog erzeugen
93: AudioRegler audio = new AudioRegler(this, "Audio-Einstellung");

// Dialog sichtbar machen (alternativ auch mit show() )
94: audio.setVisible(true);

// Einstellungen in Dialog abfragen
95: AudioDaten daten = audio.getAudioDaten();
```

Der Dialog verschwindet wieder, wenn in der `actionPerformed()`-Methode (Zeilen 116-119) für die Ereignisbehandlung des OK-Schalters `setVisible(false)` aufgerufen wird. Dort wird außerdem in einer Instanzvariablen `okStatus` festgehalten, ob der Anwender den Dialog per OK-Schalter oder über die Fensterleiste geschlossen hat. Daran kann die Methode `getAudioDaten()` in den Zeilen 85-89 erkennen, ob sie einen `null`-Wert oder die aktuellen Einstellungen als Typ der Hilfsklasse `AudioDaten` zurückgeben soll.

Beispiele für die Implementierung von Dialogen mit OK- und ABBRECHEN-Schaltern finden Sie in den nachfolgenden Kapiteln, beispielsweise in den Dialogen des Javedi-Texteditors aus Kapitel 24.3.

REF

Wer lieber nach Art von `JOptionPane` eine statische `showDialog()`-Methode bevorzugt, die alles erledigt, findet eine Implementierung in den Zeilen 92-96. Diese Methode legt eine Instanz der Klasse `AudioRegler` an, bringt sie mit `setVisible(true)` auf den Bildschirm und liefert das Ergebnis als Instanz von `AudioDaten` zurück. Der Aufrufer kann dann den Dialog mit einem Einzeiler einsetzen:

```
AudioDaten daten = AudioRegler.showDialog(this,"Audio-Einstellung");
```

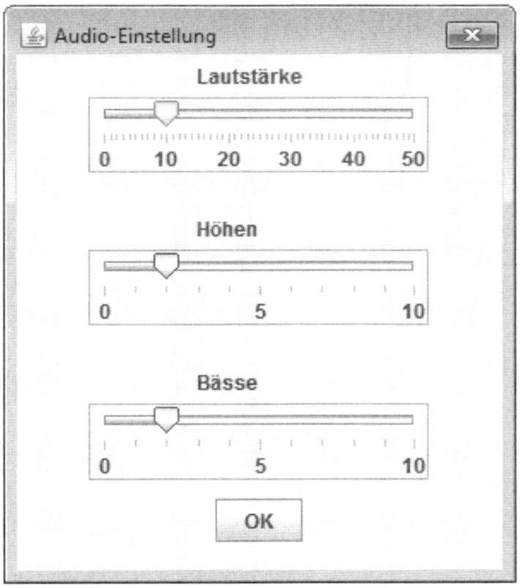

Abbildung 22.5: Selbst definiertes Dialogfenster

22

22.4 Modale und nicht modale Dialoge

Zum Abschluss noch ein Wort zur Modalität der Dialogfenster. Ganz klassisch unterscheidet man zwischen:

- modalen Dialogfenstern, die die anderen Fenster der Anwendung blockieren (d.h., der Benutzer muss den Dialog erst beenden, bevor er wieder in den anderen Fenstern arbeiten kann) [1] und
- nicht modalen Dialogfenstern, die die anderen Fenster der Anwendung eben nicht blocken (und häufig eine ÜBERNEHMEN-Schaltfläche besitzen, damit der Benutzer die Einstellungen im Dialog gültig werden lassen kann, ohne den Dialog zuvor schließen zu müssen).

Solange Ihre Anwendung nur aus einem Hauptfenster (Toplevel-Fenster ohne übergeordneten Besitzer) besteht, lässt sich gut mit modalen und nicht modalen

1 Hiervor ausgenommen sind lediglich Fenster, die dem modalen Dialog selbst untergeordnet sind (ihn also zum `parent` haben).

Dialogen arbeiten. Sobald aber eine Anwendung über mehrere gleichberechtigte Hauptfenster verfügt, sind Probleme mit modalen Dialogen vorprogrammiert. Angenommen ein Hauptfenster dient der Bearbeitung eines Dokuments und ein zweites Hauptfenster zeigt die Hilfe an (oder bearbeitet ein zweites Dokument). Es wäre wünschenswert, dass der Benutzer frei zwischen den verschiedenen Hauptfenstern wechseln und mit ihnen unabhängig voneinander arbeiten kann. Doch damit ist Schluss, sobald er in einem der Hauptfenster (oder irgendeinem untergeordneten Fenster) einen modalen Dialog aufruft, denn dieser wird nicht nur die eigene Hauptfenster-Hierarchie, sondern alle Fenster der Anwendung blocken. Mit anderen Worten: ein Benutzer ruft im Hilfefenster einen modalen Dialog auf und kann dann – während dieser Dialog geöffnet ist – nicht mehr an seinem Dokument im ersten Hauptfenster weiterarbeiten.

Zur Lösung derartiger Probleme wurden mit Java 6 neue Dialog-Modalitäten eingeführt:

Tabelle 22.7: Modalität-Konstanten aus Dialog.ModalityType

Modalität	Beschreibung
`MODELESS`	Nicht-modaler Dialog (Entspricht der Erzeugung eines `JDialog`s ohne Angabe einer Modalität bzw. der Übergabe von `false` für das boolesche Modalitätsargument.)
`APPLICATION_MODAL`	Modaler Dialog, der alle Fenster der Anwendung blockiert (Entspricht der Erzeugung eines `JDialog`s mit Übergabe von `true` für das boolesche Modalitätsargument.)
`DOCUMENT_MODAL`	Modaler Dialog, der nur die Fenster der eigenen Hauptfenster-Hierarchie blockiert
`TOOLKIT_MODAL`	Modaler Dialog, der alle Fenster der eigenen Toolkit-Hierarchie blockiert Wenn ein Applet ein Dialogfenster dieser Modalität aufruft, werden alle Applets im Browser blockiert, da diese demselben Toolkit angehören.

Die Modalitätskonstanten weisen Sie über die `Dialog`-Methode `setModalityType()` zu:

```
JDialog dialog = new JDialog(parent);
dialog.setModalityType(Dialog.ModalityType.DOCUMENT_MODAL);
```

INFO

Auf der Buch-DVD finden Sie in dem Beispiele-Unterverzeichnis zu diesem Kapitel das Programm *ModaleDialoge.java*, mit dem Sie die verschiedenen Modalitäten testen können.

Kapitel 23
Grafik

Bisher haben Sie Fenster, Dialoge und Panels[1] lediglich als Flächen kennengelernt, in denen Sie Steuerelemente ablegen und deren Erscheinungsbild Sie bestenfalls über die zur Verfügung stehenden set-Methoden anpassen können. Es ist aber auch möglich, direkt in diese Elemente zu zeichnen – sei es, um ihr Aussehen nach eigenen Wünschen zu gestalten, sei es um sie als Leinwand zum Aufbauen, Anzeigen oder Erstellen von Grafiken zu verwenden.

INFO

In Java können Sie nicht nur in Fenster und andere Container, sondern beispielsweise auch in jedes von `JComponent` abgeleitete Steuerelement zeichnen. Letztere Technik wird häufig zur Erzeugung eigener Steuerelemente genutzt.

23.1 Grafik-Grundlagen

Solange Sie mit Fenstern und Steuerelementen arbeiten, kümmert sich das Windowing-System um sämtliche Zeichenoperationen. Wenn der Anwender beispielsweise das Hauptfenster Ihrer Anwendung auf dem Desktop verschiebt, sorgt das Windowing-System dafür, dass das Fenster an der neuen Position auf den Bildschirm gezeichnet und an der alten Position der Desktop-Hintergrund restauriert wird. Wenn der Anwender ein Fenster minimiert und später wieder in Normalgröße anzeigen lässt, sorgt das Windowing-System dafür, dass das Fenster mitsamt aller enthaltenen Steuerelemente wieder an seiner ursprünglichen Desktop-Position auf den Bildschirm gezeichnet wird.

1 Allgemein ausgedrückt, alle GUI-Objekte, die auf die Klasse `Container` zurückgehen.

Dies ist ein Glück, denn es erspart dem Programmierer das Aufsetzen der zugehörigen Zeichenbefehle und die Auseinandersetzung mit der zugrunde liegenden Hardware (Grafikkarte, Bildschirm). Das Windowing-System zeichnet das Fenster Pixel für Pixel in den Speicher der Grafikkarte und der Monitor liest die Pixelinformationen aus und baut daraus den Bildschirm auf.

Wollen Sie selbst in ein Fenster zeichnen, könnten Sie dazu prinzipiell direkt in den betreffenden Bereich im Speicher der Grafikkarte schreiben. Sie müssten dann allerdings zuerst feststellen, was für eine Grafikkarte auf dem Rechner installiert ist, welche Treiberbefehle für den Zugriff auf die Karte verwendet werden können und wo im Speicher der Grafikkarte das Abbild des Fensters gerade gespeichert ist. Sie werden sicher zustimmen, dass eine solche Vorgehensweise nicht unbedingt Lust auf Grafikprogrammierung macht.

23.1.1 Gerätekontexte und Graphics-Objekte

Als Ausweg aus der Hardware-Falle unterstützten moderne Windowing-Systeme das Konzept der Geräte- oder Grafikkontexte[2]. Ein *Gerätekontext* ist, vereinfacht ausgedrückt, eine Leinwand im Arbeitsspeicher des Rechners, in die der Programmierer mithilfe relativ einfacher Zeichenbefehle und ohne sich Gedanken um die zugrunde liegende Hardware machen zu müssen, zeichnen kann.

In Java werden Gerätekontexte durch Objekte der Klasse `Graphics` repräsentiert. Diese kapseln nicht nur den Gerätekontext, sondern bieten auch Methoden an, mit denen Sie in den Gerätekontext zeichnen können.

In ein Fenster zu zeichnen, bedeutet daher,

- sich ein `Graphics`-Objekt zu besorgen, das als Leinwand dient, und
- mit den Methoden des `Graphics`-Objekts in die Leinwand zu zeichnen.

Bezugsquellen für Graphics-Instanzen

Die Klasse `Graphics` besitzt lediglich einen `protected`-Konstruktor, kann demnach in den Methoden Ihrer Klassen in aller Regel nicht instanziiert werden. Statt eigene `Graphics`-Objekte zu erzeugen, sind Sie also darauf angewiesen, von irgendwoher fertige `Graphics`-Objekte zu beziehen.

STOP

Beachten Sie, dass Sie zum Zeichnen nicht einfach irgendein beliebiges `Graphics`-Objekt benötigen, sondern ein Objekt, das den Gerätekontext repräsentiert, in den Sie zeichnen möchten. Durch das Konzept der Anforderung nach Bedarf wird dies sichergestellt.

2 Unter Windows spricht man von »Gerätekontexten«, X11-Programmierern ist der Begriff »Grafikkontext« geläufiger.

paint()
paintComponent()

In Java gehen alle Oberflächenelemente, die zum sichtbaren Erscheinungsbild einer GUI-Oberfläche beitragen, auf die Klasse Component zurück und erben von dieser eine paint()-Methode.

```
public void paint(Graphics g)
```

Diese Methode wird automatisch aufgerufen, wenn das Windowing-System des Rechners die Anwendung darüber informiert, dass das betreffende Oberflächenelement neu gezeichnet werden muss. Das passende Graphics-Objekt wird dabei vom Aufrufer (interne Methoden der Java-Bibliotheksklassen) übergeben.

Swing-Komponenten erben neben paint() noch drei weitere Methoden: paintBorder(), paintChildren() und paintComponent(), die von JComponent vererbt werden. (JComponent ist über Container von Component abgeleitet.)

Wenn Sie in Swing-Komponenten zeichnen möchten, überschreiben Sie daher die Methode paintComponent() und stellen eine eigene Implementierung bereit.

```
protected void paintComponent(Graphics g)
```


getGraphics()

Um auch in anderen Methoden als paint() und paintComponent() in Oberflächenelemente zeichnen zu können, verfügen alle von Component abgeleiteten Klassen über eine Methode getGraphics(), die ein Graphics()-Objekt zurückliefert, das den Gerätekontext des zugehörigen Objekts repräsentiert.

```
// Code einer beliebigen Methode
...
Graphics g = komponente.getGraphics();
...
```

23.1.2 paintComponent()

Grundsätzlich erzeugen Sie alle eigenen Zeichenausgaben in paintComponent().

Damit Sie paintComponent() überschreiben können, müssen Sie zuerst für das Oberflächenelement, in das Sie zeichnen möchten, eine eigene Klasse definieren.

Für Fenster ist dies normalerweise kein Problem, da Sie für Ihre Fenster in der Regel sowieso eigene Klassen definieren, die Sie beispielsweise von JFrame ableiten. Trotzdem ist es unüblich, die Methode paintComponent() einer Fensterklasse zu überschreiben und auf diese Weise direkt in ein Fenster zu zeichnen.

Stattdessen erzeugt man spezielle Komponenten als Zeichenflächen, deren paintComponent()-Methoden überschrieben sind. Diese Komponenten werden dann dem Fenster hinzugefügt. Für Swing-Fenster sind diese Zeichenflächen üblicherweise Objekte einer von JPanel abgeleiteten Klasse.

Listing 23.1: Aus Grafik_Swing.java – Zeichnen in Swing-Komponenten

```
public class Grafik_Swing extends javax.swing.JFrame {

   // innere Klasse für Zeichenfläche
   private class Leinwand extends JPanel {
```

```
        public void paintComponent(Graphics g) {
           super.paintComponent(g);

           // hier Zeichenausgabe

        }
     }

     public Grafik_Swing() {
        ...
        getContentPane().add(new Leinwand(), BorderLayout.CENTER);
     }
...
```

INFO

Für Swing-Klassen sollten Sie in `paintComponent()` stets als erste Anweisung mit `super.paintComponent()` die Basisklassenversion aufrufen, damit der Hintergrund der Komponente korrekt gezeichnet wird.

23.1.3 Zeichengeräte und -methoden

Das `Graphics`-Objekt repräsentiert nicht nur die Leinwand, in die Sie zeichnen, es stellt Ihnen auch die Methoden und Gerätschaften zum Zeichnen zur Verfügung.

Text zeichnen

Anstatt Texte auf dem Weg über eine Label-Komponente in die Benutzeroberfläche einzubauen, können Sie die Texte auch zeichnen.

drawString()

Meist verwenden Sie dazu die Methode `drawString()`, die den übergebenen String als erstes Argument übernimmt:

```
int x = 20;
int y = 20;
g.drawString("Hallo Programmierer", x, y);
```

Das zweite und dritte Argument spezifizieren die Position, an der der String gezeichnet wird. Um exakt zu sein: x und y bezeichnen die Koordinaten, an denen die Grundlinie des Strings beginnt. Gerechnet wird dabei vom Ursprung (0,0) aus, der in der linken oberen Ecke liegt. x-Werte werden nach rechts größer, y-Werte steigen nach unten!

EXKURS

Schriften

*Die Grundlinie eines Strings ist die Linie, auf der die einzelnen Zeichen aufsitzen. Nur Buchstaben mit Unterlängen (*descent*), wie z.B. p oder g, erstrecken sich unter die Grundlinie.*

Abbildung 23.1: Schriftcharakteristika

Schriftart einstellen

Der Text wird in der Schriftart ausgegeben, die für das aktuelle `Graphics`-Objekt eingestellt ist. Mit der `Graphics`-Methode `getFont()` können Sie sich den verwendeten Font zurückliefern lassen. Mit der Methode `setFont()` können Sie einen eigenen Font vorgeben, der für alle nachfolgenden Textausgaben verwendet wird.

```
g.setFont(new Font("Georgia", Font.ITALIC, 30));
```

Der `Font`-Konstruktor erwartet als Argumente Name, Stil und Größe des gewünschten Fonts.

- Als Fontname können Sie die üblichen Namen wie »Times New Roman«, »Arial« usw. oder einen der von Java definierten logischen Fonts »Dialog«, »DialogInput«, »Monospaced«, »Serif« oder »SansSerif« verwenden.
- Für die logischen Fonts können Sie alternativ die in Java 6 eingeführten String-Konstanten `Font.DIALOG`, `Font.DIALOG_INPUT`, `Font.MONOSPACED`, `Font.SERIF` bzw. `Font.SANS_SERIF` übergeben. Etwaige Tippfehler werden dann vom Compiler abgefangen.
- Als Stil können Sie eine der Konstanten `Font.PLAIN` (normal), `Font.BOLD` (fett), `Font.ITALIC` (kursiv) oder die Kombination `Font.BOLD | Font.ITALIC` übergeben.
- Als Schriftgröße übergeben Sie die Punktgröße.

Sofern Sie ungültige Argumente übergeben (beispielsweise den Namen einer Schriftart, die nicht unterstützt wird), verwendet der Konstruktor stattdessen Standardwerte.

Tabelle 23.1: Text-Methoden der Klasse Graphics

Methode	Beschreibung
`void drawBytes( bytes[] zeichen, int start, int n, int x, int y)`	Zeichnet ab dem Index `start` die nächsten `n` Zeichen aus dem übergebenen Array. `x` und `y` geben die Koordinaten an, ab der die Grundlinie beginnt.
`void drawChars( char[] zeichen, int start, int n, int x, int y)`	Zeichnet ab dem Index `start` die nächsten `n` Zeichen aus dem übergebenen Array. `x` und `y` geben die Koordinaten an, ab der die Grundlinie beginnt.
`void drawString(String str, int x, int y)`	Zeichnet den String `str`. `x` und `y` geben die Koordinaten an, ab der die Grundlinie beginnt.
`void drawString( AttributedCharacterIterator it, int x, int y)`	Zeichnet den über den Iterator `it` definierten Text. Der Iterator kann (und muss) für jedes Zeichen eine Schrifart angeben. `x` und `y` geben die Koordinaten an, ab der die Grundlinie beginnt.
`Font getFont()`	Liefert den aktuell verwendeten Font zurück.

Tabelle 23.1: Text-Methoden der Klasse Graphics (Forts.)

Methode	Beschreibung
`FontMetrics getFontMetrics()`	Liefert ein `FontMetrics`-Objekt für den aktuell verwendeten Font zurück. Über dieses Objekt können Sie die Abmaße eines Fonts bestimmen (Höhe (= Abstand zwischen Grundlinien), Unter- und Oberlänge usw.). Siehe auch Abschnitt 23.1.4.
`FontMetrics getFontMetrics(Font f)`	Liefert ein `FontMetrics`-Objekt für den übergebenen Font zurück.
`void setFont(Font font)`	Richtet einen neuen Font für das `Graphics`-Objekt ein.
`void setColor(Color c)`	Legt die Farbe für alle nachfolgenden Zeichenoperationen fest – für Textausgaben die Textfarbe.

INFO

In Abschnitt 23.1.4 werden Sie ein Beispiel dafür sehen, wie man einen Schriftzug mit eigenem Font zentriert in einem Fenster ausgibt.

Linien und Figuren zeichnen

Linien

Linien zeichnen Sie mithilfe der Methode `drawLine()`:

```
g.drawLine(startX, startY, endeX, endeY)
```

Als Argumente übergeben Sie die x,y-Koordinaten des Beginns und des Endes der Linie.

Die Farbe, in der die Linie gezeichnet wird, ist die aktuelle, für das `Graphics`-Objekt eingestellte Zeichenfarbe, die Sie mit `getColor()` abfragen und mit `setColor(Color c)` ändern können.

Die Breite der Linie können Sie nicht einstellen. Wenn Sie breitere Linien zeichnen möchten, verwenden Sie die Methode `fillRect()`.

Figuren

Zum Zeichnen von geometrischen Figuren stehen zwei Sätze von Methoden zur Verfügung: die `drawXxx`-Methoden zeichnen jeweils nur den Umriß der Figur, die `fillXxx`-Methoden zeichnen eine ausgefüllte Figur.

```
// Rechteckumriss zeichnen
g.drawRect(linksobenX, linksobenY, breite, hoehe)

// ausgefülltes Rechteck zeichnen
g.fillRect(linksobenX, linksobenY, breite, hoehe)
```

Tabelle 23.2: Zeichen-Methoden der Klasse Graphics

Methode	Beschreibung
`void drawArc(int x, int y, int b, int h, int startWinkel, int bogenWinkel)` `void fillArc(int x, int y, int b, int h, int startWinkel, int bogenWinkel)`	Zeichnet einen Bogen, beginnend bei `startWinkel` Grad, der sich um `bogenWinkel` Grad erstreckt. Ein Startwinkel von 0 entspricht auf einem Kreis der Position 3 Uhr. Positive Bögen werden gegen den Uhrzeigersinn gezeichnet, negative Bögen im Uhrzeigersinn. Die Ausmaße des Bogens werden durch die Koordinaten der linken oberen Ecke sowie durch die Breite und Höhe des umschließenden Rechtecks angegeben.

Tabelle 23.2: Zeichen-Methoden der Klasse Graphics (Forts.)

Methode	Beschreibung
`void drawLine(int x1, int y1, int x2, int y2)`	Zeichnet eine Linie. Übergeben werden die Koordinaten des Anfangs- und des Endpunkts.
`void drawOval(int x, int y, int b, int h)` `void fillOval(int x, int y, int b, int h)`	Zeichnet ein Oval in das durch die Parameter definierte, umschließende Rechteck. Wenn Sie als umschließendes Rechteck ein Quadrat spezifizieren (b = h), erhalten Sie einen Kreis.

`void drawPolygon(Polygon p)`
`void drawPolygon(int[] xPunkte, int[] yPunkte, int nPunkte)`
`void fillPolygon(Polygon p)`
`void fillPolygon(int[] xPunkte, int[] yPunkte, int nPunkte)`
	Zeichnet ein Polygon.
	Anzahl und Koordinaten der Ecken können verpackt in ein `Polygon`-Objekt oder als `int`-Wert und Arrays übergeben werden.
	(Wenn Sie ein `Polygon`-Objekt erzeugen, können Sie die Ecken mithilfe der Methode `addPoint(int x, int y)` einzeln hinzufügen.)
	Wenn der erste und letzte Punkt nicht identisch sind, wird das Polygon automatisch durch einen Linienzug zwischen diesen Punkten geschlossen.

`void drawPolyline(int[] xPunkte, int[] yPunkte, int nPunkte)`	Zeichnet einen Linienzug. Im Gegensatz zum Polygon wird der Linienzug nicht geschlossen, wenn der erste und der letzte Punkt nicht identisch sind. Aus diesem Grund gibt es auch keine entsprechende `fill`-Methode.
`void drawRect(int x, int y, int b, int h)` `void fillRect(int x, int y, int b, int h)`	Zeichnet ein Rechteck. Definiert wird das Rechteck durch die Koordinaten der linken oberen Ecke sowie durch Breite und Höhe.
`void clearRect(int x, int y, int b, int h)`	Füllt das angegebene Rechteck mit der Hintergrundfarbe der Komponente.
`void drawRoundRect(int x, int y, int b, int h, int bogenH, int bogenV)` `void fillRoundRect(int x, int y, int b, int h, int bogenH, int bogenV)`	Zeichnet ein Rechteck mit abgerundeten Ecken. Die Bögen an den Ecken werden durch ihren horizontalen (`bogenH`) und vertikalen Durchmesser (`bogenV`) definiert.
`void draw3DRect(int x, int y, int b, int h, boolean erhaben)` `void fill3DRect(int x, int y, int b, int h, boolean erhaben)`	Zeichnet ein Rechteck, das erhaben (letztes Argument `true`) oder versenkt (letztes Argument `false`) erscheint.
`void setColor(Color c)`	Legt die Farbe für alle nachfolgenden Zeichenoperationen fest.

23

Farben

Alle Zeichenoperationen werden jeweils in der Farbe ausgeführt, die aktuell für das Graphics-Objekt ausgewählt wurde.

Mit getColor() können Sie sich die aktuelle Farbe als Color-Objekt zurückliefern lassen.

Mithilfe der Methode setColor(Color c) können Sie selbst bestimmen, welche Farbe für die nachfolgenden Zeichenoperationen verwendet werden soll.

```
// Ein rotes Rechteck zeichnen
g.setColor(Color.RED);
g.drawRect(linksobenX, linksobenY, breite, hoehe)
```

Die vordefinierten Farben

Für die wichtigsten Farben sind in der Klasse Color statische Konstanten definiert, die Sie direkt als Argument an setColor() übergeben können:

Tabelle 23.3: Die Color-Farbkonstanten

BLACK (schwarz)	GREEN (grün)	RED (rot)
BLUE (blau)	LIGHT_GRAY (hellgrau)	WHITE (weiß)
CYAN (cyan)	MAGENTA (magenta)	YELLOW (gelb)
DARK_GRAY (dunkelgrau)	ORANGE (orange)	
GRAY (grau)	PINK (pink)	

INFO

Für die gleichen Farben gibt es auch in Kleinbuchstaben geschriebene Konstanten (black, blue, darkGray ...). Diese dienen der Abwärtskompatibilität (< 1.4). In neueren Programmen sollten Sie sich an die Konvention halten, dass Konstanten in Großbuchstaben geschrieben werden.

Weitere Farbkonstanten finden Sie in der Klasse SystemColor, die die systemspezifischen Farben für die typischen Desktop-Elemente definiert.

Eigene Farben

Eigene Farben können Sie mithilfe der Konstruktoren der Klasse Color erzeugen. Die meisten dieser Konstruktoren erwarten, dass Sie die gewünschte Farbe durch ihre RGB-Werte spezifizieren, lediglich ein Konstruktor dient der Unterstützung anderer Farbenmodelle.

EXKURS

RGB-Farben

Die Codierung von Farben durch Rot-, Grün- und Blauanteile bezeichnet man auch als RGB-Codierung.

Die RGB-Codierung beruht auf dem Effekt, dass man durch Variation der Farbintensitäten für die drei Lichtfarben Rot, Grün und Blau sämtliche Farben mischen kann. Wird beispielsweise rotes, grünes und blaues Licht in voller Intensität ausgestrahlt, erhält man Weiß. Ist die Intensität aller drei Farben gleich null (d.h., es wird kein Licht ausgestrahlt), erhält man Schwarz.

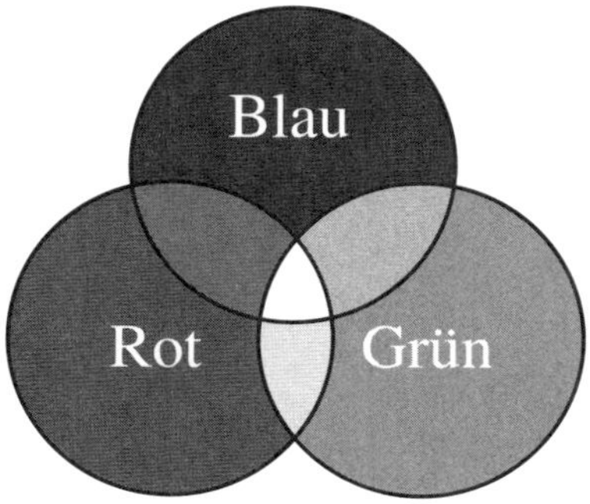

Abbildung 23.2: Das RGB-Farbmodell

Die Farbe Rot wäre im RGB-Modell also eine Farbe mit vollem Rotanteil ohne Grün- oder Blauanteile.

In Java können Sie die Farbanteile durch Integer-Werte zwischen 0 und 255 (hexadezimal zwischen 0 und FF) oder durch `float`-Werte zwischen 0.0 und 1.0 codieren.

```
Color c = new Color(255, 0, 0);            // rot
Color c = new Color( 0.0f, 1.0f, 0.0f)     // grün
```

STOP

Je nach Farbauflösung des Systems kann es sein, dass mehrere RGB-Kombinationen auf ein und dieselbe Farbe abgebildet werden.

Transparenz

Weitere Konstruktoren gestatten Ihnen auch die Transparenz (Alpha-Kanal) festzulegen. Ein Wert von 0 steht dabei für 100%-ige Transparenz.

```
Color c = new Color(255, 0, 0, 50);             // durchscheinendes Rot

Color c = new Color( 0.0f, 1.0f, 0.0f, 1.0f)   // undurchsichtiges Grün
```

Hintergrundfarbe

Die Hintergrundfarbe eines Oberflächenelements stellen Sie nicht über das zugehörige `Graphics`-Objekt, sondern über die `setBackground()`-Methode des Elements ein:

```
komponente.setBackground(Color.WHITE);
```

Tabelle 23.4: Farb-Methoden der Klasse Graphics

Methode	Beschreibung
`Color` **`getColor`**`()`	Liefert die aktuelle Zeichenfarbe zurück.
`void` **`setColor`**`(Color c)`	Legt die Farbe für alle nachfolgenden Zeichenoperationen fest – für Textausgaben die Textfarbe.

Sonstige Methoden

`Graphics` definiert verschiedene weitere Methoden für unterschiedliche Aufgabenbereiche, namentlich

- zum Clipping (siehe Abschnitt 23.6)
- zum Anzeigen von Bildern (siehe Abschnitt 23.5)

sowie:

Tabelle 23.5: Weitere Methoden der Klasse Graphics

Methode	Beschreibung
void **copyArea**(int x, int y, int breite, int hohe, int dx, int dy)	Kopiert den angegebenen Bereich um dx und dy.
Graphics **create**()	Erzeugt eine Kopie des aktuellen Graphics-Objekt.
Graphics **create**(int x, int y, int breite, int hoehe)	Erzeugt eine Kopie des aktuellen Graphics-Objekt, das auf den angegebenen Clipping-Bereich beschränkt ist.
void **dispose**()	Löscht alle für das Graphics-Objekt erzeugten Ressourcen (insbesondere den zugehörigen Gerätekontext). Rufen Sie diese Methode nur für Graphics-Objekte auf, die Sie selbst erzeugt haben (beispielsweise mit getGraphics()). Für die an paint() und paintComponent() übergebenen Graphics-Objekte wird dispose() intern aufgerufen.
void **finalize**()	Ruft dispose() auf.
void **setPaintMode**()	Schaltet den normalen Überschreibmodus ein. (Die Zeichenoperationen übermalen den aktuellen Hintergrund.)
void **setXORMode**(Color c)	Schaltet den XOR-Überschreibmodus ein. (In diesem Modus werden Pixel in der Farbe des Graphics-Objekts durch Pixel in der Farbe c ersetzt und umgekehrt. Pixel in anderen Farben erhalten schwer vorhersagbare Farben.) Der Vorteil dieses Modus ist, dass die doppelte Ausführung einer Zeichenoperation den ursprünglichen Zustand wiederherstellt.
void **translate**(int x, int y)	Versetzt den Ursprung des für das Graphics-Objekt geltenden Koordinatensystems. (Standardmäßig liegt der Ursprung (0,0) in der linken oberen Ecke.) Beachten Sie auch, dass die y-Koordinaten nach unten als positive, zunehmende Werte angegeben werden.

Java-2D

Noch mehr Unterstützung für Zeichenoperationen bietet die Klasse Graphics2D, die eine direkte Erweiterung von Graphics ist.

Graphics2D erlaubt beispielsweise die Einrichtung beliebiger Strichstärken, das Zeichnen mit Mustern oder Gradienten sowie typische Koordinatentransformationen wie Verschieben, Rotieren oder Skalieren. Mehr dazu in Abschnitt 23.3.

23.1.4 Zeichnen in Swing

Zum Abschluss des Grundlagenteils zeigen wir Ihnen, wie Sie in Swing einen String zentriert in einem Fenster ausgeben.

Listing 23.2: Grafik_Swing.java – Zeichnen in Swing-Komponenten

```
import java.awt.*;
import java.awt.event.*;
import javax.swing.*;
```

```

public class Grafik_Swing extends javax.swing.JFrame {
   String ausgabe;

   // innere Klasse für Zeichenfläche
   private class Leinwand extends JPanel {

      public void paintComponent(Graphics g) {
         super.paintComponent(g);

         int x,y;

         g.setColor(Color.RED);
         g.setFont(new Font("Georgia", Font.ITALIC, 30));

         FontMetrics fm = g.getFontMetrics();

         x = (this.getWidth() - fm.stringWidth(ausgabe)) / 2;
         if (x < 0)
            x = 0;

         y = (this.getHeight() - fm.getLeading()) / 2;
         if (y < 0)
            y = 0;

         g.drawString(ausgabe, x, y);
      }
   }


   public Grafik_Swing() {
      ausgabe = "Hallo Programmierer!";

      // Hauptfenster einrichten
      setTitle("Grafikdemo");
      getContentPane().setBackground(Color.LIGHT_GRAY);

      getContentPane().add(new Leinwand(), BorderLayout.CENTER);

      setDefaultCloseOperation(JFrame.EXIT_ON_CLOSE);
   }


   public static void main(String args[]) {
      Grafik_Swing hauptfenster = new Grafik_Swing();
      hauptfenster.setSize(400,300);
      hauptfenster.setLocation(200,300);
      hauptfenster.setVisible(true);
   }
}
```

Wir überschreiben in dem Beispiel die `paintComponent()`-Methode einer von `JPanel` abgeleiteten Klasse, um dort von Hand eine Zeichenkette zu zeichnen.

23

Die Zentrierung des Strings ist dabei ganz interessant. Um ihn zentrieren zu können, werden sowohl die Abmaße des Strings als auch die aktuellen Abmaße der Leinwand benötigt. Um erstere bestimmen zu können, wird in Zeile 19 ein `FontMetrics`-Objekt für den Font des Gerätekontextes angefordert. Mit dessen `stringWidth()`-Methode können Sie sich die Pixelbreite eines beliebigen Strings in dem zugehörigen Font zurückliefern lassen. Die `getWidth()`-Methode der `Canvas`-Komponente liefert deren Breite, und die Differenz beider Angaben, dividiert durch 2, ergibt die x-Koordinate für den String. Für die vertikale Zentrierung wird von der Gesamthöhe der `Canvas`-Komponente der Wert von `getLeading()` – dies ist der Abstand von den Unterlängen bis zu den Oberlängen der nächsten Zeile – abgezogen. Das Resultat wird dann wieder halbiert und als Wert für die y-Positionierung der Grundlinie verwendet. Dies erzeugt keine ganz exakte Zentrierung, aber eine recht passable.

INFO

Die Werte, die die Maßmethoden von `FontMetrics` zurückliefern, stimmen nicht immer mit den erwarteten Werten (siehe Abbildung 23.1) überein. Prüfen Sie die Werte im Zweifelsfall nach, indem Sie beispielsweise dünne Linien für Grundlinie, Ober- und Unterlänge einzeichnen.

Abbildung 23.3: Zentriert gezeichneter Text

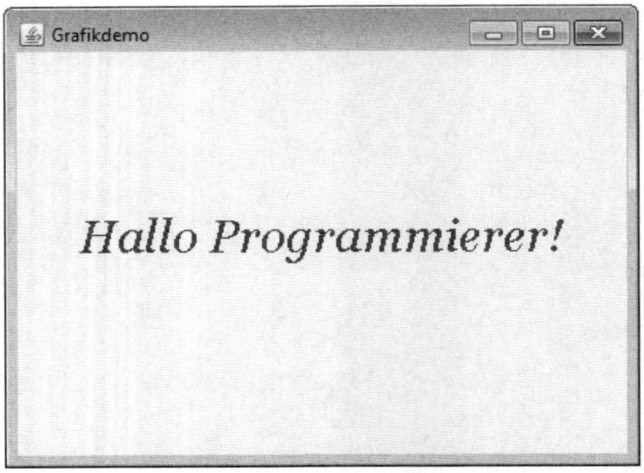

23.2 Praxis der Grafikprogrammierung

Wenn Sie planen, in ein Fenster zu zeichnen, sollten Sie grundsätzlich:

- als Leinwand ein `JPanel`-Objekt verwenden und
- alle Zeichenoperationen in `paintComponent()` vornehmen.

23.2.1 Automatisches Neuzeichnen mit paintComponent()

Der entscheidende Grund, warum Sie für Ihre Grafikausgaben `paintComponent()` überschreiben sollten, ist Ihnen bereits bekannt: `paintComponent()` wird automatisch immer dann aufgerufen, wenn das betreffende GUI-Objekt neu gezeichnet werden muss.

Wenn Sie beispielsweise den Hintergrund eines Fensters interessanter gestalten möchten, indem Sie dezent das Logo Ihrer Firma oder Ähnliches als Wasserzeichen (niedriger Wert für Alpha-Kanal) einblenden, sollten Sie für die Fenstergrundfläche unbedingt eine eigene Klasse von `JPanel` ableiten, in dieser `paintComponent()` überschreiben und dort den Code zum Zeichnen des Logos einfügen. Nur so ist sichergestellt, dass das Logo auch immer im Fenster zu sehen ist und bei Bedarf automatisch rekonstruiert wird (beispielsweise, wenn der Anwender das Fenster minimiert und wieder aufruft oder das Fenster, nachdem es von anderen Fenstern ganz oder teilweise verdeckt wurde, wieder in den Vordergrund holt. Sogar wenn der Anwender das Fenster vergrößert oder – und dies ist eine Besonderheit der Java-Implementierung – verkleinert, wird `paintComponent()` zur Rekonstruktion Ihrer Zeichenausgabe aufgerufen.

Angenommen Sie würden, statt `paintComponent()` Ihrer Leinwand-Klasse zu überschreiben, sich in irgendeiner anderen Methode, die beim Start des Programms ausgeführt wird, mit `getGraphics()` ein `Graphics`-Objekt für Ihre Leinwand-Instanz besorgen und über dieses das Logo in die Leinwand zeichnen. In diesem Fall würde das Logo anfänglich zu sehen sein, doch sowie der Anwender das Fenster mit dem Logo einmal verdeckt, minimiert oder in der Größe verändert, verschwindet das Logo – nicht weil es gelöscht wurde, sondern weil es einfach nicht mehr rekonstruiert wird, wenn das Fenster vom Windowing-System neu gezeichnet wird.

23

STOP

Versuchen Sie nicht, bereits im Konstruktor einer »Leinwand«-Klasse oder eines Fensters, das die Leinwand-Klasse instanziiert, in die Leinwand zu zeichnen. Der Aufruf `leinwand.getGraphics()` liefert in diesen Fällen nur eine `null`-Referenz zurück.

Zeichenausgaben nach Bedarf

Im vorangehenden Abschnitt wurde darauf hingewiesen, dass Zeichenausgaben, die außerhalb von `paintComponent()` in ein GUI-Objekt gemalt werden, nicht rekonstruiert werden. Oben wurde dies eindeutig als Nachteil gedeutet, doch könnte dieser Effekt auch gezielt eingesetzt werden.

Vielleicht möchten Sie ja, dass das Logo Ihrer Firma nur anfänglich als Wasserzeichen im Fenster zu sehen ist. Spräche dies nicht dafür, das Logo außerhalb von `paintComponent()` in einer zu Beginn des Programms ausgeführten Methode zu zeichnen und dann einfach nicht rekonstruieren zu lassen, sodass es verschwindet, wenn das Fenster rekonstruiert wird?

Nun, die Idee liegt zwar nahe, doch es wäre unprofessionell, das Ausblenden des Logos dem Zufall zu überlassen. (Die Anwender würden sich auch sicherlich darüber wundern, dass das Logo mal kurz nach dem Start, mal erst mit dem Beenden des Programms verschwindet.)

Wie also soll man Zeichenausgaben erzeugen, die nur zeitweise oder unter bestimmten Voraussetzungen zu sehen sein sollen?

Nun, die obige Formulierung deutet es bereits an: Mithilfe einer `if`-Bedingung in der `paintComponent()`-Methode.

Beispielsweise könnten Sie eine boolesche Variable `logoAnzeigen` einrichten, die Sie zu Anfang des Programms auf `true` setzen und später, gesteuert beispielsweise von einem Zeitgeber (siehe Kapitel 28.3.4), auf `false` umschalten. Der zugehörige Code in `paintComponent()` würde dann so aussehen, dass der Zeichencode für das Logo in Abhängigkeit von der booleschen Variablen ausgeführt wird:

```
// in paintComponent() oder paint()
...
if (logoAnzeigen) {
   // Zeichenoperationen für Logo
}
...
```

Über die boolesche Variable können Sie steuern, ob das Logo gezeichnet wird oder nicht. Um aber zu erreichen, dass das Logo nach Ablauf einer bestimmen Zeitspanne (wenn beispielsweise die `run()`-Methode des Zeitgebers ausgeführt wird), auch sofort ausgeblendet wird, reicht es nicht, die boolesche Variable auf `false` zu setzen. Denn solange das Fenster nicht rekonstruiert werden muss, wird auch `paintComponent()` nicht ausgeführt und so lange bleibt das Erscheinungsbild des Fensters unverändert.

Die Lösung dieses Problems könnte darin liegen, `paintComponent()` selbst aus dem Programm heraus aufzurufen – beispielsweise direkt nach der Anweisung, die die boolesche Variable `logoAnzeigen` auf `false` setzt. Doch Vorsicht!:

STOP

Rufen Sie `paintComponent()` (oder `paint()`) niemals direkt auf. Der direkte Aufruf sollte unbedingt Java überlassen bleiben, das für eine korrekte Konfiguration (Einrichtung des Gerätekontextes, Clipping-Bereich usw.) sorgt. Rufen Sie stattdessen `repaint()` auf.

```
...
logoAnzeigen = false;
leinwand.repaint();          // indirektes Aufrufen von paintComponent()
...
```

Neuzeichnen veranlassen

Es gibt verschiedene Methoden, mit denen Sie das Neuzeichnen einer Komponente veranlassen können. Der einfachste und gebräuchlichste Weg ist der Aufruf der Methode `repaint()`:

```
komponente.repaint();
```

Der Aufruf von `repaint()` veranlasst, dass die Komponente, für die `repaint()` aufgerufen wurde, neu gezeichnet wird – d.h., ihre `paint()`-Methode wird ausgeführt. Für Swing-Komponenten ruft `paint()` dann ihrerseits `paintComponent()`, `paintBorder()` und `paintChildren()` auf.

repaint() ruft paint() allerdings nicht direkt auf, sondern trägt die Aufforderung zum Neuzeichnen in die Ereigniswarteschleife (Instanz der Klasse java.awt.EventQueue) der Anwendung ein. Die Aufforderung wird also wie ein ganz normales Ereignis behandelt und ausgeführt, wenn alle zuvor ausgelösten Ereignisse (Mausklicks, Tastaturereignisse ...) abgearbeitet sind.

Teilbereiche aktualisieren

Für Swing-Komponenten gibt es noch weitere Möglichkeiten, ein Neuzeichnen zu veranlassen.

Wenn zum Beispiel nur ein Teil einer Swing-Komponente (beispielsweise einer JPanel-Leinwand) neu gezeichnet werden muss, können Sie repaint() die Abmaße dieses Bereichs beim Aufruf als Argumente übergeben.

```
komp.repaint(0, 0, breite, hoehe);

Rectangle r = new Rectangle(0, 0, breite, hoehe);
komp.repaint(r);
```


Direktes Neuzeichnen

Weiterhin können Sie Swing-Komponenten auch unmittelbar neu zeichnen lassen. Rufen Sie zu diesem Zweck statt repaint() die Methode paintImmediately() auf:

```
komp.paintImmediately(0, 0, komp.getWidth(), komp.getHeight());
```

paintImmediately() muss immer mit den Angaben des zu aktualisierenden Bereichs aufgerufen werden.

INFO

In der Regel reicht es repaint() aufzurufen. Lediglich wenn Sie während der Abarbeitung eines Ereignisses (also beispielsweise in einer actionPerformed()-Methode) ein sofortiges Neuzeichnen einer Komponente erreichen wollen, müssen Sie auf paintImmediately() zurückgreifen.

23.2.2 Außerhalb von paintComponent() zeichnen

Angenommen Sie möchten dem Anwender gestatten, eine Linie zu zeichnen. Wenn der Anwender die linke Maustaste drückt, legt er den Startpunkt der Linie fest. Mit gedrückt gehaltener Maustaste kann er dann den Endpunkt suchen, den er durch Loslassen der Maustaste festschreibt. Damit der Anwender sieht, von wo nach wo er seine Linie zieht, soll ein kleiner Punkt den Startpunkt und beim Verschieben der Maus eine temporär gezeichnete Linie den aktuellen Linienverlauf kennzeichnen.

Es bietet sich an, hierfür verschiedene Techniken zu verwenden:

- Den Startpunkt zeichnen Sie direkt aus der Mausereignisbehandlungsmethode heraus in die Leinwand.
- Die temporären und die endgültigen Linien zeichnen Sie mit ein und demselben Code in paintComponent().

Zur Festlegung von Start- und Endpunkt registrieren Sie für die »Leinwand« eine MouseAdapter-Klasse, in der Sie die Methoden mousePressed() und mouseReleased() überschreiben.

Listing 23.3: Aus Freihand.java

```
01 // innere Klasse für Zeichenfläche
02 private class Leinwand extends JPanel {
03
04    public Leinwand() {
05       addMouseListener(new MouseAdapter() {
06          public void mousePressed(MouseEvent e) {
07             startpunkt = new Point(e.getX(), e.getY());
08
09             Graphics g = getGraphics();
10             g.fillOval(startpunkt.x-2, startpunkt.y-2, 4, 4);
11             g.dispose();
12          }
13          public void mouseReleased(MouseEvent e) {
14             endpunkt = new Point(e.getX(), e.getY());
15             repaint();
16          }
17       });
18    ...
```

Wenn der Anwender die Maustaste drückt, wird `mousePressed()` ausgeführt. Dem `MouseEvent`-Parameter entnehmen Sie die Information, an welchen Koordinaten der Mausklick erfolgt. Die Koordinaten speichern Sie als Objekt der Klasse `java.awt.Point` in einem Feld der Fensterklasse (oder auch der Leinwand-Klasse, wichtig ist, dass der Startpunkt in `paintComponent()` abgefragt werden kann).

Anstatt aber wie grundsätzlich üblich `repaint()` aufzurufen und in `paintComponent()` Code einzufügen, der den Punkt markiert, zeichnen Sie direkt von `mousePressed()` aus in die Leinwand.

In Zeile 9 wird dazu die Methode `getGraphics()` aufgerufen, die ein `Graphics`-Objekt für die Leinwand zurückliefert. (Da `MouseAdapter` eine innere Klasse von `Leinwand` ist, kann `getGraphics()` ohne Voranstellung einer Objektvariablen aufgerufen werden.)

Zeile 10 zeichnet danach an den Koordinaten des Mausklicks eine kleine Scheibe.

Wichtig ist, dass nach dem Zeichnen der Gerätekontext und andere Ressourcen des `Graphics`-Objekts wieder freigegeben werden. In Zeile 11 wird dazu die Methode `dispose()` aufgerufen.

STOP

Sie müssen die Methode `dispose()` nur für `Graphics`-Objekte aufrufen, die Sie selbst – beispielsweise mit `getGraphics()` oder der `create()`-Methode einer bestehenden `Graphics`-Instanz – erzeugt haben. Für das an `paintComponent()` (oder `paint()`) übergebene `Graphics`-Objekt wird `dispose()` von den internen aufrufenden Java-Methoden ausgeführt.

Das direkte Zeichnen ist schneller und hat den Vorteil, dass der Zeichencode an der Stelle steht, wo tatsächlich gezeichnet werden soll. Nachteilig ist, dass die gezeichnete Scheibe nicht rekonstruiert wird, wenn der Anwender zwischendurch das Fenster verdeckt oder minimiert. Dies ist aber auch nicht notwendig. Die

Scheibe ist ja nur eine temporäre Hilfsmarke, die den Ausgangspunkt der Linie markieren soll. Bricht der Anwender das Zeichnen der Linie ab, ist es nicht schlimm, wenn dadurch die Scheibe verschwindet.

Anders sieht es beim Setzen des Endpunktes aus. Dann ist die Linie fertig und soll gezeichnet und auch bei Bedarf jederzeit rekonstruiert werden. Die `mouseReleased()`-Methode speichert daher nur die Koordinaten des Endpunkts und ruft dann `repaint()` auf (Zeilen 13-16). Der eigentliche Zeichencode wird nach `paintComponent()` verschoben:

```
// in Klasse Leinwand
...
   public void paintComponent(Graphics g) {
      super.paintComponent(g);

      if(endpunkt != null)
         g.drawLine(startpunkt.x, startpunkt.y, endpunkt.x, endpunkt.y);
   }
}
```


Die obige Implementierung von `paintComponent()` erleichtert zudem das Einzeichnen temporärer Linien, während der Anwender die Maus mit gedrückter Taste verschiebt, um den Endpunkt zu suchen.

Registrieren Sie einfach eine `MouseMotionAdapter`-Klasse, deren `mouseDragged()`-Methode Sie überschreiben, um auf das Ziehen der Maus mit gedrückter Taste reagieren zu können. In der Methode speichern Sie die aktuellen Mauskoordinaten einfach als (vorläufigen) Endpunkt und rufen `repaint()` auf:

```
// in Klasse Leinwand
...
         addMouseMotionListener(new MouseMotionAdapter() {
            public void mouseDragged(MouseEvent e) {
               endpunkt = new Point(e.getX(), e.getY());
               leinwand.repaint();
            }
         });
...
```

23.2.3 Swing und das Double Buffering

Grafikprogrammierer haben üblicherweise mit zwei besonderen Problemen zu kämpfen:

- Wenn das Grafiksystem zu leistungsschwach oder die Zeichenoperationen zu lang und komplex sind, sieht der Benutzer, wie die Grafik schrittweise aufgebaut wird.
- Wenn Bereiche kurz hintereinander gelöscht und gezeichnet werden, wie dies beispielsweise bei Animationen der Fall ist, kommt es zu einem Flackern.

Man kann diesem Problem durch eine einfache Technik, die als Double Buffering bezeichnet wird, begegnen.

Beim Double Buffering zeichnet der Programmierer nicht direkt in den Gerätekontext, der mit der GUI-Komponente verbunden ist, sondern erzeugt sich im Arbeitsspeicher eine Kopie dieses Gerätekontextes, führt alle Zeichenoperationen auf diesem Gerätekontext aus und kopiert dann, wenn alle Zeichenoperationen abgeschlossen sind, die Pixel aus dem Hilfskontext in den Gerätekontext der GUI-Komponente.

Obwohl das Verfahren nicht allzu kompliziert ist, ist es doch recht lästig. Wer jedoch mit Swing arbeitet, kann sich freuen: Swing-Komponenten unterliegen standardmäßig dem Double Buffering!

INFO

In Java 6 wurde das Double Buffering noch einmal verbessert. Alle Fenster verfügen jetzt über ein komplettes Spiegelbild im Arbeitsspeicher, das mit dem echten Fenster auf dem Bildschirm ständig synchronisiert wird. Der manchmal beobachtete Effekt, dass zeitweilig verdeckte Java-Fenster, die wieder in den Vordergrund geholt werden, zuerst einen leeren Fensterhintergrund zeigen, gehört damit der Vergangenheit an.

EXKURS

Double Buffering ausschalten?

Wenn Sie doch einmal auf das Double Buffering verzichten möchten, sei es um den Anwender am Aufbau zeitaufwändiger Zeichenausgaben teilhaben zu lassen oder um sich selbst vom Effekt des Double Buffering zu überzeugen, rufen Sie die Methode `RepaintManager.currentManager(null).setDoubleBufferingEnabled(false)` *auf oder rufen Sie* `setDoubleBuffered()` *für alle Swing-Komponenten von der* `JRootPane` *bis zu Ihrer Komponente mit dem Wert* `false` *auf.*

23.2.4 Computergrafiken

Das folgende Programm demonstriert die Umsetzung der meisten oben besprochenen Grundprinzipien.

Das Programm ist leicht zu bedienen und erstellt mithilfe eines erstaunlich einfachen Algorithmus faszinierende Grafiken (siehe Abbildung 23.4).

Abbildung 23.4: Computer-erzeugte Liniengrafik

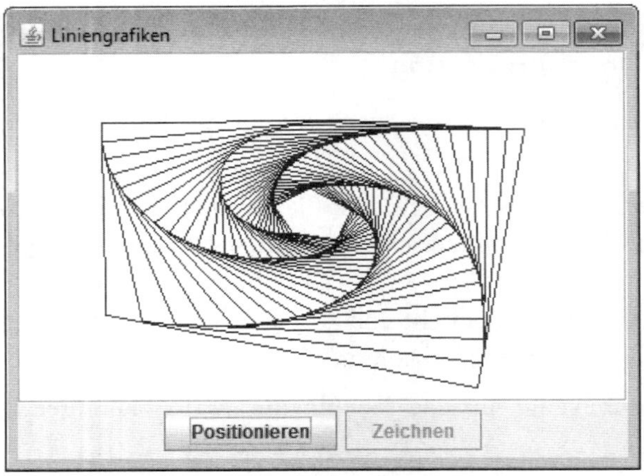

Die Erstellung einer Grafik erfolgt in zwei Schritten, die durch Drücken der zugehörigen Schalter aktiviert werden.

In der Positionieren-Phase klickt der Grafiker mit der Maustaste in das Panel des Fensters. Jeder Klick definiert einen Startpunkt (in der späteren Grafik sind dies die Ecken). Möchte er neue Startpunkte festlegen, muss er nur erneut auf POSITIONIEREN drücken. Ist er mit den Startpunkten zufrieden, drückt er auf ZEICHNEN (der Schalter wird automatisch aktiviert, nachdem der erste Startpunkt gesetzt wurde).

Im Zeichen-Modus wird die eigentliche Grafik generiert: Das Programm verbindet die Startpunkte in der Reihenfolge, in der sie festgelegt wurden. Dann schiebt es die Punkte alle ein Stück aufeinander zu, verbindet sie wieder, schiebt sie wieder aufeinander zu und so weiter, bis der Algorithmus nach 30 Iterationen (Wert der Konstante `WINDUNGEN`) abbricht.

Listing 23.4: Liniengrafik.java – Zeichnen in Swing

```
import java.awt.*;
import java.awt.event.*;
import javax.swing.*;
import java.util.Vector;

public class Liniengrafik extends javax.swing.JFrame {
   private Leinwand leinwand;
   private JPanel   schalterfeld;
   private JButton  btnPositionieren;
   private JButton  btnZeichnen;
   private boolean  wirdPositioniert = true;

   private final double GESCHW = 0.1;       // Geschwindigkeit, in
                                            // der die Spirale zugeht
   private final int    WINDUNGEN = 30;     // Anzahl der
                                            // Sprialwindungen

   private Vector<Point> positionen = new Vector<Point>();


   // innere Klasse für Zeichenfläche
   private class Leinwand extends JPanel {

      public Leinwand() {
         addMouseListener(new MouseAdapter() {
            public void mousePressed(MouseEvent e) {
               if( !wirdPositioniert )
                  return;

               Point p = new Point(e.getX(), e.getY());
               positionen.add(p);

               Graphics g = getGraphics();
               g.fillOval(p.x-6, p.y-6, 12, 12);
               g.dispose();

```

```
            btnZeichnen.setEnabled(true);
         }
      });
   }

   public void paintComponent(Graphics g) {
      super.paintComponent(g);

      if( wirdPositioniert ) {    // nur Positionen zeigen
         Point p;
         for(int i = 0; i < positionen.size(); ++i) {
            p = positionen.get(i);
            g.fillOval(p.x-6, p.y-6, 12, 12);
         }
      } else {
         // lokale Kopie anlegen, damit Grafik jederzeit
         // rekonstruierbar
         Point[] punkte = new Point[positionen.size()];
         for(int i = 0; i < punkte.length; ++i) {
            punkte[i] = new Point( ( positionen.get(i)).x,
                                   ( positionen.get(i)).y);
         }

         Point start, ziel;

         // Spirale erzeugen
         for(int w = 0; w < WINDUNGEN; ++w) {
            for(int i = 0; i < punkte.length; ++i) {
               start = punkte[i];
               ziel  = punkte[(i+1) % punkte.length];
               g.drawLine(start.x, start.y, ziel.x, ziel.y);
            }

            // neue Positionen für nächste Windung
            Point startpunkt = punkte[0];    // Startpunkt sichern

            Point p, pnext;
            for(int i = 0; i < punkte.length-1; ++i) {
               p = punkte[i];
               pnext = punkte[i+1];
               punkte[i].x  += (int) ((pnext.x - p.x) * GESCHW);
               punkte[i].y  += (int) ((pnext.y - p.y) * GESCHW);
            }
            p = punkte[punkte.length-1];
            pnext = startpunkt;
            punkte[punkte.length-1].x  +=
                                (int) ((pnext.x - p.x) * GESCHW);
            punkte[punkte.length-1].y  +=
                                (int) ((pnext.y - p.y) * GESCHW);
         }
      }

   }
}
```

```java


   public Liniengrafik() {
      // Hauptfenster einrichten
      setTitle("Liniengrafiken");
      getContentPane().setBackground(Color.LIGHT_GRAY);

      // JPanel für Leinwand
      leinwand = new Leinwand();
      leinwand.setBorder(BorderFactory.createEtchedBorder());
      leinwand.setBackground(Color.WHITE);

      // Schalterfeld
      schalterfeld = new JPanel();
      btnPositionieren = new JButton("Positionieren");
      btnPositionieren.addActionListener(new ActionListener() {
         public void actionPerformed(ActionEvent e) {
            positionenFestlegen();
         }
      });
      btnZeichnen = new JButton("Zeichnen");
      btnZeichnen.setEnabled(false);
      btnZeichnen.addActionListener(new ActionListener() {
         public void actionPerformed(ActionEvent e) {
            zeichnen();
         }
      });
      schalterfeld.add(btnPositionieren);
      schalterfeld.add(btnZeichnen);

      getContentPane().add(leinwand, BorderLayout.CENTER);
      getContentPane().add(schalterfeld, BorderLayout.SOUTH);

      setDefaultCloseOperation(JFrame.EXIT_ON_CLOSE);
   }

   /*
    * Ereignisbehandlungsmethoden
    *
    */

   private void positionenFestlegen() {
      positionen = new Vector<Point>();
      wirdPositioniert = true;
      leinwand.repaint();
   }

   private void zeichnen() {
      wirdPositioniert = false;
      btnZeichnen.setEnabled(false);
      leinwand.repaint();
   }

   public static void main(String args[]) {
```

```
        Liniengrafik hauptfenster = new Liniengrafik();
        hauptfenster.setSize(400,300);
        hauptfenster.setLocation(200,300);
        hauptfenster.show();
    }
}
```

23.3 Java2D

Ab dem JDK 1.2 bietet Java eine Menge von Klassen, die zur Erzeugung von hochwertigen grafischen Ausgaben gedacht ist: Java2D. Diese Klassen liegen in den Paketen `java.awt.*` und `java.awt.geom.*` vor und erweitern die Funktionalität der normalen AWT-Klassen beträchtlich. So können Sie mit Java2D beispielsweise

- die Strichstärke festlegen
- mit Füllmustern und Gradienten zeichnen
- skalieren und rotieren

23.3.1 Zeichnen in Java2D

Grundsätzlich gelten für Java2D die gleichen Regeln, die Sie bisher für das Zeichnen kennengelernt haben. Es gibt jedoch drei wesentliche Unterschiede:

- Statt des `Graphics`-Objekts muss das Java2D-Äquivalent `Graphics2D` verwendet werden. (`Graphics2D` ist eine vom `Graphics` abgeleitete Klasse.)
- Die Koordinaten sind nicht mehr ganzzahlig, sondern `float`-Werte.
- Zusätzlich zu den figurspezifischen Zeichenmethoden – z.B. `drawRect()` zum Zeichnen von Rechtecken, `drawOval()` zum Zeichnen von Ovalen und Kreisen –, gibt es allgemeine Zeichenmethoden namens `draw()` und `fill()`, denen Sie `Shape`-Objekte (Instanzen von `Area`, `GeneralPath`, `Line2D`, `Rectangle`...) übergeben können.

Um die Vorzüge von Java2D nutzen zu können, müssen Sie das `Graphics`-Objekt, mit dem Sie arbeiten, in ein `Graphics2D`-Objekt umwandeln:

```
public void paintComponent(Graphics g) {
   super.paintComponent(g);

   Graphics2D g2 = (Graphics2D) g;
```

Die Typumwandlung setzt natürlich voraus, dass das Objekt `g` bereits vom Lautzeittyp `Graphics2D` ist. In JDK-Versionen, die Java2D-fähig sind, ist dies stets der Fall. Sofern Sie also nicht mit »uralten« JDK-Versionen arbeiten, können Sie die `Graphics`-Parameter von `paintComponent()`, `paint()` oder `getGraphics()` also stets in `Graphics2D` umwandeln.

Danach können Sie sowohl die fortgeschrittenen Möglichkeiten der in `Graphics2D` definierten Methoden wie auch die vertrauten `Graphics`-Methoden verwenden.

Das folgende Code-Fragment wandelt das Graphics-Objekt in Graphics2D um und zeichnet mit den herkömmlichen Methoden ein einfaches, schwarz umrandetes Rechteck.

```
public void paintComponent(Graphics g) {
   super.paintComponent(g);

   Graphics2D g2 = (Graphics2D) g;

   g2.setColor(new Color(255, 100, 255));
   g2.fillRect(50, 30, 300, 100);

   g2.setColor(Color.BLACK);
   g2.drawRect(50, 30, 300, 100);
}
```


23.3.2 Festlegen des Strichstils

Strichstärke

In Java2D können Sie für Strichoperationen (Zeichnen einer Linie oder eines Figurumrisses) die Strichstärke vorgeben. Die zugehörige Methode heißt setStroke() und erwartet als Argument eine Stroke-Instanz:

```
void setStroke(Stroke s)
```

Stroke ist eine abstrakte Klasse. Wie meist in Java gibt es aber bereits eine abgeleitete, nicht-abstrakte Klasse: BasicStroke.

BasicStroke verfügt über mehrere Konstruktoren, mit denen Sie Strich-Objekte verschiedener Breiten, Endpunktverzierungen und Strichmuster erzeugen können.

Um die Strichstärke festzulegen, übergeben Sie dem Konstruktor einfach einen passenden float-Wert. (1.0f entspricht dabei der bisherigen Normaldicke.)

```
g2.setStroke(new BasicStroke(4.0f));
```

INFO

Denken Sie daran, dass Gleitkomma-Literale (wie z.B. 2.0) in Java als double-Werte angesehen werden. Da aber alle Java2D-Methoden mit float-Werten arbeiten, müssen Sie die Literale explizit als float-Werte kennzeichnen: daher das angehängte »f«.

Linienstile

Endpunkte

Zusätzlich können Sie die Darstellung von End- und Kreuzungspunkten bestimmen. In BasicStroke sind hierfür verschiedene Konstanten definiert.

Tabelle 23.6: End- und Kreuzungspunktstile

Endpunkt-Stile:	
CAP_BUTT	keine Endpunkte
CAP_ROUND	runde Endpunkte
CAP_SQUARE	quadratische Endpunkte

Tabelle 23.6: End- und Kreuzungspunktstile (Forts.)

Kreuzungspunkt-Stile:	
JOIN_MITER	verbindet Segmente über ihre äußeren Kanten
JOIN_ROUND	verbindet Segmente durch gerundete Ecken
JOIN_BEVEL	verbindet Segmente durch eine gerade Linie

```
BasicStroke stil = new  BasicStroke(3.0f, BasicStroke.CAP_BUTT,
                                          BasicStroke.JOIN_ROUND)
```

Gestrichelte Linien

Um gestrichelte Linien zu erzeugen, müssen Sie ein Array von float-Werten definieren, die angeben, wie lang die sichtbaren und nicht-sichtbaren Segmente der Linie sein sollen. Dieses Array übergeben Sie zusammen mit der Angabe, ab welchem Punkt die Strichelung beginnen soll als fünftes und sechstes Argument an den BasicStroke-Konstruktor. (Das vierte Argument ist für eine etwaige Miter-Verbindung und muss größer oder gleich 1.0 sein.)

Das folgende Listing zeichnet ein Rechteck mit einer gestrichelten Umrandung (siehe Abbildung 23.5).

```
Graphics2D g2 = (Graphics2D) g;

g2.setColor(Color.ORANGE);
g2.fillRect(50, 30, 300, 100);


float[] dashs = {20.0f, 5.0f};
BasicStroke stil = new  BasicStroke(5.0f, BasicStroke.CAP_BUTT,
                                          BasicStroke.JOIN_MITER, 1.0f,
                                          dashs, 0.0f);
g2.setStroke(stil);
g2.setColor(Color.BLACK);

g2.drawRect(50, 30, 300, 100);
```

Abbildung 23.5: Gestrichelte Linien mit Java2D

23.3.3 Füllmuster

In Java2D können Sie nicht nur mit einzelnen Farbtönen, sondern auch mit Mustern und Farbübergängen malen (gilt für Linien und Füllungen). Die Methode, die das zu verwendende Farbmuster einrichtet, lautet:

```
void setPaint(Paint p)
```

Als Argument erwartet die Methode ein Objekt, dessen Klasse die Schnittstelle Paint implementiert. Vordefinierte Java-Klassen aus java.awt, die diese Voraussetzung erfüllen, sind:

- Color – Zum Zeichnen mit einem einzelnen Farbton (entspricht dem Aufruf von setColor()).

  ```
  g2.setPaint(Color.GREEN);
  ```

- TexturePaint – Zum Zeichnen mit einem Muster.

  Das Muster wird dem TexturePaint-Konstruktor in Form einer BufferedImage-Instanz (siehe auch Abschnitt 23.4) übergeben. Das zweite Argument ist ein Rectangle2D-Rechteck, das angibt, welche Abmaße die »Kacheln« haben sollen, in die das Muster kopiert und mit denen die später zu zeichnenden Linien/Formen ausgefüllt werden sollen.

  ```
  TexturePaint tp = new TexturePaint(bild,
                                     new Rectangle(0,0,150,50));
  g2.setPaint(tp);
  g2.fillRect(50, 30, 300, 100);
  ```

- GradientPaint – Zum Zeichnen mit Farbübergängen.

Gradientenfüllung (Farbverläufe)

Bei einer Gradientenfüllung wird langsam von einer Farbe an einem Punkt zu einer anderen Farbe an einem anderen Punkt gewechselt. Dieser Wechsel kann sich zwischen diesen beiden Punkten vollziehen (azyklisch) oder sich wiederholen (zyklisch). Die Bezugspunkte müssen dabei nicht innerhalb des Objekts liegen, das gefüllt werden soll.

Einfache Farbverläufe werden als Instanzen von GradientPaint erzeugt. Als Argumente übergeben Sie dem Konstruktor die Koordinaten der Bezugspunkte, die beiden Farben und ob azyklisch (false) oder zyklisch (true) gefüllt werden soll.

```
Graphics2D g2 = (Graphics2D) g;

GradientPaint gp = new GradientPaint(0, 0 , Color.BLUE,
                            getWidth(), getHeight(), Color.WHITE,false);
g2.setPaint(gp);
g2.fillRect(50, 30, 300, 100);
...
```

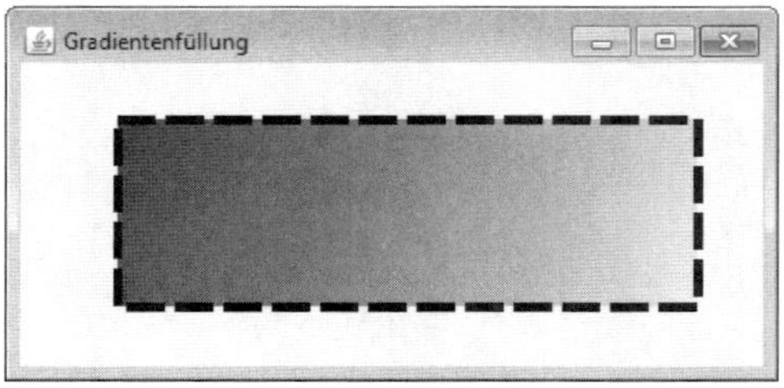

Abbildung 23.6: Mit Farbübergang gefülltes Rechteck (Achtung: Der Farbübergang verläuft zwischen den Seiten des Panels, auch wenn er nur innerhalb des gezeichneten Rechtecks zu sehen ist!)

Zusätzlich gibt es im Paket java.awt noch zwei weitere Klassen zur Definition von spezielleren Farbverläufen.

- `LinearGradientPaint` bewirkt wie das oben gezeigte `GradientPaint` einen geradlinigen Farbverlauf von Start zu Endpunkt, erlaubt aber die Verwendung von mehr als zwei Farben (genauer gesagt beliebig vielen Farben).
- `RadialGradientPaint` definiert einen kreisförmigen Farbverlauf um einen definierten Mittelpunkt und Radius, ebenfalls mit beliebig vielen Farben.

`LinearGradientPaint` läuft von einem Start- zu einem Endpunkt und wechselt dabei die Farben gemäß einem vorgegebenen Farbverlauf, bestehend aus einem Array mit Farben und einer anteilsmäßigen Verteilung der jeweiligen Farbe in Bezug auf die gesamte Wegstrecke. Diese Bruchteile müssen zwischen 0 und 1 liegen und aufsteigend sein. So bewirkt

```
Color[] farben = new Color[]{Color.BLUE, COLOR.RED};
float[] verteilung = new float[]{0.4f, 1.0f};
```

zum Beispiel, dass die ersten 40 % des Gradienten blau gezeichnet werden, danach bis zum Ende (100 %) rot.

Ferner kann man auch angeben, wie der Bereich vor und nach dem durch die Begrenzungspunkte definierten Bereich gezeichnet werden soll:

- `MultipleGradientPaint.CycleMethod.NO_CYCLE`: Bereich vor dem Startpunkt wird mit der Startfarbe gezeichnet, der Bereich nach dem Endpunkt mit der Endfarbe. Dies ist das Standardverhalten.
- `MultipleGradientPaint.CycleMethod.REPEAT`: Der Farblauf im definierten Bereich Startpunkt-Endpunkt wird davor und danach wiederholt.
- `MultipleGradientPaint.CycleMethod.REFLECT`: Der Farbverlauf wird gespiegelt wiederholt.

Wenn Ihnen das Ganze jetzt noch etwas unklar ist, dann macht das nichts. Fortgeschrittene Gradienten sind ein Paradebeispiel für »Probieren geht über Studieren«. Schauen Sie sich am besten das nachfolgende Beispiel an und spielen Sie dann damit herum, ändern Sie Parameter, Start- und Enpunkte, Anzahl der Farben usw. und dann werden Sie langsam ein Gefühl dafür bekommen.

Abbildung 23.7: Gradientenfüllung

Im abgebildeten Beispiel sehen Sie links einen LinearGradientPaint mit Wiederholungsmuster:

```
Graphics2D g2d = (Graphics2D) g.create();
Point start = new Point(0, 0);
Point ende  = new Point(50,50);
float[] verteilung = {0.0f, 0.2f, 0.7f};
Color[] farben = {Color.BLACK, Color.RED, Color.YELLOW};

LinearGradientPaint linearPaint;
linearPaint =  new LinearGradientPaint(start, ende, verteilung,
                      farben, MultipleGradientPaint.CycleMethod.REPEAT);
g2d.setPaint(linearPaint);
g2d.fillRect(0,0, getWidth() , getHeight());
g2d.dispose();
```

Auf der rechten Seite wird ein RadialGradientPaint eingesetzt:

```
Graphics2D g2d = (Graphics2D) g.create();
Color[] farben = new Color[]{Color.YELLOW, Color.ORANGE, Color.BLUE};
float radius   = 0.5f *  HOEHE;
float[] verteilung = new float[]{0.2f, 0.4f, 0.8f};
RadialGradientPaint radialPaint = new RadialGradientPaint(mausPosition,
                                      radius, verteilung, farben);
g2d.setPaint(radialPaint);
g2d.fillRect(0,0, getWidth(), getHeight());
g2d.dispose();
```

Das vollständige Beispielprogramm finden Sie auf der Buch-DVD.

23.3.4 Methoden und Klassen zum Zeichnen in Java2D

Neben den von Graphics geerbten Zeichenmethoden verfügt Graphics2D über zwei weitere Zeichenmethoden draw() und fill(), mit denen Sie Formen (Shape-Instanzen) auf den Bildschirm zeichnen können.

Shape ist eine Schnittstelle. Im Java-Paket java.awt.geom sind verschiedene Klassen definiert, die Shape implementieren. Die wichtigsten sind:

Line2D

Linien

Line2D ist eine abstrakte Klasse. Es gibt aber zwei abgeleitete, nicht-abstrakte innere Klassen Line2D.Float und Line2D.Double, die sie instanziieren können. Dem Konstruktor übergeben Sie dabei die x- und y-Koordinaten des Start- und Endpunkts.

```
Line2D.Float linie = new Line2D.Float(20.0f, 10.0f, 120.0f, 70.0f);
g2.draw(linie);
```

Diese Zeile erzeugt eine Linie von (20,10) nach (120,70).

Rectangle

Rechtecke

Der Konstruktor erwartet int-Werte für die Koordinaten des linken oberen Punkts sowie für Breite und Höhe:

```
Rectangle rechteck = new Rectangle(20, 10, 50, 60);
g2.draw(rechteck);
```

Wenn die linke obere Ecke im Ursprung (0,0) liegen soll, können Sie auch nur Breite und Höhe übergeben (als `int`-Werte oder als `Dimension`-Objekt).

Wenn Sie mit `float`- oder `double`-Angaben arbeiten möchten, können Sie auf die inneren Klassen `Rectangle2D.Float` und `Rectangle2D.Double` zurückgreifen.

Ellipse2D

Ellipsen und Kreise

`Ellipse2D` ist eine abstrakte Klasse. Es gibt aber zwei abgeleitete, nicht-abstrakte innere Klassen `Ellipse2D.Float` und `Ellipse2D.Double`, die sie instanziieren können. Dem Konstruktor übergeben Sie dabei die Daten des umschließenden Rechtecks: die Koordinaten der linken oberen Ecke sowie Breite und Höhe:

```
Ellipse2D.Float ellipse = new Ellipse2D.Float(222.0f, 100.0f,
                                              40.0f,  60.0f);
g2.draw(ellipse);
```

Polygon

Polygone

Polygone werden in Java als eine geordnete Folge von Punkten definiert, die beim Zeichnen automatisch mit Linien verbunden werden. Polygone können Sie auf zweierlei Weise erzeugen:

Sie übergeben dem Konstruktor ein `int`-Array mit den x-Koordinaten der Punkte, ein gleichgroßes `int`-Array mit den zugehörigen y-Koordinaten sowie die Anzahl der Punkte.

```
Polygon poly = new Polygon(new int[] { 20, 60, 100,  60},
                           new int[] {100, 10, 100, 190}, 4);
g2.draw(poly);
```

Oder Sie erzeugen ein leeres `Polygon`-Objekt und fügen die Punkte mithilfe der Methode `addPoint()` nacheinander in der gewünschten Reihenfolge hinzu.

```
Polygon poly = new Polygon();
poly.addPoint( 20, 100);
poly.addPoint( 60,  10);
poly.addPoint(100, 100);
poly.addPoint( 60, 190);
g2.draw(poly);
```

INFO

`Polygon`-Objekte sind immer geschlossen, d.h., wenn der erste und letzte Punkt nicht identisch sind, wird automatisch eine Linie zwischen diesen Punkten gezogen.

GeneralPath

Linien- und Bogenzüge

Ein `GeneralPath`-Objekt ist ein Pfad von Punkt zu Punkt. Wie in einem Polygon werden die Punkte in geordneter Reihenfolge gespeichert und beim Zeichnen verbunden. Anders als bei einem Polygon können die Punkte aber nicht nur mit Linien, sondern auch mit quadratischen oder kubischen Kurvenelementen verbunden werden.

Um ein GeneralPath-Objekt zu definieren:

1. Erzeugen Sie zuerst mithilfe des Konstruktors ein leeres Objekt.
2. Mit moveTo() legen Sie den Startpunkt fest.
3. Dann fügen Sie mit den Methoden lineTo(), quadTo() und/oder curveTo() Linien, Bögen und Kurvensegmente hinzu.
4. Zum Abschließen des Pfads rufen Sie closePath() auf.

lineTo() erwartet als Argumente die x- und y-Koordinaten des hinzuzufügenden Punktes und zieht eine Linie vom letzten zu dem neu eingefügten Punkt.

```
// Raute erzeugen
GeneralPath raute = new GeneralPath();
raute.moveTo( 20, 100);
raute.lineTo( 60,  10);
raute.lineTo(100, 100);
raute.lineTo( 60, 190);
raute.closePath();

g2.draw(raute);
```

quadTo() erwartet als Argumente einen Bezugspunkt, der die Bogenkrümmung bestimmt, sowie die x- und y-Koordinaten des hinzuzufügenden Punktes und zieht einen Bogen vom letzten zu dem neuen Punkt.

```
// Annäherung eines Kreises durch Bögen
// im umschließenden Rechteck (x = 50, y = 50, b = 100, h = 100)
GeneralPath kreis = new GeneralPath();
kreis.moveTo(100, 50);                // 12 Uhr
kreis.quadTo(150, 50, 150, 100);      //  3 Uhr
kreis.quadTo(150, 150, 100, 150);     //  6 Uhr
kreis.quadTo(50, 150, 50, 100);       //  9 Uhr
kreis.quadTo(50, 50, 100, 50);        // 12 Uhr

g2.draw(kreis);
```

curveTo() erwartet als Argumente zwei Bezugspunkte für die Bogenkrümmung, sowie die x- und y-Koordinaten des hinzuzufügenden Punktes und zieht eine Bézier-Kurve vom letzten zu dem neuen Punkt.

23.3.5 Skalieren und Drehen

In Java2D arbeiten Sie nicht mit den Pixelkoordinaten des Zielgerätekontextes, sondern mit Pixel in einem eigenen, logischen Koordinatensystem, das allerdings per Voreinstellung 1:1 auf das Koordinatensystem des Zielgerätekontextes abgebildet wird.

Wenn Sie es wünschen, können Sie die Abbildung allerdings auch verändern, beispielsweise durch Verschieben, durch Drehen oder durch Skalieren.

Verschieben

Um alle nachfolgenden Zeichenausgaben automatisch um bestimmte Beträge in x- oder y-Richtung zu verschieben, rufen Sie die Methode translate() auf:

```
void translate(double dx, double dy);
```

Das folgende Code-Fragment zeichnet zwei Rechtecke. Das zweite Rechteck ist gegenüber dem ersten um 50 Pixel nach rechts und 10 Pixel nach unten verschoben.

```
g2.setColor(Color.BLACK);
g2.drawRect(50, 30, 300, 100);

g2.translate(50.0, 10.0);
g2.drawRect(50, 30, 300, 100);
```

Drehen

Um alle nachfolgenden Zeichenausgaben automatisch um einen bestimmten Winkel (in Bogenmaß, siehe Kapitel 6.3.7) zu drehen, rufen Sie die Methode rotate() auf:

```
void rotate(double rad);
```

Die Drehung erfolgt immer um den Ursprung des Koordinatensystems. Negative Winkel drehen entgegen dem Uhrzeigersinn, positive Werte im Uhrzeigersinn.

Das folgende Code-Fragment zeichnet zwei Rechtecke. Das zweite Rechteck ist gegenüber dem ersten um 90 Grad (gleich PI/2) entgegen dem Uhrzeigersinn gedreht.

```
g2.setColor(Color.BLACK);
g2.drawRect(50, 30, 300, 100);

g2.rotate(-Math.PI/2.0);
g2.drawRect(50, 30, 300, 100);
```

Skalieren

Um alle nachfolgenden Zeichenausgaben automatisch um bestimmte Faktoren in x- oder y-Richtung zu skalieren, rufen Sie die Methode scale() auf:

```
void scale(double sx, double sy);
```

Das folgende Code-Fragment zeichnet zwei Rechtecke. Das zweite Rechteck ist gegenüber dem ersten um die Hälfte verkleinert.

```
g2.setColor(Color.BLACK);
g2.drawRect(50, 30, 300, 100);

g2.scale(0.5, 0.5);
g2.drawRect(50, 30, 300, 100);
```

Beachten Sie, dass durch die Skalierung auch die Koordinaten der linken oberen Ecke »skaliert« werden, sodass das neue Rechteck auch verschoben wird.

INFO

Alle Koordinatentransformationen werden addierend in eine interne Transformationsmatrix eingetragen. Wenn Sie also nacheinander eine Translation um 10 Pixel in x-Richtung, eine Rotation um 0.1 Rad und eine weitere Translation um 50 Pixel in x-Richtung vornehmen, erscheinen nachfolgende Zeichenausgaben um 0.1 Rad gedreht und um 60 Pixel in x-Richtung verschoben!

Wenn Sie die ursprüngliche Koordinatentransformation wiederherstellen möchten, speichern Sie diese vorab und rekonstruieren Sie sie mit `setTransform()`:

```
// Ursprüngliche Transformation sichern
 AffineTransform alteAT = g2.getTransform();

 // Eigene Transformationen hinzufügen
 g2.scale(0.5, 0,5);
 ...

 // Ursprüngliche Transformation wiederherstellen
 g2.setTransform(alteAT);
```


23.4 Grafische Effekte mit JLayer

Ab der Version 7 bietet die Java-API mit der Klasse `javax.swing.JLayer` die Möglichkeit, beliebige Swing-Komponenten mit selbst definierten grafischen Effekten aufzupeppen, die als zusätzliche Schicht (daher der Name `JLayer`) über der eigentlichen Komponente gezeichnet werden – natürlich ohne dadurch deren Funktion oder Verhalten zu beeinträchtigen.

Neben der Klasse `JLayer` kommt dabei noch eine weitere Klasse zum Einsatz: `javax.swing.plaf.LayerUI`. Sie macht die eigentliche Arbeit, kümmert sich um das Zeichnen der gewünschten Effekte und kann sich gegebenenfalls auch in die Ereignisbehandlung einklinken und auf Mausklicks u.ä. reagieren.

Um grafische Effekte für eine Swing-Komponente einzurichten, müssen Sie:

1. Die Swing-Komponente erzeugen, die von dem Effekt profitieren soll.
2. Von `LayerUI` eine eigene Klasse ableiten und dort die gewünschten Effekte implementieren. Dies geschieht weitgehend in der Methode `paint()`.
3. Ein `JLayer`-Objekt anlegen und die in Schritt 1 und 2 erzeugten Objekte übergeben.
4. Das `JLayer`-Objekt der übergeordneten Swing-Komponente hinzufügen.

In Code ausgedrückt, sieht dies z.B. wie folgt aus.

```
public class JLayerFenster extends JFrame {

  public JLayerFenster() {
    super("JLayer Demo");

    JPanel panel = erzeugePanel();                       // Schritt 1
    LayerUI<JPanel> layerUI = new LayerUIKlasse();       // Schritt 2
    JLayer jlayer = new JLayer<JPanel>(panel, layerUI);  // Schritt 3
    this.add(jlayer);                                    // Schritt 4
```

```
    setSize(300,200);
    this.setDefaultCloseOperation(JFrame.EXIT_ON_CLOSE);
  }

  private JPanel erzeugePanel() {
    JPanel panel = new JPanel();

    for(int i = 0; i < 6; i++) {
        JButton button = new JButton("Button " + i);
        panel.add(button);
    }

    return panel;
  }
}
```

Die Klassen `JLayer` und `LayerUI` sind mit Java Generics definiert, sodass man beim Anlegen den gewünschten Typ der zu verschönernden Swing-Komponente mitgeben muss. Im Beispiel wird ein Effekt für ein `JPanel`, das sechs Schaltflächen enthält, erzeugt. Wir übergeben daher `JPanel` als Typparameter.

Der interessante Teil, dem wir uns jetzt zuwenden werden, ist natürlich die Definition von `LayerUIKlasse`, einer konkreten Implementierung von `LayerUI`. Hierbei gibt es die folgenden Aspekte zu beachten:

Abfangen von Maus- oder Tastaturereignissen

Falls Maus- oder Tastaturereignisse, die an die zugrunde liegende Komponente gerichtet sind, abgefangen werden bzw. Zusatzeffekte auslösen sollen, dann muss man

- die Methode `installUI()` überschreiben und in dieser die Event-Maske des `JLayer`-Objekts (das als Argument übergeben wird) mit den gewünschten `AWTEvent`-Konstanten (`|`-verknüpft) setzen. In der Methode `uninstallUI()` muss diese Änderung rückgängig gemacht werden.
- weitere Methoden überschreiben, typischerweise `processMouseEvent()`, `processMouseMotionEvent()` und `processKeyEvent()`.

Zeicheneffekte realisieren

Das eigentliche Zeichnen erfolgt durch Überschreiben der `paint()`-Methode. Um nicht das Zeichnen der zugrunde liegenden Komponente zu beeinflussen, müssen Sie dabei darauf achten, immer einen neuen Grafikkontext zu erzeugen (durch Aufruf der `create()`-Methode für das als Methodenparameter erhaltene `Graphics`-Objekt) und diesen nach Gebrauch via `dispose()` wieder zu entsorgen.

Listing 23.5: Aus LayerUIKlasse.java – Implementierung von LayerUI

```
public class LayerUIKlasse extends LayerUI<JPanel> {

   private boolean zeichneKreis = false;
   private Point mausPosition;
```

```
   public LayerUIKlasse() {
}

public void installUI(JComponent comp) {
   super.installUI(comp);
   JLayer jlayer = (JLayer) comp;

   jlayer.setLayerEventMask(AWTEvent.MOUSE_EVENT_MASK |
                            AWTEvent.MOUSE_MOTION_EVENT_MASK);
}

public void uninstallUI(JComponent comp) {
    JLayer jlayer = (JLayer) comp;
    jlayer.setLayerEventMask(0);
    super.uninstallUI(comp);
}

  protected void processMouseEvent(MouseEvent e, JLayer layer) {
      switch(e.getID()) {
           case MouseEvent.MOUSE_ENTERED: zeichneKreis = true;
                                          break;
           case MouseEvent.MOUSE_EXITED : zeichneKreis = false;
                                          break;
           default :
      }

      layer.repaint();
  }

  protected void processMouseMotionEvent(MouseEvent event,
                                         JLayer layer) {
     mausPosition = SwingUtilities.convertPoint(event.getComponent(),
                                                event.getPoint(), layer);
     layer.repaint();
  }

  public void paint (Graphics g, JComponent c) {

    super.paint (g, c);

    if (zeichneKreis) {
      Graphics2D g2 = (Graphics2D)g.create();

      // Male Kreis mit Gradient
      float radius = 50;
      float[] dist = {0.0f, 1.0f};
      Color[] farben = {new Color(0.0f, 0.0f, 0.0f, 0.0f), Color.BLACK};

      RadialGradientPaint gradientPaint =
            new RadialGradientPaint(mausPosition, radius, dist, farben);
      g2.setPaint(gradientPaint);
      g2.setComposite(AlphaComposite.getInstance(
                                        AlphaComposite.SRC_OVER, .6f));
```

```
            g2.fillRect(0, 0, c.getWidth(), c.getHeight());
            g2.dispose();
        }
    }
}
```

In unserem Beispiel wollen wir einen Taschenlampen-Effekt realisieren. Wenn der Benutzer mit der Maus außerhalb der zugrunde liegenden Komponente (zur Erinnerung: ein `JPanel`) ist, dann passiert nichts, d.h. das `JPanel` wird ganz normal gezeichnet und in der `paint()`-Methode von unserem `LayerUI` Objekt passiert nichts.

Wenn die Maus jedoch in die Komponente hinein bewegt wird, aktivieren wir den Grafikeffekt. Dass die Maus in den Bereich der Komponente bewegt wird, erkennen wir daran, dass die `processMouseEvent()`-Methode aufgerufen wird, wo wir ein entsprechendes Flag setzen. In `processMouseMotionEvent()` merken wir uns die aktuelle Mausposition. Beachten Sie, dass man die Mauskoordinaten von der zugehörigen Komponente in die Zielkomponente (= unser `JLayer`-Objekt) umrechnen muss. Dies leistet `SwingUtilities.convertPoint()`.

In der `paint()`-Methode setzen wir einen halbtransparenten Zeichenmodus sowie einen kreisförmigen Zeichengradienten, der von weiß nach schwarz wechselt und um die aktuelle Mausposition herum definiert wird. Mit `fillRect()` zeichnen wir schließlich auf die gesamte Fläche der Komponente: die Taschenlampe brennt!

Abbildung 23.8: Mit JLayer erzeugter Grafikeffekt

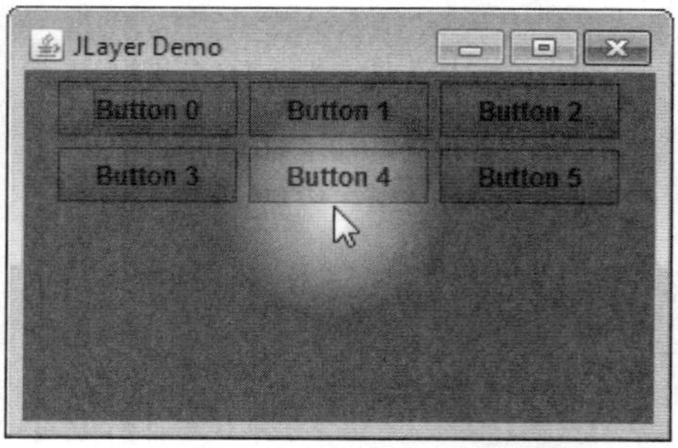

Das vollständige Beispiel finden Sie auf der Buch-DVD.

23.5 Bilder und Bilddateien

Mit Java können Sie nicht nur eigene Grafiken aus Linien und Figuren aufbauen. Sie können auch mit wenig Code Bilder aus Bilddateien laden und je nach Bedarf und Ziel des Programms anzeigen, bearbeiten, speichern.

23.5.1 Bilder laden und speichern

Bilder werden in Java üblicherweise durch Instanzen der Klassen `Image` oder `BufferedImage` repräsentiert.

- `Image` verwenden Sie für Bilder, die lediglich angezeigt werden sollen, oder wenn Sie einen Speichergerätekontext für das Double Buffering (siehe Abschnitt 23.2.3) benötigen. `Image` ist im Paket `java.awt` definiert.
- `BufferedImage` verwenden Sie, wenn Sie die geladenen Bilder *bearbeiten* und wieder *abspeichern* möchten. `BufferedImage` ist im Paket `java.awt.image` definiert.

Für das Laden und Speichern ist die Klasse `javax.imageio.ImageIO`, genauer gesagt, deren `read()`- und `write()`-Methoden zuständig. Mit diesen Methoden ist das Laden und Speichern in wenigen Zeilen erledigt.

Zum Laden übergeben Sie `read()` als einziges Argument das `File`-Objekt, das die zugehörige Bilddatei repräsentiert. Am einfachsten ist es, das `File`-Objekt direkt im Aufruf zu erzeugen. Als Ergebnis erhalten Sie eine `BufferedImage`-Referenz zurück (die Sie problemlos in einer `Image`-Variablen speichern können, da `BufferedImage` von `Image` abgeleitet ist). Bei unvorhergesehenen Lesefehlern wird eine `IOException` ausgelöst.


```
Image bild = null;
try {
   bild = ImageIO.read(new File("bilddatei.jpg"));
} catch(IOException e) {
   System.err.println(e.getMessage());
}
```

Zum Speichern rufen Sie `write()` auf und übergeben der Methode

- die Referenz auf das Bild-Objekt,

  (Achtung! `write()` erwartet ein Objekt vom Typ der Schnittstelle `RenderedImage`. `BufferedImage` implementiert diese Schnittstelle, `Image` nicht. Aus diesem Grunde können Sie `BufferedImage`-Objekte, nicht aber `Image`-Objekte in eine Datei schreiben.)
- einen String mit dem informalen Namen des Bildformats, beispielsweise »png«, »jpeg« oder »tiff«,
- das `File`-Objekt, in das geschrieben werden soll.

```
if (bild != null) {
   try {
      ImageIO.write(bild, "png", new File("Signiert.png"));
   } catch(IOException e) {
      System.err.println(e.getMessage());
   }
}
```

INFO

`BufferedImage` und die Klasse `ImageIO` stehen erst seit der Version 1.4 des JDK zur Verfügung. Wie man in früheren Versionen mit `Image` und der Methode `getImage()` (definiert in `Applet` und in `Toolkit`) Bilder lud, ist in Kapitel 38.3.1 beschrieben.

EXKURS

Welche Bildformate können gelesen und geschrieben werden?

Java benutzt zum Lesen und Schreiben von Bilddateien passende ImageReader- bzw. ImageWriter-Objekte. Unterstützt werden insbesondere BMP, JPG, PNG und GIF. (Seitdem der Patentschutz für das GIF-Format abgelaufen ist, können Sie mit Java GIF-Dateien lesen und schreiben!)

Mit dem folgenden Programm können Sie sich die les- und schreibbaren Formate Ihrer Java-Installation ausgeben lassen.

Listing 23.6: Bildformate.java – Unterstützte Bildformate

```
import javax.imageio.*;
import java.util.Arrays;

public class Bildformate {

   public static void main(String[] args) {
      System.console().printf("\n");
      System.console().printf(" Lesbare Bildformate:\n");
      System.console().printf(" %s\n",
                    Arrays.toString(ImageIO.getReaderFormatNames()));

      System.console().printf("\n");
      System.console().printf(" Schreibbare Bildformate:\n");
      System.console().printf(" %s\n",
                    Arrays.toString(ImageIO.getWriterFormatNames()));

      System.console().printf("\n");
   }
}
```

23.5.2 Bilder anzeigen

Um ein Bild anzuzeigen, gibt es in `Graphics` verschiedene überladene Versionen der Methode `drawImage()`.

Tabelle 23.7: drawImage()-Versionen

Methode	Beschreibung
`boolean **drawImage**(Image img, int x, int y, ImageObserver observer)`	Zeichnet soviel von dem Bild, wie verfügbar ist – sofern das Bild noch nicht komplett geladen wurde (in diesem Fall liefert die Methode `false` zurück). Die linke obere Ecke kommt auf dem Punkt (x,y) zu liegen.
`boolean **drawImage**(Image img, int x, int y, Color bgcolor, ImageObserver observer)`	Wie oben, nur dass transparente Flächen in der angegebenen Farbe übermalt werden.
`boolean **drawImage**(Image img, int x, int y, int breite, int hoehe, Color bgcolor, ImageObserver observer)`	Wie oben, nur dass das Bild in das angegebene Rechteck gezeichnet und dazu notfalls skaliert wird.

Tabelle 23.7: drawImage()-Versionen (Forts.)

Methode	Beschreibung

`boolean drawImage(Image img,`
`int x, int y,`
`int breite, int hoehe,`
`ImageObserver observer)`
	Wie oben, nur dass transparente Bereiche den alten Hintergrund durchscheinen lassen.

`boolean drawImage(Image img,`
`int dx1, int dy1,`
`int dx2, int dy2,`
`int sx1, int sy1,`
`int sx2, int sy2,`
`ImageObserver observer)`
	Skaliert das Bild während des Zeichnens. Beim Aufruf werden dazu zwei Punkte des Zielbereichs ((zx1, zy1) und (zx2, zy2)) und zwei Punkte der Quelle ((qx1, qy1) und (qx2, qy2)) angegeben. Die Skalierung erfolgt so, dass (qx1, qy1) auf (zx1, zy1) und (qx2, qy2) auf (zx2, zy2) abgebildet wird.

`boolean drawImage(Image img,`
`int dx1, int dy1,`
`int dx2, int dy2,`
`int sx1, int sy1,`
`int sx2, int sy2,`
`Color bgcolor,`
`ImageObserver observer)`
	Wie Vorgänger.
	Transparente Flächen werden in der angegebenen Farbe übermalt.

Der folgende Aufruf zeichnet das Bild aus der `Image`-Referenz `bild` 1:1 in den Bereich von `(0,0)` bis `(bild.getWidth(), bild.getHeight())`.

```
// in paintComponent():
g.drawImage(bild, 0, 0, bild.getWidth(), bild.getHeight(), this);
```

23.5.3 Bilder bearbeiten

Bilder, die Sie in `BufferedImage`-Objekte geladen haben, können Sie auch bearbeiten, d.h., Sie können in das Bild zeichnen. `BufferedImage` stellt zu diesem Zweck die Methode `createGraphics()` zur Verfügung, die ein `Graphics2D`-Objekt für das Bild zurückliefert. Über dieses Objekt können Sie mit den gewohnten Methoden in das Bild zeichnen.

```
Graphics2D g = bild.createGraphics();
g.fillOval(0, 0, getWidth(), getHeight());
```

Bildsignierer

Das folgende Programm gestattet dem Anwender PNG-Bilder zu laden, zu signieren und mit der Signatur abzuspeichern. Die Codeabschnitte, die direkt mit der Bildbearbeitung zu tun haben, sind fett hervorgehoben. Sie wiederholen im Grunde nur noch einmal im Kontext eines richtigen Programms die weiter oben vorgestellten Techniken zum Laden, Bearbeiten und Speichern von Grafiken.

Listing 23.7: Bildsignierer.java – Bilder laden und bearbeiten

```
import java.awt.*;
import javax.swing.*;
import javax.swing.filechooser.FileFilter;

```

```
import java.awt.event.*;
import java.io.*;
import java.awt.image.BufferedImage;
import javax.imageio.*;


public class Bildsignierer extends JFrame {
   static Bildsignierer fenster;
   String dateiname;                  // Name der Bilddatei
   BufferedImage  bild;               // Referenz auf das aktuelle Bild
   BildLeinwand leinwand;             // JPanel zum Anzeigen des Bildes

   JMenuBar menuleiste = new JMenuBar();

   JMenu     menuDatei                 = new JMenu();
   JMenuItem menuDateiOeffnen          = new JMenuItem();
   JMenuItem menuDateiSpeichern        = new JMenuItem();
   JMenuItem menuDateiBeenden          = new JMenuItem();

   JMenu     menuBearbeiten                = new JMenu();
   JMenuItem menuBearbeitenSignieren       = new JMenuItem();

   // Innere Klasse zum Überschreiben von paintComponent()
   class BildLeinwand extends JPanel {

      public void paintComponent(Graphics g) {
         super.paintComponent(g);

         if(bild != null)
            g.drawImage(bild, 0, 0, bild.getWidth(),
                                    bild.getHeight(), this);
      }


      public Dimension getPreferredSize() {
         if (bild != null)
            return new Dimension(bild.getWidth(), bild.getHeight());
         else
            return fenster.getSize();
      }
   }


   Bildsignierer() {
      super();

      // Hauptfenster einrichten
      setTitle("Bildsignierprogramm");
      getContentPane().setBackground(Color.LIGHT_GRAY);

      // Menüleiste
      JMenuBar menueleiste = new JMenuBar();
      menuDatei.setText("Datei");
      menuDateiOeffnen.setText("Öffnen");
```

```
      menuDateiOeffnen.addActionListener(new ActionListener() {
         public void actionPerformed(ActionEvent e) {
            bildOeffnen();
         }
      });
      menuDateiSpeichern.setText("Speichern");
      menuDateiSpeichern.addActionListener(new ActionListener() {
         public void actionPerformed(ActionEvent e) {
            bildSpeichern();
         }
      });
      menuDateiBeenden.setText("Beenden");
      menuDateiBeenden.addActionListener(new ActionListener() {
         public void actionPerformed(ActionEvent e) {
            System.exit(0);
         }
      });
      menuDatei.add(menuDateiOeffnen);
      menuDatei.add(menuDateiSpeichern);
      menuDatei.addSeparator();
      menuDatei.add(menuDateiBeenden);
      menueleiste.add(menuDatei);

      menuBearbeiten.setText("Bearbeiten");
      menuBearbeitenSignieren.setText("Signieren");
      menuBearbeitenSignieren.addActionListener(new ActionListener() {
         public void actionPerformed(ActionEvent e) {
            bildSignieren();
         }
      });
      menuBearbeiten.add(menuBearbeitenSignieren);
      menueleiste.add(menuBearbeiten);

      setJMenuBar(menueleiste);


      // Eine Leinwand anlegen (von JPanel abgeleitet)
      leinwand  = new BildLeinwand();
      getContentPane().add(leinwand, BorderLayout.CENTER);


       setDefaultCloseOperation(JFrame.EXIT_ON_CLOSE);
    }


    // Ereignisbehandlungsmethoden für Komponenten

    protected void bildOeffnen() {

       class PngFilter extends FileFilter {

          public String getDescription() {
             return "Portable Network Graphic (*.png)";
          }
```

23

```
         public boolean accept(File f) {
            if (f == null)
               return false;
            if (f.isDirectory())
               return true;
            return f.getName().toLowerCase().endsWith(".png");
         }
      }

      JFileChooser oeffnenDialog = new JFileChooser();
      oeffnenDialog.setCurrentDirectory(new File("."));
      oeffnenDialog.setFileFilter(new PngFilter());
      oeffnenDialog.setAcceptAllFileFilterUsed(false);

      if (JFileChooser.APPROVE_OPTION
          == oeffnenDialog.showOpenDialog(this)) {
         this.dateiname = oeffnenDialog.getSelectedFile().getPath();

         try {
            bild = ImageIO.read(new File(dateiname));

            leinwand.repaint();
            pack();

         } catch(IOException e) {
            dateiname = null;
            bild      = null;
         }
      }
   }


   protected void bildSpeichern() {

      if (bild != null) {
         try {
            ImageIO.write(bild, "png", new File("Signiert.png"));
         } catch(IOException e) {
            System.console().printf(" %s\n", e.getMessage());
         }
      }
   }


   protected void bildSignieren() {

      if (bild != null) {
         Graphics2D g = bild.createGraphics();

         try {
            BufferedImage signatur =
                       ImageIO.read(new File("signatur.png"));
            int x = bild.getWidth() - signatur.getWidth();
            int y = bild.getHeight() - signatur.getHeight();
```

```
168
169             g.drawImage(signatur, x, y,
170                         signatur.getWidth(),
171                         signatur.getHeight(), this);
172
173             leinwand.repaint();
174          } catch(IOException e) {
175             System.console().printf(" %s\n", e.getMessage());
176          }
177       }
178    }
179
180
181    public static void main(String args[]) {
182
183       Bildsignierer fenster = new Bildsignierer();
184       fenster.setSize(500, 500);
185       fenster.setLocation(200,300);
186       fenster.setVisible(true);
187    }
188 }
```

Abbildung 23.9: Geladenes und signiertes Bild (Dänische Küste bei Fakse)

Beachten Sie auch die Definition und Einsatz des Dateifilters für PNG-Dateien in den Zeilen 108–123 und 125.

INFO

23.6 Clipping

Mit den Zeichenmethoden der Klasse `Graphics` malen Sie – auf dem Umweg über den Gerätekontext – in die GUI-Komponente, für die Sie das `Graphics`-Objekt erhalten haben. Wenn Sie also beispielsweise in eine `JPanel`-Instanz malen, können Sie den gesamten Bereich von der linken oberen Ecke (0,0) bis zur rechten unteren (`getWidth()`, `getHeight()`) mit ihren Grafikausgaben füllen. Ob Ihre Ausgaben aber auch auf dem Bildschirm sichtbar werden, hängt abgesehen davon, dass das Panel natürlich auch verdeckt sein kann, noch von einem weiteren Parameter ab: dem Clipping-Bereich.

Der Clipping-Bereich ist der Teilbereich der »Leinwand«, in dem Ihre Grafikausgaben ausgeführt werden. Jedes `Graphics`-Objekt verfügt über einen solchen Clipping-Bereich, der für `JPanel`- und `Canvas`-Komponenten in der Regel den gesamten Komponentenbereich abdeckt.

So können Sie in `paintComponent()` mit folgendem Aufruf den gesamten Hintergrund Ihrer Leinwand schwarz färben:

```
g.setColor(Color.BLACK);
g.fillRect(0, 0, getWidth(), getHeight());
```

Es gibt jedoch Situationen, in denen die Java-Implementierung Ihnen `Graphics`-Objekte übergibt, deren Clipping-Bereich tatsächlich nur einen Teilbereich der betreffenden Komponente umfasst. Dies geschieht selbstverständlich nicht willkürlich, sondern nur mit gutem Grund:

- um bestimmte Bereiche der Komponente vor Übermalung zu schützen
- um das Neuzeichnen mit `paintComponent()` (bzw. `paint()`) effizienter zu gestalten

23.6.1 Geschützte Bereiche

Je nach Typ und Konfiguration können GUI-Komponenten über Bereiche verfügen, die grundsätzlich nicht übermalt werden sollten.

Wenn Sie beispielsweise eine `JPanel`-Instanz mit einem »Rahmen« versehen – beispielsweise:

```
leinwand.setBorder(BorderFactory.createEtchedBorder());
```

zeichnet Java dunkle und helle Linien in das Panel, die den Eindruck eines eingeätzten Rahmens vermitteln. Damit Sie nicht aus Versehen in diesen Rahmen zeichnen, schützt Java ihn durch einen Clipping-Bereich, der die Zeichenfläche auf den Bereich innerhalb des Rahmens beschränkt.

Der oben erzeugte Rahmen ist zwei Pixel breit. Dünne Linie, die Sie am Rand des Panels zeichnen, beispielsweise:

```
g.drawLine(0, 0, 0, getHeight());
```

werden daher nicht gezeichnet.

INFO

Java arbeitet intern mit zwei Clipping-Bereichen: einem User-Clip, der mit den Methoden des `Graphics`-Objekts abgefragt und manipuliert werden kann, sowie einem Device-Clip, der intern verwaltet wird und für den Programmierer nicht zugänglich ist. Der endgültige Clip, der festlegt, in welchem Bereich Zeichenoperationen ausgeführt werden, ist die Schnittmenge dieser beiden Clips.

Rahmen von Komponenten werden durch den Device-Clip geschützt.

23.6.2 Effektives Neuzeichnen

Nicht bei jedem Neuzeichnen ist es notwendig, die betreffende Komponente komplett neu zu malen.

Wenn der Anwender ein Fenster zur Hälfte durch ein anderes Fenster verdeckt und wieder in den Vordergrund holt, würde es im Grunde reichen, nur die verdeckte Hälfte neu zu zeichnen.

Und wenn Sie in einer Methode Grafikausgaben für eine bestimme Ecke eines Fensters vorbereiten und dann `repaint()` aufrufen, um die vorbereiteten Grafikelemente von `paintComponent()` zeichnen zu lassen, wäre es absolut hinreichend, nur die betreffende Ecke neu zu zeichnen.

Mittels Clipping kann die Grafikausgabe in solchen Fällen effizienter gestaltet werden.

In den Fällen, in denen das Neuzeichnen des Fensters (allgemeiner der Komponente) durch Aktionen des Anwenders ausgelöst wird, übernimmt die Implementierung der Java-Klassen die Festlegung des Clipping-Bereichs:

- Beim Wiederherstellen minimierter Fenster sowie bei Größenänderungen wird der Clipping-Bereich (exakt: der Device-Clip) nicht weiter beschränkt, d.h., der Clipping-Bereich entspricht der Größe der Komponente minus Rahmen usw.
- Wird ein teilweise verdecktes Fenster wieder in den Vordergrund geholt, wird der Clipping-Bereich auf den zuvor verdeckten Bereich reduziert. (Wenn mehrere Bereiche verdeckt sind, wird allerdings doch das gesamte Fenster neu gezeichnet.)

INFO

Dass in Java Fenster, deren Größe durch den Anwender verändert wird, stets komplett neu gezeichnet werden, ist ein großer Vorzug, denn so kann man in `paintComponent()` mit einfachen Mitteln dafür sorgen, dass die Zeichenausgaben automatisch an die Fenstergröße (Komponentengröße) angepasst werden (etwa mit `getWidth()`, `getHeight()`).

Wenn Sie selbst das Neuzeichnen anstoßen und auf einen bestimmten Bereich beschränken wollen, übergeben Sie die Koordinaten der linken oberen Ecke sowie Breite und Höhe des Clipping-Bereichs an `repaint()` (bzw. `paintImmediately()`):

```
repaint(x, y, breite, hoehe);
paintImmediately(x, y, breite, hoehe);
```

23.6.3 Zeichnen mit Clipping-Effekten

Wenn Sie möchten, können Sie auch einen eigenen Clipping-Bereich festlegen. (Dieser User-Clip wird intern mit dem Device-Clip kombiniert.) Rechteckige Clips können Sie mit `clipRect()`, »beliebige« Clip-Formen mit der `Graphics2D`-Methode `clip()` einrichten:

```
// Zeichenausgaben auf einen inneren Bereich, von jeder Seite um
// 50 Pixel eingerückt, begrenzen

g.clipRect(50, 50, getWidth()-100, getHeight()-100);
```

oder

```
// Zeichenausgaben auf einen Kreis begrenzen, dessen umschließendes
// Rechteck von jeder Seite um 50 Pixel eingerückt ist

Ellipse2D.Double kreisClip = new Ellipse2D.Double(50, 50,
                                         getWidth()-100,
                                         getHeight()-100);
g2.clip(kreisClip);
```

Sie können Clips auch kombinieren. Wenn Sie `clipRect()` oder `clip()` mehrfach für verschiedene Figuren aufrufen, bildet Java aus diesen Figuren die Schnittmenge und verwendet diese als User-Clip.

STOP

Wenn die Schnittmenge der Clips leer ist, ist der verbleibende Zeichenbereich gleich null.

Tabelle 23.8: Clip-Methoden der Klassen Graphics und Graphics2D[3]

Graphics-Methoden	Beschreibung
`void clipRect(int x, int y, int breite, int hoehe)`	Definiert das angegebene Rechteck als Clipping-Bereich. Besteht bereits ein Clipping-Bereich, wird die Schnittmenge aus diesem und dem angegebenen Rechteck gebildet.
`void setClip(int x, int y, int breite, int hoehe)`	Definiert einen neuen Clipping-Bereich.[a] Besteht bereits ein Clipping-Bereich, wird dieser ersetzt. `setClip(null)` löscht den Clipping-Bereich.
`boolean hitClip(int x, int y, int breite, int hoehe)`	Liefert `true` zurück, wenn der angegebene rechteckige Bereich den Clipping-Bereich überlappt.
Graphics2D-Methoden	**Beschreibung**
`void clip(Shape s)`	Definiert die übergebene Form als Clipping-Bereich. Besteht bereits ein Clipping-Bereich, wird die Schnittmenge aus diesem und der angegebenen Form gebildet.

a. Es gibt in `Graphics` auch eine Methode `setClip(Shape s)` zur Festlegung des Clipping-Bereichs. Diese Methode erlaubt allerdings nur Rechtecke als »Shapes« und sollte im Übrigen nicht mit der `Graphics2D`-Methode `clip(Shape s)` verwechselt werden.

3 Die aufgeführten Methoden beziehen sich alle auf den User-Clip, den der Programmierer selbst definiert und verwaltet.

Das folgende Beispiel ist eine Abwandlung des Bildsignierers aus Kapitel 23.5.3. Das Programm lädt PNG-Grafiken, zeigt aber nur einen mit quadratischen Bögen angenäherten Kreisausschnitt. Das Listing zeigt nur die überarbeitete `paintComponent()`-Methode. Den vollständigen Quelltext finden Sie auf der Buch-DVD:

Listing 23.8: Bildbetrachter.java – Bilder laden und anzeigen

```
class BildLeinwand extends JPanel {

   public void paintComponent(Graphics g) {
      super.paintComponent(g);

      Graphics2D g2 = (Graphics2D) g;

      if(bild != null) {

         int r = Math.max(getWidth()/3, getHeight()/3);
         Point mitte = new Point(getWidth()/2, getHeight()/2);

         GeneralPath kreisClip = new GeneralPath();
         kreisClip.moveTo(mitte.x, mitte.y-r);
         kreisClip.quadTo(mitte.x+r, mitte.y-r, mitte.x+r, mitte.y);
         kreisClip.quadTo(mitte.x+r, mitte.y+r, mitte.x, mitte.y+r);
         kreisClip.quadTo(mitte.x-r, mitte.y+r, mitte.x-r, mitte.y);
         kreisClip.quadTo(mitte.x-r, mitte.y-r, mitte.x, mitte.y-r);
         g2.clip(kreisClip);

         g2.drawImage(bild, 0, 0,
                      bild.getWidth(), bild.getHeight(), this);
      }
   }
...
```

Abbildung 23.10: Benutzerdefiniertes Clipping

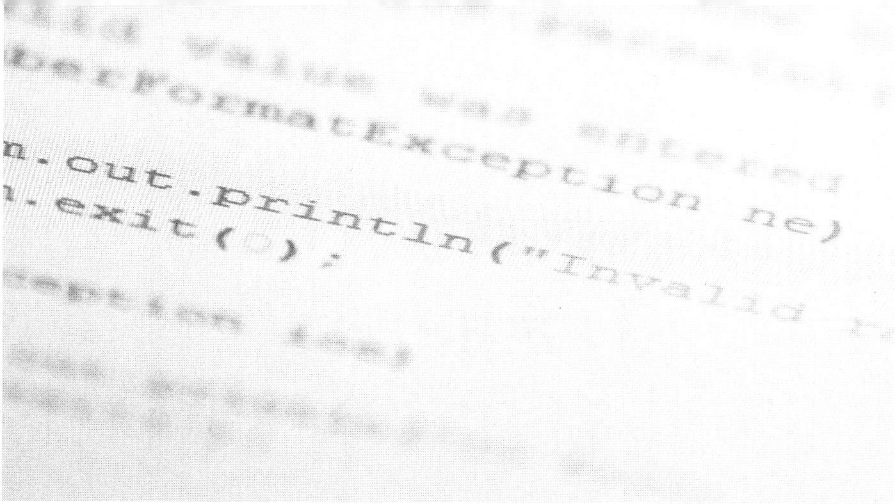

Kapitel 24
Textverarbeitung

Die Textverarbeitung ist ein weites Feld, das von der Verwendung einfacher Eingabefelder in Dialogen bis zur Erstellung voll ausgereifter Textverarbeitungs- und Desktop Publishing-Software reicht. Eine erschöpfende Behandlung dieser Thematik ist im Rahmen eines Kompendiums selbstredend nicht zu schaffen, doch wir wollen zumindest versuchen, die wichtigsten Aspekte von den einfachen Eingabefeldern bis zur Erstellung kompletter Texteditoren zu streifen.

24.1 Grundlagen

Alle Swing-Textkomponenten gehen auf die Basisklasse `javax.swing.text.JTextComponent` zurück. Diese vererbt nicht nur eine Reihe von nützlichen Methoden, sondern gibt auch die grundlegenden Konzepte und Verhaltensweisen vor, die den Textkomponenten von Java zu eigen sind, wie:

- Trennung in Dokument und Ansicht (MVC-Architektur)
- Positionsanzeige (Caret)
- Hervorhebung markierter Stellen
- vordefinierte Ereignisbehandlung (Actions)
- vordefinierte Tastaturkürzel (Keymaps)
- Scrollbarkeit

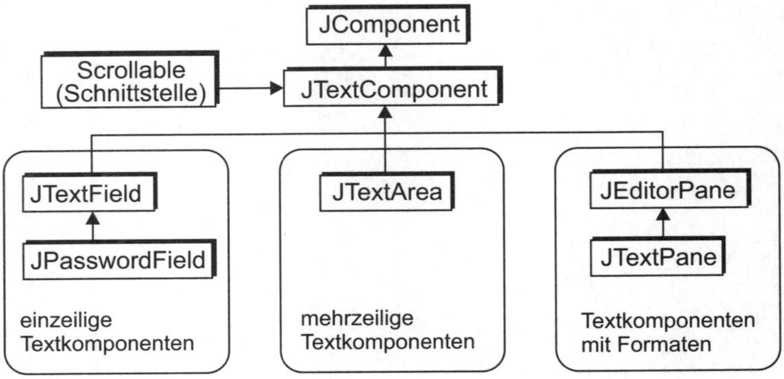

Abbildung 24.1: Hierarchie der Textkomponenten

24.1.1 Dokument und Ansicht (MVC-Architektur)

Alle Swing-Komponenten basieren auf einem allgemeinen objektorientierten Design, das in den späten Siebzigern entwickelt wurde: die **M**odel-**V**iew-**C**ontroller-Architektur. Der Grundgedanke dieses Designs ist, die Datenverarbeitung in drei Bereiche aufzuteilen:

- die Verwaltung der Daten (Model)
- die Anzeige der Daten (View)
- die Bearbeitung der Daten als Antwort auf Ereignisse (Controller)

Alle Swing-Komponenten sind in dieses Design eingebettet und nutzen es. Beachten Sie aber, dass die Swing-Komponenten weder mit dem Model, noch der View, noch dem Controller gleichzusetzen sind. Sie vereinen vielmehr in sich alle drei Bestandteile (teils durch eigene Funktionalität, teils dadurch, dass sie entsprechende Objekte in sich bergen).

EXKURS

MVC am Beispiel einer JCheckBox

Wie alle Schaltflächen geht `JCheckBox` *auf die Basisklasse* `AbstractButton` *zurück und erbt von dieser als Model eine* `ButtonModel`*-Instanz. Das Model speichert in diesem Fall den Zustand der Schaltfläche (ausgewählt oder nicht) und definiert Methoden, um den Schalterzustand zu ändern. Der Programmierer muss diese Methoden aber nicht direkt aufrufen (obwohl er sich mit der* `AbstractButton`*-Methode* `getModel()` *eine Referenz auf das zugrunde liegende Model beschaffen könnte), denn* `JCheckBox` *erbt von* `AbstractButton` *für diese Aufgaben spezielle, einfacher zu verwendende Methoden:* `setSelected()` *und* `isSelected()` *(die ihrerseits dann die entsprechenden Model-Methoden aufrufen).*

Die Aufgabe der View übernimmt meist ein UI-Delegate – im Falle von `JCheckBox` *eine* `ButtonUI`*-Instanz. Der Delegate kontrolliert die Bildschirmdarstellung, malt das Kontrollkästchen je nach Zustand markiert oder nicht und passt das Aussehen an den eingestellten Swing-**Look** an. (Aktiviert wird die View beispielsweise über die* `paintComponent()`*-Methode von* `JComponent`*.)*

Die Aufgabe des Controllers, der für die Ereignisbehandlung und das Verhalten einer Komponente zuständig ist (Feel), übernimmt in Swing ebenfalls der UI-Delegate. Dieses Design berücksichtigt, dass zwischen Controller und View in der Regel vielfältige, komplexe Interaktionen ablaufen, die durch die Kombination beider Elemente in einem übergeordneten Delegate-Objekt vereinfacht werden können. Das Model wird dagegen getrennt verwahrt, damit eine Komponente Delegate (Look&Feel) und Model (Daten) unabhängig voneinander austauschen kann.

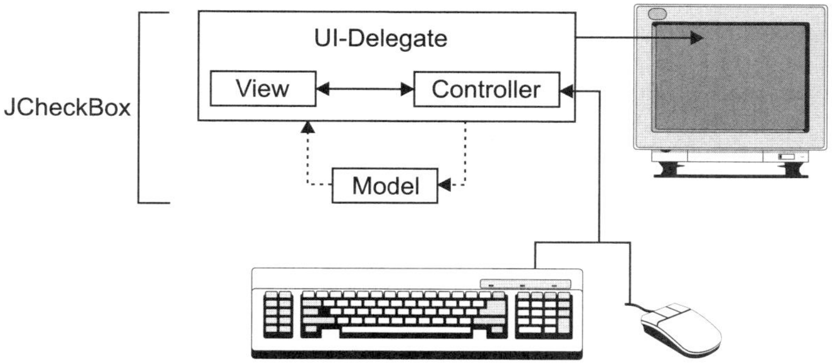

Abbildung 24.2: Die Java-MVC-Delegate-Architektur

24

Für Textkomponenten ist der UI-Delegate eine Instanz, deren Klasse auf die abstrakte Basisklasse `TextUI` zurückgeht. Interessanter ist für Textkomponenten aber meist das Model.

Alle Textkomponenten-Models gehen auf die Schnittstelle `Document` aus `javax.swing.text` zurück. `Document` definiert Methoden, mit denen Text in das Dokument eingefügt oder ausgelesen werden kann. In der Regel rufen Sie diese Methoden nicht selbst auf, sondern überlassen dies der Textkomponente. `JTextComponent` definiert hierzu eine Reihe von Methoden, die intern so implementiert sind, dass sie die zugehörigen `Document`-Methoden aufrufen (siehe Tabelle 24.1). Des Weiteren gestattet das `Document`-Model, Listener zu registrieren, die es über Änderungen im Text informiert. Dies ist immer dann interessant, wenn Sie möchten, dass Ihr Programm auf Textänderungen reagiert, die vom Benutzer ausgelöst werden. Die zugehörige Methode heißt: `addDocumentListener(DocumentListener)`.

- Implementiert wird `Document` von `PlainDocument` und `DefaultStyledDocument`.
- `PlainDocument` erlaubt für den gesamten Text nur eine Farbe, eine Schriftart und beschränkt den Dokumentinhalt auf reine Zeichen. `PlainDocument` wird von `JTextField`, `JPasswordField` und `JTextArea` verwendet.
- `DefaultStyledDocument` implementiert zudem die Schnittstelle `StyledDocument` und gestattet die unabhängige Formatierung einzelner Textpassagen sowie die Einbettung von Bildern. `DefaultStyledDocument` wird von `JEditorPane` und `JTextPane` verwendet.

Tabelle 24.1: JTextComponent-Methoden, die zwischen Textkomponente und Document-Model vermitteln

Methode	Beschreibung
void **copy**()	Kopiert den aktuell ausgewählten Text in die Zwischenablage.
void **cut**()	Kopiert den aktuell ausgewählten Text in die Zwischenablage und löscht ihn im Dokument.
Document **getDocument**()	Liefert eine Referenz auf die zugrunde liegende Document-Instanz zurück.
String **getSelectedText**()	Liefert den aktuell ausgewählten Text zurück.
String **getText**()	Liefert den gesamten Text im Dokument als String zurück.
String **getText**(int anfang, int n)	Liefert die nächsten n Zeichen ab der Position anfang aus dem Dokument als String zurück.
boolean **isEditable**()	Gibt an, ob der Text in der Komponente bearbeitet oder nur gelesen werden kann.
void **paste**()	Fügt den Inhalt der Zwischenablage in das Dokument ein.
void **read**(Reader ein, Object stream)	Erzeugt ein passendes Dokument und füllt es mit dem Inhalt des Streams (gegeben durch File- oder URL-Objekt).
void **setDocument**(Document dok)	Verbindet die Komponente mit einem neuen Dokument.
void **setEditable**(boolean b)	Schaltet den Schreibschutz ein und aus.
void **setText**(String t)	Weist dem Dokument einen neuen Text zu.
void **write**(Writer aus)	Schreibt den Inhalt des Dokuments in den angegebenen Stream.

Um beispielsweise in einem Eingabefeld einen Mustertext anzuzeigen, der dem Benutzer anzeigt, welches Eingabeformat erwartet wird, können Sie schreiben:

```
JTextField eingabefeld = new JTextField();
eingabeFeld.setText("Vorname Name");
```

An anderer Stelle im Programm können Sie die Benutzereingabe dann einfach mit getText() abfragen:

```
String name = eingabefeld.getText();
```

INFO

Beachten Sie, dass der Text wie gesagt, nicht in der JTextField-Komponente selbst, sondern in ihrer Document-Instanz verwaltet wird. Wenn Sie oder der Anwender Text in das Eingabefeld eingeben, wird dieser in der Document-Instanz abgespeichert, und wenn Sie mit getText() den Text der Komponente abfragen, ruft die JTextField-Methode die getText()-Methode der Document-Instanz auf, um den Text zurückzuliefern.

24.1.2 Positionsanzeige (Caret)

Jede Textkomponente verfügt über einen speziellen Marker, der anzeigt, ab welcher Position Zeichen eingefügt, gelöscht oder überschrieben werden. Dieser Marker, Caret genannt, kann mit den Methoden aus `JTextComponent` abgefragt oder gesetzt werden.

STOP

Beachten Sie, dass die Positionen nullbasiert angegeben werden. Die Position 0 liegt demnach vor dem ersten Zeichen, die Position 1 hinter dem ersten Zeichen im Text.

Tabelle 24.2: Caret-Methoden von JTextComponent

Methode	Beschreibung
Caret **getCaret**()	Liefert Referenz auf die Instanz des Caret zurück.
Color **getCaretColor**()	Liefert die Farbe des Caret zurück.
int **getCaretPosition**()	Liefert die Position des Caret zurück.
void **moveCaretPosition**(int pos)	Verschiebt den Caret und markiert den Text, der zwischen der alten und neuen Position liegt.
void **setCaret**(Caret c)	Tauscht den Caret aus.
void **setCaretColor**(Color c)	Weist dem Caret eine neue Farbe zu.
void **setCaretPosition**(int pos)	Setzt den Caret auf die angegebene Position.

Die folgenden Anwendungen platzieren den Caret vor die »3«:

```
JTextArea textfeld    = new JTextArea();
textfeld.setText("0123456789");

textfeld.setCaretPosition(3);
```

24.1.3 Textmarkierungen

Alle Textkomponenten gestatten es dem Anwender, den Text oder einzelne Textpassagen zu markieren. Mit den Methoden von `JTextComponent` können Sie ermitteln, welche Passage augenblicklich markiert ist, oder selbst Textteile markieren.

STOP

Beachten Sie, dass die Positionen nullbasiert angegeben werden. Die Position 0 liegt demnach vor dem ersten Zeichen, die Position 1 hinter dem ersten Zeichen im Text.

Tabelle 24.3: JTextComponent-Methoden für markierte Textstellen

Methode	Beschreibung
String **getSelectedText**()	Liefert den aktuell ausgewählten Text zurück.
Color **getSelectedTextColor**()	Gibt die Farbe zurück, die zur Darstellung des ausgewählten Textes verwendet wird.
int **getSelectionEnd**()	Liefert die Position hinter dem letzten markierten Zeichen (0, wenn nichts markiert ist).
int **getSelectionStart**()	Liefert die Position des ersten markierten Zeichens (0, wenn nichts markiert ist).
void **moveCaretPosition**(int pos)	Verschiebt den Caret und markiert den Text, der zwischen der alten und neuen Position liegt.

Tabelle 24.3: JTextComponent-Methoden für markierte Textstellen (Forts.)

Methode	Beschreibung
void **replaceSelection**(String t)	Ersetzt die aktuelle Auswahl durch den übergebenen Text.
void **selectAll**()	Markiert den gesamten Text.
void **setCaretPosition**(int pos)	Verschiebt den Caret.
void **setSelectedTextColor**(Color c)	Legt die Farbe fest, die zur Darstellung des ausgewählten Textes verwendet wird.
void **setSelectionEnd**(int pos)	Gibt die Position an, ab der markiert werden soll.
void **setSelectionStart**(int pos)	Gibt die Position des letzten zu markierenden Zeichens an.

`JTextComponent` verfügt auch noch über Methoden `select(int start, int ende)`, `void setSelectionEnd(int pos)` und `void setSelectionStart(int pos)`, die früher zur Markierung von Textpassagen verwendet wurden, mittlerweile aber als veraltet angesehen werden. Wenn Sie vom Programm aus Textstellen markieren wollen, verwenden Sie `setCaretPosition()` und `moveCaretPosition()`:

Die folgenden Anwendungen markieren die Textpassage »3456«:

```
JTextArea textfeld    = new JTextArea();
textfeld.setText("0123456789");

textfeld.setCaretPosition(3);
textfeld.moveCaretPosition(3 + 4);
```

24.1.4 Vordefinierte Ereignisbehandlung (Actions)

Alle Textkomponenten verfügen über eine Reihe von vordefinierten Aktionen. Aktionen sind fertig definierte Behandlungsmethoden für Aufgaben, die für die Textverarbeitung typisch sind – beispielsweise die Unterstützung der Zwischenablage.

Zusätzlich verfügen Textkomponenten über eine `Keymap`, die Tastaturkürzel mit Aktionen verbindet. Dank der vorgegebenen Keymap-Einträge kann der Anwender in Swing-Textkomponenten beispielsweise

- Textpassagen mit [Strg] + [C], [Strg] + [X] und [Strg] + [V] in die Zwischenablage kopieren, ausschneiden oder aus der Zwischenablage einfügen,
- den gesamten Text mit [Strg] + [A] markieren,
- sich mit den Pfeiltasten sowie [Bild↑], [Bild↓], [Pos1] und [Ende] durch den Text bewegen.

INFO

Art und Tastaturkürzel der Aktionen hängen von der verwendeten Textkomponente ab (siehe Java-Dokumentation.)

Technisch gesehen sind Aktionen Objekte von Klassen, die die Schnittstelle `Action` implementieren. Die Aktionen einer Textkomponente können Sie über die

Methode getActions() abfragen und beispielsweise in eine Hashtabelle einlesen, um sie – statt nur mit Tastaturkürzeln – mit Menübefehlen oder Schaltern aus der Symbolleiste zu verbinden.

```
// Aktionen einer Textkomponente in Hashtabelle einlesen:
Hashtable<Object, Action> aktionen = new Hashtable<Object, Action>();

Action[] actionsArray = textfeld.getActions();

for (int i = 0; i < actionsArray.length; i++) {
   Action a = actionsArray[i];
   aktionen.put(a.getValue(Action.NAME), a);
}

// Aktion mit Menübefehl verbinden:
menuBearbeitenKopieren.addActionListener(
                    aktionen.get(DefaultEditorKit.copyAction));
```

INFO

Die Aktionen sind nicht in den Textkomponenten selbst implementiert, sondern in EditorKit-Klassen. Der Zugriff auf die EditorKits erfolgt über die UI-Delegates.

Andere Swing-Komponenten (von JApplet bis JTree) verfügen ebenfalls über vordefinierte Aktionen für die wichtigsten tastaturgesteuerten Aufgaben.

24.1.5 Scrollbarkeit

JTextComponent, und damit alle abgeleiteten Swing-Textkomponenten, implementieren die Schnittstelle Scrollable. Um eine mehrzeilige Swing-Textkomponente bildlauffähig zu machen, müssen Sie sie daher lediglich in eine JScrollPane einbetten:

```
JScrollPane bildlauf  = new JScrollPane();
JTextArea textfeld    = new JTextArea();

// Textfeld in den Viewport der JScrollPane einfügen
bildlauf.getViewport().add(textfeld, null);

// Die JScrollPane mit dem Textfeld in die ContentPane einfügen
getContentPane().add(bildlauf, BorderLayout.CENTER);
```

24.2 Einzeilige Textfelder

Zu den einzeiligen Textfeldern gehören JTextField und JPasswordField, die beide zumeist in Dialogfenstern verwendet werden.

JTextField

JTextField-Instanzen eignen sich vorzüglich zum Abfragen von Textdaten, wie zum Beispiel dem Namen des Anwenders, sowie von Daten, für die es keine anderen passenden Komponenten gibt, wie z.B. Kontonummern und so weiter.

Soll der Inhalt der Komponente nur gelesen werden, kann mit `setEditable(false)` der Schreibschutz angeschaltet werden.

Die Eingabe fragen Sie wie für Textkomponenten üblich mit `getText()` ab.

JPasswordField

Sollen geheime Daten abgefragt werden, empfiehlt sich die Verwendung einer `JPasswordField`-Komponente. Statt der eingetippten Zeichen werden dann nur Kopien des Stellvertreter-Zeichens angezeigt. Standardmäßig dient der »*« als Stellvertreter, doch Sie können mit `setEchoChar(char c)` auch jedes beliebige andere Zeichen als Stellvertreter einrichten.

Obwohl auch `JPasswordField` über die Methode `getText()` zum Abfragen ihres Inhalts verfügt, sollten Sie diese meiden und stattdessen `getPassword()` verwenden. Der Unterschied ist, dass `getPassword()` den Text in Form eines `char`-Arrays zurückliefert, während `getText()` einen String zurückgibt. Das Problem des Strings ist, dass er lesbar im Speicher verbleibt. Dies können Sie auch nicht durch Überschreibung des Strings verhindern, denn – zur Erinnerung – Strings sind immutable und sämtliche Manipulationen erzeugen lediglich veränderte Kopien. Die Zeichen des zurückgelieferten `char`-Arrays können – und sollten – Sie dagegen direkt nach der Auswertung überschreiben.

Das folgende Programm ruft beim Start einen einfachen Login-Dialog auf, der Name und Kennwort abfragt. Meldet sich der Anwender korrekt an, wird ihm ein geheimer Code mitgeteilt. Das Programm ist mehr als unsicher, da Benutzername und Kennwort direkt im Quelltext stehen, potenziellen Hacker also quasi auf dem Präsentierteller serviert werden. Doch es verdeutlicht gut den Umgang mit den einzeiligen Textkomponenten und dem Abfragen von `JPasswordField`-Komponenten.

DVD

Die Listings zeigen nur die interessanten Teile. Den vollständigen Quelltext finden Sie auf der Buch-DVD.

Listing 24.1: Aus Logindialog.java – Dialog zum Abfragen von Benutzername und Kennwort

```
...
public class Logindialog extends JDialog implements ActionListener {
  private final char[] KENNWORT = {'S', 'e', 's', 'a', 'm'};
  private JTextField nameFeld = new JTextField();
  private JPasswordField kennwortFeld = new JPasswordField();
  private boolean einloggen = false;

  public Einloggdialog(JFrame f) {
    ...
    // JTextField einrichten
    nameFeld.setText("");
    nameFeld.setBounds(new Rectangle(100, 20, 320, 25));
    ...
    // JPasswordField einrichten
```

```
15       kennwortFeld.setText("");
16       kennwortFeld.setBounds(new Rectangle(100, 50, 320, 25));
17       ...
18       this.getContentPane().add(nameFeld, null);
19       this.getContentPane().add(kennwortFeld, null);
20       ...
21     }
22
23     public void actionPerformed(ActionEvent e)  {
24       String label = e.getActionCommand();
25
26       if( label.equals("Einloggen") )  {
27         einloggen = false;
28         if( nameFeld.getText().equals("Anonym")
29             & java.util.Arrays.equals(KENNWORT,
30                                  kennwortFeld.getPassword()) )
31           einloggen = true;
32
33         setVisible(false);
34
35       } else if(label.equals("Abbrechen"))  {
36         setVisible(false);
37       }
38     }
39
40     // Ergebnis an Aufrufer zurückliefern
41     public boolean isKennwortKorrekt()  {
42       return einloggen;
43     }
44 }
```

In den Zeilen 4 und 5 werden die Textkomponenten erzeugt, in den Zeilen 11-19 eingerichtet und schließlich in die `ContentPane` des Dialogs eingefügt.

Die Ereignisbehandlungsmethode für die Schalter (Zeilen 23-38) setzt zuerst die Kontrollvariable `einloggen` auf `false` und prüft dann, welcher Schalter gedrückt wurde. Ist es der EINLOGGEN-Schalter, kontrolliert die Methode, ob Name und Kennwort korrekt sind.

Beachten Sie, dass das von `kennwortFeld.getPassword()` zurückgelieferte `char`-Array vermittels der statischen Methode `java.util.Arrays.equals()` mit der ebenfalls als `char`-Array definierten Kennwort-Konstanten verglichen wird. Die `Arrays`-Methode vergleicht nämlich nicht die Referenzen, sondern prüft, ob die übergebenen Arrays elementweise gleich sind!

Sind Name und Kennwort korrekt, wird das private Feld `einloggen` auf `true` gesetzt. Ansonsten behält das Feld den Wert `false`.

Über die Methode `isKennwortKorrekt()` kann der Aufrufer das Ergebnis der Loginprozedur abfragen.

Abbildung 24.3:
Der Login-Dialog

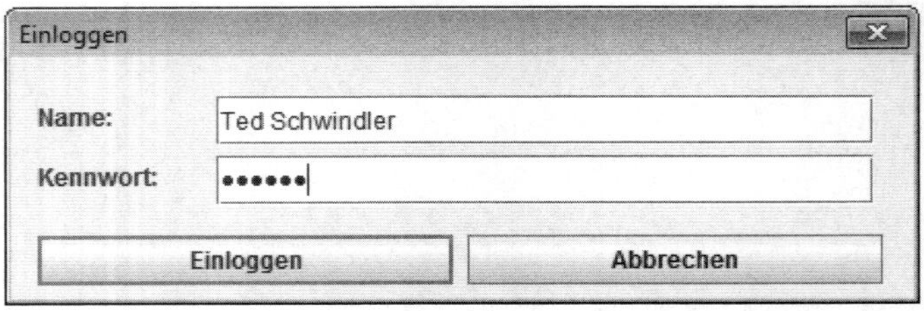

Listing 24.2: Aus Geheimprogramm.java – Programm, das durch Login-Routine geschützt wird

```
...
public class Geheimprogramm extends javax.swing.JFrame {
   final String GEHEIMCODE = "123-4547";
   boolean isEingeloggt = false;

   // innere Klasse für Zeichenfläche
   private class Leinwand extends JPanel {

      public void paintComponent(Graphics g) {
         super.paintComponent(g);

         g.setColor(Color.RED);
         g.setFont(new Font("SansSerif", Font.BOLD, 20));

         if(isEingeloggt)
            g.drawString("Der Geheimcode lautet: " + GEHEIMCODE,20,40);
         else
            g.drawString("Keine Berechtigung", 20, 40);

      }
   }


   public Geheimprogramm() {
      ...
      isEingeloggt = einloggen();
      ...
   }

   private boolean einloggen() {

      Logindialog loginDialog = new Logindialog(this);
      loginDialog.setVisible(true);

      return loginDialog.isKennwortKorrekt();
   }

   public static void main(String args[]) {
      ...
   }
}
```

Zum Abfragen des Kennworts definiert das Programm die Methode `einloggen()` (Zeilen 30-36) Diese ruft den Login-Dialog auf und fragt das Ergebnis der Loginprozedur mit `isKennwortKorrekt()` ab. Den zurückgelieferten Wert reicht sie als eigenen Ergebniswert weiter.

Damit das Kennwort gleich zu Beginn abgefragt wird, ruft das Programm die Methode `einloggen()` direkt im Konstruktor der Programmklasse auf (Zeile 26). Das Ergebnis wird im Feld `isEingeloggt` abgespeichert. Anhand des Werts dieses Feldes entscheidet dann die `paintComponent()`-Methode, ob der Geheimcode oder eine Fehlermeldung angezeigt wird (Zeilen 15-18).

24.3 Texteditierung mit JTextArea

Mit `JTextArea` können Sie mehrzeilige Eingabefelder in Dialoge (und andere Fenster) einbauen. `JTextArea` verfügt zusätzlich zu den geerbten noch über eine Reihe von weiteren nützlichen Methoden, beispielsweise die Methoden

```
void append(String str)
```

```
void insert(String str, int pos)
```

zum Anhängen und Einfügen eines Strings in eine `JTextArea` sowie eine ganze Reihe von Methoden, die speziell die Mehrzeiligkeit unterstützen.

Tabelle 24.4: JTextArea-Methoden für die Mehrzeiligkeit

Methode	Beschreibung
int **getLineCount**()	Liefert die Anzahl der Zeilen im Dokument zurück.
int **getLineEndOffset**(int zeile)	Liefert den Zeichen-Offset vom Anfang des Textes bis zum Ende der angegebenen Zeile.
int **getLineStartOffset**(int zeile)	Liefert den Zeichen-Offset vom Anfang des Textes bis zum Beginn der angegebenen Zeile.
int **getLineOfOffset**(int offset)	Liefert die Zeile zu einem Offset.
boolean **getLineWrap**()	Zeigt an, ob Zeilen, die länger sind als der Anzeigebereich der Komponente, umgebrochen werden.
int **getRows**()	Liefert die Breite des Anzeigebereichs in Zeichen zurück.
int **getTabSize**()	Liefert die Breite eines Tabulators in Zeichen.
boolean **getWrapStyleWord**()	Zeigt an, ob Zeilen, die länger sind als der Anzeigebereich der Komponente, an Wortgrenzen (`true`) oder nach jedem Zeichen (`false`) umgebrochen werden können.
void **setLineWrap**(boolean umbruch)	Legt fest, ob Zeilen, die länger sind als der Anzeigebereich der Komponente, umgebrochen werden.
void **setRows**(int spalten)	Legt die Breite des Anzeigebereichs in Zeichen fest.
void **setWrapStyleWord**(boolean wort)	Legt fest, ob Zeilen, die länger sind als der Anzeigebereich der Komponente, an Wortgrenzen (`true`) oder nach jedem Zeichen (`false`) umgebrochen werden.

Javedi-Editor

Neben der Verwendung als Dialogelement eignet sich `JTextArea` aber auch bereits zur Erstellung echter Texteditoren. Wie dies geht und welche typischen Aufgaben dabei anfallen, ist Thema dieses Abschnitts, an dessen Ende ein einfacher, aber dennoch komfortabler Editor steht, mit dem Sie Textdateien erzeugen, laden, editieren und speichern können. Der Editor unterstützt die Zwischenablage und verfügt über eine Suchfunktion, mit der Sie nach speziellen Textstellen forschen können. Zudem erlaubt der Editor die Einstellung eigener Schriftarten, -größen und -stile.

STOP

Beachten Sie aber, dass `JTextArea` ein `PlainDocument`-Model (siehe Abschnitt 24.1.1) zum Speichern der Daten verwendet, welches keine Textformatierung erlaubt. Die ausgewählten Schriftarten gelten daher immer nur für die Anzeige des gesamten Textes in der Textkomponente.

Abbildung 24.4: Auf JTextArea basierender Texteditor

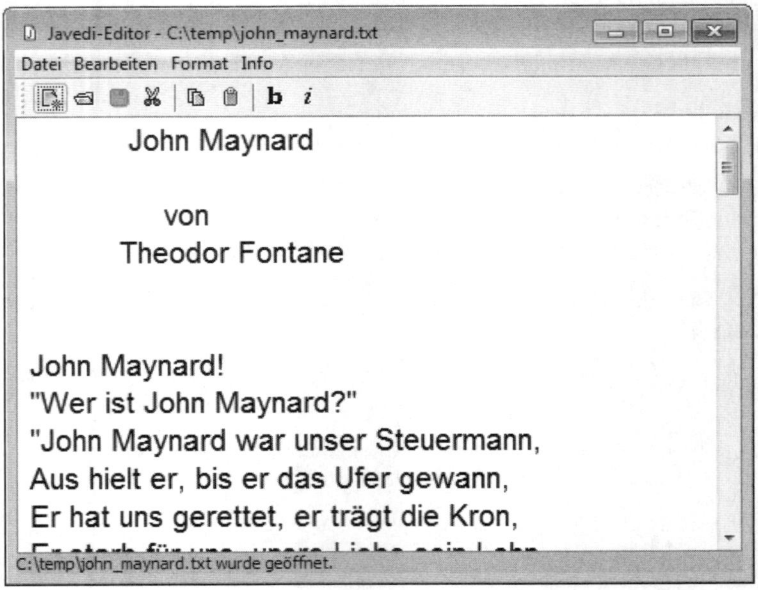

Der Quelltext des Javedi-Editors erstreckt sich über einige hundert Zeilen und mehrere Dateien. Im Folgenden werden daher immer nur die interessanten Codeabschnitte vorgestellt. Den vollständigen Quelltext finden Sie wie immer auf der Buch-DVD.

INFO

Die Klassen von Javedi sind in einem eigenen Paket namens javedi definiert. Wechseln Sie zum Kompilieren in das Javedi-Verzeichnis und rufen Sie den Java-Compiler mit `javac -d . *.java` auf. Um den Editor auszuführen, geben Sie `java javedi.Javedi` ein.

24.3.1 Einrichtung einer scrollbaren JTextArea

Für eine scrollbare `JTextArea` benötigt man eine `JScrollPane`- und eine `JTextArea`-Komponente. Im Javedi-Editor werden diese als Felder der Hauptfensterklasse `Javedi_Fenster` definiert:

```
// aus Javedi_Fenster.java
package javedi;

import java.awt.*;
import java.awt.event.*;
import javax.swing.*;
import java.io.*;
import javax.swing.text.*;
import javax.swing.event.*;
import java.util.Hashtable;

public class Javedi_Fenster extends JFrame {
    ...
    JScrollPane bildlauf   = new JScrollPane();
    JTextArea textfeld     = new JTextArea();
```

Im Gegensatz zur `JTextArea`-Komponente, auf die später viele verschiedene Methoden des Hauptfensters zugreifen, wird die `JScrollPane()`-Instanz eigentlich nur im Konstruktor zur Einrichtung des scrollbaren Textfelds benötigt. Dass sie hier dennoch als Instanzvariable angelegt wird, dient nur der besseren Übersichtlichkeit (in `Javedi_Fenster` sind alle Komponenten als Felder angelegt). Außerdem ist das Programm leichter erweiterbar, wenn alle Komponenten von vornherein global zugänglich sind.

Im Konstruktor werden die `JScrollPane`- und die `JTextArea`-Komponente konfiguriert.

```
// aus Javedi_Fenster.java
    public Javedi_Fenster() {
        ...
        // Textfeld einrichten
        textfeld.setLineWrap(true);
        textfeld.setWrapStyleWord(true);
        textfeld.setBackground(Color.WHITE);
        textfeld.setFont(new Font("SansSerif", Font.PLAIN, 20));

        // Bildlauf einrichten
        bildlauf.getViewport().add(textfeld, null);
        getContentPane().add(bildlauf, BorderLayout.CENTER);
```

Hier könnten Sie mit `setText()` auch gleich einen Anfangstext in das Textfeld schreiben:

```
textfeld.setText("Hallo Programmierer!");
```

Wir tun dies aber nicht, da der Editor mit einem leeren Dokument starten soll.

24.3.2 Laden und Speichern

Wer noch nie einen Texteditor implementiert hat, könnte leicht glauben, dass das Laden und Speichern der Texte in und aus Dateien die größte Schwierigkeit darstellt. Dies ist nur bedingt richtig, denn das eigentliche Laden und Speichern ist dank der in den Java-Klassen vorhandenen Hilfsmittel (von den vordefinierten Dialogen bis zu den `read()`- und `write()`-Methoden der Textkomponenten) meist recht einfach. Relativ kompliziert ist dagegen die Konzeption des Laden/Speichern-Komplexes.

Menübefehle

Ein guter Editor sollte zum Laden und Speichern zumindest folgende Menübefehle zur Verfügung stellen:

DATEI/NEU – Erzeugt ein neues, leeres Dokument

DATEI/ÖFFNEN – Lädt ein bestehendes Dokument

DATEI/SPEICHERN – Speichert das aktuelle Dokument

DATEI/SPEICHERN UNTER – Speichert das Dokument unter anderem Namen

Javedi bietet alle vier Befehle an und verbindet jeden mit einer eigenen Behandlungsmethode.

Tabelle 24.5: Menübefehle zum Laden und Speichern

Befehl	Tastaturkürzel	Symbol in Symbolleiste	Methode
Datei/Neu	Strg + N	btnNeu	dateiNeu()
Datei/Öffnen	Strg + O	btnOeffnen	dateiOeffnen()
Datei/Speichern	Strg + S	btnSpeichern	dateiSpeichern()
Datei/Speichern unter		-	dateiSpeichernUnter()

Am Beispiel des DATEI/NEU-Befehls sei hier die Einrichtung der Menübefehle und der zugehörigen Symbolleisten-Schaltflächen exemplarisch gezeigt:

```
// aus Javedi_Fenster.java

        // Menübefehl
        menuDatei.setText("Datei");
        menuDateiNeu.setText("Neu");
        menuDateiNeu.setAccelerator(
                     KeyStroke.getKeyStroke('N',Event.CTRL_MASK));
        menuDateiNeu.addActionListener(new ActionListener() {
           public void actionPerformed(ActionEvent e) {
              dateiNeu();
           }
        });
...
        // Symbolleisten-Schaltfläche
```

```
btnNeu.setToolTipText("Neue Datei");
btnNeu.setIcon(new ImageIcon(
      javedi.Javedi_Fenster.class.getResource("New16.gif")));
btnNeu.addActionListener(new ActionListener() {
   public void actionPerformed(ActionEvent e) {
      dateiNeu();
   }
});
```

Nicht gespeicherte Änderungen

Ein guter Editor sollte den Anwender davor bewahren, nicht gespeicherte Änderungen durch Anlegen oder Öffnen neuer Dokumente zu verlieren. Konkret bedeutet dies, dass der Editor überwachen muss, ob es in dem aktuellen Dokument nicht gespeicherte Änderungen gibt, und den Anwender gegebenenfalls auf diese aufmerksam macht, wenn dieser – ohne das aktuelle Dokument zu speichern – ein neues Dokument anlegt oder öffnet.

`boolean geaendert`

Javedi definiert zu diesem Zweck im Hauptfenster eine boolesche Variable namens `geaendert`, die `false` ist, wenn es keine Änderungen gibt (ein neues Dokument also ohne vorheriges Sichern geladen werden kann), und `true`, wenn noch ungespeicherte Änderungen vorliegen.

```
11 public class Javedi_Fenster extends JFrame {
12    private boolean geaendert = false;   // Änderungen
```

Immer wenn der Anwender ein neues Dokument anlegt, öffnet oder das aktuelle Dokument speichert, muss diese Variable auf `false` gesetzt werden. Dies geschieht in den Methoden `dateiNeu()`, `dateiOeffnen()` und `dateiSpeichern()`. (Die Methode `dateiSpeichernUnter()` wird später intern `dateiSpeichern()` aufrufen, sodass hier `geaendert` nicht explizit auf `false` gesetzt werden muss.)

Änderungen in Dokument

Schwieriger ist es, festzustellen, wann es ungespeicherte Änderungen gibt. Dies ist grundsätzlich dann der Fall, wenn der Anwender den Text des Dokuments ändert. Diese Änderungen werden nach dem MVC-Modell (siehe Abschnitt 24.1.1) nicht von der Textkomponente, sondern von dem zugrunde liegenden Model, sprich der `Document`-Instanz behandelt. Wir können allerdings beim Model einen passenden Listener registrieren und uns so über jedwede Änderungen automatisch informieren lassen.

In Javedi ist der Listener als Klasse definiert und implementiert die Schnittstelle `DocumentListener`. In den Schnittstellen-Methoden `changedUpdate()`, `insertUpdate()` und `removeUpdate()` wird geprüft, ob bereits ungespeicherte Änderungen vorliegen. Wenn nein, wird die interne Hilfsmethode `wenngeaendert()` aufgerufen, die `geaendert` auf `true` setzt (und die Menübefehle und Symbolleisten-Schaltflächen zum Speichern deaktiviert, siehe unten).

```
// aus Javedi_Fenster.java

class DokumentAdapter
                  implements javax.swing.event.DocumentListener {
```

```

   private void wenngeaendert() {
      geaendert = true;

      menuDateiSpeichern.setEnabled(true);
      menuDateiSpeichernUnter.setEnabled(true);
      btnSpeichern.setEnabled(true);
   }

   public void changedUpdate(DocumentEvent e) {
      if (!geaendert) {
         wenngeaendert();
      }
   }
   public void insertUpdate(DocumentEvent e) {
      if (!geaendert) {
         wenngeaendert();
      }
   }
   public void removeUpdate(DocumentEvent e) {
      if (!geaendert) {
         wenngeaendert();
      }
   }
}
```

Registriert wird die Listener-Klasse immer dann, wenn ein neues Dokument für die Textkomponente erzeugt wird. Dies wird in den Methoden `dateiNeu()` und `dateiOeffnen()` geschehen.

Menübefehle aktivieren und deaktivieren

Viele Programme deaktivieren Menübefehle (und Symbolleisten-Schaltflächen), wenn die damit verbundene Funktionalität zeitweise nicht zur Verfügung steht oder nicht sinnvoll angewendet werden kann.

Javedi verfährt ähnlich und deaktiviert die Menübefehle und Symbolschaltflächen zum Speichern, wenn es keine ungespeicherten Änderungen gibt. Die entsprechenden Codezeilen stehen in den Methoden zum Anlegen und Öffnen von Dokumenten.

Ändert der Anwender den Text, werden die Befehle aktiviert. Dies geschieht in den Methoden des `DocumentListener`s (siehe oben).

Die Methoden zum Anlegen, Öffnen und Speichern

Kommen wir nun zu den Methoden, die von den Oberflächenelementen und Tastaturkürzeln zum Laden und Speichern aufgerufen werden.

Datei/Neu

```
protected void dateiNeu() {

   if (nichtsZuSpeichern()) {
      PlainDocument dokument = new PlainDocument();
      dokument.addDocumentListener(new DokumentAdapter());
      textfeld.setDocument(dokument);

```

```
            aktDateiname = null;

            geaendert = false;
            menuDateiSpeichern.setEnabled(false);
            menuDateiSpeichernUnter.setEnabled(false);
            btnSpeichern.setEnabled(false);

            fensterTitelAnpassen();
            statusleiste.setText("Neue Datei wurde geöffnet.");
        }
    }
```

Die Methode ruft zuerst die Hilfsmethode `nichtsZuSpeichern()` auf, um festzustellen, ob nicht gespeicherte Änderungen vorliegen. An sich könnte sie dazu direkt den Wert von `geaendert` abfragen. Der Umweg über die Methode hat aber den Vorteil, dass diese den Anwender auch gleich zum Abspeichern auffordern kann, wenn Änderungen vorliegen:

```
    // Prüfen, ob nicht gespeicherte Änderungen vorliegen
    private boolean nichtsZuSpeichern() {
        if (!geaendert) {
            return true;
        }

      int option = JOptionPane.showConfirmDialog(this,
                               "Änderungen speichern?", "Texteditor",
                               JOptionPane.YES_NO_CANCEL_OPTION);
        switch (option) {
        case JOptionPane.YES_OPTION:    return dateiSpeichern();
        case JOptionPane.NO_OPTION:     return true;
        case JOptionPane.CANCEL_OPTION:
        default:                        return false;
        }
    }
}
```

Zurück in `dateiNeu()`: Liefert der Aufruf von `nichtsZuSpeichern()` den Wert `true` zurück (weil keine Änderungen vorliegen oder `dateiSpeichern()` aufgerufen wurde), erzeugt `dateiNeu()` ein neues leeres Dokument für die Textkomponente.

Die Methode könnte auch einfach den Inhalt des aktuellen Dokuments mit `textfeld.setText("")` leeren, doch in Analogie zur Methode `dateiOeffnen()`, die später ebenfalls ein neues Dokument anlegen wird, tauschen wir gleich das ganze Dokument aus.

```
313         PlainDocument dokument = new PlainDocument();
314         dokument.addDocumentListener(new DokumentAdapter());
315         textfeld.setDocument(dokument);
```

Zeile 313 erzeugt ein neues, leeres Dokument. Denken Sie daran, dass `Document` eine abstrakte Klasse ist. Die Dokumente von `JTextArea` sind Instanzen der abgeleiteten Klasse `PlainDocument`.

In Zeile 314 wird der `DocumentListener` für das Dokument registriert, damit Änderungen im Dokument automatisch abgefangen und `geaendert` entsprechend gesetzt wird (siehe oben).

Zuletzt wird in Zeile 315 das aktuelle Dokument des Textfelds durch das neue Dokument ausgetauscht.

Die weiteren Anweisungen setzen

- `aktDateiname` (Name der Datei, die bearbeitet wird)
- `geaendert`

deaktivieren

- die Menübefehle und Schaltflächen zum Speichern

aktualisieren

- den Titel des Fensters und
- der Statusleiste

Für die Aktualisierung des Fenstertitels wurde ebenfalls eine Hilfsmethode definiert, die den Namen der aktuellen Datei in den Fenstertitel einbaut. Gibt es keine Datei (sondern nur ein ungespeichertes Dokument), wird statt des Dateinamens »Unbenannt« angezeigt:

```
521    // Anzeige des Dateinamens in der Titelleiste des Fensters
522    private void fensterTitelAnpassen() {
523       String titel;
524
525       if (aktDateiname == null)
526          titel = "Unbenannt";
527       else
528          titel = aktDateiname;
529
530       titel = "Javedi-Editor - " + titel;
531       this.setTitle(titel);
532    }
```

Datei/Öffnen

Wie `dateiNeu()` prüft `dateiOeffnen()` zuerst mit `nichtsZuSpeichern()`, ob nicht gespeicherte Änderungen vorliegen. Wenn ja, wird die Methode direkt beendet. Gibt es keine ungespeicherten Änderungen, ruft sie den Standarddialog zum Öffnen einer Datei auf (siehe Kapitel 22.2, Abschnitt »JFileChooser«) und lädt die angegebene Datei:

```
329    protected void dateiOeffnen() {
330       if (!nichtsZuSpeichern()) {
331          return;
332       }
333
334       if (JFileChooser.APPROVE_OPTION
              == oeffnenDialog.showOpenDialog(this)) {
335          this.aktDateiname =
                       oeffnenDialog.getSelectedFile().getPath();
336          try {
337
```

```
338             // Text aus Datei einlesen
339             File datei = new File(aktDateiname);
340             FileReader in = new FileReader(datei);
341             textfeld.read(in, datei);
342             in.close();
343
344             PlainDocument dokument =
                             (PlainDocument) textfeld.getDocument();
345             dokument.addDocumentListener(new DokumentAdapter());
346
347             geaendert = false;
348             menuDateiSpeichern.setEnabled(false);
349             menuDateiSpeichernUnter.setEnabled(false);
350             btnSpeichern.setEnabled(false);
351
352             statusleiste.setText(this.aktDateiname
                                   + " wurde geöffnet.");
353             fensterTitelAnpassen();
354
355          } catch (IOException e) {
356             statusleiste.setText("Fehler beim Öffnen von "
                                   + this.aktDateiname);
357          }
358       }
359    }
```


Interessant ist hier vor allem das Öffnen der Datei.

Hat der Anwender einen gültigen Dateinamen ausgewählt, wird dieser abgefragt (Zeile 335). Danach erzeugt die Methode basierend auf dem Dateinamen ein `File`-Objekt und eine `FileReader`-Instanz. (Mehr zur Ein- und Ausgabe, `File`, `Reader` und Streams in Kapitel 31.)

Die `FileReader`-Instanz und das `File`-Objekt muss dann nur noch der `read()`-Methode der Textkomponente übergeben zu werden. Diese legt intern ein neues Dokument an, lädt in dieses den Inhalt der Datei und verbindet das Dokument mit der Textkomponente.

Was die Methode jedoch nicht macht, ist, das neue Dokument mit unserem `DocumentListener` zu verbinden. Nach dem Schließen der Datei (Zeile 342) lässt sich `dateiOeffnen()` daher eine Referenz auf das aktuelle Dokument der Textkomponente zurückliefern (Zeile 344) und registriert für dieses den Listener (Zeile 345).

Danach wird `geaendert` aktualisiert, die Speichern-Oberflächenelemente werden auf `false` gesetzt, Statusleiste und Fenstertitel werden angepasst.

Datei/Speichern

Die Methode `dateiSpeichern()` prüft zuerst, ob es für das Dokument bereits einen Dateinamen gibt. Falls nicht, ruft sie `dateiSpeichernUnter()` auf. Ansonsten schreibt sie den Inhalt des Dokuments mit `write()` in die Datei und aktualisiert die boolesche Variable `geaendert`, die Speichern-Oberflächenelemente, Statusleiste und Fenstertitel.

```
362    protected boolean dateiSpeichern() {
363       if (aktDateiname == null) {
```

```
         return dateiSpeichernUnter();
      }

      try {

         // Text in Datei schreiben
         File datei = new File(aktDateiname);
         FileWriter out = new FileWriter(datei);
         textfeld.write(out);
         out.close();

         // Editor konfigurieren
         geaendert = false;
         menuDateiSpeichern.setEnabled(false);
         menuDateiSpeichernUnter.setEnabled(false);
         btnSpeichern.setEnabled(false);

         statusleiste.setText("Gespeichert in " + aktDateiname);
         fensterTitelAnpassen();

         return true;
      } catch (IOException e) {
         statusleiste.setText("Fehler beim Speichern von "
                                    + aktDateiname);
      }
      return false;
   }
```

Datei/Speichern unter

Die Methode `dateiSpeichernUnter()` wird aufgerufen, wenn ein Dokument gespeichert werden soll, aber noch nicht mit einer Datei verbunden ist oder in einer anderen Datei gespeichert werden soll. Die Methode ruft einen DATEI ÖFFNEN-Dialog auf, speichert den ausgewählten Dateinamen in dem Feld `aktDateiname` und überlässt das eigentliche Speichern dann der Methode `dateiSpeichern()`.

```
   protected boolean dateiSpeichernUnter() {
      if (JFileChooser.APPROVE_OPTION
          == oeffnenDialog.showSaveDialog(this)) {
         aktDateiname = oeffnenDialog.getSelectedFile().getPath();
         return dateiSpeichern();
      } else {
         return false;
      }
   }
```

24.3.3 Schriftart und -stil wählen

Javedi erlaubt dem Anwender, Schriftart und -stil zu ändern.

STOP

Beachten Sie, dass `JTextArea` ein `PlainDocument`-Model (siehe Abschnitt 24.1.1) zum Speichern der Daten verwendet, welches keine Textformatierung erlaubt. Die ausgewählten Schriftarten gelten daher immer nur für die Anzeige des gesamten Textes in der Textkomponente.

Fett und kursiv

Die Symbolschaltflächen `btnFett` und `btnKursiv` sind als `JToggleButton`[1]-Instanzen erzeugt.

```
JToggleButton btnFett           = new JToggleButton();
JToggleButton btnKursiv         = new JToggleButton();
```

... und mit den Ereignisbehandlungsmethoden `formatFett()` und `formatKursiv()` verbunden.

```
454   protected void formatFett() {
455      Font f = textfeld.getFont();
456      String name = f.getFontName();
457      int groesse = f.getSize();
458      int stil    = f.getStyle();
459
460      if( btnFett.isSelected() )
461         stil |= Font.BOLD;
462      else
463         stil ^= Font.BOLD;
464
465      textfeld.setFont(f.deriveFont(stil));
466   }
```


Zuerst fragt die Methode den aktuell verwendeten Font ab (Zeile 455), schließlich soll ja nur der Schriftstil geändert werden, die restlichen Font-Eigenschaften sollen erhalten bleiben. Danach werden Fontname, -größe und -stil in eigenen lokalen Variablen gespeichert (wobei eigentlich nur der Schriftstil interessiert).

Ist die Symbolschaltfläche gedrückt (soll der Text also fett dargestellt werden), liefert `btnFett.isSelected()` den Wert `true` zurück und Zeile 461 fügt den Stil `Font.BOLD` in den aktuellen Stil ein. Andernfalls wird der Stil `Font.BOLD` in Zeile 463 aus dem aktuellen Stil gelöscht.

Zum Abschluss wird mit der Font-Methode `deriveFont()` eine Kopie des aktuellen Fonts erstellt, die aber den neuen, als Argument übergebenen Stil verwendet, und mit `setFont()` als neuer Font der Textkomponente eingerichtet.

`formatKursiv()` ist analog aufgebaut.

Der Schrift-Dialog

Javedi verfügt auch über einen eigenen Schrift-Dialog, in dem der Anwender eine neue Schriftart, samt Größe und Stil auswählen kann. Aufgerufen wird der Dialog über den Befehl FORMAT/SCHRIFTART, der die Behandlungsmethode `formatSchriftart()` aufruft:

```
protected void formatSchriftart() {
   fontDialog.setLocation((getLocation().x + 100),
                          (getLocation().y + 100));
   fontDialog.setVisible(true);

```

1 Der Schalter bleibt gedrückt, bis er neuerlich angeklickt wird. Mit `isSelected()` kann man prüfen, ob der Schalter gedrückt ist oder nicht.

```
449       Font f = fontDialog.getSchriftart();
450       if (f != null)
451          textfeld.setFont(f);
452    }
```

In der Methode geschieht nicht viel. Der Dialog wird angezeigt (Zeile 445). `fontDialog` ist hier ein Feld der Hauptfensterklasse, dem bereits bei der Definition eine Instanz des Dialogs zugewiesen wurde:

```
18    Fontdialog fontDialog = new Fontdialog(this);
```

Danach wird mit `getSchriftart()`, einer Methode der Dialogklasse, die ausgewählte Schriftart abgefragt und als neuer Font der Textkomponente eingerichtet.

Abbildung 24.5: Der Schrift-Dialog

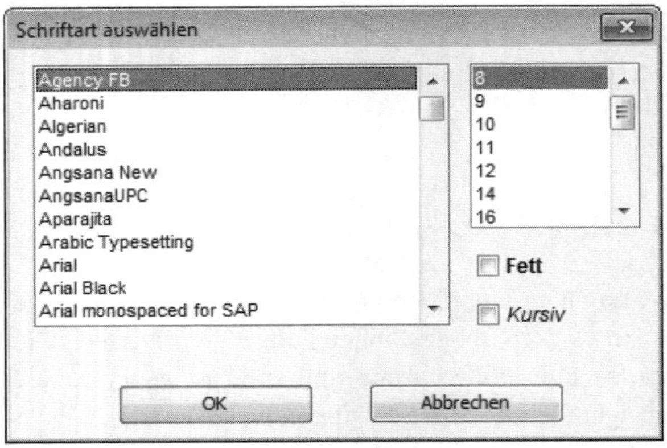

Die Hauptarbeit leistet hier der Dialog, für den eine eigene Klasse definiert wurde.

Listing 24.3: Fontdialog.java – Dialog zur Auswahl einer Schriftart

```
package javedi;

import javax.swing.*;
import java.awt.*;
import java.awt.event.*;

public class Fontdialog extends JDialog implements ActionListener {
   private Font ausgewaehlterFont;

   private List fontListe = new List();
   private List groessenListe = new List();
   private JCheckBox btnFett = new JCheckBox();
   private JCheckBox btnKursiv = new JCheckBox();
   private JButton btnOK = new JButton();
   private JButton btnAbbrechen = new JButton();

   public Fontdialog(JFrame f)  {
      super(f);
      ...
      this.setResizable(false);
      this.setSize(new Dimension(386, 265));
```

```
      this.setModal(true);
      this.getContentPane().setLayout(null);

      // Font-Liste mit auf System installierten Fonts füllen
      String fonts[] =
                 GraphicsEnvironment.getLocalGraphicsEnvironment().
                                    getAvailableFontFamilyNames();
      fontListe.setBounds(new Rectangle(14, 10, 244, 159));
      for(int i = 0; i < fonts.length; ++i)
         fontListe.add(fonts[i]);
      fontListe.select(0);

      // Größen-Liste mit vordefinierten Größen füllen
      String groessen[] = {"8", "9", "10", "11", "12", "14", "16",
                           "18", "20", "22", "24", "26", "28",
                           "36", "48", "72"  };
      groessenListe.setBounds(new Rectangle(270, 10, 100, 100));
      for(int i = 0; i < groessen.length; ++i)
         groessenListe.add(groessen[i]);
      groessenListe.select(0);

      btnFett.setBounds(new Rectangle(270, 120, 100, 25));
      btnFett.setFont(new java.awt.Font("Dialog", 1, 12));
      btnFett.setText("Fett");
      btnKursiv.setBounds(new Rectangle(270, 150, 100, 25));
      btnKursiv.setFont(new java.awt.Font("Dialog", 2, 12));
      btnKursiv.setText("Kursiv");

      btnOK.setBounds(new Rectangle(63, 204, 115, 25));
      btnOK.setText("OK");
      this.getRootPane().setDefaultButton(btnOK);
      btnOK.addActionListener(this);

      btnAbbrechen.setBounds(new Rectangle(210, 204, 115, 25));
      btnAbbrechen.setText("Abbrechen");
      btnAbbrechen.addActionListener(this);

      this.getContentPane().add(fontListe, null);
      this.getContentPane().add(groessenListe, null);
      this.getContentPane().add(btnFett, null);
      this.getContentPane().add(btnKursiv, null);
      this.getContentPane().add(btnAbbrechen, null);
      this.getContentPane().add(btnOK, null);
   }

   // Ereignisbehandlung
   public void actionPerformed(ActionEvent e)  {
      String label = e.getActionCommand();

      if(label.equals("OK"))  {
         String name = fontListe.getSelectedItem();
         int groesse =
                 Integer.parseInt(groessenListe.getSelectedItem());
         int stil = Font.PLAIN;
```

```
73          if (btnFett.isSelected())
74             stil |= Font.BOLD;
75          if (btnKursiv.isSelected())
76             stil |= Font.ITALIC;
77
78          ausgewaehlterFont = new Font(name, stil, groesse);
79          setVisible(false);
80
81       } else if(label.equals("Abbrechen"))  {
82          ausgewaehlterFont = null;
83          setVisible(false);
84       }
85    }
86
87    public Font getSchriftart() {
88       return ausgewaehlterFont;
89    }
90 }
```

Interessant ist vor allem der Code, der die Listenfelder für die Schriftart und die Schriftgröße initialisiert.

Für die Schriftarten wird ein String-Array `fonts` definiert. In dieses werden die Namen der Fonts eingelesen, die auf dem aktuellen Rechner verfügbar sind. Zu diesem Zweck besorgt sich der Code zuerst eine Instanz für die aktuelle Grafikumgebung (mit `GraphicsEnvironment.getLocalGraphicsEnvironment()`) und ruft dann deren `getAvailableFontFamilyNames()`-Methode auf, die ein Array der verfügbaren Fonts erstellt und die Referenz auf das Array zurückliefert. Die Referenz wird in `fonts` gespeichert (Zeile 26).

Zwei Zeilen darunter werden dann in einer `for`-Schleife die einzelnen Fontnamen durchlaufen und in das Listenfeld eingetragen (Zeilen 28-29). Der erste Font wird vorab ausgewählt (Zeile 30).

Für die anzubietenden Schriftgrößen wird ebenfalls ein Array angelegt, das jedoch mit den Werten aus einer expliziten Initialisierungsliste gefüllt wird (Zeilen 33-35). Das zugehörige Listenfeld wird wiederum mithilfe einer Schleife gefüllt (Zeilen 37-38).

Abschicken und Abbruch

Der Schrift-Dialog verfügt über zwei Schalter, OK und ABBRECHEN, die beide mit der gleichen `actionPerformed()`-Methode verbunden sind. Diese ermittelt mithilfe des `ActionEvent`-Objekts, für welchen Schalter sie aufgerufen wurde.

Hat der Anwender den Dialog mit OK geschlossen, stellt die Methode aus den Werten der Listenfelder und Kontrollkästchen den gewünschten Font zusammen, erzeugt ihn durch Aufruf des Font-Konstruktors (Zeile 78) und speichert ihn in dem privaten Feld `ausgewaehlterFont`.

Hat der Anwender ABBRECHEN gedrückt, ist davon auszugehen, dass die Einstellungen verworfen werden sollen. `actionPerformed()` setzt dann `ausgewaehlterFont` auf `null`.

In beiden Fällen wird zum Abschluss `setVisible(false)` aufgerufen, um den Dialog auszublenden.

Der Aufrufer kann danach mit `getSchriftart()` abfragen, ob und wenn ja, welcher Font ausgewählt wurde.

24.3.4 Zwischenablage

Wie Sie aus Abschnitt 24.1.4 wissen, unterstützt `JTextArea` von vornherein die Zwischenablage – die entsprechenden Befehle können jedoch nur über die zugehörigen Tastaturkürzel aufgerufen werden.

Der Javedi-Editor soll die entsprechenden Befehle aber auch über das Menü und die Symbolleiste anbieten. Zu diesem Zweck wird ein Menü BEARBEITEN mit entsprechenden Menübefehlen sowie passende Symbolleisten-Schaltflächen eingerichtet und mit den vordefinierten Aktionen verbunden.

Um die Aktionen mit den Oberflächenelementen verbinden zu können, müssen sie allerdings zuerst, wie oben beschrieben, in eine Hashtabelle eingelesen werden. Danach können die einzelnen Aktionen als `ActionListener` bei den Oberflächenelementen registriert werden.

```
// aus Javedi_Fenster.java

import java.util.Hashtable;

public class Javedi_Fenster extends JFrame {
    ...
    private Hashtable<Object, Action> aktionen; // für
    ...                                          // Zwischenablagebefehle

    public Javedi_Fenster() {
        ...
        // Befehle für die Zwischenablage einlesen
        aktionen = new Hashtable<Object, Action>();
        Action[] actionsArray = textfeld.getActions();
        for (int i = 0; i < actionsArray.length; i++) {
            Action a = actionsArray[i];
            aktionen.put(a.getValue(Action.NAME), a);
        }
```

Die Verbindung der Befehle mit den Komponenten sieht dann beispielsweise für das Kopieren in die Zwischenablage wie folgt aus:

```
// Menübefehl
        menuBearbeitenKopieren.setText("Kopieren");
        menuBearbeitenKopieren.setAccelerator(
                        KeyStroke.getKeyStroke('C',Event.CTRL_MASK));
```

```
        menuBearbeitenKopieren.addActionListener(
                         aktionen.get(DefaultEditorKit.copyAction));

// Symbolschaltfläche
        btnKopieren.setToolTipText("Kopieren");
        btnKopieren.setIcon(new ImageIcon(
              javedi.Javedi_Fenster.class.getResource("Copy16.gif")));
        btnKopieren.addActionListener(
                         aktionen.get(DefaultEditorKit.copyAction));
```

24.3.5 Suchen

Zum Suchen im geladenen Kontext definiert Javedi wiederum einen eigenen Dialog (siehe Abbildung 24.6).

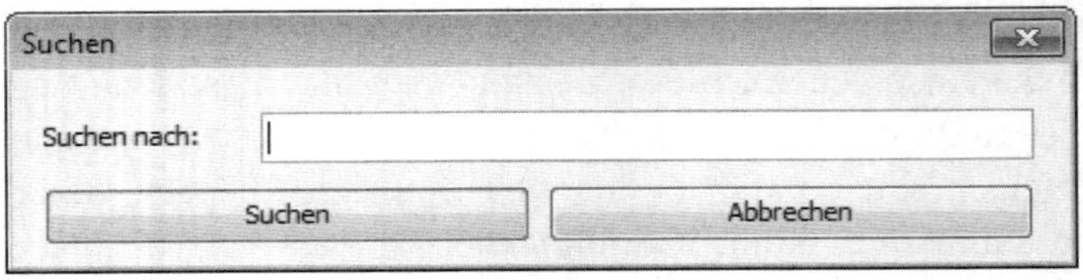

Abbildung 24.6: Der Such-Dialog von Javedi

Bezüglich der Implementierung des Dialogs gibt es wenig mehr zu bemerken, als dass der Dialog über eine Methode `getSuchbegriff()` verfügt, die den Text zurückliefert, den der Anwender als Suchbegriff eingegeben hat. (Wurde der Dialog durch Drücken der Schaltfläche ABBRECHEN beendet, ist `suchbegriff` gleich `null`.)

Wesentlich interessanter ist die Methode `bearbeitenSuchen()`, die als Ereignisbehandlungsmethode mit dem Menübefehl BEARBEITEN/SUCHEN verbunden ist.

```
        menuBearbeitenSuchen.addActionListener(new ActionListener() {
           public void actionPerformed(ActionEvent e) {
              bearbeitenSuchen(0);
           }
        });
```

... und die eigentliche Suche durchführt:

```
     protected void bearbeitenSuchen(int pos) {
        if (pos == 0) {
           suchDialog.setLocation((getLocation().x + 100),
                                  (getLocation().y + 100));
           suchDialog.setVisible(true);
        }

        String suchbegriff = suchDialog.getSuchbegriff();

        if(suchbegriff == null)
           return;

        // Text zum Durchsuchen in String-Objekt speichern
        String text = textfeld.getText();
        int index = text.indexOf(suchbegriff, pos);

```

```
430        if(index == -1) {
431           JOptionPane.showMessageDialog(null,"String nicht gefunden",
432                          "Meldung",JOptionPane.INFORMATION_MESSAGE);
433           suchPosition = 0;
434        } else {
435           // Den String hervorheben
436           textfeld.grabFocus();
437           textfeld.setCaretPosition(index);
438           textfeld.moveCaretPosition(index + suchbegriff.length());
439           suchPosition = index + suchbegriff.length();
440        }
441     }
```

Wenn die übergebene Position `pos` gleich 0 ist, wird der Suchdialog aufgerufen (Zeilen 415-419). Wird die Methode über den Menübefehl SUCHEN aufgerufen, ist `pos` immer gleich 0 (siehe oben). Der Grund dafür, dass `pos` dennoch benötigt wird, ist, dass wir die gleiche Methode auch zum Weitersuchen verwenden werden (siehe unten).

Danach wird der zu suchende Begriff ermittelt (Zeile 421) und – sofern `suchbegriff` nicht gleich `null` ist – mit der Suche begonnen.

Textkomponenten oder Dokumente enthalten keine Methoden, mit denen man nach bestimmten Textstellen suchen kann, wohl aber die Klasse `String`. Aus diesem Grunde lässt sich die Methode den Inhalt der Textkomponente zuerst als String zurückliefern (`getText()`-Aufruf in Zeile 427). Danach muss sie nur noch die `String`-Methode `indexOf()` aufrufen, die den zu suchenden Text und die Position, ab der gesucht werden soll, übergibt. Der zurückgelieferte `int`-Wert gibt die Position an, ab der das zuerst gefundene Vorkommen des Suchbegriffs beginnt (Zeile 428).

Um dem Anwender das Vorkommen anzuzeigen, setzt die Methode den Caret auf die Position, an der das Vorkommen beginnt (Zeile 437). (Liegt diese Position nicht in dem Teil des Dokuments, der aktuell angezeigt wird, scrollt die Textkomponente bis zu der betreffenden Stelle.) Mit `moveCaretPosition()` wird der Caret an das Ende des gefundenen Vorkommens gesetzt und die Textstelle markiert.

INFO

Der Aufruf von `grabFocus()` in Zeile 436 sorgt dafür, dass die Textkomponente nach Aufruf des Suchdialogs den Fokus zurückerhält, ohne dass der Anwender dazu in das Textfeld klicken muss.

Weitersuchen

Um dem Anwender auch das Weitersuchen nach weiteren Vorkommen des gleichen Suchbegriffs zu gestatten, gibt es in Javedi den Befehl BEARBEITEN/WEITERSUCHEN, der die Methode `bearbeitenSuchen()` mit der Position hinter dem letzten gefundenen Vorkommen aufruft:

```
menuBearbeitenWeitersuchen.addActionListener(new ActionListener() {
   public void actionPerformed(ActionEvent e) {
      bearbeitenSuchen(suchPosition);
   }
```

`suchPosition` ist eine Instanzvariable der Hauptfensterklasse:

```
public class Javedi_Fenster extends JFrame {
   ...
   private int suchPosition = 0;        // zur Suche
```

Die Methode `bearbeitenSuchen()` speichert in der Instanzvariablen den Wert 0 (falls bei der letzten Suche kein Vorkommen gefunden wurde) oder die Position hinter dem letzten gefundenen Vorkommen.

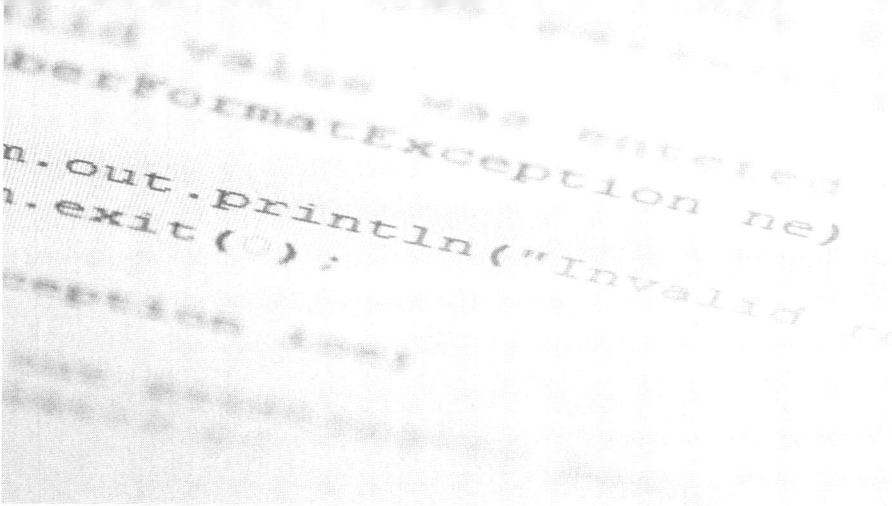

Kapitel 25
Drucken

Früher, als Java noch vornehmlich als Sprache für Applets und Gebrauchselektronik konzipiert war, wurde das Drucken äußerst stiefmütterlich behandelt, d.h., es gab die Möglichkeit des Druckens gar nicht. (Es sei denn man implementierte die Druckunterstützung selbst von Grund auf oder besorgte sich entsprechende Bibliotheken von Drittanbietern.)

Dies hat sich im Laufe der Zeit allerdings grundlegend geändert. Bereits Java 1.1 führte erste primitive Druckfähigkeiten ein, und seit Java 1.2 gibt es eine vernünftige Druckunterstützung, mit der man beispielsweise auch mehrseitige Texte drucken und benutzerdefinierte Druckeinstellungen (Seitenrand, Querformat usw.) berücksichtigen kann.

Bevor wir uns allerdings dem Drucken von Texten widmen, wenden wir uns dem Ausdruck von Bildern zu – und dies nicht ohne Hintergedanken, denn Drucken bedeutet letztlich nichts anderes als Ausgaben statt in einen Grafik-Gerätekontext in einen Drucker-Gerätekontext zu zeichnen.

25.1 Das Grundmodell und die APIs

Seit den Zeiten von Java 1.2 hat sich die Druckunterstützung stark verbessert, ist vielseitiger geworden (Java 1.4) und auch bequemer (Java 1.6). An dem Grundprinzip hat sich allerdings nichts geändert.

25.1.1 Das Grundprinzip – Drucken unter Java 1.2

Die mit Java 1.2 eingeführte Druckunterstützung war und ist Teil des AWTs und in dem Paket `java.awt.print` untergebracht. Mit dieser API zu drucken, bedeutet:

- Sie sind von der direkten Kommunikation mit dem Drucker befreit.

  Die gesamte Ansteuerung des Druckers, von der Auswahl des Druckers bis zur Abwicklung der Druckaufträge, übernimmt die Klasse `PrinterJob` – oder genauer gesagt ein Objekt dieser Klasse, das Sie sich durch Aufruf der statischen Methode `PrinterJob.getPrinterJob()` beschaffen.
- Sie müssen viel Handarbeit leisten.

  Das `PrinterJob`-Objekt schickt für Sie die auszudruckenden Seiten an den Drucker, aber es hilft Ihnen nicht dabei, aus den auszudruckenden Daten druckbare Seiten zu erzeugen. Diese Aufgabe bleibt ganz an Ihnen hängen. Mit anderen Worten, Sie müssen die auszudruckenden Daten für die Druckausgabe formatieren (an die Papiergröße anpassen, mit Kopf- und Fußzeile versehen usw.) und auf Anforderung seitenweise an den Drucker schicken. Zu diesem Zweck implementieren Sie die Methode `print()` der Schnittstelle `java.awt.print.Printable`. Das `PrinterJob`-Objekt wird diese Methode später für jede auszudruckende Seite aufrufen – so lange, bis die Methode zurückmeldet, dass es keine weiteren auszudruckenden Seiten gibt.
- Sie sind hinsichtlich der Druckparameter auf den Benutzer angewiesen.

  Grundsätzlich können Sie mit `PrinterJob` auch ohne Einschaltung des Benutzers drucken. Allerdings können Sie dann nur bestimmte Druckparameter setzen und nicht einmal sicher sein, ob der verwendete Drucker die von Ihnen gewählten Druckparameter unterstützt.

INFO

Zum Starten des Druckvorgangs rufen Sie die `print()`-Methode des `PrinterJob`-Objekts auf (welche dann Ihre `print()`-Methode aufruft).

25.1.2 Stilles Drucken ohne Benutzer – die javax.print-Erweiterung

Java 1.4 brachte zwei entscheidende Verbesserungen: bessere Unterstützung für Programme, die direkt – ohne Einschaltung eines Benutzers – drucken möchten, sowie ein zweiter javaspezifischer Satz von Druckdialogen für alle anderen Anwendungen.

Manche Anwendungen gestatten dem Benutzer, die bearbeiteten Dokumente mit einem einzigen Klick auf eine Symbolschaltfläche oder einen Menübefehl auszudrucken – ohne dass der Benutzer sich erst noch durch die üblichen Druckdialoge arbeiten muss. Andere Anwendungen laufen im Hintergrund und müssen ihre Arbeit, auch das Drucken soweit nötig, ganz ohne Benutzerführung erledigen. Für diese Programme ist es wichtig, die Druckparameter an die auszudruckenden Daten anpassen zu können – und natürlich einen Drucker zu finden, der die Daten unter Berücksichtigung der Druckparameter ausdrucken kann.

Zum Auffinden und Auswählen eines geeigneten Druckers dient die Klasse `javax.print.PrintServiceLookup`, mit der Sie wahlweise den installierten Standarddrucker aufspüren oder sich eine Auswahl aller auf dem System installierten Drucker zurückliefern lassen können, die in der Lage sind eine bestimmte Art von Dokument (`DocFlavor`) mit den gewünschten Druckparametern (`AttributeSet`) auszudrucken.

Mit den Klassen aus `javax.print.attribute` können Sie die Druckparameter für einen Druckauftrag spezifizieren und in einem `AttributeSet`-Objekt bündeln. Die gebündelten Druckparameter übergeben Sie dann entweder an die `print()`-Methode des `PrinterJob`-Objekts (um den Ausdruck unter Berücksichtigung Ihrer Druckparameter direkt zu starten) oder an die `printDialog()`-Methode (um den Druckdialog anzuzeigen, mit Ihren Druckparametern als Voreinstellung).

Damit wären wir bei der zweiten Verbesserung, die Java 1.4 brachte. Während die alte `PrinterJob`-Methode `printDialog()` stets die nativen, plattformspezifischen Druckdialoge anzeigt, ruft die in Java 1.6 neu hinzugekommene Überladung `printDialog(PrintRequestAttributeSet attrs)` einen javaspezifischen Druckdialog auf, der auf allen Plattformen gleich aussieht.

java.awt.print und javax.print

EXKURS

25

Aus den obigen Ausführungen dürfte schon deutlich geworden sein, dass `javax.print` *keine gänzlich neue Druck-API darstellt, sondern auf der alten* `java.awt.print`*-API aufsetzt, sie zum Teil erweitert, sich manchmal auch mit ihr überlappt und ansonsten javaspezifischen gegenüber nativen, plattformspezifischen Lösungen den Vorzug gibt. (Also ein ähnliches Verhältnis wie zwischen* `java.awt` *und* `java.swing`*.)*

25.1.3 Texte drucken einfach gemacht – die print()-Methoden

Die größte Schwierigkeit beim Drucken ist in der Regel die Aufbereitung der Daten für den Druck. Besonders schwierig gestaltet sich dabei das Drucken von Texten, denn für die korrekte Seitenaufteilung müssen Zeilenanzahl, Zeilenhöhe (für die verwendete Schrift und die Darstellung auf dem Drucker-Gerätekontext) und Anzahl Zeilen pro Seite korrekt berechnet werden.

Wenn Sie den Ausdruck eines Textes in spezieller Weise anpassen möchten, bleibt Ihnen nichts anderes übrig, als alle diese Berechnungen selbst vorzunehmen. Wenn Sie jedoch damit zufrieden sind, den Inhalt einer Swing-Textkomponente (abgeleitet von `JTextComponent`) wie angezeigt zu drucken, dürfen Sie sich freuen, dass es seit Java 6 eine Methode gibt, die Ihnen diese Arbeit abnimmt: `getPrintable()`.

Und weil der restliche Druck-Code meist nur Routine ist, wurden die Textkomponenten auch gleich noch mit einer `print()`-Methode ausgestattet, die Ihnen in vielen Fällen die gesamte Arbeit, von der Auswahl des Druckers bis zum Starten des Druckauftrags, abnehmen kann.

25.2 Die Klassen und Schnittstellen zum Drucken

Bevor Sie nachfolgend Beispiele dafür sehen, wie Sie Bilder und Texte ausdrucken können, möchten wir Ihnen vorab noch einmal die wichtigsten der am Drucken beteiligten Schnittstellen und Klassen vorstellen.

25.2.1 Die Schnittstelle Printable

Die Schnittstelle `Printable` definiert eine einzige Methode:

```
int print(Graphics graphics, PageFormat seitenFormat, int seitenIndex)
```

`print()` ist für das Drucken, was `paintComponent()` für das Zeichnen ist. Die Methode wird automatisch von den Java-Bibliotheksklassen (namentlich `PrinterJob`) aufgerufen, wenn etwas ausgedruckt werden soll. Wie bei `paintComponent()` gibt der Aufrufer `print()` einen passenden Gerätekontext mit (in Form des `Graphics`-Objekts), der allerdings nicht mit einem Bildschirmbereich, sondern mit dem Drucker verbunden ist.

Aufgabe der Klassen, die `Printable` implementieren, ist es, die auszudruckenden Inhalte in den übergebenen Gerätekontext zu zeichnen.

Die weiteren Argumente dienen dazu, den Druck anzupassen:

- Der `PageFormat`-Parameter wird beim Aufruf mit einem `PageFormat`-Objekt initialisiert, in dem die typischen Druckeinstellungen (Seitenlayout usw.) abgespeichert sind.
- Der `seitenIndex`-Parameter zeigt an, welche Seite gerade ausgedruckt werden soll. Bei einseitigen Ausdrucken kann dieses Argument ganz ignoriert werden, bei mehrseitigen Ausdrucken muss `print()` so implementiert werden, dass die Methode immer die gewünschte Seite in den Drucker-Gerätekontext zeichnet.

Eine besondere Rolle kommt dem Rückgabewert von `print()` zu. Er meldet dem Aufrufer (der internen Druckengine) zurück, ob die angeforderte Seite gedruckt werden konnte oder nicht. Die zugehörigen Rückgabewerte sind als statische Felder in `Printable` vordefiniert:

Tabelle 25.1: Steuer-Konstanten für die Rückmeldung aus print()

Konstante	Beschreibung
`Printable.PAGE_EXISTS`	Meldet zurück, dass die angeforderte Seite gedruckt wurde.
`Printable.NO_SUCH_PAGE`	Meldet zurück, dass die angeforderte Seite nicht existiert, und beendet den Druck.

Das Grundgerüst für die Implementierung von `print()` sieht in etwa wie folgt aus:

```
public int print(Graphics pg, PageFormat pf, int seitennr)
                                          throws PrinterException {

      // nur eine Seite (seitennr == 0) drucken
      if( seitennr > 0 )
```

```
06          return Printable.NO_SUCH_PAGE;
07
08       // Randeinstellungen berücksichtigen
09       pg.translate((int) pf.getImageableX(),
10                    (int) pf.getImageableY());
11       int pgBreite = (int) pf.getImageableWidth();
12       int pgHoehe  = (int) pf.getImageableHeight();
13
14       // Auszudruckende Inhalte in Graphics-Objekt zeichnen
15       pg2.drawString("Hallo von Drucker!", 20, 20);
16
17       return Printable.PAGE_EXISTS;
18    }
```

Zeilen 4 und 5 legen fest, dass immer nur eine – die erste – Seite gedruckt wird. Würde beispielsweise der Anwender über den Druckdialog den Ausdruck nicht vorhandener Seiten 2 bis 15 anfordern, würde dieser Fehler hier abgefangen. (`print()`-Methoden, die mehrseitige Ausdrucke unterstützen, würden `seitennr` mit der Anzahl der Seiten statt mit null vergleichen).

In den Zeilen 9 bis 12 werden die Randeinstellungen aus dem `PageFormat`-Objekt abgefragt.

Die Methoden `getImageableX()` und `getImageableY()` liefern die Koordinaten der linken oberen Ecke des Druckbereichs zurück – berücksichtigen also den oberen und den linken Rand. Um nicht in diesen Rand zu zeichnen, verschiebt Zeile 9 den Ursprung des `Graphics`-Objekts.

Die Zeilen 11 und 12 fragen noch die Breite und Höhe des Druckbereichs ab. Sie werden in diesem Codefragment nicht mehr verwendet, werden aber benötigt, wenn man sicherstellen möchte, dass nicht in den rechten oder unteren Rand gedruckt wird.

Zeile 15 zeichnet endlich die zu druckenden Inhalte (hier der String »Hallo von Drucker«) in das `Graphics`-Objekt.

Zum Schluss liefert die Methode `Printable.PAGE_EXISTS` zurück, um anzuzeigen, dass die Seite gedruckt wurde.

INFO

Klassen, die `Printable` implementieren, bezeichnet man auch als *PagePainter* (zu Deutsch »SeitenZeichner«):

25.2.2 Die Klasse PrinterJob

Die `print()`-Methode von `Printable` rufen Sie niemals direkt auf, sondern stets auf dem Umweg über ein `PrinterJob`-Objekt.

Die `PrinterJob`-Instanz organisiert für Sie den gesamten Druckvorgang: von der Auswahl der zu druckenden Inhalte über die Anzeige der Druckdialoge bis zum Anstoßen des eigentlichen Ausdrucks. Die typische Arbeit mit einem `PrinterJob`-Objekt sieht wie folgt aus:

```
01 PrinterJob druckJob = PrinterJob.getPrinterJob();
02
03 druckJob.setJobName("Druck von ...");
04 druckJob.setCopies(1);
05
06 druckJob.setPrintable( PagePainter );
07
08 if( druckJob.printDialog() ) {
09    try  {
10       druckJob.print();
11    } catch(Exception e) {
12       JOptionPane.showMessageDialog(fenster,
13                            "Fehler beim Drucken" + e,
14                            "Druckfehler", JOptionPane.ERROR_MESSAGE);
15    }
16 }
```

Zeile 1 erzeugt das `PrinterJob`-Objekt.

Die nächsten Zeilen konfigurieren das Objekt und bereiten den Druck vor:

`setJobName()` in Zeile 3 weist dem Druck-Job einen Titel zu. Unter diesem Namen wird der Ausdruck später im Druckstatus-Dialog aufgeführt.

`setCopies()` in Zeile 4 legt fest, wie viele Kopien von jeder Seite gedruckt werden sollen.

`setPrintable()` legt fest, was gedruckt wird. Als Argument wird ein PagePainter erwartet – also ein Objekt, das die Schnittstelle `Printable` implementiert. Später, wenn der Ausdruck gestartet wird, ruft `PrinterJob` für jede auszudruckende Seite die `print()`-Methode des übergebenen PagePainters auf.

Bevor aber der Druck gestartet wird, soll der Anwender noch Gelegenheit haben, den zu verwendenden Drucker auszuwählen und die auszudruckenden Seiten festzulegen. Zu diesem Zweck ruft `druckJob` die `printDialog()`-Methode auf (Zeile 8):

Sofern der Anwender den Druck nicht an dieser Stelle abbricht, liefert `printDialog()` den Wert `true` zurück und in Zeile 10 wird der Druck endlich angestoßen.

Die `print()`-Methode von `PrinterJob` ruft intern für jede auszudruckende Seite die `print()`-Methode des PagePainters auf. Sie übergibt dieser den Gerätekontext für den im Drucken-Dialog ausgewählten Drucker, ein `PageFormat`-Objekt mit den Druckformateinstellungen sowie die Nummer der auszudruckenden Seite.

INFO

Beachten Sie, dass `PrinterJob` keine Vorstellung von Art oder Aufbau der zu druckenden Seiten hat. Es entnimmt einfach den vom Anwender im Drucken-Dialog eingestellten Seitenbereich und ruft dann für jede Seitenzahl in diesem Bereich `print()` mit entsprechender Seitennummer auf. Für die Aufteilung der auszudruckenden Inhalte in Seiten ist die `print()`-Methode des PagePainters verantwortlich (siehe oben sowie die Datei *Drucken.pdf* auf der Buch-DVD).

Zwei Modelle zur Berücksichtigung der Druckparameter

Wer, wie oben demonstriert, mit `PrinterJob` druckt, muss grundsätzlich zwei Entscheidungen treffen:

- Sollen die Druckparameter vom Programm eingestellt werden oder sollen die Druckdialoge angezeigt werden?
- Wenn Druckdialoge angezeigt werden, sollen es dann die nativen oder die plattformunabhängigen Druckdialoge von Java sein?

Beide Entscheidungen sind immer auch eine Aussage darüber, mit welcher API Sie arbeiten sollten.

Wenn Sie ohne Anzeige der Druckdialoge drucken möchten, empfiehlt es sich, ganz auf die Klasse `PrinterJob` zu verzichten. Legen Sie die Druckparameter lieber mit den Attributen aus `javax.print` fest, suchen Sie sich mithilfe der Klasse `PrintServiceLookup` einen passenden Drucker und lassen Sie sich dann von dem zugehörigen `PrintService` einen `DocPrintJob` (als Alternative zu `PrinterJob`) zurückliefern. Wir werden hierzu noch einige Beispiele sehen.

INFO

25

Wenn Sie doch `PrinterJob` vorziehen, fügen Sie nach Zeile 4 aus dem vorangehenden Codefragment Code ein, der ein `PageFormat`-Objekt erzeugt, in diesem die gewünschten Seitenformatierungen speichert und dieses dann zusammen mit dem *PagePainter* an den `PrinterJob` übergibt. Zum Ausdrucken rufen Sie dann nur noch `print()` auf:

```
PrinterJob druckJob = PrinterJob.getPrinterJob();

druckJob.setJobName("Druck von ...");
druckJob.setCopies(1);

PageFormat pf = new PageFormat();
pf.setOrientation(PageFormat.LANDSCAPE);
// Einstellungen in pf notfalls korrigieren
pf = druckJob.validatePage(pf);

druckJob.setPrintable(leinwand, pf);

try {
    druckJcb.print();
} catch(Exception e) {
    System.err.println(e.getMessage());
}
```

Native Druckdialoge

Wenn Sie die nativen Druckdialoge anzeigen wollen, rufen Sie vor dem eigentlichen Drucken `pageDialog()` und `printDialog()` auf:

```
PrinterJob druckJob = PrinterJob.getPrinterJob();
druckJob.setJobName("Druck von ...");
druckJob.setCopies(1);

// Dialog zur Seitenformatierung aufrufen
PageFormat pf = druckJob.pageDialog(druckJob.defaultPage());
pf = druckJob.validatePage(pf);
```

```
druckJob.setPrintable(leinwand, pf);

// Dialog zur Auswahl des Druckers anzeigen
if( druckJob.printDialog() ) {
   try  {
      druckJob.print();
   } catch(Exception e) {
      JOptionPane.showMessageDialog(fenster,
                          "Fehler beim Drucken" + e,
                          "Druckfehler", JOptionPane.ERROR_MESSAGE);
   }
}
```

Die Methode pageDialog() übernimmt als Argument ein PageFormat-Objekt, das zur Initialisierung des Dialogs verwendet wird. Die vom Benutzer vorgenommenen Einstellungen werden als neues PageFormat-Objekt zurückgeliefert und müssen als Argument an die setPrintable()-Methode des PrinterJob-Objekts übergeben werden, damit sie berücksichtigt werden.

Anders die Methode printDialog(). Die Einstellungen, die der Benutzer in diesem Dialog vornimmt, werden automatisch berücksichtigt. Dafür meldet die Methode zurück, ob der Benutzer den Dialog mit OK (Rückgabewert true) oder Abbrechen (false) beendet hat.

Java-Druckdialog

Wenn Sie den plattformunabhängigen Java-Druckdialog anzeigen möchten, rufen Sie die printDialog()-Methode mit einem AttributeSet-Argument auf. Die Einstellungen in diesem Objekt werden zur Initialisierung des Dialogs verwendet, der aus mehreren Registerseiten besteht und neben der Druckerauswahl auch die Seitenformatierung erlaubt.

Wenn der Benutzer den Dialog mit OK beendet, werden seine Einstellungen in dem übergegebenen Objekt gespeichert, das Sie anschließend nur noch an die print()-Methode übergeben müssen:

```
PrinterJob druckJob = PrinterJob.getPrinterJob();
druckJob.setPrintable(leinwand);

PrintRequestAttributeSet attrs = new HashPrintRequestAttributeSet();
attrs.add(OrientationRequested.LANDSCAPE);
attrs.add(new Copies(1));
attrs.add(new JobName("Drucken von ...", null));

// Druckdialog anzeigen
if( druckJob.printDialog(attrs) ) {
   try  {
      druckJob.print(attrs);
   } catch(Exception e) {
      JOptionPane.showMessageDialog(fenster,
                          "Fehler beim Drucken" + e,
                          "Druckfehler", JOptionPane.ERROR_MESSAGE);
   }
}
```

25.2.3 Die Klasse PrintServiceLookup

Mit der Klasse `javax.print.PrintServiceLookup` können Sie wahlweise den installierten Standarddrucker (oder allgemeiner Druckdienst[1]) aufspüren oder sich eine Auswahl aller auf dem System installierten Druckdienste zurückliefern lassen, die in der Lage sind, eine bestimmte Art von Dokument (`DocFlavor`) mit den gewünschten Druckparametern (`AttributeSet`) auszudrucken.

PrintService für den Standarddrucker erzeugen

```
PrintService service = PrintServiceLookup.lookupDefaultPrintService();
if (service != null ) {
   ...
```

Das zurückgelieferte `service`-Objekt repräsentiert den Standarddrucker (-druckdienst). Gibt es keinen Standarddruckdienst, ist der Rückgabewert `null`.

PrintServices für Drucker mit bestimmten Fähigkeiten erzeugen

Suchen Sie einen Drucker, der eine bestimmte Art von Dokumenten mit bestimmten Druckparametern (doppelseitiger Ausdruck, Querformat usw.) drucken kann? Dann rufen Sie doch einfach die Methode `PrintServiceLookup.lookupPrintServices()` mit zwei Argumenten für den Dokumenttypus und die Druckparameter auf.

Der zu druckende Dokumenttypus wird durch den Mime-Typ und die Java-Klasse, die den Dokumentinhalt liefert, bestimmt. Beide Angaben werden in einem `DocFlavor`-Objekt gekapselt. Sie können das `DocFlavor`-Objekt selbst erzeugen:

```
DocFlavor flavor = new DocFlavor("text/plain", "java.io.InputStream");
```

oder auf eine der vordefinierten Objekte aus `javax.print` zurückgreifen:

Vordefinierte DocFlavor-Objekte	Dokumenttyp
`DocFlavor.READER.TEXT_PLAIN`	HTML-Text, der über ein `java.io.Reader`-Objekt eingelesen wird.
`DocFlavor.STRING.TEXT_HTML`	HTML-Text aus einem `String`-Objekt.
`DocFlavor.INPUT_STREAM.PNG`	Eine PNG-Grafik, die mit `java.io.InputStream` (z.B. aus einer Bilddatei) eingelesen wird.
`DocFlavor.URL.JPEG`	Eine JPEG-Grafik, die mittels `java.net.URL` von einer Webadresse eingelesen wird.
`DocFlavor.URL.PDF`	Ein PDF-Dokument, das mittels `java.net.URL` von einer Webadresse eingelesen wird.
`DocFlavor.SERVICE_FORMATTED.PRINTABLE`	Beliebige Daten, die von einer `Printable`-Instanz geliefert werden.

Tabelle 25.2: Eine kleine Auswahl von vordefinierten DocFlavor-Objekten

1 Hinter einem Druckdienst muss nicht zwangsweise ein Hardware-Drucker stehen.

Druckparameter spezifizieren Sie in Form von AttributeSet-Objekten. AttributeSet selbst ist eine Schnittstelle. Sie müssen aber keine eigene Klasse schreiben, die AttributeSet implementiert. Erzeugen Sie einfach ein Objekt der Klasse HashPrintRequestAttributeSet, welche die Schnittstellen AttributeSet und PrintRequestAttributeSet implementiert. Mit der add()-Methode tragen Sie Druckparameter als Attribute in Ihr AttributeSet-Objekt ein.

```
PrintRequestAttributeSet attrs = new HashPrintRequestAttributeSet();
attrs.add(OrientationRequested.LANDSCAPE);
attrs.add(new Copies(2));
attrs.add(new JobName("Name_der_zu_druckenden_Datei", null));
```

DocFlavor und AttributeSet übergeben Sie dann an die PrintServiceLookup-Methode:

```
PrintService[] services = PrintServiceLookup.lookupPrintServices(flavor,
                                                                  attrs);
```

Danach vergewissern Sie sich, dass die zurückgelieferte Menge an Druckdiensten nicht leer ist, und wählen einen Druckdienst – beispielsweise den ersten Druckdienst in der Liste:

```
if (services.length > 0) {
   // arbeite mit services[0] weiter
```

oder Sie prüfen, ob der Standarddruckdienst in der Liste enthalten ist:

```
PrintService[] services = PrintServiceLookup.lookupPrintServices(flavor,
                                                                  attrs);
PrintService service = PrintServiceLookup.lookupDefaultPrintService();

if (service != null) {
   for (int i = 0; i < services.length; ++i) {
      if (services[i].getName().equals(service.getName()))
          // verwende service (Standarddrucker)
   }
} else {
   // verwende services[0]
```

Vom PrintService zum Druckauftrag

Am Ende haben Sie hoffentlich ein PrintService-Objekt zur Hand, das Sie üblicherweise auf eine von zwei verschiedene Weisen verwenden:

- Sie möchten über den Druckdienst direkt drucken (ohne Druckdialoge anzuzeigen).

  In diesem Fall benötigen Sie nicht einmal ein PrinterJob-Objekt. Lassen Sie sich stattdessen von der createPrintJob()-Methode des PrintService-Objekts einfach einen DocPrintJob zurückliefern und rufen Sie zum Drucken dessen print(Doc, PrintRequestAttributeSet)-Methode auf.

  ```
  DocPrintJob druckJob = service.createPrintJob();

  try {
    // Druckdaten laden
  ```

```
  FileInputStream fis = new FileInputStream(dateiname);
  Doc doc = new SimpleDoc(fis, flavor, null);

  // drucken
  druckJob.print(doc, attrs);

} catch (PrintException e) {
  System.err.println(e.getMessage());
}
```

Die print()-Methode von DocPrintJob erwartet als erstes Argument stets ein Objekt einer Klasse, die die Schnittstelle Doc implementiert. Aufgabe dieses Objekts ist es, für die im DocFlavor festgelegte Quellklasse eine passende Printable-Instanz zurückzuliefern. Wie Sie sehen, lässt sich diese Aufgabe für Streamdaten mithilfe der vordefinierten SimpleDoc-Klasse recht leicht erledigen. Und wenn die Daten statt von einem Stream von einem Objekt kommen, dessen Klasse Printable direkt implementiert, übergeben Sie einfach dieses Objekt (zusammen mit dem DocFlavor) an den SimpleDoc-Konstruktor.

- Sie möchten Druckdialoge anzeigen – mit dem gefundenen Druckdienst als Vorauswahl.

In diesem Fall benötigen Sie ein PrinterJob-Objekt. Um dieses mit dem zuvor ermittelten Druckdienst zu verbinden, rufen Sie die setPrintService()-Methode des PrinterJob-Objekts auf und übergeben Sie ihr das PrintService-Objekt. Anschließend rufen Sie die pageDialog()-, printDialog()- und print()-Methoden des PrinterJob-Objekts mit Ihrem PrintRequestAttributeSet-Objekt auf.

```
PrintRequestAttributeSet attrs =
                        new HashPrintRequestAttributeSet();
attrs.add(new Copies(1));
attrs.add(new JobName("Name_der_zu_druckenden_Datei", null));

PrintService[] services =
   PrintServiceLookup.lookupPrintServices(flavor,attrs);

if (services.length > 0) {
   try {
      // Druckjob erstellen
      PrinterJob druckJob = PrinterJob.getPrinterJob();
      druckJob.setPrintService(services[0]);

      // Druckdaten laden und drucken
      druckJob.setPrintable(this);

      if (druckJob.printDialog(attrs))
        druckJob.print(attrs);

   } catch (PrinterException e) {
      System.err.println(e.getMessage());
   }

} else {
```

25

```
        JOptionPane.showMessageDialog(fenster,
                                      "Kein Drucker",
                                      "Druckfehler",
                                  JOptionPane.ERROR_MESSAGE);
    }
```

25.2.4 Die Attribute für die Druckparameter

Wie Sie bereits sehen konnten, erzeugen Sie für Ihre Druckparameter ein Objekt der Klasse `HashPrintRequestAttributeSet` und fügen mit der `add()`-Methode die einzelnen Druckparameter als Attribute ein. Das resultierende Objekt können Sie dann sowohl an Methoden wie `print()` von `DocPrintJob` bzw. `PrinterJob` übergeben, die ein `PrintRequestAttributeSet`-Argument erwarten, als auch an Methoden wie `lookupPrintServices()` von `PrintServiceLookup`, die ein `AttributeSet`-Argument übernimmt. (Die Klasse `HashPrintRequestAttributeSet` implementiert beide Schnittstellen: `PrintRequestAttributeSet`und `AttributeSet`.)

```
PrintRequestAttributeSet attrs = new HashPrintRequestAttributeSet();
attrs.add(OrientationRequested.LANDSCAPE);
attrs.add(new JobName("Name_der_zu_druckenden_Datei", null));
...
```

Welche Attribute können Sie vergeben? Abgesehen von der Möglichkeit, eigene Attribute zu definieren (die ohne entsprechende Unterstützung allerdings wertlos sind), gibt es eine Reihe von vordefinierten Attributen, die alle im Paket `javax.print.attribute.standard` zusammengefasst sind:

Tabelle 25.3: Standardattribute, wie sie u.a. vom Java-Druckdialog unterstützt werden

Attribut (wie als Argument an AttributeSet.add() zu übergeben)	Beschreibung
`Chromaticity.COLOR`	Farb- (`COLOR`) oder Schwarzweiß-Druck (`MONOCHROME`)
`new Copies(1)`	Die Anzahl zu druckender Kopien
`new Destination( new File("out.prn").toURI())`	Für die Ausgabe in eine Datei
`new JobName("Dateiname", null)`	Name des Druckauftrags (üblicherweise der Name des auszudruckenden Dokuments)
`new JobPriority(2)`	Priorität des Druckauftrags

`MediaSizeName.ISO_A4`	Größe der Druckseite, mögliche Werte sind unter anderem:
	`MediaSizeName.ISO_A4`
	`MediaSizeName.ISO_A5`
	`MediaSizeName.ISO_B3`
	`MediaSizeName.NA_LETTER`
	`MediaSizeName.NA_8X10`

`new PageRanges(1, 5)`	Auszudruckender Seitenbereich

Attribut (wie als Argument an AttributeSet.add() zu übergeben)	Beschreibung
OrientationRequested.LANDSCAPE	Ausrichtung: LANDSCAPE (Querformat), PORTRAIT (Hochformat), REVERSE_ANDSCAPE (Umgekehrtes Querformat), REVERSE_PORTRAIT (Umgekehrtes Hochformat)
PrintQuality.DRAFT	Ausrichtung: DRAFT (Entwurf), NORMAL (Normal), HIGH (Hoch)
SheetCollate.COLLATED	Ausrichtung: COLLATED (sortiert), UNCOLLATED (nicht sortiert)
Sides.DUPLEX	Ausrichtung: DUPLEX (Duplex), ONE_SIDED (Einseitig), TWO_SIDED_LONG_EDGE (Buchdruck), TWO_SIDED_SHORT_EDGE (Kalenderdruck)

Tabelle 25.3: Standardattribute, wie sie u.a. vom Java-Druckdialog unterstützt werden (Forts.)

25.2.5 Die print()-Methoden der Textkomponenten

In Java 6 wurden die von JTextComponent abgeleiteten Textkomponenten mit zwei Methoden zum Ausdrucken des enthaltenen Textes ausgestattet: getPrintable() und print().

getPrintable()

Die Methode

```
getPrintable(MessageFormat kopfzeile, MessageFormat fusszeile)
```

liefert ein Printable-Objekt zurück, welches direkt mittels PrinterJob ausgedruckt werden kann. Die Methode sorgt dafür, dass der Inhalt der Textkomponente korrekt in Druckseiten aufgeteilt und wie auf dem Bildschirm zu sehen ausgedruckt wird.

Nutzen Sie diese Methode, wenn Sie sich nicht mit der Aufbereitung des zu druckenden Textes herumschlagen möchten, ansonsten aber die Steuerung des Druckvorgangs (Anzeige und Auswertung der Druckdialoge, Einstellung der Druckparameter usw.) selbst übernehmen wollen.

```
try {
   // Druckjob erstellen
   PrinterJob druckJob = PrinterJob.getPrinterJob();

   // Druckdaten laden
   druckJob.setPrintable(textfeld.getPrintable(
                     new MessageFormat(aktDateiname),
                     new MessageFormat("Seite {0}")));

   if (druckJob.printDialog())
     druckJob.print();

} catch (PrinterException e) {
   System.console().printf("%s\n", e.getMessage());
}
```

Hier wird der Inhalt der Textkomponente textfeld ausgedruckt, mit dem Dateinamen als Kopfzeile und der aktuellen Seitenzahl als Fußzeile.

print()

Noch bequemer geht es mit der Methode print(), von der es drei überladene Versionen gibt. Eine parameterlose Überladung für absolut sorgenfreies Drucken:

```
// Drucken in Schnellfassung´
try {
   textfeld.print();
} catch (PrinterException e) {
   System.console().printf("Drucken nicht möglich.\n");
   System.console().printf("%s\n", e.getMessage());
}
```

Eine Überladung, der Sie die (MessageFormat-)Texte für Kopf- und Fußzeile mitgeben können:

```
// Drucken in Schnellfassung´
try {
   textfeld.print(new MessageFormat("Vertraulich!!!"),
                  new MessageFormat("Seite {0}"));
} catch (PrinterException e) {
   System.console().printf("Drucken nicht möglich.\n");
   System.console().printf("%s\n", e.getMessage());
}
```

Und schließlich die Vollversion, die auf Wunsch den Java-Druckdialog aufruft und der Sie einen PrintService und ein PrintRequestAttributeSet übergeben können:

```
public boolean print(MessageFormat kopfzeile,
                     MessageFormat fusszeile,
                     boolean druckdialog,
                     PrintService druckdienst,
                     PrintRequestAttributeSet druckparameter,
                     boolean interactiv)
```

Hier ein Aufruf, der Kopf- und Fußzeile vorsieht, den Druckdialog anzeigen lässt und verschiedene Druckparameter übergibt:

```
PrintRequestAttributeSet attrs = new HashPrintRequestAttributeSet();
attrs.add(OrientationRequested.LANDSCAPE);
attrs.add(new Copies(2));

textfeld.print(new MessageFormat(aktDateiname),
               new MessageFormat("Seite {0}"),
               true, null, attrs, false);
```

25.3 Bilder drucken

Nach den Vorbemerkungen aus den beiden vorangehenden Abschnitten ist das Drucken eines Bildes keine große Schwierigkeit mehr. Zwei Varianten möchten wir Ihnen vorstellen

25.3.1 Variante 1: Drucken mit eigener Printable-Implementierung

Das folgende Programm *Bildbetrachter.java* ist eine Adaption des Bildsignierer-Programms aus Kapitel 23.5. Es unterstützt zwar nicht mehr das Signieren und Speichern von Bildern, dafür können die geladenen Bilder ausgedruckt werden.

Das Programm nimmt das Drucken übrigens sehr ernst. Nicht nur, dass mit großer Sorgfalt nach einem geeigneten Drucker gesucht und ein Druckdialog angezeigt wird, auch die Aufbereitung der Druckdaten wird von dem Programm höchstpersönlich übernommen, d.h., die Klasse `BildLeinwand` implementiert die Schnittstelle `Printable`. Die mit dem Drucken zusammenhängenden Änderungen wurden in Listing 25.1 durch Fettschrift hervorgehoben.

Listing 25.1: Bildbetrachter.java – Bilder laden und drucken

```
import java.awt.*;
import java.awt.event.*;
import javax.swing.*;
import javax.swing.filechooser.FileFilter;
import java.io.*;
import java.awt.image.BufferedImage;
import javax.imageio.*;

import java.awt.print.*;
import javax.print.*;
import javax.print.attribute.*;
import javax.print.attribute.standard.*;


public class Bildbetrachter extends JFrame {
   static Bildbetrachter fenster;
   String dateiname;                 // Name der Bilddatei
   BufferedImage  bild;              // Referenz auf das aktuelle Bild
   BildLeinwand leinwand;            // JPanel zum Anzeigen des Bildes

   JMenuBar menuleiste = new JMenuBar();

   JMenu     menuDatei               = new JMenu();
   JMenuItem menuDateiOeffnen        = new JMenuItem();
   JMenuItem menuDateiDrucken        = new JMenuItem();
   JMenuItem menuDateiBeenden        = new JMenuItem();

   // Innere Klasse zum Überschreiben von paintComponent()
   class BildLeinwand extends JPanel implements Printable {

      public void paintComponent(Graphics g) {
         super.paintComponent(g);

         if(bild != null)
            g.drawImage(bild, 0, 0, bild.getWidth(),
                                        bild.getHeight(), this);
      }

```

```
      public int print(Graphics pg, PageFormat pf, int seitennr)
                                             throws PrinterException {
         // siehe unten
      }

      public Dimension getPreferredSize() {
         if (bild != null)
            return new Dimension(bild.getWidth(), bild.getHeight());
         else
            return fenster.getSize();
      }
   }


   Bildbetrachter() {
      super();

      // Hauptfenster einrichten
      setTitle("Bildbetrachter");
      getContentPane().setBackground(Color.LIGHT_GRAY);

      // Menüleiste
      JMenuBar menueleiste = new JMenuBar();
      menuDatei.setText("Datei");
      menuDateiOeffnen.setText("Öffnen");
      menuDateiOeffnen.addActionListener(new ActionListener() {
         public void actionPerformed(ActionEvent e) {
            bildOeffnen();
         }
      });
      menuDateiDrucken.setText("Drucken");
      menuDateiDrucken.addActionListener(new ActionListener() {
         public void actionPerformed(ActionEvent e) {
            bildDrucken();
         }
      });
      menuDateiBeenden.setText("Beenden");
      menuDateiBeenden.addActionListener(new ActionListener() {
         public void actionPerformed(ActionEvent e) {
            System.exit(0);
         }
      });
      menuDatei.add(menuDateiOeffnen);
      menuDatei.addSeparator();
      menuDatei.add(menuDateiDrucken);
      menuDatei.addSeparator();
      menuDatei.add(menuDateiBeenden);
      menueleiste.add(menuDatei);

      setJMenuBar(menueleiste);


      // Eine Leinwand anlegen (von JPanel abgeleitet)
      leinwand  = new BildLeinwand();
```

```
      getContentPane().add(leinwand, BorderLayout.CENTER);


      setDefaultCloseOperation(JFrame.EXIT_ON_CLOSE);
   }


   // Ereignisbehandlungsmethoden für Komponenten

   protected void bildOeffnen() {
      // wie gehabt
   }

   protected void bildDrucken()  {
      // Wenn noch kein Bild geladen, gleich zurückkehren
      if (dateiname == null)
         return;

      // Druckparameter einstellen
      DocFlavor flavor = DocFlavor.SERVICE_FORMATTED.PRINTABLE;
      PrintRequestAttributeSet attrs =
                              new HashPrintRequestAttributeSet();
      attrs.add(Chromaticity.MONOCHROME);
      attrs.add(MediaSizeName.ISO_A5);
      attrs.add(OrientationRequested.LANDSCAPE);
      attrs.add(PrintQuality.NORMAL);
      attrs.add(new Copies(1));
      String n = dateiname.substring(dateiname.lastIndexOf('\\')+1,
                                      dateiname.length());
      attrs.add(new JobName(n, null));

      // Wähle einen Drucker aus, der die Druckparameter unterstützt
      PrintService service;
      PrintService[] services =
              PrintServiceLookup.lookupPrintServices(flavor, attrs);
      if (services.length > 0) {
         service = services[0];
      } else {
         // weiche auf Standarddrucker aus
         attrs = new HashPrintRequestAttributeSet();
         attrs.add(new JobName(n, null));
         service = PrintServiceLookup.lookupDefaultPrintService();
      }

      // Drucken
      if (service != null) {
         try {
            // Druckjob erstellen
            PrinterJob druckJob = PrinterJob.getPrinterJob();
            druckJob.setPrintService(service);

            // Druckdaten laden
            druckJob.setPrintable(leinwand);

```

```
147              // drucken
148              if (druckJob.printDialog(attrs))
149                druckJob.print(attrs);
150
151           } catch (PrinterException e) {
152              System.console().printf("%s\n", e.getMessage());
153           }
154
155        } else {
156           JOptionPane.showMessageDialog(fenster,
157                                         "Keinen Drucker gefunden",
158                                         "Druckfehler",
159                                         JOptionPane.ERROR_MESSAGE);
160        }
161     }
162
163
164     public static void main(String args[]) {
165
166        Bildbetrachter fenster = new Bildbetrachter();
167        fenster.setSize(500, 500);
168        fenster.setLocation(200,300);
169        fenster.setVisible(true);
170     }
171  }
```

Als *PagePainter* wurde die innere Klasse `BildLeinwand` ausgewählt (Zeile 29), die ja auch für die Einblendung des Bildes in das Fenster verantwortlich ist. Auf die `BildLeinwand`-Implementierung der `Printable`-Methode `print()` werden wir in Kürze zu sprechen kommen.

Zum Starten des Drucks wurde ein eigener Menübefehl eingerichtet (Zeile 25). Die Ereignisbehandlung zu diesem Menübefehl tut nichts weiter, als die Methode `bildDrucken()` aufzurufen (Zeile 72).

Die Implementierung von `bildDrucken()` in den Zeilen 106-161 folgt weitgehend den Erläuterungen aus den vorangehenden Abschnitten. Nachdem sichergestellt wurde, dass bereits ein Bild geladen wurde (Zeilen 108-109), spezifiziert die Anwendung die angestrebten Druckparameter und sucht nach einem geeigneten Drucker (Zeilen 111-127). Konnte kein passender Drucker gefunden werden, weicht die Anwendung auf den Standdrucker, mit dem Druckauftragsnamen als einzigem voreingestellten Druckparameter aus (Zeilen 128-135).

Anschließend wird das `PrinterJob`-Objekt erzeugt (141) und mit dem Druckdienst (142) und den Druckdaten (145) verbunden. Beachten Sie, dass dabei die in Zeile 92 erzeugte Instanz von `BildLeinwand` übergeben wird – was möglich ist, weil `BildLeinwand` die Schnittstelle `Printable` implementiert und daher zu dem `DocFlavor`-Typ `SERVICE_FORMATTED.PRINTABLE` (Zeile 112) passt. Zu guter Letzt wird der javaspezifische Druckdialog angezeigt, damit der Benutzer gegebenenfalls andere Druckparameter wählen kann, und anschließend der Druck gestartet.

Bleibt noch die print()-Methode von BildLeinwand:

```
public int print(Graphics pg, PageFormat pf, int seitennr)
                                       throws PrinterException {
   if( seitennr > 0 )
      return Printable.NO_SUCH_PAGE;

   pg.translate((int) pf.getImageableX(),
                (int) pf.getImageableY());
   int pgBreite = (int) pf.getImageableWidth();
   int pgHoehe  = (int) pf.getImageableHeight();

   int b = bild.getWidth();
   int h = bild.getHeight();

   if (b > pgBreite) {
      double skalierung = (double) pgBreite / (double) b;
      b = (int) (b*skalierung);
      h = (int) (h*skalierung);
   }
   if (h > pgHoehe){
      double skalierung = (double) pgHoehe / (double) h;
      b = (int) (b*skalierung);
      h = (int) (h*skalierung);
   }

   pg.drawImage(bild, 0, 0, b, h, this);

   return Printable.PAGE_EXISTS;
}
```

Der Einfachheit halber erlaubt die Methode nur das Drucken einer Seite. (Zu große Bilder werden im Code so skaliert, dass sie auf die Seite passen.) Die ersten beiden Zeilen liefern daher für übergebene Seitennummer größer 0 die Konstante Printable.NO_SUCH_PAGE zurück.

STOP

Wenn der Anwender im Drucken-Dialog angibt, dass er Seite 2 oder 3 drucken möchte, wird nichts ausgedruckt.

Danach werden, wie in Abschnitt 25.2.1 beschrieben, die Abmaße des Druckbereichs abgefragt. Die folgenden Zeilen skalieren das Bild dann so, dass es auf die Seite passt.

Um das Bild in den Drucker-Gerätekontext zu zeichnen, wird schließlich die drawImage()-Methode des Graphics-Objekts aufgerufen.

25.3.2 Variante 2: Stilles Drucken aus Bilddatei

Eine andere Variante wäre, auf die Implementierung von Printable zu verzichten und die Druckdaten direkt aus der Bilddatei zu entnehmen. Der folgende Code zeigt, wie die Methode bildDrucken() in diesen Fall aussehen könnte (wobei wir diesmal von vornherein nur mit den grundlegendsten Druckparametern und dem Standarddrucker arbeiten wollen).

```
protected void bildDrucken() {
   // Wenn noch kein Bild geladen, gleich zurückkehren
   if (dateiname == null)
      return;

   // Druckparameter definieren
   DocFlavor flavor = DocFlavor.INPUT_STREAM.PNG;
   PrintRequestAttributeSet attrs = new HashPrintRequestAttributeSet();
   String n = dateiname.substring(dateiname.lastIndexOf('\\')+1,
                                  dateiname.length());
   attrs.add(new JobName(n, null));
   attrs.add(new Copies(1));

   // Standardrucker auswählen und in Stille drucken
   PrintService service =
                     PrintServiceLookup.lookupDefaultPrintService();
   if (service != null ) {
      // Druckjob erstellen
      DocPrintJob druckJob = service.createPrintJob();

      // Druckdaten laden und drucken
      try {
         FileInputStream fis = new FileInputStream(dateiname);
         Doc doc = new SimpleDoc(fis, flavor, null);

         druckJob.print(doc, attrs);
      } catch (FileNotFoundException e) {
          System.console().printf("%s\n", e.getMessage());
      } catch (PrintException e) {
          System.console().printf("%s\n", e.getMessage());
      }
   } else {
      JOptionPane.showMessageDialog(fenster,
                                 "Kein Standarddrucker vorhanden",
                                 "Druckfehler",
                                 JOptionPane.ERROR_MESSAGE);
   }
}
```

25.4 Texte drucken

Das Drucken von Text ist dank der mit Java 6 eingeführten Druckmethoden für die Swing-Textkomponenten besonders einfach geworden – vorausgesetzt, Sie möchten die Texte so ausdrucken, wie sie in den Textkomponenten angezeigt werden. Andernfalls müssen Sie die Schnittstelle `Printable` installieren und in deren `print()`-Methode selbst für die Formatierung und Aufbereitung des Textes sorgen. (Wie Sie dabei prinzipiell vorgehen, können Sie in der PDF-Datei *Drucken* auf der Buch-DVD nachlesen.) In diesem Abschnitt zeigen wir Ihnen zwei Varianten, wie Sie die Java-Druckunterstützung in den Javedi-Editor aus Kapitel 24 inkorporieren können.

25.4.1 Variante 1 – Drucken mit print()

Um einen Texteditor wie z.B. den Javedi-Editor aus Kapitel 24 druckfähig zu machen, bedarf es folgender Schritte:

Schritt 1: Pakete importieren

Importieren Sie die Pakete für die Namen der Druckklassen und -schnittstellen.

```
import java.awt.print.*;
import javax.print.*;
import javax.print.attribute.*;
import javax.print.attribute.standard.*;
import java.text.MessageFormat;
```

Schritt 2: Menübefehl und Symbolleistenschaltfläche zum Drucken einrichten

Einrichtung eines Menübefehls zum Drucken:

```
// MenuItem erzeugen
JMenuItem menuDateiDrucken = new JMenuItem();

// MenuItem konfigurieren
menuDateiDrucken.setText("Drucken");
menuDateiDrucken.setAccelerator(KeyStroke.getKeyStroke('P',
                                                       Event.CTRL_MASK));
menuDateiDrucken.addActionListener(new ActionListener() {
   public void actionPerformed(ActionEvent e) {
      dateiDrucken();
   }
});

// MenuItem in Menüleiste einfügen
menuDatei.addSeparator();
menuDatei.add(menuDateiDrucken);
```

Einrichtung einer Symbolleistenschaltfläche zum Drucken:

```
// Schaltfläche erzeugen
JButton btnDrucken = new JButton();

// Schaltfläche konfigurieren
btnDrucken.setToolTipText("Datei drucken");
btnDrucken.setIcon(
 new ImageIcon(javedi.Javedi_Fenster.class.getResource("Print16.gif")));
btnDrucken.addActionListener(new ActionListener() {
   public void actionPerformed(ActionEvent e) {
      dateiDrucken();
   }
});

// Schaltfläche in Symbolleiste einfügen
symbolleiste.add(btnDrucken);
```

Schritt 3: Druck vorbereiten und starten

Die Vorbereitungen sind nun abgeschlossen, jetzt muss nur noch in der Methode dateiDrucken() das Drucken angestoßen werden.

```
protected void dateiDrucken()  {
   String druckname;

   if (aktDateiname != null)
      druckname = aktDateiname;
   else
      druckname = "Unbenannt";

   // Drucken in Schnellfassung mit Voreinstellungen für
   // Druckdialog und Kopf- und Fußzeile
   try {
      PrintRequestAttributeSet attrs =
                               new HashPrintRequestAttributeSet();
      attrs.add(OrientationRequested.PORTRAIT);
      attrs.add(MediaSizeName.ISO_A4);
      attrs.add(new JobName(druckname, null));

      textfeld.print(new MessageFormat(druckname),
                     new MessageFormat("Seite {0}"),
                     true, null, attrs, false);

   } catch (PrinterException e) {
      System.console().printf("Drucken nicht möglich.\n");
      System.console().printf("%s\n", e.getMessage());
   }
}
```

Vorab gibt es noch ein kleines Problem zu lösen. Wir würden gerne den Namen des aktuellen Dokuments als Name des Druckauftrags und als Kopfzeile im Ausdruck verwenden. So wie Javedi implementiert ist, kann es aber sein, dass das Feld aktDateiname gleich null ist (nämlich genau dann, wenn der Anwender kein Dokument geladen bzw. den Text eines neuen Dokuments noch nicht gespeichert hat). Aus diesem Grund definieren wir eine lokale Variable druckname und weisen dieser den Wert von aktDateiname oder den String "Unbenannt" zu.

Danach brauchen wir nur noch – in eine passende try-catch-Konstruktion eingefasst – die print()-Methode der JTextArea-Komponente textfeld aufzurufen. Als Argumente übergeben wir ihr:

- einen Text für die Kopfzeile (mit dem Titel des zu druckenden Dokuments)
- einen Text für die Fußzeile (mit einem Platzhalter für die Seitenzahl)
- den Wert true, damit der Java-Druckdialog angezeigt wird

und

- das zuvor von uns erstellte PrintRequestAttributeSet mit den Druckparametern für die Initialisierung des Druckdialogs

25.4.2 Variante 3 - Drucken mit getPrintable()

Mit getPrintable() zu Drucken ist nicht wesentlich schwieriger, räumt Ihnen aber mehr Möglichkeiten bei der Suche nach einem passenden Drucker, der Anzeige und Auswertung der Druckdialoge und etwaigen sonstigen Arbeiten ein. Das nachfolgende Fragment verdeutlicht die grundsätzliche Vorgehensweise:

```
protected void dateiDrucken()  {
   String druckname;

   if (aktDateiname != null)
      druckname = aktDateiname;
   else
      druckname = "Unbenannt";

   DocFlavor flavor = DocFlavor.SERVICE_FORMATTED.PRINTABLE;
   PrintRequestAttributeSet attrs = new HashPrintRequestAttributeSet();
   attrs.add(OrientationRequested.PORTRAIT);
   attrs.add(MediaSizeName.ISO_A4);
   attrs.add(new JobName(druckname, null));

   // Drucker auswählen
   PrintService[] services =
              PrintServiceLookup.lookupPrintServices(flavor, attrs);
   if (services.length > 0) {

      try {
         // Druckjob erstellen
         PrinterJob job = PrinterJob.getPrinterJob();
         job.setPrintService(services[0]);

         // Druckdaten laden
         job.setPrintable(textfeld.getPrintable(
                                   new MessageFormat(druckname),
                                   new MessageFormat("Seite {0}")));

         // Druckdialog anzeigen und drucken
         if (job.printDialog(attrs))
           job.print(attrs);

      } catch (PrinterException e) {
         System.console().printf("Drucken nicht möglich.\n");
         System.console().printf("%s\n", e.getMessage());
      }

   } else {
      JOptionPane.showMessageDialog(this,
                                   "Kein Drucker",
                                   "Fehler",
                                   JOptionPane.ERROR_MESSAGE);
   }
}
```

Zuerst legen sie den Dokumenttypus und die Druckparameter fest und suchen nach einem geeigneten Drucker (bzw. Druckdienst).

Dann erzeugen Sie einen passenden PrinterJob und verbinden diesen mit dem Druckdienst und anschließend mit den druckenden Daten, die Ihnen die getPrintable()-Methode der Textkomponente zurückliefert.

INFO

Die getPrintable()-Methode liefert eine Printable-Instanz zurück, weswegen Sie DocFlavor.SERVICE_FORMATTED.PRINTABLE als DocFlavor ausgewählt haben sollten.

Anschließend können Sie den oder die Druckdialoge (nativ oder javaspezifisch) aufrufen und den Druck starten.

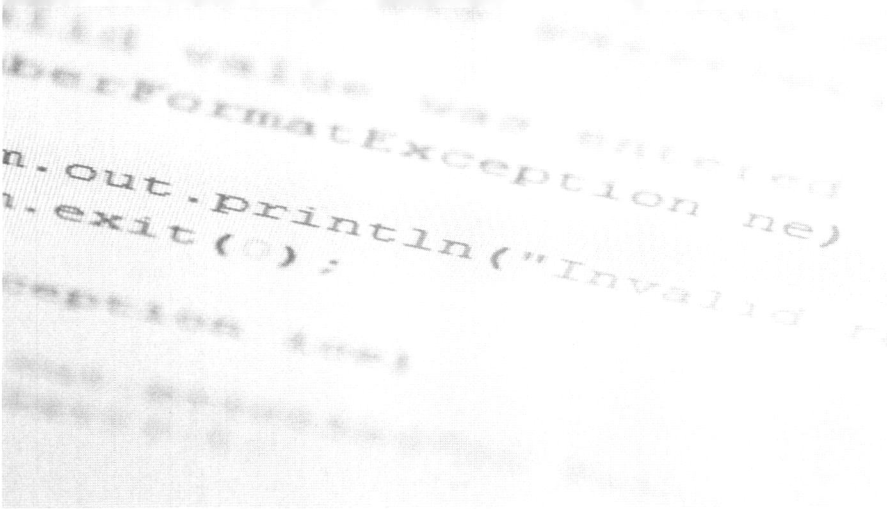

Kapitel 26
GUI-Ergänzungen

Dieses Kapitel behandelt einzelne Aspekte und Details der GUI-Programmierung, die wir in den vorangehenden Kapiteln nicht unterbringen konnten (oder wollten), die wir aber für zu wichtig und interessant erachten, als dass man sie unterschlagen sollte.

26.1 Fenster: Transparenz und Freiform

Für undekorierte Fenster (also ohne Titelleiste usw.) vom Typ `javax.swing.JFrame` lässt sich das Erscheinungsbild noch auf eine ganz besondere Art und Weise modifizieren:

- Mit der Methode `setOpacity(float f)` lässt sich die Durchsichtigkeit zwischen 0 (durchsichtig/unsichtbar) und 1 (undurchsichtig) beliebig festlegen und ändern.
- Mit `setShape(Shape s)` kann man dem Fenster eine beliebige Form geben.

Ein kleiner Wermutstropfen ist neben der Beschränkung auf undekorierte Fenster (zumindest in der uns aktuell vorliegenden Version JDK 1.7.0) der Umstand, dass transparentes Zeichnen von Fenstern vom zugrunde liegenden Betriebssystem und der Grafikkarte unterstützt werden muss. Allerdings dürfte dies in der Regel kein Problem sein, wenn als Ausführungsumgebung ein halbwegs moderner PC und eines der üblichen Betriebssysteme zum Einsatz kommt. Dennoch sollte man zuerst prüfen, ob Transparenz möglich ist. Dies können Sie mithilfe der Klasse `GraphicsDevice` und ihrer Methode `isWindowTranslucencySupported()`:

```
GraphicsEnvironment ge =  GraphicsEnvironment.getLocalGraphicsEnvironment();
GraphicsDevice gd   = ge.getDefaultScreenDevice();
```

```
if(gd.isWindowTranslucencySupported(WindowTranslucency.TRANSLUCENT)) {
   // ...
}
```

Das Erzeugen einer transparenten Fensterklasse, die von `JFrame` abgeleitet wird, ist dann ganz einfach.

```
public class SpezialFenster extends JFrame {
   public SpezialFenster() {
      super("SpezialFenster");
      setSize(400,300);
      setUndecorated(true); // keine Titelleiste
      setOpacity(0.5f);  // 50 % Transparenz

      addComponentListener(new ComponentAdapter() {
          public void componentResized(ComponentEvent e) {
               setShape(new Ellipse2D.Double(0,0,getWidth(),getHeight()));
          }
      });
   }
}
```

Sorgen Sie bei der Initialisierung dafür (z.B. im Konstruktor), dass

- keine Fensterleiste aktiv ist (Aufruf von `setUndecorated(true)`) und
- die gewünschte Transparenz festgelegt wird (Aufruf von `setOpacity()`).

Falls Sie dem Fenster eine beliebige Form geben möchten, sollten Sie die `setShape()`-Methode nicht direkt im Konstruktor aufrufen. Besser ist die oben gezeigte Vorgehensweise, eine anonyme Klasse vom Typ `java.awt.event.ComponentAdapter` dem Fenster als ComponentListener mitzugeben, damit die Form im Falle von Resize-Ereignissen korrekt neuberechnet werden kann.

Auf der Buch-DVD finden Sie im zugehörigen Verzeichnis zu diesem Kapitel ein Beipielprogramm *TransparentesFenster.java*, das ein ovales Fenster erzeugt und mittels Schieberegler in der Transparenz von 10% bis 100% regelbar ist.

Abbildung 26.1: Ovales Fenster halb durchsichtig

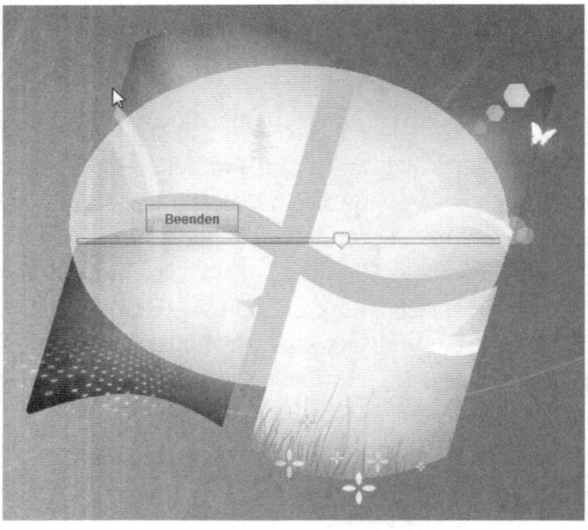

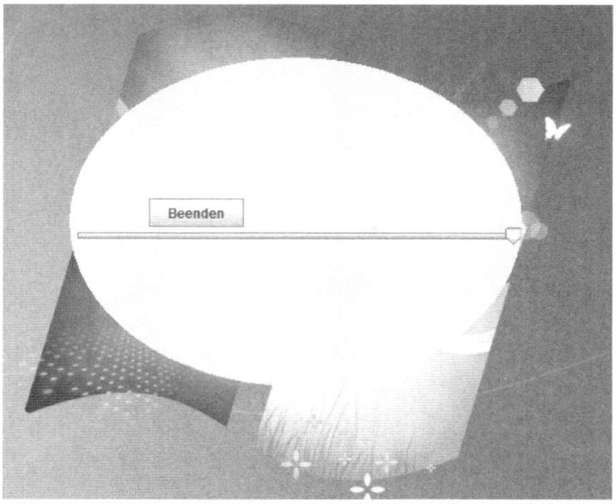

Abbildung 26.2: Ovales Fenster undurchsichtig

26.2 Spezielle Container

Ein immer wiederkehrendes Problem beim Erstellen einer grafischen Benutzeroberfläche ist die Aufgabe, die anzuzeigenden Komponenten sinnvoll und halbwegs elegant anzuordnen. Hierfür will die Swing-Bibliothek eine Hilfestellung geben durch die Klassen `JSplitPane`, `JTabbedPane` und `JDesktop/JInternalFrame`, die in diesem Abschnitt kurz vorgestellt werden sollen. Ferner bietet `JScrollPane` die Möglichkeit, eine Komponente mit den bekannten Bildlaufleisten scrollbar zu machen.

26.2.1 JScrollPane

`JScrollPane` (Paket `javax.swing`) ist eine Container-Komponente, die für die Anzeige von sehr großen untergeordneten Komponenten gedacht ist, die eventuell nicht komplett sichtbar sind. Durch automatisch eingeblendete Bildlaufleisten kann der Benutzer den sichtbaren Ausschnitt entsprechend anpassen. Ein typisches Beispiel für den Einsatz von `JScrollPane` sind beispielsweise Kind-Komponenten vom Typ `JTextArea` oder `JList`.

Der Einsatz von `JScrollPane` ist erstaunlich einfach. Anstatt die gewünschte Komponente direkt zu ihrem Container hinzuzufügen, wird ein Zwischenschritt eingefügt und die Komponente einer `JScrollPane` übergeben. Das `JScrollPane`-Objekt wird dann dem gewünschten Container hinzugefügt. Das war es!

```
JPanel container = …;
JList liste = …;
JScrollPane scrollPane = new JScrollPane(liste);
container.add(scrollPane);
```

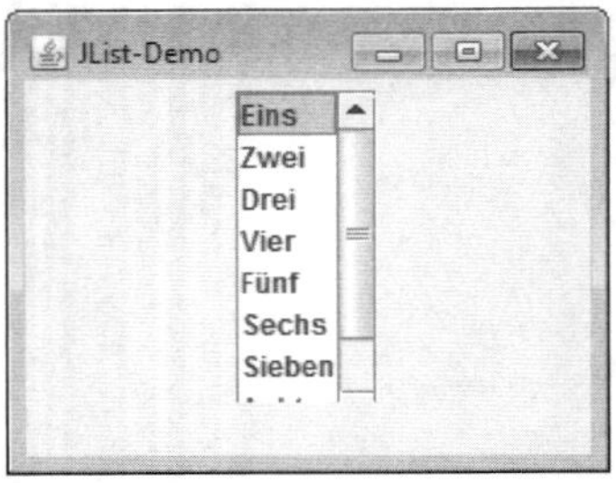

Abbildung 26.3: Eine JScrollPane mit eingebettetem Listenfeld

Normalerweise werden die Bildlaufleisten für horizontales und vertikales Scrollen automatisch, d.h. bei Bedarf, ein- und ausgeblendet. Dieses Verhalten kann man durch Angabe bestimmter Konstanten, die die Schnittstelle `javax.swing.ScrollPaneConstants` bereitstellt, noch etwas steuern:

- `VERTICAL_SCROLLBAR_AS_NEEDED` (vertikale Bildlaufleiste, nach Bedarf), `VERTICAL_SCROLLBAR_ALWAYS` (immer), `VERTICAL_SCROLLBAR_NEVER` (nie)
- `HORIZONTAL_SCROLLBAR_AS_NEEDED` (horizontale Bildlaufleiste, nach Bedarf), `HORIZONTAL_SCROLLBAR_ALWAYS` (immer), `HORIZONTAL_SCROLLBAR_NEVER` (nie)

Das Setzen erfolgt entweder gleich im Konstruktor oder nachträglich durch die entsprechenden set-Methoden.

```
JList liste = …;
JScrollPane scrollPane = new JScrollPane(liste,
                        ScrollPaneConstants.VERTICAL_SCROLLBAR_AS_NEEDED,
                        ScrollPaneConstants.HORIZONTAL_SCROLLBAR_NEVER);
```

Tabelle 26.1: Wichtige Methode der Klasse JScrollPane

Methode	Beschreibung
`JScrollPane(Component comp)` `JScrollPane(Component comp, int vertikal, int horizontal)`	Konstruktor (optional mit Angabe des Bildlaufleisten-modus)
`void setVerticalScrollBarPolicy (int p))`	Setzt den Modus für die vertikale Bildlaufleiste.
`void setHorizontalScrollBarPolicy (int p))`	Setzt den Modus für die horizontale Bildlaufleiste.
`JViewport getViewPort()`	Liefert den Viewport zurück.

26.2.2 JTabbedPane und JSplitPane

Die Klasse `JTabbedPane` (Paket `javax.swing`) realisiert die beliebte Registerdarstellung, wie sie häufig für die Gruppierung von Programmeinstellungen oder Optionen verwendet wird.

Auf jeder Registerseite (englisch: *Tab*) kann eine beliebig komplexe Komponente platziert werden. In Abbildung 26.4 sehen Sie ein Beispiel mit zwei festen Registerseiten DATUM und BILDER sowie mehreren dynamisch erzeugten Registerseiten. Die in der Abbildung ausgewählte Registerseite BILDER wird von einer `JSplitPane`-Instanz in zwei Arbeitsbereiche (Auswahl- und Anzeigefeld) geteilt.

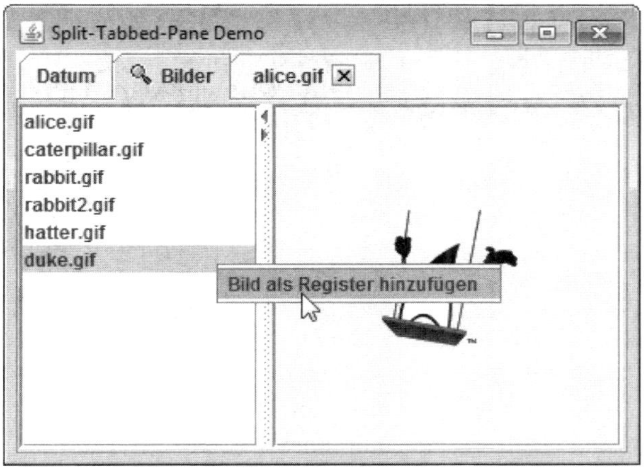

Abbildung 26.4: JSplitPane als ein Register in JTabbedPane

Bei `JSplitPane` (Paket `javax.swing`) handelt es sich um eine Komponente zur Anzeige von genau *zwei* anderen Komponenten, die durch einen verschiebbaren Balken optisch voneinander getrennt sind.

Der Einsatz von `JTabbedPane` ist sehr einfach. Sie erzeugen eine Instanz mit dem Standardkonstruktor und rufen dann eine der `addTab()`-Methoden auf. Die Registerseiten sind in der Reihe ihres Hinzufügens beginnend mit null nummeriert und können auch dynamisch wieder entfernt werden.

Tabelle 26.2: Wichtige Methode der Klasse JTabbed-Pane

Methode	Beschreibung
`JTabbedPane()`	Konstruktor
`void addTab(String name, Component c)` `void addTab(String name, Icon symbol, Component c)`	Fügt eine Registerseite mit dem Titel `name` und der Komponente `c` hinzu. Optional kann auch ein anzuzeigendes Symbol mitgegeben werden.
`Component getTabComponentAt(int index)`	Liefert die Komponente für das Rendern des Titels vom Register an Position `index`.
`int indexOfTabComponent(Component c)`	Liefert die Position des Registers mit der Komponente `c` (die mit `setTabComponentAt()` gesetzt worden ist).
`void removeTabAt(int index)`	Entfernt die Registerseite an Position `index`.
`void setEnabledAt(int index, boolean status, Icon deaktSym)`	Deaktiviert die Registerseite `index`, falls `status == false`. In diesem Fall wird das Symbol `deaktSym` angezeigt.
`void setComponent(int index, Component c)`	Setzt eine Komponente auf das Register an Position `index`.
`void setTabComponentAt(int index, Component c)`	Richtet eine Komponente als Titel des Registers an Position `index` ein.

Der Aufruf für die JTabbedPane aus Abbildung 26.4 lautet[1]:

```
JTabbedPane tab = new JTabbedPane();
JSplitPane bildPanel = ...
JPanel datumPanel = ...
tab.addTab("Datum", datumPanel);
tab.addTab("Bilder", new ImageIcon("Zoom16.gif"), (Component) bildPanel);
```

Im Unterschied zu JTabbedPane ist eine Instanz von JSplitPane bis auf den Trennbalken zwischen den enthaltenen Komponenten unsichtbar.

Tabelle 26.3: Wichtige Methoden der Klasse JSplitPane

Methode	Beschreibung
`JSplitPane(int modus, Component c1, Component c2)`	Konstruktor. Die Komponenten c1 und c2 werden nebeneinander (modus = HORIZONTAL_SPLIT) oder untereinander angeordnet (VERTICAL_SPLIT).
`void setDividerLocation(int loc)`	Legt die Anfangslage des Trennbalkens fest. loc ist eine Pixelangabe und muss in Abhängigkeit von der Größe der umgebenden Komponente/Fenster gewählt werden.
`void setOneTouchExpandable(boolean status)`	Wenn status == true, dann besitzt der Trennbalken kleine Pfeile zum Expandieren/Verkleinern der Anzeige.
`void setContinuousLayout(boolean status)`	Wenn status == true, dann werden die enthaltenen Komponenten fortlaufend neu gezeichnet, während der Trennbalken verschoben wird.

Von einigen Konfigurationsmöglichkeiten abgesehen lässt sie sich als Zweizeiler anlegen:

```
// JScrollPane dateiAnzeige = ...
// JScrollPane bildAnzeige = ...
JSplitPane splitPane = new JSplitPane(JSplitPane.HORIZONTAL_SPLIT,
                                      dateiAnzeige, bildAnzeige);
splitPane.setDividerLocation(150);
```

Ein vollständiges Beispiel finden Sie als *TabSplitDemo.java* auf der Buch-DVD. Das Beispiel zeigt auch, wie Sie Registerseiten dynamisch erzeugen (zum Austesten einfach den Kontextmenübefehl aus der Dateiliste der Registerseite BILDER aufrufen, vgl. Abbildung 26.4) und wie Sie mithilfe der ab Java 6 verfügbaren Methode setTabComponentAt() ganze Komponenten als »Titel« in die Reiter einfügen – beispielsweise um die Reiter mit einer Schließen-Schaltfläche zu versehen, die es dem Anwender erlaubt, die Registerseite wegzuklicken.

26.3 Baum- und Tabellendarstellung

Die Swing-Bibliothek bietet zwei besondere Klassen für die Darstellung von Daten an: JTree, mit der sich hierarchisch geordnete Daten in einer Baumstruktur anzeigen lassen, sowie JTable für tabellenartig strukturierte Daten. Dieses Kapitel soll

1 Das vollständige Beispiel *TabSplitDemo.java* finden Sie im Unterverzeichnis zu diesem Kapitel.

Ihnen einen Schnelleinstieg in diese leistungsstarken, jedoch recht komplexen Komponenten vermitteln. Für eine tiefer gehende Behandlung reicht leider der Platz nicht aus und wir müssen Sie auf die entsprechende Fachliteratur verweisen.

26.3.1 JTree

Die Klasse `JTree` aus dem Paket `javax.swing` dient zur Darstellung von Daten, die hierarchisch geordnet als *Baum* vorliegen. Unter einem Baum versteht man in der Informatik eine Datenstruktur, bei der die einzelnen Dateneinheiten als *Knoten* angesehen werden. Genau ein Knoten bildet die *Wurzel* (*root*) und ist der Ausgangspunkt der Hierarchie (siehe Abbildung 26.5).

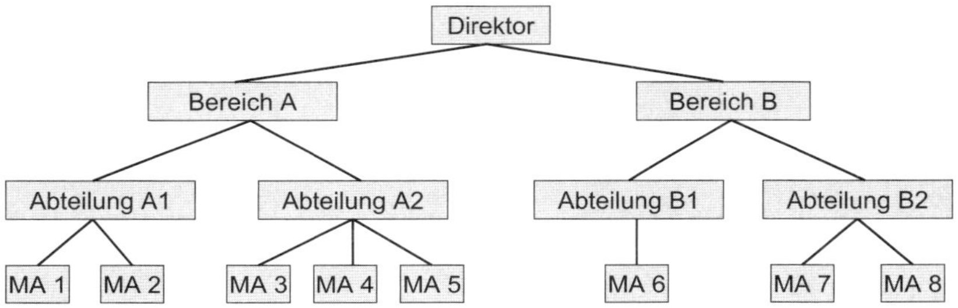

Abbildung 26.5: Hierarchische Gliederung in einem Unternehmen

Jeder Knoten im Baum hat genau einen Vorgänger im Bau, den *Vater*, und einen oder mehrere Nachfolgerknoten, die *Kinder*. Knoten, die keine Kinder haben, nennt man *Blätter*[2]. Ein weiterer wichtiger Begriff ist der *Baumpfad*: die Folge von Knoten, die man besuchen muss, wenn man von einem gegebenen Knoten zurück zur Wurzel wandern will.

Als Computernutzer kennen Sie mindestens eine Baumstruktur, nämlich Ihr Dateisystem. Die Wurzel ist beispielsweise C:\, darunter folgt die erste Schicht an Verzeichnissen (= Knoten), die wiederum Kinder in Form von Verzeichnissen und Dateien enthalten. Dateien können keine weiteren Kinder haben und stellen somit die Blätter des Baums dar.

Hierarchisch oder baumartig strukturierte Daten können Sie recht einfach mit der Klasse `JTree` anzeigen. Diese Klasse geht dabei wie viele andere Swing-Komponenten nach dem *Model-View-Control*-Prinzip vor, d.h., man stellt die Daten in Form eines Models bereit und übergibt sie der Komponente (hier also vom Typ `JTree`), deren interner UI-Delegate für das Anzeigen (*View*) und die Kontrolle (*Control*) zuständig ist.

Anzeigen der Baumstruktur

Der erste Schritt besteht aus dem Bereitstellen der Daten als Model. Hierfür existiert eine besondere Schnittstelle: `TreeModel` (Paket `javax.swing.tree`), die Sie

2 Der Baumbegriff wird in der Informatik etwas missbraucht, da der Baum hier immer umgedreht ist: Die Wurzel befindet sich oben, die Blätter unten!

durch eine selbst definierte Klasse implementieren. Für einfache Fälle existiert in der Swing-Bibliothek glücklicherweise bereits eine Standardimplementierung `DefaultTreeModel` (Paket `javax.swing.tree`).

Zum Erstellen des Datenmodells müssen Sie die einzelnen Knoten des Baums erzeugen. Knoten sind vom Typ der Schnittstelle `TreeNode` und der abgeleiteten Schnittstelle `MutableTreeNode` bzw. der Klasse `DefaultMutableTreeNode` (Paket `javax.swing.tree`), welche diese Schnittstelle implementiert.

Tabelle 26.4: Wichtige Methoden der Klasse DefaultMutableTreeNode

Methode	Beschreibung
`DefaultMutableTreeNode(Object o)` `DefaultMutableTreeNode(Object o, boolean kinder)`	Konstruktor. Erzeugt einen Knoten, der `o` repräsentiert und Kinder zulässt, falls `kinder` gleich `true`.
`void add(MutableTreeNode kind)`	Entfernt `kind` von seinem bisherigen Vater und fügt ihn als Kind zum aktuellen Knoten hinzu.
`void remove(MutableTreeNode kind)`	Entfernt `kind` aus der Kinderliste des Knotens.
`boolean isLeaf()`	`true`, wenn der Knoten ein Blatt ist.
`Enumeration children()`	Liefert eine Aufzählung aller Kinder des Knotens.
`int getChildCount()`	Liefert die Anzahl der Kinder des Knotens.
`TreeNode getParent()`	Liefert den Vaterknoten.

Nachdem Sie mithilfe von `DefaultMutableTreeNode` die Baumstruktur aufgebaut haben, können Sie das Model als Instanz von `DefaultTreeModel` erzeugen, indem Sie dem Konstruktor von `DefaultTreeModel` den Wurzelknoten übergeben:

```
DefaultMutableTreeNode wurzel =  // ... Baum aufbauen ...
DefaultTreeModel modell = new DefaultTreeModel(wurzel);
```

Das Erzeugen der Baumansicht ist dann schnell erledigt. Sie müssen lediglich das Model an den `JTree`-Konstruktor übergeben:

```
JTree baumAnsicht = new JTree(modell);
```

Listing 26.1 zeigt ein Beispiel, bei dem ein kleiner Baum aufgebaut und angezeigt wird.

Listing 26.1: Aus JTreeDemo.java – Aufbau und Anzeige einer Baumstruktur

```
// Baummodell aufbauen
DefaultMutableTreeNode wurzel;

wurzel = new DefaultMutableTreeNode("Inhaltsverzeichnis");

DefaultMutableTreeNode knoten1 =
                             new DefaultMutableTreeNode("Grundlagen");
DefaultMutableTreeNode kind1_1 =
                       new DefaultMutableTreeNode("Wirtschaftsgüter");
DefaultMutableTreeNode kind1_2 =
                  new DefaultMutableTreeNode("Wirtschaftsprinzipien");
```

```
09 wurzel.add(knoten1);
10 knoten1.add(kind1_1);
11 knoten1.add(kind1_2);
12
13 DefaultMutableTreeNode kind1_2_1 =
                     new DefaultMutableTreeNode("Das Maximalprinzip");
15 DefaultMutableTreeNode kind1_2_2 =
                     new DefaultMutableTreeNode("Das Minimalprinzip");
17 kind1_2.add(kind1_2_1);
18 kind1_2.add(kind1_2_2);
19
20 DefaultMutableTreeNode knoten2 =
                        new DefaultMutableTreeNode("Zahlungsverkehr");
22 DefaultMutableTreeNode kind2_1 =
                        new DefaultMutableTreeNode("Gironetze");
24 DefaultMutableTreeNode kind2_2 =
                  new DefaultMutableTreeNode("Zahlungsmöglichkeiten");
26 wurzel.add(knoten2);
27 knoten2.add(kind2_1);
28 knoten2.add(kind2_2);
29
30 DefaultMutableTreeNode kind2_2_1 =
                            new DefaultMutableTreeNode("Scheck");
31 DefaultMutableTreeNode kind2_2_2 =
                            new DefaultMutableTreeNode("Wechsel");
32 DfaultMutableTreeNode kind2_2_3 =
                            new DefaultMutableTreeNode("Überweisung");
33 kind2_2.add(kind2_2_1);
34 kind2_2.add(kind2_2_2);
35 kind2_2.add(kind2_2_3);
36
37
38 // JTree erzeugen
39 DefaultTreeModel modell = new DefaultTreeModel(wurzel);
40 JTree baum = new JTree(modell);
41 baum.setRootVisible(true);
42
43 getContentPane().add(new JScrollPane(baum),BorderLayout.CENTER);
```


In den Zeilen 1-35 werden die einzelnen Knoten als Instanzen von DefaultMutableTreeNode erzeugt und die Hierarchie aufgebaut, indem die Kindknoten mittels add() dem gewünschten Vaterknoten hinzugefügt werden. Danach wird ab Zeile 38 die Baumansicht kreiert, indem eine Instanz von DefaultTreeModel für den Wurzelknoten (und somit den kompletten darunter hängenden Baum) angelegt wird und dann eine JTree-Instanz dafür erzeugt wird. Standardmäßig ist ein JTree-Baum nicht sichtbar, daher wird dies in Zeile 41 durch Aufruf von setRootVisible() geändert. Zum Schluss muss die JTree-Instanz wie jede Swing-Komponente noch zur ContentPane oder einer anderen Komponente hinzugefügt werden. Hierbei ist es meistens praktisch, als aufnehmende Komponente JScrollPane zu verwenden, damit sichergestellt bleibt, dass auch ein aufgeklappter Baum für den Benutzer sichtbar bleibt.

Abbildung 26.6: Die erzeugte Baumansicht

Auswahl von Knoten

Ein Anwender kann in einer angezeigten `JTree`-Instanz beliebige Knoten mit der Maus auswählen bzw. – falls Kinder vorhanden sind – den Knoten aufklappen.

Standardmäßig kann der Anwender in einem `JTree` mehrere Knoten gleichzeitig durch Drücken der Taste STRG und Mausklick auswählen. Falls dies nicht gewünscht ist, müssen Sie eine Instanz der Hilfsklasse `DefaultTreeSelectionModel` (Paket `javax.swing.tree`) anlegen und ihrer Methode `setSelectionMode()` die Konstante `SINGLE_TREE_SELECTION` übergeben:

```
DefaultTreeSelectionModel tsm;
int modus = DefaultTreeSelectionModel.SINGLE_TREE_SELECTION;
tsm.setSelectionMode(modus);
```

Die erzeugte Instanz wird dann vermittels der Methode `setSelectionModel()` dem `JTree`-Objekt übergeben werden:

```
// JTree baum = ...
baum.setSelectionModel(tsm);
```

Die Klasse `JTree` stellt Methoden zur Verfügung, mit denen man feststellen kann, welche Knoten vom Benutzer ausgewählt worden sind.

Tabelle 26.5: Wichtige Methoden der Klasse JTree

Methode	Beschreibung
void **setRootVisible**(boolean modus)	Wenn `modus` gleich `true`, dann wird der Baum sichtbar gemacht.
void **setSelectionModel**(TreeSelectionModel neu)	Ersetzt das vorhandene `TreeSelectionModel` durch `neu`.
TreePath **getSelectionPath**() TreePath[] **getSelectionPaths**()	Liefert das ausgewählte Element bzw. die ausgewählten Elemente als Objekt vom Typ `TreePath`.

Ein ausgewählter Knoten wird dabei durch seinen Baumpfad definiert, d.h., durch die Folge von Knoten auf dem Pfad von der Wurzel zu dem Knoten. Zur Darstellung des Baumpfads dient eine besondere Klasse `TreePath` (Paket `javax.swing.tree`). Eine Instanz von `TreePath` enthält eine Liste der Knoten auf dem Pfad, wobei der erste Eintrag die Wurzel ist und der letzte Eintrag der ausgewählte Knoten, der durch die Methode

```
public Object getLastPathComponent()
```

erreichbar ist.

`JTree` wird meistens eingesetzt, um dem Benutzer eine Oberfläche nach Art des Windows Explorers anzubieten: Man klickt in einer Hierarchie herum und erhält in einer anderen Komponente Informationen zum ausgewählten Knoten. Dieses Vorgehen erfordert natürlich, dass ein Programm sofort auf eine Selektion durch den Anwender reagiert. Dies ist möglich durch den Einsatz einer geeigneten Ereignisbehandlung in Form von `TreeSelectionListener`. Diese Schnittstelle besitzt die Methode

```
public void valueChanged(TreeSelectionEvent e)
```

die ein Ereignis vom Typ `TreeSelectionEvent` empfängt. Mit den Methoden

```
public TreePath getOldLeadSelectionPath()
public TreePath getNewLeadSelectionPath()
```

des Ereignis-Objekts kann man den neuen und den zuletzt selektierten Knoten (bzw. den zugehörigen Baumpfad) ermitteln.

26

REF

Auf der Buch-DVD finden Sie im Verzeichnis zu diesem Kapitel das Programm *JTreeDateiDemo.java* mit einem Beispiel zum Einsatz von `TreeSelectionListener`. Rufen Sie das Programm mit der Angabe eines Wurzelverzeichnisses auf, um sich die zugehörige Verzeichnisstruktur anzeigen zu lassen:

```
java JTreeDateiDemo c:\einVerzeichnis
```

26.3.2 JTable

Die Klasse `JTable` (Paket `javax.swing`) erlaubt das Anzeigen und optional auch das Bearbeiten von Tabellen.

Anzeigen der Tabelle

Der einfachste und schnellste Weg zu einer Tabellenansicht besteht in der Definition von zwei Arrays mit den Daten und Spaltennamen, die man dem Konstruktor von `JTable` übergibt. Danach wird das Objekt in der Regel in eine `JScrollPane` gepackt und dieser der ContentPane oder einer anderen Container-Komponente hinzugefügt.

Listing 26.2: Aus JTableDemo.java – Schnellster Weg zur Anzeige einer Tabelle

```
// Tabellendaten bereitstellen
 Object[][] daten = {
              {"Erika","Mustermann", new Integer(24), new Boolean(false)},
              {"Dirk","Louis", new Integer(54), new Boolean(true)},
              {"Peter","Müller", new Integer(49), new Boolean(false)},
              {"Kurt","Meier", new Integer(17), new Boolean(false)},
              {"Anna","Trobo", new Integer(21), new Boolean(true)}};

 String[] spaltenNamen = {"Vorname","Nachname","Alter","Verheiratet"};

 // Tabelle anlegen
 JTable tabelle = new JTable(daten, spaltenNamen);
 getContentPane().add(new JScrollPane(tabelle));
```

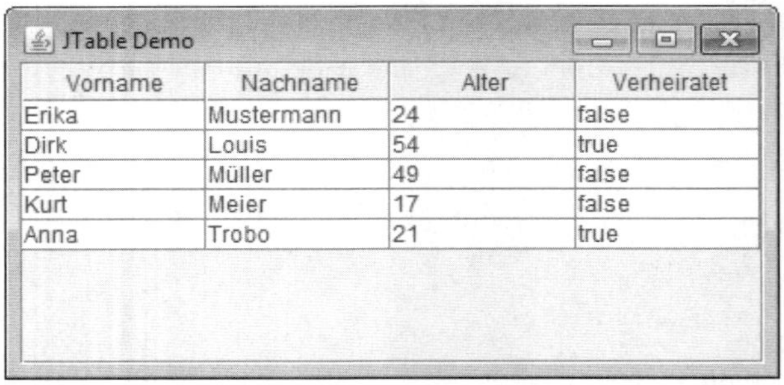

Abbildung 26.7: Einfache Tabellenansicht mit JTable

Dieser Ansatz ist erfreulich unkompliziert und schnell, hat aber einige Nachteile:

- Die Zellen sind vom Anwender editierbar.
- Alle übergebenen Datentypen werden gleich behandelt, indem einfach eine String-Darstellung angezeigt wird.

Der etwas mühsamere Weg, der dafür mehr Möglichkeiten bietet, führt über die MVC-Architektur[3] der `JTable`-Komponente.

Das Model einer `JTable` besteht dabei aus gleich zwei Modellen: dem sogenannten Tabellenmodell vom Typ `TableModel` für die Zeilen sowie einem Spaltenmodell `TableColumnModel` für die Spalten.

Für normale Zwecke reicht es aus, das Zeilenmodell (meist schlicht Tabellenmodell genannt) zu definieren, wobei das Spaltenmodell dann automatisch aus diesem generiert wird. Man kann dazu eine Klasse definieren, die die Schnittstelle `TableModel` (aus dem Paket `javax.swing.table`) implementiert und die gewünschten Daten für die `JTable`-Instanz bereitstellt. In der Java-Bibliothek findet sich bereits eine Grundimplementierung `AbstractTableModel`, in der man nur noch die Methoden, die man ändern möchte, überschreiben muss. Dies sind normalerweise die in Tabelle 26.6 aufgeführten.

3 Model-View-Controller-Architektur, siehe Kapitel 24.1

Tabelle 26.6: Zu überschreibende Methoden der Klasse AbstractTableModel

Methode	Beschreibung
`String getColumnName()`	Liefert den Namen der Spalte.
`int getRowCount()`	Liefert die Anzahl der Zeilen.
`int getColumnCount()`	Liefert die Anzahl der Spalten.
`boolean isCellEditable(int x, int y)`	`true`, wenn die Zelle an Position x,y (Startindex jeweils bei 0) editierbar ist.
`void setValueAt(Object obj, int x, int y)`	Setzt den Inhalt der Zelle an Position x,y auf `obj`.
`Object getValueAt(int x, int y)`	Liefert den Inhalt der Zelle an Position x,y.

Der nachfolgende Codeausschnitt zeigt eine solche von `AbstractTableModel` abgeleitete Klasse.

Listing 26.3: Aus JTableDemo2 – Eigene Implementierung von AbstractTableModel

```
class TabellenModell extends AbstractTableModel {

    // Tabellendaten bereitstellen
    Object[][] daten = {
        {"Erika","Mustermann", new Integer(24), new Boolean(false)},
        {"Dirk","Louis", new Integer(54), new Boolean(true)},
        {"Peter","Müller", new Integer(49), new Boolean(false)},
        {"Kurt","Meier", new Integer(17), new Boolean(false)},
        {"Anna","Trobo", new Integer(21), new Boolean(true)}};

    String[] spaltenNamen = {"Vorname", "Nachname", "Alter",
                             "Verheiratet"};

    public int getRowCount() {
       return daten.length;
    }

    public int getColumnCount() {
       return spaltenNamen.length;
    }

    public String getColumnName(int num) {
       return spaltenNamen[num];
    }

    // keine Zelle ist editierbar
    public boolean isCellEditable(int x, int y) {
       return false;
    }

    public Object getValueAt(int x, int y) {
       return daten[x][y];
    }

```

```
34     public void setValueAt(Object obj, int x, int y) {
35        daten[x][y] = obj;
36        fireTableDataChanged();
37     }
38
39     // Class-Objekt wird für den DefaultRenderer verwendet
40     //
41     public Class getColumnClass(int num) {
42        Object obj = getValueAt(0,num);
43        return obj.getClass();
44     }
45 }
```

Die Klasse definiert in den Zeilen 4-11 die anzuzeigenden Daten. Dies muss natürlich nicht innerhalb der Klasse erfolgen; man könnte in den darunter definierten Methoden auch entsprechenden Zugriffscode implementieren, der sich diese Daten von einem anderen Ort besorgt.

Ab Zeile 13 erfolgt dann die Definition der in Tabelle 26.6 aufgeführten Methoden. In diesem Beispiel werden alle Zellen für Editieraktionen gesperrt: die Methode `isCellEditable()` liefert zu diesem Zweck den Wert `false` zurück (Zeilen 26/27).

Von besonderer Bedeutung ist die Implementierung der Methode `getColumnClass()` in den Zeilen 41-44. Hierdurch erhält der Standard-Renderer von `JTable`, d.h. das Objekt, das für das konkrete Zeichnen der Zellinhalte verantwortlich ist, die notwendige Information, um welche Art von Daten es sich in jeder Spalte handelt. Der Standard-Renderer[4] ist so implementiert, dass er für `boolean`-Werte ein Kontrollkästchen anzeigt und Zahlen rechtsformatiert ausgibt. In den Zeilen 34-37 sehen Sie eine Basisimplementierung von `setValueAt()`, die beim Editieren von Tabellenzellen zum Zuge kommt. Sie ist in diesem Beispiel nicht erforderlich (da `isCellEditable()` das Editieren verbietet) und nur der Vollständigkeit halber aufgeführt. Beachten Sie den Aufruf von `fireTableDataChanged()` in Zeile 36: Er löst ein Ereignis wegen Datenänderung aus und ist notwendig, falls man mithilfe eines `TableModelListener`-Objekts auf Änderungen der Tabelle reagieren will (dies wird im nächsten Abschnitt behandelt).

Das Instanziieren des `JTable`-Objekts erfolgt dann wie gehabt durch Übergabe einer Instanz der von `AbstractTableModel` abgeleiteten Klasse:

```
TabellenModell modell = new TabellenModell();
JTable tabelle = new JTable(modell);
```

Vergleichen Sie bitte die Abbildung 26.7 und Abbildung 26.8, um die unterschiedliche Darstellung der Daten zu erkennen.

4 Nicht weiter überraschend kann man auch einen eigenen Renderer definieren, der an die Stelle des Standard-Renderers tritt, und hat dann völlige Freiheit bzgl. der Anzeige von Daten. Leider würde dies den Umfang dieser Schnelleinführung deutlich sprengen.

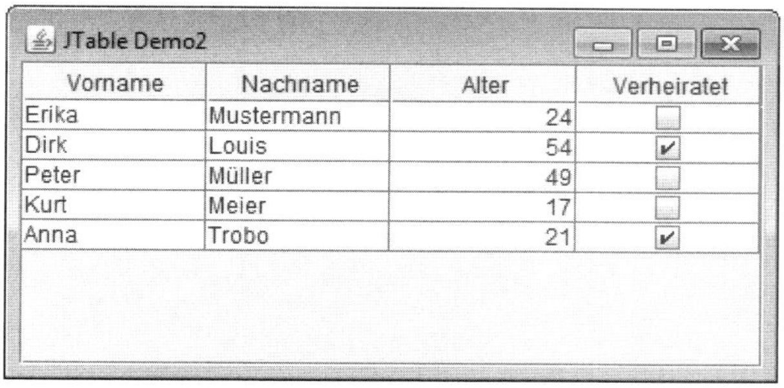

JTable Demo2

Vorname	Nachname	Alter	Verheiratet
Erika	Mustermann	24	☐
Dirk	Louis	54	☑
Peter	Müller	49	☐
Kurt	Meier	17	☐
Anna	Trobo	21	☑

Abbildung 26.8: Tabellenansicht mit eigenem TableModel

Auswählen und Bearbeiten

Standardmäßig kann ein Benutzer immer nur ganze Zeilen auswählen. Dies lässt sich jedoch beliebig ändern. Neben der Auswahl ganzer Spalten ist auch die gezielte Auswahl einzelner Zellen möglich. Außerdem kann die Mehrfachauswahl (mehrere Spalten, Zellen usw.) unterstützt werden. Tabelle 26.7 zeigt Ihnen eine Auswahl der interessantesten Methoden hierfür.

Tabelle 26.7: Wichtige Methoden der Klasse JTable

Methode	Beschreibung
`JTable(Object[][] daten, Object[] namen)` `JTable(TableModel modell)`	Konstruktor. Erzeugt eine Instanz für die übergebenen Daten bzw. das TableModel.
`int convertRowIndexToModel(int index)`	Rechnet eine Zeilenposition aus der sortierten Ansicht in die entsprechende Position in den zugrunde liegenden Daten um.
`int convertRowIndexToView(int index)`	Rechnet eine Zeilenposition aus dem Modell (= zugrunde liegenden Daten) in die Position in der sortierten Ansicht um.
`void setRowSelectionAllowed(boolean status)`	Erlaubt die zeilenweise Auswahl, wenn `status` gleich `true`.
`void setColumnSelectionAllowed(boolean status)`	Erlaubt die spaltenweise Auswahl, wenn `status` gleich `true`.
`void setCellSelectionEnabled(boolean status)`	Erlaubt zellenweise Auswahl, wenn `status` gleich `true`.
`void clearSelection()`	Hebt die Auswahl aller momentan ausgewählten Zellen auf.
`void setSelectionMode(int modus)`	Legt den Auswahlmodus fest; `modus` ist eine der Konstanten aus `javax.swing.ListSelectionModel`: `SINGLE_SELECTION` (Einfach), `SINGLE_INTERVAL_SELECTION` (zusammenhängendes Intervall), `MULTIPLE_INTERVAL_SELECTION` (mehrere Intervalle).

Tabelle 26.7: Wichtige Methoden der Klasse JTable (Forts.)

Methode	Beschreibung
int **getSelectedRow**() int **getSelectedRows**()	Liefert den Index der ausgewählten Zeile bzw. Zeilen bei erlaubter Mehrfachauswahl.
int **getSelectedColumn**() int **getSelectedColumns**()	Liefert den Index der ausgewählten Spalte bzw. Spalten bei erlaubter Mehrfachauswahl.
Object **getValueAt**(int x, int y) void **setValueAt**(int x, inty)	Lesen bzw. Setzen des Tabelleninhalts der Zelle an Position x, y.
int **rowAtPoint**(Point p) int **columnAtPoint**(Point p)	Übersetzen Mauskoordinaten in entsprechende Tabellenkoordinaten (Zeilenindex bzw. Spaltenindex).
boolean **print**() boolean **print**(JTable.PrintMode modus) boolean **print**(JTable.PrintMode modus, MessageFormat überschrift, MessageFormat unterschrift) boolean **print**(JTable.PrintMode modus, MessageFormat überschrift, MessageFormat unterschrift, boolean zeigeDruckDialog, PrintRequestAttributeSet attr, boolean interaktiv)	Ruft einen Druckdialog auf und druckt die Tabelle aus. Mit den überladenen Methoden kann die Tabelle – in Normalgröße (PrintMode.NORMAL – i. G. zu PrintMode.FIT_WIDTH, das die Tabelle auf Papiergröße skaliert und von print() verwendet wird) – mit Über- und Unterschrift – unter Beachtung der Druckeinstellungen ausgedruckt werden.
void **setRowSorter**(RowSorter s)	Setzt den zu verwendenden Sortierer für Zeilen.

Wer übrigens eine getSelectedCell()-Methode erwartet, wird enttäuscht sein. Bei Auswahl einzelner Zellen muss man zwei Methodenaufrufe (getSelectedRow(), getSelectedColumn()) durchführen, um die Koordinaten zu erhalten.

Ähnlich wie bei JTree sollten Sie zur Unterstützung des Auswahlmechanismus in der Regel eine entsprechende Ereignisbehandlung implementieren, damit die JTable-Instanz sofort auf Auswahlaktionen des Benutzers reagieren kann. Typischerweise lassen sich drei Arten von Ereignissen unterscheiden, die beim Einsatz von JTable interessant sind:

- **Mausereignisse**: Implementierung von MouseListener. Die Umrechnung von Mauskoordinaten in Tabellenkoordinaten kann mit den Methoden rowAtPoint(), columnAtPoint() erfolgen.
- **Änderung der Auswahl**: Implementierung von ListSelectionListener. Hierbei muss man zwei Listener verwenden: einen für die Zeilen, einen für die Spalten.
- **Datenänderung**: Implementierung von TableModelListener, um auf Änderungen der Tabellendaten zu reagieren.

Die Behandlung der Mausereignisse unterscheidet sich nicht von der anderer Swing-Komponenten und braucht daher nicht weiter erläutert zu werden.

Interessanter ist das Erkennen von Änderungen an der Auswahl. Ein JTable-Objekt besitzt zwei ListSelectionModel-Instanzen für Zeilen und Spalten. Ersteres erhält man über den Aufruf getSelectionModel(), letzteres besorgt man sich, indem mit der JTable-Methode getColumnModel() das Spaltenmodell ermittelt wird, das dann mit seiner Methode getSelectionModel() das ListSelectionModel für die Spalten preisgibt.

Die derart erhaltenen Instanzen vom Typ ListSelectionModel bieten die entsprechende Methode addListSelectionListener() zum Registrieren des Listeners. Die Implementierung von ListSelectionListener ist dabei recht einfach: Man muss lediglich die Methode

```
public void valueChanged(ListSelectionEvent e)
```

definieren. Das übergebene ListSelectionEvent-Objekt enthält die notwendigen Informationen, wo sich etwas geändert hat. Zum Abfragen der Informationen stehen die Methoden

```
int getFirstIndex()    // Index der ersten Zeile/Spalte mit
                       // Auswahländerung
int getLastIndex()     // Index der letzten Zeile/Spalte mit
                       // Auswahländerung
```

zur Verfügung. Normalerweise reichen aber die in JTable vorhandenen Methoden (wie getSelectedColum() usw.) aus. Das typische Vorgehen zum Registrieren von Ereignissen zur Auswahländerung sieht folgendermaßen aus:

```
// TabellenModell modell = new TabellenModell();

ListSelectionModel smZeile = tabelle.getSelectionModel();
ListSelectionModel smSpalte =
                   tabelle.getColumnModel().getSelectionModel();

smZeile.addListSelectionListener(this);
smSpalte.addListSelectionListener(this);
```

Für das Erkennen von Änderungen an Tabellendaten muss die Schnittstelle TableModelListener implementiert werden und bei dem verwendeten Tabellenmodell registriert werden. Das Tabellenmodell erhält man von JTable durch die Methode getModel(); das Registrieren erfolgt durch die Methode addTableModelListener():

```
// JTable tabelle = ...

tabelle.getModel().addTableModelListener(this);
```

Zum Implementieren von TableModelListener muss man die einzige Methode der Schnittstelle, nämlich

```
public void tableChanged(TableModelEvent e)
```

definieren. Das übergebene TableModelEvent enthält alle notwendigen Informationen, die sich mit den Methoden

```
int getColumn()   // Index der betroffenen Spalte
int getFirstRow() // Index der ersten geänderten Zeile
int getLastRow()  // Index der letzten geänderten Zeile
```

```
int getType()       // Art der Änderung:
                    //    TableModelEvent.INSERT (Einfügen)
                    //    TableModelEvent.UPDATE (Änderung)
                    //    TableModelEvent.DELETE (Löschen)
```

auslesen lassen.

Das Programm *JTableDemo3.java* im zugehörigen Unterverzeichnis auf der Buch-DVD zeigt Ihnen die Ereignisbehandlung (Änderung der Zeilenauswahl, Drücken der rechten Maustaste sowie Ändern von Zelleninhalten) als vollständiges Beispiel.

Sortieren und Filtern

Viele tabellenbasierte Programme (wie beispielsweise Microsoft Excel) erlauben es dem Anwender, die Tabellenzeilen anhand einer bestimmten Spalte zu sortieren, indem auf die Spaltenüberschrift geklickt wird. Auch dies lässt sich (seit Java 6) leicht realisieren:

```
TabellenModell modell = new TabellenModell();
tabelle = new JTable(modell);
TableRowSorter<TabellenModell> sorter =
                        new  TableRowSorter<TabellenModell>(modell);
tabelle.setRowSorter(sorter);
```

Man muss lediglich eine Instanz der Klasse `TableRowSorter` anlegen und übergibt dem Konstruktor das zugrunde liegende `TableModel` (in unserem Beispiel vom Typ `TabellenModell`). Anschließend noch die `TableRowSorter`-Instanz der gewünschten Tabelle mit einer entsprechenden `set()`-Methode zuweisen und schon ist es vollbracht!

Eng verbunden mit dem Sortieren ist die Möglichkeit, Zeilen herauszufiltern, die ein bestimmtes Kriterium erfüllen (oder eben nicht erfüllen). Hierzu gibt es den Mechanismus eines Zeilenfilters (englisch *row filter*) und die entsprechende Klasse heißt daher auch genau so: `RowFilter`. Man definiert eine davon abgeleitete Instanz mit einer besonderen `include()`-Methode, die `true` zurückliefert, wenn die Zeile den Filter passieren soll. Die notwendige Information enthält der übergebene Parameter vom Typ `RowFilter.Entry`.

```
// Filter zum Filtern nach Alter und Kinderzahl

class ZeilenFilter<M, I> extends RowFilter<M, I> {
   private int minAlter = 0;
   private int minKinder = 0;

   public void setMinAlter(int a) {
      minAlter = a;
   }

     public void setMinKinder(int k) {
      minKinder = k;
   }

   public boolean include(RowFilter.Entry<? extends M, ? extends I>
                                                     entry) {
```

```
        int alter  = new Integer(entry.getStringValue(2));
        int kinder = new Integer(entry.getStringValue(4));

        if(alter  >= minAlter && kinder >= minKinder)
           return true;
        else
          return false;
    }
}
```

Das Programm *JTableDemo4.java* im zugehörigen Unterverzeichnis auf der Buch-DVD enthält den kompletten Quelltext.

INFO

Eine subtile Falle lauert unter Umständen auf den Programmierer, wenn der Anwender eine Spalte per Knopfdruck sortieren lässt oder Zeilen wie oben gezeigt ausfiltert. Denn dadurch entsteht eine Abweichung zwischen der ursprünglichen Reihenfolge der zugrunde liegenden Daten (»model«) und der Reihenfolge in der Ansicht (»view«). Deshalb muss man bei einer Weiterverarbeitung der Daten eine Konvertierung der Zellkoordinaten durchführen. Bequemerweise gibt es hierzu spezielle Methoden `convertRowIndexToModel()` bzw. `convertRowIndexToView()` in der Klasse `JTable`.

26.4 Anzeigen eines Startbildschirms (Splash-Screen)

Unter einem Startbildschirm (Splash-Screen) versteht man ein Bild, das während des Programmstarts in der Mitte des Bildschirms angezeigt wird. Der Anwender hat dadurch das Gefühl, dass etwas passiert und empfindet den Startvorgang als weniger langsam.

Diesen Psychotrick konnte man bisher mit einem Java-Programm nur eingeschränkt verwirklichen. Es war natürlich schon immer möglich, ein Fenster zu erzeugen und darin ein Bild anzuzeigen, während das Programm seine internen Vorbereitungen trifft. Dies ist aber erst ab dem Moment möglich, da die Virtual Machine selbst vollständig initialisiert ist. Es vergeht also immer erst einige Zeit, bis der Anwender etwas zu sehen bekommt.

26.4.1 Startbildschirme anzeigen

Seit Java 6 gibt es nun echte Unterstützung für Startbildschirme, die noch vor der Initialisierung der Virtual Machine, d.h. sofort nach Programmstart, auf dem Bildschirm zu sehen sind. Das Anzeigen eines Startbildschirms könnte übrigens nicht einfacher sein: Sie müssen lediglich beim Programmaufruf den Parameter *–splash* übergeben:

java –splash:meinBild.png MeinProgramm

Dieser Parameter erwartet durch einen Doppelpunkt getrennt den Namen bzw. (vollen Pfad) einer Grafikdatei im PNG, GIF oder JPEG-Format. Das war es schon!

26.4.2 Startbildschirme und JAR-Archive

Falls Sie das Programm in Form eines JAR-Archivs vertreiben wollen, müssen Sie der Manifest-Datei einen Eintrag der Art:

```
SplashScreen-Image: meinBild.png
```

hinzufügen. Danach kann das Programm wie üblich gestartet werden (via *java –jar MeinProgramm.jar*).

26.4.3 Programmierung

Ein Startbildschirm wird solange angezeigt, bis das Java-Programm das erste Fenster via `setVisible(true)` auf den Bildschirm bringt, sodass man codeseitig eigentlich nichts weiter tun muss. Es gibt allerdings auch die Möglichkeit, programmseitig mit dem angezeigten Startbildschirm zu arbeiten und beispielsweise eine Fortschrittsanzeige in die Anzeige einzubauen. Hierzu dient die Klasse `java.awt.SplashScreen`.

Tabelle 26.8: Wichtige Methoden von SplashScreen

Methode	Beschreibung
`void` **`close`**`()`	Entfernt den Startbildschirm und gibt die Ressourcen frei.
`Graphics2D` **`createGraphics`**`()`	Erzeugt ein `Graphics2D`-Objekt zum Zeichnen im Startbildschirm.
`static` **`SplashScreen getSplashScreen`**`()`	Liefert die Instanz des `SplashScreen`-Objekts.
`void` **`update`**`()`	Aktualisiert die Darstellung des Startbildschirms.

Einen typischen Einsatz sehen wir im folgenden Beispiel *SplashScreenDemo.java*, wo wir uns mit der statischen Methode `getSplashScreen()` die Instanz besorgen (Zeile 17) und dann via `createGraphics()` einen Grafikkontext schaffen, mit dessen Hilfe ein Fortschrittsbalken angezeigt wird. Die Aktualisierung der Anzeige erfolgt durch regelmäßiges `update()` in Zeile 34.

Listing 26.4: SplashScreenDemo.java

```
01 // SplashScreenDemo.java zur Anzeige eines SplashScreens
02 import java.awt.*;
03 import javax.swing.*;
04
05 public class SplashScreenDemo extends JFrame  {
06
07     // Konstruktor
08     public SplashScreenDemo() {
09         super("SplashScreen Demo");
10         setSize(300, 200);
11         setDefaultCloseOperation(WindowConstants.EXIT_ON_CLOSE);
12         setLayout(new BorderLayout());
13         JLabel jl = new JLabel("   Herzlich willkommen!");
14         jl.setFont(new Font("Arial", Font.BOLD, 20));
```

```
      add(jl, BorderLayout.CENTER);

      SplashScreen splash = SplashScreen.getSplashScreen();

      if(splash != null) {
         // Grafikkontext anlegen
         Graphics2D g = splash.createGraphics();
         g.setComposite(AlphaComposite.Clear);
         g.setPaintMode(); // überschreib-Modus


         // Initialisierungen durchführen
         // und Fortschrittsbalken updaten
         try {
            for(int i = 0; i <= 10; i++) {
               g.setColor(Color.BLACK);
               g.fillRect(100,200,200,20);
               g.setColor(Color.ORANGE);
               g.fillRect(100,200,20*i, 20);
               splash.update(); // Anzeige aktualisieren

               // ... hier Programminitialisierungen durchführen

               Thread.sleep(100);
            }
         }
         catch(Exception e) {
            System.console().printf("%s\n", e.getMessage());
         }

      }

      setVisible(true);
   }


   public static void main (String args[]) {
      SplashScreenDemo demo = new SplashScreenDemo();
   }
}
```


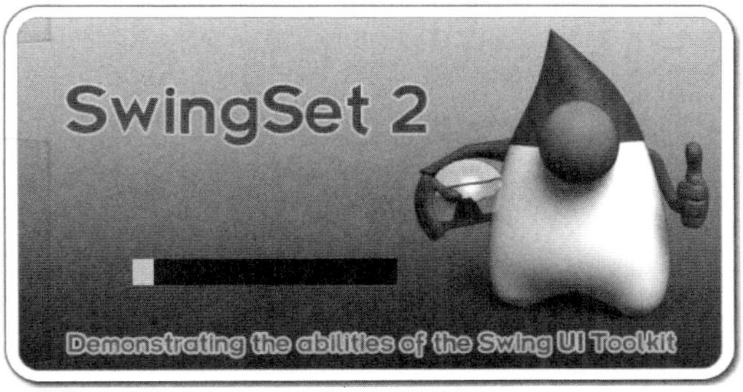

Abbildung 26.9: Splash-Screen mit Fortschrittsanzeige

26.5 Der Infobereich der Taskleiste (SystemTray)

Ab Version 6 unterstützt Java auch den Systemtray[5], vorausgesetzt, das verwendete Betriebssystem bietet so etwas an. Es handelt sich dabei um einen speziellen Bereich auf dem Desktop (unter Windows Vista/XP typischerweise die rechte untere Ecke der Taskleiste), wo Symbole von permanent laufenden Programmen angezeigt werden. Durch Anklicken eines solchen Symbols kann mit dem entsprechenden Programm interagiert werden.

Um ein Programm für den Systemtray tauglich zu machen, benötigen wir zwei Klassen: `java.awt.SystemTray` zur Interaktion sowie `java.awt.TrayIcon` zur Darstellung des Symbols im Systemtray.

Jede Java-Anwendung kann genau eine Instanz von `SystemTray` besitzen, die sie allerdings nicht selbst anlegen kann, sondern mithilfe der statischen Methode `getSystemTray()` von der Java Virtual Machine anfordern muss. Sicherheitshalber sollte man allerdings vor einem solchen Aufruf mit `isSupported()` prüfen, ob das darunter liegende Betriebssystem überhaupt einen Systemtray unterstützt.

Tabelle 26.9: Wichtige Methoden von SystemTray

Methode	Beschreibung
`void` **`add`**`(TrayIcon icon)`	Fügt ein `TrayIcon` zum Systemtray hinzu.
`static SystemTray` **`getSystemTray`**`()`	Liefert die `SystemTray`-Instanz, welche das aufrufende Java-Programm repräsentiert.
`boolean` **`isSupported`**`()`	Liefert `true`, wenn das Betriebssystem einen Systemtray unterstützt.
`void` **`remove`**`(TrayIcon icon)`	Entfernt `icon` aus dem Systemtray.

Die Darstellung des Programms im Systemtray erfolgt durch eine Instanz von `TrayIcon`. Sie können das anzuzeigende Symbol festlegen sowie ein Kontextmenu definieren, das durch Drücken der rechten Maustaste aktiviert wird. Das `TrayIcon` kann auch auf normale (linke) Mausklicks reagieren, indem die üblichen Listener (`MouseListener`, `MouseMotionListener`) und `ActionListener` (Doppelklick) registriert werden.

Tabelle 26.10: Wichtige Methoden von TrayIcon

Methode	Beschreibung
`TrayIcon``(Image im, String text, JPopupMenu menu)`	Konstruktor. Erwartet das anzuzeigende Bild, einen Tooltip-Text sowie ein `JPopupMenu`.

`void` **`accMouseListener`**`(MouseListener l)`
`void` **`addMouseMotionListener`**`(MouseMotionListener l)`
`void` **`addActionListener`**`(ActionListener l)`
	Registrieren entsprechende Listener-Objekte zur Mausbehandlung.

5 Je nach Betriebssystem gibt es verschiedene andere Bezeichnungen, z. B. »Infobereich«, »Notification Area« usw.

Tabelle 26.10: Wichtige Methoden von TrayIcon (Forts.)

Methode	Beschreibung
`Image getImage()`	Liefert das im Systemtray angezeigte Bild.
`void` **`setImageAutoSize`**`(boolean b)`	Bei `true` wird das Symbol automatisch gedehnt, wenn die Größe des Systemtray verändert wird.

Das folgende Listing zeigt den praktischen Einsatz.

Listing 26.5: SystemTrayDemo.java: Einsatz von SystemTray

```
// SystemTrayDemo.java : Einsatz von SystemTray

import java.awt.*;
import java.awt.event.*;

public class SystemTrayDemo implements MouseListener,ActionListener {

    public static  TrayIcon trayIcon;
    public static  Image[] icons;

    public static void main(String[] args) {
       SystemTrayDemo std = new SystemTrayDemo();
       System.out.println("Program läuft im Systemtray!");
    }


    // Konstruktor
    public SystemTrayDemo() {
        if (SystemTray.isSupported()) {
            SystemTray tray = SystemTray.getSystemTray();
            icons = new Image[2];
            Toolkit tk = Toolkit.getDefaultToolkit();
            icons[0] = tk.getImage("box0.gif");
            icons[1] = tk.getImage("box1.gif");


            PopupMenu popup       = new PopupMenu();
            MenuItem iconWechsel  = new MenuItem("Symbol wechseln");
            MenuItem programmEnde = new MenuItem("Beenden");


            popup.add(iconWechsel);
            popup.add(programmEnde);



            // Kontextmenü: Innere Klasse für ActionListener für
            // Programmende
            ActionListener endeListener = new ActionListener() {
                public void actionPerformed(ActionEvent e) {
                     System.out.println("Programmende!");
                     System.exit(0);
```

```
            }
        };
        programmEnde.addActionListener(endeListener);



        // Kontextmenü: Innere Klasse für den ActionListener
        // für Symbolwechsel
        ActionListener iconWechselListener =
           new ActionListener(){
            public void actionPerformed(ActionEvent e) {
                System.out.println("Symbolwechsel");

                if(trayIcon.getImage() == icons[0])
                   trayIcon.setImage(icons[1]);
                else
                   trayIcon.setImage(icons[0]);

            }
        };
        iconWechsel.addActionListener(iconWechselListener);

        trayIcon = new TrayIcon(icons[0], "TrayIconDemo", popup);
        trayIcon.setImageAutoSize(true);
        trayIcon.addActionListener(this);
        trayIcon.addMouseListener(this);

        // Symbol zum Systemtray hinzufügen
        try {
             tray.add(trayIcon);
        } catch (AWTException e) {
             System.err.println(" Fehler: " + e);
        }

    } else {
        System.err.println(" Systemtray wird vom "
                   + "Betriebssystem nicht unterstützt");
    }
}


// Behandlung der Mausereignisse auf dem TrayIcon
public void mouseClicked(MouseEvent e) {
      System.out.println(" TrayIcon Mausklick");
}

public void mouseEntered(MouseEvent e) {
      System.out.println(" TrayIcon Maus enter");
}

public void mouseExited(MouseEvent e) {
      System.out.println(" TrayIcon Maus exit");
}

```

```
96      public void mousePressed(MouseEvent e) {
97            System.out.println(" TrayIcon Maus gedrueckt");
98      }
99
100      public void mouseReleased(MouseEvent e) {
101            System.out.println(" TrayIcon Maus losgelassen");
102      }
103
104
105      public void actionPerformed(ActionEvent e) {
106         System.out.println(" Doppelklick auf TrayIcon");
107      }
108 }
```

In Zeile 20 beschaffen wir uns die Instanz von `SystemTray`. Daran anschließend folgen einige Vorbereitungen wie das Laden von zwei Icons (mit dem Java-Maskottchen *Duke*) sowie die Definition eines Kontextmenüs inklusive ActionListener. In den Zeilen 64-67 wird ein `TrayIcon`-Objekt erzeugt, welches dann in Zeile 71 der `SystemTray`-Instanz hinzugefügt wird. Ab diesem Moment erscheint die Anwendung als Symbol im Systemtray auf dem Bildschirm.

Abbildung 26.10: Die Anwendung im Windows 7 Systemtray mit Tooltip-Text

26

26.6 Drag&Drop

Drag&Drop ist eine mausgesteuerte Übertragung von Daten zwischen Komponenten (gegebenenfalls über Anwendungsgrenzen hinweg).

26.6.1 Grundlagen

Damit eine Drag&Drop-Datenübertragung zwischen zwei Komponenten stattfinden kann, müssen folgende Voraussetzungen erfüllt sein:

- Die **Quellkomponente** muss bei Initiierung einer Drag-Operation durch den Anwender die Daten exportieren.
  In Java bedeutet dies, dass die Komponente über einen `TransferHandler` verfügen muss, der für den zu übertragenden Datentyp ausgelegt ist. Wird eine Drag-Operation initiiert, fordert die Komponente ihren TransferHandler auf, die Daten entweder als MOVE-Aktion (die Daten werden in der Quellkompo-

nente danach gelöscht) oder als COPY-Aktion (die Daten werden kopiert) zu übertragen. (Hinweis: Die Drag-Daten werden nicht von der Quellkomponente an den TransferHandler übergeben, sondern der TransferHandler muss so implementiert sein, dass er weiß, wie er die Daten von der Komponente bekommt.)

- Der **TransferHandler** der Quellkomponente muss die Daten in ein `Transferable`-Objekt verpacken.
- Die **Zielkomponente** muss ebenfalls über einen TransferHandler verfügen, der überprüft, ob die Daten im `Transferable`-Objekt in einem Format vorliegen, das die Komponente akzeptiert. Wenn ja, werden die Daten beim Loslassen der Maus eingefügt.

Etliche Swing-Komponenten unterstützen bereits von sich aus Drag&Drop.

Tabelle 26.11: Vorinstallierte Drag&Drop-Unterstützung für Swing-Komponenten

Komponente	Drag-Unterstützung	Drop-Unterstützung
`JColorChooser`	Ja (nur COPY)	Ja
`JEditorPane`	Ja	Ja
`JFileChooser`	Ja (nur COPY)	Nein
`JFormattedTextField`	Ja	Ja
`JList`	Ja (nur COPY)	Nein
`JPasswordField`	Nein	Ja
`JTable`	Ja (nur COPY)	Nein
`JTextArea`	Ja	Ja
`JTextField`	Ja	Ja
`JTextPane`	Ja	Ja
`JTree`	Ja (nur COPY)	Nein

26.6.2 Die Drag-Unterstützung aktivieren

Die Drag-Unterstützung ist standardmäßig zumeist nicht aktiviert. Um sie für eine Komponente einzuschalten, müssen Sie `setDragEnabled(true)` für die Komponente aufrufen:

```
JTextArea ta = new JTextArea("...");
ta.setDragEnabled(true);
```

26.6.3 Die Drop-Unterstützung konfigurieren

Vor Java 6 war die Drop-Unterstützung der Swing-Komponenten so implementiert, dass die Markierung bzw. die Einfügemarke der Komponente dazu verwendet wurde, dem Urheber der Drag&Drop-Aktion die aktuelle Drop-Position anzuzeigen. Dies führte allerdings zu etlichen Beschwerden seitens der Java-Gemeinde, denn es bedeutete, dass ein Benutzer, der z.B. in einer JTextArea-Komponente eine Textpassage markierte und diese dann per Drag&Drop verschob, ab dem Beginn der Drag-Operation nicht mehr sehen konnte, was er ursprünglich markiert hatte. Aus diesem Grunde wurde der Mechanismus zur Kennzeichnung der Drop-Position überarbeitet, und Sie können nun für die Komponenten mit Drop-Unterstützung selbst entscheiden, wie die Drop-Position angezeigt werden soll.

Alles, was Sie tun müssen, ist, die setDropMode()-Methode der Komponente aufzurufen und ihr einen der Werte aus Tabelle 26.12 zu übergeben. (USE_SELECTION steht für die alte Kennzeichnungsform. Die anderen Modi kennzeichnen die Drop-Position durch Markierung eines Elements oder einer Einfügeposition, lassen aber bestehende Markierungen unbehelligt.)

Tabelle 26.12: Drop-Modi

Drop-Mode	Komponenten	Beschreibung
ON	JList, JTree, JTable	Markiert das Element, auf dem abgelegt wird.
INSERT	JList, JTree, JTable, JTextComponent	Markiert die Position, wo eingefügt wird.
ON_OR_INSERT	JList, JTree, JTable	Markiert ein Element oder eine Position.
INSERT_COLS INSERT_ROWS	JTable	Markiert Positionen für neu einzufügende Zeilen bzw. Spalten.
ON_OR_INSERT_COLS ON_OR_INSERT_ROWS	JTable	Markiert Elemente oder Positionen für neu einzufügende Zeilen bzw. Spalten.
USE_SELECTION	JList, JTree, JTable, JTextComponent	Benutzt die Markierung der Komponente. Dies ist, der Abwärtskompatibilität zuliebe, die Voreinstellung.

Das folgende Beispiel zeigt, wie Sie für eine JTextArea-Komponente den Drop-Mode INSERT einstellen:

```
JTextArea ta = new JTextArea("...");
ta.setDropMode(DropMode.INSERT);
```

26.6.4 Drag&Drop für Labels

JLabel besitzt keine vorinstallierte Drag&Drop-Unterstützung. Solange die Labels nur zur Präsentation statischen Textes verwendet werden, ist dies auch kein Manko. In Fällen, wo Sie dem Anwender aber doch einmal erlauben wollen, den Text eines Labels mit anderen Textkomponenten auszutauschen, müssen Sie die Drag&Drop-Unterstützung selbst nachinstallieren.

Das Schwierigste an der Installation eines Drag&Drop-Mechanismus ist in der Regel die Implementierung eines passenden TransferHandlers. Grundsätzlich sind TransferHandler komponenten- und datenspezifisch, d.h., sie werden so implementiert, dass sie eine bestimmte Art von Daten (den Data Flavor) für eine bestimmte Komponente ex- und importieren können. Mithilfe von `if`-Abfragen können aber auch TransferHandler geschrieben werden, die mehrere Datentypen für verschiedene Komponenten verarbeiten. Ein Beispiel hierfür ist die Java-Klasse `TransferHandler`, die JavaBean-Eigenschaften zwischen Komponenten austauschen kann. Mit ihrer Hilfe wird die Programmierung einer Drag&Drop-Unterstützung für Labels fast zum Kinderspiel. (Ein Beispiel für die Implementierung eines eigenen TransferHandlers finden Sie im nächsten Abschnitt)

```
// 1. Label erzeugen
JLabel lb = new JLabel("Label, das Drag&Drop unterstützt");

// 2. TransferHandler für die Text-Eigenschaft erzeugen und
// bei der Komponente registrieren
lb.setTransferHandler(new TransferHandler("text"));

// 3. Beim Drücken der Maus, Drag-Daten exportieren lassen
lb.addMouseListener(new MouseAdapter() {
      public void mousePressed(MouseEvent e) {
          JComponent c = (JComponent) e.getSource();
          TransferHandler th = c.getTransferHandler();
          th.exportAsDrag(c, e, TransferHandler.COPY);
      }
});
```

Das in Schritt 2 erzeugte `TransferHandler`-Objekt unterstützt sowohl den Drag-Export als auch den Drop-Import von Text, wobei stets der gesamte Text im Label exportiert oder durch die Drop-Daten ersetzt wird. Während für den Drop-Import nichts weiter zu tun ist, muss der Export explizit angestoßen werden (Schritt 3).

Abbildung 26.11: Label, in das gerade ein Textfragment aus einer JTextArea-Komponente eingefügt wurde

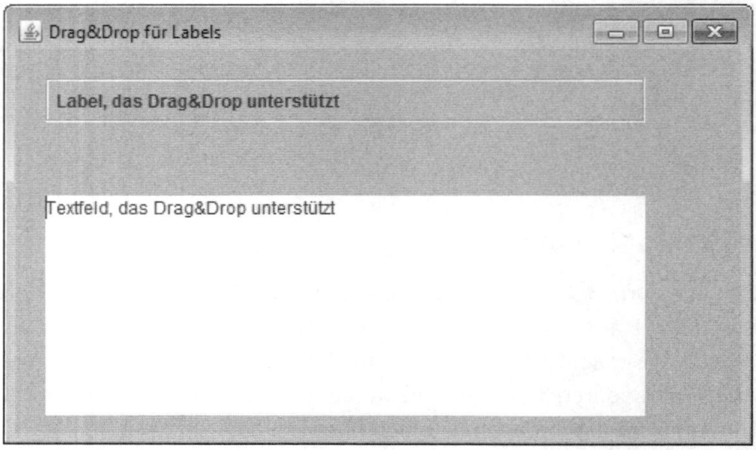

26.6.5 Datei-Drop für JTextArea-Komponenten (eigener TransferHandler)

`JTextArea` gehört zu den Swing-Komponenten, die über eine vorinstallierte Drag&Drop-Unterstützung verfügen (siehe oben). Strings aus anderen Komponenten (auch anderen Anwendungen) können daher ohne weiteres Zutun des Programmierers in `JTextArea`-Instanzen per Drop abgelegt werden. Dies gilt jedoch nur für Strings, nicht etwa für Textdateien.

Wenn Ihre Textkomponente auch Dateien als Drop-Objekte akzeptieren soll, müssen Sie einen eigenen TransferHandler schreiben. Wie dies geht und wie Sie dabei die in Java 6 eingeführte innere Klasse `TransferHandler.TransferSupport` einsetzen, demonstriert die folgende Anwendung.

INFO

Wenn Sie für eine Textkomponente einen eigenen TransferHandler registrieren, wird der vorhandene TransferHandler mit der alten Drag&Drop- und der Copy&Paste-Unterstützung entfernt. Sie müssen also entweder auf diese Funktionalität verzichten oder sie in Ihrem TransferHandler rekonstruieren. Dies ist allerdings keine einfache Aufgabe, die die die TransferHandler-Programmierung Aspekte umfasst, die mir selbst noch rätselhaft sind.) Wer sich aber mit dem Thema intensiver beschäftigen möchte, der findet auf der Buch-DVD in dem Verzeichnis zu diesem Kapitel eine gehobenere Version *Datei_und_String_Drag*.

Die JTextArea-Komponente konfigurieren

Wie für alle Swing-Komponenten, die standardmäßig Drag&Drop unterstützen, gilt auch für `JTextArea`, dass die Drag-Unterstützung explizit mit `setDragEnabled()` eingeschaltet werden muss. Außerdem sollte der Drop-Modus eingestellt werden. Die wichtigste Aufgabe ist aber natürlich die Registrierung des TransferHandlers (wozu wir einfach ein Objekt der noch zu schreibenden Klasse `FileTransferHandler` verwenden).

Listing 26.6: Aus DateiDrag.java

```
import java.awt.*;
import java.awt.event.*;
import javax.swing.*;

public class DateiDrag extends JFrame {
   private JScrollPane scrollpane;
   private JTextArea   textfeld;

   public DateiDrag() {

      ...
      // Scrollbare JTextArea einrichten
      scrollpane = new JScrollPane();
      textfeld = new JTextArea();
      scrollpane.getViewport().add(textfeld, null);

      // Drag-Support für JTextArea aktivieren
      textfeld.setDragEnabled(true);
```

```
    // Drop-Modus einstellen
    textfeld.setDropMode(DropMode.INSERT);

    // TransferHandler für Dateien registrieren
    textfeld.setTransferHandler(new FileTransferHandler());

    ...
```

Die Klasse für den Datei-TransferHandler

Eigene TransferHandler werden von der Klasse `TransferHandler` abgeleitet.

Um die Drop-Unterstützung anzupassen, überschreiben Sie die Methoden

`boolean canImport(TransferHandler.TransferSupport support)`

und

`boolean importData(TransferHandler.TransferSupport support)`

Die Methode `canImport()` wird automatisch aufgerufen, wenn der Anwender Drag-Daten über die Komponente zieht. Aufgabe der Methode ist es festzustellen, ob die Drag-Daten von der Komponente akzeptiert und verarbeitet werden können. Wenn ja, muss die Methode `true` zurückliefern, woraufhin sich der Cursor über der Komponente in den Drop-Cursor verwandelt.

Listing 26.7: Aus FileTransferHandler.java

```
import java.io.*;
import java.util.*;
import java.awt.*;
import java.awt.datatransfer.*;
import java.awt.event.*;
import javax.swing.*;
import javax.swing.text.*;

class FileTransferHandler extends TransferHandler {

  FileTransferHandler() {
  }

  // Prüft, ob die angebotenen Daten in einem DataFlavor
  // angeboten werden, der für die Target-Komponente geeignet ist.
  public boolean canImport(TransferHandler.TransferSupport support) {

    if (!(support.isDataFlavorSupported(DataFlavor.javaFileListFlavor)))
       return false;
    else
       return true;
  }
  ...
```

Als Autor der `FileTransferHandler`-Klasse wissen wir natürlich, welche Art von Daten akzeptiert werden sollen: Dateien. In der Java-API gibt es hierfür den vordefinierten Data Flavor `javaFileListFlavor`. Diesen übergeben wir als Argument an die `isDataFlavorSupported()`-Methode des `support`-Parameters, deren Rückgabewert uns anzeigt, ob die Drag-Daten diesem Format entsprechen.

Im obigen Fall hätten wir auch gleich den Rückgabewert von `isDataFlavorSupported()` zurückliefern können. Die vorliegende Konstruktion ist allerdings besser ausbaubar, falls später noch weitere Datenformate unterstützt werden sollen.

INFO

Legt der Anwender die Daten ab, wird die `importData()`-Methode aufgerufen. Diese stellt zuerst den Data Flavor fest. Handelt es sich um Dateien, versucht die Methode, die erste Datei zu öffnen, ihren Inhalt einzulesen und an der Einfügeposition in die `JTextArea`-Komponente zu schreiben.

```
...
public boolean importData(TransferHandler.TransferSupport support) {

   // Vorab prüfen, ob die angebotenen Daten in einem Data Flavor
   // angeboten werden, der für die Target-Komponente geeignet ist.
   // Sollte wegen möglicher Paste-Operation erneut überprüft werden.
   if (!canImport(support))
      return false;

   if (!(support.getComponent() instanceof JTextArea))
      return false;

   JTextArea target = (JTextArea) support.getComponent();
   Transferable t = support.getTransferable();

   try {
      // Transferable-Objekt enthält eine (oder mehrere) Dateien.
      // Lese die erste Datei und füge ihren Inhalt in die
      // Target-Komponente ein

      FileReader in = null;
      StringBuilder str = new StringBuilder();
      java.util.List files = (java.util.List)
           t.getTransferData(DataFlavor.javaFileListFlavor);

      if (files.size() > 0) {
         // nur erste Datei lesen
         File f = (File) files.get(0);

         try {
            in = new FileReader(f);

            // Dateiinhalt in String lesen
            int countBytes = 0;
            char[] bytesRead = new char[512];

            while( (countBytes = in.read(bytesRead)) > 0)
                str.append(bytesRead, 0, countBytes);

            // Drop-Position bestimmen
            JTextComponent.DropLocation dropPos =
              (JTextComponent.DropLocation) support.getDropLocation();
            int pos = dropPos.getIndex();
            target.setText(str.toString());
```

```
            } catch (IOException e) {
              System.console().printf(" Datei-Fehler\n");
            } finally {
              if (in != null)
                 in.close();
            }
          }
          return true;

      } catch (UnsupportedFlavorException e) {
        System.console().printf(" Drag-Daten werden nicht unterstützt\n");
      } catch (IOException e) {
        System.console().printf(" I/O-Exception\n");
      }
      return false;
    }
  }
```

26.7 Sound

Ohne Klänge und Musik wäre das Leben deutlich weniger attraktiv. Dies gilt auch für Computerprogramme und daher bietet die Java-Bibliothek auch eine recht brauchbare Sound-API.

Wie Sie sicherlich wissen, existieren zur Speicherung von Klängen unzählige Dateiformate. Java unterstützt leider nur einen Bruchteil davon, was teilweise auch mit lizenzrechtlichen Aspekten (z.B. für das beliebte MP3) zu tun hat. Mit Java können daher nur lineare PCM[6]-Daten in den Formaten WAV, AU, AIFF abgespielt werden sowie die MIDI-Varianten Typ 0, Typ 1 und das etwas exotische RMF[7].

26.7.1 Sound mit der Klasse Applet

Das Abspielen von Sound war in früheren Java-Versionen nur mit Applets möglich und wurde später auch für gewöhnliche Anwendungen zugänglich gemacht; daher erklärt sich der etwas merkwürdige Umstand, dass eine Anwendung zum Abspielen von Sound mit der `Applet`-Klasse (Paket `java.applet`) arbeiten muss.

Die zentrale Schnittstelle bildet hierbei `AudioClip` (aus dem Paket `java.applet`) mit Methoden zum Abspielen von Klangdateien der oben genannten Formate.

Tabelle 26.13: Methoden von AudioClip

Methode	Beschreibung
void **play**()	Spielt die Klangdatei ab.
void **loop**()	Spielt die Klangdatei in einer Endlosschleife ab.
void **stop**()	Stoppt das Abspielen.

6 Pulse Code Modulation
7 Rich Music Format

Das Abspielen erfolgt dabei durch einen separaten Thread. Dadurch kann man beispielsweise ganz einfach eine Hintergrundmusik realisieren oder auch mehrere Dateien gleichzeitig abspielen. Da `AudioClip` eine Schnittstelle ist, bleibt noch die Frage, wie man ein entsprechendes Objekt kreiert. Hierzu bietet die Klasse `Applet`[8] die Methoden

```
public AudioClip getAudioClip(URL url)
```

```
public static AudioClip newAudioClip(URL url)
```

an, mit denen eine Klangdatei geladen werden kann. Dabei kann ein Applet nur `getAudioClip()` verwenden, eine Anwendung nur `newAudioClip()`. Die Methoden erwarten die Datei als URL, d.h., beim Laden vom lokalen Dateisystem muss *file:///* vorangestellt werden.

Das Laden und Spielen einer Datei ist somit mit wenigen Zeilen erledigt:

Listing 26.8: Laden und Abspielen einer Klangdatei (siehe auch AudioClipDemo.java auf der Buch-DVD)

```
import java.applet.*;
import java.net.URL;
// ...
AudioClip clip = null;
try {
   clip = Applet.newAudioClip(new URL("file:///c:\\temp\\rock.wav"));
}
catch(Exception e) {
   System.err.println(e);
}

if(clip != null)
   clip.play();
```

Zu beachten ist lediglich, dass beim Anlegen einer `URL`-Instanz eine Exception vom Typ `MalformedURLException` ausgelöst werden kann, sodass ein geeigneter `try-catch` Block notwendig ist.

Bei Einsatz von `AudioClip` wird die abzuspielende Datei komplett in den Hauptspeicher des Rechners geladen, sodass der Beginn des Abspielens entsprechend lange dauern kann[9]. Für große Dateien sollten Sie auf Streaming zurückgreifen (siehe nachfolgender Abschnitt).

STOP

Je nach Java- und Betriebssystemversion scheint es gelegentlich Probleme mit dem Abspielen eines Audio-Clips zu geben. Wenn es nicht klappt oder sich das Programm nicht mehr richtig beenden lässt, könnten Sie zwar alles richtig gemacht haben, aber ein Bug in Java verhindert den vollen Erfolg. Probieren Sie es dann ggf. mit einer neueren Java-Version aus!

8 und natürlich auch die von `Applet` abgeleitete Klasse `JApplet`

9 Möglicherweise ist auch der innerhalb der Java Virtual Machine verfügbare Hauptspeicher nicht ausreichend zum Laden!

26.7.2 Die Java Sound API

Neben den einfachen Sound-Fähigkeiten im Paket `java.applet` gehört zu Java seit der JDK-Version 1.3 eine recht leistungsfähige Sound Engine und eine entsprechende Bibliothek in Form mehrerer Pakete, vor allem `javax.sound.sampled`, auf das wir uns hier beschränken wollen.

Einführung

Java Sound stellt eine Schnittstelle dar zwischen einem Java-Programm und der Hardware des PCs, speziell der Soundkarte, und erlaubt den mehr oder weniger komfortablen Zugriff auf die vorhandenen Fähigkeiten. Es ist dadurch mit Java möglich, neben dem einfachen Abspielen von Sound-Dateien auch Audiosignale aufzunehmen oder Musik-CDs zu rippen, d.h., die Audiodaten digital auszulesen und in einer Datei abzuspeichern. Durch diese Features wird Java endgültig zur optimalen Programmiersprache für alle multimedialen Anwendungen, seien es Spiele, Web-Telephonie, Sound-Editoren und so weiter.

Die Java Sound API unterscheidet grundsätzlich zwischen *Sampled Audio* und *MIDI*. Erstes bezeichnet digitalisierte Audiodaten, die durch das schnelle Abtasten eines analogen Audiosignals (Sampling) gewonnen werden.

Abbildung 26.12: Sampling von Audio-Daten

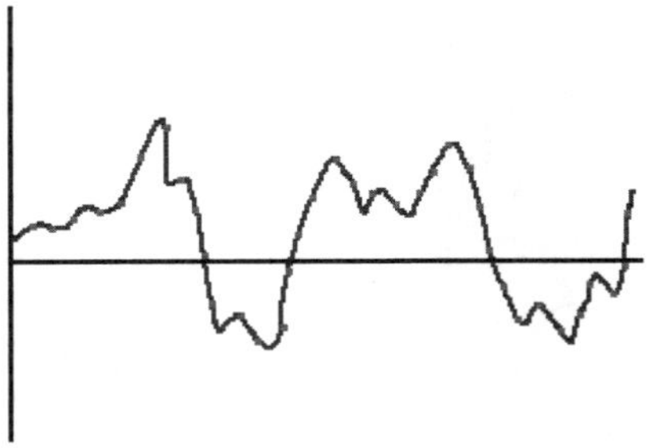

Bei jedem Abtasten wird die aktuelle Amplitude gemessen und in eine Zahl umgewandelt. Je häufiger diese Messung pro Sekunde gemacht wird, desto genauer und besser wird das analoge Signal als digitale Zahlenkolonne abgebildet. Bei CD-Qualität wird beispielsweise eine Sampling-Rate von 44100 Messungen pro Sekunde verwendet und jeder Messwert wird als 16-Bit-Zahl (2 Byte) gespeichert. Das beliebte WAV-Format speichert diese Werte pro Audiokanal unkomprimiert ab, sodass eine Minute Stereo-Musik im WAV-Format 2* 60 * 44100 * 2 Byte ≈ 10 Mbyte erfordern.

Bei *MIDI* hingegen (Musical Instrument Digital Interface) handelt es sich nicht um Audiodaten, sondern lediglich um eine Schnittstellensprache für die Kommunikation von elektronischen Musikgeräten. MIDI entstand in den frühen Achtziger Jahren und ist vornehmlich für Keyboards und Synthesizer gedacht.

Bei MIDI werden nicht die eigentlichen Audiosignale transportiert, sondern nur die Ereignisse, die ein Audiosignal auslösen. Wenn z.B. ein Musiker auf seinem Keyboard die Taste »C« drückt, wird die entsprechende Information (u.a. Tonhöhe und Lautstärke) gesendet. Man kann MIDI daher als elektronische Variante der normalen Musiknoten auffassen.

INFO

Wir werden uns im Folgenden auf die Sampled-Audio-API konzentrieren – zumal es sein kann, dass die MIDI-API `javax.sound.midi` in Zukunft womöglich nicht weiter unterstützt wird.

Für die Verarbeitung von Sampling-Daten stellt die Java Sound Bibliothek im Paket `javax.sound.sampled` eine ganze Reihe von Klassen und Schnittstellen bereit, welche die in der Signalverarbeitung üblichen Begriffe und Mechanismen widerspiegeln. Hier ein kurzer Überblick:

- `AudioSystem` dient zur Beschreibung der vorhandenen Hardware, welche das Audiosystem bilden.
- `AudioFormat` beschreibt das Format der gesampelten Audiodaten (u.a. Sampling-Rate, Anzahl Kanäle, Modulationsart, Byte-Order).
- `AudioFileFormat` beschreibt das Dateiformat, in dem die Audiodaten vorliegen (z.B. WAV oder AU Format).
- `Line` repräsentiert ein Element der Audio-Pipeline, d.h. ein Element auf dem Pfad, den Audiodaten durch das Audiosystem nehmen. Wichtige Elemente – und als von `Line` abgeleitete Schnittstellen realisiert – sind: `Port` (ein Endpunkt der Audio-Pipeline, z.B. Mikrofon, Lautsprecher, CD-ROM-Laufwerk, Line-in Buchse), `DataLine` (hantiert mit Datenströmen in Form von `SourceDataLine` und `TargetDataLine`), `Mixer` (ein Element mit mehreren Objekten vom Typ `DataLine`) und `Clip` (ein Element, in das Audiodaten geladen werden, bevor sie abgespielt werden können).

Abbildung 26.13: Die Line-Schnittstellenhierarchie

INFO

Bei der Benennung von `SourceDataLine` (Quelle) und `TargetDataLine` (Ziel) muss man etwas aufpassen, da die Namen aus Sicht eines `Mixer`-Objekts gewählt worden sind. Für ein Programm ist eine `SourceDataLine` eine Möglichkeit zum Abspielen von Audiodaten (z.B. Lautsprecher), also eher als Ziel von Daten aufzufassen, während `TargetDataLine` eine Quelle von Audiodaten ist (z.B. Aufnahme).

Leider verbietet sich eine nähere Betrachtung der vorgestellten Schnittstellen aus Platzgründen und es wird im Folgenden nur ein typisches Beispiel gezeigt, wie man die Java Sound API einsetzen kann, um beliebig große Sounddateien abzuspielen.

Streaming-Wiedergabe

Unter *Streaming* versteht man das Abspielen von Audiodaten als kontinuierlichen Bytestrom, der aus einer Datei oder einer Netzwerkverbindung gefüttert wird. Dadurch hat man anders als bei `AudioClip` und `Clip` keinerlei Größenbeschränkungen. Die wesentlichen Schritte für das Durchführen von Streaming sind:

1. Das Öffnen des Eingabestreams als Instanz von `java.io.AudioInputStream`.
2. Das Ermitteln des Audioformats im Eingabestream als Instanz von `AudioFormat`.
3. Das Eröffnen einer Line vom Typ `SourceDataLine`.
4. Die Sound-Wiedergabe durch das kontinuierliche Lesen aus dem Eingabestream und Schreiben der Daten in die `SourceDataLine`.

Das nachfolgende Listing zeigt eine korrespondierende Implementierung.

Listing 26.9: StreamingDemo.java – Streaming-Wiedergabe

```
// StreamingDemo.java

import java.io.*;
import javax.sound.sampled.*;

public class StreamingDemo {
  public static void main(String[] args) {
     if(args.length != 1) {
       System.out.println("Klangdatei angeben!");
       System.exit(0);
     }

     AudioInputStream quelle = null;
     AudioFormat format = null;

     try {
       // Input-Stream öffnen
       File datei = new File(args[0]);
       quelle = AudioSystem.getAudioInputStream(datei);

       // das Format ermitteln
       format = quelle.getFormat();

       // nur PCM wird von Line unterstützt; für ULAW oder ALAW muss
       // konvertiert werden
       if(format.getEncoding() != AudioFormat.Encoding.PCM_SIGNED) {
       AudioFormat formatNeu = new
                      AudioFormat(AudioFormat.Encoding.PCM_SIGNED,
                      format.getSampleRate(),
                      2 * format.getSampleSizeInBits(),
```

```
31                     format.getChannels(),
32                     2 * format.getFrameSize(),
33                     format.getFrameRate(), true);
34      quelle = AudioSystem.getAudioInputStream(formatNeu,quelle);
35      format = formatNeu;
36      }
37    } catch(Exception e) {
38      System.err.println(e.getMessage());
39    }
40
41
42    // eine Line vom Typ SourceDataLine anfordern und öffnen
43     SourceDataLine line = null;
44     DataLine.Info lineInfo =
45                      new  DataLine.Info(SourceDataLine.class,
46                                         format);
47     try {
48        line = (SourceDataLine) AudioSystem.getLine(lineInfo);
49        line.open(format);
50        line.start();
51
52        // aus dem Eingabestream lesen und in die Line schreiben
53        int num = 0;
54        byte[] audioPuffer = new byte[50000];
55
56        while(num != -1) {
57           try {
58              num = quelle.read(audioPuffer, 0, audioPuffer.length);
59
60              if(num >= 0) {
61                line.write(audioPuffer, 0, num);
62              }
63           }
64          } catch(Exception e) {
65              System.err.println(e.getMessage());
66          }
67        }
68
69        // warten, bis die Line leer ist (= alles gespielt)
70        line.drain();
71
72        // Line schließen
73        line.close();
74      } catch(Exception e) {
75        System.err.println(e.getMessage());
76      }
77
78    System.exit(0);  // wegen JDK-Bug
79  }
80 }
```

In den Zeilen 17-19 wird zunächst die Klasse `AudioInputStream` aus dem Paket `java.io` dazu verwendet, einen lesenden Eingabestream zu der gewünschten Datei herzustellen. Das Objekt selbst liefert dabei die statische Methode `Audio-`

System.getAudioInputStream(). Als Nächstes muss geprüft werden, ob die Daten im richtigen Audioformat vorliegen. Hierzu dient die Methode getFormat() von AudioInputStream, die eine Instanz von AudioFormat mit allen wichtigen Daten über das Datenformat liefert. Da nur PCM unterstützt wird, muss gegebenenfalls konvertiert werden, was glücklicherweise von AudioInputStream unterstützt wird. Hierzu muss man das gewünschte Format zusammenstellen und den Eingabestream mit dem Wunschformat neu öffnen (Zeilen 27-35).

Der nächste Schritt besteht im Öffnen einer Line zur Wiedergabe, d.h. einer Instanz von SourceDataLine. Dies erfolgt nicht per Konstruktor, sondern über die statische Methode getLine() der Klasse AudioSystem. Diese Methode erwartet ein besonderes Objekt mit einer Beschreibung der gewünschten Line. Die benötigten Informationen werden in den Zeilen 44-46 zusammengestellt: Die gewünschte SourceDataLine wird durch das entsprechende Class-Objekt und die Formatangaben der auszugebenden Sounddaten festgelegt. Die erhaltene Instanz verweist standardmäßig auf die Ausgabe der Soundkarte, d.h. den Lautsprecher. Nun muss die Line nur noch betriebsbereit geschaltet werden, was in den Zeilen 49/50 erfolgt.

Ab diesem Punkt kann es endlich losgehen. Wie bei jedem normalen Eingabestream werden nun in einer Endlosschleife (Zeilen 56-67) die Datenbytes blockweise in einen Zwischenspeicher audioPuffer eingelesen und sofort in die Line per write()-Aufruf geschrieben. Dies erfolgt so lange, bis das Ende des Eingabestreams – erkenntlich am Rückgabewert -1 der read()-Methode – erreicht wird.

Wichtig ist zum Abschluss der drain()-Aufruf in Zeile 70. Er bewirkt, dass das Programm so lange wartet, bis noch vorhandene Daten aus der Line verschwunden sind, d.h., über die Soundkarte an den Lautsprecher geschickt worden sind. Mit close() wird dann die Line geschlossen und die damit verbundenen Ressourcen werden freigegeben.

DVD

Auf der Buch-DVD finden Sie im Unterverzeichnis zu diesem Kapitel noch ein weiteres Beispiel *ClipDemo.java*, das zeigt, wie mithilfe der Clip-Schnittstelle Daten aus einer Datei komplett eingelesen und dann erst abgespielt werden[10].

10 Auch bei Clip gilt das Gleiche wie für AudioClip aus java.applet: Es ist nur für kleine Dateien geeignet.

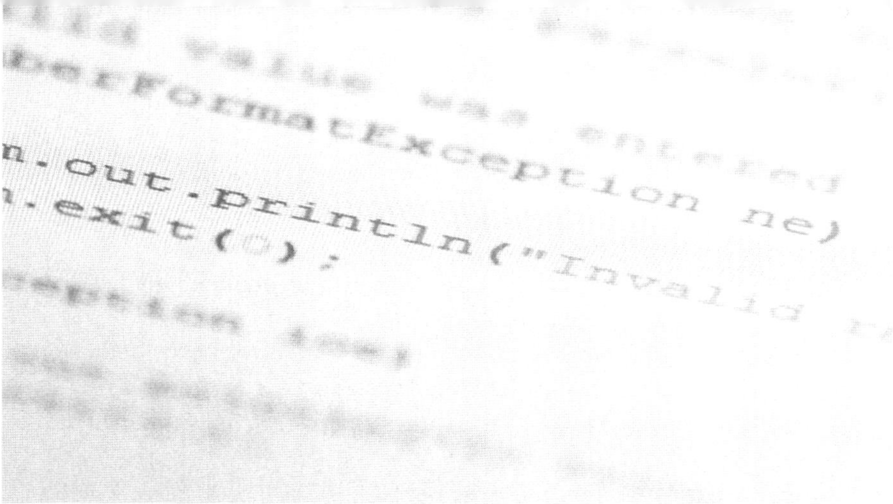

Kapitel 27
Programm: Das Java-Millionenquiz

Die GUI-Programmierung ist ein sehr umfangreiches Gebiet, das den Programmierer mit vielen neuen Konzepten und Klassen konfrontiert, das ihm aber natürlich auch neue Wege der Programmgestaltung eröffnet. Letzteren Aspekt wollen wir in diesem Kapitel noch einmal anhand eines etwas größeren Projekts verdeutlichen – und nebenbei verschiedene GUI-Grundtechniken wiederholen.

Aufbau und Erstellung

Das Java-Millionenspiel ist die Adaption eines bekannten TV-Quizspiels, in Java programmiert und – mit Fragen über Java! Der Programmquelltext ist auf drei Dateien verteilt:

- *Millionenspiel.java* – Enthält die Hauptklasse des Programms (`Millionenspiel`) mit der `main()`-Methode.
- *Hauptfenster.java* – Enthält die Klasse des Hauptfensters (`Hauptfenster`) sowie eine eigene Klasse (`MillionenspielPanel`) für das Panel, das den Clientbereich des Fensters bildet.
- *Spiellogik.java* – Enthält die Klasse `Spiellogik` und `Frage`. Wie der Klassenname andeutet, wurde die Spielsteuerung, soweit es ging, vom Code zum Aufbau des Programms und der GUI-Oberfläche getrennt und in einer eigenen Klasse `Spiellogik` zusammengefasst. Die Klasse `Frage` dient zum Aufbau und zur Anzeige der einzelnen Fragen und Antwortmöglichkeiten.

Alle Klassen liegen im Paket `millionenquiz`.

Um das Programm zu erstellen, gehen Sie wie folgt vor:

1. Kopieren Sie die Dateien des Programms (Java-Quelldateien plus Bilddateien) in ein eigenes Verzeichnis.
2. Wechseln Sie in der Konsole in dieses Verzeichnis und kompilieren Sie die Quelldateien mit dem Befehl `javac -d . *.java`.

   Unter dem aktuellen Verzeichnis wird ein Unterverzeichnis *millionenquiz* angelegt, in das der Compiler die Class-Dateien ablegt.
3. Verschieben Sie die Bilddateien in das Unterverzeichnis mit den Class-Dateien.
4. Starten Sie das Programm mit dem Befehl `java millionenquiz.Millionenspiel`.

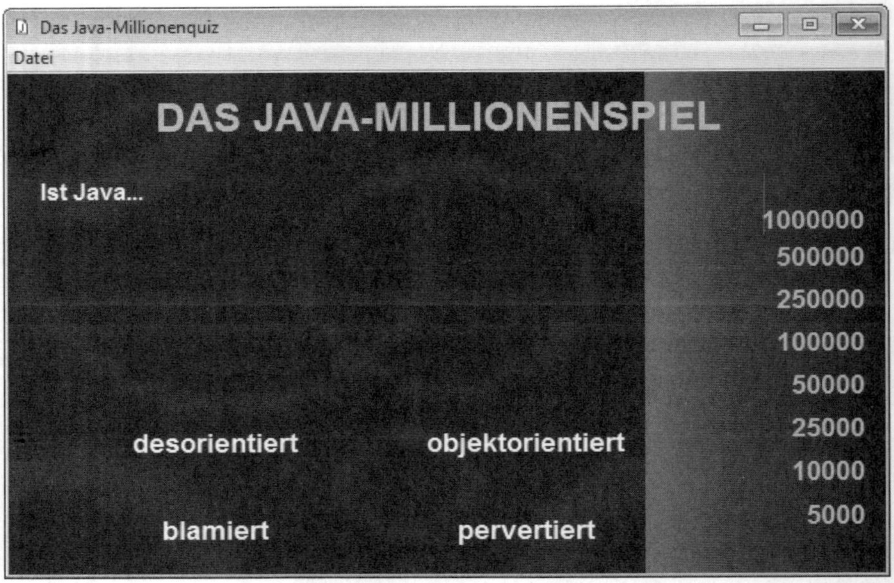

Abbildung 27.1: Das Java-Millionenspiel (unter Windows 7)

Das Programm (Millionenspiel.java)

Die Programmklasse mit der `main()`-Methode ist weitgehend analog zu unserem Allrounder-Grundgerüst aufgebaut. Ihre wichtigste Aufgabe ist die Erzeugung, Platzierung und Anzeige des Hauptfensters.

Listing 27.1: Millionenspiel.java

```
/*
 * Java-Millionenspiel
 */

package millionenquiz;

import javax.swing.UIManager;
import java.awt.*;
```

```java
/**
 * Hauptklasse der Anwendung
 */
public class Millionenspiel {

   /**
    * erzeugt das Hauptfenster
    */
   public Millionenspiel() {
      // Hauptfenster erzeugen und anzeigen
      Hauptfenster hauptfenster = new Hauptfenster();

      // Das Fenster zentrieren
      Dimension screenSize =
                      Toolkit.getDefaultToolkit().getScreenSize();
      Dimension frameSize = hauptfenster.getSize();
      if (frameSize.height > screenSize.height) {
         frameSize.height = screenSize.height;
      }
      if (frameSize.width > screenSize.width) {
         frameSize.width = screenSize.width;
      }
      hauptfenster.setLocation((screenSize.width - frameSize.width) / 2,
                      (screenSize.height - frameSize.height) / 2);
      hauptfenster.setVisible(true);
   }

   /**
    * Look&Feel einstellen und Anwendung starten
    */
   public static void main(String[] args) {
      // Look&Feel des aktuellen Systems einstellen
      try {
          UIManager.setLookAndFeel(
                      UIManager.getSystemLookAndFeelClassName());
      } catch(Exception e) {
          // Dann halt nicht! Das Standard-Look&Feel bleibt.
      }

      // Anwendungsobjekt erzeugen
      new Millionenspiel();
   }
}
```

Das Hauptfenster (Hauptfenster.java)

Die Oberfläche des Hauptfensters besteht aus zwei Teilen:

- dem Menü und
- dem Clientbereich, der aus einem einzigen Panel (`leinwand`) besteht

Das Menüsystem besteht aus einem einzigen Menü DATEI mit den Befehlen NEUES SPIEL und BEENDEN.

Für das Panel `leinwand` wurde eine eigene Klasse `MillionenspielPanel` von `JPanel` abgeleitet. So konnte die `paintComponent()`-Methode überschrieben und ein Hintergrundbild in das Panel gezeichnet werden. Das `MillionenspielPanel` vereint in sich die eigentliche Spieloberfläche mit den Fragen, Antwortschaltern und Gewinnstufen.

Die Hauptfensterklasse fungiert auch als Vermittler zwischen der Spiellogik und dem `MillionenspielPanel`, da sie Instanzen beider Klassen als Felder definiert.

Das `MillionenspielPanel` soll in den Ereignisbehandlungsmethoden seiner Schaltflächen die `auswerten()`-Methode der Spiellogik aufrufen. Zu diesem Zweck übergibt die Hauptfensterklasse der `MillionenspielPanel`-Instanz `leinwand` ihre `this`-Referenz. Über diese kann das Panel auf das Hauptfenster-Objekt, das darin gekapselte `leinwand`-Objekt und schließlich die gewünschte Methode zugreifen:

```
// aus MillionenspielPanel
void btnOption1_actionPerformed(ActionEvent e) {
      hf.spiel.auswerten(1, this);
   }
```

Umgekehrt übergibt das `MillionenspielPanel` beim Aufruf der `auswerten()`-Methode eine Referenz auf sich selbst, sodass die `auswerten()`-Methode auf die Label und Schaltflächen des Panels zugreifen und diese mit neuen Fragen aktualisieren oder nach Abbruch des Spiels deaktivieren kann.

Listing 27.2: Hauptfenster.java – Klasse Hauptfenster

```
/*
 * Java-Millionenspiel
 */

package millionenquiz;

import java.awt.*;
import java.awt.event.*;
import javax.swing.*;

/**
 * Hauptfenster der Anwendung
 */
public class Hauptfenster extends JFrame {
   MillionenspielPanel leinwand = new MillionenspielPanel(this);
   Spiellogik spiel = new Spiellogik();

   JMenuBar menu = new JMenuBar();
   JMenu menuDatei = new JMenu();
   JMenuItem menuDateiNeu = new JMenuItem();
   JMenuItem menuDateiBeenden = new JMenuItem();

   public Hauptfenster() {
      super();
```

```
    try {
      fensterEinrichten();

      // erste Frage einblenden
      spiel.fragen[spiel.aktFrage].anzeigen(leinwand);
    }
    catch(Exception e) {
      e.printStackTrace();
    }
  }

  //Initialisierung der Komponenten
  private void fensterEinrichten() throws Exception  {

    // Anwendungssymbol einrichten
    java.net.URL tmp = Hauptfenster.class.getResource("symbol.gif");
    if (tmp != null)
      setIconImage(Toolkit.getDefaultToolkit().createImage(tmp));

    leinwand.setSize(600, 400);
    getContentPane().add(leinwand);
    this.setSize(new Dimension(600, 400));
    this.setTitle("Das Java-Millionenquiz");
    this.setResizable(false);

    // Menü
    menuDatei.setText("Datei");
    menuDateiNeu.setText("Neues Spiel");
   menuDateiNeu.addActionListener(new java.awt.event.ActionListener(){
      public void actionPerformed(ActionEvent e) {
        menuDateiNeu_actionPerformed(e);
      }
    });
    menuDateiBeenden.setText("Beenden");
    menuDateiBeenden.addActionListener(new ActionListener()  {
      public void actionPerformed(ActionEvent e) {
        menuDateiBeenden_actionPerformed(e);
      }
    });
    menuDatei.add(menuDateiNeu);
    menuDatei.add(menuDateiBeenden);
    menu.add(menuDatei);
    this.setJMenuBar(menu);

    setDefaultCloseOperation(JFrame.EXIT_ON_CLOSE);
  }

  // Ereignisbehandlung für Menübefehle
  public void menuDateiNeu_actionPerformed(ActionEvent e) {
    JLabel tmp;
    spiel.gewinnstufe = 0;
    spiel.aktFrage    = 0;
    spiel.fragen[spiel.aktFrage].anzeigen(leinwand);
```

```
         leinwand.btnOption1.setEnabled(true);
         leinwand.btnOption2.setEnabled(true);
         leinwand.btnOption3.setEnabled(true);
         leinwand.btnOption4.setEnabled(true);

         for(int i = spiel.COMPONENT_BIAS;
                 i < (spiel.COMPONENT_BIAS + spiel.ANZAHL_FRAGEN); ++i) {
            tmp = (JLabel) leinwand.getComponent(i);
            tmp.setForeground(Color.ORANGE);
         }
      }
      public void menuDateiBeenden_actionPerformed(ActionEvent e) {
         System.exit(0);
      }
      protected void processWindowEvent(WindowEvent e) {
         super.processWindowEvent(e);
         if (e.getID() == WindowEvent.WINDOW_CLOSING) {
            menuDateiBeenden_actionPerformed(null);
         }
      }
   }
   ...
```

Der Konstruktor der Hauptfensterklasse baut die GUI-Oberfläche des Fensters auf (Methode `fensterEinrichten()`) und lädt die erste Frage:

```
spiel.fragen[spiel.aktFrage].anzeigen(leinwand);
```

`spiel` ist die vom Hauptfenster verwendete Instanz der Spiellogik-Klasse. Die Instanz enthält ein Array von 8 Frage-Objekten, deren erstes hier ausgewählt und mittels seiner `anzeigen()`-Methode geladen wird (d.h., Frage- und Antworttexte werden in die Label und Schaltflächen des `leinwand`-Panels kopiert).

Ansonsten ist noch der DATEI/NEUES SPIEL-Befehl interessant, der

- die `spiel`-Felder zurücksetzt,
- die `leinwand`-Schaltflächen aktiviert (für den Fall, dass diese zuvor deaktiviert wurden),
- die Anzeige der Gewinnstufen zurücksetzt (für den Fall, dass zuvor schon einmal gespielt wurde).

Listing 27.3: Hauptfenster.java – Klasse MillionenspielPanel

```
...
class MillionenspielPanel extends JPanel {
   Image hintergrundbild;
   Hauptfenster hf;

   JLabel lbTitel = new JLabel();
   JTextArea taFrage = new JTextArea();

   JButton btnOption1 = new JButton();
   JButton btnOption2 = new JButton();
   JButton btnOption3 = new JButton();
   JButton btnOption4 = new JButton();
```

```
JLabel stufe1 = new JLabel();
JLabel stufe2 = new JLabel();
JLabel stufe3 = new JLabel();
JLabel stufe4 = new JLabel();
JLabel stufe5 = new JLabel();
JLabel stufe6 = new JLabel();
JLabel stufe7 = new JLabel();
JLabel stufe8 = new JLabel();

MillionenspielPanel(Hauptfenster fenster) {
   hf = fenster;

   // Bild laden mit getResource()
   Toolkit toolkit = Toolkit.getDefaultToolkit();
   MediaTracker ladekontrolle = new MediaTracker(this);

   hintergrundbild =
    getToolkit().getImage(getClass().getResource("Hintergrund.png"));

   ladekontrolle.addImage(hintergrundbild,0);

   // Warten, bis das Bild ganz geladen ist
   try  {
      ladekontrolle.waitForID(0);
   }
   catch(InterruptedException e) {
      // Das Laden ist fehlgeschlagen
   }

   this.setLayout(null);

   lbTitel.setFont(new java.awt.Font("Dialog", 1, 28));
   lbTitel.setForeground(Color.ORANGE);
   lbTitel.setHorizontalAlignment(SwingConstants.CENTER);
   lbTitel.setText("DAS JAVA-MILLIONENSPIEL");
   lbTitel.setBounds(new Rectangle(36, 12, 510, 37));
   taFrage.setFont(new java.awt.Font("Dialog", 1, 18));
   taFrage.setForeground(Color.WHITE);
   taFrage.setOpaque(false);
   taFrage.setEditable(false);
   taFrage.setColumns(2);
   taFrage.setLineWrap(true);
   taFrage.setBounds(new Rectangle(20, 70, 470, 80));

   btnOption1.setBounds(new Rectangle(40, 240, 200, 40));
   btnOption1.setContentAreaFilled(false);
   btnOption1.setForeground(Color.WHITE);
   btnOption1.setFont(new java.awt.Font("Dialog", 1, 18));
   btnOption1.addActionListener(new java.awt.event.ActionListener() {
      public void actionPerformed(ActionEvent e) {
         btnOption1_actionPerformed(e);
      }
   });
   btnOption2.setBounds(new Rectangle(250, 240, 200, 40));
   btnOption2.setContentAreaFilled(false);
```

27

```
btnOption2.setForeground(Color.WHITE);
btnOption2.setFont(new java.awt.Font("Dialog", 1, 18));
btnOption2.addActionListener(new java.awt.event.ActionListener() {
   public void actionPerformed(ActionEvent e) {
      btnOption2_actionPerformed(e);
   }
});
btnOption3.setBounds(new Rectangle(40, 300, 200, 40));
btnOption3.setContentAreaFilled(false);
btnOption3.setForeground(Color.WHITE);
btnOption3.setFont(new java.awt.Font("Dialog", 1, 18));
btnOption3.addActionListener(new java.awt.event.ActionListener() {
   public void actionPerformed(ActionEvent e) {
      btnOption3_actionPerformed(e);
   }
});
btnOption4.setBounds(new Rectangle(250, 300, 200, 40));
btnOption4.setContentAreaFilled(false);
btnOption4.setForeground(Color.WHITE);
btnOption4.setFont(new java.awt.Font("Dialog", 1, 18));
btnOption4.addActionListener(new java.awt.event.ActionListener() {
   public void actionPerformed(ActionEvent e) {
      btnOption4_actionPerformed(e);
   }
});

stufe1.setBounds(new Rectangle(450, 300, 130, 20));
stufe1.setFont(new java.awt.Font("Dialog", 1, 18));
stufe1.setForeground(Color.ORANGE);
stufe1.setHorizontalAlignment(SwingConstants.RIGHT);
stufe1.setText("5000");
stufe2.setBounds(new Rectangle(450, 270, 130, 20));
stufe2.setFont(new java.awt.Font("Dialog", 1, 18));
stufe2.setForeground(Color.ORANGE);
stufe2.setHorizontalAlignment(SwingConstants.RIGHT);
stufe2.setText("10000");
stufe3.setBounds(new Rectangle(450, 240, 130, 20));
stufe3.setFont(new java.awt.Font("Dialog", 1, 18));
stufe3.setForeground(Color.ORANGE);
stufe3.setHorizontalAlignment(SwingConstants.RIGHT);
stufe3.setText("25000");
stufe4.setBounds(new Rectangle(450, 210, 130, 20));
stufe4.setFont(new java.awt.Font("Dialog", 1, 18));
stufe4.setForeground(Color.ORANGE);
stufe4.setHorizontalAlignment(SwingConstants.RIGHT);
stufe4.setText("50000");
stufe5.setBounds(new Rectangle(450, 180, 130, 20));
stufe5.setFont(new java.awt.Font("Dialog", 1, 18));
stufe5.setForeground(Color.ORANGE);
stufe5.setHorizontalAlignment(SwingConstants.RIGHT);
stufe5.setText("100000");
stufe6.setBounds(new Rectangle(450, 150, 130, 20));
stufe6.setFont(new java.awt.Font("Dialog", 1, 18));
stufe6.setForeground(Color.ORANGE);
stufe6.setHorizontalAlignment(SwingConstants.RIGHT);
```

```
        stufe6.setText("250000");
        stufe7.setBounds(new Rectangle(450, 120, 130, 20));
        stufe7.setFont(new java.awt.Font("Dialog", 1, 18));
        stufe7.setForeground(Color.ORANGE);
        stufe7.setHorizontalAlignment(SwingConstants.RIGHT);
        stufe7.setText("500000");
        stufe8.setBounds(new Rectangle(450, 94, 130, 20));
        stufe8.setFont(new java.awt.Font("Dialog", 1, 18));
        stufe8.setForeground(Color.ORANGE);
        stufe8.setHorizontalAlignment(SwingConstants.RIGHT);
        stufe8.setText("1000000");

        add(lbTitel, null);
        add(taFrage, null);
        add(btnOption1, null);
        add(btnOption2, null);
        add(btnOption3, null);
        add(btnOption4, null);
        add(stufe1, null);
        add(stufe2, null);
        add(stufe3, null);
        add(stufe4, null);
        add(stufe5, null);
        add(stufe6, null);
        add(stufe7, null);
        add(stufe8, null);
    }

    public void paintComponent(Graphics g) {
        super.paintComponent(g);
        g.drawImage(hintergrundbild, 0, 0, getWidth(), getHeight(), this);
   }

    void btnOption1_actionPerformed(ActionEvent e) {
        hf.spiel.auswerten(1, this);
    }
    void btnOption2_actionPerformed(ActionEvent e) {
        hf.spiel.auswerten(2, this);
    }
    void btnOption3_actionPerformed(ActionEvent e) {
        hf.spiel.auswerten(3, this);
    }
    void btnOption4_actionPerformed(ActionEvent e) {
        hf.spiel.auswerten(4, this);
    }
}
```

Die Klasse `MillionenspielPanel` definiert vor allem die Oberflächenelemente für das Spiel:

- ein Label für den Titel
- ein transparentes, zweizeiliges Textfeld zum Anzeigen des Fragetextes
- vier Schaltflächen für die Antwortoptionen
- acht Label für die Gewinnstufen

Das Hintergrundbild wird im Konstruktor geladen (überwacht von einem MediaTracker) und in der paintComponent()-Methode in das Panel gezeichnet.

Die Ereignisbehandlungsmethoden der Schaltflächen rufen die auswerten()-Methode des spiel-Objekts auf.

Die Spielsteuerung (Spiellogik.java)

Sie setzt sich aus zwei Klassen zusammen:

- der Klasse Frage, deren Objekte einzelne Fragen repräsentieren
- der Klasse Spiellogik, der die eigentliche Spielsteuerung obliegt

Listing 27.4: Spiellogik.java – Klasse Frage

```
package millionenquiz;

import java.awt.*;
import java.awt.event.*;
import javax.swing.*;


class Frage {
   private String frage;
   private String option1;
   private String option2;
   private String option3;
   private String option4;
   private int loesung;

   public Frage(String f, String o1, String o2, String o3, String o4,
                int l) {
      frage = f;
      option1 = o1;
      option2 = o2;
      option3 = o3;
      option4 = o4;
      loesung = l;
   }

   public void anzeigen(MillionenspielPanel leinwand) {
      leinwand.taFrage.setText(frage);
      leinwand.btnOption1.setText(option1);
      leinwand.btnOption2.setText(option2);
      leinwand.btnOption3.setText(option3);
      leinwand.btnOption4.setText(option4);
   }

   public boolean auswerten(int ausgewaehlt) {
      if (ausgewaehlt == this.loesung)
         return true;
      else
         return false;
   }
}
```

Die private-Felder speichern die Texte für eine Frage und ihre Antwortoptionen sowie die Nummer der korrekten Antwort.

Die Methode anzeigen() schreibt die Texte der Frage und der Antworten in die entsprechenden Oberflächenelemente des leinwand-Panels.

Die Methode auswerten() prüft, ob eine gegebene Antwort korrekt war.

Listing 27.5: Spiellogik.java – Klasse Spiellogik

```
class Spiellogik {
   final int ANZAHL_FRAGEN = 8;
   final int COMPONENT_BIAS = 6; // nullbasiert

   Frage[] fragen = new Frage[ANZAHL_FRAGEN];
   byte aktFrage = 0;
   int gewinnstufe = 0;

   Spiellogik() {
      // Fragen erzeugen
      fragen[0] = new Frage("Ist Java...",
                           "desorientiert", "objektorientiert",
                           "blamiert", "pervertiert", 2);
      fragen[1] = new Frage("Wie hieß der Vorgänger von Java?",
                            "Cloak", "Eiche", "Willow", "Oak", 4);
      fragen[2] = new Frage("Mit welchem Schlüsselwort werden in Java"
                           + "Objekte \nerzeugt?",
                           "new", "create", "erzeuge", "old", 1);
      fragen[3] = new Frage("Mit welchem Schlüsselwort werden in Java "
                           + "konstante\nVariablen definiert?",
                         "konstant", "const", "final", "immutable", 3);
      fragen[4] = new Frage("Wie lautet der Wert folgenden Ausdrucks: "
                           + "\n2d + 3 / 4?",
                           "2", "2.75", "3", "1.25", 2);
      fragen[5] = new Frage("Nach welchem Algorithmus sortiert "
                           + "Arrays.sort() \nObjekte?",
                "Bubblesort", "Shellsort", "Mergesort", "Quicksort", 3);
      fragen[6] = new Frage("Seit welcher Version gibt es die Swing-"
                           + "Klassen?",
                           "1.0", "1.1", "1.2", "1.3", 3);
      fragen[7] = new Frage("Seit wann ist Java unabhängig?",
                           "1843", "1945", "1947", "1949", 4);
   }

   void auswerten(int schalter, MillionenspielPanel leinwand) {
      JLabel tmp;

      if (!fragen[aktFrage].auswerten(schalter)) {   // falsch
                                                     // beantwortet
         if (gewinnstufe == 0)
            JOptionPane.showMessageDialog(null,
                                     "Leider nichts gewonnen.  :-(",
                                     "Schade!", 1);
          else
            JOptionPane.showMessageDialog(null,
```

```
                                         "Sie haben Gewinnstufe " +
                                         gewinnstufe + " erreicht!  :-)",
                                         "Glückwunsch!!!", 1);
          // Schalter deaktivieren
          leinwand.btnOption1.setEnabled(false);
          leinwand.btnOption2.setEnabled(false);
          leinwand.btnOption3.setEnabled(false);
          leinwand.btnOption4.setEnabled(false);
        } else if (aktFrage < ANZAHL_FRAGEN-1) {
          fragen[++aktFrage].anzeigen(leinwand);

          tmp = (JLabel) leinwand.getComponent(gewinnstufe +
                                               COMPONENT_BIAS);
          tmp.setForeground(new Color(0x00FFFF));
          gewinnstufe++;
        }
        else {
          tmp = (JLabel) leinwand.getComponent(gewinnstufe +
                                                COMPONENT_BIAS);
          tmp.setForeground(new Color(0x00FFFF));
          gewinnstufe++;
              JOptionPane.showMessageDialog(null,
                         "Glückwunsch, Sie haben den Jackpot geknackt!!!",
                         "Wow!!!", 1);
          // Schalter deaktivieren
          leinwand.btnOption1.setEnabled(false);
          leinwand.btnOption2.setEnabled(false);
          leinwand.btnOption3.setEnabled(false);
          leinwand.btnOption4.setEnabled(false);
        }
     }
  }
```

Die Klasse `Spiellogik` definiert neben den Feldern zur Überwachung des Spielzustands zwei wichtige Methoden:

- den Konstruktor, der die Fragen erzeugt und in einem Array `fragen` speichert.
- die Methode `auswerten()`, die von den Ereignisbehandlungsmethoden der Antwortschaltflächen aufgerufen wird und mithilfe der `auswerten()`-Methode des aktuellen Frage-Objekts prüft, ob der Spieler den richtigen Antwortschalter gedrückt hat. Falls nicht, wird eine entsprechende Meldung ausgegeben und die Schaltflächen werden deaktiviert – das Spiel ist beendet. Wurde die korrekte Antwort ausgewählt, wird die nächste Frage geladen und die neu erreichte Gewinnstufe farblich hervorgehoben. Wurden alle Fragen korrekt beendet, wird ein Glückwunsch ausgegeben und die Schaltflächen werden deaktiviert.

Viel Spaß!

INFO

Das Spiel kennt für jede Gewinnstufe nur eine einzige Frage. Es sollte Ihnen aber nicht allzu schwer fallen, ein zweidimensionales `fragen`-Array zu definieren, das für jede Gewinnstufe (erste Dimension) mehrere Fragen (zweite Dimension) enthält, und dann per Zufallsprinzip (Klasse `java.util.Random`) die Fragen für die Gewinnstufen zu ziehen.

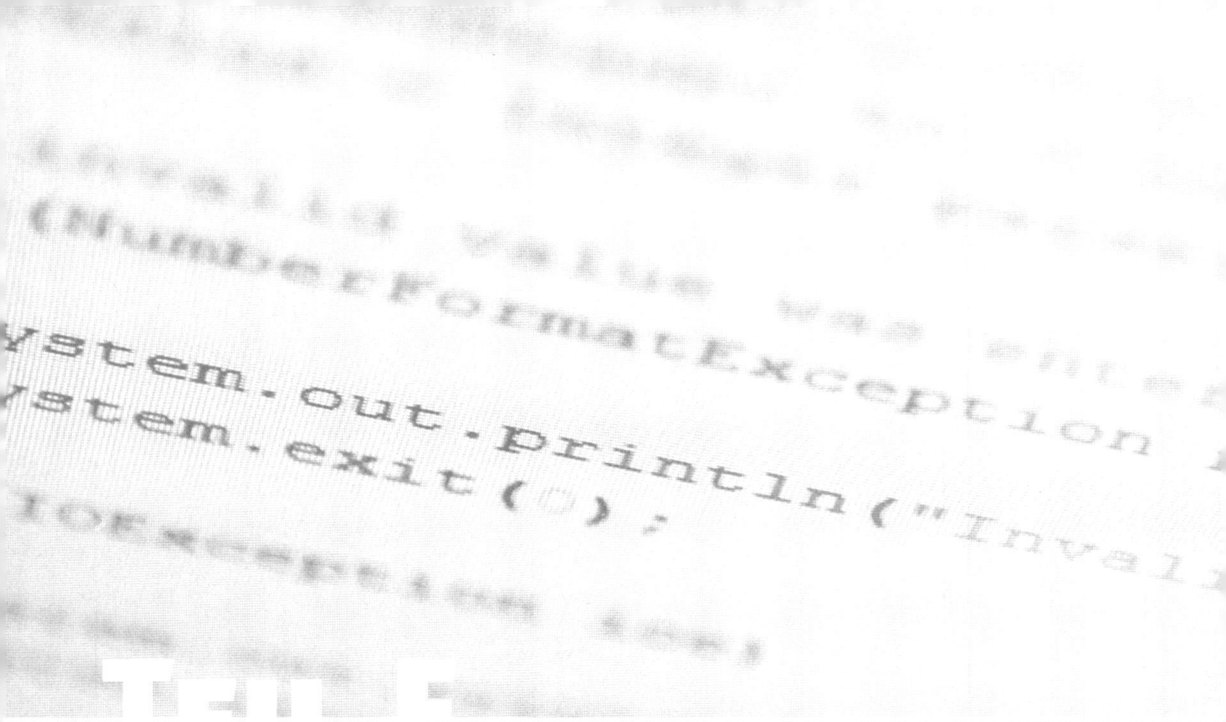

TEIL E

Weiterführende und ergänzende Techniken

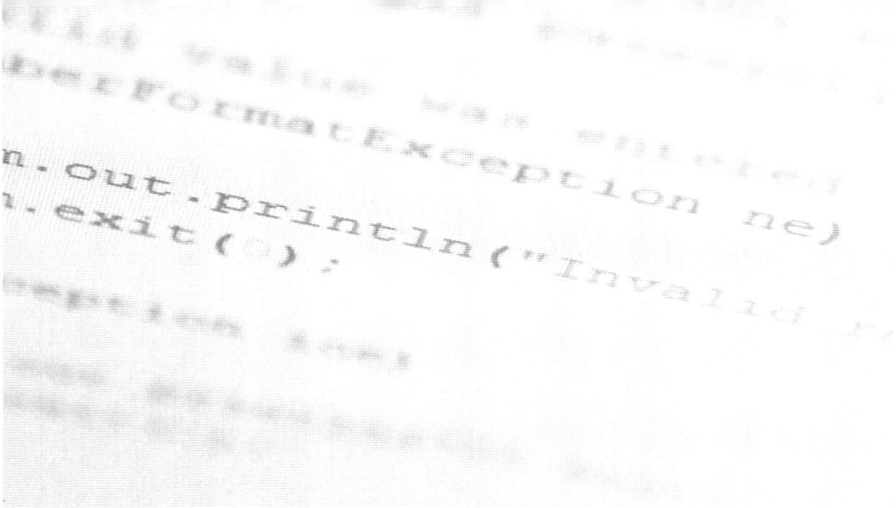

Kapitel 28
Strings und Utilities

Eine der wichtigsten, wenn nicht sogar die wichtigste Aufgabe von Computerprogrammen ist die Verarbeitung von Zeichenketten (Strings). Aus diesem Grund bietet Java eine umfangreiche Unterstützung in Form von Klassen und Methoden, die fast alle denkbaren Einsatzszenarien abdecken. Mit den Grundlagen der Stringprogrammierung konnten Sie sich bereits in den vorangehenden Kapiteln vertraut machen:

Kapitel 5.3 – Einführung

Kapitel 6.5.2 – Methoden der Klasse `String`

Kapitel 7.1.3 – String-Vergleiche

In diesem Kapitel möchten wir Sie mit weiterführenden Techniken der Stringverarbeitung sowie einer Reihe weiterer wichtiger Hilfsklassen bekannt machen, damit Sie nicht bei der Auseinandersetzung mit typischen Programmieraufgaben unnötige Zeit durch Eigenimplementierung von Funktionalitäten verschwenden, die längst in den Tiefen der Java-Klassenbibliothek schlummern!

28.1 Strings

Was ist ein String? Die Antwort auf diese einfache Frage ist gar nicht so trivial und hängt stark von der verwendeten Programmiersprache ab. Für Java kann man Folgendes sagen: Ein String ist ein Objekt, d.h. eine Instanz einer besonderen Klasse, nämlich `String` (Paket `java.lang`). In diesem `String`-Objekt ist eine Folge von Zeichen vom Typ `char` abgelegt. Ein `char`-Zeichen belegt bekanntlich zwei Byte und verwendet zur Codierung des in ihm abgelegten Zeichenwerts den Unicode-Zeichensatz, sodass dies folglich auch für die Zeichenkette gilt, die ein `String`-Objekt repräsentiert[1].

28.1.1 String-Literale

`String` ist die einzige Java-Klasse, für die der Programmierer Literale erzeugen kann.

String-Literale werden in doppelte Anführungszeichen gefasst.

```
"Ich bin ein String!";
```

Zeilenumbrüche in String-Literalen

String-Literale dürfen nicht über mehrere Zeilen reichen.

```
str = "Dieser String ist so gross, dass der Programmierer ihn der
       besseren Übersicht wegen in zwei Zeilen geschrieben hat.";
```

Um String-Literale auf mehrere Zeilen zu verteilen, zerteilen Sie den String in Teilstrings und fügen Sie diese mit dem + -Operator wieder zusammen:

```
str = "Die erste Zeile.\nDie zweite Zeile.";
```

```
str = "Dieser String ist so gross, dass der Programmierer ihn der " +
      "besseren Übersicht wegen in zwei Zeilen geschrieben hat.";
```

Wenn Sie Umbrüche ausgeben wollen, symbolisieren Sie diese im String durch die Escape-Sequenz `\n`:

```
str = "Die erste Zeile.\nDie zweite Zeile.";
```

String-Literale sind Objekte!

Intern werden String-Literale als `String`-Objekte erzeugt. Auf diese Weise ist es möglich, String-Variablen wie elementare Variablen zu definieren und zu initialisieren:

```
String str = "Hallo";
```

Obwohl es so aussieht, als würde hier der String `"Hallo"` direkt in der Variablen `str` gespeichert, wird in Wirklichkeit ein `String`-Objekt erzeugt und in `str` eine Referenz auf dieses Objekt abgelegt!

28.1.2 Strings sind unveränderlich

Variablen elementarer Datentypen können Sie einander zuweisen und danach unabhängig voneinander verwenden.

```
int a = 3;
int b;
b = a;          // a = 3   b = 3
b = 12;         // a = 3   b = 12
```

Hingegen müssen Sie bei der Zuweisung von Objektvariablen immer im Hinterkopf behalten, dass Sie lediglich Referenzen kopiert haben und danach beide Objektvariablen auf das gleiche Objekt verweisen.

---

1 Ein ASCII-String hat in Java daher einen doppelt so großen Speicherplatzbedarf wie beispielsweise in der Sprache C.

String-Variablen können Sie wiederum, obwohl es Objektvariablen sind, wie Variablen elementarer Datentypen zuweisen und danach unabhängig verwenden – fast als hätten Sie nicht die Referenzen auf die String-Objekte, sondern tatsächlich die String-Objekte selbst kopiert.

Wie ist das möglich?

Zuerst einmal ist deutlich festzuhalten, dass bei der Zuweisung von String-Variablen wie bei allen Objektvariablen auch nur Referenzen kopiert werden:

```
String str1 = new String("Hallo");  // erzeugt String-Objekt mit dem
                                    // String "Hallo"
String str2;
str2 = str1;   // str1 und str2 verweisen auf dasselbe String-Objekt
```

Wenn aber `str1` und `str2` auf dasselbe Objekt verweisen, ist es doch gefährlich, sie als unabhängig voneinander anzusehen, oder nicht? Nein, im Falle der Strings ist es nicht gefährlich, denn String-Objekte sind unveränderlich (*immutable*)! Es gibt tatsächlich keine Möglichkeit, ein einmal erzeugtes String-Objekt bzw. den String, den es repräsentiert, nachträglich zu verändern. Sämtliche Operatoren oder Methoden, die Strings manipulieren, erzeugen neue String-Objekte, die sie als Ergebnis zurückliefern.

Wenn Sie also beispielsweise alle Zeichen eines Strings mithilfe der String-Methode `toUpperCase()` in Großbuchstaben verwandeln möchten, müssen Sie die Methode für das zu bearbeitende String-Objekt aufrufen und dann den neuen String entgegennehmen:

```
String str3 = str1.toUpperCase();  // str1 = "Hallo"  str2 = "Hallo"
                                   // str3 = "HALLO"
```

Natürlich können Sie den erzeugten String (genauer gesagt, die Referenz auf diesen String) in der Variablen speichern, die den Ausgangsstring enthielt:

```
str1 = str1.toUpperCase();  // str1 = "HALLO"   str2 = "Hallo"
```

Doch dies hat natürlich keine Auswirkungen auf `str2`, da ja ein neuer String erzeugt und dessen Referenz an `str1` zugewiesen wurde.

Fazit: Jede String-Manipulation erzeugt ein neues String-Objekt und daher können Sie mit String-Variablen wie mit elementaren Variablen arbeiten.

INFO

Dass die `String`-Objekte *unveränderlich* (immutable) sind, hat den Nachteil, dass die Manipulation von Strings durch die implizite Neuerzeugung »unnötig« Laufzeit und Arbeitsspeicher kostet! Java erlaubt daher auch die Programmierung mit veränderlichen Strings (gestützt auf die Klasse `StringBuilder` oder `StringBuffer`). Wir werden in Kapitel 28.1.5, darauf zurückkommen.

28.1.3 Pooling

Für den Vergleich von Strings stellt die Klasse `String` die Methoden `equals()` und `compareTo()` zur Verfügung. Mit diesen Methoden können die durch die String-Objekte repräsentierten Strings verglichen werden, während die Operatoren `==`

und != ja nur die Referenzen auf die String-Objekte vergleichen. Letztere sind für unterschiedliche String-Objekte aber stets verschieden, auch wenn die String-Objekte zufällig gleiche Strings repräsentieren.

```
String a = new String("Panther");
String b = new String("Panther");

if(a.equals(b)) == true)     // liefert true
if(a.compareTo(b) == 0)      // liefert true
if(a == b)                   // liefert false !!!
```

String.intern() Um dennoch direkte String-Vergleiche mit == und != zu gestatten, springt noch einmal die Java-Implementierung bei. String-Literale verwaltet sie intern in einem Pool der Klasse `String` und liefert für alle String-Literal-Instanzen eines Programms, die den gleichen String repräsentieren, die gleiche Referenz zurück.

```
String c = "Panther";
String d = "Panther";

System.out.println(c == d);                 // liefert true
System.out.println(c == "Panther");         // liefert true
System.out.println(c == "Panter");          // liefert false
```

Strings, die zur Laufzeit erzeugt werden und standardmäßig eigene Referenzen haben (mit `new` erzeugte String-Objekte, Konkatenation von String-Variablen, von String-Methoden zurückgelieferte String-Objekte), können Sie auch auf diese Weise vergleichen: Sie müssen lediglich für die Strings die Methode `intern()` aufrufen und schon nehmen die String-Objekte an dem internen Pooling teil:

```
String a = new String("Panther");
String b = new String("Panther");

a = a.intern();
b = b.intern();

System.out.print((a.equals(b) == true) + " ");     // liefert true
System.out.print((a.compareTo(b) == 0) + " ");     // liefert true
System.out.println(a == b);                         // liefert true !!!
```

REF

Mehr Informationen zur Durchführung von String-Vergleichen finden Sie in Kapitel 7.1.3.

28.1.4 Zeichensätze und Codierungen

Beim Verarbeiten von Text ist man als Programmierer immer wieder mit drei Begriffen konfrontiert: Zeichensatz, Zeichensatzcodierung und Font.

Leider werden diese Begriffe fälschlicherweise häufig synonym verwendet. Daher beginnen wir mit einigen Definitionen:

- Ein *Zeichensatz* (Character Set) ist eine Abbildung von Schriftzeichen (einer natürlichen Sprache) auf eine Zahl. Hierbei gibt es für die verschiedenen Sprachen mit ihren unterschiedlichen Schriftzeichen entsprechend auch verschiedene Zeichensätze. In Westeuropa wird in der Regel der Zeichensatz ISO-8859-1 (auch Latin-1 genannt) verwendet.

- Eine *Zeichensatzcodierung* (Character Encoding) legt fest, wie ein einzelnes Zeichen aus einem Zeichensatz codiert wird (d.h., wie die Bytedarstellung im Hauptspeicher bzw. in einer Datei aussieht).
- Ein *Font* legt fest, wie ein bestimmter Zeichensatz grafisch auf dem Bildschirm bzw. beim Ausdruck abgebildet wird (d.h., wie die einzelnen Zeichen aussehen sollen).

Aus der Computerfrühzeit stammt das Design der heute verbreiteten Zeichensätze, welche für die Darstellung eines einzelnen Zeichens im Speicher (also die Zeichensatzcodierung) genau ein Byte vorsehen. Mit einem Byte = 8 Bit lassen sich $2^8 = 256$ verschiedene Zahlen darstellen, sodass ein Zeichensatz maximal 256 Zeichen besitzen darf. Ein solcher Zeichensatz reicht für die Darstellung der Zeichen einer einzigen Sprache (z.B. Deutsch oder alle lateinischen Zeichen) inklusive diverser Sonderzeichen aus, mehr aber nicht. Für Sprachen wie Arabisch, Hebräisch oder Russisch[2] (Kyrillisch) werden jeweils eigene Zeichensätze benötigt, da der Platz von 256 nicht für alle reicht.

Diese Vielfalt mit allen daraus resultierenden Schwierigkeiten beim Austausch von Daten führte zur Entwicklung eines einzigen Zeichensatzes, der in seiner Endversion alle Zeichen und Zusatzsymbole aller Sprachen enthalten soll. Dieser Zeichensatz trägt den Namen *Unicode* (aktuelle Version ist Unicode 4.0) und weist jedem Zeichen eine eindeutige Zahl zu, unabhängig vom verwendeten Computersystem. Aufgrund der Vielzahl von Zeichen kommt der Unicode-Standard natürlich nicht mehr mit 256 Zeichen aus, sondern wurde zunächst auf 65.535 Zeichen ausgelegt, wobei sich auch diese Zahl mittlerweile als zu gering erwiesen hat. Unicode 4.0 definiert mittlerweile 96.382 Zeichen und sieht Codierungen (Codezahlen) für potenzielle 1.112.064 Zeichen vor (von U + 0000 bis U + 10FFFF)[3].

28

INFO

Das Schöne an Standards ist ja die Tatsache, dass es so viele davon gibt. Neben Unicode gibt es daher noch UCS, auch ISO 10646 genannt. UCS hat das gleiche Ziel wie Unicode, unterscheidet sich aber in einigen Details, die glücklicherweise für den durchschnittlichen Anwender nicht bedeutsam sind. Der Zeichensatz von Unicode ab Version 2.0 ist mit UCS identisch.

Für die Codierung von Unicode auf einem Computer wurden verschiedene Standards festgelegt. Wichtig sind: UTF-16 (basiert auf der Verwendung von zwei Byte), UTF-32 (verwendet vier Byte) sowie UTF-8 (variable Anzahl mit bis zu sechs Byte pro Zeichen).

UTF-32 hat den Nachteil, dass der Speicherbedarf sehr hoch ist.

UTF-16 war früher, als Unicode weniger als 65.536 Zeichen definierte, nahezu ideal. Mittlerweile können die Unicode-Zeichen nur noch durch einen Trick

2 Von Sprachen wie Japanisch, Chinesisch, Hindi usw. mal ganz abgesehen!
3 Unicode-Codezahlen werden üblicherweise als Hexadezimalzahlen mit dem Präfix "U + " angegeben.

codiert werden. Die »alten« Unicode-Zeichen von U + 0000 bis U + FFFF werden wie gehabt durch einen 16-Bitwert codiert, wobei allerdings der Wertebereich von U + D800 bis U + DFFF ausgespart und nicht mit Zeichen verbunden ist. Unicode unterteilt diesen Bereich noch einmal in einen oberen und einen unteren von jeweils 1024 Codezahlen. Durch die Kombination eines 16-Bit-Werts aus dem oberen Bereich mit einem 16-Bit-Wert aus dem unteren Bereich ergeben sich mehr als eine Million neue Codierungen. UTF-16 benutzt diese Codierungen aus zwei 16-Bit-Werten für die Zeichen ab U + 10000.

Einen eleganten Ausweg bietet UTF-8 mit seiner variablen Codierung. UTF-8 ist so definiert, dass die ersten 127 Zeichen mit dem ISO-8859-1 Zeichensatz (entspricht dem klassischen 7-Bit US-ASCII) identisch sind, das heißt, für diese Zeichen wird immer nur ein Byte benötigt. Für die restlichen Zeichen wird eine Multibyte-Darstellung verwendet, die bis zu fünf Byte pro Zeichen haben kann. Wegen der Abwärtskompatibilität zu 7-Bit-ASCII hat sich UTF-8 rasant verbreitet und wird sich wahrscheinlich als die Standardcodierung in vielen Anwendungsbereichen durchsetzen.

Wie Sie bereits wissen, verwendet Java intern zur Speicherung von Zeichen die Datentypen `char` bzw. die Klasse `String`, die intern als Zeichensatz Unicode verwenden.

EXKURS

Unicode in Java

Wer es genauer wissen will: Java verwendet zur Speicherung von Unicode die Codierung UTF-16. Früher, als Unicode weniger als 65.536 Zeichen codierte, war dies eine ideale Kombination. UTF-16 codierte die Zeichen durch 16-Bitwerte und Java speicherte diese im Datentyp `char`.

Da Unicode 4.0 wie ausgeführt mittlerweile auch Zeichen umfasst, die zwei 16-Bit-Werte umfassen, musste ein Weg gefunden werden, wie diese in Java repräsentiert werden können. Die Ausdehnung des `char`*-Datentyps von 16 auf 32 Bit schied dabei wegen Kompatibilitätsproblemen von Anfang an aus. Stattdessen ging man zweistufig vor:*

Erste Stufe: Lowlevel-Zeichenmethoden wurden auf `int` *umgestellt, Strings und* `char`*-Folgen wurden fortan als UTF-16-Folgen (mit einem oder zwei* `char` *pro Zeichen) interpretiert.*

Diese Adaptionen konnten nahezu unbemerkt von den Anwendern durchgeführt werden. Auf der Strecke blieben Zeichenmethoden, die mit einzelnen `char`*-Argumenten arbeiteten.*

Zweite Stufe: Für diese wurden ergänzende Methoden eingeführt, die die neuen Werte verarbeiten können. Zusätzliche Umwandlungsmethoden können zwischen Zeichen und Zahlencodes (englisch: Code Points) konvertieren.

Zeichenketten und String-Literale, die in anderen Zeichensätzen codiert sind, werden intern in UTF-16 umgewandelt (soweit dies möglich ist, im Fehlerfall wird eine `UnsupportedEncodingException` *ausgelöst). Wenn Sie den Konstruktor:*

```
String(bytes[] bytes, String charset)
```

verwenden, können Sie explizit angeben, welcher Zeichensatz zur Decodierung der im bytes[]*-Array abgelegten Zeichen verwendet werden soll. Standardmäßig wird die Standardzeichencodierung des Betriebssystems (in Deutschland in der Regel ISO-8859-1) zugrunde gelegt.*

Als Programmierer kann es uns zunächst mal gleichgültig sein, wie Java die Zeichen intern verwaltet. Auf die richtige Zeichensatzcodierung kommt es lediglich bei der Interaktion mit der Außenwelt an, wo gegebenenfalls eine Konvertierung erfolgen muss (z.B. von ISO-8859-1 nach Unicode).

INFO

Java-Quelltexte, die Sie in einem ASCII-Editor erstellt haben, werden beim Einlesen übrigens vom Compiler in Unicode-Text umgewandelt.

Ein weiteres Problem, das man durch die Verwendung von Unicode einhandeln kann, betrifft das Vergleichen und Sortieren von Zeichen bzw. Zeichenketten.

Die erste Hürde lauert schon beim Test von einzelnen char-Zeichen, ob sie einen Buchstaben, eine Ziffer oder ein *Whitespace* (Leerzeichen, Zeilenumbruch, Tabulator) repräsentieren. Ein typisches Vorgehen hierfür ist der folgende Code:

```
// Häufig verwendet, aber meistens gefährlich!
char var;

if ((var >= 'a' && var <= 'z') || (var >= 'A' && var <= 'Z'))
  // var ist ein Buchstabe
...
if (var >= '0' && var <= '9')
  // var ist eine Ziffer
...
if ((var == ' ') || (var =='\n') || (var == '\t'))
  // var ist whitespace
```

Die obigen Tests machen eine bestimmte Annahme über die Reihenfolge der Zeichen im zugrunde liegenden Zeichensatz. Dies stimmt bei Verwendung von Unicode nur für die einfachen lateinischen Buchstaben, also beispielsweise für einen rein englischen Text! Man spricht hier auch von der *Collation-Order*, die für fast alle Sprachen (außer Englisch) mehr oder weniger stark von der Reihenfolge im Zeichensatz abweicht.

Portabler und zukunftssicherer ist für den Vergleich von einzelnen Zeichen daher die Verwendung von statischen Prüfmethoden, welche die Klasse Character bereitstellt:

```
static boolean Character.isLetter(char z)      // true für Buchstabe
static boolean Character.isDigit(char z)       // true für Ziffer
static boolean Character.isWhitespace(char z) // true für Whitespace
static boolean Character.isUpperCase(char z)  // true für Großbuchstabe
static boolean Character.isLowerCase(char z)  // true für Kleinbuchstabe
```

Ein ähnliches Problem ergibt sich bei Einsatz der `String`-Methode `compareTo()`, welche Zeichenketten ebenfalls auf der Grundlage ihrer Position im Unicode-Zeichensatz vergleicht. Dies entspricht nur bei englischen Wörtern auch der Reihenfolge, wie Wörter in der englischen Sprache alphabetisch geordnet werden (die sogenannte *Collation-Order*).

Um auch Zeichenketten in anderen Sprachen richtig zu sortieren, bietet Java die Klasse `Collator` aus dem Paket `java.text` an, die bereits in Kapitel 7.1.3 vorgestellt wurde.

Tabelle 28.1: Wichtige Methoden der Klasse Collator

Methode	Beschreibung
`static Collator` **`getInstance`**`()` `static Collator` **`getInstance`**`(Locale loc)`	Konstruktor. Liefert eine neue Instanz für die aktuelle Lokale bzw. die übergebene Lokale `loc`.
`int` **`compare`**`(String a, String b)`	Vergleicht `a` mit `b` und liefert einen Rückgabewert kleiner 0 für `a < b`, 0 für `a = b` und größer 0 für `a > b`.

Das folgende Beispiel sortiert einige französische Wörter zunächst nach der aktuellen (d.h. deutschen) Sprache, dann wird die Lokale auf französisch/Frankreich gesetzt und noch einmal sortiert.

Listing 28.1: SortFranz.java – Beispiel für Sortierung von französischen Strings

```
import java.util.*;
import java.text.*;
import javax.swing.*;


class Comp implements Comparator<String> {

   public int compare(String str1, String str2) {

      Collator fr = Collator.getInstance(new Locale("fr","FR"));
      int erg =   fr.compare(str1, str2);
      return erg;
   }
}


public class SortFranz {
   public static void main(String[] args) {

      String[] vokabeln = new String[]
                        {"peser","pègre","péche","pêche"};

      // für aktuelle (deutsche) Sprache sortieren
      Arrays.sort(vokabeln, 0, vokabeln.length);
      String msg1 = "deutsch:\n";

      for(int i = 0; i < vokabeln.length; i++)
         msg1 += vokabeln[i] + "\n";
```

```
29
30
31         // für französische Sprache sortieren
32         Arrays.sort(vokabeln, 0, vokabeln.length, new Comp());
33
34         String msg2 = "französisch:\n";
35
36         for(int i = 0; i < vokabeln.length; i++)
37            msg2 += vokabeln[i] + "\n";
38
39         JOptionPane.showMessageDialog(null,msg1 + "\n" + msg2);
40         System.exit(0);
41     }
42 }
```

Das Programm legt in Zeile 20 ein Array von Strings an, die dann mit der statischen Methode `Arrays.sort()` in den Zeilen 24 und 32 sortiert werden (mehr zu `Arrays` finden Sie übrigens in Kapitel 9). Die `sort()`-Methode verwendet dabei in Zeile 24 zum Sortieren die Regeln der aktuellen Lokale (gemäß der Ländereinstellung des Betriebssystems). In Zeile 32 wird noch ein zusätzliches Objekt der Klasse `Comp` mitgegeben.

`Comp` implementiert die Schnittstelle `Comparator`[4] für die Typisierung mit <String> (Zeilen 6-14) und definiert eine eigene Vergleichsmethode `compare()`. Dort tritt dann endlich die `Collator`-Klasse in Aktion: in Zeile 10 wird eine Instanz mit der Lokale für französisch/Frankreich angelegt, sodass dann in der nächsten Zeile über die `compare()`-Methode der `Collator`-Klasse korrekt verglichen werden kann.

Zur Ausgabe öffnet das Konsolenprogramm in Zeile 39 ein Meldungsdialogfenster (Aufruf der statischen Methode `JOptionPane.showMessageDialog()`). Auf diese Weise umgeht das Programm die verfälschende Zeichendarstellung durch die Konsole.

Abbildung 28.1: Sortieren nach deutschen und französischen Regeln

4 mehr zu `Comparator` in Kapitel 29

28.1.5 Die Klassen StringBuilder und StringBuffer

`String`-Objekte haben eine Besonderheit: Sie sind unveränderlich (*immutable*), nachdem sie erzeugt worden sind. Dies bedeutet, dass nachträgliche Verarbeitungen nur durch den Notbehelf ermöglicht werden, dass für die geänderte Zeichenkette eine neue Instanz von `String` angelegt und das alte `String`-Objekt entsorgt wird. Z.B. führt

```
String a = "Hallo";
String a = a + " Katja!";
```

zum Anlegen von drei String-Objekten[5]: eins für `"Hallo"` , eins für `" Katja!"` sowie ein Objekt für die Konkatenation zur neuen Zeichenkette `"Hallo Katja!"`. Neben zahlreichen Kopieraktionen ist auch insbesondere der Ressourcenverbrauch (nutzlose Zwischenobjekte werden angelegt) ein Grund dafür, warum ändernde Zugriffe auf `String`-Objekte langsam sind.

Um Abhilfe zu schaffen, wurde zuerst die Klasse `StringBuffer` und später, zusammen mit Java 5, die Klasse `StringBuilder` eingeführt (beide aus dem Paket `java.lang`). Äußerlich und funktional gleichen sich `StringBuffer` und `StringBuilder` nahezu bis aufs Haar. Beide stellen die gleichen Methoden zum Anfügen, Einfügen und Ersetzen von Zeichen bereit, und beide speichern die zugrunde liegende Zeichenkette in einer dynamischen Ablage, sodass bei Änderungen an der Zeichenkette kein neues `StringBuilder`- bzw. `StringBuffer`-Objekt erzeugt werden muss.

Unterschiede

Die Klasse `StringBuffer` wurde bereits in Java 1.2 eingeführt. Sie stellte eine wesentliche Verbesserung dar und erlaubte effizientere String-Manipulationen. `StringBuffer` ist zudem synchronisiert, d.h., sie eignet sich für Implementierungen, in denen mehrere Threads (siehe Kapitel 30) gleichzeitig auf einen String zugreifen.

So vorteilhaft es ist, eine synchronisierte Klasse für String-Manipulationen zur Verfügung zu haben, so ärgerlich ist es, in den 90% der Fälle, wo Strings nur innerhalb eines Threads benutzt werden, den unnötigen Ballast der Synchronisierung mitzuschleppen. Aus diesem Grunde wurde in Java 5 `StringBuilder` eingeführt – als nicht synchronisiertes Pendant zu `StringBuffer`.

Sofern Sie also nicht mit einem älteren JDK (vor Version 1.5) arbeiten oder Strings benötigen, auf die von mehreren Threads aus zugegriffen wird, sollten Sie stets `StringBuilder` verwenden. Die nachfolgenden Ausführungen konzentrieren sich ebenfalls auf `StringBuilder`, lassen sich aber leicht auf `StringBuffer` übertragen: Sie müssen lediglich alle Vorkommen von `StringBuilder` durch `StringBuffer` ersetzen.

5 Von eventuellen Optimierungen durch einen Compiler hier mal abgesehen.

Einsatz

Wie auch bei `String` sind die einzelnen Zeichen in `StringBuilder` durchnummeriert, und zwar beginnend mit `0`. Außerdem hat ein `StringBuilder`-Objekt eine bestimmte Anfangskapazität, die automatisch vergrößert wird, falls mehr Zeichen abgelegt werden sollen, als ursprünglich reserviert worden sind[6].

Tabelle 28.2: Wichtige Methoden der Klasse StringBuilder (StringBuffer)

Methode	Beschreibung
`StringBuilder(String str)`	Konstruktor. Legt eine neue Instanz an und initialisiert sie mit `str`.
`StringBuilder(int laenge)`	Konstruktor. Erzeugt eine leere Instanz mit einer Anfangskapazität von `laenge`.
`char charAt(int index)`	Liefert das Zeichen an der Position `index`. Erste Position ist 0.
`int indexOf(String str)` `int indexOf(String str, int start)`	Durchsucht den String nach `str` und liefert die erste Position, wo `str` gefunden wurde (oder –1 bei Misserfolg). Optional kann die Startposition mitgegeben werden, ab der die Suche beginnen soll.
`StringBuilder append(xxx wert)` `StringBuilder append(String str)`	Hängt die String-Repräsentation eines primitiven Datentyps `wert` (wie `int`, `float` usw.) oder eines Strings `str` an und gibt die Referenz auf sich selbst wieder zurück.
`StringBuilder insert(int pos, xxx wert)` `StringBuilder insert(int pos, String str)`	Fügt an Position `pos` den `wert` vom primitiven Datentyp `xxx` ein bzw. den String `str`. Rückgabe: Referenz auf sich selbst.
`StringBuilder replace(int start, int ende, String str)`	Ersetzt die Zeichen von Position `start` bis `ende` (exklusive) durch die Zeichen von `str`. Rückgabe: Referenz auf sich selbst.
`StringBuilder delete(int start, int ende)` `StringBuilder deleteCharAt(int pos)`	Löscht Zeichen von Position `start` bis exklusive `ende` bzw. löscht das Zeichen an Position `pos`; Rückgabe: Referenz auf sich selbst.
`String toString()`	Gibt die aktuell gespeicherte Zeichenkette als `String`-Objekt zurück.
`String substring(int start, int ende)`	Wie `toString()`, aber nur der Bereich von Position `start` bis `ende` (exklusive).

Die meisten Methoden von `StringBuilder` geben die Referenz der Instanz wieder als Ergebnis zurück. Dies dient lediglich dazu, eine bequeme Verkettung von Aufrufen zu ermöglichen, z.B.

```
StringBuilder sb =  new StringBuilder();
sb.append("Hallo").append(" Katja!");
```

6 Standardwert der Anfangskapazität: 16 Zeichen

Diese Möglichkeit sollte man aber nur wohldosiert einsetzen, um nicht unleserlichen Code zu produzieren. Diese Kurzform hat bezüglich der Ausführungsgeschwindigkeit keine Auswirkung!

Sehr wohl bemerkbar bei der Geschwindigkeit ist hingegen der Unterschied zwischen `String` und `StringBuilder`. In Listing 28.2 wird durch sukzessives Anhängen eines Strings eine lange Zeichenkette erzeugt. Führen Sie den Test doch einmal auf Ihrem Rechner durch und vergleichen Sie die Ergebnisse. Sie werden erstaunt sein über den Unterschied!

Listing 28.2: StringSpeed.java – Geschwindigkeitsvergleich zwischen String und StringBuilder

```
import java.util.*;

public class StringSpeed {
   public static void main(String[] args) {
      System.out.println();

      String a = "";
      String b = "Hallo";
      long start, ende;

      // StringBuilder-Version
      // noch effizienter: erwartete Größe dem Konstruktor mitgeben
      StringBuilder sb = new StringBuilder();
      start = System.currentTimeMillis();

      for(int i = 0; i < 10000; i++)
         sb.append(b);

      String c = sb.toString();
      ende = System.currentTimeMillis();
      System.out.println(" StringBuilder: " + (ende - start) + " ms");

      // String-Version
      start = System.currentTimeMillis();

      for(int i = 0; i < 10000; i++)
         a += b;

      ende = System.currentTimeMillis();
      System.out.println(" String: " + (ende - start) + " ms");
   }
}
```

Ausgabe (auf Quadcore-Rechner):

```
StringBuilder: 4 ms
String: 457 ms
```

28.1.6 Die Klasse StringTokenizer

Ein häufiges Problem bei der Verarbeitung von Zeichenketten ist die Zerlegung einer Zeichenkette in die sinntragenden Einheiten (*Token*), beispielsweise die Zerlegung eines Satzes in seine einzelnen Wörter. Hierfür existiert in Java gleich zweifache Unterstützung in Form der Klassen `java.io.StreamTokenizer` und `java.util.StringTokenizer`.

`StreamTokenizer` wird in Kapitel 31.3.7 vorgestellt; wir beschränken uns daher an dieser Stelle auf `StringTokenizer`.

Der Konstruktor dieser Klasse erwartet den zu zerlegenden String sowie die Angabe, welches Zeichen bzw. welche Zeichenkette als Trennung zwischen den einzelnen Token angesehen werden soll. Die Standardvorgabe ist dabei das Leerzeichen.

Tabelle 28.3: Wichtige Methoden der Klasse StringTokenizer

Methode	Beschreibung

`StringTokenizer(String str)`
`StringTokenizer(String str, String trenn)`
`StringTokenizer(String str, String trenn, boolean return)`
	Konstruktor. Legt eine neue Instanz an für die zu zerlegende Zeichenkette `str`. Optional kann auch festgelegt werden, dass alle Zeichen in `trenn` als Trennzeichen behandelt werden sollen; bei Mitgabe von `true` für den Parameter `return` werden auch die Trennzeichen als Token geliefert.

`int countTokens()`	Liefert die Anzahl der noch vorhandenen Tokens. (Jeder Aufruf von `nextToken()` verringert den Rückgabewert des nächsten `countTokens()`-Aufrufs.)
`boolean hasMoreTokens()`	Liefert `true`, wenn es noch unbesuchte Token gibt.
`String nextToken()`	Liefert das nächste Token.

Das folgende Codefragment zeigt den typischen Einsatz von `StringTokenizer` zur Aufspaltung eines Satzes in die einzelnen Wörter, wobei Leerzeichen, Komma und Punkt als Trennzeichen dienen.

Listing 28.3: Aus TokenizerDemo.java

```
String satz = " Hallo, ich bin ein Satz.";
StringTokenizer st = new StringTokenizer(satz," ,.");

while(st.hasMoreTokens()) {
   String token = st.nextToken();
   System.out.println(" Wort: " + token);
}
```

28.1.7 Stringvergleiche mit regulären Ausdrücken

Eine besondere Form des Vergleichs von Zeichenketten liegt vor, wenn man prüfen möchte, ob eine Zeichenkette nach einem bestimmten Muster aufgebaut ist. Ein typisches Anwendungsszenario ist die Überprüfung von Eingabedaten, von denen man sicherstellen möchte, dass sie einem bestimmten Format entsprechen, beispielsweise bei E-Mail-Adressen.

Eine entsprechende Implementierung von Hand kann recht mühsam sein, aber glücklicherweise hat die moderne Informatik auch hier eine Geheimwaffe im Angebot: *reguläre Ausdrücke*. Sie werden seit J2SE 1.4 auch in Java im Paket `java.util.regex` bereitgestellt.

Zunächst soll die Frage geklärt werden, was ein regulärer Ausdruck eigentlich ist. Es handelt sich dabei um einen String, in dem nach einer festgelegten Syntax Regeln abgelegt sind. Diese Regeln definieren, welche Zeichenketten von dem Ausdruck erzeugt werden können[7]. Betrachten wir ein Beispiel:

```
A(b*|c*)d+
```

Dieser reguläre Ausdruck erzeugt alle Zeichenketten, für die gilt: Zuerst kommt ein `A`, dann null oder mehrere Vorkommen von `b` oder `c`, dann ein oder mehrere Vorkommen von `d`. Die Zeichenketten `Ad`, `Abd`, `Acd`, `Abbbbd`, `Accd` erfüllen diese Regeln und gehören somit zur Menge von Zeichenketten, die von diesem regulären Ausdruck erzeugt werden. Der String `Abcd` jedoch gehört nicht dazu.

Die Syntax zur Definition der Regeln ist leider nicht einheitlich. Die Java-Bibliothek orientiert sich glücklicherweise an der Scriptsprache Perl 5, die auf Unix-Systemen stark verbreitet ist. Die wesentlichen 10% der Regeln, mit denen Sie 90% aller Probleme formulieren können, sind:

```
.        : beliebiges Zeichen
x        : Zeichen x
xy       : Konkatenation: Zeichen x, gefolgt von y
x*       : 0 oder mehr Vorkommen von x
x?       : 0 oder 1 Vorkommen von x
x+       : 1 oder mehr Vorkommen von x
x | y    : x oder y
^x       : nicht x
[abc]    : Einzelzeichen: a oder b oder c (Kurzform für a|b|c)
[a-c]    : Einzelzeichen: a oder b oder c
x{n}     : genau n Vorkommen von x
x{n,}    : mindestens n Vorkommen von x
x{n,m}   : mindestens n, maximal m Vorkommen von x
()       : für Klammerung
\        : Escape-Zeichen, um Regelzeichen (z.B. *) als normales
          Zeichen zu verwenden
```

Die Regeln umfassen auch Prioritäten: Konkatenation hat die höchste Priorität, gefolgt von den unären Operatoren (*, +, ^, {}) und den binären Operatoren (|). Die runden Klammern `( )` können eingesetzt werden, um durch Klammerung die gewünschte Priorität zu erzielen.

7 In der Informatik nennt man die Menge aller Zeichenketten, die von einem regulären Ausdruck erzeugt werden können, eine *Sprache*. Die Zeichen, aus denen jede einzelne Zeichenkette der Sprache sich zusammensetzen kann, werden das *Alphabet* genannt.

Tabelle 28.4: Beispiele für reguläre Ausdrücke

Beispiel	Erklärung
Muster	Die Zeichenkette Muster
[a-z][0-9]	Ein Buchstabe, gefolgt von einer Ziffer, z.B. a5, z0, b4
\{a{4}\}	Erzeugt {aaaa}
([ab]x)+	Ein oder mehrmals der String: a oder b, gefolgt von x, beispielsweise ax, axax, bxbxbx, axbx
[^abc]	Beliebiges Zeichen, das ungleich a oder b oder c ist

Für den Einsatz von regulären Ausdrücken stehen in `java.util.regex` die Klassen `Pattern` und `Matcher` zur Verfügung.

Tabelle 28.5: Wichtige Methoden der Klasse Pattern

Methode	Beschreibung
static Pattern **compile**(String regex)	Erwartet den regulären Ausdruck regex und erstellt ein kompiliertes Pattern.
static boolean **matches**(String regex, String str)	Prüft, ob str vom Ausdruck regex generiert wird, und liefert true bei positivem Ergebnis.
Matcher **matcher**(String str)	Liefert ein Matcher-Objekt.

Die Definition des regulären Ausdrucks erfolgt mithilfe von `Pattern`. Diese Klasse bietet dabei zwei Möglichkeiten an. Der einfachste Einsatz erfolgt über den Aufruf der statischen Methode `matches()`:

```
boolean erg = Pattern.matches("([ab]x)+", "abax");
```

Alternativ kann auch zuerst die `compile()`-Methode aufgerufen werden. Sie generiert aus einem regulären Ausdruck ein `Pattern`-Objekt. Mittels eines `Matcher`-Objekts kann dann gegen eine Zeichenkette mit `matches()` verglichen werden. Dieses Vorgehen empfiehlt sich, wenn mehrere Zeichenketten gegen den gleichen Ausdruck geprüft werden sollen:

```
Pattern pat = Pattern.compile("([ab]x)+");
Matcher mat = pat.matcher("abax");
boolean erg = mat.matches();
```

STOP

Achtung: Bei der Definition von regulären Ausdrücken, die als String-Literal wie im obigen Beispiel übergeben werden, muss bei Einsatz des Escape-Zeichens `\` berücksichtigt werden, dass `\` auch in Java-Strings eine besondere Bedeutung hat. Daher muss der Ausdruck `\{a{4}\}` als String-Literal in der Form `"\\{a{4}\\}"` übergeben werden.

Wenn der übergebene reguläre Ausdruck einen Syntaxfehler enthält, wird während der Laufzeit in der `Pattern`-Klasse eine Exception vom Typ `PatternSyntaxException` ausgeworfen.

Tabelle 28.6: Wichtige Methoden der Klasse Matcher

Methode	Beschreibung
boolean **matches**()	true, wenn die Zeichenkette dem regulären Ausdruck genügt.
boolean **find**()	true, wenn die Zeichenkette einen Teilstring enthält, der dem regulären Ausdruck genügt.
int **start**() int **end**()	Liefert den Startindex bzw. Endindex +1 in der Zeichenkette, wo ein passender Teilstring durch einen find()-Aufruf gefunden worden ist.

Listing 28.4 zeigt ein einfaches Beispiel, wie für eine E-Mail-Adresse sichergestellt wird, dass sie @carpelibrum enthält und mit einem zwei- oder dreistelligen Domain-Namen endet.

Listing 28.4: RegAusdruck.java – Prüfen von E-Mail-Adressen durch einen regulären Ausdruck

```
import java.util.regex.*;

public class RegAusdruck {
   public static void main(String[] args) {
      System.out.println();

      // mindestens ein Zeichen, gefolgt von @carpelibrum. und
      // 2-3 stelliger Domain
      Pattern p = Pattern.compile(".+@carpelibrum\\.[a-zA-Z]{2,3}");

      String email[] = new String[]
                     { "peter@carpelibrum.de","@carpelibrum.de",
                       "dirk@carpelibrum", "p@carpelibrum_net"};

      for(int i = 0; i < email.length; i++) {
        Matcher m = p.matcher(email[i]);
        System.out.println(" E-Mail " + email[i] + " : " + m.matches());
      }

      System.out.println();
   }
}
```

Die Matcher-Klasse erlaubt auch die Suche nach einem Teilstring innerhalb einer Zeichenkette, der den definierten regulären Ausdruck erfüllt. Hierdurch könnte man beispielsweise auf sehr elegante Weise die Funktionalität des bekannten Unix-Programms *grep* implementieren. Dieses Programm erlaubt es, in einer Datei nach Zeichenketten zu suchen, die einem übergebenen regulären Ausdruck entsprechen. Listing 28.5 zeigt eine einfache Java-Version.

Listing 28.5: JavaGrep.java – Beispiel für grep-Funktionalität

```
import java.io.*;
import java.util.regex.*;

public class JavaGrep {
  public static void main(String[] args) {
```

```
06     Console cons = System.console();
07     cons.printf("\n");
08
09     if(args.length != 2) {
10       cons.printf(" Falsche Anzahl Argumente in Befehlszeile \n");
11       cons.printf(" Aufruf: java JavaGrep Dateiname Suchausdruck\n");
12       System.exit(0);
13     }
14
15     try {
16        LineNumberReader eingabe =
17                       new LineNumberReader(new FileReader(args[0]));
18        String zeile;
19
20        Pattern ausdruck = Pattern.compile(args[1]);
21
22        while((zeile = eingabe.readLine()) != null) {
23            // Datei zeilenweise durchsuchen
24            Matcher m = ausdruck.matcher(zeile);
25
26            while(m.find() == true) {
27                cons.printf(" Gefunden in Zeile %d, Spalten %d-%d",
28                     eingabe.getLineNumber(), (m.start()+1), m.end());
29            }
30        }
31     } catch(Exception e) {
32        cons.printf(" %s \n", e.getMessage());
33     }
34   }
35 }
```

Ausführung:

```
C:\Beispiele\Kapitel28>java JavaGrep JavaGrep.java impor.*
Gefunden in Zeile 6, Spalten 1 - 17
Gefunden in Zeile 7, Spalten 1 - 25
```


Das Programm verwendet die Klasse `LineNumberReader`, um eine angegebene Datei zeilenweise zu durchsuchen. Zunächst wird in Zeile 20 der Suchausdruck verwendet, um eine `Pattern`-Instanz zu erstellen. Dann wird in einer Schleife jeweils eine Zeile eingelesen und dem `Pattern`-Objekt übergeben, um einen `Matcher` zu erhalten. Das Durchsuchen der aktuellen Zeile erfolgt dann durch eventuell mehrfaches Aufrufen der `find()`-Methode. Sie liefert bei einem Treffer `true`. Neben der Zeilennummer wird noch die Start- und Endspalte angegeben. Beachten Sie hierbei, dass sich der Rückgabewert von `start()` nach der `String`-Zählweise richtet, also bei null beginnt. Da man bei einer Datei das Zählen der Spalten üblicherweise bei eins beginnt, wird bei der Ausgabe in Zeile 28 zum Wert von `start()` noch eins hinzuaddiert[8].

8 Aber nicht bei `end()`, da diese Methode den Index des ersten Zeichens liefert, das nicht mehr zur gefundenen Zeichenkette gehört, also bzgl. der Spaltennummerierung schon den richtigen Wert liefert.

28.2 Zeit und Datum

Ein auf den ersten Blick vielleicht nicht besonders anspruchsvoller Bereich ist der Umgang mit Zeit- und Datumsangaben durch ein Computerprogramm. Wer sich damit aber schon einmal herumplagen musste, wird die Unterstützung durch die Java-Bibliothek zu schätzen wissen.

28.2.1 Einführung

Das Problem der Zeitmessung ist so alt wie die Menschheit und eines der wesentlichen Untersuchungsobjekte der Astronomie. Alle üblichen Zeiteinheiten wie Jahr, Monat, Tag bis hin zur Sekunde sind ursprünglich aufgrund von Beobachtungen von Mond, Erde und Sonne definiert worden. Die derart definierten Zeitmaße nennt man daher *Sonnenzeit* (solar time). Wie allgemein bekannt ist, hat diese Sonnenzeit aber einige Nachteile. Die Dauer eines Tages oder eines Monats variiert je nach Jahreszeit, da die Umlaufbahnen der Planeten um die Sonne in Ellipsen verlaufen und nicht als perfekte Kreise. Hinzukommen noch diverse Rotationsschwankungen.

Eine andere Form der Zeitdefinition, die auch auf astronomischen Größen beruht, ist die *Sternzeit* (sidereal time). Sie wird durch die Erdumdrehung in Relation zu weit entfernten Sternen berechnet, bezogen auf einen festen Beobachtungspunkt auf der Erde. Als Nullpunkt wurde dabei Greenwich in England gewählt, sodass man von der Greenwich Mean Time (GMT) spricht.

Da Zeitmessung so viel Spaß macht, wurde noch ein weiterer Standard eingeführt, die *Universalzeit* (Universal Time = UT). UT ist abgeleitet von der Sternzeit, basiert aber dabei auf mathematischen Formeln, welche die genaue Umlaufbahn der Erde um eine mittlere Sonnenposition berücksichtigen. Je nach Umfang der Formeln und der dadurch berücksichtigten Irregularitäten von Erdrotation und Sonnenumlaufbahn ergeben sich dabei verschiedene Formen der Universalzeit UT0, UT1 und UT2. Ein gravierender Nachteil der Universalzeit ist jedoch der Umstand, dass die Dauer einer Sekunde nicht immer gleich lang ist, sondern im Laufe des Jahres schwankt. Dies ist für die moderne Technik und Wissenschaft sehr unpraktisch. Aus diesem Grund wurde die Zeitskala *UTC* (Coordinated Universal Time) eingeführt, die auf einer atomaren Definition der Sekunde basiert, d.h., eine Sekunde hat immer die gleiche Dauer. Alle Funkuhren und auch die PC-Uhr verwenden UTC.

Ein mit der Zeitdefinition zusammenhängendes Problem ist das Kalenderproblem, also die Frage, wie viele Tage hat ein Jahr? In Antike und Mittelalter wurde der Julianische[9] Kalender verwendet, der von 365 Tagen ausgeht und alle vier Jahre einen Schalttag im Februar hinzufügt, um Abweichungen auszugleichen. Dieser Ausgleich war notwendig, weil das sogenannte tropische Jahr, das die Jahreszeiten festlegt, eine Länge von 365,24 Tagen Universalzeit besitzt. Dennoch zeigte

9 Benannt nach Julius Cäsar, der ihn im Römischen Reich einführte.

sich im Laufe der Jahrhunderte, dass der Ausgleich von einem Tag alle vier Jahre nicht ausreichte, sodass die Jahreszeiten immer stärker von ihrem kalendarischen Sollwert abwichen.

Aus diesem Grund beauftragte Papst Gregor XIII im Jahr 1582 einen neuen Kalender. Dieser *Gregorianische* Kalender, der auch heute noch weltweit verwendet wird, übersprang zehn Tage, um die aufgelaufene Verschiebung auszugleichen und führte eine verbesserte Regel für den Schalttag ein: Es wird alle vier Jahre ein Schalttag eingefügt, aber nicht, wenn das Jahr durch 100, aber nicht durch 400 ohne Rest teilbar ist.

28.2.2 Die Klasse Date

Zur Repräsentation eines Datums stellt Java die Klasse `Date` bereit (Paket `java.util`). Ein Objekt dieser Klasse stellt einen Schnappschuss des aktuellen Datums (d.h. Jahr, Monat, Tag, Stunde, Minute, Sekunde, Millisekunde) bereit. `Date`-Objekte sind *immutable*: Sobald sie erzeugt worden sind, können sie nicht mehr verändert werden.

Tabelle 28.7: Wichtige Methoden der Klasse Date

Methode	Beschreibung
`Date()`	Konstruktor. Legt ein neues Objekt mit dem aktuellen Datum an.
`Date(long millis)`	Konstruktor. Legt ein neues Objekt an, initialisiert mit dem Datum, das sich ergibt, wenn zum 1. Januar 1970 GMT `millis` Millisekunden hinzuaddiert werden.
`boolean after(Date t)` `boolean before(Date t)`	Liefert `true`, wenn die aktuelle Instanz zeitlich nach bzw. vor `t` liegt.
`int compareTo(Date t)`	Liefert 0 bei Gleichheit oder einen Wert < 0, wenn die aktuelle Instanz vor `t` liegt bzw. > 0, wenn sie nach `t` liegt.
`String toString()`	Liefert eine String-Repräsentation inklusive Zeitzone.

Es lassen sich zwei typische Aufgaben nennen, für die man ein `Date`-Objekt einsetzen kann:

- das Vergleichen von Datumsangaben
- die Ausgabe auf den Bildschirm

Für den Vergleich von Daten dienen die Methoden `before()`, `after()` und `compareTo()`. Intern wird dabei das Datum in die Anzahl an Millisekunden umgewandelt, die seit dem 1. Januar 1970 verstrichen sind, sodass dann sehr einfach verglichen werden kann. Der Nachteil bei diesem Ansatz ist jedoch, dass ein einfacher Test, ob zwei `Date`-Objekte den gleichen Tag bezeichnen (egal, welche Stunde oder Minute), damit nicht möglich ist, da bis auf Millisekunden genau verglichen wird. Abhilfe bietet die Klasse `Calender` (siehe unten).

Für die Ausgabe von Datumsangaben besteht zum einen die Möglichkeit, ein Date-Objekt mithilfe seiner toString()-Methode auszugeben – beispielsweise:

```
Date datum = new Date();
System.out.println(datum);
```
[10]

Dies erzeugt eine Ausgabe der Form:

```
Fri Aug 08 18:13:32 CEST 2003
```

Die Ausgabe enthält neben den üblichen Datumsangaben auch die eingestellte Zeitzone.

Weitergehende Formatierungen werden durch die Klassen SimpleDateFormat (Paket java.text) oder DateFormat ermöglicht (siehe Abschnitt 28.2.4).

TIPP

Zur reinen Zeitmessung (»Stoppuhr«) bietet die Klasse System die Methoden currentTimeMillis() und nanoTime(), die mit Millisekunden- bzw. Nanosekundengenauigkeit Messungen durchführt.

28.2.3 Die Klasse Calendar

Calendar aus dem Paket java.util bietet kein grafisches Kalenderblatt an, wie sich mancher GUI-Programmierer vielleicht wünschen würde, sondern ist eine Ergänzungsklasse zu Date und ist insbesondere dazu geeignet, ein Datum mit selbst gewählten Werten für Tag, Stunde, Minute usw. zu setzen und ausgewählte Aspekte eines Datums zu vergleichen, z.B. nur die Stunde.

Calendar selbst ist eine abstrakte Klasse. Konkrete Instanzen sind immer Objekte der einzigen Unterklasse GregorianCalendar.

Tabelle 28.8: Wichtige Methoden der Klasse Calendar

Methode	Beschreibung
static Calendar **getInstance**() static Calendar **getInstance**(TimeZone z, Locale loc)	Liefert eine Instanz mit Standard-Lokale und Zeitzone bzw. Zeitzone z und Lokale loc.
void **set**(int attr, int wert)	Setzt das Attribut attr auf wert.
void **set**(int jahr, int monat, int tag, int stunde, int minute, int sek)	Setzt die korrespondierenden Attribute auf die angegebenen Werte. Achtung: Monate als Werte von 0 bis 11.
void **get**(int attr)	Liefert den Wert von Attribut attr.
void **setTime**(Date datum)	Initialisiert alle Attribute aus den Werten in datum.

10 Zur Erinnerung: println() ruft intern für Objektargumente die Methode toString() auf!

Calendar besitzt eine Reihe von Feldern, die über entsprechende set/get-Methoden gesetzt bzw. abgefragt werden können: YEAR (Jahr), MONTH (Monat), DAY_OF_YEAR (Tag im Jahr), DAY_OF_MONTH (Tag im Monat), DAY_OF_WEEK (Tag in der Woche), HOUR_OF_DAY (Stunde des Tages), SECOND (Sekunde), MILLISECOND (Millisekunde).

Für die Werte existiert eine umfangreiche Liste an englischen Konstanten, angefangen von den Monatsnamen (JANUARY, FEBRUARY usw.) bis hin zu den Tagesnamen (MONDAY, TUESDAY usw.). Die Verwendung der Konstanten ist einer direkten Angabe als Zahl vorzuziehen, da Monate und Tage nicht unbedingt intuitiv gezählt werden.

Monate werden von der Calendar-Klasse als 0 (Januar) bis 11 (Dezember) gezählt! Ähnliche Falle: Der erste Tag der Woche ist gemäß der christlichen Lehre der Sonntag.

Eine hilfreiche Anwendung ist der Vergleich von Date-Objekten, ob sie das gleiche Datum (unter Vernachlässigung der Uhrzeit) repräsentieren:

```
Date dat_1 = new Date();
Date dat_2 = new Date();

Calendar cal_1 = Calendar.getInstance();
Calendar cal_2 = Calendar.getInstance();

cal_1.setTime(dat_1);
cal_2.setTime(dat_2);

if((cal_1.get(Calendar.YEAR) == cal_2.get(Calendar.YEAR))
    &&  (cal_1.get(Calendar.MONTH) == cal_2.get(Calendar.MONTH))
    &&  (cal_1.get(Calendar.DAY_OF_MONTH) ==
                              cal_2.get(Calendar.DAY_OF_MONTH)))
   System.out.println(" Gleiches Datum");
 else
    System.out.println(" Ungleiches Datum");
```

Falls beim Vergleich schon bekannt ist, dass es sich bei den beiden Date-Objekten um das gleiche Jahr handelt, kann man auch gleich auf DAY_OF_YEAR testen und den Monatsvergleich sparen.

28.2.4 Die Klasse DateFormat

Da die Date-Klasse zur Ausgabe von Datumswerten nur eine Standardausgabe anbietet, gibt es im Paket java.text die abstrakte Klasse DateFormat sowie als einzige konkrete Unterklasse SimpleDateFormat.

Tabelle 28.9: Wichtige Methoden der Klasse DateFormat

Methode	Beschreibung

`static DateFormat` **`getDateInstance()`**
`static DateFormat` **`getDateTimeInstance()`**
`static DateFormat` **`getDateInstance(`**
`int stil,`
`Locale loc)`
	Erzeugt eine Instanz für Datum bzw. Datum/Zeit mit Standard-Formatierstil und Standard-Lokale bzw. mit dem angegebenen `stil` und `loc`.

`SimpleDateFormat``(String stil)` **`SimpleDateFormat`**`(String stil,` `Locale loc)`	Erzeugt eine Instanz mit dem angegebenen Format `stil` bzw. `stil` und Lokale `loc`.
`String` **`format`**`(Date datum)`	Liefert eine formatierte String-Darstellung nach dem eingestellten Format.

Die Formatierung eines Datums hängt von zwei Parametern ab: zum einen von der verwendeten Lokale und zum anderen von einem Formatstil, der entweder selbst definiert oder aus einem vorhandenen ausgewählt werden kann. Vordefinierte Stile sind als Konstanten `SHORT`, `MEDIUM`, `LONG`, `FULL` verfügbar. Das folgende Programm gibt ein und dasselbe Datum in unterschiedlichen Stilen und Lokalen aus.

Listing 28.6: DatumAusgabe.java – Datumsformatierung

```
import java.text.*;
import java.util.*;
import java.io.*;

public class DatumAusgabe {

   public static void main(String[] args) {
      Date datum = new Date();
      DateFormat df ;
      Console cons = System.console();

      int[] stil = new int[] {DateFormat.SHORT, DateFormat.MEDIUM,
                              DateFormat.LONG, DateFormat.FULL};
      String[] stilName = new String[] {"Short ", "Medium",
                                        "Long  ", "Full  "};

      Locale[] loc = new Locale[] {Locale.GERMANY, Locale.UK,
                                   Locale.FRANCE};


      for(int j = 0; j < loc.length; j++) {
         cons.printf("\n");

         for(int i = 0; i < stil.length; i++) {
            df = DateFormat.getDateInstance(stil[i], loc[j]);
            cons.printf(" %s : %s \n", stilName[i], df.format(datum));
         }
      }
   }
}
```

Ausgabe:

```
C:\Beispiele\Kapitel28>java DatumAusgabe
Short  : 12.01.07
Medium : 12.01.2007
Long   : 12. Januar 2007
Full   : Freitag, 12. Januar 2007

Short  : 12/01/07
Medium : 12-Jan-2007
Long   : 12 January 2007
Full   : Friday, 12 January 2007

Short  : 12/01/07
Medium : 12 janv. 2007
Long   : 12 janvier 2007
Full   : vendredi 12 janvier 2007
```

Wer mit den vorhandenen Formatstilen nicht zufrieden ist, hat auch die Möglichkeit, sich mithilfe der Unterklasse `SimpleDateFormat` einen individuellen Stil zu definieren. `SimpleDateFormat` besitzt einen Konstruktor

```
SimpleDateFormat(String format, Locale loc)
```

der neben der Angabe der Lokale auch einen Formatstring erwartet. Dieser String enthält feste datums- und zeitrelevante Formatangaben und darf beliebig durch weitere Zeichenfolgen, die in `' '` eingeschlossen sind, unterbrochen sein.

```
SimpleDateFormat df = new SimpleDateFormat(
                      ("'Heute ist der 'dd'. 'MMMM",Locale.GERMANY);
```

Dieser Aufruf erzeugt eine Ausgabe der Art:

```
"Heute ist der 12. Juni".
```

Die wesentlichen Formatanweisungen für Datum und Zeit sind:

28

Tabelle 28.10: Formatanweisungen

Format	Beschreibung
YY	Jahr, zweistellig
YYYY	Jahr, vierstellig
M	Monat, einstellig wenn möglich
MM	Monat, zweistellig
MMM	Monat als 3-Buchstaben-Kurzform
MMMM	voller Monatsname
D	Tag, einstellig wenn möglich
DD	Tag, zweistellig
h	Stunde, einstellig wenn möglich
hh	Stunde, zweistellig

Tabelle 28.10: Formatanweisungen (Forts.)

Format	Beschreibung
m	Minute, einstellig, wenn möglich
mm	Minute, zweistellig
s	Sekunde, einstellig wenn möglich
ss	Sekunde, zweistellig
S	Millisekunde, einstellig wenn möglich
SS	Millisekunde

So führt der folgende Code:

```
Date datum = new Date();
SimpleDateFormat sdf;
sdf = new SimpleDateFormat(
      "'Sie haben am 'd'.'M' um ' hh':'mm' zugesagt.'",Locale.GERMANY);
System.console().printf("%s\n", sdf.format(datum));
```

zur Ausgabe:

```
Sie haben am 4.7 um 14:38 zugesagt.
```

28.3 Systemprogrammierung

Ein Java-Programm lebt und agiert innerhalb der Java Virtual Machine. Dennoch ist es teilweise notwendig, mit der Systemumgebung, d.h. dem zugrunde liegenden Betriebssystem, in Verbindung zu treten, beispielsweise um die Werte von Umgebungsvariablen abzufragen oder externe Programme zu starten. Hierfür bietet Java reichhaltige Unterstützung, die in diesem Abschnitt kurz vorgestellt werden soll.

28.3.1 Properties

Die Klasse `java.util.Properties` verwirklicht eine Hashtabelle[11] zur Ablage von String-Paaren. `Properties` ist von der Klasse `Hashtable` abgeleitet und enthält somit alle Methoden dieser Klasse. Darüber hinaus werden noch einige spezielle Methoden angeboten.

Tabelle 28.11: Wichtige Methoden der Klasse Properties

Methode	Beschreibung
`Object` **`setProperty`**`(String prop, String wert)`	Fügt `prop` mit dem Wert `wert` ein bzw. überschreibt einen bereits vorhandenen Wert, der dann als Rückgabewert zurückgegeben wird.
`Object` **`getProperty`**`(String prop)`	Liefert den Wert des Schlüssels `prop` bzw. `null`, falls nicht gefunden.

11 Mehr zu Hashtabellen finden Sie in Kapitel 29.

Methode	Beschreibung
void **load**(InputStream eingabe)	Lädt eine Properties-Liste aus dem Eingabestream eingabe.
void **store**(OutputStream ausgabe, String kommentar)	Schreibt die Properties-Liste zusammen mit dem String kommentar und dem aktuellen Datum in den Ausgabestream ausgabe.
Enumeration **propertyNames**()	Liefert eine Aufzählung aller gespeicherten Schlüssel.

Tabelle 28.11: Wichtige Methoden der Klasse Properties (Forts.)

Die Properties-Klasse soll dem Programmierer die Verwaltung von String-Paaren erleichtern – wie sie z.B. bei der Verwendung von Initialisierungsdateien (»INI-Datei«) benötigt werden. Ein Programm lädt eine INI-Datei mit Einstellungen, die während des Programmablaufs verwendet werden sollen, z.B. der Name einer zu lesenden Eingabedatei, Benutzerpräferenzen oder Ähnliches. Anstatt eigenen Code zu schreiben, der die Einstellungen einliest und in einer geeigneten Datenstruktur speichert, können Sie die Properties-Klasse verwenden. Das Einlesen erfolgt mit load(), der Zugriff auf die einzelnen Einträge über getProperty().

Die Properties-Klasse verwendet dabei für das Lesen bzw. Abspeichern in einer Datei ein einfaches Format der Form

```
Schlüssel   Wert
```

oder

```
Schlüssel = Wert
```

Zeilen, die mit ! oder # beginnen, werden automatisch als Kommentarzeilen erkannt und ignoriert.

Das folgende Beispiel liest eine INI-Datei ein, gibt die gefundenen Werte aus, überschreibt einen Wert und schreibt eine neue INI-Datei:

Listing 28.7: PropertiesDemo.java – Lädt und schreibt eine INI-Datei

```
import java.util.*;
import java.io.*;

public class PropertiesDemo {
   public static void main(String[] args) {

      try {
         FileInputStream eingabe = new FileInputStream("Demo.ini");

         Properties prop = new Properties();
         prop.load(eingabe);

         Enumeration e = prop.propertyNames();

         while(e.hasMoreElements()) {
            String schl = (String) e.nextElement();
            System.out.println(schl + " : "
                               + (String) prop.getProperty(schl));
         }
```

```
19
20          eingabe.close();
21          FileOutputStream ausgabe =
                                   new FileOutputStream("Demo_neu.ini");
22          prop.setProperty("winkel","90");
23          prop.store(ausgabe,"Version 2");
24          ausgabe.close();
25
26        } catch(Exception e) {
27          System.err.println(e.getMessage());
28        }
29     }
30 }
```

Die eingelesene, von Hand erstellte INI-Datei zu dem Programm sieht folgendermaßen aus:

```
# Demo.ini Beispiel für ini-Datei
dichte     345
faktor     4.5
winkel     45
```

und die durch `store()` in Zeile 23 neu erstellte Datei hat folgenden Inhalt:

```
#Version 2
#Wed Sep 29 15:56:14 CEST 2004
winkel=90
faktor=4.5
dichte=345
```

28.3.2 Runtime und Process

Jede Java-Anwendung besitzt in der Virtual Machine eine Instanz der Klasse `java.lang.Runtime`. Diese Klasse bildet die Schnittstelle zum umgebenden Betriebssystem.

Tabelle 28.12: Wichtige Methoden der Klasse Runtime

Methode	Beschreibung
`static Runtime` **`getRuntime`**`()`	Liefert das `Runtime`-Objekt zurück.
`long` **`freeMemory`**`()`	Liefert den freien verfügbaren Speicher innerhalb der Virtual Machine zurück.
`long` **`totalMemory`**`()`	Liefert den maximalen Speicher in der Virtual Machine zurück.
`void` **`addShutdownHook`**`(Thread t)`	Registriert einen Thread, der beim Herunterfahren der Virtual Machine ausgeführt wird.
`Process` **`exec`**`(String cmd)`	Führt das Kommando `cmd` als externen separaten Prozess aus. (Ab Java 5 kann hierfür auch die Klasse `ProcessBuilder` verwendet werden.)

Runtime eröffnet zwei interessante Möglichkeiten:

- das Ausführen von externen Kommandos (Programmen) in einem separaten Betriebssystem-Prozess
- das Registrieren von Shutdown-Hooks, d.h. Threads, die beim Beenden der Virtual Machine aufgerufen werden

Betrachten wir zunächst die Shutdown-Hooks. Es handelt sich dabei um normale Threads, die mittels der Methode addShutdownHook() bei der Virtual Machine angemeldet werden. Dabei können beliebig viele Threads registriert werden. Wenn die Virtual Machine heruntergefahren wird (z.B. durch den Aufruf System.exit()), dann startet die Virtual Machine zeitgleich alle registrierten Threads und wartet, bis sie beendet sind. Dadurch kann man sicherstellen, dass gewisse Aktivitäten noch vor dem Programmende durchgeführt werden.

Ein typischer Anwendungsfall ist das Problem, dass ein Benutzer durch Drücken der Tastenkombination [STRG] + [C] im Java-Konsolenfenster ein Programm rücksichtslos abwürgen kann. Möchte man als Programmierer sicherstellen, dass beispielsweise einige Daten noch auf die Festplatte gespeichert werden, dann kann man dies in einem entsprechenden Thread definieren und mit addShutdownHook() registrieren.

Die zweite interessante Fähigkeit von Runtime ist das Ausführen von externen Programmen. Die Methode exec() erwartet dabei einen Kommandostring, und zwar genauso, wie man ihn direkt in einem Konsolenfenster eingeben würde. Das übergebene Kommando wird in einem separaten Betriebssystem-Prozess gestartet und der Aufruf von exec() kehrt dann sofort zurück. Es wird also nicht gewartet, bis der neue Prozess beendet ist.

Zur Überwachung des gestarteten Prozesses dient die Klasse Process (Paket java.lang). Sie bietet Methoden an, um den aktuellen Status festzustellen bzw. den Prozess vorzeitig zu beenden.

28

Tabelle 28.13: Wichtige Methoden der Klasse Process

Methode	Beschreibung
void **destroy**()	Zerstört den Prozess.
int **exitValue**()	Liefert den Ergebniswert des Prozesses (falls er erfolgreich beendet wurde).
int **waitFor**()	Der aufrufende Thread blockiert so lange, bis der Prozess beendet ist.
InputStream **getInputStream**()	Liefert den Standardeingabestream des Prozesses.
OutStream **getOutputStream**()	Liefert den Standardausgabestream des Prozesses.

Das folgende Listing zeigt ein kleines Beispiel zum Einsatz von exec(). Das externe Programm *notepad* wird aufgerufen und anschließend wartet das Programm so lange, bis *notepad* beendet worden ist.

Listing 28.8: ExtProzess.java – Aufruf eines externen Programms

```
import java.io.*;

public class ExtProzess {
   public static void main(String[] args) {
      String cmd = "notepad test.txt";

      try {
         Runtime rt = Runtime.getRuntime();
         Process p = rt.exec(cmd);
         p.waitFor();
         System.out.println(" Notepad beendet!");

      } catch(Exception e) {
         System.err.println(e.getMessage());
      }
   }
}
```

28.3.3 System

Die Klasse `System` (aus dem Paket `java.lang`) kann nicht instanziiert werden, stellt aber eine Reihe von meist systembezogenen statischen Methoden zur Verfügung.

Tabelle 28.14: Wichtige Methoden der Klasse System

Methode	Beschreibung
`static void` **`exit`**`()`	Beendet die Java Virtual Machine.
`Static void` **`arraycopy`**`( Object quelle, int qPos, Object ziel, int zPos)`	Kopiert das Array `quelle` ab Position `qPos` in das Array `ziel` ab Position `zPos`. `quelle` und `ziel` können dasselbe Array sein.
`static void` **`gc`**`()`	Veranlasst den Start der automatischen Speicherbereinigung (Garbage Collector).
`static String` **`getEnv`**`(String name)`	Liefert den Wert der Systemeigenschaft `name` zurück.
`static` **`getProperties`**`()` `static` **`getProperty`**`(String prop)`	Liefert die Systemeigenschaften (Umgebungsvariablen) bzw. den Wert einzelner Schlüssel `prop`.
`static void` **`loadLibrary`**`(String bib)`	Lädt die Systembibliothek `bib`. Wird im Zusammenhang mit Java Native Interface benötigt.
`static void` **`getSecurityManager`**`()` `static void` **`setSecurityManager`**`( SecurityManager s)`	Liefert den aktiven Sicherheitsmanager bzw. setzt einen neuen.
`long static` **`currentTimeMillis`**`()`	Liefert die aktuelle Zeit als Anzahl Millisekunden seit dem 1. Januar 1970, 0:00 Uhr.
`static long` **`nanoTime`**`()`	Fragt die Zeit in Nanosekunden vom genauesten verfügbaren Zeitgeber ab. Ideal für besonders genaue Laufzeitmessungen.
`static void` **`setIn`**`(InputStream ein)`	Setzt die Standardeingabe auf `ein`.

Methode	Beschreibung
static void **setOut**(OutputStream aus)	Setzt die Standardausgabe auf aus.
static void **setErr**(OutputStream fehler)	Setzt die Standardfehlerausgabe auf fehler.

Tabelle 28.14: Wichtige Methoden der Klasse System (Forts.)

Neben diesen Methoden definiert System auch die wohlbekannten Standardein- und -ausgabestreams – in Form der Felder System.in (Standardeingabe), System.out (Standardausgabe) und System.err (Standardfehlerausgabe).

Weniger bekannt ist, dass man diese Streams, die als Voreinstellung auf die Eingabekonsole verweisen, durch die set-Methoden von System umlenken kann.

28.3.4 Zeitgeber

Wenn Sie eine bestimmte Aufgabe zu einem bestimmten Zeitpunkt oder in periodisch wiederkehrenden Intervallen ausführen möchten, ist es am besten Sie

1. verpacken den zugehörigen Code in die run()-Methode einer von TimerTask abgeleiteten Klasse und
2. richten einen Zeitgeber (Instanz der Klasse Timer) ein, der die run()-Methode entsprechend Ihren Vorgaben aufruft.

Der eigentliche Zeitgeber ist eine Instanz der Klasse java.util.Timer. (GUI-Swing-Programme können alternativ javax.swing.Timer verwenden, siehe Kapitel 30.5.3.)

Die Arbeit mit einem Zeitgeber umfasst drei Schritte:

1. Sie erzeugen ein neues Zeitgeber-Objekt.
   ```
   Timer zeitgeber = new Timer();
   ```
2. Sie registrieren mit schedule() ein TimerTask-Objekt, dessen run()-Methode zu einem bestimmten Zeitpunkt oder periodisch aufzurufen ist.
   ```
   zeitgeber.schedule(new EinTimerTask(), 0, 2*1000);
   ```
3. Sie stoppen die Ausführung der registrierten Aufgabe:
   - durch Aufruf der Timer-Methode cancel()
     ```
     zeitgeber.cancel()
     ```
   - oder indem Sie den Zeitgeber mit Timer(true) als Dämon-Thread erzeugen und das Programm enden lassen (der Dämon-Thread wird dann anschließend automatisch beendet)
   - oder durch Aufruf von System.exit()
   - oder indem Sie alle Referenzen auf das Timer-Objekt löschen (Objektvariablen auf null setzen)

Tabelle 28.15: Methoden der Klasse Timer

Methode	Beschreibung
Timer()	Erzeugt einen neuen Zeitgeber.
Timer(boolean isDaemon)	Erzeugt einen neuen Zeitgeber. Wird als Argument true übergeben, läuft der Zeitgeber als Dämon-Thread im Hintergrund (d.h., die Anwendung kann beendet werden, während der Zeitgeber noch aktiv ist).
void **cancel**()	Beendet den Zeitgeber und löscht alle ausstehenden Aufgaben.
void **schedule**(TimerTask aufgabe, Date start)	Registriert aufgabe. aufgabe wird zum Zeitpunkt start ausgeführt.
void **schedule**(TimerTask aufgabe, Date start, long intervall)	Registriert aufgabe. aufgabe wird ab dem Zeitpunkt start alle intervall Millisekunden ausgeführt.
void **schedule**(TimerTask aufgabe, long start)	Registriert aufgabe. aufgabe wird nach start Millisekunden ausgeführt.
void **schedule**(TimerTask aufgabe, long start, long intervall)	Registriert aufgabe. aufgabe wird nach start Millisekunden alle intervall Millisekunden ausgeführt.
void **scheduleAtFixedRate**(TimerTask aufgabe, Date start, long intervall)	Registriert aufgabe. aufgabe wird ab dem Zeitpunkt start alle intervall Millisekunden ausgeführt. Verspätete Aufrufe werden direkt hintereinander ausgeführt.
void **scheduleAtFixedRate**(TimerTask aufgabe, long start, long intervall)	Registriert aufgabe. aufgabe wird nach start Millisekunden alle intervall Millisekunden ausgeführt. Verspätete Aufrufe werden direkt hintereinander ausgeführt.

Das folgende Programm erzeugt zwei Nachtwächter, Objekte der eigens definierten Klasse Nachtwaechter, die sich in periodischen Abständen melden.

Listing 28.9: Zeitgeber.java – periodisch wiederkehrende Ausführung von Code

```
import java.util.Timer;
import java.util.TimerTask;

// Klasse für periodisch aufzurufende Methode
class Nachtwaechter extends TimerTask {
   String name;

   Nachtwaechter(String n) {
      name = n;
   }

   public void run() {
      java.awt.Toolkit.getDefaultToolkit().beep();
      System.out.println(" Meldung von Wachtmeister " + name
                               + ": Alles ruhig!");
```

```
   }
}


public class Zeitgeber {

 public static void main(String args[]) throws InterruptedException {
      System.out.println();

      Timer timer1, timer2;

      System.out.println(" Nachtwaechter beginnen Ihre Runde.\n");
      timer1 = new Timer();
      timer1.schedule(new Nachtwaechter("Jim"), 0, 2*1000);

      timer2 = new Timer();
      timer2.schedule(new Nachtwaechter("Knut"), 0, 5*1000);

      long startZeit = System.currentTimeMillis();
      long endZeit   = startZeit + 21 * 1000;

      while(endZeit > System.currentTimeMillis()) {
         if( (System.currentTimeMillis() > startZeit + 10 * 1000)
              && (timer1 != null) ) {
            timer1.cancel();
            timer1 = null;
            System.out.println(" Nachtwaechter Jim hat Runde "
                               + "beendet.");
         }

         Thread.sleep(500);
      }

      timer2.cancel();
      System.out.println(" Nachtwaechter Knut hat Runde beendet.");
   }
}
```

Ausgabe:

```
C:\Beispiele\Kapitel28>java Zeitgeber

Nachtwaechter beginnen Ihre Runde.

Meldung von Wachtmeister Knut: Alles ruhig!
Meldung von Wachtmeister Jim: Alles ruhig!
Meldung von Wachtmeister Jim: Alles ruhig!
Meldung von Wachtmeister Jim: Alles ruhig!
Meldung von Wachtmeister Knut: Alles ruhig!
Meldung von Wachtmeister Jim: Alles ruhig!
Meldung von Wachtmeister Jim: Alles ruhig!
Meldung von Wachtmeister Knut: Alles ruhig!
Nachtwaechter Jim hat Runde beendet.
Meldung von Wachtmeister Knut: Alles ruhig!
Meldung von Wachtmeister Knut: Alles ruhig!
Nachtwaechter Knut hat Runde beendet.
```

Damit Objekte der Klasse `Nachtwaechter` mit `Timer.schedule()` registriert werden können, wurde die Klasse von `TimerTask` abgeleitet (Zeile 5) und definiert eine Methode `run()`. In diese Methode wurde der Code geschrieben, der von den Zeitgebern periodisch ausgeführt werden soll (Zeilen 12 bis 16).

In `main()` werden zwei Zeitgeber-Objekte `timer1` und `timer2` erzeugt. Für beide Zeitgeber wird je ein `Nachtwaechter`-Objekt registriert, allerdings mit unterschiedlichen Namen (um die Objekte an ihren Rückmeldungen unterscheiden zu können) und mit unterschiedlichen Intervallen von einmal 2 und einmal 5 Sekunden (Zeilen 29 und 32).

Dann taucht `main()` für ca. 21 Sekunden in eine Warteschleife ab, in der das Programm meist schläft (Zeile 46), aber auch dafür sorgt, dass der erste Zeitgeber nach ca. 10 Sekunden gelöscht wird.

Der zweite Zeitgeber wird kurz vor Programmende beendet.

INFO

Selbstverständlich können Sie für einen Zeitgeber mehrere auszuführende Aufgaben registrieren. Dann können Sie diese Aufgaben aber nicht unabhängig voneinander beenden.

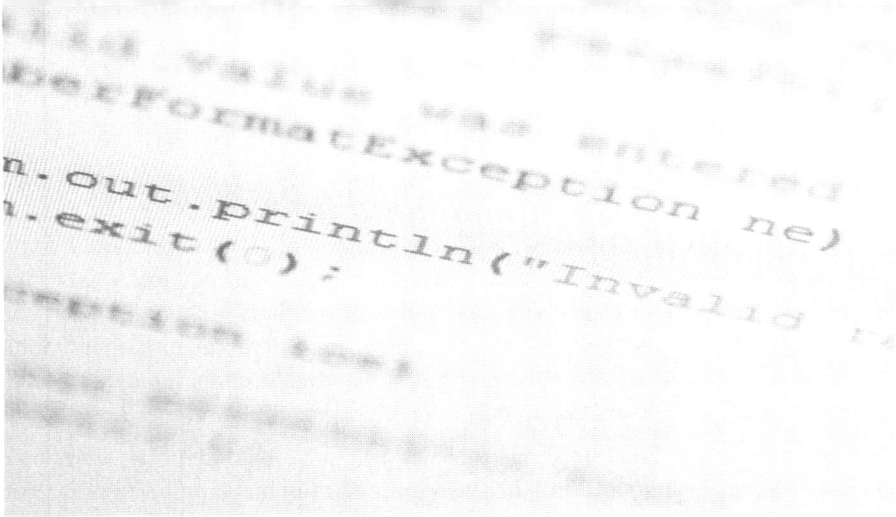

Kapitel 29
Container (Collections)

Ein zentrales Thema in der modernen Informatik sind die »Datenstrukturen und Algorithmen«. Hierbei geht es um das fundamentale Problem, mit dem sich fast jedes ernsthafte Programm konfrontiert sieht: Wie sollen die Daten abgelegt werden, sodass Operationen darauf effizient ablaufen können? Unter Effizienz versteht man dabei meistens den Begriff Schnelligkeit, aber oft genug ist es auch der Platzverbrauch, der so gering wie möglich bleiben soll. Am liebsten hätte man natürlich gerne minimalen Speicherverbrauch bei maximaler Geschwindigkeit – ein unerreichbares Ziel und in der Praxis muss man sich als Programmierer auf Kompromisse einlassen.

Nun kann im Rahmen dieses Buches keine umfassende Behandlung von Datenstrukturen und Algorithmen angeboten werden. Selbst ein zaghafter Versuch würde dieses Kapitel schnell auf mehrere hundert Seiten explodieren lassen. Aber glücklicherweise lässt sich eine brauchbare Grundlage schon mit wenigen Zutaten sprich Klassen verwirklichen, die sich im Paket `java.util` bereithalten.

Ein Java-Programm erzeugt und verarbeitet während seiner Laufzeit Daten in Form von Variablen. Teilweise handelt es sich dabei um primitive Datentypen wie `int`, `char` usw., zum größeren Teil handelt es sich um Objekte. Bei einer sehr überschaubaren Menge von Daten kann man als Programmierer diese Daten in entsprechenden Variablen ablegen, z.B.

```
int a;
int b;
String name;
String vorname;
```

Wenn die Anzahl der Daten jedoch wächst, wird dieser Ansatz unpraktikabel. Wenn beispielsweise Hunderte von Namen verwaltet werden müssen, kann man nicht einhundert Variablen `name_1`, `name_2`, ..., `name_100` anlegen und einen maßgeschneiderten Code zum Umgang mit diesen Variablen fest codieren. Die Lösung bringt der Einsatz eines Datenbehälters, in den man beliebige Daten in Form von Objekten einfügen und bei Bedarf über geeignete Operationen wieder darauf zugreifen kann. Einen solchen Behälter nennt man bei Programmiersprachen allgemein *Container* und bei Java im Besonderen *Collection* (Sammlung)[1].

Heerscharen von Forschern haben sich in den letzten Jahrzehnten Gedanken darüber gemacht, wie ein Container intern die ihm anvertrauten Daten ablegen soll und welche Operationen auf diesen Daten für den Nutzer zur Verfügung gestellt werden sollen. Das Ergebnis dieser Arbeiten können wir grob in drei Arten unterteilen:

- Eine Liste (`List`) kann Elemente mehrfach enthalten und verwaltet die Elemente in einer geordneten Reihenfolge.
- Eine Menge (`Set`) enthält jedes Element nur einmal und es gibt keine Ordnung auf den Elementen.
- Eine Warteschlange (`Queue`) nimmt Elemente auf und liefert sie in einer bestimmten Reihenfolge zurück (meist die Reihenfolge, in der die Elemente in die Queue eingetragen wurden, oder eine Reihenfolge die durch Prioritätsstufen festgelegt wird).
- Eine Wörterbuch/Hashtabelle (`Map`) ist eine Menge von Schlüssel-Wert-Paaren.

Container sind in Java von einer allgemeinen Basisschnittstelle `java.util.Collection` abgeleitet. Die Spezialisierung auf die oben skizzierten Grundtypen Liste, Menge, Warteschlange und Wörterbuch erfolgt durch zusätzliche Schnittstellen `java.util.List`, `java.util.Set`, `java.util.Queue` und `java.util.Map` (letztere geht als Einzige nicht auf `java.util.Collection` zurück). Zu diesen Schnittstellen gibt es verschiedene Klassen, die unterschiedliche interne Implementierungen dieser Schnittstellen anbieten, um besondere Anforderungen zu erfüllen.

Hinzu kommt die Schnittstelle `java.util.Iterator`, die einen Weg definiert, wie alle Elemente eines Containers bequem besucht werden können, sowie die Schnittstellen `java.lang.Comparable` und `java.util.Comparator`, die festlegen, wie Elemente miteinander verglichen werden sollen.

Seit Java 5 sind die Collections-Schnittstellen durchweg parametrisiert (vergleiche Kapitel 14.4 zu Java Generics). Was dies für die Programmierung mit Containern bedeutet und wie Sie Container zum Verwahren von Objekten einsetzen, lesen Sie im nächsten Unterkapitel.

---

1 Da es in Java auch eine Schnittstelle `Collection` und eine Klasse `Collections` gibt, wird in diesem Kapitel der allgemeine Begriff Container verwendet. Das macht es auch für Sie leichter, wenn Sie sich mit C++-Programmierern austauschen :-)

REF

Die Collections-Schnittstellen waren nicht immer parametrisiert. In Java 2 (bis einschließlich JDK 1.4.x) waren die Collections explizit für den Basistyp `Object` definiert. Die Programmierung mit den Containern hat sich daher durch die nachträgliche Parametrisierung und die Abkehr von `Object` nicht unwesentlich geändert. Wenn Sie mehr über die Programmierung mit den alten Collections erfahren möchten, lesen Sie *Collections_vor_Java5.pdf* auf der Buch-DVD.

29.1 Programmieren mit Containern

Container sind dafür gedacht, als temporärer Verwahrungsort für Objekte zu dienen. Die Art des Containers – Liste, Menge, Warteschlange usw. – bestimmt, wie die Objekte im Container verwahrt werden, wie sie wieder ausgelesen werden können, wie effizient Einfüge- und Ausleseoperationen sind. Welche Objekte in einem Container abgelegt werden, bestimmt dagegen der Programmierer. Einmal sind es vielleicht Gleitkommazahlen, ein anderes Mal Strings oder Objekte der Klasse `Mitarbeiter`. Die Implementierung der Container muss also sicherstellen, dass in den Containern Objekte beliebiger Typen abgespeichert werden können.

Vor Java 5 verwahrten die Container daher alle eingefügten Elemente intern als Objekte vom Typ der obersten Basisklasse `Object`.

Seit Java 5 sind die Container parametrisiert und mit einem uneingeschränkten Platzhalter für den Elementtyp definiert. Die Parametrisierung der Container geht zurück bis auf die oberste Collections-Schnittstelle `Collection` (bzw. `Map`)

```
public interface Collection<E> extends Iterable<E>
```

Die konsequente Parametrisierung erlaubt Ihnen, Container für jeden beliebigen Typ zu erstellen. (Beachten Sie aber, dass der Container nur echte Objekte und keine elementaren Daten verwahren kann. Wenn Sie elementare Daten, beispielsweise `double`- oder `boolean`-Werte in einen Container einfügen, werden diese dank des in Java 5 hingekommenen Autoboxing automatisch in Objekte der zugehörigen Wrapper-Klasse umgewandelt.)

29

29.1.1 Container auswählen

Zuerst müssen Sie sich für eine konkrete Container-Implementierung entscheiden. Um den richtigen Container zu finden, sollten Sie sich grundsätzlich folgende Fragen stellen:

Wie sollen die Elemente verwahrt werden?

1. Sollen die Elemente geordnet abgelegt werden, mit Unterstützung für Doppeleinträge (-> Liste, Warteschlange, Wörterbuch), oder sollen ausschließlich eindeutige Einträge ungeordnet im Container verwahrt werden (-> Menge)?
2. Sollen die Elemente direkt eingetragen und über ihre Position im Container angesprochen werden (-> Liste, Warteschlange) oder sollen sie als Schlüssel/Wert-Paare abgelegt und über den Schlüssel identifiziert werden (-> Wörterbuch)?

3. Sollen die Elemente unabhängig von ihrer Position im Container abgefragt werden können (- > Liste) oder sollen die Elemente nur in einer bestimmten Reihenfolge dem Container entnommen werden können (- > Warteschlange)?

Die Beantwortung dieser Fragen sollte Sie zu dem passenden Container-Grundtyp (Liste, Menge, Warteschlange, Wörterbuch) führen.

Der nächste Schritt ist daher, sich über die speziellen Container-Klassen zu informieren, die diesem Grundtyp angehören.

Welche Anforderungen stelle ich an den Container?

Den Container-Grundtypen entsprechen die abgeleiteten Collections-Schnittstellen `List`, `Set`, `Queue` und `Map`. Welche Container diese Schnittstellen implementieren und worin sich die Container eines Grundtyps unterscheiden, können Sie in den nachfolgenden Abschnitten lesen.

Typische Kriterien sind:

- Welche Operationen werden unterstützt?
- Welche Operationen sind besonders effizient?
- Welche sonstigen Vorzüge/Charakteristika gibt es (Sortierbarkeit, Threadsicherheit usw.)?

INFO

Die hier vorgestellten Container eignen sich nicht (oder nur bedingt) für Multithread-Anwendungen, in denen mehrere Threads gleichzeitig auf ein und denselben Container zugreifen. Hilfe zum threadsicheren Einsatz von Container finden Sie in Kapitel 30.6 sowie in Form der – hier nicht näher beschriebenen – Concurrent-Bibliothek (`java.util.concurrent`).

29.1.2 Container erzeugen

Die Erzeugung eines Containers läuft grundsätzlich immer auf die gleiche Weise ab: Sie typisieren den Container für den Objekttyp der einzufügenden Elemente, rufen den Konstruktor ab und speichern den zurückgelieferten Container in einer passenden Variablen:

```
import java.util.*;
...
HashSet<String> container = new HashSet<String>();
```

INFO

Wenn Sie Objekte unterschiedlicher Typen in einem Container verwalten wollen, typisieren Sie den Container für die gemeinsame Basisklasse der Objekte.

INFO

Ab Java 7 können Sie eine verkürzte Schreibweise (auch Diamant-Operator genannt) verwenden, um einen Container zu definieren. Der Typ in eckigen Klammern kann auf der rechten Seite entfallen:

```
HashSet<String> container = new HashSet<>();
```

Danach können Sie Objekte des vorgegebenen Typs in dem Container abspeichern:

```
container.add("String 1");
container.add("String 2");
container.add("String 3");
container.add("String 4");
```

Weitere Konstruktoren

Die meisten Container-Klassen bieten drei Konstruktoren an:

- einen Konstruktor, der einen leeren Container erzeugt
  `new ContainerKlasse();`
- einen Konstruktor, der den neuen Container mit den Elementen aus einem anderen Container füllt
  `new ContainerKlasse(c);`

  (Wobei `c` ein Container-Objekt ist. Wenn `ContainerKlasse` eine `Map`-Klasse ist, muss `c` ebenfalls ein `Map`-Container sein.)
- einen Konstruktor, der einen leeren Container erzeugt, der aber bereits Platz für n Elemente reserviert hat
  `new ContainerKlasse(groesse);`

Größenmanagement

EXKURS

Ein wichtiges Merkmal von Containern ist ihre Fähigkeit, beliebig viele Elemente aufzunehmen. Ein Container hat zwar immer eine Standardgröße beim Erzeugen, aber sie kann bei Bedarf vergrößert werden, wenn mehr Elemente eingefügt werden sollen, als Platz vorhanden ist. Die Vergrößerung verläuft dabei für den Programmierer völlig unsichtbar.

Dynamische Größenanpassungen kosten allerdings Laufzeit. Die meisten Container verfügen daher über Optionen, wie die Speicherreservierung effizienter gestaltet werden kann. Eine Möglichkeit – die sich umso effizienter nutzen lässt, umso genauer die Anzahl zu speichernder Elemente feststeht – besteht darin, die Anfangskapazität explizit durch Übergabe eines `int`*-Arguments an den Konstruktor festzulegen. Darüber hinaus bieten manche Container wie z.B.* `ArrayList` *Methoden an, mit denen die Kapazität auch später noch manuell (vorzugsweise in größeren Blöcken) ausgedehnt werden kann.*

29

Nicht typisierte Verwendung

Sie können die Container-Klassen auch ohne Typisierung instanziieren – wodurch Sie den Container de facto wie unter Java 2 verwenden: als Container für `Object`-Elemente.

Grundsätzlich ist hiervon allerdings abzuraten. Nicht nur wegen der lästigen Compiler-Warnungen, sondern weil Sie auf alle Vorteile der Typisierung (auch wenn diese nur zur Kompilierzeit existiert) verzichten.

29.1.3 Elementare Operationen

Abgesehen von den Map-Klassen implementieren alle Container-Klassen die Schnittstelle Collection und sind von daher verpflichtet, einen gewissen Grundstock von Methoden für die Elementverwaltung zur Verfügung zu stellen.

Tabelle 29.1: Collection-Methoden

Methode	Beschreibung
boolean **add**(E element)	Fügt das Element in den Container ein. Ist das Element bereits vorhanden und Doppeleinträge sind nicht erlaubt, liefert die Methode false zurück, ansonsten true.
boolean **addAll**(Collection<? extends E> c)	Fügt alle Elemente des Argument-Containers in den Container ein. Liefert true, wenn die Einfügeoperation ordnungsgemäß abgeschlossen werden konnte.
void **clear**()	Löscht alle Elemente aus dem Container.
boolean **contains**(E element)	Liefert true, wenn der Container das übergebene Element enthält.
boolean **containsAll**(Collection<?> c)	Liefert true, wenn der Container alle Elemente aus dem Argument-Container enthält.
boolean **isEmpty**()	Liefert true, wenn der Container keine Elemente enthält.
Iterator<E> **iterator**()	Liefert einen Iterator zum Durchlaufen des Containers zurück, siehe Abschnitt 29.6.
boolean **remove**(Object element)	Löscht das angegebene Element aus dem Container.
boolean **remove**(Collection<?> c)	Löscht alle im Argument-Container aufgeführten Elemente aus dem Container.
boolean **retain**(Collection<?> c)	Löscht alle Elemente aus dem Container, die nicht im Argument-Container aufgeführt sind.
int **size**()	Liefert die Anzahl der Elemente im Container zurück.
Object **toArray**()	Liefert die Elemente im Container als Array zurück.
<T> T[] **toArray**(T[] array)	Liefert die Elemente im Container als Array zurück. Der Typ des Arrays wird durch das Argument spezifiziert.

Die Container stellen für diese Methoden zumindest Notimplementierungen bereits, meist aber spezifische, dem Charakter des Containers gemäße Implementierungen. Ergänzt werden diese Methoden durch eigene Container-spezifische Methoden.

Sofern Sie sich bei der Programmierung auf die Collection-Methoden beschränken, können Sie den Container-Typ (zwischen List, Set und Queue) jederzeit mit wenig Aufwand ändern.

Listing 29.1: Hash2Vector.java – Demoprogramm zu Container

```
import java.util.HashSet;
import java.util.Scanner;

public class Hash2Vector {

   public static void main(String[] args) {

    HashSet<String> schauspieler = new HashSet<String>();

    schauspieler.add("Cary Grant");
    schauspieler.add("Grace Kelly");
    schauspieler.add("Jessie Royce Landis");
    schauspieler.add("J. Williams");

    System.out.println("\n Ueber den Daechern von Nizza\n");

    System.out.print("  Geben Sie den Namen eines Schauspielers ein: ");
    Scanner sc = new Scanner(System.in);
    String eingabe = sc.nextLine();

    if (schauspieler.contains(eingabe))
         System.out.println("\n  " + eingabe +
                          " hat in dem Film mitgespielt.");
    else
         System.out.println("\n  " + eingabe +
                          " hat nicht in dem Film mitgespielt.");

   }
}
```

Um dieses Programm von `HashSet` auf `Vector` umzustellen, müssen Sie lediglich die `import`-Anweisung und die Container-Instanziierung ändern:

```
import java.util.Vector;
import java.util.Scanner;

public class Hash2Vector {

   public static void main(String[] args) {

      Vector<String> schauspieler = new Vector<String>();
      ...
```

29.2 Listen (List)

Der meistgenutzte Container ist sicherlich die Liste. In eine Liste kann man Elemente aufnehmen und dabei die Reihenfolge der Elemente festlegen. In einer Liste gibt es daher immer ein Anfangselement (der Listenkopf, Head) und ein Endelement (das Listenende, auch Tail genannt). Da es eine Reihenfolge der Elemente gibt, ist es außerdem möglich, auf einzelne Elemente über ihre Position in der Liste zuzugreifen.

Eine besonders einfache Spielart der Liste verwendet jeder Programmierer fast automatisch, ohne sich dessen richtig bewusst zu sein: das Array (siehe Kapitel 9.1)! Es erfüllt alle oben aufgeführten Merkmale und hat lediglich zwei Eigenschaften, die ein »normaler« Java-Container nicht hat: Das Array hat eine feste Größe, die nicht mehr geändert werden kann, und alle Elemente haben den gleichen Datentyp, der zudem auch ein primitiver Datentyp sein darf. Für viele Zwecke ist der Einsatz eines Arrays die einfachste und auch schnellste Variante. Aber natürlich gibt es auch Nachteile, z.B. kann man aus einem Array kein Element löschen[2] und eine nachträgliche Vergrößerung ist auch nicht möglich. Glücklicherweise finden sich im Paket `java.util` eine ganze Reihe von Klassen, die eine Liste realisieren. Sie sind alle von der allgemeinen `List`-Schnittstelle abgeleitet.

Abbildung 29.1: Vereinfachtes Klassendiagramm für Listen

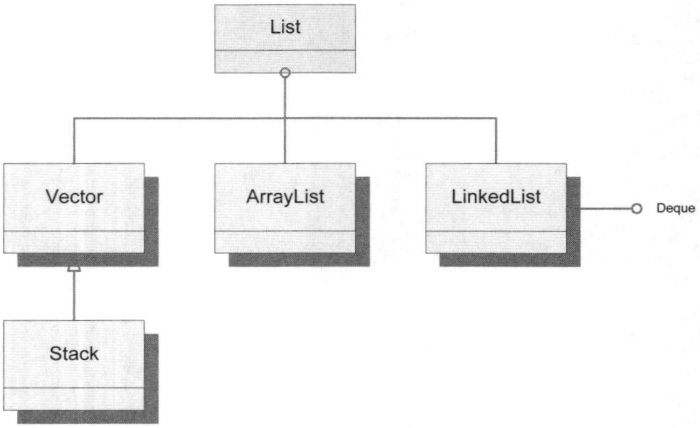

Die `List`-Schnittstelle definiert eine Vielzahl von Methoden, mit deren Hilfe auf Daten in einer Liste zugegriffen werden kann bzw. Daten eingefügt werden können. Tabelle 29.2 zeigt eine Auswahl.

Tabelle 29.2: Wichtige Methoden der Schnittstelle List<E>

Methode	Beschreibung
`boolean` **`add`**`(E element)`	Fügt `element` an das Ende der Liste hinzu; Rückgabe von `true` bei Erfolg.
`void` **`add`**`(int pos, E element)`	Fügt `element` beim Index `pos` ein. Verschiebt das an dieser Position vorhandene Element und alle nachfolgenden um eins nach hinten.
`boolean` **`addAll`**`(Collection<? extends E> c)`	Hängt alle Elemente aus `c` an das Ende der Liste an.
`boolean` **`addAll`**`(int pos, Collection<? extends E> c)`	Fügt alle Elemente aus `c` an der spezifizierten Position in die Liste ein.
`boolean` **`contains`**`(Object obj)`	Durchsucht die Liste nach `obj` und liefert im Erfolgsfall `true` zurück.

2 Man könnte allenfalls als Hilfskrücke einen »Gelöscht«-Wert einer Array-Position zuweisen, die gelöscht sein soll.

Tabelle 29.2: Wichtige Methoden der Schnittstelle List<E> (Forts.)

Methode	Beschreibung
E **get**(int pos)	Liefert das Element an Position pos.
int **indexOf**(Object obj)	Durchsucht die Liste nach obj und liefert im Erfolgsfall die Position zurück oder -1, wenn nicht gefunden.
boolean **isEmpty**()	Liefert true, wenn die Liste leer ist.
Iterator<E> **iterator**() ListIterator<E> **listIterator**()	Liefert ein Iterator- bzw. ListIterator-Objekt zum Durchlaufen der Liste[a].
int **lastIndexOf**(Object obj)	Durchsucht die Liste nach obj und liefert im Erfolgsfall die letzte Position zurück oder -1, wenn nicht gefunden.
E **remove**(int pos)	Löscht das Element an Position pos und liefert es zurück.
boolean **remove**(Object obj)	Sucht und löscht das erste Auftreten von obj und gibt im Erfolgsfall true zurück.
int **size**()	Liefert die Anzahl der Elemente in der Liste.
Object[] **toArray**()	Liefert ein Array, gefüllt mit den Elementen gemäß ihrer Reihenfolge in der Liste.

a. mehr dazu in Abschnitt 29.6

Die Klassen Vector, ArrayList und LinkedList implementieren diese Methoden, besitzen also dieselbe Grundfunktionalität. Was sie unterscheidet, sind das Laufzeitverhalten und – im Falle von LinkedList – zusätzliche Funktionalität, die es gestattet, den Container wie eine Warteschlange zu verwenden.

- Vector und ArrayList sind in ihrer internen Implementierung einem normalen Array ähnlich und daher gut geeignet für das sequenzielle Durchlaufen oder den direkten Zugriff auf ein Element, dessen Position innerhalb der Liste bekannt ist. Nachteil: Einfügen und Löschen innerhalb der Liste (nicht am Ende) sind sehr langsam, weil intern die Datenstruktur umgebaut werden muss. Vector ist übrigens eine sychronized-Version und historisch gesehen älter als ArrayList, das in der Regel vorzuziehen ist.
- LinkedList realisiert eine verkettete Liste: Jedes Element hat einen Zeiger auf seinen Vorgänger und seinen Nachfolger. Das sequenzielle Durchlaufen oder der direkte Zugriff ist daher sehr langsam, weil immer am Anfang oder Ende der Liste begonnen werden muss und man sich von einem Element zum nächsten hangelt. Dafür sind Einfüge- und Löschoperationen recht effizient.
- LinkedList implementiert seit Java 6 neben der List-Schnittstelle auch noch die Schnittstelle Deque<E> (siehe Abschnitt 29.4).

Eine besondere Form der Liste ist ein Stack, auch als FILO (First in, last out) Datenstruktur oder Keller bezeichnet. Der Begriff »Stack« bedeutet Stapel und veranschaulicht sehr schön die Funktionsweise. Wie bei einem Tellerstapel ist das zuerst eingefügte Element ganz unten, das zuletzt eingefügte Element ganz oben und ein Zugriff auf den Stack erfolgt immer nur am Ende, also oben: Man kann noch ein Element hinzufügen oder das oberste Element entfernen. Eine Implementierung stellt die Klasse `Stack` bereit, die von `Vector` abgeleitet ist[3]. Die zusätzlichen `Stack`-typischen Methoden sind in Tabelle 29.3 aufgeführt.

Tabelle 29.3: Methoden der Klasse Stack<E>

Methode	Beschreibung
`boolean` **`empty`**`()`	Liefert `true`, wenn der Container leer ist.
`E` **`peek`**`()`	Liefert das oberste Element, ohne es zu entfernen.
`E` **`pop`**`()`	Liefert das oberste Element und entfernt es vom Stack.
`E` **`push`**`(E element)`	Fügt `element` als oberstes Element in den Stack ein. Rückgabewert ist `element`.
`int` **`search`**`(Object o)`	Liefert die Position des Elements `o` im Stack (beginnend ab 1).

Während Listen recht intuitiv sind, ist ein Stack doch für viele Programmierer etwas ungewohnt. Dabei kann er recht nützlich sein. Aus diesem Grund soll hier der Einsatz von Listen am Sonderfall Stack demonstriert werden.

Stacks werden häufig beim Parsen von Ausdrücken eingesetzt. Im folgenden Beispiel wird ein arithmetischer Ausdruck aus der üblichen Infix-Notation, z.B.

```
2 * (3 + 4 * 2 + 5)
```

in die Postfix-Notation umgewandelt:

```
2 3 4 2 * + 5 + *
```

Bei der Postfix-Notation kommen zuerst die Operanden, gefolgt vom Operator, während bei der Infix-Notation der Operator zwischen den Operanden steht. Postfix hat den Vorteil, dass man weder Prioritäten für Operatoren noch Klammern benötigt, und ist daher für die Verarbeitung durch ein Programm viel leichter zu handhaben als die Infix-Variante.

Die Umwandlung kann mithilfe eines Stacks durchgeführt werden. Der Infix-Ausdruck wird nach den folgenden Regeln abgearbeitet:

- Jede Zahl wird sofort dem Postfix-Ausdruck hinzugefügt.
- Eine öffnende Klammer oder ein Operator wird auf den Stack gelegt, es sei denn, auf dem Stack befindet sich oben ein Operator, der eine niedrigere Priorität hat; dann werden alle Operatoren vom Stack entfernt und zur Postfix-Darstellung hinzugefügt, bis der aktuelle Operator eine höhere Priorität hat als der noch befindliche Operator auf dem Stack.
- Wenn eine schließende Klammer gefunden wird, werden alle Operatoren vom Stack entfernt und zur Postfix-Darstellung hinzugefügt, bis eine öffnende Klammer auf dem Stack erreicht worden ist.

3 Übrigens ein Paradebeispiel für den falschen Einsatz von Vererbung. `Stack` besitzt dadurch auch Zugriffsmethoden auf Elemente, die nicht oben sind, was einem Stack völlig widerspricht.

Listing 29.2: StackDemo.java – Umwandlung in Postfix-Notation mit einem Stack

```
import java.util.*;
import java.io.*;

// Hilfsklasse
class Item {
   // Konstruktor
   Item(char z, int w) {
      zeichen = z;
      prio = w;
   }

  char zeichen;
  int prio;
}

public class StackDemo {
   public static void main(String[] args) {

   while(true) {
      // Einen Ausdruck von Tastatur einlesen
      ...

      // nach jedem Zeichen ein Leerzeichen einfügen für
      // den StringTokenizer
      ...

      // in einzelne Zeichen zerlegen
      StringTokenizer st = new StringTokenizer(ausdruck);

      // Ausdruck in Postfix umwandeln
      Stack<Item> operatoren = new Stack<Item>();
      StringBuffer postFix = new StringBuffer();

      char z;
      String str;

      while(st.hasMoreTokens()) {
         str = st.nextToken();
         z = str.charAt(0);

         int prioAlt; // die Priorität des im vorherigen Schritt
                      // gelesenen Operators

         if(operatoren.size() > 0) {
            Item op = operatoren.peek();
            prioAlt = op.prio;
         } else
            prioAlt = 0;

         Item aktItem;  // frisch gelesene Operator/Zahl

         switch(z) {
         case 'q': System.exit(0);
```

```
         case '(': aktItem = new Item(z,1);
                   break;
         case '+':
         case '-': aktItem = new Item(z,2);
                   break;
         case '*':
         case '/':
         case ':': aktItem = new Item(z,3);
                   break;
         case ')': aktItem = new Item(z,4);
                   break;
         default : // kein Operator, sondern eine Zahl
                   aktItem = new Item(z,0);
                   break;
         }

         if(aktItem.prio == 0) {
            // eine Zahl direkt der Postfix-Darstellung hinzufügen
            postFix.append(aktItem.zeichen);
            postFix.append(" ");
            continue;
         }

         if(aktItem.prio == 1) {
            // öffnende Klammer auf den Stack
            operatoren.push(aktItem);
            continue;
         }

         if(aktItem.prio == 4) {
            // schließende Klammer gefunden
            // so lange Operatoren entfernen u. zur Postfixdarstellung
            // hinzufügen, bis eine öffnende Klammer gefunden wird
            while(true) {
               Item op = operatoren.pop();

               if(op.zeichen != '(')   {
                  postFix.append(op.zeichen);
                  postFix.append(" ");
               } else
                  break;
            }
            continue;
         }

         if(aktItem.prio > prioAlt)  {
            // der neu gelesene Operator hat eine höhere Priorität
             // als der vorherige auf dem Stack befindliche
             operatoren.push(aktItem);
          } else {
             // alle vorhandenen Operatoren auf dem Stack
             // zur Postfix-Darstellung hinzufügen, deren
             // Priorität >=  dem gerade gelesenen Operator
             while(true)  {
```

```
107               if(operatoren.size() > 0) {
108                  Item op = operatoren.peek();
109
110                  if(op.prio >= aktItem.prio)  {
111                     operatoren.pop();
112                     postFix.append(op.zeichen);
113                     postFix.append(" ");
114                  } else
115                     break;
116               }
117            }
118
119            operatoren.push(aktItem); // zuletzt gelesener Op.
                                         // auf Stack
120         }
121      }
122
123      // Ausdruck komplett gelesen; den Reststack leeren
124      while(operatoren.size() > 0) {
125         Item op = operatoren.pop();
126         postFix.append(op.zeichen);
127         postFix.append(" ");
128      }
129
130      System.out.println(" Postfix: " + postFix.toString());
131    }
132    }
133 }
```

Aufruf:

```
java StackDemo
Ausdruck: 3 + 4
Postfix: 3 4 +
Ausdruck: 2 * (3 + 4 * 2 + 5)
Postfix: 2 3 4 2 * + 5 + *
Ausdruck: q
```

29

Das Listing zeigt nur den interessanten Ausschnitt des Programms (der vollständige Code befindet sich auf der Buch-DVD als *StackDemo.java* im Programmverzeichnis zu diesem Kapitel).

Es geht los in den Zeilen 31-32, wo ein `Stack` zum Zwischenspeichern von Operatoren sowie ein `StringBuffer` für die zu erstellende Postfix-Darstellung angelegt werden. Dann beginnt in einer Schleife das Abarbeiten der Tokens aus dem übergebenen Ausdruck. In Zeile 45 wird zunächst nachgeschaut, ob etwas auf dem Stack liegt, und dessen Priorität festgehalten. Dann wird dem aktuellen Token eine bestimmte Priorität zugewiesen (Zeilen 52-67). Für normale Zahlen die geringste Priorität, für die Operatoren eine höhere gemäß der Regel »Punkt- vor Strichrechnung«.

Damit ist die Priorität des gerade gelesenen Tokens sowie die Priorität des auf dem Stack befindlichen obersten Tokens (ein Operator oder eine öffnende Klammer) bekannt, sodass nun in den Zeilen 69-121 nach den oben beschriebenen Regeln vorgegangen werden kann, d.h., das aktuelle Token wird direkt zur Postfix-Darstellung hinzugefügt, auf dem Stack zwischengespeichert oder Operatoren vom Stack heruntergenommen und zur Postfix-Darstellung hinzugefügt.

Falls Sie Lust haben, können Sie sich zur Übung nun noch überlegen, wie man die erhaltene Postfix-Darstellung mithilfe eines Stacks dazu verwenden kann, den Wert des Ausdrucks auszurechnen!

29.3 Mengen (Set)

Eine Menge ist eng verwandt mit einer Liste. Der wesentliche Unterschied ist die fehlende Ordnung sowie der Umstand, dass ein Element nur einmal in einer Menge auftauchen kann. In der Praxis ist die nicht vorhandene Ordnung allerdings nicht ganz so streng zu sehen, da es entsprechende Mengen-Klassen gibt, die dennoch eine Ordnung anbieten:

- `HashSet`: Die Standardklasse für Mengen. `null` kann als Element eingefügt werden. Es gibt keine Ordnung auf den Elementen.
- `LinkedHashSet`: Wie `HashSet`, aber die Elemente sind nach der Einfüge-Reihenfolge geordnet.
- `TreeSet`: Wie `HashSet`, allerdings werden die Elemente aufsteigend angeordnet. Um festzulegen, wie die Elemente in dem Container sortiert werden sollen, übergeben Sie dem `TreeSet`-Konstruktor ein passendes `Comparator`-Objekt. Wenn die aufzunehmenden Elemente die `Comparable`-Schnittstelle implementieren, steht es Ihnen frei, auf das `Comparator`-Objekt zu verzichten und die Elemente mit ihrer `compareTo()`-Methode sortieren zu lassen (siehe Abschnitt »29.7«).
- `NavigableSet` (ab Java 6): Verleiht dem `TreeSet`-Container zusätzliche Methoden zum Aufspüren von Elementen, die kleiner oder größer als ein übergebenes Referenzelement sind.
- `EnumSet`: Abstrakte Spezialisierung für Aufzählungstypen (siehe Kapitel 9.5). Alle Elemente, die in einen `EnumSet`-Container eingefügt werden, müssen vom gleichen Aufzählungstyp sein.

Lassen Sie sich von den Klassennamen nicht unnötig verwirren. Die Java-Entwickler haben die etwas fragwürdige Entscheidung getroffen, die Klassennamen in Anlehnung an die zugrunde liegende Implementierung zu wählen und nicht nach ihrer Funktionalität. (`TreeSet` heißt so, weil intern eine besondere Baumstruktur, ein sogenannter Rot-Schwarz-Baum, verwendet wird. Analog wird bei `HashSet` eine Hashtabelle eingesetzt.)

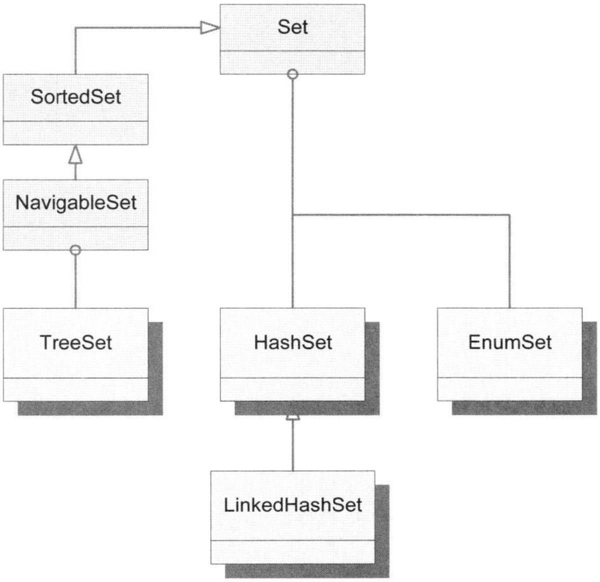

Abbildung 29.2: Vereinfachtes Klassendiagramm für Mengen

Tabelle 29.4: Wichtige Methoden der Schnittstelle Set<E>

Methode	Beschreibung
`boolean add(E element)`	Fügt `element` in die Menge ein und gibt bei Erfolg `true` zurück; `false` bedeutet, dass `element` schon vorhanden ist.
`boolean addAll(Collection<? extends E> c)`	Fügt alle Elemente aus `c` in die Menge ein.
`void clear()`	Löscht alle Einträge.
`boolean remove(Object obj)`	Löscht das Element `obj` und liefert bei Erfolg `true` zurück.
`boolean contains(Object obj)`	`true`, wenn es das Element `obj` gibt.
`int size()`	Liefert die Anzahl an gespeicherten Werten.
`Object[] toArray()`	Liefert ein Array mit den Elementen der Menge.
`Iterator<E> iterator()`	Liefert einen Iterator zum Durchlaufen der Elemente.

Im folgenden Beispiel sehen Sie einen exemplarischen Einsatz von Mengen in Form von `TreeSet` zur Ermittlung der Lottozahlen[4]. Die gezogenen Zahlen dürfen nur einmal vorkommen und es bietet sich daher die Modellierung als Menge an.

Listing 29.3: Lotto.java – Lottozahlen mithilfe von TreeSet verwalten

```
import java.util.*;
import java.io.*;

```

4 Bei Gewinn bitte an die Autoren denken!

```
04 public class Lotto {
05    public static void main(String[] args) {
06       Console cons = System.console();
07       cons.printf("\n Willkommen zur Ziehung der Lottozahlen! \n\n");
08
09       TreeSet<Integer> zahlen = new TreeSet<Integer>();
10       Random zufall = new Random();
11
12       cons.printf(" Ihre Glückszahlen lauten: ");
13       while(zahlen.size() != 6) {
14
15          // Zahl zwischen 0 und 49 (exklusive) ziehen
16          // und um 1 erhöhen
17          int z = zufall.nextInt(49) + 1;
18
19          // Zahl einfügen falls nicht schon vorhanden
20          zahlen.add(z);
21          }
22
23       // Ausgabe in aufsteigender Reihenfolge
24       Iterator it = zahlen.iterator();
25
26       while(it.hasNext()) {
27          cons.printf(" %d", it.next());
28       }
29
30       cons.printf("\n");
31    }
32 }
```

Das Programm zeigt hoffentlich auf, wie schnell und einfach das Programmiererleben sein kann, wenn handliche und mächtige Container wie `TreeSet` verfügbar sind. Nach dem Anlegen der Menge in Zeile 9 werden in einer Schleife so lange Zufallszahlen erzeugt, bis es gelungen ist, sechs verschiedene in die Menge einzufügen (Zeilen 13-21). Zunächst wird die aktuelle Zufallszahl in den Container eingefügt. Dank des Autoboxings wird der `int`-Wert dabei automatisch in ein `Integer`-Objekt umgewandelt. Wenn es bereits ein `Integer`-Element mit dem betreffenden Wert gibt, schlägt die `add()`-Methode fehl (und liefert `false` zurück, was hier aber nicht weiter interessiert, da die Schleife auf jeden Fall erneut durchlaufen werden muss). Da Lottozahlen meist in aufsteigender Form präsentiert werden, haben wir uns für `TreeSet` und nicht für `HashSet` entschieden, da `TreeSet` die enthaltenen Elemente aufsteigend ordnet und wir in Zeile 26 die Werte nur noch mit einem `Iterator` auszugeben brauchen. (Iteratoren werden in Abschnitt 29.6 näher besprochen.)

29.4 Warteschlangen (Queue)

Warteschlangen zeichnen sich dadurch aus, dass sie die Elemente, die in sie eingefügt wurden, nur in einer ganz bestimmten, für den jeweiligen Warteschlangen-Container charakteristischen Reihenfolge zurückgeben.

Seinen Namen hat dieser Container-Grundtyp von den Warteschlangen, die sich im alltäglichen Leben an Kassen und Schaltern bilden. Ihr Prinzip: Man stellt sich hinten an und wer als Erstes angestanden hat, kommt auch als Erstes dran. In der Programmierung spricht man in solchen Fällen von FIFO-Warteschlangen (First in, first out).

Das Pendant zu den FIFO-Warteschlangen sind die LIFO-Warteschlangen (Last in, first out), auch Stack genannt. Ein LIFO-Beispiel aus dem täglichen Leben wäre eine Umzugskiste, in die Bücher gestapelt werden. Das Buch, welches als Letztes oben auf den Stapel gelegt wird, wird später als Erstes wieder herausgenommen.

Der dritte Grundtyp ist die Prioritätenwarteschlange, bei der den Elementen Prioritätsstufen zugeordnet sind und Elemente mit höherer Priorität vor Elementen mit niedrigerer Priorität zurückgegeben werden. Prioritätswarteschlangen entsprechen in etwa Ärztewartezimmern. Die Reihenfolge, in der die Patienten aufgerufen werden, hängt nicht davon ab, wann sie das Wartezimmer betreten haben, sondern für wann sie einen Termin ausgemacht haben oder ob sie privat/gesetzlich versichert sind. Notfälle, die eingeliefert werden, haben höchste Priorität und werden (hoffentlich!) vor allen anderen behandelt.

Schließlich gibt es noch die doppelköpfigen Warteschlangen: die *double ended queue*, kurz *Deque* genannt, bei der man sowohl am Anfang als auch am Ende lesen und schreiben kann. Seit Java 6 gibt es für diese Warteschlangen eine eigene Schnittstelle namens `Deque<E>`, die von Queue abgeleitet ist und spezielle Methoden für den beidseitigen Zugriff definiert, wie z.B.: `addFirst()`, `addLast()`, `getFirst()`, `getLast()`, `removeFirst()`, `removeLast()`, `peekFirst()`, `peekLast()`, `pollFirst()`, `pollLast()`, `push()` und `pop()`.

Die Java-API bietet mehrere konkrete Warteschlangenimplementierungen an, unter anderem:

- `LinkedList`: Sie lesen richtig! Diese Klasse implementiert nicht nur die `List`-, sondern auch die `Queue`-Schnittstelle, genauer gesagt, die von `Queue` abgeleitete `Deque`-Schnittstelle. Greift man über die Methoden der `Deque`-Schnittstelle auf einen `LinkedList`-Container zu, verhält er sich wie eine doppelköpfige Warteschlange.
- `PriorityQueue`: Implementierung einer Prioritätenwarteschlange. Die Prioritätsstufen können von den Elementen selbst oder vom Container festgelegt werden. Im ersten Fall muss die Klasse, der die Elemente angehören, die Schnittstelle `Comparable` implementieren. Soll der Container die Elemente einstufen, übergeben Sie dem Konstruktor `PriorityQueue(int anfangsKapazität, Comparator<? super E> vergleich)` ein Vergleichsobjekt, das die Schnittstelle `Comparator<E>` für den Typ der Elemente implementiert. (Gibt es mehrere Elemente gleicher Priorität, ist ihre Reihenfolge willkürlich!)
- `ArrayDeque`: Standardimplementierung einer *double ended queue* – einer Warteschlange, bei der man sowohl am Anfang als auch am Ende lesen und schreiben kann.

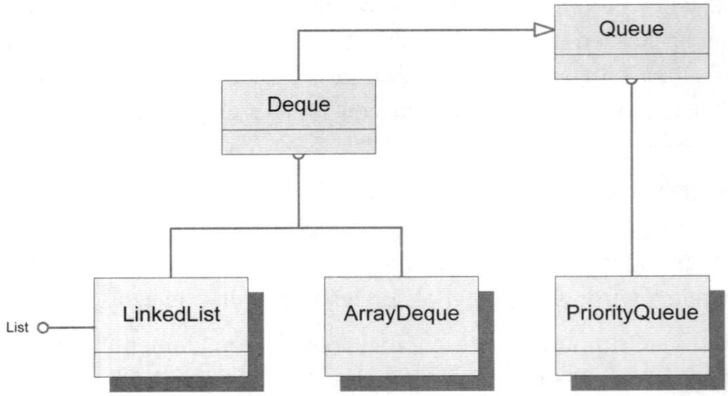

Abbildung 29.3: Vereinfachtes Diagramm für Warteschlangen

Die `Queue`-Schnittstelle definiert spezielle Methoden zum Einfügen, Abfragen und Herausnehmen von Elementen aus der Warteschlange, siehe Tabelle 29.3.

Tabelle 29.5: Methoden der Schnittstelle Queue<E>

Methode	Beschreibung
`boolean offer(E element)`	Fügt das `element` in die Warteschlange ein. Kann das Element nicht eingefügt werden (beispielsweise weil der Warteschlangencontainer nur eine begrenzte Zahl Einträge akzeptiert), liefert die Methode `false` zurück.
`E element()`	Liefert das »oberste« Element zurück, ohne es aus der Warteschlange zu entfernen. Gibt es kein oberstes Element, weil die Warteschlange leer ist, wird eine `NoSuchElementException` ausgelöst.
`E peek()`	Liefert das »oberste« Element zurück, ohne es aus der Warteschlange zu entfernen. Gibt es kein oberstes Element, weil die Warteschlange leer ist, liefert die Methode `null` zurück.
`E remove()`	Liefert das »oberste« Element zurück und löscht es aus der Warteschlange. Gibt es kein oberstes Element, weil die Warteschlange leer ist, wird eine `NoSuchElementException` ausgelöst.
`E poll()`	Liefert das »oberste« Element zurück und löscht es aus der Warteschlange. Gibt es kein oberstes Element, weil die Warteschlange leer ist, liefert die Methode `null` zurück.

Das folgende Beispiel ordnet Patienten nach Terminen. Notfälle werden vorgezogen. Zur Festlegung der Prioritäten implementiert die Klasse der Elemente, `Patient`, die Schnittstelle `Comparable`.

Listing 29.4: Wartezimmer.java – Beispiel für den Einsatz von PriorityQueue mit Comparable

```
import java.util.*;
import java.text.DateFormat;

class Patient implements Comparable<Patient> {
   private String name;
```

```
   private Date termin;
   private boolean notfall;

   Patient(String name, Date termin, boolean notfall) {
      this.name = name;
      this.termin = termin;
      this.notfall = notfall;
   }

   public int compareTo(Patient p) {
      if (notfall)
         return -1;
      else
         return this.termin.compareTo(p.termin);
   }

   public String toString() {
      if (notfall)
         return "** Notfall! ** \t " + this.name;
      else {
         DateFormat df = DateFormat.getDateInstance(DateFormat.SHORT);
         DateFormat tf = DateFormat.getTimeInstance(DateFormat.SHORT);

         return df.format(this.termin) + " " + tf.format(this.termin)
                + " \t " + this.name;
      }
   }
}


public class Wartezimmer {

   public static void main(String[] args) {
      System.console().printf("\n");

      PriorityQueue<Patient> patienten = new PriorityQueue<Patient>();

      Calendar c = Calendar.getInstance(Locale.GERMANY);
      c.set(2004, Calendar.OCTOBER, 12, 9, 15);
      patienten.offer( new Patient("Peter Müller", c.getTime(), false));

      c.set(2004, Calendar.OCTOBER, 12, 9, 30);
      patienten.offer( new Patient("Dirk Louis", c.getTime(), false));

      patienten.offer( new Patient("anonym", new Date(), true));

      c.set(2004, Calendar.OCTOBER, 12, 8, 30);
      patienten.offer( new Patient("Mark Tech", c.getTime(), false));

      for (Patient p : patienten) {
         System.console().printf(" %s\n", p);
      }
   }
}
```

29

Ausgabe:

```
** Notfall! **    anonym
12.10.04 08:30    Mark Tech
12.10.04 09:15    Peter Müller
12.10.04 09:30    Dirk Louis
```

29.5 Wörterbücher (Map)

Eine immer wiederkehrende Aufgabe ist die Verwaltung von Paaren (A,B), bei denen man zu einem Suchkriterium A (der Schlüssel = Key) den zugeordneten Wert B ermitteln will. Dies lässt sich beispielsweise mit einer Liste erledigen: man kreiert eine geeignete Klasse mit Feldern für Schlüssel und Wert und legt Instanzen davon in der Liste ab. Zum Suchen wandert man durch die Liste und wählt dasjenige Element, das den gewünschten Schlüssel aufweist.

So weit alles klar, aber dieser Ansatz hat einen großen Nachteil: Er ist sehr langsam, insbesondere bei größeren Datenmengen! Und da jedermann nach Geschwindigkeit schreit und ein Programm per se immer zu langsam ist, hat die Informatik eine phantastische Lösung für dieses Problem gefunden: Wörterbücher oder Hashtabellen (im Englischen meist als Hashtable, Dictionary oder Map bezeichnet).

Ein Wörterbuch ist ein besonderer Container zur Ablage von (Schlüssel/Wert-) Paaren. Mithilfe des Schlüssels kann der zugehörige Wert gefunden werden und zwar in konstanter Zeit! Das ist ein Riesenunterschied zu einer Liste, bei der die Suchzeit immer größer wird, je mehr Elemente sie enthält.

Dieses Wunder wird durch eine besondere Technik namens *Hashing* erreicht, was soviel wie Zerhacken bedeutet. Beim Hashing wird aus dem Schlüssel (typischerweise eine Zeichenkette) nach einem besonderen Algorithmus eine Integer-Zahl – Hashwert genannt – berechnet, die als Index in eine Tabelle (z.B. in Form eines Arrays) dient. An der berechneten Position steht dann der gesuchte Wert. Der verwendete Hashing-Algorithmus (»Hashfunktion«) muss dabei sicherstellen, dass verschiedene Schlüssel zu verschiedenen Zahlen und somit Positionen in der Tabelle führen, jedenfalls mit sehr hoher Wahrscheinlichkeit. Andernfalls werden verschiedene Schlüssel/Wert-Paare unter derselben Position abgelegt (»Kollision«), was die Zugriffszeit verschlechtert (man muss dann erst noch alle unter dieser Position gefundenen Werte prüfen, um den wirklich gesuchten zu ermitteln). Die Wahrscheinlichkeit für Kollisionen steigt mit dem *Ladefaktor* (load factor), der angibt, wie hoch die Auslastung der Hashtabelle im Verhältnis zur reservierten Speicherkapazität ist.

Ein typischer maximaler Wert für den Ladefaktor ist 0.75 = 75%. Wenn eine Hashtabelle eine Anfangskapazität von 1000 hat und mittlerweile sind 750 Einträge abgespeichert worden, dann ist der Ladefaktor von 75% erreicht und die Tabelle wird vergrößert, damit die Kollisionsrate gesenkt wird und die Laufzeit für Zugriffsoperationen gering bleiben kann. Dies erfordert einiges an Umorganisation, was als Rehashing bezeichnet wird und natürlich Zeit kostet. Man sollte daher im Vorfeld überlegen, wie viele Einträge ungefähr gespeichert werden und die Startkapazität entsprechend auslegen.

In Java steht gleich eine ganze Schar von Klassen zur Auswahl, die alle die gemeinsame Schnittstelle `Map` umsetzen. Bild zeigt eine Übersicht der wichtigsten Methoden zum Einfügen, Löschen und Suchen von Einträgen.

Tabelle 29.6: Wichtige Methoden der Schnittstelle Map<K, V>

Methode	Beschreibung
`void clear()`	Löscht alle Einträge.
`V remove(Object key)`	Löscht den Eintrag mit dem Schlüssel `key` und liefert den zugehörigen Wert zurück.
`V put(K key, V wert)`	Fügt `wert` unter dem Schlüssel `key` ein und liefert `wert` wieder zurück; falls es schon einen Eintrag für `key` gibt, wird dieser überschrieben.
`V get(Object key)`	Liefert den Wert für den angegebenen Schlüssel `key` oder `null`.
`boolean containsKey(Object key)`	`true`, wenn es den Schlüssel `key` gibt.
`int size()`	Liefert die Anzahl an gespeicherten Werten.
`boolean isEmpty()`	`true`, wenn das Wörterbuch leer ist.
`Set<E> keySet()`	Liefert alle Schlüssel als Menge zurück.

In der Anfangszeit von Java gab es nur eine einzige Klasse für die Umsetzung der Hashing-Technik, nämlich `Hashtable`. Mittlerweile hat sich das Angebot stark vergrößert, um auf spezielle Erfordernisse einzugehen. Die neuen Klassen sind im Gegensatz zu `Hashtable` nicht mehr `synchronized` und daher nicht threadsicher.

Allen Klassen ist gemeinsam, dass das Hashing immer nur auf Objekten ausgeführt wird, und zwar sowohl für den Schlüssel als auch den zugeordneten Wert. Die wesentlichen Unterschiede zwischen den verschiedenen Klassen sind die folgenden:

- `Hashtable` ist threadsicher, erlaubt aber keine `null`-Schlüssel oder `null`-Werte.
- `HashMap` ist nicht threadsicher, erlaubt aber auch `null` als Schlüssel oder Werte.
- `LinkedHashMap` wie `HashMap`; Zusätzlich bleibt die Reihenfolge der Schlüssel nach ihrem zeitlichen Einfügen erhalten.
- `WeakHashMap` wie `HashMap`; aber gespeicherte Schlüssel können vom Garbage Collector entsorgt werden, wenn im Programm selbst der Schlüssel nicht mehr referenziert wird[5].
- `TreeMap` wie `HashMap`; allerdings werden die Elemente aufsteigend angeordnet. Um festzulegen, wie die Elemente in dem Container sortiert werden sollen,

5 Bei den anderen Varianten werden Referenzen, die als Schlüssel in der Hashtabelle eingetragen sind, nicht entsorgt, da sie für den Garbage Collector als aktiv gelten. Dies kann u. U. zu Memory Leaks (Speicherleck) führen, wenn Schlüssel nicht mehr verwendet werden, aber in der Hashtabelle verbleiben.

übergeben Sie dem `TreeMap`-Konstruktor ein passendes `Comparator`-Objekt. Wenn die aufzunehmenden Elemente die `Comparable`-Schnittstelle implementieren, steht es Ihnen frei, auf das `Comparator`-Objekt zu verzichten und die Elemente mit ihrer `compareTo()`-Methode sortieren zu lassen (siehe Abschnitt 29.7).

- Die Schnittstelle `NavigableMap`, die in Java 6 eingeführt wurde, verleiht dem `TreeMap`-Container zusätzliche Methoden zum Aufspüren von Elementen oder Schlüsseln, die kleiner oder größer als ein übergebener Referenzschlüssel sind.
- `EnumMap`: Spezialisierung für Aufzählungstypen (siehe Kapitel 9.5). Alle Schlüssel, die in einen `EnumMap`-Container verwendet werden, müssen aus einer Aufzählung stammen.

Abbildung 29.4: Vereinfachtes Klassendiagramm für Hashtabellen

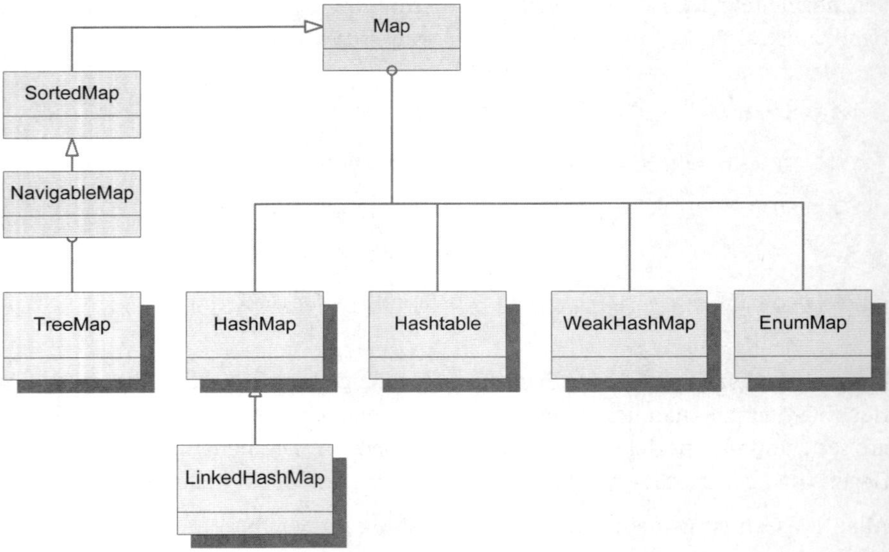

Die wichtigste Klasse stellt `HashMap` dar. Sie ist für die meisten Anwendungszwecke ausreichend.

Listing 29.5: Aus WortStatistik.java – Zählen von Worthäufigkeiten mit Hashtabellen

```
HashMap<String, Integer> statistik
                           = new HashMap<String, Integer>(5000,0.75F);

try {
   BufferedReader eingabe = new
                 BufferedReader(new FileReader(args[0]));

   StreamTokenizer st = new StreamTokenizer(eingabe);
   int typ;

   while((typ = st.nextToken()) != StreamTokenizer.TT_EOF) {
      if(st.sval == null)
```

```
11          continue;
12
13       if(statistik.containsKey(st.sval) == false)
14          statistik.put(st.sval, 1);
15       else {
16          // Wort gibt es schon -> zähler erhöhen
17          Integer wert = statistik.get(st.sval);
18          int z = wert.intValue() + 1;
19          statistik.put(st.sval, z);
20       }
21    }
22 }
```

In Zeile 1 wird die Hashtabelle angelegt. Neben einem parameterlosen Konstruktor mit festen Einstellungen für Startkapazität und Ladefaktor existiert für jede von `Map` abgeleitete Klasse ein zweiter Konstruktor, der Kapazität und Ladefaktor explizit erwartet. Zeilen 4-7 öffnen in vertrauter Weise die Eingabedatei und verknüpfen sie mit einem `StreamTokenizer`, der den Gesamttext in einzelne Token (sprich die Wörter) zerlegt und zurückliefert. In der Kernschleife wird dann zunächst mit der `containsKey()`-Methode geprüft, ob es das aktuelle Wort als Schlüssel bereits gibt. Falls nein, wird das Wort selbst als Schüssel eingefügt und ihm als Wert eine 1 zugewiesen (Zeile 14). Falls es schon einen Eintrag zu diesem Wort gibt, wird mittels `get()` der zugehörige Zählerwert nachgeschlagen, dieser in Zeile 18 um eins erhöht und mit `put()` das aktuelle Wort und der erhöhte Zählerwert wieder eingefügt. Dabei wird der alte Eintrag überschrieben.

Wenn der Eingabestream abgearbeitet ist, befinden sich in der Hashtabelle alle gefundenen Wörter inklusive ihrer Häufigkeit. Die Ausgabe könnte dann folgendermaßen erfolgen:

```
Console cons = System.console();
...

cons.printf(" Gesamte Wortanzahl: " + statistik.size());

Set<String> wörter = statistik.keySet();
Iterator<String> it = wörter.iterator();

while(it.hasNext()) {
   String wort  = it.next();
   Integer wert = statistik.get(wort);
   cons.printf("  %s : %d\n", wort, wert.intValue());
}
```

Die Methode `keySet()` dient dazu, eine Menge aller Schlüssel der Hashtabelle zu erhalten. In unserem Fall entspricht dies genau den angetroffenen Wörtern. Mittels eines Iterators kann dann bequem die Menge durchlaufen und aus der Hashtabelle der zugehörige Wert ausgelesen werden.

INFO Beachten Sie, dass dieses Programm noch nicht perfekt ist, beispielsweise würde man für ernsthaftes Zählen die Eingabedatei erst noch etwas aufbereiten (z.B. Satzzeichen entfernen).

29.6 Iteratoren und for-Schleife

Vor allem für Container des Typs Liste oder Menge will man häufig über den kompletten Inhalt iterieren, d.h., alle Elemente besuchen und auslesen oder verändern. Hierfür gibt es Java zwei Möglichkeiten:

- das Iterator-Modell und
- die »for each«-Schleife

29.6.1 Iteratoren

Ein *Iterator* ist ein besonderes Objekt, das dazu dient, die Elemente eines Containers nacheinander zu durchlaufen. Man kann die Funktionsweise eines Iterators stark vereinfacht mit einer normalen `for`-Schleife vergleichen, mit der man ein Array durchläuft: Zu Beginn steht die Schleifenvariable auf der Position mit dem ersten Element, nach der Inkrementierung zeigt sie auf das nächste Element usw. Wichtig ist der Umstand, dass man nur vom Anfang zum Ende laufen kann; hin- und herspringen oder mal vorwärts, dann rückwärts laufen ist normalerweise nicht möglich.

Auch in Java steht eine besondere Schnittstelle `java.util.Iterator` zur Verfügung mit den Methoden:

- `boolean hasNext()` – liefert `true`, wenn es noch nicht besuchte Elemente gibt.
- `E next()` – liefert das nächste Element aus dem Container.
- `void remove()` – erlaubt eine Veränderung des Containers, indem das zuletzt besuchte Element gelöscht wird.

Alle von `List` und `Set` abgeleiteten Klassen bieten eine besondere `iterator()`-Methode an, die ein `Iterator`-Objekt zurückliefert, das dann zum Durchlaufen des Containers verwendet werden kann. In den obigen Beispielen wurde das teilweise schon eingesetzt. Hier noch mal ein Beispiel für den Einsatz eines Iterators, wobei die besuchten Elemente aus dem Container gelöscht werden:

```
ArrayList<String> liste = new ArrayList<String>();

// ... Liste mit String-Objekten füllen

// Iterator für den Container besorgen
// Der Iterator muss passend zum Container typisiert werden
Iterator<String> it = liste.iterator();

// Liste auslesen und gleichzeitig löschen
while(it.hasNext()) {
   String str = it.next();
```

```
    System.out.println(str);
    it.remove();
}
// liste ist jetzt wieder leer
```

Zusätzlich zur `Iterator`-Schnittstelle existiert noch eine Spezialversion `ListIterator`, die von `Iterator` abgeleitet ist und wie der Name schon vermuten lässt, nur für Listen verfügbar ist. `ListIterator` bietet noch Methoden an, mit denen man die Liste in beliebiger Richtung durchlaufen und bearbeiten kann. Hierzu bieten alle von `List` abgeleiteten Klassen die Methode `listIterator()` an.

- `boolean hasPrevious()` – `true`, wenn es ein Vorgängerelement gibt.
- `Object previous()` – liefert das vorangehende Elemente aus einer Liste.
- `int previousIndex()` – liefert den Index des Elements, das ein nächster `previous()`-Aufruf liefern würde, oder -1, falls nicht vorhanden.
- `boolean hasNext()` – `true`, wenn es einen Nachfolger gibt.
- `int nextIndex()` – liefert den Index des Elements, das der nächste `next()`-Aufruf liefern würde, oder -1, falls nicht vorhanden.
- `void add(E element)` – fügt `element` in die Liste vor das Element ein, das der nächste `next()`-Aufruf liefern würde.
- `void remove()` – löscht das aktuell besuchte Element aus der Liste.
- `void set(E element)` – ersetzt das aktuell besuchte Element durch `element`.

INFO

Die ändernden Iteratoren-Methoden `add()`, `set()` und `remove()` sind optionale Methoden. Dies bedeutet, dass ein Iterator sie zwar implementieren muss, aber eventuell nur Rumpfcode vorgibt, der nichts anderes macht als eine Exception vom Typ `UnsupportedOperationException` auszulösen.

Beim Einsatz eines Iterators darf man keine Annahmen über die Reihenfolge machen, mit der die Elemente des zugrunde liegenden Containers besucht werden. Davon ausgenommen sind lediglich die Iteratoren vom Typ `ListIterator` (diese liefern die Elemente nach ihrer Position in der Liste) sowie die Iteratoren, die direkt oder indirekt von `TreeSet` und `TreeMap` erstellt worden sind (diese Container verwalten ihre Einträge in der natürlichen aufsteigenden Reihenfolge). Mehr dazu im nächsten Abschnitt.

29

Die Enumeration-Schnittstelle

Neben der `Iterator`-Schnittstelle findet sich in der Java-Bibliothek noch eine weitere Schnittstelle, `java.util.Enumeration`, die ebenfalls eine einfache Iterator-Funktionalität anbietet. Diese Schnittstelle definiert die Methoden

```
boolean hasMoreElement()
```

```
E nextElement()
```

zum Durchwandern der Elemente. `Enumeration` ist seit der ersten Java-Version vorhanden und wurde erst später durch die modernere `Iterator` abgelöst. Aus Kompatibilitätsgründen ist `Enumeration` jedoch weiterhin vorhanden und es gibt eine Reihe von älteren Java-Klassen, welche diese Schnittstelle implementieren oder Methoden anbieten, die ein `Enumeration`-Objekt liefern.

Für eigene Klassendefinitionen sollten Sie `Enumeration` nicht mehr verwenden und stattdessen `Iterator` einsetzen.

29.6.2 Die for-Schleife für Collections

Wenn Sie die Elemente eines Containers in einem Rutsch durchlaufen möchten, können Sie dazu auch die neue, in Java 5 eingeführte Syntax der `for`-Schleife verwenden:

```
for (E element : container) {
   ...
}
```

Das folgende Programm verwendet die `for`-Schleife zur Ausgabe der Elemente in einem Container:

Listing 29.6: For_Demo.java – Verwendung von for mit Collection

```
import java.util.Iterator;
import java.util.HashSet;
import java.util.Scanner;

public class For_Demo {

   public static void main(String[] args) {

      HashSet<String> schauspieler = new HashSet<String>();

      schauspieler.add("Cary Grant");
      schauspieler.add("Grace Kelly");
      schauspieler.add("Jessie Royce Landis");
      schauspieler.add("J. Williams");

      System.out.println("\n\t\tUeber den Daechern von Nizza");
      System.out.println("\n Mitwirkende Schauspieler: \n");

      for (String name : schauspieler) {
         System.out.println("   " + name);
      }

   }
}
```

Die Iterator-Version dieser `for`-Schleife würde lauten:

```
for (Iterator<String> it = schauspieler.iterator(); it.hasNext(); ) {
   System.out.println("   " + it.next());
}
```

29.7 Suchen und Sortieren

Während die Elemente einer Liste naturgemäß in einer festen Reihenfolge vorliegen (so wie sie eingefügt worden sind), ist dies für Hashtabellen und Mengen grundsätzlich nicht der Fall. Die Ausnahmen wurden bereits in diesem Kapitel erwähnt:

- `LinkedHashSet` und `LinkedHashMap` verwalten die Elemente nach der Reihenfolge, in der sie eingefügt worden sind.
- `TreeSet` und `TreeMap` halten die eingefügten Elemente aufsteigend in ihrer natürlichen Reihenfolge geordnet.

Damit die Klassen `TreeSet` und `TreeMap` Elemente sortieren können, müssen sie natürlich wissen, wie dies geschehen soll, d.h., es wird ein Vergleichskriterium benötigt. Aus diesem Grund sollten bei diesen Klassen die eingefügten Elemente bzw. Schlüssel eine besondere Schnittstelle implementieren: `java.lang.Comparable`.

29.7.1 Die Schnittstelle Comparable

Diese Schnittstelle besteht aus einer einzigen Methode

```
public int compareTo(T obj)
```

und dient zum Vergleich der aktuellen Instanz mit dem Objekt `obj`. Als Rückgabewert muss ein negativer Wert für »kleiner«, 0 für »gleich« und ein positiver Wert für »größer« zurückgegeben werden.

In Kapitel 17.3 wurde die Schnittstelle bereits ausführlich vorgestellt. Hier soll Ihnen anhand eines einfachen Beispiels gezeigt werden, wie Sie Objekte, deren Klasse `Comparable` implementiert, in geordneter Reihenfolge in einem `TreeSet`-Container verwalten können.

INFO

Die Reihenfolge der Elemente in einem Container, welche durch die `compareTo()`-Methode von `Comparable` entsteht, wird als *natürliche Reihenfolge* bezeichnet (im Unterschied zu einer über einen `Comparator` definierten, siehe unten).

29

Beispiel: Sie haben eine Klasse `Mitglied`, die Daten zu einem Vereinsmitglied enthält: den Namen, Vornamen sowie das Beitrittsjahr.

Listing 29.7: SortComparable.java – Verwendung der Schnittstelle Comparable mit TreeSet

```
import java.util.*;

// Klasse für einzufügende Elemente
class Mitglied<T extends Mitglied> implements Comparable<T> {
   String name;
   String vorname;
   int jahr;

   // Konstruktor
   Mitglied(String n, String v, int j)  {
```

```
      name = n;
      vornamе = v;
      jahr = j;
    }

    // Vergleichsmethode
    public int compareTo(T obj)  {
      if(jahr < obj.jahr)
         return -1;
      if(jahr == obj.jahr)
         return 0;
      else
         return 1;
    }
}
...
```

Diese Klasse stellt eine Implementierung von `compareTo()` bereit, sodass Instanzen in `TreeSet` eingefügt werden können und sie dort aufsteigend nach dem Beitrittsjahr sortiert vorliegen. Dies bedeutet, dass die bereits richtig sortierte Menge von einem Iterator durchlaufen werden kann:

Listing 29.8: Objekte von Mitglied in TreeSet verwalten

```
...
public class SortComparable {
  public static void main(String[] args) {
     System.out.println();
     TreeSet<Mitglied> meinVerein = new TreeSet<Mitglied>();

     Mitglied mg;

     mg = new Mitglied("Mueller", "Peter", 2001);
     meinVerein.add(mg);
     mg = new Mitglied("Louis", "Dirk", 2000);
     meinVerein.add(mg);
     mg = new Mitglied("Meier", "Kurt", 1998);
     meinVerein.add(mg);

     Iterator<Mitglied> it = meinVerein.iterator();

     while(it.hasNext()) {
        mg = it.next();
        System.out.println(" " + mg.jahr + ": " + mg.name + ","
                                  + mg.vorname);
     }
  }
}
```

29.7.2 Die Schnittstelle Comparator

Neben der Schnittstelle `Comparable` existiert noch eine weitere Schnittstelle `Comparator` mit den Methoden

```
public int compare(T o1, T o2)
public boolean equals(Object obj)
```

`compare()` entspricht der `compareTo()`-Methode von `Comparable` und `equals()` ist die von `Object` geerbte Methode `equals()` (siehe Kapitel 17.3).

Eine wichtige Anwendungsmöglichkeit von `Comparator` liegt wieder bei den Containern mit Sortierung wie `TreeSet` und `TreeMap`. Wenn z.B. mehrere `String`-Objekte eingefügt werden, dann werden sie aufgrund der `compareTo()`-Methode, welche die String-Klasse implementiert, lexikografisch aufsteigend angeordnet. Angenommen für unsere Zwecke wäre eine absteigende Sortierung besser. Da `String` als `final` definiert ist, kann leider keine von `String` abgeleitete Klasse erstellt werden, welche eine neue Implementierung von `compareTo()` für absteigende Sortierung besitzt.

Hier hilft die `Comparator`-Schnittstelle weiter. Die Klassen `TreeSet` und `TreeMap` bieten neben ihren Standardkonstruktoren noch besondere Konstruktoren an, denen man eine Instanz einer Klasse mitgeben kann, die `Comparator` implementiert:

```
TreeMap(Comparator<? super K> comp)
TreeSet(Comparator<? super E> comp)
```

Bei Verwendung dieser Konstruktoren wird für die Sortierung während des Einfügens von Elementen die `compare()`-Methode des `Comparator`-Objekts verwendet.

Listing 29.9 zeigt ein Beispiel für die Definition einer `Comparator`-Klasse, die zur lexikografisch absteigenden Sortierung von `String`-Objekten benutzt werden kann. Das ist schnell erledigt, da bei der `Comparator`-Implementierung für `compare()` auf die `compareTo()`-Methode von `String` zurückgegriffen werden kann. Danach wird das Ergebnis negiert, sodass anstatt aufsteigend von a-z in umgekehrter Reihenfolge sortiert wird.

Listing 29.9: SortComparator.java – Beispiel für den Einsatz von Comparator

```
import java.util.*;

class StringComp implements Comparator<String> {

   public int compare(String str1, String str2) {
      int erg =  -1 * str1.compareTo(str2);
      return erg;
   }
}


public class SortComparator {
   public static void main(String[] args) {
      System.out.println();

      StringComp comp = new StringComp();
      TreeSet<String> menge = new TreeSet<String>(comp);

      menge.add("Peter");
      menge.add("Adam");
```

```
            menge.add("Dirk");
            menge.add("Albert");

            Iterator<String> it = menge.iterator();

            while(it.hasNext()) {
               String str = it.next();
               System.out.println(" " + str);
            }
         }
      }
```

29.7.3 Die Klasse Collections

Ein wichtiges Hilfsmittel für den Umgang mit Containern stellt die Klasse `java.util.Collections` dar[6]. Sie bietet eine große Zahl an statischen Methoden, beispielsweise zum Suchen. Tabelle 29.7 zeigt eine kleine Auswahl.

Tabelle 29.7: Wichtige Methoden der Klasse Collections

Methode	Beschreibung
`static <T> booelan` **`addAll`**`(Collection<? super T> c, T... a)`	Fügt die übergebenen Objekte in den Container ein.
`static <T> int` **`binarySearch`**`(List<? extends Comparable<? super T>> liste, T obj)` `static <T> int` **`binarySearch`**`(List<? extends T> liste, T obj, Comparator<? super T> comp)`	Durchsucht `liste` nach dem Element `obj` und liefert die Position des Elements oder –1 bei Misserfolg. `liste` muss in natürlicher Reihenfolge aufsteigend sortiert sein. Alternativ kann auch ein `Comparator`-Objekt `comp` mitgegeben werden, falls `liste` mit `comp` aufsteigend sortiert worden ist.
`static <T> void` **`copy`**`(List<? super T> ziel, List<? extends T> quelle)`	Kopiert alle Elemente von `quelle` nach `ziel`.
`static boolean` **`disjoint`**`(Collection<?> c1, Collection<?> c2)`	Liefert `true`, wenn die beiden übergebenen Container keine gemeinsamen Elemente enthalten.
`static <T> void` **`fill`**`(List<? super T> liste, T obj)`	Ersetzt alle Elemente in `liste` durch `obj`.
`static int` **`frequency`**`(Collection<?> c, Object obj)`	Gibt an, wie oft `obj` in `c` vorkommt.

6 Man beachte das »s« im Klassennamen.

Tabelle 29.7: Wichtige Methoden der Klasse Collections (Forts.)

Methode	Beschreibung
static <T extends Object & Comparable<? super T>> T **max**(Collection<? extends T> coll) static <T> T **max**(Collection<? extends T> coll, Comparator<? super T> comp)	Liefert das Element mit dem maximalen Wert aus dem Container coll gemäß der natürlichen Reihenfolge bzw. der durch comp definierten.
static <T extends Object & Comparable<? super T>> T **min**(Collection<? extends T> coll) static <T> **min**(Collection<? extends T> coll, Comparator<? super T> comp)	Liefert das Element mit dem minimalen Wert aus dem Container coll gemäß der natürlichen Reihenfolge bzw. der durch comp definierten Reihenfolge.
static <T> boolean **replaceAll**(List<T> liste, T alt, T neu)	Ersetzt in liste alle Elemente, die zu alt identisch sind, durch das Element neu.
static void **reverse**(List<?> liste)	Kehrt die Reihenfolge der Elemente in liste um.
static void **shuffle**(List<?> liste)	Erzeugt eine zufällige Permutation der Elemente in liste.
static <T extends Comparable<? super T>> void **sort**(List<T> liste) static <T> void **sort**(List<T> liste, Comparator<? super T> c)	Sortiert liste aufsteigend in natürlicher Reihenfolge bzw. gemäß der durch comp definierten Reihenfolge.
static void **swap**(List<?> liste, int i, int j)	Tauscht die Elemente an den spezifizierten Positionen.

Das folgende Listing 29.10 zeigt, wie mithilfe der Collections-Klasse eine Liste aufsteigend sortiert wird.

Listing 29.10: CollectionsDemo.java – Sortieren einer Liste mittels Collections.sort()

```
import java.util.*;

public class CollectionsDemo {
   public static void main(String[] args) {
      System.out.println();

      ArrayList<String> liste = new ArrayList<String>();

      liste.add("Hamburg");
      liste.add("Frankfurt");
      liste.add("Berlin");
```

```
        liste.add("Hannover");
        liste.add("Dortmund");

        // liste ist jetzt noch nach Einfügereihenfolge sortiert
        Collections.sort(liste);
        // liste ist jetzt alphabetisch aufsteigend

        Iterator<String> it = liste.iterator();

        while(it.hasNext())
            System.out.println(" " + it.next());
    }
}
```

Ausgabe:

```
Berlin
Dortmund
Frankfurt
Hamburg
Hannover
```

Kapitel 30
Thread-Programmierung

Sicherlich haben Sie schon oft den Begriff *Multithreading* gelesen oder sind auf Formulierungen wie *die Methode ist threadsicher* gestoßen, ohne genau zu wissen, was damit gemeint. Dies Kapitel soll Abhilfe schaffen.

30.1 Einführung

Die meisten Computer besitzen einen einzigen Prozessor, der dafür verantwortlich ist, alle ihm als Maschinencode übergebenen Anweisungen auszuführen. Dies macht er sequenziell, also Anweisung für Anweisung. Aus diesem Grund kann ein 1-Prozessor zu einem Zeitpunkt immer nur eine Aktivität ausführen. Im täglichen Umgang mit einem PC wäre es aber praktisch, wenn mehrere Dinge gleichzeitig ablaufen könnten, z.B. man schreibt eine E-Mail, lädt gleichzeitig ein Programmpaket aus dem Internet und druckt eine Hausarbeit aus. Wie Sie wissen, ist dies mit modernen Rechnern möglich, und zwar aus zwei Gründen:

- die Schnelligkeit moderner Prozessoren
- das Prozesskonzept

Ein Prozessor kann zwar immer nur eins nach dem anderen erledigen, dies aber so rasend schnell, dass es einem Menschen in der Regel nicht auffällt, wenn zwei verschiedene Aktivitäten (Programme) immer abwechselnd abgearbeitet werden: zunächst einige Maschinencode-Anweisungen von Programm A, dann einige Anweisungen von Programm B, dann wieder A usw.

Damit bei dem schnellen Hin- und Herschalten zwischen verschiedenen Programmen keine Verwirrung entsteht (und z.B. Programm A Daten von Programm B überschreibt), wurden *Prozesse* eingeführt. Jedes Programm, das gestartet wird, läuft innerhalb eines eigenen Lebensraums – dem Prozess. Ein solcher Prozess besteht im Wesentlichen aus dem Programmcode sowie einem Speicherbereich im Hauptspeicher, der exklusiv für das Programm zur Verfügung steht. Wenn der Prozessor zwischen verschiedenen Programmen hin- und herschaltet, wechselt er also zwischen verschiedenen Prozessen.

Die Zuteilung des Prozessors zu den vorhandenen Prozessen nennt man *Scheduling*, und hierfür sind zahlreiche Varianten entwickelt worden, wobei die meisten Betriebssysteme als Grundprinzip das präemptive Scheduling verwenden, bei dem die Zeit in feste Zeitscheiben eingeteilt wird. Jeder Prozess erhält den Prozessor eine Zeitscheibe lang, dann wird ihm der Prozessor entzogen und ein anderer Prozess kommt an die Reihe.

Das Prozesskonzept ist ein Meilenstein in der Weiterentwicklung der Betriebssysteme, aber es ist noch nicht optimal. Stellen Sie sich beispielsweise vor, dass ein Programm eine größere Datenmenge an den Drucker übertragen soll. Während das Programm ausgeführt wird (also als ein Prozess aktiv ist und der Prozessor die entsprechenden Codeblöcke abarbeitet), kann der Benutzer des Programms keinen Einfluss mehr ausüben und z.B. die Operation per Mausklick stoppen[1]. Was man bräuchte, wäre die Fähigkeit, innerhalb eines Prozesses mehrere Aktivitäten gleichzeitig[2] abzuarbeiten, also zum einen Druckdaten erzeugen und auf Mausklicks lauschen. Dies lässt sich prinzipiell mit dem Prozessmechanismus lösen, wäre aber sehr umständlich und langsam, da das Umschalten zwischen Prozessen einen recht hohen Aufwand verursacht.

Die Lösung des Problems sind *Threads* (»Fäden«). Man kann sie sich als Ausführungsfäden oder untergeordnete Prozesse vorstellen, die innerhalb eines Prozesses ablaufen. In der Informatik nennt man sie daher auch *leichtgewichtige* Prozesse. Da Threads innerhalb eines Mutterprozesses und somit des gleichen Speicher- und Prozessorkontextes ablaufen, ist das Umschalten recht effizient und viel schneller als das Umschalten zwischen Prozessen. Solange einem Prozess der Prozessor zugeteilt ist, kann die zur Verfügung stehende Rechenzeit unter den Threads in diesem Prozess aufgeteilt werden. Und solange mindestens ein Thread existiert, lebt auch der ganze Prozess und somit das entsprechende Programm[3].

1 Solche Situationen treten häufig auf, meist als Folge von schlecht programmierter Software!
2 Gleichzeitig wieder im Sinne von »extrem schnell hin- und herschalten«.
3 Eine Ausnahme stellen die Dämonen dar, die Sie später antreffen werden.

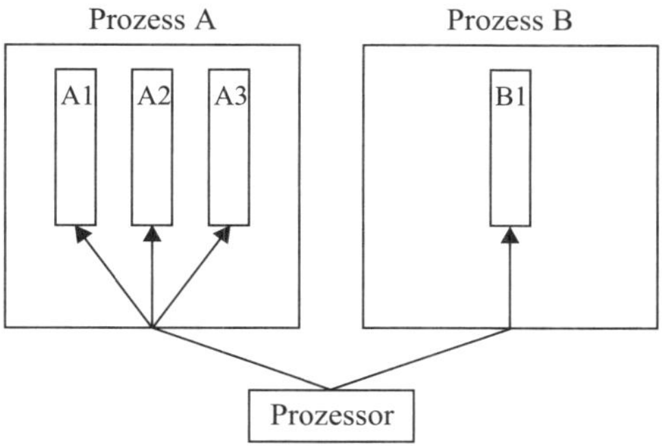

Abbildung 30.1: Prozesse mit drei bzw. einem Thread

30.2 Threads

Wenn Sie ein normales Javaprogramm erstellt haben und ablaufen lassen, dann wird ein Prozess erzeugt, in dem die Java Virtual Machine das Programm mit zunächst einem Thread (dem main-Thread) ablaufen lässt (dies ist nicht ganz richtig, da noch weitere Threads in der Java Virtual Machine ablaufen, z.B. für den Garbage Collector, aber in Bezug auf das erstellte Programm stimmt es). Falls das Programm noch eine GUI-Oberfläche aufbaut, wird darüber hinaus noch ein Thread für das Event-Handling gestartet, sodass anfangs zwei Threads am Laufen sind: der main-Thread und der Event-Handling-Thread[4]. Solange mindestens ein Thread existiert, läuft auch das gesamte Programm[5].

Diese Threads erhält Ihr Java-Programm also automatisch. Zusätzliche Threads müssen explizit programmiert und gestartet werden. Hierbei muss bei Java im Gegensatz zu anderen Programmiersprachen keine spezielle Thread-Bibliothek eingesetzt werden, da Threads ein fester Bestandteil von Java sind. Zwei Möglichkeiten stehen zum Erzeugen von Threads zur Verfügung:

- die Erzeugung mithilfe der Klasse `Thread` oder der Schnittstelle `Runnable`.
- die Erzeugung von Threads für parallele Aufgaben mit dem seit Java 7 verfügbaren Fork-Join-Framework (siehe Abschnitt 30.7).

30

30.2.1 Die Klasse Thread

Ein Thread wird in einem laufenden Java-Programm durch ein Objekt vom Typ `java.lang.Thread` repräsentiert. Da `Thread` keine besondere Funktionalität bietet, muss man eine eigene Klasse von `Thread` ableiten und entsprechend implementieren.

4 Bei einer typischen GUI-Anwendung instanziiert der main-Thread nur die Fenster und endet dann, sodass der Event-Handling-Thread zum eigentlichen main-Thread wird.

5 Sie haben sich bei der Swing-Programmierung vielleicht schon mal gewundert, warum das Programm nicht sofort beendet wird, wenn die `main()`-Methode lediglich ein Fenster erzeugt hat: der main-Thread ist zwar zu Ende, aber der Event-Handling Thread lebt noch.

Die Klasse `Thread` definiert die folgenden wichtigen Methoden:

- `public void start()` zum Starten des Threads
- `public void run()` mit dem auszuführenden Code

Ein `Thread`-Objekt kann sich dabei in einem von vier Zuständen befinden:

- **NEW (neu)**: Ein Thread-Objekt wurde mit `new` erzeugt.
- **RUNNABLE (lauffähig)**: Der Thread wurde durch Aufruf von `start()` gestartet und ist entweder am Ablaufen (der Prozessor führt gerade die Codeanweisungen im Rumpf von `run()` durch) oder wartet auf die Prozessorzuteilung.
- **BLOCKED (blockiert)**: Der Thread wartet darauf, dass synchronisierter Code freigegeben wird.
- **WAITING (wartend)**: Der Thread wartet unbegrenzt darauf, dass ein anderer Thread eine bestimmte Aktion durchführt.
- **TIMED_WAITING (begrenzt wartend)**: Der Thread wartet eine bestimmte Zeit darauf, dass ein anderer Thread eine bestimmte Aktion durchführt.
- **TERMINATED (beendet)**: Der Thread wurde beendet, weil die `run()`-Methode verlassen worden ist.

Die Zustände »RUNNABLE« bis »TIMED_WAITING« gelten als die aktiven Zustände eines Threads.

INFO

Der Zustand eines Threads kann jederzeit mithilfe der Methode `getState()` abgefragt werden. Rückgabewert ist eine der obigen Konstanten (vom Typ der internen `Thread`-Aufzählung `State`).

Nach dem Erzeugen eines Thread-Objekts beginnt das Leben des Threads durch den Aufruf von `start()`. In dieser Methode wird dafür gesorgt, dass ein neuer Thread innerhalb des Prozesses erzeugt und gestartet wird. Dann wird in die `run()`-Methode mit dem anwendungsspezifischen Code gesprungen.

STOP

Wenn die `run()`-Methode direkt von einem Java-Programm aus aufgerufen wird, dann wird kein neuer Thread gestartet, sondern `run()` wird wie eine normale Methode innerhalb des aktuellen Threads ausgeführt. Daher Threads immer mit `start()` aktivieren!

Solange ein Thread seine `run()`-Methode abarbeitet, lebt er und befindet sich im Zustand *lauffähig*. Wenn die `run()`-Methode beendet wird, dann stirbt er und wird vom Garbage Collector entsorgt. Diese Regel deutet auch schon an, wie man einen Thread beendet: Man muss dafür sorgen, dass er seine `run()`-Methode beendet. Gleich werden Sie sehen, wie dies funktioniert.

Machen wir uns das bisher Gesagte an einem Beispiel klar, und zwar zunächst ohne Threads, um zu sehen, wo der Nutzen von Threads liegt. Das folgende Programm erzeugt ein kleines Fenster und malt in einer Endlosschleife ein Fraktal.

Listing 30.1: FraktalDemo.java – Fraktalberechnung ohne Threads

```
import java.awt.*;
import java.awt.geom.*;
import java.awt.event.*;
import javax.swing.*;
import java.util.*;

public class FraktalDemo  {
   public static void main(String[] args) {
     FraktalFenster fenster = new FraktalFenster();
     fenster.validate();
     fenster.setVisible(true);
   }
}

class FraktalFenster extends JFrame implements ActionListener {
   private JPanel contentPane;
   private JPanel canvas;
   private BorderLayout borderLayout = new BorderLayout();
   private boolean weiter = true;

   // Konstruktor
   public FraktalFenster() {
      contentPane = (JPanel) this.getContentPane();
      contentPane.setLayout(borderLayout);
      setSize(new Dimension(400, 400));
      setResizable(false);
      setTitle("Fraktal-Demo");

      JPanel tmp = new JPanel();
      JButton start = new JButton("Start");
      JButton stop  = new JButton("Stopp");
      start.addActionListener(this);
      stop.addActionListener(this);
      tmp.add(start);
      tmp.add(stop);
      contentPane.add(tmp,BorderLayout.SOUTH);

      canvas = new JPanel();
      canvas.setSize(400,300);
      canvas.setBackground(Color.BLACK);
      contentPane.add(canvas, BorderLayout.CENTER);

      setDefaultCloseOperation(JFrame.EXIT_ON_CLOSE);
   }

   private void lorenzFarbig() {
      double a = 10.0;
      double b = 8 / 3;
      double c = 28.0;
      double d = 0.003;

      double x_neu,x_alt, y_neu, y_alt, z_neu, z_alt;
      int pos_x, pos_y;
```

```
        x_alt = 0.1;
        y_alt = 0.1;
        z_alt = 0.5;

        Graphics g = canvas.getGraphics();
        g.setColor(Color.BLACK);
        g.fillRect(0,0,400,400);
        g.setColor(Color.RED);

        int num = 0;

        Color[] farben = new Color[5];

        farben[0] = Color.RED;
        farben[1] = Color.GREEN;
        farben[2] = Color.PINK;
        farben[3] = Color.YELLOW;
        farben[4] = Color.BLUE;

        Random würfel = new Random();

        while(weiter)  {
           x_neu = x_alt + d * a * (y_alt - x_alt);
           y_neu = y_alt + d * (x_alt * (c - z_alt) - y_alt);
           z_neu = z_alt + d * (x_alt * y_alt - b * z_alt);

           pos_x = (int) (200 + x_neu * 100);
           pos_y = (int) (250 + y_neu * 100);

           if(pos_x >= 0 && pos_x <= 400 && pos_y >= 0 && pos_y <= 400) {
              g.fillRect(pos_x, pos_y, 1 , 1 );
              num++;

              if(num > 50000) {
                 int farbe = würfel.nextInt(5);
                 g.setColor(farben[farbe]);
                 num = 0;
              }
           }

           x_alt = x_neu;
           y_alt = y_neu;
           z_alt = z_neu;
        }
     }

     public void actionPerformed(ActionEvent e)  {
        String cmd = e.getActionCommand();

        if(cmd.equals("Start") == true)
           lorenzFarbig();

        if(cmd.equals("Stopp") == true)
           weiter = false;
     }
  }
```

Es handelt sich hier um ein Standard-Swing-Programm, das Ihnen keine Probleme bereiten sollte. Es werden ein Fenster vom Typ `JFrame` sowie zwei Schaltflächen zum Starten (START) und Beenden (STOPP) der Fraktalberechnung angelegt (siehe Konstruktor `FraktalFenster()`). Für die Schaltflächen wird zudem eine `actionPerformed()`-Methode bereitgestellt, die prüft, welcher Schalter geklickt wurde. Für START wird die Methode `lorenzFarbig()` zum Berechnen und Zeichnen eines sogenannten Lorenz-Fraktals aufgerufen. Auf die Berechnungsvorschrift für dieses Fraktal soll an dieser Stelle nicht weiter eingegangen werden. Zum Beenden der Berechnung drückt der Benutzer die STOPP-Schaltfläche, woraufhin die Instanzvariable `weiter` auf `false` gesetzt wird. Sie sorgt dafür, dass die Endlosschleife in `lorenzFarbig()` nicht mehr weiter durchlaufen wird und das Zeichnen somit abgebrochen wird.

Wenn Sie sich diesen Programmcode anschauen, sieht alles recht vernünftig aus. Das Ausprobieren wird Ihnen aber zeigen, dass es nach dem Starten des Fraktalzeichnens nicht mehr möglich ist, auf die STOPP-Schaltfläche zu klicken! Dadurch wird der beabsichtigte Mechanismus, über die `weiter`-Variable die Schleife in `lorenzFarbig()` zu beenden, vereitelt.

INFO

Sollten Sie das Programm trotzdem ausprobieren wollen, müssen Sie es danach über den Prozess-Manager Ihres Betriebssystems abschießen. (Für Windows Aufruf durch kurzes, einmaliges Drücken von [Strg]+[Alt]+[Entf].)

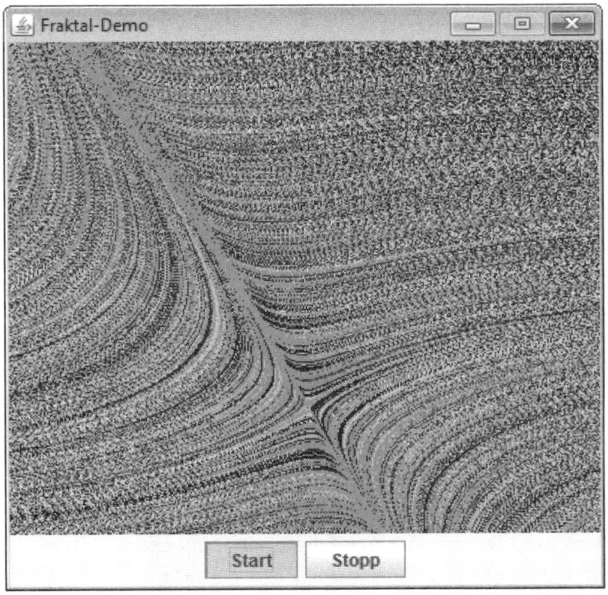

Abbildung 30.2: Endloses Zeichnen eines Lorenz-Fraktals

Der Grund für dieses Phänomen liegt darin, dass die Zeichenmethode `lorenzFarbig()` innerhalb des Event-Handling-Threads der Swing-Oberfläche aufgerufen worden ist, d.h., innerhalb des einzig aktiven Threads in unserem Beispielprogramm (der main-Thread hat nach dem Aufruf von setVisible() in Zeile 11 sein Leben bereits ausgehaucht). Da dieser Thread eigentlich nur dafür gedacht ist, auf Mausevents zu achten, ist klar, warum er seiner Aufgabe nicht nachkommen kann: Er ist durch die Ausführung von lorenzFarbig() bereits völlig ausgelastet.

Der Ausweg lautet in einem Kapitel über Thread-Programmierung natürlich »Threads einsetzen«. Anstelle in actionPerformed() die Zeichenmethode direkt aufzurufen, muss ein Thread erzeugt werden, der das Zeichnen übernimmt. Der Event-Handling-Thread ist dadurch nur ganz kurze Zeit mit der Instanziierung und dem Starten des neuen Threads beschäftigt und kann dann wieder auf Mausevents warten.

Das Programm muss also um eine Klasse FraktalThread erweitert werden, welche den Code für das Zeichnen in ihrer run()-Methode aufruft.

Listing 30.2: Aus FraktalDemoThread – Thread-Klasse für das Zeichnen des Fraktals

```
class FraktalThread extends Thread {
   private boolean weiter = true;
   private JPanel canvas;

   FraktalThread(JPanel canvas)  {
      this.canvas = canvas;
   }

   public void stoppen()  {
      weiter = false;
   }

   public void run() {
      lorenzFarbig();
   }

   private void lorenzFarbig() {
      // ... wie gehabt
   }
}
```

Die run()-Methode implementiert die Aufgabe, die der Thread erfüllen soll. Dort wird daher der Aufruf der ansonsten zum obigen Beispiel unveränderten Zeichenmethode lorenzFarbig() platziert. Da die Methode Zugriff auf die Zeichenfläche benötigt, wird ein entsprechender Konstruktor bereitgestellt, der eine Referenz auf ein JPanel erhält und in einer Instanzvariablen abspeichert.

Wie Sie wissen, besitzt die Klasse Thread eine start()-Methode zum Starten des Threads. Sie darf nicht überschrieben werden. Zum Stoppen eines Threads gab es in früheren Java-Versionen eine besondere stop()-Methode, die aber aus diversen Gründen mittlerweile als deprecated markiert worden ist und nicht mehr verwendet werden darf. Zum Stoppen dient daher eine selbst implementierte Methode stoppen(), mit der die Instanzvariable weiter auf false gesetzt werden kann. Daran erkennt die Methode lorenzFarbig() und somit auch die aufrufende run()-

Methode, dass sie enden sollen. Gemäß dem Lebenszyklus eines Threads bedeutet das Ende der run()-Methode auch das Ende des gesamten Threads.

Der Einsatz der oben definierten Thread-Klasse ist dann sehr einfach:

```
public void actionPerformed(ActionEvent e)  {
   String cmd = e.getActionCommand();

      if((cmd.equals("Start") == true) && (fraktal == null))  {
         fraktal = new FraktalThread(canvas);
         fraktal.start();
      }

      if((cmd.equals("Stopp") == true) && (fraktal != null))  {
         fraktal.stoppen();
         fraktal = null;
      }
}
```

Bei Drücken von START instanziieren Sie ein Objekt unserer Thread-Klasse (mit der Zeichenfläche canvas als Argument) und aktivieren dann den Thread durch Aufruf seiner start()-Methode.

Für den beendeten Thread setzen Sie die Threadvariable fraktal auf null. So können Sie in actionPerformed() prüfen, ob gerade ein FraktalThread existiert und ausgeführt wird und verhindern, dass ein zweiter Thread gestartet bzw. die stoppen()-Methode für ein nicht existierendes FraktalThread-Objekt aufgerufen wird.

30.2.2 Die Schnittstelle Runnable

Das Erstellen einer threadfähigen Klasse kann nicht nur durch das Ableiten von java.lang.Thread erfolgen, sondern auch alternativ durch die Implementierung der Schnittstelle java.lang.Runnable.

Diese Schnittstelle hat nur eine einzige Methode, nämlich

```
public void run();
```

welche der run()-Methode der Thread-Klasse entspricht und den auszuführenden Programmcode des Threads enthält.

Der Einsatz von Runnable ist offensichtlich dann notwendig, wenn die Klasse auch von einer anderen Klasse abgeleitet werden soll. Da Mehrfachvererbung in Java nicht erlaubt ist, kann Thread nicht als weitere direkte Basisklasse angegeben werden und es bleibt also nur der »Ausweg« über die Runnable-Schnittstelle. Ein weiterer Grund ist der angenehme Nebeneffekt, dass man in der run()-Methode Zugriff auf die Instanz- und Klassenvariablen der implementierenden Klasse hat und sich die Übergabe von Daten (etwa in Form von Konstruktorargumenten wie im vorherigen Abschnitt) sparen kann.

Um das ursprüngliche Fraktal-Programm mit Runnable threadfähig zu machen, lassen wir FraktalFenster die Schnittstelle implementieren und definieren die run()-Methode wie zuvor:

```
// aus FraktalDemoRunnable.java
class FraktalFenster extends JFrame implements ActionListener, Runnable {
   // ...
   public void run()  {
      lorenzFarbig();
   }
}
```

Das Erzeugen und Starten des Threads erfolgt wieder in `actionPerformed()`, wenn die START-Schaltfläche gedrückt worden ist:

```
// aus FraktalDemoRunnable.java
public void actionPerformed(ActionEvent e)  {
   String cmd = e.getActionCommand();

   if((cmd.equals("Start") == true) && (fraktal == null))  {
      fraktal = new Thread(this);
      fraktal.start();
      weiter = true;
   }

   if((cmd.equals("Stopp") == true) && (fraktal != null)) {
      weiter = false;
      fraktal = null;
   }
}
```

Man erzeugt eine Instanz von `Thread` und übergibt dem Konstruktor eine Referenz auf eine Klasseninstanz, die die `Runnable`-Schnittstelle implementiert, oder anders formuliert: wo der Thread seine `run()`-Methode finden kann. Im obigen Beispiel wird die Thread-Instanz innerhalb der Klasse erzeugt, die `Runnable` implementiert, sodass eine `this`-Referenz dem Konstruktor übergeben werden muss.

Beachten Sie, dass dem Thread keine weiteren Variablen übergeben werden müssen (z.B. das `JPanel` zum Zeichnen), da die `run()`-Methode bzw. die aufgerufene `lorenzFarbig()` ganz normale Klassemethoden sind und vollen Zugriff auf alle Instanzvariablen der Klasse besitzen.

INFO

Das Programm *FraktalDemoRunnable.java* auf der Buch-DVD ist etwas umfangreicher und zeichnet drei verschiedene Arten von Fraktalen.

30.2.3 Schlafen und Unterbrechen

sleep()

Ein Thread, der gestartet worden ist, lebt so lange, wie seine `run()`-Methode ausgeführt wird. Es gibt jedoch auch die Möglichkeit, den Thread schlafen zu legen durch Aufruf einer `sleep()`-Methode der Klasse `Thread`:

```
public static void sleep(long ms) throws InterruptedException
```

```
public static void sleep(long ms, int nanos) throws InterruptedException
```

Diese Methoden erwarten die Anzahl an Millisekunden bzw. Millisekunden und Nanosekunden und legen den aufrufenden Thread auf Eis oder formal ausgedrückt befördern ihn in den Zustand *blockiert*.

Neben sleep() gibt es in Thread außerdem noch eine yield()-Methode, die ebenfalls den aktuellen Thread schlafen legt:

yield()

```
public static void yield()
```

Der Unterschied zu sleep() ist dabei, dass keine Zeitspanne für das Schlafen angegeben wird. Der aktuelle Thread wird gemäß seiner Priorität in die Liste der wartenden Threads aufgenommen und kommt dann irgendwann wieder an die Reihe (yield() spielt auf den meisten modernen Plattformen eigentlich keine Rolle mehr; die Methode wurde vor allem für Betriebssysteme mit kooperativem Thread-Scheduling benötigt; mehr dazu in Abschnitt 30.4.1.

Aber zurück zu sleep(). Ein sich selbst blockierender Thread gibt freiwillig die Kontrolle über den Prozessor ab, sodass ein anderer Thread die Rechenzeit nutzen kann. Dies ist ein wesentlicher Vorteil von sleep() gegenüber »busy waiting« (aktives Warten) z.B. durch Hochzählen einer Variablen in einer Schleife. Hier behält der Thread den Prozessor und vergeudet Rechenzeit; zudem wäre die benötigte Zeit stark rechnerabhängig.

Aber Achtung: Ein Thread, der sich schlafen legt, gibt keine Monitore frei (was dies ist, erfahren Sie in Abschnitt 30.3).

STOP

sleep() kann immer nur für den aktuell laufenden Thread aufgerufen werden, d.h., ein Thread kann nur sich selbst schlafen legen. Es ist nicht möglich, über eine vorhandene Referenz auf einen Thread diesen in den Schlafzustand zu versetzen, z.B.

```
MeinThread demo = new MeinThread();
demo.start();

try {
   demo.sleep(1000); // nicht möglich!!
}
catch(InterruptedException e) {
   System.err.println(e.getMessage());
}
```

interrupt()

Wenn ein Thread schlafen gelegt wird, sollte es auch möglich sein, ihn vorzeitig vor Ablauf der Wartezeit aufzuwecken. Hierzu existiert die Methode

```
public void interrupt() throws SecurityException
```

Mit ihr können blockierte Zustände aufgrund von sleep() sowie die später zu besprechenden Methoden wait() und join() verlassen werden.

Falls der Thread, der interrupt() aufruft, die notwendigen Rechte hat (dies könnte durch einen SecurityManager eingeschränkt worden sein), wird im betroffenen Thread der blockierte Zustand mit einer InterruptedException beendet. Diese Exception sollte dann in der run()-Methode in geeigneter Weise abgefangen werden.

Die interrupt()-Methode kann auch als alternative Möglichkeit zum Beenden eines Threads verwendet werden. Im vorherigen Abschnitt hatten wir eine boolesche Instanzvariable `weiter` eingesetzt, die von der `run()`-Methode zum Durchlaufen einer Endlosschleife verwendet wird, solange sie `true` ist.

Der Aufruf von `interrupt()` setzt im betroffenen Thread ein internes Flag, das mit den Methoden:

```
public static boolean interrupted()
```

```
public boolean isInterrupted()
```

abgefragt werden kann. Die beiden Methoden haben dabei geringfügige, aber wichtige Unterschiede: `interrupted()` testet den Status des Flags des aktuellen (aufrufenden) Threads und setzt dabei das Flag wieder auf `false` (eine phantastische Gelegenheit zum Einbau schwer zu findender Fehler in ein Programm!), wohingegen `isInterrupted()` auch auf beliebigen Thread-Instanzen aufgerufen werden kann und rein lesend den aktuellen Flag-Status zurückgibt. In der Regel empfiehlt sich der Einsatz von `isInterrupted()`. Der typische Aufbau der `run()`-Methode ist dann folgendermaßen:

```
public void run()  {
   while( isInterrupted() == false)  {
     // Thread-Code
   }
}
```

30.2.4 Dämonen

Bisher wurde immer von ganz normalen Threads ausgegangen. Dabei gilt die Regel, dass das Programm beendet wird, sobald der letzte aktive Thread geendet hat.

Es gibt in Java aber auch noch eine besondere Art von Threads, die sogenannten *Dämonen*. Unter einem Dämon versteht man dabei einen Thread, der im Hintergrund läuft und gewisse Hilfsdienste bereitstellt, die von anderen Threads (den Hauptakteuren gewissermaßen) genutzt werden.

Wenn in einem Programm alle Hauptthreads beendet worden sind und es nur noch Dämonen gibt, dann wird das gesamte Programm im Widerspruch zur oben genannten Regel trotzdem beendet, obwohl es noch lebende Threads in Form der Dämonen gibt. Dies scheint der obigen Regel zu widersprechen, macht aber Sinn: Ein Dämon soll andere Threads unterstützen und, wenn es keinen mehr zu unterstützen gibt, ist auch der Dämon nutzlos.

Um aus einem normalen Thread einen Dämon zu machen, wird einfach die `Thread`-Methode

```
public void setDaemon(true)
```

aufgerufen. Um zu testen, ob ein Thread ein Dämon ist, lässt sich dies mit

```
public boolean isDaemon()
```

feststellen.

30.2.5 Nützliche Thread-Methoden

Neben den bisher vorgestellten Methoden der Klasse `Thread` gibt es noch einige weitere, die Sie kennen sollten.

Tabelle 30.1: Weitere wichtige Thread-Methoden

Methode	Beschreibung
`boolean isAlive()`	Liefert `true`, wenn der Thread aktiv ist, d.h., den Status »lauffähig« oder »blockiert« hat.
`static Thread currentThread()`	Liefert eine Referenz auf den aktuell laufenden Thread.
`void setName(String name)`	Gibt dem Thread den Namen `name`.
`void setPriority(int prio)`	Setzt die Thread-Priorität auf `prio (1<= prio <= 10)` Siehe Abschnitt 30.4.1.
`int getPriority()`	Liefert die aktuelle Priorität. Siehe Abschnitt 30.4.1.
`String getName()`	Liefert den Thread-Namen.
`void join()`	Blockiert, bis der Thread beendet ist.
`void join(long zeit)`	Blockiert, bis der Thread beendet ist, aber maximal `zeit` Millisekunden.

join()

Recht nützlich sind die `join()`-Methoden, um auf das Ende eines gestarteten Threads zu warten. Ein typisches Einsatzmuster sieht folgendermaßen aus:

```
// Thread t
t.start();

try {
   t.join(50000);  // max 50 Sekuden warten

   if(t.isAlive() == true) {
      t.interrupt();
   }
} catch(InterruptedException e) {...}
```

Nach dem Start wird mit `join()` eine gewisse Zeit auf das Ende des Threads gewartet. Falls danach der `isAlive()`-Test dennoch `true` liefert, bedeutet dies, dass der Thread noch läuft (also das vorherige `join()` wegen Zeitüberschreitung abgebrochen wurde und nicht wegen Beendigung des Threads). Man signalisiert dann dem Thread explizit über `interrupt()`, dass er enden soll (dies setzt natürlich voraus, dass der Thread in geeigneter Weise implementiert ist, um darauf zu reagieren, z.B. wie oben beschrieben durch Einsatz von `isInterrupted()` als Schleifenkriterium).

30.3 Synchronisierung

Die Verteilung von Arbeiten auf mehrere Threads ist zwar häufig sehr nützlich für die Funktionalität eines Programms, aber man handelt sich dabei auch möglicherweise Probleme ein, die daraus resultieren, dass mehrere Threads gleichzeitig auf die gleichen Variablen oder Objekte schreibend zugreifen wollen. Dabei können undefinierte Zustände der Daten eintreten, die das ganze Programm zum Scheitern verurteilen.

Der schwierige Teil bei der Thread-Programmierung ist deswegen nicht das Erzeugen oder Beenden von Threads, sondern vielmehr die Koordination ihrer Zugriffe auf gemeinsame Daten, die sogenannte *Synchronisierung*. Bei erfolgreich beachteter Synchronisierung sagt man auch, dass eine Klasse bzw. Methode *threadsicher* (englisch *thread-safe)* ist, also gefahrlos von mehreren Threads gleichzeitig durchlaufen werden kann.

Beispiel Schauen wir uns zunächst ein kleines Beispiel an, das nicht threadsicher programmiert ist und daher überraschende Effekte zeigen kann.

Listing 30.3: UnsafeThread.java – Beispiel für unsynchronisierten Thread-Einsatz

```
public class UnsafeThread  {
   public static void main(String[] args)  {
      System.out.println();

      ZaehlThread zaehl = new ZaehlThread();
      KontrollThread kon = new KontrollThread(zaehl);

      zaehl.start();
      kon.start();
   }
}

class ZaehlThread extends Thread  {
   public long x = 0;
   public long y = 0;

   public void run() {
      while(true)  {
         x += 1;
         y += 1;
      }
   }
}

class KontrollThread extends Thread  {
   ZaehlThread zaehler;

   public KontrollThread(ZaehlThread obj)  {
      super();
      zaehler = obj;
   }

```

```
33     public void run()  {
34        long start = System.currentTimeMillis();
35        long x, y;
36
37
38        while(true) {
39           x = zaehler.x;
40           y = zaehler.y;
41
42           if(x != y) {
43              long end = System.currentTimeMillis();
44              System.out.println(" Unterschied nach "
45                                 + (end - start) + " ms");
46              System.exit(0);
47           } else  {
48              System.out.println(" " + x + " , " + y);
49              try {
50                 sleep(5);
51              } catch(Exception e) {}
52           }
53        }
54     }
55 }
```

Das Programm erzeugt einen Thread vom Typ `ZaehlThread` und einen Thread vom Typ `KontrollThread` und startet beide in den Zeilen 8 und 9. Der `ZaehlThread` macht in seiner `run()`-Methode (Zeilen 17-21) innerhalb einer Endlosschleife nichts anderes, als zwei Variablen `x` und `y` zu inkrementieren. Der `KontrollThread` besitzt eine Referenz auf den `ZaehlThread`, greift über diese auf dessen Felder zu und prüft, ob die Werte unterschiedlich sind. Falls ja, gibt er eine Meldung aus und beendet das Programm (Zeilen 43-46).

Wenn Sie dieses Programm laufen lassen, wird innerhalb von wenigen Sekunden das Programm beendet, weil `x` und `y` unterschiedliche Werte aufweisen. Dies ist eine Folge des unsynchronisierten Zugriffs von zwei Threads auf gemeinsam genutzte Variablen. Wenn der `ZaehlThread` in Zeile 19 das Feld `x` gerade erhöht hat, könnte es passieren, dass der Thread-Scheduler diesem Thread den Prozessor entzieht, sodass die Erhöhung von `y` nicht durchgeführt. Stattdessen hat der `KontrollThread` nun den Prozessor und stellt beim Vergleich der Feldwerte eine Ungleichheit fest. Auch der umgekehrte Fall ist möglich: Der `KontrollThread` wird bei seiner Arbeit in Zeile 39 unterbrochen, nachdem er gerade den aktuellen Wert von `x` ausgelesen hat. Wenn der Thread etwas später wieder den Prozessor erhält und mit dem Auslesen von `y` weitermacht, werden die Werte abweichen, da der `KontrollThread` noch den alten Wert von `x` verwendet, obwohl der `ZaehlThread` mittlerweile beide Variablen erhöht hat.

Die Lage ist sogar noch schlimmer. Selbst die Erhöhung einer einzelnen Variablen `x += 1` oder äquivalent `x++` ist keine atomare, unteilbare Operation, wenn es sich um große Datentypen (`long`, `double`) handelt[6]. Sie besteht aus einer Sequenz von

6 Das heißt, umgekehrt für `int`, `boolean` usw. ist die atomare Durchführung garantiert.

mehreren Bytecode-Anweisungen und irgendwo mittendrin könnte der abarbeitende Thread unterbrochen werden.

Glücklicherweise bietet die Sprache Java geeignete Mittel, um Thread-Zugriffe auf gemeinsam genutzte Variablen zu synchronisieren. Die Möglichkeiten heißen `volatile`, `synchronized` und `wait()/notify()`.

30.3.1 volatile-Variablen

Wenn mehrere Threads auf eine einzelne Variable vom Typ `double` oder `long` schreibend zugreifen sollen, kann der atomare, ausschließliche Zugriff recht einfach durch Einsatz des Modifizierers `volatile` erreicht werden, z.B.

```
volatile long x;
```

Inkrementanweisungen wie `x++` sind dann atomar und somit threadsicher, aber natürlich nicht zusammengesetzte Ausdrücke wie

```
x = x + sin(x) + 5 * x;
```

INFO

Etliche Implementierungen der Java Virtual Machine haben leider Probleme mit der korrekten Umsetzung von `volatile`. Es kann daher sein, dass eine `volatile`-Definition zurzeit nur theoretisch eine einfache Lösung zur Synchronisierung von `long` oder `double` Variablen darstellt.

30.3.2 Gesicherte Abschnitte: synchronized

Für Fälle, in denen ganze Anweisungsblöcke oder gar Methoden gesichert werden sollen, stellt Java das Schlüsselwort `synchronized` zur Verfügung, mit dem ein kritischer Abschnitt gesichert werden kann. Ein derart gesicherter Abschnitt kann immer nur von einem einzigen Thread durchlaufen werden. So etwas wird in der Informatik auch als **Monitor** bezeichnet. Wenn sich bereits ein Thread A in einem durch `synchronized` gesicherten Abschnitt befindet, muss ein anderer Thread B so lange warten, bis A den gesicherten Bereich verlassen hat.

Die Syntax zur Sicherung einer ganzen Methode erfolgt einfach durch Voranstellen von `synchronized`, z.B.

```
class Beispiel  {
   synchronized void kritischeMethode()  {
   }
}
```

Eine derart markierte Methode kann für eine Instanz der zugehörigen Klasse immer nur von einem Thread betreten werden (zwei verschiedene Instanzen hingegen können natürlich gleichzeitig von verschiedenen Threads durchlaufen werden).

Es ist zwar bequem, eine ganze Methode als `synchronized` zu definieren, aber häufig auch Overkill, weil in der Regel nur ganz wenige Codezeilen den kritischen Abschnitt ausmachen. Da ein `synchronized`-Abschnitt nur einen Thread gleichzeitig zulässt und dadurch andere Threads in ihrer Ausführung behindert (d.h. zum

Warten zwingt und somit verlangsamt) ist es ratsam, nach Möglichkeit nur kleine Codesequenzen zu schützen. Dies kann man folgendermaßen machen:

```
synchronized(dasObjekt) {
   // kritischer Code
   // ...
}
```

Bei dieser Variante muss dem Schlüsselwort synchronized in Klammern das zu schützende Objekt mitgegeben werden, gefolgt von dem kritischen Anweisungsblock[7].

Fortsetzung des Beispiels

Das Eingangsbeispiel für die Thread-Problematik kann nun mithilfe von synchronized threadsicher gemacht werden: Dazu müssen wir sicherstellen, dass im ZaehlThread die Inkrementierung der Variablen und im KontrollThread das Abfragen der Variablen innerhalb gesicherter Abschnitten erfolgt. Der bequemste Weg wäre die Definition der beiden run()-Methoden als synchronized. Effizienter ist jedoch die Beschränkung auf die wirklich kritischen Bereiche:

Listing 30.4: Aus SafeThread.java – Der Einsatz von synchronized

```
// in run() von ZaehlThread:
while(true) {
   synchronized(this) {
      x += 1;
      y += 1;
   }
}
...

// in run() von KontrollThread
while(true) {
   synchronized(zaehler) {
      x = zaehler.x;
      y = zaehler.y;
   }
   // ...
}
```

Beachten Sie hierbei den unterschiedlichen Einsatz von synchronized in den beiden Thread-Klassen. In ZaehlThread müssen wir this (also die jeweilige Thread-Instanz) als zu schützendes Objekt verwenden, während im KontrollThread nicht this genommen wird, sondern die Referenz auf die Instanz von ZaehlThread, da sie das Objekt mit den interessierenden Variablen ist.

INFO

Wenn man auch in KontrollThread mit synchronized(this) arbeitet, hat man sich eine subtile Falle eingebaut: Ein kritischer Abschnitt kann nicht gleichzeitig von zwei Threads durchlaufen werden, aber natürlich kann er vom Thread-Scheduler wie gewohnt unterbrochen werden. Dies würde für den KontrollThread bedeuten, dass er möglicherweise bei großem Pech genau zwischen dem Zugriff auf zaehler.x und zaehler.y unterbrochen wird, der ZaehlThread an die Reihe kommt und die Variab-

7 Eine synchronized-Methode könnte man dann auch so schreiben:
`void kritischeMethode { synchronized(this) { // ... } }`

len erhöht und somit der `KontrollThread` später zu einem fehlerhaften Vergleichsergebnis kommt. In Listing 30.4 ist dies nicht möglich: Falls der `KontrollThread` unterbrochen wird und der `ZaehlThread` an die Reihe kommt, würde dieser sehen, dass er selbst von einem anderen Thread in Beschlag genommen wurde. Sein `synchronized(this)` kann somit nicht aktiviert werden und er legt sich sofort wieder schlafen, sodass der `KontrollThread` beruhigt weiterarbeiten kann.

Der generelle Ratschlag bezüglich des Einsatzes von `synchronized` lautet: »dosiert einsetzen« und Sie werden sich eventuell fragen, warum denn eigentlich. Man könnte doch einfach alle Methoden als `synchronized` definieren und bräuchte sich um kritische Abschnitte keine Gedanken mehr zu machen. Zwei Gründe lassen sich als Gegenargument anführen:

- `synchronized`-Abschnitte verursachen einen gewissen zusätzlichen internen Verwaltungsaufwand, der die Ausführungsgeschwindigkeit behindert. So kann beispielsweise der Aufruf einer `synchronized`-Methode (ohne die Zeit für die Ausführung des eigentlichen Methodenrumpfs) bis zu viermal so lange dauern wie der Aufruf einer normalen Methode. Dies war ein wesentlicher Grund für die Entscheidung, die zeitkritische Swing-Bibliothek bis auf wenige Ausnahmen nicht threadsicher zu machen. (Die meisten anderen Java-Bibliotheken sind jedoch threadsicher.) Allerdings muss man auch deutlich sagen, dass bei den modernen JVMs die Performance-Einbuße durch `synchronized` recht gering geworden ist.
- Beim freizügigen Definieren von kritischen Abschnitten erhöht sich die Gefahr, dass eine Verklemmung, meistens *Deadlock* genannt, auftreten kann. Darunter versteht man die Situation, dass verschiedene Threads wechselseitig auf gesicherte Ressourcen (also mit `synchronized` geschützte Objekte) warten, sodass kein Thread zum Zug kommt und das gesamte Programm steht. Je mehr Synchronisierung eingesetzt wird, desto sorgfältiger muss der Programmierer die Zusammenarbeit der Threads durchdenken, damit der gefürchtete Deadlock nicht auftritt.

Was passiert übrigens, wenn aus einem `synchronized`-Block heraus eine Methode aufgerufen wird, die ebenfalls einen `synchronized`-Block auf das gleiche Objekt hat? Hier entsteht glücklicherweise kein Deadlock, da die JVM erkennt, dass es sich um den gleichen Thread handelt. Allerdings werden durch solche Aufrufe die `synchronized`-Blöcke künstlich vergrößert, und die Wahrscheinlichkeit steigt, dass andere Threads an ihrer Weiterarbeit gehindert werden.

30.3.3 Nachrichten mit wait() und notify()

Als Ergänzung zum Mechanismus der gesicherten `synchronized`-Abschnitte bietet Java noch eine weitere Synchronisierungsunterstützung an in Form der Methoden:

- `void wait()`, `void wait(long ms)`

  Legt den aktuellen Thread schlafen, bis ein `notify()` für das mit `synchronized` geschützte Objekt aufgerufen wird.

  `wait(long ms)` wartet maximal `ms` Millisekunden auf ein `notifiy()`.
- `void notify()`, `void notifyAll()`

  Weckt einen bzw. alle Threads auf, die auf das geschützte Objekt warten.

`wait()` und `notify()` können nur innerhalb von `synchronized`-Blöcken bzw. -Methoden aufgerufen werden und beziehen sich dadurch immer auf das Objekt, das durch `synchronized` geschützt wird.

Das typische Szenario für den Einsatz dieser Methoden sieht wie folgt aus: Ein Thread betritt einen gesicherten Abschnitt für ein Objekt `obj` und stellt möglicherweise fest, dass `obj` keine Daten und somit keine Arbeit für ihn hat. Falls der Thread sonst nichts Sinnvolles zu tun hat, könnte er sich mit `sleep()` eine gewisse Zeit schlafen legen und dann noch mal nachschauen, sich wieder schlafen legen usw. (Achtung: `sleep()` muss dabei außerhalb des `synchronized`-Abschnitts aufgerufen werden, sonst wird die Sperre auf `obj` nicht freigegeben und kein anderer Thread kommt an `obj` heran!)

Das beschriebene Vorgehen ist praktikabel, aber etwas umständlich. Viel besser wäre es, wenn der Thread sich schlafen legt und von einem anderen Thread (der mittlerweile Daten in `obj` abgelegt hat, die unser armer Thread benötigt) aufgeweckt wird, wenn es in `obj` wieder etwas für ihn zu tun gibt. Genau hierfür dienen `wait()` und `notify()`. Ein Thread kann innerhalb des `synchronized`-Abschnitts `wait()` aufrufen und sich schlafen legen. Erst wenn ein anderer Thread `notify()` aufruft, erhält der schlafende Thread eine Nachricht zum Aufwachen und kann weitermachen.

Dieses Szenario kommt bei der Entwicklung von Multithreading-Programmen recht häufig vor und wird *Producer-Consumer*-Szenario genannt. Es gibt auf der einen Seite Threads, die Daten produzieren und in einer gemeinsam genutzten Datenstruktur ablegen, und andererseits Verbraucher-Threads, die diese Daten »abholen« und weiterverarbeiten.

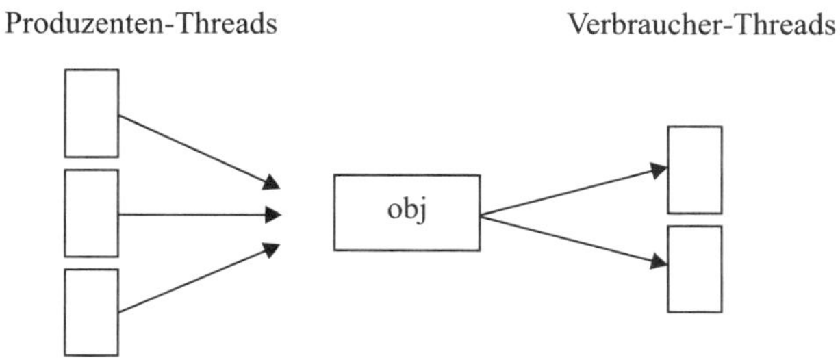

Abbildung 30.3: Producer-Consumer-Szenario über ein gemeinsames Objekt

Schauen wir uns den Einsatz von `wait()` und `notify()` an einem Beispiel an.

Listing 30.5: ProducerConsumer.java – Produzenten-Verbraucher-Beispiel

```
import java.util.*;

public class ProducerConsumer  {
   public static void main(String[] args)  {

      LinkedList<Date> zeitStempel = new LinkedList<Date>();

      Produzent prod  = new Produzent(zeitStempel);
      Verbraucher ver = new Verbraucher(zeitStempel);

      prod.start();
      ver.start();
   }
}


class Produzent extends Thread {
   private LinkedList<Date> zeitStempel;

   public Produzent(LinkedList<Date> list)  {
      super();
      zeitStempel = list;
   }

   public void run() {
      Date tmp;

      for(int i = 0; i < 10; i++)  {

         // ein bißchen warten
         try  {
            sleep(2000);
         } catch(Exception e) { }

         tmp = new Date();

         synchronized(zeitStempel)  {
            zeitStempel.add(tmp);
            zeitStempel.notify();
         }
      }
   }
}


class Verbraucher extends Thread {
   private LinkedList<Date> zeitStempel;

   public Verbraucher(LinkedList<Date> list)  {
      super();
      zeitStempel = list;
   }

```

```
54    public void run() {
55       Date tmp;
56
57       while(true)  {
58          synchronized(zeitStempel) {
59
60             try {
61                zeitStempel.wait(5000);
62             }
63             catch(InterruptedException e) {}
64
65             if(zeitStempel.size() > 0)  {
66                tmp = zeitStempel.removeFirst();
67                System.out.println(" Zeitstempel: " + tmp);
68             } else
69                break;
70          }
71       }
72    }
73 }
```

In Listing 30.5 gibt es eine Klasse `Verbraucher`, die in ihrer `run()`-Methode (Zeilen 54-72) nichts anderes macht, als sich mit `wait()` schlafen zu legen. Wenn ein anderer Thread eine Nachricht erzeugt hat, dass Daten in der gemeinsamen Datenstruktur `zeitStempel` vom Typ `LinkedList<Date>` vorhanden sind, wird der `Verbraucher`-Thread aufgeweckt, liest das erste Element aus und legt sich wieder schlafen. In diesem Beispiel wird in Zeile 61 die zeitbegrenzte Variante von `wait()` verwendet: Falls nach spätestens 5 Sekunden keine Nachricht eintrifft, wird der Thread dennoch aktiviert und dann feststellen, dass keine Daten vorhanden sind (Zeile 65). Die `while`-Schleife und somit die `run()`-Methode werden daraufhin beendet.

Die Gegenseite ist die Klasse `Produzent`, die in ihrer `run()`-Methode (Zeilen 25-42) alle zwei Sekunden einen Zeitstempel vom Typ `Date` erzeugt und diesen zu einer verketteten Liste `zeitStempel` vom Typ `LinkedList<Date>` hinzufügt. Der Zugriff auf `zeitStempel` erfolgt innerhalb eines mit `synchronized` geschützten Bereichs, um exklusiven Zugang zu erhalten. Dann erfolgt ein Aufruf von `notify()` in Zeile 39, um den `Verbraucher`-Thread, der auf neue Daten wartet, zu benachrichtigen.

STOP

Ist in diesem Beispiel eine Synchronisierung wirklich notwendig? Der Produzent fügt immer am Ende der verketten Liste Daten hinzu, während der Verbraucher immer am Anfang Daten entnimmt, sodass sich die beiden nicht in die Quere kommen können, oder?

Solche Überlegungen sind an sich richtig, führen in der Praxis aber oft zu ungeahnten Problemen und sind mit ein Grund dafür, warum Multithread-Programmierung durchaus sehr kompliziert werden kann. Im obigen Beispiel ist Synchronisierung notwendig, da die `LinkedList`-Klasse selbst keine synchronisierten Methoden anbietet (mehr dazu in Abschnitt 30.6). Da der Produzent nach jedem erzeugten Zeitstempel den Verbraucher benachrichtigt, kann es sehr gut sein, dass Anfang und Ende der Liste gleich sind und undefinierte Daten in `Linked-`

List zustande kommen. Etwas anders liegt der Fall, wenn aus irgendeinem Grund sichergestellt wäre, dass immer viele Einträge in der Liste vorliegen und dadurch der Verbraucher und der Produzent wirklich an verschiedenen Stellen auf die LinkedList zugreifen. Aber auch dies ist nicht empfehlenswert und kein guter Programmierstil: Man macht dann implizite Annahmen über die interne Implementierung von LinkedList (die sich ja jederzeit ändern kann) und zudem Annahmen über den Zustand der Datenstruktur selbst (dass sich immer genügend weitere Elemente darin befinden). So etwas geht früher oder später schief und führt zu Fehlern im Programmablauf!

Beim Aufruf von notify() wird der Thread-Scheduler angewiesen, aus der Liste von Threads, die sich für ein bestimmtes Objekt (im letzten Beispiel war das zeitStempel) mit wait() schlafen gelegt haben, einen *beliebigen* Thread herauszupicken und laufen zu lassen. Als Java-Programmierer hat man im Prinzip keine Möglichkeit zu bestimmen, welcher Thread aufgeweckt werden soll. Falls immer nur ein Thread wartet, ist dies natürlich kein Problem, aber wenn mehrere Threads warten und es soll ein bestimmter geweckt werden, dann hat man ein kleines Problem. Der Ausweg hierzu ist notifyAll(). Hiermit lassen sich alle Threads aufwecken. Bei geeigneter Gestaltung der Implementierung kann man dann dafür sorgen, dass der Thread, der wirklich gemeint ist, dies an den bereitgestellten Daten im geschützten Objekt erkennt und sich alle anderen wieder schlafen legen.

30.3.4 Pipes

Das Produzenten-Verbraucher-Muster zur Zusammenarbeit von zwei Threads wird so häufig benötigt, dass es in Java sogar eine besondere Unterstützung dafür gibt: in Form der Klassen PipedInputStream/PipedOutputStream sowie PipedReader/PipedWriter (aus dem Paket java.io). Der Unterschied zwischen beiden Klassenpaaren ist lediglich, dass die Reader/Writer-Variante zeichenbasiert ist (also Unicode-Zeichen verarbeitet), während die Streamklassen auf Byte-Basis arbeiten. Der Einsatz ist ansonsten identisch.

Der zentrale Aspekt bei diesen Klassen ist der Begriff der **Pipe** (Röhre), den Sie in Form der Pipeline schon kennengelernt haben. Eine Pipe ist eine exklusive Kommunikationsverbindung zwischen zwei Threads, bei der analog zu einer echten Röhre an der einen Seite Daten hineingesteckt werden und am anderen Ende jemand die Daten entnimmt. Dies entspricht genau dem Grundmuster, nach dem im Produzenten-Verbraucher-Szenario gearbeitet wird. Der Vorteil der oben genannten PipedXxx-Klassen in Bezug auf Thread-Synchronisierung ist für den Programmierer, dass er keine expliziten synchronized-Blöcke definieren muss. Dies geschieht alles innerhalb dieser Klassen und ihrer Methoden. Schauen wir uns also an, wie das Beispiel aus Listing 30.5 mithilfe einer Pipe umgesetzt werden könnte.

Listing 30.6: PipeKommunikation.java – Thread-Kommunikation per Pipe

```
import java.util.*;
import java.io.*;

public class PipeKommunikation  {
   public static void main(String[] args)  {
      try  {
         PipedWriter schreiben = new PipedWriter();
         PipedReader lesen = new PipedReader(schreiben);

         Produzent prod  = new Produzent(schreiben);
         Verbraucher ver = new Verbraucher(lesen);

         prod.start();
         ver.start();
      } catch(IOException e) {
         System.err.println(e.getMessage());
      }
   }
}

class Produzent extends Thread {
   private PipedWriter diePipe;

   public Produzent(PipedWriter pipe)  {
      super();
      diePipe = pipe;
   }

   public void run() {

      Date tmp;
      try  {
         for(int i = 0; i < 10; i++)  {
            tmp = new Date();
            diePipe.write(tmp.toString() + "\n");
            sleep(2000);
         }

         diePipe.close();
      } catch(Exception e) { }
   }
}

class Verbraucher extends Thread {
   private PipedReader diePipe;

   public Verbraucher(PipedReader pipe)  {
      super();
      diePipe = pipe;
   }

   public void run() {

```

```
54       while(true)  {
55          try {
56             int c = diePipe.read();
57
58             if(c != -1)
59                System.out.print((char) c);
60             else
61                break;
62          } catch(IOException e) {
63             System.err.println(e.getMessage());
64          }
65       }
66    }
67 }
```

In den Zeilen 7 und 8 wird die Pipe kreiert: Für die eine Seite wird zum Hineinschreiben eine Instanz von `PipedWriter` benötigt und entsprechend zum Auslesen einen `PipedReader`. Die Verknüpfung der beiden Enden zu einer Pipe erfolgt dadurch, dass der Konstruktor von `PipedReader` als Argument den Eingang der Pipe erhält. Damit können dann die Instanzen von `Verbraucher` und `Produzent` angelegt und gestartet werden. Der Code in den `run()`-Methoden ist etwas einfacher geworden: Man braucht keine `synchronized`-Abschnitte oder `wait()` und `notify()` mehr, sondern liest bzw. schreibt einfach mit den üblichen Methoden der Reader/Writer-Klassen. Beachten Sie noch den Aufruf von `close()` in Zeile 39. Dadurch wird die Pipe geschlossen und der `Verbraucher`-Thread erhält bei seinem `read()`-Aufruf als Rückgabewert `-1`, woran er erkennt, dass er seine Arbeit beenden soll.

Dieses Beispiel zeigt auch bereits die Grenzen für den Einsatz von Pipes auf. Da sie nur auf Byte- bzw. Zeichenebene arbeiten, sind sie eher für den Low-Level-Austausch von Daten geeignet. Im obigen Beispiel kommen beim Verbraucher nur noch Zeichen an. Das `Date`-Objekt an sich ist verloren[8]. Wenn Objekte ausgetauscht werden sollen, wird man in der Regel wie in Listing 30.5 vorgehen.

30.4 Verwaltung von Threads

Die Zuteilung des Prozessors an vorhandene, lauffähige Threads – das Scheduling – ist bei allen Vorzügen von Java ein kleiner Schwachpunkt, da die Java-Spezifikation keine besondere Scheduling-Technik vorschreibt. Dies bedeutet in der Praxis, dass ein Multithread-Programm auf verschiedenen Plattformen und unter Umständen auch bei Einsatz verschiedener Java Virtual Machines ein anderes Laufzeitverhalten aufweisen kann. Kurz und bündig gesagt: Bei Verwendung von Threads geht die Plattformunabhängigkeit zum Teil verloren!

8 Ein Ausweg wäre eventuell der Einsatz von Serialisierung.

30.4.1 Thread-Scheduling und Prioritäten

Beim Einsatz von Threads und ihrer Realisierung auf der jeweiligen Plattform unterscheidet man zwei Arten:

- Green Threads
- Native Threads

Unter Green Threads versteht man simulierte Threads, die nur auf Benutzerprozessebene existieren, d.h., die Java Virtual Machine selbst sorgt für die Umsetzung der Threads. Die JVM teilt die ihr zur Verfügung stehende Prozessorzeit unter den Threads auf und übernimmt auch selbst das Scheduling, d.h. die Entscheidung, wann welcher Thread laufen soll. Eine JVM verwendet Green Threads, wenn das darunter liegende Betriebssystem keine Threads anbietet (z.B. Windows 3.1). Unter nativen Threads versteht man hingegen den Fall, dass das Betriebssystem Threads unterstützt, d.h., die Threads sind auf Systemprozessebene sichtbar. Dann setzt die JVM solche Threads zur Ausführung der Java-Threads ein.

Alle modernen Betriebssysteme bieten native Threads an, und Sie können davon ausgehen, dass Ihre JVM (zumindest unter Windows2000/XP) native Threads einsetzt. Dies ist auch sinnvoll, da native Threads direkt vom Betriebssystem unterstützt werden und dadurch eine bessere Performance haben. Einen kleinen Haken hat dies allerdings: Das Thread-Scheduling wird dann auch größtenteils vom Scheduler des Betriebssystems durchgeführt und ist dadurch der Kontrolle der JVM entzogen.

Für beide Arten von Threads erfolgt das Scheduling im Wesentlichen nach dem Prinzip der Priorität. Jeder Thread hat eine bestimmte Priorität und aus der Gruppe der lauffähigen Threads wählt der Scheduler den Thread mit der höchsten Priorität[9] aus und führt ihn so lange aus, bis einer der folgenden Fälle eintritt:

- Der Thread beendet seine `run()`-Methode.
- Der Thread wechselt in den Zustand »blockiert« (Warteoperation bei Ein-/Ausgabe, Aufruf von `wait()` oder `sleep()`.
- Der Thread gibt den Prozessor freiwillig ab durch `yield()`.

In allen drei Fällen bestimmt der aktuelle, ablaufende Thread selbst, ob und wann der Prozessor freigegeben wird. Diese Art des Scheduling wird daher auch *kooperatives Scheduling* genannt, da ein Thread kooperativ sein muss, damit andere Threads auch mal an die Reihe kommen.

Auf der Java-Ebene kann man durch Aufruf der Methode `setPriority()` die Priorität eines Threads auf einen Wert zwischen 1 und 10 setzen, wobei der Standardwert 5 ist. Es stehen für einige Standardwerte auch Konstanten in `Thread` zur Verfügung: `Thread.MIN_PRIORITY` (= 1), `Thread.NORM_PRIORITY` (= 5), `Thread.MAX_PRIORITY` (= 10).

9 Falls es mehrere Threads mit der gleichen Priorität gibt, wird nach bestimmten Regeln einer ausgewählt. Dies ist vom jeweiligen Scheduler/Betriebssystem abhängig.

INFO

Mit `setPriority()` kann die maximale Priorität nicht überschritten werden, die für die zugehörige Thread-Gruppe gilt. Wenn ein zu großer Wert für die aktuelle Thread-Gruppe übergeben wird, dann wird der Wert auf das Resultat von `getMaxPriority()` der Thread-Gruppe[10] gesetzt, in der sich der Thread befindet.

Nun fangen aber auch schon die Probleme an. Wenn die JVM native Threads verwendet, werden diese Prioritäten auf Prioritätswerte abgebildet, die von den nativen Threads verwendet werden. Falls das zugrunde liegende Betriebssystem beispielsweise nur fünf verschiedene Prioritätsstufen kennt, könnte es sein, dass die Java-Prioritäten 9 und 10 bei den nativen Threads der gleichen Stufe entsprechen. Eine fein abgestufte Verteilung von Prioritäten im Java-Code kommt also vielleicht gar nicht in dieser Form bei den wirklichen nativen Threads so an! Dies ist beispielsweise bei Linux der Fall: Hier werden gar keine Prioritäten berücksichtigt.

Außerdem erhöht der Thread-Scheduler in einigen Betriebssystemen unter Umständen die Priorität von Threads, die lange Zeit warten mussten, damit sie auch mal an die Reihe kommen.

Und schließlich kommt als weiteres zu berücksichtigendes Element das *Zeitscheibenverfahren* hinzu, das die meisten Thread-Scheduler für native Threads (aber nicht für Green Threads) einsetzen. Hierbei wird die obige Liste mit den Kriterien für den Prozessorentzug um einen weiteren Punkt erweitert:

- Der Thread hat seine Zeitscheibe (time slice) aufgebraucht.

Beim Zeitscheibenverfahren wird die Prozessorzeit in Häppchen fester Größe aufgeteilt. Wenn ein Thread innerhalb dieser Zeitscheibe mit seiner Arbeit nicht fertig geworden ist bzw. in einen blockierten Zustand übergegangen ist, dann entzieht ihm der Scheduler gnadenlos den Prozessor und wählt einen anderen Thread mit höherer oder gleich hoher Priorität aus. Diese Art von Scheduling wird *präemptives Scheduling* genannt in Abgrenzung zum kooperativen Scheduling. Ein Thread, der sich nicht kooperativ zeigt und den Prozessor nicht freiwillig abgibt, wird nach Ablauf seiner Zeitscheibe dazu gezwungen.

Wie Sie sehen können, spielen bei der Entscheidung, welcher Thread läuft, viele Faktoren eine Rolle, sodass man beim Einsatz von Threads damit rechnen muss, dass sich ein Programm nicht auf allen Plattformen identisch verhält. Bei den meisten Thread-Anwendungen braucht man sich glücklicherweise dennoch nicht allzu viel Gedanken um das Zusammenspiel von jeweiliger Plattform und der Umsetzung von Prioritäten, Zeitscheiben und Thread-Scheduling machen. Seit der Version 1.4 verwenden alle üblichen JVM (z.B. von Sun und IBM) native Threads, die unter Windows 2000/XP/7, Solaris und Linux mit einem Zeitscheibenverfahren eingesetzt werden. Dadurch reicht in der Regel für Thread-Programme die Beachtung des nachfolgenden Tipps:

---

10 Thread-Gruppen werden im nächsten Abschnitt erläutert.

TIPP

Wenn hinsichtlich der benötigten Prozessorzeit stark unterschiedliche Threads laufen sollen (z.B. ein Thread, der aufwändige Simulationsberechnungen durchführt, und mehrere Hilfsthreads, die auf Daten warten und diese beispielsweise formatieren und in eine Datei ausgeben), dann sollte über den Prioritäten-Mechanismus sichergestellt werden, dass der rechenintensive Thread eine **niedrigere** Priorität hat als die übrigen Threads.

Dadurch wird sichergestellt, dass es nicht zum Effekt der *processor starvation* kommt. Darunter versteht man, dass ein rechenintensiver Thread aufgrund seiner hohen Priorität fast die gesamte Prozessorzeit aufbraucht und alle anderen Thread kaum oder gar nicht an die Reihe kommen und sozusagen »verhungern«.

30.4.2 Thread-Gruppen

Wenn ein Programm nicht nur aus wenigen Threads besteht, sondern Dutzenden oder gar Hunderten (z.B. ein Webserver), dann wäre es sehr praktisch, wenn Threads zu Gruppen zusammengefasst werden könnten, die sich gemeinsam verwalten lassen.

Hierfür bietet Java die Klasse `ThreadGroup` an (Paket `java.lang`).

Wenn ein Thread neu angelegt wird, gehört er automatisch zur aktuellen Thread-Gruppe (z.B. beim Anlegen innerhalb der `main()`-Methode ist dies die Gruppe »main«). Will man ihn stattdessen in eine eigene Thread-Gruppe aufnehmen, legt man gegebenenfalls diese Thread-Gruppe mit dem gewünschten Namen an und gibt dem Thread-Konstruktor dann die Referenz auf die Thread-Gruppe und einen Thread-Namen mit:

```
ThreadGroup gruppe = new ThreadGroup("meineThreads");

Thread t = new Thread(gruppe, "Thread_Peter");
```

Eine Thread-Gruppe kann selbst wieder andere Thread-Gruppen enthalten, also ähnlich wie einem Dateisystem, wo ein Verzeichnis Dateien oder andere Unterverzeichnisse enthalten kann, sodass man eine ganze Hierarchie von Thread-Gruppen haben kann. Standardmäßig gibt es zwei Thread-Gruppen: die »system«-Gruppe als oberste Gruppe sowie die Untergruppe »main«, worin sich der `main()`-Thread befindet. Die Thread-Gruppen bilden also eine baumartige Hierarchie, wobei alle Threads in einer Untergruppe auch als Mitglied der übergeordneten Gruppe angesehen werden[11].

30

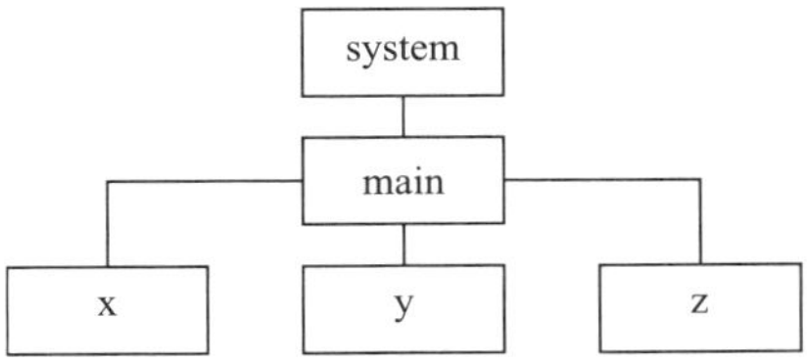

Abbildung 30.4: Hierarchie der Thread-Gruppen

11 Die `enumerate()`-Methode liefert für eine Thread-Gruppe also nicht nur die darin enthaltenen Threads, sondern auch alle Threads von allen Untergruppen.

Die Klasse `ThreadGroup` bietet nun einige nützliche Methoden an, um Informationen über die Gruppe und die darin enthaltenen Threads zu erfahren.

Tabelle 30.2: Wichtige Methoden der Klasse ThreadGroup

Methode	Beschreibung
`int activeCount()`	Liefert die Anzahl an aktiven Threads (= im Zustand lauffähig) in dieser Gruppe.
`int enumerate(Thread[] feld)`	Legt in `feld` Referenzen auf die vorhandenen aktiven Threads ab. `feld` muss bereits entsprechend groß allokiert worden sein. Rückgabewert ist die Anzahl der einkopierten Referenzen.
`int enumerate(ThreadGroup[] feld)`	Legt in `feld` Referenzen auf die vorhandenen Thread-Gruppen ab. `feld` muss bereits entsprechend groß allokiert worden sein. Rückgabewert ist die Anzahl der einkopierten Referenzen.
`ThreadGroup getParent()`	Liefert die Referenz auf die übergeordnete Thread-Gruppe, welche die aktuelle Thread-Gruppe enthält, oder `null`, wenn es keinen Vater gibt.
`void interrupt()`	Für alle Threads in der Gruppe wird ihre `interrupt()`-Methode aufgerufen.
`void setDaemon(boolean status)`	Setzt den Dämon-Status aller Threads der Gruppe auf `status`.
`void setMaxPriority(int prio)`	Setzt die maximale Priorität, die ein Thread der Gruppe haben kann. `prio` darf nicht höher sein als die maximale Priorität der übergeordneten Thread-Gruppe.
`void getMaxPriority()`	Liefert die höchste Priorität, die ein Thread der Gruppe haben kann.
`void uncaughtException(Thread t, Throwable e)`	Man kann diese Methode überschreiben, um auf Exceptions zu reagieren, die innerhalb eines Threads nicht abgefangen worden sind.

In Listing 30.7 sehen Sie ein Beispiel für den Einsatz einiger dieser Methoden. Es wird eine Auflistung aller Threads ausgegeben, ausgehend von der Gruppe, in der sich der main-Thread befindet.

Listing 30.7: ThreadListe.java – Auflistung aller aktiven Threads

```
import javax.swing.*;

public class ThreadListe  {
   public static void main(String[] args)  {
      JFrame fenster = new JFrame();
      fenster.setSize(300,300);
      fenster.setVisible(true);
      fenster.setDefaultCloseOperation(JFrame.EXIT_ON_CLOSE);

      ThreadGroup akt = Thread.currentThread().getThreadGroup();

      while(akt != null)  {
         System.out.println("\n ThreadGroup = " + akt.getName());

```

```
15         int anzahl = akt.activeCount();
16         Thread[] dieThreads = new Thread[anzahl];
17         akt.enumerate(dieThreads);
18
19         for(int i = 0; i < anzahl; i++)  {
20           Thread t = dieThreads[i];
21
22           if(t != null && t.getThreadGroup() == akt)  {
23             System.out.println(" Thread: " +
24               t.getName()+ "  Prio: " +
25               t.getPriority() + " Daemon: " +
26               t.isDaemon());
27           }
28         }
29
30         akt = akt.getParent();
31       }
32     }
33 }
```

Damit das Ganze etwas interessanter wird, erzeugt das Programm zunächst ein einfaches Fenster (Zeilen 5-8). Dadurch werden auch die GUI-relevanten Threads gestartet. Dann beginnt der Durchlauf. Zunächst wird in Zeile 10 die aktuelle Thread-Gruppe ermittelt und mit dieser in die `while`-Schleife (Zeilen 12-31) eingetreten. In der Schleife werden mit `enumerate()` alle Threads der Gruppe aufgelistet und für jeden Thread Namen, Priorität und seinen Dämonen-Status (siehe Abschnitt 30.2.4) ausgegeben – vorausgesetzt, er gehört zur aktuell betrachteten Gruppe. `getParent()` in Zeile 30 ermittelt die übergeordnete Thread-Gruppe. Sie sollten eine Ausgabe wie in Abbildung 30.5 erhalten.

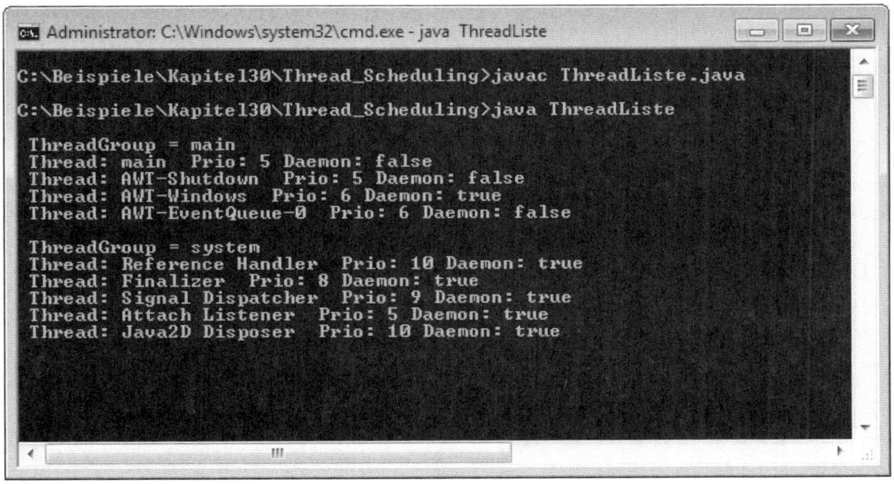

Abbildung 30.5: Die Ausgabe der Thread-Auflistung

INFO

Beenden Sie das Programm mit Strg + C.

30.5 Threads und Swing

Einer der häufigsten Gründe für den Einsatz von Threads ist die Sicherstellung von Antwortzeiten auf bestimmte, unvorhersehbare Ereignisse, z.B. bei einer Swing-Oberfläche auf Mausklicks durch den Benutzer. Wie bereits im Laufe dieses Kapitels angedeutet, sind die Swing-Klassen und ihre Methoden aber in der Regel nicht threadsicher! Beim Einsatz von Threads, die mit einer in Swing programmierten GUI interagieren, sind daher einige wichtige Regeln zu beachten:

1. Der Arbeits-Thread in Swing ist der Event-Handling-Thread. Lang andauernde Aktionen (z.B. Berechnungen, Animationen, blockierende I/O-Operationen) sollten in separaten Threads erledigt werden, die vom Event-Handling-Thread gestartet werden. Seit Java 6 gibt es hierzu zusätzliche Unterstützung in Form der Klasse `javax.swing.SwingWorker` (siehe Abschnitt 30.5.2).
2. Warteoperationen sollten durch Einsatz der Klasse `javax.Timer` erfolgen.
3. Fortschrittsanzeigen sollten durch Einsatz von `JProgressBar`, `ProgressMonitor`, `ProgressMonitorInputStream` realisiert werden.
4. *Single-Thread-Rule*: Eine Swing-Oberfläche darf nach Aufruf von `show()`, `pack()` oder `setVisible(true)`[12] immer nur von einem einzigen Thread manipuliert werden (dem Event-Handling-Thread).

30.5.1 Die Single-Thread-Rule

Die Single-Thread-Rule (*Ein-Thread-Regel*) ist der Kern für die Verwendung von Threads im Zusammenspiel mit Swing. Sobald die Oberfläche durch die aufgezählten Methoden auf den Bildschirm gebracht worden ist, darf nur noch der Event-Handling-Thread zur Manipulation verwendet werden, also z.B. dynamisch weitere Komponenten hinzufügen, Menüelemente aktivieren/deaktivieren usw. Man darf solche Aktivitäten somit nicht in einem separat laufenden Thread durchführen. Aber wie so oft gibt es keine Regel ohne Ausnahme. Die Methoden

- `javax.swing.JComponent.repaint();`
- `javax.swing.JComponent.revalidate();`
- `javax.swing.JTextComponent.setText();`
- `javax.swing.JTextArea.insert();`
- `javax.swing.JTextArea.append();`
- `javax.swing.JTextArea.replaceRange();`
- sowie das Registrieren/Abmelden von Listener-Objekten

sind threadsicher und können somit auch in eigenen Threads gefahrlos eingesetzt werden.

12 Eigentlich geht es um den Aufruf von `paint()`, der durch diese Methoden angestoßen wird.

Für alle anderen Operationen zur Manipulation von sichtbaren Swing-Komponenten in einem separaten Thread darf der entsprechende Code nicht in diesem Thread ausgeführt werden, sondern es muss dafür gesorgt werden, dass er im Event-Handling-Thread ausgeführt wird. Hierfür stellt die Klasse `javax.swing.SwingUtilities` die Methoden

```
static void invokeLater(Runnable t);
```

```
static void invokeLaterAndWait(Runnable t);
```

bereit. Sie erwarten eine Instanz einer Klasse, die `Runnable` implementiert (schließt natürlich von `Thread` abgeleitete Klassen ein) und in deren `run()`-Methode der Code für die GUI-Manipulation zu finden ist. Die Methode `invokeLater()` sorgt dann dafür, dass der Event-Handling-Thread diese `run()`-Methode zu einem späteren (nicht genau vorhersagbaren Zeitpunkt) ausführt. Dadurch wird die Single-Thread-Rule gewahrt. Die Methode `invokeLaterAndWait()` hat die gleiche Funktionalität, bewirkt aber, dass an der Aufrufstelle so lange gewartet wird, bis die `run()`-Methode auch wirklich vom Event-Handling-Thread ausgeführt worden ist.

Das typische Einsatzmuster für einen Thread `MeinThread`, der Veränderungen an der GUI durchführen möchte, sieht dann folgendermaßen aus:

```
class MeinThread extends Thread  {
  private GUIAnpassung gui;

  public void run()  {
    // ...
    SwingUtilities.invokeLater(gui);
    // ...
  }
}
```

wobei die Änderung der GUI durch die Hilfsklasse `GUIAnpassung` erfolgt:

```
class GUIAnpassung implements Runnable {
    public void run()  {
       // Code für Änderungen der GUI-Komponenten
       }
    }
...
```

30.5.2 Hintergrundaktivität mit SwingWorker

Das bereits mehrfach erwähnte Problem, dass man im Event-Handling-Thread keine zeitaufwändigen Operationen durchführen sollte, sondern dies besser in separate Threads verlagert, wird seit Java 6 durch eine spezielle Basisklasse `javax.swing.SwingWorker` besonders unterstützt. Die wichtigen Methoden sind nachfolgend aufgeführt.

Tabelle 30.3: Wichtige Methoden der Klasse Swing-Worker

Methode	Beschreibung
boolean **cancel**(boolean stop)	Versucht die Ausführung des Hintergrundthreads zu verhindern. Falls stop = true, wird auch angehalten, wenn der Thread schon läuft.
T **doInBackground**()	Führt die lang laufende Aktivität durch und liefert ein Ergebnis vom Typ T.
void **done**()	Wird vom Event-Handling-Thread ausgeführt, wenn doInBackground() beendet ist.
void **execute**()	Startet die Ausführung des Threads (und somit letztlich die Ausführung von doInBackground()).
T **get**()	Liefert das Ergebnis von doInBackground().
boolean **isCancelled**()	Liefert true, falls cancel() aufgerufen worden ist.
void **process**(V ... daten)	Wird vom Event-Handling-Thread aufgerufen und kann zur Verarbeitung von daten verwendet werden, die via publish() gemeldet werden.
void **publish**(V ... daten)	Dient zur Bereitstellung von daten für den Event-Handling-Thread.

Man leitet hierzu eine Klasse von SwingWorker<T,V> ab (T ist dabei der Rückgabetyp von doInBackground() und V der Parametertyp für publish(V ...)) und implementiert die Methode doInBackground() mit der gewünschten (zeitaufwändigen) Aktivität. Außerdem kann man falls benötigt noch die geerbte done()-Methode überschreiben, die automatisch durch den Event-Handling-Thread ausgeführt wird, wenn doInBackground() beendet worden ist. Hier könnte man dann abschließende Aktivitäten definieren.

Interessant sind ferner die Methoden publish(V ...) und process(V ...). Mit publish() kann man während der lang laufenden Aktivität in doInBackground() Zwischenergebnisse publizieren. Der Event-Handling-Thread ruft automatisch in regelmäßigen Abständen die process()-Methode auf und kann dann mit diesen Daten arbeiten und sie beispielsweise auf der Oberfläche anzeigen.

Mit einer auf SwingWorker basierenden Klasse gewappnet kann man eine Instanz anlegen und als Hintergrundthread durch Aufruf von execute() ins Leben rufen. Das Schöne daran ist die automatische Einhaltung der Single-Thread-Rule, sodass man sich darum keine Sorgen mehr zu machen braucht. Betrachten wir also mal ein Beispiel:

Per Knopfdruck soll eine Suche nach Bilddateien mit der Endung .TIF gestartet werden. Gefundene Namen sollen, während die Suche noch läuft, in einer JTextArea angezeigt werden. Hierzu definieren wir eine Klasse TIFSuche, die von SwingWorker abgeleitet wird.

Listing 30.8: SwingWorkerDemo.java

```
class TIFSuche extends SwingWorker<Integer, String> {
   private JTextArea tfDateiliste;
   private int zaehler = 0;
   private JButton btnStartStopp;
   private String pfad;

   TIFSuche(String pfad, JTextArea liste, JButton btnStartStopp) {
      super();
      tfDateiliste = liste;
      this.btnStartStopp = btnStartStopp;
      this.pfad = pfad;
   }


   // Partition C durchsuchen nach TIF-Dateien und  anzeigen
   public Integer doInBackground() {

     try {
        File f = new File(pfad);
        sucheTIFDateien(f);
     }
     catch(Exception e) {
        System.err.println(e.getMessage());
     }

     return new Integer(zaehler);
   }

   // wird von Event-Thread aufgerufen
   protected void process(String ... dateiNamen) {
      System.out.println(" process() aufgerufen ");
      for(String s : dateiNamen)
         tfDateiliste.append(s + "\n");
   }


   // Ergebnis von doInBackground() ausgeben;
   // wird vom Event-Thread aufgerufen
   protected void done() {
      try {
         tfDateiliste.append(" Anzahl Treffer: " + get() + "\n");
         btnStartStopp.setText("TIF suchen");
      } catch(java.util.concurrent.CancellationException e) {
      } catch(Exception e) {
         System.err.println(e.getMessage());
      }
   }


   // sucht rekursiv nach TIF-Dateien
   private void sucheTIFDateien(File f) throws IOException {
      if(isCancelled())
         return;
```

```
        if(f.isDirectory()) {
          File[] files = f.listFiles();

          for(int i = 0; i < files.length; i++)
            sucheTIFDateien(files[i]);

        } else {
          if(f.getName().toLowerCase().endsWith(".tif")) {
            System.out.println(" gefunden: " + f.getName());
            publish(f.getCanonicalPath());
            zaehler++;
          }
        }
      }
    }
```

Wir leiten von `SwingWorker<Integer, String>` ab. Der Datentyp `Integer` definiert den Rückgabetyp von `doInBackground()` und folglich auch den Rückgabetyp der Zugriffsmethode `get()`, die den Rückgabewert von `doInBackground()` zurückliefert. Der zweite Datentyp `String` definiert den Datentyp, der durch Aufruf von `publish()` an den Event-Handling-Thread weitergereicht wird. In `doInBackground()` bzw. in der Hilfsmethode `sucheTIFDateien()` implementieren wir die eigentliche Arbeit. Immer wenn eine Datei gefunden worden ist, melden wir den Namen mit der `publish()`-Methode an den Event-Handling-Thread, der seinerseits die `process()`-Methode aufruft und dort den Dateinamen in die `JTextArea` ausgibt.

Das vollständige Beispiel *SwingWorkerDemo.java* findet sich auf der Buch-DVD im Unterordner zu diesem Kapitel.

30.5.3 Periodische Aktivitäten mit Timer

Ein immer wiederkehrendes Muster zum Einsatz von Threads in einer grafischen Benutzeroberfläche ist die regelmäßige Durchführung einer bestimmten Aktivität, z.B. das Aktualisieren einer Uhr. Hierfür könnte man eine eigene Thread-Klasse definieren, die in ihrer `run()`-Methode die Uhrzeit-Anzeige aktualisiert und sich dann kurz schlafen legt.

Wesentlich bequemer ist allerdings die Klasse `Timer`[13] (Paket `javax.swing`), die genau für solche Anwendungsszenarien entworfen worden ist. Mit ihr lassen sich Aktivitäten periodisch starten, indem das `Timer`-Objekt `ActionEvents` sendet, die von einem `ActionListener`-Objekt in seiner `actionPerformed()`-Methode empfangen werden. Die wichtigsten Methoden für den Einsatz von `Timer` sind:

- `public Timer(int zeit, ActionListener lauscher)`
- `public void start()`
- `public void stop()`

Dem Konstruktor übergibt man das Zeitintervall in Millisekunden sowie ein Objekt, das `ActionListener` implementiert. In dessen `actionPerformed()`-Methode

13 Es existiert auch eine ähnliche Klasse `java.util.Timer`, die in Kapitel 28.3.4 vorgestellt wird.

muss dann die gewünschte Aktivität definiert sein. Mit `start()` und `stop()` kann dann der Timer aktiviert bzw. gestoppt werden.

Der Einsatz von Timer hat zwei wichtige Auswirkungen. Zum einen verwendet die JVM nur einen Thread für die Verwaltung aller `Timer`-Instanzen. Es werden dadurch nicht mehrere Threads erzeugt und gestartet, was eine Schonung der Ressourcen darstellt. Die andere wichtige Eigenschaft von `Timer` ist, dass die Ausführung der `actionPerformed`-Methode innerhalb des Event-Handling-Threads passiert und man sich somit keine Sorgen wegen der Single-Thread-Rule machen muss.

Listing 30.9: TimerDemo.java – Einsatz von Timer

```
import javax.swing.*;
import java.awt.*;
import java.awt.event.*;

public class TimerDemo {
   public static void main(String[] args)  {
     Fenster f = new Fenster();
     f.setVisible(true);
   }
}

class Fenster extends JFrame  {
   private JPanel contentPane;
   private FlowLayout flowLayout = new FlowLayout();
   public JButton start = new JButton();

   class ActionLauscher implements ActionListener  {
      private Fenster fenster;
      private Timer meinTimer;
      private FarbWechsler blinker;

      public ActionLauscher(Fenster f)  {
         fenster = f;
      }

      public void actionPerformed(ActionEvent e)  {
         if(meinTimer == null)  {
            start.setText("Stopp");
            blinker = new FarbWechsler();
            meinTimer = new Timer(1000,blinker);
            meinTimer.start();
            System.out.println(" gestartet");
         } else  {
            start.setText("Start");
            meinTimer.stop();
            meinTimer = null;
            System.out.println(" gestoppt");
         }
      }

```

```
41       class FarbWechsler implements ActionListener  {
42          public void actionPerformed(ActionEvent e) {
43             if(fenster.start.getBackground() == Color.RED)
44                fenster.start.setBackground(Color.green);
45             else
46                fenster.start.setBackground(Color.RED);
47          }
48       }
49    }
50
51
52    public Fenster() {
53       super();
54       contentPane = (JPanel) this.getContentPane();
55       contentPane.setLayout(flowLayout);
56
57       start.setText("Start");
58       start.addActionListener(new ActionLauscher(this));
59       start.setBackground(Color.RED);
60
61
62       setSize(new  Dimension(300,100));
63       setTitle("Timer und Swing");
64       contentPane.add(start,null);
65    }
66
67    protected void processWindowEvent(WindowEvent e) {
68       super.processWindowEvent(e);
69       if (e.getID() == WindowEvent.WINDOW_CLOSING) {
70          System.exit(0);
71       }
72    }
73 }
```

Das Programm baut ein Fenster mit einer Schaltfläche auf, die abwechselnd rot und grün blinkt, sobald sie angeklickt worden ist.

Anlegen und Starten bzw. Stoppen des Timers erfolgt in der inneren Klasse `ActionLauscher`, Methode `actionPerformed()` (Zeilen 26 bis 39). Dem neu erzeugten `Timer`-Objekt werden das gewünschte Zeitintervall in Millisekunden sowie eine Referenz auf das Objekt mit der `actionPerformed()`-Methode, wo der auszuführende Code steht, übergeben.

30.6 Threads und Collections

Gerade Datenstrukturen aus dem Bereich der Collections wie Listen oder Hashtabellen eignen sich sehr gut für die Verwaltung von Daten, die von mehreren Threads gleichzeitig benutzt werden sollen. Allerdings muss man hierbei beachten, dass die entsprechenden Klassen (z.B. `LinkedList` oder `HashMap`), aus dem Paket `java.util` nicht synchronisiert sind. Zugriffe mehrerer Threads muss man also selbst koordinieren, wobei man zwei Möglichkeiten hat:

- Einsatz von `synchronized`-Blöcken sowie gegebenenfalls `wait()` und `notify()`
- Umwandlung der jeweiligen Collection-Klasse in eine synchronisierte Form mithilfe der Klasse `java.util.Collections`

Die Klasse `Collections` bietet Methoden an, um aus einer nicht-synchronisierten Collection-Klasse eine synchronisierte zu machen:

```
static List synchronizedList(List liste);

static Map synchronizedMap(Map map);

static Set synchronizedSet(Set set);
```

Wichtig beim Einsatz einer derart synchronisierten Instanz ist, dass alle Zugriffe auf die Datenstruktur über sie erfolgen sollten und nicht daneben noch direkt auf die originale Datenstruktur zugegriffen wird.

INFO

Aus historischen Gründen sind die Collection-Klassen `Vector`, `Stack` und `Hashtable` synchronisiert (aus `java.util`) und können daher gefahrlos von mehreren Threads eingesetzt werden.

30.7 Parallele Verarbeitung mit dem Fork-Join-Framework

Bis einschließlich Java 6 musste man, wie in den vorangegangenen Abschnitten gezeigt, von Hand entsprechende Thread-Klassen programmieren und für die Koordination dieser Threads (also starten und Ergebnisse zusammenführen) sorgen – und durfte dabei nichts falsch machen!

Gerade der letzte Aspekt ist dann in der Praxis doch oft nicht ganz so leicht, vor allem für weniger erfahrene Entwickler. Auf der anderen Seite wird der Bedarf an parallelen Programmen mit der zunehmenden Verbreitung von Multicore-Rechnern immer größer.

Glücklicherweise gibt es ab Java 7 das Fork-Join-Framework, welches bei der parallelen Programmierung hilft – sofern man die Problemlösung nach dem Teile-und-Herrsche-Prinzip (divide-and-conquer) angeht. *Teile-und-Herrsche* ist ein rekursiver Ansatz, bei dem die Aufgabe so lange rekursiv in kleinere Päckchen zerlegt wird, bis das einzelne Päckchen so klein ist, dass weiteres Aufteilen wenig Sinn macht und die Aufgabe direkt erledigt werden kann.

EXKURS

Multicore-Architekturen und Parallelisierung

Bislang konnte man sich darauf verlassen, dass die Rechner von Generation zu Generation immer schneller wurden. Erreicht wurde dies vor allem durch immer höhere Taktung der Prozessoren. Doch eine höhere Taktung bedeutet auch höhere Wärmeabgabe – und diese ist mittlerweile kaum noch in den Griff zu bekommen. Aus diesem Grunde wurde in den letzten Jahren ein Paradigmenwechsel vollzogen: weg von den immer höher getakteten Singlecore-Rechnern hin zu den cooleren Multicore-Rechnern.

Grundsätzlich kann natürlich jedes Programm davon profitieren, wenn es auf einem Multicore-Rechner ausgeführt wird. Einfach dadurch, dass es sich den Prozessor, auf dem ausgeführt wird, mit weniger Anwendungen teilen muss, als dies auf einem SingleCore-Rechner der Fall wäre. Oft aber laufen auf einem Rechner aktiv nur ein oder zwei Programme, der Rechner verfügt aber womöglich über vier, acht oder mehr Prozessorkerne. Hier liegt viel ungenutztes Potenzial, das nur erschlossen werden kann, wenn die Programme so implementiert werden, dass zeitaufwändige Berechnungen auf mehrere Task aufgebrochen und über Threads ausgeführt werden.

Mit dem Fork-Join-Framework können Sie vorgeben, wie eine Berechnung auf Tasks verteilt wird. Für die effiziente Ausführung dieser Tasks über Threads sorgt die `ForkJoinPool`*-Klasse, die Verteilung der Threads auf die Prozessoren übernimmt das Betriebssystem.*

30.7.1 Parallelisierung mit Tasks

Im Paket `java.util.concurrent` finden sich zur Parallelisierung von zeitaufwändigen Berechnungen drei wichtige Klassen:

- `RecursiveAction` und `RecursiveTask` dienen zur Definition, wie mit einem Arbeitspäckchen umzugehen ist, d.h. was zu tun ist.
- `ForkJoinPool` stellt die Umgebung zur parallelen (multi-threaded) Ausführung bereit.

Der Einsatz der Klassen ist recht einfach:

1. Man leitet von `RecursiveAction` oder `RecursiveTask` eine Klasse ab und implementiert die geerbte Methode `compute()`, welche für die Durchführung und Aufteilung der Arbeit zuständig ist.
2. Man legt ein `ForkJoinPool`-Objekt an und übergibt ihm ein Objekt der in Schritt 1 definierten Klasse.
3. Zum Schluss ruft man die `invoke()`-Methode von `ForkJoinPool` auf und wartet auf deren Rückkehr.

Machen wir uns das Vorgehen an einem konkreten Beispiel klar. Nehmen wir an, dass eine Million Kundendatensätze vorliegen mitsamt den aktuellen Umsatzdaten, die jeder Kunde bisher generiert hat. Unsere Aufgabe ist es, den Gesamtumsatz zu ermitteln.

Die Lösung ist klar: Wir müssen über alle Datensätze iterieren und die einzelnen Kundenumsätze zusammenaddieren. Zur Beschleunigung wollen wir dies nach dem Teile-und-Herrsche-Prinzip angehen. Wir definieren daher eine Klasse `UmsatzTask`, die für eine gegebene Liste von Datensätzen den Gesamtumsatz berechnet.

```
public class UmsatzTask extends RecursiveAction {

   private final List<KundenUmsatz> umsatzDaten;
   private long gesamtUmsatz;
```

```
    public UmsatzTask(List<KundenUmsatz> umsatzDaten) {
        this.umsatzDaten = umsatzDaten;
        gesamtUmsatz = 0;
    }

    public long leseGesamtUmsatz() {
        return gesamtUmsatz;
    }

    protected void compute() {
        if(umsatzDaten.size() <= 50000) {
            // direkt berechnen
            for(KundenUmsatz ku : umsatzDaten) {
               gesamtUmsatz += ku.leseUmsatz();
            }
        }
        else { // auf 2 Untertasks aufteilen
            int mitte = umsatzDaten.size() / 2;
            UmsatzTask teil_1 = new UmsatzTask(umsatzDaten.subList(0,
                                                   mitte));
            UmsatzTask teil_2 = new UmsatzTask(umsatzDaten.subList(mitte,
                                                   umsatzDaten.size()));
            invokeAll(teil_1, teil_2);
            gesamtUmsatz = teil_1.leseGesamtUmsatz() +
                           teil_2.leseGesamtUmsatz();
        }
    }
}
```

Listing 30.10: Definition einer Task-Klasse

Die eigentliche Arbeitsmethode ist die von der Basisklasse `RecursiveAction` geerbte Methode `compute()`. Hier prüfen wir zunächst, ob die Liste relativ wenige oder viele Einträge hat. Im ersten Fall durchlaufen wir dann sequenziell die Daten und berechnen den Umsatz. Falls die Liste aber groß ist, dann teilen wir die Liste in zwei Hälften und erstellen damit zwei Untertasks, die durch den Aufruf der Methode `invokeAll()` zur parallelen Ausführung gebracht werden. Hier greift also die Rekursion: Die beiden Untertasks werden in ihrer `compute()`-Methode wiederum prüfen, ob die übergebenene Liste klein genug für die direkte Berechnung ist oder ob weiter aufgeteilt werden muss.

Nach einem `invokeAll()` muss jede Task nur noch die beiden Teilergebnisse zusammenzählen.

Damit sind wir schon fast fertig und es muss lediglich noch die Ausführungsumgebung in Form des `ForkJoinPool`-Objekts bereitgestellt werden:

```
List<KundenUmsatz> umsatzDaten;

// Code, der die Umsatzdaten einliest

ForkJoinPool pool = new ForkJoinPool();
UmsatzTask umsatzTask = new UmsatzTask(umsatzDaten);
```

```
pool.invoke(umsatzTask);
System.out.println("Gesamtumsatz: " + umsatzTask.leseUmsatz());
```

Die Berechnung startet mit der `ForkJoinPool.invoke()`: Wir übergeben die Start-Task, die für die gesamte Liste an Kundendaten zuständig ist. Sie wird während ihrer Ausführung wie oben beschrieben bei Bedarf weiter unterteilt.

Nach Abschluss der Berechnungen können wir dann mit einer geeigneten Methode (hier `leseUmsatz()`) das gewünschte Ergebnis abfragen.

30.7.2 Tasks mit Rückgabewert

Im obigen Beispiel haben wir eine `compute()`-Methode gezeigt, die keinen Rückgabewert hat; das Ergebnis stellen wir über die separate Zugriffsmethode `leseUmsatz()` bereit. Es geht aber auch anders, indem man die Task-Klasse von `RecursiveTask` (anstatt `RecursiveAction` wie oben gezeigt) ableitet:

Listing 30.11: UmsatzTaskMitErgebnis.java – Task-Klasse mit Rückgabewert

```
public class UmsatzTaskMitErgebnis extends RecursiveTask<Long> {
   private final List<KundenUmsatz> umsatzDaten;


   public UmsatzTaskMitErgebnis(List<KundenUmsatz> umsatzDaten) {
       this.umsatzDaten = umsatzDaten;
   }

   protected Long compute() {
       long gesamtUmsatz = 0;

      if(umsatzDaten.size() <= 50000) {
          // direkt berechnen
          for(KundenUmsatz ku : umsatzDaten) {
              gesamtUmsatz += ku.leseUmsatz();
          }
      }
       else { // auf 2 Untertasks aufteilen
         int mitte = umsatzDaten.size() / 2;
         UmsatzTaskMitErgebnis teil_1 =
                       new UmsatzTaskMitErgebnis(
                                     umsatzDaten.subList(0, mitte));
           teil_1.fork();

           UmsatzTaskMitErgebnis teil_2 =
                       new UmsatzTaskMitErgebnis(
                        umsatzDaten.subList(mitte, umsatzDaten.size()));
           teil_2.fork();

           gesamtUmsatz = teil_1.join() + teil_2.join();
       }

       return gesamtUmsatz;
   }
```

Beim Ableiten muss man den Datentyp für die Rückgabe festlegen (hier `Long`) und die `compute()`-Methode entsprechend implementieren. Das Aufteilen und Starten der Untertasks ist allerdings geringfügig komplizierter: Man startet zunächst die beiden Untertasks mit dem Aufruf `fork()` und wartet dann mit `join()` auf deren Ende. Aufgrund der Implementierung mit Java Generics hat die `join()`-Methode bereits den richtigen Typ als Rückgabewert und die Teilergebnisse können zum Endergebnis zusammenaddiert werden.

STOP

Ein kritischer Punkt beim Teile-und-Herrsche-Modell ist die Festlegung des Schwellwerts, ab dem ein gegebenes Arbeitspäckchen weiter aufgeteilt werden soll. Das Aufteilen und Abarbeiten durch zwei (oder mehr) neue Tasks generiert immer einen gewissen Overhead, den die nachfolgende parallele Verarbeitung erst mal hereinholen muss, damit am Ende ein Geschwindigkeitsvorteil erzielt wird. Die Bestimmung des Schwellwerts ist daher wichtig und muss im Einzelfall durch Messungen und Versuche herausgefunden werden.

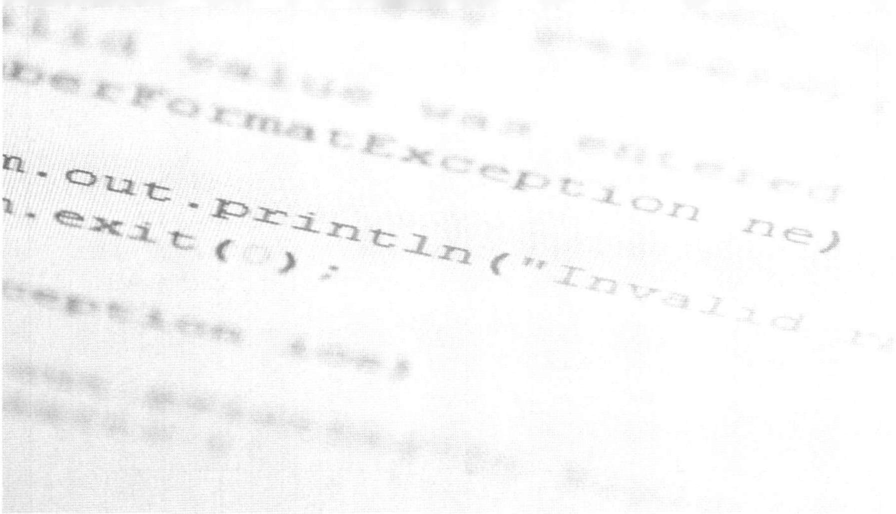

Kapitel 31
Ein- und Ausgabe II

Ein zentraler Aspekt jeder Programmiertätigkeit ist das Einlesen von Daten aus irgendeiner Quelle sowie die Ausgabe von Ergebnissen oder den bearbeiteten Eingabedaten. Die klassischen Datenquellen sind dabei Tastatur und Dateien, für die Ausgabe ist es der Bildschirm, eine Datei oder ein Drucker. Eine andere Möglichkeit für Ein- und Ausgabe sind TCP/IP-Verbindungen zu Prozessen auf dem gleichen oder einem anderen Rechner.

Dieses Kapitel betrachtet im Wesentlichen die dateibasierte Ein- und Ausgabe, die auf dem Stream-Modell beruht, sowie damit eng zusammenhängende Aspekte. Andere typische Ein- und Ausgabemöglichkeiten werden in anderen Kapiteln behandelt (z.B. die Ausgabe von Daten in einer GUI in Teil D oder das Lesen und Senden über eine TCP/IP-Verbindung in Kapitel 35 zur Netzwerkprogrammierung).

INFO

Für Java 7 wurde der Zugriff auf das Dateisystem komplett umgestellt und es wird nun empfohlen, anstelle der Klassen aus `java.io` das Paket `java.nio` einzusetzen, das wir im Folgenden beschreiben werden. Falls Sie mit Java 6 arbeiten wollen oder müssen, lesen Sie stattdessen Kapitel 31.2, » Altlasten:Dateien und Verzeichnisse bis Java 6«.

31.1 Dateien und Verzeichnisse

Die üblichen Dateisysteme speichern Dateien nach einem hierarchischen Ansatz, der gerne auch als Baum bezeichnet wird. Es gibt eine oder mehrere Wurzeln[1]

1 Unix-basierte Dateisysteme haben nur eine Wurzel; Windows-basierte können mehrere haben, mindestens C:\.

(z.B. *c:* unter Windows oder / unter Linux) und darunter Kinder. Kinder, die selbst wiederum andere Kinder haben, nennt man Verzeichnisse, den Rest Dateien. Allerdings wird auch oft ungenau nur von Dateien gesprochen, wenn man keine Unterscheidung zwischen Verzeichnis und Datei machen will.

Der Weg von einer Wurzel (auch Wurzelverzeichnis genannt) zu einer Datei oder Verzeichnis wird als *Pfad* bezeichnet.

Abbildung 31.1: Pfade in einem Dateisystem

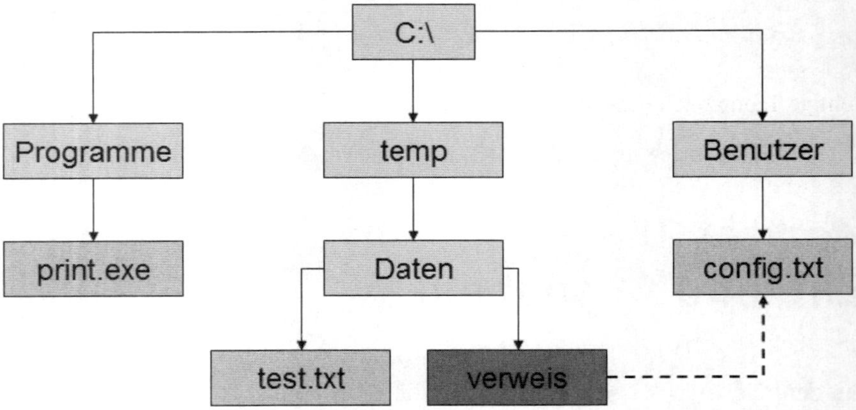

Im obigen Beispiel hat die Datei *test.txt* den vollen (absoluten) Pfad *c:\temp\Daten\test.txt*, der aus der Wurzel *c:* und den Segmenten *temp*, *Daten* sowie *test.txt* besteht. Als Trennzeichen fungiert bei Windows der Backslash \, bei Unix-basierten Systemen der Schrägstrich /.

Ein Pfad kann auch relativ zu einem aktuellen Verzeichnis angegeben werden. Betrachten Sie dazu Abbildung 31.1. Wenn wir uns im Verzeichnis *Daten* befinden, dann hat die Datei *test.txt* den relativen Pfad .*test.txt*, die Datei *print.exe* den relativen Pfad ..\..*Programme\print.exe*. Das aktuelle Verzeichnis kann also durch einen Punkt repräsentiert werden, das übergeordnete durch zwei Punkte.

Ferner gibt es noch eine besondere Art von Dateien, die als *symbolischer Verweis* (symbolic link) oder *Verknüpfung* bezeichnet werden. In der obigen Abbildung ist die Datei *verweis* eine Verküpfung auf die eigentliche Datei *config.txt* in einem ganz anderen Verzeichnis. Lese- oder Schreibzugriffe auf eine Verknüpfung bewirken einen Zugriff auf die referenzierte Datei. Dies ist normalerweise transparent für das Java-Programm, d.h., das Programm merkt nicht, dass es mit einer Verknüpfung anstelle der eigentlichen Datei arbeitet.

31.1.1 Die Path-Schnittstelle

Das Konzept des Pfads wird seit Java 7 mit der Schnittstelle `java.nio.file.Path` umgesetzt sowie einigen weiteren unterstützenden Klassen wie `Paths` und `Files`.

Das Anlegen einer Path-Instanz erfolgt nicht über einen Konstruktor, sondern mittels der Methode Paths.get(), z.B.:

```
Path pfad_voll    = Paths.get("c:\\temp\\Daten\\test.txt ");
Path pfad_einfach = Paths.get("test.txt ");
Path pfad_relativ = Paths.get(".\\test.txt ");
Path pfad_linux   = Paths.get("/temp/Daten/test.txt ");
```

Beachten Sie bei Windows-Pfadangaben, dass der Backslash \ verdoppelt werden muss, da der einfache Backslash ja eine Escape-Sequenz einleitet (siehe Kapitel 5.1.3). Falls Ihr Programm auf unterschiedlichen Dateisystemen laufen soll, dann verwenden Sie als Trennzeichen der Pfadbestandteile in Strings am besten die Konstante java.io.File.separator, die je nach aktuellem Betriebssystem das richtige Trennzeichen liefert:

INFO

Eine durch ein Path-Objekt repräsentierte Datei muss keineswegs real im Dateisystem existieren. Man kann also fiktive Pfade aufbauen, was beispielsweise auch notwendig ist, wenn Sie eine neue Datei anlegen.

Das Path-Objekt erlaubt es uns nun, den zugrunde liegenden Pfad zu untersuchen. Die Segmente unterhalb der Wurzel werden von 0 an gezählt und man kann darauf einzeln oder als Teilpfad zugreifen.

```
Path pfad_voll  = Paths.get("c:\\temp\\Daten\\test.txt");
int anzahl = pfad_voll.getNameCount();  // liefert Wert 3
Path teilPfad = pfad_voll.subpath(1, anzahl); // Liefert Daten\test.txt
```

Der obige Pfad besteht aus drei Namenssegmenten, was man über getNameCount() feststellen kann; mit der Methode subpath() kann man beliebige Teilpfade ausschneiden[2].

Ganz praktisch ist das Erweitern eines Pfads, der ein Verzeichnis repräsentiert, um weitere Segmente mithilfe der Methode resolve(), z.B.:

```
Path v1 = Paths.get("c:\\temp");
Path v2 = verzeichnis1.resolve("Daten\\test.txt");
System.out.println(v2.toString());  // liefert c:\temp\Daten\test.xt
```

Eine Auswahl der wichtigsten Methoden der Path-Schnittstelle finden Sie in Tabelle 31.1.

Tabelle 31.1: java.nio.file.Path: Wichtige Methoden

Methode	Beschreibung
int **compareTo**(Path other)	Mit anderem Pfad lexikographisch vergleichen.
boolean **startsWith**(Path other) boolean **startsWith**(String other)	true, wenn dieser Pfad mit dem gegebenen Pfad beginnt.
boolean **endsWith**(Path other) boolean **endsWith**(String other)	true, wenn dieser Pfad mit dem gegebenen Pfad endet.
int **getNameCount**()	Anzahl an Namenssegmenten unterhalb der Wurzel.

2 Beachten Sie, dass subpath(start, ende) analog zu substring() in der Klasse String arbeitet: Der Eintrag an der Position ende gehört nicht mehr zum Ergebnis.

Tabelle 31.1: java.nio.file.Path: Wichtige Methoden (Forts.)

Methode	Beschreibung
Path **getName**(int index)	Liefert das Namenssegment an Position index.
Path **getParent**()	Liefert das übergeordnete Verzeichnis oder null, wenn nicht im Pfad definiert.
Path **getRoot**()	Liefert die Wurzel oder null, wenn nicht im Pfad definiert.
boolean **isAbsolute**()	true, wenn dieser absolut ist (also bei einer Wurzel beginnt).
Boolean **isSameFile**(Path p)	true, wenn dieser Pfad und p dieselbe Datei bezeichnen.
Path **relativize**(Path p)	Erzeugt einen relativen Pfad vom aktuellen Pfad zu p.
Path **resolve**(Path p)	Löst p zu einem vollen Pfad auf.
Path **subpath**(int start, int end)	Liefert den Teilpfad von Segment start bis end-1.
Path **toAbsolutePath**()	Liefert einen absoluten Pfad.
String **toString**()	Liefert eine String-Darstellung des Pfads.
URI **toUri**()	Liefert eine URI-Darstellung des Pfads.
File **toFile**()	Liefert den Pfad als java.io.File-Objekt.
Path **normalize**()	Liefert einen normalisierten Pfad, d.h., redundante Bestandteile werden entfernt, z.B. .*test.xt* wird zu *test.txt*.
Path **toRealPath**()	Ermittelt den echten Pfad: Bei symbolischen Verweisen (Verknüfungen) liefert dies den Pfad zur referenzierten Datei.

31.1.2 Dateizugriffe absichern

Wenn auf eine durch ein Path-Objekt bezeichnete Datei zugegriffen wird, kann eine Menge schiefgehen: Die Datei ist nicht vorhanden, der Inhalt ist korrupt oder die Lese- und Schreibrechte erlauben nicht die gewünschte Operation. Daher müsen Dateizugriffe mit try-catch-Blöcken abgesichert werden, die sich um Ausnahmen vom Typ IOException und/oder FileSystemException kümmern:

```
FileReader datei = null;

try {
   datei = new FileReader("c:\\temp\\Daten\\test.txt");
   // Dateizugriffe
}
catch(FileSystemException ex) {
   // Fehlerbehandlung
}
catch(IOException ioex) {
   // Fehlerbehandlung
}
finally {
   // Ressourcen freigeben
   if(datei != null) {
```

```
        datei.close();
    }
}
```

Die Ausnahmen vom Typ FileSystemException sind von der allgemeinen Basisklasse IOException abgeleitet und bieten etwas genauere Informationen, bei welcher Datei es Probleme gab. Leider werfen nur wenige Methoden diesen Typ.

Methode	Beschreibung
String **getFile**()	Dateiname
String **getMessage**()	Fehlermeldung
String **getReason**()	Information, warum der Fehler auftrat.

Tabelle 31.2: java.nio.file.FileSystemException: Wichtige Methoden

Wenn ein Dateizugriff mit Ein-/Ausgabenstreams arbeitet (siehe Abschnitt 31.3), muss man diese nach Gebrauch wieder schließen; damit dies unabhängig von Problemen immer geschieht, wird dies typischerweise wie oben gezeigt in einem finally-Block erledigt.

Dies wird von vielen Entwicklern einerseits gerne vergessen oder unvollständig bzw. falsch implementiert, andererseits kann es auch passieren, dass das Freigeben der Ressource (typischerweise ein close()-Aufruf) selbst wiederum eine Exception werfen kann. Eine »wasserdichte« Implementierung kann daher schnell zu Recht unübersichtlichem Code führen.

Daher gibt es seit Java 7 die *try-with-resources*-Syntax (siehe auch Kapitel 16.6.4), die man gut für Dateizugriffe einsetzen kann:

```
try(FileReader datei = new FileReader("c:\\temp\\Daten\\test.txt")) {
    // ...
}
catch(IOException ex) {
       // Fehlerbehandlung
}
```

Hierbei kann man sich den finally-Block mit dem expliziten Schließen der Dateiressource sparen, weil dies automatisch erfolgt, sodass der Code kürzer und übersichtlicher wird.

31.1.3 Dateien und Verzeichnisse anlegen/löschen

Die vorgestellte Path-Schnittstelle definiert die Datei, mit der man arbeiten will. Die Zugriffe selbst erfolgen mit anderen Klassen, insbesondere mit der Klasse Files (Paket java.nio.file).

Die Klasse Files stellt Methoden zur Verfügung, mit denen Sie eine Datei bzw. ein Verzeichnis anlegen oder löschen können. Die Datei oder das Verzeichnis geben Sie über eine Path-Instanz an.

```
try {
   Path verzeichnis =  Paths.get("d:\\temp\\Daten\\Test_A");

   if( !Files.exists(verzeichnis)) {
      Files.createDirectories(verzeichnis);
   }

   Path datei = Paths.get("d:\\temp\\Daten\\Test_A\\testdaten.txt");

   if( !Files.exists(datei)) {
     Files.createFile(datei);
   }

   Files.deleteIfExists(datei);
}
catch(IOException ex) {
  System.out.println(ex.getMessage());
}
```

Tabelle 31.3: Files-Methoden zum Erzeugen/Löschen von Dateien/Verzeichnissen

Methode	Beschreibung
static Path **createDirectory**(Path dir, FileAttribute<?> ... attrs)	Erzeugt das durch dir angegebene Verzeichnis mit den optionalen Dateiattributen attrs.
static Path **createDirectories**(Path dir, FileAttribute<?> ... attrs)	Erzeugt das durch dir angegebene Verzeichnis inklusive evtl. nicht vorhandener übergeordneter Verzeichnisse.
static Path **createFile**(Path file, FileAttribute<?> ... attrs)	Erzeugt die durch file angegebene Datei mit den optionalen Dateiattributen attrs.
static void **delete**(Path path)	Die angegebene Datei bzw. das Verzeichnis löschen. Wenn die Datei bzw. das Verzeichnis nicht gelöscht werden kann oder nicht vorhanden ist, wird eine IOException geworfen.
static boolean **deleteIfExists**(Path path)	Die angegebene Datei bzw. das Verzeichnis löschen; liefert true, wenn eine Löschung durchgeführt wurde.

INFO

Wundern Sie sich nicht, dass viele Methoden der Klasse Files wieder ein Path-Objekt zurückgeben, obwohl doch eines schon als Argument übergeben worden ist. Dies dient dem bequemen Verketten von Methodenaufrufen in einer Codezeile.

31.1.4 Temporäre Dateien und Verzeichnisse

Wenn ein Programm viele temporäre Dateien anlegen muss, kann es etwas lästig sein, immer einen eindeutigen Dateinamen zu konstruieren. Zur Erleichterung bietet die Klasse Files daher auch einige entsprechende Methoden.

```
List<Path> tempDateien = new ArrayList<>();

for(int i = 0; i < 10; i++) {
  Path p = Files.createTempFile(null, null);
```

```
  tempDateien.add(p);
  p.toFile().deleteOnExit();
}
```

Im Beispiel legen wir 10 temporäre Dateien im Standard-Temp-Verzeichnis des aktuellen Dateisystems an (unter Windows 7 ist dies beispielsweise *c:\Benutzer\ < Benutzername > \AppData\Local\Temp*).

Die `createTempFile()`-Methode erwartet einen Präfix und einen Postfix für den Namen der temporären Datei: Wenn man wie oben `null` übergibt, wird kein Präfix verwendet und als Postfix *.tmp* verwendet. Die erzeugte Datei heißt dann beispielsweise *1543245979717792 64.tmp*, während

```
Path p = Files.createTempFile("test_", "_dat");
```

eine Datei mit dem Namen *test_1543245979717792 64_dat* erzeugen würde.

Da temporäre Dateien typischerweise nach Programmende nicht mehr benötigt werden, kann man auch gleich festlegen, dass sie dann gelöscht werden sollen. Dies leistet die Methode `deleteOnExit()` der Klasse `java.io.File`, an die wir durch Konvertierung des `Path`-Objekts mittels `toFile()` gelangen.

Wenn man die temporären Dateien in einem speziellen Verzeichnis haben möchte (vielleicht gibt es ja auf Laufwerk C nicht genügend Speicherplatz), dann ist auch dies kein Problem: Geben Sie einfach das gewünschte Verzeichnis mit:

```
Path v = Paths.get("d:\\downloads");
Path temp = Files.createTempFile(v, null, null);
```

Neben dem Anlegen von temporären Dateien kann man analog natürlich auch temporäre Verzeichnisse erzeugen, z.B.

```
Path dir = Files.createTempDirectory("test"); // Präfix test

Path v = Paths.get("d:\\downloads");
Path dir2 = Files.createTempDirectory(v, null); // in v, ohne Präfix
```

31.1.5 Zugriff auf Dateiattribute

Eigenschaften einer Datei werden in den Dateiattributen festgehalten. Hierauf kann man ebenfalls mit der `Files`-Klasse zugreifen.

Für einige häufig benötigte Dateiattribute (z.B. ist der übergebene Pfad nun eine Datei, ein Verzeichnis oder eine Verknüpfung) gibt es spezialisierte Methoden.

31

Tabelle 31.4: Files-Methoden für den Zugriff auf Dateiattribute

Methode	Beschreibung
`static boolean` **`isDirectory`**`(Path p, LinkOption ... opts)`	`true`, wenn `p` ein Verzeichnis ist.
`static boolean` **`isRegularFile`**`(Path p, LinkOption ... opts)`	`true`, wenn `p` eine normale Datei ist.
`static boolean` **`isReadable`**`(Path p)`	`true`, wenn `p` lesbar ist.

Tabelle 31.4: Files-Methoden für den Zugriff auf Dateiattribute (Forts.)

Methode	Beschreibung
static boolean **isWritable**(Path p)	true, wenn p beschreibbar ist.
static boolean **isExecutable**(Path p)	true, wenn p ausführbar ist.
static boolean **isSymbolicLink**(Path p)	true, wenn p eine Verknüpfung ist.
static boolean **isHidden**(Path p)	true, wenn p versteckt ist.
static long **size**(Path p)	Liefert die Größe der Datei in Bytes.
static FileTime **getLastModifiedTime**(Path p, LinkOption ... opts)	Liefert den Zeitpunkt des letzten Schreibzugriffs.
static UserPrincipal **getOwner**(Path p, LinkOption ... opts)	Liefert den Besitzer der Datei p.
static A **readAttributes**(Path p, Class<A> type, LinkOption... opts)	Liefert ein Objekt mit Dateiattributen für die Datei p.

Einige Methoden wie beispielsweise isDirectory() haben einen optionalen Parameter vom Typ LinkOption. Mit seiner Hilfe kann man festlegen, wie sich die Methode verhalten soll, wenn der übergebene Pfad eine Verknüpfung darstellt. Standardmäßig wird der Verknüpfung gefolgt und die Zieldatei der Verknüpfung verwendet. Wenn dies nicht gewünscht ist, kann man LinkOption.NOFOLLOW_LINKS übergeben:

```
Pfad p    = … // p sei eine Verknüpfung zu einem Verzeichnis
boolean b = Files.isDirectory(p);   // liefert true
b = Files.isDirectory(p, LinkOption.NOFOLLOW_LINKS); // liefert false
```

Neben dem gezielten Abfragen von Dateiattributen kann man auch gleich ein ganzes Attribut-Objekt anfordern mit der Methode Files.readAttributes():

```
Path datei = …
BasicFileAttributes attrs = Files.readAttributes(datei,
                                  BasicFileAttributes.class);
```

Die readAttributes()-Methode benötigt neben dem Dateipfad ein Class-Objekt der gewünschten Dateiattribute. Auf allen Plattformen können Sie hierbei BasicFileAttributes (Paket java.nio.file.attribute) verwenden, um die Mindestzahl der plattformübergreifend verfügbaren Attribute zu erhalten.

Tabelle 31.5: Methoden von BasicFileAttributes

Methode	Beschreibung
FileTime **creationTime**()	Zeitstempel der Dateianlage
boolean **isDirectory**()	true, wenn es ein Verzeichnis ist.
boolean **isSymbolicLink**()	true, wenn die Datei eine Verknüpfung ist.
boolean **isRegularFile**()	true, wenn es sich um eine normale Datei handelt.
FileTime **lastAccessTime**()	Zeitstempel des letzter Dateizugriffs
long **size**()	Dateigröße in Bytes

Wenn bekannt ist, auf welchem Dateisystem das Java-Programm operiert, kann man auch spezialisierte Varianten abfragen; im Falle eines Windows-basierten Dateisystems mittels

```
DosFileAttributes attrs = Files.readAttributes(file,
                                        DosFileAttributes.class);
```

bzw. im Unix-Umfeld

```
PosixFileAttributes attrs = Files.readAttributes(file,
                                      PosixFileAttributes.class);
```

Tabelle 31.6: Methoden von DosFileAttributes

Methode	Beschreibung
boolean **isArchive**()	true, wenn die Datei das Archivflag gesetzt hat.
boolean **isHidden**()	true, wenn versteckt.
boolean **isReadOnly**()	true, wenn Schreibschutz aktiv ist.
boolean **isSystem**()	true, wenn die Datei zum Betriebssystem gehört.

Tabelle 31.7: Methoden von PosixFileAttributes

Methode	Beschreibung
GroupPrincipal **group**()	Liefert den Gruppenbesitzer der zugrunde liegenden Datei.
UserPrincipal **owner**()	Liefert den Besitzer.
Set<PosixFilePermission> **permissions**()	Liefert die Zugriffsrechte.

Bei einem POSIX-Dateisystem (z.B. alle UNIX-Varianten) sind die Zugriffsrechte einer Datei unterteilt in zwei Bereiche:

- Wer darf etwas: Gegliedert in Besitzer (OWNER), Gruppe (GROUP), Andere (OTHERS).
- Was darf man: Lesen (READ), Schreiben (WRITE), Ausführen (EXECUTE).

Die Zugriffsrechte werden durch die Enumeration PosixFilePermission (Paket java.nio.file.attribute) repräsentiert mit entsprechenden Konstanten, z.B. bedeutet PosixFilePermission.OTHERS_READ, dass alle Lesezugriff haben.

Wenn ein Java-Programm die entsprechenden Rechte hat, dann kann es natürlich auch Dateiattribute verändern, wie üblich mit Methoden der Klasse Files.

31

Tabelle 31.8: Methoden zum Setzen von Dateiattributen in Klasse Files

Methode	Beschreibung
static Path **setAttribute**(Path p, String attr, Object wert, LinkOption ... opts)	Setzt für die Datei p das Attribut attr auf den gewünschten wert.
static Path **setLastModifiedTime**(Path p, FileTime zeit)	Ändert den Zeitstempel für den letzten Schreibzugriff.
static Path **setOwner**(Path p, UserPrincipal owner)	Ändert den Besitzer der Datei p.
static Path **setPosixFilePermissions**(Path p, Set<PosixFilePermission> perms)	Setzt die übergebenen Dateirechte (nur bei POSIX-Dateisystem).

Für den Einsatz der `setAttribute()`-Methode benötigt man die Namen der zu setzenden Attribute. Sie bestehen aus einem Präfix, gefolgt von einem Doppelpunkt und dem eigentlichen Attributnamen. Seltsamerweise gibt es hierzu keine Konstanten in der API. Sie finden die Attributnamen in der nachfolgenden Aufzählung:

- `BasicFileAttributeView` (Präfix `basic`): `isRegularFile`, `isDirectory`, `isSymbolicLink`, `isOther`, `fileKey`, `lastModifiedTime`, `lastAccessTime`, `creationTime`, `size`
- `DosFileAttributeView` (Präfix `dos`): `readonly`, `hidden`, `archive`
- `PosixFileAttributeView` (Präfix `posix`): `permissions`, `group`

Beispiel 1: Setzen des Archiv-Flags in einem Windows-System:

```
Path datei = …
Files.setAttribute(datei, "dos:archive", true);
```

Beispiel 2: In einem Posix-Dateisystem sollen die Zugriffsrechte gesetzt werden. Der Attributname ist *posix:permissions*, aber für die Werte benötigen wir noch ein entsprechendes `Set`-Objekt. Hierzu gibt es die praktische Hilfsmethode `fromString()` in der Klasse `PosixFilePermissions`:

```
Path datei = …
Set<PosixFilePermission> rechte =
                          PosixFilePermissions.fromString("rwxr-x---");
Files.setAttribute(datei, "posix:permissions", rechte);
```

31.1.6 Dateien kopieren und verschieben

Zum Kopieren und Verschieben von Dateien (auch Verzeichnisse!) bietet die Klasse `Files` eine entsprechende Methode an:

```
static Path copy(Path quelle, Path ziel, CopyOption … opts)
```

Sie erwartet neben der obligatorischen Angabe von Quell- und Zielpfad noch optional einen Hinweis, wie genau kopiert werden soll.

Rückgabewert ist das `Path`-Objekt, das die Zieldatei repräsentiert. Für die `CopyOption`-Parameter kann man Werte der Enumerationen `java.nio.file.StandardCopyOption` und `LinkOption` übergeben:

- `StandardCopyOption.COPY_ATTRIBUTES`: Dateiattribute werden mitkopiert.
- `StandardCopyOption.REPLACE_EXISTING`: Falls die Zieldatei bereits existiert, wird sie ersetzt.
- `LinkOption.NOFOLLOW_LINKS`: Verknüpfungen nicht auflösen und die referenzierte Datei kopieren, sondern die Verknüpfung an sich kopieren.

Schauen wir uns einige Beispiele an.

```
try {
   Path quelle = Paths.get("c:\\temp\\test.txt");
   Path ziel   = Paths. get("d:\\temp\\test.txt");
   Files.copy(quelle, ziel);
```

```
}
catch(IOException ex) {
   System.err.println(ex.getMessage());
}
```

Dieser Code kopiert die Datei einfach um – bewirkt also im Prinzip das, was man möchte. Bei näherem Hinsehen gibt es allerdings Feinheiten, die manchmal stören, z.B. wird die Kopie als Zeitstempel der letzten Änderung (`lastModifiedTime`) den Zeitpunkt des Kopierens haben und nicht den Zeitstempel, den das Original hat. Dies erreicht man, wenn man mit `StandardCopyOption.COPY_ATTRIBUTES` arbeitet:

```
Path quelle = Paths.get("c:\\temp\\test.txt");
Path ziel   = Paths.get("d:\\temp\\test.txt");
Files.copy(quelle, ziel, StandardCopyOption.COPY_ATTRIBUTES);
```

Ein anderes Problem ist das Dauerthema Verknüpfungen. Das normale Kopieren wird nicht die Verknüpfung an sich kopieren, sondern die referenzierte Datei. Wenn man dies nicht wünscht, muss man `LinkOption.NOFOLLOW_LINKS` einsetzen:

```
Path quelle = Paths.get("c:\\temp\\test.txt");
Path ziel   = Paths. get("d:\\temp\\test.txt");
Files.copy(quelle, ziel, LinkOption.NOFOLLOW_LINKS);
```

STOP

Wenn die Quelle bei `Files.copy()` ein Verzeichnis ist, dann wird entsprechend als Ziel ein Verzeichnis angelegt, allerdings wird der Inhalt des Verzeichnisses nicht mitkopiert. Hier muss man dann doch wieder selbst Hand anlegen (siehe Abschnitt 31.1.7). Ferner gilt: Wenn das Zielverzeichnis bereits existiert und Dateien enthält, dann wird die Kopieraktion scheitern.

Neben dem üblichen Kopieren innerhalb des Dateisystems von Datei zu Datei gibt es noch eine interessante Methode, mit der man direkt von Datei in einen Eingabestrom bzw. von einem Ausgabestrom in eine Datei kopieren kann:

```
static Path copy(InputStream quelle, Path ziel, CopyOption ... opts)
```

```
static Path copy(Path quelle, OutputStream ziel, CopyOption ... opts)
```

Mehr zu Ein- und Ausgabeströmen (neudeutsch I/O-Streams) finden Sie in Kapitel 31.3.

Das Verschieben von Dateien und Verzeichnissen wird ebenfalls von der Klasse `Files` unterstützt:

```
static Path move(Path quelle, Path ziel, CopyOption ... opts)
```

Dabei sind die folgenden Optionen möglich:

- `StandardCopyOption.ATOMIC_MOVE`: Stellt sicher, dass die gesamte Aktion nach außen (für andere Prozesse beispielsweise) als atomar wahrnehmbar ist.
- `StandardCopyOption.REPLACE_EXISTING`: Falls die Zieldatei bereits existiert, wird sie ersetzt.
- **Beispiel**: Verschiebt das Verzeichnis *d:\temp* nach *d:\backup*:

```
Path quelle = Paths.get("d:\\temp");
Path ziel   = Paths. get("d:\\backup");
Path ergebnis = Files.move(quelle, ziel);

System.out.println(ergebnis); // Ausgabe = d:\backup
```

STOP

Verschieben bedeutet streng genommen (aus der Sicht des Dateisystems) ein Umbenennen. Deswegen ist die Zielangabe immer der neue Name; dies ist insbesondere wichtig, wenn man ein Verzeichnis verschiebt. Im obigen Beispiel wird also nicht *d:\temp* in das Verzeichnis *d:\backup* hinein verschoben, sondern *d:\temp* wird umbenannt in *d:\backup.*

Zweiter wichtiger Aspekt: Ein Verschieben/Umbenennen ist nur innerhalb derselben Partition möglich (also z.B. nicht von *c:\temp* in *d:\backup*)

31.1.7 Dateien in einem Verzeichnis auflisten

Ein Verzeichnis selbst ist eher uninteressant und man möchte vielmehr wissen, welcher Inhalt sich darin befindet. In älteren Java-Versionen hätten Sie sich hierzu ein `java.io.File`-Objekt als Repräsentant des Verzeichnisses besorgt (siehe auch Abschnitt 31.2) und dann dessen Methode `listFiles()` aufgerufen

```
File verzeichnis = new File("d:\\downloads");
File[] dateien = verzeichnis.listFiles();
```

Das ist kurz und knackig, hat aber leider einen Nachteil: Die Anzahl an zurückgelieferten Dateien kann bei heutigen Dateisystemen und gut gefüllten Terabyte-großen Festplatten ganz schnell riesige Dimensionen erreichen und das zurückgelieferte Array umfasst möglicherweise Hunderttausende oder Millionen von Einträgen. Dies wäre ein massiver Hauptspeicherverbrauch oder könnte sogar die Virtual Machine zu einem Programmabbruch wegen Speichermangel zwingen.

Seit Java 7 gibt es daher einen anderen Ansatz mithilfe eines `DirectoryStream`-Objekts:

```
Path v = Paths.get("d:\\downloads");

try (DirectoryStream<Path> inhalt = Files.newDirectoryStream(v)) {
   for (Path datei: inhalt) {
       System.out.println(datei.getFileName());
   }
} catch (IOException | DirectoryIteratorException x) {
    System.err.println(x);
}
```

Für einen gegebenen Pfad erzeugt man mit der statischen Methode `Files.newDirectoryStream()` ein `DirectoryStream`-Objekt, welches iterierbar ist, d.h., man kann es wie gezeigt in einer Schleife durchlaufen und den Inhalt anschauen und weiter verarbeiten. Da der Verzeichnisinhalt nun als Folge von Pfadangaben geliefert wird, ist sichergestellt, dass wir auch bei prall gefüllten Verzeichnissen keine Speicher- und Performance-Probleme bekommen.

STOP

Wie bei jedem anderen Stream muss man daran denken, diese Ressource nach Gebrauch wieder mit `close()` zu schließen: entweder in einem `finally`-Block oder wie hier im Beispiel automatisch durch Einsatz der *try-with-resources*-Technik.

Dateien filtern

Wenn man nur an bestimmten Dateien oder Unterzeichnissen interessiert ist, kann man auch filtern, was das `DirectoryStream`-Objekt zurückliefern soll. Hierzu muss man lediglich die Methode `Files.newDirectoryStream()` mit einem weiteren Parameter aufrufen, der als *Glob* bezeichnet wird:

```
Path v = Paths.get("d:\\downloads");
try (DirectoryStream<Path> inhalt =
          Files.newDirectoryStream(v, "*.pdf" )) {
   ...
}
} catch (IOException | DirectoryIteratorException x) {
    System.err.println(x);
}

// Alle Dateien, die mit .pdf oder .txt enden
DirectoryStream<Path> inhalt =
          Files.newDirectoryStream(v, "*.{pdf, txt}" ))
```

Ein Glob ist eine vereinfachte Version eines regulären Ausdrucks (mehr zu regulären Ausdrücken in Kapitel 28.1.7) :

- * : beliebige Anzahl (> = 0) an Zeichen
- ** : wie *, aber über Verzeichnisgrenzen hinweg (zum Abgleich kompletter Pfade)
- ?: genau ein beliebiges Zeichen
- `{}`: Menge von Teilmustern (jeweils durch Komma getrennt, z.B. `{temp*, tmp*}`
- `[]`: Menge von Einzelzeichen, z.B.
  `[0-9]`: beliebige Ziffer
  `[A-Z]`: beliebiger Großbuchstabe
  `[a-z, A-Z]`: beliebiger Buchstabe
  `[aei]`: die Buchstaben a, e, oder i

31.1.8 Einen Verzeichnisbaum durchlaufen

Ein klassisches Problem ist das Durchlaufen aller in einem Verzeichnis stehenden Dateien inklusive der Unterverzeichnisse – was in der Regel auf einen rekursiven Ansatz hinausläuft. Ab Java 7 wird Ihnen dies durch die Methode `walkFileTree()` der Klasse `Files` (aus `java.nio.file`) etwas leichter gemacht:

```
static Path walkFileTree(Path start, FileVisitor<? super Path> visitor)
```

Die Methode erwartet ein `Path`-Objekt zur Angabe des Startverzeichnisses sowie ein Objekt, welches die Schnittstelle `java.nio.file.FileVisitor` implementiert. Hier kann man in verschiedenen Methode festlegen, was bei den verschiedenen Situationen zu tun ist:

Tabelle 31.9: Methoden der Schnittstelle FileVisitor

Methode	Beschreibung
FileVisitResult **preVisitDirectory**(T dir, BasicFileAttriubtes attrs)	Wird aufgerufen, bevor das Verzeichnis dir betreten wird. attrs liefert Zugriff auf die Dateiattribute von dir.
FileVisitResult **postVisitDirectory**(T dir, IOException ex)	Wird aufgerufen, nachdem dir besucht wurde. Falls es dort zu einer Exception kam, wird sie als Parameter ex übergeben.
FileVisitResult **visitFile**(T datei, BasicFileAttributes attrs)	Wird aufgerufen zur Verarbeitung der Datei datei.
FileVisitResult **visitFileFailed**(T datei, IOException ex)	Wird aufgerufen, wenn visitFile() fehl schlug; ex ist die dabei geworfene Exception.

Alle Methoden in FileVisitor liefern ein Ergebnis-Objekt vom enum-Typ FileVisitResult zurück: Hier kann man durch Auswahl zwischen CONTINUE (weitermachen), TERMINATE (abbrechen), SKIP_SIBLINGS (keine Geschwister der aktuellen Datei/Verzeichnis betrachten) und SKIP_SUBTREE (keine weiteren Dateien/Verzeichnisse im aktuellen Verzeichnis besuchen) festlegen, wie das Durchlaufen durch den Verzeichnisbaum weitergehen soll.

Da man vermutlich nur selten alle Methoden implementieren muss, hat Oracle noch eine Standardimplementierung in Form der Klasse SimpleFileVisitor hinzugefügt: Man leitet davon eine eigene Klasse ab, die dann die gewünschte Methode überschreibt, z.B.:

```
public class MeinDateiBesucher extends SimpleFileVisitor<Path> {
   private int zaehler = 0;

   @Override
   public FileVisitResult visitFile(Path datei,
                                    BasicFileAttributes attrs) {
      zaehler++;

      if(zaehler == 5000) {
         System.out.println("Oh Gott, ich kann nicht mehr.Abbruch!");
         return FileVisitResult.TERMINATE;
      }
      else {
        return FileVisitResult.CONTINUE;
      }
   }
}
```

Das Durchlaufen eines Teilbaums im Dateiverzeichnis sieht damit so aus:

```
Path verzeichnis = Paths.get("c:\\temp");
MeinDateiBesucher besucher  = new MeinDateiBesucher();
Files.walkFileTree(verzeichnis, besucher);
```

Die oben eingesetzte Methode `walkFileTree()` hat zwei Einschränkungen:

- Es wird immer der gesamte Teilbaum ausgehend vom Startverzeichnis durchlaufen.
- Verknüpfungen werden ignoriert.

Daher gibt es noch eine weitere Form der Methode mit erweiterten Steuerungsmöglichkeiten:

```
static Path walkFileTree(Path start, Set<FileVisitOption> options,
                         int suchTiefe, FileVisitor<? super Path> visitor)
```

Hier kann man mit dem Parameter `suchTiefe` festlegen, wie viele Unterverzeichnisebenen durchlaufen werden werden sollen (0 = nur das Startverzeichnis, 1 = Startverzeichnis und direkte Unterverzeichnisse usw.). Außerdem kann durch Angabe der Option `FileVisitOption.FOLLOW_LINKS` bestimmt werden, dass Verknüpfungen gefolgt wird; Zyklen, die durch das Folgen von Verknüpfungen entstehen können, werden dabei automatisch erkannt, d.h., bereits besuchte Verzeichnisse werden nicht noch einmal durchlaufen.

Beispiel (Suchtiefe 10, Verknüpfungen folgen):

```
Path verzeichnis             = Paths.get("c:\\temp");
MeinDateiBesucher besucher   = new MeinDateiBesucher();
Set<FileVisitOption> opts    = enumSet.of(FileVisitOption.FOLLOW_LINKS);
Files.walkFileTree(verzeichnis, opts, 10, besucher);
```

Beachten Sie hierbei, dass für den Parameter vom Typ `FileVisitOption` ein `Set`-Objekt erwartet wird (was ziemlich ungewöhnlich ist in der gesamten Java-API). Das können Sie am einfachsten mit der statischen Methode `EnumSet.of()` bereitstellen.

Verzeichnisbaum kopieren

Zum Kopieren von Dateien existiert zwar die Methode `Files.copy()`, die auch gute Dienste leistet, aber leider etwas schwächelt, wenn die zu kopierende Datei ein Verzeichnis ist: Es wird lediglich ein leeres neues Verzeichnis angelegt und um den Rest, also enthaltene Dateien und Unterverzeichnisse, muss man sich selbst kümmern. Dies schreit geradezu nach der `walkFileTree()`-Methode, die wir oben kennengelernt haben.

Wir leiten von `SimpleFileVisitor` eine eigene Klasse `VerzeichnisKopierer` ab und realisieren das Kopieren selbst:

Listing 31.1: VerzeichnisKopierer.java – Kopieren von Verzeichnissen mit Inhalt

```
import java.io.IOException;
import java.nio.file.FileVisitResult;
import java.nio.file.Files;
import java.nio.file.Path;
import java.nio.file.Paths;
import java.nio.file.SimpleFileVisitor;
import java.nio.file.attribute.BasicFileAttributes;
```

31

```
public class VerzeichnisKopierer extends SimpleFileVisitor {
   private Path zielVerzeichnis;
   private Path quelleVater;

   public void kopiere(Path quelle, Path ziel) throws IOException {
      if(Files.isDirectory(quelle) && Files.isDirectory(ziel)
                                   && !Files.isSameFile(quelle, ziel)) {
         quelleVater = quelle.toAbsolutePath().getParent();
         zielVerzeichnis  = ziel.toAbsolutePath();
         Files.walkFileTree(quelle, this );
      }
      else {
         throw new IOException("Ungültige Quelle/Ziel");
      }
   }

   private Path erzeugeZielPfad(Path quellPfad) {
      Path quelleRelativ  = quelleVater.relativize(quellPfad);
      return zielVerzeichnis.resolve(quelleRelativ);
   }

   public FileVisitResult preVisitDirectory(Object t,
                                  BasicFileAttributes bfa)
                                       throws IOException {
      Path unterverzeichnis = erzeugeZielPfad((Path) t);

      // Zielverzeichnis anlegen
      Files.createDirectories(unterverzeichnis);

      return FileVisitResult.CONTINUE;
   }

   public FileVisitResult visitFile(Object t,
                          BasicFileAttributes bfa)
                                throws IOException {
      Path quelle          = (Path) t;
      Path zielDatei       = erzeugeZielPfad(quelle);

      Files.copy((Path) t, zielDatei);
      return FileVisitResult.CONTINUE;
   }

   public static void main(String ... args) {
      if(args.length != 2) {
            System.out.println("Parameter: Quellverzeichnis Zielverzeichnis");
      }
      else {
         VerzeichnisKopierer vk = new VerzeichnisKopierer();
         Path quelle = Paths.get(args[0]);
         Path ziel   = Paths.get(args[1]);

         try {
            vk.kopiere(quelle, ziel);
         }
```

```
         catch(IOException ex) {
            System.err.println(ex.getMessage());
         }
      }
   }
}
```

Zuerst definieren wir eine Methode `kopieren()`, die Pfade auf das zu kopierende Verzeichnis (`quelle`) und das Zielverzeichnis (in das kopiert werden soll) übernimmt, festhält, welches das übergeordnete Verzeichnis der Quelle (`quelleVater`) ist, und dann mit `walkFileTree()` ausgehend vom zu kopierenden Verzeichnis das Dateisystem durchläuft.

Bevor Dateien in Unterverzeichnisse kopiert werden können, müssen wir sicherstellen, dass das entsprechende Zielverzeichnis existiert. Daher überschreiben wir die geerbte Methode `preVisitDirectory()`, die vor jedem Besuch eines Unterzeichnisses im Quellverzeichnis aufgerufen wird. Dort bestimmen wir mit `erzeugeZielPfad()` den Namen des anzulegenden Unterverzeichnisses und rufen dann `Files.createDirectories()` auf, um das Zielunterverzeichnis zu erzeugen.

Das eigentliche Kopieren von Dateien erfolgt in der `visitFile()`-Methode. Wir müssen hier lediglich wieder dafür sorgen, dass die zu erstellende Zieldatei den richtigen Pfad besitzt, und können schließlich mit `Files.copy()` die aktuelle Datei kopieren.

31.1.9 Laufwerkbelegung ermitteln

Bevor man mit einem Programm größere Datenmengen auf eine Festplatte schaufelt, ist es sinnvoll, Informationen über die vorhandenen Laufwerke einzuholen, insbesondere über den noch verfügbaren Plattenplatz.

Hierzu dient die Klasse `java.nio.file.FileStore`. Eine Instanz von `FileStore` repräsentiert eine Partition (in der Microsoft Windows Sprache) oder ein Volume (in der Unix-Welt). Man erhält es für einen gegebenen Dateipfad über die statische Methode `Files.getFileStore()`.

Tabelle 31.10: Methoden der Klasse FileStore zur Laufwerksbelegung

Methode	Beschreibung
`long` **`getTotalSpace()`**	Liefert die Größe des Laufwerks in Bytes.
`long` **`getUnallocatedSpace()`**	Liefert die ungefähre Anzahl an noch freien Bytes.
`long` **`getUsableSpace()`**	Liefert die ungefähre Anzahl an Bytes, die der aktuellen Virtual Machine zum Schreiben auf dem Laufwerk zur Verfügung steht. (Dieser Wert ist in der Regel zuverlässiger als der Rückgabewert von `getFreeSpace()`.)

Im folgenden kleinen Beispiel ermitteln wir alle Wurzelverzeichnisse des Standard-Dateisystems und geben dann die Gesamtgröße sowie den noch verfügbaren freien Platz in Gbytes aus.

```
try {
 FileSystem fs              = FileSystems.getDefault();
 Iterable<Path> wurzeln     = fs.getRootDirectories();
 int gigaByteGroesse        = 1024 * 1024 * 1024;

 for(Path p : wurzeln) {
   try {
    FileStore partition = Files.getFileStore(p);
    System.out.println("Laufwerk    : " + p.toString());
    long gesamt = partition.getTotalSpace() / gigaByteGroesse;
    long frei   = partition.getUsableSpace() / gigaByteGroesse;
    System.out.println("   Größe    : " + gesamt  + " GBytes");
    System.out.println("   frei     : " + frei + " GBytes");
   }
  catch(FileSystemException fse) {
    System.err.println("Fehler : " + fse.getMessage());
  }
}
```

Beachten Sie beim Zugriff auf ein `FileStore`-Objekt, dass eine `FileSystemException` geworfen werden kann, z.B. wenn das repräsentierte Laufwerk gerade nicht verfügbar ist; der Klassiker ist der Zugriff auf ein CD-Laufwerk ohne eingelegte CD.

31.1.10 Auf jar/zip-Archive zugreifen

In Abschnitt 31.1.1 haben wir die statische Methode `Paths.get()` kennengelernt, um ein `Path`-Objekt auf eine Datei im Dateisystem zu erhalten. Diese Methode ist dabei nur eine bequeme Abkürzung für `FileSystems.getDefault().getPath()`.

Die Java-API koppelt sich nämlich vom tatsächlichen Dateisystem ab und operiert auf einer abstrakten Ebene mit Objekten vom Typ `FileSystem` (Achtung: ohne s am Ende!), die ein konkretes Dateisystem repräsentieren.

Normalerweise wird das Standard-Dateisystem (also die üblichen Festplattenpartitionen) verwendet, das via `FileSystems.getDefault()` zugänglich ist. Aber es gibt noch andere: Archive im JAR- bzw. ZIP-Format. Mit der Methode `FileSystems.newFileSystem()` können Sie sich ein entsprechendes `FileSystem` zur Repräsentation des internen Dateisystems eines Archivs besorgen und dann dieselben Aktivitäten durchführen wie mit dem normalen Dateisystem!

```
Path jarDatei = Paths.get("c:\\temp\\test.jar");

FileSystem jarFileSystem;

try {
  jarFileSystem = FileSystems.newFileSystem(jarDatei, null);
  Iterable<Path> wurzeln = jarFileSystem.getRootDirectories();

  for(Path wurzel : wurzeln) {
     Files.walkFileTree(wurzel, new SimpleFileVisitor<Path>() {
         @Override
```

```
        public FileVisitResult visitFile(Path t,
                  BasicFileAttributes bfa) throws IOException {
                      System.out.println(t);
                      return FileVisitResult.CONTINUE;
        }
      });

  }
}
catch (IOException ex) {
  System.err.println(ex.getMessage());
}
```

Mit FileSystems.newFileSystem() fordern wir ein Dateisystem an und übergeben dabei die gewünschte Archivdatei als Path-Objekt. Und das war es schon im Wesentlichen! Danach können wir wie in einem eigenen Dateisystem arbeiten und beispielsweise alle darin vorhandenen Pfade durchlaufen und uns die Dateinamen durch Einsatz der walkFileTree()-Methode ausgeben lassen (siehe Abschnitt 31.1.8).

Eine andere Möglichkeit ist das Kopieren einer Datei aus dem Dateisystem direkt in das Archiv hinein:

```
try {
   Path jarDatei = Paths.get("c:\\temp\\test.jar");
   FileSystem jarFileSystem = FileSystems.newFileSystem(jarDatei, null);

   Path neuerEintrag = Paths.get("c:\\temp\\neu.txt");
   Path ziel         = jarFileSystem.getPath("/neu.txt");
   Files.copy(neuerEintrag, ziel, StandardCopyOption.COPY_ATTRIBUTES);
   jarFileSystem.close();
}
catch(IOException ex) {
  System.err.println(ex.getMessage());
}
```

Hierbei werden die beiden Welten (lokales Dateisystem und Jar-Archiv Dateisystem) mittels der Files.copy()-Methode überbrückt: Die Quelldatei neuerEintrag ist ein Pfad auf der Festplatte, das ziel ist ein Pfad im Archiv, den wir via der Methode FileSystem.getPath() kreieren können.

STOP

Im Gegensatz zum normalen Dateisystem muss bei anderen Dateisystemen wie hier beim JAR-Archiv ein close()-Aufruf zum Abschluss durchgeführt werden, damit die Änderungen wirksam werden.

31.1.11 Benachrichtigung über Verzeichnisänderungen

Gerade im Bereich der Server-Programmierung besteht oft die Notwendigkeit, bestimmte Verzeichnisse zu beobachten, um zu erkennen, ob sich etwas geändert hat, z.B., ob ein anderer Prozess dort eine Datei zur Weiterverarbeitung abgelegt hat.

Ein solches Verhalten in Java zu implementieren, war lange Zeit etwas mühsam, da man selbst einen sogenannten Polling-Mechanismus realisieren musste, um herauszufinden, ob und was sich geändert hat, oder eine darauf spezialisierte Bibliothek eines Drittanbieters verwenden musste, wie z.B. *jnotifiy* (`http://jnotify.sourceforge.net/`).

Seit Java 7 gibt es glücklicherweise die `WatchService`-Schnittstelle (Paket `java.nio.file`), die eine geeignete Funktionalität bereitstellt.

Der erste Schritt besteht im Erzeugen eines `WatchService`-Objekts, das man über die Klasse `FileSystem` für das gewünschte Dateisystem mit der Methode `newWatchService()` erhält:

```
// Achtung: es gibt FileSystems und FileSystem!
FileSystem fs = FileSystems.getDefault(); // Standard Dateisystem
                                          //(Festplatte)
WatchService watchService = fs.newWatchService();
```

Nun kann man das gewünschte Verzeichnis beim `WatchService` registrieren:

```
Path verzeichnis = Paths.get("c:\\temp");
verzeichnis.register(watchService, StandardWatchEventKinds.ENTRY_CREATE,
                     StandardWatchEventKinds.ENTRY_DELETE,
                     StandardWatchEventKinds.ENTRY_MODIFY);
```

Bei der Registrierung kann man sogar angeben, für welche Art von Änderung genau man sich interessiert (`StandardWatchEventKinds.ENTRY_CREATE` für neu angelegte Dateien und analog `ENTRY_DELETE` für gelöschte und `ENTRY_MODIFIED` für geänderte Dateien).

Danach kann man das `WatchService`-Objekt verwenden, um auf Änderungen im Verzeichnis zu lauschen:

```
WatchKey watchKey = watchService.take(); // blockierend warten
```

Der `take()`-Aufruf blockiert an dieser Stelle so lange, bis eine Änderung beobachtet wurde. Änderungen werden in Form eines speziellen Objekts vom Typ `java.nio.file.WatchKey` zurückgeliefert, aus dem man die interessierenden Informationen wie folgt abfragen kann:

```
for (WatchEvent<?> event: watchKey.pollEvents()) {
    System.out.println("Erste Änderung: " + event.kind().name());
    Path p = (Path) event.context();
    System.out.println(" Datei : " + p);
}
```

Mit der Methode `pollEvents()` erhält man die Information, was sich alles geändert hat. Die zurückgegebene Liste von Ereignissen ist vom Typ `WatchEvent`. Mit den Methoden `WatchEvent.name()` und `WatchEvent.context()` kann man dann herausfinden, was sich genau getan hat und welche Datei betroffen ist (Achtung: Es wird ein relativer Pfad geliefert). Bei jeder Registrierung eines Verzeichnisses beim `WatchService`-Objekt wird genau ein `WatchKey`-Objekt erzeugt, sodass jeder Aufruf von `take()` immer genau dieses Objekt zurückliefert. Daher muss man das `WatchKey`-Objekt nach Gebrauch mit der Methode `reset()` zurücksetzen, damit man wieder auf Änderungen warten kann (was wir hier tun, damit wir das Beispiel in den nächsten Zeilen weiterführen können):

```
watchKey.reset();
```

Neben dem oben verwendeten blockierenden `take()`-Aufruf kann man auch nicht-blockierend mithilfe der Methode `poll()` warten: Sie wartet maximal die gegebene Zeitdauer und liefert dann das betroffene `WatchKey`-Objekt oder `null`, wenn keine Änderung aufgetreten ist:

```
watchKey = watchService.poll(10, TimeUnit.SECONDS);

if(watchKey != null) {
    System.out.println("Innerhalb von 10 s gab es weitere Änderungen");

   for (WatchEvent<?> event: watchKey.pollEvents()) {
      System.out.println("   Änderung: " + event.kind().name());
      Path p = (Path) event.context();
     System.out.println("  Datei : " + p);
  }
}
else {
    System.out.println("Keine Änderungen innerhalb von 10 s!");
}
```

INFO

Wenn im beobachteten Verzeichnis eine Datei umbenannt wurde, dann wird das `WatchKey`-Objekt drei Ereignisse melden: `ENTRY_DELETE` (Kontext = alter Dateiname), `ENTRY_CREATE` (Kontext = neuer Dateiname) , `ENTRY_MODIFIY` (Kontext = neuer Dateiname).

31.1.12 Typ des Dateiinhalts bestimmen

Die Klasse `java.nio.file.Files` hält auch eine praktische Methode bereit, um herauszufinden, welche Art von Inhalt eine Datei hat:

```
static String Files.probeContentType(Path p)
```

Die Methode erwartet ein `Path`-Objekt mit der zu analysierenden Datei und liefert einen String mit dem MIME-Typ (MIME = Multi-purpose internet mail extensions) zurück, z.B. plain/text für reinen Text, oder null, wenn keine Bestimmung möglich war.

```
try {
   Path datei = Paths.get("c:\\temp\\bericht.pdf");
   String typ = Files.probeContentType(datei);

   if (typ == null) {
       System.out.println("Datei " + datei + " hat unbekannten Typ");
   }
  else {
       System.out.println("Datei " + datei + " hat Inhaltstyp : " +
                          typ); // Ausgabe: application/pdf
   }
}
```

```
catch (IOException x) {
   System.err.println(x);
}
```

STOP

Die genaue Funktionsweise von probeContentType() ist plattform-spezifisch. Auf Windows-Systemen wird beispielsweise der Inhaltstyp lediglich anhand der Dateiendung bestimmt; es erfolgt also keine intelligente Analyse des tatsächlichen Inhalts. Wenn eine Datei die Endung *.jpg* hat, dann wird das Resultat *image/jpeg* sein, auch wenn es in Wirklichkeit einfach nur eine Textdatei ist!

31.2 Altlasten: Dateien und Verzeichnisse bis Java 6

Der in Kapitel 31.1 gezeigte Zugriff auf das Dateisystem ist ab Java 7 der offiziell gewünschte Ansatz. Dennoch sind natürlich noch Millionen von Java-Zeilen auf den Computern dieser Welt vorhanden, die eifrig von dem alten Ansatz Gebrauch machen, der bis zu Java 6 möglich war. Falls Sie also alten Code warten oder mit einer älteren Java-Version (vor 7) arbeiten müssen, dann sollten Sie die in diesem Kapitel vorgestellten Mechanismen und Klassen einsetzen. Außerdem erwarten auch viele Klassen wie beispielsweise die vielen Input/Outputstream-Klassen (siehe Kapitel 31.3) ein File-Objekt als Parameter.

Der Umgang mit dem Dateisystem erfolgt bis Java 6 mithilfe der Klasse java.io.File. Beim Anlegen einer Instanz übergibt man einfach den gewünschten Dateinamen:

```
File datei = new File("Kapitel_12.txt");
```

Eine Instanz von File repräsentiert sowohl eine einzelne Datei als auch ein komplettes Verzeichnis und dient dazu, bestimmte Informationen zu erhalten, aber nicht mehr!

INFO

File dient nicht zum eigentlichen Lesen und Schreiben. Hierfür stellt Java eine Vielzahl von besonderen Klassen bereit, die in den nachfolgenden Abschnitten vorgestellt werden.

31.2.1 Dateinamen und Dateipfade

Die wichtigste Eigenschaft einer Datei ist natürlich der Name, der aus der Verkettung aller Verzeichnisnamen auf dem Weg vom Wurzelverzeichnis (z.B. *c:*) bis zum Verzeichnis, das die Datei enthält, besteht, gefolgt vom eigentlichen Dateinamen.

Als Trennzeichen der einzelnen Verzeichnisnamen wird je nach Betriebssystem ein bestimmtes Zeichen verwendet, z.B. '/' auf Unix-Systemen und '\' unter Windows[3]. Hierdurch entsteht ein Problem für eine Sprache wie Java, die plattformunabhängig sein will. Daher verwendet die Klasse File das Konzept eines abstrakten Dateinamens, d.h., intern wird der Dateiname als Liste von Verzeichnisnamen

3 Das plattformtypische Trennzeichen steht als Konstante File.pathSeparatorChar zur Verfügung.

gespeichert und erst bei Aufruf entsprechender Methoden (z.B. getAbsolutePath()) in die plattformspezifische Variante überführt. Die wichtigsten File-Methoden zur Verarbeitung von Dateinamen sind in Tabelle 31.11 aufgelistet.

Tabelle 31.11: Methoden zum Zugriff auf den Dateinamen

Methode	Beschreibung
boolean **canExecute**()	Liefert true, wenn das Programm (bzw. der angemeldete Benutzer) das Recht hat, die Datei auszuführen.
String **canRead**()	Liefert true, wenn das Programm (bzw. der angemeldete Benutzer) das Recht hat, die Datei zu lesen.
String **canWrite**()	Liefert true, wenn das Programm (bzw. der angemeldete Benutzer) das Recht hat, die Datei zu ändern.
String **getPath**()	Liefert den Pfad, wie er beim Anlegen übergeben wurde.
String **getAbsolutePath**()	Liefert den absoluten Pfad; falls beim Anlegen nur ein relativer Pfad verwendet wurde, wird als Ausgangsverzeichnis das Arbeitsverzeichnis verwendet.
String **getCanonicalPath**()	Liefert den kanonischen eindeutigen Pfad (= absoluter Pfad mit Bereinigungen).
String **getParent**()	Liefert den Namen des Vaterverzeichnisses, wie er beim Anlegen übergeben wurde, oder null, falls nicht vorhanden.

Alle Zugriffsmethoden können eine java.io.IOException werfen und müssen daher entsprechend mit try/catch gekapselt werden.

Leider liefern die Methoden zum Teil unterschiedliche Ergebnisse, je nachdem, ob Sie einen reinen Dateinamen, einen absoluten Pfad oder einen relativen Pfad zur Erzeugung des File-Objekts verwenden:

```
File d1 = new File("peter.txt");
File d2 = new File("c:\\temp\\peter.txt");

try {
   System.out.println(" Name    : " + d1.getName());
   System.out.println(" Pfad    : " + d1.getPath());
   System.out.println(" absolut : " + d1.getAbsolutePath());
   System.out.println(" kanon.  : " + d1.getCanonicalPath());
   System.out.println(" Vater   : " + d1.getParent());
   System.out.println();
   System.out.println(" Name    : " + d2.getName());
   System.out.println(" Pfad    : " + d2.getPath());
   System.out.println(" absolut : " + d2.getAbsolutePath());
   System.out.println(" kanon.  : " + d2.getCanonicalPath());
   System.out.println(" Vater   : " + d2.getParent());
} catch(IOException e) {
   System.err.println(e.getMessage());
}
```

Wenn dieser Codeabschnitt von einem Java-Programm ausgeführt wird, das im Verzeichnis *c:\temp* gestartet wird, erhalten Sie unterschiedliche Ausgaben, obwohl beide `File`-Objekte für die gleiche Datei angelegt worden sind.

Abbildung 31.2: Ausgabe von Dateinamen und Pfadinformation

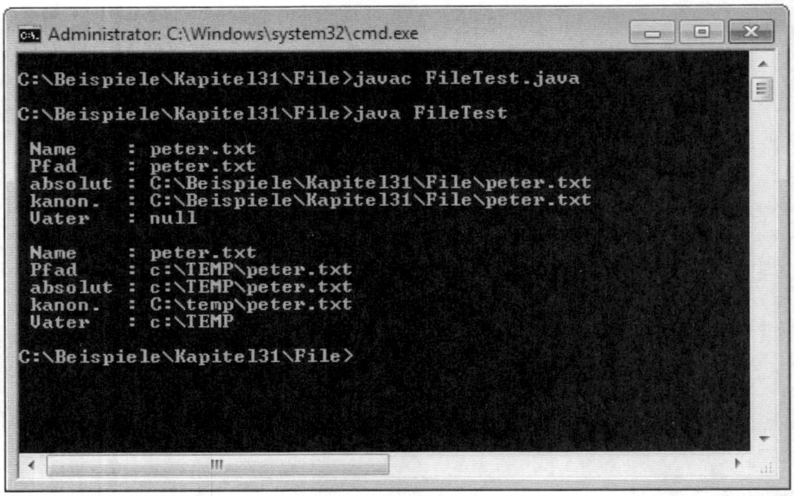

Die Methoden `getPath()` und `getParent()` betrachten immer nur den Namen, der im Konstruktor ursprünglich geliefert worden ist. Daher liefert z.B. `getPath()` für den übergebenen Dateinamen *peter.txt* nur den Namen selbst.

Auch `getAbsolutePath()` kann tückisch sein, wenn im übergebenen Dateinamen relative Pfadangaben enthalten sind. So führt z.B. der Aufruf von `getAbsolutePath()` bei Anlage des `File`-Objekts mit

```
File datei = new File(".\\peter.txt");
```

zur Ausgabe von:

```
c:\temp\.\peter.txt
```

Das ist im besten Fall unschön und kann bei der Verarbeitung von Pfadangaben schnell zu vermehrtem Programmieraufwand führen. Zur Ermittlung des absoluten Pfads bietet sich deshalb die Methode `getCanonicalPath()` an, welche immer einen eindeutigen Pfad liefert.

31.2.2 Dateien anlegen und löschen

Das Anlegen einer `File`-Instanz hat noch keinerlei Auswirkung auf das Dateisystem. Wenn man eine Datei wirklich anlegen möchte, muss eine entsprechende Methode explizit aufgerufen werden (typischerweise erfolgt das Anlegen von Dateien beiläufig beim Einsatz der später zu besprechenden Stream-Klassen wie `FileWriter`). Die interessantesten Methoden hierfür sind:

Tabelle 31.12: Methoden zum Erzeugen und Löschen von Dateien

Methode	Beschreibung
boolean **createNewFile**()	true, wenn die Datei noch nicht existierte und neu angelegt worden ist.
boolean **delete**()	true, wenn die Datei gelöscht werden konnte.
boolean **renameTo**(File neu)	true, wenn die Datei in den Namen vom File-Objekt neu umbenannt werden konnte.
long **length**()	Liefert die Länge des Dateiinhaltes in Bytes.

31.2.3 Verzeichnisse

Wie bereits erwähnt, repräsentiert File auch ein Verzeichnis, und die oben vorgestellten Methoden für die Ermittlung von Dateiname und Pfadangabe können analog eingesetzt werden. Darüber hinaus gibt es eine Reihe von Möglichkeiten zum Umgang mit Verzeichnissen:

Tabelle 31.13: Methoden zum Umgang mit Verzeichnissen

Methode	Beschreibung
boolean **isDirectory**()	true, wenn das File-Objekt ein Verzeichnis repräsentiert.
boolean **isFile**()	true, wenn das File-Objekt eine Datei repräsentiert.
static File[] **listRoots**()	Liefert ein Feld mit allen Wurzelverzeichnissen (z.B. C:\).
String[] **list**() String[] **list**(FilenameFilter f) File[] **listFiles**() File[] **listFiles**(FilenameFilter f) File[] **listFiles**(FileFilter f)	Liefert ein Feld (File[] oder die String-Form des Namens ohne Pfad) der Dateien/Unterverzeichnisse.
boolean **mkdir**() boolean **mkdirs**()	Legt das Verzeichnis auf dem Dateisystem an; bei mkdirs() werden auch alle eventuell nicht vorhandenen Vaterverzeichnisse angelegt; true zeigt erfolgreiche Durchführung an.

Dateien in einem Verzeichnis auflisten

Neben den eigentlich in redundanter Form vorhandenen Testmethoden isDirectory() und isFile(), die ermitteln, ob ein File-Objekt eine Datei oder ein Verzeichnis repräsentiert, sind die list()-Methoden für die Auflistung der enthaltenen Dateien das wichtigste Mittel zum Umgang mit Verzeichnissen. Diese Methoden beschränken sich allerdings immer auf das Verzeichnis, welches das File-Objekt repräsentiert. Häufig benötigt man hingegen eine rekursive Liste aller Unterverzeichnisse sowie der darin enthaltenen Verzeichnisse. Das folgende Beispiel zählt alle vorhandenen Dateien und Verzeichnisse durch rekursiven Einsatz von File.list().

Listing 31.2: FileList.java – Zähler aller Dateien und Verzeichnisse

```
import java.io.*;

public class FileList  {
   private static int dateiZaehler = 0;
```

```
05     private static int verzeichnisZaehler = 0;
06
07     public static void main(String[] args)  {
08        Console cons = System.console();
09        cons.printf("\n");
10
11        File[] wurzeln = File.listRoots();
12
13        for(int i = 0; i < wurzeln.length; i++) {
14           dateiZaehler = 0;
15           verzeichnisZaehler = 0;
16
17           cons.printf(" untersuche %s\n", wurzeln[i].getPath());
18
19           dateiListe(wurzeln[i]);
20
21           cons.printf(" Verzeichnisse: %s\n", verzeichnisZaehler);
22           cons.printf(" Dateien      : %s\n", dateiZaehler);
23        }
24     }
25
26     public static void dateiListe(File aktuell)  {
27        if(aktuell == null)
28           return;
29
30        File[] liste = aktuell.listFiles();
31        verzeichnisZaehler++;
32
33        if(liste != null) {
34           for(int i = 0; i < liste.length; i++) {
35              if(liste[i].isFile() == true)
36                 dateiZaehler++;
37              else
38                 dateiListe(liste[i]);
39           }
40        }
41     }
42 }
```

In Zeile 11 erstellt `listRoots()` eine Liste von Wurzelverzeichnissen, für die dann jeweils die Methode `dateiListe()` aufgerufen wird (Zeile 19). Diese Methode ist rekursiv und wird immer nur für Verzeichnisse aufgerufen. In Zeile 30 wird mit `listFiles()` die Liste der Dateien und Unterverzeichnisse bestimmt, die in der anschließenden `for`-Schleife durchlaufen wird (Zeilen 34-39). Für jeden Eintrag wird mit `isFile()` getestet, ob es sich um eine Datei oder ein Verzeichnis handelt, und dann entweder der Dateizähler erhöht oder die Methode rekursiv für ein Unterverzeichnis aufgerufen (Zeile 38).

Achtung: Wenn Sie das Programm ausprobieren, kann es einige Minuten dauern! Man glaubt kaum, wie viele Dateien sich auf einer Festplatte mit der Zeit ansammeln.

Dateifilter

Für die `list()`-Methoden gibt es auch die Möglichkeit, einen besonderen Filter zu übergeben, sodass nur Datei- und Verzeichnisnamen zurückgeliefert werden, die den Filter passieren. Für die Definition eines solchen Filters gibt es die Schnittstelle `java.io.FilenameFilter`, die eine einzige Methode enthält:

```
public boolean accept(File datei, String filter)
```

Aufgabe dieser Methode ist es, anhand des übergebenen Filterkriteriums `filter` zu entscheiden, ob das übergebene `File`-Objekt in das Ergebnis von `list()` aufgenommen werden soll.

Wenn Sie beispielsweise nur Dateien auflisten wollen, welche die Endung *.txt* haben, dann könnten Sie eine Filterklasse definieren, welche `FilenameFilter` folgendermaßen implementiert:

```
class DateiFilter implements FilenameFilter  {
    private String ende;

    public DateiFilter(String endung) {
        ende = endung;
    }

   public boolean accept(File dir, String name)  {
       if(name.endsWith(ende) == true)
          return true;
       else
          return false;
   }
}
```

Der Aufruf der `listFile()`-Methode würde dann mit einer Instanz dieser Filterklasse erfolgen:

```
DateiFilter filter = new DateiFilter(".txt");

// File dir = ...

File[] liste = dir.listFiles(filter);
```

Der Einsatz von `FilenameFilter` hat allerdings auch seine Tücken und zeugt nicht von durchdachtem Design bei den Java-API-Entwicklern. Da die `accept()`-Methode lediglich den Namen der zu prüfenden Datei erhält, hat sie keine Möglichkeit festzustellen, ob es sich um ein Verzeichnis oder eine richtige Datei handelt. Wenn nun beispielsweise das obige Programm *FileList.java* so geändert werden soll, dass alle Verzeichnisse durchlaufen werden und nur die Dateien mit der Endung *.txt* gezählt werden, dann werden Sie mit einem Filter, der auf `FilenameFilter` beruht, nicht sonderlich glücklich werden. Er würde nämlich auch nur die Verzeichnisse »durchlassen«, die dem Filterkriterium entsprechen.

Aber im großen Baukasten der Java-Klassen lässt sich auch hier ein Mittelchen finden: Im Paket `java.io` gibt es eine weitere Filter-Schnittstelle namens `FileFilter`, die man als Ausgang für einen eigenen Dateifilter verwenden kann. Sie definiert ebenfalls eine `accept()`-Methode

```
boolean accept(File datei)
```

die jedoch als Argument ein `File`-Objekt erhält, sodass man hier in der Lage ist, zu unterscheiden, ob es sich um eine Datei oder ein Verzeichnis handelt.

Listing 31.3: Aus FileListTXT.java

```
class DateiFilter implements FileFilter  {
   private String ende;

   public DateiFilter(String endung) {
      ende = endung;
   }

   public boolean accept(File dat)  {
       if(dat.isDirectory() == true)
          return true;
       else
         if(dat.getName().endsWith(ende) == true)
            return true;
         else
            return false;
    }
}
```

Laufwerkbelegung ermitteln

Wenn Sie große Dateien permanent oder temporär anlegen möchten oder planen, eine eigene Installationsroutine zu schreiben, kann es ganz nützlich sein, Informationen über die Kapazitäten der vorhandenen Laufwerke einzuholen. Auch hierfür gibt es in `File` passende Methoden:

Tabelle 31.14: Methoden zum Abfragen der Laufwerkbelegung

Methode	Beschreibung
long **getFreeSpace()**	Liefert die ungefähre Anzahl an Bytes, die zum Schreiben auf der Partition zur Verfügung steht.
long **getTotalSpace()**	Liefert die Größe des Laufwerks in Bytes.
long **getUsableSpace()**	Liefert die ungefähre Anzahl an Bytes, die der aktuellen JVM zum Schreiben auf der Partition zur Verfügung steht. (Dieser Wert ist in der Regel zuverlässiger als der Rückgabewert von `getFreeSpace()`.)

Das folgende Programm lässt sich von `listRoots()` die vorhandenen Laufwerke auflisten und gibt dann für diese die Gesamtgröße und den verfügbaren Speicherplatz aus.

Listing 31.4: Laufwerke.java – ermittelt Größe und freien Speicher der Laufwerke

```
import java.io.*;

public class Laufwerke  {
   public static void main(String[] args)  {
```

```
      Console cons = System.console();
      cons.printf("\n");

      File[] laufwerke = File.listRoots();

      cons.printf(" %10s %20s %20s \n",
                  "Laufwerk", "Größe", "verfüg. Speicher");

      for(int i = 0; i < laufwerke.length; i++) {
         cons.printf(" %10s %,20d %,20d \n",
                     laufwerke[i].getPath(),
                     laufwerke[i].getTotalSpace(),
                     laufwerke[i].getUsableSpace());
      }

      cons.printf("\n");
   }
}
```

Mögliche Ausgabe:

```
   Laufwerk                 Größe     verfüg. Speicher
       A:\                      0                    0
       C:\         40.624.623.616          620.101.632
       D:\          2.618.699.776          102.383.616
       E:\          7.094.595.584                    0
```

INFO

Wenn Sie die Methoden zur Abfrage der Laufwerksbelegung für `File`-Objekte aufrufen, deren abstrakter Dateiname keine gültige Laufwerksbezeichnung ist, wird der Wert `0L` zurückgeliefert.

31.3 Ein- und Ausgabestreams

Geprägt durch das Vorbild von Unix haben sich alle modernen Programmiersprachen für das sogenannte *I/O-Stream*[4]*-Modell* entschieden. Bei diesem Modell existieren aus Sicht des Java-Programms Quellen, welche Daten in Form eines sequenziellen Streams an Bytes liefern (= lesender Zugriff), und Abnehmer, die Daten in Form eines sequenziellen Bytestreams empfangen (= schreibender Zugriff).

31.3.1 Das Stream-Konzept

In Java gibt es für diese beiden Grundtypen die abstrakten Basisklassen `java.io.InputStream` zum Lesen von Daten aus einer Quelle und `java.io.OutputStream` zum Senden von Daten an einen Abnehmer. Falls Fehler bei einer Stream-Operation auftreten, wird eine `IOException` geworfen.

Da die Basisklassen abstrakt sind, brauchen Sie für den konkreten Einsatz davon abgeleitete, spezialisierte Unterklassen. Abbildung 31.3 zeigt eine Auswahl der wichtigsten.

4 Stream = Strom

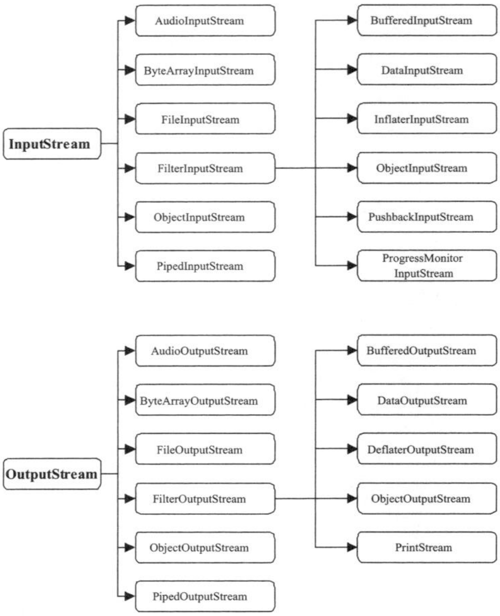

Abbildung 31.3: Die InputStream/OutputStream-Klassenhierarchie

Lassen Sie sich von der Vielzahl an Klassen nicht abschrecken. In der Regel sind es lediglich spezialisierte Klassen für eine bestimmte Art von Daten. Der Übersicht können Sie auch entnehmen, dass es nicht zu jeder `InputStream`-Klasse ein Pendant auf der `OutputStream`-Seite gibt, z.B. bei `PushbackInputStream` oder auch umgekehrt: zu `PrintStream` gibt es kein Gegenstück auf der Input-Seite.

Eine spezielle und sehr wichtige Gruppe bildet die Familie der `FilterInputStream`/`FilterOutputStream`-Klassen. Eine Instanz einer solchen Klasse arbeitet auf einem übergebenen `Input`- bzw. `OutputStream` und be- oder verarbeitet den durchfließenden Bytestream in einer bestimmten Weise. Diese Schachtelung von Streams miteinander ist typisch für das Stream-Konzept, kann aber stellenweise auch etwas verwirrend sein.

Alle von `InputStream` und `OutputStream` abgeleiteten Klassen operieren auf dem primitiven Datentyp `byte`. Das hat sich in der Vergangenheit manchmal als problematisch beim Verarbeiten von Textdaten erwiesen, da Text in Java im 16-Bit-Unicode-Format abgelegt wird, das nicht byteorientiert ist (2 Byte = 1 Zeichen). Für die Verarbeitung von Text und dem Einsatz der üblichen `String`- und `StringBuffer`-Klassen gibt es daher eine zur `InputStream`/`OutputStream`-Hierarchie ähnlich aufgebaute Familie an Klassen, die zeichenorientiert sind und in ihrem Klassennamen statt `Stream` die Bezeichnung `Reader`/`Writer` tragen. Sie erlauben das problemlose Einlesen und Schreiben von Zeichen in verschiedenen Zeichencodierungen (Unicode, UTF-8, 7-Bit-ASCII, Iso-Latin-1 usw.) und sorgen für die richtige Umwandlung in das intern verwendete Unicode-Format (siehe Bild 31.4).

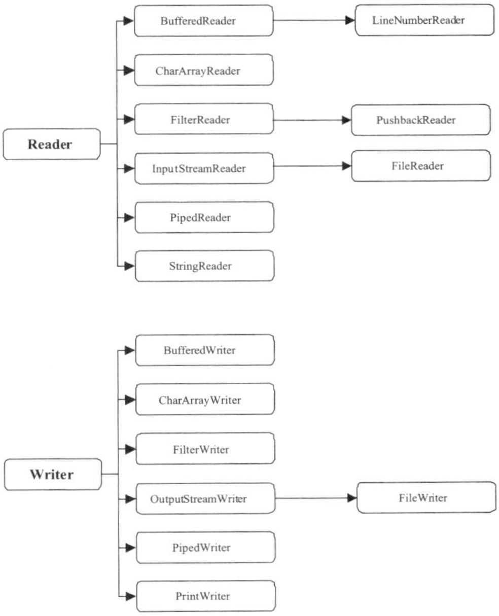

Abbildung 31.4: Die Reader/Writer-Klassenhierarchie

Alle von `InputStream/OutputStream` bzw. `Reader/Writer` abgeleiteten Klassen erben natürlich die Methoden dieser Basisklassen, und man muss nicht umdenken oder ein umfangreiches Programm umschreiben, wenn man als Datenquelle statt einer Datei beispielsweise einen Bereich im Hauptspeicher nimmt. Zuerst werden diese Basisklassen beschrieben und dann die besonderen Fähigkeiten der Unterklassen aufgezeigt.

Manche Klassen lassen sich besser in ihrem jeweiligen Anwendungsgebiet erklären und werden daher nicht in diesem Kapitel erläutert. Hierzu gehören `AudioInputStream/AudioOutputStream` sowie `ProgressMonitorInputStream` und `PipedInputStream/PipedOutputStream`.

31.3.2 InputStream/OutputStream und Reader/Writer

Die abstrakte Basisklasse `InputStream` stellt die elementaren Methoden zum Lesen von Bytes aus einem Eingabestream bereit:

Tabelle 31.15: Methoden der Basisklasse InputStream

Methode	Beschreibung
`int read()`	Liest das nächste Byte; Rückgabe als `int` oder –1 bei Misserfolg.
`int read(byte[] b)`	Liest eine Anzahl von Bytes in das Feld `b` ein. Rückgabe ist die Anzahl der gelesenen Bytes oder –1 bei Stream-Ende.
`int read(byte[] b, int off, int num)`	Liest maximal `num` Byte in das Feld `b` beginnend bei `off` (also ab `b[off]`); Rückgabe ist die Anzahl der gelesenen Bytes oder –1 bei Stream-Ende.

Tabelle 31.15: Methoden der Basisklasse InputStream (Forts.)

Methode	Beschreibung
`boolean markSupported()`	Liefert `true`, wenn der Stream die `mark()`-Methode anbietet.
`void mark(int max)`	Markiert die aktuelle Stelle im Stream; die Markierung bleibt gültig, solange nicht mehr als `max` Zeichen gelesen worden sind.
`void reset()`	Setzt den Stream-Zeiger auf die Stelle, die durch den letzten Aufruf von `mark()` markiert worden war.
`void close()`	Schließt den Eingabestream und gibt alle Ressourcen frei.

Hauptmerkmal eines Eingabestreams ist immer der sequenzielle Charakter: die Bytes können nur nacheinander gelesen werden. Dabei wird immer ein Zeiger mitgeführt, der auf die aktuelle Position im Datenstream verweist. Manchmal kann es notwendig sein, diesen Positionszeiger bewusst zu setzen, zum Beispiel an den Anfang des Datenstreams. Hierfür dienen die Methoden `mark()` und `reset()` sowie `markSupported()`, um festzustellen, ob ein explizites Setzen des Positionszeigers für diesen Datenstream überhaupt möglich ist. Dies hängt von der zugrunde liegenden Datenquelle bzw. Datensenke ab: bei einer TCP/IP Verbindung ist dies nicht möglich, während es bei einer Datei problemlos machbar ist.

Für einen Ausgabestream gibt es in `OutputStream` natürlich die entsprechenden `write()`-Methoden zum Schreiben von Daten. Da beim Schreiben je nach verwendeter JVM und Betriebssystem Daten eventuell in Zwischenpuffern gehalten werden und nicht wirklich in das zugrunde liegende Ausgabegerät (z.B. eine Datei) geschrieben werden, ist darauf zu achten, den Ausgabestream nach dem Schreiben explizit zu schließen oder `flush()` aufzurufen. Beachten Sie bitte ferner, dass es im Unterschied zu `InputStream` keine Möglichkeiten gibt, den Positionszeiger im Datenstream zurückzusetzen: geschrieben ist geschrieben!

Tabelle 31.16: Methoden der Basisklasse OutputStream

Methode	Beschreibung
`void write(int b)`	Schreibt das Byte `b`.
`void write(byte[] b)`	Schreibt den Inhalt des Feldes `b`.
`void write(byte[] b, int off, int num)`	Schreibt `num` Byte ab `b[off]` in den Ausgabestream.
`void flush()`	Leert alle Zwischenpuffer und schreibt sie tatsächlich in das Ausgabegerät.
`void close()`	Schließt den Ausgabestream und gibt alle Ressourcen frei.

Die zeichenorientierten (d.h. voll Unicode-fähigen) Basisklassen `Reader` und `Writer` bieten im Wesentlichen die gleichen Methoden wie `InputStream` und `OutputStream` an mit dem Unterschied, dass als Parameter ein `char[]`-Feld oder für die `write()`-Methode auch ein `String` übergeben werden kann.

Die vorgestellten Basisklassen sind abstrakt, d.h., es kann davon keine Instanz angelegt werden. Zur konkreten Arbeit mit Eingabe- und Ausgabestreams dienen die spezialisierten Unterklassen, die nun näher beleuchtet werden sollen.

31.3.3 Ein-/Ausgabe in Dateien

FileInputStream/FileOutputStream und FileReader/FileWriter

Den häufigsten Kontakt mit I/O-Streams werden Sie in Form von Dateien haben. Hierfür dienen die Klassen `FileInputStream` und `FileOutputStream` für byteorientierte Datenstreams sowie `FileReader` und `FileWriter`. Die Konstruktoren erwarten entweder einen String mit dem Namen der gewünschten Datei oder ein `File`-Objekt:

Tabelle 31.17: Konstruktoren von FileInputStream und FileOutput-Stream

Konstruktor	Beschreibung
FileInputStream(String name) **FileInputStream**(File datei)	Erzeugt einen Eingabestream zur angegebenen Datei.
FileOutputStream(String name) **FileOutputStream**(File datei)	Erzeugt einen Ausgabestream zur angegebenen Datei. Eine eventuell vorhandene Datei mit diesem Namen wird überschrieben.
FileOutputStream(String name, boolean modus) **FileOutputStream**(File datei, boolean modus)	Erzeugt einen Ausgabestream zur angegebenen Datei. Falls `modus = true`, dann werden die geschriebenen Daten an die Datei ans Ende angehängt (falls sie bereits existiert).

`FileReader` und `FileWriter` haben analoge Konstruktoren, sodass sich eine weitere Tabelle erübrigt.

Ein typisches Beispiel für den Einsatz dieser Klassen sehen Sie in Listing 31.5 zum Kopieren einer Datei:

Listing 31.5: DateiKopie.java – (Ineffizientes) Kopieren mit read() und write()

```
import java.io.*;

public class DateiKopie  {
  public static void main(String[] args)  {
    System.out.println();

    if(args.length != 2)  {
     System.out.println(" Falsche Anzahl Argumente in Befehlszeile");
     System.out.println(" Aufruf mit <Quelle> <Ziel>");
     System.exit(0);
    }

    try  {
         FileInputStream eingabe = new FileInputStream(args[0]);
         FileOutputStream ausgabe = new FileOutputStream(args[1]);

```

```
17        int  gelesen;
18        long start= System.currentTimeMillis();
19
20        while( (gelesen = eingabe.read()) != -1)  {
21           ausgabe.write(gelesen);
22        }
23
24        long ende = System.currentTimeMillis();
25        System.out.println(" Zeitverbrauch read/write: "
26                           + (ende - start) + " ms.");
27
28        eingabe.close();
29        ausgabe.close();
30     } catch(IOException e) {
31        System.err.println(e.getMessage());
32     }
33   }
34 }
```

Ausführung:

```
C:\...\>java DateiKopie john_maynard.txt kopie.txt
Zeitverbrauch read/write: 60 ms.

C:\...>java DateiKopie test.zip tst.zip
Zeitverbrauch read/write: 54320 ms.
```

Die Zeilen 14-15 öffnen einen Eingabestream zum Lesen sowie einen Ausgabestream zum Schreiben. In der `while`-Schleife (Zeilen 20-22) wird dann pro Iteration aus dem Eingabestream mit `read()` ein einzelnes Byte gelesen und in den Ausgabestream per `write()` geschrieben. Wenn `read()` den Wert `-1` zurückgibt, ist das Ende des Eingabestreams und somit das Dateiende erreicht und die Schleife wird verlassen.

Die gezeigte Vorgehensweise hat rein pädagogische Gründe und ist sehr ineffizient: Es wird jedes Mal ein einzelnes Byte gelesen und geschrieben. Sehr viel schneller ist das Lesen und Schreiben von größeren Häppchen. Hierfür gibt es zwei Möglichkeiten:

- Einsatz der Methoden `read(byte[] b)` und `write(byte[] b)`, um ganze Arrays zu füllen bzw. auszulesen
- Einsatz der Klassen `BufferedInputStream`/ `BufferedOutputStream` bzw. `BufferedReader`/`BufferedWriter`

BufferedInputStream/BufferedOutputStream und BufferedReader/BufferedWriter

Der bequemste Weg ist sicherlich der Einsatz der `BufferedXxx`-Klassen. Diese Klassen ändern am Datenstream selbst nichts, sondern besorgen als einzige Dienstleistung das Zwischenspeichern (Pufferung) von gelesenen bzw. geschriebenen Daten, sodass man sich nicht selbst explizit darum kümmern muss.

Das Erzeugen eines `BufferedInputStream` bzw. `BufferedOutputStream` erfolgt einfach durch Übergabe des zu puffernden Datenstreams im Konstruktor. Damit kann das obige Programm zum Dateikopieren ganz mühelos um mehrere Faktoren beschleunigt werden[5].

Listing 31.6: Aus DateiKopie_Buffered.java – (Effizientes) Kopieren mit BufferedInputStream/BufferedOutputStream

```
...
FileInputStream ein = new FileInputStream(args[0]);
FileOutputStream aus = new FileOutputStream(args[1]);

BufferedInputStream eingabe = new BufferedInputStream(ein);
BufferedOutputStream ausgabe = new BufferedOutputStream(aus);
...
```

Für maximale Geschwindigkeit bei Ein- und Ausgabe in Dateien sollten Sie außerdem noch einen Blick in den Abschnitt 31.6 werfen.

Der Einsatz der zeichenorientierten `BufferedReader` und `BufferedWriter` erfolgt analog. Einziger Unterschied: `BufferedReader` bietet neben den normalen `read()`-Methoden noch eine zusätzliche Methode

```
String readLine()
```

an, die solange aus dem Eingabestream liest, bis ein Zeilenumbruch-Zeichen `\n` angetroffen wird oder `null` bei Erreichen des Dateiendes. Ein Beispiel für den Einsatz dieser Klasse finden Sie in Listing 31.8.

LineInputReader

Von der Klasse `BufferedReader` existiert noch eine Spezialversion namens `LineInputReader`, mit der sich die Zeilennummern ermitteln lassen. Gestartet wird mit 0. Jedes angetroffene Zeilenumbruchzeichen (`'\n'`, `'\r'` oder die Kombination `"\r\n"`) führt zur Erhöhung des Zählers, der sich über die Methode `getLineNumber()` jederzeit abfragen lässt. Man kann den Wert des Zeilenzählers durch `setLineNumber(int num)` auch explizit setzen. Dies ist beispielsweise hilfreich, wenn die Zeilennummerierung bei 1 beginnen soll.

Wahlfreier Dateizugriff

Der Zugriff auf Dateien mittels Ein- und Ausgabestreams (z.B. `FileInputStream` oder `FileOutputStream`) hat ein wesentliches Merkmal: Man kann in der Datei nicht beliebig herumspringen, sondern beginnt mit Lesen oder Schreiben immer am Anfang der Datei, beim Öffnen im Anfügemodus (*append*) am Ende einer existierenden Datei. Davon abgesehen sind keine Positionierungen in der Datei möglich.

Dieser sequenzielle Zugriff ist gut, um einen hohen Datendurchsatz zu erzielen, da dann diverse Optimierungen in der Java Virtual Machine und auf Betriebssys-

5 Je nach Betriebssystem und zu kopierender Datei sind Beschleunigungen bis zum Faktor 20 möglich!

temebene es erlauben, die Daten schnell von der Datei in den Speicher bzw. in umgekehrte Richtung zu schaufeln.
Extrem teuer ist dementsprechend das Schreiben oder Lesen an verschiedenen Stellen in der Datei (= an Positionen in der Perlenkette), denn man müsste ja bei einem rein sequenziellen Vorgehen jedesmal vom Anfang der Datei bis zur gewünschten Stelle laufen, was einen immensen Zeitverlust mit sich brächte. Für solche Fälle brauchen wir wahlfreien Dateizugriff.

Je nachdem, mit welcher Java-Version Sie arbeiten, haben Sie verschiedene Möglichkeiten, dies zu realisieren.

Die Klasse java.io.RandomAccessFile

Die Klasse eröffnet die Möglichkeit zum wahlfreien Dateizugriff (*random access*) durch das Bereitstellen von Methoden zum Positionieren eines internen Dateizeigers. Dieser Zeiger ist letztlich ein Offset, d.h. eine Zahl, die angibt, das wievielte Byte in der Datei als Nächstes gelesen bzw. ge- oder überschrieben werden soll. Position 0 entspricht dabei dem ersten Byte in der Datei, also dem Dateianfang. Bei jeder Lese- und Schreiboperation wird der Dateizeiger entsprechend aktualisiert. `RandomAccessFile` bietet eine Fülle von Methoden zum Dateizugriff. Tabelle 31.18 zeigt eine Auswahl.

Tabelle 31.18: Wichtige Methoden von RandomAccessFile

Methode	Beschreibung

`RandomAccessFile(String name, String modus)`
 	
`RandomAccessFile(File name, String modus)`
	Konstruktoren. Öffnen einen Ein-/Ausgabestream zur Datei `name`. Für `modus` stehen folgende Varianten zur Auswahl:
	`"r"` – Lesen
	`"rw"` – Lesen und Schreiben. (Falls die Datei noch nicht existiert, wird sie erzeugt.)
	`"rws"` – Lesen und Schreiben. Jede Schreiboperation wird direkt zum Ausgabegerät durchgereicht (keine Pufferung).

`FileChannel getChannel()`	Liefert den zugehörigen `FileChannel` (siehe Abschnitt 31.6).
`long getFilePointer()`	Liefert die aktuelle Position des Dateizeigers.
`void seek(long pos)`	Setzt den Dateizeiger auf `pos`.
`int skipBytes(int num)`	Erhöht den Dateizeiger um maximal `num` und liefert die Zahl der tatsächlichen Erhöhung[a].
`long length()`	Liefert die Länge der Datei in Bytes.
`void setLength(long num)`	Setzt die Länge der Datei. Wenn die aktuelle Länge größer ist als `num`, wird die Datei ab `num` abgeschnitten. Umgekehrt wird die Datei vergrößert mit undefiniertem Inhalt ab Position `num`.
`void close()`	Schließt den Ein-/Ausgabestream.

Tabelle 31.18: Wichtige Methoden von RandomAccessFile (Forts.)

Methode	Beschreibung
`String readLine()`	Liest eine Anzahl Bytes, bis ein `'\r'` oder `'\n'` angetroffen wird, und liefert die Bytes als String zurück. Es findet keine Zeichenkonvertierung statt.
`String readUTF()`	Liest einen String, der im Java-UTF-8 Format[b] vorliegt.
`xxx readXxx()`	Liest so viele Bytes, wie für den primitiven Datentyp `xxx` notwendig sind, und liefert sie als Wert vom Typ `xxx` zurück (`xxx` = `byte`, `char`, `int` usw.).
`void writeUTF(String str)`	Schreibt einen String im Java-UTF-8 Format.[c]
`void writeXxx(xxx var)`	Schreibt den primitiven Datentyp `var` (`xxx` = `byte`, `char`, `int` usw.).
`int read()` `void write(int b)`	Liest/Schreibt ein einzelnes Byte; `read()` liefert das gelesene Byte zurück.
`int read(byte[] b)` `void write(byte[] b)`	Liest/Schreibt maximal `b.length` Byte bei `read()`-Rückgabe der Anzahl.
`int read(byte[] b, int off, int num)` `void write(byte[] b, int off, int num)`	Liest/Schreibt maximal `num` Byte ab Array-Position `off` bei `read()`-Rückgabe der Anzahl.

a. Falls eine Erhöhung um `num` über das Dateiende hinausgehen würde.
b. Dies ist ein modifiziertes UTF-8 und nicht mit dem Standard UTF-8 kompatibel.
c. Dies ist ein modifiziertes UTF-8 und nicht mit dem Standard UTF-8 kompatibel.

Beachten Sie bitte, dass die maximale Dateigröße, die mittels `RandomAccessFile` verwaltet werden kann, für manche Betriebssysteme bei 2 Gbyte liegt.

Das folgende Beispiel zeigt eine kleine Fingerübung mit `RandomAccessFile`. Der Inhalt einer Datei wird gelesen und an das Dateiende angehängt.

Listing 31.7: RandomAccess.java – Beispiel zu RandomAccessFile

```
import java.io.*;

public class RandomAccess {
  public static void main(String[] args)  {
    System.out.println();

    if(args.length != 1)  {
     System.out.println(" Falsche Anzahl Argumente in Befehlszeile");
     System.out.println(" Aufruf: java RandomAccess <Dateiname>");
     System.exit(0);
    }

    try  {
      RandomAccessFile datei = new RandomAccessFile(args[0], "rw");

      long lesePos = datei.getFilePointer();
      long schreibPos = datei.length();
      long leseEnde = datei.length();
```

```
19          int istNum;
20          int sollNum;
21
22          byte[] puffer = new byte[1024];
23
24          while(true) {
25             datei.seek(lesePos);
26
27             sollNum = (int) Math.min(1024, (leseEnde - lesePos));
28             istNum = datei.read(puffer, 0, sollNum);
29             lesePos = datei.getFilePointer();
30
31             datei.seek(schreibPos);
32             datei.write(puffer, 0, istNum);
33             schreibPos = datei.getFilePointer();
34
35             if(istNum != 1024) {
36                datei.close();
37                break;
38             }
39          }
40       } catch(Exception e) {
41             System.err.println(e.getMessage());
42       }
43    }
44 }
```

Aufruf: **java RandomAccess < dateiname >**

Das Programm verwaltet zwei Dateizeiger: `lesePos` ist die Position, wo der nächste Lesezugriff stattfinden soll, und `schreibPos` markiert die nächste Schreibposition. Zu Beginn ist `lesePos` natürlich der Dateianfang und `schreibPos` ist das Dateiende. Entsprechend werden in den Zeilen 16-17 die Variablen initialisiert, nachdem die Datei im Schreib-Lese-Modus `"rw"` geöffnet worden ist. Zum Einlesen wird ein Puffer beliebiger Größe verwendet, hier 1024 Byte (Zeile 22). In der `while`-Schleife wird dann versucht, 1024 Byte ab der aktuellen Leseposition `lesePos` zu lesen (aber maximal bis zum ursprünglichen Dateiende `leseEnde`, daher erhält der `read()`-Aufruf immer das Minimum von 1024 und der Anzahl der restlichen noch zu lesenden Bytes). Die tatsächlich gelesene Anzahl `istNum` an gelesenen Bytes wird dann an das aktuelle Ende der Datei geschrieben (Zeile 32). Nach jedem Lese-/ Schreibvorgang wird mit `getFilePointer()` die Position für den nächsten Lese- bzw. Schreibvorgang gespeichert.

Abbruchkriterium der `while`-Schleife ist die tatsächlich gelesene Anzahl an Bytes (Zeile 32). Wenn nicht die volle Pufferlänge von 1024 gelesen werden konnte, dann wurde das ursprüngliche Dateiende erreicht.

Ab Java 7: SeekableByteChannel

In neueren Java-Versionen können Sie außer `RandomAccessFile` auch einen Kanal-orientierten Ansatz wählen über die Schnittstelle `SeekableByteChannel`, die von der Klasse `java.nio.channels.FileChannel` implementiert wird.

Auch hier gibt es wie bei `RandomAccessFile` Methoden zum Positionieren eines internen Dateizeigers und dem anschließenden Lesen oder Schreiben. Der Zeiger ist letztlich ein Offset, d.h. eine Zahl, die angibt, das wievielte Byte in der Datei als Nächstes gelesen bzw. ge- oder überschrieben werden soll. Position 0 entspricht dabei dem ersten Byte in der Datei, also dem Dateianfang. Bei jeder Lese- und Schreiboperation wird der Dateizeiger entsprechend aktualisiert.

Methode	Beschreibung
`long size()`	Liefert die Größe der Datei in Bytes.
`long position()`	Liefert die aktuelle Position des Dateizeigers.
`SeekableByteChannel position(long pos)`	Setzt den Dateizeiger auf die Position `pos` (dort erfolgt der nächste Schreib-/Lesezugriff). Die zurückgelieferte Referenz dient dem Verketten mehrerer Methodenaufrufe.
`int read(ByteBuffer puffer)`	Liest ab der aktuellen Position eine gewisse Anzahl an Bytes in `puffer`; Rückgabewert ist die Anzahl an Bytes, die gelesen wurde.
`int write(ByteBuffer puffer)`	Schreibt eine Anzahl von Bytes aus dem Puffer in die Datei; Rückgabe ist die Anzahl der Bytes, die tatsächlich geschrieben wurden. Wurde das `FileChannel`-Objekt im `StandardOpenOption.WRITE`-Modus geöffnet, schreibt `write()` an die aktuelle Position des Dateizeigers. Im Modus `StandardOpenOption.APPEND` wird an das Dateiende geschrieben, egal, auf welche Position man den Dateizeiger gesetzt hat.
`SeekableByteChannel truncate(long anzahl)`	Begrenzt die Größe der Datei auf genau `anzahl` Bytes (wenn `anzahl` größer ist als die aktuelle Größe, dann hat der Aufruf keine Auswirkung). Die zurückgelieferte Referenz dient dem Verketten mehrerer Methodenaufrufe.

Tabelle 31.19: Wahlfreier Dateizugriff mit SeekableByteChannel

STOP

Zum gleichzeitigen Lesen und Schreiben müssen Sie das `FileChannel`-Objekt sowohl mit `StandardOpenOption.READ` als auch mit `StandardOpenOption.WRITE` öffnen.

Der folgende Code schreibt einen String in die Mitte einer existierenden Datei

```
Path p = Paths.get("c:\\temp\\test.txt");

try (SeekableByteChannel datei = FileChannel.open(p, StandardOpenOption.WRITE))
{

   String str         = "Hier ist die Mitte!\n";
   byte bytes[]       = str.getBytes();
   ByteBuffer puffer = ByteBuffer.wrap(bytes);

   long pos = datei.size() / 2;
   datei.position(pos);
```

```
    datei.write(puffer);
}
catch(IOException ex) {
  System.out.println(ex.getMessage());
}
```

PrintStream und PrintWriter

Zur formatierten Ausgabe von Variableninhalten eignen sich die Klassen `PrintStream` und `PrintWriter`. Hierfür definieren diese Klassen für alle elementaren Datentypen sowie Strings diverse `print()`-Methoden.

Tabelle 31.20: Methoden der Klassen PrintStream und PrintWriter

Methode	Beschreibung

`PrintStream(OutputStream aus)`
`PrintWriter(OutputStream aus)`
`PrintWriter(Writer aus)`
	Konstruktor

`PrintStream(OutputStream aus, boolean flush)`
`PrintWriter(OutputStream aus, boolean flush)`
`PrintWriter(Writer aus, boolean flush)`
	Konstruktor. Wenn `flush` den Wert `true` hat, werden nach jedem '\n' sowie Aufruf von `println()` interne Zwischenpuffer geleert.

`PrintStream(OutputStream aus, boolean flush, String encoding)`	Wie oben; es wird zudem nicht die Standardcodierung verwendet, sondern `encoding` (falls auf der Plattform unterstützt).

`print(boolean v)`
`println(boolean v)`
`print(char v)`,
`println(char v)`
`print(int v)`
`println(int v)`
usw.
	Schreibt eine Textrepräsentation des primitiven Datentyps in der Standardzeichencodierung; bei `println()` gefolgt von '\n' für Zeilenumbruch.

`print(String str)` `println(String str)`	Schreibt den String in der Standardzeichencodierung.

Die Klasse `PrintStream` ist übrigens eine der ersten Klassen überhaupt, die Sie als Java-Einsteiger kennengelernt haben: `System.out` ist eine Instanz davon.

TIPP

Als Unterklasse von `OutputStream` ist `PrintStream` eine byteorientierte Klasse. Man kann zwar die Zeichencodierung mit einem entsprechenden Konstruktor festlegen, aber immer nur im Rahmen von 8-Bit-Codierungen. Es empfiehlt sich daher der Einsatz des zeichenorientierten Pendants `PrintWriter`, gegebenenfalls in Verbindung mit `OutputStreamWriter`, bei denen voller Zugriff auf den Unicode-Zeichensatz besteht.

Zeichenkonvertierung mit InputStreamReader/OutputStreamWriter

Alle `Reader`- und `Writer`-Klassen verwenden für die Zeichencodierung (*character encoding*) die Standardzeichencodierung des zugrunde liegenden Betriebssystems. Sie lässt sich mit dem Aufruf:

```
System.getProperty("file.encoding");
```

ermitteln. Bei deutschen Betriebssystemen ist dies standardmäßig ISO-8859-1, eine 8-Bit-Codierung. Wer nur normale Texte mit Zeichen aus ISO-8859-1 codierten Dateien lesen bzw. schreiben will, kann alle `Reader`/`Writer`-Klassen unbekümmert einsetzen.

Ganz anders liegt natürlich der Fall, wenn eine andere Zeichencodierung verwendet werden soll, beispielsweise das weit verbreitete UTF-8. Hier hat man zwei Möglichkeiten:

- mittels `System.setProperty("file.encoding", "UTF-8")` die Standardzeichencodierung ändern
- die Codierung nur für den jeweiligen Eingabe-/Ausgabestream setzen

Die erste Variante ist einfach und unkompliziert, wirkt sich aber immer auf alle I/O-Streams aus. Das ist beispielsweise ein Problem, wenn der Eingabestream eine andere Codierung haben soll als ein gleichzeitig eingesetzter Ausgabestream. Maßgeschneidert und flexibler ist der zweite Ansatz, den wir nun kurz betrachten. Er macht Gebrauch von den besonderen Filterklassen `InputStreamReader` und `OutputStreamWriter`.

Tabelle 31.21: Methoden von InputStreamReader und InputStreamWriter

Methode	Beschreibung

`InputStreamReader(InputStream ein, String enc)`
`InputStreamReader(InputStream ein, CharSetEncoder encoder)`
`OutputStreamWriter(OutputStream aus, String enc)`
`OutputStreamWriter(OutputStream aus, CharSetEncoder encoder)`
	Konstruktoren. Sie erwarten den zugrunde liegenden Datenstream und die gewünschte Zeichencodierung `enc` bzw. Zeichencodierer `encoder`.

`String getEncoding()`	Liefert die eingestellte Zeichencodierung.

INFO

Jede Java-Implementierung unterstützt mindestens die folgenden Zeichencodierungen:

`US-ASCII`	Standard-ASCII (ohne Umlaute usw.)
`ISO-8859-1`	Latin-1
`UTF-8`	UTF-8 (kompatibel zu US-ASCII)
`UTF-16BE`	16 Bit-Unicode-Darstellung Big-endian

31

UTF-16LE	16 Bit-Unicode-Darstellung Little-endian
UTF-16	16 Bit-Unicode-Darstellung mit optionalem Byteorder-Zeichen

Die Zeichencodierung können Sie beim Anlegen einer Instanz von `InputStreamReader` bzw. `OutputStreamWriter` dem Konstruktor auf zwei Arten mitgeben:

- als Parameter vom Typ `String`, z.B.:

```
OutputStreamWriter ausgabe =
 new OutputStreamWriter(new FileOutputStream("test.txt"),
                                            "UTF-8");
```

- als Instanz von `java.nio.charset.Charset`, z.B.:

```
Charset encoder = Charset.forName("UTF-8");
OutputStreamWriter ausgabe =
 new OutputStreamWriter(new FileOutputStream("test.txt"),
                                            encoder);
```

Mehr zur Klasse `Charset` in Abschnitt 31.6.2.

Das folgende Beispiel liest eine Datei im Standardzeichenformat ein und gibt sie in UTF-8 wieder aus.

Listing 31.8: UTF8Konverter – Einsatz von OutputStreamWriter zur UTF-8-Konvertierung

```
import java.io.*;

public class UTF8Konverter {
   public static void main(String[] args)  {
      System.out.println();

      try  {
         BufferedReader eingabe = new BufferedReader(
                 new FileReader("iso8859_1.txt"));

         BufferedWriter ausgabe =
           new BufferedWriter(
               new OutputStreamWriter(
                  new FileOutputStream("utf8.txt"),"UTF8"));

         String zeile;

         while( (zeile = eingabe.readLine()) != null)  {
            ausgabe.write(zeile);
            ausgabe.write('\n');
         }

         eingabe.close();
         ausgabe.close();
      } catch(Exception e)  {
         System.err.println(e.getMessage());
      }
   }
}
```

In Zeile 11 passiert das Entscheidende: Es wird ein `FileOutputStream`-Objekt erzeugt, das dem Konstruktor von `OutputStreamWriter` zusammen mit der gewünschten Zeichensatzkonvertierung übergeben wird. Das `OutputStreamWriter`-Objekt wiederum wird dem Konstruktor vom `BufferedWriter` mitgegeben (dies wäre nicht notwendig, aber zeigt den typischen Einsatz und die etwas verwirrende Verschachtelung beim Erzeugen von Ein- und Ausgabestreams).

Portierfähiges Speichern: DataInputStream/DataOutputStream

Für das portierfähige Speichern von Daten finden sich in der Java-Bibliothek besondere, von `FilterInputStream`/`FilterOutputStream` abgeleitete Klassen, nämlich `DataInputStream` bzw. `DataOutputStream`. Diese Klassen dienen zum portierfähigen Einlesen bzw. Abspeichern von primitiven Datentypen sowie Strings.

INFO

»Portierfähiges Speichern« heißt, dass eine mit `DataOutputStream` erzeugte Datei auch von einem Java-Programm, das auf einem anderen Betriebssystem läuft, garantiert ohne Probleme mithilfe von `DataInputStream` eingelesen werden kann. Aber Achtung: Strings werden von `DataOutputStream` in ein besonderes Java-UTF-8 umgewandelt, das nur von `DataInputStream` wieder richtig eingelesen werden kann. Andere Programme zur Verarbeitung von echtem UTF-8 werden damit Probleme haben.

Neben den üblichen `read()`- und `write()`-Methoden, die jeder Eingabe- bzw. Ausgabestream besitzt, finden sich weitere `readXxx()`- und `writeXxx()`-Methoden für alle primitiven Datentypen sowie zum Verarbeiten von Strings in einem speziellen UTF-8 Format.

Tabelle 31.22: Methoden von DataInputStream und DataOutputStream

Methode	Beschreibung
`xxx` **`readXxx`**`()`	Klasse `DataInputStream`: liest einen Wert vom jeweiligen primitiven Datentyp `Xxx` (`boolean`, `byte`, `char`, `double`, `float`, `int`, `long`, `short`).
`void` **`write`**`(xxx z)`	Klasse `DataOutputStream`: schreibt den primitiven Wert `z`.
`String` **`readUTF`**`()`	Klasse `DataInputStream`: liest einen String, der mit `writeUTF()` erzeugt worden war.
`void` **`writeUTF`**`(String str)`	Klasse `DataOutputStream`: schreibt den String `str` im speziellen UTF-8 Format.

31

31.3.4 Daten zurückschreiben mit PushbackInputStream und PushbackReader

Der `PushbackInputStream` bzw. `PushbackReader` bietet die Möglichkeit, bereits gelesene Zeichen wieder in den Eingabestream zurückzustoßen (»push back«). Diese Funktionalität lässt sich in der Regel auch »zu Fuß« verwirklichen, indem man von den generellen `InputStream`-Methoden `mark()` und `reset()` Gebrauch macht. Aber komfortabler und einfacher ist natürlich eine fertig entwickelte und getestete Klasse aus der Java-Bibliothek allemal. `PushbackInputStream` bietet hierfür die Methoden

```
void unread(byte[] b)
void unread(byte[] b, int off, int len)
void unread(int b)
```

an, mit denen der Inhalt eines einzelnen Bytes, eines ganzen Arrays oder eines Teils davon in den Datenstream zurückgeschrieben wird. Nachfolgende `read()`-Aufrufe werden dann diese Daten wieder einlesen.

Die Pushback-Funktionalität ist beim Verarbeiten von Daten recht praktisch. Angenommen Sie benötigen eine Methode `ignoriereLeerzeichen()`, die im Datenstream so lange liest, bis ein Nicht-Leerzeichen auftaucht. Um dies festzustellen, muss natürlich auch das erste Nicht-Leerzeichen gelesen werden und ist dadurch für die eigentliche Verarbeitung verloren. Anstatt nun mühsam dieses Zeichen zu speichern und an die eigentliche Verarbeitungsmethode weiterzugeben, ist es einfach und elegant, das zu viel gelesene Zeichen in den Eingabestream zurückzuschreiben.

31.3.5 Ein-/Ausgabe in den Speicher

Neben der Ein- und Ausgabe mit Dateien spielt natürlicherweise die Verarbeitung von Daten im Hauptspeicher eine wesentliche Rolle. Auch hierfür lassen sich Ein- und Ausgabestreams verwenden. Das Schöne am Stream-Konzept ist dabei, dass sich im Vergleich zum Fall der Dateiein-/ausgabe nur wenig ändert, in der Regel ist nur das Instanziieren der Stream-Objekte betroffen.

ByteArrayInputStream und ByteArrayOutputStream

Für den byteorientierten Einsatz dienen die Klassen `ByteArrayInputStream` für das Einlesen von Daten aus einem Array sowie `ByteArrayOutputStream` für das Schreiben von Daten in ein Array. Tabelle 31.23 und Tabelle 31.24 zeigen die zur Verfügung stehenden Methoden.

Tabelle 31.23: Konstruktoren von ByteArrayInputStream

Methode	Beschreibung
ByteArrayInputStream(byte[] b)	Erzeugt einen Eingabestream mit dem Array b als Datenquelle.
ByteArrayInputStream(byte[] buf, int offset, int num)	Erzeugt einen Eingabestream mit dem Array buf als Datenquelle, wobei ab Index buf[offset] maximal num Byte gelesen werden.

Tabelle 31.24: Konstruktoren und Methoden von ByteArrayOutputStream

Methode	Beschreibung
`ByteArrayOutputStream()`	Erzeugt einen Ausgabestream. Alle hineingeschriebenen Daten werden in einem dynamisch wachsenden internen Puffer gespeichert.
`ByteArrayOutputStream(int num)`	Wie vorher, allerdings ist der Puffer auf `num` Byte Startgröße ausgelegt und wächst dynamisch nach Bedarf.
`int size()`	Liefert die Anzahl der Bytes, die in den Ausgabestream und somit den internen Puffer bisher geschrieben worden sind.
`String toString()` `String toString(String enc)`	Liefert den Inhalt des Puffers als String; mit `enc` kann angegeben werden, in welcher Zeichencodierung die Daten im Puffer vorliegen.
`byte[] toByteArray()`	Wandelt die Daten des internen Puffers in ein Array vom Typ `byte` um.
`void writeTo(OutputStream aus)`	Schreibt den Inhalt des Puffers in den übergebenen Ausgabestream aus.

Listing 31.9 zeigt, wie mithilfe eines `ByteArrayOutputStream`-Objekts eine Bilddatei eingelesen wird.

Listing 31.9: ByteArray.java – Einlesen eines Bildes mit ByteArray-Streams

```
import java.io.*;
import javax.swing.*;

public class ByteArray {
   public static void main(String[] args)  {
      try  {
         ByteArrayOutputStream bild = new ByteArrayOutputStream();

         BufferedInputStream datei = new BufferedInputStream(
                                 new FileInputStream("javalogo.gif"));

         int b;
         while( (b = datei.read()) != -1)
            bild.write(b);

         ImageIcon icon = new ImageIcon(bild.toByteArray());

         JOptionPane.showMessageDialog(null, "Größe: " +
                     bild.size() + " Bytes",
                     "ByteArrayOutputStream",
                     JOptionPane.PLAIN_MESSAGE, icon);
         System.exit(0);
      } catch(Exception e)  {
         System.err.println(e.getMessage());
      }
   }
}
```

Abbildung 31.5: Der von ByteArray aufgerufene Meldungsdialog mit dem eingelesenen Bild

In den Zeilen 7-9 wird ein zunächst leerer `ByteArrayOutputStream` erzeugt, gefolgt von einem `BufferedInputStream`, der mit der einzulesenden Datei verknüpft ist. Das eigentliche Einlesen in den Speicher erfolgt in den Zeilen 12 und 13 mit den üblichen `read()`- und `write()`-Methoden. Nachdem die Datei komplett gelesen ist, wendet Zeile 15 die `toByteArray()`-Methode von `ByteArrayOutputStream` an, um die gespeicherten Daten als Array zu speichern, das dann dem Konstruktor von `ImageIcon` zur Erzeugung eines Bildes überreicht werden kann.

INFO

Wie Sie eventuell wissen, bietet `ImageIcon` auch einen Konstruktor `ImageIcon (String dateiname)` an, der direkt einen Dateinamen erwartet und das Bild aus der Datei liest. Der obige Code zeigt Ihnen, welche Arbeit Ihnen dieser `ImageIcon`-Konstruktor freundlicherweise abnimmt!

CharArrayReader/CharArrayWriter & StringReader/StringWriter

Natürlich existiert auch eine zeichenorientierte Variante, aus einem Datenstream in einen Speicherbereich einzulesen bzw. daraus auszulesen. Hierzu dienen die Klassen `CharArrayReader` und `CharArrayWriter`, die zu den im letzten Abschnitt vorgestellten Klassen `ByteArrayInputStream/ByteArrayOutputStream` völlig analog sind. Einziger Unterschied: Die Konstruktoren und Methoden arbeiten mit Feldern vom Typ `char[]` statt `byte[]`, und `CharArrayWriter` hat daher eine `toCharArray()`-Methode und keine `toByteArray()`-Methode; außerdem erwartet die Methode `writeTo()` ein Zielobjekt vom Typ `Writer` anstelle von `OutputStream`.

Da Zeichen aber typischerweise nicht als `char`-Array, sondern in Form von `String`-Objekten in einem Java-Programm eingesetzt werden, wäre es nützlich, direkt in einen String einzulesen anstatt in ein Array. Die Java-Entwickler von Sun hatten glücklicherweise Erbarmen: die Klassen `StringReader` und `StringWriter` erlauben genau dies.

Der Konstruktor eines `StringReader` erwartet ein `String`-Objekt als Datenquelle. Davon abgesehen sind die Methoden analog zu `CharArrayReader`. Bei `StringWriter` gibt es einige Abweichungen, die in Tabelle 31.25 dargestellt sind.

Tabelle 31.25: Konstruktoren und Methoden von StringWriter

Methode	Beschreibung
`StringWriter()` `StringWriter(int num)`	Konstruktor. Erzeugt einen internen `StringBuffer` bzw. einen `StringBuffer` mit Startgröße `num`.
`String toString()`	Liefert den Inhalt des Puffers als `String`.
`StringBuffer getBuffer()`	Liefert den Inhalt als `StringBuffer`.

31.3.6 Standardeingabe und -ausgabe

Die ersten Datenstreams, die ein Java-Programmierer kennenlernt, sind die sogenannte Standardeingabe (Tastatur), Standardausgabe (Konsolenfenster) sowie Standarderror (Konsolenfenster).

Diese Datenstreams werden von der Klasse `System` (im Hauptpaket `java.lang`) als `System.in`, `System.out` und `System.err` bereitgestellt. Dabei sind `out` und `err` vom Typ `PrintStream`, während `in` vom Typ `InputStream` ist.

Nun ist es nicht unabänderlich, dass beispielsweise `out` in das Konsolenfenster ausgibt, denn die Klasse `System` bietet hierzu einige nette Methoden an.

Tabelle 31.26: Methoden in System für die Standardein-/ausgabe

Methode	Beschreibung
`static setIn(InputStream strom)`	Setzt `System.in` auf den Eingabestream `strom`.
`static setErr(PrintStream strom)`	Setzt `System.err` auf den Ausgabestream `strom`.
`static setOut(PrintStream strom)`	Setzt `System.out` auf den Ausgabestream `strom`.

Das folgende Beispiel zeigt, wie die Standardausgabe vom Konsolenfenster auf eine `JTextArea`-Komponente umgeleitet werden kann.

Listing 31.10: StandardAusgabe.java – Umlenken der Standardausgabe in eine JTextArea

```
import javax.swing.*;
import java.awt.*;
import java.awt.event.*;
import java.io.*;


public class StandardAusgabe {
   public static void main(String[] args)  {
      Fenster f = new Fenster();
      f.setVisible(true);
   }
}


class Fenster extends JFrame  {
   private JPanel contentPane;
   private BorderLayout borderLayout = new BorderLayout();
   private JTextArea anzeige;
```

```
19
20
21    public Fenster() {
22       contentPane = (JPanel) this.getContentPane();
23       contentPane.setLayout(borderLayout);
24
25       anzeige = new JTextArea();
26       contentPane.add(anzeige,BorderLayout.CENTER);
27
28       setSize(new  Dimension(400,200));
29       setTitle("Umlenken der Standardausgabe");
30
31       MeinPrintStream ausgabe = new MeinPrintStream(anzeige);
32       System.setOut(ausgabe);
33       System.out.println("Dieser Text erscheint in einer JTextArea");
34    }
35 }
36
37 class MeinPrintStream extends PrintStream {
38    public MeinPrintStream(JTextArea anzeige)  {
39       super(new MeinOutputStream(anzeige));
40    }
41 }
42
43 class MeinOutputStream extends OutputStream {
44    private JTextArea anzeige;
45
46    public MeinOutputStream(JTextArea anzeige)  {
47       this.anzeige = anzeige;
48    }
49
50    public void write(int b)  {
51       char c = (char) b;
52       anzeige.append(String.valueOf(c));
53    }
54 }
```

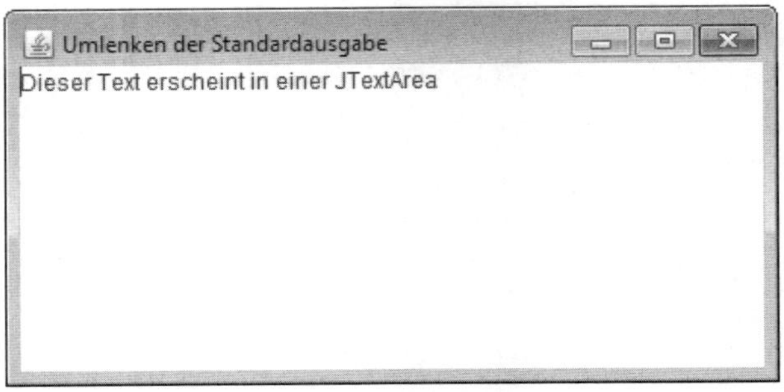

Abbildung 31.6: JTextArea mit umgelenkten println()-Ausgaben

Die entscheidende Aktion für das Umlenken beschränkt sich auf die Zeilen 31 und 32, wo eine Instanz von `MeinPrintStream` angelegt wird und dann mit `System.setOut()` als neuer Standardausgabestream festgelegt wird. Die Definition von `MeinPrintStream` erfolgt in den Zeilen 37-41. Die Klasse ist von `PrintStream` abgeleitet. Die Ableitung einer eigenen Klasse geschieht allein, um einen eigenen Konstruktor definieren zu können, der ein `JTextArea`-Objekt als Parameter erhält und so den zugrunde liegenden Ausgabestream kreiert. Hierfür wird eine von `OutputStream` abgeleitete Klasse benötigt, in der die `write(int b)`-Methode überschrieben wird, sodass die Ausgabe tatsächlich in der übergebenen `JTextArea`-Instanz landet.

31.3.7 StreamTokenizer

Die Klasse `java.io.StreamTokenizer` gehört formal nicht zur Familie der bisher beschriebenen `InputStream/Reader`-Klassen, wird aber immer mit ihnen zusammen benutzt und daher soll sie an dieser Stelle kurz vorgestellt werden.

`StreamTokenizer` erlaubt es, einen Eingabestream in *Tokens* zu zerlegen[6]. Tokens sind dabei die kleinsten Dateneinheiten im Datenstream, die durch *whitespace*[7] getrennt sind. Als Token können dabei vier verschiedene Arten zurückgeliefert werden, die durch eine entsprechende Konstante markiert sind:

- `StreamTokenizer.TT_WORD`: Zeichenkette
- `StreamTokenizer.TT_NUMBER`: Zahl
- `StreamTokenizer.TT_EOL`: end-of-line (Zeilenende)
- `StreamTokenizer.TT_EOF`: end-of-file (Eingabestream-Ende)

Jede Instanz von `StreamTokenizer` besitzt drei öffentliche Felder, in denen der Typ als eine der oben aufgeführten Konstanten sowie der Wert des Tokens abgelegt werden:

- `int ttype`: Typ des zuletzt gelesenen Tokens
- `double nval` : Wert des zuletzt gelesenen Tokens, wenn es eine Zahl war
- `String sval`: Wert des zuletzt gelesenen Tokens, wenn es ein String war

Die wichtigsten Methoden der Klasse finden Sie in Tabelle 31.27.

Tabelle 31.27: Wichtige Methoden von Stream-Tokenizer

Methode	Beschreibung
`StreamTokenizer(Reader r)`	Konstruktor. Erwartet einen Eingabestream in Form eines `Reader`-Objekts.
`int nextToken()`	Liest das nächste Token aus dem Eingabestream. Rückgabe des Werts von `ttype`.
`void pushBack()`	Setzt den Lesezeiger des Eingabestreams zurück. Der nächste Aufruf von `nextToken()` liefert das letzte Token noch einmal.
`void eolIsSignificant(boolean modus)`	Wenn `true` übergeben wird, liefert `nextToken()` auch EOL als Token zurück (Voreinstellung: EOL ist kein Token).
`String toString()`	Liefert eine `String`-Repräsentation des zuletzt gelesenen Tokens (auch wenn es eine Zahl war).

6 Diesen Vorgang nennt man auch *Parsen*.
7 Whitespaces sind normale Leerzeichen, Tabulatoren, End-of-line ('\r', '\n')

Listing 31.11: Tokenizer.java – Zerlegen eines Eingabestreams mit StreamTokenizer

```
01 import java.io.*;
02
03 public class Tokenizer  {
04    final static int tt_word = StreamTokenizer.TT_WORD;
05    final static int tt_number = StreamTokenizer.TT_NUMBER;
06    final static int tt_eof  = StreamTokenizer.TT_EOF;
07    final static int tt_eol  = StreamTokenizer.TT_EOL;
08
09    public static void main(String[] args)  {
10       System.out.println();
11
12       try  {
13          FileReader datei = new FileReader(args[0]);
14          BufferedReader eingabe = new BufferedReader(datei);
15
16          StreamTokenizer st = new StreamTokenizer(eingabe);
17          st.eolIsSignificant(true); // EOL ist Token
18          int typ;
19
20          while((typ = st.nextToken()) != tt_eof)  {
21             switch(typ)  {
22             case tt_word   : System.out.println(" String:"
23                                                + st.sval);
24                              break;
25             case tt_number: System.out.println(" Zahl:"
26                                          + st.nval);
27                              break;
28             case tt_eol    : System.out.println(" EOL");
29                              break;
30             default        : break;
31             }
32          }
33       } catch(Exception e) {
34          System.err.println(e.getMessage());
35       }
36    }
37 }
```

Ausführung:

```
C:\...>java Tokenizer test.txt
String:Lieber
String:Kunde
EOL
String:Der
String:Preis
String:betrõgt
Zahl:20.45
String:EUR.
EOL
```

In Zeile 14 wird eine `StreamTokenizer`-Instanz angelegt und mit einem Eingabestream vom Typ `BufferedReader` verknüpft. Zeile 15 legt dann fest, dass auch das Zeilenende als Token interpretiert wird.

Das Auslesen des Eingabestreams in Token-Form erfolgt dann in einer while-Schleife ab Zeile 18. Mit nextToken() wird das jeweils nächste Token eingelesen. Anhand des zurückgegebenen Typs wird geprüft, um welche Art von Token es sich handelt und dann eine entsprechende Meldung sowie der Wert des Tokens ausgegeben. Je nach Typ erfolgt dies durch Zugriff auf das sval- bzw. nval-Feld der StreamTokenizer-Instanz st.

INFO

Im Paket java.util befindet sich eine ähnliche Klasse StringTokenizer, die eine Token-orientierte Verarbeitung von Strings ermöglicht (siehe Kapitel 28.1.6).

31.3.8 Serialisierung von Objekten

Ein Objekt »lebt« im Hauptspeicher und liegt immer nur zur Laufzeit eines Programms vor. Es belegt während dieser Zeit einen gewissen Bereich im Hauptspeicher des Rechners. Dort liegen dann unter anderem auch die zugehörigen Daten des Objekts, d.h. alle Instanzvariablen. Nun hat der Hauptspeicher den Nachteil, dass alle Daten verloren gehen, wenn das Programm regulär oder irregulär beendet wird. Dadurch geht der aktuelle Zustand des Objekts verloren. Bei einem Neustart des Programms kann man zwar eine neue Instanz der jeweiligen Klasse anlegen, aber dann hat man in der Regel natürlich noch nicht wieder den letzten Zustand, d.h., die Instanzvariablen haben nicht wieder ihre alten Werte.

Um einem Objekt das Überleben des aktuellen Programmlaufs zu ermöglichen, wurde das Konzept der *Serialisierung* entwickelt. Hierbei werden alle Variablen des Objekts (also der aktuellen Instanz einer Klasse im Speicher) als Bytestream (ein Byte nach dem anderen = seriell) auf die Festplatte[8] geschrieben.

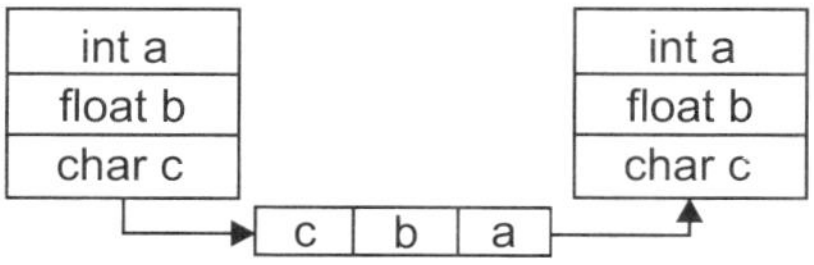

Abbildung 31.7: Das Prinzip der Objekt-Serialisierung

Bei Bedarf kann dann später das Objekt wieder eingelesen werden, also deserialisiert werden, und man hat dadurch den originalen Zustand vor dem Abspeichern wieder im Hauptspeicher hergestellt.

Beim Serialisieren werden nur Instanzvariablen (also keine static Klassenvariablen), die nicht als transient definiert sind, berücksichtigt und somit gesichert. Wenn Instanzvariablen dabei Referenzen auf andere Objekte sind, werden diese Objekte gleich mit serialisiert, vorausgesetzt, sie sind selbst wieder serialisierbar. Dieser Vorgang setzt sich dabei rekursiv fort: wenn also ein referenziertes Objekt selbst wieder über seine Instanzvariablen auf andere Objekte verweist, werden diese ebenfalls serialisiert usw. Durch diesen Ansatz kann ein kompletter Objektbaum abgespeichert werden[9].

8 Es kann auch ein Speicherbereich oder eine Socket-Verbindung sein!
9 Man kann dies als Trick für ein deep-copy von Objekten verwenden. Man serialisiert in einen Speicherbereich und deserialisiert in eine neue Instanz. (Das normale clone() erzeugt nur eine flache Kopie).

Das eigentliche Abspeichern erfolgt dabei als Bytestream mithilfe der Klasse `java.io.ObjectOutputStream`. Sie ist von `OutputStream` abgeleitet und bietet daher die üblichen `write()`-Methoden an und darüber hinaus die in Tabelle 31.28 aufgeführten Methoden.

Tabelle 31.28: Wichtige Methoden von ObjectOutputStream

Methode	Beschreibung
`ObjectOutputStream( OutputStream ausgabe)`	Konstruktor. Die Serialisierung erfolgt in den Ausgabestream `ausgabe`.
`void writeXxx(xxx wert)`	Schreibt `wert` vom primitiven Datentyp `xxx` (z.B. `char`, `float`, `double`) in den Ausgabestream.
`void writeUTF(String str)`	Schreibt `str` im UTF-8-Format in den Ausgabestream.
`void writeObject(Object o)`	Schreibt das Objekt `o` in den Ausgabestream.

Die wichtigste Methode ist dabei `writeObject()`. Sie erhält das zu serialisierende Objekt und schreibt es als Folge von Bytes in den Ausgabestream. Dabei ist `writeObject()` darauf angewiesen, dass das übergebene Objekt weiß, wie es zu serialisieren ist! Dies ist angenehmerweise bei fast allen Standardklassen aus den diversen Java-Paketen der Fall. Bei selbst geschriebenen Klassen muss man die Serialisierbarkeit selbst sicherstellen.

Das Deserialisieren erfolgt nicht weiter überraschend mit der Klasse `ObjectInputStream`, welche neben den von `InputStream` geerbten byteorientierten `read()`-Methoden noch die in Tabelle 31.29 aufgeführten Methoden anbietet.

Tabelle 31.29: Wichtige Methoden von ObjectInputStream

Methode	Beschreibung
`ObjectInputStream( InputStream eingabe)`	Konstruktor. Die Deserialisierung erfolgt aus dem Eingabestream `eingabe`.
`xxx readXxx()`	Liest einen Wert vom primitiven Datentyp `xxx` (`boolean`, `char`, `int`, `long` usw.).
`String readUTF()`	Liest einen UTF-8-codierten String ein.
`Object readObject()`	Liest ein Objekt ein.

Der Vorgang der Serialisierung und Deserialisierung ist bei Kenntnis des allgemeinen Einsatzes von Eingabe-/Ausgabestreams recht trivial, wie Sie dem folgenden Codefragment entnehmen können:

```
// Serialisierung eines Objekts vom Typ Date
Date test = new Date();
FileOutputStream fos = new FileOutputStream("test.ser");

ObjectOutputStream ausgabe = new ObjectOutputStream(fos);
ausgabe.writeObject(test);
```

```
// Deserialisierung
FileInputStream fis = new FileInputStream("test.ser");
Date test_neu;

ObjectInputStream eingabe = new ObjectInputStream(fis);
test_neu = (Date) eingabe.readObject();
```

Der Codeausschnitt zeigt Ihnen, wie eine Instanz `test` vom Typ `java.util.Date` mithilfe der `writeObject()`-Methode in eine Datei namens *test.ser*[10] serialisiert wird und danach wieder mit `readObject()` eingelesen wird.

Die Schnittstellen Serializable

Wie bereits erwähnt sind die meisten Klassen aus den Java-Paketen serialisierbar (nennenswerte Ausnahmen sind alle Klassen aus `java.io` und `java.nio` sowie `Thread` und `Socket`). Wenn man versucht, eine nicht serialisierbare Klasse mithilfe von `ObjectOutputStream` zu serialisieren, wird eine `java.io.NotSerializable-Exception` geworfen.

Bei selbst erstellten Klassen muss man sich darum explizit kümmern, indem die Klasse die Schnittstelle `java.io.Serializable` oder `java.io.Externalizable` implementiert.

`Serializable` ist eine sogenannte Marker-Schnittstelle, d.h., sie besitzt keinerlei Methoden und dient nur zum Signalisieren, dass eine Klasse weiß, wie sie sich serialisieren soll. Betrachten wir ein Beispiel:

```
import java.io.*;

public class User implements Serializable  {
   private String name;
   private String vorname;
   private int ID;
   private transient int pinCode;
}
```

Diese Klasse implementiert `Serializable` und wird dadurch von der JVM nach folgenden Regeln serialisiert:

- alle Instanzvariablen (auch geerbte) mit einem primitiven Datentyp werden serialisiert
- alle Instanzvariablen (auch geerbte), die Referenzen auf serialisierbare Objekte sind, werden serialisiert
- alle Instanzvariablen (auch geerbte), die `static` oder `transient` sind, werden nicht serialisiert
- `public`, `private`, `protected` haben keinen Einfluss auf die Serialisierung
- auch Arrays werden serialisiert

Die Grundregel lautet also, alles zu serialisieren, was serialisierbar ist, es sei denn, es handelt sich um `static`-Variablen oder um Variablen, die als `transient` mar-

10 Die Endung *.ser* wird häufig für Dateien mit serialisierten Objekten verwendet.

kiert sind. Dieser spezielle Modifizierer zeigt der JVM an, dass eine Variable bei der Serialisierung nicht berücksichtigt werden soll. Im obigen Beispiel würde also alles mit Ausnahme von `pinCode` serialisiert.

Das generelle Vorgehen, um selbst erstellte Klassen serialisierbar zu machen, lässt sich folgendermaßen zusammenfassen:

1. Die Klasse muss `public` definiert sein und die Schnittstelle `java.io.Serializable` implementieren. Diese Schnittstelle definiert keine Methoden, sondern dient nur als Markierung für den Java-Compiler.
2. Wenn die Klasse von einer Basisklasse abgeleitet ist, die `Serializable` nicht implementiert, dann muss die Basisklasse einen Standardkonstruktor (ohne Parameter) haben. Die abgeleitete Klasse muss sich um die Serialisierung der geerbten Instanzvariablen natürlich selbst kümmern.
3. Wenn alle Instanzvariablen von einem einfachen Datentyp wie `int`, `boolean` usw. oder Referenzen auf serialisierbare Klassen sind, ist man schon fertig, da dann Standard-Serialisierungsmethoden aufgerufen werden.
   Falls jedoch besondere Bedürfnisse bestehen, müssen die Methoden

   ```
   private void writeObject(ObjectOutputStream)
                    throws IOException
   ```

   und

   ```
   private void readObject(ObjectInputStream)
                    throws IOException, ClassNotFoundException
   ```

   in der zu serialisierenden Klasse selbst implementiert werden.

`writeObject()` und `readObject()` werden während der Serialisierung durch den verwendeten `ObjectInputStream` bzw. `ObjectOutputStream` aufgerufen.

Veranschaulichen wir uns das Ganze an einem Beispiel. Angenommen es wurde eine Klasse `MeineKlasse` erstellt, die als Instanzvariablen eine `int`-Variable und eine Referenz auf eine Klasse `SpezialKlasse` hat. Folgendermaßen wird `MeineKlasse` nun serialisierbar gemacht.

Listing 31.12: Aus MeineKlasse.java – Beispiel für eigene Serialisierung

```
import java.io.*;
public class MeineKlasse implements Serializable  {
  private int a              = 0;
  private SpezialKlasse b    = new SpezialKlasse();
}
```

Die Spezialklasse sehe aus wie folgt:

```
class SpezialKlasse  {
    private int status = 5;

    public SpezialKlasse()        { }

    public int getStatus()        { return status; }
    public void setStatus(int s) { status = s; }
}
```

Bisher sieht alles harmlos aus und Sie werden auch beim Kompilieren keine Probleme bekommen. Wenn Sie nun aber ein Programm schreiben, das `MeineKlasse` verwendet und, wie im vorherigen Abschnitt gezeigt, mithilfe von `ObjectOutputStream` auf die Festplatte serialisieren will, dann wird eine `NotSerializableException` ausgelöst! Der Grund liegt in der Variablen `b` von `MeineKlasse`: sie verweist auf ein Objekt (vom Typ `SpezialKlasse`), das nicht serialisierbar ist, da es nicht die Schnittstelle `Serializable` implementiert. »Okay, dann erweitere ich eben die `SpezialKlasse`-Definition und das Problem ist gelöst!« werden Sie sagen und natürlich auch Recht haben, vorausgesetzt, diese Änderung von `SpezialKlasse` ist möglich. Aber was machen Sie, wenn `SpezialKlasse` z.B. eine gekaufte Klasse von einem Drittanbieter ist und sie nur die Datei *SpezialKlasse.class* haben und eine Dokumentation mit den verfügbaren Methoden, aber keinen Quelltext?

Ein Ausweg ist die Definition von `b` in `MeineKlasse` als `transient`, d.h., `b` soll gar nicht serialisiert werden. Aber wenn das nun unbedingt erforderlich ist, weil wir den Wert der Statusvariablen aus `SpezialKlasse` benötigen? Dann muss die Serialisierung von Hand implementiert werden.

```
public class MeineKlasse implements Serializable  {
   private int a            = 0;
   private SpezialKlasse b   = new SpezialKlasse();

   private void writeObject(ObjectOutputStream oos) throws IOException {
      oos.writeInt(a);
      oos.writeInt(b.getStatus());
   }

   private void readObject(ObjectInputStream ois) throws IOException  {
      a = ois.readInt();
      b = new SpezialKlasse();
      b.setStatus(ois.readInt());
   }
}
```

Man nimmt die Serialisierung selbst in die Hand und implementiert die Methoden `writeObject()` und `readObject()`. (Wichtig: genau die obige Signatur verwenden!) In `writeObject()` schreibt man alle gewünschten Werte selbst in den Ausgabestream, insbesondere die `SpezialKlasse`-Instanz, deren Wert explizit über ihre `getStatus()`-Methode ermittelt wird.

Für die Deserialisierung macht man es dann in der Methode `readObject()` genau umgekehrt. Zu beachten ist allerdings, dass die Objekte, deren Wert eingelesen wird, explizit erzeugt werden müssen (`b = new Spezialklasse()`).

INFO

Bei der Serialisierung über die Schnittstelle `Serializable` wird der eigentliche Code einer Klasse, d.h. ihre Methoden, *nicht* gespeichert, sondern nur allgemeine Informationen über die Klasse (Name, Signatur) sowie die Datenanteile, d.h. die Instanzvariablen. Dies bedeutet, dass für eine Deserialisierung neben den gespeicherten Daten immer auch die Class-Datei der Klasse für die JVM verfügbar sein muss.

Außerdem wird ein besonderer Hashcode – die SUID – abgespeichert. Die SUID wird aus der gesamten Klasse berechnet und ist daher eindeutig. Wenn sich die Klasse ändert (z.B. ein weiteres Feld), ändert sich auch die SUID. Dadurch wird sichergestellt, dass ein in eine Datei serialisiertes Objekt nicht als Objekt einer mittlerweile modifizierten Klasse deserialisiert wird (dies würde dann eine InvalidClassException werfen).

Die Schnittstelle Externalizable

Noch weitergehende Steuerung der Serialisierung bietet der Einsatz der Schnittstelle java.io.Externalizable. Diese Schnittstelle erweitert Serializable um zwei Methoden.

Tabelle 31.30: Methoden der Schnittstelle Externalizable

Methode	Beschreibung
void **readExternal**(ObjectInput ein) throws IOException, ClassNotFoundException	Dient zur selbst implementierten Deserialisierung aus dem Datenstream[a] ein.
void **writeExternal**(ObjectOutput aus) throws IOException	Dient zur selbst implementierten Serialisierung in den Datenstream aus.

a. ObjectInput und ObjectOutput sind Schnittstellen, die von ObjectInputStream und ObjectOutputStream implementiert werden.

Externalizable hat dabei Vorrang vor Serializable. Wenn eine Klasse beide Schnittstellen implementiert und sowohl readExternal()/writeExternal() als auch readObject()/writeObject() aufweist, dann wird die Serialisierung mittels der Externalizable-Methoden durchgeführt.

Der wesentliche Unterschied zwischen Externalizable und Serializable liegt darin, dass man bei Externalizable alles selbst machen muss bzw. darf – je nach Sichtweise. Nur der Code der writeExternal()-Methode bestimmt, was serialisiert wird. Wenn man neben der Serialisierung von Variableninhalten beispielsweise auch eine Versionierung mithilfe einer SUID wünscht, muss man diese Funktionalität selbst implementieren. Außerdem muss sichergestellt sein, dass die Klasse, welche Externalizable implementiert, über einen Standardkonstruktor (d.h. parameterlosen Konstruktor) verfügt. Beim Deserialisieren wird nämlich zuerst dieser Konstruktor aufgerufen und dann readExternal().

Gründe für den eher beschwerlichen Einsatz von Externalizable können neben der völligen Kontrolle über die Serialisierung auch Geschwindigkeit sein. Wer große Mengen von Objekten in einer zeitkritischen Anwendung serialisieren und deserialisieren muss und auf Zusatzinformationen wie Signatur und Versionsnummer der Klasse verzichten kann, sollte unter Umständen Externalizable in Erwägung ziehen.

31.4 Formatieren und Scannen

Die Klassen `Formatter` und `Scanner`, die erst in Java 5 eingeführt wurden, komplettieren das zwar sehr leistungsfähige und wohldurchdachte, manchmal leider aber auch unnötig komplizierte Stream-Konzept von Java um zwei Optionen: einfache und leistungsfähige Mechanismen zur formatierten Ausgabe und zum Einlesen von Textdaten.

31.4.1 Scanner

Mithilfe der Klasse `Scanner` können Sie auf einfachste Weise Daten aus den verschiedensten Textquellen einlesen.

Die Daten werden stets als Text eingelesen und in Tokens zerlegt. Die einzelnen Tokens können Sie einlesen und dabei mit Mustern (d.h. regulären Ausdrücken, vgl. Abschnitt zu `StringTokenizer` in Kapitel 28.1.6) vergleichen. Tokens, die Zahlen oder Werten elementarer Datentypen entsprechen, können Sie direkt beim Einlesen in die passenden Datentypen umwandeln lassen. Mögliche Textquellen sind Strings, Dateien, `InputStream`-Objekte (insbesondere auch `System.in`, also die Tastatur) sowie jegliche Objekte, die eine der Schnittstellen `Readable` oder `ReadableByteChannel` implementieren (`Reader`, `BufferedReader`, `FileChannel` usw.).

Ob Sie nun mit Scanner Daten aus der Kommandozeile eines Konsolenprogramms einlesen oder eine Datei auf E-Mail-Adressen hin analysieren, die grundsätzliche Vorgehensweise ist immer die gleiche:

1. Sie erzeugen ein `Scanner`-Objekt für die Textquelle. Letztere übergeben Sie dazu als Argument an den `Scanner`-Konstruktor, beispielsweise:

   ```
   Scanner sc = new Scanner(new File("Dateiname"));
   ```

   oder

   ```
   Scanner sc = new Scanner("Diesen Text analysieren");
   ```

2. Sie konfigurieren den Scanner, indem Sie, falls nötig, Trennzeichen. Zahlenbasis und Lokale festlegen.

   Der Scanner zerlegt den Text anhand des Trennzeichens (kann auch eine Zeichenfolge sein) in Tokens. Die Tokens können in den folgenden Schritten analysiert und zurückgeliefert werden. Wenn Sie Zahlen (`int`, `double` usw.) extrahieren, werden deren Textdarstellungen entsprechend der eingestellten Lokale und der angegebenen Zahlenbasis umgewandelt.

   Das Trennzeichen können Sie mit `useDelimiter()` festlegen. Als Argument übergeben Sie einen String oder einen regulären Ausdruck. Per Voreinstellung werden Whitespace-Zeichen als Trennzeichen verwendet. Die Zahlenbasis und die Lokale können Sie durch Aufruf von `useLocale(Locale)` bzw. `useRadix(int)` einstellen.

   ```
   sc.useDelimiter("\t");     // horiz. Tabulator als
                              // Trennzeichen verwenden
   ```

31

3. Sie lesen den von Ihnen gesuchten oder erwarteten Text ein (beispielsweise ein Integer-Wert oder eine Textstelle, die einem regulären Ausdruck entspricht).

   Mit `next()` können Sie sich das nächste Token als String zurückliefern lassen.

   Wenn Sie nur an Tokens interessiert sind, die einem bestimmten regulären Ausdruck entsprechen, übergeben Sie `next()` den regulären Ausdruck als String oder `Pattern`-Objekt.

   Wenn Sie Daten elementarer Datentypen einlesen und gleich in die entsprechenden Typen umwandeln lassen möchten, rufen Sie eine der Methoden `nextBoolean()`, `nextDouble()` usw. auf.

```
while (sc.hasNextLong()) {
   long zahl = sc.nextLong();
   ...
}
```

   Wurde kein Token gefunden oder entsprach das nächste Token nicht dem gewünschten Typ/Muster, wird eine `NoSuchElementException` bzw. `InputMismatchException` ausgelöst. Wenn Sie das Auftreten dieser Exceptions vermeiden möchten, prüfen Sie vorab mit `hasNext()`, `hasNextBoolean()` oder `hasNextDouble()` usw. auf, ob entsprechende Tokens vorliegen.

Methoden

Eine Auswahl interessanter Scanner-Methoden finden Sie in der folgenden Tabelle.

Tabelle 31.31: Ausgesuchte Scanner-Methoden

Methode	Beschreibung
`void` **`close`**`()`	Schließt den Scanner.
`String` **`findInLine`**`(Pattern)` `String` **`findInLine`**`(String)`	Sucht bis zum nächsten Zeilenumbruch nach dem angegebenen regulären Ausdruck. Ignoriert Trennzeichen.
`String` **`findWithinHorizon`**`(Pattern, int horizon)` `String` **`findWithinHorizon`**`(String, int horizon)`	Sucht bis `horizon` nach dem angegebenen regulären Ausdruck. (Ist `horizon` gleich 0, wird unbegrenzt gesucht.) Ignoriert Trennzeichen.
`boolean` **`hasNext`**`()`	Liefert `true`, wenn es ein weiteres Token gibt. Blockiert bei Lesen von der Tastatur. Rückt den Scanner nicht weiter vor.
`boolean` **`hasNext`**`(Pattern)` `boolean` **`hasNext`**`(String)`	Wie `hasNext()`, liefert aber nur dann `true`, wenn es ein weiteres Token gibt, das dem übergebenen regulären Ausdruck entspricht.
`boolean` **`hasNextXxx`**`()`	Wie `hasNext()`, liefert aber nur dann `true`, wenn es ein weiteres Token gibt, das in einen Wert des Datentyps xxx umgewandelt werden kann.

Tabelle 31.31: Ausgesuchte Scanner-Methoden (Forts.)

Methode	Beschreibung
MatchResult **match**()	Liefert Ergebnis des letzten Scans als MatchResult-Objekt zurück.
String **next**()	Liefert das nächste Token zurück, falls es ein solches gibt. Blockiert bei Lesen von der Tastatur. Rückt den Scanner vor.
String **next**(Pattern) String **next**(String)	Wie next(), liefert aber nur Tokens zurück, die dem übergebenen regulären Ausdruck entsprechen.
String **nextXxx**()	Wie next(), liefert aber nur Tokens zurück, die in einen Wert des Datentyps xxx umgewandelt werden können.
String **nextLine**()	Rückt den Scanner zur nächsten Zeile vor.
Scanner **skip**(Pattern) Scanner **skip**(String)	Überspringt Text, der dem angegebenen regulären Ausdruck entspricht.
Scanner **useDelimiter**(Pattern) Scanner **useDelimiter**(String)	Definiert ein neues Muster für Trennzeichen.
Scanner **useLocale**(Locale)	Legt die zu verwendende Lokale fest.
Scanner **useRadix**(int)	Legt die zu verwendende Zahlenbasis fest.

Benutzereingaben für Konsolenanwendungen einlesen

Wie Sie bereits in Kapitel 4.5.2 lesen konnten, eignet sich Scanner hervorragend für Konsolenanwendungen, die Benutzereingaben über die Tastatur entgegennehmen. Aufrufe der Methoden next()- und hasNext()-Familien blockieren dabei, bis der Benutzer eine Eingabe durch Drücken der [Enter]-Taste abschickt.

Listing 31.13: Tastatureingabe.java – Eingaben über Tastatur

```
import java.util.Scanner;
import java.io.Console;

public class Tastatureingabe {

   public static void main(String[] args) {
      Console cons = System.console();
      Scanner sc = new Scanner(cons.reader());

      cons.printf("\n");
      cons.printf(" Geben Sie Ihren Nachnamen ein: ");
      String name = sc.next();

      cons.printf(" Geben Sie Ihr Alter ein: ");
      int alter = sc.nextInt();
```

31

```
            cons.printf("\n");
            cons.printf(" %d Jahre? \n", alter);
            cons.printf(" Haben Sie da auch nicht geflunkert,"
                      + " Herr oder Frau %s \n", name);

            cons.printf("\n");
        }
    }
```

Aufruf: **java Tastatureingabe**

```
Geben Sie Ihren Nachnamen ein: Lochmann
Geben Sie Ihr Alter ein: 122

122 Jahre?
Haben Sie da auch nicht geflunkert, Herr oder Frau Lochmann?
```

Obiger Code enthält keine Absicherung gegen ungültige Benutzereingaben. Er verlässt sich vielmehr darauf, dass der Aufrufer gewillt und fähig ist, die Eingaben im korrekten Format einzugeben. Sollte es notwendig sein, gibt es aber natürlich auch Wege die `Scanner`-Eingaben abzusichern: etwa durch Abfangen der Exceptions oder mithilfe der Methoden der `hasNext()`-Familie.

Absicherung mit Exceptions

Der folgende Code sichert die Eingabe des Namens ab. Als erste Maßnahme wird ein regulärer Ausdruck aufgesetzt, der nur Namen aus den Buchstaben von A bis Z zulässt: `sc.next("[A-Za-z]+")`. Eingaben, die andere Zeichen enthalten, lösen eine `InputMismatchException` aus, die in einem `catch`-Block abgefangen wird. Als Reaktion auf die Exception wird eine Fehlermeldung ausgegeben, die Eingabe wird mit `next()` gelesen (um den Scanner vorzurücken) und als Ersatzname wird »Unbekannte(r)« festgesetzt. (Eine Alternative wäre das Programm mit `System.exit(1)` zu beenden.)

```
String name = "";
int alter   = 0;
Console cons = System.console();
Scanner sc = new Scanner(cons.reader());

try {
   cons.printf("\n");
   cons.printf(" Geben Sie Ihren Nachnamen ein: ");
   name = sc.next("[A-Za-z]+");
} catch (InputMismatchException e) {
   cons.printf("\n Falsche Eingabe! \n");
   cons.printf(" Für den Namen sind nur einfache "
           + "Buchstaben (ohne Umlaute oder Sonderzeichen) erlaubt.\n");
   sc.next();
   name = "Unbekannte(r)";
}
```

Absicherung durch Vorschau mit hasNext()-Familie

Eine andere Form der Absicherung ist, den Benutzer so oft wiederholt zur Eingabe aufzufordern, bis diese das korrekte Format hat. Mit einer Methode der `hasNext()`-Familie und einer `while`-Schleife ist dies problemlos möglich.

```
cons.printf(" Geben Sie Ihren Nachnamen ein: ");
while( !sc.hasNextInt() ) {
   cons.printf("\n Ungültige Eingabe. Bitte erneut versuchen!");
   sc.next();
}

alter = sc.nextInt();
```

Vergessen Sie nicht, ungültige Tastatureingaben zu überspringen (`next()`-Aufruf).

Textpassagen in Dateien suchen

Zum Abschluss noch ein Beispiel wie `Scanner` zum Scannen von Dateien eingesetzt werden kann. Das Programm nimmt den Namen der zu durchsuchenden Datei und den Suchbegriff über die Kommandozeile entgegen. Danach öffnet es die Datei und zählt die Vorkommen des Suchbegriffs.

Beachten Sie, dass mit dem Programm nur nach ganzen Wörtern gesucht werden kann, da es mit Whitespace als Trennzeichen arbeitet. Vorkommen, bei denen ein Satzzeichen (,.;!? oder ") auf das Suchwort folgt, werden allerdings erkannt: Das Programm erweitert den Suchbegriff zu diesem Zweck zu einem passenden regulären Ausdruck.

Listing 31.14: Textsuche.java – In Textdatei suchen

```
import java.util.Scanner;
import java.io.*;

public class Textsuche {

   public static void main(String[] args) {
      Console cons = System.console();
      cons.printf("\n");

      if (args.length != 2) {
         cons.printf("Falsche Anzahl Argumente in Befehlszeile\n");
         cons.printf("Aufruf mit <Dateiname> <Suchbegriff>\n");
         System.exit(1);
      }

      try {
         Scanner sc = new Scanner(new File(args[0]));
         String suche = args[1] + "[,.;!?\"]*";

         long anzahl = 0;
         while (sc.hasNext()) {
            if (sc.hasNext(suche))
               anzahl++;
            sc.next();
         }
         sc.close();

         cons.printf(" %d Vorkommen von %s \n", anzahl, args[1]);
      } catch(IOException e) {
```

```
            cons.printf(" Dateifehler\n");
        }

    }
}
```

Aufruf: **java Textsuche john_maynard.txt Maynard**

```
10 Vorkommen von Maynard
```

31.4.2 Formatter und die Formatierungsstrings

Seit Java 5 unterstützt Java die Formatierung mit Formatierungsstrings. Angenommen Sie möchten einen String und eine double-Variable in den Text einer Konsolenausgabe einbauen. Traditionell würden Sie dazu den Ausgabetext zerteilen und mit dem Konkatenationsoperator die String- und double-Werte einfügen, beispielsweise:

```
String rechnername = "Herbert";
double gewicht     = 3.153997;

System.out.println("Rechner '"
                   + rechnername
                   + "' wiegt nach letzten Datenverlusten nur noch "
                   + gewicht
                   + " kg!");
```

Ausgabe:

```
Rechner 'Herbert' wiegt nach letzten Datenverlusten nur noch 3.1539967 kg!
```

Wenn Sie hingegen mit einem Formatierungsstring arbeiten, entfällt die leidige Zerstückelung. Stattdessen fügen Sie in den auszugebenden Text Platzhalter für die einzubauenden Variablenwerte ein. Das Resultat ist der besagte Formatierungsstring:

```
"Rechner '%s' wiegt nach letzten Datenverlusten nur noch %f kg!"
```

Zusammen mit den Variablen, deren Werte einzufügen sind, übergeben Sie den Formatierungsstring dann einer passenden Ausgabemethode, beispielsweise System.out.printf():

```
System.out.printf("Rechner '%s' wiegt nach letzten Datenverlusten "
                  + "nur noch %f kg! %n", rechnername, gewicht);[11]
```

Die Ausgabemethode ersetzt die Platzhalter durch die Inhalte der Variablen und gibt den resultierenden String aus. Die Zuordnung der Variablen erfolgt gemäß der Reihenfolge, in der sie an die Methode übergeben wurden. Wenn Sie abweichend von dieser Reihenfolge selbst festlegen wollen, welche Platzhalter durch welche Variablen zu ersetzen sind, nummerieren Sie die Platzhalter, indem Sie zwischen dem % und den weiteren Formatangaben eine der Nummern 1$, 2$ usw. einfügen. Der Platzhalter %1$... wird dann durch die erste Variable ersetzt, %2$... durch die zweite Variable und so weiter.

11 Die Zweiteilung des Formatierungsstrings ist in diesem Fall satztechnisch bedingt!

Die `printf()`-Methode schließt die Ausgabe nicht automatisch mit einem Zeilenumbruch ab. Dieser kann durch die Escape-Sequenz `%n` (oder `\n`) erzeugt werden.

STOP

Methoden, die Formatierungsstrings unterstützen

Eine Methode, die Formatierungsstrings akzeptiert, haben Sie oben bereits kennengelernt: `System.out.printf()`. Weitere Methoden sind

- `java.io.PrintStream.format()`
- `java.io.PrintWriter.format()`
- `java.lang.String.format()`
- `java.util.Formatter.format()`
- `java.io.Console.format()`

Hier ein Beispiel für die Formatierung eines Strings mit der statischen Methode `String.format()`:

```
String ausgabe = String.format("Rechner '%s' wiegt nach letzten "
                               + "Datenverlusten nur noch %f kg!",
                               rechnername, gewicht);
```

Interessant ist auch die Verwendung von `Formatter.format()`:

```
String[] rechnernamen = {"Herbert", "Mathilde", "Dagmar", "Wolfgang"};
double[] gewichte     = {3.153997, 5.09, 4.22, 8.1433};[12]


// Datei öffnen
PrintWriter ausgabe = new PrintWriter(
                          new FileWriter("Rechnergewichte.txt"));

// Formatter für Datei erzeugen
Formatter formatter = new Formatter(ausgabe);

// Formatierte Ausgabe in Datei
for(int i = 0; i < rechnernamen.length; ++i)
   formatter.format("Rechner '%s' wiegt %f kg.%n", rechnernamen[i],
                                                   gewichte[i]);


formatter.close();
ausgabe.close();
```

Zuerst erzeugen Sie ein `Formatter`-Objekt. Dem Konstruktor übergeben Sie dabei das Ziel-Objekt, in das die formatierten Strings geschrieben werden sollen (im obigen Beispiel ein `PrintWriter`-Objekt, hinter dem eine einfache Textdatei steht).

Danach können Sie über die `format()`-Methode des `Formatter`-Objekts formatierte Ausgaben direkt in das Ziel-Objekt schreiben.

12 Die Implementierung zweier paralleler Arrays ist einer objektorientierten Programmiersprache wie Java natürlich unwürdig. Wir verweisen auf den, gegenüber einer ordentlichen OOP-Implementierung weitaus kürzeren Code und bitten um Nachsicht.

INFO

Alle `format()`-Methoden zeichnen sich dadurch aus, dass sie eine variable Zahl von Argumenten übernehmen können. (Die tatsächliche Anzahl jeden Aufrufs hängt von der Anzahl Platzhalter im Formatierungsstring ab.) Wie Sie selbst Methoden schreiben können, die eine variable Anzahl Argumente übernehmen können, ist in Kapitel 8.3.8 beschrieben.

Formatierung mit Formatierungsstrings

Der größte Vorteil, der sich daraus ergibt, dass die Variablenwerte über Platzhalter in den Ausgabestring eingefügt werden, wurde noch gar nicht angesprochen: Die Platzhalter können mit Formatierungsbefehlen kombiniert werden, die Ausrichtung, Feldbreite und Genauigkeit der Zahlendarstellung beeinflussen.

Der allgemeine Aufbau eines Platzhalters sieht folgendermaßen aus:

`%[Pos$][Flags][Breite][.Genauigkeit]Umwandlung`[13]

- *Pos* gibt an, auf welche Variablen man sich bezieht (nummeriert ab 1)
- *Flags* steuern Vorzeichen, Ausrichtung und Auffüllmodi
- *Breite* gibt die Anzahl der mindestens auszugebenden Stellen an
- *Genauigkeit* legt die maximale Anzahl Stellen fest
- *Umwandlung* definiert, wie die Daten interpretiert werden sollen

Umwandlung

Die einzige obligatorische Angabe, die Umwandlung, legt fest, welche Art von Ausgabe erzeugt werden soll.

Tabelle 31.32: Umwandlungsargumente

Umwandlung[a]	Beschreibung
b, B	Darstellung als boolescher Wert
h, H	Darstellung in Hexadezimalzeichen
s, S	Darstellung als String
c, C	Darstellung als Unicode-Zeichen
d	Darstellung als Integer-Zahl zur Basis 10 (dezimal)
o	Darstellung als Integer-Zahl zur Basis 8 (oktal)
x, X	Darstellung als Integer-Zahl zur Basis 16 (hexadezimal)
f	Darstellung als Gleitkommazahl
e, E	Darstellung als Zahl in Exponentialschreibweise
g, G	Darstellung wahlweise als Zahl in Exponential- oder Gleitkommaschreibweise
a, A	Darstellung als hexadezimale Gleitkommazahl

13 Angaben in [] sind optional.

Umwandlung[a]	Beschreibung
t, T	Darstellung als Datums-/Zeitangabe (siehe nähere Erläuterungen in der Java-API-Referenz)
%	Zur Ausgabe des Prozentzeichens
n	Zur Ausgabe des Zeilenumbruchs

a. Die großbuchstabigen Argumente wandeln die Ausgabe in Großbuchstaben um.

Tabelle 31.32: Umwandlungsargumente (Forts.)

Achten Sie darauf, dass der Typ des Platzhalters mit dem Typ des zugehörigen Arguments übereinstimmt oder dass zumindest eine automatische Typumwandlung existiert. Ansonsten wird eine Exception ausgelöst.

```
// Ausgabe eines Integers als Hexadezimalzahl (in Großbuchstaben)
int zahl = 107;
System.out.printf("%X", zahl);            // Ausgabe: 6B

// Ausgabe eines Strings, gefolgt von Zeilenumbruch
String str = "Demonstration";
System.out.printf("%S%n", str);
```

INFO

Die Umwandlungen erfolgen gemäß der aktuellen Lokale.

Breite und Genauigkeit

Breite und Genauigkeit legen im Zusammenspiel die Breite der Ausgabe fest.

Die Breite gibt die Mindestzahl Stellen (Zeichen) an, die ausgegeben werden sollen. Gibt es nicht genügend auszugebende Zeichen, wird die Ausgabe links mit Leerzeichen aufgefüllt:

```
System.out.printf("...%1S...%n", "AAA");       // ...AAA...
System.out.printf("...%3S...%n", "AAA");       // ...AAA...
System.out.printf("...%5S...%n", "AAA");       // ...  AAA...
```

Die Genauigkeit gibt grundsätzlich an, wie viele Zeichen für das Argument maximal ausgeben werden sollen. Ist eine Breite angegeben und ist diese größer als die Genauigkeit, werden die fehlenden Stellen mit Leerzeichen aufgefüllt:

```
System.out.printf("...%1.2S...%n", "AAA");     // ...AA...
System.out.printf("...%3.2S...%n", "AAA");     // ... AA...
System.out.printf("...%5.2S...%n", "AAA");     // ...   AA ...
```

Für Gleitkommazahlen gibt die Genauigkeit die Anzahl der maximal auszugebenden Nachkommastellen an (Voreinstellung sind sechs Stellen)

```
System.out.printf("...%10f...%n", 123.4567);   //...    123,456700...
System.out.printf("...%10.1f...%n", 123.4567); //...         123,5...
System.out.printf("...%10.3f...%n", 123.4567); //...       123,457...
System.out.printf("...%10.5f...%n", 123.4567); //...     123,45670...
```

STOP

Für einzelne Zeichen, Ganzzahlen sowie Datums- und Zeitangaben ist die Genauigkeit nicht definiert.

31

Flags

Perfekt wird die Formatierung der Ausgabe oft erst durch Setzen der richtigen Flags.

Tabelle 31.33: Flag-Argumente

Flag	Beschreibung
-	Linksbündige Ausrichtung, nur in Kombination mit Breitenangabe (rechtsbündig ist Standard)
#	Alternative Darstellung (abhängig von Umwandlungsart)
+	Darstellung mit Vorzeichen
(Leerzeichen)	Darstellung mit Leerzeichen für Vorzeichen
0	Auffüllen mit Nullen
,	Zahlen mit Tausenderzeichen
(	Negative Zahlen in Klammern

```
// Ausrichtung
System.out.printf("...%7s...%n", "AAAA");    //...   AAAA...
System.out.printf("...%-7s...%n", "AAAA");   //...AAAA   ...
// +
System.out.printf("...%7d...%n", 1234);      //...   1234...
System.out.printf("...%+7d...%n", 1234);     //...  +1234...
// Leerzeichen
System.out.printf("...%d...%n", 1234);       //...1234...
System.out.printf("...% d...%n", 1234);      //... 1234...
// 0
System.out.printf("...%7d...%n", 1234);      //...   1234...
System.out.printf("...%07d...%n", 1234);     //...0001234...
// ,
System.out.printf("...%7d...%n", 1234);      //...   1234...
System.out.printf("...%,7d...%n", 1234);     //...  1.234...
// (
System.out.printf("...%(7d...%n", 1234);     //...   1234...
System.out.printf("...%(7d...%n", -1234);    //... (1234)...
```

Beachten Sie, dass die Umwandlungsart darüber entscheidet, welche Flags erlaubt sind, und dass Sie Flags kombinieren können – beispielsweise um große Zahlen linksbündig mit Tausenderzeichen auszugeben:

```
System.out.printf("...%-+,15d...%n", -123456789);
System.out.printf("...%-+,15d...%n",  123456789);
```

Ausgabe:

```
...-123.456.789   ...
...+123.456.789   ...
```

31.5 Verbesserte Konsolenunterstützung

Nachdem in Java 5 vor allem die formatierte Ein- und Ausgabe auf die Konsole (unter Windows meist Eingabeaufforderung genannt) verbessert wurde, wurde ab Java 6 nun sogar eine eigene Klasse speziell für die Konsole eingeführt: `Console`.

Die Klasse `Console` ist nicht nur geeignet, `System.out` und `System.in` abzulösen, sondern erfreut uns darüber hinaus auch noch mit einigen, zum Teil heiß ersehnten neuen Funktionen:

- die Ausgabe von Umlauten
- das Einlesen von Passwörtern
- die gekoppelte Aus- und Eingabe

31.5.1 Arbeiten mit Console

Java-Code wird immer im Kontext einer Java Virtual Machine-Instanz ausgeführt. Wenn diese mit einem Konsolenfenster verbunden ist – wie es beispielsweise der Fall ist, wenn das Java-Programm (respektive die JVM) über eine Befehlseingabe aufgerufen wurde –, verfügt die JVM über ein angeschlossenes Konsolenfenster und erzeugt intern ein `Console`-Objekt, welches das Konsolenfenster repräsentiert.

Sie können in Ihrem Code keine eigenen `Console`-Objekte erzeugen, aber Sie können sich eine Referenz auf das von der JVM erzeugte `Console`-Objekt zurückliefern lassen.

```
import java.io.*;
...

Console cons = System.console();
```

Gibt es keine der JVM angegliederte Konsole, liefert der `console()`-Aufruf `null` zurück – z.B. oft der Fall bei Ausführung des Programms in einer IDE (NetBeans usw.). Im Zweifelsfall empfiehlt sich also die Überprüfung des Rückgabewerts:

```
import java.io.*;
...

Console cons = System.console();
if (cons != null) {
      ...
}
```

Anschließend können Sie mit der Methode `printf()` Daten ausgeben und mit `readLine()` Daten einlesen.

```
cons.printf("Geben Sie eine ganze Zahl ein: ");
String eingabe = cons.readLine();
int zahl = Integer.parseInt(eingabe);
```

Tabelle 31.34: Methoden der Klasse Console

Methode	Beschreibung
`void flush()`	Schreibt eventuell gepufferte Ausgaben auf die Konsole.
`Console format(String format, Object... argumente)`	Baut die übergebenen Argumente in den `format`-String ein und gibt diesen aus (siehe Abschnitt 31.4.2 für mehr Informationen zur Arbeit mit Formatierungsstrings).
`Console printf(String format, Object... argumente)`	wie `format()`

`Reader reader()`	Liefert das Reader-Objekt zurück, welches das `Console`-Objekt verwendet. Dieses Reader-Objekt kann beispielsweise dazu genutzt werden, mit einem Scanner Daten über das `Console`-Objekt einzulesen:
	`Console cons = System.console();`
	`Scanner sc = new Scanner(cons.reader());`
	`...`
	Auf diese Weise können Sie dann auch über das `Scanner`-Objekt Umlaute korrekt einlesen!

`String readLine()` `String readLine(String format, Object... argumente)`	Liest eine einzelne Textzeile von der Konsole ein.
`char[] readPassword()` `char[] readPassword(String format, Object... argumente)`	Liest ein Passwort von der Konsole ein.
`PrintWriter writer()`	Liefert das Writer-Objekt zurück, welches das `Console`-Objekt verwendet.

31.5.2 Die Problematik der Umlaute

Während die meisten Text verarbeitenden Anwendungen heutzutage mit der Unicode-16-Bit-Zeichencodierung arbeiten, verwendet die Windows-Konsole immer noch einen ASCII-basierten 8-Bit-OEM-Zeichensatz. Die Strings, die Sie in Ihren Java-Quelltexten aufsetzen, werden aber – zum Glück – gemäß Unicode codiert und dies kann bei der Ausgabe auf die Konsole über das `System.out`-Objekt zu unerfreulichen Effekten führen.

Das `System.out`-Objekt, eine Instanz der Klasse `PrintStream`, transformiert die 16-Bit-Unicodes der einzelnen Zeichen nämlich einfach durch Kappung des höheren Bytes in einen 8-Bit-Wert. Das funktioniert für die Zeichen des 7-Bit-ASCII-Zeichensatzes (als die Buchstaben A-Z, die Ziffern und die englischen Satzzeichen), aber nicht mehr für die höheren Unicodes, weil ab dort Unicode und OEM-Code abweichende Codes verwenden.

Ganz anders die Klasse `Console`. Sie ermittelt die von der Konsole verwendete Codierung und benutzt dann eine passende `StreamEncoder`-Instanz, um die Unicode-Zeichen der auszugebenden Strings – soweit möglich – in den OEM-Zeichensatz umzuwandeln.

```
import java.io.*;
...

System.out.println("\n Ausgabe der Umlaute mit System.out");
System.out.println("   ä, ö, ü, ß");

System.console().printf("\n Ausgabe der Umlaute mit Console \n");
System.console().printf("   ä, ö, ü, ß \n");
```

Ausgabe:

```
Ausgabe der Umlaute mit System.out
   õ, ÷, ³, ¯

Ausgabe der Umlaute mit Console
   ä, ö, ü, ß
```

31.5.3 Passworteingaben

Das Einlesen von Passwörtern oder anderweitigen sensiblen Daten über die Konsole war in Java früher ein großes Problem, weil jeder Umstehende die Eingaben mitlesen konnte. Dank der Methode `readPassword()` gehören diese Probleme der Vergangenheit an.

Listing 31.15: Passwoerter.java – Einlesen in Konsolenanwendungen

```
import java.io.*;

public class Passwoerter {
   private final static String PASSWORT = "Sesam";

   public static void main(String[] args) {
      String name;
      char passwort[];

      Console cons = System.console();
      cons.printf("\n");

      cons.printf(" Benutzername eingeben: ");
      name = cons.readLine();
      cons.printf(" Passwort eingeben: ");
      passwort = cons.readPassword();

      if (PASSWORT.equals(new String(passwort)))
          cons.printf(" %s, Sie sind angemeldet! \n", name);
      else
          cons.printf(" Anmeldung fehlgeschlagen! \n");
     }
}
```

Ausgabe:

```
 Benutzername eingeben: Dirk
 Passwort eingeben:
 Dirk, Sie sind angemeldet!
```

31

31.5.4 readLine() mit gleichzeitiger Ausgabe

Zum Einlesen von Daten über die Konsole gehört üblicherweise, dass Sie dem Benutzer mitteilen, welche Daten er eingeben soll. Traditionell geschieht dies, indem sie dem `readLine()`-Aufruf eine passende `printf()`-Ausgabe voranstellen:

```
cons.printf(" Benutzername eingeben: ");
name = cons.readLine();
```

Wenn Sie mit `Console` arbeiten, können Sie den Text der Eingabeaufforderung aber auch direkt der Einlese-Methode `readLine()` bzw. `readPassword()` übergeben.

```
name = cons.readLine(" Benutzername eingeben: ");
passwort = cons.readPassword(" Passwort eingeben: ");
```

31.6 Kanalbasierte Ein- und Ausgabe

Seit der JDK-Version 1.4 findet sich in der Menge der Java-Pakete das Paket `java.nio`, wobei `nio` für »New I/O« (neue Ein-/Ausgabe) steht. Wir haben es schon in Kapitel 31.1 kennengelernt. Ein Grund für die Entwicklung von NIO war der Umstand, dass die vorhandenen I/O-Klassen aus `java.io` zwar wunderbare Dienste leisten, aber doch einige Unzulänglichkeiten aufweisen. Moderne Betriebssysteme bieten etliche Optionen an, um Ein-/Ausgabeoperationen so schnell wie möglich durchzuführen, die aber im Rahmen der `java.io`-Klassen nicht genutzt werden können.

Hier kommen die `java.nio`-Klassen ins Spiel. Sie entfernen sich vom reinen Modell der Ein-/Ausgabestreams und sind in ihrer Implementierung wesentlich stärker auf das jeweilige Betriebssystem und die Hardware zugeschnitten (was natürlich für den Java-Programmierer nicht sichtbar ist; er hat nach wie vor eine portable und plattformunabhängige Sicht) und erreichen dadurch maximale Effizienz und Geschwindigkeit.

31.6.1 Kanäle und Puffer

NIO verwendet nicht mehr das klassische I/O-Muster, wonach es Eingabestreams und Ausgabestreams und dazu korrespondierende Klassen wie `InputStream` und `OutputStream` gibt. Stattdessen wird mit Puffern (*Buffer*) und Kanälen (*Channel*) gearbeitet.

Ein Kanal ist dabei eine logische byteorientierte Verbindung zu den zugrunde liegenden Ein-/Ausgaberoutinen des Betriebssystems (welche größtenteils im sogenannten *Kernel Space* ablaufen, d.h. ganz tief im Betriebssystem), die auf physikalische Geräte (z.B. Festplatte, TCP/IP-Verbindung) zugreifen.

Ein Puffer ist der Container, in dem die Daten, die über einen Kanal gesendet bzw. gelesen werden, zwischengespeichert werden. Konkret ist ein Puffer letztlich ein Array, ergänzt um einige Status- und Zusatzinformationen.

In Java wird ein Kanal durch die Schnittstelle `java.nio.channels.Channel` repräsentiert, die durch die folgenden Klassen für konkrete Ein-/Ausgabekanäle implementiert wird:

- `java.nio.channels.FileChannel` für Schreib-/Lesezugriffe auf eine Datei
- `java.nio.channels.SocketChannel` und `DatagramChannel` für Schreib-/Lesezugriffe auf eine Socketverbindung

Die Klassen `SocketChannel` und `DatagramChannel` gehören thematisch zum Thema Netzwerkprogrammierung und werden daher in Kapitel 35 vorgestellt. In diesem Abschnitt liegt der Schwerpunkt auf `FileChannel` zum Zugriff auf Dateien.

Neben dem Kanal wird noch ein Puffer benötigt. Hierfür steht eine Fülle von Klassen bereit, die alle von der Klasse `java.nio.Buffer` abgeleitet sind.

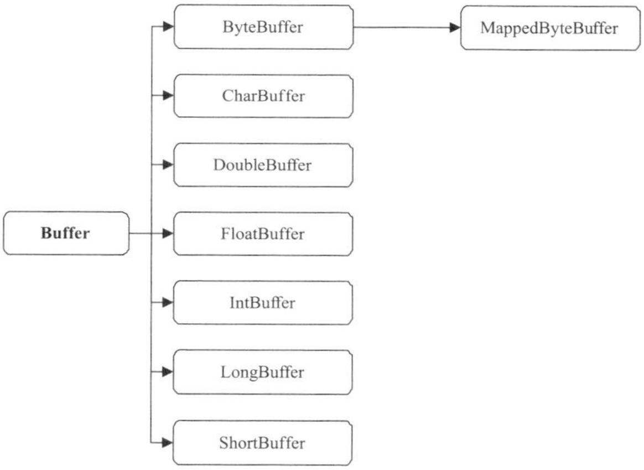

Abbildung 31.8: Pufferklassen in java.nio

Für die üblichen primitiven Datentypen gibt es korrespondierende Pufferklassen, beispielsweise `IntBuffer` für Werte vom Typ `int`.

Die wichtigste Klasse ist jedoch `ByteBuffer`, die Inhalte vom Typ `byte` repräsentiert. Sie ist deshalb so wichtig, weil alle Kanäle (also z.B. `FileChannel`) immer byteorientiert sind und daher nur mit einem `ByteBuffer` zusammenarbeiten können. Die übrigen Pufferklassen können nicht direkt zur Ein-/Ausgabe genutzt werden und spielen nur für die Interpretation der Bytes in einem `ByteBuffer` eine Rolle.

Jeder Puffer besitzt vier wichtige Felder:

- Kapazität: wie viele Bytes passen in den Puffer; diese Größe ist unveränderlich
- Position: die aktuelle Position im Puffer, wo die nächste Schreib-/Leseoperation stattfinden wird
- Limit: welches ist die erste Position im Puffer, die nicht beschrieben/gelesen werden darf
- Mark: Ein zusätzlicher Positionszeiger, den man frei setzen kann (innerhalb von Limit)

31

Werfen wir nun einen Blick auf ein Beispiel, um einen ersten Eindruck vom typischen Einsatz zu erhalten.

Listing 31.16: FileCopy.java – Dateikopie mit FileChannel

```
01 import java.io.*;
02 import java.nio.*;
03 import java.nio.channels.*;
04
05 public class DateiKopie  {
06   public static void main(String[] args)  {
07     System.out.println();
08
09     if(args.length != 2)  {
10      System.out.println(" Falsche Anzahl Argumente in Befehlszeile");
11      System.out.println(" Aufruf mit <Quelle> <Ziel>");
12      System.out.exit(0);
13     }
14
15     try  {
16       // Eingabedatei öffnen
17       FileInputStream eingabeDatei = new FileInputStream(args[0]);
18       FileChannel eingabe = eingabeDatei.getChannel();
19
20       // Zieldatei öffnen
21       FileOutputStream ausgabeDatei = new FileOutputStream(args[1]);
22       FileChannel ausgabe = ausgabeDatei.getChannel();
23
24       ByteBuffer puffer = ByteBuffer.allocate(2048);
25
26       while( eingabe.read(puffer) != -1)  {
27          puffer.flip();
28          ausgabe.write(puffer);
29          puffer.compact();
30       }
31
32       eingabeDatei.close();
33       ausgabeDatei.close();
34     } catch(Exception e) {
35       System.err.println(e.getMessage());
36     }
37   }
38 }
```

Aufrufe:

```
C:\...>java DateiKopie john_maynard.zip tst.zip
C:\...>java DateiKopie john_maynard.txt tst.txt
```

Das Beispiel verwendet `FileChannel`, um eine Kopie einer vorhandenen Datei zu erstellen. Hierzu wird zunächst in den Zeilen 17-22 ein `FileChannel` zum Lesen der Eingabedatei und einer zum Schreiben der Kopie erstellt. Erstaunlicherweise bietet `FileChannel` keine Möglichkeit, eine Datei zu öffnen, und es existiert auch kein öffentlicher Konstruktor. Man muss hierfür auf `FileInputStream` bzw. `FileOutputStream` oder auch `RandomAccessFile` zurückgreifen, die eine `getChannel()`-

Methode besitzen, mit deren Hilfe man einen Kanal zur Datei erhält. Dabei ist der erhaltene Kanal je nach verwendeter Klasse nur zum Lesen (`FileInputStream`), Schreiben (`FileOutputStream`) oder Lesen und Schreiben (`RandomAccessFile`) geöffnet.

Neben dem Kanal wird noch ein Puffer vom Typ `ByteBuffer` benötigt. Für das Anlegen von Puffern existiert kein besonderer Konstruktor, sondern man ruft die statische Methode `ByteBuffer.allocate()` mit einer gewünschten Größe auf (Zeile 24).

Nun kann das Kopieren beginnen. Aus dem Eingabekanal wird in Zeile 26 mit `read()` in den bereitgestellten Puffer gelesen. Dabei werden maximal so viele Bytes gelesen, wie der Puffer groß ist. Wie bei den `read()`-Methoden von `InputStream` wird die Anzahl der gelesenen Bytes zurückgegeben bzw. -1, falls das Dateiende erreicht ist.

Nach der Leseoperation muss der Puffer auf das Schreiben vorbereitet werden. Dies erledigt die `ByteBuffer`-Methode `flip()`: sie setzt das Limit des Puffers auf die aktuelle Position und dann den Positionszeiger wieder auf null zurück. Dies signalisiert der nachfolgenden `write()`-Operation, dass sie die Bytes von Position 0 bis Limit-1 im Puffer auslesen und schreiben soll.

Als letzter Schritt muss dann der Puffer wieder für das Lesen vorbereitet werden. Hierzu dient der `compact()`-Aufruf in Zeile 29, der den Puffer wieder zurücksetzt, indem eventuell beim vorherigen `write()` noch nicht geschriebene Daten an den Anfang des Puffers kopiert werden und der Positionszeiger auf das erste freie Byte gesetzt wird[14].

Abbildung 31.9 zeigt, wie sich der Positionszeiger des angelegten Puffers ändert (Annahme: es werden weniger Bytes gelesen als der Puffer maximal fassen kann). Nach dem Anlegen ist die Position auf den ersten Eintrag des Puffers (Index 0) gesetzt und das Limit zeigt auf das erste nicht beschreibbare Byte im Puffer, im Beispiel also auf den Index 2048.

Die `read()`-Operation von `FileChannel` liest nun Daten in den Puffer und verschiebt dabei den Positionszeiger entsprechend. Zum Lesen muss der Positionszeiger wieder zurückgesetzt werden, was durch `flip()` erfolgt. Nach `FileChannel.write()` (das auf dem Puffer eine Leseoperation durchführt) ist der Positionszeiger dann wieder an das Ende der vorhandenen Daten gesetzt worden, sodass man erneut mittels `rewind()` (oder sicherheitshalber `compact()`, falls das letzte `write()` nicht alle Daten ausgelesen hat) den Positionszeiger wieder auf die erste beschreibbare Stelle im Puffer zurücksetzen muss (in der Regel also 0). In Abschnitt 31.6.3 wird dieses Beispiel noch einmal aufgegriffen.

14 Das Zurücksetzen des Puffers auf Position 0 erledigt auch die Methode `rewind()`, allerdings werden dabei noch eventuell vorhandene Daten nicht mehr berücksichtigt.

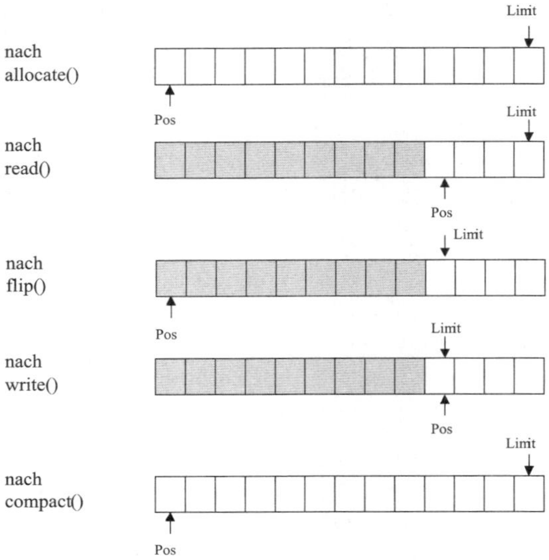

Abbildung 31.9: Die Veränderung des Positionszeigers in ByteBuffer

Sie haben nun schon das generelle Vorgehen für den Einsatz von Kanälen und Puffern kennengelernt. Nachfolgend noch ein Überblick über die wesentlichen Methoden zum Lesen und Schreiben von Daten mit `FileChannel`.

Tabelle 31.35: Lese- und Schreibmethoden der Klasse FileChannel

Methode	Beschreibung
`void close()`	Schließt den Kanal. Nachfolgende Operationen auf dem Kanal führen zu einer `IOException`.
`boolean isOpen()`	`true`, wenn der Kanal offen ist.
`long position()`	Liefert den aktuellen Wert des Dateizeigers (nicht des verwendeten Puffers!).
`FileChannel position(long pos)`	Setzt den Dateizeiger auf `pos`. Liefert die aktuelle Instanz wieder zurück.
`int read(ByteBuffer puffer)`	Liest maximal n Byte (n = Pufferkapazität) aus dem Kanal und somit der Datei in `puffer`. Rückgabewert: Anzahl der gelesenen Bytes oder -1 bei Stream-Ende.
`int write(ByteBuffer puffer)`	Schreibt maximal n Byte (n = Pufferkapazität) aus `puffer` in den Kanal.

Beachten Sie bitte, dass die obigen `position()`-Befehle sich auf den Dateizeiger der zugrunde liegenden Datei beziehen und nicht auf einen mit dem Kanal verwendeten `ByteBuffer`.

Methode	Beschreibung
static ByteBuffer **allocate**(int größe)	Erzeugt einen ByteBuffer mit der Kapazität größe mit Positionszeiger = 0 und Limit = größe und ungesetzter Markierung.
static ByteBuffer **wrap**(byte[] feld)	Erzeugt einen ByteBuffer der Kapazität feld.length und füllt ihn mit den Daten aus feld. Setzen der Zeiger wie bei allocate().
int **capacity**()	Liefert die Kapazität zurück.
int **remaining**()	Liefert die Anzahl an Bytes vom aktuellen Positionszeiger bis zum Limit.
byte[] **array**()	Liefert eine Referenz auf das Array, das dem Puffer zugrunde liegt (keine Kopie: Änderungen beeinflussen den Pufferinhalt).
ByteBuffer **compact**()	Kopiert alle Bytes zwischen der aktuellen Position und Limit an den Pufferanfang und setzt den Positionszeiger auf die erste freie Stelle; das Limit wird auf die Kapazität gesetzt.
ByteBuffer **flip**()	Das Limit wird auf die aktuelle Position gesetzt und der Positionszeiger auf 0. Eine vorhandene Markierung wird gelöscht.
byte **get**() byte **get**(int index)	Liest ein einzelnes Byte an der aktuellen Position und erhöht den Positionszeiger bzw. liest das Byte an Position index.
ByteBuffer **put**(byte b) ByteBuffer **put**(int index, byte b)	Schreibt ein einzelnes Byte an der aktuellen Position und erhöht den Positionszeiger bzw. schreibt das Byte an Position index.
ByteBuffer **mark**()	Setzt eine Markierung (Mark) an der aktuellen Position.
ByteBuffer **reset**()	Setzt den Positionszeiger auf die zuletzt gesetzte Markierung zurück.
int **position**() ByteBuffer **position**(int pos)	Liefert den Wert des Positionszeigers bzw. setzt den Positionszeiger auf pos.
int **limit**() ByteBuffer **limit**(int pos)	Liefert das aktuelle Limit bzw. setzt das Limit auf pos.
ByteBuffer **rewind**()	Setzt den Positionszeiger auf 0; eine gegebenenfalls vorhandene Markierung wird gelöscht.
ByteBuffer **clear**()	Setzt den Positionszeiger auf 0, das Limit auf die Kapazität und löscht eine gegebenenfalls vorhandene Markierung.

Tabelle 31.36: Lese- und Schreibmethoden der Klasse ByteBuffer

Viele ByteBuffer-Methoden liefern als Rückgabewert die Referenz auf die aktuelle Instanz zurück. Dies erscheint auf den ersten Moment etwas merkwürdig, aber es dient lediglich dazu, die bequeme Verkettung von Aufrufen zu ermöglichen, z.B.:

```
// ByteBuffer puffer = ...
// byte b1 = ...
puffer.put(b1).put(b1);
```

schreibt zweimal den Inhalt von b1 in den Puffer.

31.6.2 Datenkonvertierung

Kanäle sind byteorientiert und arbeiten daher nur mit einem `ByteBuffer` zusammen. Dies ist aus Java-Sicht natürlich etwas unhandlich, da die meisten Daten in Form von primitiven Datentypen oder als String vorliegen. Glücklicherweise gibt es Abhilfe in Form von sogenannten *Buffer Views*: es handelt sich hierbei um Klassen, welche die Bytes in einem `ByteBuffer` als primitiven Datentyp interpretieren, z.B. `CharBuffer`. Die verfügbaren Buffer Views sind in Abbildung 31.8 aufgeführt.

Diese Klassen bieten die gleichen Methoden wie `ByteBuffer` mit dem Unterschied, dass die Methoden `get()` und `put()` auf den jeweiligen Datentyp ausgelegt sind, z.B.

```
// IntBuffer puffer = ...
int zahl = puffer.get();
```

extrahiert vier Byte ab der aktuellen Position im Puffer, liefert sie als einen Wert vom Typ `int` zurück und erhöht den Positionszeiger um 4.

Es gibt zwar die Möglichkeit, Instanzen von `CharBuffer`, `IntBuffer` usw. mit einem Konstruktor anzulegen, aber dies ist in der Regel nicht sehr praktisch, da, wie bereits erwähnt, nur mit einer `ByteBuffer`-Instanz eine I/O-Operation über einen Kanal erfolgen kann. Der typische Einsatz erfolgt daher über besondere `asXxxBuffer()`-Methoden, welche die Klasse `ByteBuffer` anbietet, z.B. liefert

```
FloatBuffer asFloatBuffer()
```

eine `FloatBuffer`-Sicht des zugrunde liegenden `ByteBuffer`-Objekts. Die `FloatBuffer`-Instanz ist dabei datenmäßig an das `ByteBuffer`-Objekt gebunden: Änderungen im `ByteBuffer` erscheinen auch im `FloatBuffer` und umgekehrt. Allerdings sind die Positions-, Mark- und Limitzeiger voneinander unabhängig.

Eine zweite Möglichkeit zur Interpretation der Bytes sind zahlreiche `getXxx()` und `putXxx()`-Methoden für die üblichen primitiven Datentypen (außer `boolean`), die von `ByteBuffer` angeboten werden, z.B. dienen

```
int getFloat();
ByteBuffer putFloat(float wert);
```

zum Lesen bzw. Schreiben eines `float`-Werts in den `ByteBuffer`.

Zu allen üblichen primitiven Datentypen (außer `boolean`) gibt es eine entsprechende `Buffer`-Klasse, insbesondere auch für Zeichen, also einen `CharBuffer`.

Bei Einsatz von `CharBuffer` bzw. auch bei Einsatz der Lese-/Schreiboperationen `getChar()` und `putChar()` der Klasse `ByteBuffer` muss man im Hinterkopf behalten, dass ein `char` in Java aus zwei Byte besteht. Dies bedeutet, dass man nicht ohne weiteres übliche ASCII-Dateien einlesen kann, da hierbei 1 Byte genau einem Zeichen entsprechen soll. Man hat also wieder mit dem Problem der Zeichencodierung (*character encoding*) zu tun.

Hierfür bietet Java die spezielle Klasse `java.nio.charset.Charset` an. Sie stellt Codierungs- und Decodierungsfunktionalität für diverse Zeichenformate bereit.

Tabelle 31.37: Wichtige Methoden der Klasse Charset

Methode	Beschreibung
`static SortedMap` **`availableCharsets`**`()`	Liefert eine Liste der unterstützten Zeichencodierungen.
`static CharSet` **`forName`**`(String name)`	Liefert ein `Charset`-Objekt für das Codieren/Decodieren gemäß der Zeichencodierung `name`.
`CharBuffer` **`decode`**`(ByteBuffer puffer)`	Decodiert die Bytes aus `puffer`; Rückgabe von 16-Bit Unicode als `CharBuffer`.
`ByteBuffer` **`encode`**`(CharBuffer puffer)` `ByteBuffer` **`encode`**`(String str)`	Codiert den Inhalt von `puffer` bzw. `str` als Bytefolge.

Jede Java-Implementierung unterstützt mindestens die folgenden Zeichencodierungen:

`US-ASCII`	Standard-ASCII (ohne Umlaute usw.)
`ISO-8859-1`	Latin-1
`UTF-8`	UTF-8 (kompatibel zu US-ASCII)
`UTF-16BE`	16 Bit-Unicode-Darstellung Big-endian
`UTF-16LE`	16 Bit-Unicode-Darstellung Little-endian
`UTF-16`	16 Bit-Unicode-Darstellung mit optionalem Byteorder-Zeichen

Das folgende Codefragment gibt eine Liste der möglichen Zeichencodierungen aus:

```
import java.util.*;

Collection liste = Charset.availableCharsets().values();
Iterator it = liste.iterator();

while(it.hasNext())  {
   System.out.println(it.next());
}
```

Mithilfe von `Charset` sind wir nun gerüstet, um `CharBuffer` sinnvoll einzusetzen.

Listing 31.17: CharsetDemo.java – Einsatz von Charset und CharBuffer zum Einlesen

```
import java.io.*;
import java.nio.*;
import java.nio.channels.*;
import java.nio.charset.*;
import java.util.*;

public class CharsetDemo  {
  public static void main(String[] args)  {
```

```
09    Console cons = System.console();
10    cons.printf("\n");
11
12    if(args.length != 1)  {
13       cons.printf(" Falsche Anzahl Argumente in Befehlszeile");
14       cons.printf(" Aufruf mit <Dateiname>");
15       System.exit(0);
16    }
17
18    try  {
19       // Eingabedatei öffnen
20       FileInputStream eingabeDatei = new FileInputStream(args[0]);
21       FileChannel eingabe = eingabeDatei.getChannel();
22
23       // Standard-Zeichencodierung nehmen
24       String enc = System.getProperty("file.encoding");
25       cons.printf(" file.encoding: %s \n", enc);
26       Charset charSet = Charset.forName(enc);
27
28       // Datei lesen und ausgeben
29       ByteBuffer puffer = ByteBuffer.allocate(2048);
30
31       CharBuffer charPuffer;
32
33       cons.printf("\n");
34       while( eingabe.read(puffer) != -1)  {
35          puffer.flip();
36          charPuffer = charSet.decode(puffer);
37          System.console().printf(charPuffer.toString());
38          puffer.compact();
39       }
40    } catch(Exception e)  {
41         System.err.println(e.getMessage());
42    }
43  }
44 }
```

Aufruf: **java CharsetDemo john_maynard.txt**

Das Programm liest eine Datei und gibt den Inhalt auf der Konsole aus. In den Zeilen 24-26 wird dazu ein `Charset`-Objekt für das gewünschte Zeichenformat angelegt. Dabei wird die Zeichencodierung gewählt, die in den Systemeigenschaften als Property »`file.encoding`« abgelegt ist (in der Hoffnung, dass alle dem Programm übergebenen Dateien dann auch wirklich in dieser Codierung erzeugt worden sind). Das Auslesen aus dem `ByteBuffer` erfolgt ganz normal.

Die einzige Neuerung bringen die Zeilen 36-37. Dort wird dem `Charset`-Objekt der eingelesene Puffer übergeben und die gelesenen Bytes in das Java-interne Unicode-Format in Form eines `CharBuffer`-Objekts decodiert. Die Ausgabe erfolgt dann über `toString()`[15], das die einzelnen Zeichen des `CharBuffer`-Objekts in ein `String`-Objekt überführt.

---

15 `CharBuffer` ist die einzige Klasse mit einer sinnvollen `toString()`-Methode. Bei den anderen Klassen liefert diese Methode nur Informationen über den Zustand des Puffers.

Häufig will man einfach einen String über ein ByteBuffer-Objekt ausgeben. Hierfür ist neben dem Einsatz von CharBuffer der Einsatz der wrap()-Methode eine praktische Abkürzung:

```
ByteBuffer puffer;
String str = "Hallo";

puffer = ByteBuffer.wrap(str.getBytes("ISO-8859-1"));
```

wrap() erzeugt ein neues ByteBuffer-Objekt und füllt es mit den Daten eines byte[]-Arrays, das man sich mit der getBytes()-Methode von String besorgt. Dieser Methode kann man die gewünschte Zeichencodierung gleich mitgeben und somit landen im ByteBuffer-Objekt die richtigen Bytes.

INFO

Zum Codieren und Decodieren stehen zusätzlich zu Charset noch die Klasse CharsetEncoder und CharsetDecoder zur Verfügung, die weitergehende Möglichkeiten bieten, z.B. kann festgelegt werden, was mit Bytefolgen geschehen soll, für die keine (De)Codierung in der gewählten Zeichensatzcodierung möglich ist.

31.6.3 Direkter Datentransfer

Eine gewisse Effizienzeinbuße beim Datentransfer über Kanäle und Puffer resultiert immer daraus, dass Daten oft mehrmals kopiert werden müssen. Beim Einlesen vom Dateisystem beispielsweise werden die gelesenen Bytes in Zwischenpuffer auf Betriebssystemebenen kopiert und gelangen dann erst über weitere Kopiervorgänge in den Zugriff der JVM, d.h. in das Array, das einem ByteBuffer-Objekt zugrunde liegt.

Java NIO bietet zwei Mechanismen, um das Datenkopieren zu verringern und somit die gesamte Ein-/Ausgabeoperation zu beschleunigen:

- Direkte Puffer
- Direkter Kanaltransfer

Unter einem direkten Puffer versteht man, dass das zugrunde liegende Array nicht wie ein normales Array innerhalb der JVM angelegt wird, sondern außerhalb des Heapbereichs, der der Speicherbereinigung unterliegt. Dadurch kann die JVM native Betriebssystemfunktionen für die Ein-/Ausgabeoperation auf diesem Speicherbereich aufrufen und das Umkopieren in Zwischenpuffer vermeiden. Für die Verwendung dieses direkten Modus bietet ByteBuffer eine besondere statische Allokierungsmethode an:


```
static ByteBuffer allocateDirect(int größe)
```

Ein mit allocateDirect() erzeugtes ByteBuffer-Objekt verhält sich aus Sicht eines Java-Programms wie ein konventioneller ByteBuffer, das heißt, man kann alle Methoden wie gehabt einsetzen. Der »Direkt-Zauber« findet also völlig transparent hinter den Kulissen statt. Wie so oft hat aber ein direkter Puffer auch einige (kleine) Nachteile: die Allokierung eines direkten ByteBuffer-Objekts dauert deutlich länger als bei einem Standard-ByteBuffer, außerdem wird der belegte Speicher nicht mehr im Memory-Footprint der JVM auftauchen. Ein direkter Puffer eignet sich daher vor allem für lang andauernde Volumentransfers.

Die zweite Möglichkeit zur Verringerung des mit dem Kopieren verbundenen Overheads bietet die Klasse `FileChannel` in Form der Methoden:

```
long transferFrom(ReadableByteChannel quelle, long pos, long num)
```

```
long transferTo(long pos, long num, WritableByteChannel ziel)
```

Diese Methoden realisieren einen direkten Datentransfer zwischen zwei Kanälen. Dabei wird die JVM komplett umgangen und die ganze Arbeit von einer geeigneten Betriebssystem-Routine[16] erledigt.

`transferFrom()` dient zum Transfer von Daten in den `FileChannel` und `transferTo()` analog für den Transfer von Daten aus dem `FileChannel` hinaus. Die Gegenseite, also Datenquelle bzw. Datensenke, kann dabei ebenfalls ein `FileChannel` oder ein anderer Kanal (z.B. `SocketChannel`) sein. Als Parameter erwarten die Methoden neben Quelle/Ziel auch die Lese-/Schreibposition sowie die Anzahl `num` der zu lesenden/schreibenden Bytes. Rückgabewert ist die Anzahl der tatsächlich transferierten Bytes. Der typische Einsatz von `transferTo()` sieht folgendermaßen aus:

```
FileInputStream eingabeDatei = new FileInputStream(quelle);
FileChannel eingabe = eingabeDatei.getChannel();

// Zieldatei öffnen
FileOutputStream ausgabeDatei = new FileOutputStream(ziel);
FileChannel ausgabe = ausgabeDatei.getChannel();

// die Länge der zu kopierenden Datei
long num = eingabe.size();
long startPos = eingabe.position(); // sollte 0 sein

// kopieren
eingabe.transferTo(startPos,num,ausgabe);
```

Zur Verdeutlichung der verschiedenen Kopiermöglichkeiten finden Sie auf der Buch-DVD das Programm *DateiKopieVergleich.java*, das die Laufzeiten für fünf verschiedene Varianten ausgibt:

1. Einsatz von `BufferedInputStream/BufferedOutputStream`
2. Einsatz von `ByteBuffer` via `allocate()`
3. Einsatz von `ByteBuffer` via `allocateDirect()`
4. Einsatz von direktem Kanaltransfer
5. Einsatz von Memory Mapping (siehe nachfolgender Abschnitt)

Für das Kopieren einer ca. 400 Mbyte großen Datei benötigte dabei ein Pentium IV-Rechner folgende Zeiten:

16 Dies setzt natürlich voraus, dass das Betriebssystem so etwas kann (was bei allen modernen Betriebssystemen der Fall ist).

Variante 1: 44 s

Variante 2: 41 s

Variante 3: 39 s

Variante 4: 11 s

Variante 5: 9 s

Wie Sie sehen können, ist der Einsatz von `BufferedInputStream/BufferedOutputStream` in etwa gleich schnell wie der Einsatz von `FileChannel`. Dies ist auch nicht weiter überraschend, denn mit Einführung der `java.nio`-Klassen wurden auch viele der alten `java.io`-Klassen umgeschrieben, sodass sie intern ebenfalls die NIO-Technik verwenden[17].

Variante 3 mit dem Einsatz von direkten Puffern bietet schon eine deutliche Beschleunigung von ca. 10% und nicht weiter überraschend ist, dass der direkte Kanaltransfer noch wesentlich schneller ist und nur noch rund 65% von Variante 1 benötigt!

31.7 Memory Mapping

Memory Mapping ist eine Technik, um sehr große Dateien zu erzeugen oder zu modifizieren, die nicht in den Hauptspeicher passen würden.

Wenn eine Datei »memory-mapped« ist, dann wird immer nur der Teil der Datei, auf den das Java-Programm gerade zugreifen muss, in den Hauptspeicher geladen. Dies ist für das Programm selbst transparent, d.h., es kann die Datei so behandeln, als ob sie wie ein riesiges Array komplett im Hauptspeicher vorliegt! Die maximale Größe der Datei kann dabei bis 2 Gbyte reichen.

Die meisten Betriebssysteme bieten einen Systemaufruf (meist mit Namen `mmap()`), der einen Zeiger auf einen Speicherbereich zurückliefert. Dieser Speicherbereich entspricht dann der angegebenen Datei oder auch nur einem Teil dieser Datei. Schreib-/Lesezugriffe auf diesen Speicherbereich werden dann so behandelt, als ob auf den betreffenden Dateibereich zugegriffen wird. Der ganze Mechanismus entspricht dem Prinzip des virtuellen Speichers, hat aber den Vorteil, dass kein separater Paging Space (also Platz zum Auslagern von Hauptspeicher) angelegt werden muss, da die Datei selbst die Auslagerungsdatei darstellt.

Neben dem Komfortaspekt, sehr große Dateien behandeln zu können, als ob sie ganz im Hauptspeicher sind, kommt noch ein weiterer Vorteil hinzu: Ein-/Ausgabeoperationen können sehr schnell ablaufen, da optimierte Betriebssystem-Routinen zum Einsatz kommen.

Memory Mapping wird in Java durch die Klasse `MappedByteBuffer` unterstützt, die von `ByteBuffer` abgeleitet ist und intern einen direkten Puffer verwendet, sowie

17 Anders ausgedrückt: Sie können für Alltagszwecke auf NIO komplett verzichten, da Sie es automatisch über die normalen Input/Output-Klassen verwenden.

der Klasse `FileChannel`, die eine `map()`-Methode zum Erzeugen eines `MappedByteBuffer`-Objekts besitzt:

```
MappedByteBuffer map(FileChannel.MapMode modus, long pos, long anzahl)
```

`map()` erwartet dabei neben der Definition, welcher Bereich der Datei in den Hauptspeicher abgebildet werden soll (ab Position `pos` die nächsten `anzahl` Byte), auch eine Angabe des Modus:

- `FileChannel.MapMode.READ_ONLY`: nur Lesezugriffe sind erlaubt (Voraussetzung: `FileChannel` im Lesezugriff geöffnet).
- `FileChannel.MapMode.READ_WRITE`: Schreib- und Lesezugriffe sind erlaubt (Voraussetzung: `FileChannel` im Schreib-/Lesezugriff geöffnet, d.h. via `RandomAccessFile`); Änderungen werden in die Datei geschrieben und können u.U. für andere Programme, die auch ein Memory Map auf die Datei machen, sichtbar sein[18].
- `FileChannel.MapMode.PRIVATE`: Schreib- und Lesezugriffe sind erlaubt, aber nicht sichtbar für andere Programme, die ein Memory Map auf die gleiche Datei machen.

Sobald ein Memory Mapping mit `map()` erzeugt worden ist, kann der zugrunde liegende `FileChannel` geschlossen werden. Dies hat auf die Gültigkeit des `MappedByteBuffer` keinen Einfluss mehr!

Die Arbeit mit der `MappedByteBuffer`-Instanz erfolgt mit den üblichen Methoden, die von `ByteBuffer` geerbt sind. Darüber hinaus gibt es noch einige Methoden für die besondere Memory-Mapping-Eigenschaft.

Tabelle 31.38: Zusätzliche Methoden von MappedByteBuffer

Methode	Beschreibung
`MappedByteBuffer` **`force()`**	Sorgt dafür, dass Änderungen im Puffer (durch vorangehende `put()`-Aufrufe) in die zugrunde liegende Datei geschrieben werden.
`boolean` **`isLoaded()`**	Liefert `true`, wenn der Pufferinhalt sich wahrscheinlich im physikalischen Hauptspeicher befindet.
`MappedByteBuffer` **`load()`**	Lädt den Pufferinhalt in den Hauptspeicher.

Das Erstellen einer Memory Map ist relativ zeitaufwändig und lohnt sich daher nur für wirklich große Dateien. Aber dann ist es schon sehr handlich und darüber hinaus noch sehr effizient. Folgender Code zeigt, wie mithilfe von `MappedByteBuffer` eine Datei kopiert werden kann.

Listing 31.18: Aus DateiKopieVergleich.java – Kopieren einer Datei mittels Memory Mapping

```
// Eingabedatei öffnen
FileInputStream eingabeDatei = new FileInputStream(quelle);
FileChannel eingabe = eingabeDatei.getChannel();
```

18 Memory Mapping ist stark plattformabhängig und die Java-Spezifikation bleibt daher hier ungenau.

```
// Zieldatei öffnen
RandomAccessFile ausgabeDatei = new RandomAccessFile(ziel,"rw");
FileChannel ausgabe = ausgabeDatei.getChannel();

// Memory Mapping durchführen
long groesse = eingabe.size();
MappedByteBuffer pufferEin = eingabe.map(FileChannel.MapMode.READ_ONLY,
                                        0, groesse);
MappedByteBuffer pufferAus = ausgabe.map(FileChannel.MapMode.READ_WRITE,
                                        0, groesse);

// FileChannel können bereits geschlossen sein
ausgabeDatei.close();
eingabeDatei.close();

// kopieren
while(pufferEin.hasRemaining())  {
   pufferAus.put(pufferEin.get());
}
```

Zuerst werden in bekannter Weise ein Eingabekanal zum Lesen der Quelldatei sowie ein Ausgabekanal zum Schreiben geöffnet. Da `map()` im Modus `READ_WRITE` benutzt wird, muss hier für die Ausgabedatei `RandomAccessFile` verwendet werden. Nun erfolgt das Anlegen der Memory Map in den Zeilen mittels `map()`, wobei als abzubildender Bereich jeweils die gesamte Datei angegeben wird (Startposition 0 und für Bytezahl die Länge der zu kopierenden Datei). Die Kanäle haben nun ihren Zweck erfüllt und können geschlossen werden.

Das eigentliche Kopieren ist nun sehr leicht zu erledigen. Durch das Memory Mapping kann man als Programmierer so tun, als ob `pufferEin` die gesamte Quelldatei enthielte! Entsprechend muss nur noch `pufferEin` durchlaufen und mit `get()` die einzelnen Bytes ausgelesen und in den Ausgabepuffer `pufferAus` geschrieben werden.

Die Laufzeit ist dabei in der Größenordnung von direkten Kanaltransfers, also sehr, sehr flott.

31.8 Dateisperren (File Locking)

Ein weiteres Schmankerl des `java.nio`-Pakets ist die Möglichkeit, eine Sperre auf einzelne Dateien oder auch nur einem Dateiabschnitt zu setzen. Durch eine solche Sperre (*File Lock*) wird verhindert, dass mehrere ablaufende Prozesse gleichzeitig auf dieselbe Datei zugreifen und sich gegenseitig behindern, insbesondere bei Schreiboperationen. Dies wird insbesondere im Unternehmensumfeld notwendig, wenn mehrere IT-Systeme auf gemeinsamen Dateien operieren.

Es gibt zwei Arten von Dateisperren:

- **exclusive**: Hier wird ein Dateibereich so gesperrt, dass keine andere Sperre für den gleichen Bereich gesetzt werden kann. Dies macht man üblicherweise für Schreibvorgänge.
- **shared**: Hier wird der Dateibereich so gesperrt, dass andere `shared locks` (aber keine vom Typ `exclusive`) von anderen Prozessen gesetzt werden können. Dies ist typisch für Lesevorgänge. `Shared`-Modus wird nicht von allen Betriebssystemen unterstützt.

Abbildung 31.10: Setzen von shared und exclusive Locks

Abbildung 31.10 verdeutlicht das Prinzip. Während zwei verschiedene Prozesse durch Setzen eines `shared locks` (durchaus auch überlappend) Dateiabschnitte sperren können, wird ein hinzukommender dritter Prozess mit einer Sperre im `exclusive`-Modus Pech haben, da ein Teil des zu sperrenden Gebiets bereits durch die Sperre von Prozess 1 belegt ist.

Der Einsatz von Dateisperren erfolgt nicht sonderlich überraschend durch die Klasse `FileChannel`. Sie bietet hierfür besondere Methoden an (Tabelle 31.39).

Tabelle 31.39: Dateisperren mit FileChannel

Methode	Beschreibung
`FileLock` **`lock`**`()`	Setzt eine exklusive Sperre für die gesamte Datei; falls das Setzen nicht möglich ist, wartet der Aufruf solange (= blockierend).
`FileLock` **`lock`**`(long pos, long anzahl, boolean shared)`	Setzt eine Sperre ab Position `pos` bis `pos + anzahl - 1`. Falls `shared = true` ist, dann wird ein `shared lock` gesetzt, falls vom Betriebssystem unterstützt, sonst exklusiver Modus.
`FileLock` **`tryLock`**`()` `FileLock` **`tryLock`**`(long pos, long anzahl, boolean shared)`	wie `lock()`, aber nicht-blockierend; Rückgabe `null`, wenn keine Sperre gesetzt werden konnte.

Der Unterschied zwischen den `lock()`- und `tryLock()`-Varianten ist, dass `tryLock()` nicht blockiert, falls das Setzen der gewünschten Sperre nicht möglich ist.

Wenn eine Sperre erfolgreich gesetzt werden konnte, dann liegt zur Verwaltung der Sperre ein Objekt der Klasse `FileLock` vor.

Methode	Beschreibung
`FileChannel` **`channel()`**	Liefert den Kanal (d.h. die Datei), auf dem die Sperre gesetzt ist.
`boolean` **`isShared()`**	`true`, wenn die Sperre vom Typ `shared` ist.
`long` **`position()`**	Die Startposition der Sperre in der Datei.
`long` **`size()`**	Die Größe der Sperre, d.h. die Anzahl an Bytes ab der Startposition, die gesperrt sind.
`void` **`release()`**	Freigabe der Sperre.

Tabelle 31.40: Wichtige Methoden der Klasse FileLock

Die Klasse `FileLock` bietet dabei insbesondere auch die `release()`-Methode an, um eine Sperre wieder aufzuheben. Dies erfolgt also nicht über das `FileChannel`-Objekt, mit dem die Sperre angefordert worden ist. Etwas erstaunlich ist eventuell das Vorhandensein einer Methode `isShared()`, um Auskunft darüber zu erlangen, ob die Sperre exklusiv oder `shared` ist. Die Notwendigkeit kommt daher, dass manche Betriebssysteme den `shared`-Modus nicht unterstützen und entsprechende `lock()`-Anfragen automatisch in eine exklusive Sperre umwandeln.

Generell muss betont werden, dass Dateisperren hochgradig plattformabhängig sind, wie schon beim `shared`-Aspekt klar wird. Die Abhängigkeit ist leider noch weitergehend. Java greift auf die nativen Dateisperren des Betriebssystems zurück, wobei zwei Arten verbreitet sind:

- **advisory**: die Sperre ist nur eine Empfehlung
- **mandatory**: die Sperre ist zwingend

Der `Advisory`-Typ bedeutet, dass ein Programm dennoch auf einen Bereich beispielsweise schreiben kann, obwohl ein anderes Programm gerade eine Sperre darauf besitzt! Nur beim `Mandatory`-Typ verhindert das Betriebssystem selbst solche Missachtungen von Dateisperren[19].

In der Praxis bedeutet dies, dass man so programmieren sollte, als ob die Sperre nur eine Empfehlung ist, d.h., wenn man auf einem Dateiabschnitt vergeblich eine Sperre zum Schreiben gesetzt hat, dann sollte der Code entsprechende Fehlermeldungen ausgeben oder andere Dinge tun, aber nicht dennoch versuchen, in den von einem anderen Prozess gesperrten Bereich zu schreiben (auch wenn es vielleicht trotzdem machbar wäre).

Der folgende Code demonstriert das typische Vorgehen beim Schreiben unter Einsatz von Dateisperren.

19 Bei Betriebssystemen mit mandatory locking kann es übrigens sein, dass für gesperrte Dateibereiche die Technik des Memory Locking nicht möglich ist.

Listing 31.19: Aus DateiSperren.java – Schreiben mit Dateisperre

```
// Eingabedatei öffnen
RandomAccessFile dieDatei = new RandomAccessFile(args[0],"rw");
FileChannel ausgabe = dieDatei.getChannel();

// zu schreibende Daten
ByteBuffer puffer;
puffer = ByteBuffer.wrap(" Hallo Java-Freunde!".getBytes("ISO-8859-1"));

// exklusive Sperre auf die ersten num
// Bytes am Dateianfang
long num = puffer.position();
FileLock sperre = ausgabe.tryLock(0,num,false);

// schreiben
if(sperre != null)  {
   ausgabe.write(puffer);
   sperre.release();
}
else
   System.out.println(" Sperre nicht möglich!");
```

STOP

File Locking kann den Dateizugriff nur für verschiedene Prozesse synchronisieren, aber nicht für mehrere Threads untereinander, die in derselben JVM ablaufen! Hier helfen nur die klassischen Thread-Synchronisationstechniken.

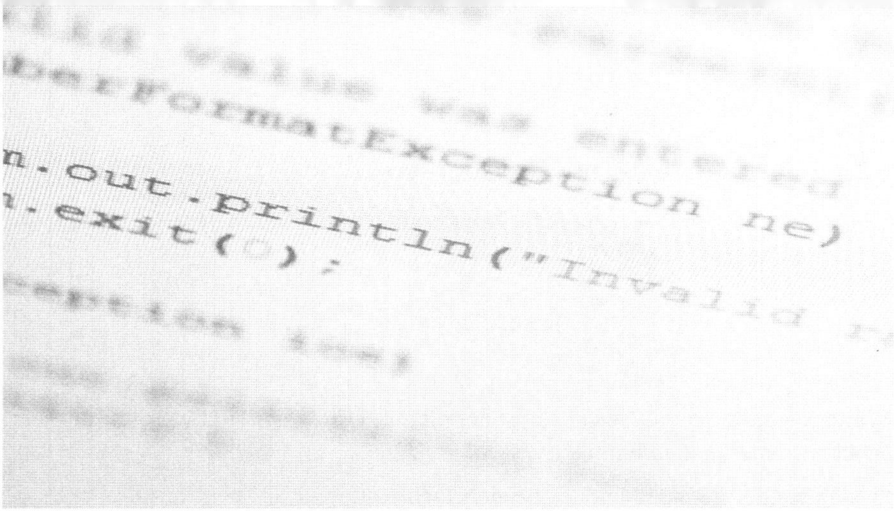

Kapitel 32
Ressourcen und Lokalisierung

Bisher wurden mit »Ressourcen« eines Programms meist diejenigen »Rohstoffe« bezeichnet, die dem Programm vom System zur Verfügung gestellt werden, z.B. Arbeitsspeicher, Festplattenspeicher, Prozessorzeit, Internetverbindungen usw.

In einem anderen Sinne bezeichnet man aber auch Daten, die das Programm zum Aufbau seiner Benutzerschnittstelle benötigt, als Ressourcen, wenn diese in externe Dateien ausgelagert wurden. Hierzu gehören in Java vor allem Strings (für Status- oder Fehlermeldungen, aber auch zur Beschriftung von Menüs, Schaltflächen, Dialogen usw.) und Bilder (Anwendungssymbol, Hintergrundbild usw.). Die externe Verwaltung von Ressourcen bringt einige gewichtige Vorteile, die – wie so oft in der Software-Entwicklung – umso schwerer wiegen, je umfangreicher die Programme werden:

- Übersichtliche Verwaltung von Elementen der Benutzeroberfläche
- Überarbeitung der Ressourcen ohne Neukompilation
- Vereinfachte Lokalisierung.

32.1 Ressourcen

Java unterstützt im Wesentlichen zwei Arten von Ressourcen: Bilder und Strings.[1]

- Bilder müssen aus externen Dateien geladen werden.
- Strings können aus externen Dateien geladen werden.

1 Grundsätzlich können Sie jede Art von Ressource in externe Dateien auslagern, beispielsweise auch Menüs, Dialoge, Tastaturkürzel usw. Allerdings müssen Sie dann angeben, wie diese Ressourcen in den externen Dateien abgespeichert werden, und Sie müssen Code schreiben, der den Inhalt der Ressourcendatei einliest, parst und aus den gefundenen Informationen die gewünschten Oberflächenelemente aufbaut.

32.1.1 Vorteile externer Ressourcen

Stellen Sie sich vor, Sie haben ein Programm geschrieben, das ca. 25 Status- und Fehlermeldungen enthält:

```
"Datei konnte nicht gefunden werden."
"Datei konnte nicht geladen werden."
"Datei wird gerade bearbeitet."
"Programm wird beendet."
```

Wenn Sie diese Literale jeweils dort definieren, wo sie benötigt werden (in `catch`-Blöcken, unter `if`-Bedingungen ...), müssen Sie

- sich wiederholende Meldungen mehrfach eintippen,
- mühsam den Quelltext durchsuchen, wenn Sie einmal eine Fehlermeldung ändern oder ersetzen möchten.

Sie können die Modularität Ihres Programms verbessern, indem Sie die Meldungen als Sammlung von statischen Konstanten in eine eigene Klasse auslagern:

```
class Fehlermeldungen {
   static final String FM_NichtGefunden =
                    new String("Datei konnte nicht gefunden werden.");
   static final String FM_NichtGeladen =
                     new String("Datei konnte nicht geladen werden.");
   static final String FM_NichtGefunden =
                          new String("Datei wird gerade bearbeitet.");
   static final String FM_NichtGefunden =
                                 new String("Programm wird beendet.");
}
```

Aufruf:

```
if (notFound)
   System.console().printf("%s\n", Fehlermeldungen.FM_NichtGefunden);
```

Die Fehlermeldungen sind jetzt übersichtlich an einem festen Ort zusammengepackt und können schnell und effizient gesichtet und notfalls bearbeitet werden. Allerdings müssen Sie den Quelltext nach jeder Änderung an den Fehlermeldungen neu kompilieren.

Wenn Sie hingegen noch einen Schritt weitergehen und die Fehlermeldungen als Ressourcen in eine externe Datei auslagern, braucht das Programm nach Änderungen an der Ressourcendatei nicht mehr neu erstellt werden – die Änderungen werden automatisch berücksichtigt, da Ihr Programm die Ressourcendatei zur Laufzeit lädt.

INFO

Die Ressourcen werden nicht wie in manchen anderen Programmiersprachen im Zuge der Programmerstellung in die ausführbare Datei (EXE-Datei, DLL ...) gepackt.

32.1.2 Strings laden

Eine besonders komfortable Möglichkeit, Ressourcen auszulagern, führt über die Klasse `java.util.ResourceBundle`.

Ressourcenbündel sind einfache Schlüssel/Wert-Paare. Sie können diese in Form von eigenen Klassen implementieren, die Sie von `ResourceBundle` ableiten. Dies hat den Vorteil, dass Sie Ihre Ressourcen als Class-Dateien, also als binär codierten Bytecode, weitergeben, der vor neugierigen Blicken und Manipulationen Unbefugter geschützt ist.

Weniger aufwändig und normalen Ansprüchen durchaus genügend ist die Verwaltung der Schlüssel/Wert-Paare in Ressourcentextdateien.

Die grundsätzliche Arbeit mit Ressourcenbündel sieht immer gleich aus:

1. Sie erzeugen das Ressourcenbündel (als von `ResourceBundle` abgeleitete Klasse oder als Ressourcentextdatei).
2. Sie laden das Ressourcenbündel mit einer der überschriebenen Versionen der `ResourceBundle`-Methode `getBundle()`.
3. Sie greifen mit einer der Methoden `getObject()`, `getString()` oder `getStringArray()` auf die Ressourcen zu, wobei Sie den Schlüssel als Argument übergeben und den Wert als `Object`, `String` oder `String[]` zurückgeliefert bekommen.

Beispiel

Zur Verdeutlichung werden Sie die Fehlermeldungen des folgenden Programms in eine Ressourcentextdatei auslagern.

Listing 32.1: Fakultaet_oR.java

```
import java.io.*;

public class Fakultaet_oR {

   static long fakultaet(int zahl) {
      long fakul = 1;

      if (zahl < 0)
         return -1;
      if (zahl < 2)
         return fakul;

      int n = zahl;
      while(n > 1 ) {
         fakul = fakul * n;
         --n;
      }

      return fakul;
   }


   public static void main(String[] args)  {
      Console cons = System.console();
      cons.printf("\n");

      int zahl = 0;

      if (args.length != 1) {
```

```
            cons.printf(" Falsche Anzahl Argumente in Befehlszeile! \n");
            cons.printf(" Aufruf: java Fakultaet_oR <Zahl>\n");
            System.exit(0);
         }

         try {
            zahl = Integer.parseInt(args[0]);
         } catch (NumberFormatException e) {
            cons.printf(" Formatfehler im Befehlszeilenargument!\n");
            System.exit(0);
         }

         if (zahl > 20) {
            cons.printf(" Zu große Zahl. Berechnung der Fakultät nicht "
                        + "möglich.\n");
            System.exit(0);
         }

         if (zahl < 0) {
            cons.printf(" Die Fakultät ist nicht für negative Zahlen "
                        + "definiert.\n");
            System.exit(0);
         }

         cons.printf("\n Fakultät von %d: %d\n", zahl, fakultaet(zahl));
      }
   }
```

Wie Sie sehen, fängt dieses kleine Programm gleich eine ganze Reihe von Fehlerbedingungen ab, die es mit passenden Hinweisen und Meldungen beantwortet. Um diese Fehlermeldungen als Ressourcen zu behandeln, müssen Sie sie zuerst in eine Ressourcendatei auslagern.

Schritt 1: Ressourcendatei anlegen

Ressourcendateien sind letztlich Properties-Dateien und haben daher das gleiche Format, das wir Ihnen schon in Zusammenhang mit den INI-Dateien vorgestellt haben (siehe Kapitel 28.3.1):

- Die Schlüssel/Wert-Paare werden zeilenweise in der Datei abgespeichert.
- Schlüssel und Wert werden durch =, : oder durch Leerzeichen getrennt.
- Leerzeichen hinter dem Schlüssel werden ignoriert.
- Im Wert sind Leerzeichen und Escape-Zeichen (beispielsweise \t oder \n) erlaubt.
- Um einen Wert über mehrere Zeilen zu schreiben, beenden Sie die Zeilen mit \. Führende Leerzeichen in der neuen Zeile werden (glücklicherweise) ignoriert.
- Kommentare beginnen mit # oder !.

Die Ressourcendatei für die Fehlermeldungen könnte wie folgt aussehen:

Listing 32.2: ressourcen.properties – Ressourcen für das Fakultätsprogramm

```
# ressourcen.properties
#

# Fehlermeldungen
FM_FalscherAufruf =Falsche Anzahl Argumente in Befehlszeile!\n \
                   Aufruf: java Fakultaet_mR <Zahl>

FM_FormatFehler   =Formatfehler im Befehlszeilenargument!

FM_ZuGross        =Zu große Zahl. Berechnung der Fakultät nicht \
                   möglich.

FM_Negativ        =Die Fakultät ist nicht fuer negative Zahlen \
                   definiert.
```

Speichern Sie die Datei unter einem beliebigen Namen (hier *ressourcen*) und hängen Sie die Extension *properties* an. (Dies ist ganz wichtig, sonst kann `ResourceBundle.getBundle()` die Datei nicht finden.)

Schritt 2: ResourceBundle laden

Zuerst importieren Sie die Namen:

```
import java.util.ResourceBundle;
import java.util.MissingResourceException;
```

Dann definieren Sie eine Variable vom Typ `ResourceBundle`. Definieren Sie diese möglichst so, dass sie überall, wo Ressourcen geladen werden, verfügbar ist.

```
public class Fakultaet_mR {
   public static ResourceBundle resources;
```

Dann rufen Sie an geeigneter Stelle die statische Methode `getBundle()` auf, übergeben dieser den Namen der Ressourcendatei und speichern das zurückgelieferte Objekt in der `ResourceBundle`-Variablen.

Da es immer möglich ist, dass die Ressourcendatei nicht gefunden wird, erzeugt `getBundle()` im Fehlerfall eine `MissingResourceException`, die Sie abfangen (oder weiterleiten) müssen:

```
try {
    resources = ResourceBundle.getBundle("ressourcen");
} catch (MissingResourceException e) {
    System.console().printf(" Ressourcendatei nicht gefunden \n");
    System.exit(1);
}
```

Schritt 3: Ressourcenstring abfragen

Um einen Ressourcenstring auszulesen, rufen Sie die `getString()`-Methode des `ResourceBundle`-Objekts auf und übergeben dieser den Schlüssel der gesuchten Ressource. Als Ergebnis erhalten Sie den Wert der Ressource als String zurückgeliefert.

```
String s = Fakultaet_mR.resources.getString("FM_FormatFehler");
```

Listing 32.3: Fakultaet_mR.java

```
import java.io.*;
import java.util.ResourceBundle;
import java.util.MissingResourceException;

public class Fakultaet_mR {

   public static ResourceBundle resources;

   static long fakultaet(int zahl) {
      // ... wie gehabt
   }


   public static void main(String[] args)  {
      Console cons = System.console();
      cons.printf("\n");

      int zahl = 0;

       // Ressourcen verfügbar machen
      try {
          resources = ResourceBundle.getBundle("ressourcen");
      } catch (MissingResourceException e) {
          cons.printf(" Ressourcendatei nicht gefunden \n");
          System.exit(1);
      }

      if (args.length != 1) {
         cons.printf(" %s\n",
                 Fakultaet_mR.resources.getString("FM_FalscherAufruf"));
         System.exit(0);
      }


      try {
         zahl = Integer.parseInt(args[0]);
      } catch (NumberFormatException e) {
         cons.printf(" %s\n",
                   Fakultaet_mR.resources.getString("FM_FormatFehler"));
         System.exit(0);
      }

      if (zahl > 20) {
         cons.printf(" %s\n",
                        Fakultaet_mR.resources.getString("FM_ZuGross"));
         System.exit(0);
      }

      if (zahl < 0) {
         cons.printf(" %s\n",
                        Fakultaet_mR.resources.getString("FM_Negativ"));
         System.exit(0);
```

```
        }

        cons.printf("\n Fakultät von %d: %d\n", zahl, fakultaet(zahl));
        cons.printf("\n");
    }
}
```

Ressourcen und Pakete

Wenn Sie Ihre Klassen in Paketen definieren, können Sie Ihre Ressourcendatei auch zusammen mit den Class-Dateien im zugehörigen Paketverzeichnis speichern. Gehen Sie dann so vor, dass Sie im `getBundle()`-Aufruf den Paketnamen vor den Namen der Ressourcendatei stellen, beispielsweise:

```
resources = ResourceBundle.getBundle("ihreFirma.paketname.ressourcen");
```

dann das Programm kompilieren und vor der Ausführung die Ressourcendatei in das Unterverzeichnis *ihreFirma\Paketname* kopieren.

INFO

Wenn Sie Ihre Ressourcenbündel als Klassen implementieren und diese Klassen in Paketen definieren, *müssen* Sie `getBundle()` den qualifizierten Bezeichner mit Paketpfad angeben!

String-Ressourcen für GUI-Anwendungen

Nach dem gleichen Muster können Sie auch Strings für GUI-Anwendungen laden, beispielsweise Titel für Fenster oder Schaltflächen, Beschriftungen für Menübefehle, statische Textfelder (Labels) und andere Steuerelemente sowie Texte für Steuerelemente, die Strings anzeigen.

Ein Beispiel hierfür ist das Programm *GUI_Ressourcen*, das Sie auf der Buch-DVD im Unterverzeichnis *Kapitel32\Ressourcen_GUI* finden.

32.1.3 Bilder laden

Bilder müssen Sie immer aus externen Dateien laden. Bilder werden im Quelltext in der Regel durch `Image`-Objekte repräsentiert. Diese können Sie mithilfe von `Toolkit.createImage()` oder `Toolkit.getImage()` einrichten, benötigen dazu aber ein URL-Objekt, das zu der entsprechenden Bilddatei weist.

Dieses URL-Objekt erzeugen Sie durch Aufruf der `Class`-Methode `getResource()`:

```
java.net.URL url = EineKlasse.class.getResource("bilddatei.png");
```

oder

```
java.net.URL url = getClass().getResource("bilddatei.png");
```

An diesem Verfahren ändert sich grundsätzlich auch dann nichts, wenn Sie mit einem Ressourcenbündel arbeiten. Sie haben dann allerdings die Möglichkeit, den Namen der Bilddatei als Ressource aus der externen Datei zu laden (anstatt ihn im Quelltext hartcodieren zu müssen).

Listing 32.4: Aus Ressourcen_GUI\Hauptfenster.java – Bilddateiname aus Ressourcendatei laden

```
class Hauptfenster extends JFrame {
   ...

   public Hauptfenster() {
      ...

      // Anwendungssymbol - lade Dateinamen aus Ressourcendatei
      //                      und Bild aus externer Bilddatei
      String symboldatei =
                      GUI_Ressourcen.resources.getString("Symboldatei");
      java.net.URL url = getClass().getResource(symboldatei);
      if (url != null)
         setIconImage(Toolkit.getDefaultToolkit().createImage(url));
      else
       System.console().printf(" Symboldatei konnte nicht geöffnet "
                               + "werden!");
   ...
   }
}
```

Der zugehörige Eintrag in der Ressourcendatei lautet:

```
# ressourcen.properties
#

# Hauptfenster
Hauptfenster_titel = Ressourcen-Demo
Symboldatei        = symbol.gif
```

32.1.4 Ressourcendateien im XML-Format

Um es gleich vorwegzunehmen: Nein, es gibt derzeit noch keine direkte Unterstützung für Ressourcendateien im XML-Format. Zumindest nicht in dem Sinne, dass Sie nur eine XML-Ressourcendateien aufsetzen und deren Namen an `ResourceBundle.getBundle()` übergeben müssten.

Immerhin, seit Java 6 können Sie den vormals starren Mechanismus zum Laden der Ressourcen erweitern und so konfigurieren, dass auch XML-Ressourcendateien (oder beliebige andere Formate) verwendet werden können. Sie müssen dazu allerdings eigene `ResourceBundle`- und `ResourceBundle.Control`-Klassen schreiben. Doch lassen Sie sich nicht gleich abschrecken. Der Aufwand hält sich – zumindest soweit es die Unterstützung für XML-Dateien betrifft – in Grenzen, denn für die schwerste Arbeit, das Parsen der XML-Daten in Properties (Schlüssel/Wert-Paare), können Sie die `loadFromXML()`-Methode der Klasse `Properties` verwenden – sofern Sie sich beim Aufbau der XML-Datei an das korrekte Format (DTD) halten.

INFO

Außerdem gibt es in der Java-API-Dokumentation zur Klasse `ResourceBundle.Control` ein Beispiel für eine entsprechende Implementierung zur Unterstützung von XML-Ressourcendateien. Von dieser stellen wir im Folgenden eine leicht abgewandelte Variante vor.

Die XML-Ressourcendatei

Um die Schlüssel/Wert-Paare aus der XML-Ressourcendatei bequem mithilfe der `loadFromXML()`-Methode der Klasse `Properties` einlesen und in einer Properties-Instanz speichern zu können, müssen Sie Ihre Ressourcendatei so aufbauen, dass Sie unter dem Wurzelelement `properties` für jedes Schlüssel/Wert-Paar ein eigenes `entry`-Element mit dem Attribut `key` (für den Schlüssel) und dem gewünschten Wert als Inhalt anlegen:

Listing 32.5: ressourcen.xml – XML-Ressourcendatei

```
<?xml version="1.0" encoding="UTF-8"?>
<!DOCTYPE properties SYSTEM "http://java.sun.com/dtd/properties.dtd">

<properties>
   <entry key="FM_FalscherAufruf">Falsche ...</entry>

   <entry key="FM_FormatFehler">Formatfehler ...</entry>

   <entry key="FM_ZuGross">Zu große Zahl ...</entry>

   <entry key="FM_Negativ">Die Fakultät ist nicht ...</entry>
</properties>
```

STOP

Achten Sie beim Speichern Ihrer XML-Datei darauf, dass der Text auch wirklich in der Codierung gespeichert wird, die Sie in der XML-Definition angezeigt haben (im obigen Fall also `UTF-8`). Falls Sie z.B. mit dem Notepad-Editor von Windows arbeiten, können Sie die Codierung im Speichern unter-Dialog auswählen. Und denken Sie beim Aufsetzen der Schlüssel/Wert-Paare daran, dass der Inhalt der XML-Elemente buchstabengetreu, inklusive der enthaltenen Zeilenumbrüche und anderer Whitespace-Zeichen, wiedergegeben wird. (Um keine Verwirrung durch satztechnisch bedingte Umbrüche zu stiften, haben wir die Element-Inhalte daher im obigen Beispiel nicht vollständig abgedruckt.)

Die ResourceBundle-Klassen

Das Laden der XML-Ressourcendatei erfolgt in drei Schritten:

Schritt 1: In Ihrer Anwendung laden Sie die Ressourcendatei wie gehabt durch Aufruf von `ResourceBundle.getBundle()`. Nur dass Sie neben dem Namen der Ressourcendatei auch noch eine Instanz Ihrer (selbst geschriebenen) `XMLResourceBundleControl`-Klasse übergeben.

32

Listing 32.6: Aus Fakultaet.java – Ressourcen aus einer XML-Ressourcendatei verwenden

```
...
// Ressourcen verfügbar machen
try {
```

```
   resources = ResourceBundle.getBundle("ressourcen",
                                new XMLResourceBundleControl());
} catch (MissingResourceException e) {
   cons.printf(" Ressourcendatei nicht gefunden \n");
   System.exit(1);
}
...
```

Schritt 2: Sie leiten Ihre Klasse `XMLResourceBundleControl` von der Basisklasse `java.util.ResourceBundle.Control` ab und überschreiben die Methoden `getFormats()` und `newBundle()`.

Aufgabe dieser Klasse und speziell ihrer `newBundle()`-Methode ist es:

1. Die Ressourcendatei zu lokalisieren.

   Diese Aufgabe ist keineswegs so trivial, wie sie klingt, denn der Lademechanismus für Ressourcen sieht vor, dass nie nur nach einer Datei, sondern nach einer ganzen Familie von Ressourcendateien mit unterschiedlicher Lokale-Spezifität gesucht wird (siehe hierzu Abschnitt 32.2.2).

   Das Grundprinzip sieht so aus, dass die Methode `ResourceBundle.getBundle()` (siehe oben) die `newBundle()`-Methode mehrfach aufruft und ihr dabei verschiedene Kombinationen von Argumenten für den Ressourcendateinamen (wie an `getBundle()` übergeben), die Lokale (siehe unten) und das Format (wie von der `getFormats()`-Methode Ihrer `ResourceBundle.Control`-Klasse zurückgeliefert) übergibt. Ihre `getBundle()`-Methode muss diese Parameter zu einem vollständigen Dateinamen zusammensetzen und diese zu öffnen versuchen.

   Was relativ kompliziert klingt, ist in der Praxis allerdings recht schnell erledigt, da Sie letzten Endes nur die Parameter der Methode an geerbte Methoden der Basisklasse übergeben müssen.
2. Einen Stream zur Ressourcendatei zu erstellen.
3. Ein `ResourceBundle`-Objekt zu erzeugen, das über den Stream die Ressourcendaten einliest.
4. Das `ResourceBundle`-Objekt zurückzuliefern.

Listing 32.7: XMLResourceBundleControl.java – zum Laden von XML-Ressourcendateien

```
import java.io.*;
import java.util.*;
import java.net.*;

public class XMLResourceBundleControl extends ResourceBundle.Control {

   public List<String> getFormats(String name) {
      return Arrays.asList("xml");
   }

   public ResourceBundle newBundle(String name, Locale loc,
                                   String format, ClassLoader loader,
                                   boolean neuladen)
                                   throws IOException,
```

```
                                         IllegalAccessException,
                                         InstantiationException {
      if ( (name == null) || (loc == null) || (format == null) ||
           (loader == null))
          throw new NullPointerException();

      ResourceBundle bundle = null;

      if (format.equals("xml")) {

        // Schritt 1: Ressourcendatei lokalisieren
        String bundleName = toBundleName(name, loc);
        String resName = toResourceName(bundleName, format);
        URL url = loader.getResource(resName);

        // Schritt 2: Stream zur Ressourcendatei herstellen
        if (url != null) {
          URLConnection conn = url.openConnection();
          if (conn != null) {
             if (neuladen) {
               conn.setUseCaches(false);
             }

            InputStream stream = conn.getInputStream();
            if (stream != null) {
              // Schritt 3: ResourceBundle-Objekt erzeugen
              bundle = new XMLResourceBundle(stream);
              stream.close();
            }
          }
        }
      }

      // Schritt 4: ResourceBundle-Objekt zurückliefern
      return bundle;
    }
...
```

Geht alles gut, liefert `newBundle()` ein `ResourceBundle`-Objekt für Ihre XML-Ressourcendatei an `getBundle()` zurück und `getBundle()` reicht es weiter an Ihre Anwendung.

Was allerdings noch fehlt, ist der Klassentyp für das zurückgelieferte `ResourceBundle`-Objekt. Im obigen Code (Schritt 3) wurde der Name für diese Klasse schon festgelegt: `XMLResourceBundle`. Definiert ist die Klasse aber noch nicht.

Schritt 3: Sie müssen von `ResourceBundle` eine eigene Klasse ableiten, die einen Stream auf die Ressourcendatei übernimmt, diesen öffnet, die XML-Daten parst und als Schlüssel/Wert-Paare in einem internen `Properties`-Objekt speichert.

Hierbei hilft uns die `Properties`-Methode `loadFromXML()`:

```
...
    // wird als innere Klasse von XMLResourceBundleControl implementiert
    private static class XMLResourceBundle extends ResourceBundle {
```

```
        private Properties props;

        XMLResourceBundle(InputStream stream) throws IOException {
          props = new Properties();
          try {
             props.loadFromXML(stream);
          } catch(Exception e) {
             System.err.println(e.getMessage());
          }
        }

        protected Object handleGetObject(String schluessel) {
          return props.getProperty(schluessel);
        }

        public Enumeration<String> getKeys() {
          Set<String> schluessel = props.stringPropertyNames();
          return Collections.enumeration(schluessel);
        }
    }
}
```

32.2 Internationalisierung und Lokalisierung

Wenn Sie Produkte für den internationalen Markt entwickeln, müssen Sie, wenn Sie sich nicht von vornherein mit geringen Absatzzahlen abfinden möchten, darauf achten, dass Ihre Produkte an die nationalen Eigenheiten der jeweiligen Zielmärkte angepasst sind. Wenn Sie beispielsweise Autos entwickeln und als neuen Markt die Britischen Inseln erobern möchten, sollten Sie darauf achten, dass die nach Großbritannien ausgelieferten Fahrzeuge das Lenkrad auf der rechten Seite haben und mit englischem Handbuch und Armaturenbrett (Beschriftungen, Geschwindigkeit in mph und so weiter) ausgestattet sind.

Gleiches gilt natürlich auch für die Software-Entwicklung. Die Bemühungen, ein Programm so zu implementieren, dass es möglichst gut für den internationalen Markt vorbereitet ist, bezeichnet man dabei als **Internationalisierung**, die Anpassung eines Programms an die nationalen Eigenheiten eines Landes als **Lokalisierung**. Beide verfolgen letzten Endes den gleichen Zweck und beruhen zum Teil auf identischen Techniken (der Übergang zwischen Internationalisierung und Lokalisierung ist fließend und meist nur eine Frage der Sichtweise).

Der wichtigste Schritt zur Lokalisierung eines Programms ist zweifelsohne die Übersetzung der in der Benutzerschnittstelle auftauchenden Texte. Aber auch die Unterstützung nationaler Eigenheiten bei der Formatierung von Datumsangaben, Gleitkommazahlen oder Währungsangaben sowie die Berücksichtigung des jeweiligen Alphabets bei Stringvergleichen gehören zur Lokalisierung und wollen berücksichtigt werden.

32.2.1 Lokale

Javas Unterstützung für die Internationalisierung von in Java geschriebener Software basiert auf zwei gewichtigen Säulen:

Unicode – Da Java intern Unicode zur Darstellung von Zeichen verwendet, kann es (grundsätzlich) sämtliche bekannten Zeichen verarbeiten.[2] Die `Reader`- und `Writer`-Klassen von Java berücksichtigen automatisch die auf dem jeweiligen Rechner vorherrschende Zeichencodierung und wandeln automatisch von dieser Codierung in Unicode (Eingabe) oder umgekehrt (Ausgabe) um. Lediglich wenn Sie Daten einlesen, die anders codiert sind, oder Textdaten in einer anderen Codierung ausgeben wollen, müssen Sie auf `InputStreamReader` (bzw. `OutputStreamReader`) zurückgreifen, und die betreffende Zeichencodierung explizit angeben (siehe Kapitel 31.3.3).

Lokale – Unter einer Lokale (Gebietsschema) versteht man eine politische, geografische oder kulturelle Region, mit eigener Sprache und eigenständigen Regeln für die Formatierung von Datumsangaben, Zahlen usw. In Java werden diese Lokale durch Instanzen der Klasse `java.util.Locale` repräsentiert.

Die Klasse `Locale` benötigen Sie für drei wichtige Aufgaben:

- Zur Abfrage der Standardlokale des aktuellen Systems.
- Zur Auswahl einer speziellen Ziel-Lokale (mit deren Hilfe Sie dann Lokale-spezifische Formatierungen und Ressourcen aktivieren können).
- Zur Erzeugung eigener Lokale (falls die gewünschte Ziel-Lokale nicht auf dem Rechner verfügbar ist). Allerdings müssen Sie dann auch die Unterstützung für die Lokale-spezifischen Formatierungen implementieren.

Tabelle 32.1: Wichtige Methoden von Lokale

Methoden von Lokale	Beschreibung
`Locale(String sprache)`	Erzeugt eine Lokale für den angegebenen Sprachcode.
`Locale(String sprache, String land)`	Erzeugt eine Lokale für den angegebenen Sprach- und Ländercode.
`Locale(String sprache, String land, String variante)`	Erzeugt eine Lokale für den angegebenen Sprach-, Länder- und Umgebungscode. (Letzter gibt den Browser oder die Plattform an – beispielsweise WIN oder POSIX).
`Object clone()`	Zum Kopieren von Lokalen.
`boolean equals(Object obj)`	Zum Vergleichen von Lokalen. Zwei Lokale sind gleich, wenn ihre Sprach-, Länder- und Umgebungscodes identisch sind.
`static Locale[] getAvailableLocales()`	Liefert eine Liste aller auf dem System verfügbaren Lokalen.

2 Auch wenn Java alle Zeichen codieren kann, heißt dies nicht umgekehrt, dass ein Java-Programm alle beliebigen Zeichen auf jedem Rechner korrekt anzeigen kann. Dazu muss auch eine entsprechende Unterstützung, beispielsweise passende Fonts, auf dem Rechner installiert sein.

Tabelle 32.1: Wichtige Methoden von Lokale (Forts.)

Methoden von Lokale	Beschreibung
String **getCountry**() String **getLanguage**() String **getVariant**()	Liefert den Sprach-, Länder- bzw. Umgebungscode der Lokale zurück (gemäß ISO-639 und ISO-3166). Die Methoden getISOCountry() und getISO-Language() liefern dreibuchstabige Codes.
static Locale **getDefault**()	Liefert die aktuelle Standardlokale zurück.
String **getDisplayCountry**() String **getDisplayLanguage**() String **getDisplayName**() String **getDisplayVariant**()	Liefert Sprache, Land- und Umgebung der Lokale zurück (in decodierter Form, zur Anzeige auf der Benutzeroberfläche).
static void **setDefault**(Locale l)	Richtet die angegebene Lokale als Standardlokale ein.

Lokale abfragen

Grundsätzlich gilt für die Internationalisierung, dass Sie die in Java eingebaute Lokale-Unterstützung nur indirekt nutzen, d.h., Sie rufen für sprach- und länderspezifische Aufgaben die in der Java-Bibliothek definierten lokale-spezifischen Methoden auf und profitieren davon, dass die Java Virtual Machine automatisch beim Start die Lokale des Systems ermittelt und als Standardlokale einrichtet.

Wenn Sie dennoch einmal direkten Zugriff auf die Standardlokale benötigen, beispielsweise um den Anwender über sein Gebietsschema zu informieren, zum Vergleichen mit einer erwarteten Wunsch-Lokale, zum Debuggen Ihrer Anwendung oder auch um sie explizit an eine Methode zu übergeben (Currency.getInstance(Locale l) ist zum Beispiel eine der wenigen lokale-spezifischen Methoden, die nicht standardmäßig mit der aktuellen Lokale arbeitet, sondern stets eine Lokale als Argument verlangt), so liefert Ihnen getDefault() die Standardlokale zurück:

```
Locale l = Locale.getDefault();
```

Wenn Sie ermitteln wollen, welche Lokale auf einem System installiert sind, rufen Sie dazu die Methode getAvailableLocales() auf:

```
// Alle verfügbaren Lokale auflisten
Locale[] liste = Locale.getAvailableLocales();
for (int i = 0; i < liste.length; ++i)
   System.out.println(liste[i]);
```

Anhand dieser Liste können Sie dann beispielsweise feststellen, ob eine bestimmte Lokale, die Sie verwenden möchten, vorhanden ist.

Auszug aus der Liste der verfügbaren Lokale:

```
ar
ar_AE
ar_BH
ar_DZ
ar_EG
ar_IQ
```

```
ar_JO
ar_KW
ar_LB
ar_LY
ar_MA
ar_OM
ar_QA
ar_SA
ar_SD
ar_SY
ar_TN
ar_YE
hi_IN
iw
iw_IL
ja
ja_JP
ko
ko_KR
th
th_TH
th_TH_TH
zh
zh_CN
zh_HK
zh_TW
...
```

Lokale erzeugen

Eigene Lokale erzeugen Sie mithilfe der Konstruktoren von `Locale`. Dazu übergeben Sie wahlweise den Sprachcode, Sprach- und Ländercode oder, in seltenen Fällen, Sprach-, Länder- und Umgebungscode.

```
Locale  eigene = new Locale("de");         // Lokale für deutsch
Locale  eigene = new Locale("de","CH");    // Lokale für deutsch, Schweiz
```

Die Sprachcodes sind durch ISO-639 standardisiert, die Ländercodes durch ISO-3166. (Vorsicht! Die Standards verändern sich gelegentlich.)

Tabelle 32.2: Ausgesuchte Sprach- und Ländercodes

Sprachcode	Sprache	Ländercode	Land
ar	Arabisch	LB	Libanon
da	Dänisch	DK	Dänemark
de	Deutsch	DE	Deutschland
		CH	Schweiz
		AT	Österreich
el	Griechisch	GR	Griechenland
en	Englisch	GB	Großbritannien

32

Tabelle 32.2: Ausgesuchte Sprach- und Ländercodes (Forts.)

Sprachcode	Sprache	Ländercode	Land
		US	USA
		AU	Australien
		CA	Kanada
eo	Esperanto		
es	Spanisch	ES	Spain
		CO	Kolumbien
fr	Französisch	FR	Frankreich
		BE	Belgien
		CA	Kanada
it	Italienisch	IT	Italien
ja	Japanisch	JP	Japan
nl	Niederländisch	NL	Niederlande
no	Norwegisch	NO	Norwegen
sv	Schwedisch	SE	Schweden
tr	Türkisch	TR	Türkei
zh	Chinesisch	CN	China
		HK	Hongkong
		TW	Taiwan

Vollständige Listen finden Sie im Internet. Sie können Sie sich aber auch selbst ausdrucken. Die `Locale`-Methoden `getISOLanguages()` und `getISOCountries()` liefern die Codes nach ISO-639 und ISO-3166 zurück.

STOP

Die Erzeugung einer eigenen Lokale instanziiert lediglich ein `Locale`-Objekt, das die gewünschte Lokale im Quelltext repräsentiert. Die mit dieser Lokale verbundenen, lokale-spezifischen Formatierungen sind nur verfügbar, wenn eine entsprechende Lokale auf dem aktuellen Rechner installiert ist oder Sie eine entsprechende Unterstützung implementieren.

Lokale ändern

Wozu definiert man eigene `Locale`?

Ein Einsatzgebiet ist die Formatierung lokale-spezifischer Ausgaben für andere Gebietsschemata. Angenommen Sie wollen Aktienkurse in Euro und Dollar angeben.

Natürlich können Sie die Ausgabe direkt formatieren:

```
String ausgabe = "   " + preisEuro + " €" + "\n"
               + "   $" + preisDollar;
```

Sie können die Formatierung aber auch über Lokale steuern:

```
NumberFormat nf;
String ausgabe = "";

double preisEuro   = 12.5;
double preisDollar = 12.9;


// Standardlokale verwenden
nf = NumberFormat.getCurrencyInstance();
ausgabe += " Unsere Aktie: \n\n" +
           "     " + nf.format(preisEuro) + "\n";

// US-Lokale verwenden
nf = NumberFormat.getCurrencyInstance(new Locale("en", "US"));
ausgabe += "     " + nf.format(preisDollar) + "\n";
```

Abbildung 32.1: Währungsformatierung mit Lokalen

Die Formatierung mit Lokalen ist zwar flexibler, hängt aber stark davon ab, dass entsprechende Lokale auf dem aktuellen System installiert und korrekt konfiguriert sind (was nicht immer der Fall ist).

Schließlich können Sie die Standardlokale ganz umstellen, beispielsweise um explizit eine für Frankreich lokalisierte Version zu erstellen:

```
Locale save = Locale.getDefault();
Locale.setDefault(new Locale("fr", "FR"));
...
Locale.setDefault(save);
```

32.2.2 Ressourcendateien (und -bündel)

Benutzerschnittstellen, die mithilfe von Ressourcenbündeln erstellt wurden (siehe oben), können in Java äußerst komfortabel lokalisiert werden. Sie müssen lediglich für jede Lokale, die Sie unterstützen möchten, eine eigene lokalisierte Ressourcendatei erzeugen.

Angenommen Ihre Ressourcendatei heißt `ressourcen.properties` und Sie möchten Ihre Software in USA und Deutschland vertreiben. Dann sollten Sie zwei

Kopien von *ressourcen.properties* erstellen, diese in *ressourcen_de_DE.properties* und *ressourcen_en_US.properties* umbenennen und die Strings in den Ressourcendateien übersetzen (bzw. übersetzen lassen).

Listing 32.8: ressourcen.properties – allgemeine Ressourcendatei

```
# ressourcen.properties für alle Lokalen
#

Willkommen   = Willkommen
Feuchtigkeit = Feuchtigkeit
Angebot      = gewinnen Sie
```

Listing 32.9: ressourcen_de_DE.properties – Kopie für Deutschland

```
# ressourcen_de_DE.properties für Deutsch/Deutschland
#

Willkommen   = Willkommen
Feuchtigkeit = Feuchtigkeit
Angebot      = gewinnen Sie
```

Listing 32.10: ressourcen_en_US.properties – Kopie für USA

```
# ressourcen.properties für Englisch/USA
#

Willkommen   = Welcome
Feuchtigkeit = humidity
Angebot      = win
```

Wenn Sie im Programm die Ressourcendatei wie in Abschnitt 32.1.2 mit `getBundles(String)` öffnen:

```
try {
   resources = ResourceBundle.getBundle("ressourcen");
} catch ...
```

müssen Sie den Programmcode weder verändern noch neu kompilieren. Ihr Code wählt zur Laufzeit automatisch die Ressourcendatei aus, die am besten zur Standardlokale des aktuellen Systems passt.

INFO

Das Beispielprogramm zur Verwendung lokale-spezifischer Ressourcendateien finden Sie auf der Buch-DVD im Verzeichnis *Kapitel32\Lokale*.

getBundle()

Die Methode `getBundle()` gibt es in sechs überladenen Versionen:

```
public static ResourceBundle getBundle(String name)
public static ResourceBundle getBundle(String name, Locale l)
public static ResourceBundle getBundle(String name, Locale l,
                                       ClassLoader cl)
public static ResourceBundle getBundle(String name, Locale l,
                                       ClassLoader cl,
                                       ResourceBundle.Control obj)
```

```
public static ResourceBundle getBundle(String name, Locale l,
                                       ResourceBundle.Control obj)
public static ResourceBundle getBundle(String name,
                                       ResourceBundle.Control obj)
```

Alle sechs Methoden suchen nach der Ressourcenbündel-Klasse oder -Datei, die am besten zu der angegebenen bzw. der Standardlokale passt. Die möglichen Kandidaten ergeben sich durch Erweiterung des Namens um die Sprach-, Land- und Umgebungscodes der Lokale (soweit diese Codes für das übergebene `Locale`-Objekt angegeben sind).

Wenn Sie beispielsweise `getBundle(ressourcen, new Locale("en", "US")` aufrufen und die Standardlokale ist `Locale("de", "DE", "WIN")`, sind die möglichen Kandidaten nach Spezifizität geordnet:

```
ressourcen_en_US
ressourcen_en
ressourcen_de_DE_WIN
ressourcen_de_DE
ressourcen_de
ressourcen
```

Diese Liste arbeitet die Methode von oben nach unten ab und sucht zuerst nach einer entsprechenden Class-Datei, die das gewünschte Ressourcenbündel implementiert. Kann es eine solche Klasse nicht finden, sucht sie nach einer entsprechenden Ressourcendatei mit der Extension *.properties*. (Enthält der Name eine Paketangabe, werden die Punkte . dafür in Schrägstriche / umgewandelt.) Die Datei, die sie als Erstes findet (und die somit am besten passt), wird geladen.

Wenn Sie `getBundle(String)` aufrufen, wird nur nach den möglichen Kandidaten für die Standardlokale gesucht.

32.2.3 Nationale Formatierungen

Die verschiedenen Lokale unterscheiden sich zumeist nicht nur in der Sprache, sondern auch in der Art und Weise wie sie Datumsangaben, Gleitkommazahlen und Preisangaben darstellen.

Die Java-Bibliothek definiert zur Formatierung dieser Daten spezielle Formatierungsklassen. Diese berücksichtigen per Voreinstellung die eingerichtete Standardlokale, können aber auch für andere Lokale erzeugt werden.

Die wichtigsten Formatierungsklassen sind

- `java.text.DateFormat` für Datums- und Zeitangaben sowie
- `java.text.NumberFormat` für Gleitkommazahlen, Preis- und Prozentangaben.

32

INFO

Ob diese Klassen die richtige Formatierung erzeugen, hängt davon ab, ob eine entsprechende Unterstützung für die gewünschte Lokale vorhanden ist. Beide Klassen stellen die Methode `getAvailableLocales()` zur Verfügung, die eine Liste der Lokale zurückliefert, die die notwendige Unterstützung anbieten. (Beachten Sie, dass nicht alle auf einem System verfügbaren Lokale (vergleiche `Locale.getAvailableLocales()`) alle lokale-spezifischen Formatierungen unterstützen müssen.)

Datums- und Zahlenformate

Um eine Datums-/Zeitangabe gemäß der Standardlokale zu formatieren, schreiben Sie:

```
Date datum = new Date();
DateFormat df = DateFormat.getDateInstance(DateFormat.LONG);
DateFormat tf = DateFormat.getTimeInstance(DateFormat.LONG);
String ausgabe = df.format(datum) + "  " + tf.format(datum);
```

Um eine Datums-/Zeitangabe gemäß einer beliebigen Lokale zu formatieren, übergeben Sie die Lokale im `getXxxInstance()`-Aufruf:

```
datum = new Date();
df = DateFormat.getDateInstance(DateFormat.LONG, new Locale("en"));
tf = DateFormat.getTimeInstance(DateFormat.LONG, new Locale("en"));
ausgabe = df.format(datum)  + "  " + tf.format(datum);
```

Zahlenformate

Um Gleitkommazahlen gemäß der Standardlokale zu formatieren, schreiben Sie:

```
double zahl = 12.5;
NumberFormat nf = NumberFormat.getNumberInstance();
String ausgabe = nf.format(zahl);
```

Um eine Gleitkommazahl gemäß einer beliebigen Lokale zu formatieren, übergeben Sie die Lokale im `getNumberInstance()`-Aufruf:

```
nf = NumberFormat.getNumberInstance(new Locale("en"));
```

Formatierer für Prozentangaben erzeugen Sie mit `NumberFormat.getPercentInstance()`:

```
double feuchtigkeit = 0.652;
NumberFormat nf = NumberFormat.getPercentInstance();
String ausgabe = nf.format(feuchtigkeit);
```

beziehungsweise

```
feuchtigkeit = 0.652;
nf = NumberFormat.getPercentInstance(new Locale("en"));
ausgabe = nf.format(feuchtigkeit);
```

Preisangaben (Währungssymbol)

Um Preisangaben gemäß der Standardlokale zu formatieren, schreiben Sie:

```
double preis = 12.5;
NumberFormat nf = NumberFormat.getCurrencyInstance();
String ausgabe = nf.format(preis);
```

Um eine Preisangabe gemäß einer beliebigen Lokale zu formatieren, übergeben Sie die Lokale im `getCurrencyInstance()`-Aufruf:

```
nf = NumberFormat.getCurrencyInstance(new Locale("en"));
```

Beispiel Das folgende Programm demonstriert die Verwendung lokale-spezifischer Ressourcen und Formatierungen. Es greift je nach eingestellter Standardlokale auf eine der folgenden Ressourcendateien zu:

```
ressourcen_de_DE
ressourcen_en_US
ressourcen_fr_FR
ressourcen
```

und erzeugt lokale-spezifische Ausgaben von Datum-, Zeit-, Preis- und Prozentangaben.

Grundsätzlich würde man das Programm so implementieren, dass es einfach mit der Standardlokale arbeitet, und zum Testen dann die Lokale des Betriebssystems ändern. (Unter Windows über die Systemsteuerung, Symbol LÄNDEREINSTELLUNGEN bzw. REGIONS- UND SPRACHOPTIONEN). Da dies aber mit einem erneuten Hochfahren des Rechners verbunden ist, verwendet das Programm nicht die Lokale des Systems, sondern richtet in einer `for`-Schleife nacheinander de_De, en_US und fr_FR als zu verwendende Standardlokale ein.

Um die Ausgabe nicht durch die Zeichencodierung der Konsole zu verfälschen, verwendet das Programm einen Meldungsdialog.

Listing 32.11: Lokale.java

```
import java.io.*;
import java.util.*;
import java.text.*;
import javax.swing.*;

public class Lokale {
   public static ResourceBundle resources;

   public static void main(String[] args) throws IOException,
                                                 ParseException {
      Date datum;
      DateFormat df, tf;
      NumberFormat nf;
      String ausgabe = "";

      String[] sprachen = {"de", "en", "fr"};
      String[] laender =  {"DE", "US", "FR"};

      for(int i = 0; i < sprachen.length; ++i) {

         Locale.setDefault(new Locale(sprachen[i], laender[i]));

         ausgabe += "Lokale: " + sprachen[i] + "\n";

         // Ressourcen verfügbar machen
         try {
            resources = ResourceBundle.getBundle("ressourcen");
         } catch (MissingResourceException e) {
             System.err.println(" Ressourcendatei nicht gefunden");
         }

         // Strings aus Ressourcenbündel ausgeben
         ausgabe += "    " + Lokale.resources.getString("Willkommen")
                 + "\n";
```

32

```
            // Datum und ausgeben
            datum = new Date();
            df = DateFormat.getDateInstance(DateFormat.LONG);
            tf = DateFormat.getTimeInstance(DateFormat.LONG);
            ausgabe += "   " + df.format(datum) + " " + tf.format(datum)
                       + "\n";

            double feuchtigkeit = 0.652;
            nf = NumberFormat.getPercentInstance();
            nf.setMaximumFractionDigits(2);
            ausgabe += "   " + Lokale.resources.getString("Feuchtigkeit")
                          + ": " + nf.format(feuchtigkeit) + "\n";

            double preis = 12.5;
            nf = NumberFormat.getCurrencyInstance();
            ausgabe += "   " + Lokale.resources.getString("Angebot")
                            + ": " + nf.format(preis) + "\n";

            ausgabe += "\n";
         }

         javax.swing.JOptionPane.showMessageDialog(null , ausgabe);
         System.exit(0);
      }
   }
```

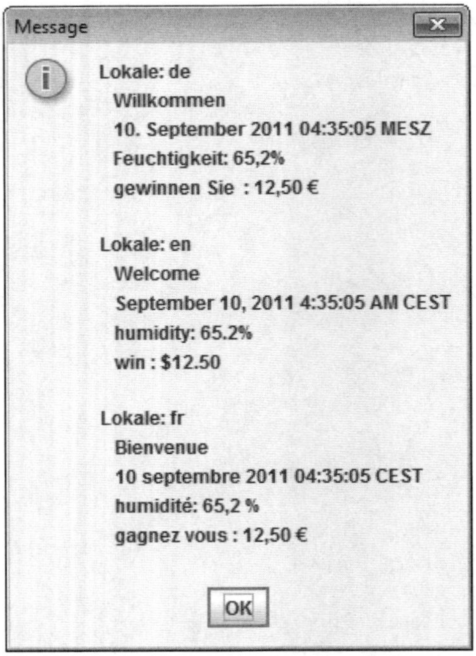

Abbildung 32.2: Ausgabe des Programms Lokale.java

32.2.4 Stringvergleiche

Wenn Sie lexikografische Stringvergleiche durchführen, sollten Sie grundsätzlich die Reihenfolge der Zeichen in den nationalen Alphabeten berücksichtigen. Java stellt hierzu die Klasse `java.text.Collator` zur Verfügung.

- `Collator.getInstance()` liefert Ihnen eine Instanz, die bei Stringvergleichen die Standardlokale verwendet.
- `Collator.getInstance(loc)` liefert Ihnen eine Instanz, die bei Stringvergleichen die Lokale `loc` verwendet.

Den eigentlichen Vergleich führen Sie mit der `compare()`-Methode der Collator-Instanz durch:

```
String a = "pègre";
String b = "Pègre";

if( a.compareTo(b) < 0 )
   JOptionPane.showMessageDialog(null, a + " < " + b);
if( a.compareTo(b) > 0 )
   JOptionPane.showMessageDialog(null, a + " > " + b);
if( a.compareTo(b) == 0 )
   JOptionPane.showMessageDialog(null, a + " == " + b);

Collator frColl = Collator.getInstance(new Locale("fr","FR"));
 if( frColl.compare(a, b) < 0 )
   JOptionPane.showMessageDialog(null, a + " < " + b);
if( frColl.compare(a, b) > 0 )
   JOptionPane.showMessageDialog(null, a + " > " + b);
if( frColl.compare(a, b) == 0 )
   JOptionPane.showMessageDialog(null, a + " == " + b);
```

Hier stellt die erste Vergleichserie (ohne `Collator`) fest, dass pègre größer als Pègre ist, weil im Unicode-Zeichensatz die Kleinbuchstaben erst hinter den Großbuchstaben kommen (folglich höhere Unicode-Werte haben).

Die zweite Vergleichsserie erkennt richtig, dass pègre kleiner als Pègre ist, weil sie für die Vergleiche die korrekte Reihenfolge der Zeichen im nationalen Alphabet zugrunde legt.

INFO

Mit der Instanzmethode `setStrength(staerke)` können Sie einstellen, wie streng das `Collator`-Objekt beim Vergleichen sein soll. Mögliche Werte zunehmender Stärke sind die Konstanten `Collator.PRIMARY`, `Collator.SECONDARY`, `Collator.TERTIARY` und `Collator.IDENTICAL`. Welche Zeichen ab welcher Stufe als unterschiedlich angesehen werden, hängt von den verschiedenen Sprachen ab. Unterschiede zwischen Klein- und Großbuchstaben werden meist ab Stufe `Collator.TERTIARY` erkannt.

Voreinstellung ist `Collator.IDENTICAL`.

TEIL F
Spezielle Programmiergebiete

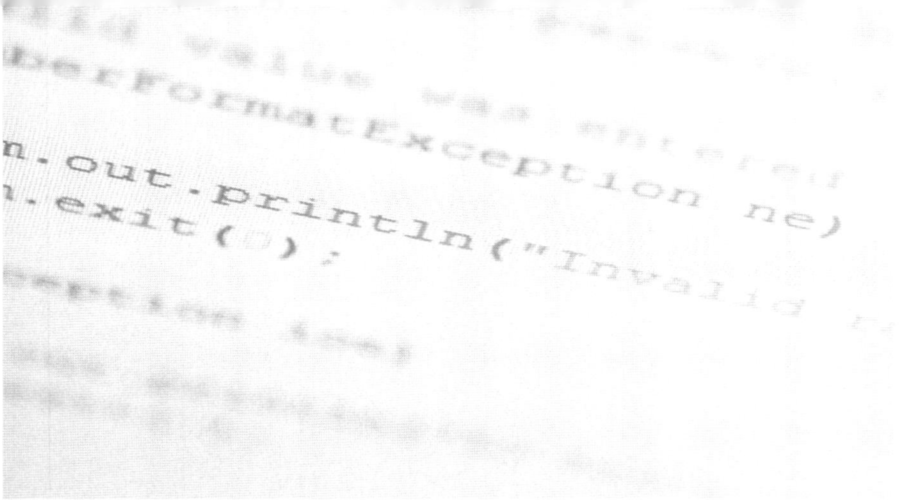

Kapitel 33
Datenbankzugriffe mit JDBC

Was Computer am besten beherrschen, ist die Verwaltung von Informationen – den Daten. Fast jedes größere Programm, insbesondere im professionellen Bereich, hat daher eine Komponente, die sich mit der Speicherung von mehr oder weniger großen Datenmengen beschäftigt. Eine solche Komponente nennt man üblicherweise »Datenbank«.

33.1 Datenbank-Grundlagen

Datenbanken können ganz unterschiedlich implementiert sein. In einfachen Fällen verbirgt sich hinter einer Datenbank eine normale Textdatei, in die Sie die Daten zeilenweise schreiben als auch zeilenweise aus ihr auslesen können. Schnell hat sich aber gezeigt, dass sehr große Datenmengen bei zunehmender Geschwindigkeit einen Flaschenhals-Effekt verursachen, und es wurden bessere Verfahren zur Umsetzung von Datenbanken entwickelt.

33.1.1 Die relationale Datenbank

Für die meisten Zwecke hat sich dabei die Technik der *relationalen Datenbank* durchgesetzt. Die Idee ist hierbei, die Daten in Tabellenform zu organisieren, d.h., man unterscheidet Zeilen (rows) und Spalten (columns), die zu Tabellen zusammengefasst sind. Eine Zeile wird auch als *Datensatz* bezeichnet, während eine Spalte *Feld* genannt wird.

Inhalt 33 34 35 36 37 38 39 40 41 42 43 44 45 46 47 48 Index

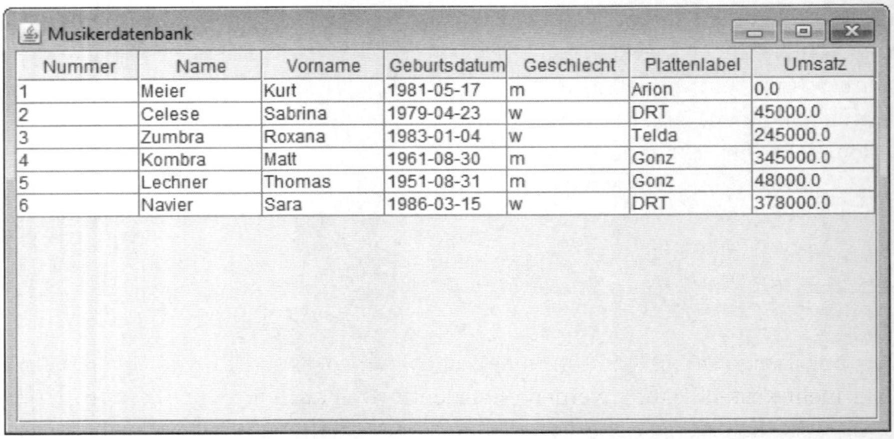

Nummer	Name	Vorname	Geburtsdatum	Geschlecht	Plattenlabel	Umsatz
1	Meier	Kurt	1981-05-17	m	Arion	0.0
2	Celese	Sabrina	1979-04-23	w	DRT	45000.0
3	Zumbra	Roxana	1983-01-04	w	Telda	245000.0
4	Kombra	Matt	1961-08-30	m	Gonz	345000.0
5	Lechner	Thomas	1951-08-31	m	Gonz	48000.0
6	Navier	Sara	1986-03-15	w	DRT	378000.0

Abbildung 33.1: Tabelle mit sechs Datensätzen zu je sieben Feldern (Spalten)

Ein vollständiger Datensatz ist eine Zeile, in der jedes Feld einen gültigen Wert zugewiesen bekommt (wie in der obigen Abbildung). Das muss aber nicht unbedingt so sein, da man auch Tabellen definieren kann, in denen nicht jedes Feld definiert sein muss (z.B. bei einer Adressdatenbank, in der *Name* und *Straße* gesetzt werden müssen, während die *Telefonnummer* optional ist). Die Werte eines Feldes sind, ähnlich wie in Java, von einem bestimmten Datentyp (z.B. ein boolescher Typ oder ein String).

Ferner können Beziehungen (Relationen) zwischen Tabellen definiert werden. Die so strukturierten Daten werden natürlich letztlich auch in Dateien abgespeichert. Diese weisen jedoch eine spezielle Struktur auf, welche den Zugriff und die Suche deutlich beschleunigt. Die Software für Zugriff und Speicherung nennt man übrigens Datenbank-Management-System (DBMS) und, im Falle von relationalen Datenbanken, RDBMS.

INFO

Umgangssprachlich wird häufig kein besonderer Unterschied zwischen Datenbank und DBMS gemacht. Manchmal ist mit Datenbank allerdings speziell die jeweils zusammengehörende Datenmenge gemeint, die von einem DBMS verwaltet wird. Ein DBMS kann also mehrere Datenbanken haben.

Die wichtigste Arbeit in einer Datenbank ist immer die Suche nach Datensätzen, die bestimmten Suchkriterien entsprechen. Um diese Suche effizient zu gestalten, werden vom DBMS spezielle Indizes erstellt. Ein Index enthält dabei im Prinzip die sortierten Einträge einer Spalte (über alle Zeilen hinweg) sowie die Position der zugehörigen Datensätze in der zugrunde liegenden Datei.

In der Frühzeit der Datenbanken war es häufig so, dass jedes Programm, das eine Datenbank-Funktionalität benötigte, diese selbst zur Verfügung stellte, natürlich jeweils mit einem eigenen Dateiformat, einer eigenen Variante zum Zugriff auf die Daten usw. Die Vielfalt war groß und teuer!

Mittlerweile hat sich eine Trennung von Anwendung und Datenbank durchgesetzt. Datenbanken werden durch separate DBMS realisiert, die eine standardisierte Schnittstelle anbieten, über die andere Anwendungen auf die Datenbank zugreifen können, d.h., es wird ein Client/Server-Prinzip eingesetzt: An einer zentralen Stelle (häufig auf einem sehr schnellen Serverrechner) läuft das DBMS und wartet auf Anfragen von Clients, den Anwendungen. Gute DBMS können dabei völlig verschiedene Datenbanken gleichzeitig und völlig getrennt verwalten. Man kann also z.B. die Daten der Personalabteilung und die Daten der Lagerhaltung im gleichen DBMS unterbringen (aus Sicherheitsgründen macht man dies aber häufig nicht).

Leistungsfähige DBMS sind sehr teuer. Eine Einzelplatzlizenz kann leicht 5000 € oder mehr kosten. Häufig werden die Lizenzkosten auch noch an die Anzahl der CPUs oder neuerdings CPU-Kerne und deren Taktfrequenz gekoppelt, sodass schnelle Rechner (die selbst schon teuer sind) die Lizenzkosten weiter hochtreiben. Nicht zuletzt wegen dieser Kosten haben sich einige Open Source-Projekte mit der Entwicklung von kostenlosen DBMS beschäftigt, ohne bei der Leistungsfähigkeit Abstriche zu machen.

Ein herausragender Vertreter hierfür ist MySQL, welches sich hinsichtlich der Geschwindigkeit und Stabilität mit jedem kommerziellen Produkt messen kann, ja häufig sogar deutlich besser ist! Da es zudem kostenlos verfügbar ist, wird in diesem Buch MySQL für die Beispiele zur Datenbankprogrammierung eingesetzt. Das Setup-Programm finden Sie auf der Buch-DVD im Verzeichnis *Software*. Die Installation wird im Buchanhang beschrieben.

Seit Java 6 gibt es noch eine weitere sehr interessante Möglichkeit, mit Datenbank-Unterstützung zu arbeiten: *Java-DB*, welches auf der Open Source Datenbank Apache Derby basiert. In Abschnitt 33.5 werden wir den Datenbankzugriff mit Java-DB kurz vorstellen.

33.1.2 JDBC und ODBC

Um ein DBMS von einer Anwendung aus anzusprechen, muss man die jeweilige angebotene Programmierschnittstelle (API) verwenden. Um nun ein Programm nicht für jedes mögliche DBMS erstellen bzw. umschreiben zu müssen, hat sich die Methode der Datenbanktreiber durchgesetzt. Ein solcher Treiber ist eine Software-Schicht, die Datenbank-Aufrufe, die in einer bestimmten Programmiersprache (z.B. Java, C++) erstellt wurden, in die Kommandos der jeweiligen DBMS-API umwandelt. Anders formuliert: Der Treiber stellt die Verbindung zwischen dem Programm und der Datenbank her.

Auf der Programmebene sind ebenfalls Programmierschnittstellen für Datenbankzugriffe entstanden. Die beiden wichtigsten sind ODBC (Open Database Connectivity), eine von Microsoft entwickelte API für die Sprache C, sowie JDBC (Java Database Connectivity) von Sun für die Sprache Java.

Da sich dieses Buch mit Java befasst, ist für uns vornehmlich JDBC von Interesse. JDBC ist fester Bestandteil von Java und bietet eine Reihe von Schnittstellen und Methoden zum Zugriff auf Datenbanken. Alle üblichen Datenbanksysteme bieten mittlerweile einen rein Java-basierten (sogenannten Typ-4) JDBC-Treiber.

33.1.3 SQL – Structured Query Language

Der eigentliche Kontakt mit einem DBMS erfolgt aus Sicht des Anwenders oder Programmierers mithilfe einer halbwegs standardisierten Sprache namens SQL.

SQL bietet, ähnlich wie eine Programmiersprache, Befehle an, mit denen sich die typischen Aufgaben beim Umgang mit einer Datenbank definieren lassen. SQL ist mittlerweile sehr umfangreich, sodass an dieser Stelle nur eine kurze Einführung gegeben werden soll. Wenn Sie komplexe Datenbankanwendungen erstellen wollen, dann müssen Sie sich SQL-Speziallliteratur zulegen. Im Folgenden werden nur die SQL-Befehle und ihre Syntax beschrieben, mit denen sich fundamentale Aktionen und die Beispiele nachvollziehen lassen.

INFO

SQL-Befehle und Schlüsselwörter sind »case-insensitiv«, d.h., es wird nicht zwischen Groß- und Kleinschreibung unterschieden. Es ist allerdings üblich, Großbuchstaben zu verwenden.

Tabellen anlegen – CREATE TABLE

Das Anlegen einer Tabelle besteht in der Vergabe eines Tabellennamens sowie der Definition der Spalten. Meistens erfolgt das Anlegen von Tabellen im DBMS über eine GUI mit geeigneten Eingabemasken. Es ist allerdings auch über einen SQL-Ausdruck aus einem Anwendungsprogramm heraus machbar – mithilfe des `CREATE TABLE`-Befehls:

```
CREATE TABLE tabellenname (
        spaltenname spaltentyp spaltenmodifzierer,
        ...,
        spaltenname spaltentyp spaltenmodifzierer);
```

Beispiel:

```
CREATE TABLE interpreten (
       nummer INTEGER NOT NULL PRIMARY KEY,
       name VARCHAR(30) NOT NULL,
       vorname VARCHAR(30) NOT NULL,
       plattenlabel VARCHAR(30) );
```

STOP

SQL-Anweisungen müssen bei den meisten DBMS mit einem Semikolon abgeschlossen werden!

In diesem Beispiel wird eine Tabelle namens *interpreten* angelegt, die aus den Spalten *nummer*, *name*, *vorname* und *plattenlabel* besteht. Die erste Spalte ist vom Typ `INTEGER`, die anderen haben als Typ `VARCHAR(30)`, also variable Zeichenketten bis maximal Länge 30. *nummer*, *name* und *vorname* haben darüber hinaus noch einen Modifizierer (Felder), der zusätzliche Bedingungen festlegt.

Die wichtigsten Modifizierer bei MySQL sind:

Tabelle 33.1: MySQL-Modifizierer

Modifizierer	Beschreibung
AUTO_INCREMENT	Nimmt den bisherigen Maximalwert der Spalte und addiert eins hinzu. Bei INSERT muss für eine solche Spalte NULL übergeben werden.
DEFAULT	Speichern eines Standardwerts, wenn bei INSERT kein Wert definiert wird.
NOT NULL	Spalte darf nicht leer bleiben.
PRIMARY KEY	Spalte wird zur Erstellung eines Index verwendet. Jede Zeile muss in dieser Spalte einen anderen Wert enthalten.
UNIQUE	Ein Wert darf in dieser Spalte nur einmal vorkommen.
UNSIGNED	Bei numerischen Datentypen die Angabe, dass nur nicht-negative Werte vorkommen dürfen.

Es gibt eine Vielzahl von SQL-Datentypen, die leider bei jedem DBMS variieren. Die Wichtigsten für MySQL sind:

Tabelle 33.2: MySQL-Datentypen

MySQL Typ	Beschreibung
CHAR(n)	Feste Zeichenkette der Länge n (1<=n<=255)
VARCHAR(n)	Variable Zeichenkette der Länge n (d.h., es wird nur so viel Platz verbraucht, wie tatsächlich von dem Eintrag in Anspruch genommen wird;1 <= n <= 255)
INTEGER	Ganzzahliger Wert im Bereich -2147483648 bis +2147483647
FLOAT	Gleitkommazahl
DOUBLE	Gleitkommazahl, doppelte Genauigkeit
REAL	Synonym für DOUBLE
DECIMAL(n,m)	Festkommazahl mit n Vorkomma-, m Nachkommastellen
BLOB	Binary Large Object: beliebige Binärdaten bis Länge 65535 (größere Varianten sind MEDIUMBLOB und LONGBLOB)
TEXT	Wie BLOB, aber Suche und Vergleich werden case-insensitiv gemacht (also keine Unterscheidung bei der Groß-/Kleinschreibung); kann man als großes VARCHAR auffassen. Größere Varianten sind MEDIUMTEXT und LONGTEXT.
DATE	Datum im Format JJJJ-MM-TT
TIME	Zeit im Format HH-MM-SS

INFO

Die Wertebereiche und Größenbeschränkungen von SQL-Datentypen hängen zum Teil von dem verwendeten DBMS ab; die obige Tabelle bezieht sich auf MySQL 5.

Leider ist `CREATE TABLE` nicht völlig portabel, da die Datentypen und Modifizierer nicht standardisiert und dadurch abhängig vom verwendeten DBMS sind. Es ist daher am besten, Tabellen mit den Administrationsprogrammen des verwendeten DBMS anzulegen.

Datensatz einfügen – INSERT

Wenn in eine vorhandene Tabelle ein Datensatz eingefügt werden soll, kommt der `INSERT`-Befehl zum Einsatz:

```
INSERT INTO tabellenname(spaltenname,..., spaltenname)
     VALUES (wert, ..., wert);
```

Beispiel:

```
INSERT INTO interpreten(nummer, name, vorname, plattenlabel)
     VALUES(1,'Gabriel', 'Peter', 'Ariola');
```

Die angegebenen Spalten und Typen müssen natürlich zur Tabellendefinition passen.

Wenn man exakt die Reihenfolge der Spalten von der Tabellendefinition einhält, kann man auch verkürzt schreiben:

```
INSERT INTO interpreten VALUES(1,'Gabriel','Peter','Ariola');
```

Datensatz ändern – UPDATE

Um einen vorhandenen Datensatz zu ändern, gibt es den `UPDATE`-Befehl. Die Syntax sieht aus wie folgt:

```
UPDATE tabellenname
  SET spaltenname = wert,
      ...,
      spaltenname = wert
WHERE spaltenname = wert;
```

Beispiel:

```
UPDATE interpreten
  SET name = 'Gabriel',
      vorname = 'Peter',
      plattenlabel = 'Teldec'
  WHERE nummer = 1;
```

Die `WHERE`-Klausel dient zur Herausfilterung der richtigen Zeile, sodass dann per `SET` die Spalten neu gesetzt werden können.

Datensatz löschen – DELETE

Das Löschen eines Datensatzes, also einer Zeile, erfolgt durch `DELETE`:

```
DELETE FROM tabellenname WHERE spaltenname = wert;
```

Beispiel:

```
DELETE FROM interpreten WHERE name = 'Gabriel';
```

Diese Anweisung löscht alle Einträge mit dem Namen Gabriel.

Datensätze suchen – SELECT

Das Suchen bzw. Auswählen von Datensätzen erfolgt durch die SELECT-Anweisung. Sie ist die mit Abstand am häufigsten eingesetzte Anweisung:

```
SELECT spaltenname, ..., spaltenname
  FROM tabellenname
  WHERE spaltenname = wert;
```

Beispiel:

```
SELECT name, vorname
  FROM interpreten
  WHERE name = 'Gabriel';
```

Obiges Beispiel wählt alle Datensätze aus, deren Feld *name* den Wert »Gabriel« aufweist. Von den Datensätzen, die diese Bedingung erfüllen, werden die Spalten *name* und *vorname* ausgewählt. Falls alle Spalten genommen werden sollen, gibt es die Kurzschreibweise *:

```
SELECT *
  FROM interpreten
  WHERE name = 'Gabriel';
```

Die WHERE-Klausel formuliert die Bedingung. Wenn man sie weglässt, wird jeder Datensatz in die Ergebnismenge aufgenommen.

Häufig möchte man die Ausgabe bezüglich einer Spalte ordnen. Hierfür dient der Zusatz ORDER BY sowie die Sortierart aufsteigend (ASC) oder absteigend (DESC), zum Beispiel:

```
// Alles auswählen und nach Name aufsteigend sortieren
SELECT * FROM interpreten ORDER BY name ASC;
```

Außerdem gibt es in Verbindung mit SELECT noch eine Reihe von Aggregatfunktionen, z.B.

COUNT()	Liefert die Anzahl der gefundenen Zeilen.
MIN()	Liefert den minimalen Wert einer Spalte.
MAX()	Liefert den maximalen Wert einer Spalte.
SUM()	Liefert die Summe der Werte einer Spalte.

Tabelle 33.3: Aggregatfunktionen für Select

Beispiele:

```
SELECT COUNT(*) FROM interpreten;
```

ergibt eine Ergebniszeile mit einer Spalte. Inhalt ist die Anzahl aller Zeilen in *interpreten*.

```
SELECT MIN(nummer) FROM interpreten;
```

ergibt eine Zeile mit einer Spalte. Inhalt ist der kleinste vorkommende Wert im Feld *nummer*.

33.2 MySQL-Datenbank anlegen

Im Rest dieses Kapitels wird davon ausgegangen, dass Sie das DBMS MySQL von der Buch-DVD erfolgreich installiert haben[1], einen Benutzer *javauser* mit dem Passwort *lomu* angelegt haben und der MySQL-Server auf Ihrem Arbeitsrechner gestartet worden ist (siehe Hinweis unten).

Falls Sie ein anderes DBMS oder eine andere Konfiguration verwenden (z.B. ein anderes Installationsverzeichnis gewählt haben oder auf einem anderen Rechner als dem Datenbankserver-Rechner arbeiten), müssen Sie die nachfolgenden Abschnitte gegebenenfalls entsprechend anpassen.

INFO

Falls der MySQL Server nicht läuft, dann öffnen Sie zum manuellen Starten ein Konsolenfenster und wechseln Sie in das *bin*-Verzeichnis der MySQL-Installation (standardmäßig *C:\Programme\MySQL\MySQL Server 5.5\bin*). Starten Sie den MySQL-Server mit dem Aufruf:

```
mysqld  --console   (unter Windows)
```

Wenn Sie MySQL unter Windows als automatisch gestarteten Dienst installiert haben, müssen Sie diesen Schritt nicht ausführen (außer Sie hätten den Dienst zuvor manuell beendet).

Das Anlegen einer Datenbank besteht im Wesentlichen aus folgenden Schritten:

- dem Erzeugen der Datenbank
- dem Erstellen von einer oder mehreren Tabellen in der neuen Datenbank
- gegebenenfalls dem Füllen der Tabellen mit vorhandenen Daten

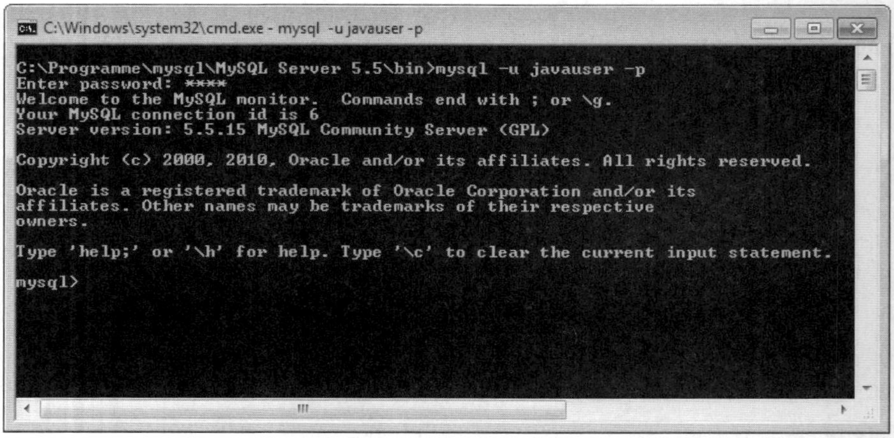

Abbildung 33.2: Die Shell von mysql.exe

1 Installationshinweise finden Sie im Anhang.

Für diese Aufgaben stellt jedes DBMS spezielle Hilfsprogramme zur Verfügung. Im Falle von MySQL ist dies das Konsolenprogramm *mysql.exe*[2]. Sie starten also dieses Tool in einem Konsolenfenster mit dem Befehl[3]:

```
C:\<MYSQL_INSTALLATION>\bin\mysql -u javauser -p
```

und erhalten nach Eingabe des Passwortes (*lomu*) eine Shell (Eingabeaufforderung) zur Eingabe von MySQL-Kommandos.

Beispiel

Als Beispiel sollen Sie für einen Manager in der Musikbranche, der zahlreiche Interpreten betreut, eine einfache Datenbank aufbauen.

Zunächst erzeugen Sie eine noch leere Datenbank und nennen sie *musik*. Das Anlegen erfolgt mit *mysql.exe* durch das MySQL-Kommando:

```
create database musik;
```

Wenn Sie nun mit dem MySQL-Kommando *show databases;* nachprüfen, welche MySQL-Datenbanken vorhanden sind, sollte auch *musik* aufgelistet sein!

Jetzt müssen Sie die neu angelegte, leere Datenbank mit Leben – nämlich Tabellen – füllen. Im vorliegenden Fall brauchen Sie zunächst nur eine Tabelle *interpreten*. Jeder Datensatz (Zeile) in dieser Tabelle soll folgende Angaben enthalten:

- eine Nummer zur eindeutigen Identifikation des Eintrags (die Nummer soll eindeutig sein und vom DBMS automatisch hochgezählt werden)
- Vornamen und Nachnamen des Interpreten (beides muss vorhanden sein)
- das Geburtsdatum (muss eingegeben werden)
- das Geschlecht (muss eingegeben werden)
- das Plattenlabel, bei dem er unter Vertrag ist (optional)
- der Umsatz seiner Plattenverkäufe (optional)

Um die Tabelle anzulegen, müssen Sie zuerst mit dem Kommando

```
use musik;
```

in die gewünschte Datenbank wechseln. Das Anlegen der Tabelle erfolgt nun mit dem SQL-Befehl `CREATE TABLE`, den Sie schon weiter oben kennengelernt haben:

```
CREATE TABLE interpreten (
nummer INTEGER NOT NULL PRIMARY KEY AUTO_INCREMENT,
name VARCHAR(30) NOT NULL,
vorname VARCHAR(30) NOT NULL,
geburtsdatum DATE NOT NULL,
geschlecht CHAR NOT NULL,
plattenlabel VARCHAR(30),
umsatz DECIMAL(9,2) );
```

2 Da die meisten Leser in der Windows-Welt arbeiten, beziehen wir uns im Folgenden auf die Windows-Version von MySQL. Für Linux-Anwender sollte es aber kein Problem sein, diese Schritte mit der Linux-Version von MySQL nachzuvollziehen, da die Unterschiede nur marginal sind.

3 Wenn Sie *mysql* nicht auf dem Rechner starten, auf dem auch der MySQL-Server läuft, müssen Sie noch mit der Option *-h* den Hostnamen angeben: *mysql -h host -u javauser -p*

INFO Solange Sie kein Semikolon tippen, können Sie bei der Eingabe von Kommandos mit der [Enter]-Taste jederzeit eine neue Zeile anfangen.

Beachten Sie, welche Modifizierer (`NOT NULL`, `PRIMARY KEY`, `AUTO_INCREMENT`) und Datentypen eingesetzt worden sind, um den Vorgaben für den Inhalt der Felder zu entsprechen. Der Datentyp für die Angabe des Geschlechts (`CHAR`) ist übrigens eine Kurzform von `CHAR(1)`.

Mit dem Kommando *show tables;* können Sie sich die vorhandenen Tabellen anschauen; *interpreten* sollte nun erscheinen.

Abbildung 33.3: Anlegen einer Datenbank

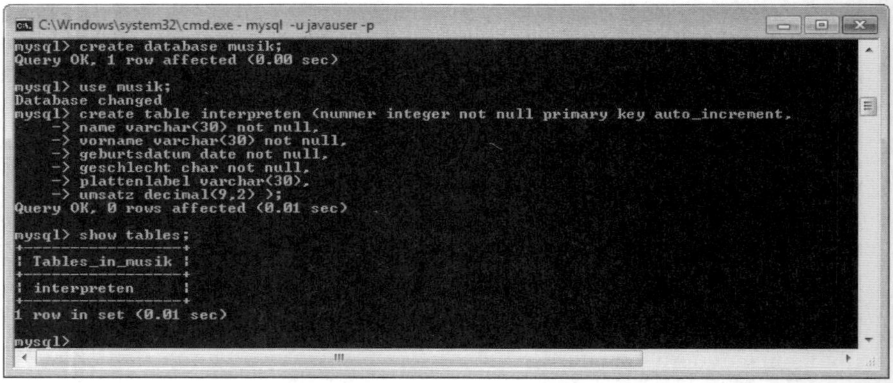

Der letzte Schritt besteht nun darin, die neue Tabelle mit eventuell bereits vorhandenen Daten zu füllen. Hierfür können Sie den `INSERT`-Befehl verwenden:

```
INSERT INTO interpreten
(nummer,name,vorname,geburtsdatum,geschlecht,plattenlabel, umsatz)
VALUES (null,'Schmidt','Erwin','1954-12-03','m','EMI',23000.0);
```

Für umfangreichere Daten ist dies allerdings etwas mühselig. Für diesen Fall gibt es in *C:\Programme\MySQL\MySQL Server 5.5\bin* das Hilfsprogramm *mysqlimport.exe*, mit dem Daten aus einer einfachen Textdatei importiert werden können. Diese Textdatei muss dabei den gleichen Namen tragen wie die Tabelle, in die sie importiert werden soll (mit Ausnahme der Dateiendung). In der Datei müssen zeilenweise die Einträge für die jeweiligen Spalten definiert sein, getrennt durch Tabulatoren (Drücken von [TAB]), in der gleichen Reihenfolge, wie die Spalten in der Tabelle definiert worden sind.

Listing 33.1: Interpreten.txt[4]:

```
0    Meier      Kurt      1981-05-17   m   Arioma   0
0    Celese     Sabrina   1979-04-23   w   DRT      45000
0    Zumbra     Roxana    1983-01-04   w   Telda    245000
0    Kombra     Matt      1961-08-30   m   Gonz     345000
0    Lechner    Thomas    1951-08-31   m   Gonz     48000
0    Navier     Sara      1986-03-15   w   DRT      378000
```

4 Für die Tippmüden findet sich die Datei auch auf der Buch-DVD.

Wichtig ist die Trennung der Einträge durch [TAB]-Zeichen und nicht durch normale Leerzeichen. Für automatisch generierte Attribute (hier Spalte 1 = nummer) setzen wir 0 ein. Achten Sie auch darauf, dass nach den Daten keine weiteren Leerzeilen folgen. Der Import erfolgt nun durch Aufruf des Programms *C:\Programme\MySQL\MySQL Server 5.5\mysqlimport*. Öffnen Sie ein weiteres Konsolenfenster, wechseln Sie in das Verzeichnis *C:\Programme\MySQL\MySQL Server 5.5\bin* und geben Sie ein:

```
mysqlimport -u javauser -p musik c:\Beispiele\Kapitel33\interpreten.txt
```

Die Option *-u* dient dabei zur Angabe des Benutzernamens, *-p* sorgt dafür, dass nach dem Passwort gefragt wird, *musik* ist der Name der Datenbank. Der Tabellenname, in die importiert werden soll, ergibt sich aus dem Dateinamen.

Wenn der Import geklappt hat, sollten Sie in der Shell von *mysql* zur Probe einmal mit einem `SELECT`-Befehl den Inhalt der Tabelle *interpreten* anschauen.

```
mysql> SELECT * from interpreten;
```

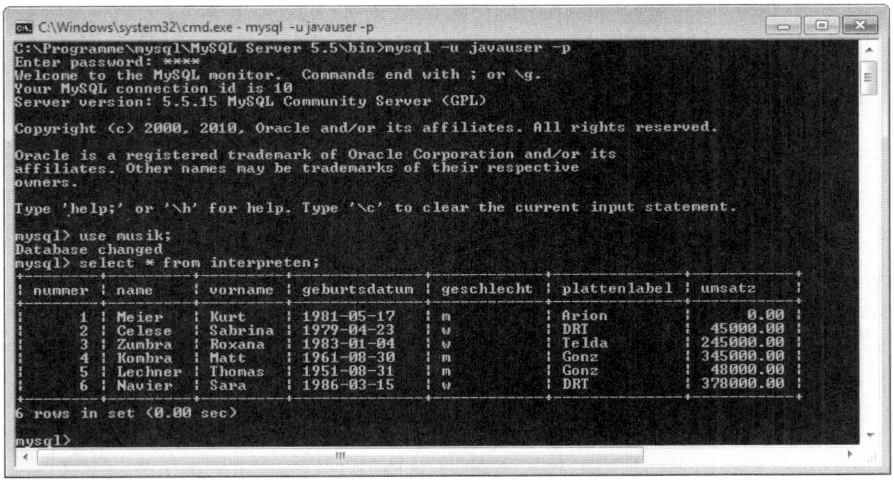

Abbildung 33.4: Der Inhalt der Tabelle interpreten nach dem Import aus einer Textdatei.

Damit ist die Datenbank erstellt und schon mit einigen Daten gefüllt. Im Folgenden werden Sie nun sehen, wie von einem Java-Programm aus darauf zugegriffen wird.

33.3 Datenbankverbindung aufbauen

Die wichtigste Zutat, um von einem Java-Programm aus einen Datenbank-Server anzusprechen, ist natürlich ein JDBC-Treiber, der entweder vom DBMS-Anbieter dem Produkt beigelegt wird oder separat erhältlich ist. Im Falle von MySQL gibt es mehrere Treiber zur Auswahl, die allerdings nicht beigelegt sind, sondern aus dem Internet heruntergeladen werden müssen (z.B. `http://www.mysql.com/downloads/connector/j/`).

Wir werden nun die notwendigen Schritte durchgehen, um von einem Java-Programm aus eine Verbindung zu diesem DBMS herzustellen. Auf der Buch-DVD finden Sie einen JDBC 4.0 kompatiblen Treiber *mysql-connector-java-5.1.17-bin.jar*, den Sie am besten in ein Verzeichnis *lib* kopieren, das Sie unter dem MySQL-Installationsverzeichnis anlegen. Anschließend müssen Sie das JAR-Archiv in den `CLASSPATH` aufnehmen, ein entsprechender Eintrag könnte wie folgt aussehen:

```
CLASSPATH=.;C:\Programme\MySQL\\MySQL Server 5.0\lib\mysql-connector-java-
5.1.17-bin.jar
```

INFO

Wenn Sie den CLASSPATH über einen Windows-Dialog erstellen oder bearbeiten, entfällt die Angabe `CLASSPATH=`. Für weitere Informationen siehe Kapitel 2.2.2.

33.3.1 Das Laden des Treibers

Das Laden des Treibers erfolgt meistens über den Java-Classloader, d.h., über den Einsatz der statischen Methode `Class.forName()`. Diese Methode erwartet den Namen des Treibers, der bei Verwendung des obigen Treibers `com.mysql.jdbc.Driver` lautet.

```
import java.sql.*;
// ...
try {
   Class.forName("com.mysql.jdbc.Driver");
} catch(Exception e) {
   System.err.println(" Kann Treiber nicht laden: " + e);
}
```

INFO

Der Treiber, d.h. die Datei *mysql-connector-java-5.1.17-bin.jar*, muss im `CLASSPATH` vorhanden sein, oder Sie rufen *java.exe* mit der entsprechenden `classpath`-Option *-cp* auf, z.B.:

```
java -cp .;c:\<PFAD_zum_TREIBER>\mysql-connector-java-5.1.17-bin.jar DasProgramm
```

STOP

Wenn von einem Applet aus eine Datenbankverbindung aufgebaut werden soll, verwenden Sie statt des einfachen `forName()`-Aufrufs die Syntax:

```
Class.forName("treibername").newInstance();
```

um nach dem Laden explizit eine Instanz der Treiberklasse anzulegen. (Die weiter oben vorgestellte Syntax funktioniert in einigen Versionen des MS Internet Explorer nicht.)

Für den Treibernamen gibt es keine allgemeine Regel. Sie müssen in der Dokumentation des jeweiligen Treibers nachschlagen, wie er heißt. Bei Verwendung der JDBC-ODBC-Brücke ist der notwendige Treiber im JDK enthalten und heißt `sun.jdbc.odbc.JdbcOdbcDriver`.

Mit der immer weiter fortschreitenden Entwicklung von Java und JDBC gibt es mittlerweile noch weitere Möglichkeiten, den Treiber zu laden:

- Aufruf der statischen Methode `DriverManager.registerDriver(new Treiber())`, z.B.:

```
try {
   DriverManager.registerDriver(
                           new com.mysql.jdbc.Driver());
}
 catch(Exception e) {
   System.err.println(" Kann Treiber nicht laden" + e);
}
```

- Ab Java 6 gibt es zudem das automatische Laden von JDBC 4.0-Treibern, die im Klassenpfad gefunden werden. Falls Sie eine Java Version > = 6 verwenden *und* einen JDBC 4.0-konformen Treiber verwenden, müssen Sie programmseitig nichts tun.

33.3.2 Einsatz von DriverManager und Connection

Alle JDBC-Klassen und Schnittstellen sind im Paket `java.sql` gebündelt, welches daher per `import` zur Grundausstattung gehören muss. Die Datenbankverbindung selbst wird in JDBC durch die `Connection`-Schnittstelle repräsentiert. Das Ziel ist daher, eine Instanz vom Typ `Connection` zu bekommen. Hierfür dient die Klasse `DriverManager`. Sie besitzt eine statische Methode `getConnection()`, die einen URL mit der Angabe der Datenbank sowie gegebenenfalls Strings für Benutzernamen und Passwort erwartet:

```
import java.sql.*;
// ...
Connection verbindung = null;
String db = "jdbc:mysql://localhost/musik";
String user ="javauser";
String pw = "lomu";

try{
    verbindung = DriverManager.getConnection(db,user,pw);
} catch(Exception e){
    System.err.println(" " + e.getMessage());
}
```

Der URL zur Angabe der Datenbank hat ein bestimmtes Format:

```
protokoll:subprotokoll:subname
```

Leider ist dies nicht sonderlich hilfreich, da bis auf `protokoll` (= jdbc) die genaue Syntax von `subprotokoll` und `subname` vom jeweiligen Treiber bzw. Datenbanksystem abhängt.

Im Fall von MySQL muss der URL folgendermaßen aussehen:

```
jdbc:mysql://[hostname][:port]/dbname
```

`jdbc` bezeichnet das Protokoll, dann folgt der Name der Datenbank und schließlich optional der Hostname, auf dem der Datenbank-Server läuft, gegebenenfalls noch die Portnummer (falls nicht der Standardport von MySQL verwendet wird) und schließlich der Name der gewünschten Datenbank, in unserem Beispiel `musik`.

Falls Sie die JDBC-ODBC-Brücke einsetzen möchten (häufigster Fall: Zugriff auf Microsoft Access), dann lautet der URL `jdbc:odbc:derDatenquellenname`.

STOP

Bei Verwendung einer anderen Datenbank und somit eines anderen Treibers kann der URL deutlich anders aussehen. Beispiel: Bei Borland Interbase würde eine Datenbank, abgelegt als *c:\temp\musik.gdb*, im URL folgendermaßen erscheinen:

```
jdbc:interbase://localhost/c:/temp/musik.gdb
```

Man kommt also leider nicht umhin, die Datenbankdokumentation genau zu studieren!

Damit ist der Kontakt zwischen Java-Programm und dem DBMS hergestellt. Über die erhaltene Instanz vom Typ `Connection` kann nun auf die Datenbank zugegriffen werden, d.h., nun können Sie endlich SQL-Abfragen auf die Datenbank loslassen.

INFO

Da ein `Connection`-Objekt Datenbankressourcen in Beschlag nimmt, sollte die Verbindung geschlossen werden, wenn sie nicht mehr benötigt wird. Hierzu dient die Methode `close()`.

33.4 SQL-Abfragen durchführen

JDBC liegt zurzeit in der Version 4.1 vor und bietet eine große Fülle an Möglichkeiten, die leider oft noch nicht durch geeignete Treiber oder das DBMS unterstützt werden. Beachten Sie dies bitte, wenn Sie mit JDBC arbeiten. Alle SQL-Abfragen können eine `SQLException` werfen (und müssen daher mit `try-catch` abgesichert werden). Eine Exception muss aber nicht immer bedeuten, dass Sie bzw. Ihr Programm etwas falsch gemacht haben. Ziehen Sie bei der Fehleranalyse auch die Möglichkeit in Betracht, dass der Treiber oder die Datenbank das Verlangte nicht leisten können.

33.4.1 Die Statement-Schnittstelle

Eine einfache SQL-Abfrage (auch *Query* oder *Statement* genannt) wird in Java durch ein Objekt vom Typ `Statement` repräsentiert. Einfach bedeutet in diesem Zusammenhang, dass keine besonderen Parameter in die Abfrage mit einfließen.

Das Vorgehen ist ziemlich einfach. Man legt mithilfe von `createStatement()` der Klasse `Connection` ein `Statement`-Objekt an:

```
Statement stm;
try {
   stm = verbindung.createStatement();
} catch(SQLException e) { }
```

Neben `createStatement()` gibt es noch eine erweiterte Form `createStatement(int typ, int con)`, die in Abschnitt 33.4.2 besprochen wird.

Dann ruft man die gewünschte `Statement`-Methode auf. Hierbei sind zwei von Bedeutung: `executeQuery()` und `executeUpdate()`.

- `ResultSet executeQuery(String sql)` dient zur Durchführung einer `SELECT`-Anweisung. Es wird ein `ResultSet` mit dem Ergebnis (den gefundenen Zeilen aus der Tabelle) zurückgegeben.
- `int executeUpdate(String sql)` dient zur Durchführung von `UPDATE`, `INSERT`, `DELETE` oder `CREATE TABLE`, `ALTER TABLE` usw. Rückgabewert ist die Anzahl an Zeilen in der Tabelle, die von dem Kommando betroffen ist.

Der String `sql` enthält dabei genau die gleiche Folge von Kommandos, Klammern usw., wie man sie im Administrationstool (z.B. *mysql.exe*) eingeben würde. Nur das abschließende Semikolon wird nicht benötigt.

```
String sql = "INSERT INTO interpreten " +
             "(nummer,name,vorname,geburtsdatum," +
             "geschlecht,plattenlabel,umsatz) " +
             "VALUES(5,'Kalina','Sophia','1976-04-31','w'," +
             "'Telda',149000)";
try {
    int anzahl = stm.executeUpdate(sql);
} catch(SQLException e) {
    System.err.println(" " + e.getMessage());
}

String sql = "SELECT * FROM interpreten WHERE geschlecht = 'w' ";
ResultSet ergebnis;
try {
    ergebnis = stm.executeQuery(sql);
} catch(SQLException e) {
    System.err.println(" " + e.getMessage());
}
```

Das folgende Beispielprogramm zeigt zusammenfassend die Schritte, die nötig sind, um Kontakt zu einer MySQL-Datenbank aufzunehmen und den Inhalt der Tabelle *interpreten* auszugeben. Das Auslesen der Daten aus `ResultSet` erfolgt dabei mithilfe spezieller Methoden, die im nächsten Abschnitt besprochen werden.

Listing 33.2: DemoMySQL.java – Beispiel zum Auslesen aller Daten aus der Tabelle interpreten

```
import java.sql.*;

public class DemoMySQL {
   public static void main(String[] args) {
      System.out.println();
```

```
        try { // Treiber laden (nicht notwendig ab Java 6/JDBC 4.0)
           Class.forName("com.mysql.jdbc.Driver");
        } catch(Exception e) {
           System.err.println(" Kann Treiber nicht laden: " + e);
        }

        Connection verbindung = null;
        String db = "jdbc:mysql://localhost/musik";
        String user ="javauser";
        String pw = "lomu";

        try  {
           // Verbindung herstellen
           verbindung = DriverManager.getConnection(db,user,pw);

           // Query ausführen
           Statement stm = verbindung.createStatement();
           String sql ="SELECT * from interpreten";
           ResultSet ergebnis = stm.executeQuery(sql);

           // Ergebnis drucken
           String name,vorname,label,geschlecht;
           Date geburt; //java.sql.Date
           int num;
           double umsatz;

           System.out.println(" Inhalt von Tabelle interpreten:");

           while(ergebnis.next() == true) {
              num = ergebnis.getInt("nummer");
              name = ergebnis.getString("name");
              vorname = ergebnis.getString("vorname");
              geburt = ergebnis.getDate("geburtsdatum");
              umsatz = ergebnis.getDouble("umsatz");
              label = ergebnis.getString("plattenlabel");
              geschlecht = ergebnis.getString("geschlecht");

              System.out.println(" " + num + " " + name + " " +
                           vorname + " " + geburt  + " " +
                           geschlecht + " " + label + " " + umsatz);
           }
           // nicht unbedingt notwendig, da sowieso Programmende:
           verbindung.close();
        } catch(Exception e) {
           System.err.println(" " + e.getMessage());
        }
     }
  }
```

Ausgabe:

```
Inhalt von Tabelle interpreten:
1 Schmidt Erwin 1954-12-03 m EMI 23000.0
2 Meier Kurt 1981-05-17 m Arion 0.0
3 Celese Sabrina 1979-04-23 w DRT 45000.0
4 Zumbra Roxana 1983-01-04 w Telda 245000.0
5 Kombra Matt 1961-08-30 m Gonz 345000.0
6 Lechner Thomas 1951-08-31 m Gonz 48000.0
7 Navier Sara 1986-03-15 w DRT 378000.0
```

Achten Sie bei der Ausführung des Beispiels darauf, dass MySQL gestartet wurde und läuft (siehe Anfang von Abschnitt 33.2) und dass der MySQL-Treiber im `CLASSPATH` vorhanden ist (siehe Anfang von Abschnitt 33.3).

33.4.2 Die ResultSet-Schnittstelle

Auslesen von Daten

Das Ergebnis einer `SELECT`-Anweisung ist eine Untermenge der spezifizierten Tabelle (im Beispiel oben von `interpreten`).

Diese Ergebnistabelle wird durch ein Objekt vom Typ `ResultSet` repräsentiert und hat dabei einen besonderen Zeiger – Cursor genannt – auf die einzelnen Zeilen. Die Zeilen sind von eins aufsteigend durchnummeriert, ebenso die Spalten pro Zeilen.

INFO

Ein `ResultSet`-Objekt hat einen sogenannten offenen Zustand, solange das zugrunde liegende `Statement`-Objekt existiert und keine neue Abfrage damit abgesetzt worden ist. Will man den Zustand sofort schließen und dadurch Datenbank-Ressourcen freigeben, kann man seine Methode `close()` aufrufen.

Wenn man durch `executeQuery()` ein neues `ResultSet` erhalten hat, steht der Cursor vor der ersten Zeile (also auf 0). Mithilfe der Methode

```
boolean next()
```

kann nun zeilenweise von Anfang bis Ende das `ResultSet` durchlaufen werden, indem der Cursor auf die nächste Zeile gesetzt wird. Zum Auslesen der Daten aus der aktuellen Zeile stehen zahlreiche `getXxx()`-Methoden bereit. Man kann dabei die Spalte über die Nummer (eins = erste Spalte von links) oder über den Spaltennamen definieren.

STOP

Die Spaltennummerierung in einem `ResultSet` muss nicht mit der Spaltennummerierung in der zugrunde liegenden Tabelle übereinstimmen (je nach verwendeter SQL-Abfrage, z.B. wenn nur die erste und vierte Spalte einer Tabelle über `SELECT` ausgelesen werden, dann hat das `ResultSet` die Spalten eins und zwei).

Die wichtigsten Methoden für das Auslesen der Felder sind in Tabelle 33.4 aufgeführt.

Tabelle 33.4: Wichtige Zugriffsmethoden der ResultSet-Schnittstelle

Methode	Beschreibung
boolean **getBoolean**(int n) boolean **getBoolean**(String name)	Liefert den Wert von Spalte n/name als boolean zurück.
double **getDouble**(int n) double **getDouble**(String name)	Liefert den Wert von Spalte n/name als double zurück.
float **getFloat**(int n) float **getFloat**(String name)	Liefert den Wert von Spalte n/name als float zurück.
int **getInt**(int n) int **getInt**(String name)	Liefert den Wert von Spalte n/name als int zurück.
Date **getDate**(int n) Date **getDate**(String name)	Liefert den Wert von Spalte n/name als java.sql.Date zurück.
String **getString**(int n) String **getString**(String name)	Liefert den Wert von Spalte n/name als String zurück.
Blob **getBlob**(int n) Blob **getBlob**(String name)	Liefert den Wert von Spalte n/name als Blob zurück.
Clob **getClob**(int n) Clob **getClob**(String name)	Liefert den Wert von Spalte n/name als Clob zurück.

Natürlich muss die verwendete getXxx()-Methode dem Datentyp in der Datenbank entsprechen, damit nicht Datenmüll geliefert wird. Diese Methoden wandeln die Daten gnadenlos in das gewünschte Format um.

Das typische Auslesen eines ResultSet sieht somit folgendermaßen aus:

```
ResultSet ergebnis = stm.executeQuery(sql);

while(ergebnis.next() == true) {
   String name = ergebnis.getString("name");

   // 'vorname' ist 3. Spalte in interpreten
   String vorname = ergebnis.getString(3);
   // ....
}
```

Scrolling und Schreiboperationen

Mit einem ResultSet kann man die Datenmenge aber nicht nur von der ersten bis zur letzten Zeile durchlaufen und Daten auslesen. Weiterhin möglich ist:

- das beliebige Navigieren (Scrolling) innerhalb der Zeilen des ResultSet,
- das Berücksichtigen von Änderungen in der zugrunde liegenden Datenbank,
- das Beschreiben (Update), Einfügen (Insert) und Löschen (Delete) von Zeilen mit geänderten Daten. Diese Daten können dadurch auch in der zugrunde liegenden Tabelle in der Datenbank geändert werden.

Um diese zusätzlichen Eigenschaften zu nutzen, muss allerdings das Statement-Objekt, mit dem die SQL-Abfrage durchgeführt werden soll, mit einer besonderen Form von Connection.createStatement() erzeugt werden:

```
Statement createStatement(int typ, int concurrency)
```

Für den Parameter typ stehen dabei zur Auswahl:

Tabelle 33.5: Konstanten für den createStatement-Parameter typ

Konstante	Beschreibung
ResultSet.TYPE_FORWARD_ONLY	Der Cursor darf nur vorwärts bewegt werden.
ResultSet.TYPE_SCROLL_INSENSITIVE	Der Cursor darf beliebig bewegt werden; Änderungen auf der zugrunde liegenden Tabelle durch andere haben keinen Einfluss.
ResultSet.TYPE_SCROLL_SENSITIVE	Der Cursor darf beliebig bewegt werden; Änderungen auf der zugrunde liegenden Tabelle durch andere ändern auch das ResultSet.

Der interessante Aspekt bei diesem Parameter ist neben der Scrolling-Fähigkeit noch die Festlegung, ob Änderungen in der Datenbank sich auf das aktuelle ResultSet auswirken dürfen. Ein ResultSet-Objekt ist somit eine dynamische Sicht (View) auf die Datenbank.

Scrollen

Zum Navigieren (Scrollen) in der Ergebnistabelle, d.h. zum Positionieren des Cursors auf eine bestimmte Zeile, bietet ResultSet u.a. die folgenden Methoden an:

Tabelle 33.6: Wichtige Methoden von ResultSet zum Navigieren

Methode	Beschreibung
boolean **absolute**(n)	Setzt den Cursor auf die n-te Zeile; bei Erfolg Rückgabe von true.
boolean **first**()	Setzt den Cursor auf die erste Zeile; bei Erfolg Rückgabe von true.
void **beforeFirst**()	Setzt den Cursor vor die erste Zeile.
boolean **last**()	Setzt den Cursor auf die letzte Zeile; bei Erfolg Rückgabe von true.
void **afterLast**()	Setzt den Cursor hinter die letzte Zeile.
boolean **next**()	Setzt den Cursor auf die nächste Zeile; bei Erfolg Rückgabe von true.
boolean **previous**()	Setzt den Cursor auf die vorangehende Zeile; bei Erfolg Rückgabe von true.
int **getRow**()	Liefert die Nummer der aktuellen Zeile (bezogen auf das ResultSet), wo der Cursor gerade steht.

Vielleicht etwas überraschend ist der Umstand, dass es keine Methode zur Ermittlung der Zeilenanzahl in einem ResultSet-Objekt gibt. Allerdings lässt sich dies zumindest bei scrollbaren ResultSet-Objekten relativ elegant lösen:

```
Statement stm = verbindung.createStatement(
                          ResultSet.TYPE_SCROLL_INSENSITIVE,
                          ResultSet.CONCUR_READ_ONLY);
```

```
ResultSet ergebnis = stm.executeQuery(sql);
ergebnis.last();

int anzahl = ergebnis.getRow();
System.out.println(" Ergebnis hat " + anzahl + " Zeilen");
```

Man springt einfach mit `last()` zur letzten Zeile und ermittelt mit `getRow()` die Nummer dieser Zeile.

Der zweite `createStatement()`-Parameter, `concurrency`, legt fest, ob das `ResultSet`-Objekt geändert werden darf oder nur lesbar und somit unveränderlich ist:

Tabelle 33.7: Konstanten für den createStatement-Parameter concurrency

Konstante	Beschreibung
`ResultSet.CONCUR_READ_ONLY`	Es darf nur gelesen werden.
`ResultSet.CONCUR_UPDATABLE`	Das `ResultSet`-Objekt darf geändert werden (Zeilen beschreiben, neue Zeilen einfügen).

Bei der Option `CONCUR_UPDATABLE` muss beachtet werden, dass wahrscheinlich die betroffenen Zeilen in der Datenbank gesperrt sind, solange das `ResultSet`-Objekt den offenen Zustand hat. Dadurch können andere Nutzer nicht schreibend auf diese Zeilen zugreifen.

TIPP

`ResultSet`-Objekte, die beschreibbar sind und/oder Änderungen von anderen in der zugrunde liegenden Tabelle berücksichtigen, können die Ablaufgeschwindigkeit deutlich verlangsamen. Man sollte solche Fähigkeiten über die Parameter von `createStatement()` daher nur aktivieren, wenn sie wirklich gebraucht werden.

Wenn Treiber und Datenbank die Option `ResultSet.CONCUR_UPDATABLE` unterstützen, kann man auf einem `ResultSet`-Objekt Zeilen einfügen, löschen oder überschreiben, was im Folgenden kurz beschrieben wird.

Update-Operationen

Zum Durchführen von Update-Operationen stehen in `ResultSet` besondere `updateXxx()`-Methoden bereit, z.B.

Tabelle 33.8: Update-Methoden der Schnittstelle ResultSet

Methode	Beschreibung
`void updateString(int n, String str)` `void updateString(String name, String str)`	Überschreibt den String in Spalte `n` bzw. Spalte mit Namen `name` mit `str`.

Analoge Methoden gibt es für alle vorhandenen JDBC-Datentypen (`updateInt()`, `updateBoolean()` usw.). Alle diese Methoden führen die Änderung allerdings zunächst nur auf der aktuellen Zeile (Cursorposition) aus. Die zugrunde liegende Zeile in der Datenbanktabelle wird noch nicht geändert. Dies erfolgt erst bei Aufruf der Methode updateRow(). Das Verändern von Zeilen in einem änderbaren ResultSet-Objekt läuft damit wie folgt ab:

```
// Beispiel: in letzter Zeile wird Spalte 'name' geändert
Statement stm = verbindung.createStatement(
                          ResultSet.TYPE_SCROLL_INSENSITIVE,
                          ResultSet.TYPE_CONCUR_UPDATABLE);

ResultSet ergebnis = stm.executeQuery(sql);
ergebnis.last();

ergebnis.updateString("name","Gonzales");
ergebnis.updateRow();
```

Der Aufruf von updateRow() muss erfolgen, solange der Cursor noch auf der geänderten Zeile steht. Andernfalls gehen die Änderungen verloren.

Insert-Operationen

Einfügeoperationen in ein ResultSet-Objekt verlaufen etwas komplizierter als das einfache Überschreiben vorhandener Zeilen. Hierzu dient eine besondere Einfügezeile, zu der mittels moveToInsertRow() gesprungen wird, in die zunächst spaltenweise mithilfe der passenden updateXxx()-Methoden geschrieben wird. Dann wird mithilfe von insertRow() die Einfügezeile dem ResultSet und der zugrunde liegenden Tabelle in der Datenbank hinzugefügt. Der genaue Ablauf in einem Beispiel:

```
// Beispiel: Hinzufügen einer Zeile
Statement stm = verbindung.createStatement(
                          ResultSet.TYPE_SCROLL_INSENSITIVE,
                          ResultSet.TYPE_CONCUR_UPDATABLE);

ResultSet ergebnis = stm.executeQuery(sql);
ergebnis.moveToInsertRow();
ergebnis.updateString("name","Gonzales");
ergebnis.updateInt("nummer",6);
// usw. für restliche Spalten
ergebnis.insertRow();
ergebnis.moveToCurrentRow();
```

Praktisch ist bei Einfügeoperationen die Methode moveToCurrentRow(), mit der man nach der Einfügeoperation von der Einfügezeile zurück zu der vorherigen Cursorposition springen kann.

Delete-Operationen

Das Löschen einer Zeile aus einem ResultSet und gleichzeitig auch aus der zugrunde liegenden Tabelle in der Datenbank erfolgt durch Positionieren des Cursors auf der zu löschenden Zeile und Aufruf der Methode deleteRow():

```
// Beispiel: Löschen der ersten Zeile
Statement stm = verbindung.createStatement(
                          ResultSet.TYPE_SCROLL_INSENSITIVE,
                          ResultSet.TYPE_CONCUR_UPDATABLE);
```

```
ResultSet ergebnis = stm.executeQuery(sql);
ergebnis.first();
ergebnis.deleteRow();
```

Bei allen Update/Insert/Delete-Operationen können `SQLExceptions` ausgelöst werden, wenn die jeweilige Operation nicht durchführbar ist. Neben dem offensichtlichen Grund, dass vergessen worden ist, `createStatement()` mit dem Parameter `ResultSet.CONCUR_UPDATABLE` aufzurufen, kann eine Vielzahl von anderen Faktoren eine Rolle spielen, u.a.:

- Der verwendete Benutzer muss über Schreibrechte für die Tabelle verfügen.
- Beim Einfügen von Zeilen muss die verwendete Abfrage für alle Spalten ohne Default-Wert eigene Werte geliefert haben.
- Die verwendete Abfrage betrifft nur eine Tabelle und umfasst den Primary Key (Primärschlüssel) der Tabelle.

STOP

Viele Treiber/DBMS unterstützen die neuen Standards JDBC 3.0/4.0 nicht oder nur teilweise. Häufig wird beispielsweise nur ein scrollbares, nicht änderbares `ResultSet` unterstützt (`TYPE_SCROLL_INSENSITIVE, CONCUR_READ_ONLY`). Im nächsten Kapitel können Sie sehen, wie sich vorab durch das Java-Programm feststellen lässt, welche Fähigkeiten unterstützt werden.

33.5 Java-DB

Seit Java 6 ist eine Version des Datenbanksystems *Apache Derby* im JDK integriert (neudeutsch »bundled«). Allerdings wird sie hier anders genannt, nämlich *Java-DB* und sie befindet sich im Java-Installationsverzeichnis im Ordner *db*.

Es handelt sich hierbei um ein komplett in Java implementiertes DBMS, welches sich im sogenannten *embedded* Modus betreiben lässt, d.h., es muss kein separater Server mit dem DBMS laufen: das Java-Programm kann selbst die Java-DB starten, Tabellen anlegen und Daten einfügen und abfragen. Dies ist nicht nur für Entwicklungszwecke sehr praktisch! Aus Entwicklersicht ergeben sich fast keine Unterschiede zu einem üblichen DBMS wie MySQL oder Oracle. Natürlich ist Java-DB in seiner Leistungsfähigkeit und seinen Möglichkeiten nicht mit diesen klassischen Systemen zu vergleichen, aber es bietet alles, was man üblicherweise braucht (voller JDBC 4.0 Standard!) und es benötigt wenige System-Ressourcen (nur ca. 2 Mbyte Hauptspeicher).

STOP

Java-DB/Derby ist nur im JDK vorhanden und nicht in der reinen Laufzeit-Umgebung (JRE)! Falls Sie also vorhaben, Java-DB auch in einem Endprodukt zu verwenden, müssen Sie sicherstellen, dass auf der Zielumgebung auch Java-DB installiert ist.

Im Gegensatz zu einem separat laufenden DBMS wie MySQL muss bei Einsatz von Java-DB das DBMS erst gestartet werden, bevor das Programm SQL-Abfragen usw. abschicken kann. Dies gestaltet sich aber sehr einfach, da dies beim ersten

Aufbau einer Datenbank-Verbindung im Hintergrund erfolgt. Die Java-DB-Instanz läuft dann in derselben Virtual Machine wie das Java-Programm.

```
Properties props = new Properties();
props.put("user", "javauser");
props.put("password", "lomu");

Connection verbindung = null;
String db = "jdbc:derby:musik";
String user ="javauser";
String pw = "lomu";

try  {
    // Verbindung herstellen und Java-DB starten
    // falls Umgebungsvariable derby.system.home nicht gesetzt ist,
    // wird im aktuellen Verzeichnis die Datenbank angelegt
    verbindung = DriverManager.getConnection(db, props);
} catch(SQLException e) {
    System.err.println(" " + e.getMessage());
}
```

Da Java-DB einen JDBC-konformen Treiber verwendet, ergeben sich nur minimale Unterschiede zum Einsatz anderer Datenbanksysteme. Man legt ein `Properties`-Objekt an und speichert darin alle benötigten Parameter. Die wichtigsten sind typischerweise `user` und `password`. Dann definiert man die zu verwendende (oder auch zu erzeugende Datenbank) im Format `jdbc:derby:dbName`, also beispielsweise `jdbc:derby:musik` zur Anlage der Datenbank `musik`. Standardmäßig sucht Java-DB dann einen gleichnamigen Ordner im aktuellen Verzeichnis, in welchem das Java-Programm ausgeführt wird.

INFO

Achten Sie darauf, dass der Java-DB-Treiber *derby.jar* (zu finden im Installationsverzeichnis von Java im Unterordner *db\lib*) im CLASSPATH definiert ist bzw. mit dem Parameter *-cp* beim Ausführen von *java.exe* bekannt gemacht wird, also beispielsweise:

```
java -cp .;.\derby.jar DemoDerby
```

(Für den Fall, dass Sie *derby.jar* in das Verzeichnis von DemoDerby kopiert haben.)

Um zu einer bereits vorhandenen Datenbank eine Verbindung aufzubauen, verwenden Sie den Aufruf

```
Connection c = DriverManager.getConnection("jdbc:derby:datenbankName");
```

Um eine neue Datenbank anzulegen, fügt man das Attribut `create=true` hinzu:

```
Connection c =
    DriverManager.getConnection("jdbc:derby:datenbankName;create=true");
```

Attribute kann man wie oben gezeigt durch Semikolon getrennt anhängen oder separat in einem `Properties`-Objekt definieren und `getConnection()` mitgeben:

```
Properties props = new Properties();
props.put("create", "true");
Connection c = DriverManager.getConnection("jdbc:derby:datenbankName",
                                           props);
```

Sobald eine Verbindung hergestellt worden ist (und dadurch Java-DB hochgefahren worden ist, falls es die erste Verbindungsanfrage war), kann man nun ganz normal mit den üblichen JDBC-Klassen und -Methoden arbeiten. Zu beachten ist nur noch, dass man bei Programmende die Java-DB ordnungsgemäß beendet. Dies erfolgt durch einen abschließenden `getConnection()` Aufruf mit dem Argument `jdbc:derby:;shutdown=true`:

```
try {
    DriverManager.getConnection("jdbc:derby:;shutdown=true");
} catch (SQLException e) {
    // es wird hier immer eine Exception hier von Derby geworfen
}
```

Etwas merkwürdig ist hierbei, dass immer eine `SQLException` geworfen wird! Dies ist aber von den Java-DB-Entwicklern so beabsichtigt und stellt keinen Fehler dar.

Auf der Buch-DVD, im Beispielverzeichnis zu diesem Kapitel, finden Sie das Programm *DemoDerby.java* mit einem vollständigen Codebeispiel, welches aus dem Programm heraus eine Java-DB-Instanz *musik* anlegt, eine Tabelle erzeugt, mit Einträgen füllt und dann ausliest.

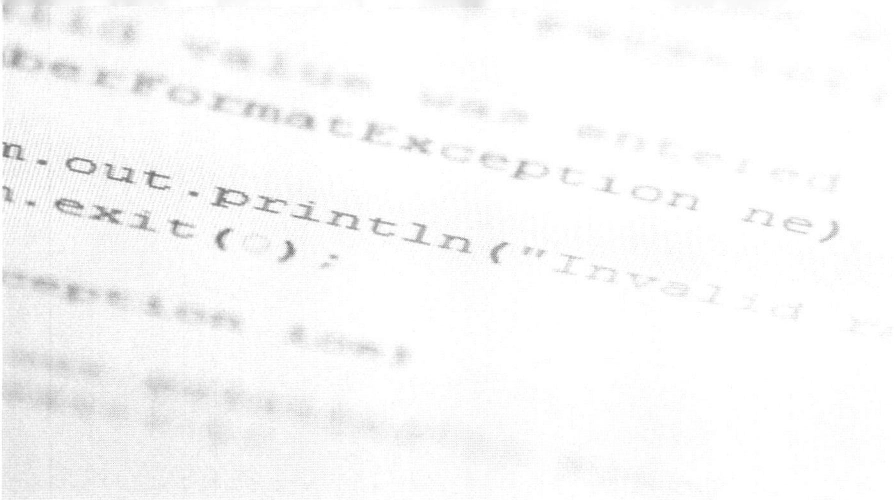

Kapitel 34
JDBC – Vertiefung

In diesem Kapitel wenden wir uns verschiedenen fortgeschrittenen Themen der Datenbankprogrammierung zu.

34.1 Metadaten ermitteln

Der besondere Vorteil eines Programms ist der Umstand, dass es flexibel ist (oder sein sollte!). Bei dem Beispiel im vorangehenden Kapitel war diese Bedingung jedoch nur teilweise erfüllt, da wesentliche Angaben zur Beispieltabelle *interpreten* (Name der Tabelle, Anzahl und Namen der Spalten) fest im Programm codiert sind (»hartcodiert«). Bei Änderungen von *interpreten* in der Datenbank müsste unweigerlich auch ein solches Programm geändert werden.

Aus diesem Grund besitzt JDBC Klassen und Methoden, mit deren Hilfe sich Metadaten (Daten über die Daten) wie z.B. die Namen der Tabellen von einem Java-Programm aus ermitteln lassen. Darüber hinaus lassen sich auch viele weitere Informationen über die Fähigkeiten der Datenbank bzw. des geladenen Treibers sammeln.

34.1.1 DatabaseMetaData

Nicht sonderlich überraschend bietet die Schnittstelle mit dem Namen `DatabaseMetaData` Metadaten über die Datenbank bzw. den Treiber an. Man erhält eine Instanz von diesem Typ über das `Connection`-Objekt, welches hierfür die Methode `getMetaData()` bereitstellt:

```
import java.sql.*;
// ....
Connection verbindung. = DriverManager.getConnection(db,user,pw);
DatabaseMetadata meta = verbindung.getMetaData();
```

DatabaseMetadata bietet ca. 100 (!) Methoden[1] an. Eine kleine Auswahl für den Alltag:

Tabelle 34.1: Wichtige Methoden der DatabaseMetaData-Schnittstelle

Methode	Beschreibung
String **getDatabaseProductName**()	Liefert den Namen des DBMS.
ResultSet **getCatalogs**()	Liefert eine Auflistung aller vorhandenen Tabellennamen in der Datenbank.
String **getDriverName**()	Liefert den Namen des verwendeten Treibers.
String **getDriverVersion**()	Liefert die Versionsnummer des Treibers.
boolean **supportsResultSetType**(int typ)	Liefert true, wenn der angegebene Typ unterstützt wird (typ = TYPE_SCROLL_SENSITIVE, TYPE_SCROLL_INSENSITIVE von ResultSet).
boolean **supportsResultSetConcurrency**(int typ, int conc)	Liefert true, wenn die typ/conc-Kombination unterstützt wird (conc = CONCUR_READ_ONLY, oder CONCUR_UPDATABLE von ResultSet).

Wie schon im vorherigen Kapitel erwähnt, ist häufig ein kritischer Punkt, ob das ResultSet-Objekt in beliebiger Richtung scrollbar ist. Hierfür erweist sich DatabaseMetaData als sehr hilfreich:

```
import java.sql.*;
// ....
Connection verbindung = DriverManager.getConnection(db,user,pw);
DatabaseMetaData meta = verbindung.getMetaData();
System.out.println(" Die Kombination " + meta.getDatabaseProductName()
              + " und Treiber " + meta.getDriverName() + " "
              + meta.getDriverVersion()
              + " unterstützt folgende ResultSet: ");

System.out.println(" scrollbar,sensitiv            "
        + meta.supportsResultSetType(ResultSet.TYPE_SCROLL_SENSITIVE));
System.out.println(" scrollbar,insensitiv          "
      + meta.supportsResultSetType(ResultSet.TYPE_SCROLL_INSENSITIVE));
System.out.println(" scrollbar,updatable,sensitiv   "
    + meta.supportsResultSetConcurrency(ResultSet.TYPE_SCROLL_SENSITIVE,
    ResultSet.CONCUR_UPDATABLE));
System.out.println(" scrollbar,updatable,insensitiv "
  + meta.supportsResultSetConcurrency(ResultSet.TYPE_SCROLL_INSENSITIVE,
  ResultSet.CONCUR_UPDATABLE));
```

1 Es dürfte allerdings kaum einen Treiber geben, der alle implementiert. Rechnen Sie also bei vielen Methoden mit Exceptions!

TIPP

34

false-Rückgabewerte der obigen supportsResultSetXxx()-Methoden sagen nur aus, dass die verwendete Kombination aus Datenbank- und Treiberversion das Feature nicht unterstützt. Es ist allerdings häufig so, dass der Treiber der Ausschlag gebende Faktor ist. Eventuell hilft daher der Einsatz eines besseren Treibers. Eine Übersicht über JDBC-Treiber finden Sie unter http://developers.sun.com/product/jdbc/drivers.

34.1.2 ResultSetMetaData

Um nähere Informationen über ein ResultSet-Objekt zu erhalten, stellt JDBC die Schnittstelle ResultSetMetaData zur Verfügung. Eine Instanz davon lässt sich über die Methode getMetaData() von ResultSet erzeugen:

```
import java.sql.*;
// ....
ResultSet erg = stm.executeQuery(sql);
ResultSetMetaData meta = erg.getMetaData();
```

ResultSetMetaData dient vornehmlich dazu, die Namen und Datentypen der Spalten zu ermitteln.

Tabelle 34.2: Wichtige Methoden in ResultSetMetaData

Methode	Beschreibung
int **getColumnCount**()	Anzahl der Spalten
String **getColumnName**(int n)	Name der n-ten Spalte
String **getColumnTypeName**(int n)	Typ der n-ten Spalte als String
int **getColumnType**(int n)	Typ der n-ten Spalte als Konstante aus java.sql.Types

Die Werte von int getColumnType() sind als statische Konstanten in der Klasse java.sql.Types definiert. Mehr zu SQL-Datentypen finden Sie in Abschnitt 33.1.3.

34.2 Transaktionen

Beim Durchführen von Datenbankzugriffen lauert ständig die Gefahr, dass etwas schief läuft: das DBMS stürzt ab, das eigene Programm läuft Amok oder der Strom fällt aus.

Datenbanken werden aber häufig in unternehmenskritischen Bereichen eingesetzt und daher ist ein Hauptpunkt bei ihrem Einsatz, dass die gespeicherten Daten konsistent sind. Viele Datenbankaktionen betreffen aber mehrere Tabellen und müssen somit durch mehrere SQL-Kommandos umgesetzt werden, die logisch gesehen eine Einheit bilden. Was aber, wenn eine Aktion z.B. aus drei SQL-Abfragen besteht und, nachdem die ersten beiden durchgeführt worden sind, stürzt Ihr Java-Programm ab?!

Denken Sie zum Beispiel an Bankkonten, die Sie mit einer Datenbank verwalten. Eine Umbuchung von Konto A auf Konto B könnte aus zwei UPDATE-Abfragen bestehen: bei A wird der Kontostand um einen Betrag x verringert und bei Konto B hinzuaddiert. Wenn nur die Abbuchung erfolgt und es kommt zum Programmabsturz, ist es vorbei mit einer geordneten Kontenverwaltung.

Zur Lösung dieses Problems wurde der Transaktionsmechanismus entwickelt. Hierbei werden logisch zusammengehörige Aktionen zu einer Einheit – der *Transaktion* – zusammengefasst und es wird technisch sichergestellt, dass entweder alle Teilaktionen erfolgreich durchgeführt werden oder keine. Falls also die Transaktion – warum auch immer – nur teilweise durchgeführt werden konnte, wird dies von der DBMS-Software erkannt und der bereits ausgeführte Anteil wird annulliert (in der Fachsprache heißt dies eindrucksvoll *Rollback*).

JDBC unterstützt den Transaktionsmechanismus über die `Connection`-Schnittstelle mit den folgenden Methoden:

Tabelle 34.3: Wichtige Methoden der Connection-Schnittstelle

Methode	Beschreibung
`void` **`setAutoCommit`**`(boolean com)`	`false` bewirkt, dass nachfolgend ausgeführte Abfragen noch in der Schwebe sind, bis `commit()` aufgerufen wird.
`void` **`commit`**`()`	Alle SQL-Abfragen seit dem letzten `commit()` werden wirksam und dadurch dauerhaft gespeichert.
`void` **`rollback`**`()`	Alle SQL-Abfragen seit dem letzten `commit()` werden annulliert.

Standardmäßig sind alle SQL-Abfragen (über `Statement` oder `PreparedStatement`, siehe Abschnitt 34.3) im `Autocommit`-Modus, d.h., sobald sie mithilfe einer `executeXxx()`-Methode durchgeführt werden, sind ihre Auswirkungen (bei INSERT, DELETE usw.) dauerhaft in der Datenbank gespeichert. Anders gesagt: Jede SQL-Abfrage bildet eine einzelne Transaktion.

Wenn man nun die Transaktion über mehrere SQL-Abfragen erstrecken will, muss man zunächst diesen `Autocommit`-Modus deaktivieren, dann die Abfragen auf die Datenbank loslassen und dann mit `commit()` die Transaktion beenden oder – falls etwas schief gelaufen ist – zurückrollen.

Das Grundgerüst für eine Transaktion sieht folgendermaßen aus:

```
Connection ver = DriverManager.getConnection();
ver.setAutoCommit(false);

Statement stm = ver.createStatement();
String sql_1 = "INSERT ...";
String sql_2 = "UPDATE ...";
String sql_3 ="INSERT ...";

stm.executeUpdate(sql_1);
stm.executeUpdate(sql_2);
stm.executeUpdate(sql_3);

ver.commit();
ver.setAutoCommit(true); // wieder in normalen Modus schalten
```

34.3 Vorbereitete Abfragen und Batchläufe

Während einzelne SQL-Kommandos in lehrbuchhaften Minibeispielen prima funktionieren, zeigt sich im rauen Alltag häufig, dass ganz andere Probleme auftreten. Ein wichtiger Faktor bei Datenbanken ist die Geschwindigkeit, mit der SQL-Abfragen durchgeführt werden. Hierbei sind die bisher gezeigten einzelnen SQL-Anweisungen per Statement relativ langsam, was unangenehm auffällt, wenn nicht mehr einige Dutzend, sondern 10000, 100000 oder noch mehr SQL-Anweisungen hintereinander abgearbeitet werden müssen. Dann wird es quälend langsam und der Kunde, der Chef oder sonst wer schreit herum! Aber es gibt glücklicherweise einige Gegenmittel. Neben der Auswahl von schneller Hardware und einem leistungsfähigen DBMS kann man auch auf der Programmseite einige wichtige Features nutzen.

34.3.1 PreparedStatement

Ein Großteil des Lebens machen Routinehandlungen aus und auch in der Datenbankwelt ist dies nicht viel anders. Die Erfahrung hat gezeigt, dass eine Anwendung zum Großteil die gleiche Art von SQL-Anfragen an eine Datenbank richtet, lediglich einige Parameter unterscheiden sich. Ein typischer Fall ist ein INSERT von zahllosen Datensätzen in eine Tabelle. Das SQL-Kommando ist immer gleich, nur die einzufügenden Werte für die einzelnen Spalten variieren. Dennoch wird jedes Mal der SQL-String geparst (in seine Bestandteile zerlegt), analysiert, die Tabellen- und Spaltenbindung durchgeführt, was alles Zeit kostet. Hier gibt es ein großes Optimierungspotenzial und in der Tat haben sich die JDBC-Entwickler das `PreparedStatement` einfallen lassen.

Ein Objekt vom Typ `PreparedStatement` ist vom Wesen her eigentlich nicht viel anders als das schon bekannte `Statement` mit dem Unterschied, dass die SQL-Abfrage fest »verdrahtet«, d.h. vorkompiliert wird. Lediglich die Spezifizierung der Daten ist in Form von Parametern noch flexibel.

Der erste Schritt beim Einsatz von `PreparedStatement` definiert die auszuführende SQL-Abfrage, inklusive Platzhaltern (Parametern) für die Daten. Hierzu bietet die `Connection`-Schnittstelle neben vielen anderen die folgenden Methoden:

Methode	Beschreibung
`PreparedStatement` **`prepareStatement`**`(String sql)`	Erzeugt eine vorkompilierte SQL-Abfrage und gibt ein `PreparedStatement`-Objekt zurück.
`PreparedStatement` **`prepareStatement`**`(String sql, in typ, int conc)`	Wie oben, zusätzlich kann man festlegen, welcher Art das resultierende `ResultSet` der Abfrage sein soll. Für `typ` und `conc` siehe Kapitel 33.4.2.

Tabelle 34.4: Methoden der Connection-Schnittstelle zur Erzeugung von vorbereiteten Abfragen

Der folgende Code demonstriert, wie eine PreparedStatement-Abfrage erzeugt wird:

```
Connection ver = DriverManager.getConnection(db,benutzer,passwort);

String sql = "INSERT INTO interpreten(nummer,name,vorname," +
             "geburtsdatum,geschlecht,plattenlabel, umsatz) " +
             "VALUES (null,?,?,?,?,?,?)";

PreparedStatement ps = ver.prepareStatement(sql);
```

Die Parameter werden bei der Definition der SQL-Abfrage durch ? markiert. Im obigen Beispiel sind die Werte für die Spalten *name*, *vorname* usw. variabel gehalten, während die erste Spalte *nummer* immer auf null gesetzt werden soll (da die Spalte als AUTO_INCREMENT definiert ist).

Die Parameter in einem PreparedStatement sind von eins aufsteigend nummeriert (im Beispiel steht der erste Parameter für die Spalte *name*) und werden vor dem eigentlichen Aufruf mithilfe von entsprechenden setXxx()-Methoden auf den gewünschten Wert gesetzt, z.B.

```
ps.setString(1,"Hammond");                  // setzt Wert für name
//...
ps.setDate(3, Date.valueOf("1977-10-02");   // geburtsdatum
//...
ps.setDouble(6,140000.0);                   // umsatz
```

Die setXxx()-Methoden entsprechen in ihrer Namensgebung immer dem jeweiligen Datentyp, also setString(), setInt(), setBoolean(), setDate() usw., und je nach Spaltentyp wählt man eine passende Methode aus (mehr zu Datentypen finden Sie übrigens in Abschnitt 34.4) und übergibt die Spaltenposition und den Wert.

Wenn diese Vorbereitungen abgeschlossen sind, kann man die Abfrage ausführen lassen. Hierzu bietet PreparedStatement verschiedene Methoden an.

Tabelle 34.5: Wichtige Methoden der Schnittstelle PreparedStatement

Methode	Beschreibung
boolean **execute**()	Führt die festgelegte SQL-Abfrage mit den gesetzten Parametern durch; Rückgabe von true, wenn das Ergebnis ein ResultSet Objekt ist und ansonsten false.
ResultSet **executeQuery**()	Führt die festgelegte SQL-Abfrage durch und liefert ein ResultSet zurück.
int **executeUpdate**()	Führt die festgelegte SQL-Abfrage durch (die ein UPDATE, INSERT oder DELETE sein muss oder ein ergebnisloses SQL-Kommando); Rückgabewert: die Anzahl der betroffenen Zeilen.

Diese Methoden verhalten sich analog zu den entsprechenden Methoden von Statement:

```
ResultSet ergebnis = ps.executeQuery();
```

STOP

Auch wenn ein Datenbanktreiber die PreparedStatement-Schnittstelle implementiert, muss dies nicht bedeuten, dass er tatsächlich intern SQL-Abfragen vorkompiliert und dadurch eine Beschleunigung erzielt wird.

INFO

Neben dem Geschwindigkeitsvorteil bei wiederholtem Ausführen der gleichen SQL-Anweisung ist PreparedStatement der einzige Weg, um BLOB/CLOB-Datentypen von einem Java-Programm aus in eine Datenbank zu schreiben (mehr dazu in Abschnitt 34.4.2).

34.3.2 Batch Update

Unter Batch Update versteht man das Zusammenfassen von beliebig vielen Update-Anweisungen (INSERT, UPDATE, DELETE, aber nicht SELECT), die dann als Gruppe an das DBMS gesendet und ausgeführt werden. Dies kann deutlich schneller sein, als jede Anweisung für sich an das DBMS zu senden und ausführen zu lassen.

Batch Update ist sowohl für normale SQL-Abfragen (per Statement-Objekt) als auch für vorkompilierte PreparedStatement möglich. Beide Schnittstellen bieten hierfür die Methode addBatch(), die eine definierte SQL-Abfrage zum Batch hinzufügt. Die eigentliche Durchführung eines Batch Updates übernimmt die Statement-Methode executeBatch():

```
01: Connection ver = DriverManager.getConnection();
02: ver.setAutoCommit(false);

03: Statement stm = ver.createStatement();
04: stm.addBatch("INSERT INTO interpreten " +
              "VALUES(null,'Ascha','Maria','1969-10-05','w','GTU',34000");
05: // stm.addBatch("UPDATE ....");  usw. weitere SQL-Kommandos

06: int[] ergebnis = stm.executeBatch();

07: ver.commit();
08: ver.setAutoCommit(true);
```

Zunächst besorgt man sich ganz normal ein Connection-Objekt. Im nächsten Schritt sollte dann der AutoCommit-Modus deaktiviert werden (Zeile 2), um die Folge von SQL-Anweisungen als eine Transaktion zusammenzufassen. Danach wird wieder wie üblich ein Statement-Objekt erzeugt, und über seine addBatch()-Methode wird ein SQL-String hinzugefügt. Für jede weitere Abfrage fügt man einen weiteren addBatch()-Aufruf (des gleichen Statement-Objekts) hinzu.

Sind alle SQL-Anweisungen hinzugefügt, erfolgt die Ausführung mit der Statement-Methode executeBatch() (Zeile 6). Die Methode liefert als Rückgabewert ein Feld mit dem Row-Count, d.h., jeder Eintrag enthält die Anzahl der Zeilen, die von den zugehörigen SQL-Anweisungen betroffen worden waren.

Um die Transaktion wirksam werden zu lassen, muss dann am Schluss noch die commit()-Methode von Connection aufgerufen werden. Damit werden die Aktionen der SQL-Kommandos aus dem Batchlauf in der Datenbank endgültig gespeichert.

Falls nach dem Batchlauf wieder in den Normalbetrieb (direkte Ausführung einer Abfrage) geschaltet werden soll, kann dies mit `setAutoCommit(true)` erfolgen.

Wie schon erwähnt kann ein Batch Update auch im Zusammenhang mit einem `PreparedStatement` erfolgen. Der Ablauf ist fast identisch:

```
Connection ver = DriverManager.getConnection();
ver.setAutoCommit(false);

PreparedStatement stm = ver.prepareStatement(
                  "INSERT INTO INTERPRETEN VALUES(null,?,?,?,?,?,?)");
stm.setString(1,"Bischof");
stm.setString(2,"Helmut");
// usw für die übrigen Parameter

stm.addBatch();
// usw. : mit setXxx() Parameter setzen und mit stm.addBatch()
// hinzufügen

int[] ergebnis = stm.executeBatch();
ver.commit();
ver.setAutoCommit(true);
```

Falls versehentlich bei einem Batch Update eine Abfrage hinzugefügt wird, die ein `ResultSet` zurückliefert (und nicht einfach eine Zahl), oder eine Abfrage sonst wie fehlerhaft war, wird eine `BatchUpdateException` von der Methode `executeBatch()` geworfen. Ein Objekt vom Typ `BatchUpdateException` enthält ein `int`-Array mit der jeweiligen Anzahl an betroffenen Zeilen, erhältlich über die Methode `int[] getUpdateCount()`. Dadurch lässt sich im Fehlerfall nachvollziehen, bis zu welcher Abfrage alles geklappt hat.

Die typische Absicherung eines Batch Update könnte folgendermaßen aussehen:

```
try {
   // ...
   stm.executeBatch();
   // ...
} catch(BatchUpdateException e) {
   System.err.println(" BatchUpdateException " + e);
   int [] updateCounts = e.getUpdateCounts();

   for (int i = 0; i < updateCounts.length; i++)
     System.err.println(" Abfrage " + i + ": " + updateCounts[i]);
}
```

INFO

Auf der Buch-DVD finden Sie im Verzeichnis zu diesem Kapitel das Programm *PrepStates_Batch/Zeitmessung.java*, das einige Laufzeitmessungen für Batch-Updates durchführt.

Zuvor aber sollten Sie eine Kopie Ihrer Musik-Datenbank erstellen. (Wenn MySQL nach *C:/.../MySQL/MySQL Server 5.5* installiert wurde, finden Sie Ihre Datenbanken unter *C:/.../MySQL/MySQL Server 5.5*.)

34.4 SQL-/Java-Datentypen

Leider ist es nun so, dass diese Typen aus der Java-Welt und der SQL-Welt nicht äquivalent sind. Aus diesem Grund wurden generische SQL-Typen definiert sowie eine Zuordnung auf geeignete Java-Datentypen. Dies nennt man geheimnisvoll *Type Mapping*.

34.4.1 Typenzuordnung

Wie Sie seit Ihren frühesten Java-Tagen wissen, gibt es in Java eine reichhaltige Auswahl an Datentypen, die sprachhistorisch aus C/C++-Datentypen abgeleitet und weiterentwickelt worden sind. Auf der anderen Seite haben wir die Datenbankwelt mit den SQL-Datentypen (z.B. VARCHAR, DECIMAL), die Sie schon im Grundlagen-Kapitel kennengelernt haben.

Die JDBC/SQL-Typen sind in der Klasse `java.sql.Types` als `int`-Konstanten definiert. Eine Auswahl der wichtigsten Typen sehen Sie hier:

Tabelle 34.6: Typzuordnung zwischen SQL und Java

SQL-Typ	JDBC-SQL-Typ in java.sql.Types	Java-Typ	Beschreibung
ARRAY	ARRAY	`java.sql.Array`	SQL-Feld
BIGINT	BIGINT	`long`	64 Bit Ganzzahl
BIT	BIT	`boolean`	Einzelnes Bit (0,1)
BLOB	BLOB	`java.sql.Blob`	Beliebige Binärdaten
BOOLEAN	BOOLEAN	`boolean`	boolescher Wert
CHAR	CHAR	`String`	Zeichenkette fester Länge
CLOB	CLOB	`java.sql.Clob`	Für große Zeichenketten
DATE	DATE	`java.sql.Date`	Datumsangaben
DECIMAL	DECIMAL	`java.math.BigDecimal`	Festkommazahl
DOUBLE	DOUBLE PRECISION	`double`	Gleitkommazahl in doppelter Genauigkeit
FLOAT	FLOAT	`double`	Gleitkommazahl in doppelter Genauigkeit
INTEGER	INTEGER	`int`	32 Bit Ganzzahl
-	JAVA_OBJECT	`Object`	Speicherung von Java-Objekten
NULL	NULL	`null` für Java-Objekte, `false` für `boolean`, `0` für numerische Typen	Darstellung des NULL-Werts (= kein Wert)

Tabelle 34.6: Typzuordnung zwischen SQL und Java (Forts.)

SQL-Typ	JDBC-SQL-Typ in java.sql.Types	Java-Typ	Beschreibung
NUMERIC	NUMERIC	`java.math.BigDecimal`	Dezimalzahlen mit fester Genauigkeit
REAL	REAL	`float`	Gleitkommazahl einfache Genauigkeit
TIME	TIME	`java.sql.Time`	Zeitdarstellung (Stunden, Minuten, Sekunden)
VARCHAR	VARCHAR	`String`	Zeichenketten variabler Länge

Für den Java-Programmierer ist die Typzuordnung von Bedeutung, wenn er Spaltenwerte aus einem `ResultSet` mit den entsprechenden `getXxx()`-Methoden ausliest oder umgekehrt Spaltenwerte über `setXxx()` setzt.

Beim Einsatz von `getXxx()`-Methoden muss darauf geachtet werden, dass die geeignete Methode gewählt wird. Falls der zugrunde liegende SQL-Datentyp nicht zu dem Java-Datentyp kompatibel ist, der von `getXxx()` zurückgeliefert wird, dann kommt meistens nur irgendwelcher Datenmüll heraus. Die obige Tabelle kann dabei Hilfestellung leisten, sie ist aber nicht erschöpfend. Beispielsweise kann ein `DECIMAL` Spaltenwert mithilfe von `getBigDecimal()` ausgelesen werden. Da es sich bei `DECIMAL` um Dezimalzahlen handelt, könnte man auch `getFloat()` oder `getDouble()` verwenden; man muss dann allerdings aufpassen, dass die jeweiligen Wertebereiche passen.

Die Tabelle nennt auch einige JDBC-Datentypen, die wir uns später noch näher anschauen werden: `BLOB und CLOB`.

Der JDBC-Typ Date

Manchmal verwirrend ist im Programmieralltag der Datentyp `Date` für Datumsangaben. In JDBC ist damit immer die Klasse `java.sql.Date` und nicht `java.util.Date` gemeint! Zum Anlegen eines `java.sql.Date`-Objekts dient die statische Methode

```
java.sql.Date Date.valueOf(String dat)
```

die einen Datumsstring im Format JJJJ-MM-TT erwartet und ein `java.sql.Date` Objekt zurückgibt.

Zum Erzeugen des aktuellen Datums muss dann aber doch auf `java.util.Date` zurückgegriffen werden, um auf etwas umständliche Art zum Ziel zu kommen:

```
java.util.Date utilDatum = new java.util.Date();     // aktuelles Datum
java.sql.Date datum = new java.sql.Date(utilDatum.getTime());
```

34.4.2 Der JDBC-Typ BLOB/CLOB

`BLOB` steht für *Binary Large Object*, wobei »Objekt« hier nichts mit einem Java-Objekt zu tun hat, sondern einfach im Sinne von Block o.ä. steht. Ein `BLOB` ist somit der Datentyp der Wahl, wenn ein Feld in einer Tabelle einen Block an Binärdaten enthalten soll, ohne dass weiter etwas über diese Daten bekannt ist. BLOBs werden typischerweise zur Speicherung von Bilddateien (GIF/TIF usw.) oder Audiodaten verwendet. Die korrespondierende Java-Schnittstelle ist `java.sql.Blob`.

Tabelle 34.7: Wichtige Methoden der Schnittstelle Blob

Methode	Beschreibung
`InputStream` **`getBinaryStream`**`()`	Liefert einen `InputStream` zum Lesen des BLOB.
`byte[]` **`getBytes`**`(long pos, int laenge)`	Liefert den Wert des BLOB als Feld von Bytes zurück ab Position `pos` (1. Position hat den Wert `1`).
`long` **`length`**`()`	Liefert die Länge des BLOB (Anzahl Bytes).
`OutputStream` **`setBinaryStream`**`(long pos)`	Liefert einen `OutputStream` zum Schreiben in das BLOB ab Position `pos` (1. Position hat Wert `1`).
`int` **`setBytes`**`(long pos, byte[] bytes)`	Schreibt den Inhalt von Array `bytes` in das BLOB ab Position `pos` (1. Position hat Wert `1`).

INFO

Ein Blob – ebenso wie das nachfolgend beschriebene Clob – ist technisch gesehen ein *Locator*, d.h. eine Art Zeiger. Das Blob/Clob selbst enthält keine Nutzdaten; es verweist nur auf die entsprechende Stelle in der Datenbank.

CLOB

Fast identisch zu `Blob` ist `java.sql.Clob` (*Character Large Object*) für einen Block an Binärdaten, bei denen man annimmt, dass es sich dabei um Textzeichen handelt. Daher gibt es auf Zeichen zugeschnittene Methoden:

Tabelle 34.8: Wichtige Methoden der Schnittstelle Clob

Methode	Beschreibung
`InputStream` **`getAsciiStream`**`()`	Liefert einen `InputStream` zum Lesen des CLOB im ASCII-Format (8 Bit pro Zeichen).
`Reader` **`getCharacterStream`**`()`	Liefert einen `Reader` zum Lesen (16 Bit pro Zeichen, also Unicode-fähig).
`String` **`getSubString`**`(long pos, int laenge)`	Liefert den Teilstring der Länge `laenge` ab Position `pos`.
`long` **`length`**`()`	Liefert die Länge des CLOB (Anzahl Zeichen).
`long` **`position`**`(String str, long start)`	Liefert die Startposition von `str` im CLOB, Suche beginnend bei Position `start`.
`OutputStream` **`setAsciiStream`**`(long pos)`	Liefert einen `OutputStream` zum Schreiben in das CLOB ab Position `pos`.

Tabelle 34.8: Wichtige Methoden der Schnittstelle Clob (Forts.)

Methode	Beschreibung
`Writer setCharacterStream(long pos)`	Liefert einen `Writer` zum Schreiben in das CLOB ab Position `pos`.
`int setString(long pos, String str);`	Schreibt ab Position `pos` den String `str`. Rückgabe der Anzahl der geschriebenen Zeichen.

STOP

BLOB und CLOB heißen bei vielen DBMS unterschiedlich und haben auch variierende Kapazitäten. Im Falle von MySQL sind die Bezeichnungen `BLOB` (bis 65535 Byte), `MEDIUMBLOB` (bis 1.6 Mbyte), `LONGBLOB` (bis 4.2 Gbyte) sowie `TEXT`, `MEDIUMTEXT` und `LONGTEXT` (analoge Größen wie Blob).

Das `Blob`/`Clob`-Objekt an sich erhält man, wie auch bei den anderen SQL-Typen, durch Aufruf der passenden `getBlob()`/`getClob()`-Methode von `ResultSet`. Für den Einsatz der `Blob`/`Clob`-Methoden mit Schreibzugriff muss dann natürlich gelten, dass es sich um ein beschreibbares `ResultSet` handelt (CONCUR_UPDATABLE), was leider z.Z. nur wenige Treiber/DBMS unterstützen.

Viel wichtiger als das Verändern eines bestehenden Blob/Clob ist jedoch die Frage, wie bekommt man überhaupt einen in die Datenbank hinein? Hier hilft uns das `PreparedStatement` mit seinen Methoden `setBinaryStream()` und `setAsciiStream()`:

Tabelle 34.9: Stream-Methoden der Schnittstelle PreparedStatement

Methode	Beschreibung
`void setBinaryStream(int para, InputStream is, int n)`	Setzt den Parameter mit Nr. `para` auf den Eingabestream `is`. Beim Ausführen der SQL-Abfrage werden `n` Byte ausgelesen und in das entsprechende Datenbankfeld geschrieben.
`void setAsciiStream(int para, InputStream is, int n)`	Analog für Zeichenstream (Clob).

Das folgende Beispiel veranschaulicht den Einsatz von Blobs. Es geht davon aus, dass in der MySQL-Datenbank eine Datenbank *buecher* mit der Tabelle *beschreibungen* angelegt wurde:

```
CREATE DATABASE buecher;
USE buecher;
CREATE TABLE beschreibungen (cover BLOB NOT NULL);
```

Das Schreiben von Binärdaten in die Datenbank erfolgt über die Ausführung eines `PreparedStatement`:

```
// File datei = ...
FileInputStream fis = new FileInputStream(datei);
PreparedStatement ps = verbindung.prepareStatement("INSERT into "
                                      + tabellenname + " VALUES (?)");
ps.setBinaryStream(1,fis,(int) datei.length());
ps.executeUpdate();
```

Man legt einen `FileInputStream` zum Lesen der Binärdaten an, der als Parameter in der `setBinaryStream()`-Methode von `PreparedStatement` verwendet wird.

Das Einlesen erfolgt über eine normale SELECT-Abfrage. Das sich ergebende `ResultSet` erlaubt dann den `getBlob()`-Zugriff auf die Daten:


```
01 Statement stm = verbindung.createStatement();
02 String sql = "SELECT * FROM " + tabellenname;
03 ResultSet ergebnis = stm.executeQuery(sql);
04
05 ...
06
07 Blob dasCover;
08 while(ergebnis.next() == true) {
09     dasCover = ergebnis.getBlob(1);
10     coverLaenge = (int) dasCover.length();
11     tmp = dasCover.getBytes(1, coverLaenge);
12     tabellendaten[aktZeile] = new ImageIcon(tmp);
13     aktZeile++;
14 }
```

Das `Blob`-Objekt selbst enthält keine Daten, sondern stellt nur die Verbindung zum entsprechenden Feld in der Datenbank her. Das Auslesen erfolgt daher mithilfe der Methode `getBytes()` in ein `byte`-Array, aus dem sich dann ein `ImageIcon`-Objekt instanziieren lässt. Beachten Sie, dass das Lesen aus einem Blob ab Position 1 beginnt (Zeile 11).

INFO

Der vollständige Quelltext findet sich auf der Buch-DVD im Verzeichnis zu diesem Kapitel im Unterverzeichnis *Blobs*. (Achtung! Vergessen Sie nicht, vor Ausführung des Programms, wie oben beschrieben, Datenbank und Tabelle anzulegen.) Das Programm verfügt über eine GUI-Oberfläche, in der die abgespeicherten Bilder angezeigt werden. Anfangs ist die Tabelle natürlich leer, aber über einen DATEI-ÖFFNEN-Dialog können Sie Bilder auswählen und in die Tabelle aufnehmen.

34.5 JDBC-Fehlerbehandlung

Bei der Kommunikation zwischen einem Java-Programm und einer Datenbank kann relativ viel schief laufen, da die Fehlerquelle nicht nur im Programm, sondern auch im Treiber und dem DBMS liegen kann, vielleicht sogar eine Kombination aus mehreren Faktoren ist.

Deswegen müssen alle JDBC-Aktionen in `try-catch`-Blöcke gepackt werden, da im Fehlerfalle eine `SQLException` ausgelöst wird. Dies dürfte für Sie nichts Neues darstellen, da Sie es schon im vorherigen Kapitel gelernt haben. Wir wollen uns nun an dieser Stelle etwas genauer mit den geworfenen Exceptions befassen und schauen, was man an Informationen daraus gewinnen kann.

34.5.1 SQLException

In den bisherigen Beispielen wurde in den catch-Blöcken der Übersichtlichkeit halber oftmals nur der Meldungstext der Exception ausgegeben:

```
catch(SQLException e) {
   System.err.println(" " + e.getMessage());
}
```

Darüber hinaus bietet SQLException jedoch noch einige hilfreiche Methoden:

Tabelle 34.10: Wichtige Methoden der Klasse SQLException

Methode	Beschreibung
int **getErrorCode**()	Liefert einen vom DBMS übermittelten Fehlercode.
SQLException **getNextException**()	Liefert die nächste Exception in der Fehlerkette.

Insbesondere getNextException() kann sehr hilfreich sein, wenn gleich mehrere Dinge fehlschlagen. Dadurch lassen sich alle gemeldeten Fehler aufdecken.

Hilfreich kann manchmal auch die Methode nativeSQL() von Connection sein. Sie liefert die SQL-Abfrage, die der Treiber an das DBMS geschickt hat bzw. schicken würde. Bei komplexen Abfragen kann es hier deutliche Abweichungen zur übergebenen JDBC-Abfrage geben.

Eine vorbildliche Exception-Behandlung mit maximalem Informationsgehalt sollte daher so aussehen:

```
Connection ver = DriverManager.getConnection();
String sql = "INSERT ...";                         // die Abfrage
// ...
catch(SQLException e) {
   do {
     try {
        System.err.println(" JDBC   SQL-Query: " + sql);
        System.err.println(" native SQL-Query: " + ver.nativeSQL(sql));
        System.err.println(" Exception Nachricht: " + e.getMessage());
        System.err.println(" DBMS Fehlercode    : " + e.getErrorCode());
     } catch(Exception ne) {
        System.err.println(ne);
     }
   } while( (e = e.getNextException()) != null)
}
```

Beachten Sie, dass nativeSQL() selbst eine Exception werfen kann, sodass innerhalb des catch-Blocks ein try-catch notwendig ist.

34.5.2 SQLWarning

Neben den eigentlichen Exceptions, die im Fehlerfalle ausgelöst werden, gibt es noch eine besondere Klasse für Warnungen: SQLWarning. Eine Warnung liegt vor, wenn zwar irgendetwas nicht ganz in Ordnung war, aber der »Fehler« nicht so gravierend war, dass der Datenbankzugriff abgebrochen werden musste.

SQLWarning ist von SQLException abgeleitet, stellt aber dennoch keine normale Exception-Klasse dar, weil sie nicht geworfen wird. Wenn man herausfinden möchte, ob Warnungen bei einem Datenbankzugriff aufgetreten sind, muss explizit danach gefragt werden. Hierzu bieten Connection, ResultSet und Statement (sowie das davon abgeleitete PreparedStatement) die Methode:

```
SQLWarning getWarnings()
```

Genau wie bei SQLException kann es eine ganze Liste von Warnungen geben, die man – ausgehend von dem ersten SQLWarning-Objekt – über Aufrufe von seiner Methode getNextWarning() erhalten kann.

Die gespeicherten Warnungen beziehen sich dabei immer auf die letzte Aktion, d.h. bei Statement/PreparedStatement auf die letzte SQL-Abfrage, bei ResultSet auf die letzte Cursoroperation. Das Schema für die Abfrage von Warnungen sieht somit wie folgt aus:

```
Connection ver = DriverManager.getConnection();
Statement stm = ver.createStatement();
SQLWarning warn = ver.getWarnings();

while( warn != null) {
   // Warnungen vom Anlegen des Verbindung
   System.err.println("SQLWarnung " + warn);
   warn = warn.getNextWarning();
}

stm.executeUpdate("INSERT ...");
warn = stm.getWarnings();

while( warn != null) {
   // Warnungen vom Durchführen der Query
   System.err.println("SQLWarnung " + warn);
   warn = warn.getNextWarning();
}
```

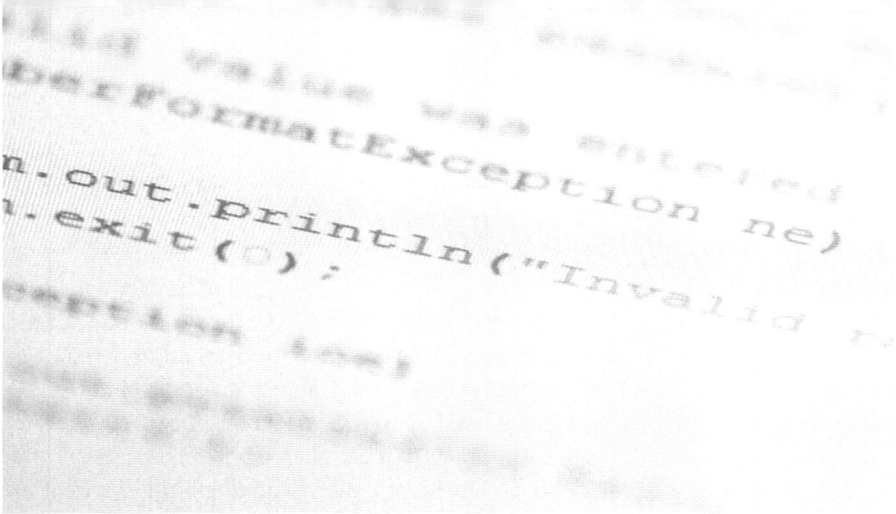

Kapitel 35
Netzwerkprogrammierung

Computer miteinander zu vernetzen ist eigentlich eine uralte Idee und kam schon in größerem Umfang in den sechziger Jahren des letzten Jahrhunderts zur Anwendung. Mittlerweile hat sich in Hinblick auf Programmierung und Technologien zwar viel getan, aber die Motivation ist die gleiche. Computernetzwerke dienen im Wesentlichen zum Austausch von Daten und dem gemeinsamen Nutzen von raren Ressourcen, z.B. Hochleistungsdruckern, Backup-Speichern usw.

35.1 Netzwerke

Netzwerke lassen sich in zwei Kategorien unterteilen:

- LAN (local area network) sind lokale Netze, bei denen alle Rechner zum gleichen Unternehmen oder der gleichen Person gehören und in der Regel auch physisch benachbart sind, also innerhalb eines Gebäudes oder einer Stadt.
- WAN (wide area network) sind eigentlich nur die großen Brüder der LANs und verbinden Rechner, die ortsmäßig deutlich voneinander getrennt sind, z.B. in verschiedenen Städten oder Kontinenten.

Das mittlerweile bekannteste Netzwerk ist das legendäre *Internet*, das von seiner Art her eine Mischung von LAN und WAN ist und Zehntausende von lokalen Subnetzen über besondere Rechner (Gateways) zu einem weltumspannenden Netz verknüpft.

Das Vernetzen von Rechnern besteht aus einem zweistufigen Verfahren. Zunächst einmal muss die physikalische Verbindung hergestellt werden, d.h., es müssen Kabel, Verstärker, Verteiler und etliches andere installiert werden. Dabei gibt es diverse Methoden, die Rechner miteinander zu verbinden: z.B. ringförmig oder sternförmig. Ist diese Infrastruktur vorhanden, muss man den Rechnern beibringen, wie sie miteinander »reden« sollen und wie Daten ausgetauscht werden.

Hierfür ist das Client-Server-Modell entwickelt worden, nach dem fast jede Kommunikation zwischen zwei Rechnern abläuft: der Rechner (genauer: das auf ihm ablaufende Programm), der etwas möchte, ist der *Client* und kontaktiert den Rechner, der das Gewünschte liefern kann (der *Server*). Dabei kann und ist häufig jeder angeschlossene Rechner mal Client, mal Server, je nachdem, um welche Daten oder Dienste es sich handelt. Allerdings hat es sich eingebürgert, bestimmte Dienste (Services), die sehr wichtig sind und daher häufig benötigt werden, auf dafür reservierten Rechnern ablaufen zu lassen und dort keine anderen Aktivitäten zuzulassen; solche Rechner sind in der Regel nur Server und nehmen eher selten eine Client-Rolle ein.

Wenn ein Client einen Server ansprechen will, muss aber noch festgelegt werden, wie die beiden miteinander reden sollen, also wie die Kommunikation genau ablaufen soll. Es wird ein Kommunikationsmodell benötigt, welches regelt, wer wann welche Daten in welchem Format schickt. Da wir in einer genormten Welt leben, gibt es auch hierfür eine Norm, nämlich das ISO-OSI-Referenzmodell, das ein siebenschichtiges Kommunikationsmodell vorsieht (Abbildung 35.1).

Abbildung 35.1: Das ISO-OSI-Referenzmodell

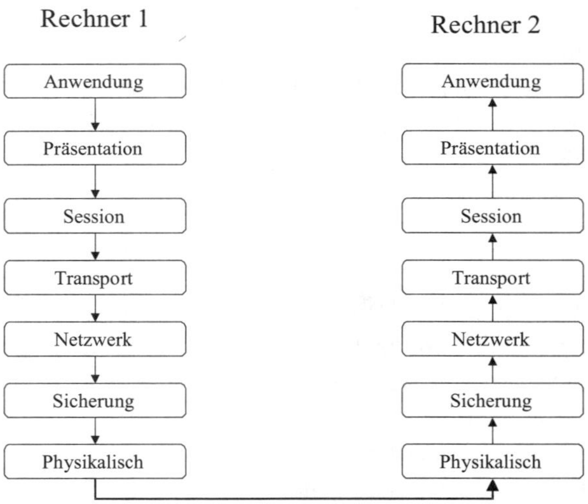

Jede Schicht in diesem Modell ist für einen Aspekt der Kommunikationsdurchführung verantwortlich. Wenn Programm A auf Rechner 1 mit Programm B auf Rechner 2 kommunizieren will, wird von A in der Anwendungsschicht (application layer) eine Nachricht erzeugt und an die Präsentationsschicht (presentation layer) weitergereicht (z.B. durch Aufruf einer Bibliotheksroutine des Betriebssystems), die eventuell vor/hinter die Nachricht einen eigenen Block mit Informationen setzt (sogenannte Header und Trailer) und die Nachricht weiterreicht an die darunter liegende Sessionsschicht. Die wiederum fügt gegebenenfalls einen weiteren Header hinzu und reicht die Nachricht weiter nach unten. Dieses Spiel geht weiter bis zur untersten Schicht. Jede Schicht fügt Header und Trailer hinzu oder bearbeitet die Nachricht (z.B. Kompression oder Verschlüsselung). Die physikalische Schicht schließlich sendet die Nachricht, indem die Daten in einen Bitstream umgewandelt und über diverse Kabel gesendet werden und schließlich am Zielrechner ankommen. Dort wandert dann die Nachricht ganz analog von der untersten Schicht bis hin zum Empfänger (das Programm B) die Schichten wieder hoch. Header werden entfernt, es wird dekomprimiert usw.

Für jede Schicht wird zusätzlich noch eine Menge an Regeln benötigt, die festlegen, wie genau die Kommunikation erfolgen soll. So etwas nennt sich *Protokoll*.

35.1.1 Der TCP/IP-Stack

Der Vorteil eines Schichtenmodells ist, dass man definierte Schnittstellen hat (ein Austausch von Daten findet nur zwischen benachbarten Schichten statt) und die notwendige Funktionalität klar den einzelnen Schichten zugeordnet ist.

Das gezeigte ISO-Modell ist allerdings in den heutigen Rechnernetzen nicht zu finden, da es zu kompliziert ist und zu viel Overhead mit sich bringt. Stattdessen wird ein vereinfachtes Schichtenmodell eingesetzt, das kurzerhand TCP/IP-Stack genannt wird (Abbildung 35.2).

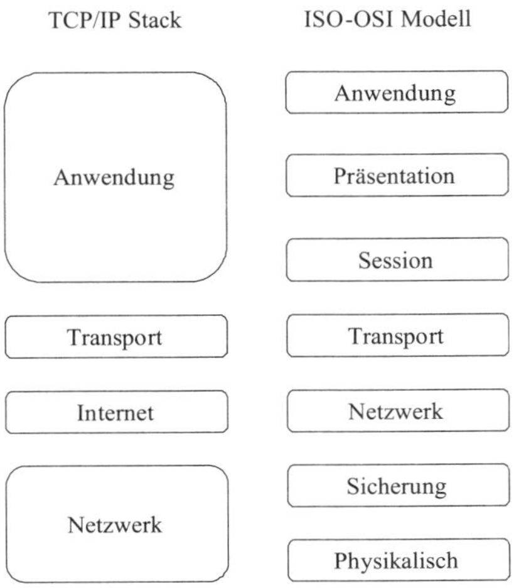

Abbildung 35.2: Der TCP/IP-Stack

Die unterste Schicht »Netzwerk« entspricht der physikalischen Schicht (physical layer) und der Sicherungsschicht (data link) aus dem ISO-OSI-Modell und befasst sich mit dem physikalischen Transfer der Daten, d.h., hier werden die Bits geschickt, indem sie in kleine Päckchen – die *Frames* – unterteilt werden, mit Prüfsummen versehen und abgeschickt bzw. empfangen werden.

Die darüberliegende Internetschicht (internet layer) ist dafür zuständig, den richtigen Zielrechner zu lokalisieren. Der Fachausdruck hierfür ist *Routing* und den haben Sie bestimmt schon mal gehört. In der Regel sind zwei Rechner nicht direkt miteinander verbunden, sondern nur indirekt (über einen oder mehrere Zwischenrechner) miteinander verknüpft. Damit eine Nachricht von Rechner R1 über R2 zu Rechner R3 gelangen kann, müssen die Netzwerkschichten von R1, R2 und R3 zusammenarbeiten: zuerst wird die Nachricht von R1 nach R2 geschickt und dann von R2 nach R3.

IP Das Protokoll, das in der Internet-Schicht zur Anwendung kommt, heißt *IP* (Internet Protocol) und ist ein verbindungsloser, unzuverlässiger Paketdienst. Was ist damit gemeint?

Verbindungslos bedeutet, dass zwischen zwei Rechnern keine feste Verbindung (also keine *Session*) aufgebaut und für die Dauer der Kommunikation aufrechterhalten wird. Stattdessen wird der auszutauschende Datenstream in einzelne Pakete (*packets*) zerlegt, die unabhängig voneinander gesendet und beim Empfänger wieder gesammelt werden. Das IP-Protokoll kümmert sich dabei nicht darum, ob ein Paket verloren geht (und wird deshalb auch als unzuverlässig bezeichnet). Dies klingt zunächst schrecklich – Daten können verloren gehen! Aber schauen wir weiter.

TCP Die darüber liegende Transportschicht kümmert sich darum, dass die IP-Pakete in der richtigen Reihenfolge ankommen und keines verloren geht (d.h., hier wird das Manko der unzuverlässigen Internet-Schicht wieder ausgeglichen). Das verwendete Protokoll zur Durchführung dieser Aufgaben ist in der Regel *TCP* (Transmission Control Protocol). TCP erkennt, wenn ein Paket verloren gegangen ist, und sorgt dann dafür, dass das Paket noch einmal gesendet wird.

UDP Für die Transportschicht ist auch ein einfacheres Protokoll namens *UDP* (Universal Datagram Protocol) verfügbar, das auf die Fehlerbehebung von TCP verzichtet. Die Datenübertragung mit UDP ist daher schneller als mit TCP, aber dafür unzuverlässig. Für uns als Java-Programmierer ist die Transportschicht die erste wirklich interessante Schicht, da man erst ab hier ins Geschehen eingreifen kann durch die Wahl von TCP- oder UDP-basierten Verbindungen. Dies wird in den folgenden Abschnitten noch genauer beleuchtet.

Die oberste Schicht ist schließlich die Anwendungsschicht (application layer), wo von einem Java-Programm aus eine Netzwerkverbindung aufgebaut wird. Eine solche Verbindung kann man in Form einer festen Verbindung als Bytestream (Stream-Sockets) realisieren oder aber als einzelne, voneinander unabhängige Nachrichten (Datagram-Sockets).

35.1.2 IP-Adressen, Ports und Domain-Namen

Damit die Kommunikation zwischen Rechner gemäß dem oben beschriebenen TCP/IP-Stack funktioniert, fehlt noch ein wesentlicher Punkt, der bisher nicht erwähnt worden ist, nämlich die Adressierung. Wie können Rechner in einem Netzwerk eindeutig benannt werden, sodass eine Nachricht auch an den richtigen Empfänger geleitet wird?

Die Lösung hierfür sind die sogenannten *IP-Adressen*. Es handelt sich dabei um eine eindeutige Zahl, die jeder Computer in einem IP-basierten Netzwerk zugewiesen bekommt. Hierfür existieren zwei Standards:

- IPv4 verwendet eine 32-Bit-Zahl zur Darstellung der IP-Adresse
- IPv6 verwendet 128 Bit zur Darstellung

Der gebräuchliche Standard heutzutage ist noch IPv4 mit 32 Bit. Zur besseren Handlichkeit werden diese IP-Adressen häufig in *Punktnotation* als eine Folge von 4 Blöcken zu je einer 8 Bit-Zahl, jeweils getrennt durch einen Punkt, z.B. 204.160.241.98 notiert. Mit 8 Bit lassen sich Zahlen im Bereich von 0 bis 255 darstellen, und IP-Adressen stammen daher aus dem Wertebereich 0.0.0.0 bis 255.255.255.255 (wobei diese Grenzen selbst allerdings keine gültigen Adressen sind).

Die Vergabe von IP-Adressen erfolgt nicht willkürlich, sondern ist durch bestimmte internationale Institutionen genau geregelt, was aber im Rahmen dieser Einführung nicht weiter wichtig ist.

Interessanter ist aber, dass eine IP-Adresse logisch gesehen aus zwei Komponenten besteht: der Netzwerk-ID und der Host-ID. Da der IP-Adressraum in verschiedene Klassen eingeteilt ist, ist je nach Klasse die Anzahl der Bits, welche die Netzwerk-ID bzw. Host-ID bilden, unterschiedlich.

Die Klassenunterteilung ist hierarchisch gestaffelt von A bis D:

- Klasse A: 7-Bit Netzwerk-ID, 24-Bit Host-ID (Adressen 0.xxx.xxx.xxx bis 127.xxx.xxx.xxx)
- Klasse B: 14-Bit Netzwerk-ID, 16-Bit Host-ID (128.0.xxx.xxx bis 191.255.xxx.xxx)
- Klasse C: 21-Bit Netzwerk-ID, 8-Bit Host-ID (192.0.0.xxx bis 223.255.255.xxx)
- Klasse D: 28-Bit Host-ID (Adressen 224.0.0.1 bis 239.255.255.255)

Es gibt ferner noch die Klasse E, die aber in dieser Einführung nicht weiter interessant ist.

Die oberste Ebene bilden die Klasse-A Netze. Da bei ihnen 7 Bit für ihre eindeutige ID vorhanden sind, bedeutet dies, dass es nur maximal $2^7 = 128$ verschiedene Klasse-A Netze auf der Welt geben kann, die allerdings dann sehr viele Rechner enthalten können, da ja 24 Bit zur Codierung von entsprechenden Host-IDs zur Verfügung stehen, d.h., bis zu 2^{24} (rund 16 Mio.) Rechner können zu einem Klasse-A Netz gehören.

Analog verhält es sich mit den anderen Klassen; wichtig ist insbesondere die Klasse C, da sie eine vertretbare Anzahl von Hosts aufnehmen kann ($2^8 = 256$) und es von dieser Klasse 2^{21} = rund 2 Mio. verschiedene geben kann. Viele kleine

Unternehmen beantragen daher ein Klasse-C Netz für ihr lokales Netzwerk. Einen Sonderfall stellt die Klasse D dar. Diese IP-Adressen werden für sogenannte Multicast-Nachrichten verwendet, bei denen eine Nachricht an mehrere IP-Adressen geschickt wird.

Allerdings ist die gewählte Aufteilung der Klassen unglücklich. Mittlerweile haben viele Unternehmen mehr als 256 Rechner, sodass ein Klasse-C Netz nicht ausreicht und man gezwungen ist, ein Klasse-B Netz zu beantragen. Dies ist jedoch meistens zu viel des Guten, denn in einem solchen Netz könnte man ja bis zu $2^{16} = 65536$ Rechner betreiben, was für 95% aller Unternehmen viel zu viel ist. Die Konsequenz ist, dass die noch freien Klasse-B Netze sehr knapp geworden sind. Allerdings wird die Lage etwas dadurch entschärft, dass ein Netz intern noch einmal in Subnetze unterteilt werden kann und dadurch die Ausbeute an verfügbaren IP-Adressen verbessert wird.

Mittelfristig wird man es dennoch nicht vermeiden können, auf größere IP-Adressen mit 128 Bit Länge, also den IPv6 Standard zu migrieren. IPv6-Adressen bestehen aus 8 Gruppen zu je 16 Bit, die in hexadezimaler Form notiert werden, z.B. 1080:0:0:0:8:800:200C:417A.

Während IP-Adressen auf der Internet-Schicht angesiedelt sind, gibt es noch einen Adressierungszusatz, die *Ports*, die der Transportschicht und somit TCP/UDP zugeordnet sind. Ein Port ist einfach eine Nummer zwischen 0 und 65535 und dient zur weiteren Unterscheidung, welcher Dienst, der auf einem Rechner gerade läuft, angesprochen werden soll. Man kann IP-Adressen und Ports mit einem Telefonanschluss in einem großen Unternehmen vergleichen: es gibt die Hauptnummer, die der IP-Adresse entspricht, und dann hat jedes Büro eine eigene Durchwahl, die Nebenstelle, was ungefähr der Portnummer entspricht.

Gewisse Portnummern sind reserviert (bei den meisten Betriebssystemen 0 bis 1023), und häufig als Quasi-Standard durch bestimmte Dienste belegt, z.B. wartet ein HTTP-Server in der Regel unter Port 80 auf Anfragen von Browsern und ein FTP-Server läuft unter Port 21.

Sehr hilfreich ist der Umstand, dass man numerische IP-Adressen auf halbwegs verständliche Namen – die *Domain-Namen* – abbilden kann. Solche Domain-Namen haben den Vorteil, dass sie für Menschen viel besser zu behalten sind. Ein typischer Domain-Name eines Rechners ist z.B. `obelix.mpi-sb.mpg.de`, wobei *obelix* der eigentliche Rechnername (*hostname*) ist und der Rest bildet den Domain-Namen.

Die Vergabe von Domain-Namen erfolgt über bestimmte Institutionen, die *Network Information Center*. Dabei gibt es viele Regeln, wie Domain-Namen aufgebaut sind. An dieser Stelle ist lediglich interessant, dass Domain-Namen hierarchisch in Form eines Baums aufgebaut sind (Abbildung 35.3). Jeder Ast im Baum, d.h. die Verknüpfung der Knotenlabels (getrennt durch Punkte) von der Wurzel bis zu einem Knoten in diesem Baum, ist ein gültiger Domain-Name.

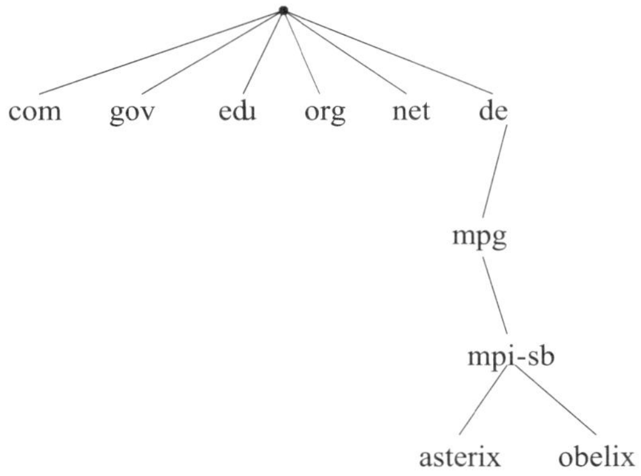

Abbildung 35.3: Domain-Namen

Die oberste Schicht in diesem Baum bilden die Top-Level-Domains, z.B.

- com : für kommerzielle Einrichtungen, überwiegend in den USA
- mil : für die US-Armee
- gov : für die US-Regierung
- edu : für Schulen, Universitäten
- diverse Länderdomains wie de, us, fr, ru usw.

Wenn Sie sich noch einmal das Beispiel obelix.mpi-sb.mpg.de anschauen, dann können Sie sehen, dass die Domain-Hierarchie umgekehrt zu lesen ist: zuerst kommt de, darunter mpg, dann mpi-sb und zuletzt kommt der eigentliche Rechnername (sein »Vorname« sozusagen).

Während Menschen mehr mit den einprägsamen Domain-Namen hantieren, will TCP/IP mit numerischen IP-Adressen arbeiten. Man braucht also eine Zuordnung von Domain-Namen auf IP-Adressen, das sogenannte *Mapping*. Diese Zuordnung erfolgt durch einen Dienst, den *Domain Name Service* (DNS). Es handelt sich dabei um eine weltweit verteilte Datenbank, die auf entsprechenden Servern (den Domain Name Servern) abgelegt ist. Wenn nun in einem Programm ein Benutzer einen Domain-Namen eingibt, kontaktiert das Programm, falls möglich, einen Domain Name Server und bittet um die Übersetzung des Domain-Namens in eine IP-Adresse. Wenn der Domain Name Server die Antwort nicht selber weiß, fragt er bei einem hierarchisch über ihm angeordneten Server an.

Häufig hat man bei der Netzwerkprogrammierung das Problem, dass der Rechner, auf dem man arbeitet, gerade keinen Netzwerkanschluss hat. Oder man entwickelt eine Anwendung, die erst einmal auf dem lokalen Rechner getestet werden soll, bevor sie auf die Rechner in einem Netzwerk installiert wird.

Aus diesem Grund wurde bei der Entwicklung des IP-Standards auch eine ganz besondere IP-Adresse reserviert, nämlich 127.0.0.1 (die *loopback*-Adresse). Sie bezeichnet immer den lokalen Rechner, auf dem ein Programm gerade läuft. Der dazu gehörende Rechnername ist dann der »localhost«.

35.2 Socketverbindungen

Sockets (wörtlich Steckdose) sind die Anschlusspunkte, die man auf Programmebene von einer Netzwerkverbindung zu sehen bekommt. Der eine Socket findet sich in dem Client-Programm, der andere Socket findet sich in dem Programm auf der Server-Seite wieder. Dazwischen gibt es ein unsichtbares »Kabel« (der TCP/IP-Stack), über das die gesamte Kommunikation läuft. Als Programmierer muss man sich dabei um die eigentliche Übertragung keine Gedanken mehr machen; man muss nur dafür sorgen, dass in die Sockets Daten hineingebracht bzw. ausgelesen werden. Wie schon kurz erwähnt, gibt es zwei Arten von Socketverbindungen:

- Stream-Sockets beruhen auf dem TCP-Protokoll und realisieren einen verbindungsorientierten, zuverlässigen Datenstream zwischen Client und Server.
- Datagram-Sockets beruhen auf dem UDP-Protokoll und realisieren eine verbindungslose, unzuverlässige Paketvermittlung zwischen Client und Server.

35.2.1 Adressierung mit InetAddress

Bevor mit Sockets überhaupt gearbeitet werden kann, wird eine Möglichkeit benötigt, mit Internet-Adressen, also IP-Adressen und Domain-Namen, umzugehen. Hierfür gibt es in Java die Klasse `InetAddress` aus dem Paket `java.net`. Sie enthält sowohl die numerische IP-Adresse als auch den entsprechenden Domain-Namen. `InetAddress` kann dabei sowohl für den heutigen üblichen IPv4 als auch den zukünftigen IPv6 Standard eingesetzt werden[1].

Tabelle 35.1: Wichtige Methoden der Klasse InetAddress

Methode	Beschreibung
`static InetAddress` **`getByName(`** `String host)`	Erzeugt ein `InetAddress`-Objekt für die angegebene Adresse (`host` kann ein Domainname oder eine numerische IP-Adresse sein).
`static InetAddress` **`getByAddress(`** `byte[] adr)`	Erzeugt ein `InetAddress`-Objekt für die angegebene Adresse, wobei `adr` ein Array mit 4 (IPv4) oder 16 (IPv6) Bytes sein muss.
`static InetAddress` **`getLocalHost()`**	Erzeugt ein `InetAddress`-Objekt für den lokalen Rechner.
`String` **`getHostName()`**	Liefert den Domain-Namen der `InetAddress`-Instanz.
`String` **`getHostAddress()`**	Liefert die IP-Adresse in Punktnotation (z.B. 192.168.0.4).
`byte[]` **`getAddress()`**	Liefert die IP-Adresse als Array von 4 Byte (IPv4) bzw. 16 Byte (IPv6), wobei das höchstwertige Byte (das erste Byte von links) bei Index 0 abgelegt wird.

Das Anlegen und Initialisieren eines `InetAddress`-Objekts erfolgt über den Aufruf einer geeigneten statischen Methode der Klasse `InetAddress` (Tabelle 35.1).

1 Es existieren auch spezialisierte Unterklassen `Inet4Address` und `Inet6Address` für die beiden Standards. Sie werden im Rahmen dieses Buches aber nicht behandeln.

35

Listing 35.1: IP_Adresse.java – Ermittlung der IP-Adresse eines Rechners

```
import java.net.*;

class IP_Adresse {
   public static void main(String[] args) {
      System.out.println();

      if(args.length != 1)  {
         System.out.println(" Falsche Anzahl Argumente in Befehlszeile");
         System.out.println(" Aufruf: java IP_Adresse <Hostname>");
         System.exit(0);
      }

      try {
         // von angegebenem Rechner
         InetAddress adresse = InetAddress.getByName(args[0]);
         System.out.println(" " + args[0] + " hat IP-Adresse "
                            + adresse.getHostAddress());
      } catch(UnknownHostException e) {
         System.err.println(" DNS-Lookup nicht möglich");
      }
   }
}
```

Aufruf:

```
C:\Beispiele\Kapitel35>java IP_Adresse localhost
localhost hat IP-Adresse 127.0.0.1
```

Das Programm erwartet einen Hostnamen und erzeugt für diesen mithilfe der statischen Methode `getByName()` ein `InetAddress`-Objekt. Danach kann mit `getHostAddress()` eine String-Darstellung der IP-Adresse ausgegeben werden.

DNS-Server verfügbar?

Beim Instanziieren eines `InetAddress`-Objekts durch `getByName()` wird im Hintergrund ein DNS-Server kontaktiert, um die Übersetzung des Namens in eine IP-Adresse anzufordern. Dies erfordert natürlich, dass von Ihrem lokalen Rechner aus eine DNS-Abfrage möglich ist, also ein DNS-Server erreichbar ist. Bei Misserfolg wird ansonsten eine `UnknownHostException` geworfen.

Falls Sie den Namen Ihres Rechners nicht wissen: unter Windows finden Sie ihn in dem Eigenschaften-Dialog zum ARBEITSPLATZ, unter Linux geben Sie *printenv* ein und suchen nach *HOSTNAME*.

Probieren Sie auf jeden Fall als Parameter auch »localhost« aus und schauen Sie, welche IP-Adresse gemeldet wird.

Falls gerade kein Netzwerk zur Verfügung steht, können Sie sich auch mit Ihrem Modem ins Internet einloggen. Ihr Internet Service Provider weist Ihnen dann für die Dauer der Verbindung eine dynamische IP-Adresse zu, die Sie mit dem obigen Programm herausfinden können.

TIPP Für lokale Tests, d.h. ohne Verbindung zu einem Netzwerk, können Sie sich eine gültige IP-Adresse mit `InetAddress.getByName()` anlegen, indem Sie als Parameter `null`, `localhost`[2] oder die korrespondierende IP-Adresse 127.0.0.1 angeben:

```
InetAddress adresse = InetAddress.getByName(null);
```

Seit dem JDK 1.4 ist noch eine weitere Klasse verfügbar, die speziell für den Einsatz im Verbund mit Kanälen[3] (Channels) gedacht ist: `InetSocketAddress`. Der wesentliche Unterschied zu `InetAddress` liegt darin, dass man dem Konstruktor neben der IP-Adresse noch eine Portnummer mitgibt.

Tabelle 35.2: Konstruktoren der Klasse InetSocketAddress

Methode	Beschreibung
`InetSocketAddress(String host, int port)`	Konstruktor. Erzeugt eine Instanz, die an `host` und `port` gebunden ist.
`InetSocketAddress(int port)`	Konstruktor. Erzeugt eine Instanz, die an die lokale IP-Adresse und `port` gebunden ist.

35.2.2 Stream-Sockets (TCP-Sockets)

Stream-Sockets verwenden das TCP-Protokoll und realisieren einen verbindungsorientierten, zuverlässigen Datenstream zwischen einem Client und einem Server.

Entsprechend dem Client-Server-Modell ist dabei der Client die aktive Seite und der Server bildet die passive Seite, d.h., der Client öffnet eine Socketverbindung zu einem Server, der nur darauf wartet, dass endlich jemand bei ihm anfragt. Sobald dies passiert ist, wird eine feste Verbindung zwischen den beiden Parteien aufgebaut und Daten werden in Form von IP-Paketen (also häppchenweise) ausgetauscht. Das TCP-Protokoll stellt dabei sicher, dass die Pakete in der richtigen Reihenfolge ankommen und keines verloren geht bzw. bei Misserfolg dafür gesorgt wird, dass die betreffenden Pakete vom Sender erneut geschickt werden.

Aus Programmiersicht besteht eine Socketverbindung vor allem aus den Endpunkten, den Sockets: einer auf dem Client und einer auf dem Server. Ein Socket wird dabei durch die Angabe einer IP-Adresse und einer Portnummer bestimmt, d.h., für eine Verbindung werden vier Werte benötigt: IP-Adresse und Portnummer des Clients sowie IP-Adresse und Portnummer des Servers. Die Java-Bibliothek stellt hierfür zwei besondere Klassen bereit: `java.net.ServerSocket` für den Socket auf dem Server sowie `java.net.Socket` für den Socket auf der Client-Seite.

Der prinzipielle Ablauf einer Stream-Socketverbindung sieht folgendermaßen aus:

1. Der Server richtet sich darauf ein, dass Anfragen für eine Socketverbindung an ihn gerichtet werden. Hierzu legt er eine Instanz der Klasse `ServerSocket` an

---

2 Klappt nur, wenn localhost in dem speziellen Systemfile *hosts* konfiguriert ist. Unter Windows finden Sie diese Datei im Windows-Unterverzeichnis *\system32\drivers\etc*.

3 mehr dazu in Kapitel 31

und weist ihr den gewünschten Port zu. Dann erfolgt der Aufruf der Methode accept(), der solange blockiert, bis ein Client eine Anfrage geschickt hat.

```
ServerSocket server = new ServerSocket(9000); // Port 9000
server.setSoTimeout(3000);                    // Timeout nach 3 s
Socket serverSock = server.accept();          // blockiert hier,
                                              // bis Anfrage
                                              // oder Timeout
```


Falls man sich nicht sicher sein kann oder will, dass eine Anfrage auch tatsächlich eintrifft, kann man mit der Methode setSoTimeout() die Anzahl an Millisekunden festlegen, nach denen ein Timeout ausgelöst wird, d.h., der blockierende accept()-Aufruf wird mit einer SocketTimeoutException abgebrochen, wenn innerhalb der vorgegebenen Zeitdauer keine Anfrage zu diesem ServerSocket geschickt worden ist[4].

2. Ein Client initiiert mithilfe der Klasse Socket eine Socketverbindung zu einem Server. Er muss hierzu wissen, wo der Server läuft, also seine IP-Adresse und die Portnummer kennen, auf der er lauscht, z.B.:

```
String Server_IP = "165.85.8.34";
Socket clientSock = new Socket(Server_IP, 9000);
```

3. Der Server wartet auf ankommende Anfragen in der Methode ServerSocket.accept(), die nun die Client-Anfrage empfängt und ein neues Socket-Objekt anlegt. Die Socketverbindung ist damit aufgebaut.
4. Client und Server können nun über Input/Output-Streams miteinander kommunizieren. Jede Seite geht dabei identisch vor und legt jeweils einen InputStream (fürs Lesen) und einen OutputStream (fürs Schreiben) an. Für die obige Client-Seite also beispielsweise:

```
inStream = new BufferedReader( new
InputStreamReader(clientSock.getInputStream()));

outStream= new BufferedWriter(new
OutputStreamWriter(clientSock.getOutputStream());
```

5. Daten werden mithilfe der entsprechenden Methoden (read(), write() o.ä.) der gewählten Streamklassen (hier BufferedReader und BufferedWriter) ausgetauscht.
6. Die Verbindung wird auf Server- und Clientseite geschlossen.

```
clientSock.close(); // Clientseite

serverSock.close(); // Serverseite
```

STOP

Eine leicht zu übersehende Falle bei TCP/IP-Verbindungen ist der folgende Umstand: Wenn auf Clientseite mit einer write()-Operation beispielsweise 100 Byte gesendet werden, ist nicht garantiert, dass man auf der Serverseite mit einem einzigen read()-Aufruf alle 100 Byte in einen Puffer wieder einlesen kann! Es könnte theoretisch passieren, dass der Server 100 Mal eine read()-Operation machen muss, bis er alle Daten empfangen hat.

4 Wir werden später noch auf die Möglichkeit von nicht-blockierenden Socketverbindungen eingehen.

Für kleine Datenmengen stimmt die intuitive Annahme 1 x schreiben auf Clientseite entspricht 1 x lesen auf Serverseite zwar sehr oft, aber man kann sich eben nicht darauf verlassen.

Nachdem Sie nun den grundlegenden Ablauf kennen, schreiten wir zur Tat und erstellen zwei kleine Programme, jeweils eines für Server und Client, um den Ablauf konkret nachzuvollziehen.

Zunächst das Programm für den Server.

Listing 35.2: ServerSocketDemo.java – Serverseite für eine Socketverbindung

```
import java.io.*;
import java.net.*;

public class ServerSocketDemo {
   public static void main(String[] args) {
      System.out.println();

      try {
         // ServerSocket zum Lauschen auf Port 9000 anlegen
         ServerSocket server = new ServerSocket(9000);

         System.out.println(" Socket-Server: lausche auf Port 9000");

         // solange blockieren, bis eine Anfrage ankommt
         Socket sock = server.accept();

         System.out.println(" Socket-Server: Verbindung aufgebaut");
         System.out.println();
         System.out.println(" Socket-Server: Socket-Parameter "
                           + sock);
         System.out.println();

         // Input/Output Streams anlegen
         BufferedReader in = new BufferedReader(
                    new InputStreamReader(sock.getInputStream()));

         BufferedWriter out = new BufferedWriter(
                    new OutputStreamWriter(sock.getOutputStream()));


         // die Nachricht vom Client lesen
         StringBuffer daten = new StringBuffer();
         while(true) {
            String tmp = in.readLine();

            if(tmp == null)
               break;
            else
               daten.append(tmp);
         }

         System.out.println(" Socket-Server: Nachricht von Client "
```

```
43                             + daten.toString());
44
45          // eine Nachricht an den Client senden
46          out.write("Hallo Client, Deine Nachricht kam an!");
47          out.flush();
48          sock.shutdownOutput();
49
50          // Socket wieder schließen
51          sock.close();
52       } catch(IOException e) {
53          System.err.println(" Socket-Server: Fehler in "
54                             + "Socketverbindung!");
55          e.printStackTrace();
56       }
57    }
58 }
```

Die notwendigen Socket-Klassen finden sich im Paket `java.net`, das daher importiert werden muss (Zeile 2). Das eigentliche Starten des Servers findet in den Zeilen 10-15 statt, wo – wie schon besprochen – eine Instanz der Klasse `ServerSocket` angelegt und die Methode `accept()` aufgerufen wird, die auf Port 9000 lauscht. Wenn ein Client eine Socket-Anfrage zu Port 9000 schickt, liefert `accept()` eine `Socket`-Instanz zurück und der Server kann nun einen Ausgabestream (zum Schreiben an den Client) und einen Eingabestream (zum Lesen vom Client) anlegen. Für einfacheren und schnelleren Datentransfer ist es meistens besser, nicht die zugrunde liegenden `InputStream`/`OutputStream`-Klassen zu verwenden, sondern den Zugriff mit geeigneten Stream-Klassen zu wrappen, z.B. mit der Kombination `BufferedReader`/`InputStreamReader` fürs das Lesen und `BufferedWriter`/`OutputStreamWriter` für das Schreiben von Zeichen.

TIPP

Für das Schreiben ist der Einsatz von `PrintWriter` statt `BufferedWriter` noch komfortabler, da man sich dann die `flush()`-Anweisungen sparen kann (erst bei Aufruf von `flush()` werden Daten wirklich physikalisch über die Leitung geschickt).

Die restlichen Zeilen erzeugen einen einfachen Nachrichtenaustausch: Der Server liest eine Nachricht vom Client (Zeilen 31-43) und gibt sie aus. Gemäß der oben erwähnten Warnung kann man nicht davon ausgehen, dass der Server mit einem `readLine()`-Aufruf alle Daten gelesen hat. Darum muss das Lesen etwas umständlich in einer Endlosschleife erfolgen, die erst dann verlassen wird, wenn `null` als Ergebnis gelesen wird. Dies signalisiert das Ende des Eingabestreams.

Der nächste Schritt besteht im Senden einer Antwort (Zeilen 45-48). Wichtig ist dabei der Aufruf von `flush()` zum Leeren von Zwischenpuffern, damit sichergestellt ist, dass alle Daten gesendet worden sind. `shutdownOutput()` beendet den Ausgabestream und sorgt dafür, dass dabei eine TCP-Endesequenz gesendet wird. Daran erkennt der Empfänger das Ende seines Eingabestreams. Schließlich wird der Socket mit `close()` geschlossen.

Beachten Sie außerdem noch die Zeile 20, wo ein `Socket`-Objekt an eine `println()`-Anweisung übergeben wird. Dies bewirkt den impliziten Aufruf ihrer `toString()`-Methode und liefert als Ausgabe die Parameter der Socketverbindung, nämlich die verwendeten IP-Adressen und Portnummern. Dies ist zum Debugging und Nachvollziehen sehr hilfreich.

Betrachten wir nun den Code des zugehörigen Client-Programms:

Listing 35.3: ClientSocketDemo.java – Clientseite für eine Socketverbindung

```
import java.net.*;
import java.io.*;

public class ClientSocketDemo {
   public static void main(String[] args) {
      System.out.println();

      // Annahme: der Server läuft auf dem gleichen
      // Rechner wie der Client und nutzt Port 9000
      try {
         InetAddress Server_IP = InetAddress.getByName(null);

         // einen Socket anlegen
         Socket clientSock = new Socket(Server_IP,9000);

         System.out.println(" Socket-Client: Verbindung aufgebaut");
         System.out.println();
         System.out.println(" Socket-Client: Socket-Parameter: "
                            + clientSock);
         System.out.println();

         // Input/Output Stream anlegen
         BufferedReader in = new BufferedReader(
               new InputStreamReader(clientSock.getInputStream()));

         BufferedWriter out = new BufferedWriter(
               new OutputStreamWriter(clientSock.getOutputStream()));

         // eine Nachricht senden
         out.write("Hallo Server, hier ist alles klar");
         out.flush();
         clientSock.shutdownOutput();

         // die Antwort lesen
         StringBuffer daten = new StringBuffer();

         while(true) {
            String tmp = in.readLine();

            if(tmp == null)
               break;
            else
               daten.append(tmp);
         }
```

```
45
46          String antwort = daten.toString();
47          System.out.println(" Socket-Client: Nachricht von Server: "
48                             + antwort);
49          System.out.println();
50
51          // den Socket schließen
52          clientSock.close();
53
54        } catch(ConnectException e) {
55          System.err.println(" Socket-Client:" + e);
56          e.printStackTrace();
57        } catch(IOException e) {
58          System.err.println(" Socket-Client: " + e);
59          e.printStackTrace();
60        }
61     }
62 }
```

Zeile 11 ermittelt die IP-Adresse, auf der der Server läuft. In diesem Beispiel wird davon ausgegangen, dass der Server und der Client auf dem gleichen Rechner laufen; deshalb wird als Argument für `InetAddress` einfach `null` (für »localhost«) übergeben. Nun wird es ernst: In Zeile 14 wird eine `Socket`-Instanz angelegt, wobei als Konstruktorparameter die IP-Adresse des Servers und die Portnummer mitgegeben werden. Damit ist der Client in der Lage, über das TCP/IP-Protokoll diesen Server zu kontaktieren und die `Socket`-Verbindung aufzubauen.

Sobald die Verbindung steht, geht der Client auf die gleiche Weise vor wie der Server, d.h., er legt einen Ein- und einen Ausgabestream an, sendet an den Server per `write()` eine Nachricht und wartet dann auf die Antwort. Wie schon beim vorangegangenen Serverprogramm muss natürlich auch der Client mit `flush()` und `shutdownOutput()` sicherstellen, dass alle Daten sowie ein TCP-Endesignal geschickt werden (Zeilen 31 und 32).

Das Lesen der Antwort in den Zeilen 34-44 erfolgt wie bereits beim Serverprogramm in einer Endlosschleife, die erst verlassen wird, wenn `readLine()` den Wert `null` zurückliefert, d.h., das Ende des Eingabestreams ist erreicht worden.

Sicherlich sind Ihnen sowohl bei Server- als auch Clientprogramm die `try-catch`-Blöcke aufgefallen. Sie sind notwendig, weil beim Anlegen von Socketverbindung und `Input/OutputStream` verschiedene Exceptions geworfen werden können. Wichtig ist für die Client-Seite vor allem `ConnectException`, wenn keine Verbindung aufgebaut werden konnte.

Nun sollten Sie Ihre erste Client-Server-Anwendung testen. Starten Sie in einem Konsolenfenster das Serverprogramm und in einem anderen Fenster den Client. Sie sollten die folgenden Ausgaben erhalten:

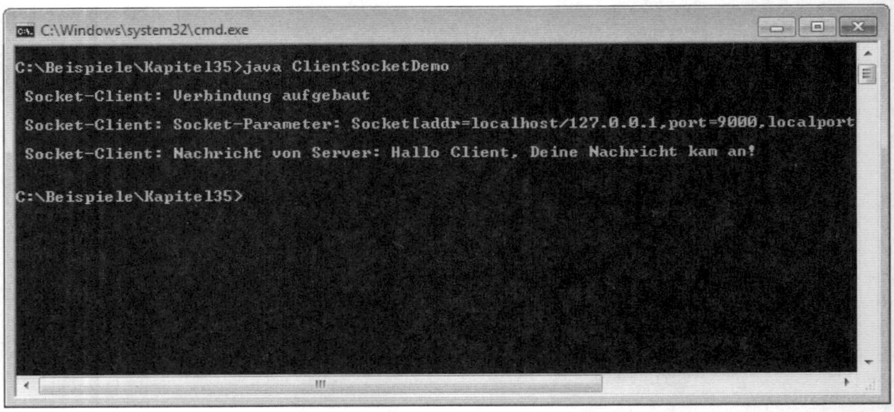

Abbildung 35.4: Die Ausgabe des Clients

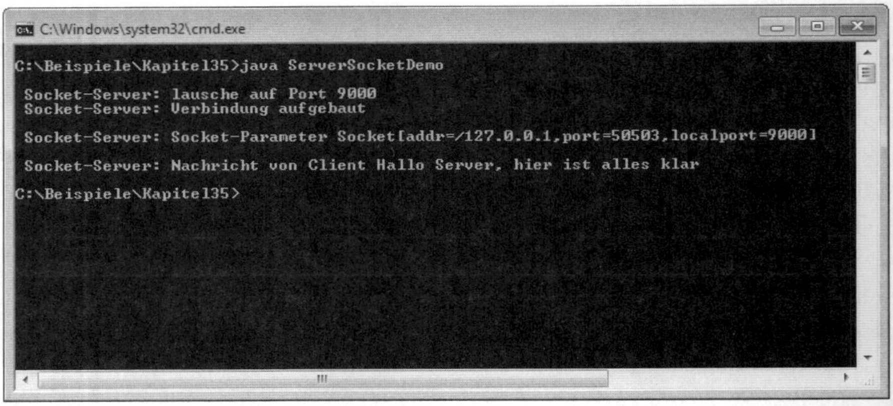

Abbildung 35.5: Die Ausgabe des Servers

Beachten Sie besonders die Ausgabe der Socketparameter von Server und Client. Der Server liefert für sein `Socket`-Objekt die Werte 127.0.0.1 und Port 1854 sowie localport 9000. Dies bedeutet, dass er zu einem Client bei der Adresse 127.0.0.1 an Port 1854 eine Verbindung aufgebaut hat, die lokal bei ihm mit Port 9000 spricht. Der Client erhält bei seinem Socket-Objekt als Ausgabe die gleiche IP, aber die Ports sind vertauscht, d.h., er hat eine Verbindung zur IP-Adresse 127.0.01. an Port 9000 aufgebaut, die mit dem lokalen Port 1854 spricht.

Genau dies war unsere Absicht. Vielleicht fragen Sie sich, wo die Client-Portnummer 1854 herkommt. Die wurde ja nirgends festgelegt! Dies ist auch nicht nötig, da der Client beim Aufbau seiner Socketverbindung automatisch vom Betriebssystem eine freie lokale Portnummer zugewiesen bekommt.

Falls Sie ein Netzwerk zur Verfügung haben, probieren Sie unbedingt einen Client-Server-Lauf, bei dem Client und Server auf verschiedenen Rechnern laufen. Passen Sie dazu das Client-Programm entsprechend an, sodass die IP-Adresse als Kommandozeilenparameter erwartet wird. Achten Sie dann wieder auf die Ausgaben der Socketparameter.

Die nachfolgenden Tabellen zeigen eine Zusammenfassung der wichtigsten Methoden von `Socket` und `ServerSocket`.

Methode	Beschreibung
`ServerSocket(int port)`	Konstruktor. Erzeugt eine Instanz, die auf `port` lauscht.
`ServerSocket(int port, int backlog, InetAddress adr)`	Konstruktor. Erzeugt eine Instanz, die an der Adresse `adr` (manche Server haben mehrere IP-Adressen) und `port` lauscht. `backlog` gibt an, wie viele gleichzeitige Client-Anfragen in einer Warteschlange gehalten werden können. Wird `backlog` überschritten, erhält ein anfragender Client sofort die Antwort »Connection refused«.
`ServerSocketChannel getChannel()`	Liefert den assoziierten Kanal (siehe Abschnitt 35.3).
`Socket accept()`	Blockiert, bis eine Anfrage auf dem Port empfangen wird, und liefert eine Socket-Instanz zurück.
`void close()`	Schließt den Socket.
`void setSoTimeout(int millis)`	Setzt die Timeout-Zeit auf `millis` Millisekunden; `accept()` wird nach Ablauf der Timeout-Zeit mit einer `InterruptedIOException` unterbrochen.

Tabelle 35.3: Wichtige Methoden der Klasse ServerSocket

Methode	Beschreibung
`Socket(String host, int port)`	Öffnet eine Socketverbindung zum angegebenen Server `host` und Portnummer `port`.
`void close()`	Schließt die Verbindung.
`void setSoTimeout(int millis)`	Setzt den Timeout in Millisekunden. Nach Ablauf von `millis` ms wird eine `read()`-Operation auf dem Eingabestream mit `SocketTimeoutException` unterbrochen.
`int getPort()`	Liefert den Port auf der Serverseite, zu dem die Socketverbindung besteht.
`InputStream getInputStream()`	Liefert einen Eingabestream zum Lesen von der Socketverbindung.
`OutputStream getOutputStream()`	Liefert einen Ausgabestream zum Schreiben.
`void shutdownOutput()`	Noch gepufferte Daten werden gesendet, gefolgt von einem TCP/IP-Endesignal.

Tabelle 35.4: Wichtige Methoden der Klasse Socket

35.2.3 Datagram-Sockets (UDP-Sockets)

Datagram-Sockets verwenden nicht das TCP-Protokoll, sondern das einfachere UDP-Protokoll. Wie bei Stream-Sockets werden Daten in Form von IP-Paketen ausgetauscht, allerdings wird keine feste Verbindung zwischen Sender und Empfänger aufgebaut, und Pakete, die verloren gehen, sind verloren! Es wird auch keine Garantie dafür übernommen, dass die Reihenfolge der gesendeten Pakete auch beim Empfänger noch die gleiche ist. Da der Overhead für die Überwachung und Korrektur des Paketstreams im Vergleich zu TCP wegfällt, ist eine Datagram-Socketverbindung in der Regel schneller, dafür aber halt unzuverlässig.

Solche Verbindungen sind deshalb nur dann geeignet, wenn es vor allem auf eine schnelle Übertragung ankommt und es nicht besonders schlimm ist, wenn einige Pakete unterwegs verloren gehen. Ein Beispiel könnte z.B. die Übertragung von Audiodaten sein, die schnell geliefert werden müssen, wenn sie in Echtzeit abgespielt werden sollen. Falls mal einige Pakete verloren gehen, ist dies nicht weiter schlimm, da es vom menschlichen Ohr meist nicht wahrgenommen wird.

Analog zu Stream-Sockets – repräsentiert durch `ServerSocket` und `Socket` – gibt es auch bei Datagram-Sockets eine spezielle Socket-Klasse, die passend `DatagramSocket` heißt. Ferner wird noch eine Klasse `DatagramPacket` für das zu sendende Datenpaket eingesetzt. Diese beiden Klassen werden sowohl vom Client als auch vom Server verwendet. Darüber hinaus wird nichts mehr benötigt; es gibt insbesondere kein Pendant zur Klasse `ServerSocket`.

Tabelle 35.5 zeigt die grundlegenden Methoden von `DatagramSocket`.

Tabelle 35.5: Wichtige Methoden der Klasse DatagramSocket

Methode	Beschreibung
`DatagramSocket()` `DatagramSocket(int port)`	Öffnet eine Socketverbindung zu einem beliebig gewählten Port auf dem lokalen Rechner bzw. zu `port`.
`void close()`	Schließt den Socket.
`void receive(DatagramPacket p)`	Blockiert so lange, bis ein Paket empfangen worden ist, und legt es in `p` ab.
`void send(DatagramPacket p)`	Sendet das Paket `p`.
`void setSoTimeout(int millis)`	Setzt die Timeout-Zeit auf `millis` ms. `receive()` wartet maximal `millis` ms und wird dann mit `SocketTimeoutException` unterbrochen.

Ein wesentlicher Unterschied zu den Stream-Sockets ist der Umstand, dass die Serveradresse nicht über die Socket-Klasse festgelegt wird, sondern jedem einzelnen Paket mitgegeben werden muss. Das Datenpaket selbst wird hierbei durch eine Instanz von `DatagramPacket` repräsentiert.

Tabelle 35.6: Wichtige Methoden der Klasse DatagramPacket

Methode	Beschreibung
`DatagramPacket(byte[] b, int laenge)`	Konstruktor. Erzeugt ein Paket zum Empfang von maximal `laenge` Byte, die in `b` abgelegt werden.

`DatagramPacket(byte[] b, int lsenge,`
`InnetAddress adr,`
`int port)`
	Konstruktor. Erzeugt ein Paket zum Senden von `laenge` Byte aus dem Array `b` zur Adresse `adr`.

`InetAddress getAddress()`	Liefert die IP-Adresse des Senders bzw. Empfängers des Pakets.

Methode	Beschreibung
byte[] **getData**()	Liefert das Array der Daten zurück.
int **getPort**()	Liefert die Portnummer, zu dem gesendet bzw. von dem empfangen wird.
void **setData**(byte[] b)	Legt das Array fest, woraus die zu sendenden Daten gelesen werden bzw. in das die empfangenen Daten geschrieben werden.

Tabelle 35.6: Wichtige Methoden der Klasse DatagramPacket (Forts.)

Der grundlegende Aufbau einer Datagram-Socketverbindung sieht folgendermaßen aus:

1. Der Server erzeugt ein DatagramSocket-Objekt und bindet es an den gewünschten Port (z.B. 9000):

```
DatagramSocket serverSock = new DatagramSocket(9000);
```

2. Es wird ein Puffer in Form eines Byte-Arrays angelegt sowie eine DatagramPacket-Instanz. In den Puffer werden später die empfangenen Daten hineingeschrieben.

```
int laenge = 100;
byte[] puffer = new byte[laenge];
DatagramPacket empfangsPaket =
                  new DatagramPacket(puffer,puffer.length);
```

3. Mit der receive()-Methode der Klasse DatagramSocket wird auf ein eingehendes Paket gewartet. Falls nicht endlos lange gewartet werden soll, kann mit der Methode setSoTimeout() eine maximale Dauer festgelegt werden, bei deren Überschreitung der receive()-Aufruf mit einer InterruptedIOException abgebrochen wird:

```
serverSock.setSoTimeout(3000); // nach 3000 ms Timeout
serverSock.receive(empfangsPaket);
```

4. Der Client geht analog vor: Zunächst wird ein DatagramSocket-Objekt erzeugt sowie ein Byte-Array mit den zu sendenden Daten. Außerdem muss die IP-Adresse des Empfängers (also des Servers) vorbereitet werden:

```
DatagramSocket clientSock = new DatagramSocket();
InetAddress server_IP = InetAddress.getByName("obelix.muster.com");
int server_port = 9000;
String nachricht = "Hallo Server, alles klar?";
byte[] puffer = nachricht.getBytes();
```

5. Nun wird das zu sendende Paket erzeugt. Da jedes Paket unabhängig von allen anderen verschickt wird, werden die Adressdaten (IP-Adresse, Portnummer) im Paket selbst abgelegt:

```
DatagramPacket sendPaket = new DatagramPacket(puffer,
                                  puffer.length,
                                  server_IP, server_port);
```

   Wenn der Empfänger gleich bleibt, kann man zur Optimierung das einmal erzeugte Objekt weiterverwenden und allein die zu sendenden Daten durch Aufruf der Methode setData(byte[] puffer) ersetzen.

6. Schließlich sendet der Client das Paket mittels `send()`:

   `clientSock.send(sendPaket);`

7. Der blockierende `receive()`-Aufruf auf Serverseite kehrt nun mit den empfangenen Daten im übergebenen `DatagramPacket`-Objekt zurück. Sie können jetzt mit `getData()` ausgelesen werden:

   `String nachricht = new String(empfangsPaket.getData());`

   Der Server, d.h. der Empfänger, kann ferner über die Methoden `getAddress()` und `getPort()` von `DatagramPacket` die IP-Adresse und Portnummer des Senders abfragen.

8. Die Socketverbindung wird von Client und Server mit `close()` geschlossen:

   `serverSock.close(); bzw. clientSock.close()`

INFO

TCP- und UDP-Portnummern haben nichts miteinander zu tun! Das heißt, man kann auf einem Server gleichzeitig einen TCP-Dienst und einen UDP-Dienst laufen lassen, die an die gleiche Portnummer gebunden sind.

Die maximale Größe eines UDP-Pakets beträgt 64 Kbyte. Dies ist daher auch die maximale Größe, die man bei einem `DatagramPacket` als Größe für das Datenarray verwenden kann. Von der Maximalgröße muss man allerdings noch einige Bytes für Header-Informationen abziehen, sodass die Nutzgröße etwas geringer ist. Will man längere Pakete per Datagramm schicken, muss man die Daten auf mehrere Pakete verteilen und sich selbst darum kümmern, dass kein Paket verloren geht, die Reihenfolge beim Empfänger stimmt usw. (Letztlich macht man also genau das, was TCP anbietet, weswegen man in der Regel gleich zu TCP und somit Stream-Sockets greift.)

Schauen wir uns den Ablauf noch einmal in einem einfachen Client/Server-Programm an. Zunächst das Listing für den Server:

Listing 35.4: DatagramServer.java – Einsatz von DatagramSocket auf der Serverseite

```
import java.io.*;
import java.net.*;

public class DatagramServer {
   public static void main(String[] args) {
      System.out.println();

      try  {
         // Socket anlegen
         DatagramSocket sock = new DatagramSocket(9000);

         // Ein Paket anlegen, in das die empfangenen Daten
         // gespeichert werden
         int laenge = 100;
         byte[] puffer = new byte[laenge];
         DatagramPacket paket = new DatagramPacket(puffer,laenge);

         // auf eine Anfrage blockierend warten
```

```
19          System.out.println(" Server: warte auf Anfrage");
20          sock.receive(paket);
21
22          // die Daten aus dem erhaltenen Paket entnehmen
23          String nachricht = new String(paket.getData());
24
25          System.out.println(" Server: empfangen wurde: "
26                             + nachricht);
27
28          // an den Client eine Bestätigung schicken
29          // die Herkunftsdaten stehen im empfangenen Paket
30          InetAddress client_IP = paket.getAddress();
31          int client_port = paket.getPort();
32
33          String antwort ="OK";
34          puffer = antwort.getBytes();
35
36          DatagramPacket paket2 = new DatagramPacket(
37              puffer,puffer.length,client_IP,client_port);
38          sock.send(paket2);
39
40          // Socket schließen
41          sock.close();
42       } catch(SocketException e) {
43          System.err.println(" Server: Socket kann nicht "
44                             + "angelegt werden");
45          e.printStackTrace();
46       } catch(IOException e) {
47          System.err.println(" Server: I/O Fehler ");
48          e.printStackTrace();
49       }
50    }
51 }
```

Richtig los geht es ab Zeile 10, wo ein `DatagramSocket` angelegt und an einen festen Port (9000) gebunden wird. Danach wird ein `DatagramPacket` angelegt und mit dem blockierenden `receive()` auf ein eingehendes Paket gewartet. Wenn ein Paket empfangen worden ist, wird darin nachgeschaut, woher es gekommen ist (Zeilen 30-31) und es wird dann in den Zeilen 33-38 ein Antwortpaket vorbereitet und abgeschickt. Analog zu Stream-Sockets werden alle Anweisungen zur Socketkommunikation mit `try-catch` abgesichert, um eventuell auftretende Exceptions abzufangen.

Der Client macht im Prinzip das Gleiche wie der Server, nur in umgekehrter Reihenfolge: erst ein Paket senden und dann eins empfangen. Beachten Sie, dass der Client beim Anlegen eines `DatagramSocket` keine weiteren Parameter wie IP-Adresse des Servers oder Portnummer angeben muss, da diese Information bei einer UDP-Verbindung jedem einzelnen Paket mitgegeben wird.

Listing 35.5: DatagramClient.java – Einsatz von DatagramSocket auf der Clientseite

```
import java.io.*;
import java.net.*;

public class DatagramClient  {
   public static void main(String[] args) {
      System.out.println();

      try  {
         // ein Socket-Objekt anlegen
         DatagramSocket sock = new DatagramSocket();

         // Annahme: Server läuft auf dem gleichen Rechner wie
         //           der Client
         InetAddress server_IP = InetAddress.getByName(null);
         int server_port = 9000;


         // Ein Paket anlegen, in das die zu sendenden Daten
         // gespeichert werden
         String nachricht = "Hallo Server, alles klar?";
         byte[] puffer = nachricht.getBytes();

         DatagramPacket paket = new DatagramPacket(puffer,puffer.length,
                                                   server_IP, server_port);

         // Paket senden
         sock.send(paket);

         // auf Antwort warten
         puffer = new byte[4]; // wir erwarten genau
                               // 2 Buchstaben = 4 Bytes ('OK')
         DatagramPacket paket2 = new DatagramPacket(puffer,
                                                    puffer.length);
         sock.receive(paket2);

         String antwort = new String(paket2.getData());

         System.out.println(" Client: Server antwortete: " + antwort);

         // Socket schließen
         sock.close();

      } catch(IOException e) {
         System.err.println(" Client: IO Fehler");
         e.printStackTrace();
      }
   }
}
```

INFO

UDP-Pakete werden in vielen Netzwerken standardmäßig (von entsprechend konfigurierten Routern und Firewalls) herausgefiltert. In solchen Netzwerken können Sie daher keine Datagram-Sockets (und auch nicht die im folgenden Abschnitt vorgestellten Multicast-Sockets) verwenden.

35.2.4 Multicast-Sockets

Unter Multicasting versteht man das Versenden derselben Nachricht von einem Sender an mehrere Empfänger. In der IP-Welt heißt dies, dass Daten bzw. die zugrunde liegenden IP-Pakete an mehrere IP-Adressen gleichzeitig übermittelt werden. Logischerweise kann eine solche Übertragung nicht verbindungsorientiert sein und wird daher nicht per TCP, sondern durch das UDP-Protokoll realisiert. In Java erfolgt die Umsetzung mit der Klasse `MulticastSocket`, die eine Erweiterung von `DatagramSocket` darstellt.

Das Vorgehen ist dabei ähnlich wie beim Einsatz von `DatagramSockets`. Es werden jedoch noch zwei weitere Mechanismen benötigt:

- Group: Alle IP-Adressen, die bei einem Multicast angesprochen werden sollen, werden in einer Gruppe (*Group*) zusammengefasst.
- Time-to-live: Dies ist die Anzahl an Sprüngen (*Hops*), die ein Paket auf seiner Reise in den Computernetzwerken maximal machen kann. Bei jedem Weiterreichen von einem Rechner zum nächsten wird der Hopzähler dekrementiert. Wenn er null erreicht hat, wird das Paket vernichtet und nicht mehr weitergeleitet. Dadurch wird verhindert, dass Pakete ewig in den Netzwerken umherwandern.

Das Vorgehen für einen Multicast sieht nun folgendermaßen aus:

1. Festlegen einer IP-Adresse und einer Portnummer für den Multicast. Die IP-Adresse muss bei IPv4 aus Klasse D sein, also zwischen 224.0.0.1 und 239.255.255.255 liegen (Achtung: 224.0.0.1 hat eine besondere Bedeutung: eine Nachricht an diese Adresse bewirkt, dass sie an alle Empfänger geht, die in irgendeiner Multicast-Gruppe eingetragen sind.) Noch eleganter ist natürlich die Verknüpfung der gewählten IP-Adresse mit einem Domain-Namen, der über einen Domain Name Server bekannt gemacht wird.
2. Wenn ein Programm einen Multicast senden will, erzeugt es eine Instanz von `MulticastSocket` und trägt sich in die gewünschte Gruppe ein. Ferner sollte die Time-to-live angemessen gesetzt werden (abhängig von der Größe/Topologie des Netzwerkes):

```
MulticastSocket serverSock = new MulticastSocket(port);
serverSock.joinGroup(multicast_adresse);
serverSock.setTimeToLive(50);  // max. 50 Hops
```

3. Wie bei normalen `DatagramSocket` wird ein `DatagramPacket` erzeugt, mit Multicast-Adresse und dem Sendeport versehen, mit Nutzdaten gefüllt und per `send()` gesendet.

```
byte[] puffer = nachricht.toString(); // nachricht sei ein String
DatagramPacket paket = new DatagramPacket(puffer,
                                          puffer.length,
                                          multicast_adresse,port);
serverSock.send(paket);
```

4. Auf der Empfängerseite wird ganz analog vorgegangen: Ein `MulticastSocket` zum gewünschten Port wird angelegt und der entsprechenden Multicast-Gruppe hinzugefügt. Dann wird mit `receive()` auf Nachrichten gewartet, die in einem bereitgestellten `DatagramPacket` abgelegt werden.

```
MulticastSocket clientSock = new MulticastSocket();
clientSock.joinGroup(multicast_adresse);
DatagramPacket empfangsPaket = new DatagramPacket(puffer,
                                                  puffer.length);
clientSock.receive();
```

Zum besseren Verständnis wieder ein einfaches Beispiel mit einem Server, der im Zwei-Sekunden-Takt das aktuelle Datum inkl. Uhrzeit als Multicast an interessierte Clients schickt. Zunächst werfen wir einen Blick auf den Server:

Listing 35.6: MulticastServer.java – Multicast: Serverseite

```
import java.io.*;
import java.net.*;
import java.util.*;

public class MulticastServer  {
   public static void main(String[] args) {
      System.out.println();

      if(args.length != 1)  {
         System.out.println(" Falsche Anzahl Argumente ");
         System.out.println(" Aufruf mit <Multicast-IP-Adresse>");
         System.exit(0);
      }

      try {
         // ein Socket-Objekt anlegen
         int port = 9000;
         MulticastSocket sock = new MulticastSocket(port);

         InetAddress multicast_adresse =
                                  InetAddress.getByName(args[0]);
         sock.joinGroup(multicast_adresse);

         while(true) {
            // die aktuelle im Zwei-Sekunden-Takt Uhrzeit/Datum
            // an die Clients schicken
            String nachricht = (new Date()).toString();
            byte[] puffer = nachricht.getBytes();

            DatagramPacket paket = new DatagramPacket(puffer,
                                                      puffer.length,
                                                      multicast_adresse,
                                                      port);
            sock.send(paket);

            System.out.println(" Server: Nachricht gesendet");
            Thread.sleep(2000);  // 2s warten
         }
```

```
39        } catch(IOException e) {
40           System.err.println(" Server: IO Fehler");
41           e.printStackTrace();
42        } catch(InterruptedException e) {
43           System.err.println(" Interrupted sleep");
44           e.printStackTrace();
45        }
46     }
47 }
```


Die interessanten Dinge beginnen ab Zeile 18, wo eine Instanz von `MulticastSocket` angelegt, der Einfachheit halber an einen fest codierten Port (9000) gebunden und dann zur gewünschten Multicast-Gruppe hinzugefügt wird. Die restlichen Anweisungen unterscheiden sich nun nicht mehr von einem normalen Datagram-Einsatz: Es wird ein `DatagramPacket` angelegt (Zeile 30), das die gewünschten Daten sowie Zieladresse und Portnummer enthält. Die Nutzdaten bestehen in diesem Beispiel aus dem aktuellen Datum, das in Zeile 27 über ein `Date`-Objekt ermittelt wird. Nach dem Senden des Pakets wird eine kurze Pause eingelegt, und das Spiel beginnt von Neuem.

Betrachten wir nun den Client:

Listing 35.7: MulticastClient – Multicast: Clientseite

```
import java.io.*;
import java.net.*;

public class MulticastClient {
   public static void main(String[] args) {
      System.out.println();

      if(args.length != 1)  {
        System.out.println(" Falsche Anzahl Argumente in Befehlszeile");
        System.out.println(" Aufruf mit <Multicast-IP-Adresse>");
        System.exit(0);
      }

      try  {
         // ein Socket-Objekt anlegen
         MulticastSocket sock = new MulticastSocket(9000);
         InetAddress multicast_adresse = InetAddress.getByName(args[0]);
         sock.joinGroup(multicast_adresse);

         // auf die Nachricht warten
         byte[] puffer = new byte[100]; //  wir sind großzügig
         DatagramPacket paket = new DatagramPacket(puffer,
                                                   puffer.length);
         sock.receive(paket);

         // Nachricht ausgeben
         String nachricht = new String(paket.getData());
         System.out.println(" Empfangene Nachricht: " + nachricht);
```

```
            // Socket schließen
            sock.close();
        } catch(IOException e) {
            System.err.println(" Client: IO Fehler");
            e.printStackTrace();
        }
    }
}
```

Die Vorgehensweise ist ganz analog zum Server und sollte Ihnen keine Rätsel aufgeben. Zuerst wird ein `MulticastSocket` angelegt und an die vereinbarte Portnummer 9000 gebunden. Dann wird der Socket der gewünschten Multicast-Gruppe hinzugefügt. Schließlich wird ein Empfangspaket vorbereitet, in das dann die Nachricht vom Datumsserver empfangen wird.

INFO

Multicast basiert auf UDP-Datagrammen, die von vielen Firewalls und Routern standardmäßig weggefiltert werden. Wenn Sie also Probleme mit Multicast haben, fragen Sie Ihren zuständigen Netzwerkadministrator. Ferner kann es Kollisionen mit vorhandenen Multicast-Gruppen geben. Verwenden Sie für eigene Versuche nach Möglichkeit Adressen aus dem Bereich 224.0.1.27 bis 224.0.1.225.

INFO

Beenden Sie den Server mit [Strg] + [C].

35.3 Non-Blocking I/O

Seit dem JDK 1.4 ist Java auch in der Lage, auf Socketverbindungen nicht-blockierende Ein-/Ausgabeoperationen durchzuführen (meistens als *Non-blocking I/O* bezeichnet). Dies betrifft im Wesentlichen das Manko, dass ein `read()`-Aufruf bei einer `InputStream`-Klasse so lange blockiert, bis er etwas aus dem Eingabestream lesen konnte, und sei es auch nur die Markierung für das Stream-Ende.

Dies bedeutet, dass ein Thread, der so kühn war, einen `read()`-Aufruf für eine bestehende Socketverbindung durchzuführen, von sich aus keine Möglichkeit mehr hat, das Warten abzubrechen. Falls aus irgendeinem Grund keine Daten ankommen, dann »hängt« der Thread, anstatt eventuell andere nützliche Aufgaben zu erledigen. Aber auch schon der Schritt davor, nämlich das Warten auf eine ankommende Socketanfrage mittels `ServerSocket.accept()` lässt den Thread blockieren und gibt ihm keine Möglichkeit mehr, sich aus eigener Kraft wieder freizumachen[5].

Vor diesem Hintergrund wurde die Ankunft des neuen I/O-Pakets `java.nio` von vielen Entwicklern begrüßt. Gemäß dem NIO-Modell erfolgt die Kommunikation über Ein-/Ausgabekanäle[6]. Ein Kanal ist dabei letztlich nichts anderes als die Verbindung zwischen einem Datenpuffer vom Typ `ByteBuffer` und einem Endpunkt, dem Socket.

---

5 Es sei denn, der Thread hat vor dem Aufruf von `accept()` über `setSoTimeout()` einen Timeout gesetzt.

6 Falls Sie NIO noch nicht kennen, sollten Sie erst das Kapitel 31.6 zur Ein-/Ausgabe lesen, da wir an dieser Stelle Kanäle und Puffer nicht erläutern.

Ein wesentliches Hilfsmittel für die Durchführung von Non-Blocking I/O ist ein *Selektor*. Hierbei handelt es sich um ein Objekt, welches bei ihm registrierte Ein-/Ausgabekanäle daraufhin überwacht, ob Aktivitäten wie z.B. Schreib-/Leseoperationen zurzeit möglich sind. Der Einsatz eines Selektors erfolgt in Java in Form der Klasse `Selector` (Paket `java.nio.channels`). Man erzeugt einen Selektor und gibt dann durch den Aufruf einer `register()`-Methode an, welche Kanäle der Selektor überwachen soll. Die Überwachung erfolgt dabei ereignisorientiert, d.h., man muss auch festlegen, auf welche Ereignisse (*Keys*) der Selektor reagieren soll.

Tabelle 35.7: Wichtige Methoden von Selector

Methode	Beschreibung
`static Selector` **`open()`**	Erzeugt ein `Selector`-Objekt.
`int` **`select()`** `int` **`select`**`(long millis)`	Wartet blockierend bzw. maximal `millis` Millisekunden, bis auf einem der registrierten Kanäle eine I/O-Operation möglich ist; Rückgabe ist die Anzahl der verfügbaren Keys.
`Set` **`selectedKeys()`**	Liefert die Menge der Keys, für die ein Kanal Bereitschaft gemeldet hat.

Ein zu überwachendes Ereignis wird dabei durch eine Instanz der Klasse `SelectionKey` dargestellt. Sie besitzt die Methode `channel()`, mit der sich der zugehörige Kanal, der bereit für eine Ein-/Ausgabeoperation ist, ermitteln lässt.

Mit einem `Selector`-Objekt allein kann man allerdings noch nicht sonderlich viel anfangen. Von Interesse sind auch die Ein-/Ausgabekanäle für die eigentliche Socket-Kommunikation. Wie bei den bisher vorgestellten Sockets gibt es auch diesmal die Unterscheidung in die verbindungsorientierten Stream-Sockets (TCP/IP) sowie die verbindungslosen Datagram-Sockets (UDP).

35.3.1 Stream-Sockets

Für den Einsatz von Stream-Sockets benötigt man für non-blocking I/O die Klassen `ServerSocketChannel` sowie `SocketChannel` (Paket `java.nio.channels`), beides Unterklassen der abstrakten Klasse `SelectableChannel`, sowie die bereits erwähnte Klasse `Selector`. Die Klasse `ServerSocketChannel` stellt hierbei in gewisser Weise das Pendant zur bisher besprochenen Klasse `ServerSocket` dar.

Die grundsätzliche Vorgehensweise für den serverseitigen Aufbau einer nichtblockierenden Socketverbindung sieht folgendermaßen aus:

1. Einen I/O-Kanal als Instanz von `ServerSocketChannel` öffnen und an den gewünschten Port binden.
2. Einen Selektor erzeugen und den Kanal bei ihm registrieren.
3. Mit dem Selektor die registrierten Kanäle auf bestimmte Ereignisse (als *keys* bezeichnet) überwachen. Sie werden durch Instanzen der Klasse `SelectionKey` repräsentiert.

4. Wenn ein registriertes Ereignis eingetreten ist, kann für den betroffenen Kanal ein `SocketChannel`-Objekt erzeugt und auf die Socketverbindung zugegriffen werden.
5. Das Lesen oder Schreiben erfolgt dann über einen Puffer vom Typ `ByteBuffer`.

All diese Schritte wollen wir nun an einem konkreten Beispiel nachvollziehen.

Listing 35.8: ServerSocketNIO.java – Non-Blocking Socket für Serverseite

```
import java.net.*;
import java.nio.*;
import java.nio.channels.*;
import java.io.*;
import java.util.*;

public class ServerSocketNIO {
   final static int MAX_LAENGE = 1024;

   public static void main(String[] args) {
      System.out.println();

      try {
         // ServerSocket zum Lauschen auf Port 9000 anlegen
         ServerSocketChannel kanal = ServerSocketChannel.open();
         kanal.configureBlocking(false);
         ServerSocket serverSock = kanal.socket();
         serverSock.bind(new InetSocketAddress(9000));

         System.out.println(" Socket-Server: Socket-Parameter "
                                   + serverSock);

         // Puffer anlegen
         ByteBuffer puffer = ByteBuffer.allocate(MAX_LAENGE);


         Selector selektor = Selector.open();
         kanal.register(selektor, SelectionKey.OP_ACCEPT);

         // blockierend warten
         selektor.select();
         Set auswahl = selektor.selectedKeys();

         Iterator it = auswahl.iterator();

         SelectionKey key = null;

         if(it.hasNext())
            key = (SelectionKey) it.next();

         if(key == null)
            System.exit(0);


         ServerSocketChannel aktKanal
```

```
46                          = (ServerSocketChannel) key.channel();
47          SocketChannel aktSocket = aktKanal.accept();
48
49          while(true)  {
50             int num = aktSocket.read(puffer);
51
52             if(num == -1)
53                break;
54          }
55
56
57          int anzahl = puffer.position();
58          puffer.flip();
59          byte[] daten = puffer.array();
60          String nachricht = new String(daten,0,anzahl);
61          System.out.println(" Socket-Server: Nachricht von Client: "
62                            + nachricht);
63
64          // eine Nachricht an den Client senden
65          String antwort = "Hallo Client, Deine Nachricht kam an!";
66          puffer = ByteBuffer.wrap(antwort.getBytes());
67          aktSocket.write(puffer);
68
69          // Socket wieder schließen
70          aktSocket.close();
71          aktKanal.close();
72       } catch(IOException e) {
73          System.err.println(" Socket-Server: Fehler!");
74          e.printStackTrace();
75       }
76    }
77 }
```

In den Zeilen 14-24 werden zunächst die nötigen Vorbereitungen getroffen. Die statische Methode `ServerSocketChannel.open()` eröffnet einen Kanal und versetzt ihn mit seiner Methode `configureBlocking()` in den Zustand `false`, was für nichtblockierend steht. Nun muss noch festgelegt werden, zu welchen Port der Socket verbunden werden soll. Dies kann erstaunlicherweise nicht über die Klasse `ServerSocketChannel` selbst erfolgen. Stattdessen muss man mit `socket()` ein `ServerSocket`-Objekt beschaffen und dessen `bind()`-Methode aufrufen. Diese Methode erwartet leider nicht einfach eine Portnummer, sondern immer eine `InetSocketAddress`-Instanz.

Nach dem Anlegen eines Puffers in Zeile 24 kommt die bereits erwähnte `Selector`-Klasse zum Einsatz. Eine Instanz lässt sich nur über die statische Methode `Selector.open()` anlegen, bei der wir dann mithilfe von `register()` unseren erzeugten Kanal für das Ereignis `SelectionKey.OP_ACCEPT`, also die Annahme einer Socketverbindung, anmelden. Weitere Ereignistypen sind `OP_READ` (Daten zum Lesen vorhanden), `OP_WRITE` (Daten zum Schreiben vorhanden) und `OP_CONNECT` (eingehende Anfrage für Socketverbindung). Es handelt sich dabei um numerische Konstanten, die man auch addieren kann, um somit einen Kanal für verschiedene

Ereignisse zu registrieren. Eine Registrierung für mehrere Ereignisse kann über mehrere `register()`-Aufrufe erfolgen oder aber auch durch eine ODER-Verknüpfung der Konstanten, also beispielsweise

```
kanal.register(selektor, SelectionKey.OP_READ | SelectionKey.OP_WRITE);
```

In Zeile 31 startet der Selektor mit seiner `select()`-Methode nun den Überwachungsvorgang. Der Aufruf dieser Methode ist blockierend und wartet so lange, bis ein Kanal bereit ist (es existiert auch eine `select(long)`-Methode für das Warten mit Timeout). Das Ergebnis von `select()` ist eine Menge (Schnittstelle `Set`) an Ereignissen, die eingetreten sind, oder in der Sprache von Java-NIO: die ausgewählten Keys, die durch die Methode `selectedKeys()` in Zeile 32 ermittelt werden. In unserem Beispiel kann dies immer nur ein Key sein, daher ist die Iteration über die Menge in den Zeilen 34-42 eigentlich überflüssig und soll lediglich das typische Vorgehen aufzeigen, wenn mehrere Kanäle überwacht werden. Dies gilt auch für den Aufruf von `key.channel()` in Zeile 46, da wir nur einen Kanal registriert haben und den Kanal, der vom Selektor als bereit gemeldet wird, somit schon kennen. Jetzt kommt die Klasse `SocketChannel` ins Spiel. Wir rufen für den Kanal in Zeile 47 die Methode `accept()` auf und nehmen so die Socketverbindung an, die ein Client an den Server gesendet hat. Das Lesen über die Verbindung erfolgt wie in Kapitel 31.6.1 erläutert mit der `read()`-Methode des `SocketChannel`-Objekts und einem `ByteBuffer`. Die restlichen Zeilen bringen dann nichts Neues: Wir geben den Pufferinhalt aus und senden eine Antwort zurück, um dann die Socketverbindung wieder zu schließen.

Tabelle 35.8 und Tabelle 35.9 zeigen eine Zusammenfassung der wichtigsten Methoden von `ServerSocketChannel` und `SocketChannel`.

Tabelle 35.8: Wichtige Methoden der Klasse ServerSocketChannel

Methode	Beschreibung
`static ServerSocketChannel` **`open()`**	Erzeugt ein neues Objekt, das noch an keinen Port gebunden ist.
`SocketChannel` **`accept()`**	Blockiert so lange, bis eine Socketverbindung aufgebaut ist, bzw. im nicht-blockierenden Modus kehrt der Aufruf ggf. mit `null` zurück.
`void` **`close()`**	Schließt den Kanal.
`SelectableChannel` **`configureBlocking(`**`boolean modus)`	Legt fest, ob der Kanal im blockierenden (`modus` gleich `true`) oder nicht-blockierenden Modus (`false`) laufen soll.
`ServerSocketChannel` **`open()`**	Öffnet den Kanal.
`ServerSocket` **`socket()`**	Liefert ein mit dem Kanal assoziiertes `ServerSocket`-Objekt.

Tabelle 35.9: Wichtige Methoden der Klasse SocketChannel

Methode	Beschreibung
`SelectableChannel configureBlocking(boolean modus)`	Legt fest, ob die Kommunikation im blockierenden (`modus` gleich `true`) oder nicht-blockierenden Modus (`false`) laufen soll.
`int read(ByteBuffer puffer)`	Liest so viele Byte, wie gerade verfügbar sind, in `puffer` ein; Rückgabewert ist die Anzahl der gelesenen Bytes oder –1 bei Stream-Ende; im nicht-blockierenden Modus kehrt der Aufruf sofort zurück, wenn keine Daten vorliegen.
`int write(ByteBuffer puffer)`	Schreibt den Inhalt von `puffer` und gibt die Anzahl der tatsächlich geschriebenen Bytes zurück

35.3.2 Datagram-Sockets

Auch für die paketorientierten Datagram-Sockets haben wir das gleiche Problem, dass die Methode `DatagramSocket.receive()` solange blockiert, bis ein Paket empfangen worden ist. Allerdings ist die Situation etwas entspannter, da man mithilfe des Timeout-Mechanismus (via `setSoTimeout()`) eine nicht-blockierende Operation zustande bringen kann, wenn auch etwas ineffizient und nicht sehr elegant. Abhilfe schafft `DatagramChannel`, das Analogon zur oben besprochenen `SocketChannel`-Klasse. Ein Gegenstück zu `ServerSocketChannel` gibt es nicht.

Die Durchführung von non-blocking I/O für Datagram-Sockets ist ähnlich wie im oben gezeigten Vorgehen für normale verbindungsorientierte Sockets. Der wesentliche Unterschied liegt daran, dass man immer die Klasse `DatagramChannel` einsetzt, anstatt wie bei Stream-Sockets mit zwei Klassen `ServerSocketChannel` und `SocketChannel` zu hantieren. Betrachten wir den folgenden Code für das prinzipielle Vorgehen auf der Serverseite:

Listing 35.9: Aus DatagramServerNIO.java – Serverseite für eine Datagram-Verbindung

```
DatagramChannel kanal = DatagramChannel.open();
kanal.configureBlocking(false);
DatagramSocket sock = kanal.socket();
sock.bind(new InetSocketAddress(9000));

Selector selektor = Selector.open();
kanal.register(selektor, SelectionKey.OP_READ);

// Ein Paket anlegen, in das die empfangenen Daten
// gespeichert werden
ByteBuffer puffer = ByteBuffer.allocate(MAX_LÄNGE);

selektor.select();
Set auswahl = selektor.selectedKeys();

Iterator it = auswahl.iterator();

DatagramChannel aktKanal = null;
SocketAddress client = null;
SelectionKey key = null;

```

```
22 if(it.hasNext())
23    key = (SelectionKey) it.next();
24
25 if(key == null)
26    System.exit(0);
27
28 aktKanal = (DatagramChannel) key.channel();
29 client = aktKanal.receive(puffer);
```

Die Zeilen 1-16 sind fast identisch zum vorangegangenen Beispiel für verbindungsorientierte Stream-Sockets. Mit der statischen `DatagramChannel.open()`-Methode wird der Ein-/Ausgabekanal geöffnet und in Zeile 4 an den gewünschten Port gebunden, wobei es nicht überraschen dürfte, dass `DatagramSocket` für die Socketverbindung eingesetzt wird. In den Zeilen 6 und 7 wird wieder ein `Selector`-Objekt zur Überwachung des Kanals erzeugt, wobei man hier bei der Auswahl der interessierenden Operationen nur `OP_READ` (Lesen) und `OP_WRITE` (Schreiben) zur Auswahl hat, da die beiden übrigen Keys `OP_ACCEPT` und `OP_CONNECT` bei den verbindungslosen Datagram-Sockets keinen Sinn machen. Davon abgesehen erfolgt der Umgang mit dem Selektor völlig identisch. Zum eigentlichen Lesen kommt es in den Zeilen 28-29. Wir ermitteln mit der `channel()`-Methode den zuständigen Kanal des ausgewählten `SelectionKey` und können dann die bereitstehenden Daten in einen `ByteBuffer` einlesen. Die verwendete Leseoperation `receive()` in Zeile 29 liefert dabei als Rückgabewert die Adresse des Senders zurück, sodass man mit dieser Information gegebenenfalls eine Antwort senden kann.

REF

Auf der Buch-DVD finden Sie im zugehörigen Kapitelverzeichnis das vollständige Beispiel.

Tabelle 35.10: Wichtige Methoden der Klasse DatagramChannel

Methode	Beschreibung
`static DatagramChannel` **`open`**`()`	Öffnet den Kanal.
`DatagramChannel` **`connect`**`(InetSocketAddress adr)`	Lesen und Senden von Datagrammen erfolgt zu `adr`.
`DatagramSocket` **`socket`**`()`	Liefert einen Socket, der mit diesem Kanal assoziiert ist.
`SelectableChannel` **`configureBlocking`**`(boolean modus)`	Legt fest, ob die Kommunikation im blockierenden (`modus = true`) oder nicht-blockierenden Modus (`false`) laufen soll.
`int` **`read`**`(ByteBuffer puffer)`	Liest ein Datagramm in `puffer` ein; Rückgabewert ist die Anzahl der gelesenen Bytes oder –1 bei Stream-Ende; im nicht-blockierenden Modus kehrt der Aufruf sofort zurück, wenn keine Daten vorliegen.
`int` **`write`**`(ByteBuffer puffer)`	Schreibt den Inhalt von `puffer` als Datagramm und gibt die Anzahl der tatsächlich geschriebenen Bytes zurück.
`InetSocketAddress` **`receive`**`(ByteBuffer puffer)`	Wie `read()`, gibt jedoch die Socket-Adresse der Gegenseite zurück.
`int` **`send`**`(ByteBuffer puffer, InetSocketAddress adr)`	Wie `write()`, sendet jedoch an `adr` und nicht an den eingestellten Empfänger.

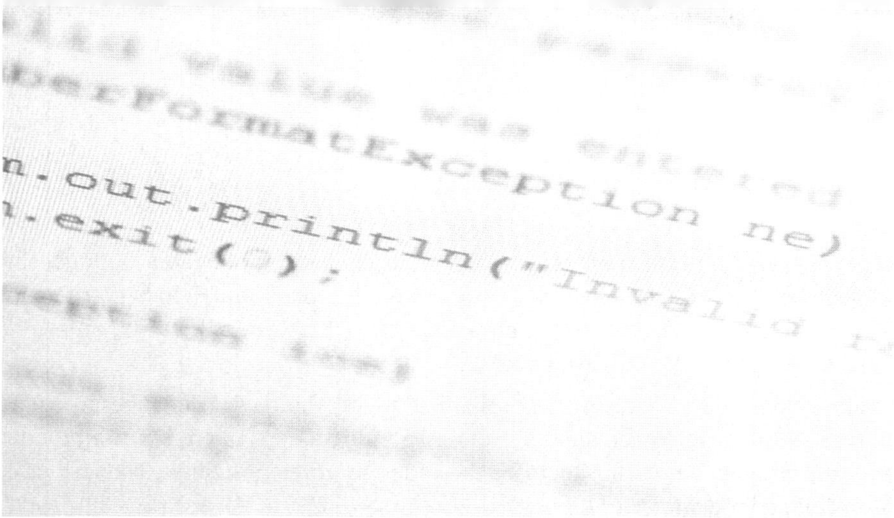

Kapitel 36
HTTP-Verbindungen

Im vorherigen Kapitel haben Sie die Grundbausteine der Netzwerkkommunikation kennengelernt und sind nun mental dafür gerüstet, einen Blick auf das mittlerweile wichtigste Protokoll für den Nachrichtenaustausch zwischen Computern zu werfen: das *Hypertext-Transfer-Protocol* (HTTP).

HTTP ist das Protokoll, das für das World Wide Web (WWW) bzw. schlicht das Internet kreiert worden ist, um Webseiten im HTML-Format zwischen Computern auszutauschen. Technisch gesehen basiert eine HTTP-Verbindung auf den Ihnen mittlerweile bekannten Stream-Sockets und TCP/IP, sodass Sie im Prinzip mit den gezeigten Klassen bereits HTTP-Verbindungen realisieren könnten. Um Sie jedoch vom Low-Level-Programmieren mit Sockets zu entlasten, bietet Java im Package `java.net` bereits fertige Klassen.

36.1 Uniform Resource Locator (URL)

Ein URL dient zur eindeutigen Identifikation bzw. Adressierung einer Seite im World Wide Web und ist eine Subvariante des allgemeineren Uniform Resource Identifier (URI) und spezifiziert:

- das verwendete Protokoll (meistens HTTP),
- den Domain-Namen des Servers,
- den anzusprechenden Port (optional; Standard ist 80 für HTTP, 21 für FTP),
- den Pfad bzw. Namen der gewünschten Datei (optional),
- einen Anker (eine Referenz) innerhalb der Datei (optional), markiert durch #.

Die generische Syntax eines URL ist daher

`Protokoll://Hostname:Port/Pfad/Dateiname#Referenz`

Wie man an der Auflistung sehen kann, sind einige Komponenten optional. Im einfachsten Fall besteht daher ein URL aus dem Protokoll und dem Servernamen, z.B. `http://www.carpelibrum.de`, ein komplexer URL wäre z.B. `http://name.de/verzeichnis/artikel.html#Textstelle`.

Wenn kein Dateiname in dem URL spezifiziert wird, dann wird der angesprochene Server automatisch nach einem Dokument mit dem Namen *index.htm* oder *index.html* suchen, evtl. auch nach anderen voreingestellten Namen, z.B. *start.html* oder *default.html*.

In Java steht für den Umgang mit URLs die Klasse `URL` mit einer Reihe von Konstruktoren zur Verfügung, wobei der wichtigste und einfachste einen URL als String erwartet und daraus ein `URL`-Objekt erzeugt:

```
try {
  URL meinUrl = new URL("http://www.mut.de");
} catch(MalformedURLException e) { }
```

Wenn der Konstruktor kein Objekt erzeugen kann, da die Angaben falsch oder unvollständig sind, wird eine `MalformedURLException` geworfen.

Die Klasse `URL` bietet einige nette Methoden an, um alle notwendigen Informationen aus einem URL zu extrahieren; nennenswert sind:

Tabelle 36.1: Wichtige Methoden der Klasse URL

Methode	Funktionalität
`String` **`getProtocol`**`();`	Liefert den Namen des verwendeten Protokolls (HTTP, FTP, ...).
`String` **`getHost`**`();`	Liefert den Hostnamen des Servers.
`String` **`getPort`**`();`	Gibt die in dem URL definierte Portnummer zurück.
`String` **`getPath`**`();`	Liefert den Pfad des URL.
`String` **`getFile`**`();`	Liefert den Dateinamen.
`String` **`getRef`**`();`	Liefert den Anker (Referenz).
`InputStream` **`openStream`**`();`	Liefert einen `InputStream` zum Lesen des Dateiinhaltes.
`URLConnection` **`openConnection`**`() throws IOException`	Liefert eine `URLConnection` zum Server des URL.

Neben diesen Metainformationen liegt natürlich das Hauptinteresse auf dem Inhalt der durch den URL adressierten Datei. Hierfür bietet die `URL`-Klasse die Methode `openStream()`.

Sie liefert direkt einen `InputStream` zurück, der an einen `InputStreamReader` weitergereicht werden kann. Man hat hierbei nur einen rein lesenden Zugriff und kann damit keine Daten an den kontaktierten Server senden. Dies werden Sie im übernächsten Abschnitt sehen.

Das folgende Beispiel demonstriert den Umgang mit der URL-Klasse: Es wird ein URL angelegt, und die URL-Informationen inklusive Inhalt der angegebenen Webseite zeilenweise ausgegeben.

INFO

Um eine Webseite aus dem Internet lesen zu können, müssen Sie zuvor eine Verbindung zum Internet herstellen. Webseiten von einem lokalen oder einem Intranet-Server können selbstverständlich auch ohne Verbindung zum Internet abgefragt werden.

Listing 36.1: URLInfo.java – URL-Informationen abfragen

```
import java.net.*;
import java.io.*;

public class URLInfo {
   public static void main(String[] args) {
      System.out.println();

      if(args.length != 1)  {
        System.out.println(" Falsche Anzahl Argumente in Befehlszeile");
        System.out.println(" Aufruf: java URLInfo <URL>");
        System.exit(0);
      }

      // URL anlegen
      try {
         URL url = new URL(args[0]);

         // Infos ausgeben
         System.out.println(" URL         : " + url.toString());
         System.out.println(" Protokoll   : " + url.getProtocol());
         System.out.println(" Hostadresse: " + url.getHost());
         System.out.println(" Portnummer : " + url.getPort());
         System.out.println(" Dateiname   : " + url.getFile());

         System.out.println(" Dateiinhalt   :");

         BufferedReader input = new BufferedReader(
                     new InputStreamReader(url.openStream()));

         String zeile;

         // den Inhalt des Dokuments zeilenweise lesen
         while ((zeile = input.readLine()) != null)
            System.out.println(zeile);

         input.close();
      } catch(MalformedURLException e) {
         System.err.println(" Ungueltiger URL!");
         System.exit(0);
      } catch(IOException e) {
         System.err.println(" IOException!");
         System.exit(0);
      }
   }
}
```

36.2 URL mit Sonderzeichen: x-www-form-urlencoded

Wie Sie gesehen haben, kann ein URL auch Dateinamen enthalten, wodurch sich ein auf den ersten Blick nicht offensichtliches Portabilitätsproblem ergeben kann, da verschiedene Betriebssysteme auch teilweise unterschiedliche Konventionen haben bezüglich der Zeichen, aus denen ein Datei- bzw. Pfadname bestehen kann (z.B. welche Sonderzeichen wie &, %, $ dürfen verwendet werden?).

Um solchen Problemen aus dem Weg zu gehen, wurde ein besonderes Format *x-www-form-urlencoded* definiert. Hierfür bietet Java die Klassen `URLEncoder` und `URLDecoder` mit den statischen Methoden

```
static String URLEncoder.encode(String str, String enc)
                                    throws UnsupportedEncodingException
static String URLDecoder.decode(String str, String enc)
                                    throws UnsupportedEncodingException
```

an, die einen String erwarten sowie die gewünschte Zeichensatzcodierung, um den String in eine portable Form umzuwandeln bzw. wieder zurückzukonvertieren. Das WWW-Konsortium empfiehlt dabei »UTF-8« als Zeichensatzcodierung. Bei der Konvertierung werden die Buchstaben A-Z und die Ziffern 0-9 unverändert übernommen, während Leerzeichen durch »+« und Sonderzeichen durch ein »%xy« ersetzt werden, wobei xy den hexadezimalen Code des Sonderzeichens darstellt, z.B.

```
String alt ="http://mein.server.de/band 12 Kap-C&A.html";
String neu = URLEncoder.encode(alt,"UTF-8");
```

Der String `neu` hat nun den Wert

```
http%3A%2F%2Fmein.server.de%2Fband+12+Kap-C%26A.html
```

und kann als Argument für die Klasse `URL` verwendet werden.

Der Einsatz von `URLEncoder` wird ferner auch dann notwendig, wenn Daten an einen Webserver geschickt werden sollen (z.B. Sucheingaben, Formulardaten), der sie in dieser codierten Form erwartet. Solche Daten können bei einer GET-Anfrage (siehe Abschnitt 36.4) an den eigentlichen URL in x-www-form-urlencoded-Format angehängt werden (z.B. `www.google.de/search?q=dirk+louis+jbuilder`).

36.3 HTTP-Sessions durchführen

Wenn man nicht nur einfach einen Server kontaktieren und den Inhalt einer spezifizierten Datei herunterladen will, sondern auch Daten an den Server senden möchte, dann muss man ein klein wenig mehr Aufwand treiben, als nur eine Instanz von `URL` einzusetzen. Man muss dann die Klasse `URLConnection` bzw. (für HTTP) `HttpURLConnection` einsetzen.

Hierzu bietet die `URL`-Klasse eine spezielle Methode an:

```
URLConnection openConnection() throws IOException
```

openConnection() versucht, (über einen Stream-Socket) eine Netzwerkverbindung zu dem Server aufzubauen, der zu dem URL gehört, und gibt bei Erfolg eine Instanz von URLConnection zurück, genauer gesagt, je nach verwendetem und unterstütztem Protokoll eine davon abgeleitete Klasse (bei HTTP beispielsweise wird eine HttpURLConnection zurückgeliefert).

Lesender Zugriff (Empfangen)

URLConnection stellt für den lesenden Zugriff die folgenden Methoden bereit:

Tabelle 36.2: Wichtige Methoden von URLConnection zum Lesen

Methode	Beschreibung
InputStream **getInputStream**() throws IOException	Kreiert einen InputStream zum Lesen.
void **setDoInput**(boolean)	Verbindung für Lesen aktivieren (mit Parameter true).

Mit der Methode getInputStream() kann man einen I/O-Stream anfordern und diesen wie im vorherigen Abschnitt verwenden, um Daten zu lesen. Der Aufruf von setDoInput() ist dabei normalerweise nicht erforderlich, da jede URLConnection auf Lesen voreingestellt ist.

Listing 36.2: Aufbau einer lesenden Verbindung mit URLConnection

```
try {
   URLConnection verbindung = meinUrl.openConnection();
   BufferedReader input = new BufferedReader(
                new InputStreamReader(verbindung.getInputStream()));
   String zeile;

   while ((zeile = input.readLine()) != null)
      System.out.println(zeile);
} catch(IOException e) {
   // openConnection() hat nicht geklappt
}
```

Schreibender Zugriff (Senden)

Das Senden von Daten an einen Server erfolgt ganz analog über einen OutputStream, den die Klasse URLConnection bereitstellt:

Tabelle 36.3: Wichtige Methoden von URLConnection zum Schreiben

Methode	Beschreibung
OutputStream **getOutputStream**() throws IOException	Liefert einen OutputStream zum Schreiben an den Server.
void **setDoOutput**(boolean)	Verbindung für Schreiben aktivieren mit Parameter true.

Im Gegensatz zum Lesen ist die Voreinstellung für das Schreiben immer false, d.h., man muss zuerst setDoOutput(true) aufrufen. Natürlich ist eine weitere Voraussetzung, dass der angesprochene URL auch das Schreiben erlaubt. Falls dies nicht der Fall ist, wird getOutputStream() scheitern und eine Unterklasse von IOException (nämlich UnknownServiceException) werfen.

Die Firma Sun bot früher zum Testen ein CGI-Script im Internet an (java.sun.com/cgi-bin/backwards), der einen String erwartete (in mit URLEncoder codierter Form) und ihn zusammen mit einem Antworttext in umgekehrter Reihenfolge (*reversed*) zurücklieferte. Da dieses Script derzeit nicht mehr zur Verfügung steht, haben wir als Ersatz auf unserer Website unter *www.carpelibrum.de\test\java* ein eigenes PHP-Script namens *backwards.php* eingerichtet. Das folgende Beispiel zeigt, wie eine HTTP-Verbindung zu diesem Script aufgebaut wird, ein String geschickt (geschrieben) wird und schließlich die Antwort wieder gelesen und ausgegeben wird.

Falls Sie über ein Firmennetzwerk ins Internet gehen, beachten Sie bitte auch den Abschnitt 36.5.

Listing 36.3: HTTP_reverse.java – Senden und Lesen mit der Klasse URLConnection

```
import java.net.*;
import java.io.*;

class HTTP_reverse {
   public static void main(String[] args) {
      System.out.println();

      if(args.length != 1)  {
        System.out.println(" Falsche Anzahl Argumente in Befehlszeile");
        System.out.println(" Aufruf mit <Nachrichtentext>");
        System.exit(0);
      }

      try {
         String nachricht = URLEncoder.encode(args[0], "UTF-8");
         URL url =
           new URL("http://www.carpelibrum.de/test/java/backwards.php");

         // die Verbindung aufbauen
         URLConnection verbindung = url.openConnection();
         verbindung.setDoOutput(true);

         // den String schreiben
         PrintWriter output = new
                          PrintWriter(verbindung.getOutputStream());
         output.println("string=" + nachricht);
         output.close();

         // die Antwort lesen
         BufferedReader input = new BufferedReader(new
                    InputStreamReader(verbindung.getInputStream()));
         String antwort;

         while( (antwort = input.readLine()) != null)
            System.out.println(antwort);
```

```
            input.close();
        } catch(IOException e) {
            System.err.println(" " + e.getMessage());
        }
    }
}
```

Ausführung:

```
C:\Beispiele\Kapitel36>java HTTP_reverse BART

  Die Umkehrung von 'BART' ist:  'TRAB'

C:\Beispiele\Kapitel36>java HTTP_reverse "030 123"

  Die Umkehrung von '030 1234' ist:  '4321 030'

C:\Beispiele\Kapitel36>java HTTP_reverse Glueckskind

  Die Umkehrung von 'Glueckskind' ist:  'dnikskceulG'
```


36.4 Das HTTP-Protokoll

Nachdem Sie jetzt gesehen haben, wie man von Java über einen URL eine HTTP-Verbindung aufbauen kann, ist es an der Zeit, das HTTP-Protokoll etwas genauer anzusehen.

Das aktuelle Protokoll trägt die Versionsnummer HTTP/1.1 und wird in dem Dokument RFC2616 der Network Working Group definiert. Wir wollen uns im Rahmen dieser Einführung allerdings nur auf einige wichtige Aspekte konzentrieren, die für sinnvolle und interessante Aufgaben benötigt werden. Wer größeren Wissensdurst verspürt, sollte sich das Originaldokument zulegen (`http://tools.ietf.org/html/rfc2616`).

Das HTTP-Protokoll basiert auf einem Request/Response-Modell, bei dem ein Client, z.B. ein Webbrowser, über TCP/IP eine Anfrage an einen bestimmten Port (standardmäßig Port 80) schickt, auf die der Server in geeigneter Weise reagiert, z.B. indem eine HTML-Seite zurückgesendet wird. Der Nachrichtenaustausch zwischen Client und Server verläuft *stateless*, d.h., zwei nacheinander stattfindende Anfragen haben miteinander nichts zu tun und können sich nicht aufeinander beziehen, da der Server keine Daten über die letzte Anfrage speichert[1]. Das HTTP-Protokoll ist übrigens abwärtskompatibel, d.h., ein Client oder Server, der HTTP 1.0 oder gar 0.9 verwendet, kann trotzdem mit einem Partner kommunizieren, der die neueste Version 1.1 einsetzt. In solchen Fällen wird immer der kleinste gemeinsame Nenner – d.h. die kleinere Versionsnummer – gewählt, was natürlich bedeutet, dass Funktionalitäten und Fähigkeiten von neueren Versionen nicht genutzt werden können.

1 Weil dies manchmal aber wünschenswert ist, wurde die Cookie-Technik entwickelt: der Server schickt Informationen zum Client und lässt sie auf dessen Festplatte speichern.

Jede Nachricht von Client an Server und Server an Client besteht immer aus zwei Teilen, einem Header sowie dem eigentlichen Datenblock.

Der Header enthält Steuerinformationen, z.B. das auszuführende Kommando (Methode genannt), die verwendete Protokollversion, Statusinfos, den Pfadanteil des URL sowie optionale Einträge. Der Datenblock selbst ist in der Regel ein HTML-Dokument oder Formulardaten. Es können aber auch ganz andere Daten sein, z.B. ein MP3-File.

Wir schauen uns nun kurz die wesentlichen Inhalte einer HTTP-Anfrage bzw. -Antwort an.

36.4.1 Die HTTP-Anfrage (Request)

Eine Anfrage hat den folgenden Grundaufbau:

```
Methode URL HTTP/Version
Allgemeiner Header
Request Header
Entity Header
<Leerzeile>
Request Entity
```

Die erste Zeile ist dabei die wichtigste, da hier das angeforderte Kommando (Methode) und der Pfadteil des URL angegeben werden, z.B.

```
GET /index.html HTTP/1.1
```

Die wesentlichen Anfragemethoden, die ein Client an einen Server schicken kann, sind:

- `GET` ist die mit Abstand am häufigsten eingesetzte Methode und dient zur Anforderung eines Dokuments. GET bietet die Möglichkeit, zusätzliche Parameter (in x-www-form-urlencoded Format) an den URL anzuhängen.
- `HEAD` ist identisch zu GET mit dem Unterschied, dass der Server das gewünschte Dokument nicht zurücksendet, sondern nur Informationen über das Dokument, insbesondere Typ, Größe usw.
- `POST` dient zur Übermittlung von Formulareingaben an den Server. Diese Daten werden im Anschluss an den Header im Datenbereich (Request-Entity) übertragen.
- `PUT` ermöglicht dem Client, auf dem Server bestehende Quellen zu modifizieren oder neue zu erzeugen. Dies setzt natürlich entsprechende Berechtigungen und Konfigurationen auf Serverseite voraus.
- `DELETE` ist das Gegenstück zu `PUT` und löscht Dokumente auf dem Server, Berechtigung vorausgesetzt.
- `OPTIONS` fragt an, welche Aktionen der Server anbietet.

Die optionalen Header enthalten diverse Informationen, die für den Server hilfreich sein können. Alle Einträge in einem Header bestehen aus Schlüsselwörtern, gefolgt von einem Doppelpunkt und einer Zeichenkette. Ein typischer HTTP-Request könnte folgendermaßen aussehen:

```
GET /index.html HTTP/1.1
Date: Wed, 15 Nov 2001 06:25:24 GMT
User-agent: Mozilla/4.6
Accept: text/html, text/plain
```

36.4.2 Die HTTP-Antwort (Response)

Die Antwort des Servers ist in ihrem Aufbau ähnlich der HTTP-Anfrage und sieht folgendermaßen aus:

```
HTTP/Version Status ResponseMessage
Allgemeiner Header
Response Header
Entity Header
<Leerzeile>
Resource Entity
```

Die erste Zeile enthält den Status und gibt Aufschluss darüber, ob die Anfrage des Clients erfolgreich war. Der Status ist im Kern eine schlichte Zahl, gefolgt von einer Kurzbeschreibung (Response Message), z.B.

```
HTTP/1.1 200 OK
```

Typische Werte für den Status sind:

- `200 OK` : die Anfrage wurde erfolgreich bearbeitet
- `403 FORBIDDEN`: für die Anfrage gibt es beim Server keine Erlaubnis
- `404 NOT FOUND`: die angeforderte Datei konnte der Server nicht finden
- `501 NOT IMPLEMENTED`: das angeforderte Kommando ist nicht vorhanden

Darüber hinaus gibt es noch zahlreiche weitere Statuscodes, die Sie im Buchanhang finden.

Nach der ersten Zeile mit dem Statuscode folgen in den restlichen Zeilen optionale Header mit Zusatzinformationen, z.B. die Länge der Daten, die gesendet werden, und um welchen Typ von Daten es sich handelt. Schließlich folgt nach einer Leerzeile – als Merkmal für das Ende des Headers – das angeforderte HTML-Dokument. Eine typische Antwort wäre z.B.

```
HTTP/1.1 200 OK
Server: Apache/1.3
Content-type: text/html, text/plain
Content-length: 453

<html>
<head>
...die angeforderte HTML-Seite!
</html>
```

Für die Header – sowohl für Request wie auch Response – gibt es eine Fülle von Einträgen, die an dieser Stelle nur kurz angedeutet werden können. Mehr Informationen finden sich im schon erwähnten RFC 2616.

36.4.3 HTTP- Header

Allgemeiner Header

Wichtige Einträge im allgemeinen Header sind:

- `Connection` spezifiziert Optionen für die aktuelle Verbindung, z.B. `close` weist den Server an, nach dem Senden der Antwort die Verbindung zu schließen (nur HTTP/1.1), während `keep-alive` anzeigt, dass der Server die Verbindung offen halten soll.

  ```
  Connection: close
  ```

- `Date` gibt das aktuelle Datum inkl. Uhrzeit an, z.B.:

  ```
  Date: Wed, 15 Nov 2001 06:25:24 GMT
  ```

- `Transfer-Encoding` gibt an, in welcher Codierung die Nachricht übertragen wurde (hat nichts mit Content-Encoding zu tun!), z.B.:

  ```
  Transfer-Encoding: chunked
  ```

Request-Header

In diesem Header können zusätzliche Informationen über den Request oder den Client angegeben werden, z.B.

- `User-Agent` gibt Auskunft über die verwendete Client-Software (Browser-Typ).
- `Accept` definiert, welche Medientypen der sendende Client als Antwort verarbeiten kann. Diese Typen werden in der MIME-Notation *Art/Format* geschrieben: typische Werte für Text sind u.a. `text/plain` (einfacher Text), `text/html` (HTML), `text/x-dvi` (TeX-DVI), für Bilder `image/gif`, `image/jpeg`, z.B.:

  ```
  Accept: text/html, image/jpeg
  ```

- `Accept-Charset` gibt an, welcher Zeichensatz für Textdaten vom Client verstanden wird, z.B.:

  ```
  Accept-Charset: iso-8859-1, unicode-1-1
  ```

Response-Header

Hier können zusätzliche Informationen über die Antwort oder den Server angegeben werden, z.B.

- `Server` zeigt an, welche Software der Server verwendet.
- `Retry-After` gibt (im Fehlerfalle) an, ab wann der Server wieder ansprechbar ist (Anzahl Sekunden).

Entity-Header

Hier werden Eigenschaften des Datenblocks angegeben. Häufig verwendete Attribute sind:

- `Content-Encoding` definiert, welche Codierung verwendet worden ist bzw. verstanden wird, z.B. das Kompressionsverfahren:

  `Content-Encoding: gzip`

- `Content-Length` gibt an, wie groß in Bytes der Datenblock ist, z.B.:

  `Content-Length: 5436`

- `Content-Type` zeigt an, von welchem Typ die Daten sind und welche Zeichencodierung verwendet wurde:

  `Content-Type: text/html; charset=iso-8859-1`

36

Die Header-Informationen, vor allem die für den Client interessanten Einträge der Server-Antwort, sind bei der oben besprochenen Vorgehensweise über `getOutputStream()` der Klasse `HttpURLConnection` nicht abgreifbar. Hierfür dienen die folgenden Methoden von `HttpURLConnection`:

Methode	Beschreibung
String **getHeaderField**(String)	Liefert zu einem Header-Schlüsselwort (z.B. »Server«) den zugehörigen Wert im Header.
String **getResponseMessage**()	Liefert die zum Statuswert zugehörige Beschreibung.
String **method**()	Die verwendete HTTP-Methode (das Kommando wie GET, PUT usw.).
void **setRequestProperty**(String attr, String wert)	Setzt das Attribut `attr` auf den gewünschten `wert`. Dadurch wird der zu sendende Request-Header um diesen Eintrag erweitert.

Tabelle 36.4: Wichtige Methoden der Klasse HttpURLConnection

36.4.4 Ablauf einer HTTP-Kommunikation

Betrachten wir nun den typischen Fall, dass ein Benutzer in seinem Webbrowser `www.google.de` eintippt, um sich die Seite anzuschauen. Dabei passiert Folgendes:

1. Der Browser bemerkt, dass der URL unvollständig ist und ergänzt ihn um die Protokollangabe `http://`. Dann stellt er eine socketbasierte TCP/IP-Verbindung zum Port 80 des Rechners mit dem Domain-Namen `www.google.de` her.
2. Er sendet an den dort auf Port 80 lauschenden Webserver seinen HTTP-Request:

   ```
   GET / HTTP/1.1
   Connection: keep-alive
   Date: Mon, 07 Jan 2002, 08:34:19 GMT
   Accept: */*
   Accept-Encoding: gzip, deflate
   User-Agent: Mozilla/4.0
   ```

3. Der Server lädt die angeforderte Seite von seiner Festplatte. Falls der URL keinen Dateinamen enthält, ergänzt der Server *index.html* oder, je nach Konfiguration, andere Standarddateinamen. Eventuell wird die Seite auch erst bei Anforderung dynamisch erzeugt (beispielsweise bei Einsatz von CGI oder JavaServer Pages).
4. Der Server erstellt eine HTTP-Response und schickt sie an den Client:

```
HTTP/1.1 200 OK
Date: Mon, 07 Jan 2002 08:34:20 GMT
Content-Length: 4925
Content-Type: text/html
Last-Modified: Mon, 07 Jan 2002 08:33:00 GMT
Server: Jigsaw/2.2.0

<HTML><HEAD><TITLE> Google </TITLE>
usw.
```

5. Die Verbindung zwischen Client und Server wird beendet (Ausnahme: beide Seiten verwenden HTTP/1.1 und somit persistente Verbindungen, die erst auf Anforderung des Clients oder Timeout geschlossen werden, wie es hier im Beispiel der Fall ist).
6. Der Client verarbeitet die empfangene Datei und zeigt sie in seinem Fenster an. Beim Verarbeiten bemerkt er eventuell, dass die HTML-Datei Bilder enthält. Jedes Bild wird mit einer separaten GET-Anfrage vom Server angefordert, z.B.:

```
GET /images/hp1.gif HTTP/1.1
Connection: keep-alive
Date: Mon, 07 Jan 2002 08:34:20 GMT
Accept: */*
Accept-Encoding: gzip, deflate
Referer: http://www.google.de/
User-Agent: Mozilla/4.0
```

7. Der Server sucht die angeforderte Datei, erstellt eine geeignete Antwort und schickt sie dem Browser:

```
HTTP/1.1 200 OK
Date: Mon, 07 Jan 2002 8:34:21 GMT
Content-Length: 2953
Content-Type: image/gif
Server: Jigsaw/2.2.0

j8475fho9s8345hf9wrf438  // Bilddaten
```

Dieses Spielchen von Anfrage und Antwort zwischen Browser und Webserver geht so lange weiter, bis der Browser alle gewünschten Daten besitzt. Bei HTTP/1.1 wird dabei nicht jedes Mal für ein Anfrage/Antwort-Paar eine neue TCP/IP Verbindung aufgebaut (nur bei den älteren Versionen ist dies notwendig), sodass die Übertragung deutlich schneller ist. Außerdem erlaubt HTTP/1.1 *Pipelining*, d.h., der Browser kann mehrere Anfragen hintereinander schicken (z.B. wenn mehrere Bilder benötigt werden) und dann die einkommenden Antworten des Server verarbeiten.

INFO

Auf der Buch-DVD finden Sie im Verzeichnis zu diesem Kapitel eine einfache Implementierung eines Webservers (Datei *MiniWebserver.java*).

1. Legen Sie zuerst auf Ihrer Festplatte ein Verzeichnis für den Server an – beispielsweise *c:\wwwserver\html*.
2. Speichern Sie in diesem Verzeichnis einige HTML-Dokumente (ohne eingebettete Elemente wie Bilder, Frames usw.).
3. Starten Sie den Webserver. Übergeben Sie im Aufruf das Dokumentenverzeichnis des Webservers und die gewünschte Portnummer (80, wenn Sie keinen anderen Webserver laufen haben):
   ```
   java MiniWebServer c:\wwwserver\html 80
   ```
4. Fordern Sie mit Ihrem Browser eine HTM-Datei vom Webserver an:
   ```
   http://localhost:80/kontakt.html
   ```
5. Beenden Sie den Server mit Strg+C oder über den Prozessmanager Ihres Betriebssystems.

36.5 HTTP-Zugriffe über Proxy und Passwort

Was ist ein HTTP-Proxy?

Proxy ist wörtlich genommen ein Stellvertreter; dies beschreibt recht gut, was ein HTTP-Proxy macht. Er kommt meistens in Firmennetzwerken zum Einsatz und bildet die Schnittstelle zwischen einem Mitarbeiter-PC und dem Internet.

Wenn ein Mitarbeiter auf seinem PC mit einem Browser eine Webseite besuchen will, dann wird der Browser keine Verbindung zu dem gewünschten Webserver aufbauen, sondern er wird seine Anfrage zu dem Proxy-Server des Unternehmens umlenken. Der Proxy prüft nun je nach Konfiguration Verschiedenes, z.B.

- Darf der Mitarbeiter Webseiten aus dem Internet betrachten? Eventuell wird nach einem Passwort gefragt.
- Ist die angeforderte Seite auf dem Server schon vorhanden? Falls ja, lade die Seite von der Festplatte und liefere sie an den Browser zurück. Falls nein, fordere die Seite aus dem Internet (von der angegebenen Webseite) an.
- Ist die Seite aufgrund unternehmensinterner Regelungen gesperrt, z.B. Erotik-Seiten, Spiele-Seiten, Jobbörsen usw.? Falls ja, wird der Zugriff verweigert.

Ein Proxy-Server beschleunigt also zum einen den Internet-Zugriff, da von den Mitarbeitern häufig angeforderte Webseiten schon lokal vorliegen und nicht erst aus dem Internet besorgt werden müssen. Noch wichtiger ist jedoch die Kontrollfunktion, da durch den Proxy gesteuert werden kann, ob und was ein Mitarbeiter während seiner Arbeitszeit mit dem Browser anschaut.

Proxy-Zugriff mit Java

Wenn Sie Ihre Java-Programme mit Netzwerkfunktionalität innerhalb eines Unternehmensnetzwerkes ausführen und Ihr Unternehmen verwendet Proxies, dann werden Sie diverse Fehlermeldungen erhalten. Der Grund dafür liegt darin, dass die Java-Laufzeitumgebung standardmäßig von einer direkten Internetverbindung ausgeht und nichts von einem Proxy ahnt. Aber keine Sorge: dieser Ahnungslosigkeit kann man natürlich ein Ende setzen.

Hierzu müssen Sie wissen, wie der Proxy-Server heißt (Domain-Name oder IP-Adresse) und auf welchem Port er lauscht, und dann im Java-Quelltext als erste Anweisung die folgenden Systemeigenschaften über die `Properties`-Klasse setzen:

```
System.getProperties().setProperty( "proxySet", "true" );
System.getProperties().setProperty( "proxyHost", "der.prox.server");
System.getProperties().setProperty( "proxyPort", "85" );
```

In diesem Beispiel heißt der Proxy also *der.prox.server* und lauscht auf Port 85.

INFO

Falls noch andere Proxies verwendet werden (z.B. für FTP-Zugriffe oder Socketverbindungen), müssen eventuell weitere Eigenschaften gesetzt werden (z.B. `"ftpProxySet"`, `"ftpProxyHost"`, `"ftpProxyPort"` oder `"socksProxySet"`, `"socksProxyHost"`, `"socksProxyPort"`). Fragen Sie Ihren Systemadministrator nach den Einstellungen.

Passwortgeschützte Webseiten

Bei etlichen Webservern sind ausgewählte oder aber alle Webseiten passwortgeschützt, d.h., man kann diese Seiten nur abrufen, wenn man gültige *Credentials* (Username und Passwort) vorweisen kann. Wenn ein Browser eine solche Seite anfordert, weist der Webserver den Request zurück und schickt eine Fehlermeldung, die dem Browser mitteilt, dass Benutzername und Passwort notwendig sind. Der Browser wird dann ein Fensterchen öffnen und den Benutzer um diese Daten bitten, und dann einen neuen Request losschicken, diesmal mit den Credentials.

Was aber soll man machen, wenn man von einem Java-Programm aus automatisch auf eine solche Seite zugreifen will?

Der geschilderte Passwort-Schutz beruht auf dem Authentifizierungsmechanismus des HTTP-Protokolls. Die Klasse `HttpURLConnection` bietet hierfür eine spezielle Methode an, mit der zusätzliche Eigenschaften (wie Authentifizierung) gesetzt werden können:

```
void setRequestProperty(String attr, String wert)
```

Das notwendige Attribut ist `"Authorization"` und muss auf einen String der Form `"Basic benutzername:passwort"` gesetzt werden. Der Stringteil `benutzername:passwort` muss dabei in der sogenannten BASE64-Codierung vorliegen.

Diese Codierung liefert die (undokumentierte) Klasse sun.misc.BASE64Encoder aus dem JDK. Statt langer Worte schauen wir uns am besten gleich die notwendige Code-Sequenz an:

```
import sun.misc.BASE64Encoder;

// eine BASE64 codierte Version von "benutzer:passwort" erzeugen
String benutzer = "petermüller";
String passwort = "ballaballa";
BASE64Encoder enc = new BASE64Encoder();
String tmp = benutzer + ":" + passwort;
String codiert = enc.encode(tmp.getBytes());

// das Authorization Attribut der HttpURLConnection setzen
// vorher: HttpURLConnection verbindung = meinURL.openConnection();
verbindung.setRequestProperty("Authorization","Basic " + codiert);
```


Wie Sie sehen können, ist das Ganze ein Kinderspiel; man muss nur wissen, was zu tun ist. Die undokumentierte[2] Klasse BASE64Encoder hat eine Methode encode(), die als Parameter ein Byte-Array erwartet. Aus diesem Grund muss aus dem Autorisierungsstring tmp durch Aufruf von getBytes() ein Byte-Array erzeugt werden.

Schließlich wird die bereits erwähnte setRequestProperty()-Methode für eine bestehende HttpURLConnection aufgerufen, um das Attribut "Authorization" zu setzen. Das war schon alles. Ab nun geht alles seinen gewohnten Gang (z.B. getInputStream() aufrufen usw.).

INFO

Wenn nicht das Dokument selbst geschützt ist, sondern die Passwort-Abfrage von einem dazwischengeschalteten Proxy-Server stammt, wird exakt der gleiche Mechanismus verwendet. Einziger Unterschied: mit setRequestProperty() wird nun das Attribut "Proxy-Authorization" anstelle von "Authorization" gesetzt.

2 Diese Klasse ist seit dem JDK1.1.7 vorhanden, wird aber in keiner Dokumentation beschrieben und Sun garantiert auch nicht, dass zukünftige JDK-Versionen diese Klasse weiterhin enthalten werden.

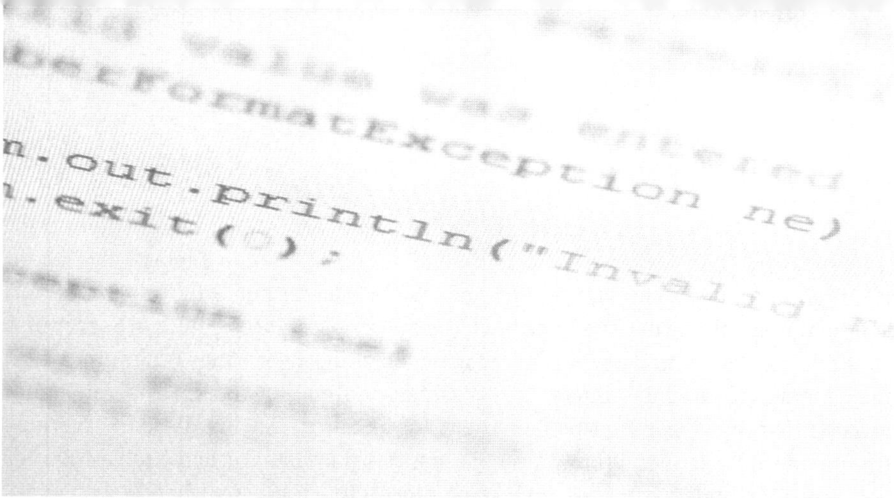

Kapitel 37
Verteilte Anwendungen mit RMI

RMI steht für *Remote Method Invocation* und ist eine Technologie, die es ermöglicht, dass Java-Programme, die in verschiedenen Java Virtual Machines (JVM) laufen, miteinander kommunizieren können. Diese Kommunikation findet direkt auf Objektebene statt, d.h., eine Methode von einem Objekt in Programm A in JVM 1 kann eine Methode von einem Objekt in Programm B in JVM 2 aufrufen. Die laufenden VMs können dabei sowohl auf dem gleichen Rechner oder aber auf verschiedenen Rechnern laufen, die über ein TCP/IP-Netzwerk miteinander verbunden sind.

Die Aufrufe der Objektmethoden sehen dabei im Wesentlichen wie normale lokale Methodenaufrufe aus. Darüber hinaus ist es auch möglich, einem Programm Objekte zukommen und ausführen zu lassen, die ihm völlig unbekannt sind und deren Definitionen ihm erst zur Laufzeit bekannt gemacht werden.

RMI bedient sich im Wesentlichen eines eigenen Kommunikationsprotokolls namens JMPR, das über TCP/IP-basierte Sockets für den Datenaustausch zwischen den Objekten verantwortlich ist. Als Programmierer könnte man also durchaus einen eigenen RMI-Mechanismus erstellen, was aber extrem aufwändig und fehleranfällig wäre, da viele Details zu beachten sind. Dies alles wird uns von RMI abgenommen.

CORBA

RMI ist übrigens das Java-Gegenstück zu CORBA (Common Object Request Broker Architecture). Der wesentliche Unterschied zwischen RMI und CORBA liegt darin, dass RMI vornehmlich für Java-Java-Interaktionen konzipiert wurde, während CORBA sprachunabhängig ist.

37.1 Grundarchitektur

Das wesentliche Ziel von RMI ist die Transparenz von Methodenaufrufen, d.h., ein Objekt in einer anderen JVM (ein sogenanntes Remote-Objekt) soll sich so anfühlen und benehmen wie ein lokales Objekt. Neben der Unterscheidung von remote und lokalem Objekt gibt es noch die zugehörige Unterteilung in Server und Client, je nachdem, zu wem ein Objekt gehört: aus der Sicht eines Programms sind alle Objekte, die in einer anderen JVM residieren, Remote-Objekte, die von einem Server(programm) bereitgestellt werden. Umgekehrt sind für dieses Serverprogramm alle anfragenden Programme Clients. Dabei kann natürlich auch ein Server wiederum Methoden von anderen – aus seiner Sicht – remote vorhandenen Objekten aufrufen und somit ein Client sein.

Der Datenaustausch zwischen Client und Server ist nach einem Schichtenmodell folgendermaßen aufgebaut:

Abbildung 37.1: Das Schichtenmodell von RMI

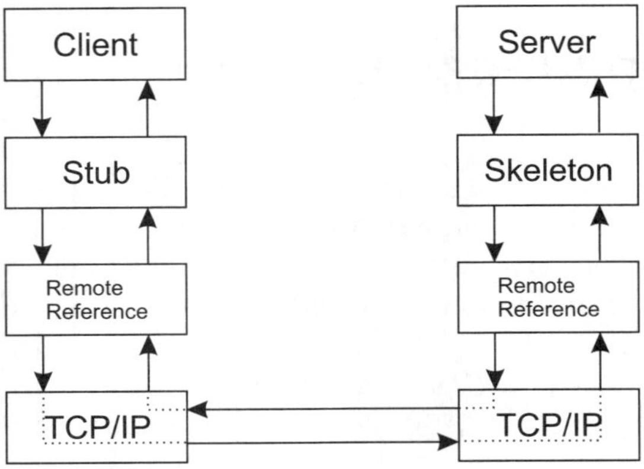

Auf der obersten Schicht befinden sich Client und Server. Wenn der Client eine Methode eines Remote-Objekts aufrufen will, hat er zunächst das Problem, dass dieses Objekt auf seiner Seite gar nicht existiert (sondern nur beim Server). RMI löst diesen Aspekt, indem der Client den Aufruf auf einem Stellvertreter-Objekt (Stub) durchführt, das für den Client identisch zum gewünschten Remote-Objekt aussieht. Der Stub kümmert sich beim Aufruf darum, die Parameter der aufgerufenen Methode in einen Byte-Stream zu konvertieren. Dann sorgt er dafür, dass eine TCP/IP-Verbindung zu dem gewünschten Server (bzw. der remote JVM) aufgebaut wird und die Daten übertragen werden.

Dieser Datenaustausch erfolgt logisch auf der darunter liegenden Remote Reference Schicht gemäß eines speziellen RMI-Protokolls (meist JRMP = Java Remote Method Protocol), das die TCP/IP-Verbindung regelt.

Auf der Server-Seite werden nun in umgekehrter Richtung die Schichten durchlaufen. Die ankommenden Daten werden von der TCP/IP und Remote Reference Schicht empfangen und an einen Stub weitergereicht, der auf Server-Seite allerdings üblicherweise Skeleton genannt wird. Der Skeleton konvertiert den empfangenen Byte-Stream wieder in passende Parameter und ruft schließlich die vom Client gewünschte Server-Methode auf. Dann wartet er auf den Rückgabewert, wandelt ihn wieder in einen Byte-Stream um und schickt das Ergebnis via TCP/IP und JRMP an den Stub auf Client-Seite zurück.

Der Stub führt noch mal eine Konvertierung der empfangenen Daten durch und gibt dann den Rückgabewert an den aufrufenden Client zurück.

Aus der Sicht des Clients war der Aufruf der Methode ein ganz normaler – lokaler – Methodenaufruf. Die umfangreiche Arbeit, die hinter den Kulissen notwendig war (Aufbau einer Verbindung zur anderen JVM, Umwandlung und Versand der Parameter usw.), hat auf Client-Seite der Stub gemacht, auf Serverseite das Skeleton als sein Gegenstück. Ab JDK 1.2 wird übrigens kein expliziter Skeleton auf Serverseite mehr benötigt, da dessen Aufgaben durch die Verwendung der neuen Java-Reflection-Technologie abgedeckt werden. Aus Programmiersicht ändert sich jedoch nichts.

Die vielen Schritte im oben geschilderten Ablauf machen aber auch deutlich, dass ein entfernter Methodenaufruf ziemlich kostspielig ist und um mehrere Größenordnungen länger dauern kann als ein lokaler Aufruf.

37.2 Objekte finden: die RMI-Systemregistrierung

Der im vorherigen Abschnitt geschilderte Ablauf eines Remote-Aufrufs hat einige wichtige Details unterschlagen: wie weiß man auf Clientseite, wo die andere JVM mit dem Serverobjekt läuft, d.h., zu welchem Rechner soll die TCP/IP-Verbindung aufgebaut werden? Und vor allem: woher kommt der Stub für den Client?

Die Lösung heißt RMI-Systemregistrierung. Es handelt sich dabei um ein Java-Programm (*rmiregistry*), das auf dem gleichen Rechner läuft wie das Programm mit den Remote-Objekten und eine Liste verwaltet, in der Objektnamen auf URLs abgebildet werden. Die Verwendung der Systemregistrierung lässt sich in verschiedene Phasen einteilen. Das typische Vorgehen sieht folgendermaßen aus:

1. Die Systemregistrierung wird auf dem Hostrechner gestartet (der gleiche, auf dem auch die Remote-Objekte laufen).
2. Das Serverprogramm wird gestartet, erzeugt seine Remote-Objekte und meldet sie bei der Systemregistrierung an, inklusive der Codebase (= URL mit Ort, wo der Klassencode zu finden ist).
3. Ein Client-Programm wird gestartet und fragt bei der Systemregistrierung nach einer Referenz auf das gewünschte Remote-Objekt.
4. Die Systemregistrierung liefert die gewünschte Remote-Referenz, inkl. eines URL, wo der Klassencode des Stubs zu finden ist (Codebase).
5. Falls die Klassendefinition des Stubs lokal im `CLASSPATH` auf dem Client-Rechner vorliegt, lädt der Client die Klassendefinition von seiner Festplatte, andernfalls

wird eine Netzwerkverbindung zu dem URL aufgebaut, wo die Stubdefinition zu finden ist, und der Code wird angefordert. Dies muss natürlich für den Client möglich sein, z.B. durch einen FTP- oder Webserver, der auf dem Serverhost läuft und solche Anfragen bedient.

6. Der FTP/Webserver liefert den Stubcode zurück.
7. Der Client ruft die gewünschte Methode des Stubs (und somit des Remote-Objekts) auf.

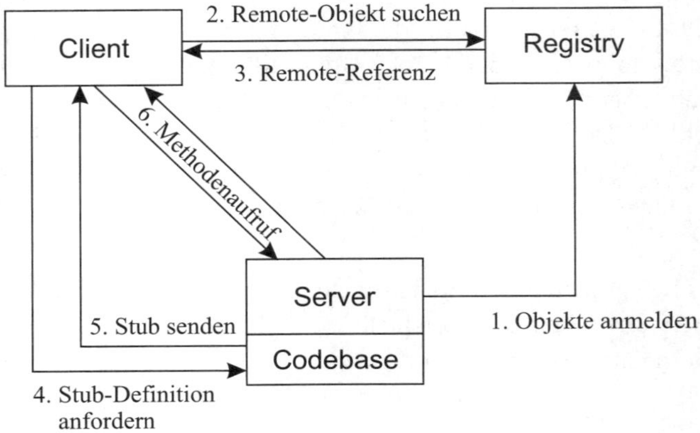

Abbildung 37.2: Das Zusammenspiel von Client, Server und Systemregistrierung

37.3 Erstellen einer lokalen RMI-Anwendung

Nachdem der theoretische Unterbau nun klar ist, wird es höchste Zeit, eine konkrete RMI-Anwendung zu erstellen. Hierbei sind die folgenden Punkte abzuarbeiten:

1. Zunächst muss eine Schnittstelle definiert werden, welche das Remote-Objekt und seine für Clients aufrufbaren Remote-Methoden definiert (Remote-Schnittstelle).
2. Eine Implementierung der Remote-Schnittstelle muss erstellt werden, d.h., hier wird die Klassendefinition des gewünschten Remote-Objekts realisiert.
3. Ein Server wird erstellt, der die Remote-Objekte erzeugt und bei der RMI-Systemregistrierung anmeldet. Durch die Anmeldung können andere Java-Programme (die Clients) das Remote-Objekt finden und aufrufen.
4. Der Client wird definiert, der das Remote-Objekt einsetzt.
5. Die notwendigen Stub- und Skeletonklassen werden erzeugt.
6. Die RMI-Systemregistrierung wird gestartet.
7. Der Server wird gestartet.
8. Der Client wird gestartet.

Beispiel

Sie werden nun im Folgenden diese Schritte anhand eines Beispiels im Detail nachvollziehen. Als RMI-Anwendung wurde ein Uhrzeit-Dienst gewählt, der auf einem Server läuft und anfragenden Clients die aktuelle Uhrzeit mitteilt. So etwas ist bei vielen verteilten Anwendungen sehr nützlich, da zwar jeder PC eine eigene Uhr hat, diese aber nicht immer sonderlich genau sind, sodass fünf PCs meistens auch fünf verschiedene Uhrzeiten anzeigen. Bei einer verteilten Anwendung ist dies oft nicht akzeptabel. Ziel ist es daher, ein Remote-Objekt `ZentralUhr` anzulegen, auf das jeder Client zugreifen kann, wenn er die aktuelle Uhrzeit benötigt.

Dieser Abschnitt ist zunächst einfach gehalten und geht bei den folgenden Schritten davon aus, dass alle *java-* und *class-*Dateien auf demselben Rechner im selben Verzeichnis liegen und die Hauptakteure RMI-Systemregistrierung, Serverprogramm und Clientprogramm ebenfalls auf der gleichen Maschine laufen. Dessen ungeachtet sollte auf Ihrem PC ein funktionierender TCP/IP-Stack installiert sein! In einem späteren Abschnitt wird das Programm zu einer echt verteilten Anwendung ausgebaut, die auf verschiedenen Rechnern läuft.

1. Definition der Remote-Schnittstelle

Die Schnittstelle dient zur Definition des Remote-Objekts und seiner zu exportierenden Methoden, stellt aber keine Implementierung zur Verfügung. Sie muss `public` definiert sein und eine spezielle RMI-Schnittstelle erweitern: `java.rmi.Remote`.

Außerdem gilt es zu beachten, dass jede Methode eine Exception vom Typ `java.rmi.RemoteException` werfen muss. Ferner gilt: Falls eine Methode andere Remote-Objekte als Parameter oder Rückgabewert verwenden will, dann muss es sich um Schnittstellen-Typen handeln und nicht um die Implementierungsklassen.

Die Schnittstelle für unsere Klasse `ZentralUhr` sieht so aus:

Listing 37.1: ZentralUhrSchnittstelle.java

```
import java.rmi.*;
import java.util.*;

public interface ZentralUhrSchnittstelle extends Remote {

   public Date aktuelleZeit() throws RemoteException;

}
```

2. Implementierung der Remote-Schnittstelle

Nun müssen Sie eine Klasse erstellen, die Ihre Schnittstelle implementiert. Eine solche Klasse unterscheidet sich fast überhaupt nicht von einer normalen Java-Klasse. Der einzige Unterschied: Sie muss von der Klasse `java.rmi.server.UnicastRemoteObject` abgeleitet werden[1]. Außerdem muss sie einen Standardkonstruktor (also ohne Parameter) besitzen, der eine `RemoteException` wirft.

1 Was zu tun ist, falls dies nicht möglich ist (weil schon eine andere Basisklasse verwendet wird), sehen Sie in Kapitel 37.6.2.

Listing 37.2: ZentralUhr.java

```
import java.rmi.*;
import java.rmi.server.*;
import java.util.*;

public class ZentralUhr extends UnicastRemoteObject
                        implements ZentralUhrSchnittstelle {
   public ZentralUhr() throws RemoteException {
   }

   // die Remote-Methode
   public Date aktuelleZeit() throws RemoteException {
      return new Date();
   }
}
```

INFO

Die Implementierungsklasse kann noch beliebig viele andere Methoden definieren (die nicht in der Remote-Schnittstelle vorkommen). Diese sind dann aber nur lokal verfügbar und nicht über RMI von einem externen Client aus.

3. Implementierung des Server-Programms

Das Serverprogramm macht nicht viel: Es legt Instanzen der Remote-Objekte (hier also von `ZentralUhr`) an und meldet sie bei der Systemregistrierung an. Die Registrierung erfolgt über die Klasse `java.rmi.Naming` und deren statische Methoden `bind()` und `rebind()`:

Tabelle 37.1: Methoden der Klasse Naming zur Registrierung

`void` **`bind`**`(String url, Object obj);`	Registriert das Objekt `obj`. Das Argument `url` enthält die Adresse der Systemregistrierung sowie einen Namen für das Objekt, unter dem es der »Welt« bekannt gemacht wird. Falls `url` schon verwendet wurde, wird eine `AlreadyBoundException` geworfen.
`void` **`rebind`**`(String url, Object obj);`	Analog zu `bind()`. Ersetzt eventuell schon vorhandene Bindungen.

Der URL hat dabei folgenden Aufbau:

```
rmi://host:port/name
```

`host` steht für den Rechnernamen, auf dem die Systemregistrierung läuft, und `port` zeigt die Portnummer an, unter der die Systemregistrierung auf Anfragen lauscht. Wird kein Host angegeben, wird `localhost` angenommen und wenn kein Port angegeben wird, kommt der Defaultwert 1099 zur Anwendung. `name` ist ein beliebiger String, unter dem das Objekt von Clients angefordert werden kann.

In der folgenden Implementierung gehen wir, wie schon erwähnt, davon aus, dass sich alles auf einem einzigen Rechner abspielt, d.h., die Systemregistrierung läuft somit auf dem gleichen Rechner wie das Serverprogramm.

Listing 37.3: ZentralUhrServer.java

```
import java.rmi.*;

public class ZentralUhrServer {
   public static void main(String[] args) {
      System.out.println();

      try {
         // Objekt anlegen und anmelden
         ZentralUhr uhr = new ZentralUhr();

         // Kurzform für rmi://localhost/ZentralUhrService"
         Naming.rebind("/ZentralUhrService", uhr);

      } catch(Exception e) {
         System.err.println(" ZentralUhrServer: Exception " + e);
      }
   }
}
```

Die `try-catch` Klammerung ist notwendig, da `rebind()` diverse Exceptions werfen kann, z.B. `MalformedURLException`.

4. Implementierung des Client-Programms

Das Client-Programm sieht nicht viel anders aus als ein ganz normales Java-Programm (dies ist ja auch schließlich Sinn und Zweck von RMI: Remote-Zugriffe sollen möglichst unsichtbar sein!). Der Client muss sich als einzige Vorbereitung eine Referenz auf das Remote-Objekt bei der richtigen Systemregistrierung besorgen. Hierfür dient wieder die Klasse `java.rmi.Naming` mit der Methode `lookup()`:

`Object` **`lookup`**`(String url);`	Anfrage nach einer Remote-Referenz. Ort der Systemregistrierung und Name der gewünschten Klassen stehen in `url` (analog zu `bind()`).

Tabelle 37.2: Methode der Klasse Naming

Wichtig beim Einsatz von `lookup()`: Der Rückgabewert ist eine Referenz auf den Schnittstellen-Typ und nicht auf die Implementierungsklasse, d.h., der Typ ist in unserem Beispiel `ZentralUhrSchnittstelle` (und nicht `ZentralUhr`). Ein Client hantiert immer nur mit den Schnittstellen-Typen von Remote-Objekten!

Listing 37.4: ZentralUhrClient.java

```
import java.rmi.*;
import java.util.*;

public class ZentralUhrClient {
   public static void main(String[] args) {
      System.out.println();

      try {
         // Anfrage an Registry stellen:
```

```
            // Kurform für "rmi://localhost/ZentralUhrService"
            ZentralUhrSchnittstelle uhr =
             (ZentralUhrSchnittstelle) Naming.lookup("/ZentralUhrService");

            // der Remote-Aufruf
            Date aktZeit = uhr.aktuelleZeit();
            DateFormat tf = DateFormat.getTimeInstance(DateFormat.LONG);
            System.out.println(" Client: Uhrzeit ist "
                               + tf.format(aktZeit));

        } catch(Exception e) {
            System.err.println(" Client: Exception " + e);
        }
    }
}
```

5. Generierung von Stub/Skeleton-Klassen

Dieser Schritt ist sehr einfach, da hierfür im JDK das Programm *rmic* mitgeliefert wird. Es erwartet als Aufrufparameter den Namen der Remote-Implementierungsklasse:

```
rmic ZentralUhr
```

Voraussetzung für den Einsatz von *rmic* ist allerdings, dass die bisher in Schritt 1 bis 4 erstellten Java-Dateien kompiliert worden sind. Falls Sie dies noch nicht getan haben, holen Sie dies jetzt nach[2]!

INFO

Achtung: Der Einsatz von *rmic* ist nicht notwendig, wenn sowohl auf Client- als auch auf Serverseite eine Java-Version ab 1.5 (Java 5) zum Einsatz kommt (in diesem Fall wird die notwendige Stub/Skeleton-Information dynamisch zur Laufzeit mithilfe von Reflection generiert)! Wenn jedoch eine der beiden Seiten mit einer älteren Java-Version kompiliert worden ist, dann muss *rmic* eingesetzt werden.

Die Ausgabe von *rmic* sind zwei Klassen: *ZentralUhr_Stub.class* und *ZentralUhr_Skel.class*, die bereits erwähnten Stellvertreterklassen auf Client- und Serverseite. Ab JDK1.2 wird allerdings *ZentralUhr_Skel.class* nicht mehr benötigt. Falls Sie die Skeleton-Klasse nicht haben wollen, können Sie die Erzeugung durch die Option -v1.2 unterdrücken:

```
rmic -v1.2 ZentralUhr
```

Damit sind die Implementierungsaspekte erledigt und es kann richtig losgehen.

6. Starten der RMI-Systemregistrierung

Das Starten der Systemregistrierung erfolgt vorzugsweise über das Programm *rmiregistry*. Öffnen Sie also eine neue Konsole, wechseln Sie in das Verzeichnis mit den oben erzeugten Class-Dateien und rufen Sie *rmiregistry* auf.

---

2 Wenn die Dateien, wie in diesem Beispiel, in einem Verzeichnis liegen, können Sie mit `javac *.java` alle Dateien in einem Zug kompilieren.

7. Starten des Server-Programms

Öffnen Sie nun eine weitere Konsole für das Serverprogramm, wechseln Sie in das richtige Verzeichnis und starten Sie das Serverprogramm.

```
java ZentralUhrServer
```

8. Starten des Client-Programms

Nun wird es spannend. Öffnen Sie noch eine weitere Konsole und rufen Sie den Client auf:

```
java ZentralUhrClient
```

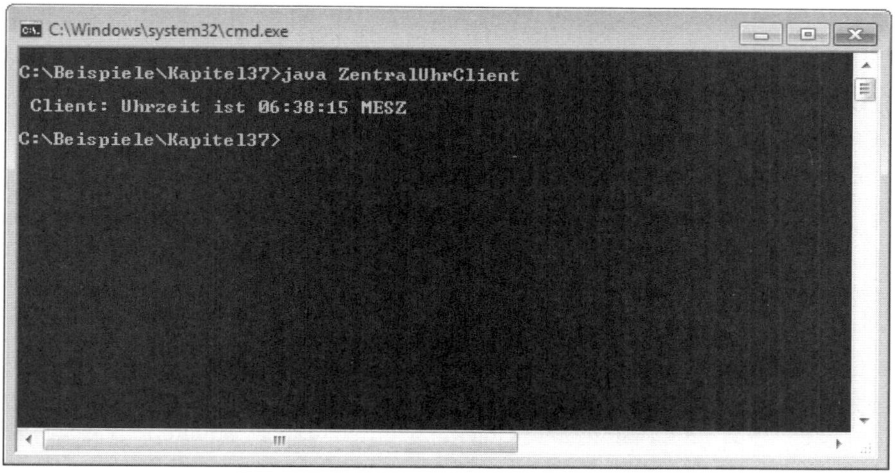

Abbildung 37.3: Ausgabe des RMI-Clients

Ausgesuchte RMI-Probleme

Wenn Sie sich exakt an die obigen Schritte gehalten haben, sollte der Aufruf des Clients das gewünschte Ergebnis gebracht haben. Falls nicht, dann wird es leider schwierig, an dieser Stelle konkrete Hinweise zu geben. Überprüfen Sie folgende Punkte:

- Läuft auf Ihrem Rechner ein TCP/IP-Stack? Können Sie also z.B. eine Verbindung ins Internet herstellen oder einen anderen Rechner in Ihrem lokalen Netzwerk anpingen[3]?
- Bei Meldungen der Art `ClassNotFound`: Ist auf Ihrem System die Umgebungsvariable CLASSPATH gesetzt (siehe Kapitel 2.2.2)? Falls ja: stellen Sie sicher, dass sie das Verzeichnis enthält, in dem die oben erzeugten Class-Dateien liegen. Starten Sie dann neue Konsolenfenster und beginnen Sie mit Schritt 6.
- Falls beim Client-Aufruf eine Meldung der Art `unexpected hostname` erscheint, stimmt eventuell die Hostadresse des Servers nicht. Starten Sie das Serverprogramm folgendermaßen:

  ```
  java -Djava.rmi.server.hostname=localhost ZentralUhrServer
  ```

3 Auf Konsole `ping` `<rechnername>` eingeben und abschicken.

Über den Schalter `-D` werden Systemeigenschaften (Properties) der JVM gesetzt. In diesem Fall ist es `java.rmi.hostname`.

Andere Werte: statt localhost eine IP-Adresse. Manche Netzwerkrechner haben mehrere IP-Adressen, die Sie über *ipconfig.exe* (Windows) bzw. *ifconfig* (Linux, man beachte das f!) herausfinden können.

37.4 Parameterübergabe

Nachdem Sie nun erfolgreich eine RMI-Anwendung erstellt haben, wollen wir uns einigen Details widmen. Ein wichtiger Aspekt ist die Frage, wie Methodenparameter und Rückgabewerte behandelt werden.

Dazu sollten Sie sich kurz das normale Vorgehen bei lokalen Methodenaufrufen in Erinnerung rufen, also bei Aufrufen innerhalb einer JVM. Hier gibt es zwei Fälle:

- Primitive Datentypen, die als Kopie übergeben werden
- Objekte, für die nur eine Referenz übergeben wird

Bei RMI-Anwendungen gibt es hingegen beim Aufruf einer Remote-Methode drei wesentliche Fälle:

- Primitive Datentypen
  Sie werden als Kopie übergeben.
- Lokale Objekte
  Hier kann keine Referenz übergeben werden, da sie nur innerhalb der aufrufenden JVM einen Sinn hat. Objekte werden daher in einen Byte-Stream umgewandelt (serialisiert) und an die andere JVM bzw. das Remote-Objekt gesendet. Voraussetzung hierbei ist, dass das Objekt die Schnittstelle `Serializable` implementiert. Bei den meisten Klassen aus den Standard-Paketen von Java ist dies der Fall, sodass man sich darum nicht weiter kümmern muss.
- Wenn ein zu serialisierendes Objekt selbst Referenzen auf weitere Objekte enthält, dann werden auch diese serialisiert (vorausgesetzt, das geht), d.h., es wird unter Umständen ein ganzer Baum von Objekten in einen Byte-Stream umgewandelt und über das Netzwerk geschickt.
- Remote-Objekte
  Ein Client könnte auch ein Remote-Objekt (z.B. von einem `lookup()`-Aufruf) als Parameter übergeben. In diesem Fall wird nicht das Remote-Objekt an sich serialisiert, sondern nur der Stub. Er wird über das Netzwerk gesendet.
- Falls eine RMI-Anwendung über mehrere Rechner verteilt ist, kann z.B. ein Programm B eine Remote-Referenz X von einem Serverprogramm A anfordern und in einem Remote-Aufruf zur Weiterverarbeitung an Programm C übergeben. Wenn C nun eine Methode von X – also einem Remote-Objekt, das von A bereitgestellt wird – aufruft, wird eine Kommunikation zwischen C und A stattfinden. Falls man das Spiel weitertreibt und auch A eine Remote-Referenz auf X

(also sein eigenes Objekt) zukommen lässt, dann würde A einen entsprechenden Methodenaufruf auch als RMI-Aufruf über den TCP/IP-Stack durchführen. Solche Zusammenhänge gilt es beim Erstellen von größeren RMI-Anwendungen im Auge zu behalten.

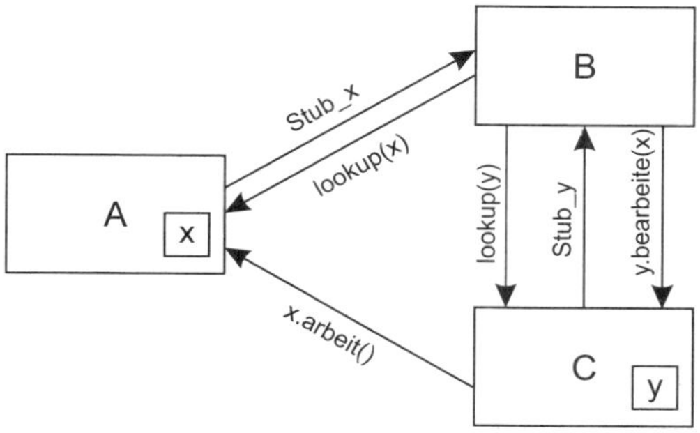

Abbildung 37.4: Zusammenspiel von A, B, C bei Remote-Referenzen

Da beim Versenden von Objekten letztlich Bytecode zwischen verschiedenen JVM transferiert wird, ist immer auch der RMI-Classloader beteiligt, der den Code vom lokalen `CLASSPATH` oder einer definierten Codebase lädt.

Um die Parameterübergabe etwas zu üben, werden Sie nun das bisherige Beispiel `ZentralUhr` um eine Methode erweitern, welche die Uhrzeit ermittelt und in einem als Parameter übergebenen Objekt abspeichert und an den Aufrufer (den Client also) zurückgibt. Die Servermethode erwartet hierzu lediglich, dass das übergebene Objekt eine vorgegebene Schnittstelle (hier mit Namen `UhrArgumentSchnittstelle`) implementiert und dadurch eine Methode `setzeUhrzeit()` zum Speichern eines `Date`-Objekts besitzt.

Zur Veranschaulichung werden die notwendigen Änderungen Schritt für Schritt beschrieben.

1. Definition der Remote-Schnittstelle und UhrArgumentSchnittstelle

Sie legen zunächst eine neue Schnittstelle namens `UhrArgumentSchnittstelle` an, die alle Klassen, die ein Client als Argument an unsere Remote-Methode übergeben will, implementieren muss:

Listing 37.5: UhrArgumentSchnittstelle.java

```
import java.util.Date;
import java.io.Serializable;

public interface UhrArgumentSchnittstelle extends Serializable {
   void setzeUhrzeit(Date dat);
}
```

Die Schnittstelle deklariert die Methode `setzeUhrzeit()`, sodass später unsere `Remote`-Methode die Uhrzeit im übergebenen Objekt selbst abspeichern kann. Da die Objekte als Parameter bzw. Rückgabewert bei einem RMI-Aufruf verwendet werden sollen, muss zusätzlich dafür gesorgt werden, dass sie serialisiert werden können. Daher wird der Schnittstellen-Typ von der Marker-Schnittstelle `Serializable` abgeleitet.

Die `Remote`-Schnittstelle ändert sich kaum. Es wird lediglich die neue Methode `aktuelleZeit()` hinzugefügt, die als Parameter- und Rückgabetyp `UhrArgumentSchnittstelle` erwartet:

Listing 37.6: ZentralUhrSchnittstelle.java

```
import java.rmi.*;
import java.util.*;

public interface ZentralUhrSchnittstelle extends Remote {
   public Date aktuelleZeit() throws RemoteException;

   public UhrArgumentSchnittstelle aktuelleZeit(
                                       UhrArgumentSchnittstelle arg)
                                             throws RemoteException;
}
```

2. Implementierung der Remote-Schnittstelle

Anschließend wird die zusätzliche Methode in der Implementierungsklasse `ZentralUhr` hinzugefügt:

Listing 37.7: ZentralUhr.java

```
import java.rmi.*;
import java.rmi.server.*;
import java.util.*;

public class ZentralUhr extends UnicastRemoteObject implements
ZentralUhrSchnittstelle {
   public ZentralUhr() throws RemoteException {
   }

   // die Remote-Methode
   public Date aktuelleZeit() throws RemoteException  {
      return new Date();
   }

   // die neue Remote-Methode
   public UhrArgumentSchnittstelle aktuelleZeit(
                                       UhrArgumentSchnittstelle arg)
                                              throws RemoteException  {

      Date tmp = new Date();

      // im übergebenen Objekt speichern
      arg.setzeUhrzeit(tmp);

      // Objekt zurückgeben
      return arg;
   }
}
```

Die Methode erwartet das Objekt vom Typ `UhrArgumentSchnittstelle`, übergibt ihm ein neues `Date`-Objekt und liefert den Parameter als Rückgabewert. Beachten Sie: Bei einer nur lokal aufzurufenden Methode hätte es gereicht, `setzeUhrzeit()` auszuführen. Der Aufrufer von `aktuelleZeit()` hätte dann die Änderung in seinem Objekt vorliegen, das er als Parameter übergeben hatte. Bei einem RMI-Aufruf arbeitet unsere `Remote`-Methode jedoch auf einer richtigen Kopie, d.h., das vom Aufrufer übergebene Objekt bleibt unverändert. Die geänderte Kopie muss daher explizit wieder als Rückgabewert zurückgesendet werden.

3. Implementierung des Server-Programms

Hier ändert sich gar nichts.

4. Implementierung des Client-Programms

Beim Client wird noch eine Klasse `Dummy` definiert, welche Gebrauch von der Schnittstelle `UhrArgumentSchnittstelle` macht. Außerdem wird ein zusätzlicher Aufruf der neuen Remote-Methode `aktuelleZeit(UhrArgumentSchnittstelle arg)` hinzugefügt.

Listing 37.8: ZentralUhrClient.java

```
import java.rmi.*;
import java.util.Date;
import java.text.DateFormat;

public class ZentralUhrClient {
   public static void main(String[] args) {
      System.out.println();

      try {
         // Anfrage an Registry stellen:
         // Kurzform für "rmi://localhost/ZentralUhrService"
         ZentralUhrSchnittstelle uhr
                        = (ZentralUhrSchnittstelle)
                           Naming.lookup("/ZentralUhrService");

         // der Remote-Aufruf ohne Parameter
         Date aktZeit = uhr.aktuelleZeit();
         DateFormat tf = DateFormat.getTimeInstance(DateFormat.LONG);
         System.out.println(" Client: Uhrzeit ist "
                              + tf.format(aktZeit));

         Dummy tmp = new Dummy();
         tmp.setzeUhrzeit(new Date());
         Thread.sleep(2000);                    // 2 Sekunden warten

         // der Remote-Aufruf mit Parameter (lokales Objekt)
         Dummy erg = (Dummy) uhr.aktuelleZeit(tmp);
```

```
            System.out.println(" Zeit in tmp ist: "
                              + tf.format(tmp.meineZeit));
            System.out.println(" Zeit in erg ist: "
                              + tf.format(erg.meineZeit));

         } catch(Exception e) {
            System.err.println(" Client: Exception " + e);
         }
      }
   }

class Dummy implements UhrArgumentSchnittstelle {
   public Date meineZeit;
   public void setzeUhrzeit(Date arg) {
      meineZeit = arg;
   }
}
```

5. Generierung von Stub/Skeleton-Klassen

Nun werden, wie gehabt, alle *java*-Dateien kompiliert und dann *rmic* aufgerufen:

```
rmic ZentralUhr
```

INFO

Achtung: Der Einsatz von *rmic* ist nicht notwendig, wenn sowohl auf Client- als auch auf Serverseite eine Java-Version ab 1.5 (Java 5) zum Einsatz kommt (in diesem Fall wird die notwendige Stub/Skeleton-Information dynamisch zur Laufzeit mithilfe von Reflection generiert)! Wenn jedoch eine der beiden Seiten mit einer älteren Java-Version kompiliert worden ist, dann muss *rmic* eingesetzt werden.

6./7./8. Starten der Programme

Jetzt kann es losgehen. Öffnen Sie drei Konsolen im richtigen Verzeichnis mit allen Class-Dateien und starten Sie:

```
rmiregistry
```

```
java ZentralUhrServer
```

```
java ZentralUhrClient
```

Vergleichen Sie die Ausgabe des Clients. Der Wert von `tmp.meineZeit` hat sich nicht geändert, da die `Remote`-Methode auf einer echten Kopie gearbeitet hat (wenn allerdings der Server seine Methode selbst lokal aufrufen würde, dann handelt es sich um einen normalen Methodenaufruf und das übergebene Objekt wird per Referenz angesprochen und somit verändert!).

37.5 Erstellen einer verteilten RMI-Anwendung

Nachdem Sie nun alle wesentlichen Grundlagen von RMI kennen, ist es an der Zeit, den Sprung zum eigentlichen Anwendungsbereich von RMI zu machen, nämlich dem Erstellen von Java-Anwendungen, deren Client/Server-Komponenten auf verschiedenen Rechnern laufen.

Dabei ändert sich am Erstellen des RMI-Codes im Vergleich zum bisher besprochenen lokalen Fall fast nichts und die typische Abfolge an Schritten in Abschnitt 37.3 bleibt gleich!

Der Hauptunterschied liegt im Laden des Codes: Bei der Ausführung einer RMI-Anwendung wird Bytecode geladen. Die wesentlichen Fälle sind dabei:

Laden von Stubs

Wenn der Client ein Remote-Objekt verwenden will, muss er zuvor den Bytecode der Stub-Klasse laden. Dazu prüft eine besondere Komponente der JVM – der Classloader –, ob sich die gewünschte Stubdefinition im lokalen Verzeichnis bzw. dem `CLASSPATH` befindet. Wenn dieser Fall gegeben ist, wird die Klasse geladen (bzw. ab Java 1.5 wird diese Information dynamisch mithilfe von Reflection generiert).

Wenn der Stub aber lokal nicht zu finden ist, dann versucht der Classloader, den Stub von dem entsprechenden Server zu laden (den Ort hat der Client über die RMI-Systemregistrierung beim `lookup()` erfahren). Dies setzt voraus, dass der Server diesen Ladevorgang ermöglicht. Typische Mechanismen sind ein Webserver (Zugriff über HTTP), ein FTP-Server, oder ein Fileserver (z.B. NFS). Am flexibelsten und häufigsten ist die HTTP-Variante, die im Folgenden auch verwenden wird.

Wichtig ist jedoch ein feiner Unterschied zwischen dem Laden vom `CLASSPATH` und dem Laden von einem anderen Rechner: das Java-Sicherheitsmodell geht davon aus, dass Bytecode aus dem `CLASSPATH` als vertrauenswürdig gilt, während alles Fremde von einem anderen Rechner zunächst mal als zweifelhaft gilt. Beim Laden von Stubs von einem anderen Rechner muss daher der Client dieses Laden zulassen, indem er einen speziellen Security-Manager einsetzt.

Laden von Parameter-Klassen

Wenn ein Client eine (für ihn) lokale Klasse als Parameter an einen Remote-Aufruf übergibt, prüft der Server, ob er die Klassendefinition lokal bei sich im `CLASSPATH` finden kann, und lädt gegebenenfalls den Bytecode. Falls nicht, lädt er die Klassendefinition von der Codebase des aufrufenden Clients über das Netzwerk. In diesem Fall liegt wieder eine zunächst nicht vertrauenswürdige Quelle vor und, damit der Classloader dennoch laden darf, muss auf Serverseite ebenfalls ein Security-Manager eingesetzt werden.

INFO

In vielen Lehrbüchern wird fälschlicherweise behauptet, dass auf Client- und Serverseite jeweils ein Security-Manager eingesetzt werden muss, damit RMI überhaupt funktioniert. Dies stimmt so nicht! Nur wenn Code aus einer unsicheren Quelle geladen wird (und nicht aus dem lokalen `CLASSPATH`), ist ein Security-Manager notwendig.

Man kann bei einer RMI-Anwendung somit zwischen verschiedenen Szenarien unterscheiden:

1. Alle verwendeten Klassen liegen als Class-Dateien sowohl auf Clientrechner als auch auf Serverrechner im jeweiligen `CLASSPATH` vor. Dieser Fall entspricht vom Wesen her Abschnitt 37.3. Es sind keine weiteren Änderungen für eine lauffähige RMI-Anwendung notwendig.
2. Die vom Client benötigten Klassen (Stubs und sonstige Serverklassen, die vom Client bei Remote-Aufrufen benötigt werden) liegen nur z.T. im `CLASSPATH` des Clients. Alle Klassen, die der Server benötigt, liegen bei ihm lokal vor. Damit alles klappt, muss der Client einen Security-Manager verwenden und der Server muss beim Aufruf mit der Definition seiner Codebase gestartet werden. Außerdem muss diese Codebase für den Client zugänglich sein, üblicherweise durch einen HTTP-Webserver[4].
3. Sowohl Client als auch Server besitzen nicht alle Klassen lokal, d.h., während des Programmablaufs müssen beide Seiten voneinander Klassendefinitionen laden. Daher muss jede Seite einen Security-Manager verwenden, beim Start eine Codebase definieren und es muss auf jedem Rechner ein HTTP-Webserver laufen, der die Daten zum Download anbietet.

Die wesentlichen Ergänzungen zum Erstellen einer verteilten RMI-Anwendung sind somit das Anlegen eines Security-Managers und die Definition der Codebase.

37.5.1 Bereitstellen eines Security-Managers

Um eine RMI-Anwendung mit einem Security-Manager zu versehen, verwendet man ganz einfach die Klasse `RMISecurityManager` (Package `java.rmi`):

```
RMISecurityManager sec = new RMISecurityManager();
System.setSecurityManager(sec);
```

Die angelegte Instanz von `RMISecurityManager` wird anschließend über eine statische `System`-Methode gesetzt. Dies muss die erste Anweisung bzgl. RMI-Aktionen sein, damit es nicht zu einer `SecurityException` kommt.

Nun weiß der neue Security-Manager aber noch nicht, was er der Anwendung, zu der er nun gehört, erlauben soll. Hierfür muss noch eine sogenannte Policy-Datei angelegt werden, in dem die Sicherheitspolitik festgelegt wird. Da RMI-Anwendungen hinter den Kulissen über Sockets mit anderen Rechnern kommunizieren, müssen Sie deswegen in einer solchen Datei die Rechte für die Socketkommunikation setzen (mehr Details zum Thema Sicherheit und dem Einsatz von Policy-Dateien finden Sie in Kapitel 40.2). Hier ein Beispiel:

```
// Datei alles.policy
grant {
   permission java.security.AllPermission;
};
```

4 oder ein FTP-Server oder ein Network-Filesystem usw.

Diese Datei gibt alle Rechte frei, was natürlich höchstens für Testzwecke akzeptabel ist. Für einen realistischen RMI-Einsatz sollte sich die Datei wirklich auf die Sockets beschränken:

```
// Datei rmi.policy
grant {
   permission java.net.SocketPermission "*:1024-
","accept,connect,listen,resolve";
};
```

Die gezeigte Policy-Datei erlaubt eine Socket-Verbindung zu allen IP-Adressen ("*") und zu jedem Port größer/gleich Nummer 1024, sowohl sendend als auch empfangend. Wenn Sie es noch restriktiver haben wollen, können Sie natürlich auch eine konkrete IP-Adresse/Port angeben.

Beim Aufruf der Java-Anwendung gibt man die definierte Policy-Datei als Parameter an die JVM über die Systemeigenschaft (Property) `java.security.policy` weiter, z.B.:

```
java -Djava.security.policy=rmi.policy  ZentralUhrClient
```

37.5.2 Definition der Codebase

Die Codebase bezeichnet den Ort, an dem die Class-Dateien zu finden sind. Es handelt sich dabei um einen URL, der ein Verzeichnis, einen FTP-Server oder – der übliche Fall – einen HTTP-Server festlegt. Der anzugebende URL besteht somit aus dem Protokoll, dem Rechnernamen, der Portnummer (falls notwendig) und dem Verzeichnisnamen (der mit '/' enden muss!) oder einem JAR-Archiv.

Tabelle 37.3: Codebase-Beispiele

Codebase	Erklärung
file://192.168.200.2/RMI/	Verzeichnis *RMI* auf Rechner `192.168.200.2`
ftp://hase.mynet.de:8000/RMI/	Verzeichnis *RMI* über FTP-Server auf `hase.mynet.de`, Port 8000
http://hase.mynet.de/RMI/mein.jar	*mein.jar* im Verzeichnis *RMI* über Webserver auf `hase.mynet.de`, Standardport 80

Die definierte Codebase muss natürlich für den gedachten Nutzer (z.B. einen RMI-Client) auch zugreifbar sein, d.h., es muss ein FTP- oder Webserver laufen bzw. bei *file://* muss das Verzeichnis über einen Netzwerk-Fileserver (z.B. NFS) zugreifbar sein.

Die Codebase wird beim Aufruf des Server-Programms, das Remote-Objekte zur Verfügung stellt, als Eigenschaft `java.rmi.server.codebase` der JVM mitgeteilt, z.B.

```
java -Djava.rmi.server.codebase=http://hase.mynet.de:
8000/RMI/ ZentralUhrServer
```

Wir sind nun soweit, die parametrisierte Version unseres Uhrzeit-Services in eine verteilte Version umzuwandeln. Da in der Praxis bei einer verteilten RMI-Anwendung viele Kleinigkeiten schief laufen können, hier noch einmal das Prozedere im Einzelnen:

1. Definition der Remote-Schnittstelle und UhrArgumentSchnittstelle

Keine Änderungen.

2. Implementierung der Remote-Schnittstelle

Keine Änderungen.

3. Implementierung des Server-Programms

Hier ändert sich neben der Versionsnummer nur wenig: Es wird eine Instanz von `RMISecurityManager` angelegt und dem Java-Laufzeitsystem bekannt gemacht:

Listing 37.9: ZentralUhrServer.java

```
import java.rmi.*;

public class ZentralUhrServer {
   public static void main(String[] args) {
      System.out.println();

      // Security-Manager erzeugen
      RMISecurityManager sec = new RMISecurityManager();
      System.setSecurityManager(sec);

      try {
         // Objekt anlegen und anmelden
         ZentralUhr uhr = new ZentralUhr();

         // Kurzform für rmi://localhost/ZentralUhrService"
         Naming.rebind("/ZentralUhrService", uhr);
         System.out.println(" ZentralUhrService laeuft...");

      } catch(Exception e) {
         System.err.println(" ZentralUhrServer: Exception " + e);
      }
   }
}
```

4. Implementierung des Client-Programms

Der Client wird ebenfalls um einen Security-Manager ergänzt. Außerdem wird als Parameter der Namen des Rechners übergeben, auf dem der Uhr-Service läuft. Hiermit wird dann bei Aufruf von `lookup()` ein voller URL für den Zugriff auf die RMI-Systemregistrierung des Servers definiert.

Listing 37.10: ZentralUhrClient.java

```
import java.rmi.*;
import java.util.Date;
import java.text.DateFormat;

public class ZentralUhrClient {
   public static void main(String[] args) {
      System.out.println();

      if(args.length != 1)  {
        System.out.println(" Falsche Anzahl Argumente in Befehlszeile");
        System.out.println(" Aufruf mit Servernamen (DNS oder IP)");
        System.exit(0);
      }


      // Servernamen merken
      String server = args[0];

      // einen Security-Manager installieren
      RMISecurityManager sec = new RMISecurityManager();
      System.setSecurityManager(sec);

      try {
         // Anfrage an Registry stellen:
         ZentralUhrSchnittstelle uhr =
            (ZentralUhrSchnittstelle)
            Naming.lookup("rmi://" + server + "/ZentralUhrService");


         // der Remote-Aufruf ohne Parameter
         Date aktZeit = uhr.aktuelleZeit();
         DateFormat tf = DateFormat.getTimeInstance(DateFormat.LONG);
         System.out.println(" Client: Uhrzeit ist "
                          + tf.format(aktZeit));

         Dummy tmp = new Dummy();
         tmp.setzeUhrzeit(new Date());

         // der Remote-Aufruf mit Parameter (lokales Objekt)
         Dummy erg = (Dummy) uhr.aktuelleZeit(tmp);

         System.out.println(" Zeit in tmp ist: "
                          + tf.format(tmp.meineZeit));
         System.out.println(" Zeit in erg ist: "
                          + tf.format(erg.meineZeit));

      } catch(Exception e) {
         System.err.println("Client: Exception " + e);
      }
   }
}
```

```
class Dummy implements UhrArgumentSchnittstelle {
   public Date meineZeit;
   public void setzeUhrzeit(Date arg) {
      meineZeit = arg;
   }
}
```

5. Generierung von Stub/Skeleton-Klassen

Nun werden, wie gehabt, alle *.java* Dateien kompiliert und dann *rmic* aufgerufen:

```
rmic ZentralUhr
```

INFO

Achtung: Der Einsatz von *rmic* ist nicht notwendig, wenn sowohl auf Client- als auch auf Serverseite eine Java-Version ab 1.5 (Java 5) zum Einsatz kommt (in diesem Fall wird die notwendige Stub/Skeleton-Information dynamisch zur Laufzeit mithilfe von Reflection generiert)! Wenn jedoch eine der beiden Seiten mit einer älteren Java-Version kompiliert worden ist, dann muss *rmic* eingesetzt werden.

6. Verteilung der notwendigen Dateien auf die beteiligten Rechner

Damit liegen nun sieben Class-Dateien vor, die die RMI-Anwendung bilden. Man könnte sie sowohl auf dem (den) Client(s) als auch auf dem Server installieren. Dadurch stellt man sicher, dass es keine Probleme mit nicht vorhandenen Class-Dateien gibt oder mit nicht ladbaren Klassen, weil die Angaben der Codebase fehlen oder falsch sind. Diese Situation entspräche der in Abschnitt 37.3. Allerdings soll in diesem Beispiel der Code so verteilt werden, dass Client-Code auf dem Client liegt und Server-Code auf dem Server, damit wirkliche Ladevorgänge über das Netzwerk stattfinden.

Der Servercode besteht aus den Dateien *UhrArgumentSchnittstelle.class*, *ZentralUhrSchnittstelle.class*, *ZentralUhr.class* und *ZentralUhrServer.class* sowie den Stubklassen *ZentralUhr_Stub.class* und *ZentralUhr_Skel.class*. Diese Dateien müssen auf einen Serverrechner transferiert werden, beispielsweise in das Verzeichnis */home/RMIServer* eines Linux-Servers *myserver*.

Der Clientcode besteht aus *UhrArgumentSchnittstelle.class*, *ZentralUhrSchnittstelle.class*, *ZentralUhrClient.class* und *Dummy.class*. Diese Dateien werden auf einem WinNT-Clientrechner *NTclient* im Verzeichnis *c:\RMIClient* deponiert.

Außerdem brauchen Sie noch jeweils für Client und Server eine Policy-Datei mit den Sicherheitsbeschränkungen für den Security-Manager. Der Einfachheit halber werden für beide Seiten die gleichen Einstellungen vorgenommen: erlaube Aufbau und Empfang von Socket-Verbindungen von/zu jedem Rechner und Portnummer größer/gleich 1024:

Listing 37.11: rmi.policy

```
grant {
   permission java.net.SocketPermission "*:1024-",
                                       "accept,connect,listen,resolve";
};
```

Diese Datei muss ebenfalls in die entsprechenden Verzeichnisse auf *myserver* und *NTclient* kopiert werden.

7. Starten der Hilfsprogramme

Jetzt kann es losgehen. Zunächst wird auf *myserver* die RMI-Systemregistrierung durch Aufruf von *rmiregistry* gestartet.

STOP

In der Konsole, in der *rmiregistry* aufgerufen wird, darf kein `CLASSPATH` definiert sein, in dem sich die Class-Dateien unserer Serveranwendung befinden. Ansonsten würde später ein anfragender Client von der RMI-Systemregistrierung nicht auf die richtige Codebase verwiesen und die Anfrage des Clients schlüge fehl. Aus dem gleichen Grund darf *rmiregistry* auch nicht im Verzeichnis der Class-Dateien aufgerufen werden (hier im Beispiel also */home/RMIserver).*

Der nächste Schritt besteht im Starten des HTTP-Webservers auf unserem Server *myserver*. Falls Sie gerade keinen Webserver zur Hand haben, nehmen Sie den MiniWebServer aus Kapitel 37. Der Webserver sollte als Basisverzeichnis das Verzeichnis mit dem Servercode erhalten und einen freien Port. Bei Verwendung des MiniWebServers also:

java MiniWebServer /home/RMIserver 8000

Die gleiche Prozedur wiederholen Sie auf dem Client *NTclient*, z.B.

java MiniWebServer c:\RMIclient 7000

8. Starten der RMI-Anwendung

Nun wird es ernst. Zuerst starten Sie auf *myserver* das Serverprogramm. Beim Aufruf geben Sie der ausführenden JVM die zu verwendende Policy-Datei und die Codebase mit:

```
java -Djava.security.policy=rmi.policy
     -Djava.rmi.server.codebase=http://myserver:8000/
     ZentralUhrServer
```

Falls Sie den MiniWebServer verwenden, können Sie in dessen Konsolenfenster nun schon einige Anfragen (u.a. nach dem Stub) auf die Codebase sehen, die von der RMI-Systemregistrierung stammen.

Jetzt können Sie (endlich!) auf *NTclient* den Client starten. Analog zum Serverprogramm geben Sie beim Aufruf die Policy-Datei und die Angabe der Codebase der JVM mit und unserem Client als Parameter den Namen des Serverrechners:

```
java -Djava.security.policy=rmi.policy
     -Djava.rmi.server.codebase=http://NTclient:7000/
     ZentralUhrClient myserver
```

Wenn alles geklappt hat, sollten Sie die Uhrzeit-Ausgabe des Clientprogramms sehen!

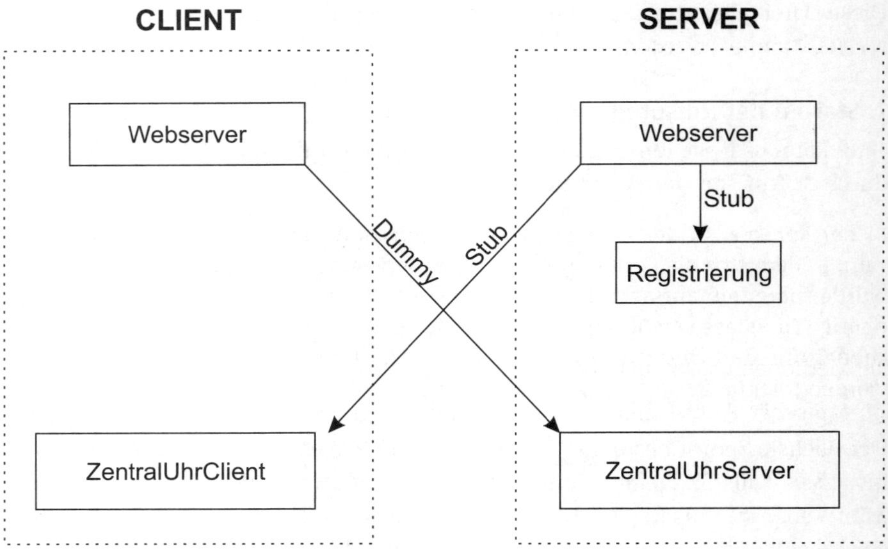

Abbildung 37.5: Die Beteiligung der Webserver bei der RMI-Anwendung

INFO

Falls Ihre Version des RMI-Beispiels nicht funktioniert, gehen Sie bitte noch einmal sorgfältig alle Schritte durch. Achten Sie insbesondere darauf, dass *rmiregistry* richtig gestartet wird und dass die Angaben der Codebase (und die Basisverzeichnisse der Webserver richtig definiert sind). Und vergessen Sie bei der Codebase das abschließende '/' nicht. Weiterhin muss Ihr Netzwerk richtig konfiguriert sein (falls Domain-Namen zum Einsatz kommen: klappt DNS?, sind evtl. vorhandene Router richtig eingestellt?).

TIPP

Falls der Client-Aufruf unter Windows klappt, aber sehr lange dauert, dann liegt dies wahrscheinlich an einem nicht optimal konfigurierten DNS. Fügen Sie daher entsprechende Einträge in die Hosts-Datei hinzu (je nach System z.B. *c:\winnt\system32\drivers\etc\hosts* oder *c:\windows\system32\drivers\etc\hosts* oder *c:\windows\hosts*).

Falls ein Rechner mehrere IP-Adressen besitzt, kann es vorkommen, dass Ihr Java-Programm die falsche verwendet. Setzen Sie dann beim Aufruf die Eigenschaft `-Djava.rmi.server.hostname=xxx.xxx.xxx.xxx` auf die richtigen IP-Adresse.

37.6 Ergänzungen

Nachdem Sie nun fundierte Grundlagen über RMI besitzen, wollen wir in diesem Abschnitt noch einige wichtige Ergänzungen besprechen.

37.6.1 Automatischer Start der Systemregistrierung

Bisher haben Sie eine Instanz der RMI-Systemregistrierung immer von Hand gestartet. Man kann dies auch automatisch über das Serverprogramm machen lassen. Hierzu dient die Klasse `LocateRegistry` (Paket `java.rmi.registry`) mit den statischen Methoden:

Registry **createRegistry**(int port);	Erzeugt eine neue Systemregistrierung auf dem angegebenen port.
Registry **getRegistry**();	Liefert eine Referenz für eine auf dem Rechner schon laufende Systemregistrierung (mit Defaultport 1099).
Registry **getRegistry**(int port);	Liefert eine Referenz für eine auf dem Rechner schon laufende Systemregistrierung auf port.

Tabelle 37.4: Statische Methoden der Klasse LocateRegistry

Die Methoden werfen bei Problemen eine `java.rmi.RemoteException`.

Ein typischer Aufruf innerhalb eines Serverprogramms sieht dann folgendermaßen aus:

```
import java.rmi.registry.*;
import java.rmi.*;
// ......
Registry reg = null;
try {
   reg = LocateRegistry.createRegistry(1099);
}
catch(RemoteException e) {
   System.err.println(" " + e.getMessage());
}
```

Wenn man also eine Systemregistrierung vom Serverprogramm aus starten kann, warum dann umständlich über *rmiregistry* vorgehen? Bei einem einzigen Serverprogramm ist nichts dagegen einzuwenden. Komplizierter und unübersichtlicher wird es allerdings, wenn mehrere Serverprogramme laufen. Dann muss man aufpassen, dass alle die gleiche Systemregistrierung verwenden (oder jede einen anderen Port, was aber für Clients dann umständlich ist) und nicht eine neue erzeugen, obwohl schon eine existiert. Es ist auch aufwendig herauszufinden, ob eine Systemregistrierung schon läuft (die obige Methode `getRegistry()` reicht dazu nicht, da sie nur eine Referenz liefert und nicht über einen echten Verbindungsaufbau testet, ob die Systemregistrierung tatsächlich läuft). Aus diesem Grund ist *rmiregistry* oft einfacher, handlicher und übersichtlicher.

37.6.2 Remote-Implementierung ohne UnicastRemoteObject

Klassen, die eine `remote`-Schnittstelle implementieren, müssen von `UnicastRemoteObject` abgeleitet werden. Nun kann es natürlich vorkommen, dass die betreffende Klasse bereits von einer anderen direkten Basisklasse abgeleitet werden soll.

Als Ausweg muss man dann im Prinzip zu Fuß vorgehen und selbst realisieren, was bei Ableitung von `UnicastRemoteObject` automatisch passiert, nämlich den Export des erzeugten Objekts nach außen. Dies erfolgt im Konstruktor des

Objekts. Hierzu bietet `UnicastRemoteObject` (Paket `java.rmi.server`) die statischen Methoden `exportObject()`:

Tabelle 37.5: Methoden von UnicastRemoteObjekt

`RemoteStub exportObject(Remote obj);`	Erzeugt einen `RemoteStub` für das gewünschte Objekt auf einem beliebigen Port (d.h., es wird an einen Socket gebunden).
`RemoteStub exportObject(Remote obj, int port);`	Erzeugt einen `RemoteStub` für das gewünschte Objekt auf `port` (d.h., es wird an einen Socket gebunden).

Wie üblich werfen die Methoden eine `java.rmi.RemoteException`.

Im folgenden Beispiel sehen Sie eine Version von `ZentralUhr`, die nicht mehr von `UnicastRemoteObject` abgeleitet ist:

```
public class ZentralUhr implements ZentralUhrSchnittstelle {
   // Standardkonstruktor
   public ZentralUhr() throws RemoteException {
      // die Instanz exportieren
      UnicastRemoteObject.exportObject(this);
   }
   // der Rest bleibt gleich
}
```

Für die meisten Zwecke reicht dieser simple Aufruf von `exportObject()` schon aus, um die Verwendung von `UnicastRemoteObject` zu vermeiden. Wenn man allerdings ganz exakt arbeiten will, muss noch mehr getan werden, denn die Klasse `UnicastRemoteObject` überschreibt noch drei von `Object` geerbte Methoden: `hashCode()`, `equals()`, `toString()`. Gegebenenfalls müssen Sie diese Methoden auch implementieren.

Kapitel 38
Applets

Applets sind Java-Programme, die in Webseiten (HTML-Dokumente) eingebettet werden können. Steuert ein Websurfer eine Webseite mit einem eingebetteten Applet an, wird das Applet-Programm zusammen mit dem HTML-Code der Webseite zum Rechner des Websurfers geschickt und dort vom Browser ausgeführt (vorausgesetzt, dieser hat das Java-Plug-In installiert).

Wenn Sie als Anbieter eines Webdokuments dieses um ein Java-Applet bereichern wollen, programmieren Sie das Applet, nehmen in Ihr HTML-Dokument einen Verweis auf das Applet auf und speichern HTML-Dokument und Applet zusammen auf Ihrem Server.

Applets zu programmieren, ist für Java-Programmierer, die bereits erste Erfahrungen in der Entwicklung von GUI-Anwendungen gesammelt haben, allgemein keine Schwierigkeit. Es gibt jedoch einige Besonderheiten, die zu beachten sind und die in diesem Kapitel eingehender erörtert werden.

Applet bedeutet soviel wie »little application«. INFO

38.1 Applet-Grundlagen

Während die Hauptklasse einer Konsolen- oder GUI-Anwendung sich allein dadurch auszeichnet, dass sie eine `main()`-Methode definiert, muss eine Applet-Hauptklasse von vornherein gleich über mehrere Methoden und diverse Funktionalität verfügen. Aus diesem Grunde leiten wir sie von einer Basisklasse ab, die all dies bereits mitbringt.

38.1.1 Die Basisklasse: JApplet

Ein Applet muss eine Hauptklasse besitzen, die von `javax.swing.JApplet` abgeleitet ist. Die Basisklasse `JApplet` vererbt Ihrer Klasse eine Reihe von Standardmethoden, die jedes Applet besitzen muss und die von der Virtual Machine des Browser-Plug-Ins aufgerufen werden (siehe nachfolgender Abschnitt).

Die von `JApplet` abgeleitete Klasse fungiert aber nicht nur als Hauptklasse, sondern bildet auch gleich den obersten Container für die grafische Benutzeroberfläche. Insofern gibt es wie bei einem `JFrame`-Objekt eine RootPane und eine ContentPane (zugänglich via `getContentPane()`), und mit der Methode `setJMenuBar()` können Sie wie bei einem Fenster eine Menüleiste setzen.

38.1.2 Der Applet-Lebenszyklus

Ihre von `JApplet` abgeleitete Applet-Klasse erbt fünf wichtige Methoden namens `init()`, `start()`, `paint()`, `stop()` und `destroy()`. Diese Methoden *muss* jedes Applet besitzen, denn der Browser, der das Applet ausführt, ruft diese Methoden zu verschiedenen Zeitpunkten im Lebenszyklus des Applets auf:

- `init()` wird aufgerufen, nachdem der Browser das Applet geladen hat.[1]
- `start()` wird aufgerufen, wenn der Browser das Applet startet.
- `paint()` wird aufgerufen, wenn der Browser möchte, dass sich das Applet ganz oder teilweise neu zeichnet. Diese Methode kann man überschreiben, um eigene Zeichenoperationen durchzuführen (siehe Beispiel *Life.java* aus Kapitel 38.4).
- `stop()` wird aufgerufen, wenn der Browser das Applet anhält (beispielsweise weil der Anwender die Webseite verlassen und zu einer anderen Webseite gewechselt hat).
- `destroy()` wird aufgerufen, bevor der Browser das Applet aus dem Arbeitsspeicher entfernt.

Die Methoden sind nicht abstrakt, müssen also nicht überschrieben werden. Sie können sie aber überschreiben, um das Verhalten Ihres Applets anzupassen.

38.1.3 Applet-Beispiel

Das folgende Listing erzeugt ein einfaches Applet, das eine Reihe von wichtigen Techniken demonstriert:

- die Überschreibung der Applet-Methoden
- Einbau von Komponenten
- Reagieren auf Aktualisierung der Webseite
- Einfärben des Applet-Hintergrunds
- Zeichnen in Applets

---

1 Vor `init()` wird selbstverständlich noch der Konstruktor der Applet-Klasse aufgerufen und ausgeführt. Applets definieren in der Regel jedoch keinen eigenen Konstruktor, sondern erledigen anfallende Initialisierungsarbeiten in `init()`.

Listing 38.1: MeinAppletGrundgeruest.java – Vorstellung grundlegender Applet-Techniken

```
01 import java.awt.*;
02 import java.awt.event.*;
03 import java.util.Random;
04 import javax.swing.*;
05
06
07 public class MeinAppletGrundgeruest extends JApplet {
08
09    Color hintergrundfarbe;
10    JLabel textfeld;
11    Random generator;
12
13    public void init() {
14       getContentPane().add(new Leinwand());
15       generator = new Random();
16    }
17
18    public void start() {
19       hintergrundfarbe = new Color(generator.nextInt(255),
20                                    generator.nextInt(255),
21                                    generator.nextInt(255));
22    }
23
24
25    class Leinwand extends JPanel {
26       JLabel textfeld;
27
28       Leinwand() {
29          setLayout(null);
30          textfeld = new JLabel("Hallo vom JApplet");
31          textfeld.setBounds(10, 10, 200, 20);
32          textfeld.setBackground(Color.WHITE);
33          add(textfeld);
34       }
35
36       public void paintComponent(Graphics g) {
37          super.paintComponent(g);
38
39          setBackground(hintergrundfarbe);
40
41          g.draw3DRect(5, 5, 210, 30, true);
42       }
43    }
44 }
```

In diesem Beispiel sind lediglich die Methoden `init()` und `start()` überschrieben und implementiert. In `init()` erzeugen wir in Zeile 15 einen Zufallszahlengenerator, den wir in der `start()`-Methode in Zeile 19 zum zufälligen Setzen der Applet-Hintergrundfarbe einsetzen. Jedes Mal, wenn der Browser die `start()`-Methode aufruft (etwa weil der Anwender die Webseite aktualisieren lässt), wird eine neue Farbe festgelegt.

Außerdem legen wir in der `init()`-Methode eine Instanz der Klasse `Leinwand` an und fügen sie zur ContentPane hinzu.

`Leinwand` wird ab Zeile 25 definiert und ist ein `JPanel` mit einem einfachen Label zur Anzeige einer Nachricht.

Abbildung 38.1: Das Grundgeruest-Applet

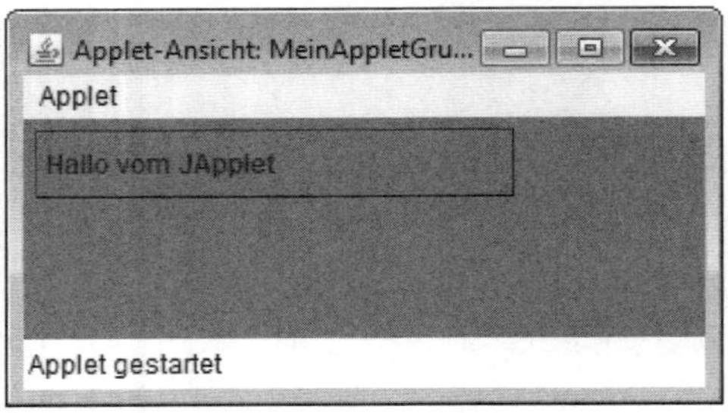

38.1.4 Kompilierung und Ausführung

Um ein Applet auf Ihrem Computer zu erstellen und auszuführen, gehen Sie anfangs genauso wie bei der Erstellung einer Konsolenanwendung vor:

1. Rufen Sie einen beliebigen Texteditor auf, mit dem Sie Ihren Quelltext als ASCII-Text abspeichern können.
2. Öffnen Sie eine neue Datei, tippen Sie Ihren Quelltext ein und speichern Sie die Datei unter einem passenden Namen mit der Dateiextension *.java* – beispielsweise:

   Speichern Sie die Datei als *MeinAppletGrundgeruest.java* (für das Applet aus dem vorangehenden Abschnitt).
3. Kompilieren Sie das Applet.

   ```
   Prompt:> javac MeinAppletGrundgeruest.java
   ```

Bevor Sie das Applet ausführen und austesten können, müssen Sie noch eine zugehörige HTML-Seite aufsetzen, die das Applet aufruft.

4. Legen Sie mit Ihrem Editor eine neue Textdatei für das HTML-Dokument an, in die Sie folgenden Code eingeben:

   ```
   <!DOCTYPE html PUBLIC "-//W3C//DTD HTML 4.01//EN"
      "http://www.w3.org/TR/html4/strict.dtd">
   <html>
   <head>
     <title>Erstes Applet</title>
   </head>

   <body>

   <p>Webseite ruft Applet. Bitte antworten.</p>

   <applet code="MeinAppletGrundgeruest.class"
           width="300"
   ```

```
        height="100">
</applet>

</body>
</html>
```

Eingebettet wird das Applet mit dem Tag `<applet>`. Der Parameter `code` gibt den Namen der Class-Datei des Applets an; `width` und `height` teilen dem Browser mit, wie groß die Anzeigefläche für das Applet sein soll.

5. Speichern Sie die Datei unter einem beliebigen Namen, aber mit der Extension *.html* (z.B. *MeinAppletGrundgeruest.html*) und in dem gleichen Verzeichnis wie das Java-Applet.
6. Laden Sie die HTML-Datei für erste Tests in den AppletViewer:

   ```
   Prompt:> appletviewer MeinAppletGrundgeruest.html
   ```

   oder in Ihren Browser.

INFO

Das `<applet>`-Tag ist laut HTML-Standard eigentlich veraltet und man soll stattdessen das Tag `<object>` oder `<embed>` verwenden. Oracle empfiehlt derzeit aber noch, das `<applet>`-Tag zu verwenden.

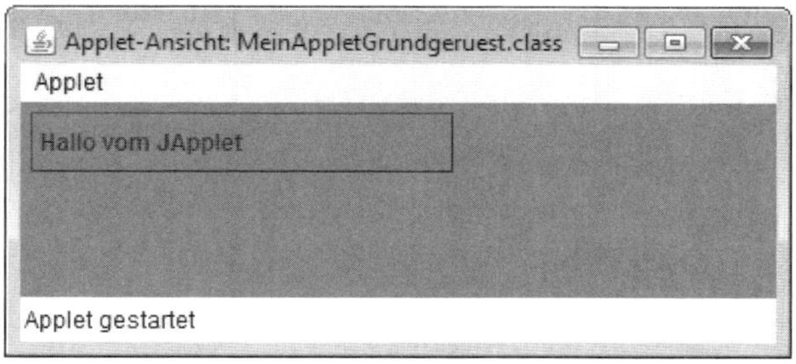

Abbildung 38.2: Applet im AppletViewer

38.1.5 Anzeige im Browser

Damit ein Applet in einem Browser angezeigt werden kann, muss

- der Browser Java unterstützen.

  Alle großen Browser unterstützen Java; allerdings kann es sein, dass beim ersten Aufruf eines Applets ein entsprechendes Plug-In für die Java Runtime (JRE) installiert werden muss.
- der Browser das Format der Bytecode-Klassen lesen können.

  Schwierigkeiten treten immer dann auf, wenn die Anwender alte Plug-Ins verwenden, die das Klassenformat, in dem Sie Ihre Applets erstellt haben, nicht verstehen.
- der Browser die Class-Dateien des Applets (sowie sonstige Dateien, die das Applet lädt) finden.

  Dies können Sie durch korrekte Angaben im HTML-Code sicherstellen.

INFO

Um nicht-javafähige Browser besser zu unterstützen, können Sie das `<applet>`-Tag um ein `alt`-Attribut erweitern, in dem Sie einen alternativen Text angeben, der statt des Applets angezeigt wird:

```
<applet code="Grundgeruest.class"
        width="300"
        height="100">
        alt="Ihr Browser ist nicht java-fähig.">
</applet>
```

Browser, Plug-Ins und das Klassenformat

Wie Sie wissen, übersetzt der Java-Compiler Ihre Klassendefinitionen in Bytecode, den er in *class*-Dateien speichert. Dabei benutzt er ein spezielles Klassenformat. Die Versionsnummer dieses Formats hinterlegt er mit den Klassen in den *class*-Dateien. Die Virtual Machine, die die *class*-Dateien lädt und ausführt, prüft zuerst, ob sie das vorliegende Klassenformat kennt. Wenn ja, lädt sie die Klassen und führt sie aus. Ist ihr das Klassenformat unbekannt, erzeugt sie einen Fehler der Art *»java.lang.ClassFormatError; Bad major version number«*.

Wenn Sie Ihre Applets mit dem neuesten Java-SDK erstellen, wird es natürlich immer Websurfer geben, in deren Browser ältere Plug-Ins integriert sind, die das von Ihrem Java-Compiler erzeugte Klassenformat nicht verarbeiten können. Sie können diesem Problem auf verschiedene Weisen begegnen:

1. Möglichkeit: Sie scheren sich nicht um Fragen der Abwärtskompatibilität.
   Schreiben Sie einfach Ihre Applets und überlassen Sie es den Webbesuchern, sich aktuelle Browser/Java-Plug-Ins zu besorgen, damit sie in den Genuss Ihrer Applets kommen.
   Vielleicht schreiben Sie die Applets ja auch im Auftrag für ein firmeninternes Intranet (beispielsweise ein Applet zur Darlehensberechnung, das im Intranet einer Bank laufen soll). Dann können Sie selbst dafür sorgen, dass die Browser der Bankmitarbeiter aktualisiert werden und es keine Kompatibilitätsprobleme gibt.
2. Möglichkeit: Sie bemühen sich um optimale Kompatibilität.
   Sie kompilieren Ihr Applet gegen eine ältere JDK-Version. Dazu müssen Sie sich entweder ein älteres JDK herunterladen oder eine Cross-Kompilierung vornehmen, z.B:
   ```
   javac -source 1.6 -target 1.6 MeinApplet.java
   ```
3. Möglichkeit: Sie fügen das Applet mithilfe eines von Oracle zur Verfügung gestellten JavaScript-Moduls ein, das nicht nur das `<applet>`-Tag erzeugt, sondern gleichzeitig auch testet, ob das zur Ausführung gewünschte Java-Plug-In vorhanden ist (und falls nicht, zur Download-Site wechselt).
   Das JavaScript-Modul funktioniert nur, wenn das Applet in eine JAR-Datei verpackt ist (siehe Abschnitt 38.5). Außerdem müssen Sie Parameter übergeben (siehe Abschnitt 38.4). Wir übergeben hier als Parameter einfach einen leeren String.

```
<html>
<head>
  <title> Hallo Applet </title>
</head>

<body>
   <p>HTML ruft Applet. Bitte antworten.</p>

   <script src="http://www.java.com/js/deployJava.js"></script>
   <script>
      var attributes = {code:'HalloWWW.class',
                        archive:'HalloWWW.jar',
                        width:350, height:200} ;
      var parameters = {leererParameter:''} ;
      var version = '1.7' ;
      deployJava.runApplet(attributes, parameters,
                           version);
   </script>

</body>
</html>
```


Die Applet-Testumgebung

Verwenden Sie für erste Tests den *AppletViewer* (auch wenn dieser gelegentlich Fehlfunktionen zeigt) und für abschließende Tests die gängigen Browser.

Wenn Sie Ihre Applets in Browsern testen, kann es passieren, dass Sie im Browser nicht die aktuelle Version des Applets angezeigt bekommen, weil der Browser die Class-Datei des Applets gecacht hat. Lesen Sie in der Hilfe Ihres Browsers nach, wie Sie Caching verhindern können.

Wenn Sie mehrere JDK-Versionen oder Plug-Ins installiert haben, können Sie über das Java-Plug-In-Dialogfeld (Aufruf unter Windows über die Systemsteuerung) auswählen, welches Plug-In verwendet werden soll.

Abbildung 38.3: Das Java-Plug-In-Bedienungsfeld

Wenn Sie möchten, können Sie während des Testens Debug-Informationen mit `System.err.println()` auf die Java-Konsole des Browsers ausgeben. Dazu müssen Sie die Unterstützung für die Konsole im Java-Plug-In-Bedienungsfeld (Seite ERWEITERT) und gegebenenfalls auch in den Optionen Ihres Browsers aktivieren.

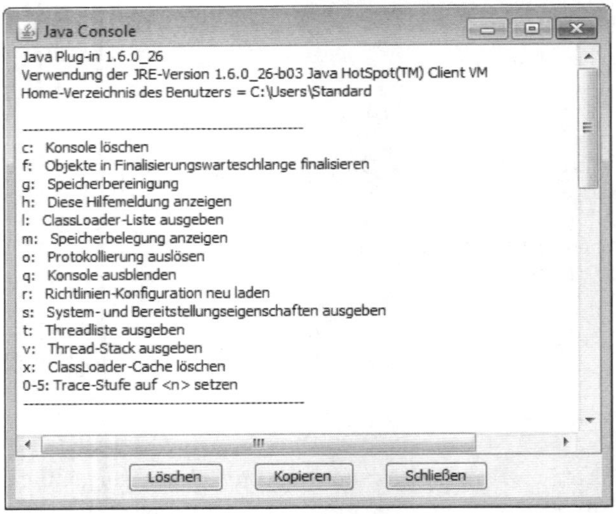

Abbildung 38.4: Die Java-Konsole

38.2 Applets und Threads

Wenn Sie in einem Applet Threads oder periodische Timer einsetzen, sollten Sie diese in der `stop()`-Methode anhalten oder beenden und in `start()` weiterführen oder neu erzeugen.

Das folgende Beispiel implementiert ein Applet, das die aktuelle Uhrzeit anzeigt. Es erzeugt zwei Threads: den Hauptthread, der unter anderem für die Darstellung des Applets verantwortlich ist, und einen zweiten Thread (die `run()`-Methode des Applets), der die aktuelle Zeit abfragt.

Listing 38.2: Uhrzeit.java – als Thread realisierte Zeitanzeige

```
import java.util.*;       // für die Klasse Date
import java.text.*;       // für die Klasse DataFormat
import java.awt.*;
import javax.swing.*;

public class Uhrzeit extends JApplet implements Runnable {
   String aktZeit;
   DateFormat formatierer;
   Thread zeit = null;                  // Referenz auf Thread
   Font anzeigeFont;

   class Leinwand extends JPanel {

      public void paintComponent(Graphics g) {
```

```
         super.paintComponent(g);
         getContentPane().setBackground(Color.WHITE);

         // die aktuelle Uhrzeit anzeigen
         g.setFont(anzeigeFont);
         g.setColor(Color.BLUE);
         g.drawString(aktZeit,20,45);
      }
   }

   public void init()  {
      anzeigeFont = new Font("Serif",Font.BOLD,22);
      formatierer = DateFormat.getTimeInstance();
      aktZeit = formatierer.format(new Date());

      // einen zusätzlichen Thread anlegen
      zeit = new Thread(this);
      zeit.start();

      getContentPane().add(new Leinwand());
   }

   public void start()  {
      if(zeit == null) {
         zeit = new Thread(this);
         zeit.start();
      }
   }

   public void stop() {
    if(zeit != null)
       zeit = null;
   }

   public void destroy() {
    if(zeit != null)
       zeit = null;
   }


   // die run()-Methode des Threads
   public void run() {
      while(zeit == Thread.currentThread()) {
         aktZeit = formatierer.format(new Date());
         getContentPane().repaint();

         try {
            zeit.sleep(1000);
         } catch(InterruptedException e) {
            return;
         }
      }
   }
}
```

Für Applets gibt es zwei Möglichkeiten, Threads zu erzeugen: entweder es wird eine eigene `Thread`-Klasse abgeleitet oder das Applet implementiert die Schnittstelle `Runnable` (Zeile 6) und definiert eine eigene `run()`-Methode (Zeilen 56-67). Allerdings gibt es dann erst einmal keine Möglichkeit, die Ausführung des internen Threads zu steuern. Aus diesem Grund definiert die obige Applet-Klasse ein Thread-Feld `zeit` und speichert in diesem eine Referenz auf den eigenen, internen Thread (Zeilen 31 und 38). Diese Referenz wird nicht nur in den `start()`- und `stop()`-Methoden zum Zugriff auf den Thread genutzt, sondern dient auch dem Thread selbst als Indikator, wann er sich selbst beenden soll (Vergleich mit `Thread.currentThread()` in der `while`-Schleife der `run()`-Methode, Zeile 57).

In der Methode `stop()` wird der Zeitthread beendet, in `start()` wird er neu erzeugt und gestartet. (Letzteres schein unnötig, da der Thread ja bereits in `init()` erzeugt und gestartet wird, aber denken Sie daran, dass nicht alle Browser bei einer Aktualisierung stets `init()` und `start()` ausführen!)

38.3 Applets und Multimedia

Bilder und Sounddateien können Sie mit den Methoden `getImage()` und `getAudioClip()` laden.

38.3.1 Bilddateien laden

Java unterstützt nur bestimmte Bildformate wie z.B. GIF, JPEG und PNG

Zum Laden von Bilddateien stehen Ihnen in Applets folgende Methoden zur Verfügung:

```
Image getImage(URL url)
Image getImage(URL url, String name)
```

Beide Methoden erwarten einen URL bzw. einen URL und eine dazu relative Pfadangabe. Der URL muss auf den Server des Applets verweisen und kann von `getCodeBase()` angefordert werden. Beide Methoden kehren direkt vom Aufruf zurück: das Bild wird also noch nicht geladen, sondern erst beim Versuch, das Bild auf dem Bildschirm anzuzeigen. Dies verursacht dann meist eine lästige und merkliche Wartezeit, weshalb man das Laden durch Verwenden eines `MediaTracker`-Objekts direkt nach dem Aufruf von `getImage()` erzwingen sollte.

Der typische Ladevorgang eines Bildes innerhalb eines Applets sieht daher folgendermaßen aus:

```
// Laden eines Bildes
try {
   Image bild = getImage(getCodeBase(), "Bild.gif");
   MediaTracker tracker = new MediaTracker(this);

   // das zu ladende Bild als ID 0 registrieren
   tracker.addImage(bild,0);

   // warten, bis das Bild geladen ist
   tracker.waitForID(0);
```

```
} catch(Exception e) {
   System.err.println(e.getMessage());
}
```

Damit ist das Bild geladen und kann mit der `drawImage()`-Methode der `Graphics`-Klasse angezeigt werden.

38.3.2 Sounddateien laden

Noch einfacher als der Umgang mit Bildern ist die Verarbeitung von Sounddateien. In Analogie zur Verarbeitung von Bilddateien benötigen Sie dazu erst einmal eine passende Klasseninstanz, in die Sie den Inhalt der Sounddatei laden können. Nur dass das Ziel diesmal kein Objekt der Klasse `Image` ist, sondern ein Objekt einer Klasse, die die `AudioClip`-Schnittstelle implementiert. Die Bereitstellung dieses Objekts und das Laden der Sounddatei besorgt die Methode `getAudioClip()`, die dafür als Parameter einen URL und den Namen der zu ladenden Sounddatei benötigt.

Java unterstützt nur bestimmte Soundformate wie z.B. WAV, MIDI, AIFF, RMF und AU

Der typische Aufruf zum Laden einer Sounddatei sieht damit wie folgt aus:

```
AudioClip sound = getAudioClip(getCodeBase(),"ein_toller_Sound.au");
```

Im Gegensatz zum Laden von Bildern kehrt der Aufruf von `getAudioClip()` erst zurück, wenn die Datei vollständig geladen worden ist. Ein MediaTracker zur Überwachung ist daher unnötig. Falls die angegebene Datei nicht geladen werden konnte (weil sie zum Beispiel nicht existiert), wird der Wert `null` zurückgegeben. Vor dem Abspielen der Sounddatei sollte man dies nutzen, um sicherzugehen, dass die Sounddatei auch korrekt geladen wurde.

Zum Abspielen der Sounddateien stehen die in der `AudioClip`-Schnittstelle definierten Methoden zur Verfügung:

```
sound.play() // spielt den Inhalt bis zum Dateiende ab

sound.stop() // beendet das Abspielen

sound.loop() // spielt die Sounddatei in einer Endlosschleife ab
```

INFO

Beachten Sie bitte, dass bei Einsatz der `loop()`-Methode das Abspielen explizit durch `stop()` beendet werden muss. Ansonsten kann es passieren, dass Applet oder Anwendung schon beendet sind, aber die Musik munter weiterspielt!

Interessant ist auch, dass die Java-Laufzeitumgebung das Abspielen einer Sounddatei in einen internen Thread packt! Dadurch ist es der `loop()`-Methode möglich, ein Applet während seiner gesamten Lebensdauer mit Hintergrund-Musik zu unterlegen, ohne den Hauptthread des Applets zu blockieren.

38.4 Parameterübergabe an Applets

Manchmal ist es wünschenswert, einem Applet, das in ein HTML-Dokument eingebettet ist, gewisse Parameter mitzugeben – beispielsweise die Abmaße des Applets im Browser oder irgendwelche zu verarbeitenden Daten.

Hierzu dient das HTML-Tag `<param>`.

Definition der Parameter im HTML-Code

Im HTML-Code fügen Sie für jeden Parameter, den Sie an das Applet übergeben wollen, ein <param>-Tag in den Aufruf des Applets ein.

```
<applet code="EinApplet.class"
        width="400" height="200" >
        <param name="BREITE" value="400">
        <param name="HOEHE" value="200">
</applet>
```

Jeder Parameter besteht aus einem Name/Wert-Paar, das im <param>-Tag durch die Attribute `name` und `value` spezifiziert wird. `name` dient der Identifizierung des Parameters, `value` gibt den Wert an, der für den Parameter an das Applet übergeben wird.

Parameter im Applet abfragen – getParameter()

Der zweite Schritt der Parameterübergabe ist das Auswerten der Parameter im Applet. Der Zugriff auf die vom HTML-Dokument übergebenen Parameter erfolgt in der `init()`-Methode des Applets.

```
String parameter;
int breite, hoehe;

parameter = getParameter("BREITE");
breite = Integer.parseInt(parameter);

parameter = getParameter("HOEHE");
hohe = Integer.parseInt(parameter);
```

Die Applet-Methode, mit der Sie die einzelnen Parameter vom HTML-Dokument abfragen können, heißt `getParameter()`.

Die Methode `getParameter()` erwartet als Argument den Namen des Applet-Parameters, der von der HTML-Seite übergeben wird, und liefert dann den Wert dieses Applets-Parameters als String zurück. Dieser muss gegebenenfalls in einen anderen elementaren Typ umgewandelt werden.

INFO

Falls Sie neben der `init()`-Methode auch den Konstruktor des Applets zu dessen Initialisierung nutzen: Die Methode `getParameter()` kann nicht im Konstruktor verwendet werden, da Methoden von Klassen erst nach Erzeugung der Objekte zur Verfügung stehen.

Beispiel Das folgende, etwas umfangreichere Applet-Beispiel implementiert einen zellulären Automaten[2], den der Anwender über die linke und rechte Maustaste steuern kann:

- Mit der rechten Maustaste kann die Simulation gestoppt und gestartet werden.
- Mit der linken Maustaste kann der Anwender weitere »lebende« Punkte markieren.

2 Was zelluläre Automaten sind und wie sie funktionieren, ist in der HTML-Datei zu dem Applet beschrieben.

Was das Applet für uns im Moment interessant macht, ist der Umstand, dass es mit drei verschiedenen Startmustern initialisiert werden kann. Welches Muster es verwendet, entnimmt es einem Applet-Parameter namens `SEED` (siehe letzten beiden Zeilen der `init()`-Methode).

Listing 38.3: Life.java – Zellulärer Automat

```
import java.awt.*;
import java.awt.event.*;
import javax.swing.JApplet;
import javax.swing.Timer;


public class Life extends JApplet {
   final int INIT    = 0;
   final int ZEILEN     = 50;
   final int SPALTEN    = 50;
   int skalierungX  =  1;
   int skalierungY  =  1;
   java.util.Random generator = new java.util.Random();
   int pause = 1000;
   ActionListener ausfuehrer;
   Timer taktgeber;

   int[][] feld  = new int[ZEILEN][SPALTEN];
   int[][] tmp   = new int[ZEILEN][SPALTEN];


   class MausAdapter extends MouseAdapter {
      int z, s;

      public void mouseClicked(MouseEvent e) {
         if (e.getButton() == MouseEvent.BUTTON1) {
            // Zelle setzen
            s = (int) Math.floor(e.getX()/skalierungX);
            z = (int) Math.floor(e.getY()/skalierungY);

            if( s >= SPALTEN || z >= ZEILEN)
               return;

            switch (feld[z][s]) {
               case 0:   feld[z][s] = 1;
                         break;
               case 1:   feld[z][s] = 0;
                         break;
            }
            repaint();
         }
         else if (e.getButton() == MouseEvent.BUTTON3) {
            // Simulation starten/stoppen
            if (taktgeber.isRunning() == true)
               taktgeber.stop();
            else
               taktgeber.start();
```

38

```
        }
        else if (e.getButton() == MouseEvent.BUTTON2) {
            // Simulation stoppen
            if (taktgeber.isRunning() == true)
               taktgeber.stop();

            for (int z = 0; z < ZEILEN; ++z)
             for (int s = 0; s < SPALTEN; ++s)
                feld[z][s] = 0;
        }
     }
  }


  public void init() {
     getContentPane().setBackground(Color.WHITE);

     skalierungX = (int) Math.floor(getWidth()/SPALTEN);
     skalierungY = (int) Math.floor(getHeight()/ZEILEN);

     for (int z = 0; z < ZEILEN; ++z)
        for (int s = 0; s < SPALTEN; ++s)
            feld[z][s] = 0;

     addMouseListener(new MausAdapter());

     ActionListener ausfuehrer = new ActionListener() {
        public void actionPerformed(ActionEvent evt) {
           transformieren();
           repaint();
        }
     };
     taktgeber = new Timer(pause, ausfuehrer);

     String param = getParameter("SEED");
     int figur;

     if(param == null)
         figur = generator.nextInt(4);
     else
         figur = Integer.parseInt(param);

     initialisieren(figur);

  }

  public void start() {
  }

  public void stop() {
     if (taktgeber.isRunning() == true)
        taktgeber.stop();
  }
```

```
   private void feldZeichnen(int z, int s, Graphics g) {
       switch (feld[z][s]) {
           case 0 :   g.setColor(Color.WHITE);
                      break;
           case 1 :   g.setColor(Color.BLUE);
                      break;
           default :  g.setColor(Color.BLACK);
                      break;
       }
       g.fillRect(s*skalierungX,z*skalierungY,skalierungX,skalierungY);
   }

   public void paint(Graphics g) {
      super.paint(g);

      for (int z = 0; z < ZEILEN; ++z)
           for (int s = 0; s < SPALTEN; ++s) {
               feldZeichnen(z,s,g);
           }
   }

  private void initialisieren(int figur) {
     switch(figur) {
        case 0 :   for(int i = 0; i < 500; ++i)
                      feld[generator.nextInt(50)][generator.nextInt(50)] = 1;
                   break;
        case 1 :   feld[10][40] = 1;
                   feld[10][41] = 1;
                   feld[10][42] = 1;
                   feld[11][40] = 1;
                   feld[11][41] = 1;
                   feld[11][42] = 1;
                   feld[12][40] = 1;
                   feld[12][41] = 1;
                   feld[12][42] = 1;
                   feld[13][41] = 1;
                   feld[14][41] = 1;
                   feld[15][41] = 1;
                   feld[13][39] = 1;
                   feld[13][43] = 1;
                   feld[14][40] = 1;
                   feld[14][42] = 1;
                   feld[16][40] = 1;
                   feld[16][42] = 1;
                   feld[17][39] = 1;
                   feld[17][43] = 1;
                   feld[18][38] = 1;
                   feld[18][39] = 1;
                   feld[18][43] = 1;
                   feld[18][44] = 1;
                   break;
        default:   feld[ 8][10] = 1;
                   feld[ 9][ 9] = 1;
                   feld[ 9][10] = 1;
```

38

```
                    feld[ 9][11] = 1;
                    feld[10][ 8] = 1;
                    feld[10][ 9] = 1;
                    feld[10][11] = 1;
                    feld[10][12] = 1;
                    feld[11][ 9] = 1;
                    feld[11][10] = 1;
                    feld[11][11] = 1;
                    feld[12][10] = 1;
                    break;
        }
    }

    private void transformieren() {
        int nachbarn;
        int n, m;

        for (int z = 0; z < ZEILEN; ++z)
            for (int s = 0; s < SPALTEN; ++s) {
                // Anzahl Nachbarn berechnen
                nachbarn = 0;
                for(n = z-1; n <= z+1; ++n)
                    for(m = s-1; m <= s+1; ++m)
                        if(n < ZEILEN && n >= 0 && m < SPALTEN && m >= 0)
                            if(feld[n][m] == 1 && !(n == z && m == s))
                                ++nachbarn;

                // Status ändern
                switch(nachbarn) {
                    case 0:
                    case 1:    tmp[z][s] = 0;
                               break;
                    case 2:    tmp[z][s] = feld[z][s];
                               break;
                    case 3:    tmp[z][s] = 1;
                               break;
                    case 4:
                    case 5:
                    case 6:
                    case 7:
                    case 8:    tmp[z][s] = 0;
                               break;
                }
            }

        for (int z = 0; z < ZEILEN; ++z)
            for (int s = 0; s < SPALTEN; ++s)
                feld[z][s] = tmp[z][s];
    }
}
```

Das zu dem Applet mitgelieferte HTML-Dokument enthält eine kurze Einführung in die Funktionsweise der zellulären Automaten und eine Bedienungsanleitung. Dazwischen werden drei Instanzen des Applets eingebettet und mit unterschiedlichen Anfangswerten initialisiert:

```
<tr>
  <td width="33%">
     <p align="center">
     <APPLET codebase="." code="Life.class"
                    width="300" height="300">
                    <param name="SEED" value="0">
     </APPLET>
     </p>
  </td>
  <td width="33%">
     <p align="center">
     <APPLET codebase="." code="Life.class"
                    width="300" height="300">
                    <param name="SEED" value="1">
     </APPLET>
     </p>
  <td width="34%">
     <p align="center">
     <APPLET codebase="." code="Life.class"
                    width="300" height="300">
                    <param name="SEED" value="2">
     </APPLET>
     </p>
</tr>
```


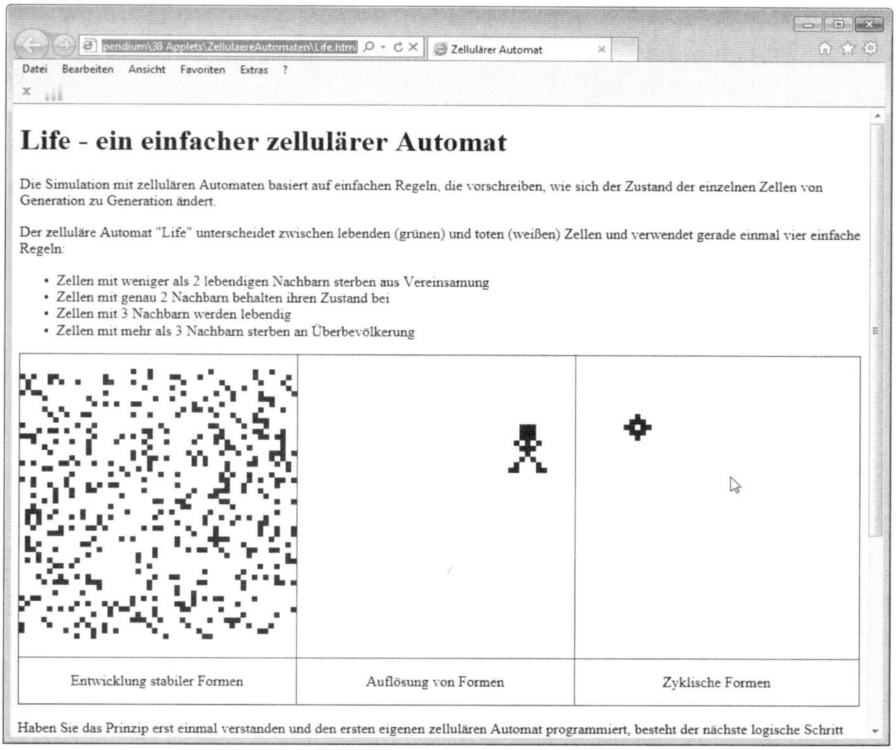

Abbildung 38.5: Das Life-Applet in dreifacher Ausführung

38.5 Applets und JAR-Archive

Komplexere Applets benötigen meistens zusätzliche Dateien, z.B. Bilddateien im GIF-Format oder weitere Class-Dateien von Hilfsklassen. Dies kann die Ladezeit des Applets stark erhöhen, weil die Datenmenge recht groß werden kann und der Browser für jede Komponente eine neue HTTP-Verbindung aufbauen muss, was recht langsam ist.

JAR-Dateien sind Archive

Abhilfe bieten hier die JAR-Archive, die eine oder mehrere andere Dateien in komprimierter Form enthalten.

Um JAR-Archive erzeugen und verwalten zu können, enthält das JDK ein spezielles Programm, das *jar* heißt und ein reines Kommandozeilenprogramm ist. Die wichtigsten Kommandos sind:

```
jar cf archivname datei1 datei2  ...
```

Erzeugt ein JAR-Archiv und fügt die genannten Dateien ein.

```
jar tf archivname
```

Gibt das Inhaltsverzeichnis des angegebenen JAR-Archivs aus.

```
jar xf archivname datei
```

Extrahiert die angegebene Datei aus dem Archiv.

Um also beispielsweise ein Applet *DasApplet.java* zusammen mit den GIF-Dateien *bild1.gif* und *bild2.gif* in ein JAR-Archiv zu packen, müssen Sie zunächst ganz normal das Applet in Bytecode kompilieren und dann die Class-Datei und die GIFs archivieren:

```
jar cf beispiel.jar DApplet.class bild1.gif bild2.gif
```

Der Aufruf des Applets im JAR-Format innerhalb des HTML-Dokuments unterscheidet sich kaum vom Aufruf eines normalen Applets, lediglich ein zusätzliches Attribut zum Bekanntmachen des Archivs muss hinzugefügt werden:

```
<applet code = "DasApplet.class"
        archive = "beispiel.jar"
        width = "400" height = "200">
</applet>
```

38.6 Applets und die Sicherheit

Sie haben wahrscheinlich schon oft darüber gelesen, dass sich in der Computerwelt und insbesondere im Internet viele üble Gesellen herumtreiben wie beispielsweise Makroviren, Bootviren, Trojanische Pferde und etliche weitere Varianten. Vielleicht hatten Sie sogar schon Kontakt mit diesen Kreaturen und mussten deshalb Systemabstürze, formatierte Festplatten oder vielleicht sogar finanzielle Verluste in Kauf nehmen, da jemand mit Ihrem ausgespähten Passwort bei Ihrem Internet-Provider online gewesen ist. Daher sollte man gegenüber Programmen und Dateien, die man von anderen erhält, ein gesundes Maß an Misstrauen an den

Tag legen und diese vor Gebrauch mit einem Virenscanner testen. Sicherlich sind Sie vernünftig und machen das sowieso immer! ;-)

Beim Herunterladen von Applets ist die Lage ähnlich, ja vielleicht sogar noch schlimmer. Wenn Sie einige Stunden im Internet herumgesurft sind und dabei Dutzende von Seiten besucht haben, sind auch unzählige Applets automatisch vom Browser auf Ihren Rechner geladen und ausgeführt worden, d.h., wildfremde Programme sind auf dem Rechner gestartet worden! Und das auch noch ohne vorherige Kontrolle durch einen Virenscanner! Ist das nicht hochgradig leichtsinnig?

Im Prinzip muss die Antwort ja lauten und daher gibt es umfangreiche Sicherheitsmechanismen für Applets.

Beim Laden eines Applets prüft der Browser, ob der Bytecode gewisse Sicherheitsbedingungen erfüllt. Erst wenn hier keine Bedenken vorliegen, wird das Applet gestartet. Dies ist auch der Grund, warum es immer etwas dauert, bis ein Applet auf einer HTML-Seite angezeigt wird (die eigentliche Ladezeit für den Appletcode spielt natürlich auch eine Rolle). Nun ist es aber keineswegs so, dass das Applet jetzt nach Herzenslust tun und lassen kann, was es will. Es unterliegt während der Ausführung strengen Einschränkungen, unter anderem

- darf es keine Dateien auf dem lokalen Dateisystem (also auf Ihrem Rechner) lesen oder beschreiben,
- darf es keine Internet-Verbindungen zu anderen Rechnern aufnehmen, außer zu dem Rechner, von dem es geladen worden ist (sein Server),
- darf es keine Systeminformationen feststellen, z.B. den Benutzernamen oder den Namen des Home-Verzeichnisses,
- wenn das Applet weitere Fenster aufmacht, erhält der Benutzer eine deutlich sichtbare Markierung, dass es sich um ein unsicheres Fenster handelt.

Es gibt noch eine Reihe weiterer Einschränkungen, die hier nicht weiter verfolgt werden sollen, aber Sie merken schon: Ein Applet darf eigentlich nicht viel machen, es ist von der Außenwelt (= Ihrem Rechner) weitgehend abgeschottet. Diesen Ansatz nennt man **Sandbox-Prinzip**.

Manchmal ist es allerdings zweckmäßig, bestimmten Applets doch mehr Rechte zu erlauben. Hierzu gibt es verschiedene Wege: Viele Browser erlauben eine Veränderung der Restriktionen (z.B. die Verwendung von signierten Applets), allerdings werden die Details, auf die an dieser Stelle nicht näher eingegangen werden soll, bei jedem Browser anders gehandhabt.

Eine andere Möglichkeit ist der Einsatz des Programms *policytool* des JDK. Mit diesem Programm können Sie in einer Datei *java.policy* (Unix: *.java.policy*) bestimmten Applets mehr Rechte einräumen. Dies sollten Sie aber ganz bewusst machen und nach Möglichkeit vermeiden. Denken Sie daran: Die Welt kann böse sein! Allerdings haben viele Browser ohnehin Probleme mit diesem Mechanismus und ohne Java-Plug-In klappt es nach unseren Erfahrungen mit der aktuellen Browsergeneration nicht.

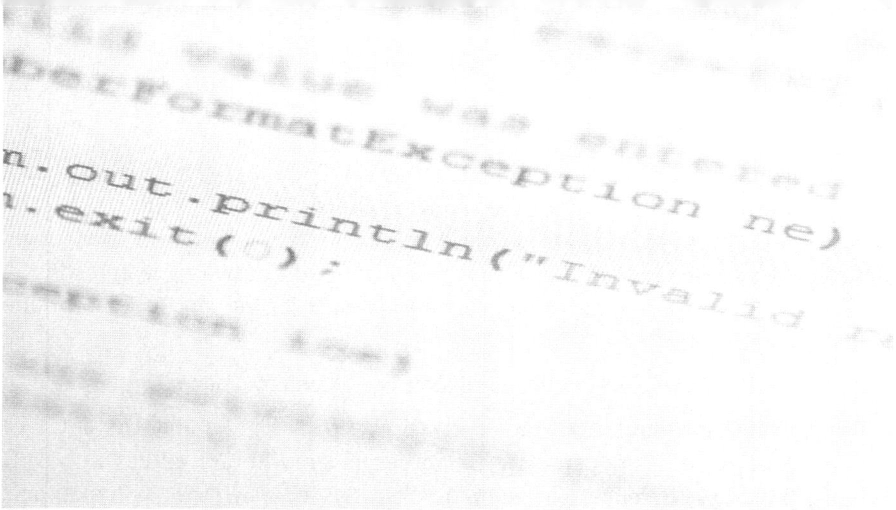

Kapitel 39
JNI, eine Schnittstelle zu C/C++

Wie Sie wissen, werden Java-Programme vom Compiler in einen plattformunabhängigen Zwischencode – den Bytecode – übersetzt, der dann während der Ausführung durch die Java Virtual Machine in den jeweiligen nativen Maschinencode übersetzt und ausgeführt wird. Dies bringt das Wörtchen *nativ* ins Spiel. Damit sind ausführbare Programme gemeint, also letztlich Maschinencode für den jeweiligen Prozessor, z.B. die x86 Intel-Familie.

JNI (Java Native Interface) ermöglicht es einem Entwickler, Java-Programme zu schreiben, die mit solchem nativen Code interagieren können. Die einzige Bedingung für den Einsatz von JNI ist dabei, dass der native Code aus C/C++-Quelltext generiert worden ist. Andere Sprachen wie Cobol oder Fortran werden nicht unterstützt.

Auf den ersten Blick erscheint es eventuell etwas seltsam, ein portables Java-Programm mit nativem Code zu verknüpfen. Schließlich verliert man dadurch die allseits gepriesene Portabilität.

Dieser Einwand ist völlig korrekt und auch das wesentliche Gegenargument zum Einsatz von JNI. Aber leider ist die Wirklichkeit – vor allem in Wirtschaftsunternehmen mit Hunderten von bestehenden IT-Systemen – unbarmherzig und verlangt von neu zu entwickelnden Programmen, dass sie Funktionalitäten von vorhandener Software, die in der Regel sehr viel Geld gekostet hat, nutzen und nicht alles neu entwickelt wird.

Deshalb werden Sie als Java-Programmierer im Unternehmensbereich früher oder später in den sauren Apfel beißen müssen und sich mit dem Problem konfrontiert sehen, aus einem Java-Programm heraus auf bestehenden C/C++-Code zugreifen zu müssen, und dann über JNI sehr dankbar sein! Ein anderer Grund für den Rückgriff auf C/C++-Code könnte schlichtweg Geschwindigkeit sein. Der Wechsel während der Programmausführung von einem Java-Programm in nativen Code kostet zwar einige Zeit, lohnt sich aber, wenn dort aufwändige Berechnungen durchgeführt werden, die in einer Java-Implementierung um Größenordnungen langsamer wären.

JNI bietet einem Entwickler im Wesentlichen zwei Mechanismen an:

- Der Aufruf von C-Funktionen aus einem Java-Programm heraus. Der C/C++-Code muss dabei als dynamische Bibliothek (shared library unter Unix, DLL unter Windows) bereitgestellt werden. Wenn bestehende C/C++-Funktionen genutzt werden sollen, dann müssen entsprechende Wrapper-Funktionen[1] geschrieben werden, die das Bindeglied zwischen Java und C/C++ bilden.
- Der Aufruf von Java-Methoden aus nativen Funktionen heraus, die wiederum aus Java heraus aufgerufen worden sind.

In den folgenden Abschnitten werden diese zwei Möglichkeiten vorgestellt, wobei der Schwerpunkt auf dem Aufruf von C-Funktionen aus Java heraus liegen soll. Es wird dabei vorausgesetzt, dass Sie die Grundlagen von C/C++ beherrschen, sodass Sie sich auf die Java-Aspekte konzentrieren können.

TIPP

Der Aufruf einer nativen Methode aus einem Java-Programm ist ca. 2-3 mal langsamer als ein Aufruf einer Java-Methode. Bevor Sie sich also auf JNI stürzen, sollten Sie immer auch bedenken, ob es nicht andere attraktive Möglichkeiten zur Kommunikation zwischen Java-Code und dem Rest der Welt gibt, z.B. TCP/IP-Sockets oder JDBC/ODBC für den Zugriff auf Datenbanken.

39.1 Aufruf von nativem Code – Einstieg

Das Erstellen einer Java-Anwendung, die auf nativen Code zugreift, erfordert eine Reihe von Schritten, die anhand eines Beispiels verdeutlicht werden sollen.

Schritt 1: Erstellen der gewünschten Java-Klasse inklusive einer Definition der native-Methoden

Schritt 2: Kompilieren der Klasse mit *javac*

Schritt 3: Erzeugen einer C/C++-Headerdatei mit *javah*

Schritt 4: Erstellen des C/C++-Codes

Schritt 5: Generierung einer dynamischen Bibliothek aus dem C/C++-Code

Als Beispiel möge das klassische »Hallo Welt«-Programm dienen. Die Ausgabe »Hallo Welt« soll jedoch nicht durch das Java-Programm selbst erfolgen. Stattdessen wird diese ehrenvolle Pflicht an eine C-Funktion delegiert. Gehen wir nun die notwendigen Schritte durch.

---

1 Das Java-Programm ruft die Wrapper C-Funktion auf, welche wiederum dann auf die eigentlichen Funktionen/Klassen der DLL zugreift.

Schritt 1: Native Methode deklarieren

Listing 39.1: HalloWeltBeispiel.java – Der Java-Code für HalloWelt

```
01 public class HalloWeltBeispiel {
02    public static void main(String[] args) {
03       HalloWelt obj = new HalloWelt();
04       obj.printHallo();
05    }
06 }
07
08 class HalloWelt {
09    // Laden der Bibliothek mit der nativen Implementierung
10    static {
11       System.loadLibrary("HalloWelt");
12    }
13
14    // Definition der nativen Methode
15    public native void printHallo();
16 }
```


Die interessanten Aspekte finden sich in der Klasse `HalloWelt`. Hier müssen Sie die native Methode, die vom Java-Programm aus aufgerufen werden soll, deklarieren (Zeile 15). Dies erfolgt ganz analog zur üblichen Methodendefinition, nur dass das Schlüsselwort `native` vorangestellt wird und anstelle des Methodenrumpfes ein Semikolon gesetzt wird.

Die zugehörige C/C++-Funktion werden Sie später in eine dynamische Bibliothek namens `HalloWelt` packen. In der Java-Klasse `HalloWelt` laden Sie diese Bibliothek mittels eines `loadLibrary()`-Aufrufs (Zeilen 10-12).

Schritt 2: Kompilieren des Java-Programms

Hierbei gibt es nichts Besonderes zu beachten. Einfach den Compiler *javac* aufrufen.

Schritt 3: Erzeugen einer C/C++-Headerdatei

Der nächste Schritt besteht in der Erzeugung einer Headerdatei. Hierfür stellt das JDK das Hilfsprogramm *javah* bereit, das als Parameter den Namen der Klasse erwartet, die eine native-Methode deklariert hat. In unserem Beispiel also:

```
javah -jni HalloWelt
```

Das Ergebnis dieses Aufrufs ist eine Datei *HalloWelt.h* mit folgendem Inhalt:

Listing 39.2: Die von javah erzeugte Headerdatei

```
/* DO NOT EDIT THIS FILE - it is machine generated */
#include <jni.h>
/* Header for class HalloWelt */

#ifndef _Included_HalloWelt
#define _Included_HalloWelt
#ifdef __cplusplus
```

```
extern "C" {
#endif
/*
 * Class:     HalloWelt
 * Method:    printHallo
 * Signature: ()V
 */
JNIEXPORT void JNICALL Java_HalloWelt_printHallo
  (JNIEnv *, jobject);

#ifdef __cplusplus
}
#endif
#endif
```

Man sieht nun, was *javah* für die native Methode `printHallo()` erstellt hat: eine neue Signatur in C-Syntax, wobei der ursprüngliche Name `printHallo()` durch die Voranstellung `Java` und den Namen der Klasse, welche die Methode deklariert hat, ergänzt wurde. Beachten Sie, dass die eigentlich parameterlose Methode hier plötzlich zwei Parameter besitzt, auf die später eingegangen werden soll. Sie werden benötigt, wenn Parameter verarbeitet werden sollen.

Mit dem Wissen der Signatur kann man nun mit der Implementierung beginnen.

Schritt 4: Erstellen des C/C++-Codes

Für die C/C++-Implementierung muss eine besondere Headerdatei *jni.h* inkludiert werden. Sie und weitere plattformabhängige Headerdateien sind in jedem JDK enthalten (z.B. *c:\programme\java\JDK1.7.0\include* und *c:\programme\java\JDK1.7.0\include\win32* für Windows). Kopieren Sie die darin vorhandenen Headerdateien in das Include-Verzeichnis Ihres C/C++-Compilers bzw. passen Sie dessen Standard-Include-Pfade beim Aufruf um diese Verzeichnisse entsprechend an (bei den meisten Compilern die Option *-I*).

Neben *jni.h* muss außerdem noch die Headerdatei, die *javah* erzeugt hat, inkludiert werden; in unserem Beispiel ist dies *HalloWelt.h*. Dann folgt die Definition der Funktion gemäß der oben gezeigten Signatur.

Listing 39.3: Datei HalloWelt.c für printHallo()

```
#include <jni.h>
#include "HalloWelt.h"

#include <stdio.h>

JNIEXPORT void JNICALL Java_HalloWelt_printHallo(
                                JNIEnv *env, jobject myClass) {
   printf("Hallo Welt!\n");
}
```

Schritt 5: Erstellen einer dynamischen Bibliothek

Das Erstellen einer dynamischen Bibliothek aus dem obigen C-Programm ist plattform- und compilerabhängig. Der eigentliche Name der Bibliothek ist unwichtig. In diesem Kapitel trägt sie den gleichen Namen wie die zugrunde liegende C-Datei (also *HalloWelt*), aber auch jeder andere Name ist möglich. Der Name muss allerdings mit dem Namen übereinstimmen, der im Java-Programm für das Laden mit `System.loadLibrary()` verwendet wird.

Unter Windows trägt eine dynamische Bibliothek die Endung *dll*, d.h., hier erzeugt man eine Datei *HalloWelt.dll*. Für den Microsoft Visual C++ Compiler lautet der Kommandozeilenaufruf beispielsweise

```
cl -Ic:\program files\java\JDK1.7.0\include -Ic:\program
files\java\JDK1.7.0\include\win32 -LD HalloWelt.c -FeHalloWelt.dll
```

Falls Sie andere Compiler verwenden, müssen Sie diese Aufrufe entsprechend anpassen. Hinweise zum Aufruf und den anzugebenden Optionen finden Sie in der Dokumentation des Compilers.

INFO

Unter Linux heißt eine dynamische Bibliothek shared library und der Name muss dem Format *libName.so* folgen, d.h., hier erzeugt man eine Datei *libHalloWelt.so*.

39

Schritt 6: Ausführen

Damit sind Sie im Wesentlichen fertig. Es muss noch dafür gesorgt werden, dass die dynamische Bibliothek während der Ausführung von der Java Virtual Machine gefunden werden kann. Für Windows bedeutet dies, dass die entsprechende DLL im lokalen Verzeichnis liegen muss (wo das Java-Programm gestartet wird) oder in einem Verzeichnis, das in der `PATH`-Umgebungsvariablen definiert ist. Auf Unix-Systemen muss die Bibliothek in einem Verzeichnis liegen, das in der Umgebungsvariablen `LD_LIBRARY_PATH` definiert ist.

Eine alternative Möglichkeit ist die Angabe des Bibliothekpfads als Systemeigenschaft für die Java Virtual Machine mittels
–Djava.library.path (z.B. auf den Wert ».« für das aktuelle Verzeichnis).

Sobald die Umgebungsvariablen richtig gesetzt sind, kann das Java-Programm ganz normal gestartet werden und die »Hallo Welt«-Meldung erscheint, z.B.

```
java -Djava.library.path=. HalloWeltBeispiel
```

39.2 Übergabeparameter und Rückgabewerte

Im vorherigen Beispiel wurde der einfachste Fall betrachtet, bei dem keine Parameter übergeben werden und auch kein Rückgabewert zurückgegeben wird.

In der Praxis ist dies natürlich eher selten und Sie werden in diesem Abschnitt die Mechanismen kennenlernen, mit denen man von einem C/C++-Programm aus auf übergebene Parameter zugreifen bzw. Rückgabewerte bereitstellen kann. Hierbei muss man zwei Fälle unterscheiden: primitive Datentypen wie `int`, `float`, `boolean` und Objekte wie `String` oder Felder, z.B. `int[]`.

39.2.1 Primitive Datentypen

Primitive Parameter, die von der Java-Seite aus übergeben werden, erscheinen auf der C-Seite im Funktionskopf als ein entsprechender C-Datentyp, die in *jni.h* per `typedef` definiert worden sind:

Tabelle 39.1: Das Mapping von primitiven Java-Datentypen auf C/C++-Datentypen

Java-Typ	C/C++ Äquivalent	Beschreibung
`boolean`	`jboolean`	8 Bit, unsigned; Werte ungleich 0 gelten als `true`
`byte`	`jbyte`	8 Bit, signed
`char`	`jchar`	16 Bit, unsigned
`short`	`jshort`	16 Bit, signed
`int`	`jint`	32 Bit, signed
	`jsize`	32 Bit, signed
`long`	`jlong`	64 Bit, signed
`float`	`jfloat`	32 Bit, signed
`double`	`jdouble`	64 Bit, signed

Die Java-Typen erscheinen in der C/C++-Welt also einfach mit einem vorangesetzten j. Dabei ist zu beachten, dass z.B. ein `int` in C je nach Plattform 16 oder 32 Bit repräsentieren kann. Das JNI-Mapping garantiert jedoch den obigen Wert, d.h., ein `jint` hat immer 32 Bit, unabhängig von der Plattform.

Der Zugriff auf primitive Parameter gestaltet sich dank des obigen Mappings, das von JNI durchgeführt wird, ganz einfach. Eine in Java deklarierte native Methode einer Klasse `Demo`

```
public native boolean printHallo(int a, float b, boolean c);
```

könnte dann im C-Code folgendermaßen erstellt werden:

```
JNIEXPORT void JNICALL Java_Demo_printHallo(
        JNIEnv *env, jobject myClass, jint a, jfloat b, jchar c) {
   jboolean status;
   int meinA = a;  /* Beispiel für Zuweisung */

   printf("Hallo Welt!\n");
   printf("Wert von a=%d\n",a);
   printf("Wert von b=%f\n",b);
   printf("Wert von c=%c\n",c);

   status = 1;   // 1 = TRUE,  0 = FALSE
   return status;
}
```

Wie Sie sehen können, muss das C-Programm nichts weiter beachten und kann die übergebenen Parameter ganz normal für Ausgaben oder Zuweisungen einsetzen. Bei letzterem kann es u.U. sein, dass der Compiler gemäß den Regeln der Sprache C/C++ nach einem expliziten Cast verlangt, je nachdem, auf welcher Plattform man kompiliert, und somit das obige Mapping intern anders abgebildet wird. Auch das Anlegen von Rückgabewerten verläuft wie in einem normalen C/C++-Programm. Es muss lediglich eine Variable vom Typ `jboolean`, `jint` usw. angelegt werden und mit `return` an das aufrufende Java-Programm zurückgegeben werden.

39.2.2 Referenzen auf Objekte

Während der Zugriff auf Parameter mit primitivem Datentyp unkompliziert ist, muss man beim Einsatz von Objekten einige wichtige Details beachten, damit das Programm nicht abstürzt oder Memory Leaks verursacht. Hierzu muss nun ein Blick hinter die Kulissen von JNI geworfen werden, damit die Zusammenhänge klarer werden.

Wie Sie bereits gesehen haben, hat jede native C/C++-Funktion standardmäßig zwei Parameter:

- Einen Zeiger `env` vom Typ `JNIEnv`
- Einen Parameter `myClass` vom Typ `jobject`

Der Zeiger `env` verweist auf eine interne Datenstruktur der Java Virtual Machine und repräsentiert das Bindeglied zwischen der Java- und der C/C++-Welt. `env` dient unter anderem dazu, auf spezielle Hilfsfunktionen von JNI zuzugreifen.

INFO

Der Einsatz der in diesem und den nachfolgenden Abschnitten vorgestellten JNI-Funktionen sind für den Einsatz von C ausgelegt. Für C++ gibt es im Wesentlichen die folgenden Besonderheiten:

- **Der `JNIEnv`-Parameter `env` ist nicht notwendig.**
- **Der Zugriff auf die Funktion erfolgt direkt über den `JNIEnv`-Zeiger, z.B.**

```
// C-Aufruf
(*env)->dieFunktion(env, ...);

// C++-Aufruf
env->dieFunktion(...);
```

- **Außerdem muss bei C++ für die erstellte native Funktion die C-Linkage angegeben werden – durch Einfassung in einen `extern "C" { }`-Block:**

```
extern "C" {
  JNIEXPORT void JNICALL Java_HalloWelt2_printHallo(
          JNIEnv *env, jobject myClass,
          jint a, jfloat b, jchar c) {
    jboolean status;
    ...
  }
}
```

Der `myClass`-Parameter kann als eine Art `this`-Zeiger interpretiert werden. Er ist vom Typ `jobject`, der wiederum über ein `typedef` in *jni.h* definiert ist als ein Zeiger auf eine Struktur (im Falle von C) bzw. eine Klasse (im Falle von C++) namens `_jobject`. Der Parameter `myClass` zeigt für C-Funktionen auf die Klasse, welche die native Funktion aufgerufen hat, und für native statische Klassenmethoden auf die Klasse, zu der die aufgerufene Methode gehört.

Wenn einer nativen Funktion beim Aufruf in Java Objekte, d.h. Referenzparameter, übergeben werden, dann erscheinen diese Parameter im nativen Funktionskopf als Parameter mit speziellen Datentypen. Ähnlich wie bei den primitiven Datentypen stellt JNI ein Mapping bereit, um Referenztypen aus der Java-Welt auf geeignete C/C++-Typen abzubilden:

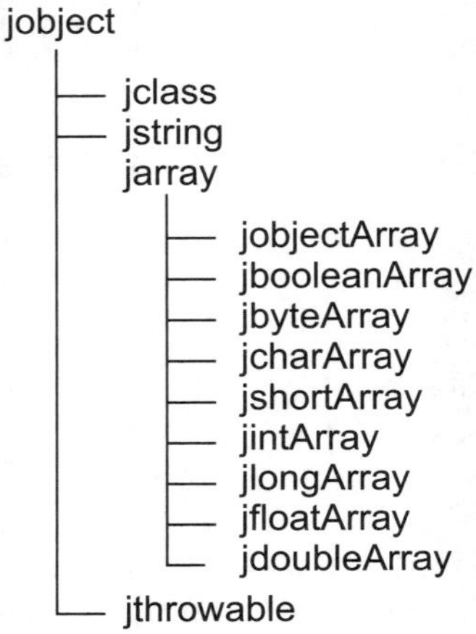

Abbildung 39.1: Das Mapping von Java-Referenztypen auf C/C++-Typen

Jedes Java-Objekt ist in der C/C++-Welt vom generellen Typ `jobject` und dann je nach Art gegebenenfalls von einem speziellen Untertyp. Instanzen von selbst erstellten Klassen sind dabei immer vom Typ `jobject`.

Damit sind Sie für den Umgang mit Objekten gerüstet.

Zeichenketten

Einer der wichtigsten Referenztypen sind Zeichenketten (Strings). Ein Methodenparameter auf der Javaseite vom Typ `String` findet sich in der Signatur der aufgerufenen nativen C/C++-Funktion als Parameter vom Typ `jstring` wieder. Strings werden dabei gemäß der C-Konvention als nullterminierte (`'\0'`) Zeichenketten repräsentiert. Ein kleines Problem ergibt sich jedoch aus dem Umstand, dass Java standardmäßig Zeichen im Unicode-Zeichensatz ablegt, während die C/C++-Welt normalerweise mit 7-Bit-ASCII arbeitet. Außerdem besteht hinsichtlich der Speicherhandhabung eine Schwierigkeit: Ein übergebener String-Parameter vom Typ `jstring` ist eine Referenz auf ein Stringobjekt in der Java Virtual Machine und kann somit nicht direkt im C/C++-Code eingesetzt werden.

Zur Lösung dieser Probleme bietet JNI eine Reihe von Funktionen an, die beim Umgang mit Strings aus der Java-Welt behilflich sind. Die wichtigsten für den Umgang mit dem UTF-8 Format sind in Tabelle 39.2 aufgeführt[2].

Tabelle 39.2: Wichtige JNI-Stringfunktionen

Funktion	Beschreibung

`char *GetStringUTFChars(JNIEnv *env,`
`jstring text,`
`NULL);`
	Erzeugt aus `text` eine nullterminierte Zeichenkette im UTF-8-Format und liefert einen Zeiger darauf zurück.

`void ReleaseStringUTFChars(JNIEnv *env,`
`jstring text,`
`jbyte c_msg);`
	Gibt den Speicherbereich wieder frei, der durch `GetStringUTFChars()` angelegt worden war.

`void GetStringUTFRegion(jstring text,`
`jsize start,`
`jsize num,`
`char *puffer);`
	Kopiert aus `text` ab Position `start` `num` Unicode-Zeichen in `puffer` im UTF-8-Format.

`jsize GetStringUTFLength(JNIEnv *env,` `jstring text);`	Liefert die Anzahl an Bytes bei UTF-8-Darstellung des Strings `text` (ohne `'\0'` Zeichen).
`jstring NewStringUTF(JNIEnv *env,` `const char *text);`	Kreiert aus der Zeichenkette `text` im UTF-8-Format einen neuen `jstring`.

Bevor auf einen Java-String mit den üblichen C-Funktionen zugegriffen werden kann, muss er als nullterminierte Zeichenkette in 7-Bit-ASCII vorliegen. Hierfür kann man `GetStringUTFChars()` verwenden. Wenn der Java-String nur Zeichen aus dem 7-Bit-ASCII Bereich enthält (also z.B. nur Buchstaben und Zahlen), dann ist die von `GetStringUTFChars()` generierte UTF-8-Repräsentation automatisch auch 7-Bit-ASCII kompatibel und man kann den String z.B. mit `printf()` ausgeben.

Wichtig beim Einsatz von `GetStringUTFChars()` ist der Aufruf der besonderen Funktion `ReleaseStringUTFChars()`, wenn die angelegte Kopie nicht mehr benötigt wird. Dadurch wird der allokierte Speicher wieder freigegeben, sodass kein Speicherloch (Memory Leak) entsteht.

```
JNIEXPORT void JNICALL Java_Demo_printHallo(
            JNIEnv *env, jobject myClass, jstring j_text) {
   const char *c_text;
   c_text = (*env)->GetStringUTFChars(env, j_text, NULL);

   if(c_text == NULL)
      return;

   printf("Nachricht: %s\n",c_text);

   (*env)->ReleaseStringUTFChars(env,j_text, c_text);
}
```

2 Darüber hinaus gibt es noch eine Reihe von Funktionen für den Umgang mit Unicode. Die Funktionen heißen genauso, aber ohne den Zusatz `UTF`.

Beachten Sie die Abfrage in Zeile 6, ob der C-String erfolgreich angelegt werden konnte. Falls dies fehlgeschlagen ist (Rückgabewert `NULL`), wird eine schwebende Exception ausgelöst, die im laufenden C/C++-Programm zwar keine Auswirkung hat, aber bei der Rückkehr in das aufrufende Java-Programm ihre Wirkung entfaltet und dort bei Bedarf abgefangen werden sollte. Im C-Programm sollte daher in der Regel sofort der Rücksprung nach Java erfolgen, wenn `GetStringUTFChars()` nicht erfolgreich war.

INFO

Bei den meisten JNI-Funktionen, die einen Zeiger zurückliefern, zeigt ein Rückgabewert von NULL an, dass eine schwebende Exception in der Java Virtual Machine ausgelöst worden ist. In diesem Fall sollte der C-Code sofort ins Java-Programm zurückspringen, da alle weiteren JNI-Funktionsaufrufe sowieso fehlschlagen würden.

Arrays

Ein Array als Methodenparameter auf der Javaseite wird in der Signatur der aufgerufenen nativen C/C++-Funktion als Parameter vom Basistyp `jarray` abgebildet. Je nachdem, um welche Art von Array es sich handelt, kommen verschiedene Untertypen zur Auswahl:

- Ein Array von primitiven Datentypen wie `boolean`, `byte`, `int` usw. wird zu einem Parameter vom Typ `jbooleanArray`, `jbyteArray`, `jintArray` usw.
- Ein Array von Objekten wird zu einem Parameter vom Typ `jobjectArray`.
- Ein mehrdimensionales Array wird zu einem Parameter vom Typ `jobjectArray`.

Ähnlich wie bei Strings, die man wegen ihrer Repräsentation als `jstring` nicht unmittelbar bearbeiten kann, ist es auch bei den Array-Typen notwendig, mittels JNI-Hilfsfunktionen auf die Daten zugreifen. Für Arrays mit primitiven Datentypen sind dies die in Tabelle 39.3 genannten[3].

Tabelle 39.3: JNI-Funktionen zum Zugriff auf primitive Arrays

Funktion	Beschreibung
`jsize GetArrayLength(JNIEnv *env, jarray feld);`	Liefert die Anzahl an Elementen im Array.
`jXxx *GetXxxArrayRegion(JNIEnv *env, jXxxArray feld, int start, int num, jXxx *puffer);`	Kopiert `num` Einträge des Arrays `feld` vom primitiven Datentyp `xxx` (`int`, `float` usw.) beginnend bei Index `start` in einen bereitgestellten `puffer`.
`void SetXxxArrayRegion(JNIEnv *env, jXxxArray feld, int start, int num, jXxx *puffer);`	Kopiert `num` Einträge aus einem bereitgestellten `puffer` ab Index `start` in das Array `feld`.

3 Es gibt darüber hinaus noch einige weitere Spezialfunktionen, die hier nicht behandelt werden.

Tabelle 39.3: JNI-Funktionen zum Zugriff auf primitive Arrays (Forts.)

Funktion	Beschreibung
`jXxx *GetXxxArrayElements(JNIEnv *env, jXxxArray feld, NULL);`	Liefert einen Pointer auf einen neu allokierten Speicherblock, wo der Inhalt des Arrays vom primitiven Datentyp `Xxx` kopiert worden ist.
`void ReleaseXxxArrayElements( JNIEnv *env, jXxxArray feld, jXxx *kopie, 0);`	Deallokiert den Speicherbereich, der durch `GetXxxArrayElements()` angelegt wurde.
`jXxxArray NewXxxArray(JNIEnv *env, jsize num);`	Erzeugt ein neues Array vom primitiven Typ `xxx` mit `num` Einträgen.

Eine in Java definierte native Methode `public native void print(int[] zahlen)` zur Ausgabe eines Integer-Arrays könnte folgendermaßen in C realisiert werden:

Listing 39.4: ArrayParam.c – Beispiel für Zugriff auf primitive Arrays

```
#include <jni.h>
#include "ArrayParam.h"

JNIEXPORT void JNICALL Java_ArrayParam_print(JNIEnv *env,
                                             jobject myClass,
                                             jintArray zahlen) {
   jsize anzahl;
   jint *puffer;
   int i;


   anzahl = (*env)->GetArrayLength(env,zahlen);
   printf("Anzahl der Zahlen: %d\n", anzahl);

   // Variante A: eigenen Puffer bereitstellen
   puffer = (jint *) malloc(anzahl * sizeof(jint));

   for(i = 0; i < anzahl; i++)
      puffer[i] = 0;

   if(puffer != NULL) {
      // Elemente umkopieren
      (*env)->GetIntArrayRegion(env, zahlen, 0, anzahl, puffer);
   }

   for(i = 0; i < anzahl; i++)
       printf("%d  ", puffer[i]);

   printf("\n\n");

   // Speicher freigeben
   free(puffer);

   // Variante B: durch JNI auch Puffer bereitstellen lassen
```

```
35    puffer = (*env)->GetIntArrayElements(env, zahlen,  NULL);
36
37    for(i = 0; i < anzahl; i++)
38        printf("%d  ", puffer[i]);
39
40    printf("\n\n");
41
42    // Speicher freigeben
43    (*env)->ReleaseIntArrayElements(env,zahlen, puffer, 0);
44 }
```

Zunächst wird in Zeile 12 mithilfe von `GetArrayLength()` die Anzahl an Elementen im Array ermittelt. Das Listing zeigt dann zwei Alternativen für die Ausgabe. In Variante A (Zeilen 15-32) legen Sie selbst einen Puffer an und verwenden die Methode `GetIntArrayRegion()`, um die Zahlen in den Puffer zu kopieren. In Alternative B (Zeile 34-43) überlassen Sie auch das Speicherallokieren JNI durch Einsatz von `GetIntArrayElements()`. Beachten Sie den Aufruf von `ReleaseIntArrayElements()`, den man nicht vergessen sollte, damit die erstellte Kopie wieder freigegeben wird.

Wie Sie sehen können, ist der Einsatz von `GetIntArrayElements()` eigentlich einfacher, da man sich um das Speicherallokieren nicht selbst kümmern muss. Allerdings hat man dafür den Nachteil, dass immer das gesamte übergebene Array kopiert wird. Falls beispielsweise sehr große Arrays übergeben werden, aber nur bestimmte Bereiche daraus benötigt werden, ist der Weg über `GetIntArrayRegion()` vorzuziehen, da man hier die Kontrolle darüber hat, welcher Bereich kopiert werden soll.

Bei übergebenen Arrays vom Typ `jobjectArray`, also bei Übergabe im Java-Code von mehrdimensionalen Arrays oder Arrays von Objekten, muss man etwas anders verfahren. Hierfür gibt es weitere JNI-Hilfsfunktionen, die in Tabelle 39.4 angegeben sind.

Tabelle 39.4: JNI-Funktionen zum Zugriff auf Objekt-Arrays

Funktion	Beschreibung
`jobject` **`GetObjectArrayElement`**`(JNIEnv *env, jobjectArray feld, jsize index);`	Liefert das Objekt aus dem Array `feld` an Position `index`.
`void` **`SetObjectArrayElement`**`(JNIEnv *env, jobjectArray feld, jsize index, jobject obj);`	Setzt im Array `feld` an Position `index` den Wert auf `obj`.
`jXxxArray` **`NewXxxArray`**`(JNIEnv *env, jsize num);`	Erzeugt ein neues Array vom primitiven Typ `xxx` mit `num` Einträgen.

Tabelle 39.4: JNI-Funktionen zum Zugriff auf Objekt-Arrays (Forts.)

Funktion	Beschreibung

`jobjectArray NewObjectArray(JNIEnv *env,`
`jsize num,`
`jclass klasse,`
`NULL);`
	Erzeugt ein neues Objekt-Array vom Typ `klasse` mit `num` Einträgen.

`jclass FindClass(JNIEnv *env,` `char *name);`	Liefert eine Referenz auf ein Objekt der Klasse `name`.

Wie Sie sehen können, gibt es im Gegensatz zu primitiven Arrays bei den Objektarrays keine Kopierfunktionen, sondern es ist lediglich möglich, einzelne Einträge zu lesen oder zu setzen. Dafür kann man aber ganze Arrays neu erstellen, z.B. mit `NewObjectArray()` für Objektarrays oder `NewXxxArray() für primitive Arrays.`

Für das Anlegen von Objektarrays mittels `NewObjectArray()` muss man eine Referenz auf den anzulegenden Klassentyp besitzen. Hierzu dient `FindClass()`, der man einen String mit dem gewünschten JNI Array-Klassendeskriptor übergibt. Ein solcher Deskriptor hat eine recht kryptische Form: ein `[` gefolgt von einem Großbuchstaben für den primitiven Datentyp: `[D` ist ein double-Array, `[F = float`-Array, `[I = int`-Array, `[Z = boolean`-Array, `[B = byte`-Array, `[C = char`-Array.

Die in Tabelle 39.4 aufgeführten Funktionen zum Zugriff auf Objektarrays sehen recht harmlos aus, aber der Einsatz in der Praxis kann dann doch recht verzwickt sein und soll daher anhand einer konkreten Anwendung demonstriert werden.

Beispiel

Es soll eine native Funktion erstellt werden, die ein zweidimensionales `float`-Array und einen Faktor erhält, alle Elemente des Arrays mit dem Faktor multipliziert und als neues Array zurückgibt.

Die Java-Signatur könnte folgendermaßen aussehen:

```
public native float[][] multipliziere(float faktor,float[][] feld);
```

Die Implementierung als C-Funktion muss mit dem Problem zurecht kommen, dass ein zweidimensionales Array sowohl in Java als auch in C/C++ ein Array von Arrays ist.

Listing 39.5: MultiArray.c – Beispiel für Zugriff auf primitive Arrays

```
#include <jni.h>
#include "MultiArray.h"
#include <stdio.h>
#include <stdlib.h>

JNIEXPORT jobjectArray JNICALL Java_MultiArray_multipliziere (
                       JNIEnv *env, jobject myClass, jfloat faktor,
                       jobjectArray zahlen) {
   jsize i_dim, j_dim;
   jsize i, j;
   jobject tmp;
   jobjectArray ergebnis;
```

```
jfloatArray subArrayErgebnis;
jfloatArray subArrayQuelle;
jclass klasse;
float wert;
jfloat *werteQuelle;
jfloat *werteErgebnis;

// erst die Dimensionen bestimmen
i_dim = (*env)->GetArrayLength(env,zahlen);
tmp   = (jarray)(*env)->GetObjectArrayElement(env, zahlen, 0);
j_dim = (*env)->GetArrayLength(env,tmp);

// Hilfspuffer anlegen
werteQuelle = (jfloat *) malloc(j_dim + sizeof(jfloat));
werteErgebnis = (jfloat *) malloc(j_dim + sizeof(jfloat));

// das Ergebnisfeld anlegen und mit Werten belegen
// Zunächst die i-Dimension anlegen
klasse = (*env)->FindClass(env,"[F");
ergebnis = (*env)->NewObjectArray(env, i_dim, klasse, NULL);

if(ergebnis == NULL)
   return NULL;

for(i = 0; i < i_dim; i++) {

   // das Unterfeld (j-Dimension) erst anlegen...
   subArrayErgebnis = (*env)->NewFloatArray(env,j_dim);

   if(subArrayErgebnis== NULL)
      return NULL;

   // und dann zuweisen
   (*env)->SetObjectArrayElement(env, ergebnis, i,
                                          subArrayErgebnis);

  // das aktuelle Unterarray der Quelldaten nehmen
  subArrayQuelle =
      (jfloatArray) (*env)->GetObjectArrayElement(env, zahlen, i);

  // zum Zugriff brauchen wir einen Hilfspuffer
  (*env)->GetFloatArrayRegion(env, subArrayQuelle,0, j_dim,
                                                werteQuelle);

  for(j = 0; j < j_dim; j++) {

     // den Ergebniswert berechnen
     werteErgebnis[j] = faktor * werteQuelle[j];
  }

  // das Ergebnisarray zuweisen
  (*env)->SetFloatArrayRegion(env, subArrayErgebnis, 0, j_dim,
                                              werteErgebnis);
}
```

```
61
62     return ergebnis;
63 }
```

Das übergebene zweidimensionale Array ist genau genommen ein Objektarray, bei dem jeder Eintrag ein Array vom Typ `float` ist. Gemäß dieser Erkenntnis wird in den Zeilen 19-21 die Größe des Arrays ermittelt. Für die erste Dimension erfolgt dies für das übergebene Array `zahlen` mittels `GetArrayLength()`. Für die zweite Dimension muss auf eines der Unterarrays zugegriffen und dessen Länge ermittelt werden. In Zeile 20 wird deshalb ein beliebiges Unterfeld (hier bei Index 0) gewählt und seine Länge mit `GetArrayLength()` bestimmt. In den Zeilen 29 und 30 wird nun das Ergebnisarray vorbereitet, indem die erste Dimension mithilfe von `NewObjectArray()` angelegt wird. Beachten Sie, wie `FindClass()` mit einem Deskriptor `[F` für `float`-Arrays eingesetzt wird, da jeder Eintrag in `ergebnis` ein Unterarray vom Typ `jfloat` sein soll.

Die eigentliche Arbeit erfolgt in der `for`-Schleife ab Zeile 35. Die erste Dimension des übergebenen Arrays `zahlen` wird durchlaufen und für jedes Unterarray ein entsprechendes Unterarray im Ergebnisarray `ergebnis` angelegt (Zeilen 38-44). Das eigentliche Rechnen inklusive Zugriff auf die übergebenen Daten erfolgt mit den Hilfsarrays `werteQuelle[]` und `werteErgebnis[]` (beide vom Typ `jfloat`). In Zeile 47 wird mit `GetObjectArrayElement()` das jeweilige Unterarray ermittelt und mit der Funktion `GetFloatArrayRegion()` der komplette Inhalt in das Hilfsarray `werteQuelle[]` kopiert. Nach Durchführung der eigentlichen Berechnung geht das Spiel nun anders herum: Der Inhalt des Hilfsarrays `werteErgebnis[]` wird in das `jfloat`-Array mithilfe der Funktion `SetFloatArrayRegion()` (Zeile 59) kopiert.

39.3 Zugriff auf Java-Methoden

In den vorangegangenen Abschnitten wurde ein geradliniger Einsatz von JNI angenommen: das Java-Programm ruft eine native Methode auf, übergibt notwendige Daten als Parameter und erhält gegebenenfalls ein Ergebnis als Rückgabewert zurück. Es könnte aber auch Situationen geben, wo man aus der nativen Funktion heraus Java-Methoden aufrufen will.

Auch hierfür bietet das JNI eine entsprechende Unterstützung. Man kann sowohl Java-Methoden aufrufen als auch Klassen- und Instanzvariablen lesen oder setzen. Drei wesentliche Zutaten werden dabei benötigt:

- eine Referenz auf die aufrufende Instanz

  Diese Referenz wird standardmäßig von der JVM an die aufgerufene native Funktion übergeben (als Parameter vom Typ `jobject`) und ist eine Art `this`-Zeiger.
- eine Referenz vom Typ `jclass` zur Beschreibung, um welche Art von Klasse es sich handelt
- eine Field-ID (für Variablen) bzw. eine Method-ID (bei Methoden) zur Identifikation der gewünschten Variablen/Methode

Die typische Vorgehensweise sieht dann folgendermaßen aus:

Mithilfe der Funktion GetObjectClass() besorgt man sich vom übergebenen this-Zeiger eine Referenz, um zu wissen, welche Art von Klasse vorliegt:

```
// jobject meinObj als Parameter der C-Funktion
jclass klasse;
klasse = (*env)->GetObjectClass(env, meinObj);
```

Dann wird die ID der gewünschten Variablen oder Methode mithilfe besonderer Field-Funktionen ermittelt (Tabelle 39.5).

Tabelle 39.5: JNI-Funktionen zur Ermittlung von Variablen-/Methoden-IDs

Funktion	Beschreibung
jfieldID **GetFieldID**(JNIEnv *env, jclass klasse, const char *name, const char *des);	Liefert die ID der Instanzvariablen name in der Klasse klasse mit dem Typ des.
jfieldID **GetStaticFieldID**(JNIEnv *env, jclass klasse, const char *name, const char *des);	Liefert die ID der Klassenvariablen name in der Klasse klasse mit dem Typ des.
jfieldID **GetMethodID**(JNIEnv *env, jclass klasse, const char *name, const char *des);	Liefert die ID der Methode name in der Klasse klasse mit der Signatur des.
jfieldID **GetStaticMethodID**(JNIEnv *env, jclass klasse, const char *name, const char *des);	Liefert die ID der statischen Methode name in der Klasse klasse mit der Signatur des.

Die verschiedenen GetFieldID()-Funktionen erwarten dabei neben dem Namen der Variablen oder Methode und einer Klassenreferenz vom Typ jclass noch einen besonderen Deskriptor-String, der für primitive Datentypen, wie schon in Abschnitt »Arrays« beschrieben, den Datentyp angibt, z.B. "I" für eine int-Variable, "F" für eine float-Variable usw. Bei Referenzvariablen ist die Syntax etwas komplizierter und beginnt mit einem L, gefolgt von dem vollen Namen der Klasse (also mit Paket) und einem Semikolon, wobei die üblichen Punkte im Klassennamen wie z.B. java.lang.String durch / ersetzt sind. Für Methoden gibt es das Kürzel () sowie weitere Zeichen für Parameter und Rückgabewerte, z.B. "()V" für eine void-Methode ohne Parameter.

An dieser Stelle wird auf eine genaue Angabe der Regeln verzichtet, da man hierbei sehr leicht Fehler machen kann. Glücklicherweise gibt es eine Alternative: das im JDK enthaltene Programm *javap* kann die gewünschte Information liefern, indem man ihm die jeweilige Class-Datei folgendermaßen übergibt:

```
javap -s -p meineKlasse
```

Der letzte Schritt besteht dann im Zugriff auf die Variable oder Methode mithilfe der ermittelten ID und einer der in Tabelle 39.6 aufgeführten Funktionen.

Tabelle 39.6: JNI-Funktionen zum Zugriff auf Java-Variablen und -Methoden

Funktion	Beschreibung
`jXxx GetXxxField(JNIEnv *env, jobject obj, jfieldID id);`	Liefert den Wert der Instanzvariablen vom primitiven Typ `xxx` mit der angegebenen `id`.
`jobject GetObjectField(JNIEnv *, jobject obj, jfieldID id);`	Liefert eine Referenz einer Instanzvariablen mit der angegebenen `id`.
`void SetXxxField(JNIEnv *env, jobject obj, jfieldID id, jXxx wert);`	Setzt die primitive Instanzvariable vom Typ `xxx` auf `wert`.
`void SetObjectField(JNIEnv *env, jobject obj, jfieldID id, jobject wert);`	Setzt die Instanzvariable mit ID `id` auf eine Referenz `wert`.
`GetStatic...Field();` `SetStatic...Field();`	Analoge Funktionen wie oben für den Zugriff auf Klassenvariablen. Unterschied: Parameter `obj` ist vom Typ `jclass`.
`void CallVoidMethod(JNIEnv *env, jobject obj, jmethodID id,...);`	Ruft die Instanzmethode der ID `id`. Rückgabewert `void`.
`jXxx CallXxxMethod(JNIEnv *env, jobject obj, jmethodID id, ...);`	Ruft die Instanzmethode der ID `id`. Rückgabewert `jXxx`.
`jobject CallObjectMethod(JNIEnv* env, jobject obj, jmethodID id, ...);`	Ruft die Instanzmethode der ID `id`. Rückgabewert `jobject`.
`CallStatic...Method();`	Analoge Funktionen zum Aufruf von `static`-Methoden. Unterschied: Parameter `obj` ist vom Typ `jclass` statt `jobject`.

Die Funktionen erhalten dabei immer eine Referenz vom Typ `jobject` auf die aufrufende Instanz oder bei Zugriff auf statische Variablen/Methoden die Referenz vom Typ `jclass` auf die entsprechende Klasse.

Die folgende Java-Klasse hat Instanz- und Klassenvariablen sowie eine Java-Methode und eine native Methode zur Ausgabe dieser Variablen:

Listing 39.6: JavaMethodBeispiel.java – Aufruf von Java-Methoden aus einer nativen Methode heraus

```
public class JavaMethodBeispiel {
   static {
      System.loadLibrary("JavaMethod");
   }
```

```
    // Klassenvariable
    static String verlag = "Pearson";

    // Instanzvariablen
    int    jahr;
    String name;

    // Methoden
    void printNameJahr() {
       System.out.println(" Java-Methode: Name = "  + name);
       System.out.println("              Jahr = "  + jahr);
    }

    // Hauptmethode
    public static void main(String[] args) {
       JavaMethodBeispiel obj = new JavaMethodBeispiel();
       obj.jahr = 2003;
       obj.name = "Java Kompendium";

       obj.printVariablen();
    }

    // Definition der nativen Methode
    public native void printVariablen();
}
```

In der nativen C-Funktion `printVariablen()` wird nun Folgendes verwirklicht: Zuerst wird auf die Instanz- und Klassenvariablen der aufrufenden Java-Klasse zugegriffen und die Werte ausgegeben. Dann werden die Variablen auf neue Werte gesetzt und anschließend von C aus die Java-Methode `printNameJahr()` zur Kontrolle aufgerufen, ob die neuen Werte gesetzt sind.

Listing 39.7: JavaMethod.c – Zugriff auf Java-Methoden und Java-Variablen von C aus

```
#include <jni.h>
#include "JavaMethodBeispiel.h"
#include <stdio.h>
#include <stdlib.h>

JNIEXPORT void JNICALL Java_JavaMethodBeispiel_printVariablen (
                                      JNIEnv *env, jobject meinObj) {
   jfieldID nameID, jahrID, verlagID;
   jmethodID methodID;
   jclass klasse;
   jstring j_name, j_verlag;
   jint jahr;
   const char *name;
   const char *verlag;

   klasse = (*env)->GetObjectClass(env, meinObj);

   // Field-IDs ermitteln
   nameID = (*env)->GetFieldID(env, klasse, "name",
                                         "Ljava/lang/String;");
```

```
19     jahrID = (*env)->GetFieldID(env, klasse, "jahr", "I");
20     verlagID = (*env)->GetStaticFieldID(env, klasse,
                                  "verlag","Ljava/lang/String;");
21
22     if(nameID != NULL && jahrID != NULL && verlagID != NULL) {
23        // Zugriff auf String-Variable ( = Objekt)
24        j_name = (jstring)(*env)->GetObjectField(env, meinObj,nameID);
25        name = (*env)->GetStringUTFChars(env, j_name,NULL);
26
27        // Zugriff auf int-Variable
28        jahr = (*env)->GetIntField(env, meinObj, jahrID);
29
30        // Zugriff auf static-String Variable
31        j_verlag = (jstring) (*env) >GetStaticObjectField(env, Klasse,
                                                 verlagID);
32           verlag   = (*env)->GetStringUTFChars(env, j_verlag, NULL);
33
34        if(name != NULL && verlag != NULL) {
35           printf("C-Funktion  : Name   = %s\n",name);
36           printf("              Jahr   = %d\n", jahr);
37           printf("              Verlag = %s\n", verlag);
38        }
39
40        // Speicher freigeben
41        (*env)->ReleaseStringUTFChars(env,j_name,name);
42        (*env)->ReleaseStringUTFChars(env,j_verlag,verlag);
43
44        // neue Werte zuweisen
45        (*env)->SetIntField(env, meinObj, jahrID, 2005);
46        j_name = (*env)->NewStringUTF(env,"Java Profi");
47
48        if(j_name != NULL) {
49           (*env)->SetObjectField(env, meinObj, nameID, j_name);
50        }
51     }
52
53     // eine Java-Instanz-Methode aufrufen
54     methodID = (*env)->GetMethodID(env, klasse, "printNameJahr",
                                                          "()V");
55
56     if(methodID != NULL) {
57        (*env)->CallVoidMethod(env, meinObj, methodID);
58     }
59 }
```

Der Zugriff auf Variablen und Methode beginnt in Zeile 15 mit der Ermittlung der Klassenreferenz auf die aufrufende Klasse. Hierfür verwendet man `GetObjectClass()` und übergibt dabei dieser Funktion die Objektreferenz, welche die C-Methode als Übergabeparameter `meinObj` von der Java Virtual Machine erhalten hat.

Der nächste Schritt besteht nun in den Zeilen 17-20 in der Ermittlung der notwendigen IDs. Der Zugriff auf die Variablen erfolgt dann wie oben erläutert mit den jeweiligen `GetXxxField()`-Methoden, z.B. in Zeile 24 auf ein Objekt vom Typ `String`.

In den Zeilen 53-58 sehen Sie ein Beispiel für das völlige analoge Vorgehen zum Aufruf einer Methode. Man ermittelt zuerst die Method-ID und verwendet dann die geeignete Call-Methode; in diesem Fall `CallVoidMethod()`, da die aufzurufende Java-Methode `printNameJahr()` keinen Rückgabewert hat.

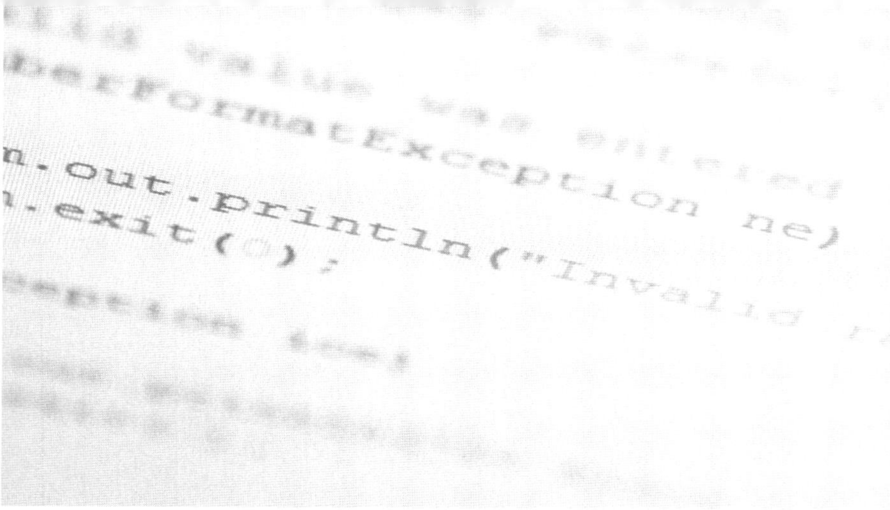

Kapitel 40
Sicherheit

Sicherlich haben auch Sie auf Ihrem Computer zahllose Hilfsprogramme (Tools) installiert, vom Download-Manager über ein Entpacker-Tool bis hin zum 01090-Warner, um nur einige typische Beispiele anzuführen. Die meisten dieser Programme haben Sie aus dem Internet heruntergeladen oder von einer Heft-CD einer Computer-Zeitschrift kopiert. Nach wenigen Mausklicks waren die Programme installiert und konnten gestartet werden, um ihre nützlichen Dienste anzubieten.

Aber sind Sie sicher, dass diese Programme auch nur das machen, was sie vorgeben zu tun? Vielleicht haben Sie schon von *Spyware* gehört: Es handelt sich dabei um Programme, die neben einer offiziellen Funktion (z.B. das Abspielen von MP3-Dateien) auch im Geheimen Informationen von Ihrem Computer über eine Internet-Verbindung nach außen berichten.

Wie kann man sich davor schützen? Die Antwort ist schwierig und lautet letztlich »gar nicht«, obwohl es natürlich viele Maßnahmen gibt, um die Gefahr zu vermindern: keine unbekannte Software installieren, Virenscanner regelmäßig laufen lassen, eine Personal Firewall einsetzen usw.

Kern des Problems bleibt jedoch der Umstand, dass ein Programm, sobald es lokal von Ihrer Festplatte gestartet wird, sehr umfassende Zugriffsmöglichkeiten besitzt und alles machen kann, was auch der Benutzer darf, der das Programm gestartet hat. Sie sollten also immer ein großes Maß an Misstrauen gegenüber neuen Programmen haben, die auf Ihrem Rechner installiert und gestartet werden sollen. Letztlich läuft es immer auf die gleiche Frage hinaus: Vertraue ich der Quelle bzw. dem Anbieter der Software und glaube, dass die Software nur das macht, was sie soll?

Das gleiche Problem stellt sich natürlich auch beim Einsatz von Java-Anwendungen und Applets. Allerdings bieten Java und die Java Virtual Machine einige Sicherheitsmechanismen an, die das Risiko etwas eindämmen und die Sie im Folgenden kennenlernen sollen.

40.1 Das Laden von Klassen

Wenn ein Java-Programm gestartet wird, z.B. durch den Aufruf *java DemoProg*, dann wird die Java Virtual Machine folgende Schritte abarbeiten:

1. Zunächst wird mittels eines speziellen Mechanismus der Bytecode der zugehörigen Klasse *DemoProg.class* geladen.
2. Der Bytecode wird daraufhin geprüft, ob er der Java-Spezifikation entspricht.
3. Falls die Klasse `DemoProg` Instanzvariablen von einem anderen Klassentyp besitzt oder von einer Klasse abgeleitet ist, wird der Bytecode dieser Klasse ebenfalls geladen und geprüft.
4. Die `main()`-Methode wird ausgeführt.
5. Während der Codeausführung wird bei jedem Antreffen von Klassen, die bisher noch nicht geladen worden sind, der zugehörige Bytecode geladen, verifiziert und gegebenenfalls ausgeführt.

Für das Laden von Class-Dateien ist der Classloader (*Klassenlader*) zuständig. Eigentlich muss man im Plural sprechen, da es mehrere gibt:

- Den Bootstrap-Classloader zum Laden der Standardklassen[1] aus dem Archiv *rt.jar*; er ist fester Bestandteil der Java Virtual Machine und in C programmiert.
- Benutzerdefinierte Lader, die in Java programmiert sind. Sie sind von der Klasse `java.lang.ClassLoader` abgeleitet.

Von den benutzerdefinierten Classloadern existiert bereits standardmäßig eine ganze Reihe, u.a. der Erweiterungsklassenlader zum Laden von zusätzlichen Klassen der Java-Bibliothek aus dem Verzeichnis *jre/lib/ext* der Java-Installation, sowie der Systemklassenlader zum Laden von Klassen von der lokalen Festplatte gemäß der `CLASSPATH`-Umgebungsvariablen. Darüber hinaus existieren ein Applet-, Servlet- und ein RMI-Classloader zum Laden über eine Netzwerkverbindung.

Die grundsätzliche Unterscheidung in Bootstrap-Lader und benutzerdefinierte Lader ist darin begründet, dass ein Lader der zweiten Kategorie per se als nicht vertrauenswürdig gilt, da er in Java implementiert ist und keinen integralen Bestandteil der Java Virtual Machine bildet. Aus diesem Grund gilt nur Klassencode, der über den Bootstrap-Lader in die Virtual Machine gelangt ist, als sicher und wird keiner weiteren Prüfung unterzogen. Bei allen anderen Classloadern wird der geladene Code überprüft.

---

1 Dies umfasst alle Klassen, die in den Standardpaketen von Java vorhanden sind – wie `java.lang`, `java.io` usw.

Hierzu kommt der Bytecode-Verifier ins Spiel, der den gesamten Code vor der Ausführung nach Sicherheitskriterien durchleuchtet. Er prüft, ob die Regeln für den Zugriff auf private Daten und Methoden eingehalten werden, ob Variablen vor ihrer Verwendung initialisiert sind und ob der Laufzeit-Stack nicht überlaufen kann.

INFO

Die genannten Sicherheitskriterien werden eigentlich schon durch den Java-Compiler *javac* beim Kompilieren sichergestellt, aber ein übler Zeitgenosse könnte ja eine eigene Version von *javac* erstellt haben, die sich an die Java-Spezifikation nicht hält, und dadurch bösartige Programme erstellen. Eine andere Möglichkeit wäre die direkte Manipulation des Bytecodes in den Class-Dateien mit einem Hex-Editor.

Klassen können also über verschiedene Wege, d.h. Classloader, in die Virtual Machine gelangen. Die Klasse bzw. genauer ihr Bytecode liegt dann in Form einer Instanz der Klasse `java.lang.Class` vor.

Die Einheit von Klasse und der *Instanz* des Classloaders, der sie geladen hat, nennt man *Runtime-Package*[2] oder *Namespace* (Namensraum). Die Java Virtual Machine merkt sich für jede geladene Klasse, über welche Instanz eines Classloaders sie geladen worden ist. Dadurch kann sie die folgende Sicherheitsregel gewährleisten:

»Wenn bei der Codeausführung in einer bereits geladenen Klasse `K1` eine noch nicht geladene Klasse `K2` referenziert wird, dann darf `K2` nur mit dem gleichen Classloader (genauer: die gleiche Instanz!) geladen werden wie `K1`. Davon ausgenommen sind nur die Standardklassen der Java API, die über den Bootstrap-Lader geladen werden.«

Der Effekt dieser Sicherheitsregel ist, dass eine Java-Klasse immer nur die Klassen sehen kann, die mit derselben Classloader-Instanz geladen werden. Dadurch kann man verhindern, dass eine Klasse heimlich durch eine andere Klasse mit dem gleichen Namen ersetzt wird und ablaufender Code nicht mehr die Originalversion der Klasse verwendet. Wenn innerhalb eines Namensraums eine Klasse `K` bereits geladen ist, kann eine gleichlautende Klasse nicht mehr in diesen Namensraum geladen werden, da sie aus Sicht der Virtual Machine bereits vorhanden ist. Es ist lediglich möglich, über eine neue Instanz des verwendeten Classloaders die Klasse `K` zu laden, aber dann gehört sie definitionsgemäß einem anderen Namensraum an. Klassen in verschiedenen Namensräumen können aber nicht miteinander interagieren, wenn es nicht explizit zugelassen wird, und die Gefahr eines Wolfs im Schafpelz ist gebannt.

Es ist auch möglich, einen eigenen Classloader zu definieren, der als Ersatz bzw. Ergänzung zu den normalen Classloadern fungiert. Als Ausgangspunkt hierfür dient die Klasse `java.lang.ClassLoader`.

2 Daraus folgt, dass zwei Klassen mit identischem, qualifiziertem Namen (Paket plus Klassenname) in verschiedenen Runtime-Packages liegen, wenn sie über verschiedene Instanzen eines Klassenladers (auch wenn es der gleiche ist) geladen worden sind.

40.2 Der Sicherheitsmanager (Security-Manager)

Wenn das Laden einer Klasse und alle damit verbundenen Prüfungen ohne Beanstandungen gemeistert wurden, wird der geladene Code endlich ausgeführt. Allerdings gibt es noch jemanden, der einen Blick darauf hält, was der gerade ablaufende Code anstellen will: der Sicherheitsmanager.

Jedes von der Java Virtual Machine ausgeführte Programm besitzt entweder gar keine oder genau eine Instanz einer besonderen Klasse `java.lang.SecurityManager`, auf gut deutsch also einen Sicherheitsmanager. Sobald ein Java-Programm eine Instanz von `SecurityManager` erzeugt hat, kann diese nicht mehr verändert oder gar entfernt werden.

Der Sicherheitsmanager ist dafür verantwortlich, während der Abarbeitung eines Programms festzustellen, ob das Programm für eine bestimmte Aktion eine ausreichende Berechtigung hat. Falls nicht, löst der Sicherheitsmanager eine Exception vom Typ `AccessControlException` aus. Dies setzt allerdings voraus, dass sensitive Codebereiche entsprechend abgesichert sind – nach dem Muster

```
SecurityManager sm = System.getSecurityManager();
if (sm != null) {
   sm.checkRead(name);
}
```

In den Java-Bibliotheken ist der obige Test an vielen Stellen vorhanden, beispielsweise wenn es um Festplatten- und Netzwerkzugriffe geht.

Standardmäßig besitzt eine normale Java-Anwendung keinen Sicherheitsmanager und hat daher alle Rechte und kann tun und lassen, was sie will. Für Applets hingegen wird sofort beim Start eine von `SecurityManager` abgeleitete Klasse installiert, und dadurch ist klar, warum Applets viele Dinge nicht dürfen.

INFO

Ein Applet darf Folgendes standardmäßig nicht tun:

- Zugriffe (schreibend, lesend, ausführend) auf die lokale Festplatte
- Zugriffe (lesend, schreibend) auf Umgebungsvariablen
- Netzwerkverbindungen (außer zum Ursprungshost) aufbauen
- die Java Virtual Machine beenden (z.B. `System.exit()`)
- einen eigenen Sicherheitsmanager installieren

Das Ermitteln und Setzen eines Sicherheitsmanagers erfolgt über die Klasse `System` und ihre Methoden `getSecurityManager()` und `setSecurityManager()`.

Wenn man einer Java-Anwendung nicht völlig freie Hand geben will, was sie auf dem Rechner so treiben darf, muss zu Beginn eines Programms ein `SecurityManager` installiert werden:

```
public static void main(String[] args)  {

   if(System.getSecurityManager() == null) {
     SecurityManager sm = new SecurityManager();
     System.setSecurityManager(sm);
     }

   // hier Programmcode
  }
```

Dies hilft natürlich nicht weiter, wenn man als Anwender Java-Programme ausführen will, die von irgendwoher bezogen worden sind, und man nicht genau weiß, ob man dem Programm über den Weg trauen darf. In diesen Fällen kann man dafür sorgen, dass die Java Virtual Machine einen Sicherheitsmanager setzt, indem man beim Aufruf die Option *java.security.manager* mitgibt, z.B. für die Ausführung des Programms *Fremder*:

```
java -Djava.security.manager  Fremder
```

Wenn sichergestellt ist, dass ein Sicherheitsmanager aktiv ist, dann fehlt nur noch die Möglichkeit festzulegen, was der auszuführende Code im Einzelnen darf und was nicht. Dies lässt sich mit einer *Sicherheitsrichtlinie* (security policy) in Form einer besonderen Datei definieren. Sie trägt üblicherweise die Endung *.policy* und muss beim Aufruf als Option mitgegeben werden, z.B.


```
java -Djava.security.policy=rechte.policy
                         -Djava.security.manager Fremder
```

Für die Policy-Datei gibt es recht umfangreiche Möglichkeiten zur Festlegung, was erlaubt sein soll und was nicht. Ein Eintrag besteht aus dem Schlüsselwort `grant` und einer Definition der erlaubten Zugriffsmöglichkeiten, z.B.

```
grant {
    permission java.net.SocketPermission "localhost:1024-", "listen";
    permission java.util.PropertyPermission "java.version", "read";
};
```

In diesem Beispiel wird das Lauschen auf lokalen Sockets ab Portnummer 1024 erlaubt sowie das Lesen der Umgebungsvariablen `java.version` mithilfe der `Property`-Klasse.

Neben einer manuellen Bearbeitung einer Policy-Datei gibt es die wesentlich bequemere Möglichkeit, ein im JDK enthaltenes Hilfsprogramm einzusetzen: *policytool*, das von der Kommandozeile gestartet werden muss. Standardmäßig versucht das Programm, die Datei *java.policy* zu öffnen, die im Home-Verzeichnis des Benutzers gesucht wird[3]. Man kann das Programm aber auch für jede beliebige Policy-Datei verwenden.

3 Bei Windows 7/Vista beispielsweise im entsprechenden Benutzerverzeichnis in *C:\Benutzer\Benutzername*, unter Windows XP in *C:\Dokumente und Einstellungen*.

Abbildung 40.1: Das policytool

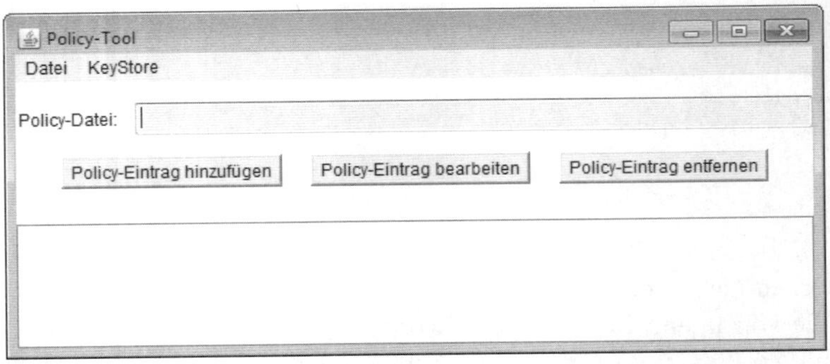

Über den Schalter POLICY-EINTRAG HINZUFÜGEN können beliebig viele Berechtigungen festgelegt werden. Klicken Sie im neu erscheinenden Dialog auf BERECHTIGUNG HINZUFÜGEN und erstellen Sie dann die gewünschten Berechtigung.

Abbildung 40.2: Berechtigung für Dateizugriffe

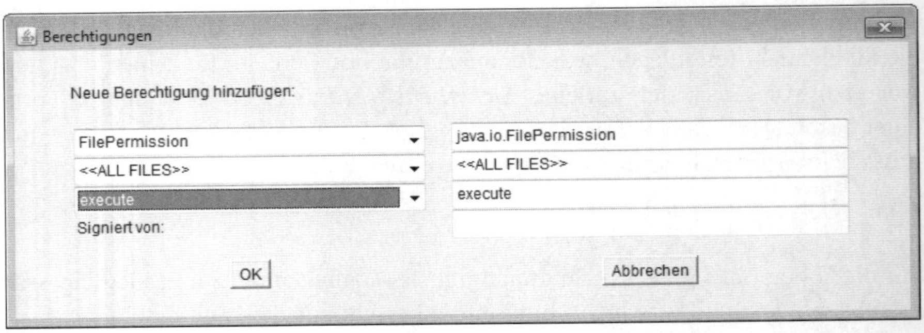

In Abbildung 40.2 sehen Sie ein Beispiel, wie für den Dateizugriff festgelegt wird, dass auf alle Dateien sowohl lesend als auch schreibend oder löschend zugegriffen werden darf und ausführbare Dateien als Programm gestartet werden dürfen.

Die Zugriffsrechte sind in Gruppen eingeteilt; die wichtigsten sind in Tabelle 40.1 aufgeführt[4]. Für jede Berechtigung kann man dabei das Ziel definieren – bei `FilePermission` z.B. den/die Dateiname(n) sowie die erlaubten Aktionen.

Tabelle 40.1: Wichtige über die Policy-Datei festlegbare Berechtigungen

Berechtigung	Beschreibung	Ziel (Target)	Aktion
`AllPermission`	Voller Zugriff auf alle Ressourcen	-	-
`AWTPermission`	Zugriff auf das Window-System, z.B. auf die Event-Queue oder das Clipboard	`accessClipboard`, `accessEventQueue`	-
`FilePermission`	Zugriff auf Dateien und Verzeichnisse	Datei- oder Verzeichnis <<`ALLFILES`>> für gesamtes Dateisystem	read, write, delete, execute

4 Eine umfassende Erläuterung bietet die J2SE-Dokumentation in der Datei *docs/guide/security/permissions.html*.

Berechtigung	Beschreibung	Ziel (Target)	Aktion
PropertyPermission	Zugriff auf die Systemeigenschaften (Umgebungsvariablen)	Name der Systemeigenschaft oder *	read, write
SocketPermission	Durchführen von Socket-Verbindungen (TCP/IP, UDP)	IP-Adresse und Portnummer-Bereich	accept, connect, listen, resolve
RunTime	Laufzeit-Rechte wie Instanziieren von ClassLoader und SecurityManager-Objekten oder das Laden von Bibliotheken.	StopThread, loadLibrary, queuePrintJob, exitVM u.a.	-

Tabelle 40.1: Wichtige über die Policy-Datei festlegbare Berechtigungen (Forts.)

Eine besonders gefährliche Option bei der Erstellung einer Sicherheitsrichtlinie ist die Berechtigung AllPermission, die alles zulässt und somit den Sicherheitsmanager eigentlich überflüssig macht. Sie sollte – wenn überhaupt – nur für Testzwecke eingesetzt werden und niemals in einer Produktionsumgebung eingestellt werden.

Neben den Berechtigungen lässt sich in einer Sicherheitsrichtlinie auch definieren, für welchen Code die Berechtigung gelten soll. Die Herkunft von Code wird als *Codebase* bezeichnet und ist ein Pfadname (z.B. *file:/home/meinCode/*) oder ein URL (z.B. *http:://www.website.de/public/*). Wenn in der Policy-Datei keine Codebase explizit genannt wird, dann gilt Codebase=All, d.h., die Berechtigung betrifft jeden Code, egal von wo er geladen worden ist.

Eine weitere Option ist die Angabe eines Schlüsselspeichers (keystore). Es handelt sich dabei um eine einfache Datenbank, in der kryptografische Schlüssel und Zertifikate verwaltet werden können. Schlüsselspeicher werden in Abschnitt 40.3 näher erläutert.

Wenn eine Sicherheitsrichtlinie mit dem *policytool* wunschgemäß eingerichtet ist, dann muss die Datei nur noch in einem Verzeichnis abgespeichert werden, das zum CLASSPATH gehört, damit die SecurityManager-Instanz die Datei zur Laufzeit finden kann.

Zu einem beliebigen Zeitpunkt gibt es dabei häufig mehrere Policy-Dateien:

- Im security-Verzeichnis der Java-Installation (z.B. *jdk1.7.0\jre\lib\security*) liegt die Standard-Policydatei *java.policy*. Sie definiert die sehr restriktiven Standardberechtigungen[5] bei Einsatz eines Sicherheitsmanagers und wird zuerst geladen und ausgewertet.
- Wenn es im Home-Verzeichnis des Benutzers[6] eine Datei *.java.policy*[7] gibt, dann wird diese ausgewertet.

5 Im Wesentlichen wird Klassen aus dem CLASSPATH nur erlaubt, auf Sockets zu lauschen sowie einige grundlegende Umgebungsvariablen zu lesen. Allerdings gilt dies nicht für Klassen, die in */lib/ext* abgelegt werden. Sie haben volle Rechte.

6 auf Unix-System im Verzeichnis *$HOME*, auf Windows XP unter *c:\Dokumente und Einstellungen\Benutzername*, auf Windows Vista oder 7 unter *c:\Benutzer\Benutzername*

7 Man beachte den Punkt am Anfang des Dateinamens!

- Wenn über die Kommandozeile über *–Djava.policy = xxx* eine Datei *xxx* angegeben worden ist, dann wird diese zuletzt ausgewertet.

INFO

Wenn Sie auf einem Rechner arbeiten, wo Sie keine Administratorrechte besitzen, könnte es sein, dass Sie zwar munter Policy-Dateien erzeugen und Ihren Programmen mitgeben, diese aber ignoriert werden. Dann liegt dies daran, dass der Systemadministrator dies für Sie als normalen Benutzer gesperrt hat durch Auskommentieren der Zeile *policy.allowSystemProperty=true* in der Datei *\jre\lib\security\java.security*[8].

Das Sicherheitskonzept von Java, mithilfe von Sicherheitsrichtlinien die Rechte eines Programms feinkörnig festzulegen, ist zwar im Prinzip sehr modern und brauchbar, hat aber den Nachteil, dass es rein programmorientiert ist und nicht den Benutzer des Programms berücksichtigt. In der Praxis tritt jedoch häufig der Fall auf, dass man das gleiche Programm von verschiedenen Benutzern mit unterschiedlichen Rechten ausführen lassen will. Hierzu wird eine rollenbasierte Rechtevergabe notwendig, die es anfangs in Java nicht gab, aber seit der Version JDK 1.4 in Form der Komponente JAAS (Java Authentication and Authorization Service) existiert. Leider würde diese interessante Zusatzbibliothek den Rahmen dieses Buches sprengen, sodass hier nicht weiter darauf eingegangen werden soll.

40.3 Signierter Code

Das zu Beginn dieses Kapitels angeschnittene Problem, dass man als Benutzer nicht weiß, ob der Hersteller/Anbieter xyz vertrauenswürdig ist, hat noch eine subtilere Variante: Selbst wenn man einem Software-Hersteller vertraut, wie kann man sicher sein, dass das Programm auf der Festplatte auch wirklich von diesem Hersteller stammt bzw. nicht auf dem Weg vom Hersteller zu Ihrer Festplatte modifiziert worden ist? Eine Antwort auf dieses Problem liefern *digitale Unterschriften*.

Abbildung 40.3: Prinzip der digitalen Unterschrift

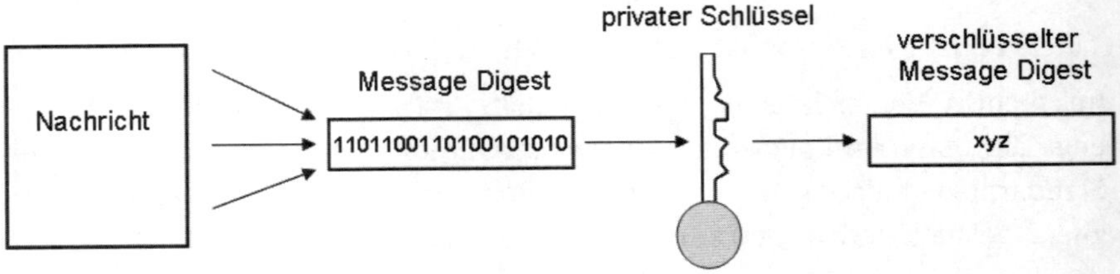

Bei dieser genialen Idee für die Kommunikation zwischen einem Sender und einem Empfänger passiert Folgendes. Zu einer gegebenen Nachricht wird nach einem speziellen Verfahren eine relativ kurze Bitfolge[9] berechnet, der sogenannte

8 Diese Datei dient für globale Einstellungen, die alle Klassen aus dem Paket `java.security` betreffen. Dieses Paket enthält u. a. kryptografische Algorithmen und Zufallszahlengeneratoren.
9 Die Länge hängt vom Algorithmus ab, beispielsweise 160 Bit bei SHA.

Message Digest. Man kann ihn sich als eine Superkomprimierung der ursprünglichen Nachricht vorstellen. Dieser Message Digest wird nun vom Sender mit seinem privaten Schlüssel verschlüsselt und zusammen mit der Nachricht an den Empfänger weitergereicht. Der Empfänger führt als Erstes ebenfalls die Berechnung des Message Digests durch. Dann decodiert er den verschlüsselten Message Digest, den er vom Sender erhalten hat. Hierzu hat er vom Sender dessen öffentlichen Schlüssel[10] erhalten. Wenn der selbst berechnete Digest mit dem Digest vom Sender übereinstimmt, kann der Empfänger sicher sein, dass die erhaltene Nachricht nicht modifiziert worden ist und mit der Nachricht übereinstimmt, die der Sender abgeschickt hat.

Das Funktionieren dieses Prinzips hängt von zwei mathematischen Annahmen ab:

- Zwei verschiedene Nachrichten (und sei auch nur ein einziges Bit verschieden und sonst alles identisch) führen zu verschiedenen Message Digests.
- Es ist mit realistischem Zeitaufwand nicht möglich, den privaten Schlüssel zu knacken bzw. aus dem öffentlichen Schlüssel den privaten zu berechnen.

Zum ersten Punkt kann man feststellen, dass ein Message Digest einer festen Länge (beispielsweise 160 Bit) maximal 2^{160} verschiedene Werte repräsentieren kann und es somit theoretisch möglich ist, dass zwei verschiedene Nachrichten doch den gleichen Message Digest haben. Allerdings ist die Wahrscheinlichkeit extrem gering und für alle praktischen Anwendungen vernachlässigbar. Die zweite Annahme gilt zum jetzigen Stand der Kryptografie ebenfalls als erfüllt, wobei es bisher noch keinen mathematisch unwiderlegbaren Beweis dafür gibt.

Wenn Sie in der obigen Schilderung des Nachrichtenaustauschs nun Sender durch Software-Hersteller, Empfänger durch Software-Käufer/Nutzer und Nachricht durch Programm/JAR-Archive o.ä. ersetzen, haben Sie das Prinzip von signiertem Code vorliegen.

In der Praxis hat sich signierter Code bisher nicht durchgesetzt und bleibt eine eher exotische Ausnahme. Ein wesentlicher Grund ist der Umstand, dass man für die Handhabung von signiertem Code eine Infrastruktur benötigt, nämlich Hilfsmittel für das Berechnen des Message Digest sowie das Decodieren mit einem öffentlichen Schlüssel. Darüber hinaus wird auch eine Zertifikatsverwaltung benötigt.

Zertifikate

Ein digitales Zertifikat ist vereinfacht ausgedrückt eine kleine Datei, die den Namen einer Person enthält, zusammen mit ihrem öffentlichen Schlüssel. Diese Datei wurde von einer vertrauenswürdigen Firma[11] digital signiert, d.h., es wurde ein Message Digest berechnet und von dieser Vertrauensstelle mit ihrem privaten Schlüssel codiert. Dieser verschlüsselte Message Digest gehört ebenfalls zum Zertifikat.

10 Öffentlicher und privater Schlüssel bilden ein zusammengehöriges Paar.
11 Beispielsweise die amerikanische Sicherheitsfirma Verisign oder die Deutsche Post.

Ein Zertifikat soll das Problem lösen, dass man als Empfänger einer signierten Nachricht ja nicht wirklich wissen kann, ob auch der öffentliche Schlüssel des Absenders, den man zur Kontrolle der Echtheit benötigt, wirklich vom Absender stammt! In der Praxis wird daher nicht einfach der öffentliche Schlüssel versendet, sondern das entsprechende Zertifikat. Wenn der Empfänger den Unterzeichner des Zertifikats kennt und vertraut, dann akzeptiert er den darin enthaltenen Schlüssel als echt Bei näherem Hinsehen wird dadurch das Problem natürlich nur verlagert: Wie kann der Empfänger sicher sein, dass der öffentliche Schlüssel des vertrauenswürdigen Unterzeichners auch wirklich der echte ist? Er kann sich darauf verlassen, wenn er auch dessen öffentlichen Schlüssel in Form eines Zertifikats besitzt, das wiederum von einer anderen, noch vertrauenswürdigeren Stelle unterzeichnet worden ist.

Dieses Spielchen lässt sich beliebig weitertreiben, bis man zu einem Zertifikat kommt, das nicht mehr von jemand anderem unterzeichnet ist, sondern das die im Zertifikat beschriebene Person/Firma selbst unterschrieben hat. Dies ist ein sogenanntes Root-Zertifikat, und dem muss man einfach trauen!

Schauen wir uns nun ein Beispiel an, wie signierter Java-Code erzeugt und eingesetzt werden kann. Hierbei müssen zwei Seiten betrachtet werden. Auf der einen Seite steht der Software-Entwickler, der ein Programm erstellt hat und den Code signiert, auf der anderen Seite der Kunde, der den Code auf seinem Rechner ausführen will.

40.3.1 Schritte des Software-Entwicklers

1. Das Programm erstellen, kompilieren und als JAR-Archiv verpacken.
2. Falls noch nicht vorhanden: ein Schlüsselpaar (öffentlicher und privater Schlüssel) erzeugen.
3. Das JAR-Archiv signieren.
4. Signiertes JAR-Archiv und gegebenenfalls digitales Zertifikat (mit dem öffentlichen Schlüssel) an Kunden übergeben.

Angenommen der Entwickler hat das folgende bahnbrechende Programm erstellt und kompiliert:

```
// Datei Signiert.java

public class Signiert {
   public static void main(String[] args) {
      System.out.println();
      System.out.println(" Vielen Dank, dass Sie uns vertrauen!");
      System.out.println(" Ihr Account: " +
                         System.getProperty("user.name"));
   }
}
```

Dieses Programm greift auf die Umgebungsvariable `user.name` zu. Wenn ein Anwender das Programm unter Verwendung eines Sicherheitsmanagers (also mit der Option *-Djava.security.manager*) ausführen will, wird die Virtual Machine die Abarbeitung abbrechen, wenn sie auf den Aufruf `getProperty()` stößt.

Nach dem Kompilieren muss die zugehörige Class-Datei in ein JAR-Archiv verpackt werden:

```
jar cvfe Signiert.jar Signiert Signiert.class
```

INFO

Beachten Sie, dass obige Aufrufsyntax erst ab JDK 1.6 möglich ist. Wenn Sie mit einem älteren JDK arbeiten, müssen Sie zuerst von Hand eine Manifestdatei erstellen und diese mit der Option *m* hinzufügen (statt mit der Option e den Namen der Hauptklasse anzugeben). Mehr Informationen zu *jar* finden Sie im Anhang.

Nun können Sie an das Signieren gehen. Dazu benötigen Sie ein Schlüsselpaar. Falls der Entwickler noch keines hat, kann er hierzu das im JDK mitgelieferte Programm *keytool* einsetzen:

```
keytool -genkeypair -alias carpelibrum -validity 1000
```

Dieser Aufruf erzeugt ein Schlüsselpaar, das unter dem Alias »carpelibrum« in der besonderen Schlüsseldatenbank (Datei *.keystore*) im Home-Verzeichnis des Benutzers[12] abgelegt wird. Die Gültigkeitsdauer (*validity*) der erzeugten Schlüssel beträgt beim obigen Aufruf 1000 Tage. *keytool* erstellt neben den Schlüssel auch gleich ein Zertifikat und fragt daher noch zusätzliche Informationen wie Name der Organisation, Stadt und Land ab. Außerdem muss man ein Passwort für den Zugriff auf den Schlüsselspeicher festlegen (falls es noch keinen gibt) sowie ein Passwort für den Zugriff auf das Schlüsselpaar mit dem gewünschten Alias.

Signieren

Wenn das Schlüsselpaar vorliegt, kann das JAR-Archiv damit signiert werden, d.h., es wird ein Message Digest berechnet und mit dem privaten Schlüssel verschlüsselt. Diese Information wird dann dem JAR-Archiv hinzugefügt[13]. Zur Durchführung der Signierung dient das Hilfsprogramm *jarsigner*:

```
jarsigner Signiert.jar carpelibrum
```

Es erwartet das zu signierende Archiv und den Alias des zu verwendenden Schlüssels. (Direkt nach dem Start werden Sie aufgefordert, das Passwort für den Zugriff auf den Schlüsselspeicher anzugeben.)

Damit ist der Entwickler fertig und kann das signierte Archiv an den Kunden weitergeben. Außerdem benötigt der Kunde das Zertifikat mit dem öffentlichen Schlüssel. Dies kann der Entwickler aus dem Schlüsselspeicher exportieren durch den Aufruf

```
keytool -exportcert -alias carpelibrum -file carpelibrum.cer
```

12 Unter Windows je nach Betriebssystem und Benutzerverwaltung: *c:\Windows*, *c:\Windows\Profiles\Benutzername*, *c:\Winnt\Profiles\Benutzername* oder *c:\Dokumente und Einstellungen\Benutzername* bzw. *c:\Benutzer\Benutzername*.

13 Aus diesem Grund kann man auch nur JAR-Archive signieren und nicht eine einzelne *Class*-Datei: Wo sollte der verschlüsselte Message Digest sonst abgelegt werden?

INFO Mit der Option *–printcert* können Sie das Zertifikat ansehen:

```
keytool -printcert -file carpelibrum.cer
```

40.3.2 Schritte des Kunden

Auf Kundenseite muss nun die Voraussetzung geschaffen werden, damit der signierte Code ausgeführt werden darf. Dies umfasst die folgenden Schritte:

1. Das Zertifikat des Software-Entwicklers – falls noch nicht bekannt – muss in den eigenen Schlüsselspeicher aufgenommen werden.
2. Eine Sicherheitsrichtlinie muss erstellt bzw. so modifiziert werden, dass der signierte Code ausgeführt werden darf.

Der erste Schritt erfolgt mithilfe von *keytool* und ist schnell erledigt:

```
keytool -importcert -alias carpelibrum -file carpelibrum.cer
```

Der Kunde kann dabei natürlich den Alias frei wählen.

Für das Erstellen bzw. Anpassen der Sicherheitsrichtlinie kann man wieder das Programm *policytool* verwenden, beispielsweise um die benutzerspezifische Policy-Datei *.java.policy* zu erstellen bzw. anzupassen.

Zunächst muss der Schlüsselspeicher mit dem Entwickler-Zertifikat angegeben werden. Hierzu kann man im *policytool* über den Menüeintrag KEYSTORE/BEARBEITEN die Datei *.keystore* mit dem Schlüsselspeicher als URL angeben[14]. Wenn diese Datei beispielsweise unter Windows 7 im Verzeichnis *c:\Benutzer\Admin* liegt, dann lautet die URL-Form *file:/c:/Users/Admin/.keystore.* Als Keystore-Typ ist *JKS* einzutragen.

Abbildung 40.4: Angabe der .keystore-Datei (Unter Windows 7 für Benutzer "Standard")

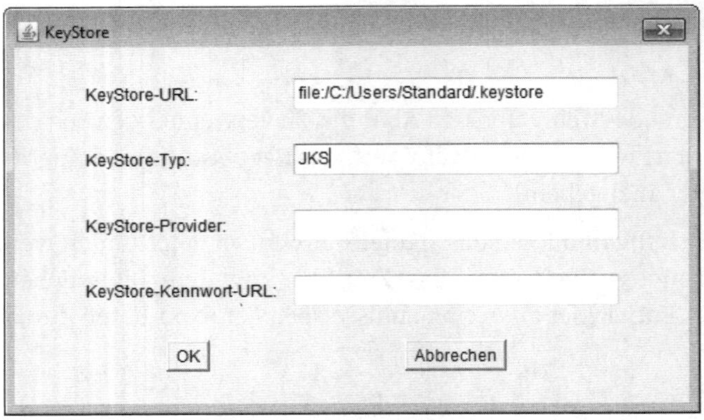

Nun muss noch eine entsprechende Berechtigung eingetragen werden. Dies erfolgt im Programm *policytool* über den Schalter POLICY-EINTRAG HINZUFÜGEN.

14 Unter Windows je nach Betriebssystem und Benutzerverwaltung: *c:\Windows, c:\Windows\Profiles\Benutzername, c:\Winnt\Profiles\Benutzername, c:\Dokumente und Einstellungen\Benutzername* oder *c:\Benutzer\Benutzername*

Zunächst muss dabei festgelegt werden, wer den Code signiert haben soll, damit die noch festzulegende Berechtigung gewährt werden kann.

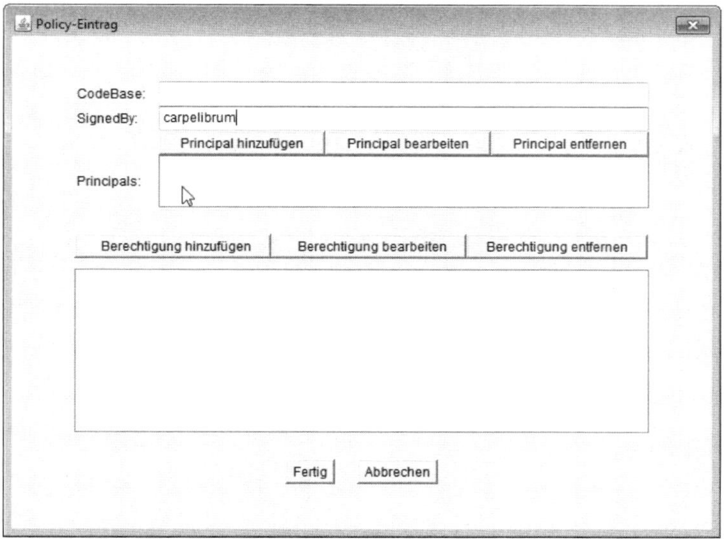

Abbildung 40.5: Angabe des Aliasnamens des Code-Signierers

Hierzu gibt man in der SIGNIERT VON-Zeile den gewünschten Alias ein, in diesem Beispiel also `carpelibrum`, und erteilt dann die gewünschten Berechtigungen über den Schalter BERECHTIGUNG HINZUFÜGEN. Das Beispiel *Signiert.jar* versucht, die Umgebungsvariable `user.name` abzufragen. Daher erteilen wir weiterhin großzügig die Erlaubnis, auf alle Systemeigenschaften lesend zuzugreifen (Abbildung 40.6).

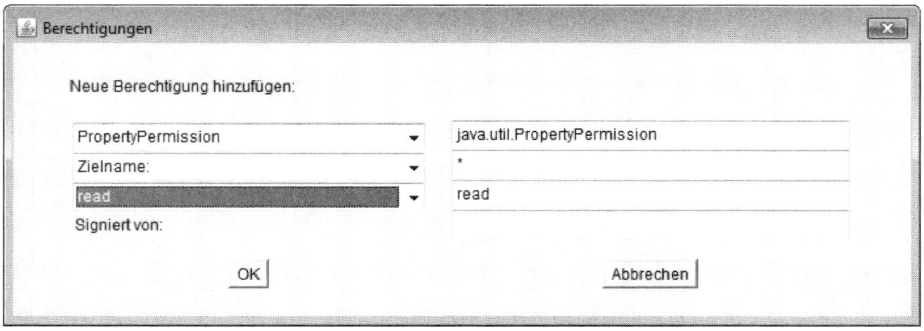

Abbildung 40.6: Erlaubnis für Zugriff auf System-Properties

Nach dem Speichern als Datei *.java.policy* im Home-Verzeichnis des Benutzers kann dann das Ausführen des Codes ganz normal erfolgen, obwohl der Anwender das Programm mit einem Sicherheitsmanager aufruft:

```
java -Djava.security.manager -jar Signiert.jar
```

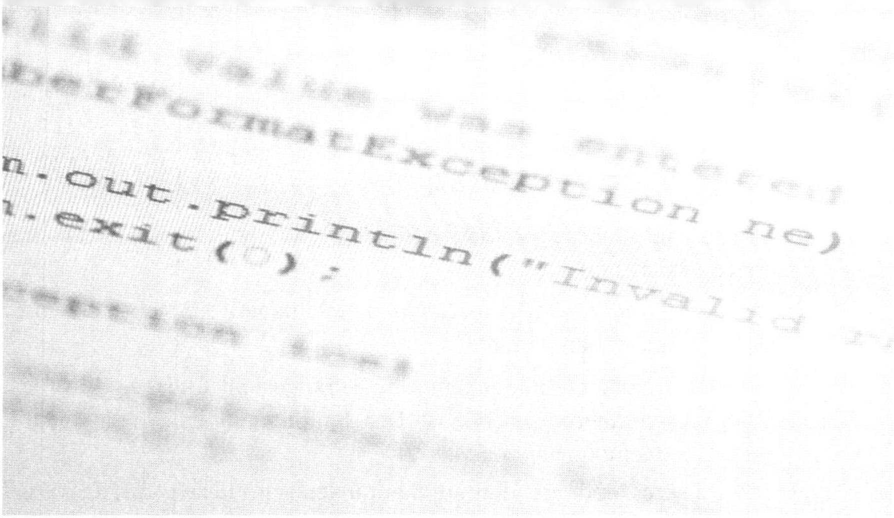

Kapitel 41
Annotationen

Unter Annotationen (»*Anmerkungen*«) versteht man in Java besondere Zusatzinformationen im Quelltext. Man spricht daher auch manchmal von *Java Metadaten*. Mit solchen Zusätzen kann der Programmierer dem Compiler bzw. anderen Tools, die den Quelltext verarbeiten sollen, genauer mitteilen, was damit zu tun ist bzw. was der Programmierer beabsichtigt.

Beispiel

Angenommen, ein Entwickler möchte in einer abgeleiteten Klasse eine geerbte Methode überschreiben. Beim Erstellen der Methode kann er diese Absicht durch eine entsprechende Annotation dem Compiler mitteilen. Wenn er nun bei der Überschreibung einen Fehler macht (z.B. einen kleinen Tippfehler, sodass eine neue zusätzliche Methode erstellt wird und die geerbte weiterhin sichtbar bleibt), dann kann der Compiler eine entsprechende Fehlermeldung ausgeben und somit einen eventuell schwer zu findenden Bug zur Laufzeit verhindern.

Annotationen erkennt man im Quelltext an einem vorangestellten @-Zeichen. Allerdings sollte man sie nicht mit den JavaDoc-Tags verwechseln, die zur Unterstützung von automatisch generierter Dokumentation dienen (mehr zu JavaDoc im Anhang). Diese Tags sind zwar in gewisser Weise auch Annotationen, beziehen sich aber nur auf Kommentare und dürfen nur innerhalb dieser verwendet werden.

Annotationen hingegen sind echte Bestandteile des Quelltextes und werden vom Java-Compiler bzw. der Virtual Machine berücksichtigt. Es gibt eine Handvoll vordefinierter Annotationen, aber es besteht auch die Möglichkeit, eigene Annotationen zu definieren.

41.1 Vordefinierte Annotationen

Es gibt zahlreiche vordefinierte Annotationen, die nach ihrer Funktion in verschiedenen Paketen definiert sind.

Im Paket `java.lang` finden sich Annotationen, mit denen Sie selbst erstellten Quelltext näher kennzeichnen können:

- `@Deprecated` wird einer Methodendefinition vorangestellt und zeigt an, dass diese Methode als veraltet anzusehen ist. Der Compiler gibt eine Warnung aus, wenn eine solche Methode verwendet wird.
- `@Override` wird einer Methodendefinition vorangestellt und zeigt an, dass diese Methode eine geerbte Methoden überschreiben soll. Wenn dies nicht der Fall ist, erzeugt der Compiler eine Fehlermeldung.
- `@SuppressWarnings` zeigt an dass alle Compiler-Warnungen bei dem nachfolgenden Sprachelement (z.B. Klasse) unterdrückt werden.

Das folgende Beispiel zeigt eine als veraltet markierte Methode `berechneErwartungswert()`, die eine gleichnamige geerbte Methode überschreibt.

```
@Deprecated
@Override
public void berechneErwartungswert(double[] w) {
   // ...
}
```

Das Paket `java.lang.annotation` enthält Annotationen, die zur Definition von eigenen Annotationen dienen:

- `@Documented` wird einer anderen Annotation vorangestellt und besagt, dass diese durch ein Tool (z.B. *javadoc*) dokumentiert wird.
- `@Inherited` wird einer Klassendefinition vorangestellt und zeigt an, dass alle Annotationen dieser Klasse auch an davon abgeleitete Klassen weitervererbt werden.
- `@Retention(`*`Typ`*`)` wird einer anderen Annotation vorangestellt und legt fest, wo diese Annotation verfügbar sein soll. Hierfür kann man als *Typ* folgende Werte einsetzen:
  - `RetentionPolicy.SOURCE` (verfügbar auf Quelltextebene)
  - `RetentionPolicy.CLASS` (Quelltextebene und in Class-Datei)
  - `RetentionPolicy.RUNTIME` (Quelltext, Class-Datei, Laufzeit).

  Wenn *(Typ)* weggelassen wird, gilt `RetentionPolicy.CLASS`.
- `@Target(`*`Typ`*`)` wird einer anderen Annotation vorangestellt und zeigt an, um welchen Elementtyp es sich handelt, auf den sich die andere Annotation bezieht. *Typ* ist optional; mögliche Werte sind u.a. `ElementType.CONSTRUCTOR`, . `ElementType.FIELD`, `ElementType.LOCAL_VARIABLE`, `ElementType.METHOD`, `ElementType.PACKAGE`, `ElementType.PARAMETER`, `ElementType.TYPE` (Klassen, Annotationen).

Im Paket `javax.annotation` finden sich Annotationen, die insbesondere im »Enterprise Java«-Umfeld verwendet werden können, um dem ausführenden J2EE-Container weitere Informationen zur Ausführung zukommen zu lassen.

- `@Generated` kann zur Kennzeichnung von Code verwendet werden, der automatisch generiert worden ist.
- `@Resource(name=xxx)` und `@Resources` dienen zur Kennzeichnung von Ressourcen, die von der Anwendung benötigt werden.
- `@InjectionComplete` dient zur Markierung einer Methode, die nach Bereitstellung aller notwendigen Ressourcen ausgeführt werden muss (und bevor andere Methoden der Klasse aufgerufen werden dürfen).
- `@PostConstruct` dient zur Markierung einer Methode, die nach der Erstellung einer Klasse ausgeführt werden muss, bevor die Klasse verwendet werden darf.
- `@Predestroy` dient zur Markierung einer Methode, die vor dem Vernichten einer Klasseninstanz (Entfernen aus dem Container) ausgeführt werden muss.

Hinzu kommen weitere spezielle Annotationen für die Erstellung von Webservices, siehe Kapitel 43.

41.2 Selbst definierte Annotationen

41

Die Definition eigener Annotationen für spezielle Erfordernisse ist vor allem für Framework- und Toolentwickler interessant und sprengt daher den Rahmen dieses Buches. Im Folgenden werden wir daher nur die wesentlichen Grundlagen streifen und anhand einiger Beispiele zeigen, wie Annotationen definiert werden.

Die Definition erfolgt ähnlich wie bei einer Schnittstelle mit dem Schlüsselwort `@interface`[1] und wird in einer gleichnamigen *.java* Datei abgespeichert, z.B.:

```
public @interface SpezialAnno {
}
```

Eine derart definierte Annotation ist eine bloße Markierung, die man nun beliebigen Sprachelementen wie Klassen, Methoden oder Variablen voranstellen kann:

```
@SpezialAnno
public class Demo {
}
```

Wenn man als Autor einer Annotation die Verwendung der Annotation genauer vorgeben möchte, kann man die Annotation durch andere (vordefinierte oder selbst definierte) Annotationen näher definieren. Wenn wir beispielsweise `SpezialAnno` nur für Methoden erlauben wollen, dann schreiben wir:

1 Die Verwendung des Schlüsselworts `interface` statt eines völlig neuen Begriffs `annotation` o. ä. wird nachvollziehbar, wenn man weiß, dass Annotationen intern vom Compiler in Schnittstellen übersetzt werden.

```
import java.lang.annotation.*;

@Target(ElementType.METHOD)
public @interface SpezialAnno {
}
```

Die oben gezeigte Verwendung von SpezialAnno in der Klasse Demo verursacht nun einen Compiler-Fehler.

Die eingesetzte @Target-Annotation ist ein Beispiel für Annotationen mit Parametern. Dies können wir auch bei SpezialAnno einführen.

Listing 41.1: SpezialAnno.java – Definition einer eigenen Annotation

```
import java.lang.annotation.*;

@Target(ElementType.METHOD)
public @interface SpezialAnno {
   String value();
   String name() default "unbekannt";
}
```

Wir haben nun zwei Parameter value und name eingeführt. value hat dabei eine besondere Bedeutung: Er ist der verwendete Parameter, wenn beim Einsatz der Annotation nur ein Wert ohne den Namen des Parameters übergeben wird. Für den Typ eines Parameters sind im Wesentlichen nur die üblichen primitiven Datentypen, sowie enum, String und Class möglich. Außerdem kann auch ein Array von einem dieser Datentypen verwendet werden. Parametern kann man auch einen Vorgabewert vorgeben, indem man das Schlüsselwort default und den gewünschten Wert hinzufügt. Wenn beim Einsatz einer Annotation für einen Parameter kein Wert übergeben wurde, wird der Vorgabewert eingesetzt. Im obigen Beispiel hat value keinen Vorgabewert, d.h., dieser Parameter muss übergeben werden.

Unsere Annotation SpezialAnno könnte nun folgendermaßen eingesetzt werden:

Listing 41.2: Demo.java – verwendet eine selbst definierte Annotation

```
public class Demo {
   @SpezialAnno("Wichtig")      // value= "Wichtig" name="unbekannt"
   public void sortieren() {
      // ...
   }


   @SpezialAnno(value="Unwichtig", name="indexBerechnen")
   public void indexBerechnen() {
      // ...
   }
}
```

Wie bereits erwähnt, sind selbst definierte Annotationen vor allem für Framework/API-Entwickler interessant (beispielsweise kommen bei EJB 3.0 Annotationen umfangreich zum Einsatz). Aber auch für den typischen Anwendungsprogrammierer lassen sich nützliche Anwendungen vorstellen.

Beispiel

Angenommen Sie möchten Ihren Java-Code mit einem Copyright-Vermerk versehen, um bei Bedarf später nachweisen zu können, dass generierter Bytecode (also Class-Dateien) Ihr geistiges Eigentum sind. Das Einfügen von Copyright-Vermerken in einen Kommentar der Klasse bringt hier keine Abhilfe, da Kommentare nicht mehr im Bytecode erscheinen.

```
// Copyright 2006, Dirk Louis und Peter Müller
public class SuperKlasse {
   // ...
```

Eine elegante Lösung dieses Problems ist die Definition einer `@Copyright`-Annotation.

Listing 41.3: Copyright.java – definiert eine Annotation für Copyright-Erklärungen

```
import java.lang.annotation.*;

@Target(ElementType.TYPE)
public @interface Copyright {
   String text() default "Copyright";
   String jahr();
   String name();
}
```

Mit dieser Annotation können wir nun alle Klassen und Schnittstellen mit einem Copyright-Vermerk versehen, der auch im Bytecode erscheint:

Listing 41.4: Demo.java – verwendet die Copyright-Annotation

```
@Copyright(jahr="2006", name="Dirk Louis/Peter Müller")
public class Demo {
   // ...
```

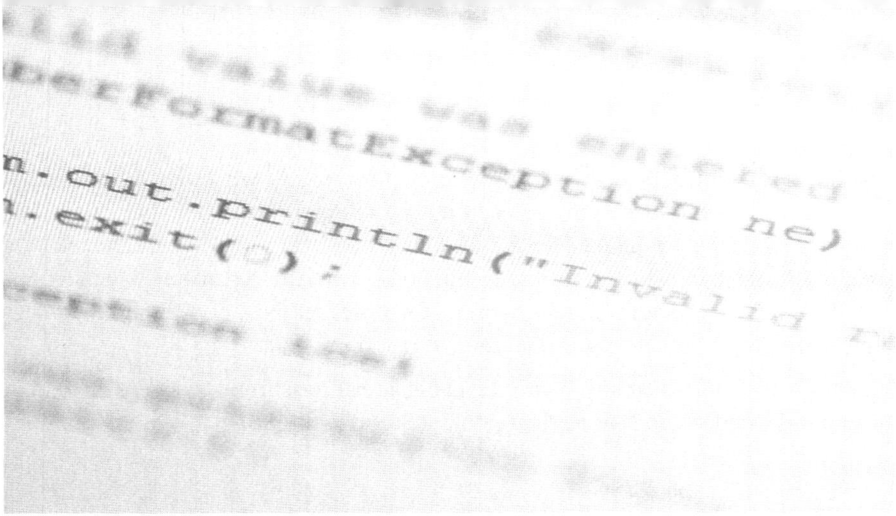

Kapitel 42
XML

Wahrscheinlich haben Sie hier und da schon einmal von XML gehört. Die Abkürzung steht eigentlich für *extensible markup language*, aber mittlerweile versteht man darunter häufig auch diverse andere Technologien, die eng mit dem eigentlichen XML zusammenhängen.

Das vorliegende Kapitel führt Sie in den Aufbau von XML-Dokumenten ein und zeigt Ihnen, wie Sie in Java XML-Dokumente verarbeiten können.

42.1 Einführung

XML ist eine sogenannte *Markup-Sprache*, d.h., sie dient zur strukturierten Darstellung von Daten. Die sicherlich bekannteste Markup-Sprache ist HTML, in der Webseiten geschrieben sind. Ein wesentliches Merkmal von Markup-Sprachen sind Schlüsselworte, die in spitzen Klammern stehen und *Tags* genannt werden. Von HTML kennen Sie diverse Tags, z.B.

```
<HTML>
<BODY>
<B> 15.1 Was ist XML? </B>
</BODY>
</HTML>
```

An diesem Beispiel sehen Sie auch gleich, dass Tags in der Regel paarweise auftreten (z.B. `<B>  </B>`) analog zu einer öffnenden und schließenden Klammer. HTML ist eine der ältesten Markup-Sprachen, wozu also wurde noch XML entwickelt? Der Grund liegt darin, dass HTML primär dafür gedacht ist, Daten zu formatieren, damit sie für den Menschen besser lesbar sind. Im obigen Beispiel wird dafür gesorgt, dass die Überschrift vom Browser fett formatiert wird und somit für den Leser als solche direkt erkennbar ist. Viel schwieriger wird dies aber, wenn die obige HTML-Datei von einem Programm maschinell verarbeitet werden soll. Wie soll das Programm die Struktur des Inhalts – z.B. Überschriften – verstehen? HTML eignet sich daher nur sehr bedingt zur Beschreibung der Semantik, sodass die Verarbeitung durch Programme sehr schwierig wird.

Viel einfacher wäre es doch, wenn die Datei selbst beschreibt, was die einzelnen Bestandteile bedeuten. Hier schlägt nun die Stunde von XML:

```
<Kapitel>
  <Überschrift nummer="15.1">
    Was ist XML?
  </Überschrift>
</Kapitel>
```

Mithilfe von geeigneten Tags wird eine hierarchische Struktur aufgebaut, die sich maschinell viel besser auswerten lässt als HTML. Und während man bei HTML aus einer Menge an fest definierten Tags auswählen muss, kann man bei XML alle notwendigen Tags selbst frei festlegen!

STOP

Im Unterschied zu HTML sind XML-Tags case-sensitiv, d.h., es wird Groß- und Kleinschreibung unterschieden.

XML hat sich innerhalb weniger Jahre zu einem Standardformat für Daten entwickelt, die in erster Linie von Programmen ausgewertet werden, z.B. Konfigurationsdateien großer Softwarepakete und als Austauschformat für EDI (*electronic data interchange*).

Beachten Sie, dass ein XML-Dokument nichts darüber aussagt, wie es zur Anzeige formatiert werden soll. Für viele Anwendungen ist dies auch nicht notwendig. Es gibt jedoch auch Möglichkeiten, XML in HTML zu übersetzen.

Zum Lesen und Auswerten (Parsen) sind mittlerweile viele Software-Werkzeuge verfügbar und auch für das Erstellen von eigenen Java-Programmen mit XML-Komponente existieren mehrere APIs, die Sie in diesem Kapitel kennenlernen werden.

42.2 Aufbau von XML-Dokumenten

Der Grundbaustein, aus dem XML-Dokumente aufgebaut werden, ist das *Element*.

42.2.1 Elemente

Ein Element kann in zwei Formen auftreten:

- Falls das Element einen Inhalt haben soll (weitere Elemente oder Text, dann wird es durch ein Start- und Ende-Tag festgelegt, z.B. <Kapitel> Java </Kapitel>. Das Ende-Tag unterscheidet sich dabei vom Start-Tag nur durch den '/'.

- Inhaltlose Elemente werden durch ein abgeschlossenes Tag dargestellt: das Tag endet mit einem '/' . z.B. <status aktiv="true" />. In der Regel haben diese Elemente zusätzliche Attribute – wie im obigen Beispiel das Attribut aktiv.

Der Inhalt eines Elements ist alles zwischen Start- und Ende-Tag. Es kann sich hierbei um weitere Elemente handeln, um Text oder um beides. Da Elemente als Subelemente eines anderes Elements auftreten können, entsteht eine Hierarchie. Das Element, das in dieser Hierarchie ganz oben steht, ist das Wurzelelement (*root*). Außerdem kann jedes Element mit Attributen versehen werden, denen per Gleichheitszeichen Werte (eingeschlossen in Anführungszeichen) zugewiesen werden können. Ein Beispiel:

```
<Buch>
  <Kapitel>
    <Überschrift nummer="15.1">
        Was ist XML?
    </Überschrift>
    <Absatz>
        Wir wollen uns in diesem Kapitel mit XML befassen.
     </Absatz>
  </Kapitel>
</Buch>
```

In diesem Fall ist Buch das Wurzelelement und enthält das Element Kapitel, das wiederum die Elemente Überschrift und Absatz enthält. Überschrift hat zudem ein Attribut nummer. Der Inhalt von Absatz ist der Text "Wir wollen ...", der Inhalt von Kapitel sind die Elemente Überschrift und Absatz.

Die hierarchische Struktur der Elemente eines XML-Dokuments lässt sich als Baum darstellen. Für das obige Beispiel haben wir eine sehr einfache Baumstruktur mit Buch als Wurzel, Kapitel als Kind von Buch und Überschrift und Absatz als Kinder von Kapitel:

42

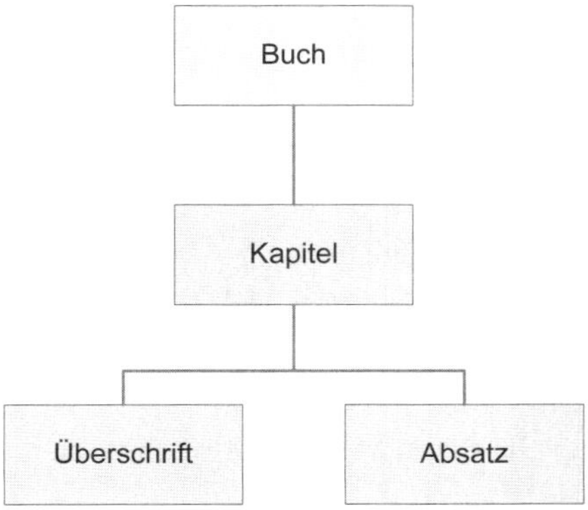

Abbildung 42.1: Die Baumstruktur der Elemente

INFO

Obwohl man von Baum und Wurzel spricht, wird beim Zeichnen der Baum umgedreht, sodass die Wurzel oben ist!

42.2.2 Die XML-Deklaration

Neben den Elementen kann ein XML-Dokument noch optional eine besondere Kopfzeile enthalten, die *XML-Deklaration* genannt wird:

```
<?xml version="1.0" encoding="utf-8" ?>
```

Wichtig ist hier vor allem das Attribut `encoding`, mit dem festgelegt wird, welche Zeichencodierung das XML-Dokument verwendet, beispielsweise `"iso-8859-1"` für lateinische Sprachen (Latin-1) oder `"utf-16"` für Unicode (also 2 Byte pro Zeichen) und `"utf-8"` für Unicode mit variabler Größe (1 Byte für ASCII-Zeichen, sonst 3 oder mehr Byte). Standardwert ist in XML `"utf-8"`. Wenn das Attribut nicht angegeben wird, versucht der Parser die richtige Zeichencodierung zu erraten (was häufig erfolgreich ist).

42.2.3 Textinhalt

Der Textinhalt eines Elements wird vom XML-Parser geparst (Typ PCDATA). Dadurch ist es möglich, in diesem Text verstreut weitere Elemente einzubauen. Allerdings müssen deshalb alle Zeichen, die in XML eine besondere Bedeutung haben (< , >, ", ', &), einzeln durch einen Stellvertreter – *vordefinierte Entität* genannt – ersetzt werden, damit der Parser nicht aus dem Tritt kommt.

Tabelle 42.1: Vordefinierte Entitäten

Zeichen	vordefinierte Entität	Dezimal-Nummer
<	&lt	&#60
>	&gt	&#62
"	&quot	&#34
'	&apos	&#39
&	&amp	&#38

Beispiel:

```
<Überschrift>
   Die Rechtsform der GmbH &amp Co. KG
</Überschrift>
```

Falls dies zu unpraktisch ist, kann man auch einen Zeichenblock definieren, der vom Parser komplett ohne weitere Interpretation gelesen wird. Hierzu dient der Typ `CDATA`.

Solche CDATA-Abschnitte beginnen mit `<![CDATA[` und enden mit `]]>`, z.B.

```
<Java-Code>
   <![CDATA[ if ((a < b) && d == b)
                 erg = true;
   ]]>
</Java-Code>
```

42.2.4 Processing Instructions

Die Syntax <? ?> markiert eine sogenannte *Processing Instruction* (PI). Ein PI definiert etwas, das von dem verarbeitenden Programm (i.d.R. ein XML-Parser) ausgewertet wird. PI sind eigentlich dazu gedacht, andere Programme aufzurufen, werden aber nur selten eingesetzt.

42.2.5 Kommentare

Außerdem können Sie natürlich reichlich Kommentare in ein XML-Dokument packen; deren Syntax lautet:

```
<!-- Hier ist ein Kommentar -->
```

Kommentare werden vom XML-Parser komplett ignoriert und nicht an das aufrufende Programm weitergereicht.

42.2.6 Wohlgeformtheit

Ein XML-Dokument, das die folgenden Anforderungen erfüllt, ist *wohlgeformt (well-formed)* :

- Es gibt nur ein Wurzelelement.
- Jedes Element besteht aus Start- und Ende-Tag oder wird durch ein abgeschlossenes Tag dargestellt.
- Ineinander verschachtelte Elemente mit Start- und Ende-Tags werden in umgekehrter Reihenfolge geschlossen (d.h., eine Folge der Art `<a> <b> </a> </b>` kommt nicht vor).
- Werte für Attribute sind in Anführungszeichen (`" "`) eingeschlossen.

Im Gegensatz zu HTML schreibt die XML-Spezifikation zwingend vor, dass ein XML-Dokument wohlgeformt sein muss. In der Praxis bedeutet dies, dass ein XML-Parser beim kleinsten Fehler im Dokument aussteigt und eine Fehlermeldung liefert.

INFO

Diese Pingeligkeit von XML-Parsern hat einen wichtigen Grund. Es erleichtert die Implementierung von XML-Parsern, sodass diese sehr schlank sein können und wenig Speicherplatz brauchen (ein wichtiges Argument für PDA und sonstige mobile Geräte). Die in Webbrowsern integrierten HTML-Browser sind sehr tolerant, aber dafür auch etliche Mbyte große Module.

Ergänzend kann es zu einem XML-Dokument eine besondere Datei geben, in der eine Grammatik der verwendeten Elemente definiert wird – die also festlegt, wie die Tags bzw. die Elemente eingesetzt werden dürfen. (Beispielsweise ob ein `Absatz` überhaupt innerhalb eines Elements `Kapitel` auftauchen darf?). Eine solche Grammatik nennt man Dokumenttyp-Deklaration (kurz DTD) . Ein äquivalenter Ersatz für Dokumenttyp-Deklarationen sind *XML Schemata*. Beide Formen werden wir im Folgenden näher betrachten.

INFO

Es ist nicht zwingend erforderlich, eine Dokumenttyp-Deklaration oder ein Schema zu definieren. Es kann somit sowohl alleinstehende XML-Dokumente geben als auch XML-Dokumente mit DTD oder Schema. Ein wohlgeformtes XML-Dokument, das die Regeln einer zugehörigen DTD bzw. eines XML Schemas erfüllt, bezeichnet man als ein *gültiges* XML-Dokument.

42.3 DTD und XML Schema

Wie bereits erwähnt, ist in XML die Menge der Tags und wie sie miteinander kombiniert werden dürfen, nicht festgelegt. Daraus folgt aber auch, dass ein Programm keine Möglichkeit hat zu testen, ob ein gegebenes XML-Dokument nur zulässige Tags in der richtigen Kombination verwendet. Falls ein solcher Test gewünscht ist, müssen folglich die notwendigen Regeln irgendwie festgelegt werden. Hierfür dient eine Art Grammatik, die auf zwei Arten festgelegt werden kann: als Dokumenttyp-Deklaration oder als XML Schema.

42.3.1 DTD

Die klassische Variante heißt *Dokumenttyp-Deklaration* (DTD). Das folgende Beispiel zeigt ein XML-Dokument mit integrierter DTD:

```
01 <?xml version="1.0" encoding="iso-8859-1" ?>
02 <!DOCTYPE Buch [
03 <!ELEMENT Buch (Kapitel)*>
04 <!ELEMENT Kapitel (Überschrift, Absatz*)>
05 <!ATTLIST Überschrift nummer CDATA #REQUIRED>
06 ]>
07 <!-- Hier beginnt das eigentliche XML-Dokument -->
08 <Buch>
09     <Kapitel>
10     ....
11     </Kapitel>
12 ..
13    <Kapitel>
14    ....
15    </Kapitel>
16 </Buch>
```

Die Dokumenttyp-Deklaration beginnt in Zeile 2 mit <!DOCTYPE und endet in Zeile 6 mit]>. Zunächst wird mittels DOCTYPE das Wurzelelement benannt, hier Buch. Danach folgen in den Zeilen 3 und 4 die Elementdefinitionen: Das Element Buch besteht aus einer beliebigen (*) Anzahl von Elementen des Typs »Kapitel«. Das Element Kapitel wiederum besteht aus einem Element Überschrift und beliebig vielen Elementen vom Typ Absatz. In Zeile 5 wird für Überschrift dann noch festgelegt, dass ein Attribut nummer obligatorisch ist.

Wir können im Zuge dieses Buches nicht allzu tief in die Erstellung von DTDs einsteigen. Für die meisten Aufgaben sollten aber die folgenden Erläuterungen ausreichen:

Elementdeklarationen

Elementdeklarationen haben die allgemeine Form:

```
<!ELEMENT name (content-model)>
```

Mögliche Werte für `(content-model)` sind `EMPTY` (kein Inhalt), `ANY` (beliebiger Inhalt) oder eine Liste `(elem1,elem2, ...)` mit den Namen der Elemente, die als Subelemente (Kinder) auftreten müssen. Die Häufigkeit kann dabei mit Zusätzen beim jeweiligen Subelement verdeutlicht werden (* : null oder mehr; + : eins oder mehr; ? : null oder eins).

Ferner gibt es noch den gemischten Modus (mixed-mode), bei dem Elemente und Text gemischt auftreten können. In diesem Fall hat die Elementdeklaration die Form:

```
<!ELEMENT name (#PCDATA| elem)*
```

Zur Verdeutlichung hier ein paar Beispiele:

```
01: <!ELEMENT Kapitel (Überschrift, Absatz+)>
02: <!ELEMENT Java-Code (#PCDATA)>
03: <!ELEMENT Absatz (#PCDATA|Java-Code)* >
```

Zeile 1 legt fest, dass das Element `Kapitel` ein Subelement `Überschrift` hat, gefolgt von einem oder mehr Elementen vom Typ `Absatz`. Zeile 2 legt für das Element `Java-Code` fest, dass es lediglich aus Text besteht. Zeile 3 sagt aus, dass `Absatz` aus beliebig vielen Sektionen besteht, die entweder Text oder das Element `Java-Code` sind.

Attributdeklarationen

Attributdeklarationen haben die allgemeine Form:

```
<!ATTLIST elementname attribut-definitionen >
```

Die einzelnen Attributdefinitionen folgen der Struktur:

```
derName derTyp dieDefault-Deklaration
```

Die Anwendung lässt sich am besten an einem Beispiel veranschaulichen:

```
<!ELEMENT Vitaminpräparat EMPTY>
<!ATTLIST Vitaminpräparat
name            CDATA         #REQUIRED
hersteller-id   ID            #REQUIRED
patentiert      (JA|NEIN)     "JA"
Vertreiber      NMTOKEN       #IMPLIED
>
```

Die erste Spalte der Attributdeklaration bestimmt den Namen, danach folgt der Typ. Mögliche Typen sind

- `CDATA` = normaler Text
- `ID` = normaler Text, der aber nur einmal vorkommen darf
- `(JA|NEIN)` Aufzählung mit den Werten `"JA"` und `"NEIN"` (`"NEIN"` ist der Standardwert, wenn das Attribut nicht explizit gesetzt wird.)
- `NMTOKEN` = Zeichenkette ohne Sonderzeichen

Die dritte Spalte zeigt an, ob das Attribut gesetzt werden muss (`#REQUIRED` = obligatorisch, `#IMPLIED` = optional) oder ein Standardwert eingesetzt wird (`"JA"`).

STOP

Attributnamen sind frei wählbar mit einer Ausnahme: Der Name darf nicht mit »xml« (in allen Kombination von Groß-/Kleinbuchstaben) beginnen.

Angabe der DTD

Die DTD kann zu Beginn eines XML-Dokuments definiert werden (nach der Kopfzeile) wie im obigen Beispiel oder in einer separaten Datei (z.B. *buch.dtd*). Dann beginnt das XML-Dokument folgendermaßen:

```
<?xml version="1.0" ?>
<!DOCTYPE Buch SYSTEM "buch.dtd">
 <Buch>
...
</Buch>
```

Die DTD kann man aber auch durch einen Webserver zur Verfügung stellen; in diesem Fall würde nach `SYSTEM` ein voller URL eingesetzt.

42.3.2 XML Schemata

DTDs haben den Nachteil, dass sie in einer eigenen Syntax erstellt werden müssen, die man sich als Entwickler dann natürlich auch erst mal wieder aneignen muss. Außerdem gibt es nur eine magere Auswahl an Datentypen und modular aufgebaut sind sie auch nicht.

XML Schemata lösen diese Probleme elegant, indem sie selbst reine XML-Dokumente sind. Es gibt zahlreiche Datentypen (z.B. `string`, `float`, `integer`) und man kann eigene Typen definieren. XML Schema ist noch kein Bestandteil der XML-Spezifikation. XML Schemata sind jedoch dabei, die Dokumenttyp-Deklarationen weitgehend abzulösen.

42.3.3 Namensräume (Namespaces)

Da jeder Autor von XML-Dokumenten die benötigten Tags selbst definieren kann, besteht die Gefahr, dass verschiedene XML-Dokumente die gleichen Namen für Tags verwenden. Solange XML-Dokumente nur lokal eingesetzt werden, ist dies natürlich kein Problem, aber die Lage ändert sich, wenn beispielsweise Programme Daten im XML-Format austauschen wollen.

Das bewährte Rezept im Programmierbereich sind Namensräume. Auch in Java gibt es so etwas in Form der Pakete. Dadurch können Klassen den gleichen Namen haben, aber dennoch zusammen in einem Programm verwendet werden, z.B. gibt es zwei `Date`-Klassen: `java.sql.Date` und `java.util.Date`, die durch Voransetzen des entsprechenden Paketnamens eindeutig identifiziert werden können.

In XML wird analog vorgegangen: Vor den eigentlichen Namen eines Tags setzt man ein frei wählbares Kürzel als Präfix und einen Doppelpunkt, z.B.

```
<MeinFormat:Kapitel> .... </MeinFormat:Kapitel>
```

Das vorangestellte Präfix ist ein Kürzel für den verwendeten Namensraum. Dieser wird zu Beginn eines XML-Dokuments als ein Attribut des Wurzelelements definiert:

```
<MeinFormat:Buch xmlns:MeinFormat="http://www.carpelibrum.de">
```

Hierdurch wird das Präfix `MeinFormat` als Kürzel des Namensraums mit dem URL http://www.carpelibrum.de definiert. Diesen URL muss es nicht wirklich geben; er dient nur zur eindeutigen Benennung des Namensraums.

Im Zusammenhang mit Namensräumen gibt es einen festen Begriff: »XML Anwendung«. Darunter versteht man einen Namensraum und eine festgelegte Menge von Elementen. Ein bekanntes Beispiel für eine XML Anwendung ist XHTML, mit dem HTML-Code erstellt werden kann.

Allen neuen und zukünftigen XML-Technologien wird direkt in der Spezifikation schon ein fester Namensraum zugewiesen. Beispielsweise können JavaServer Pages auch in einer XML-Form erstellt werden. Die Namensraumdefinition lautet:

```
<jsp:root xmlns:jsp="http://java.sun.com/products/jsp/dtd/jsp_1_0.dtd">
```

d.h., alle Tags beginnen mit dem Präfix `jsp`.

42.4 XML-Dokumente parsen

Aus Sicht eines Java-Programmierers sind wir natürlich vor allem daran interessiert, XML-Dokumente zu parsen, d.h. sie einzulesen, in ihre Bestandteile zu zerlegen und mit diesen Daten zu arbeiten. Hierfür benötigt man einen Parser (bzw. Parserklassen), die es in zwei Varianten gibt:

- Validierend: Der Parser überprüft, ob das XML-Dokument wohlgeformt ist und der Grammatik einer Dokumenttyp-Deklaration bzw. XML Schemas genügt.
- Nicht validierend: Der Parser prüft nur, ob das XML-Dokument wohlgeformt ist.

Zum Einsatz von Parsern bietet Java zwei grundlegende Techniken an: DOM (Document Object Model) und SAX (Simple API for XML). Sie stellen den Kontakt zum Parser und seinen Resultaten her. Außerdem gibt es noch weitere APIs, beispielsweise JDOM.

Über DOM und SAX hat Sun noch eine weitere API gesetzt: JAXP (Java API for XML). Sie dient dazu, diejenigen Aspekte zu standardisieren, die bei DOM und SAX unterschiedlich gehandhabt werden, insbesondere das Erzeugen eines Parser-Objekts zu einer gegebenen XML-Quelle. JAXP stellt somit die Schnittstelle zum Parser her, der das XML-Dokument schließlich verarbeiten soll, und bietet daher eine sogenannte Factory-Klasse zum Erzeugen des eigentlichen Parsers an. Der Vorteil ist, dass die vom Programm zu verwendende Parserimplementierung ausgetauscht werden kann (z.B. statt des im JDK mitgelieferten Sun-Parsers den Apache Xerces Parser), ohne im Quelltext noch Änderungen vornehmen zu müssen. Es ist daher ratsam, DOM oder SAX in Verbindung mit JAXP zu verwenden.

42.4.1 SAX

SAX (Simple API for XML) verwendet ein sequenzielles Vorgehen beim Parsen des XML-Dokuments. Der Inhalt des Dokuments wird von Anfang bis Ende durchlaufen, immer auf der Lauer liegend, ob ein bestimmtes Ereignis (event) auftritt. Die möglichen Ereignisse sind z.B. »Dokument beginnt«, »Element beginnt«, »Element endet« usw. Wenn ein Ereignis eintritt, wird es an ein spezielles Objekt vom Typ `ContentHandler` weitergereicht. Dieses Objekt bietet passende Methoden – sogenannte Callback-Methoden – an, um die Ereignisse zu verarbeiten. Es ist daher Aufgabe des Programmierers, diese Methoden zu implementieren.

Einen SAX-Parser erzeugen

Der erste Schritt beim Einsatz von SAX besteht darin, mithilfe von JAXP eine Instanz des Parsers zu besorgen. Hierfür müssen die SAX-Pakete `org.xml.sax` und `org.xml.sax.helpers` sowie das JAXP-Paket `javax.xml.parsers` importiert werden. Dann kann es losgehen:

```
try {
    SAXParserFactory fa = SAXParserFactory.newInstance();
    // fa.setValidating(true); falls validierender Parser notwendig
    SAXParser sax = fa.newSAXParser();
    sax.parse(datei, new MeinSax());
} catch(Exception e) {
    System.err.println(" Fehler: " + e);
}
```

Bei der Beschaffung des Parsers hilft die Factory-Klasse `SAXParserFactory`, deren statische Methode `newInstance()` eine Factory-Instanz zurückliefert. Falls ein validierender Parser benötigt wird, kann dies mithilfe von `setValidating()` festgelegt werden (ohne diesen Aufruf wird kein validierender Parser erstellt). Danach können Sie durch Aufruf von `newSAXParser()` ein `SAXParser`-Objekt erzeugen. Das Parsen selbst beginnt dann mit dem Aufruf von `parse()`. Diese Methode erwartet ein `File`-Objekt mit dem XML-Dokument und eine Instanz einer Klasse, die die Schnittstelle `ContentHandler` implementiert.

Die `try-catch` Klammerung ist wegen verschiedener möglicher Exceptions erforderlich (`IOException`, `ParserConfigurationException`).

Callback-Methoden implementieren

Da die zu implementierende Schnittstelle `ContentHandler`[1] eine ganze Reihe von Methoden besitzt, von denen meistens nur einige benötigt werden, gibt es eine Adapterklasse `DefaultHandler`, die diese Schnittstelle bereits implementiert. Sie können sich dann darauf beschränken, nur die benötigten Methoden zu überschreiben.

1 `org.xml.sax.ContentHandler` ist natürlich nicht äquivalent zu `java.net.ContentHandler`.

Alle Callback-Methoden sind public und können eine SAXException werfen. Die wichtigsten Methoden für das Parsen sind:

Tabelle 42.2: Wichtige SAX-Callback Methoden

Methode	Beschreibung
void **startDocument**()	Diese Methode wird nur einmal und als Erstes aufgerufen.
void **endDocument**()	Einmaliger Aufruf, wenn das Ende des Dokuments erreicht worden ist.
void **startElement**(String namespace, String lokal, String voll,Attributes attr)	Der Beginn eines Elements ist erreicht worden. Parameter sind der Namensraum, der lokale Name des Elements (ohne Präfix des Namensraums), der volle Name mit Präfix sowie die Attribute des Elements (aber ohne Attribute mit #IMPLIED-Wert).
void **endElement**()	Das Ende eines Elements ist erreicht worden. Gleiche Parameter wie startElement().
void **characters**(char[] ch, int start, int länge)	Der Parser hat Zeichendaten (normaler Text oder CDATA-Abschnitt) angetroffen und im Feld ch ab Position start abgelegt, Anzahl Zeichen ist länge.
void **ignorableWhitespace**(char[] ch, int start, int länge)	Der Parser hat ignorierbare Leerzeichen angetroffen und im Feld ch abgelegt. Leerzeichen sind bspw. ignorierbar, wenn laut DTD kein Text im aktuellen Element sein darf. Ein validierender Parser muss diese Methode aufrufen, ein nicht validierender kann auch characters() hierfür aufrufen.
void **error**(SAXParseException e)	Beim Parsen wurde ein Fehler, beispielsweise ein Verstoß gegen die Dokumenttyp-Deklaration, gefunden.
void **fatalError**(SAXParseException e)	Es wurde ein schwerwiegender Fehler gefunden. Der Parse-Vorgang wird abgebrochen.

Bei der Methode startElement() werden alle Attribute (außer diejenigen mit einem #IMPLIED-Wert, die nicht explizit im Start-Tag des Elements auftauchen) in einem besonderen Attributes-Objekt bereitgestellt. Es verfügt u.a. über die folgenden Methoden.

Tabelle 42.3: Methoden der Schnittstelle Attribute

Methode	Beschreibung
String **getValue**(String vollerName)	Liefert den Wert des Attributs mit Namen vollerName.
String **getValue**(int index)	Liefert den Wert des Attributs an Position index (1. Attribut: index = 0)
int **getLength**()	Die Anzahl der abgelegten Attribute in diesem Objekt.
String **getQName**(int index)	Liefert den vollqualifizierten Namen von Attribut Nr. index.

Damit wurden Ihnen alle wesentlichen Zutaten für die Verarbeitung eines XML-Dokuments vorgestellt. Schauen wir uns nun das Ganze in einem Beispiel an. Als Versuchsobjekt dient uns das folgende kleine XML-Dokument:

Listing 42.1: buch.xml – XML-Datei mit integriertem DTD

```
<?xml version="1.0" encoding="iso-8859-1" ?>
<!DOCTYPE Buch [
<!ELEMENT Buch (Kapitel+)>
<!ELEMENT Kapitel (Überschrift, Absatz+)>
<!ELEMENT Absatz (#PCDATA|Java-Code)* >
<!ELEMENT Überschrift (#PCDATA)>
<!ELEMENT Java-Code (#PCDATA)>
<!ATTLIST Überschrift nummer CDATA #REQUIRED>
<!ATTLIST Kapitel nummer CDATA #REQUIRED>
]>
<Buch>
   <Kapitel nummer ="15">
      <Überschrift nummer="15.1">
         XML
      </Überschrift>
      <Absatz>
         XML ist eine sogenannte Markup-Sprache.
      </Absatz>
      <Absatz>
         XML hat sich zu einem Standardformat entwickelt.
      </Absatz>
      <Absatz>
          Der erste Schritt beim Einsatz von SAX liegt darin, mit
          Hilfe von JAXP eine Instanz des Parsers zu erhalten:
          <Java-Code>
             <![CDATA[
            SAXParserFactory fa = SAXParserFactory.newInstance();
            fa.setValidating(true);
            SAXParser sax = fa.newSAXParser();
            ]]>
         </Java-Code>
      </Absatz>
   </Kapitel>
 </Buch>
```

INFO

In diesem Beispiel haben wir als Zeichencodierung ISO-8859-1 gewählt (erste Zeile), da einige Editoren die Standardcodierung von XML, nämlich UTF-8, nicht korrekt verarbeiten können. Java selbst jedoch hat mit `utf-8` keine Probleme.

Diese Datei wollen wir nun mit eine SAX-Parser einlesen und auswerten. Jedes Element soll inklusive seiner Attribute angezeigt sowie die Gesamtzahl an Elementen ermittelt werden.

Listing 42.2: SaxDemo.java – Programm zum Parsen eines XML-Dokuments mit SAX

```
import javax.xml.parsers.*;
import org.xml.sax.*;
import org.xml.sax.helpers.*;
```

```java
import java.io.*;

public class SaxDemo extends DefaultHandler {
    int anzahlElemente = 0;

    public static void main(String[] args) {
      System.console().printf("\n");

       if(args.length != 1)  {
         System.console().printf(" Falsche Anzahl Argumente\n");
         System.console().printf(" Aufruf mit <Dateiname>\n");
         System.exit(0);
      }

      try {
         File datei = new File(args[0]);
         SAXParserFactory fa = SAXParserFactory.newInstance();
         fa.setValidating(true);
         SAXParser sax = fa.newSAXParser();
         sax.parse(datei, new SaxDemo());
      } catch(Exception e) {
          System.err.println(" Fehler: " + e);
      }
    }

    // die überschriebenen Methoden von DefaultHandler
    public void startDocument() {
       System.console().printf(" Das Parsen beginnt! \n");
    }

    public void endDocument() {
       System.console().printf("\n\n");
       System.console().printf(" Anzahl gefundener Elemente: " +
                               anzahlElemente);
    }

    public void startElement(String namespace,String lokal,
                             String voll, Attributes attr) {
       System.console().printf("\n");
       System.console().printf(" Element: " + voll + " ");
       anzahlElemente++;

       int anz = attr.getLength();

       if(anz > 0) {
          for(int i = 0; i < anz; i++) {
             System.console().printf("\t Attribut "
                                + attr.getQName(i)
                                + " = " + attr.getValue(i));
          }
       }
    }

    public void error(SAXParseException e) {
       System.err.println(" Fehler gefunden: " + e);
```

```
59     }
60
61     public void fatalError(SAXParseException e) {
62        System.err.println(" Fataler Fehler gefunden: " + e);
63     }
64 }
```

Die Klasse `SaxDemo` wird wie besprochen von `DefaultHandler` abgeleitet. In den Zeilen 20-23 wird dann über ein Factory-Objekt ein validierender SAX-Parser erzeugt und mit `parse()` gestartet. Als Parameter übergeben wir die XML-Datei und eine neu erzeugte Instanz der Klasse, in der die Callback-Methoden definiert sind (hier die Klasse `SaxDemo` selbst). Immer wenn der Parser auf ein Element trifft, wird unsere Implementierung von `startElement()` aufgerufen (Zeile 40-55), die den Namen des Elements ausgibt sowie die Liste der angetroffenen Attribute. Außerdem zählen wir in der Variablen `anzahlElemente` mit, wie viele Elemente angetroffen werden, sodass in der Methode `endDocument()` am Ende des Parse-Prozesses die Gesamtzahl ausgegeben werden kann.

TIPP

Spielen Sie ruhig ein bisschen mit dem XML-Dokument herum. Bauen Sie Fehler ein, entfernen Sie z.B. ein notwendiges Attribut oder sorgen Sie dafür, dass ein Element eine andere Reihenfolge an Elementen enthält als in der Dokumenttyp-Deklaration definiert. Beobachten Sie, ob und welche Ausgabe von `error()` ausgegeben wird.

Wie Sie sehen können, ist ein SAX-Parser praktisch, um ein XML-Dokument von Anfang bis Ende sequenziell zu durchlaufen und bei den Elementen, die man braucht, geeignete Aktionen durchzuführen. Weit schwieriger ist es, zu schon besuchten Elementen zurückzukehren. Dann kommt man nicht umhin, die Elemente in einer selbst aufgebauten Datenstruktur zu speichern. Aber genau für diesen Fall gibt es DOM, dem wir uns jetzt zuwenden.

42.4.2 DOM

Das *Document Object Model* (DOM) ist ein Standard, der vom W3C (World Wide Web Consortium) entwickelt worden ist. Im Gegensatz zu SAX ist die Grundidee von DOM, das XML-Dokument komplett einzulesen und im Hauptspeicher in einer hierarchischen Datenstruktur (als Baum) abzubilden. Dadurch kann sehr elegant auf den Knoten operiert werden. Hier liegt allerdings auch der wesentliche Nachteil von DOM: für sehr große XML-Dokumente ist es unter Umständen nicht brauchbar! Wenn ein Programm beispielsweise sehr schnell nur das erste Subelement der Wurzel benötigt (was in den ersten Zeilen der Datei zu finden ist), muss mit dem DOM-Ansatz dennoch das gesamte Dokument eingelesen und geparst werden. Und bei extrem großen XML-Dokumenten kann unter Umständen der verfügbare Speicher schlichtweg zu klein sein. Aber das dürfte eher selten vorkommen.

DOM repräsentiert wie schon gesagt ein XML-Dokument als einen Baum von Knoten, wobei jeder Knoten die Wurzel eines darunter anschließenden Unterbaums sein kann.

Das hat u.a. den Vorteil, dass man alle Knoten einheitlich behandeln kann, inklusive die Wurzel des Gesamtbaums. Das typische Vorgehen ist meist der Aufruf einer rekursiven (also sich selbst aufrufenden) Methode, die bei der Wurzel startet und sich selbst für jeden Unterknoten (auch Kind genannt) der Wurzel aufruft.

Ein DOM einlesen

DOM wird im Paket `org.w3c.dom` definiert, was somit in allen DOM-Programmen importiert werden muss. Außerdem ist das JAXP-Paket `javax.xml.parsers` erforderlich[2].

Ein DOM wird durch ein Objekt vom Typ `Document` repräsentiert und entsprechend heißt das notwendige Parser-Objekt `DocumentBuilder`. Der Aufbau eines DOM umfasst analog zu SAX den Einsatz einer Factory-Klasse, die das eigentliche Parser-Objekt generiert. Der Ablauf ist folgender:

1. Ein Parser-Objekt vom Typ `DocumentBuilder` wird erzeugt.

```
DocumentBuilderFactory fa = DocumentBuilderFactory.newInstance();
fa.setValidating(true); // falls validierender Parser gewünscht
DocumentBuilder db = fa.newDocumentBuilder();
```

2. Die XML-Datei wird dem Parser-Objekt übergeben, um ein `Document` zu erzeugen.

```
Document doc = db.parse(datei); //
```

Die obigen Methoden können im Fehlerfall Exceptions werfen (`IOException`, `ParserConfigurationException`), sodass eine `try-catch` Klammerung erforderlich ist.

Zugriff auf Knoten und ihre Daten

Weiter oben haben wir gesagt, dass ein Objekt vom Typ `Document` das erzeugte DOM repräsentiert. Jetzt müssen wir etwas präziser werden: `Document` selbst ist abgeleitet von `Node`, welches die zentrale Schnittstelle zur Darstellung eines Knotens ist. `Document` repräsentiert also eine spezielle Art von Knoten, nämlich die Wurzel. Diesen Knoten erhält man durch die `Document`-Methode `getDocumentElement()`.

In dem Baum, der vom DOM-Parser erzeugt wird, bilden Elemente, Attribute, Text usw. die Knoten als Instanzen von `Node`. Jeder `Node` hat hierbei einen Typ, je nachdem, was er repräsentiert. Die wichtigsten Typen sind

Konstante	für
`short Node.DOCUMENT_NODE`	Dokument (Wurzel)
`short Node.ELEMENT_NODE`	Element
`short Node.ATTRIBUTE_NODE`	Attribut
`short Node.CDATA_SECTION_NODE`	CDATA Text

Tabelle 42.4: Konstanten für mögliche Knotentypen

2 Man kann DOM natürlich auch ohne JAXP einsetzen.

Tabelle 42.4: Konstanten für mögliche Knotentypen (Forts.)

Konstante	für
short Node.TEXT_NODE	normalen Text (PCDATA)
short Node.COMMENT_NODE	Kommentare

Außerdem enthält Node eine Reihe von Methoden, um auf Knoteninformationen zuzugreifen.

Tabelle 42.5: Ausgewählte Node-Methoden zum Ermitteln von Knoteninformationen

Methode	Beschreibung
String **getNodeName**()	Name des Knotens
short **getNodeType**()	Typ des Knotens, z.B. ELEMENT_NODE
String **getNodeValue**()	Wert des Knotens
NamedNodeMap **getAttributes**()	Liefert eine Liste der Attribute, wenn der Knoten vom Typ ELEMENT_NODE ist, sonst null.

Die Methode getNodeName() ist etwas erklärungsbedürftig. Sie liefert für einen Knoten, der ein Element repräsentiert, den Namen des Elements (z.B. Kapitel). Andernfalls wird ein generischer Name eingesetzt, z.B. #text für einen Knoten vom Typ TEXT_NODE oder #cdata-section beim Typ CDATA_SECTION_NODE.

Auch die Methode getNodeValue() ist nicht so einfach einzusetzen. Sie liefert den Wert eines Knotens zurück, aber was soll das genau sein? Nun, der Wert hängt vom Knotentyp ab: Steht das Node-Objekt für ein Attribut (Typ Node.ATTRIBUTE_NODE), ist der Wert des Knotens der Wert des Attributs; ist es vom Typ Node.CDATA_SECTION_NODE, dann ist der Wert die Zeichenfolge aus der CDATA-Sektion. Analoges gilt für Kommentare und Text; alle anderen Knoten haben den Wert null (insbesondere auch der Typ Node.ELEMENT).

Die Methode getAttributes() liefert die Attribute in ungeordneter Form in einem besonderen Objekt vom Typ NamedNodeMap. Zum Auslesen dienen die Methoden:

- int getLength() – liefert die Anzahl der Attribute.
- Node item(int n) – liefert das n-te Attribut als Node.
- Node getNamedItem(String name) – liefert das Attribut name als Node.

Machen wir uns an einigen Beispielen klar, welche Knoten vom DOM-Parser erzeugt werden. Für die XML-Sequenz

```
<Überschrift nummer = "15.1">
   Die Grundlagen von XML
</Überschrift>
```

wird der DOM-Parser zwei (Baum-)Knoten anlegen. Einen Knoten vom Typ ELEMENT_NODE zur Darstellung des Elements Überschrift, und einen Knoten vom Typ TEXT_NODE für den Inhalt des Elements, nämlich die Zeichenkette "Die Grundlagen von XML". Außerdem wird noch ein Knoten vom Typ ATTRIBUTE_NODE für das Attribut nummer erstellt, der dem Elementknoten für Überschrift angegliedert ist.

INFO

Der Knoten für ein Attribut gehört nicht zum eigentlichen Gesamtbaum, d.h., er ist kein Kind des jeweiligen Elementknotens und somit nicht über `getChildNodes()` erreichbar. Man kann diese Knoten nur über `getAttributes()` erreichen.

Etwas komplizierter wird die Lage, wenn wir annehmen, dass `Überschrift` noch was anderes enthält, z.B. ein weiteres Element oder einen CDATA-Abschnitt, z.B.

```
<Überschrift nummer = "15.1">
    Die Grundlagen von XML
    <![CDATA[
    <Tags> & Co.
   ]]>
</Überschrift>
```

Als gutmütiger Mensch könnte man glauben, dass in diesem Fall (abgesehen vom Attributknoten) drei Knoten angelegt werden: einer für `Überschrift`, einer für den Text `"Die Grundlagen ..."` und einer für den CDATA-Abschnitt. Dem ist auch so, aber es wird noch ein Knoten angelegt vom Typ `TEXT_NODE` mit dem generischen Namen `#text`! Der Grund: Nach dem Ende des CDATA-Abschnitts folgt ein Text-Abschnitt bis zum Ende des Elements `Überschrift`. Allerdings besteht er lediglich aus einigen Leerzeichen, aber das ist dem Parser egal. Er legt hierfür ebenfalls einen Knoten an.

Nachdem wir nun wissen, welche Knoten es gibt und was sie enthalten, brauchen wir noch eine Möglichkeit, im Baum herumzuwandern und Knoten zu besuchen. Hierzu werden von `Node` folgende Methoden angeboten:

Tabelle 42.6: Node-Methoden zum Navigieren im Knotenbaum

Methode	Beschreibung
boolean **hasChildNodes**()	Liefert `true`, wenn der Knoten Kinder hat.
NodeList **getChildNodes**()	Liefert ein `NodeList`-Objekt mit den Kindern des Knotens.
Node **getFirstChild**()	Liefert das erste Kind des Knotens.
Node **getLastChild**()	Liefert das letzte Kind des Knotens.
Node **getParentNode**()	Liefert den Vorgänger im Baum (der Vater).
Node **getNextSibling**()	Liefert das nächste Kind des Vaterknotens, also ein Geschwister des aktuellen Knotens.
Node **getPreviousSibling**()	Liefert das vorhergehende Kind des Vaterknotens, also das vorhergehende Geschwister des aktuellen Knotens.

Die wichtigste Methode ist `getChildNodes()`, die ein Objekt der Hilfsklasse `NodeList` zurückliefert. `NodeList` wiederum bietet die folgenden Methoden zum Zugriff auf die Kinder an:

- `int getLength()` – liefert die Anzahl.
- `Node item(int n)` - liefert Kind `n` als `Node`-Objekt.

Nach dieser großen Fülle an trockenen Details wird es Zeit, DOM im Einsatz zu erleben. Das folgende Beispiel liest ein XML-Dokument ein und gibt die Elementknoten aus. Außerdem wird die Gesamtzahl an XML-Elementen ermittelt.

Listing 42.3: DOMDemo.java – Programm zum Durchlaufen eines XML-Dokuments mit DOM

```
import javax.xml.parsers.*;
import org.w3c.dom.*;
import java.io.*;

public class DOMDemo  {
   static int anzahlElemente = 0;
   static int anzahlKnoten = 0;

    public static void main(String[] args) {
      System.console().printf("\n");

      if(args.length != 1)  {
        System.console().printf(" Falsche Anzahl Argumente");
        System.console().printf(" Aufruf mit <Dateiname>");
        System.exit(0);
      }

      try {
         File datei = new File(args[0]);
         DocumentBuilderFactory fa =
                          DocumentBuilderFactory.newInstance();
         DocumentBuilder db = fa.newDocumentBuilder();
         Document doc = db.parse(datei);

         // von der Wurzel aus durch den Baum laufen
         // 'doc.getDocumentElement()' liefert die Wurzel
         unterbaumDurchlaufen(doc.getDocumentElement());

         System.console().printf("\n\n");
         System.console().printf(" Anzahl Knoten  : %d\n",
                                  anzahlKnoten);
         System.console().printf(" Anzahl Elemente: %d\n",
                                  anzahlElemente);
      } catch(Exception e) {
          System.err.println(" Fehler: " + e);
      }
    }

    // rekursiv alle Knoten im Unterbaum mit Wurzel 'knoten'
    static void unterbaumDurchlaufen(Node knoten) {
       if(knoten == null)
          return;

       anzahlKnoten++;

       if(knoten.getNodeType() == Node.ELEMENT_NODE) {
         anzahlElemente++;
         System.console().printf("\n");
```

```
49          System.console().printf(" Element %s",
50                                  knoten.getNodeName());
51
52          // Attribute ausgeben
53          NamedNodeMap attribs = knoten.getAttributes();
54          int anz = attribs.getLength();
55
56          for(int i = 0; i < anz; i++) {
57            Node tmp = attribs.item(i);
58            System.console().printf("\t Attribut "
59                                   + tmp.getNodeName()
60                                   + " = "+tmp.getNodeValue());
61          }
62
63        }
64
65        // die Kinder besuchen
66        NodeList kinder = knoten.getChildNodes();
67
68        if(kinder == null)
69          return;
70
71        int anzahl = kinder.getLength();
72
73        for(int i = 0; i < anzahl; i++)
74            unterbaumDurchlaufen(kinder.item(i));
75     }
76 }
```

Zunächst beginnen wir mit dem Erzeugen eines DOM-Parsers und legen dann das DOM durch Aufruf von `parse()` an (Zeilen 19-23). Rückgabewert von `parse()` ist ein Objekt vom Typ `Document`, welches die Wurzel des generierten Baums repräsentiert. Um nun alle Knoten zu besuchen, rufen wir in Zeile 27 die rekursive Methode `UnterbaumAbklappern()` mit der Wurzel als Startwert auf. `UnterbaumAbklappern()` macht bei jedem Aufruf Folgendes: Zunächst wird für den übergebenen Knoten geprüft, ob er vom Typ `ELEMENT_NODE` ist und falls ja, werden sein Name und seine Attribute ausgegeben und der Zähler für die Anzahl der Elemente erhöht. Damit ist der übergebene Knoten abgearbeitet. Nun beginnt der rekursive Teil. In Zeile 66 besorgen wir uns die Liste der Kinder dieses Knotens und rufen dann für jedes Kind die Methode erneut auf (Zeile 73-73).

Ein DOM aufbauen und schreiben

Nachdem Sie nun gesehen haben, wie aus einer XML-Datei ein DOM wird, bleibt noch die Frage zu klären, wie der umgekehrte Weg funktioniert: Man hat ein DOM im Speicher (entweder vom Programm komplett selbst erzeugt oder ein eingelesenes DOM, das modifiziert worden ist) und will daraus nun eine XML-Datei erzeugen.

Das Anlegen eines zunächst leeren DOM verläuft wie für den Fall, dass wir aus einer XML-Datei einlesen, mit Ausnahme des Aufrufs von `parse()`:

42

```
DocumentBuilderFactory fa = DocumentBuilderFactory.newInstance();
DocumentBuilder db = fa.newDocumentBuilder();
Document doc = db.newDocument();
```

Da es nichts zu parsen gibt, wird stattdessen mit der Methode `newDocument()` von `DocumentBuilder` ein leeres Dokument angelegt.

Leeres Dokument heißt auch ein leerer Baum. Wir müssen also nun damit beginnen, die Mutter aller Knoten – die Wurzel – anzulegen:

```
Element wurzel = doc.createElement("Buch");
doc.appendChild(wurzel);
```

Zum Erzeugen von Knoten bietet die Schnittstelle `Document` die Methode `createElement()` an, die als Parameter den gewünschten Elementnamen erwartet und ein Objekt `Element` zurückgibt. Mit `appendChild()` kann dann der Knoten dem DOM hinzugefügt werden. Dies macht man natürlich nur mit dem Knoten, der als Wurzel dienen soll. Die restlichen Knoten werden direkt den entsprechenden Knoten hinzugefügt.

Da es nicht nur Elementknoten geben kann, bietet `Document` natürlich eine ganze Reihe von Methoden zum Erzeugen an.

Tabelle 42.7: Document-Methoden zum Erzeugen von Knoten

Methode	Beschreibung
`Element` **`createElement`**`(String name)`	Erzeugt einen Elementknoten.
`Comment` **`createComment`**`(String kom)`	Erzeugt einen Kommentarknoten.
`CDATASection` **`createCDATASection`**`(String cdata)`	Legt einen CDATA-Knoten an.
`Text` **`createTextNode`**`(String text)`	Legt einen Text-Knoten (PCDATA) an.

Die mit diesen Methoden erzeugten Knotenobjekte sind alle vom allgemeinen Typ `Node` abgeleitet und somit vollwertige Knoten mit allen lesenden Zugriffsmethoden, die wir schon kennengelernt haben.

Da Elemente noch Attribute enthalten können, brauchen wir noch einen Weg, um ein Objekt vom Typ `Element` mit Attributen zu versehen bzw. vorhandene zu entfernen. Hierzu dienen die Methoden von `Element`.

Tabelle 42.8: Element-Methoden für Attribute

Methode	Beschreibung
`void` **`removeAttribute`**`(String name)`	Löscht das Attribut `name`.
`void` **`setAttribute`**`(String name, String wert)`	Setzt das Attribut `name` auf den `wert`.
`String` **`getAttribute`**`(String name)`	Liefert den Wert des Attributs `name`.

Es wurde bereits erwähnt, dass Knoten mit der Methode `appendChild()` zu einem anderen Knoten als Kind hinzugefügt werden. Darüber hinaus gibt es in `Node` noch weitere Methoden zum Ändern bzw. Ersetzen von Knoten:

Tabelle 42.9: Node-Methoden zum Ändern/Hinzufügen von Kindern

Methode	Beschreibung
Node **appendChild**(Node kn)	Fügt kn an als Kind (hinter das letzte vorhandene) hinzu. Rückgabewert ist kn.
Node **insertBefore**(Node kn, Node kind)	Fügt kn vor dem existierenden kind ein. Rückgabewert: kn.
Node **removeChild**(Node kn)	Löscht kn aus der Liste der Kinder. Rückgabewert: kn.
Node **replaceChild**(Node neu, Node alt)	Ersetzt das Kind alt durch neu. Rückgabewert: alt.

Alle diese Methoden können eine DOMException werfen.

Außerdem gibt es noch die hilfreiche Node-Methode

```
Node cloneNode(boolean tief)
```

Sie erstellt eine identische Kopie des Knotens mit Ausnahme der Referenz auf den Vaterknoten: getParent() liefert bei der Kopie null. Wenn als Parameter true übergeben wird, wird eine sogenannte tiefe Kopie erstellt, d.h., der gesamte Unterbaum, der an diesem Knoten dranhängt, wird kopiert.

Wenn ein DOM erstellt bzw. ein bestehender modifiziert worden ist, sollte zum Abschluss noch folgende Anweisung durchgeführt werden:

```
// Document doc;
doc.getDocumentElement().normalize();
```

Die Methode normalize() bewirkt eine Kompression des DOM und die Knoten werden teilweise zusammengelegt. Wenn Sie beispielsweise zu einem Knoten zwei Knoten vom Typ Text hinzugefügt haben, entspricht dies nicht mehr der DOM-Spezifikation. (In einem XML-Dokument gibt es nicht zwei aufeinander folgende Text-Abschnitte, denn dies würde immer als ein Text-Abschnitt aufgefasst.) Entsprechend kann es im DOM nicht zwei Text-Knoten hintereinander geben.

Nun bleibt noch das Problem der Ausgabe. Wie schreibt man ein DOM als XML-Datei? Die DOM-Spezifikation hilft hier leider nicht weiter. Praktisch wäre eine Methode in der Art Document.writeToFile(), die es aber nicht gibt. Deshalb müssen wir uns selbst helfen. Zwei Vorgehensweisen sind denkbar:

- Sie schreiben eine Methode, die durch den Baum wandert, alle Knoten besucht und entsprechende Ausgaben erzeugt.
- Sie verwenden XSLT.

Der erste Ansatz ist im Prinzip schon oben in der rekursiven Methode unterbaumDurchlaufen() demonstriert. Die andere Möglichkeit betrifft XSLT[3]. Es handelt sich hierbei um eine XML-Anwendung, mit deren Hilfe man XML-Dateien von einem Format in ein anderes Format umwandeln kann. Dies ist ein sehr umfangreiches Thema und würde daher den Rahmen dieser Einführung sprengen. Aber für unser Ziel, ein DOM als XML-Datei auszugeben, ist XSLT sehr interessant, da

3 steht für *»extensible stylesheet language transformer«*

es hierfür das Paket javax.xml.transform und einige Unterpakete gibt, mit deren Hilfe dies möglich ist. Das folgende Codefragment demonstriert die grundsätzliche Vorgehensweise

```
01:import javax.xml.transform.*;
02:import javax.xml.transform.dom.*;
03:import javax.xml.transform.stream.*;
04:import java.io.File;
05:
06: // Doc erzeugen: doc = ...
07: Factory fac = TransformerFactory.newInstance();
08: Transformer transformer = fac.newTransformer();
09: transformer.setOutputProperty("encoding","iso-8859-1");
10: transformer.setOutputProperty("indent","yes");
11: DOMSource quelle = new DOMSource(doc);
12: File datei = new File("test.xml");
13:
14: StreamResult ausgabe = new StreamResult(datei);
15: transformer.transform(quelle, ausgabe);
```

Nachdem in Zeile 6 ein Document-Objekt in geeigneter Weise angelegt worden ist, kann in Zeile 7 eine Instanz von TransformerFactory angelegt werden, mit dessen Hilfe das eigentliche Umwandlungsobjekt vom Typ Transformer erstellt wird. Dieses Objekt hat eine Reihe von Eigenschaften, von denen wir zwei nützliche setzen, nämlich anstelle des standardmäßigen UTF-8 eine andere Zeichencodierung sowie den Hinweis, die Ausgabe einzurücken, damit sie besser lesbar ist. Damit sind wir schon fast fertig. Für den Umwandlungsprozess brauchen wir noch eine Quelle und ein Ziel. Als Quelle dient unser DOM, daher dient doc als Argument für den Konstruktor von DOMSource. Als Ziel brauchen wir noch eine Datei anzulegen; daraus wird dann ein besonderes Objekt StreamResult (Zeile 14) erstellt. Schließlich kommen wir mit transform() zur Umwandlung. Da wir keine Umwandlungsvorschriften definiert haben, wird 1:1 umgewandelt und wir haben unser Ziel erreicht: Das DOM ist in einer Datei gelandet.

42.4.3 JDOM

JDOM steht für »Java Document Object Model« und ist eine weitere API zur Verarbeitung von XML-Dokumenten. Nachdem Sie weiter oben schon SAX und DOM kennengelernt haben, werden Sie sich fragen, warum es nun noch ein Paket hierfür gibt.

Die Antwort liefert das »J« in JDOM. Diese API ist speziell auf Java ausgerichtet, im Gegensatz zu SAX und DOM. Hier handelt es sich um allgemeine Spezifikationen, die in mehreren Programmiersprachen vorhanden sind. JDOM liegt in gewisser Hinsicht eine Stufe über SAX und DOM und erlaubt auch über Schnittstellen den vollen Zugriff auf diese APIs. JDOM verwendet intern Java-Datenstrukturen (z.B. Collections) zur Repräsentation eines DOM und bietet dabei eine bessere Performance und elegantere Zugriffsmöglichkeiten – beispielsweise ist das Schreiben eines XML-Baums in eine Datei direkt durch eine entsprechende Klasse möglich. Die im vorherigen Abschnitt beschriebenen Umwege sind nicht notwendig.

JDOM gehört nicht zur Java-Standardbibliothek und muss separat bezogen und installiert werden. Wir werden an dieser Stelle lediglich einen groben Überblick über JDOM geben, damit Sie abschätzen können, ob JDOM etwas für Sie ist.

Installation

Die aktuelle Version des Pakets können Sie unter www.jdom.org finden. Kopieren Sie das JAR-Archiv in ein geeignetes Verzeichnis. Für das Kompilieren und Ausführen von Programmen mit JDOM muss die JAR-Datei in der Umgebungsvariablen CLASSPATH erscheinen. Falls Sie keinen Klassenpfad verwenden möchten, können Sie *javac* und *java* auch mit der Option *-classpath .;c:\ < PFAD_zum_ ARCHIV > \jdom.jar* ausführen.

Paket-Übersicht

Das JAR-Archiv stellt die JDOM-Klassen in Form von mehreren Paketen zur Verfügung:

- `org.jdom` bildet den Kern mit allen Klassen, die zur Repräsentation des XML-Dokuments notwendig sind, z.B. gibt es Klassen für Element, Text, CDATA usw.
- `org.jdom.input` und `org.jdom.output` stellen die Funktionalität zum Lesen und Schreiben von XML-Dokumenten bereit.
- `org.jdom.transform` ist das Gegenstück zu `javax.xml.transform` und enthält Klassen zur Umwandlung von XML-Formaten.
- `org.jdom.adapters` enthält Adapter, um andere DOM-Implementierungen/ -Parser zu nutzen.

Ein JDOM-Streifzug

Einen guten Eindruck von JDOM erhalten Sie, wenn wir gleich voll hineinspringen und uns einige Codefragmente anschauen. Sie werden erkennen, dass der Übergang zu JDOM sehr einfach ist, wenn man mit DOM bereits vertraut ist.

Schauen wir uns also an, wie ein XML-Dokument in den Hauptspeicher gelangt:

```
import org.jdom.*;
import org.jdom.input.*;
import org.jdom.output.*;
import java.io.*;

// ...
SAXBuilder dom = new SAXBuilder();
Document doc = dom.build(new File(args[0]));
```

Hierzu bietet JDOM eine Klasse `SAXBuilder` an. Man erzeugt also einfach eine Instanz dieser Klasse und lässt anschließend die Methode `build()` das `Document`-Objekt erstellen (hier natürlich `org.jdom.Document` und nicht `org.w3c.dom`). Das war es schon!

Der Zugriff auf die einzelnen Bestandteile des Baums ist sehr ähnlich zu DOM. Es gibt Klassen für `Element`, `Text`, `CDATA`, `Comment` usw. und Methoden, um im Baum zu navigieren, Kinderknoten zu besuchen und Informationen abzufragen, z.B.

```
Element wurzel = doc.getRootElement();
System.console().printf(" Wurzel: %s\n", wurzel.getName());

java.util.List kinder = wurzel.getChildren();
System.console().printf(" Anzahl direkte Kinder: %d\n", kinder.size());
java.util.Iterator it = kinder.iterator();

Element tmp;

while(it.hasNext()) {
          tmp = (Element) it.next();
          System.console().printf("\n");
          System.console().printf("   Kind: %s, Text: %s \n",
                                  tmp.getName(), tmp.getText());
}
```

Im Gegensatz zu der DOM-API kommen überwiegend Java-Klassen zur Anwendung, beispielsweise liefert `getChildren()` eine Instanz von `java.util.List` und keine gewöhnungsbedürftige `NamedNodeMap` wie im DOM-Gegenstück. Das erleichtert den Einsatz von JDOM enorm, da man nicht viele neue Klassen kennenlernen muss und alle vertrauten Java-Vorteile wie Iteratoren einsetzen kann.

Auch die Ausgabe als XML-Datei lässt sich ohne große Umschweife in drei Zeilen durchführen – mithilfe einer Instanz von `XMLOutputter`:

```
FileWriter fw = new FileWriter(args[1]);
XMLOutputter ausgabe = new XMLOutputter();
Format format = ausgabe.getFormat();
format.setEncoding("iso-8859-1");
ausgabe.setFormat(format);
ausgabe.output(doc, fw);
```

DVD

Den vollständigen Quelltext finden Sie als *JDomDemo.java* auf der Buch-DVD.

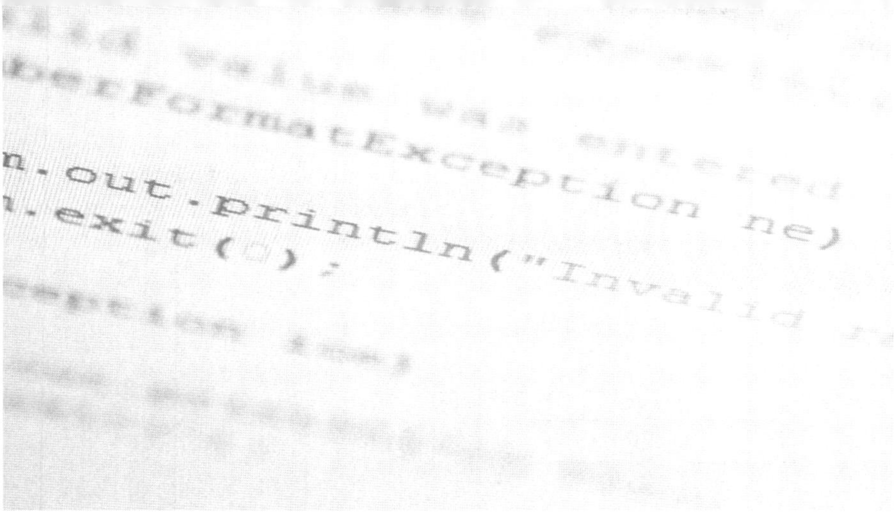

Kapitel 43
Webservices

Webservices (oder Webdienste) sind eine der neueren Errungenschaften der IT-Welt. Was genau unter einem Webservice zu verstehen ist und wie man Webservices in Java programmieren kann, ist Thema dieses Kapitels. Seit Java 6 gehört die API zur Erstellung von Webservices zum Umfang der Standard Edition.

43.1 Was ist ein Webservice?

Allgemein ausgedrückt ist ein Webservice eine Software-Anwendung, die eine klar begrenzte Funktionalität – einen Service (Dienst) – realisiert und über das Internet (oder auch nur das firmeninterne Intranet) zur Verfügung stellt. Webservices werden in zunehmenden Maße zur losen und flexiblen Kopplung von IT-Anwendungen eingesetzt, gerade im Zusammenhang mit dem neuen Schlagwort *SOA* (Service-oriented Architecture). Hierunter versteht man eine an den Geschäftsprozessen des Unternehmens ausgerichtete IT-Landschaft, bei der die vielen verschiedenen IT-Systeme ihre Kernfunktionalitäten als Webservices anbieten, die je nach Bedarf zu aggregierten Superservices zusammengefügt werden können.

Webservices sind grundsätzlich nicht für menschliche Benutzer gedacht (wie normale Webseiten), sondern nur für andere Software-Anwendungen, die üblicherweise via HTTP den Webservice aufrufen und auf die Antwort warten. Die Nachrichten, die dabei ausgetauscht werden (also der Aufruf und die Antwort), sind XML-basiert und müssen einem bestimmten XML-Format entsprechen, das durch eine besondere Spezifikationssprache namens WSDL definiert wird. In welcher Form und was zwischen Sender und Empfänger ausgetauscht wird, wird außerdem noch durch ein weiteres Protokoll namens SOAP[1] festgelegt.

Abbildung 43.1: Webservice-Aufruf

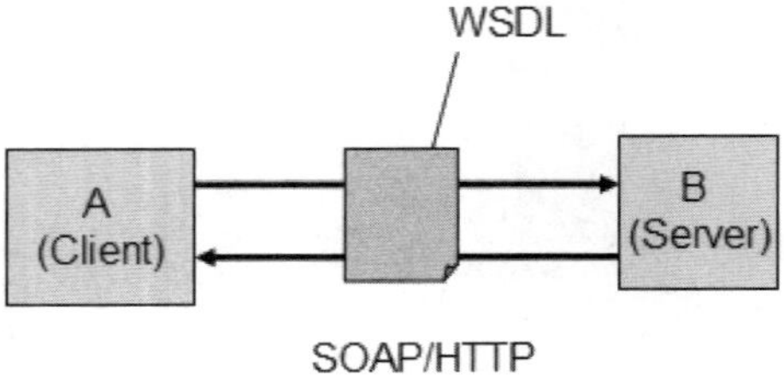

Das Bindeglied zwischen dem Aufrufer (Konsument) eines Webservices und dem Anbieter des Webservices bildet das zugehörige WSDL-Schema, das genau festlegt, wie der technische Name des Service lautet, welche Parameter übergeben werden und wie die Antwort aussieht. Das klassische Vorgehen beim Einsatz von Webservices mit Java ist daher die Definition des WSDL und davon ausgehend dann die Implementierung geeigneter Java-Klassen. Hierbei helfen zahlreiche Tools und Bibliotheken (beispielsweise Apache Axis).

Aus der Sicht eines Java-Programmierers wäre es aber eigentlich natürlicher, von den Java-Klassen auszugehen, d.h., man definiert eine Klasse mit Methoden, die als Webservice aufrufbar sein sollen, und generiert daraus das WSDL, das man dann weitergeben kann, sodass andere Entwickler wissen, wie der Webservice aufgerufen werden kann.

Genau dieser Ansatz wird seit Java 6 möglich durch den Einsatz von besonderen Annotationen, mit denen man Klassen und Methoden sehr rasch in einen Webservice umwandeln kann. Sie werden begeistert sein, wie einfach dies ist! Die folgenden Abschnitte sollen Ihnen daher ein erstes Reinschnuppern ermöglichen und Lust auf mehr machen.

43.2 Webservices definieren

Als Beispiel wollen wir einen Webservice anbieten, der Lottozahlen zieht. Als Ausgangspunkt schreiben wir eine Java-Klasse `Lotto`:

Listing 43.1: Lotto.java – Lottozahlen-Ziehung

```
import java.util.*;

public class Lotto {
   private Random rand;
```

1 Ursprünglich eine Abkürzung von »Simple Object Access Protocol«. Aus lizenzrechtlichen Gründen ist man mittlerweile davon abgerückt. SOAP ist nun einfach ein Name und keine Abkürzung mehr.

```
   // Default-Konstruktor
   public Lotto() {
      rand = new Random();
   }

   // anzahl Zahlen aus dem Bereich 1 bis maxWert ziehen
   Integer[] lottoZahlen(int anzahl, int maxWert)
                   throws LottoException {

      Integer[] ergebnis = new Integer[anzahl];

      try {
         HashSet<Integer> zahlen = new HashSet<Integer>();
         int zaehler = 0;

         while(true) {
            int zahl = rand.nextInt(maxWert+1) + 1;
            boolean eingefuegt = zahlen.add(zahl);

            if(eingefuegt == false) // Zahl gibt's schon; neuer Versuch
               continue;
            else {
               zaehler++;

               if(zaehler == anzahl)
                  break;
            }
         }

         // Array erzeugen und sortieren
         ergebnis = zahlen.toArray(ergebnis);
         Arrays.sort(ergebnis);
      }
      catch(Exception e) {
         LottoException ex = new LottoException(new Date(),
                                                 e.getMessage());
         throw ex;
      }

      return ergebnis;
   }
}
```

Die Klasse bietet keine Überraschungen. Die Methode `lottoZahlen()` berechnet `anzahl` zufällige Zahlen aus dem Bereich 1 bis `maxWert` und liefert sie in aufsteigender Reihenfolge als Array zurück. Im Fehlerfall wird eine Exception erzeugt, wobei wir hier eine selbst definierte vom Typ `LottoException` verwenden:

Listing 43.2: LottoException.java – Exception für Fehlermeldung von Webservice

```
package de.carpelibrum;
import java.util.Date;
```

```
public class LottoException extends Exception {
   private String msg;
   private Date zeitPunkt;

   // Konstruktor
   public LottoException(Date z, String msg) {
      super();
      this.zeitPunkt = z;
      this.msg = msg;
   }

   public String getMessage() {
      return "Fehler um " + zeitPunkt.toString() + " : " + msg;
   }

}
```

Nun werden wir daraus einen Webservice generieren. Am besten kopieren Sie sich den obigen Quelltext in einen Editor und folgen den Anweisungen.

1. Um eindeutige Bezeichner für den Webservice zu erhalten, definieren Sie seine Klassen in einem eigenen Paket. Als Paketname für unser Beispiel wählen wir `de.carpelibrum`[2]. Stellen Sie eine entsprechende Zeile `package de.carpelibrum;` an den Anfang von *Lotto.java* und *LottoException.java*.
2. Die Umwandlung in einen Webservice erfolgt durch besondere Annotationen, die in den Paketen `javax.ws` und `javax.ws.soap` definiert sind. Sie müssen daher *Lotto.java* um entsprechende `import`-Anweisungen erweitern.
3. Markieren Sie die Klasse `Lotto` per Annotation als Webservice-Klasse:

   ```
   @WebService(name="Lotto",
               targetNamespace="http://www.carpelibrum.de/")
   @SOAPBinding(style=SOAPBinding.Style.RPC)
   public class Lotto {
   ```

   `@WebService` , definiert den Namen und den Namespace (der zum Paket-Namen korrespondieren muss) und `@SOAPBinding` legt hier fest, dass Sie einen klassischen Aufruf-Stil verwenden, d.h., der Aufrufer übergibt ggf. Parameter und erhält eine Antwort mit dem Ergebnis.
4. Markieren Sie die Methode `lottoZahlen()` als die eigentliche Operation des Webservices:

   ```
   @WebMethod(operationName="lottoZahlen",
              action="urn:lottoZahlen")
   public @WebResult(partName="result") Integer[]
   lottoZahlen(@WebParam(name="anzahl") int anzahl,
               @WebParam(name="maxWert") int maxWert)
               throws LottoException {
   ```

   `@WebMethod` definiert den Namen der Webservice-Operation, `@WebResult` zeigt an, dass ein Ergebnis zurückgeliefert wird, und `@WebParam` definiert die Namen von Parametern.

2 Denken Sie bitte daran, dass Sie die Dateien auch auf der Festplatte entsprechend ablegen müssen, z. B. *de\carpelibrum\Lotto.java*.

Bei diesem Vorgehen muss die Java-Klasse, die Sie in einen Webservice verwandeln möchten, folgende Bedingungen erfüllen: sie muss `public` sein, einen Standardkonstruktor haben, aber keine `finalize()`-Methode, und die zu veröffentlichende Methode muss ebenfalls `public` und nicht `final` sein.

5. Zum Abschluss kompilieren Sie die Klassen:

```
javac  .\de\carpelibrum\Lotto.java
```

43.3 Webservices veröffentlichen

Jetzt können Sie daran gehen, den Webservice zu veröffentlichen. Dies erfolgt üblicherweise in einem Application-Server, aber für unsere Testzwecke reicht auch ein kleiner Miniserver, der praktischerweise seit Java 6 in Form der Klasse `Endpoint` mitgeliefert wird.

Listing 43.3: LottoServer.java – Miniwebserver zum Veröffentlichen des Webservices lottozahlen

```
import javax.xml.ws.Endpoint;
import de.carpelibrum.*;

public class LottoServer {
    // Starte einen Webserver für diesen Service auf Port 8081
    public static void main(String[] args) {
      System.out.println();

      Lotto ls = new Lotto();
      System.out.println("Starte Webservice 'lottoZahlen' " +
                         "auf Port 8081...");
      Endpoint.publish("http://localhost:8081/lottoZahlen", ls);
    }
}
```

Nachdem Sie diesen Miniserver kompiliert haben, ist der Webservice fast fertig! Es fehlen lediglich noch einige Artefakte, die wir mit dem Hilfsprogramm *wsgen* erzeugen:

```
wsgen  -d . -cp .  -wsdl  de.carpelibrum.Lotto
```

Mit *-d* und *-cp* definieren wir das Zielverzeichnis bzw. den Klassenpfad (hier jeweils durch den Punkt das aktuelle Arbeitsverzeichnis). Der Schalter *-wsdl* ist optional und sorgt dafür, dass zusätzlich eine WSDL-Datei generiert wird.

Nach Ausführung dieses Programms werden Sie feststellen, dass es in *.\de\carpelibrum* nun einen neuen Ordner *jaxws* gibt, der eine generierte Bean-Klasse für die `LottoException` beinhaltet. Sie wird beim Deployment des Webservices benötigt. Starten Sie nun den Webservice mit *java LottoServer*.

Um zu testen, ob der Service überhaupt antwortet, öffnen Sie einen Webbrowser und geben http://localhost:8081/lottoZahlen?WSDL ein. Als Antwort sollten Sie das WSDL-Dokument sehen, das unseren Lottoservice definiert.

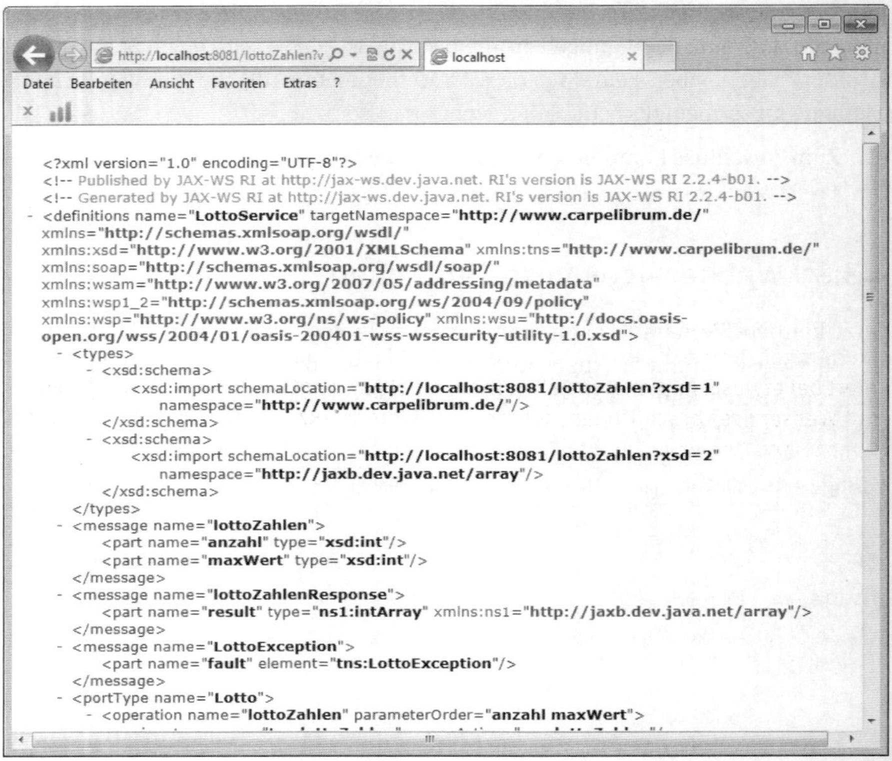

Abbildung 43.2: WSDL-Schema des Webservices

Nun fehlt nur noch ein Client, der den Service nutzt.

43.4 Webservices aufrufen

Um ein Java-Programm zu erstellen, das den obigen Webservice aufruft, benötigen Sie ein passendes WSDL.

Vermutlich ist es Ihnen bereits aufgefallen: der Aufruf von *wsgen* mit dem Parameter *–wdsl* hat bereits im Arbeitsverzeichnis die Datei *LottoService.wsdl* erzeugt, sowie zwei Schemadateien mit Typdefinitionen, die von *LottoService.wsdl* referenziert werden. Diese Dateien können Sie nun anderen Entwicklern bereitstellen, die damit eigene Client-Anwendungen zur Nutzung Ihres Webservices erstellen können.

Um den Webservice auf dem lokalen Rechner zu testen, müssen Sie in der WSDL-Datei noch die lokale Adresse des Webservices eintragen. Öffnen Sie hierzu die Datei *LottoService.wsdl* und ersetzen Sie in Abschnitt

```
<service name="LottoService">
    <port name="LottoPort" binding="tns:LottoPortBinding">
      <soap:address location="REPLACE_WITH_ACTUAL_URL"/>
    </port>
</service>
```

die Zeichenkette REPLACE_WITH_ACTUAL_URL durch *http://localhost:8081/lottoZahlen*.

Nun können Sie mit dem Hilfsprogramm *wsimport* aus der WSDL-Datei die notwendigen Klassen generieren lassen:

```
wsimport -d . -p de.carpelibrum.wsclient  LottoService.wsdl
```

Mit *-d* definieren Sie das Zielverzeichnis (der Punkt steht wie üblich für das aktuelle Arbeitsverzeichnis) und mit *-p* den gewünschten Paketnamen für die generierten Klassen).

STOP

Das Tool *wsimport* scheint noch einige Bugs zu haben und erzeugt teilweise falsche Warnungen und die Generierung von Java-Klassen aus einer WSDL-Datei funktioniert bei etwas komplexeren Fällen manchmal gar nicht! Falls Sie sich also intensiver mit Webservices beschäftigen, sollten Sie andere Werkzeuge (z.B. *wsdl2java* aus dem Apache Axis Framework http://ws.apache.org/axis/) einsetzen.

Das Ergebnis von *wsimport* finden Sie nun im Ordner *.\de\carpelibrum\wsclient*: Mehrere Java-Dateien, mit deren Hilfe Sie nun den Client programmieren können.

Listing 43.4: LottoClient.java – Beispiel zum Aufruf eines Webservices

```
import de.carpelibrum.wsclient.*;
import java.util.*;

public class LottoClient {
   public static void main(String[] args) {
      System.out.println();

      try {
         LottoService lottoService = new LottoService();
         Lotto l = lottoService.getLottoPort();
         IntArray ziehung = l.lottoZahlen(6,49);

         List<Integer> zahlen = ziehung.getItem();
         System.out.println(" Lottozahlen:\n ");

         for(Integer i : zahlen)
             System.out.print(" " + i);

         System.out.println();
     } catch(Exception e) {
         System.out.println(e);
     }
   }
}
```

Der Aufruf des Webservices erfolgt in den ersten Zeilen des try-Blocks. Zunächst wird eine Instanz der Klasse LottoService erzeugt. Dann besorgt sich der Client mithilfe der Methode getLottoPort() die Instanz für die eigentliche Webservice-Operation, über die dann die Methode lottoZahlen() aufgerufen werden kann. Danach erfolgt die Ausgabe der erhaltenen Zahlen.

Wie Sie sehen können, ist der Aufruf des Webservices aus Client-Sicht einfach ein normaler Methodenaufruf. Man muss keine HTTP-Verbindung explizit aufbauen und Daten in einen `OutputStream` schreiben. Dies alles passiert hinter den Kulissen durch die generierten Klassen `LottoService` und `Lotto` sowie natürlich die Java Virtual Machine! Kompilieren und starten Sie den Client und füllen Sie gleich mal einen Lottoschein aus!

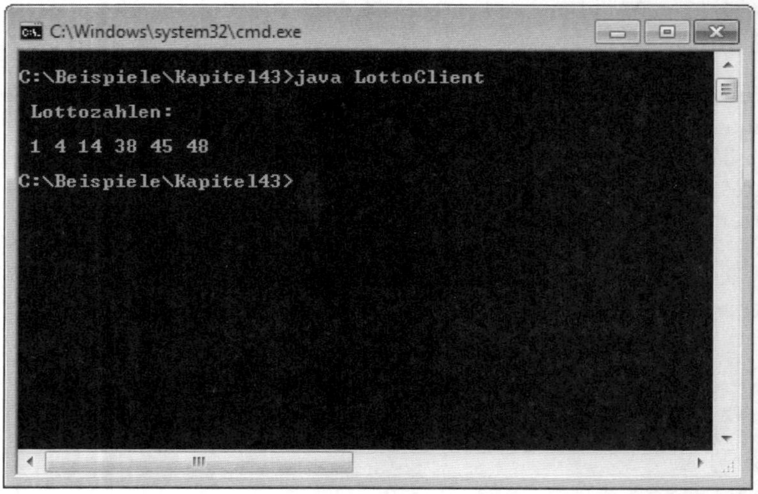

Abbildung 43.3: Aufruf des Webservices

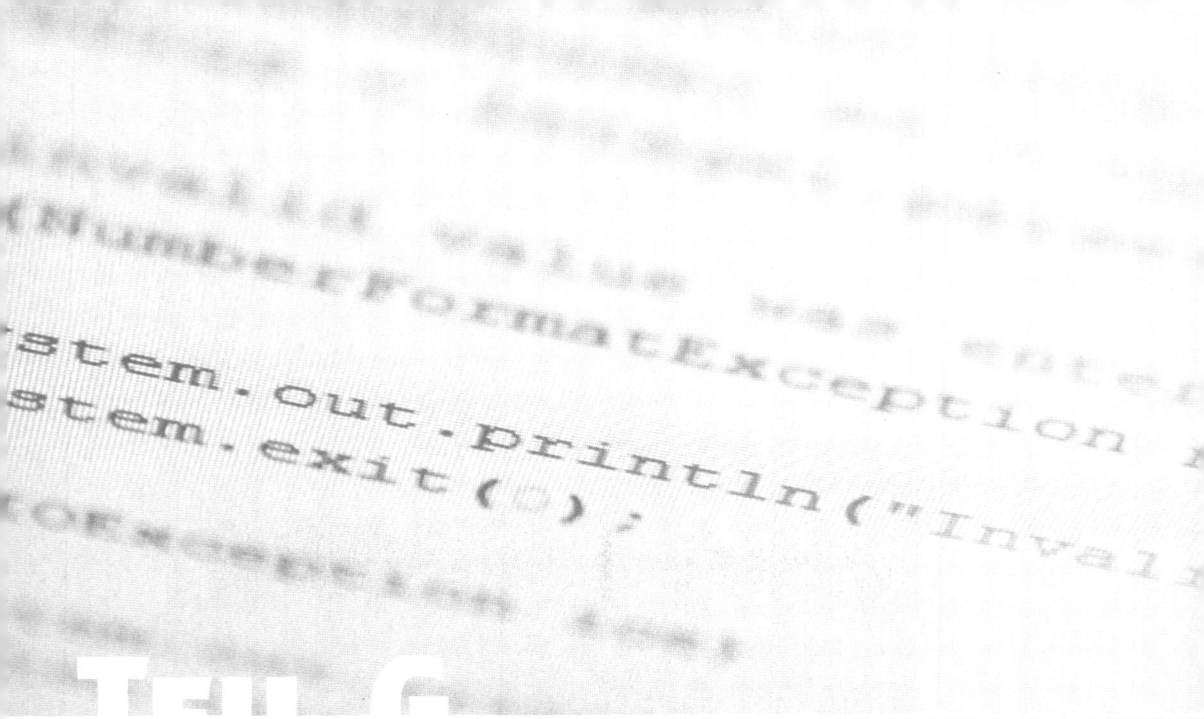

Teil G
Bonus-Teil – Android-Programmierung

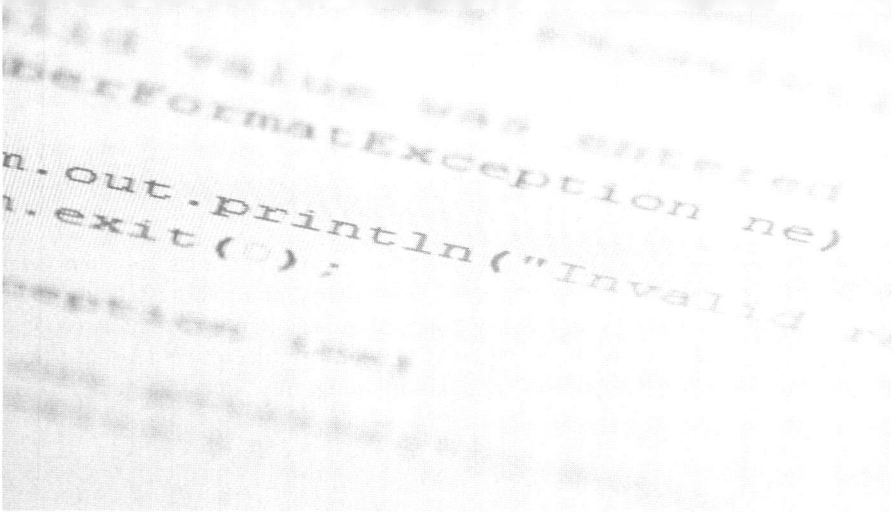

Kapitel 44
Einführung in die App-Erstellung

Eines der heißesten und gefragtesten Einsatzgebiete für Java ist derzeit ohne Zweifel die Erstellung von Apps für Smartphones, Tablets und andere mobile Endgeräte mit dem Android-Betriebssystem von Google.

Als Java-Programmierer besitzen Sie natürlich die besten Voraussetzungen, um in diese Boom-Technologie einzusteigen. Doch wer hofft, die App-Programmierung basiere auf den gleichen Grundprinzipien wie die Erstellung von GUI-Anwendung mit Swing sieht sich schnell getäuscht. Die App-Programmierung hat ihre eigenen Gesetze.

INFO

Wie Sie die Beispielprojekte zu den Apps aus diesem Buchteil in Eclipse importieren können, ist in den *Readme.txt*-Dateien in den Beispielverzeichnissen beschrieben.

44.1 Die Dalvik-Maschine und die Android-Architektur

Für die Apps, die auf einem Android-Gerät ausgeführt werden, ist Android zugleich Betriebssystem als auch Java-Laufzeitumgebung. Allerdings ist Android keine Betriebssystem-Neuentwicklung; vielmehr nutzt es für die Kommunikation mit der Hardware einen integrierten Linux-Kernel. Dafür ist die Java-Laufzeitumgebung ein Eigengewächs. Anstatt nämlich die Java VM von Sun/Oracle zu lizenzieren, hat man eine eigene Virtual Machine konzipiert – die sogenannte *Dalvik Virtual Machine*.

Android-Apps werden daher in Java geschrieben, in den üblichen Java-Bytecode kompiliert und dann in einem zusätzlichen Schritt in das DEX-Format der Dalvik-VM transformiert. Abschließend werden die DEX-Dateien zusammen mit einer

Manifestdatei in ein APK-Archiv gepackt und auf das Android-Gerät übertragen, wo sie in der Umgebung der Dalvik-VM ausgeführt werden können.

INFO

Mit der Entwicklung einer eigenen Virtual Machine verfolgte Google vor allem zwei Ziele: Lizenzstreitigkeiten mit Sun/Oracle zu vermeiden und die Voraussetzungen für eine Open Source-Freigabe der Virtual Machine zu schaffen. Letzteres ist Google gelungen, die Android-Plattform wurde unter der Apache Software License (ASL) freigegeben.[1] Dem Streit mit Oracle ist Google allerdings nicht entgangen.

Abbildung 44.1: Die Architektur der Android-Plattform

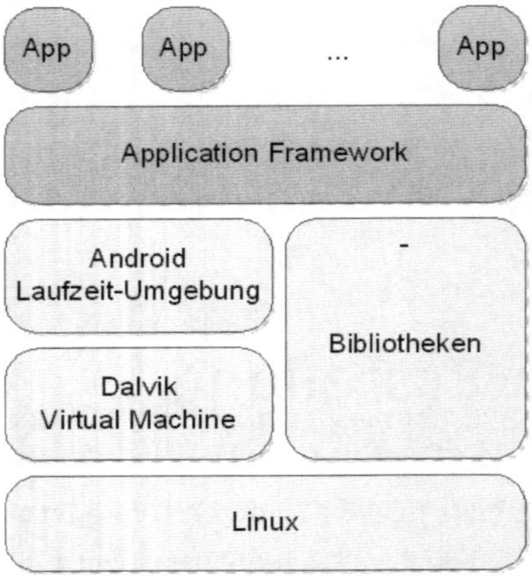

44.2 App-Besonderheiten

Wer sich als Java-Programmierer mit Erfahrungen in der Swing-GUI-Programmierung der App-Entwicklung zuwendet, versucht natürlich zunächst einmal an Bekanntem anzuknüpfen und eine Verbindung zwischen Swing- und App-Programmierung herzustellen. Doch Obacht, in der App-Programmierung ist vieles anders!

Bildschirmseiten kontra Fenster

Was für Swing-Anwendungen die Fenster, sind für Apps die Bildschirmseiten. Beides sind die tragenden Elemente der visuellen Programmoberfläche, beide können mit interaktiven Steuerelementen bestückt werden, beide können als Leinwand für Grafiken und Animationen dienen.

Während jedoch die GUI einer Swing-Anwendung typischerweise aus **einem dominierenden Hauptfenster** besteht, das meist **die gesamte in der Anwendung steckende Funktionalität** anbietet und durch untergeordnete Fenster und Dialoge unterstützt wird, die der Benutzer je nach Konfiguration im, über oder auch neben dem Hauptfenster verschieben kann, verteilt die App ihre Funktionalität auf **mehrere, grundsätzlich gleichberechtigte Bildschirmseiten**, die jeweils **nur eine eng umgrenzte Aufgabe** erfüllen und die der Benutzer im Wechsel aufruft.

1 Der Linux-Kernel unterliegt der noch weniger restriktiven GNU General Public License.

Sowohl bei Swing wie auch in Android werden die Elemente der grafischen Benutzeroberfläche (fortan kurz als »UI-Elemente« bezeichnet) im Code durch Objekte von Klassen repräsentiert (z.B. `JFrame` oder `JButton` in Swing und `Activity` oder `Button` in Android). Während die Swing-GUI durch direkte Instanziierung dieser Klassen Stück für Stück aufgebaut wird, ist dies in der App-Programmierung eher unüblich (auch wenn es grundsätzlich machbar wäre). Stattdessen wird das grundlegende, statische Layout einer Bildschirmseite per XML in einer XML-Layoutdatei definiert!

Vielleicht fragen Sie sich jetzt, wie Sie dann überhaupt noch von Ihrem App-Code aus auf ein UI-Element zugreifen können – beispielsweise um den Titel einer Schaltfläche zu ändern? Der Trick ist, dem UI-Element in der XML-Datei ein ID-Attribut mitzugeben. Über diese ID kann der App-Code das UI-Element identifizieren und sich eine Referenz auf das UI-Element zurückliefern lassen (genauer gesagt auf das Objekt, das beim Kompilieren für das in der XML-Datei definierte UI-Element automatisch erzeugt wird).

Activities kontra JFrame

Was für Swing-Fenster die Klasse `JFrame` ist für Bildschirmseiten die Android-Klasse `Activity`. An der Wahl des Namens lässt sich aber schon erkennen, dass weniger die Oberfläche als vielmehr die Funktion in den Vordergrund gerückt wird.

In Android ist eine Activity eine *Komponente*, die eine bestimmte Aufgabe erfüllt und über eine grafische Oberfläche (die Bildschirmseite) verfügt – also eine Kombination aus Bildschirmseite und zugehörigem Code, die einer in sich abgeschlossenen Aufgabe (Aktivität) gewidmet ist. Manchmal ist diese Aufgabe schon die ganze App – wie z.B. im Falle eines einfachen Spiels, das nur auf einer einzigen Bildschirmseite abläuft. Manchmal umfasst eine App mehrere Aufgaben – wie z.B. Empfangen von Nachrichten, Senden von Nachrichten, Konfiguration – und besteht dann aus mehreren Bildschirmseiten (hier drei).

Grundsätzlich gilt also: Eine Aufgabe – eine Activity – eine Bildschirmseite.

44

EXKURS

App-Komponenten

In der Android-Terminologie sind Komponenten *essentielle Bausteine, die Aufgaben definieren, die vom Anwender oder vom System gestartet werden können. Zu diesen Android-Komponenten gehören*

- *Services*

  Ein Service, zu Deutsch »Dienst«, ist eine Arbeit, die im Hintergrund erledigt wird. Im Gegensatz zu Activities besitzen Services daher keine eigene Benutzeroberfläche. Mithilfe von Services kann man Aufgaben parallel zur laufenden App ausführen (beispielsweise eine Hintergrundmusik abspielen) oder langwierige Aktionen, wie z.B. das Herunterladen großer Multimediadateien aus dem Internet, im Hintergrund erledigen, ohne dass die App dadurch lahmgelegt wird. Services werden als Unterklassen der Klasse `Service` *implementiert.*

- *Broadcast Receiver*
  Broadcast Receiver sind Komponenten, die auf Meldungen des Android-Systems reagieren, wie z.B. »niedriger Batteriestand« (`ACTION_BATTERY_LOW`) *oder »Der Kameraknopf wurde gedrückt«* (`ACTION_CAMERA_BUTTON`)*. Broadcast Receiver besitzen keine eigene Benutzeroberfläche, können aber Nachrichten und Optionen zur Reaktion auf das Ereignis in die System-Statusleiste ausgeben.*
- *Content Provider*
  Content Provider sind Komponenten, die Ihnen bei der Verwaltung externer Daten helfen. Sie können sie für Daten benutzen, die nur von einer App verwendet werden. Sie können über einen Content Provider aber auch Daten verwalten, die von mehreren oder allen Apps auf einem Android-Gerät genutzt werden können.
- *Fragments*
  Mit Android 3.0 (API-Level 11) eingeführte Komponente. Fragments erlauben dem Programmierer, den Code umfangreicher Activities aufzuteilen, indem er Teile der Activity in Fragments auslagert. Fragments definieren ihre eigene Benutzeroberfläche und haben einen eigenen Lebenszyklus.

Intents statt Fensterinstanziierung

Ein grundlegendes Konzept der Android-Plattform ist, dass alle Android-Komponenten eigenständige Einheiten und nur lose miteinander verknüpft sind – also modulare Software-Bausteine im besten Sinne.

Nehmen wir z.B. eine Swing-Anwendung mit einem Konfigurationsdialog. Über einen Schalter oder einen Menübefehl kann der Benutzer vom Hauptfenster aus den Konfigurationsdialog aufrufen. Der zugehörige Code sieht dann üblicherweise so aus, dass das Hauptfenster eine Instanz der Dialogklasse erzeugt und deren `showDialog()`-Methode aufruft, um den Dialog anzuzeigen. Das heißt, hier liegt eine enge Verknüpfung vor. Hinzukommt, dass die Dialogklasse vermutlich nicht als `public` definiert ist, sodass der Dialog auch nur in der einen Anwendung verwendet werden kann.

Ganz anders die Situation auf der Android-Plattform. Activities werden grundsätzlich nur vom Android-System instanziiert. Will also eine Activity eine andere Activity aufrufen, so muss sie dies dem Android-System mitteilen und dieses auffordern, die gewünschte Activity zu starten. Die »Mitteilungen«, die dabei verschickt werden, nennt man **Intents**.

Das interessante ist, dass dieser Aufruf über Intents sowohl für Activities der gleichen App als auch für Activities anderer Apps oder vorinstallierter Activities aus der Grundausstattung des Android-Geräts funktioniert. (Wozu allerdings anzumerken ist, dass sich Activities auch »unsichtbar« machen können, sodass sie faktisch nur von anderen Activities der eigenen App aufgerufen werden können.)

Activities sind nicht die einzigen Komponenten, die über Intents aufgerufen werden können. Auch Services und Broadcast Receiver sind ausführbare binäre Komponenten, die über Intents gestartet werden.

STOP

Manifestdatei

Jede App muss eine Manifestdatei namens *AndroidManifest.xml* definieren. Aufgabe dieser Manifestdatei ist es, die App dem Android-System vorzustellen, das die App installieren und ausführen soll. Dazu gehört unter anderem, dass die Manifestdatei angibt

- welche Activities und sonstigen Komponenten zur App gehören,
- welches die Start-Activity ist (die aufgerufen werden soll, wenn der Benutzer die App startet),
- für welche Aufgaben das Android-System die einzelnen Activities bei Bedarf aufrufen kann (dies geschieht über sogenannte Intent-Filter, mehr dazu in Kapitel 46.4.),
- wie der Paketname der App lautet,
- welche Android-Version die App anvisiert (Target-SDK) und unter welcher Android-Version die App gerade noch so ausgeführt werden kann (Min-SDK).

Ressourcen

Apps arbeiten viel mit Ressourcen: Bilder, Mediendateien, aber auch Texte, Beschriftungen, Farben und andere.

Dieses Faible für Ressourcen erklärt sich aus dem besonderen Ressourcenkonzept von Android, das nicht nur die einfache Lokalisierung, sondern auch die Anpassung an unterschiedlich ausgestattete Android-Geräte erlaubt. Hier wäre vor allem die optimale Unterstützung von unterschiedlichen Bildschimauflösungen zu nennen, auf die wir in Kapitel 46.2.3 noch näher eingehen werden.

Bis dahin sollten Sie sich einfach merken, dass Sie grundsätzlich alle Texte, Bilder und sonstigen Medienelemente, die zur Benutzeroberfläche gehören, als Ressourcen verwalten.

Kooperatives Verhalten

Swing-Anwendungen arbeiten zwar zwecks Ereignisverarbeitung mit dem Betriebssystem zusammen, aber sie verhalten sich üblicherweise wenig kooperativ: Weder nehmen sie sonderlich Rücksicht auf andere Anwendungen, noch erleichtern sie dem Betriebssystem die Aufgabe, die Ressourcen gerecht auf die laufenden Anwendungen zu verteilen.

Auf Android-Systemen, insbesondere Smartphones, ist dies etwas anders und hängt unter anderem damit zusammen, dass gleichgültig wie viele Apps und Services der Anwender gestartet hat, auf dem Bildschirm immer nur die zuletzt aufgerufene Activity zu sehen ist.

Daraus lassen sich folgende Regeln ableiten:

- Längere Arbeiten immer im Hintergrund ausführen.

  Stürzt unter Windows oder Linux eine Anwendung ab oder verfängt sie sich in einer Endlosschleife, merkt der Anwender dies meist ziemlich schnell, da die Anwendung nicht mehr normal reagiert. Auf einem Android-System kann es aber gut sein, dass die betreffende Activity gar nicht auf dem Bildschirm sichtbar ist und daher unbemerkt im Hintergrund Prozessorzeit verbraucht. Um den Prozessor zu schonen, prüft das Android-System daher regelmäßig die Reaktionsfähigkeit der Apps und gibt für Apps, die für mehr als einige Sekunden nicht mehr reagieren, eine ANR-Systemmeldung (*Application not responding*) aus, die den Benutzer fragt, ob er die App abbrechen möchte.

  Ein möglicherweise gewollter, auf jeden Fall aber zu beachtender Nebeneffekt ist, dass diese Meldung auch dann erscheint, wenn eine App zu viel Zeit mit der Erledigung einer einzelnen Aktion, wie dem Herunterladen einer Internet-Ressource oder einer rechenintensiven Kalkulation verbringt. Solche Aktionen sollten daher immer als separate Threads im Hintergrund ausgeführt werden (siehe Kapitel 30).

- Niemals den Anwender unterbrechen.

  Code, der im Hintergrund ausgeführt wird, sollte keine Bildschirmseiten, Dialoge oder Toast-Benachrichtungen starten. Dies betrifft sowohl Threads, die im Hintergrund ausgeführt werden, als auch Android-Komponenten, die von vornherein im Hintergrund laufen (z.B. Services), wie auch Activities, die in den Hintergrund getreten sind, weil der Benutzer mittlerweile eine andere Activity gestartet hat.

  Das Problem dabei ist, dass sich die aus dem Hintergrund gestarteten Bildschirmseiten, Dialoge oder Toasts über die aktuell angezeigte Activity schieben. Kein Benutzer ist aber erfreut, wenn just in dem Moment, da er dabei ist, den High-Score seines Lieblingsspiels zu knacken, eine Meldung aufpoppt, dass die Datei Soundso nun komplett heruntergeladen ist oder dass gerade eine Werbe-E-Mail einging.

Der Back-Stack

EXKURS

Während der Benutzer mit einer App arbeitet oder spielt, ruft er diverse Activities auf (außer natürlich, es handelt sich um eine App, die nur aus einer einzigen Activity besteht). Die Abfolge dieser Activities wird als ***Task*** *bezeichnet und von Android in einer speziellen Datenstruktur, dem* Back-Stack *verwaltet. (Der Begriff* Back-Stack *spielt darauf an, dass der Benutzer durch Drücken der* Zurück-*Taste in der Abfolge der Activities zurückgehen kann).*

Jede gestartete App hat ihren eigenen Back-Stack, in dem alle Activities eingetragen werden, die der Anwender beim Hin- und Hernavigieren zu sehen bekommt – wobei es keine Rolle spielt, ob diese Activities von der App selbst definiert wurden oder von anderen Apps stammen. Denken Sie z.B. an eine App, mit der Texte generiert und auf Wunsch auch per E-Mail versendet werden können. Anstatt für letztere Aufgabe eine eigene Activity zu schreiben, könnte der Autor der App einfach einen Intent abschicken, der das Android-System auffordert, für diese Aufgabe eine passende Activity zu suchen (ist auf den meisten Systemen vorinstalliert) und aufzurufen. Auch diese »fremde« Activity würde dann im Back-Stack Ihrer App auftauchen.

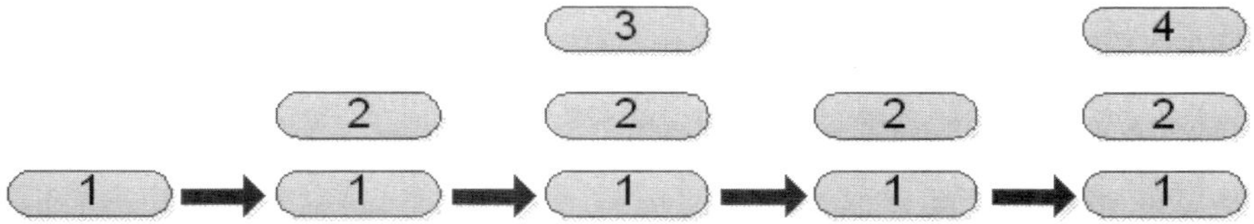

Abbildung 44.2: Activities im Back-Stack einer Task.

Begonnen wurde die Task mit dem Aufruf von Activity 1. Eine solche Start-Activity, die in einem Stack ganz unten liegt, wird als Root-Activity bezeichnet. Danach wurde Activity 2 und dann 3 aufgerufen. Jedes Mal, wenn der Anwender die ZURÜCK-Taste seines Smartphones verwendet, wird die oberste Activity zerstört und die darunter liegende wird wieder sichtbar und erhält den Fokus (im obigen Beispiel ging der Anwender von 3 zu 2 zurück). Wenn der Anwender nun aufgrund seiner weiteren Eingaben zu einer anderen Activity 4 gelangt, kommt diese auf den Stack. Vielleicht entscheidet sich der Anwender dann, eine ganz andere App zu starten, und er drückt den HOME-Button. Dies bewirkt, dass der aktuelle Stack gesichert wird und ein anderer Stack aktiv wird. Falls der Anwender sich wieder entscheidet, die zuerst gestartete App zu starten, wird der dazugehörige Stack, sofern er noch existiert, wieder aktiviert und startet mit dem Inhalt 1 – 2 – 4.

44.3 Der App-Lebenszyklus

Android erlaubt dem Anwender, beliebig viele Apps gleichzeitig zu starten und frei zwischen den einzelnen Activities hin und her zu springen.

Damit dies problemlos funktoniert, Systemressourcen nicht unnötig verschwendet und wiederholt gestartete Apps gegebenenfalls korrekt rekonstruiert werden, müssen sowohl die Android-Laufzeitumgebung als auch Sie als App-Entwickler einige Dinge beachten. Zentrales Element hierbei ist der Activity-Lebenszyklus.

Activities durchlaufen im Zuge ihrer kurzen Existenz mehrere Phasen, die mit dem Aufruf bestimmter Methoden der Klasse `Activity` verbunden sind. Indem Sie diese Methoden überschreiben, können Sie festlegen, was in jeder Phase passieren soll.

Abbildung 44.3: Etwas vereinfachter Lebenszyklus einer Activity

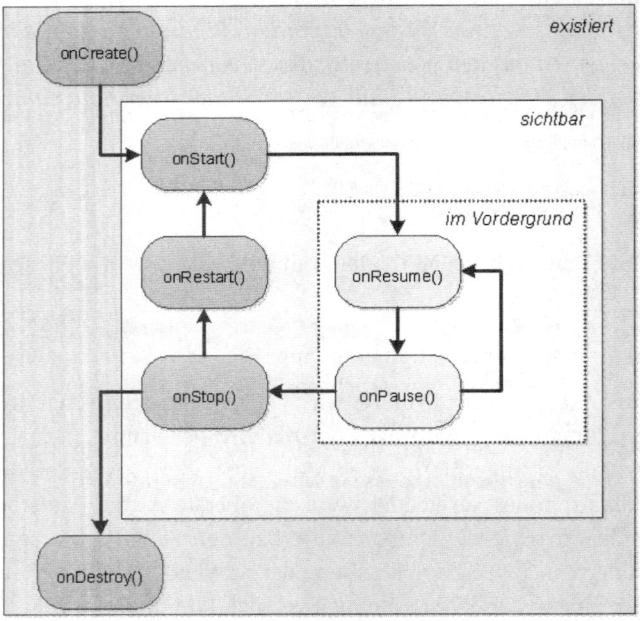

Tabelle 44.1: Lebenszyklus-Methoden der Activity-Klasse

Methode	Beschreibung
`onCreate()`	Wird aufgerufen, wenn die Activity erzeugt und initialisiert wird. In dieser Methode sollten alle statischen, sich nicht mehr ändernden Vorbereitungen durchgeführt werden. Dazu gehört in aller Regel auch die Verbindung der Activity mit dem Layout für die Bildschirmseite.
`onStart()`	Wird aufgerufen, wenn Android die Anzeige der Activity vorbereitet. Nach Verlassen dieser Methode wird die Activity auf dem Touchscreen zu sehen sein.
`onResume()`	Wird aufgerufen, wenn die Activity den Eingabefokus zugeteilt bekommt, d.h. im Vordergrund ist. Ab jetzt kann der Anwender mit der Activity interagieren.
`onPause()`	Wird aufgerufen, wenn der Anwender zu einer anderen Activity wechselt. Die Benutzeroberfläche der Activity bleibt aber noch erhalten und kann auch wieder in den Vordergrund kommen (z.B. durch erneuten Aufruf von `onResume()`). Diese Methode wird typischerweise dazu verwendet, um Daten persistent zu machen, d.h. dauerhaft zu speichern, sowie Ressourcen verbrauchende Aktivitäten zu stoppen (z.B. eine automatisch ablaufende Animation).
`onStop()`	Wird aufgerufen, wenn die Activity gestoppt und ihre Benutzeroberfläche aufgelöst wird.
`onRestart()`	Wird aufgerufen, wenn die gestoppte Activity erneut gestartet wird (z.B. weil der Anwender die App im App Launcher wieder angetippt hat).
`onDestroy()`	Wird aufgerufen, bevor die Activity komplett aufgelöst wird.

INFO

Es gibt noch einige weitere Lebenszyklus-Methoden, mit deren Hilfe Sie die Phasen noch feiner unterteilen können.

STOP

Wenn Sie Zustandsdaten für die Rekonstruktion einer App-Sitzung speichern möchten, so tun Sie dies unbedingt in `onPause()` und nicht in `onDestroy()`. Der Grund ist, dass das Android-System nach Abschluss der `onPause()`-Phase das Recht hat, die App jederzeit ohne Vorwarnung zu zerstören. Das heißt, `onPause()` ist die letzte Lebenszyklus-Methode für die garantiert ist, dass sie wirklich durchlaufen wird.

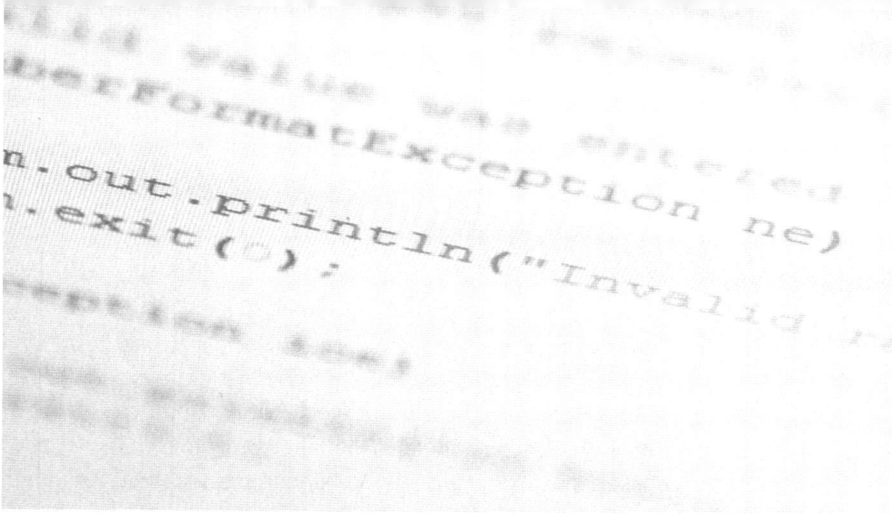

Kapitel 45
Installation und erste App

Um Apps schreiben zu können, benötigen Sie zusätzlich zum Java-SDK noch

- das **Android-SDK**
- **Eclipse** mit dem **Android-Plug-In** (optional, aber empfehlenswert)
- ein Android-Smartphone (optional)

DVD

Eclipse finden Sie übrigens auf der Buch-DVD. Wir hätten gerne noch ein kostenloses Android-Smartphone hinzugepackt, aber es ließ sich leider kein Sponsor finden.

45.1 Das Android-SDK

Das Android-SDK finden Sie aus den oben genannten Gründen nicht auf der Buch-DVD, Sie müssen es von der Android-Website herunterladen: `http://developer.android.com/sdk/index.html`.

STOP

SDK und Plug-In werden derzeit von Google in erschreckend kurzen Produktzyklen aktualisiert. Während wir beim Schreiben dieses Buches also noch mit dem Android SDK 12 (dem damals aktuellen SDK) gearbeitet haben, werden Sie mit ziemlicher Sicherheit schon mit dem SDK 13, 14 oder noch höher arbeiten. Lassen Sie sich daher nicht zu sehr verwirren, wenn eine Abbildung zur Eclipse-Android-Oberfläche einmal nicht hundertprozentig mit Ihrem Bildschirm übereinstimmt oder ein Eclipse-Android-Menübefehl sich geändert hat.

45.1.1 Installation

Die Installation des Android-SDK ist schnell erledigt.

1. Laden Sie die Setupdatei von der Android-Website `http://developer.android.com/sdk/index.html` herunter und führen Sie sie aus.

   Windows: Für Windows hieß die Setupdatei bisher üblicherweise *installer_rNN-windows.exe*, wobei »rNN« für die aktuelle Versionsnummer steht. Zum Installieren doppelklicken Sie auf die heruntergeladene Setupdatei.

   Linux: Für Linux hieß die Setupdatei bisher üblicherweise *android-sdk_rNN-linux_x86.tgz*, wobei »rNN« für die aktuelle Versionsnummer steht. Kopieren Sie die Datei in das übergeordnete Verzeichnis, unter dem das Android-SDK installiert werden soll, und entpacken Sie die Datei mit dem Befehl:

   ```
   tar -xzf android-sdk_rNN-linux_x86.tgz
   ```

   Danach können Sie die ZIP-Datei löschen.

2. Folgen Sie den Anweisungen des Setupprogramms und lassen Sie das SDK installieren.

   Windows: Eigentlich müssen Sie sich nur mittels der NEXT-Schaltfläche durch die Dialoge klicken. Doch manchmal gibt es da einen kleinen Haken: Das Setupprogramm kann im ersten Anlauf das Java-JDK nicht finden.

   Drücken Sie dann einfach die Schaltfläche BACK, um einen Dialog zurückzugehen, und anschließend wieder NEXT. Danach sollte der Dialog aus Abbildung 45.1 zu sehen sein, der bestätigt, dass das JDK gefunden wurde.

   Im weiteren Verlauf können Sie das Installationsverzeichnis auswählen. Kontrollieren Sie dabei den vorgeschlagenen Installationsort. Dieser enthält unter Umständen Leerzeichen im Pfad und auf manchen Windows-Architekturen führt dies dazu, dass das SDK später nicht vom Eclipse-Android-Plug-In verwendet werden kann. Wählen Sie ein Verzeichnis, in dessen Pfad keine Leer- oder Sonderzeichen vorkommen, wie z.B. *C:\Compiler\Android\android-sdk*.

   Deaktivieren Sie auf der letzten Seite die Option zum Starten des SDK-Managers, bevor Sie auf FINISH klicken.

   Linux: Unter Linux entfällt dieser Schritt.

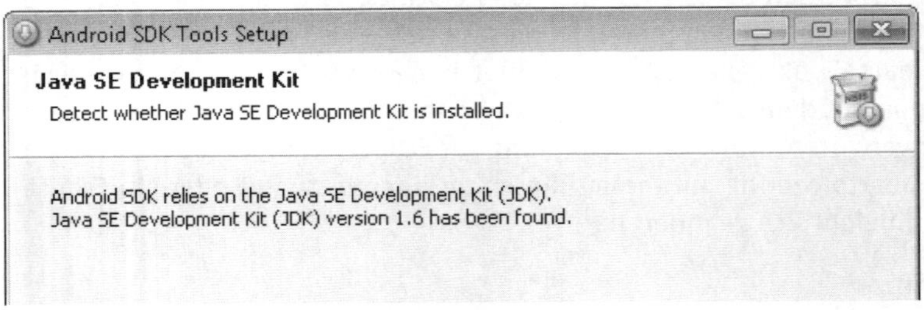

Abbildung 45.1: Das Setupprogramm hat eine installierte JDK-Version gefunden.

Der erste Teil des Android-SDK ist nun eingerichtet, doch es fehlen noch diverse Komponenten: wie z.B. die Bibliotheken, die Sie dringend für die Programmierarbeit benötigen. Mithilfe des SDK-Managers können Sie diese nun installieren.

STOP

Der SDK-Manager benötigt eine bestehende Internetverbindung!

3. Starten Sie den SDK-Manager.

   Windows: Öffnen Sie dazu z.B. den Windows Explorer, wechseln Sie in das Verzeichnis des Android-SDK und starten Sie den SDK-Manager durch Doppelklick auf die Datei *SDK Manager.exe*. (Wenn Sie nicht als Administrator angemeldet sind, klicken Sie mit der rechten Maustaste auf die Datei und wählen Sie im Kontextmenü den Befehl ALS ADMINISTRATOR AUSFÜHREN aus.)

   Linux: Wechseln Sie in das *tools*-Verzeichnis des Android-SDK und starten Sie das Programm *android*. Wechseln Sie im Fenster des SDK-Managers zur Seite INSTALLED PACKAGES und klicken Sie auf die Schaltfläche UPDATE ALL.

In dem Fenster CHOOSE PACKAGES TO INSTALL sehen Sie nun links eine größeren Auswahl an Komponenten (Packages), die Sie installieren können. Die Komponenten mit dem grünen Häkchen vor dem Namen sind für die Installation vorgemerkt.

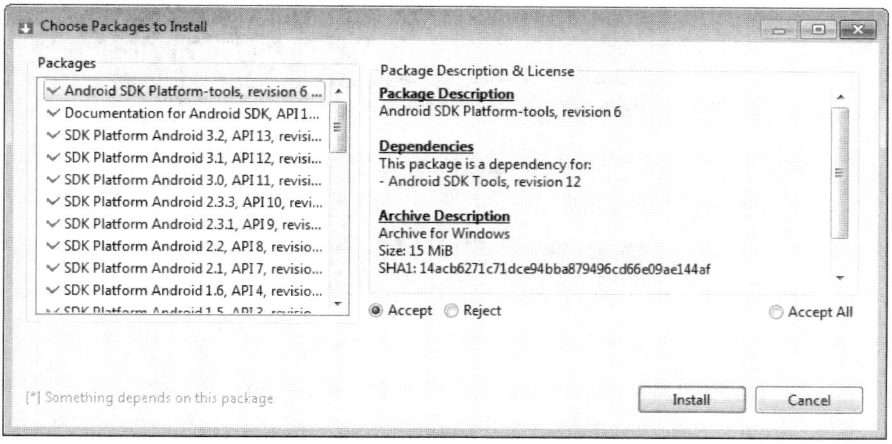

Abbildung 45.2: Der SDK-Manager hat für Sie eine Vorauswahl der Komponenten getroffen, die noch installiert werden sollten.

EXKURS

Plattformen und APIs

Wie von jeder Software kommen auch von dem Android-Betriebssystem ständig neue und erweiterte Versionen (Plattformen) heraus. Zu jeder dieser Plattformen gibt es eine eigene API. Der SDK-Manager lädt per Voreinstellung die Bibliotheken zu allen Android-Versionen herunter, sodass Sie später, wenn Sie beginnen, eine App zu schreiben, frei auswählen können, zu welcher Android-Version die App kompatibel sein soll.

4. Klicken Sie auf INSTALL, um die ausgewählten Komponenten installieren zu lassen.

Das Herunterladen und Installieren der Komponenten wird vermutlich etwas länger dauern. Haben Sie also ein wenig Geduld. Geht alles gut, werden auf der Seite INSTALLED PACKAGES des SDK-Managers die installierten Komponenten angezeigt.

5. Schließen Sie die beiden Fenster des SDK-Managers.

Deinstallation

Wenn Sie das Android-SDK irgendwann wieder deinstallieren möchten, wechseln Sie in das Installationsverzeichnis und rufen Sie dort das Programm *uninstall.exe* auf. Anschließend können Sie von Hand noch das Installationsverzeichnis selbst löschen.

Linux-Anwender löschen einfach das Verzeichnis der Android-Installation.

45.1.2 Dokumentation und API-Referenz

Werfen Sie einen Blick in das Installationsverzeichnis des Android-SDK. Neben den Plattform-Bibliotheken, Tools und Beispiel-Apps finden Sie dort auch die komplette Android-Dokumentation (Unterverzeichnis *docs*) – ein Abbild der Android-Website.

Tabelle 45.1: Wichtige Seiten der Android-Dokumentation

Seite	Inhalt
SDK	Hier können Sie sich über die Besonderheiten der diversen Android-Plattformen informieren. Über den Link *SDK System Requirements*, rechts unten im Abschnitt *More Information*, können Sie die Systemvoraussetzungen einsehen, die für eine erfolgreiche Installation des Android-SDK Bedingung sind.
Dev Guide	Hier finden Sie Hinweise, Artikel und Tutorien zu praktisch allen Aspekten der Android-Programmierung.
Reference	Dies ist die Referenz der Elemente aus der Android-Bibliothek. Die Referenz ist analog der Java-API-Dokumentation aufgebaut.

45.2 Eclipse

Eclipse ist eine integrierte Entwicklungsumgebung, die unter professionellen Programmierern recht beliebt ist, denn Eclipse ist kostenfrei (für viele Unternehmen und Programmierer das wichtigste Argument überhaupt), recht leistungsstark und vor allem sehr flexibel. Eclipse kann nämlich durch Installation entsprechender Plug-Ins für die Erstellung praktisch beliebiger Anwendungen in beliebigen Sprachen – und dank des Android-Plug-Ins eben auch für die Erstellung von Android-Apps – hergerichtet werden.

DVD

Linux- und Windows-Anwender finden auf der Buch-DVD passende Setupdateien für Eclipse (Version Helios, geeignet für Android-SDK 11 und höher). Die jeweils aktuelle Version können Sie von der Eclipse-Website herunterladen: `http://www.eclipse.org/downloads`.

45.2.1 Installation

Um Eclipse zu installieren, müssen Sie lediglich die komprimierte Eclipse-Datei von der Buch-DVD extrahieren.

Wenn Sie bereits Eclipse in der Version Helios oder höher nutzen, können Sie diesen Schritt überspringen und direkt zur Installation des Android-Plug-Ins übergehen. Wenn Sie möchten, können Sie sich vorab aber noch einen eigenen Workspace für Ihre Android-Apps anlegen.

Deinstallation

Löschen Sie einfach das Verzeichnis der Eclipse-Installation.

45.2.2 Erster Start und Konfiguration

1. Zum Starten von Eclipse rufen Sie einfach die Datei *eclipse.exe* aus dem Extraktionsverzeichnis (= Installationsverzeichnis) auf.

Wenn Sie Eclipse das erste Mal starten, erscheint ein Dialogfeld, welches Sie nach dem zu verwendenden Workspace-Verzeichnis fragt. Die Vorgabe ist üblicherweise ein Verzeichnis namens *workspace*, das unter Ihrem Benutzerverzeichnis (unter Windows 7: *C:\Users\<Benutzername>*) angelegt wird.

2. Ersetzen Sie den vorgegebenen Pfad z.B. durch *C:\Projekte\Apps* und aktivieren Sie die Option *Use this as the default ...*, um nicht bei jedem Start von Eclipse nach dem Workspace-Verzeichnis gefragt zu werden.
3. Klicken Sie auf OK.

Workspace (Arbeitsverzeichnis) EXKURS

In Eclipse werden Programme (inklusive Apps), an denen Sie arbeiten, in Form von Projekten verwaltet. Dabei werden alle Dateien, die zu einem Projekt gehören (wie Quelltextdateien, Bilddateien usw.), in einem eigenen Verzeichnis abgelegt, dem sogenannten Projektverzeichnis, welches Sie angeben, wenn Sie ein neues Projekt anlegen.

Die Projekte, die Sie anlegen, werden selbst wieder in übergeordneten Arbeitsverzeichnissen, den sogenannten ***workspaces****, abgelegt. Wenn Sie den Workspace wie oben beschrieben beim ersten Start von Eclipse festlegen, werden alle Projekte, die Sie später anlegen, unter diesem Workspace abgelegt.*

Wenn Sie wieder beim Start von Eclipse nach dem zu verwendenden Workspace gefragt werden möchten, rufen Sie in Eclipse den Befehl WINDOW/PREFERENCES auf, wechseln Sie zur Seite GENERAL/STARTUP AND SHUTDOWN/WORKSPACES und aktivieren Sie die Option PROMPT FOR WORKSPACE ON STARTUP.

Wenn Sie weitere Workspaces anlegen möchten oder den Workspace wechseln möchten, rufen Sie den Befehl FILE/SWITCH WORKSPACE auf.

Abbildung 45.3:
Eclipse wurde das erste Mal gestartet.

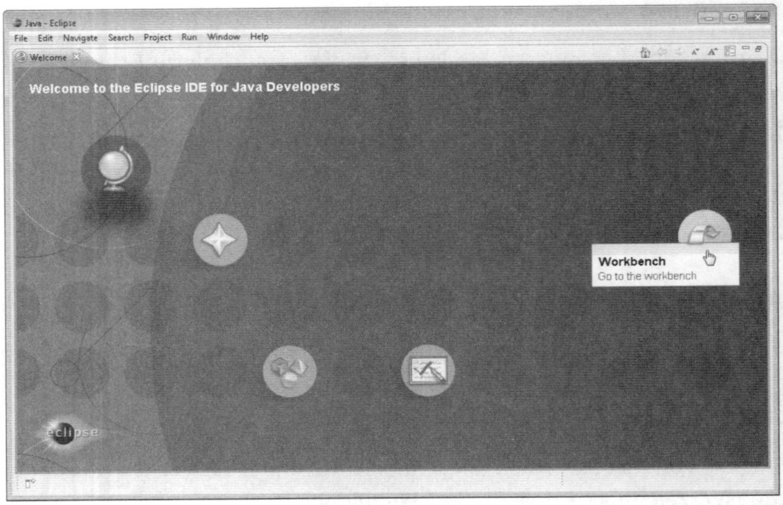

4. Klicken Sie im Begrüßungsbildschirm auf das Symbol WORKBENCH.

TIPP

Legen Sie eine Desktop-Verknüpfung zu Eclipse an oder heften Sie die Datei *eclipse.exe* an das Startmenü an (wird unter Windows 7 als Menübefehl im Kontextmenü der Datei angeboten).

Java 6 Compliance einschalten

Im nächsten Schritt werden Sie das Android-Plug-In installieren. Das Plug-In, das bei Drucklegung dieses Buches angeboten wurde (Version 12), war allerdings noch nicht in der Lage, Class-Dateien im Java 7-Format zu verarbeiten. Sofern Sie also kein neueres Plug-In verwenden, das zu Java 7 kompatibel ist, müssen Sie Eclipse so einstellen, dass es beim Kompilieren Class-Dateien im Java 6-Format erzeugt. Für Eclipse-Helios – die Version, die Sie auf der Buch-DVD finden – sollte dies automatisch der Fall sein. Sie sollten es aber zur Sicherheit überprüfen.

5. Rufen Sie den Menübefehl WINDOW/PREFERENCES auf. Wählen Sie links die Seite JAVA/COMPILER aus und stellen Sie sicher, dass unter COMPILER COMPLIANCE LEVEL der Eintrag 1.6 ausgewählt ist.

45.3 Das Android-Plug-In

Jetzt müssen Sie nur noch unter Eclipse das Android-Plug-In installieren.

45.3.1 Installation

1. Falls noch nicht geschehen, starten Sie Eclipse und stellen Sie eine Internetverbindung her.
2. Rufen Sie den Menübefehl HELP/INSTALL NEW SOFTWARE auf.
   Es erscheint der Dialog AVAILABLE SOFTWARE.

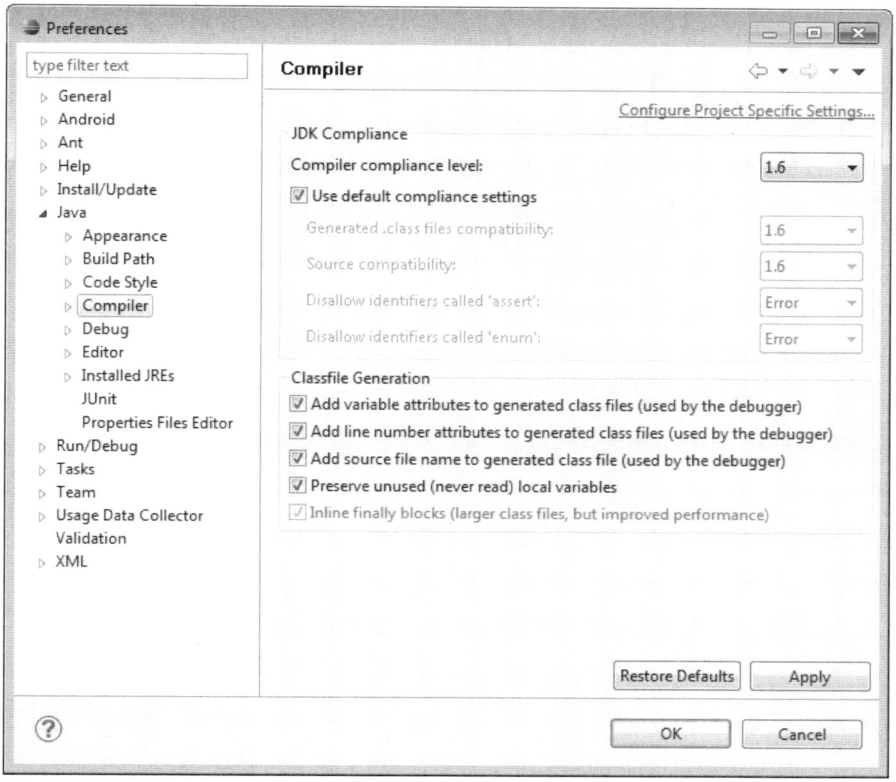

Abbildung 45.4: Einstellung der Java-Compliance

Das Dialogfeld ist anfangs leer und unbrauchbar. Um es zum Leben zu erwecken, müssen Sie eine Repository-Site einrichten.

3. Klicken Sie dazu rechts oben auf die Schaltfläche ADD.
   Es erscheint das Dialogfeld ADD REPOSITORY.

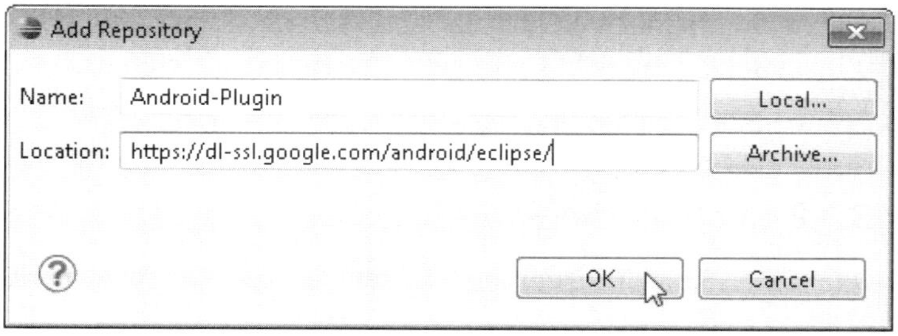

Abbildung 45.5: Geben Sie die Download-Adresse für das Android-Plug-In ein.

4. Geben Sie in das Feld NAME einen Titel für die Repository-Site ein, z.B.: »Android-Plug-In«.
   Der genaue Name spielt keine Rolle, sollte aber einen Hinweis darauf geben, welche Art von Software dahinter zu finden ist.

5. Geben Sie in das Feld LOCATION die nachfolgende Adresse ein und schicken Sie das Dialogfeld anschließend mit OK ab.

   `https://dl-ssl.google.com/android/eclipse/`

Nach Abschicken des Dialogs greift Eclipse auf die angegebene Site zu und zeigt das vorgefundene Angebot an. Im Dialogfeld sollte nun der Eintrag DEVELOPER TOOLS zu lesen sein.

6. Aktivieren Sie das Kontrollkästchen neben DEVELOPER TOOLS und klicken Sie auf die Schaltfläche NEXT.

Es erscheint das Dialogfeld INSTALL DETAILS, in dem die zu installierenden Komponenten noch einmal zusammengefasst sind. Achten Sie darauf, dass sich darunter ein Eintrag für die Android Development Tools, kurz ADT, befindet.

Abbildung 45.6: Die Liste der zu installierenden Komponenten

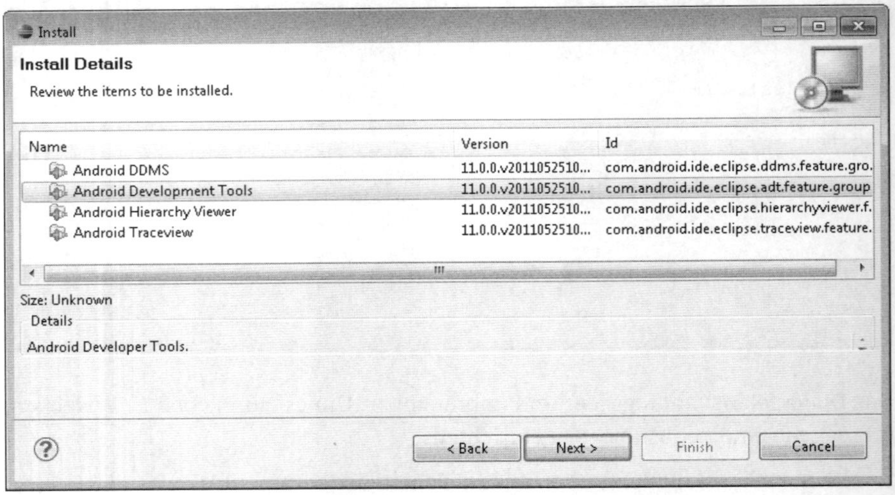

7. Klicken Sie auf NEXT, um die Komponenten installieren zu lassen.

Höchstwahrscheinlich werden Sie vorab Lizenzbedingungen und vermutlich auch das Installieren von nicht signierter Software bestätigen müssen.

8. Zum guten Schluss müssen Sie Eclipse neu starten.

45.3.2 Konfiguration

Jetzt müssen Sie Eclipse nur noch mitteilen, wo es das Android-SDK findet.

1. Starten Sie, sofern nicht schon geschehen, Eclipse.
2. Rufen Sie den Menübefehl WINDOW/PREFERENCES auf.
   Es erscheint der Dialog PREFERENCES.
3. Wählen Sie links die Kategorie ANDROID aus.
4. Klicken Sie auf BROWSE und wählen Sie in dem erscheinenden Dialog das Installationsverzeichnis Ihres Android-SDK aus.

5. Klicken Sie dann auf APPLY ...
   Für jede der Android-Plattformen, die Sie mit dem SDK heruntergeladen und installiert haben, wird nun ein Target (Ziel für die App-Erstellung) eingerichtet.
6. ... und anschließend auf OK.

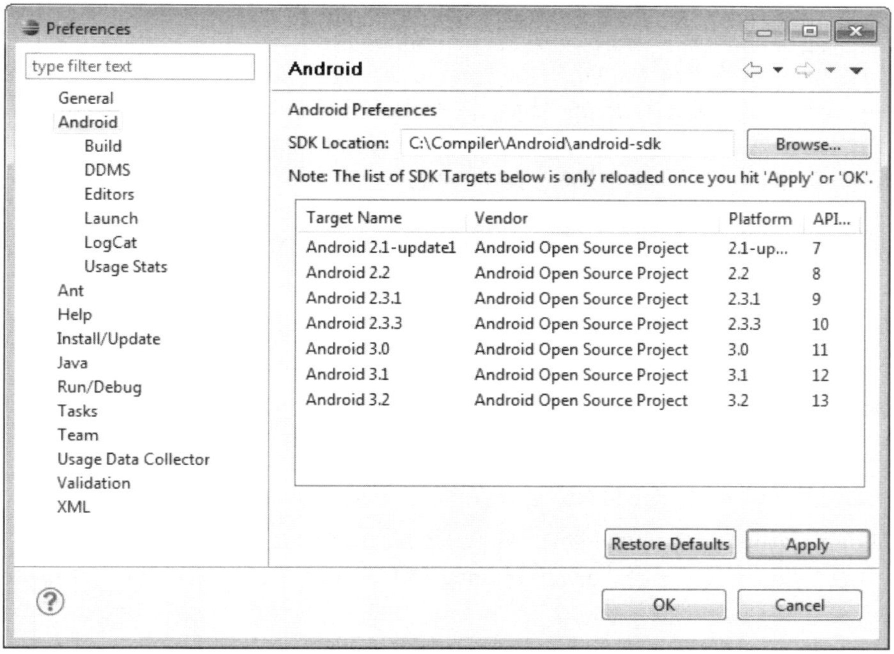

Abbildung 45.7: Der letzte Klick

Glückwunsch! Ihr Rechner ist nun fertig eingerichtet.

45.4 Die erste App

Die App, die wir in diesem Kapitel schreiben werden, soll nichts weiter tun, als uns auf dem Smartphone mit einem freundlichen »Hallo Programmierer« zu begrüßen. Das ist nicht gerade viel, aber es geht auch gar nicht darum, im ersten Versuch gleich eine sinnvolle und perfekte App zu erstellen. Es geht darum, einen Überblick über den App-Entwicklungsprozess zu bekommen.

45.4.1 Das Projekt

Wer Eclipse als Entwicklungsumgebung verwendet, für den beginnt die Arbeit an jeder neuen App mit dem Anlegen eines passenden Projekts. Starten Sie also Eclipse und legen Sie ein neues Projekt an.

EXKURS

Projekte, Projekttypen und Wizards

Projekte sind die Eclipse-interne Verwaltungseinheit, in der Eclipse alle Daten und Dateien zusammenfasst, die nötig sind, um aus einem Quelltext eine App zu erstellen (oder auch ein Java-Konsolenprogramm, eine C++-Programmbibliothek oder was auch immer Sie programmieren möchten).

*Unterschiedliche Programmierziele – möchten Sie eine App schreiben, ein normales Java-Programm oder »nur« eine Klassenbibliothek? – erfordern unterschiedlich konfigurierte Projekte. Um Ihnen die Konfiguration zu erleichtern, gibt es in Eclipse die sogenannten **Wizards**: dialogbasierte Assistenten, die darauf spezialisiert sind, Ihnen bei der Einrichtung von Projekten eines bestimmten Typs zu helfen. Welche Wizards Ihnen im Einzelnen zur Verfügung stehen, hängt davon ab, welche Plug-Ins Sie installiert haben. Für die App-Programmierung sollte jedenfalls nach erfolgreicher Installation des Android-Plug-Ins ein passender Wizard vorhanden sein.*

1. Rufen Sie im Menü den Befehl FILE/NEW/PROJECT auf.
2. Wählen Sie im Dialogfeld NEW PROJECT unter dem Ordner ANDROID den Eintrag ANDROID PROJECT und klicken Sie auf NEXT.

INFO

Die Anordnung der Befehle im Eclipse-Menüsystem kann je nach Eclipse-Version und installierten Plug-Ins variieren.

Es erscheint das Dialogfeld NEW ANDROID PROJECT.

3. Füllen Sie das Dialogfeld mit den Daten für Ihr Projekt.

   Da die Einstellungen etwas umfangreicher sind, haben wir sie in Tabelle 45.2 zusammengefasst.

Tabelle 45.2: Einstellungen für das New Android Project-Dialogfeld

Feld	Eingabe	Bedeutung
Project name	*Hallo*	Unter diesem Namen wird Ihr Projekt fortan in Eclipse aufgeführt. Verwenden Sie für den Projektnamen keine Sonderzeichen und möglichst auch keine Umlaute oder Leerzeichen.
Contents	Create new project ...	Achten Sie darauf, dass die Option CREATE NEW PROJECT IN WORKSPACE aktiviert ist, damit Eclipse ein neues Projektverzeichnis unter dem Verzeichnis des aktuellen Workspace anlegt.
Build Target	Android 2.2	Das Build Target gibt an, für welche Android-Version (Target) Eclipse Ihr Projekt später erstellen (Build) soll. Hier gilt: Je höher die Version, umso mehr technische Features werden von der Programm-API unterstützt. Eine höhere Version bedeutet aber auch, dass es draußen mehr Smartphones gibt, die diese Version nicht unterstützen. Wichtig ist ferner die Unterscheidung, ob die App für ein Smartphone gedacht ist (Versionen Android 2.x) oder speziell für ein Tablet (Android 3.x). Google plant, das Versionsgewirr etwas zu verbessern, und wird mit Android 4.0 eine einheitliche API für alle Arten von Android-Geräten bereitstellen.

Tabelle 45.2: Einstellungen für das New Android Project-Dialogfeld (Forts.)

Feld	Eingabe	Bedeutung
		Ein guter Kompromiss aus Leistungsfähigkeit und Verbreitung ist derzeit die Plattform 2.2. Eine aktuelle Statistik zur Verbreitung der Android-Plattformen finden Sie unter: `http://developer.android.com/resources/dashboard/platform-versions.html`. Welche Build Targets im Dialogfeld aufgelistet werden, hängt übrigens davon ab, welche Plattformen Sie mit dem SDK-Manager heruntergeladen haben.
Application Name	*Hallo*	Unter diesem Namen wird Ihre App später auf dem Smartphone geführt.
Package Name	*ihrname.hallo*	Die Angabe ist für App-Projekte zwingend erforderlich und muss eindeutig sein, um sicherzustellen, dass es auf einem Android-System keine zwei Apps mit gleichem Paketnamen gibt. Typisch ist daher die Verwendung von Domainnamen in umgekehrter Reihenfolge mit angehängtem App-Namen (also z.B. *de.meineweb-site.hallo*). Solange Sie aber nur Apps für den Eigenbedarf schreiben, sollte eine Kombination aus Ihrem Namen und dem Namen der App genügen. (Wir verwenden in unseren Beispielprojekten den Namen *de.carpelibrum* plus dem jeweiligen App-Namen.)
Create Activity	*HalloActivity*	Apps definieren üblicherweise eine oder mehrere Activities, die ausgeführt werden können. Wenn Sie das Kontrollkästchen CREATE ACTIVITY aktivieren, legt Eclipse für die neue App gleich eine Activity (Aktivität) des vorgegebenen Namens an. Was diese Activity macht, müssen Sie aber natürlich später selbst programmieren. Achtung! Der Name darf keine Leer- und keine Sonderzeichen enthalten, da das Android-Plug-In unter diesem Namen eine Klasse definiert.
Min SDK Version	*8*	Die Mindestversion des SDK muss zu dem ausgewählten Build Target passen. Wenn Sie das Feld freilassen, wird automatisch die dem Target entsprechende SDK-Version ausgewählt (also 8 für Android 2.2). Wenn Sie die Mindest-SDK-Version explizit angeben, darf diese allerdings nicht größer sein als die API-Version, die dem ausgewählten Target entspricht (siehe Tabelle in Dialogfeld).

STOP

Wenn Sie Namen für Verzeichnisse oder Programmelemente vergeben, verzichten Sie auf Leerzeichen, Sonderzeichen und möglichst auch auf Umlaute (obwohl letztere mittlerweile von den meisten Systemen und Programmiersprachen korrekt verarbeitet werden).

4. Klicken Sie auf FINISH, um das Projekt anlegen zu lassen.

   Wenn Sie zuerst noch einmal auf NEXT klicken, erhalten Sie die Möglichkeit, zu dem neuen Projekt auch gleich noch ein passendes Testprojekt anzulegen. In diesem Buch werden wir von dieser Möglichkeit allerdings keinen Gebrauch machen.

INFO

Das *New Android Project*-Dialog verfügt über eine automatische Fehlerkontrolle. Falsche oder widersprüchliche Einstellungen werden von dieser erkannt und oben im Dialogfeld angezeigt.

Das Projekt in Eclipse

Zurück im Hauptbildschirm von Eclipse sehen Sie das neu angelegte Projekt. Anfänglich nur als einzelner unscheinbarer Eintrag im *Package Explorer*, doch wenn Sie auf den Namen doppelklicken, wird der Projektknoten expandiert und es zeigt sich, dass das Projekt bereits aus einer umfangreichen Sammlung von Ordnern und Dateien besteht.

Abbildung 45.8: Das neu angelegte Projekt

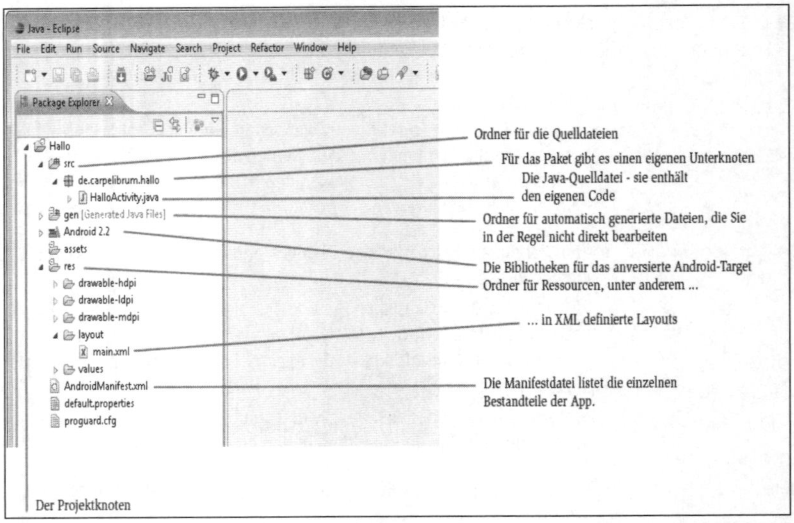

TIPP

Falls Sie den Package Explorer aus Versehen geschlossen haben oder er aus irgendeinem anderen Grund nicht angezeigt wird, können Sie ihn jederzeit durch Aufruf des Menübefehls WINDOW/SHOW VIEW/PACKAGE EXPLORER wieder anzeigen lassen.

45.4.2 Das vorgegebene Codegerüst

Werfen wir einen Blick in das Codegerüst, das bereits für uns erzeugt wurde.

1. Doppelklicken Sie im Package Explorer auf den Knoten der Quelltextdatei *HalloActivity.java*, um die Datei in den Editor zu laden.

Listing 45.1: Inhalt der Datei HalloActivity.java

```
package de.carpelibrum.hallo;

import android.app.Activity;
import android.os.Bundle;

public class HalloActivity extends Activity {
    /** Called when the activity is first created. */
    @Override
```

```
    public void onCreate(Bundle savedInstanceState) {
        super.onCreate(savedInstanceState);
        setContentView(R.layout.main);
    }
}
```

In der obersten Zeile treffen wir zunächst den Paketnamen wieder, den wir im Dialogfeld NEW ANDROID PROJECT eingegeben haben.

Unter der Paketangabe folgen `import`-Anweisungen für die Klassen `Activity` und `Bundle` aus der Android-Bibliothek. Die Klasse `Bundle` ist ein Typ, der zur Übergabe von Statusinformationen benutzt wird. Die Klasse `Activity` ist die Basisklasse für Activities, also auch für unsere `HalloActivity`-Klasse:

```
public class HalloActivity extends Activity {
    /** Called when the activity is first created. */
    @Override
    public void onCreate(Bundle savedInstanceState) {
        super.onCreate(savedInstanceState);
        setContentView(R.layout.main);
    }
}
```

Rekapitulieren wir kurz, was wir bereits über Activities erfahren haben, und ergründen wir, wie weit sich dies in dem obigen Code niederschlägt:

- Jede Activity erfüllt eine bestimmte Aufgabe.
  Aufgabe der `HalloActivity` soll es sein, uns mit dem Text »Hallo Programmierer« zu begrüßen. Für diese einfache Aufgabe ist kein besonderer Code erforderlich. Die Activity wird einfach auf ihrer Bildschirmseite ein entsprechendes Textfeld anzeigen (siehe nachfolgenden Abschnitt).
- Activities unterliegen einem in mehrere Phasen eingeteilten Lebenszyklus. Durch Überschreiben spezieller Activity-Methoden kann der Programmierer festlegen, was in diesen Phasen geschehen soll.
  Eine diese Methoden ist im Grundgerüst bereits überschrieben worden: `onCreate()`.
- Activities sind eine Kombination aus Bildschirmseite und zugehörigem Code.
  Das statische Layout einer Bildschirmseite wird in Android, wie bereits erwähnt, üblicherweise nicht durch Code, sondern durch eine XML-Layoutdatei definiert.
  Für unsere `HalloActivity` wurde bereits eine Layoutdatei angelegt. Sie heißt *main.xml* und liegt im Verzeichnis *res/layout*. Gleichzeitig wurde in der Datei *R.java* eine Ressourcen-ID `R.layout.main` definiert, die mit der Layoutdatei verbunden ist.
  Damit erklärt sich die Bedeutung der zweiten Anweisung der `onCreate()`-Methode. Der Aufruf von `setContentView(R.layout.main)` verbindet die Activity mit der in *main.xml* definierten Benutzeroberfläche.

45

Activity-Klassen müssen immer `public` sein, damit sie vom System instanziiert werden können. STOP

INFO

R ist der Name einer Klasse, die automatisch für das Projekt erzeugt wird und deren Aufgabe die **R**essourcenverwaltung ist (daher der Name R). Diese Klasse enthält als Elemente eine Reihe von untergeordneten Klassen, darunter eben auch die Klasse layout, in der die ID main als statische Konstante definiert ist.

45.4.3 Bildschirmseite und Layoutdatei

Aus Sicht des Programmierers ist eine Bildschirmseite eine Hierarchie von View-Objekten.

Ganz oben in der Hierarchie steht üblicherweise eine *Layout-View* – eine spezielle Art von View, die andere untergeordnete View-Elemente einbetten kann und nach bestimmten Layoutregeln anordnet. Layout-Views sind von der Basisklasse ViewGroup abgeleitet (welche ihrerseits von View abgeleitet ist).

Eingebettet in die oberste Layout-View folgen wahlweise weitere Layout-Views und/oder einfache Views für Steuerelemente wie Schaltflächen, Listenfelder usw. – auch *Widgets* genannt.

Obwohl es wie bereits erwähnt auch möglich ist, die View-Hierarchie einer Bildschirmseite per Code zu erzeugen, ist es in der Android-Programmierung üblich, das statische Layout einer Bildschirmseite per XML zu definieren.

Für die Bildschirmseite zu unserer HalloActivity ist dies dankenswerter Weise bereits geschehen.

1. Expandieren Sie im Package Explorer den Knoten *res/layout* und doppelklicken Sie auf den Eintrag für die Datei *main.xml*, um diese in den Editor zu laden.
   Für XML-Layoutdateien gibt es zwei unterschiedliche Ansichten, die über Reiter am unteren Rand des Editors ausgewählt werden. Per Voreinstellung zeigt Eclipse immer erst die Ansicht GRAPHICAL LAYOUT.
2. Klicken Sie am unteren Rand des Editors auf den Reiter MAIN.XML, um die Layoutdatei in der XML-Ansicht zu betrachten.

Listing 45.2: Inhalt der Layoutdatei main.xml

```
<?xml version="1.0" encoding="utf-8"?>
<LinearLayout
   xmlns:android="http://schemas.android.com/apk/res/android"
   android:orientation="vertical"
   android:layout_width="fill_parent"
   android:layout_height="fill_parent">

   <TextView
      android:layout_width="fill_parent"
      android:layout_height="wrap_content"
      android:text="@string/hello" />

</LinearLayout>
```

Die oberste View bildet in diesem Fall eine LinearLayout-View.

LinearLayout ordnet eingebettete Views entweder neben- oder untereinander an – je nachdem, ob dem Attribut `android:orientation` der Wert `"horizontal"` oder `"vertical"` zugewiesen wurde.

Der Wert `"fill_parent"`, der den Attributen `android:layout_width` und `android:layout_height` zugewiesen wurde, sorgt dafür, dass die LinearLayout-View den übergeordneten Container (in diesem Fall der Anzeigebereich des Touchscreens des Android-Geräts) in Breite und Höhe ganz ausfüllt.

In die LinearLayout-View wurde eine einzige untergeordnete View eingebettet: eine TextView. TextView-Steuerelemente dienen dazu, einen Text anzuzeigen.

Der anzuzeigende Text kann dem Attribut `android:text` direkt zugewiesen werden. Er kann aber auch – und dies ist der übliche Weg – als String-Ressource definiert und dann über seine Ressourcen-ID zugewiesen werden. Letzteres ist im obigen Code der Fall.

Ansonsten ist die TextView so konfiguriert, dass sie sich über die gesamte Breite der übergeordneten LinearLayout-View erstreckt, in ihrer Höhe aber nach dem enthaltenen Text und der verwendeten Schriftgröße richtet.

STOP

Für jedes dieser XML-Elemente wird bei der Kompilierung die entsprechende Android-Klasse instanziiert und das so erzeugte Objekt gemäß den in den XML-Elementen definierten Attributen konfiguriert.

45.4.4 Ressourcen

In der App-Programmierung ist es üblich, Texte und Bildelemente, die auf der Benutzeroberfläche angezeigt werden, als Ressourcen zu verwalten. Für Textelemente gibt es dazu z.B. die Datei *strings.xml*.

3. Expandieren Sie im Package Explorer die Knotenfolge *res/values* und doppelklicken Sie auf den Eintrag für die Datei *strings.xml*, um diese in den Editor zu laden.

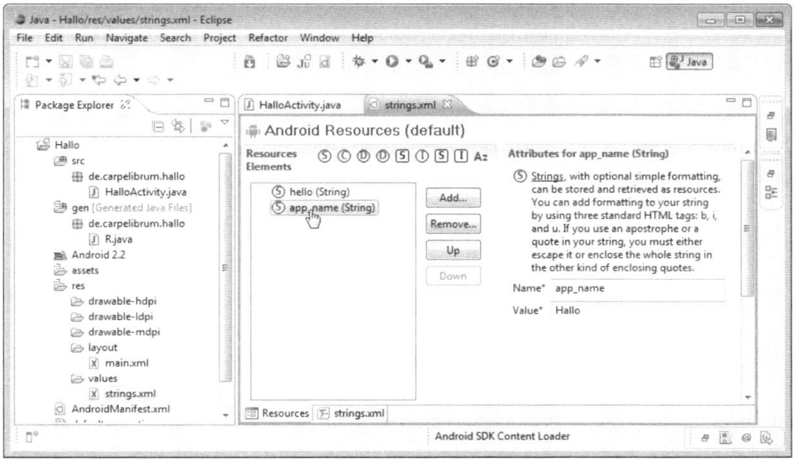

Abbildung 45.9: Die Datei strings.xml im Ressourceneditor

In Eclipse können Sie die Ressourcendatei *strings.xml* wahlweise über die Eingabemaske des Ressourceneditors (siehe Abbildung 45.9) oder als reinen XML-Code bearbeiten.

Um zwischen Ressourceneditor und Texteditor hin und her zu schalten, klicken Sie einfach am unteren Rand des Editorfenster auf die zugehörigen Reiter.

Listing 45.3: Inhalt der Datei strings.xml

```
<?xml version="1.0" encoding="utf-8"?>
<resources>
    <string name="hello">Hello World, HalloActivity!</string>
    <string name="app_name">Sag Hallo</string>
</resources>
```

Um den auszugebenden Text von »Hello World, HalloActivity!« in »Hallo Programmierer!« zu ändern, geben Sie den neuen Text einfach zwischen den Tags des ersten `string`-Elements ein:

```
<?xml version="1.0" encoding="utf-8"?>
<resources>
    <string name="hello">Hallo Programmierer!</string>
    <string name="app_name">Hallo</string>
</resources>
```

4. Speichern Sie Ihre Änderungen, indem Sie den Menübefehl FILE/SAVE ALL aufrufen.

45.4.5 Die App erstellen (Build)

Eclipse ist standardmäßig so eingestellt, dass Änderungen an einem Projekt sofort kompiliert und ausgewertet werden. Dies ist bequem, kann aber auch manchmal nerven, vor allem, wenn ungewiss bleibt, ob es mit der Erstellung geklappt hat oder nicht. Lesern, die mit Eclipse noch nicht so vertraut sind, empfehlen wir daher, die Option vorerst zu deaktivieren und ihre Projekte manuell zu erstellen.

1. Öffnen Sie das PROJECT-Menü.
2. Wenn vor dem Befehl BUILD AUTOMATICALLY ein Häkchen zu sehen ist, wählen Sie den Befehl aus, um die Option zu deaktivieren und das Häkchen verschwinden zu lassen.

Um Ihr Projekt von Hand zu erstellen, gehen Sie wie folgt vor:

1. Speichern Sie das Projekt mit dem Menübefehl FILE/SAVE ALL (oder durch Klick auf die entsprechende Symbolschaltfläche).
2. Rufen Sie den Menübefehl PROJECT/BUILD PROJECT auf.

   Alternativ können Sie im Package Explorer von Eclipse mit der rechten Maustaste auf den Projektknoten HALLO klicken und im Kontextmenü den Befehl BUILD PROJECT aufrufen.

EXKURS

Fehlerkorrektur in Eclipse

Gibt es Fehler im Projekt, markiert Eclipse die betroffenen Stellen im Editor (rote Wellenlinie und Lampensymbol mit rotem Kästchen in Randleiste). Ob Code betroffen ist, der gerade nicht im Editor angezeigt wird, können Sie im Package Explorer kontrollieren. Enthält eine Datei Fehler, werden die Datei und alle übergeordneten Ordner mit einem roten Kästchen mit weißem Kreuz markiert. (Warnungen werden gelb markiert.)

Oft bietet das QuickInfo-Fenster unter dem Fehlertext einen oder mehrere Optionen an, wie der Fehler behoben werden könnte. Diese Korrekturvorschläge führen allerdings nicht immer zum gewünschten Ziel! Klicken Sie nur dann auf eine der angebotenen Optionen, wenn Sie sicher sind, dass der Fehler damit in Ihrem Sinne behoben wird.

Fehler, die bei der Erstellung auftreten, werden auch im Fenster PROBLEMS (Aufruf über Menübefehl WINDOW/SHOW VIEW/PROBLEMS) aufgelistet.

45.5 Die App im Emulator testen

Um Apps bequem und effizient testen zu können, gibt es im Android SDK einen Emulator, mit dessen Hilfe Sie auf Ihrem Rechner unterschiedliche Android-Geräte simulieren können. Für jeden Gerätetyp müssen Sie allerdings zuvor ein »Android Virtual Device« (kurz AVD) anlegen.

AVD für Emulator anlegen

1. Starten Sie den Android-SDK-Manager.

   Sie können den SDK-Manager direkt von Eclipse aus starten, indem Sie auf sein Symbol in der Symbolleiste klicken.

   Falls nötig, wechseln Sie zur Seite VIRTUAL DEVICES.

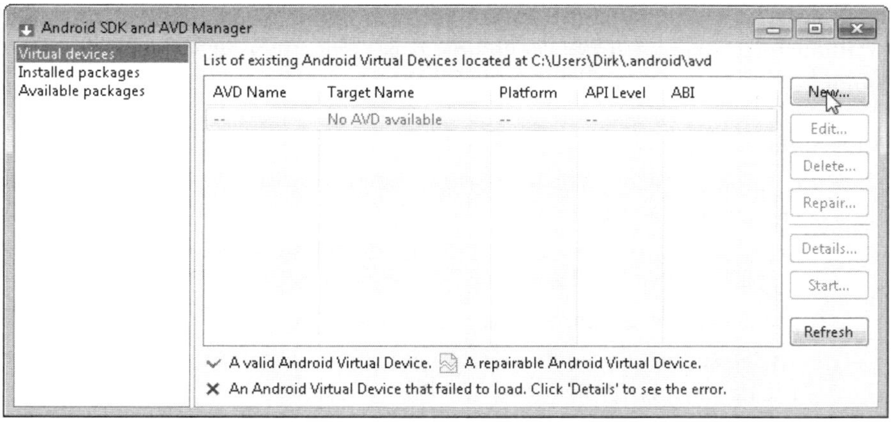

Abbildung 45.10: Anlegen eines Emulators (Virtual Device) im SDK-Manager

45

2. Klicken Sie auf der Seite Virtual Devices auf die Schaltfläche New.
   Es erscheint das Dialogfeld Create new Android Virtual Device.
3. Geben Sie als Namen für das AVD *AVD_2.2_800* ein.
   Der Name sollte Auskunft über die wichtigsten Konfigurationsparameter wie Zielplattform (hier 2.2) und Touchscreen-Auflösung (hier WVGA800) geben.
4. Wählen Sie als Target die Plattform *Android 2.2* aus.
   Das Listenfeld führt alle Plattformen auf, für die Sie zuvor mit dem SDK-Manager die SDK heruntergeladen und installiert haben.
5. Behalten Sie unter Skin die Einstellung Built-in mit der Auswahl WVGA800 bei.
6. Drücken Sie auf Create AVD.
7. Schließen Sie den SDK-Manager.

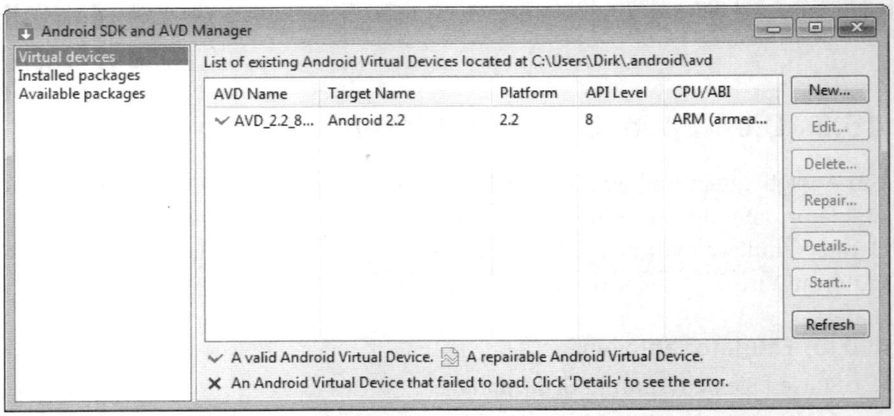

Abbildung 45.11: Das AVD ist eingerichtet.

INFO

Zum Einarbeiten in die App-Programmierung genügt in der Regel ein einziges AVD. Sobald Sie aber beginnen, Apps an Bekannte weiterzugeben oder gar auf dem Android Market Place anzubieten, sollten Sie mehrere AVDs für unterschiedliche Plattformen (Einstellung Target), Auflösungen (Einstellung Skin) und Hardware-Ausstattungen (Einstellungen SD Card und Hardware) einrichten, um bequem testen zu können, wie sich Ihre App auf unterschiedlichen Android-Geräten verhält.

App testen

1. Rufen Sie den Befehl Window/Show View/Console auf, um das Console-Fenster einzublenden.
   In diesem Fenster werden die Statusnachrichten und Meldungen des Emulators angezeigt.
2. Rufen Sie den Befehl Run/Run auf, um die App zu testen.
   Alternativ können Sie auch im Package Explorer von Eclipse mit der rechten Maustaste auf den Projektknoten Hallo klicken und im Kontextmenü den Befehl Run As/Android Application aufrufen.

STOP

Wenn Sie ein Projekt das erste Mal mit dem Befehl RUN/RUN ausführen, erscheint das Dialogfeld RUN AS, in dem Sie ANDROID APPLICATION als Startmodus auswählen müssen. Eclipse erstellt daraufhin eine passende Launch-Konfiguration und benutzt diese fortan automatisch.

Im CONSOLE-Ausgabefenster von Eclipse erscheinen nun nacheinander diverse Meldungen und auf Ihrem Bildschirm sehen Sie das Fenster des Emulators.

3. Warten Sie, bis im CONSOLE-Fenster die Meldung »ActivityManager: Starting: Intent ...« erscheint.

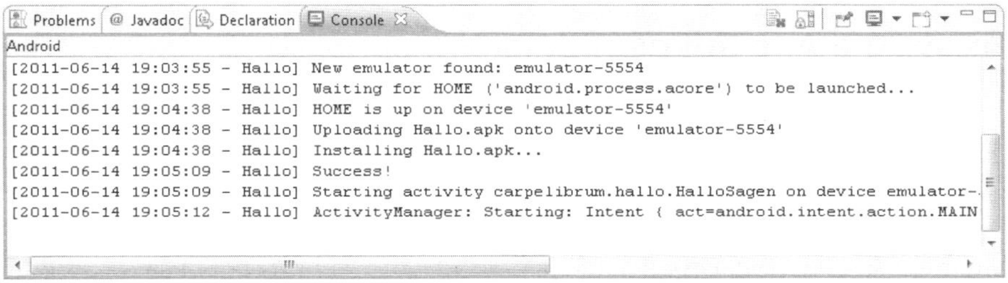

Abbildung 45.12: Die App ist im Emulator und gestartet.

4. Klicken Sie falls nötig im Emulator auf die Schaltfläche MENU.

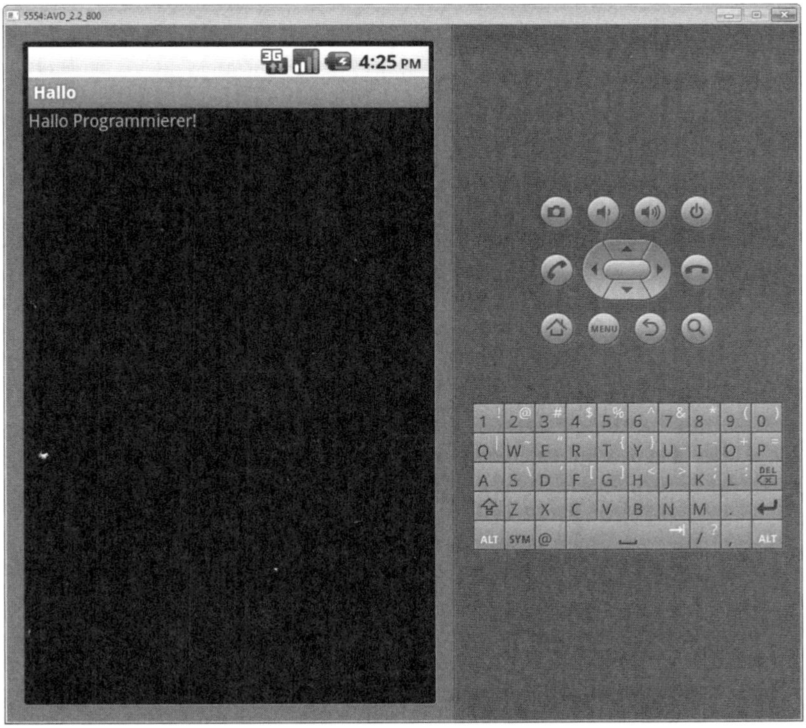

Abbildung 45.13: Die Benutzeroberfläche unserer App – mit Titelleiste und darunter gelegenem Textfeld

Wie Sie sehen, wurde die `onCreate()`-Methode bereits ausgeführt und im Textfeld ist der von uns angepasste Ausgabetext zu lesen.

5. Beenden Sie die App, indem Sie im Emulator auf die ZURÜCK-Taste klicken.
6. Schließen Sie das Emulatorfenster.

TIPP

Solange Sie an einer App arbeiten, sollten Sie den einmal gestarteten Emulator nicht unnötig neu starten. Nicht, dass dies zu Problemen führen würde, es kostet nur sehr viel Zeit. Lassen Sie den Emulator also während der Arbeit an der App geöffnet und starten Sie das App einfach zum Testen mit dem Befehl Run/Run neu.

45.6 Die App auf dem Smartphone testen

Wenn Sie ein Android-Smartphone mit Android 2.2 oder höher besitzen, können Sie Ihre Apps zum Begutachten und Testen auch direkt von Eclipse aus auf das Smartphone übertragen.

Voraussetzung ist allerdings, dass Sie Ihr Smartphone per USB an den Rechner anschließen und für das USB-Debugging konfigurieren (Informationen hierzu finden Sie in der Regel im Benutzerhandbuch Ihres Smartphones). Für das Galaxy-Smartphone von Samsung müssen Sie z.B. unter Einstellungen/Anwendungen/Entwicklung die Option USB-Debugging aktivieren und die Kies-Treiber von der Begleit-DVD auf dem Rechner installieren.

INFO

Wenn Sie kein Smartphone besitzen oder die USB-Übertragung nicht klappt, ist dies nicht weiter tragisch. Für die Einarbeitung in die Android-Programmierung können Sie auch ausschließlich mit dem Emulator testen (siehe vorangehenden Abschnitt).

Automatische Übertragung mit Eclipse

Um Eclipse so einzurichten, dass beim Ausführen der App von Eclipse aus das gewünschte Zielgerät (Emulator oder angeschlossenes Smartphone) abgefragt wird, gehen Sie wie folgt vor

1. Stellen Sie Ihr Smartphone auf USB-Debugging um.
2. Stecken Sie das USB-Kabel ein.
3. Rufen Sie in Eclipse den Menübefehl Run/Run Configurations auf.
4. Wählen Sie, falls nötig, im linken Teil des Dialogfelds Run Configurations unter der Kategorie Android Application Ihre App (in unserem Fall *Hallo*) aus.
5. Wechseln Sie im rechten Teil zur Registerseite Target und wählen Sie als Deployment Target Selection Mode die Option Manual aus.
6. Klicken Sie auf Apply und anschließend auf Run.

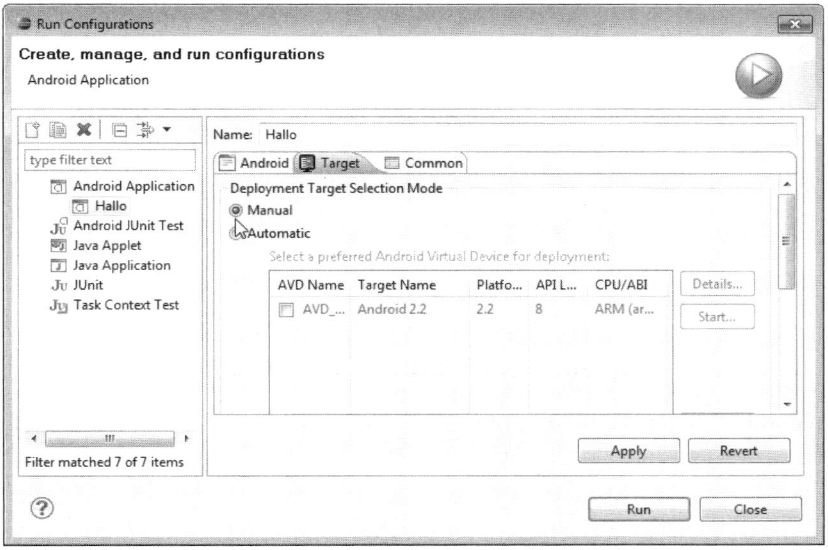

Abbildung 45.14: Eclipse-Konfiguration für die manuelle Auswahl des Zielgeräts

Danach erscheint das Dialogfeld ANDROID DEVICE CHOOSER, in dem Ihr angeschlossenes Smartphone unter seiner Seriennummer aufgeführt sein sollte.

7. Wählen Sie das Smartphone mit einem Mausklick aus und drücken Sie dann OK.

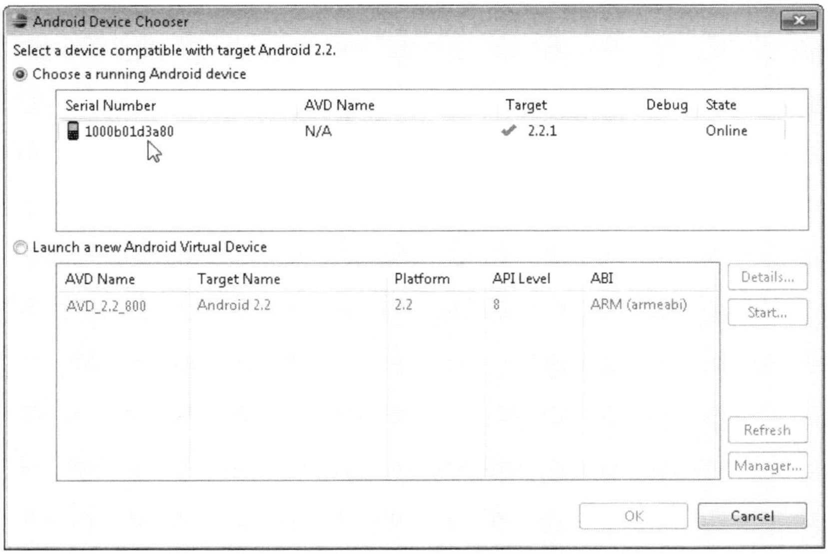

Abbildung 45.15: Auswahl des angeschlossenen Smartphones als Zielgerät

INFO

Das Dialogfeld ANDROID DEVICE CHOOSER wird fortan bei jeder Ausführung der App aufgerufen – so lange, bis Sie die Launch-Konfiguration wieder auf AUTOMATIC umstellen.

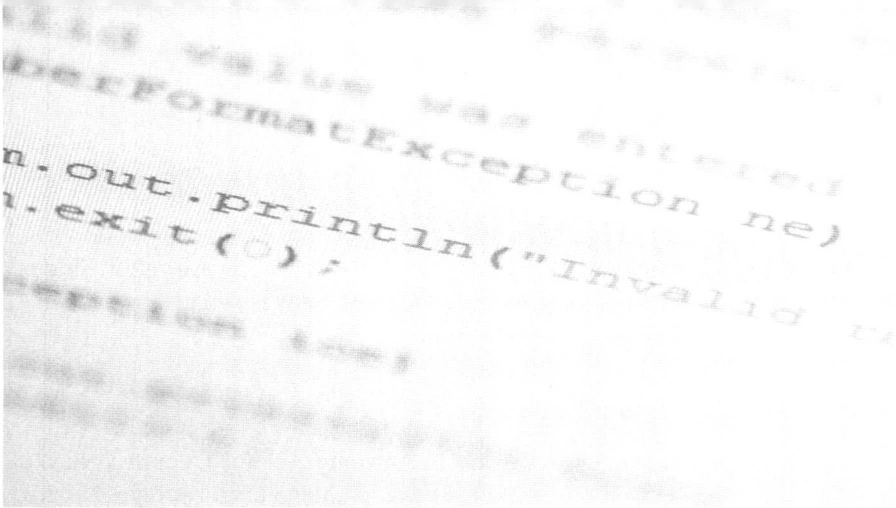

Kapitel 46
Aufbau von Benutzeroberflächen

In diesem Kapitel werden wir etwas ausführlicher auf die fundamentalen Elemente und Grundtechniken der App-Entwicklung eingehen. Nach der Lektüre dieses Kapitels werden Sie soweit mit der Android-Programmierung vertraut sein, dass Sie erste eigene Ideen für Apps umsetzen und sich selbstständig mithilfe der Android-Dokumentation weiterbilden können. Als Anregung für erste eigene Apps zeigen wir Ihnen in dem nachfolgenden Kapitel, wie Sie mithilfe der hier vorgestellten Techniken das Millionenquiz-Spiel aus Kapitel 27 als App implementieren können.

INFO

Gerne hätten wir Ihnen auch noch ein wenig über die technischen Möglichkeiten der App-Programmierung erzählt, wie Nutzung der Kamera, der Sensoren, GPS-Ortung oder Zugriffe auf das Dateisystem und Verwendung des integrierten SQLite-Datenbanksystems. Allerdings würde jede auch nur halbwegs vernünftige Behandlung dieser Themen den Rahmen dieses Einführungskurses sprengen, weswegen wir Sie diesbezüglich an die entsprechende Fachliteratur bzw. an die Android-Dokumentation mit ihren vielen Tutorien verweisen möchten (siehe `http://developer.android.com/resources/index.html`).

46.1 Benutzeroberfläche

Die Benutzeroberflächen von Apps werden aus Bildschirmseiten aufgebaut. Jede Bildschirmseite besteht aus einer abgeleiteten Activity-Klasse und einer Hierarchie von UI-Elementen, die üblicherweise in der `onCreate()`-Methode der Actitivity geladen werden. Sie kennen dies bereits aus dem vorangehenden Kapitel:

```
public class Demo extends Activity {
    public void onCreate(Bundle savedInstanceState) {
        super.onCreate(savedInstanceState);
```

Inhalt
33
34
35
36
37
38
39
40
41
42
43
44
45
46
47
48
Index

```
        setContentView(R.layout.main);
    }
}
```

Dort konnten Sie auch lesen, dass die UI-Hierarchie üblicherweise vermittels einer XML-Layoutdatei definiert wird. Sehen wir uns nun etwas genauer an, wie diese Layoutdateien angelegt und aufgebaut werden.

46.1.1 Die XML-Layoutdateien

Um eine XML-Layoutdatei in Eclipse zur Bearbeitung zu öffnen, doppelklicken Sie einfach im Package Explorer auf den zugehörigen Knoten unter *res/layout*. Danach können Sie die Layoutdatei wahlweise im Designer (Registerkarte GRAPHICAL LAYOUT) als auch im XML-Editor (Registerkarte mit dem Dateinamen) bearbeiten.

Wir bevorzugen die direkte Bearbeitung im XML-Editor und nutzen den Designer lediglich zur optischen Kontrolle des Layouts. (Der Designer stellt zu diesem Zweck übrigens im oberen Bereich diverse aufklappbare Auswahlmenüs zur Verfügung, über die Sie verschiedene Androidplattformen, Touchscreen-Auflösungen usw. simulieren können.)

Aufbau

Als echte wohlgeformte XML-Dateien folgen die Android-Layoutdateien einem vorgegebenen Grundgerüst, das aus einer XML-Deklaration und einem Wurzelelement besteht:

```
<?xml version="1.0" encoding="utf-8"?>
<LinearLayout>
</LinearLayout>
```

In das Wurzelelement können Sie beliebige View-Elemente einbetten. Der Name des XML-Elements entspricht dabei stets dem Klassennamen des zu erzeugenden View-Elements – also beispielsweise `<Button>` für ein Objekt der View-Klasse `Button` oder `<TextView>` für ein Objekt der View-Klasse `TextView`

Listing 46.1: Inhalt der Layoutdatei main.xml

```
<?xml version="1.0" encoding="utf-8"?>
<LinearLayout
   xmlns:android="http://schemas.android.com/apk/res/android"
   android:orientation="vertical"
   android:layout_width="fill_parent"
   android:layout_height="fill_parent">

   <TextView
      android:layout_width="fill_parent"
      android:layout_height="wrap_content"
      android:text="@string/hello" />

</LinearLayout>
```

Attribute

Ein wesentliches Merkmal der View-Elemente ist, dass sie über XML-Attribute konfiguriert werden können. Einige dieser Attribute sind elementspezifisch. Andere Attribute werden von den Basisklassen an die einzelnen View-Klassen vererbt. Oberste Basisklasse aller Views ist die Klasse `View`, die z.B. Attribute wie `android:background` oder `android:focusable` definiert.

INFO

Die Android-Attribute sind im XML-Namespace `android` definiert, der im Wurzelelement über das XML-Attribut `xmlns` eingebunden wird:

```
<LinearLayout
   xmlns:android="http://schemas.android.com/apk/res/android"
```

Das Namespace-Präfix muss den Attributen immer vorangestellt werden.

Tabelle 46.1: Attribute, die von der Basisklasse View an alle UI-Elemente vererbt werden (Auswahl)

Attribut	Beschreibung
`android:alpha`	Transparenzwert Wert zwischen 0.0 (durchsichtig) und 1.0 (undurchsichtig)
`android:background`	Hintergrund Wahlweise eine Bildressource oder ein RGB-Farbwert, wie z.B. #000000 für Schwarz
`android:id`	Eindeutige ID zur Identifizierung des Elements im Code, z.B.: `android:id="@+id/button1"`

`android:padding`
`android:paddingBottom`
`android:paddingLeft`
`android:paddingRight`
`android:paddingTop`
	Padding – Abstand zwischen Inhalt und Rand des UI-Elements
	Angaben wahlweise in px (Pixel), dp (dichteunabhängige Pixel), sp (skalierte Pixel), in (Inch) oder mm (Millimeter), z.B.:
	`<TextView`
	`   android:paddingLeft="10dp"`
	`   android:paddingRight="10dp"`
	`   android:paddingTop="5dp"`
	`   android:paddingBottom="5dp"`
	oder bei einem Wert für alle Seiten:
	`<TextView`
	`   android:padding="10dp"`
	Achtung! Setzen Sie kein Leerzeichen zwischen Wert und Einheit, also nicht `"10 dp"` schreiben.

`android:visibility`	Sichtbarkeit `visible` – das UI-Element ist sichtbar (Standardwert) `invisible` – das UI-Element ist nicht sichtbar, sein Platz im Layout wird aber freigehalten `gone` – das UI-Element ist komplett verschwunden

TIPP

Da es sehr viele View-Klassen gibt, mit ganz unterschiedlichen Abfolgen von Basisklassen, ist es gar nicht so leicht im Kopf zu behalten, für welche View nun gerade welche Attribute zur Verfügung stehen. Natürlich können Sie die Attribute in der API-Dokumentation zu der betreffenden View-Klasse nachschlagen. Es geht aber auch bequemer.

Tippen Sie im XML-Editor einfach den Namespace-Präfix `android:` ein und der Editor zeigt Ihnen ein Auswahlfenster mit allen zur Verfügung stehenden Attributen an.

Code-Formatierung

Wenn Sie Layouts zwischenzeitlich im Designer (Registerseite GRAPHICAL LAYOUT) bearbeiten, trägt Eclipse den entsprechenden Code automatisch in die zugrunde liegende XML-Datei ein. Der Designer trägt die Attribute dabei immer hintereinander ein, was schnell dazu führt, dass die Zeilen so lang werden, dass man den Code nicht mehr ohne Scrolling im Blick behalten kann.

Um den Code effizient umzuformatieren, gehen Sie am besten wie folgt vor:

1. Rufen Sie im Kontextmenü des Editors den Befehl PREFERENCES auf.
2. Aktivieren Sie auf der Seite XML/XML FILES/EDITOR die Option SPLIT MULTIPLE ATTRIBUTES EACH ON A NEW LINE.

Dies erledigt, brauchen Sie zum Umformatieren eines XML-Codes nur noch im Kontextmenü des XML-Editors den Befehl SOURCE/FORMAT aufzurufen.

Neue Layoutdateien anlegen

Für die Startactivity eines Android-Projekts wird üblicherweise im Zuge der Projekterzeugung bereits eine Layoutdatei *main.xml* angelegt. Wenn Sie weitere Activities für zusätzliche Bildschirmseiten erzeugen oder alternative Layouts für eine Activity vorsehen möchten, müssen Sie die dafür benötigten Layoutdateien von Hand generieren.

Eine Möglichkeit, weitere Layoutdateien anzulegen, ist, auf der Festplatte in das Projektunterverzeichnis *res/layout* zu wechseln und dort eine Kopie der *main.xml*-Datei anzulegen. Benennen Sie die Kopie um, wobei Sie darauf achten müssen, nur Kleinbuchstaben und Ziffern im Namen zu verwenden. Zurück in Eclipse klicken Sie im Package Explorer mit der rechten Maustaste auf den *res*-Ordner und rufen im Kontextmenü den Befehl REFRESH auf. Danach sollte die neue Layoutdatei unter dem Knoten *res/layout* aufgeführt werden.

Lassen Sie das Projekt anschließend noch neu erstellen, damit Eclipse in der *R.java*-Datei eine ID für die Layoutdatei erzeugt. Die ID wird als Konstante unter der Klasse `R.layout` definiert und trägt den gleichen Namen wie die XML-Datei.

Um also z.B. die Layoutdatei *seite1.xml* mittels `setContentView()` zu laden, würden Sie schreiben:

```
setContentView(R.layout.seite1);
```

46.1.2 Layout-Views

Layout-Views dienen dazu, ihre untergeordneten UI-Elemente anzuordnen. Jede Layout-View wendet dazu bestimmte, für sie typische Layoutregeln an (siehe Tabelle 46.3). Daneben definiert aber jede Layout-View noch diverse Layoutparameter, die sie an die eingebetteten View-Elemente reicht. So kann jedes eingebettete View-Element über diese Layoutparameter der übergeordneten Layout-View mitteilen, wie es im Rahmen der Layoutregeln angeordnet werden möchte.

Was kompliziert klingt (realisiert werden die Layoutparameter als innere Klasse der Layout-View), ist in der Praxis erstaunlich einfach zu handhaben. Sie setzen die Layoutparameter einfach als XML-Attribute zu den eingebetteten Elementen.

Allgemeine Layoutparameter	Beschreibung
`layout_width`	Breite des View-Elements in der übergeordneten Layout-View. Mögliche Werte sind: `fill_parent` – Die Breite wird so eingestellt, dass die Restbreite der übergeordneten Layout-View ausgefüllt wird. `match_parent` – wie `fill_parent`. Soll `fill_parent` auf Dauer ablösen. `wrap_content` – Die Breite richtet sich nach dem Inhalt des Elements (inklusive Padding). Zahlenwert – Feste Größe in px, pt, dp, sp, in oder mm. Zu empfehlen sind vor allem die relativen Einheiten dp und sp. Die Einheit muss zwingend mit angegeben werden und folgt ohne Leerzeichen auf den Zahlenwert, also z.B.: `12dp`.
`layout_height`	Höhe des View-Elements in der übergeordneten Layout-View. Verwendet gleiche Werte wie `layout_width`.

`layout_marginBottom`
`layout_marginLeft`
`layout_marginRight`
`layout_marginTop`
	Abstand zwischen einem View-Element und den umgebenden Elementen oder den Layout-View-Rändern.

Tabelle 46.2: Allgemeine Layoutparameter, die von allen Layout-Views unterstützt werden

```
<?xml version="1.0" encoding="utf-8"?>
<LinearLayout
   xmlns:android="http://schemas.android.com/apk/res/android"
   android:orientation="vertical"
   android:layout_width="fill_parent"
   android:layout_height="fill_parent">

   <TextView
      android:layout_width="fill_parent"
      android:layout_height="wrap_content"
      android:text="@string/hello" />

</LinearLayout>
```

Wie Sie sehen, kann auch das Wurzelelement ausgerichtet werden. Dies liegt daran, dass die gesamte View-Hierarchie in eine vom Android-System vorgegebene FrameLayout-View eingefügt wird, die den Bereich des Touchscreens umfasst, der für die Bildschirmseiten der Apps zur Verfügung steht.

Tabelle 46.3: Die wichtigsten Layout-Views

Layout-View	Beschreibung
LinearLayout	Ordnet die eingebetteten Elemente wahlweise unter- oder nebeneinander an. Die gewünschte Anordnung kann im LinearLayout-Element über das Attribut orientation eingestellt werden. Mögliche Werte sind vertical und horizontal. Spezifische Layoutparameter sind layout_gravity und layout_weight.
FrameLayout	Platzhalter für eine oder mehrere übereinander gestapelte View-Elemente. Besitzt keine spezifischen Layoutparameter.
RelativeLayout	Ordnet die eingebetteten Elemente relativ zueinander bzw. relativ zu seinen Rändern an. Diese Layout-View ist sehr flexibel und geeignet, komplexere Layouts ohne die Verschachtelung von Viewgroups umzusetzen (was in der Regel die Performance der App verbessert). Besitzt eine umfangreiche Sammlung von Layoutparametern (siehe Android-Dokumentation).
TableLayout	Ordnet die eingebetteten Elemente in Zeilen (rows) und Spalten (columns) an. Zeilen werden als TableRow-Elemente erzeugt, die Spalten werden durch die Anzahl Zellen in den Zeilen definiert. Verwendet dieselben Layoutparameter wie LinearLayout.

Listing 46.2: TableLayout mit einer Zeile und zwei Spalten

```
<?xml version="1.0" encoding="utf-8"?>
<TableLayout
   xmlns:android="http://schemas.android.com/apk/res/android"
   android:orientation="vertical"
   android:layout_width="match_parent"
   android:layout_height="match_parent"
   android:padding="10dp">
   <TableRow
      android:id="@+id/tableRow1"
      android:layout_width="match_parent"
      android:layout_height="wrap_content">
      <Button
         android:text="Button 1_1"
         android:layout_height="wrap_content"
         android:layout_width="150dp"></Button>
      <Button
         android:text="Button 1_2"
         android:layout_height="wrap_content"
         android:layout_width="150dp"></Button>
   </TableRow>
</TableLayout>
```

46.1.3 Widgets

Die Liste der zur Verfügung stehenden Widgets ist mittlerweile schon sehr umfangreich geworden. Die meisten Widgets repräsentieren die typischen Steuerelemente, die Ihnen von der Swing-Programmierung oder aus der täglichen Arbeit am Computer bekannt sein dürften.

Um sich einen Überblick über die zur Verfügung stehenden Widgets zu verschaffen,

- wechseln Sie einfach in den Designer (Registerkarte GRAPHICAL LAYOUT) und klicken Sie die Ordner der Palette auf
- oder schlagen Sie in der Android-Referenz den Inhalt des Pakets `android.widget` nach (Datei *index.html* im Verzeichnis *android-sdk/docs/reference* Ihrer Android-Installation oder im Web unter `http://developer.android.com/reference/packages.html`).

Um sich zu informieren, welche Attribute/Eigenschaften Sie zur Konfiguration eines Widgets verwenden können,

- ziehen Sie im Designer das Widget in die Bildschirmseite, klicken Sie mit der rechten Maustaste auf das Widget und wählen Sie im Kontextmenü das Untermenü PROPERTIES aus
- oder schlagen Sie in der Android-Referenz die XML-Attribute der zugehörigen Widget-Klasse nach.

Zugriff auf UI-Elemente

Wenn Sie ein UI-Element – wie z.B. eine Schaltfläche (`Button`) – mit einer Ereignisbehandlung verbinden oder zur Laufzeit manipulieren möchten, müssen Sie sich eine Referenz auf das zugehörige Objekt beschaffen.

Der Zugriff auf UI-Elemente, die in einer XML-Layoutdatei definiert sind, erfolgt immer über die Ressourcen-IDs der UI-Elemente. Der erste Schritt besteht daher darin, dem betreffenden Element in der XML-Layoutdatei eine ID zuzuweisen. Dies geschieht über das Attribut `android:id`.

```
<?xml version="1.0" encoding="utf-8"?>
<LinearLayout
   xmlns:android="http://schemas.android.com/apk/res/android"
   android:layout_width="fill_parent"
   android:layout_height="fill_parent">
   <TextView
      android:id="@+id/textView1"
      android:text="Hallo"
      android:layout_width="wrap_content"
      android:layout_height="wrap_content" />
</LinearLayout>
```

Den ID-Namen können Sie weitgehend frei wählen, er sollte aber eindeutig sein und keine Sonderzeichen aufweisen. Über diesen Namen greifen Sie im Code auf die Ressourcen-ID zu.

Danach müssen Sie speichern und das Projekt neu erstellen lassen, damit im Zuge der Kompilierung die neue Ressourcen-ID in die Datei *R.java* eingetragen wird. Dort wird dann der von Ihnen gewählte Name mit dem eigentlichen Zahlenwert der ID verbunden.

Anschließend können Sie vom Code einer Activity aus problemlos auf das UI-Element zugreifen. Übergeben Sie dazu einfach die Ressourcen-ID an die `Activity`-Methode `findViewById()`. Als Ergebnis erhalten Sie eine Referenz vom Typ `View`, die auf das gefundene View-Element verweist. Meist werden Sie diesen Verweis per Casting in den eigentlichen Typ des Objekts umwandeln und in einer passenden Objektvariablen speichern.

```
TextView ueberschrift = (TextView) findViewById(R.id.textView1);
```

STOP

Vergessen Sie nicht, den Klassennamen des UI-Elements zu importieren, z.B.:

```
import android.widget.TextView;
```

Über die Variable können Sie auf das UI-Element zugreifen und es manipulieren. Die einzelnen View-Klassen definieren für solche Zwecke unter anderem eine ganze Reihe von get- und set-Methoden, mit denen die Werte von Eigenschaften abgefragt oder gesetzt werden können.

```
// Der TextView einen neuen Text zuweisen
ueberschrift.setText("Willkommen");
```

STOP

Wenn die Methode `findViewByID()` kein Element mit der übergebenen Ressourcen-ID finden kann, liefert sie `null` zurück. Sie können sich also mit einem Test auf »ungleich null« davon überzeugen, dass das gewünschte UI-Element auch tatsächlich gefunden wurde:

```
TextView ueberschrift = (TextView) findViewById(R.id.textView1);

   if (ueberschrift != null) {
      ueberschrift.setText("Willkommen");
   }
```

46.1.4 Ereignisbehandlung

Die Ereignisbehandlung für View-Elemente erfolgt erfreulicherweise ganz ähnlich wie die Ereignisbehandlung in Swing. Das heißt, Sie erzeugen »Lauscher«-Objekte, die vorgegebene Listener-Schnittstellen implementieren, und registrieren diese bei der Ereignisquelle (sprich dem betreffenden View-Element).

Der folgende Code demonstriert dies am Beispiel des Klickereignisses für ein Button-Element, das beim Drücken eine Toast-Meldung ausgeben soll.

EXKURS

Toasts

Ein Toast ist eine unaufdringliche Nachricht, die üblicherweise am unteren Bildschirmrand eingeblendet wird und nach kurzer Zeit von selbst wieder verschwindet.

Listing 46.3: WidgetActivity.java – Implementierung einer Ereignisbehandlung

```
package de.carpelibrum.widgets;

import android.app.Activity;
import android.os.Bundle;
```

```
import android.view.View;
import android.view.View.OnClickListener;
import android.widget.Button;
import android.widget.Toast;

public class WidgetsActivity extends Activity {

    @Override
    public void onCreate(Bundle savedInstanceState) {
        super.onCreate(savedInstanceState);
        setContentView(R.layout.main);

        // Verweis auf die Schaltfläche mit der ID button1 beschaffen
        Button btn = (Button) findViewById(R.id.button1);

        // Anonymes OnClickListener-Objekt erzeugen und
        // bei der View (Button-Element btn) registrieren
        btn.setOnClickListener(new OnClickListener() {
            public void onClick(View v) {
                String text = "Gut geklickt!";
                Toast einToast = Toast.makeText(v.getContext(), text,
                                                Toast.LENGTH_SHORT);
                einToast.show();
            }
         });
    }
}
```

Abbildung 46.1: Demo-App mit unten eingeblendeter Toast-Meldung

Wenn Sie mehrere View-Elemente mit demselben Ereignisbehandlungscode verbinden möchten, können Sie natürlich auch so vorgehen, dass Sie explizit eine innere Klasse schreiben, die die Listener-Schnittstelle implementiert. Von dieser

Klasse können Sie dann ein oder mehrere Objekte erzeugen, die Sie als Lauscher bei den Widgets registrieren. Und wenn Ihnen die Definition einer eigenen Listener-Klasse zu aufwändig erscheint, lassen Sie einfach Ihre Activity-Klasse die Listener-Schnittstelle(n) implementieren (vergleiche dazu auch das Kapitel 19.3.10).

Welche Ereignisse gibt es?

Einige View-Elemente erlauben die Behandlung spezieller Ereignisse, die mit ihrer besonderen Funktion zu tun haben. Daneben gibt es aber auch einen Standardsatz von Ereignissen, die von allen View-Elementen unterstützt werden. Die wichtigsten dieser Ereignisse sind in Tabelle 46.4 zusammengefasst.

Tabelle 46.4: Die wichtigsten allgemeinen Benutzerereignisse

Ereignismethode	Beschreibung
`void onClick(View v)`	Wird bei Klickoperationen aufgerufen. Schnittstelle: `OnClickListener` Registriermethode: `setOnClickListener()`
`boolean onDrag(View v, DragEvent e)`	Wird bei Drag&Drop-Operationen aufgerufen. Schnittstelle: `OnDragListener` Registriermethode: `setOnDragListener()`
`boolean onLongClick(View v)`	Wird aufgerufen, wenn ein View-Element gedrückt gehalten wird. Interface: `OnLongClickListener` Registriermethode: `setOnLongClickListener()`
`void onFocusChange(View v, boolean f)`	Wird bei Änderung des Fokus aufgerufen. Interface: `OnFocusChangeListener` Registriermethode: `setOnFocusChangeListener()` Der Parameter `f` gibt den neuen Fokuszustand an (`true` bedeutet, das View-Element hat den Fokus erhalten).
`boolean onKey(View v, int taste, KeyEvent e)`	Wird bei Drücken einer Taste aufgerufen, vorausgesetzt das betreffende UI-Element besitzt den Tastaturfokus. Interface: `OnKeyListener` Registriermethode: `setOnKeyListener()` Der Parameter `taste` gibt den Tastencode der gedrückten Taste an und hilft bei deren Identifizierung. Mithilfe des `KeyEvent`-Parameters können Sie detailliertere Informationen über den Tastendruck abfragen.
`boolean onTouch(View v, MotionEvent e)`	Wird bei Tipp-Operationen aufgerufen. Interface: `OnTouchListener` Registriermethode: `setOnTouchListener()` Im `MotionEvent`-Parameter sind ausführliche Informationen über die Tipp-Operation gespeichert.
`onCreateContextMenu()`	Zur Erstellung von Kontextmenüs.

46.2 Ressourcenmodell

Android arbeitet viel mit Ressourcen. Entsprechend umfangreich ist das Spektrum der verschiedenen Ressourcenarten, das quasi alles umfasst, was mit dem Erscheinungsbild der Benutzeroberfläche zu tun hat:

- Texte – z.B. für die Titel der UI-Elemente
- Bilder – z.B. als Hintergrund oder zur Anzeige in einer ImageView
- Farben – als benannte Synonyme für RGB-Werte wie `#fefe00`
- Größenangaben – als benannte Synonyme für Größenangaben wie `200dp` oder `24sp`.
- Layouts – zur Definition von View-Hierarchien
- Menüs
- Roh- und Multimediadateien
- Stile – als Sammlungen von anzuwendenden Android-Attributen

46.2.1 Texte

Wie Sie String-Ressourcen anlegen, haben Sie bereits in Kapitel 45.4.4 gesehen. Dort wurde auch gezeigt, wie Sie String-Ressourcen mit Unterstützung des Designers anlegen, weswegen wir hier nur noch einmal kurz den XML-Code zur Definition von String-Ressourcen zeigen:

```
<?xml version="1.0" encoding="utf-8"?>
<resources>
    <string name="hello">Hallo!</string>
    <string name="app_name">RessourcenDemo</string>
</resources>
```

Sie können in einer solchen XML-Datei unter dem XML-Element `resources` beliebig viele `string`-Elemente definieren. Sie können die Strings aber auch auf mehrere XML-Dateien verteilen. Diese sollten dann allerdings alle im Projektverzeichnis *res/values* liegen und der Dateiname sollte nur aus Kleinbuchstaben und Ziffern bestehen.

String-Ressourcen verwenden

Der Zugriff auf eine String-Ressource erfolgt immer über ihre ID. Für eine String-Ressource, die unter dem Namen »titel1« definiert wurde, lautet die im XML-Code zu verwendende ID `@string/titel1`:

```
<Button
   android:layout_gravity="center_horizontal"
   android:text="@string/titel1"
   android:id="@+id/button1"
   android:layout_height="wrap_content"
   android:layout_width="wrap_content"></Button>
```

Die im Java-Code zu verwendende ID `R.string.titel1` kann beispielsweise an die `Resources`-Methode `getString()` übergeben werden. Ein passendes `Resources`-Objekt liefert Ihnen die `Activity`-Methode `getResources(int id)`:

```
String titel = getResources().getString(R.string.titel1);
```

String-Arrays

Zusammengehörende Strings können Sie auch als String-Array anlegen.

```
<?xml version="1.0" encoding="utf-8"?>
<resources>
   <string-array name="Kunden">
      <item>Jim</item>
      <item>Tim</item>
      <item>Tom</item>
   </string-array>
</resources>
```

Dies ist aber nur sinnvoll, wenn Sie UI-Elemente verwenden, die solche String-Arrays verarbeiten können (z.B. `Spinner`). Der Zugriff auf das Array erfolgt über die XML-ID `@array/name` bzw. die Code-ID `R.array.name` und die `Resources`-Methode `getStringArray(int id)`.

46.2.2 Bilder

Bilder, die einen festen Bestandteil der App-Benutzeroberfläche bilden, also beispielsweise Hintergrundbilder oder Symbole, die in UI-Elementen eingeblendet werden, sollten Sie grundsätzlich als Ressourcen verwalten.

Um ein Bild als App-Ressource abzuspeichern, müssen Sie die Bilddatei einfach nur in den *res*-Ordner *drawable* kopieren, die Anzeige des Package Explorers aktualisieren (REFRESH-Befehl im Kontextmenü) und das Projekt abschließend neu erstellen lassen.

INFO

Die App-Projekte, die Sie mit Eclipse und dem Android-Plug-In anlegen, besitzen allerdings keinen allgemeinen *drawable*-Ordner, sondern verfügen über drei Ordner *drawable-hdpi*, *drawable-ldpi* und *drawable-mdpi*. Diese drei Ordner sind dafür gedacht, Bilder und Symbole in unterschiedlichen Auflösungen anzubieten (siehe nachfolgenden Abschnitt). Wenn Sie diese Technik nicht nutzen möchten, legen Sie am besten einen allgemeinen Ordner *drawable* an, in dem Sie Ihre Bilder ablegen.

Der Zugriff auf eine Bild-Ressource, die in der Datei *name.png* gespeichert ist, erfolgt im XML-Code über die ID `@drawable/name` bzw. im Code über die ID `R.drawable.name` und die `Resources`-Methode `getDrawable(int id)`.

Die Bilddatei

Bilddateien müssen in einem der gängigen Rastergrafik-Formate vorliegen (PNG, JPG, BMP oder GIF), sollten nicht größer sein als notwendig und dürfen im Dateinamen nur Kleinbuchstaben und Ziffern enthalten.

Bilder in eine Bildschirmseite einblenden

Fügen Sie ein ImageView-Element in die Layoutdatei ein und weisen Sie die Ressourcen-ID des Bildes dem `src`-Attribut des ImageView-Elements zu.

```
<ImageView
   android:id="@+id/imageView1"
   android:layout_height="wrap_content"
   android:layout_width="wrap_content"
   android:src="@drawable/testbild"></ImageView>
```

Bilder als Hintergrundbild einer Bildschirmseite verwenden

Weisen Sie die Ressourcen-ID des Bildes dem `background`-Attribut der obersten Layout-View zu.

```
<?xml version="1.0" encoding="utf-8"?>
<LinearLayout
   xmlns:android="http://schemas.android.com/apk/res/android"
   android:orientation="vertical"
   android:background="@drawable/hintergrund"
   android:layout_width="fill_parent"
   android:layout_height="fill_parent">
   ...
```

46.2.3 Alternative Ressourcen anbieten

Android-Geräte gibt es in den verschiedensten Größen mit unterschiedlichsten Auflösungen, unterschiedlicher Hardware-Ausstattung und individueller Konfiguration (Sprache, Region, Orientierung, Plattform-Version usw.).

So erfreulich diese Bandbreite für den Anwender sein mag, den App-Entwickler stellt sie vor ein großes Problem. Wie kann er sicherstellen, dass die Bildschirmseiten seiner App auch dann vollständig angezeigt werden, wenn der Anwender das Gerät im Querformat hält? Wie kann er erreichen, dass deutsche Anwender deutsche Texte auf den Bildschirmseiten sehen und englische Anwender englische Texte? Wie kann er verhindern, dass seine Bilder und Symbole, die auf Smartphones so gut aussehen, auf Tablets durch Skalierung und Verzerrung nicht komplett entstellt werden?

Die Antwort auf all diese Fragen liegt im Android-Ressourcenkonzept, welches es uns erlaubt, von einer Ressource unterschiedliche Varianten bereitzustellen, die optimal an bestimmte Hardwarekonfigurationen angepasst sind.

46

Der Trick

Android definiert für jeden Konfigurationsparameter, den Sie berücksichtigen können, mehrere feste Variantenbezeichner wie z.B.:

- `de`, `en`, `fr` für die Sprache
- `small`, `normal`, `large` für die Größe desTouchscreens
- `port`, `land` für Quer- und Hochformat
- `ldpi`, `mdpi` für verschiedene Bildschirmauflösung

INFO Für eine vollständige Liste siehe in der Android-Dokumentation die Seite android-sdk/docs/guide/topics/resources/providing-resources.html#AlternativeResources.

Um eine Ressource für einen bestimmten Konfigurationsparameter in mehrere Variationen anzubieten, müssen Sie im *res*-Verzeichnis passende Unterverzeichnisse anlegen, wobei Sie die Variantenbezeichner an den vorgegebenen Verzeichnisnamen anhängen, z.B.:

```
res
|--drawable_land           // zu verwendende Bilder, wenn der Benutzer das
                           // Gerät im Querformat hält
|--drawable_port           // zu verwendende Bilder, wenn der Benutzer das
                           // Gerät im Hochformat hält
```

In diesen Verzeichnissen legen Sie dann von jeder Ressource eine angepasste Version ab (unter Beibehaltung des Namens).

```
res
|--drawable_land
   |-- hintergrund.png
|--drawable_port
   |-- hintergrund.png
```

46.3 App-Symbol

Jedes App-Projekt, das Sie neu beginnen, wird automatisch mit einem App-Symbol (*Launcher-Icon*) ausgestattet, über das der Anwender die App vom Startmenü aus aufrufen kann.

Wichtig ist, dass das App-Symbol in drei unterschiedlichen Größen vorliegt, um auf den unterschiedlichen Bildschirmdichten der Android-Endgeräte möglichst optimal dargestellt zu werden.

Tabelle 46.5: Bildschirmdichten und Symbolgrößen

Bildschirmdichte	Pixel-Abmaße für das App-Symbol
Geringe Dichte (ldpi)	36 x 36
Mittlere Dichte (mdpi)	48 x 48
Hohe Dichte (hdpi)	72 x 72

Erstellen Sie nacheinander die drei benötigten PNG-Dateien und speichern Sie diese als *icon.png* in den Ordnern *drawable-ldpi*, *drawable-mdpi* und *drawable-hdpi*.

INFO

Nach dem oben beschriebenen Verfahren überschreiben Sie einfach das Standardsymbol des App-Projekts. Wenn Sie lieber einen anderen Namen für das App-Symbol verwenden möchten, müssen Sie dies Android über die Manifestdatei mitteilen.

INFO

App-Symbole sollten möglichst einen transparenten Hintergrund haben. Mehr Informationen und Tipps zur Erstellung optimaler App-Symbole (Launcher-Icons) finden Sie in der Android-Dokumentation unter `http://developer.android.com/guide/practices/ui_guidelines/icon_design.html`.

46.4 Der Intent-Mechanismus

Activities werden unter Android stets über Intents aufgerufen. Dies gilt für Activities, die vom System aufgerufen werden (wie z.B. die Startactivity einer App), ebenso wie für Activities, die von einer anderen Activity der gleichen App aufgerufen werden.

46.4.1 Explizite und implizite Intents

Intents werden grob in zwei Kategorien unterteilt, die von Android unterschiedlich behandelt werden:

- ***Explizite Intents*** geben die Komponente, an die sie gerichtet sind (also z.B. eine andere Activity), explizit an.
- ***Implizite Intents*** geben statt einer definierten Zielkomponente nur Hinweise an, anhand deren Android versucht, einen Empfänger zu finden.

Implizite Intents

Implizite Intents werden immer dann verwendet, wenn der Aufrufer eine Activity sucht, die eine bestimmte »Funktionalität« im weitesten Sinne des Wortes bietet, ohne genau zu wissen, welche Activity dafür in Frage kommt oder ob es überhaupt auf dem Gerät eine passende Activity für diese Aufgabe gibt. Damit dies funktioniert, gibt der Aufrufer an, welche Funktionalität er sucht, und Activities, die eine Funktionalität anbieten, teilen dies in der Manifestdatei ihrer App über einen passenden Intent-Filter mit.

Ein typisches Beispiel für den Einsatz impliziter Intents ist der Aufruf der Startactivity einer App. Wenn der Anwender im Application Launcher auf ein App-Symbol drückt, schickt das System einen Intent ab, der die Startactivity der App aufruft. Die Startactivity ist dabei die Activity, für die in der Manifestdatei der folgende Intent-Filter definiert ist:

```
<intent-filter>
  <action android:name="android.intent.action.MAIN" />
  <category android:name="android.intent.category.LAUNCHER" />
</intent-filter>
```

Explizite Intents

Explizite Intents sind der übliche Weg, wie die Activities **einer** App sich gegenseitig aufrufen. Wie dies geht, erfahren Sie im folgenden Abschnitt.

46.4.2 Activities starten mit Intents

Um aus einer Activity A eine Activity B der gleichen App aufzurufen, gehen Sie wie folgt vor:

1. Sie legen die zweite Activity B an und tragen diese in die Manifestdatei der App ein.
2. Sie erzeugen in Activity A ein `Intent`-Objekt und benutzen es, um die Activity B aufzurufen.
3. Sie fangen in Activity B das `Intent`-Objekt ab.

DVD

Für ein vollständiges Beispiel dieses Aufrufmechanismus siehe die Millionenquiz-App aus dem nachfolgenden Kapitel, deren vollständiger Code auch in der Beispielsammlung zu diesem Buch enthalten ist.

Weitere Activities anlegen

Fügen Sie dem Projekt eine weitere Java-Quelltextdatei hinzu (Befehl NEW/CLASS aus dem Kontextmenü des SRC-Paketknotens). Achten Sie darauf, dass die Klasse von `Activity` abgeleitet wird, und überschreiben Sie die `onCreate()`-Methode.

Tragen Sie die neue Activity in die Manifestdatei der App ein.

Listing 46.4: AndroidManifest.xml mit der Startactivity ActivityA und einer weiteren Activity namens ActivityB

```
<?xml version="1.0" encoding="utf-8"?>
<manifest
   xmlns:android="http://schemas.android.com/apk/res/android"
   package="de.carpelibrum.demo"
   android:versionCode="1"
   android:versionName="1.0">
   <uses-sdk android:minSdkVersion="8" />

   <application
      android:icon="@drawable/demoicon"
      android:label="@string/app_name">
      <activity
         android:name=".ActivityA"
         android:label="@string/app_name">
         <intent-filter>
            <action
               android:name="android.intent.action.MAIN" />
            <category
               android:name="android.intent.category.LAUNCHER" />
         </intent-filter>
      </activity>
      <activity android:name="ActivityB">
```

```
      </activity>
   </application>
</manifest>
```

Intent-Objekt erzeugen und Activity aufrufen

Zum Erzeugen eines expliziten Intents übergeben Sie dem `Intent`-Konstruktor eine `Context`-Instanz (üblicherweise die `this`-Referenz der aktuellen Activity) und eine Class-Instanz für die aufzurufende Activity:

```
Intent intent = new Intent(this, ActivityB.class);
```

Wenn die aufrufende Activity beim Aufruf Daten an die aufgerufene Activity übergeben möchte, muss sie diese als Schlüssel/Wert-Paare in dem `Intent`-Objekt verstauen.

```
Intent intent = new Intent(this, ActivityB.class);
intent.putExtra("name", "Jim");
intent.putExtra("alter", 34);
```

INFO

Alternativ können Sie die *Extra*-Daten auch explizit in ein `Bundle`-Objekt verpacken und dieses dann dem Intent mitgeben.

Zum guten Schluss rufen Sie die `startActivity()`-Methode auf und übergeben dieser als Argument das `Intent`-Objekt

```
startActivity(intent);
```

Der Intent geht nun an das Android-System und dieses versucht, die im Intent spezifizierte Activity zu starten.

Intents empfangen

Wird eine Activity als Reaktion auf einen gesendeten Intent vom Android-System gestartet, kann sie sich in ihrer `onCreate()`-Methode das auslösende `Intent`-Objekt beschaffen und aus diesem – bei Bedarf – die im Objekt abgelegten Daten auslesen.

Zum Abgreifen des `Intent`-Objekts besitzt jede Activity die Methode `getIntent()`. Etwaige *Extra*-Daten lesen Sie am besten als `Bundle`-Objekt aus und fragen dann mithilfe der get-Methoden des `Bundle`-Objekts die Werte für die einzelnen Schlüssel ab.

```
public void onCreate(Bundle savedInstanceState) {
    super.onCreate(savedInstanceState);
    setContentView(R.layout.activityB);

    Intent intent = getIntent();
    Bundle daten = intent.getExtras();
    String name = daten.getString("name"); // liefert "Jim"
    int alter = daten.getInt("alter"); // liefert 34
}
```

EXKURS

Ergebnisse zurücksenden

Activities können auch so gestartet werden, dass sie ein Ergebnis an die aufrufende Activity zurücksenden. Hierzu müssen Sie folgendermaßen vorgehen.

Starten Sie die Activity durch Aufruf der Methode `startActivityForResult()` *und übergeben Sie der Methode neben dem* `Intent`*-Objekt noch eine nicht-negative ganze Zahl für den* `requestCode`*.*

```
startActivityForResult(Intent intent, int requestCode);
```

Die derart aufgerufene Activity erstellt nach Erledigung ihrer Aufgaben ein `Intent`*-Objekt mit den Rückgabedaten, richtet dieses als Ergebniswert ein und beendet sich dann durch Aufruf der Methode* `finish()`*.*

```
Intent ergebnis = new Intent();
ergebnis.putExtra("erfolg", 1);
setResult(Activity.RESULT_OK, ergebnis);
finish();
```

Zum Empfangen des Rückgabewerts müssen Sie dann noch in der aufrufenden `Activity`*-Klasse die* `onActivityResult()`*-Methode implementieren.*

```
void onActivityResult(int requestCode, int resultCode, Intent data) {
   Bundle ergebnis = data.getExtras();
   String name     = ergebnis.getString("erfolg");
   // ...
}
```

46.5 Grafik

Um in eine App zeichnen zu können, brauchen Sie

- Eine Leinwand, in die Sie zeichnen können
- Einen Ort, wo Sie zeichnen können
- Zeichenwerkzeuge

46.5.1 Die Leinwand

Leinwände sind in der Android-Programmierung Instanzen der Klasse `Canvas`. Jede View verfügt über eine solche `Canvas`-Leinwand, weswegen Sie grundsätzlich auch jede View zum Zeichnen verwenden können. Ideal aber sind natürlich Views, die eine unverbrauchte, freie Zeichenfläche bieten, wie z.B. die Basisklasse `View` selbst, `ImageView` oder `SurfaceView`.

46.5.2 Die onDraw()-Methode

Jede View verfügt über eine Methode `onDraw()`, die automatisch vom Android-System aufgerufen wird, wenn die View sichtbar wird und sich selbst zeichnen soll.

Grundsätzlich sollten Sie Ihren Zeichencode immer in diese Methode packen. Erstens müssen Sie sich dann nicht selbst darum kümmern, dass Sie Zugriff auf das Canvas-Objekt der View bekommen (dieses wird Ihnen über den Parameter der onDraw()-Methode zur Verfügung gestellt). Zweitens ist auf diese Weise sichergestellt, dass Ihr Zeichencode wenn nötig automatisch ausgeführt wird.

Um Zeichencode in die onDraw()-Methode einfügen zu können, müssen Sie die Methode allerdings überschreiben – was wiederum bedeutet, dass Sie eine eigene View-Klasse ableiten müssen (vorzugsweise von View, ImageView oder SurfaceView).

Rufen Sie dazu im Package Explorer unter dem *src*-Knoten das Kontextmenü zu dem Paketknoten auf und wählen den Befehl NEW/CLASS. Geben Sie im Dialogfeld NEW JAVA CLASS einen Namen für die neu anzulegende Klasse ein, z.B. ZeichnenView und tragen Sie als Basisklasse (Superclass) beispielsweise die Klasse android.widget.ImageView ein.

Listing 46.5: Gerüst der ZeichnenView-Klasse (aus dem App-Projekt Grafik)

```
package de.carpelibrum.grafik;

import android.content.Context;
import android.graphics.Canvas;
import android.util.AttributeSet;
import android.widget.ImageView;

public class ZeichnenView extends ImageView {

   public ZeichnenView(Context context, AttributeSet attrs) {
      super(context, attrs);
   }

   @Override
   protected void onDraw(Canvas canvas) {
      super.onDraw(canvas);
   }
}
```

Die Zeichenmethoden und -werkzeuge

Ebenso wie die Swing-Klasse Graphics stellt auch die Klasse Canvas Methoden zur Verfügung, die wir zum Zeichnen von Linien, Rechtecken, Ovalen, Strings, Bildern und anderen Grafikprimitiven benötigen.

Unterstützt wird die Klasse android.graphics.Canvas dabei von der Klasse android.graphics.Paint, deren Objekte unsere Zeichenwerkzeuge repräsentieren und über die wir Farbe, Linienbreite und andere Parameter einstellen können.

Listing 46.6: Überschreibung der onDraw()-Methode (aus ZeichnenView.java)

```
protected void onDraw(Canvas canvas) {
   super.onDraw(canvas);

   // 1. Paint-Objekt für Gelbton und
   // Linienbreite von 20 Pixeln erzeugen
   Paint pinsel = new Paint();
   pinsel.setColor(Color.rgb(225, 225, 25));
   pinsel.setStrokeWidth(20);

   // 2. Zwei Balken in Leinwand zeichnen
   canvas.drawLine(getWidth()/3, 0, getWidth()/3, getHeight(), pinsel);
   canvas.drawLine( 0, getHeight()/2, getWidth(), getHeight()/2, pinsel);
}
```

EXKURS

Farben

Farben werden grundsätzlich durch `int`*-Werte codiert. Einige Farben sind als statische Felder der Klasse* `Color` *vordefiniert:* `Color.BLACK`, `Color.BLUE`, `Color.CYAN`, `Color.DKGRAY`, `Color.GRAY`, `Color.GREEN`, `Color.LTGRAY`, `Color.MAGENTA`, `Color.RED`, `Color.TRANSPARENT`, `Color.WHITE`, `Color.YELLOW`. *Alle anderen Farben können Sie mithilfe der statischen Methode* `rgb()` *definieren (siehe Listing).*

```
Paint pinsel = new Paint();
pinsel.setColor(Color.rgb(64, 64, 255));
pinsel.setStrokeWidth(2);

RectF r = new RectF(10, 10, 50, 50);
canvas.drawRect(r, pinsel);
```

Tabelle 46.6: Auswahl einiger Methoden der Klasse Canvas

Methode	Beschreibung
`drawColor(int farbe)` `drawRGB(int r, int g, int b)`	Füllt die ganze Leinwand in der angegebenen Farbe (`Color`-Wert oder RGB-Anteile).
`drawArc(RectF r, float start, float winkel, bool keil, Paint pinsel)`	Zeichnet einen Bogen in das Rechteck `r` ein. Das Argument `start` gibt den Startwinkel an. Über das boolesche Argument können Sie festlegen, ob Sie nur einen Bogen (`false`) oder einen Keil (`true`) zeichnen möchten.
`drawBitmap(Bitmap b, float links, float oben, Paint pinsel)`	Kopiert ein Bild in die Canvas, sodass die linke obere Ecke des Bildes an der angegebenen Koordinate zu liegen kommt. Für das `Paint`-Objekt können Sie `null` übergeben oder ein Objekt, das eine Maske für die Verblendung mit dem Hintergrund definiert.
`drawBitmap(Bitmap b, RectF quelle, RectF ziel, Paint pinsel)`	Kopiert ein Bild oder einen Bildausschnitt (Argument `quelle` ungleich `null`) in den angegebenen Zielbereich der Canvas. Das Bild wird notfalls skaliert, damit es in den Zielbereich passt. Für das `Paint`-Objekt können Sie `null` übergeben oder ein Objekt, das eine Maske für die Verblendung mit dem Hintergrund definiert.

Tabelle 46.6: Auswahl einiger Methoden der Klasse Canvas (Forts.)

Methode	Beschreibung
`drawLine(float startX, float startY, float endX, float endY, Paint pinsel)`	Zeichnet eine Linie von (`startX,startY`) nach (`endX,endY`).
`drawLines(float[] punkte, Paint pinsel)`	Zeichnet mehrere Linien. Für jede Linie müssen im Array `punkte` vier Werte angegeben werden.
`drawOval(RectF r, Paint pinsel)`	Zeichnet ein Oval in das vorgegebene Rechteck. Wenn Sie als erstes Argument ein Quadrat übergeben, erhalten Sie einen Kreis.
`drawPoints(float[] punkte, int offset, int anzahl, Paint pinsel)`	Zeichnet mehrere Punkte. Für jeden Punkt müssen im Array `punkte` zwei Werte (x,y) angegeben werden. Die ersten `offset` Punkte werden übersprungen und es werden maximal `anzahl` Punkte gezeichnet. Die Dicke der Punkte können Sie über den Stroke-Wert des Pinsels festlegen.
`drawRect(float links, float oben, float rechts, float unten, Paint pinsel)` `drawRect(RectF r, Paint pinsel)`	Zeichnet ein Rechteck.
`drawRoundRect(RectF r, float rx, float ry, Paint pinsel)`	Zeichnet ein Rechteck mit abgerundeten Ecken. Die Radien für die abgerundeten Ecken können Sie über die Argumente `rx` und `ry` vorgeben.
`drawText(String text, float x, float y, Paint pinsel)`	Zeichnet einen String an der spezifizierten Koordinate.
`fillArc(), fillOval(), fillPolygon() ...`	Zeichnet ausgefüllte Formen (vgl. `draw...()`).
`translate(float dx, float dy)`	Verschiebt den Ursprung der Canvas.

46.5.3 View in Bildschirmseite einbauen

Zu guter Letzt müssen Sie die Zeichenflächen-View noch in die Bildschirmseite einbauen. Dazu gibt es zwei Techniken:

- Sie bauen die View direkt in den XML-Code der Layoutdatei ein.
- Sie tragen die View per Java-Code nachträglich in das Layout ein.

Im ersten Fall müssen Sie in die XML-Layoutdatei ein XML-Element einbauen, das die View repräsentiert. Da die View von einem selbst geschriebenen Typ ist, gibt es kein vordefiniertes XML-Element für diese View. Als Name des XML-Elements benutzen Sie daher den vollständigen Namen der View-Klasse (also Klassenname plus vorangehender Paketname).

Listing 46.7: Layoutdatei main.xml (aus dem Projekt Grafik)

```
<?xml version="1.0" encoding="utf-8"?>
<LinearLayout
   xmlns:android="http://schemas.android.com/apk/res/android"
   android:orientation="vertical"
   android:padding="10dp"
   android:layout_width="fill_parent"
   android:layout_height="fill_parent">

   <TextView
      android:layout_width="fill_parent"
      android:layout_height="wrap_content"
      android:textSize="24sp"
      android:text="@string/hello" />

   <de.carpelibrum.grafik.ZeichnenView
      android:layout_width="fill_parent"
      android:layout_height="200dp"
      android:layout_marginTop="10dp"
      android:background="#0000ff" />
</LinearLayout>
```

Voraussetzung für diese Art der Einbindung selbst geschriebener View-Klassen ist, dass die Klasse über einen Konstruktor verfügt, der als Parameter sowohl ein `Context`-Objekt als auch ein `AttributeSet`-Objekt (zur Übergabe der XML-Attribute) definiert, siehe Listing 46.5.

Die so definierte View wird nicht im Designer angezeigt (Registerseite GRAPHICALLAYOUT). Um zu testen, ob die View korrekt eingebaut wird, müssen Sie das Projekt also erstellen und ausführen.

Für die zweite Variante erzeugen Sie in der `onCreate()`-Methode der Activity ein Objekt Ihrer Zeichenflächen-View, beschaffen sich einen Verweis auf die Layout-View und benutzen deren `addView()`-Methode, um Ihre View als letztes Element in die Layout-View einzufügen.

```
public class GrafikActivity extends Activity {
   private ZeichnenView zview;

   public void onCreate(Bundle savedInstanceState) {
      super.onCreate(savedInstanceState);
      setContentView(R.layout.main);

      zview = new ZeichnenView(this);
      zview.setLayoutParams(new LayoutParams(LayoutParams.MATCH_PARENT, 200));
      zview.setBackgroundColor(Color.RED);

      LinearLayout layout = (LinearLayout) findViewById(R.id.linearlayout1);
      layout.addView(zview);    }
}
```

Die ID für die Layout-View müssen Sie eventuell eigenhändig in der XML-Layoutdatei vergeben:

STOP

```
<LinearLayout xmlns:... android:id="@+id/linearlayout1" > ...
```

Abbildung 46.2: Bildschirmseite mit ImageView für eigene Grafikausgaben

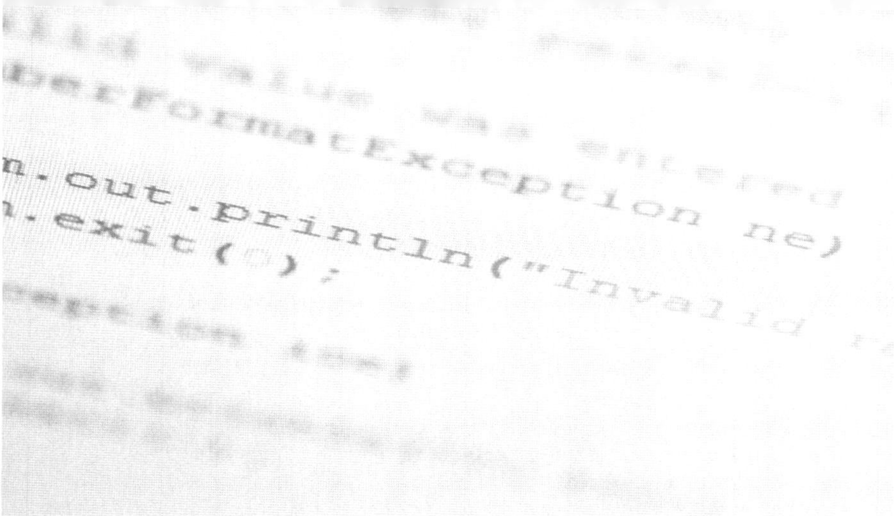

Kapitel 47
Das Millionenquiz als App

Quasi als Gesellenstück werden wir in diesem Kapitel das Millionenquiz aus Kapitel 27 als App nachstellen.

INFO

Wie Sie das Beispielprojekt dieses Apps in Eclipse importieren können, ist in der *Readme.txt*-Datei aus dem Beispielverzeichnis beschrieben.

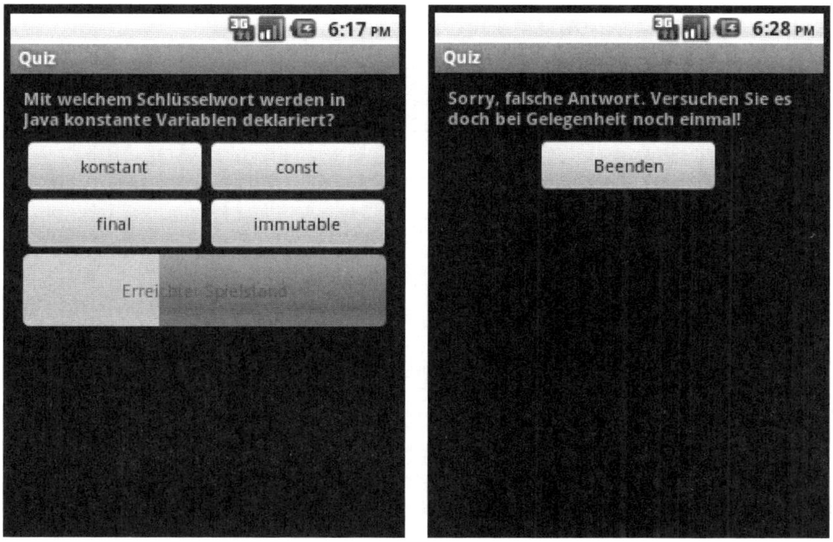

Abbildung 47.1: Die Benutzeroberfläche der Quiz-App besteht aus einer Haupt-Bildschirmseite, in der nacheinander die Fragen eingeblendet werden, und einer Abschlussseite.

Die Haupt-Bildschirmseite der App besteht im Wesentlichen aus einer TextView zur Anzeige der Frage, vier identisch konfigurierten Schaltflächen zur Anzeige der möglichen Antworten und einem Fortschrittsbalken für den Spielstand.

Listing 47.1: main.xml – Beachten Sie den Trick mit dem FrameLayout, welches uns erlaubt, über den Fortschrittsbalken einen Textzug (TextView) zu legen.

```
<?xml version="1.0" encoding="utf-8"?>
<LinearLayout
   xmlns:android="http://schemas.android.com/apk/res/android"
   android:layout_width="match_parent"
   android:layout_height="match_parent"
   android:orientation="vertical"
   android:gravity="center_horizontal"
   android:padding="10dp">
   <TextView
      android:id="@+id/frage"
      android:layout_width="match_parent"
      android:layout_height="40sp"
      android:layout_marginBottom="5dp"
      android:text="@string/app_name"
      android:textStyle="bold"></TextView>

   <TableLayout
      android:layout_width="wrap_content"
      android:layout_height="wrap_content">
      <TableRow
         android:layout_width="match_parent"
         android:layout_height="wrap_content">
         <Button
            android:id="@+id/antwort1"
            android:layout_width="150dp"
            android:layout_height="wrap_content"
            android:text="Button"></Button>
         <Button
            android:id="@+id/antwort2" ...></Button>
      </TableRow>
      <TableRow ...>
         <Button
            android:id="@+id/antwort3" ... ></Button>
         <Button
            android:id="@+id/antwort4" ...></Button>
      </TableRow>
   </TableLayout>


   <FrameLayout
      android:layout_width="match_parent"
      android:layout_height="wrap_content">
      <ProgressBar
         android:id="@+id/progressBar1"
         android:layout_width="match_parent"
         android:layout_height="60dp"
         style="@android:style/Widget.ProgressBar.Horizontal"
```

```
      android:max="8"
      android:progress="0"></ProgressBar>
   <TextView
      android:id="@+id/textView2"
      android:layout_width="wrap_content"
      android:layout_height="wrap_content"
      android:text="Erreichter Spielstand"
      android:layout_gravity="center"
      android:textColor="#555555"></TextView>
  </FrameLayout>

</LinearLayout>
```

Der App-Quelltext ist auf vier Dateien verteilt:

- *QuizActivity.java* – Dies ist die Quelldatei der Activity.
- *Frage.java* – Definition der Hilfsklasse `Frage`, deren Objekte einzelne Fragen (inklusive zugehöriger Antworten) repräsentieren. Sie erleichtert uns Aufbau, Anzeige und Auswertung der einzelnen Fragen und Antwortmöglichkeiten.
- *Spiellogik.java* – Definition der Klasse `Spiellogik`, deren Aufgabe darin besteht, die Fragen zu erzeugen und die Antworten auszuwerten.
- *AbschlussActivity.java* – Die Activity für die Abschlussseite.

47.1 Die Activity (QuizActivity.java)

Der `QuizActivity`-Klasse kommen im Wesentlichen drei Aufgaben zu: ein Objekt der Klasse `Spiellogik` zu instanziieren, die Antwort-Schaltflächen mit einer passenden Ereignisbehandlung zu verbinden und schließlich das Spiel zu starten, indem die erste Frage geladen wird.

Listing 47.2: Code der Activity und der Ereignisbehandlung (aus Quiz.java)

```
package de.carpelibrum.quiz;

import de.carpelibrum.quiz.R.id;
import android.app.Activity;
import android.os.Bundle;
import android.view.View;
import android.widget.Button;

public class Quiz extends Activity
                 implements android.view.View.OnClickListener {
  Spiellogik spiel;

  @Override
  public void onCreate(Bundle savedInstanceState) {
    super.onCreate(savedInstanceState);
    setContentView(R.layout.main);

    // Spiellogik instanziieren
    spiel = new Spiellogik();
```

47

```
        // Antwort-Buttons mit Ereignislistener verbinden
        for (int n = 1; n <= 4; n++) {
           Button btn = null;

           switch (n) {
           case 1:
              btn = (Button) this.findViewById(id.antwort1);
              btn.setOnClickListener(this);
              break;
           case 2:
              btn = (Button) this.findViewById(id.antwort2);
              btn.setOnClickListener(this);
              break;
           case 3:
              btn = (Button) this.findViewById(id.antwort3);
              btn.setOnClickListener(this);
              break;
           case 4:
              btn = (Button) this.findViewById(id.antwort4);
              btn.setOnClickListener(this);
              break;
           }
        }

        // 1. Frage laden
        spiel.fragen[spiel.aktFrage].anzeigen(this);
     }

     public void onClick(View v) {
        int id = v.getId();

        if (id == R.id.antwort1)
           spiel.auswerten(1, this); // spielAuswerten(1);
        else if (id == R.id.antwort2)
           spiel.auswerten(2, this); // spielAuswerten(2);
        else if (id == R.id.antwort3)
           spiel.auswerten(3, this); // spielAuswerten(3);
        else if (id == R.id.antwort4)
           spiel.auswerten(4, this); // spielAuswerten(4);
     }

  }
```

Wie Sie sehen, nutzen wir hier bereits eifrig die Funktionalität der Klassen `Spiellogik` und `Frage`:

- In der Ereignisbehandlungsmethode `onClick()` wird zuerst ermittelt, welche Schaltfläche der Spieler gedrückt hat. Dessen Nummer wird dann zusammen mit dem `this`-Verweis auf die Activity an die `Spiellogik`-Methode `auswerten()` übergeben. Das heißt, die eigentliche Auswertung erfolgt in der Klasse `Spiellogik`.
- Am Ende der `onCreate()`-Methode benutzen wir die `Spiellogik`-Felder `fragen[]` und `aktFrage`, um auf das `Frage`-Objekt zuzugreifen, welches die erste Frage repräsentiert, (`spiel.fragen[spiel.aktFrage]`) und diese durch Aufruf der `Frage`-Methode `anzeigen()` zu laden.

47.2 Die Fragen (Frage.java)

Die Klasse `Frage` soll uns den Umgang mit den einzelnen Fragen erleichtern. Jedes `Frage`-Objekt soll eine der Quizfragen repräsentieren, inklusive möglicher Antworten und der Nummer der richtigen Antwort.

Listing 47.3: Die Klasse Frage

```
package de.carpelibrum.quiz;

import de.carpelibrum.quiz.R.id;
import android.app.Activity;
import android.widget.Button;
import android.widget.TextView;


class Frage {
   private String frage;
   private String option1;
   private String option2;
   private String option3;
   private String option4;
   private int loesung;

   public Frage(String f,
                String o1, String o2, String o3, String o4,
                int l) {
      frage = f;
      option1 = o1;
      option2 = o2;
      option3 = o3;
      option4 = o4;
      loesung = l;
   }

   public void anzeigen(Activity quizActivity) {

((TextView) quizActivity.findViewById(id.frage)).setText(frage);
((Button) quizActivity.findViewById(id.antwort1)).setText(option1);
((Button) quizActivity.findViewById(id.antwort2)).setText(option2);
((Button) quizActivity.findViewById(id.antwort3)).setText(option3);
((Button) quizActivity.findViewById(id.antwort4)).setText(option4);

   }

   public boolean richtig(int ausgewaehlt) {
      if (ausgewaehlt == this.loesung)
         return true;
      else
         return false;
   }
}
```

Die `private`-Felder speichern die Texte für eine Frage und ihre Antwortoptionen sowie die Nummer der korrekten Antwort.

Die Methode `anzeigen()` schreibt die Texte der Frage und der Antworten in die entsprechenden View-Elemente der Activity.

Die Methode `richtig()` prüft, ob eine gegebene Antwort korrekt war. Sie wird von der `Spiellogik`-Methode `auswerten()` aufgerufen.

47.3 Die Spielsteuerung (Spiellogik.java)

Die Klasse `Spiellogik` legt fest, wie viele Fragen es gibt. Sie erzeugt die `Frage`-Objekte für die einzelnen Fragen und verwaltet diese in einem Array-Feld namens `fragen`. Ihr obliegt die Auswertung der vom Spieler getroffenen Auswahl und sie verwaltet den Spielstand.

Listing 47.4: Die Klasse Spiellogik

```
package de.carpelibrum.quiz;

import de.carpelibrum.quiz.R.id;
import android.app.Activity;
import android.widget.Button;
import android.widget.ProgressBar;
import android.widget.Toast;


class Spiellogik {
   final int ANZAHL_FRAGEN = 8;

   Frage[] fragen = new Frage[ANZAHL_FRAGEN];
   byte aktFrage = 0;
   int gewinnstufe = 0;

   Spiellogik() {
      // Fragen erzeugen

     fragen[0] = new Frage("Ist Java...",
                       "desorientiert", "objektorientiert",
                       "blamiert", "pervertiert", 2);
     fragen[1] = new Frage("Wie hieß der Vorgänger von Java?",
                        "Cloak", "Eiche", "Willow", "Oak", 4);
      // und so fort
   }

   void auswerten(int schalter, Activity quizActivity) {

      if (!fragen[aktFrage].richtig(schalter)) {  // falsch beantwortet
         Intent intent = new Intent(quizActivity, AbschlussActivity.class);
         intent.putExtra("text", "Sorry, falsche Antwort. " +
                        "Versuchen Sie es doch bei Gelegenheit noch einmal!");
         quizActivity.startActivity(intent);
         quizActivity.finish();
```

```
        } else {
          if (aktFrage < ANZAHL_FRAGEN-1) {
              fragen[++aktFrage].anzeigen(quizActivity);

              gewinnstufe++;
              ((ProgressBar)
quizActivity.findViewById(id.progressBar1)).setProgress(gewinnstufe);
          }
            else {
              gewinnstufe++;
              ((ProgressBar)
quizActivity.findViewById(id.progressBar1)).setProgress(gewinnstufe);

              Intent intent = new Intent(quizActivity, AbschlussActivity.class);
              intent.putExtra("text",
              "Super, Sie haben alles richtig beantwortet!!!");
              quizActivity.startActivity(intent);
              quizActivity.finish();
            }
        }
    }
}
```

Die Klasse `Spiellogik` definiert neben den Feldern zur Überwachung des Spielzustands zwei wichtige Methoden:

- den Konstruktor, der die Fragen erzeugt und in einem Array `fragen` speichert, und
- die Methode `auswerten()`, die von den Ereignisbehandlungsmethoden der Antwort-Schaltflächen aufgerufen wird und mithilfe der `richtig()`-Methode des aktuellen `Frage`-Objekts prüft, ob der Spieler die richtige Antwort-Schaltfläche gedrückt hat.

  Falls nicht, wird die Abschluss-Activity aufgerufen und das Spiel mit einer tröstlichen Meldung beendet.

  Wurde die korrekte Antwort ausgewählt, wird die nächste Frage geladen und die neu erreichte Gewinnstufe in der ProgressBar angezeigt. Wurden alle Fragen korrekt beendet, wird die Abschluss-Activity aufgerufen und das Spiel mit einem Glückwunsch beendet.

47.4 Der Abschluss-Bildschirm (AbschlussActivity.java)

Die `AbschlussActivity` liest den mit dem `Intent`-Objekt übergebenen Meldungstext ein und gibt ihn in seinem TextView-Element aus. Beim Drücken auf die Beenden-Schaltfläche beendet sich die Activity selbst.

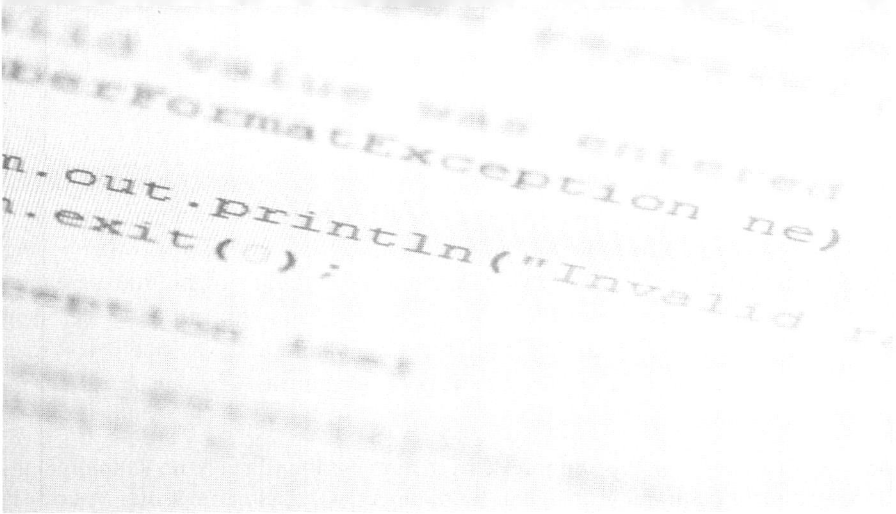

Kapitel 48
Der Android Market Place

Sie haben eine fantastische App, die Sie dem Rest der Welt zur Nutzung anbieten möchten? Dann können Sie Ihre App über den *Android Market* publizieren. Wie dies geht und was dabei zu beachten ist, werden wir hier näher beleuchten.

48.1 Die App vorbereiten

Zunächst sollten Sie sich noch einmal Gedanken darüber machen, welche Android-Version Sie mit Ihrer App anvisieren (Attribut `android:targetSdkVersion`) und welche Android-Version mindestens erforderlich ist, damit Ihre App ausgeführt werden kann (Attribut `android:minSdkVersion`). Beide Werte müssen Sie in der Manifestdatei *AndroidManifest.xml* festlegen.

Hinsichtlich des Werts für `minSdkVersion` gilt: Je kleiner der Wert ist, desto größer wird der potenzielle Nutzerkreis und umgekehrt. Erfahrungsgemäß können Sie SDK-Versionen < 3 (d.h. älter als Android 1.5) guten Gewissens ignorieren; der größte Anteil an Android-Geräten läuft zur Zeit (Juli 2011) auf Versionen ab 1.6 (API Version 4) aufwärts. Wenn es also keine technischen Features aus neueren Versionen (z.B. Bluetooth ab Android 2.0) gibt, die Ihre App benötigt, dann sollten Sie als `minSdkVersion` den Wert 4 anstreben und entsprechend setzen. Testen Sie aber auf jeden Fall Ihre App gründlich im Emulator mit einem AVD, das mit der gewählten SDK-Version konfiguriert ist.

Spätestens nun ist auch der Zeitpunkt gekommen, ein Symbol für die App bereitzustellen und im Ordner *res\drawable* bzw. den Unterordnern *res\drawable-hdpi* usw. abzulegen. Ferner sollten Sie darauf achten, dass die App einen Titel (Attribut `android:label`) hat und das `Debuggable`-Flag auf `false` gesetzt ist.

Stellen Sie ferner sicher, dass die Attribute `versionCode` und `versionName` richtig gesetzt sind. Für das Veröffentlichen der ersten App-Version können Sie die voreingestellten Werte übernehmen. Wenn Sie ein Update der App veröffentlichen, sollten Sie `versionCode` im Falle von kleineren Fehlerbehebungen und Verbesserungen entsprechend hochzählen. Wenn Sie den Funktionsumfang der App ändern oder das Aussehen und die Struktur stärker ändern, ist es üblich, dass man `versionName` anpasst (und diese neue Version wieder bei `versionCode=1` starten lässt).

STOP

Den Paketnamen Ihrer App können Sie nach dem Veröffentlichen (im Rahmen eines Updates) nicht mehr ändern! Stellen Sie daher sicher, dass er eindeutig ist und Sie mit dem Paketnamen zufrieden sind.

Listing 48.1: Konfiguration einer App für die Veröffentlichung (AndroidManifest.xml)

```
<?xml version="1.0" encoding="utf-8"?>
<manifest xmlns:android="http://schemas.android.com/apk/res/android"
      package="de.carpelibrum.demo"
      android:versionCode="1"
      android:versionName="1.0">
    <uses-sdk android:minSdkVersion="4"
              android:targetSdkVersion="8" />

    <application android:icon="@drawable/icon"
                 android:label="@string/app_name"
                 android:debuggable="false">
       <activity android:name=".DemoStartActivity"
                  android:label="@string/app_name">
            <intent-filter>
                <action android:name="android.intent.action.MAIN" />
                <category
                  android:name="android.intent.category.LAUNCHER" />
            </intent-filter>
        </activity>

    </application>
</manifest>
```

48.2 Digitales Signieren

Das Android-System verlangt für jede App, die installiert wird, dass sie *digital signiert* ist.

Digital signiert heißt, dass sie mit einem besonderen Mechanismus verschlüsselt ist:

- Der App-Entwickler hat einen sogenannten privaten Schlüssel (letztlich ein geheimes Passwort), mit dem er seine App signiert, d.h., aus dem Inhalt der App wird eine besondere Zeichenkette (der *Message Digest*) generiert und dann mit dem privaten Schlüssel verschlüsselt.

- Ferner gibt es einen öffentlichen Schlüssel, mit dem man prüfen kann, ob der *Message Digest* tatsächlich zu der App und dem geheimen Schlüssel aus dem vorigen Schritt gehört (ohne den privaten Schlüssel kennen zu müssen!).

Als App-Entwickler müssen Sie daher ein Schlüsselpaar (privater und öffentlicher Schlüssel) und den *Message Digest* erzeugen und der App hinzufügen. Ferner brauchen wir einen Behälter zur Weitergabe des öffentlichen Schlüssels – das *digitale Zertifikat*.

Digitale Zertifikate und die notwendigen privaten und öffentlichen Schlüssel können Sie mit den Java-Tools *keystore* und *jarsigner* (zu finden in Ihrem Java-JDK-Installationsverzeichnis) erzeugen oder aber gleich während des Exports aus Eclipse heraus durchführen, wie im nächsten Abschnitt gezeigt wird.

48.3 Die App exportieren und signieren

1. Rufen Sie in Eclipse den Menübefehl FILE/EXPORT auf.
2. Wählen Sie im Dialog EXPORT als Exporttyp die Option ANDROID/EXPORT ANDROID APPLICATION aus und klicken Sie auf NEXT.
3. Wählen Sie im Dialog EXPORT ANDROID APPLICATION auf der Seite PROJECT CHECKS das zu exportierende Projekt aus und klicken Sie auf NEXT.

Als Nächstes muss die App digital signiert werden. Falls Sie noch keinen Schlüssel haben, können Sie dies nun erledigen.

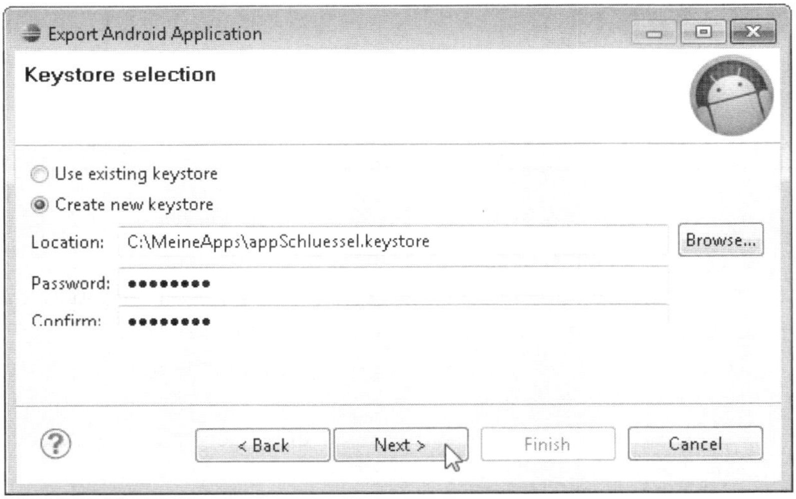

Abbildung 48.1: Anlegen eines Schlüssel-Speicherorts

4. Erzeugen Sie zuerst auf der Seite KEYSTORE SELECTION einen Speicherplatz für Ihren Schlüssel.
   Aktivieren Sie die Option CREATE NEW KEYSTORE. (Wenn Sie später weitere Schlüssel erstellen, können Sie diesen Speicherplatz wiederverwenden, Option USE EXISTING KEYSTORE.)

Geben Sie als LOCATION einen Dateinamen samt Pfad und mit der Extension *keystore* an. Wenn die Datei noch nicht existiert, wird sie automatisch für Sie angelegt.

Tippen Sie ein Passwort mit mindestens sechs Stellen für den Zugriff auf die Datei ein und wiederholen Sie es im Feld CONFIRM.

Klicken Sie auf NEXT.

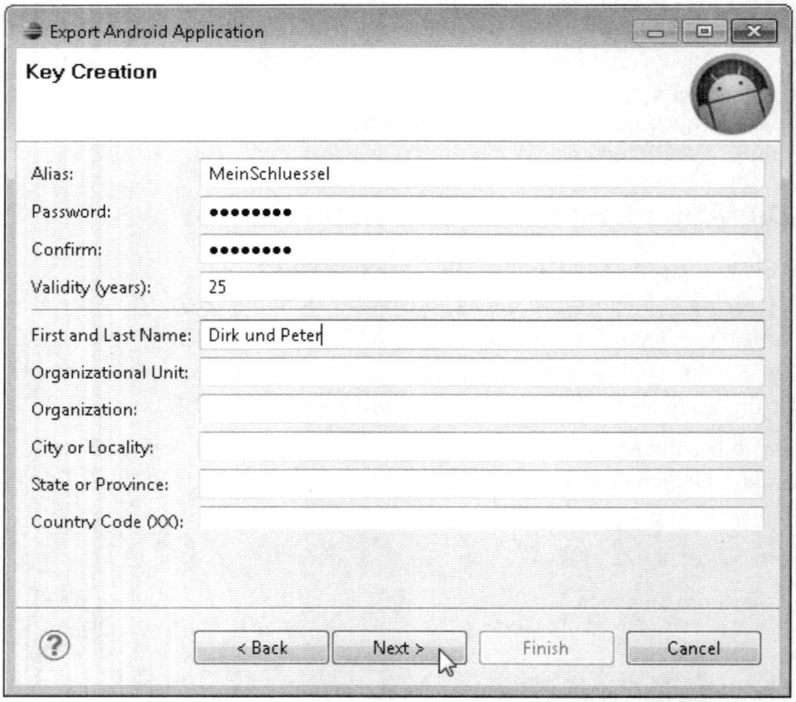

Abbildung 48.2: Anlegen eines Schlüssels

5. Erzeugen Sie auf der Seite KEY CREATION einen Schlüssel.

   Geben Sie einen Namen (ALIAS) für den Schlüssel an.

   Tippen Sie ein Passwort mit mindestens sechs Stellen für den Zugriff auf den Schlüssel ein und wiederholen Sie es im Feld CONFIRM.

   Legen Sie fest, wie lange die Signierung gültig sein soll. Der empfohlene Wert ist 25.

   Füllen Sie mindestens eines der nach unten folgenden Felder aus und klicken Sie dann auf NEXT.
6. Legen Sie fest, wo die durch den Export erzeugte APK-Datei gespeichert werden soll, und klicken Sie auf FINISH.
7. Kontrollieren Sie im Windows Explorer, ob die APK-Datei erzeugt wurde.

Merken Sie sich die Passwörter gut und erstellen Sie eine Sicherheitskopie des Schlüsselspeichers auf einem anderen Datenträger. Wenn Sie an die Passwörter nicht mehr herankommen, dann werden Sie nicht mehr in der Lage sein, Updates zu Ihrer App im Android Market zu veröffentlichen.

48.4 Bei Android Market registrieren

Der wichtigste Kanal für das Publizieren einer App ist natürlich der *Android Market* von Google. Zum Veröffentlichen einer App benötigen Sie dabei zwei Accounts:

- Einen Google Account (kann kostenlos beantragt werden bei www.google.de/accounts)
- Einen Account im Android Market (http://market.android.com/publish)

  Die Registrierung kostet zurzeit US$ 25 und Sie benötigen eine Kreditkarte zur Zahlung.

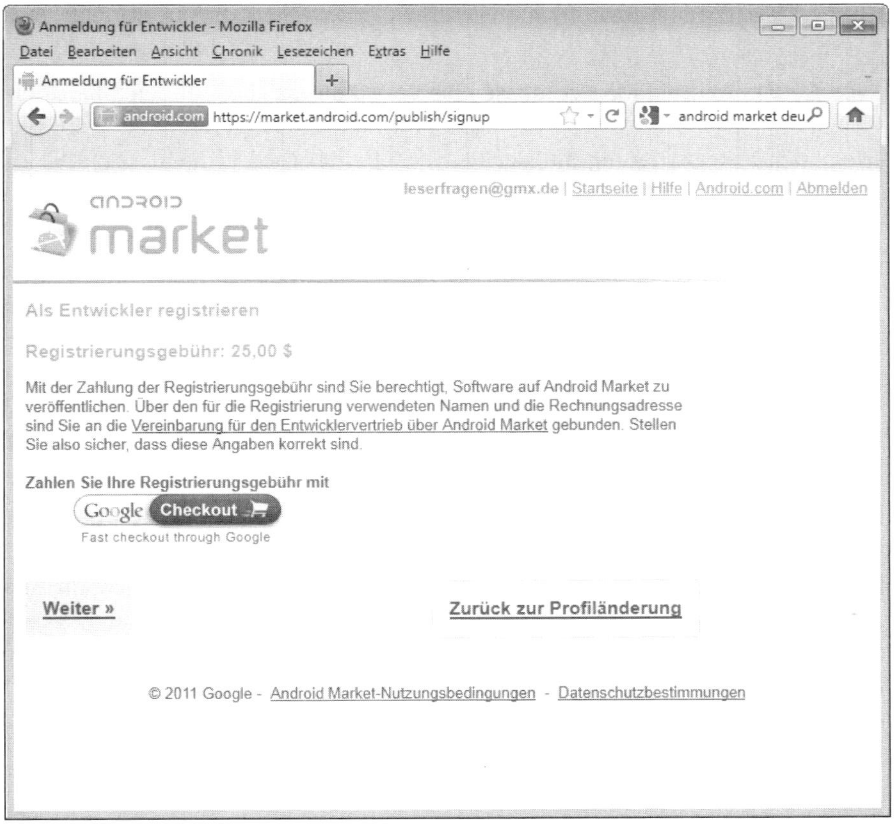

Abbildung 48.3: Anmelden als Entwickler zum App-Veröffentlichen

48.4.1 Steuerliche Aspekte bei App-Verkauf

Wenn Sie Ihre App nicht kostenlos über Android Market verteilen, sondern damit Geld verdienen wollen, müssen Sie einige Aspekte und ihre Konsequenzen berücksichtigen. Die nachfolgenden Hinweise sollen Ihnen erste Informationen zu diesem Thema geben; für ausführlichere Beratungen sollten Sie sich an einen Steuerberater oder die Industrie- und Handelskammer wenden. Beachten Sie überdies, dass die beschriebenen Regelungen für Deutschland gelten (falls Sie in Österreich oder der Schweiz leben, gelten für Sie vermutlich recht ähnliche Regelungen).

Durch den Verkauf von Apps werden Sie Gewerbetreibender, d.h., Sie üben nach deutschem Recht ein Gewerbe aus. Dies bedeutet unter anderem, dass

- Sie mindestens 18 Jahre alt sind,
- einen Gewerbeschein (Kosten ca. 50 €) beim zuständigen Gewerbeamt beantragen müssen,
- Mitglied der lokalen Industrie- und Handelskammer (IHK) werden und
- eine Umsatzsteuer-Identifikationsnummer beim Finanzamt beantragen müssen.

Beim Google Android Market müssen Sie bei kommerzieller Nutzung die Option VERKÄUFERKONTO EINRICHTEN wählen. Einen entsprechenden Link finden Sie nach erfolgreicher Registrierung auf der Seite `https://market.android.com/publish/Home`. Umsätze, die über den Verkauf der Apps erzielt werden, werden Ihnen erst dann ausbezahlt (abzüglich 30 % Provision, die Google einbehält), wenn Google eine Kopie Ihres Gewerbescheins vorliegt.

48.5 App hochladen

Der letzte Schritt ist das Hochladen Ihrer App. Loggen Sie sich dazu im Android Market ein (`http://market.android.com/publish`) und laden Sie auf der Entwickler-Homepage die APK-Datei hoch.

Danach werden Sie gebeten, diverse Zusatzinformationen und Beschreibungen der App auszufüllen. Wichtig sind vor allem die Screenshots, die Sie von Ihrer App bereitstellen sollten, da dies erfahrungsgemäß die Neigung zur Installation einer App deutlich erhöht (Screenshots können Sie in Eclipse mit dem Dalvik Debug Monitor System (kurz DDM) erstellen, das Sie beispielsweise über den Eclipse-Befehle WINDOW/OPEN PERSPECTIVE/OTHER/DDMS aufrufen können.

Zuletzt müssen Sie entscheiden, ob Sie die App zuerst nur speichern oder wirklich freischalten und veröffentlichen möchten.

Viel Erfolg!

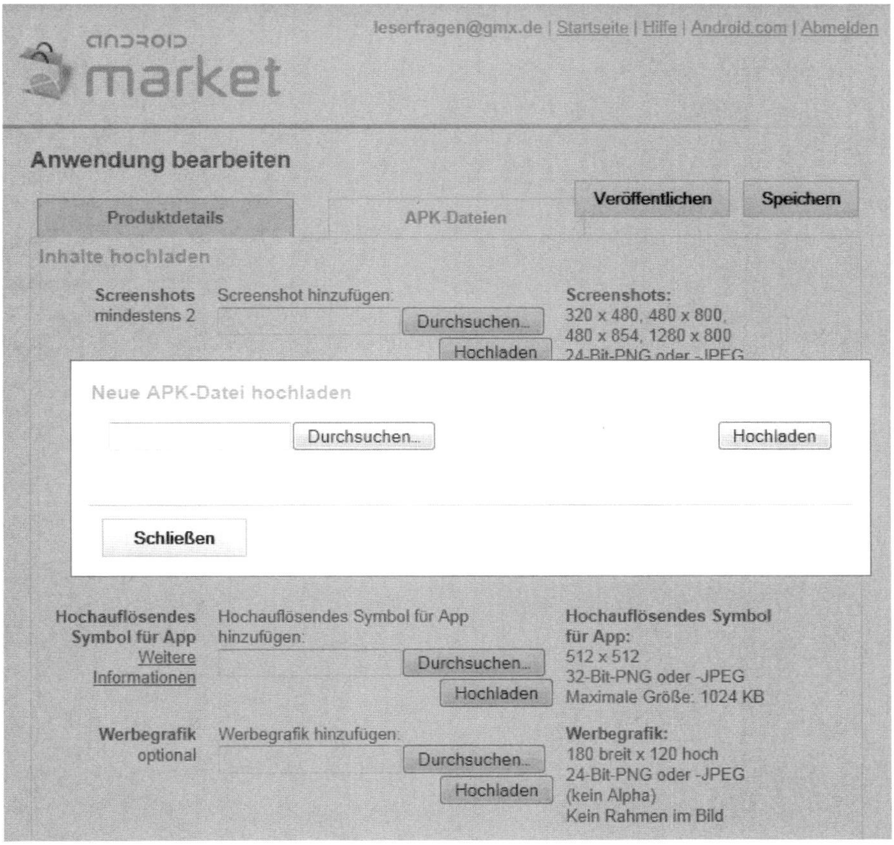

Abbildung 48.4: Hochladen einer APK-Datei

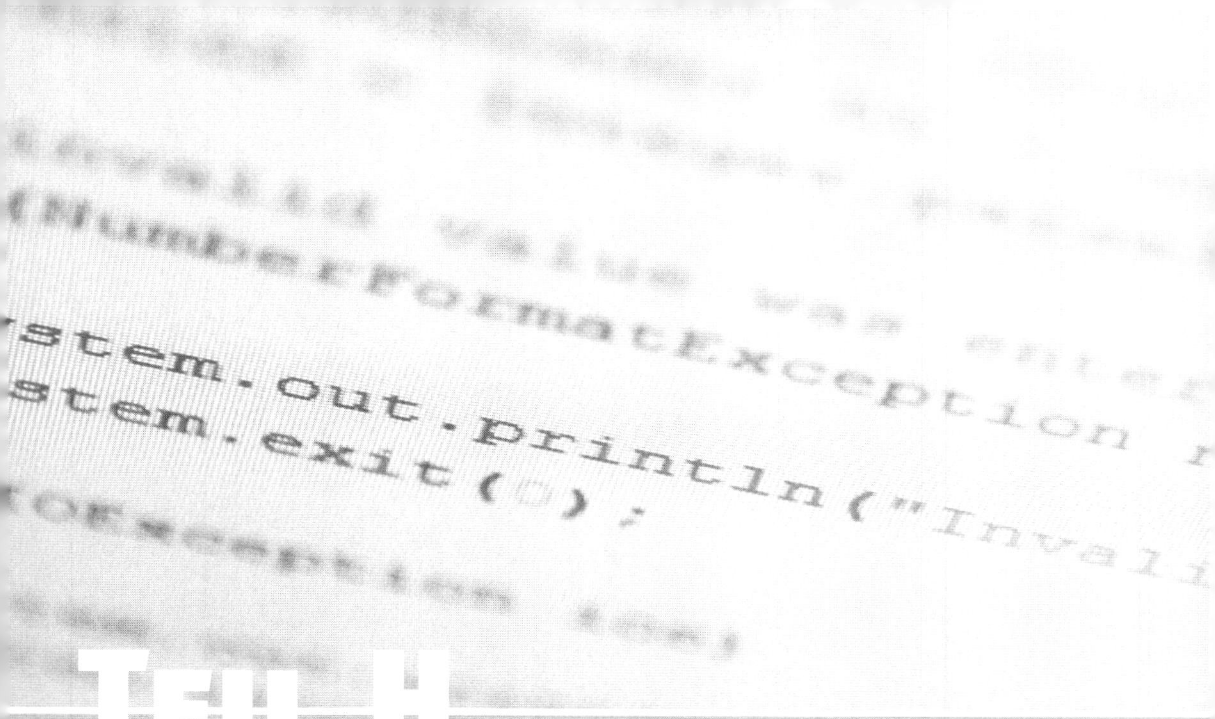

TEIL H
Anhänge

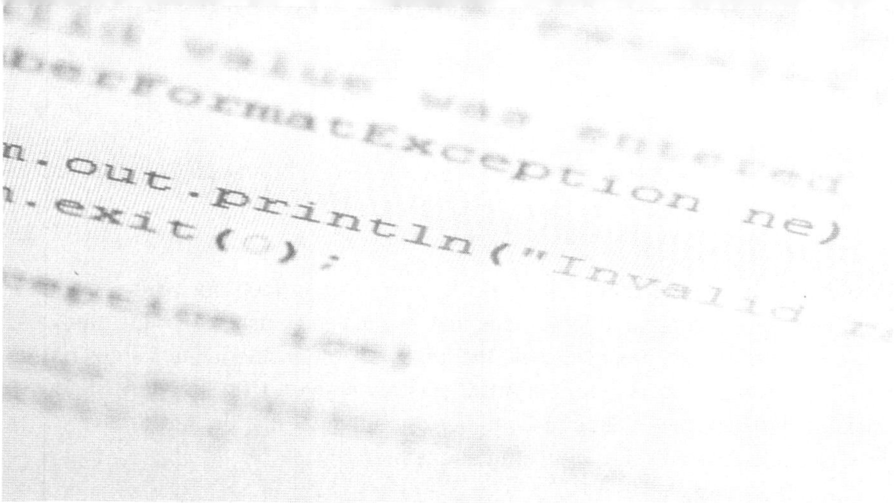

Anhang A
Die Java-Tools

Neben Laufzeitumgebung, Bibliotheken und Demobeispielen gehören zum Lieferumfang des JDK auch eine Reihe von nützlichen bis unentbehrlichen Hilfsprogrammen – allen voran Compiler (*javac*) und Interpreter (*java*). Als Java-Programmierer sollten Sie mit der Arbeitsweise und den Möglichkeiten dieser Werkzeuge vertraut sein, selbst wenn Sie sie nur mittelbar, etwa über den komfortablen Umweg einer integrierten Entwicklungsumgebung, nutzen.

A.1 javac – der Compiler

Er ist für den Entwickler unbestreitbar das wichtigste Werkzeug überhaupt – der Compiler. Mit strengem Blick achtet er auf die syntaktische Korrektheit unserer Quelltexte und weist mit belehrenden Fehlermeldungen zurück, was seinen Anforderungen nicht genügt. Er ist Tutor und Qualitätsmanager in einem und nur was seine Gnade findet, wird in maschinennahen, ausführbaren Bytecode umgewandelt.

Das allein wäre ja noch nicht einmal so schlimm – als Programmierer ist man schließlich an den ständigen Kampf mit dem Compiler gewöhnt –, wenn dieser sich dafür wenigstens einfach und problemlos bedienen ließe. Einfach gestaltet sich die Arbeit mit dem Compiler jedoch nur, wenn Sie mit einer Entwicklungsumgebung mit integrierter Projektverwaltung arbeiten, die statt Ihrer für den korrekten Compiler-Aufruf sorgt (wie es z.B. der JBuilder von Borland tut), oder wenn alle Quelldateien zusammen in einem Verzeichnis stehen, sodass Sie nur in der

Konsole zu dem betreffenden Verzeichnis wechseln und dort den Compiler aufrufen müssen – beispielsweise:

```
javac *.java
```

Sobald Sie aber versuchen, die in der Entwicklungsumgebung voreingestellten Compiler-Optionen abzuändern, oder *javac* von der Konsole aus aufrufen, um Programme zu kompilieren, deren Quelltext auf unterschiedliche Verzeichnisse verteilt, in Pakete organisiert oder auf Class-Dateien von Drittanbietern angewiesen ist, zeigt sich, dass der Java-Compiler ohne tiefer gehende Kenntnisse seiner Optionen und Arbeitsweise kaum zu beherrschen ist.

A.1.1 Arbeitsweise

Damit der Compiler eine Quelldatei in Bytecode übersetzen kann, müssen zwei Bedingungen erfüllt sein:

- der Quelltext muss syntaktisch korrekt sein
- für alle im Quelltext auftauchenden Typen (Klassen und Schnittstellen) müssen Definitionen vorliegen

Letzter Punkt ist für das Verständnis des Compilers von entscheidender Bedeutung. Während der Compiler Ihre Quelltextdatei parst, trifft er fortwährend auf Stellen, wo neue, ihm bis dato noch unbekannte Typen verwendet werden: dies kann z. B. die Instanziierung einer Klasse, die Ableitung von einer Basisklasse oder die Implementierung einer Schnittstelle sein. Um die betreffenden Stellen übersetzen zu können, braucht der Compiler die zugehörigen Typdefinitionen (plus etwaiger direkter und indirekter Basisklassen und Schnittstellen). Auf der Suche nach den gewünschten Informationen durchforstet er nacheinander:

- die geladene Quelldatei(en)[1]
- die Java-Standardbibliothek[2]
- die Verzeichnisse und Archive (JAR und ZIP), die im Klassenpfad und/oder im Quellpfad eingetragen sind

Sofern Sie also in den zu kompilierenden Quelldateien Klassen oder Schnittstellen verwenden, die weder in den geladenen Quelldateien definiert sind, noch aus der Java-Standardbibliothek stammen, müssen Sie dem Compiler einen Klassen- und/oder einen Quellpfad angeben, der ihn zu den Dateien mit den gesuchten Typdefinitionen führt.

---

1 Wenn Sie beim Compiler-Aufruf mehrere Quelldateien angeben, z.B. `javac Klasse1.java Klasse2.java Klasse3.java`, werden diese zusammen in den Arbeitsspeicher geladen und geparst! Siehe hierzu auch Szenario 1 in Abschnitt »Aufrufe«.

2 Die Java-Standardbibliothek ist fester Bestandteil der Java-Laufzeitumgebung. Wenn Sie die Laufzeitumgebung (JRE für Java Runtime Environment) zusammen mit dem JDK installieren, finden Sie die Dateien der Bibliothek im *jre/lib*-Unterverzeichnis der JDK-Installation. Die meisten Klassen der Bibliothek sind in der JAR-Datei *rt.jar* untergebracht.
JAR-Dateien sind letzten Endes ZIP-Archive und können daher mit ZIP-Programmen wie z.B. *WinZip* (Download von `www.winzip.com`) geöffnet und eingesehen werden. (Wenn das ZIP-Programm den Datentyp *.jar* nicht unterstützt, müssen Sie im Öffnen-Dialog den allgemeinen Datentyp (*.*) auswählen.) Die Quelltextdateien der Java-Klassen sind in dem Archiv *src.zip* (oder *src.jar*) im Hauptverzeichnis des JDK versteckt

EXKURS

A

Klassenpfad und Quellpfad

Der **Klassenpfad** *kann auf zwei Ebenen definiert werden: global in Form der Umgebungsvariablen* `CLASSPATH` *(Informationen, wie Sie die* `CLASSPATH`*-Umgebungsvariable auf den verschiedenen Betriebssystemen einrichten, finden Sie in Kapitel 2.2.2 und unter* `www.carpelibrum.de`*.) oder nur für den aktuellen Compiler-Aufruf in Form der Option* `-classpath`.

Wenn Sie `-classpath` *verwenden, wird nur der im Aufruf angegebene Klassenpfad durchsucht. (Der in der Umgebungsvariablen festgehaltene Pfad wird also nicht erweitert, sondern temporär ersetzt!) Wenn Sie die* `classpath`*-Option nicht setzen, wird der globale Klassenpfad aus der Umgebungsvariablen durchsucht. Sollte die Umgebungsvariable* `CLASSPATH` *auf dem System überhaupt nicht definiert sein, besteht der globale Klassenpfad aus dem aktuellen Verzeichnis (aus dem heraus der Compiler aufgerufen wurde).*

Der Klassenpfad wird grundsätzlich sowohl nach Quelltext- als auch nach Class-Dateien mit den gesuchten Typdefinitionen durchsucht. Es sei denn, Sie hätten einen Quelltextpfad angegeben; dann wird der Klassenpfad ausschließlich nach Class-Dateien durchforstet.

Einen **Quelltextpfad** *können Sie nur beim Aufruf des Compilers angeben. Die zugehörige Option lautet* `-sourcepath`*. Die im Quellpfad stehenden Verzeichnisse und Archive werden ausschließlich nach Quelltextdateien durchsucht.*

Wie Sie `-classpath` *und* `-sourcepath` *sinnvoll einsetzen, erfahren Sie in den* Abschnitten »Optionen« *und* »Aufrufe«.

Wie wendet der Compiler die obigen Regeln bei der Kompilation Ihrer Quelltexte an? Wie geht er beispielsweise vor, wenn Sie eine Quelltextdatei *Hauptfenster.java* kompilieren, in der unter anderem folgende Typen verwendet werden:

```
...
class Hauptfenster extends JFrame {
   JButton     schalter1;
   MeinButton  schalter2;
...
```

Zum Kompilieren öffnen Sie die Konsole, wechseln in das Verzeichnis der Quelltextdatei und rufen den Compiler folgendermaßen auf:

```
javac Hauptfenster.java
```

Der Compiler lädt daraufhin die zu kompilierende Datei und parst sie. Dabei stößt er auf den Typ `Hauptfenster`. Er erkennt natürlich sofort, dass dieser Typ an der betreffenden Stelle gerade neu definiert wird. Zufrieden geht er die Datei weiter durch, bis er zwei Tokens[3] weiter auf die Klasse `JFrame` trifft. `JFrame` stammt aus der Java-Standardbibliothek, die in dem Archiv *rt.jar* verpackt ist. Der Compiler öffnet das Archiv und lädt die gesuchte Definition aus der Datei *JFrame.class*. An

3 Als Token bezeichnet man die bedeutungstragenden Einheiten eines Quelltextes. Tokens sind: Bezeichner, Schlüsselwörter, Literale, Operatoren und Symbole.

sich könnte er jetzt, nachdem er die Definition zu `JFrame` aufgespürt hat, mit der nächsten Zeile weitermachen, doch ganz so schnell geht es nicht. Die Klasse `JFrame` besitzt eine Reihe von direkten und indirekten Basisklassen und Schnittstellen, deren Definitionen der Compiler ebenfalls aus der Standardbibliothek lädt. Hat er alle benötigten Informationen zusammengetragen, verfährt er in gleicher Weise für die Klasse `JButton` (wobei bereits geladene Class-Dateien nicht erneut geladen werden).

Schließlich trifft er auf die Klasse `MeinButton`. Zuerst prüft er, ob sich nicht vielleicht in den geladenen, zu kompilierenden Quelltextdateien (im vorliegenden Fall also die Datei *Hauptfenster.java*) eine Definition findet. Falls nein, hält er in der Standardbibliothek Ausschau, d.h., er sucht im Archiv *rt.jar* nach einer Class-Datei, die den Namen des gesuchten Typs trägt – also *MeinButton.class*. Da er auch hier nicht fündig wird, bleiben nur noch Quell- und Klassenpfad. Im Aufruf wurden weder ein Quell- noch ein Klassenpfad angegeben. Dafür sei auf dem System ein globaler Klassenpfad definiert:

```
SET CLASSPATH=c:/java/libs;c:/projekte/libs.jar
```

Da kein Quellpfad angegeben wurde (siehe Kasten), durchsucht der Compiler die im Klassenpfad aufgeführten Verzeichnisse und Archive sowohl nach Class- wie auch nach Quelltextdateien, die den Namen des benötigten Typs tragen – also *MeinButton.class* oder *MeinButton.java*. Welche Art von Datei er dabei findet, bestimmt seine weitere Vorgehensweise:

- Findet er eine entsprechende Class-Datei, ist er schnell fertig. Er lädt die Datei und prüft nur noch, ob die Klasse direkte oder indirekte Basisklassen und Schnittstellen besitzt. Falls ja, werden diese ebenfalls geladen.
- Findet er eine Quelltextdatei, wird diese nicht nur geladen, sondern auch kompiliert – mit der Konsequenz, dass er wiederum für alle in der Datei verwendeten Typen die zugehörigen Definitionen (samt Basisklassen und Schnittstellen) zusammensuchen muss.
- Findet er Class-Datei und Quelltextdatei, prüft er, ob die Quelltextdatei neueren Datums ist, als die Class-Datei. Wenn ja, bedeutet dies, dass es seit der letzten Kompilierung der Datei Änderungen im Quelltext gegeben hat, und der Compiler lädt die Quelltextdatei. Ansonsten lädt er die Class-Datei.

Nehmen wir an, die Klasse `MeinButton` ist in einer Quelldatei *MeinButton.java* definiert, die sich im gleichen Verzeichnis wie *Hauptfenster.java* befindet, sodass der Compiler die Datei nicht im gegebenen Klassenpfad findet. Welche Möglichkeiten bestünden dann, den Compiler-Aufruf so zu verändern, dass *Hauptfenster.java* wie gewünscht kompiliert wird?

Eine Möglichkeit wäre, die Quelldatei *MeinButton.java* direkt beim Aufruf mit anzugeben. In diesem Fall findet der Compiler die Definition von `MeinButton` auf jeden Fall, da sie in den zu kompilierenden Quelltextdateien steht, die der Compiler ja zu Beginn alle zusammen lädt:

```
javac Hauptfenster.java MeinButton.java
```

Die zweite Möglichkeit wäre, einen passenden Quellpfad anzugeben. Im vorliegenden Fall würde es reichen, im Quellpfad das aktuelle Verzeichnis (symbolisiert durch einen Punkt) aufzuführen. Der Compiler würde dann den Quellpfad nach Quelltextdateien und den globalen Klassenpfad nach Class-Dateien durchsuchen:

```
javac -sourcepath . Hauptfenster.java
```

Natürlich können Sie auch den Klassenpfad ändern – beispielsweise indem Sie das aktuelle Verzeichnis in den globalen Pfad eintragen oder indem Sie den zu verwendenden Klassenpfad im Aufruf angeben:

```
javac -classpath . Hauptfenster.java
```

EXKURS

Benennung von Quelltextdateien

Letzter Punkt ist wert, dass man ihn noch einmal extra hervorhebt: Wenn der Compiler im Klassen- und/oder Quellpfad nach einer Typdefinition sucht, erwartet er, dass die gesuchte Typdefinition in einer Datei steht, die wie der gesuchte Typ heißt. Sucht der Compiler also beispielsweise im Klassenpfad nach einer Schnittstelle `IDemo`*, erwartet er für diese eine Datei* IDemo.class *oder* IDemo.java[4] *zu finden. Täte er dies nicht, müsste er auf der Suche nach* `IDemo` *die Dateien im Klassenpfad nacheinander laden und parsen, bis er die gesuchte Typdefinition gefunden oder alle Dateien durchgearbeitet hat.*

Die Class-Dateien

Nachdem der Compiler die Definitionen der in der Quelldatei *verwendeten* Typen zusammengetragen hat, übersetzt er die in der Datei *definierten* Typen (Klassen und Schnittstellen) in Bytecode. Für jeden Typ erzeugt er dabei eine eigene Class-Datei, die den Namen der betreffenden Klasse oder Schnittstelle trägt.

Enthält die zu kompilierende Datei zum Beispiel die Definition einer Schnittstelle `ISortierbar` und einer Klasse `Vektor`, so erzeugt der Compiler die Class-Dateien *ISortierbar.class* und *Vektor.class*.

Der Grundsatz, dass jede Klasse in eine eigene Class-Datei kompiliert wird, gilt auch für innere Klassen (siehe Kapitel 10.4). Die Class-Dateien für innere Klassen werden nach dem Muster *aussereKlasse$innereKlasse.class* benannt.

Anonyme innere Klassen, wie sie in Java häufig zur Ereignisbehandlung eingesetzt werden, werden vom Compiler intern durchnummeriert und nach dem Muster *aussereKlasse$nummer.class* benannt.

```
public Hauptfenster() {
   ...

   // anonyme Lauscher-Klasse
   schalter.addActionListener(new ActionListener() {
      public void actionPerformed(ActionEvent e) {
         schalter_actionPerformed(e);
      }
   });
```

4 vorausgesetzt, es wurde kein Quellpfad angegeben

In diesem Fall erzeugt der Compiler für das mit `new` erzeugte `ActionListener`-Objekt eine anonyme Klasse, die er in der Datei *Hauptklasse$1.class* speichert.

Die erzeugten Class-Dateien speichert der Compiler standardmäßig in dem Verzeichnis der zugehörigen Quelldatei. Wenn Sie möchten, dass die Class-Dateien in ein anderes Verzeichnis geschrieben werden, müssen Sie beim Compiler-Aufruf die Option `-d` verwenden und das gewünschte Verzeichnis angeben.

```
javac -d c:\meineClassDateien quelldatei
```

Überhaupt gibt es eine ganze Reihe von Optionen, mit deren Hilfe die Arbeitsweise des Compilers beeinflusst werden kann.

A.1.2 Optionen

Wie der Compiler seine Arbeit verrichtet, kann über verschiedene Optionen gesteuert werden. In integrierten Entwicklungsumgebungen geschieht dies in der Regel über die Dialoge der Projektverwaltung; wenn Sie allein mit dem JDK arbeiten und den Compiler über die Konsole aufrufen, geben Sie die gewünschten Optionen in der Befehlszeile an.

```
javac Optionen Quelldateien
```

Tabelle A.1: Die wichtigsten Compiler-Optionen

Option	Beschreibung
`-classpath` *pfad*	Gibt den Klassenpfad an, in dem der Compiler nach Typdefinitionen suchen soll. Die im Klassenpfad aufgeführten Verzeichnisse und Archive (JAR und ZIP) werden durch Semikolons (Doppelpunkt unter Linux) getrennt. Der Punkt ».« steht für das aktuelle Verzeichnis. Der im folgenden Aufruf angegebene Klassenpfad besteht aus dem aktuellen Verzeichnis, dem Verzeichnis *c:\bin* und dem JAR-Archiv *klassen.jar*, das unter c:\java gespeichert ist. `javac -classpath .;c:\bin;c:\java\klassen.jar quelldatei.java` Wenn Sie die `classpath`-Option setzen, wird der in der `CLASSPATH`-Umgebungsvariablen angegebene Klassenpfad ignoriert. (Wenn Sie weder die Option noch die Umgebungsvariable gesetzt haben, besteht der Klassenpfad aus dem aktuellen Verzeichnis.) Wie im vorangehenden Abschnitt beschrieben, wertet der Compiler nicht nur im Klassenpfad stehende Class-Dateien aus, sondern auch Quelldateien (es sei denn, Sie setzen die Option `-sourcepath`, siehe weiter unten).
`-d` *verzeichnis*	Gibt das Verzeichnis an, in das die erzeugten Class-Dateien geschrieben werden. Für Klassen, die Teil eines Pakets sind, wird *verzeichnis* noch um den Paket-Pfad erweitert (siehe weiter unten, Szenario 5). `javac -d c:\klassen quelldatei.java` Wird die Option nicht gesetzt, werden die Class-Dateien zusammen mit ihren Quelldateien gespeichert.

Option	Beschreibung
-deprecation	Zeigt an, wo veraltete Bibliothekselemente verwendet werden. `javac -deprecation quelldatei.java` Voraussetzung ist allerdings, dass der Compiler etwas zum Kompilieren findet. Wenn Sie beispielsweise ein Projekt, das veraltete API-Elemente enthält, sonst aber fehlerfrei ist, normal kompilieren, gibt der Compiler eine Warnung aus, die auf vorhandene »deprecated« Elemente hinweist, erzeugt aber dennoch die gewünschten Class-Dateien. Wenn Sie daraufhin *javac* mit der Option `-deprecation` aufrufen, ohne zuvor die generierten Class-Dateien zu löschen, vergleicht der Compiler das Datum der Quelldateien mit dem Datum der Class-Dateien und erkennt, dass es keinen Grund gibt, die Dateien neu zu kompilieren. Folglich findet er auch keine veralteten API-Elemente und die Ausgabe bleibt leer.
-g	Nimmt Informationen für den Debugger in die Class-Dateien mit auf. `javac -g quelldatei.java`

-g:none	Nimmt keinerlei Debug-Informationen mit auf.
	`javac -g:none quelldatei.java`
	Verwenden Sie diese Option zusammen mit `-O` für die abschließende Kompilation Ihrer fertigen Programme, Module usw.
	`javac -g:none -O quelldatei.java`

-help	Listet die Standardoptionen auf.
-nowarn	Unterbindet die Ausgabe von Warnungen.
-source *1.n*	Kompiliert für die angegebene JDK-Version.
-sourcepath *pfad*	Gibt an, wo der Compiler nach Quelltextdateien suchen soll. Für die Zusammensetzung des »Quellpfads« gelten die gleichen Regeln wie für den Klassenpfad (siehe `-classpath`). Wenn der Compiler bei der Kompilation einer Quelltextdatei auf einen Typ (Klasse oder Schnittstelle) trifft, zu dem es weder in der Datei noch in der Java-Standardbibliothek eine Definition gibt, und Sie die Option `-sourcepath` **nicht** gesetzt haben, sucht der Compiler im Klassenpfad nach Class- und Quelltextdateien mit der benötigten Definition. Wenn Sie dagegen die Option `-sourcepath` setzen, sucht der Compiler im Klassenpfad nur nach Class-Dateien und in dem angegebenen Quellpfad nur nach Quelltextdateien.
-O	Optimiert den Quelltext. Verwenden Sie diese Option zusammen mit `-g:none` für die abschließende Kompilation Ihrer fertigen Programme, Module usw. `javac -g:none -O quelldatei.java` Verwenden Sie diese Option auf gar keinen Fall während des Debuggens. Durch die Optimierung kann es nämlich zu erheblichen Differenzen zwischen Quelltext und Bytecode kommen – beispielsweise, wenn im Quelltext vorhandene Variablen durch die Optimierung wegfallen.
-verbose	Gibt während des Kompilierens Statusmeldungen aus.
-Xlint:deprecation	Gibt detaillierte Meldungen aus, wenn Klassenelemente verwendet werden, von deren Gebrauch mittlerweile abgeraten wird.
-Xlint:unchecked	Gibt detaillierte Meldungen aus, wenn ein parametrisiertes Objekt ohne Typisierung verwendet wird.

Tabelle A.1: Die wichtigsten Compiler-Optionen (Forts.)

A.1.3 Aufrufe

Wie der Compiler in einem konkreten Fall aufzurufen ist, hängt von einer Vielzahl von Faktoren ab: Soll eine einzelne Datei, eine Bibliothek oder ein Projekt kompiliert werden? Gehören die zu kompilierenden Typen in ein Paket? Welche Art von Quelldateien (Quelltext-, Class-, Ressourcendateien) werden verwendet und wo sind diese lokalisiert? Einige typische Aufrufe werden Ihnen im Folgenden vorgestellt. Die Komplexität der Aufrufe steigt von Szenario zu Szenario (von der Kompilation einfacher Programme, deren Quelltextdateien in einem Verzeichnis zusammengefasst sind, bis zur Erstellung umfangreicher Projekte, die Pakete, Drittbibliotheken und Ressourcendateien verwenden).

Szenario 1: Quelltextdateien in einem Verzeichnis kompilieren

Im einfachsten Fall stehen alle Quelltextdateien in einem Verzeichnis und abgesehen von den Klassen und Schnittstellen der Java-Standardbibliothek werden nur Klassen/Schnittstellen verwendet, die in den Quelltextdateien selbst definiert sind.

Um alle Quelltextdateien im Verzeichnis auf einen Schlag zu kompilieren, rufen Sie den Compiler im Verzeichnis der Quelltextdateien auf und verwenden den Platzhalter *:

```
javac *.java
```

Beachten Sie, dass es in diesem Fall ohne Bedeutung ist, ob das aktuelle Verzeichnis im Klassenpfad steht oder nicht, da die Java-Quelltextdateien aus dem Verzeichnis bei diesem Aufruf alle vorab in den Arbeitsspeicher geladen und geparst werden.

Etwas anders sieht es aus, wenn Sie einzelne Quelltextdateien aus dem Verzeichnis kompilieren möchten, beispielsweise:

```
javac Klasse1.java Klasse2.java
```

In diesem Fall lädt der Compiler *Klasse1.java* und *Klasse2.java* und beginnt dann mit dem Kompilieren von *Klasse1.java*. Sofern in *Klasse1.java* nur Typen verwendet werden, die in den vorab geladenen Dateien *Klasse1.java* und *Klasse2.java* oder in der Java-Standardbibliothek definiert sind, gibt es keine Probleme. Taucht in *Klasse1.java* aber eine Klasse auf, die beispielsweise in *Hauptklasse.java* aus dem aktuellen Verzeichnis definiert ist, findet der Compiler die Definition nur, wenn das aktuelle Verzeichnis im Klassenpfad steht! Notfalls können Sie den Klassenpfad dazu im Aufruf angeben:

```
javac -classpath . Klasse1.java Klasse2.java
```

Handelt es sich bei den Dateien im Verzeichnis um die Quelltextdateien eines Programms, genügt es, die Quelltextdatei mit der Hauptklasse (die Klasse, die die `main()`-Methode enthält) anzugeben und es dem Compiler zu überlassen, die restlichen Quelltextdateien des Programms über den Klassenpfad zusammenzusuchen:

```
javac Hauptklasse.java
```

A

oder

```
javac -classpath . Hauptklasse.java
```

Der zugehörige *java*-Aufruf lautet:

Ausführung

```
java Hauptklasse
```

oder

```
java -classpath . Hauptklasse
```

TIPP

Wenn Sie verfolgen wollen, welche Quelltextdatei/Klasse wann wie vom Compiler bearbeitet wird, schalten Sie die Option `-verbose` **ein, z.B.:** `javac -verbose Hauptklasse.java`.

Szenario 2: Quelltextdateien in verschiedenen Verzeichnissen kompilieren

Wenn Sie die Quelltextdateien auf verschiedene Verzeichnisse verteilt haben, müssen Sie dem Compiler den Weg zu den einzelnen Dateien und Verzeichnissen weisen.

Angenommen es liegen Ihnen vier Quelltextdateien vor, die auf ein Hauptverzeichnis (im Folgenden durch den . Punkt für das aktuelle Verzeichnis symbolisiert) mit zwei Unterverzeichnissen *unter1* und *unter2* verteilt sind:

```
./Hauptklasse.java
./unter1/Klasse1.java
./unter1/Klasse2.java
./unter2/IMeldeDich.java
```

Wie Sie diese Dateien kompilieren, hängt davon ab, in welcher Beziehung die Dateien zueinander stehen.

Programm kompilieren

Betrachten wir zuerst den Fall, dass es sich um die Quelltextdateien eines Programms handelt. `Hauptklasse` sei die Hauptklasse des Programms mit der `main()`-Methode, in der Objekte der Klassen `Klasse1` und `Klasse2` erzeugt werden. `Klasse1` und `Klasse2` implementieren beide die Schnittstelle `IMeldeDich`. Mit anderen Worten: die Quelltextdateien sind durch die Verwendung der in ihnen definierten Typen in ein Beziehungsgeflecht zusammengebunden, das mit *Hauptklasse.java* beginnt.

Um das Programm zu kompilieren, rufen Sie den Compiler für die Quelltextdatei mit der Hauptklasse auf. Die weiteren Quelltextdateien sucht sich der Compiler über den Klassenpfad zusammen. Für den Fall, dass die Verzeichnisse mit den Quelltextdateien nicht im bestehenden Klassenpfad enthalten sind (was wahrscheinlich ist), geben Sie den zu verwendenden Klassenpfad im Compiler-Aufruf an:

```
javac -classpath .;./unter1;./unter2  Hauptklasse.java
```

Die erzeugten Class-Dateien werden nach Vorgabe der Quelltextdateien auf die einzelnen Verzeichnisse verteilt.

STOP

Linux-Anwender müssen die Einträge im Classpath durch Doppelpunkte trennen.

Ausführung Bei Ausführung des Programms müssen Sie daher ebenfalls den Klassenpfad angeben:

```
java -classpath .;./unter1;./unter2  Hauptklasse
```

INFO

Mithilfe der Option -d können Sie den Compiler anweisen, die erzeugten Class-Dateien zusammen in ein spezielles Verzeichnis zu schreiben (beispielsweise in das Hauptverzeichnis des Programms oder in ein Verzeichnis, das Teil des Klassenpfads ist). Der folgende Aufruf speichert die Class-Dateien im aktuellen Verzeichnis.[5]

```
javac -d . -classpath .;./unter1;./unter2  Hauptklasse.java
```

Der zugehörige *java*-Aufruf lautet:

```
java -classpath . Hauptklasse
```

oder einfach

```
java Hauptklasse
```

falls das aktuelle Verzeichnis im Klassenpfad eingetragen ist.

Bibliothek kompilieren

Ganz anders sieht der Compiler-Aufruf aus, wenn die Quelltextdateien voneinander weitgehend unabhängige Klassen enthalten, die Teil einer Klassensammlung oder Bibliothek sind. In diesem Fall müssen alle zu kompilierenden Dateien explizit aufgeführt werden:

```
javac Hauptklasse.java ./unter1/*.java  ./unter2/IMeldeDich.java
```

Damit Sie bei umfangreicheren Projekten die einzelnen zu kompilierenden Dateien nicht unnötig wiederholt auflisten müssen, können Sie die Liste auch in einer einfachen Textdatei speichern und diese an den Compiler übergeben.

In der **Listendatei** müssen die einzelnen Quelltextdateien durch Leerzeichen oder Zeilenumbrüche getrennt sein. Für das in diesem Abschnitt verwendete Beispielprojekt könnte die Listendatei beispielsweise wie folgt aufgebaut sein:

```
./Hauptklasse.java
./unter1/Klasse1.java
./unter2/Klasse2.java
./unter2/IMeldeDich.java
```

Dem Compiler wird die Listendatei mit einem vorangestellten @-Zeichen übergeben:

```
javac @dateien
```

5 Bevor Sie den Aufruf ausprobieren, müssen Sie die alten Class-Dateien löschen, da der Compiler sonst keine neuen Class-Dateien generiert.

Modul kompilieren

Schließlich könnte es sein, dass Sie nur einen Teil der Bibliothek oder des Programms kompilieren wollen. Nehmen wir beispielsweise an, Sie hätten die Quelltextdatei *Klasse2.java* überarbeitet und wollten diese neu kompilieren. Vom Hauptverzeichnis aus rufen Sie den Compiler dazu wie folgt auf:

```
javac ./unter1/Klasse2.java
```

Meldet der Compiler daraufhin, dass er bestimmte Typen nicht finden kann (»cannot resolve symbol«-Meldungen), führen Sie im Klassenpfad die Verzeichnisse auf, in denen die Class- oder Quelltextdateien mit den benötigten Typen zu finden sind, beispielsweise:

```
javac -classpath .;./unter1;./unter2  .unter1/Klasse2.java
```

Szenario 3: Bestehende Class-Dateien verwenden

Eines der Hauptziele der objektorientierten Programmierung ist es, die Wiederverwendbarkeit bestehenden Codes zu vereinfachen. Voraussetzung dafür, dass Sie in Ihrem Projekt eine Klasse aus einer fremden Class-Datei (etwa aus einer zugekauften Bibliothek oder einem älteren, eigenen Projekt) verwenden können, ist, dass Sie die Class-Datei zusammen mit Ihrem Projekt kompilieren können. Ausgangspunkt sei das Programm aus Szenario 2, das mit dem folgenden Befehl kompiliert wurde:

```
javac -classpath .;./unter1;./unter2  Hauptklasse.java
```

Class-Datei in System-Klassenpfad eintragen

Ist die Class-Datei bzw. die in ihr definierte(n) Klasse(n) von allgemeinem Interesse, sodass es wahrscheinlich erscheint, dass Sie die Klasse(n) noch in weiteren Projekten verwenden werden, lohnt es sich, die Datei in ein Verzeichnis zu kopieren, das im Klassenpfad des Systems (angegeben durch die Umgebungsvariable `CLASSPATH`) steht – oder das Verzeichnis der Datei in den System-Klassenpfad einzutragen.

Angenommen die Datei hieße *Helfer.class* und stünde in einem Verzeichnis *C:/lib*, das Teil des System-Klassenpfads ist. Die zugehörige Klasse `Helfer` wird mindestens in einer Quelltextdatei Ihres Projekts verwendet.

Wenn Sie dieses Projekt mit dem oben abgedruckten Compiler-Aufruf kompilieren, erhalten Sie die Fehlermeldung, dass der Compiler für `Helfer` keine Definition findet. Der Grund liegt auf der Hand: *Helfer.class* steht zwar im System-Klassenpfad, doch dieser wird nicht ausgewertet, da im Compiler-Aufruf mittels `classpath` ein anderer Klassenpfad angegeben wird. Diese unerwünschte Konkurrenz zwischen den Klassenpfadangaben kann auf zwei unterschiedliche Weisen gelöst werden:

- Sie erweitern die `classpath`-Angabe um das Verzeichnis der Class-Datei:

  ```
  javac -classpath .;./unter1;./unter2;c:/lib  Hauptklasse.java
  ```

- Sie verwenden statt der classpath-Option die Option sourcepath, um dem Compiler den Weg zu den Quelltextdateien des Programms zu weisen:

  ```
  javac -sourcepath .;./unter1;./unter2  Hauptklasse.java
  ```

  Zur Erinnerung: die in sourcepath aufgeführten Verzeichnisse werden zusätzlich zum gegebenen Klassenpfad (CLASSPATH oder classpath) durchsucht. Der in sourcepath definierte Quellpfad wird allerdings nur nach Quelltextdateien durchsucht.

Ausführung Damit das Programm korrekt und vollständig ausgeführt wird, müssen Sie den erweiterten Klassenpfad angeben:

```
java -classpath .;./unter1;./unter2;c:/lib  Hauptklasse
```

INFO

Java-Bibliotheken werden häufig in Form von JAR-Archiven ausgeliefert. In diesem Fall tragen Sie einfach das JAR-Archiv in den Klassenpfad ein.

Class-Datei an Ursprungsort belassen

Ist die Class-Datei von nur geringem allgemeinen Interesse oder gibt es sonstige Gründe dafür, die Datei nicht in den System-Klassenpfad aufzunehmen, können Sie die Datei am Ursprungsort belassen. Den Weg zur Datei müssen Sie dann über die classpath-Option angeben:

```
javac -classpath .;./unter1;./unter2;c:/lib  Hauptklasse.java
```

Class-Datei in Projektverzeichnis kopieren

Wenn Sie die Class-Datei zentral im System-Klassenpfad speichern oder an ihrem Ursprungsport belassen, besteht die Gefahr, dass die Class-Datei irgendwann aktualisiert wird und die vorgenommenen Änderungen zu den Projekten, in denen Sie die Class-Datei wieder verwendet haben, nicht kompatibel sind. Für Class-Dateien aus größeren, zugekauften Bibliotheken, zu denen Ihnen keine Quelltextdateien vorliegen, ist diese Gefahr – zumindest soweit es das Damokles-Schwert einer unbemerkten Aktualisierung angeht – eher gering. Wenn Sie jedoch Class-Dateien aus eigenen Projekten wiederverwenden, steigen die Chancen, dass Sie (oder Mitglieder Ihres Projektteams) später Änderungen vornehmen, ohne an die Konsequenzen für die abhängigen Projekte zu denken. In solchen Fällen hilft ein ordentliches Team- und Versionsmanagement und – soweit opportun – das Kopieren der Class-Dateien in die abhängigen Projekte.

Der nachfolgende Aufruf geht davon aus, dass die verwendeten Class-Dateien in ein eigenes Unterverzeichnis /lib kopiert wurden:

```
javac -classpath .;./unter1;./unter2;./lib  Hauptklasse.java
```

STOP

Bezüglich der versehentlichen Neukompilierung oder Ersetzung von wieder verwendeten Class-Dateien gibt es noch einen weiteren Punkt zu beachten. Wenn Sie ein Projekt kompilieren, das Klassen aus Class-Dateien von Bibliotheken oder anderen Projekten verwendet, und der Compiler im Klassen- oder Quellpfad neben der Class-Datei auch die zugehörige Quelltextdatei findet, kompiliert er die Class-Datei neu, wenn die Quelltextdatei neueren Datums ist als die Class-Datei!

Szenario 4: Aktualisierung versus Neukompilation

In den bisherigen Beispielen wurde fast ausschließlich die Option `classpath` benutzt, um dem Compiler anzuzeigen, wo er Quelldateien (Quelltext- ebenso wie Class-Dateien) mit eventuell benötigten Typdefinitionen finden kann. Den Weg zu den Quelltextdateien könnten Sie aber genauso gut über die Option `sourcepath` angeben. Sie können diese Option beispielsweise zur Erzwingung einer vollständigen Neukompilation verwenden.

Bleiben wir bei dem Beispielprogramm aus Szenario 2 und 3 mit dem Aufbau:

```
./Hauptklasse.java
./unter1/Klasse1.java
./unter2/Klasse2.java
./unter2/IMeldeDich.java
```

Wenn Sie das Programm erstmalig wie folgt kompilieren:

```
javac -classpath .;./unter1;./unter2  Hauptklasse.java
```

stehen danach in den einzelnen Projektverzeichnissen neben den Quelltextdateien auch die zugehörigen Class-Dateien:

```
./                    ./unter1          ./unter2

Hauptklasse.java      Klasse1.java      IMeldeDich.java
Hauptklasse.class     Klasse1.class     IMeldeDich.class
                      Klasse2.java
                      Klasse2.class
```

Wenn Sie nun in *IMeldeDich.java* eine Änderung vornehmen, und das Programm mit dem alten Aufrufe

```
javac -classpath .;./unter1;./unter2  Hauptklasse.java
```

neu kompilieren, werden Sie zu Ihrem Bedauern feststellen müssen, dass *IMeldeDich.class* nicht neu erzeugt wurde. Der Grund ist einfach: Der Compiler kompiliert *Hauptklasse.java*. In Hauptklasse werden die beiden Klassen `Klasse1` und `Klasse2` verwendet. Der Compiler sucht also nach Definitionen dieser Klassen und findet zu seiner Freude bereits fertige Class-Dateien. Damit ist seine Arbeit an diesem Punkt beendet. Dass die Klassen `Klasse1` und `Klasse2` die Schnittstelle `IMeldeDich` implementieren, weiß er nicht. Er muss es auch nicht wissen, denn alles was er zum Erstellen von *Hauptklasse.class* benötigt, ist der Bytecode von `Klasse1` und `Klasse2`, und der liegt ihm ja vor.

Leider werden dadurch Ihre Änderungen in `IMeldeDich` ignoriert, das erstellte Programm ist nicht mehr aktuell. Sie könnten den Compiler explizit zur Kompilierung von *IMeldeDich.java* aufrufen, Sie können aber auch einfach statt `–classpath` die Option `–sourcepath` verwenden:

```
javac -sourcepath .;./unter1;./unter2  Hauptklasse.java
```

Jetzt findet der Compiler die bereits erzeugten Class-Dateien nicht mehr (im Quellpfad – wo die erzeugten Class-Dateien stehen – sucht er nur nach *java*-Dateien und im System-Klassenpfad, der jetzt wieder gilt, sind die Dateien nicht zu finden). Da ihm nur die Quelltextdateien vorliegen, muss er das Projekt vollständig neu erstellen.

Ausführung Wie gehabt mit

```
java -classpath .;./unter1;./unter2  Hauptklasse
```

EXKURS

Klassenpfad oder Quellpfad

Den Weg zu den Quelltextdateien können Sie sowohl über die Option `classpath` *als auch die Option* `sourcepath` *anzeigen.*

Für `sourcepath` *spricht außer der Möglichkeit der oben angesprochenen vollständigen Neukompilation, dass der System-Klassenpfad (Umgebungsvariable* `CLASSPATH`*) gültig bleibt. Außerdem können Sie mit* `sourcepath` *die Lesbarkeit Ihrer Compiler-Aufrufe verbessern, indem Sie mit* `sourcepath` *den Weg zu den Quelltextdateien und mit* `classpath` *den Weg zu den verwendeten Class-Dateien angeben, beispielsweise:*

```
javac -sourcepath .;./unter1;./unter2 -classpath ./lib  Hauptklasse.java
```

Programmierern, die ihre Compiler-Aufrufe direkt auf der Konsole eintippen, wird die aussagekräftigere Syntax wohl mit zu viel Tipparbeit verbunden sein. Wenn Sie aber Batch-Dateien zum Abspeichern und Automatisieren der Compiler-Aufrufe nutzen (siehe Szenario 7), hält sich der Aufwand in Grenzen, und wenn Sie nach einer längeren Pause zu dem Projekt zurückkehren, sind sie womöglich froh, sich mit einem Blick in die Batch-Datei über die Verteilung der Quelldateien informieren zu können.

Letztlich hängt es vom Aufbau des zu kompilierenden Projekts und den Gewohnheiten und Vorlieben des Programmierers ab, ob `classpath`*,* `sourcepath` *oder eine Kombination beider Optionen verwendet wird.*

Szenario 5: Quelltextdateien eines Pakets kompilieren

Der Interpreter erwartet, dass die Class-Dateien eines Pakets in einem gleichnamigen Unterverzeichnis zu finden sind. Die Class-Datei einer Klasse, die in einem Paket `demo` definiert wurde, erwartet er folglich in einem Verzeichnis *demo* vorzufinden. Wurde die Klasse in einem Unterpaket definiert (beispielsweise `eigenesPaket.unterPaket`) erwartet der Interpreter, dass die Class-Datei in einem entsprechenden Verzeichnispfad steht (*/eigenesPaket/unterPaket*).

Um diesem Umstand Rechnung zu tragen, gibt es zwei Möglichkeiten:

- Sie speichern bereits die Quelltextdateien in Unterverzeichnissen, die die Pakethierarchie nachbilden, und lassen den Compiler wie bisher die Class-Dateien bei den zugehörigen Quelltextdateien ablegen.
- Sie verwahren die Quelltextdateien unabhängig von den Class-Dateien und geben dem Compiler explizit mit der Option `-d` an, wo die Class-Dateien abzulegen sind.

Wenn Ihr Programm ein eigenes Paket `demo` definiert und alle Quelltextdateien in einem Verzeichnis stehen, wechseln Sie auf der Konsole in dieses Verzeichnis und kompilieren Sie die Quelltextdateien mit dem Befehl:

```
javac -d . *.java
```

Ausführung

Um das Programm auszuführen, rufen Sie folgenden Befehl auf:

```
java demo.Hauptklasse
(bzw. java -classpath . demo.Hauptklasse)
```

Wenn Sie die Quelltextdateien wie in den bisherigen Szenarien auf verschiedene Verzeichnisse verteilt haben, listen Sie dem Compiler explizit auf, welche Quelltextdateien er laden und kompilieren soll:

```
javac -d . *.java ./unter1/*.java ./unter2/*.java
```

Ausführung

Der *java*-Aufruf bleibt unverändert:

```
java demo.Hauptklasse
(bzw. java -classpath . demo.Hauptklasse)
```

Szenario 6: Quelltextdateien mehrerer Pakete kompilieren

Spätestens wenn Sie Programme kompilieren, die Klassen enthalten, die in verschiedenen Paketen definiert sind, sollten Sie dazu übergehen, für jedes Paket unter dem Programmhauptverzeichnis ein eigenes Unterverzeichnis anzulegen und auf diese die Quelltextdateien zu verteilen.

Für das folgende Beispiel seien die Ihnen mittlerweile wohlbekannten Beispielklassen, wie in der Tabelle aufgeführt, auf Pakete und Verzeichnisse verteilt.

Tabelle A.2: Aufteilung der Klassen

Klasse	Paket	Verzeichnis
`Hauptklasse`	unnamed (keine package-Definition)	*Sz6* (Hauptverzeichnis des Programms)
`Klasse1`	`klassen.unter1`	*Sz6/klassen/unter1*
`Klasse2`	`klassen.unter2`	*Sz6/klassen/unter2*
`IMeldeDich`	`schnittstellen`	*Sz6/schnittstellen*

Bei korrekter Verteilung der Quelltextdateien auf die Unterverzeichnisse können Sie das gesamte Projekt danach mit folgendem Befehl kompilieren:

```
javac Hauptklasse.java
```

oder

```
javac -classpath . Hauptklasse.java
(Wenn aktuelles Verzeichnis nicht in System-Klassenpfad)
```

Ausführung

```
java Hauptklasse
```

oder

```
java -classpath . Hauptklasse
(Wenn aktuelles Verzeichnis nicht in System-Klassenpfad)
```

Szenario 7: Class-Dateien einer älteren Java-Plattform verwenden

Nicht immer ist es wünschenswert, mit dem neuesten JDK und der neuesten Ausgabe der Java-Standardbibliothek zu arbeiten.

Wenn Sie beispielsweise Applets für Webseiten schreiben, müssen Sie davon ausgehen, dass die Websurfer, die Ihre Applets herunterladen, nicht immer das neueste Java-Plug-In in ihren Browsern installiert haben. Sie können dem Rechnung tragen, indem Sie die entsprechenden Websurfer zur Sun-Website verweisen, wo sie das aktuelle Plug-In herunterladen können. Sie können aber auch Ihr Applet gegen eine ältere JRE-Version kompilieren, sodass es von älteren (und neueren[6]) Plug-Ins problemlos ausgeführt werden kann.

Um ein Java-Programm für eine ältere JRE-Version zu kompilieren, gehen Sie wie folgt vor:

1. Laden Sie von der Sun-Website eine ältere JDK-Version herunter.
2. Installieren Sie diese parallel, sodass die Bibliotheksklassen (Ordner *\lib*) verfügbar sind.
3. Beim Compileraufruf geben Sie dann die gewünschte Java-Version an und den Pfad zu den zu verwendenden Bibliotheksklassen:

   ```
   javac -target 1.1 -bootclasspath jdk1.1.8\lib\classes.zip -extdirs ""
   *.java
   ```

4. Hier werden die Quelldateien (**.java*) für die 1.1-Version der Java Virtual Machine kompiliert, die zugehörigen Bibliotheksdateien stehen in *jdk1.1.8\lib\classes.zip*.

Szenario 8: Aufrufe automatisieren

Um komplexe Aufrufe zu vereinfachen, können Sie

- den Platzhalter * verwenden
- Listendatei aufsetzen (siehe Szenario 2)
- Batchdateien schreiben (Shell-Scripte unter Linux)

Unter Windows legen Sie Batchdateien wie folgt an (unter Linux ist die Vorgehensweise analog):

1. Öffnen Sie den Notepad-Editor (START/AUSFÜHREN, in Dialogfenster `notepad` eingeben und abschicken).
2. Tippen Sie die Befehle zum Kompilieren und Ausführen des Programms ein, beispielsweise:

   ```
   javac -classpath . Hauptklasse.java
   java -classpath . Hauptklasse
   ```

3. Speichern Sie die Batchdatei in dem Hauptverzeichnis des Programms mit der Extension *.bat*.
4. Rufen Sie die Batchdatei von der Konsole aus auf.

---

6 Die Abwärtskompatibilität ist zumeist sichergestellt.

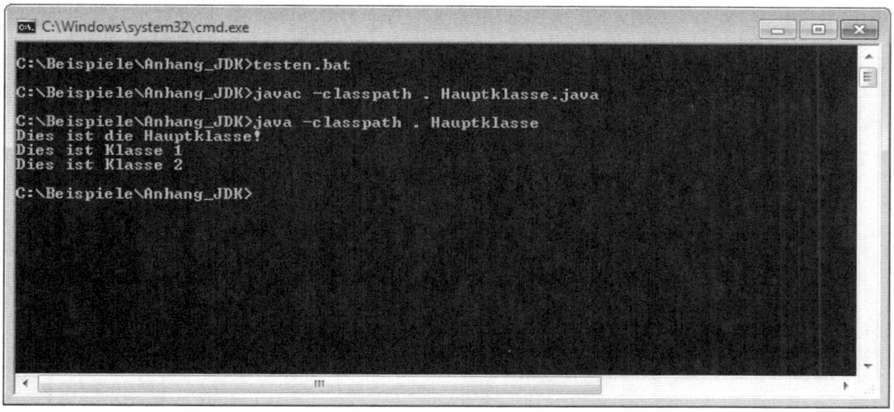

Abbildung A.1: Ausführung der Batchdatei von der Windows-Konsole

A.2 java – der Interpreter

Um ein Java-Programm auszuführen (Konsolen- und GUI-Anwendungen, keine Applets), übergeben Sie die Class-Datei, die die `main()`-Methode enthält, an den *java*-Interpreter:

`java` *`Optionen Classdatei [Argumente]`*

oder

`javaw` *`Optionen Classdatei [Argumente]`*

Wenn Sie das Programm in ein JAR-Archiv gepackt haben (siehe unten), übergeben Sie die JAR-Datei zusammen mit der Option `-jar`:

`java` *`Optionen`* `-jar` *`Jardatei [Argumente]`*

`javaw` *`Optionen`* `-jar` *`Jardatei [Argumente]`*

INFO

javaw und *java* unterscheiden sich darin, dass zu *java* ein Konsolenfenster geöffnet wird, während für Programme, die mit *javaw* gestartet werden, kein Konsolenfenster erscheint. *javaw* wird daher üblicherweise zum Starten von GUI-Anwendungen verwendet.

Aufrufe

Wie Sie Java-Anwendungen durch Aufruf des Java-Interpreters *java* ausführen, wurden bereits in den Aufruf-Szenarien zum *javac*-Compiler gezeigt.

An dieser Stelle möchten wir daher nur noch die Beschreibung der einzelnen Optionen nachliefern.

Optionen

Tabelle A.3: Die wichtigsten Interpreter-Optionen

Option	Beschreibung
`-classpath` *pfad* `-cp` *pfad*	Gibt den Klassenpfad an, in dem der Interpreter nach Typdefinitionen sucht. Die im Klassenpfad aufgeführten Verzeichnisse und Archive (JAR und ZIP) werden durch Semikolons (Doppelpunkt unter Linux) getrennt. Der Punkt ».« steht für das aktuelle Verzeichnis. Wenn Sie die `classpath`-Option setzen, wird der in der `CLASSPATH`-Umgebungsvariablen angegebene Klassenpfad ignoriert. (Wenn Sie weder die Option noch die Umgebungsvariable gesetzt haben, besteht der Klassenpfad aus dem aktuellen Verzeichnis.)
`-D`*name*`=`*Wert*	Setzt eine Umgebungsvariable.
`-jar`	Zur Ausführung von JAR-Dateien. Die angegebene JAR-Datei muss in Ihrem Manifest einen `Main-Class:`-Eintrag haben, der die Class-Datei mit der `main()`-Methode angibt.
`-verbose` `-verbose:class`	Informiert über Klassen, die geladen werden. Die Meldungen erscheinen auf der Konsole. Zusätzlich können Sie sich über die Arbeit der Speicherbereinigung (`-verbose:gc`) und den Aufruf nativer Methoden (`-verbose:jni`) informieren lassen.
`-version`	Zeigt die Versionsnummer des Interpreters an.
`-help` `-?`	Listet die Standardoptionen auf.
`-X`	Informiert über Nicht-Standardoptionen.
`-Xmx<groesse>`	Legt die maximale Größe des Heaps fest, z.B. `-Xmx800m` für 800 Mbyte Heap-Space

INFO

Ein Punkt, der viel Ärger und Verwirrung stiftet, ist, dass der Interpreter das aktuelle Verzeichnis nur dann durchsucht, wenn es Teil des Klassenpfads ist. Das Verzeichnis muss dazu – symbolisiert durch den Punkt `.`– explizit im Klassenpfad eingetragen sein (beispielsweise `CLASSPATH=.;c:\bin`). Wenn keine `CLASSPATH`-Umgebungsvariable definiert ist, wird das aktuelle Verzeichnis ebenfalls durchsucht – es fungiert dann quasi als Standardklassenpfad.

Denken Sie in diesem Zusammenhang auch daran, dass die `CLASSPATH`-Umgebungsvariable nicht nur von Ihnen, sondern auch von Installationsprogrammen gesetzt und verändert werden kann. Sollten Sie beispielsweise feststellen, dass sich alte Programme, deren Quelldateien zusammen in einem Verzeichnis stehen, urplötzlich nicht mehr kompilieren lassen, könnte dies daran liegen, dass auf Ihrem System früher keine `CLASSPATH`-Variable definiert war, Sie zwischenzeitlich aber ein Programm installiert haben, welches die Umgebungsvariable ohne Eintrag für das aktuelle Verzeichnis gesetzt hat.

A.3 jar – Archive erstellen

Mit dem *jar*-Tool können Sie die Dateien eines Programms (Class-Dateien, Bilddateien, Sounddateien u.a.) zusammen in ein Archiv packen und ausliefern.

INFO

Der Kunde braucht das Archiv nicht zu entpacken, um das darin enthaltene Programm auszuführen oder die im Archiv abgelegten Bibliotheksklassen zu verwenden. Programme aus Archiven können direkt vom Interpreter ausgeführt werden (Option `-jar`), sofern das Archiv eine Manifest-Datei enthält, die auf die Class-Datei mit der `main()`-Methode verweist. Klassen aus Archiven können von anderen Programmen genutzt werden, wenn das Archiv im Klassenpfad steht.

Es gibt verschiedene Gründe, die für die Erstellung eines Archivs sprechen:

- Die Dateien werden übersichtlich und sicher verwahrt.
- Für Anwendungen, die aus dem Internet heruntergeladen werden (insbesondere Applets) werden die Download-Zeiten durch die Komprimierung und die Übertragung einer einzelnen Datei dramatisch reduziert.
- Die Dateien in einem Archiv können signiert werden (siehe Kapitel 40.3).

Aufrufe

Die allgemeine Syntax für den Aufruf von `jar` lautet:

```
jar Optionen Zieldatei [Manifestdatei|MainKlasse] Eingabedateien
```

Die optionalen Argumente *Manifestdatei* und *MainKlasse* dienen dazu, *die* Klasse im JAR-Archiv anzugeben, welche die `main()`-Methode enthält. Dies ist notwendig, damit der *java*-Interpreter später bei Ausführung des JAR-Archivs weiß, wo die Programmausführung beginnt. Zwei Möglichkeiten gibt es, die Klasse mit der `main()`-Methode anzuzeigen:

- Vor Java 6 mussten Sie eine Manifest-Datei (Textdatei mit der Endung *.mf*) und einem `Main-Class`-Eintrag erstellen – beispielsweise

  ```
  Main-Class: Hauptklasse
  ```

  wobei »Hauptklasse« hier für die Klasse steht, in der `main()` definiert ist. Anschließend rufen Sie *jar* mit der Option `m` und der Manifest-Datei auf (siehe die unten nachfolgende Aufruf-Beispiele). (Alternativ können Sie auch zuerst das JAR-Archiv erstellen, die automatisch erstellte Manifest-Datei entpacken, die Zeile mit der Hauptklasse einfügen und dann das Archiv neu erstellen.)
- Seit Java 6 geht es auch etwas einfacher. Sie setzen die Option `e` und übergeben den Namen der Hauptklasse als Argument an *jar*.

  ```
  jar cfe archiv.jar Hauptklasse Hauptklasse.class Hilfsklasse.class
  ```

INFO

Applets benötigen keinen `Main-Class`-Eintrag. Der Name der Applet-Klasse, deren Methoden der Browser zur Ausführung des Applets aufruft, wird im HTML-Code der Webseite angegeben.

Typische Aufrufe sind:

Tabelle A.4: Typische jar-Aufrufe

Aufruf	Beschreibung
`jar cf archiv.jar k1.class k2.class`	Erzeugt ein neues Archiv namens *archiv.jar* und fügt diesem die Dateien *k1.class* und *k2.class* hinzu. Zusätzlich erzeugt *jar* eine passende Manifest-Datei *Manifest.mf*, allerdings ohne `Main-Class`-Eintrag.
`jar cf archiv.jar *.*`	Erzeugt ein neues Archiv und fügt alle Dateien im aktuellen Verzeichnis (inklusive Unterverzeichnisse) hinzu.
`jar cf archiv.jar images sound *.class`	Erzeugt ein neues Archiv und fügt alle Class-Dateien im aktuellen Verzeichnis und die Unterverzeichnisse *images* und *sound* hinzu.
`jar cfm archiv.jar manifest.mf *.*`	Erzeugt ein neues Archiv und fügt alle Dateien im aktuellen Verzeichnis (inklusive Unterverzeichnisse) hinzu. Verwendet die angegebene Manifest-Datei.
`jar cfe archiv.jar Hauptklasse *.*`	Erzeugt ein neues Archiv und fügt alle Dateien im aktuellen Verzeichnis (inklusive Unterverzeichnisse) hinzu. Registriert `Hauptklasse` als `Main-Class`. (*Hauptklasse.class* muss selbstredend unter den in das Archiv aufgenommenen Class-Dateien sein.)
`jar tf archiv.jar`	Gibt das Inhaltsverzeichnis des angegebenen Archivs aus. (Sie können JAR-Archive auch zum Einsehen in Winzip laden.)
`jar xf archiv.jar`	Entpackt das JAR-Archiv.

STOP

Automatisch erzeugte Manifest-Dateien enthalten natürlich keine Hinweise auf eventuell vorhandene `main()`-Methoden. Wenn Sie also eine Anwendung in ein JAR-Archiv packen, müssen Sie die Manifestdatei entweder nachbearbeiten und eine Zeile:

```
Main-class: Hauptklasse
```

hinzufügen (wobei »Hauptklasse«, hier für die Klasse steht, in der `main()` definiert ist). Oder Sie erstellen zuerst eine Manifest-Datei und übergeben diese *jar* (Option `m`).

Applets benötigen keinen vergleichbaren Eintrag. Der Name der Applet-Klasse, deren Methoden der Browser zur Ausführung des Applets aufruft, wird im HTML-Code der Webseite angegeben.

Optionen

Die *jar*-Optionen bestehen aus einzelnen Buchstaben ohne Bindestrich, die mehr oder weniger beliebig kombiniert werden können. Beachten Sie aber, dass bei Optionen, die weitere Argumente erfordern (`f`, `m` ...), die Reihenfolge der Optionen auch die Reihenfolge der Argumente vorgibt.

Option	Beschreibung
c	Erzeugt ein neues Archiv. (c steht für create.)
f	Name des zu bearbeitenden Archivs. (f steht für file.)
e	Name der Klasse mit der main()-Methode. (e steht für executable.)
i	Erzeugt Indexinformationen für ein Archiv. (Beschleunigt das Laden der Klassen.) (i steht für index.)
-Joption	Übergibt die angegebene *java*-Option an den Interpreter.
m	Verwendet die angegebene Manifest-Datei. (m steht für *manifest*.)
M	Es wird keine Manifest-Datei erzeugt.
0	Die Dateien werden nicht komprimiert.
t	Gibt den Inhalt des angegebenen Archivs auf die Konsole aus. (t steht für table.)
u	Fügt dem angegebenen, bestehenden Archiv weitere Dateien hinzu. (u steht für update.)
v	Erzeugt ausführliche Statusmeldungen. (v steht für verbose.)

Tabelle A.5: Wichtige jar-Optionen

A

A.4 javadoc – Dokumentationen erstellen

Mit *javadoc* können Sie die Klassen Ihrer Programme und Bibliotheken im Stile der offiziellen Java-API-Referenz dokumentieren. Sie müssen lediglich entsprechend formatierte Kommentare in Ihre Quelltexte einfügen und dann *javadoc* aufrufen.

javadoc-Kommentare gleichen den üblichen mehrzeiligen Kommentaren, beginnen aber mit zwei Sternchen hinter dem Slash:

```
/**
 * Dies ist ein Dokumentationskommentar.
 */
```

INFO

Es ist üblich, die einzelnen Zeilen eines Dokumentationskommentars mit einem Sternchen zu beginnen, notwendig ist dies aber nicht.

Mit diesen Kommentaren können Sie Klassen, Schnittstellen, Konstruktoren, Methoden und Felder dokumentieren. Stellen Sie den Kommentar dazu einfach direkt vor die Definition des Elements:

```
/**
 * Dokumentation zu EineKlasse
 */
public class EineKlasse {
```

```
 /**
  * Dokumentation des Feldes einFeld
  */
  public int einFeld;

 /**
  * Dokumentation der Methode main()
  *
  */
 public static void main(String[] args) {
...
```

Der Dokumentartext sollte aus zwei Teilen bestehen:

- einer Kurzbeschreibung, die aus einem Satz besteht, und
- einer nachfolgenden ausführlichen Beschreibung.

Dokumentartexte enden mit dem abschließenden */ oder wenn innerhalb des Kommentars ein Tag auftaucht.

Tags sind Marker, die alle mit @ beginnen und spezielle Informationen kennzeichnen, die von *javadoc* gesondert formatiert werden – beispielsweise die Parameter einer Methode.

Tabelle A.6: Die javadoc-Tags

Tag-Marker	Beschreibung
@author	Angabe des Autors @author name
@deprecated	Zeigt an, dass das Element nicht mehr verwendet werden sollte. @deprecated Hinweistext
@exception @throws	Angabe der Exception-Klasse, die von der Methode ausgelöst oder weitergeleitet werden kann. @throws Exceptionklassenname Beschreibung
@param	Beschreibung eines Parameters @param Name Beschreibung
@return	Beschreibung des Rückgabewerts @return Beschreibung
@see	Verweis auf andere Textstelle @see Referenz[a]
@serial @serialData @serialField	Zur Kennzeichnung serialisierter Elemente @serial
@since	Gibt an, seit wann dieses Element existiert. @since JDK1.0
@version	Angabe der Versionsnummer @version 1.73, 12/03/01

a. »Referenz« kann beispielsweise der Name einer Methode oder Klasse sein, aber auch ein HTML-Tag: <a href="EineKlasse.html#methode01">Methode01</a>.

Zur Erzeugung der HTML-Dokumentation rufen Sie javadoc von der Konsole aus dem Verzeichnis der Quelldateien auf – beispielsweise:

```
javadoc *.java
```

A.5 jdb – der Debugger

Während syntaktische Fehler bereits bei der Kompilation vom Compiler abgefangen und ihre Fehlerquelle meist auch korrekt identifiziert wird, steht der Programmierer bei Fehlern, die zur Laufzeit auftreten, meist vor dem Problem, dass er die Codezeile, die für den Fehler verantwortlich ist, selbst ausfindig machen muss. Dass die Stelle im Programm, an der der Fehler auftritt, dabei nicht notwendigerweise mit der Fehler verursachenden Stelle übereinstimmt, erleichtert nicht gerade die Fehlerlokalisation.

Manchmal deckt schon ein gründliches Durchlesen der in Frage kommenden Codestellen den Fehler auf. Manchmal hilft jedoch auch dies nicht weiter, und der Programmierer muss prüfen, ob die Methoden des Programms in korrekter Reihenfolge ausgeführt werden und wie sich die Werte seiner Variablen während der Ausführung des Programms verändern. Er kann dazu `System.err.println()`-Anweisungen in das Programm einfügen oder einen Debugger verwenden.

Ein Debugger ist eine Art Super-Programm, das andere Programme ausführen und dabei überwachen kann. Eine Fehleranalyse führt der Debugger selbst aber nicht durch – dies ist Ihre Aufgabe. Der Debugger hilft Ihnen lediglich dabei, zur Laufzeit gezielt Informationen über die Ausführung des Programms zu sammeln.

Grundsätzlich gehen Sie beim Debuggen folgendermaßen vor:

1. Sie laden das Programm in den Debugger.
2. Sie definieren Haltepunkte, d.h., Sie teilen dem Debugger mit, dass die Ausführung des Programms bei Erreichen bestimmter Quelltextzeilen angehalten werden soll.
3. Sie führen das Programm von Haltepunkt zu Haltepunkt oder schrittweise mit speziellen Debuggerbefehlen aus und kontrollieren dabei, ob der Programmfluss korrekt ist (ob beispielsweise in einer `if`-Bedingung korrekt verzweigt wird, ob eine Schleife ausgeführt oder eine Methode aufgerufen wird).
4. Wurde die Programmausführung vom Debugger angehalten, können Sie sich vom Debugger die Inhalte der Variablen des Programms anzeigen lassen. Auf diese Weise können Sie beispielsweise die Ausführung von Berechnungen oder die Inkrementierung von Schleifenvariablen kontrollieren.

Der JDK-Debugger

Der JDK-Debugger heißt *jdb* und eignet sich zur Fehlersuche in Anwendungen und Applets. Allerdings handelt es sich um ein recht einfaches Programm. Wesentlich komfortabler ist der Einsatz von Debuggern aus integrierten Entwicklungsumgebungen (beispielsweise JBuilder).

Vorbereitungen

Um ein Programm mit dem jdb zu debuggen, muss zunächst der javac-Compiler spezielle Debug-Informationen hinzufügen, die der jdb-Debugger benötigt. Dazu geben Sie beim Kompilieren mit `javac` die Option `-g` an:

```
javac -g Fehler.java
```

Debug-Sitzung starten

Nun kann das Programm im Debugger gestartet werden:

```
jdb Fehler
```

Falls ein Applet debuggt werden soll, muss der Appletviewer mit der Option `-debug` aufgerufen werden. Er sorgt dann dafür, dass der jdb mit aufgerufen wird.

Nach dem Laden und Initialisieren wartet der jdb auf Ihre Befehle.

Wichtige jdb-Kommandos:

Tabelle A.7: jdb-Befehle

Kommando	Beschreibung
`run arg1 arg2`	Startet die Ausführung des Programms; falls das Programm Parameter erwartet, können sie mit angegeben werden.
`stop at Klasse:Zeile`	Setzt einen Haltepunkt in Klasse `Klasse` in Zeile `Zeile`.
`stop in Klasse.Methode`	Setzt einen Haltepunkt in der Methode `Methode` von Klasse `Klasse`. Gestoppt wird bei der ersten Anweisung.
`step`	Führt eine Codezeile aus.
`cont`	Setzt die Programmausführung fort (nach einem Haltepunkt).
`list`	Gibt den Quelltext aus.
`locals`	Gibt die lokalen Variablen aus.
`print Name`	Gibt die Variable `Name` aus.
`where`	Zeigt die Abfolge der Methodenaufrufe.
`quit`	Beendet den Debugger.
`help`	Gibt eine Übersicht über alle jdb-Befehle aus.
`!!`	Wiederholt das letzte Kommando.

A

A.6 Weitere Tools

Zum JDK gehören noch eine Reihe weiterer Tools, deren Verwendung zum Teil in den entsprechenden Kapiteln des Buches beschrieben ist:

Tool	Kapitel
appletviewer	38.1, »Kompilierung und Ausführung«
jarsigner	40.3
keytool	40.3
policytool	40.3
rmic	37.3
rmiregistry	37.2, 37.3 und 37.5
wsgen	43.3
wsimport	43.4

Tabelle A.8: Weitere Tools

Anhang B
Anwendungen weitergeben

Irgendwann werden Sie den Punkt erreichen, an dem Sie Ihre Anwendungen auch an Freunde oder Bekannte, vielleicht ja auch schon Kunden weitergeben möchten. Was aber ist zu beachten, damit diese Ihre Anwendungen auch ausführen können?

INFO

Dieser Anhang beschäftigt sich ausschließlich mit der Weitergabe von Anwendungen. Für Applets, die im Umfeld eines Browsers ausgeführt werden, gelten andere Regeln, siehe Kapitel 38.

B.1 Ohne JRE geht es nicht

Java-Anwendungen können nur mithilfe einer Java-Laufzeitumgebung, auch JRE oder Java Virtual Machine genannt, ausgeführt werden.

EXKURS

JDK und JRE

In Ihrem JDK ist die JRE quasi mit enthalten, weswegen Sie die Programme in diesem Buch nicht nur erstellen, sondern auch testen und ausführen konnten.

Wenn Sie bei der Installation die Option PUBLIC JRE *aktiviert hatten, wurde sogar zusätzlich zum JDK auch noch eine JRE auf Ihrem Rechner installiert. Diese benötigen Sie z.B. zum Ausführen von Applets (denn im JDK ist zwar der AppletViewer zum Testen von Applets, aber kein Java-Plug-In zum Ausführen von Applets im Browser enthalten). Die zusätzliche JRE hat aber auch den Vorteil, dass Sie den JDK separat deinstallieren können, und trotzdem eine lauffähige JRE zur Ausführung von Java-Anwendungen zurückbehalten.*

Es gibt drei Möglichkeiten, wie Sie auf dem Rechner Ihrer Freunde und Bekannten eine JRE installieren können.

- Sie laden von der Website `http://www.oracle.com/technetwork/java/javase/downloads` die aktuelle JRE passend zu Betriebssystem (Windows, Linux usw.) und Archtitektur (32- oder 64-Bit) Ihres Bekannten herunter und geben die Setupdatei der JRE zusammen mit Ihrer Java-Anwendung weiter.
- Sie sagen Ihrem Bekannten, dass er sich die passende JRE selbst herunterladen muss.
- Sie erstellen eine *exe*-Datei, in der die Java Virtual Machine enthalten ist (siehe unten).

STOP

Die Version der JRE muss mit der JDK-Version übereinstimmen, die Sie zum Erstellen Ihrer Java-Anwendungen benutzt haben. Das heißt, zum Ausführen einer Anwendung, die Sie mit dem JDK 7 erstellt haben, benötigen Sie die JRE 7 (oder höher).

Um zu testen, ob die JRE korrekt installiert ist, rufen Sie einfach ein Konsolenfenster auf und schicken Sie den Befehl *java -version* ab. Wenn die Versionsnummer erscheint, ist alles okay.

Achtung! Testen Sie nicht mit *javac*. Der *javac*-Compiler ist in der JRE nicht enthalten. Der Test mit *javac* sagt also nur etwas darüber aus, ob ein JDK installiert und in den PATH eingetragen ist oder nicht.

B.2 Java-Anwendungen ausführen: von .class bis .exe

Wie der Anwender eine Java-Anwendung ausführt, hängt vor allem davon ab, welche Art von Dateien, Sie ihm übergeben.

Beachten Sie aber, dass Konsolenanwendungen grundsätzlich von einem Konsolenfenster aus aufgerufen werden sollten. Werden Sie von einem Dateimanager wie dem Windows Explorer oder über eine Desktop-Verknüpfung geöffnet, wird für die Anwendung zwar automatisch ein Konsolenfenster eingeblendet. Dieses verschwindet aber wieder, sobald die Anwendung beendet ist.

CLASS-Dateien

Wenn Sie dem Anwender die reinen *class*-Dateien weitergeben, muss er ein Konsolenfenster öffnen, in das Verzeichnis mit den *class*-Dateien wechseln und die *class*-Datei mit der `main()`-Methode an den Java-Interpreter übergeben.

```
Prompt:> java HalloWelt <Enter>
```

INFO

Wenn die Klassen der Anwendung (oder Teile davon) in Paketen definiert sind, wird der Aufruf unter Umständen sogar noch komplizierter. Dann ist die Erstellung einer *.jar*-Datei eine gute Alternative.

B

JAR-Dateien

Eine *.jar*-Datei ist nichts anderes als ein Archiv, in dem Sie alle für eine Java-Anwendung benötigten Dateien unterbringen können. Vor allem, wenn Ihre Java-Anwendung aus mehreren *class*-Dateien besteht, zusätzliche Dateien wie Bilder oder Textdateien enthält oder die Klassen auf Pakete verteilt sind, empfiehlt sich die Erstellung eines *.jar*-Archivs.

Um ein *.jar*-Archiv für eine Anwendung zu erstellen, öffnen Sie ein Konsolenfenster, wechseln Sie in das Verzeichnis der Anwendung und schicken Sie folgenden Befehl ab:

```
jar cfe HalloWelt.jar HalloWelt *.*
```

- Die Option *c* steht für »create« und legt fest, dass ein neues Archiv angelegt wird.
- Die Option *f* steht für »file« und teilt dem jar-Tool mit, dass der Name des Archivs explizit angegeben wird (hier *HalloWelt.jar*).
- Die Option *e* steht für »executable« und teilt dem jar-Tool mit, dass die Klasse mit der `main()`-Methode explizit angegeben wird (hier *HalloWelt*).
- Die Angabe *.* sorgt dafür, dass alle im Verzeichnis enthaltenen Dateien (inklusive der Unterverzeichnisse) in das Archiv aufgenommen werden.

Das *jar*-Tool packt daraufhin die Dateien in das Archiv und legt automatisch eine passende Manifestdatei an, die zur Ausführung des Archivs benötigt wird.

TIPP

Mit dem Befehl *jar tf HalloWelt.jar* können Sie sich den Inhalt des Archivs auflisten lassen. Sie können die Archivdatei aber auch in ein passendes ZIP-Programm laden.

Zum Ausführen muss der Anwender die Archivdatei dann nur zusammen mit der Option *-jar* an den *java*-Interpreter übergeben:

```
Prompt:> java -jar HalloWelt.jar <Enter>
```

Wenn es sich um eine GUI-Anwendung handelt, können Sie statt *java* auch *javaw* verwenden:

```
Prompt:> javaw -jar HalloWelt.jar <Enter>
```

BAT-Dateien

Batch-Dateien erlauben uns, die Betriebsbefehle zum Starten der Anwendung in einer Datei zusammenzufassen. Unter Windows trägt diese die Dateierweiterung *.bat*.

Listing B.1: HalloWelt.bat

```
java HalloWelt
```

Diese Batch-Datei kann dann wie folgt von der Konsole aus aufgerufen werden.

```
Prompt:> HalloWelt <Enter>
```

Wenn es sich um eine GUI-Anwendung handelt, kann der Anwender sie auch mit einem Doppelklick auf die Batch-Datei im Dateimanager (z.B. Windows Explorer) oder auf eine Verknüpfung zur Batch-Datei ausführen.

EXE-Dateien

Schließlich gibt es die Option, mithilfe passender Tools eine direkt ausführbare *exe*-Datei zu erstellen.

Ein solches Tool ist z.B. *launch4j*, das Sie von der Site `http://launch4j.sourceforge.net/` herunterladen können. Mit *launch4j* können Sie sowohl *exe*-Dateien erstellen, die Ihre Anwendung mithilfe einer vorhandenen JRE ausführen, als auch *exe*-Dateien, die eine JRE mit einschließen.

STOP

Die so erzeugten *exe*-Dateien sind dann allerdings plattformspezifisch. Das heißt, eine *exe*-Datei, die Sie für einen Windows-64-Bit-Rechner erstellt haben, ist auf einem Windows 32-Bit-Rechner oder auf einem Linux-Rechner nicht ausführbar.

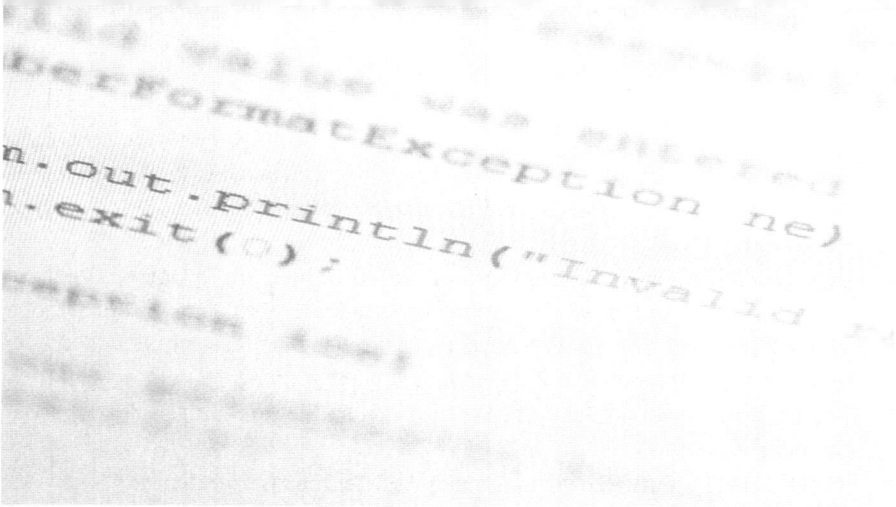

Anhang C
Installation von MySQL

Auf der Buch-DVD finden Sie im Verzeichnis *Software\MySQL* die verschiedenen Installationsdateien für Windows und Linux (jeweils 32/64Bit Versionen). Wir beschreiben im Nachfolgenden die Installation für Windows 7 64 Bit mit der Datei *mysql-5.5.16-winx64.msi*. Die jeweils aktuelle MySQL-Version können Sie von `http://www.mysql.com/downloads/mysql` herunterladen.

INFO

Die folgende Beschreibung dient lediglich dazu, eine lauffähige Grundinstallation von MySQL zu erstellen, sodass die Beispielprogramme des Buches nachvollzogen werden können. Dies ist keine Anleitung für eine Installation auf Produktionsniveau!

C.1 Der MySQL-Server

Gehen Sie folgendermaßen vor:

1. Loggen Sie sich als ein Benutzer mit Administrationsrechten ein und stellen Sie eine Internetverbindung her.
2. Unter Windows starten Sie mit Doppelklick die *mysql-5.5.16-winx64.msi*-Datei. (Achtung! Auf 32-Bit-Systemen müssen Sie den Installer *mysql-5.5.16-winx32.msi* starten.)
3. Wählen Sie als Installationsart TYPICAL, um MySQL in das Verzeichnis *C:\Programme\MySQL\MySQL Server 5.5* zu installieren (oder wählen Sie CUSTOM, wenn Sie die Installation anpassen bzw. ein anderes Installationsverzeichnis verwenden möchten).

4. Lassen Sie zum Abschluss des Installationsprogramms die Option LAUNCH THE MYSQL INSTANCE CONFIGURATION WIZARD aktiviert und beenden Sie das Setup-Programm.
5. Im anschließenden Konfigurationsassistenten wählen Sie STANDARD CONFIGURATION und gehen Sie weiter mit NEXT. Aktivieren Sie das Kontrollkästchen INCLUDE BIN DIRECTORY IN WINDOWS PATH um das *bin*-Verzeichnis in den Systempfad aufzunehmen und klicken Sie auf NEXT.
6. Bei der Option MODIFY SECURITY SETTINGS geben Sie unbedingt ein Root-Passwort ein, z.B. »frolle«.
7. Klicken Sie NEXT und EXECUTE, um den Assistenten zu beenden.

MySQL-Server manuell starten

Wenn Sie im vorigen Abschnitt alle Vorgaben übernommen haben, brauchen Sie hier nichts weiter zu tun. Nur falls Sie MySQL nicht als Windows-Dienst haben installieren lassen oder der automatische Start missglückte, müssen den Server vor Gebrauch von Hand hochfahren.

8. Öffnen Sie ein Konsolenfenster und wechseln Sie in das *bin*-Verzeichnis der MySQL-Installation, standardmäßig *C:\Programme\MySQL\MySQL Server 5\bin*. Starten Sie den MySQL-Server mit dem Aufruf:

   ```
   mysqld --console
   ```

   Wenn Sie in Schritt 5 die Option INCLUDE BIN DIRECTORY IN WINDOWS PATH gesetzt haben, können Sie *mysqld* von jedem beliebigen Verzeichnis aus aufrufen. Der Wechsel in das *bin*-Verzeichnis ist also nicht notwendig.

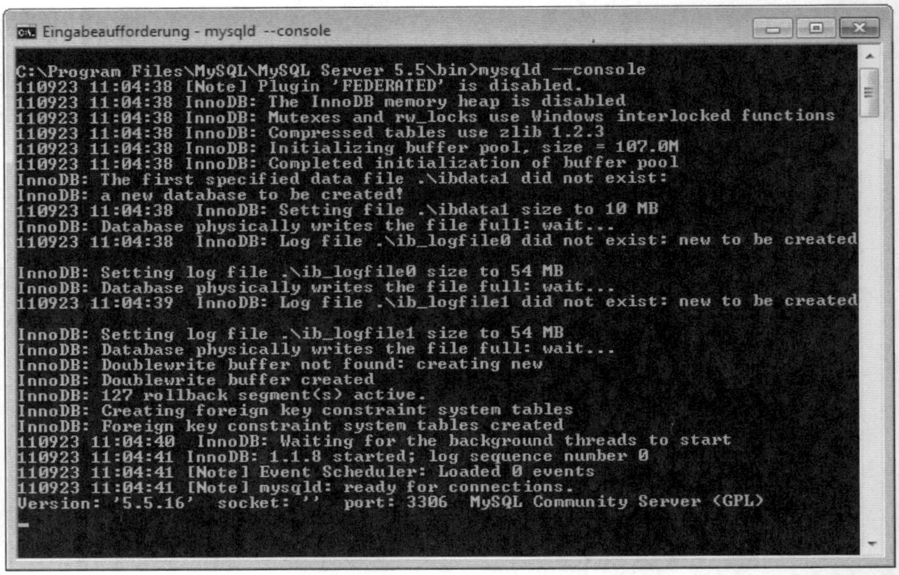

Abbildung C.1: Erstmaliger Start des MySQL-Serverprogramms

Root-Passwort ändern

Unter Windows müssen Sie diesen Schritt nur ausführen, wenn Sie das Passwort nicht schon im Konfigurationsassistenten eingerichtet haben.

9. Öffnen Sie ein weiteres Konsolenfenster und wechseln Sie in das MySQL-Installationsverzeichnis.
   Starten Sie den MySQL-Client durch Eingabe des Kommandos:
   ```
   mysql -u root
   ```
   Sie sind nun als »MySQL«-Root (= Administrator) eingeloggt. Setzen Sie jetzt sicherheitshalber ein Passwort, z.B. »frolle«[1]:
   ```
   SET password for root@localhost=PASSWORD('frolle');
   ```

C

INFO

In Zukunft müssen Sie nun beim Einloggen noch den Parameter `-p` mitgeben, damit das Root-Passwort abgefragt wird:

```
mysql -u root -p
```

Benutzer anlegen

10. Öffnen Sie ein Konsolenfenster, wechseln Sie ins *bin*-Verzeichnis Ihrer MySQL-Installation und starten Sie den MySQL-Client mit dem Kommando
    ```
    mysql -u root -p
    ```
11. Als Nächstes legen Sie den Benutzer »javauser« mit dem Passwort »lomu« mit dem folgenden Kommando an (Groß-/Kleinschreibung spielt außer beim Passwort keine Rolle):
    ```
    GRANT ALL PRIVILEGES ON *.* TO javauser@localhost  IDENTIFIED BY 'lomu'
    WITH GRANT OPTION;
    ```
    Vergessen Sie das Semikolon am Ende nicht! Falls Sie sich auch von einem anderen Rechner zum MySQL-Server verbinden wollen, muss ein weiterer `GRANT`-Befehl wie oben eingegeben werden, wobei `localhost` durch den entsprechenden Rechnernamen oder seine IP-Adresse zu ersetzen ist.
12. Verlassen Sie *mysql* nun durch Eingabe von `quit;`.

Wichtige MySQL-Kommandos:

Tabelle C.1: Ausgesuchte MySQL-Befehle

Beschreibung	Befehl
Einloggen als lokaler Benutzer mit Passwort	`mysql -u benutzername -p;`
Einloggen als 'javauser' von anderem Rechner aus	`mysql --host serverName -u javauser -p;`
Ausloggen aus dem MySQL-Client	`quit;`
Beenden des MySQL-Servers	`mysqladmin -u root -p shutdown;`

1 Groß- und Kleinschreibung spielt bei den nachfolgenden MySQL-Kommandos übrigens keine Rolle!

C.2 Der JDBC-Treiber

Kopieren Sie von der Buch-DVD aus dem Verzeichnis *Software\MySQL\Treiber* das JAR-Archiv *mysql-connector-java-5.1.17-bin.jar* in ein beliebiges Verzeichnis (beispielsweise in das Verzeichis *lib*, das Sie im MySQL-Installationsverzeichnis finden) und erweitern Sie die `CLASSPATH`-Umgebungsvariable[2] (bzw. legen Sie eine an, falls noch nicht vorhanden) um den vollen Dateinamen des Treibers, z.B.:

```
CLASSPATH=.;C:\Programme\MySQL\MySQL Server 5.5\lib\mysql-connector-java-
5.1.17-bin.jar
```

2 Unter Windows 7 zu erreichen über SYSTEMSTEUERUNG/SYSTEM/Link ERWEITERTE SYSTEMEINSTELLUNGEN und im aufspringenden SYSTEMEIGENSCHAFTEN-Dialog, Seite ERWEITERT, auf die Schaltfläche UMGEBUNGSVARIABLEN klicken.

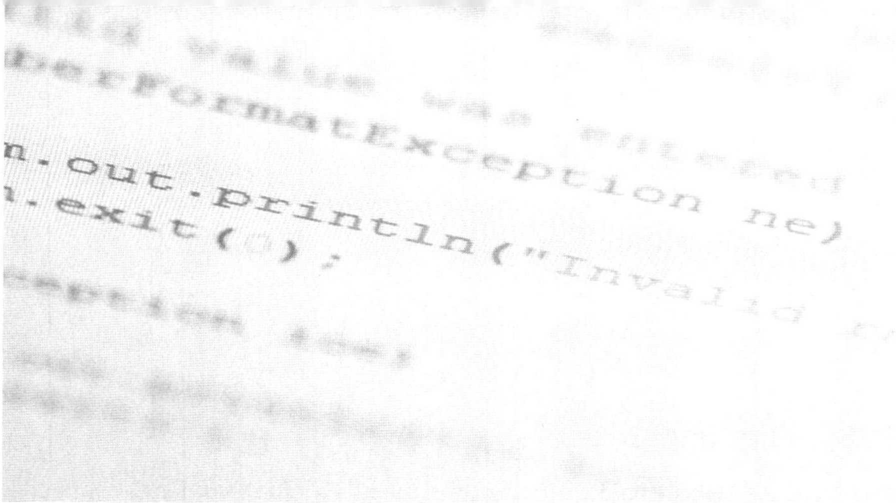

Anhang D
Zahlensysteme

Integer-Zahlen werden vom Compiler gemäß dem 2n-Komplement in Bitfolgen umgewandelt. Für positive Zahlen entspricht diese Umwandlung der einfachen Umrechnung ins Binärsystem (auch Dualsystem genannt), mit führender 0 für das Vorzeichen. (Siehe Kapitel 11.2 für ausführlichere Informationen zum 2n-Komplement.) Auch Mantisse und Exponent von Gleitkommazahlen oder die Zeichencodes von `char`-Werten werden als Binärzahlen abgespeichert.

Ab und an ist es von Vorteil, diese Werte auf Bitebene zu manipulieren. Die Grundvoraussetzung dafür ist, dass man weiß, wie Werte aus dem Binärsystem ins Dezimalsystem und umgekehrt umgerechnet werden können.

D.1 Umrechnungen

Um eine natürliche Dezimalzahl in eine Binärzahl umzurechnen, dividieren Sie fortwährend durch 2 und notieren die Reste der Teildivision in umgekehrter Reihenfolge:

```
97  :  2              = 1100001
--------
48  |  1
24  |  0
12  |  0
 6  |  0
 3  |  0
 1  |  1
 0  |  1
```

Um eine Binärzahl in eine Dezimalzahl umzurechnen, multiplizieren Sie die Ziffern von rechts nach links mit zunehmenden Potenzen von 2 (beginnend mit 2^0).

```
2^7 | 2^6 | 2^5 | 2^4 | 2^3 | 2^2 | 2^1 | 2^0
---------------------------------------------
 0     1     1     0     0     0     0     1

 0 + 1*64 + 1*32 + 0  +  0  +  0  +  0  +  1  = 97
```

D.2 Bits und Bytes

Das Bit ist die kleinste binäre Informationseinheit. Es kann »0« oder »1«, »an« oder »aus«, »gesetzt« oder »nicht gesetzt« sein.

Bytes

Acht Bits bezeichnet man als Byte. Auf dem Byte und seinen Vielfachen beruht die Rechnerarchitektur (Busgröße, Speicherorganisation usw.). Die Größen der Datentypen praktisch aller Programmiersprachen sind ebenfalls Vielfache des Bytes, da man Daten dieser Größe besonders effizient speichern und verarbeiten kann.

Ein Byte kann Werte zwischen 0 und 255 (2^8-1) speichern.

Words und DWords

Zwei Byte (also 16 Bit) bilden ein »Word«; zwei Word bezeichnet man als DWord.

Ein Word kann Werte zwischen 0 und 2^{16}-1 speichern.

Ein DWord kann Werte zwischen 0 und 2^{32}-1 speichern.

D.3 Die Hexadezimalzahlen

Hexadezimalzahlen sind Zahlen zur Basis 16. Da es keine eigenen Ziffern für die Darstellung der Ziffern größer 9 gibt, zieht man die ersten Buchstaben des Alphabets zu ihrer Repräsentation heran.

Tabelle D.1: Die ersten Zahlen

Dezimal	Binär	Hexadezimal
0	0000	0
1	0001	1
2	0010	2
3	0011	3
4	0100	4
5	0101	5
6	0110	6

Dezimal	Binär	Hexadezimal
7	0111	7
8	1000	8
9	1001	9
10	1010	A
11	1011	B
12	1100	C
13	1101	D
14	1110	E
15	1111	F

Tabelle D.1: Die ersten Zahlen (Forts.)

Will ein Programmierer Daten bitnah bearbeiten (gleichgültig, ob die Bits Zahlen oder andere Daten codieren), ist die Darstellung als Dezimalzahl meist ungünstig, da aus der Dezimalzahl nicht zu ersehen ist, wie das Bitmuster aussieht. Auch die Umrechnung zwischen den Zahlensystemen ist recht mühselig (siehe Abschnitt »Umrechnungen« zu Beginn des Anhangs).

Manche Programmiersprachen gestatten es dem Programmierer daher, Integer-Werte auch durch binäre Literale darzustellen. Diese Darstellung hat jedoch den Nachteil, dass die Literale schnell sehr groß und unübersichtlich werden.

Der goldene Mittelweg führt in diesem Fall über die Oktal- oder Hexadezimalzahlen. Da es sich bei den Basen dieser Zahlensysteme um Vielfache von 2 handelt (Oktal = 2^3, Hexadezimal = 2^4), gilt, dass jede Ziffer dieser Zahlen für 3 bzw. 4 Bitpositionen steht.

dezimal	oktal	Bitmuster
63	077	00 111 111
54	066	00 110 110
40	050	00 101 000

Tabelle D.2: Oktale Zahlen

dezimal	hexadezimal	Bitmuster
255	0xFF	1111 1111
238	0xEE	1110 1110
215	0xD7	1101 0111

Tabelle D.3: Hexadezimale Zahlen

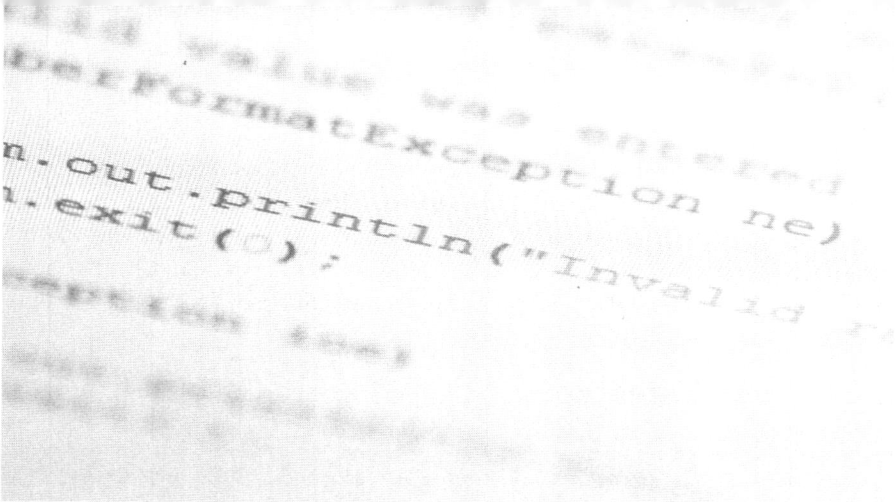

Anhang E
Tabellen

E.1 Java-Schlüsselwörter

Tabelle E.1: Schlüsselwörter von Java

abstract	do	implements	protected	true
assert	double	import	public	try
boolean	else	inner*	rest*	var*
break	enum	instanceof	return	void
byte	extends	int	short	volatile
byvalue*	false	interface	static	while
case	final	long	strictfp	
cast*	finally	native	super	
catch	float	new	switch	
char	for	null	synchronized	
class	future*	operator*	this	
const*	generic*	outer*	throw	
continue	goto*	package	throws	
default	if	private	transient	

Die mit * markierten Schlüsselwörter sind für zukünftige Erweiterungen reserviert oder entstammen anderen Programmiersprachen und wurden in die Liste aufgenommen, damit der Java-Compiler ihre Vorkommen leichter erkennen und als Fehler markieren kann. Die »Schlüsselwörter« `false`, `true` und `null` sind Literale und können daher ebenfalls nicht für eigene Variablennamen verwendet werden.

E.2 Java-Datentypen

Tabelle E.2: Die elementaren Datentypen

Typ	Größe	Beschreibung und Wertebereich	Beispiele
`boolean`	1	Für boolesche Wahrheitswerte (wie sie in Bedingungen von Schleifen und Verzweigungen verwendet werden) `true` (wahr) und `false` (falsch)	`true` `false`

`char`	2	Für einzelne Zeichen
		Wertebereich sind die ersten 65536 Zeichen des Unicode-Zeichensatzes
			`'a'`
			`'?'`
			`'\n'`

`byte`	1	Ganze Zahlen sehr kleinen Betrags -128 bis 127	-3 0 98
`short`	2	Ganze Zahlen kleinen Betrags -32.768 bis 32.767	-3 0 1205
`int`	4	Standardtyp für ganze Zahlen -2147483648 bis 2147483647	-3 0 1000000
`long`	8	Für sehr große ganze Zahlen -9223372036854775808 bis 9223372036854775807	-3 0 1000000000000
`float`	4	Für Gleitkommazahlen geringer Genauigkeit +/-3,40282347*10^{38}	123.56700 -3.5e10
`double`	8	Standardtyp für Gleitkommazahlen mit größerer Genauigkeit +/-1,79769313486231570*10^{308}	123.456789 12005.55e-12

E.3 Java-Operatoren

Die folgende Tabelle listet die Operatoren nach ihrer Priorität geordnet auf. 1 ist die höchste Priorität:

Tabelle E.3: Priorität und Assoziativität der Operatoren

Priorität	Operatoren	Bedeutung
1	()	Methodenaufruf
	[]	Arrayindex
	.	Elementzugriff
2	++	Inkrement
	--	Dekrement
	+, -	Vorzeichen
	~	Bitkomplement
	!	logische Negation
	()	Typumwandlung
3	*	Multiplikation
	/	Division
	%	Modulo (Rest der Division)
4	+	Addition
	-	Subtraktion
	+	Konkatenation (Stringverkettung)
5	<<	Linksverschiebung
	>>	Rechtsverschiebung
	>>>	Rechtsverschiebung
6	<, <=	kleiner, kleiner gleich
	>, >=	größer, größer gleich
	instanceof	Typüberprüfung eines Objekts
7	==	gleich
	!=	ungleich
8	&	bitweises UND
	&	logisches UND
9	^	bitweises XOR
	^	logisches XOR
10	|	bitweises ODER
	|	logisches ODER
11	&&	logisches UND
12	||	logisches ODER
13	?:	Bedingungsoperator

Tabelle E.3: Priorität und Assoziativität der Operatoren (Forts.)

Priorität	Operatoren	Bedeutung
14	= *=, /=, %=, +=, -=, &=, ^=, |=, <<=, >>=, >>>=	Zuweisung zusammengesetzte Zuweisung
15	,	Komma-Operator

E.4 Unicode-Zeichen (ASCII 0 bis 127)

Tabelle E.4: Unicode-Zeichen

Hex-Code	Zeichen	Hex-Code	Zeichen	Hex-Code	Zeichen	Hex-Code	Zeichen
0000	NULL	0020	SP	0040	@	0060	`
0001	STX	0021	!	0041	A	0061	a
0002	SOT	0022	"	0042	B	0062	b
0003	ETX	0023	#	0043	C	0063	c
0004	EOT	0024	$	0044	D	0064	d
0005	ENQ	0025	%	0045	E	0065	e
0006	ACK	0026	&	0046	F	0066	f
0007	Ton	0027	'	0047	G	0067	g
0008	Backspace	0028	(	0048	H	0068	h
0009	hor. Tab	0029	)	0049	I	0069	i
000A	Neue Zeile	002A	*	004A	J	006A	j
000B	vert, Tab	002B	+	004B	K	006B	k
000C	Vorschub	002C	,	004C	L	006C	l
000D	Car. Return	002D	-	004D	M	006D	m
000E	SO	002E	.	004E	N	006E	n
000F	SI	002F	/	004F	O	006F	o
0010	DLE	0030	0	0050	P	0070	p
0011	DC1	0031	1	0051	Q	0071	q
0012	DC2	0032	2	0052	R	0072	r
0013	DC3	0033	3	0053	S	0073	s
0014	DC4	0034	4	0054	T	0074	t
0015	NAK	0035	5	0055	U	0075	u

Tabelle E.4: Unicode-Zeichen (Forts.)

Hex-Code	Zeichen	Hex-Code	Zeichen	Hex-Code	Zeichen	Hex-Code	Zeichen
0016	SYN	0036	6	0056	V	0076	v
0017	ETB	0037	7	0057	W	0077	w
0018	CAN	0038	8	0058	X	0078	x
0019	EM	0039	9	0059	Y	0079	y
001A	SUB	003A	:	005A	Z	007A	z
001B	ESC	003B	;	005B	[	007B	{
001C	FS	003C	<	005C	\	007C	|
001D	CAN	003D	=	005D	]	007D	}
001E	EM	003E	>	005E	^	007E	~
001F	SUB	003F	?	005F	_	007F	DEL

E.5 Unicode-Zeichen (Umlaute und Sonderzeichen)

Tabelle E.5: Unicode-Zeichen (Umlaute und Sonderzeichen)

Hex-Code	Zeichen	HexCode	Zeichen	HexCode	Zeichen	HexCode	Zeichen
00A0	NBSP	00B8	¸	00D0	Ð	00E8	è
00A1	¡	00B9	¹	00D1	Ñ	00E9	é
00A2	¢	00BA	º	00D2	Ò	00EA	ê
00A3	£	00BB	»	00D3	Ó	00EB	ë
00A4	€	00BC	¼	00D4	Ô	00EC	ì
00A5	¥	00BD	½	00D5	Õ	00ED	í
00A6	¦	00BE	¾	00D6	Ö	00EE	î
00A7	§	00BF	¿	00D7	×	00EF	ï
00A8	¨	00C0	À	00D8	Ø	00F0	π
00A9	©	00C1	Á	00D9	Ù	00F1	ñ
00AA	ª	00C2	Â	00DA	Ú	00F2	ò
00AB	«	00C3	Ã	00DB	Û	00F3	ó
00AC	¬	00C4	Ä	00DC	Ü	00F4	ô
00AD	-	00C5	Å	00DD	Ý	00F5	õ
00AE	®	00C6	Æ	00DE	Þ	00F6	ö
00AF	¯	00C7	Ç	00DF	ß	00F7	÷

Tabelle E.5: Unicode-Zeichen (Umlaute und Sonderzeichen) (Forts.)

Hex-Code	Zeichen	HexCode	Zeichen	HexCode	Zeichen	HexCode	Zeichen
00B0	°	00C8	È	00E0	à	00F8	ø
00B1	±	00C9	É	00E1	á	00F9	ù
00B2	^{2}	00CA	Ê	00E2	â	00FA	ú
00B3	^{3}	00CB	Ë	00E3	ã	00FB	û
00B4	´	00CC	Ì	00E4	ä	00FC	ü
00B5	µ	00CD	Í	00E5	å	00FD	ý
00B6	¶	00CE	Î	00E6	æ	00FE	þ
00B7	·	00CF	Ï	00E7	ç	00FF	ÿ

E.6 Unicode-Zeichen (griechisches Alphabet)

Tabelle E.6: Unicode-Zeichen (griechisches Alphabet)

HexCode	Zeichen	HexCode	Zeichen	HexCode	Zeichen
0391	Α	03A1	Ρ	03BA	κ
0392	Β	03A3	Σ	03BB	λ
0393	Γ	03A4	Τ	03BC	μ
0394	Δ	03A5	Υ	03BD	ν
0395	Ε	03A6	Φ	03BE	ξ
0396	Ζ	03A7	Χ	03BF	ο
0397	Η	03A8	Ψ	03C0	π
0398	Θ	03B1	α	03C1	ρ
0399	Ι	03B2	β	03C2	ς
039A	Κ	03B3	γ	03C3	σ
039B	Λ	03B4	δ	03C4	τ
039C	Μ	03B5	ε	03C5	υ
039D	Ν	03B6	ζ	03C6	φ
039E	Ξ	03B7	η	03C7	χ
039F	Ο	03B8	θ	03C8	ψ
03A0	Π	03B9	ι	03C9	ω

E.7 HTTP-Statusnummern

Tabelle E.7: HTTP-Statusnummern

Status-Nummer Erfolgsstatus 2xx	Konstante in javax.servlet.HttpServletResponse
200 OK	SC_OK
201 Created	SC_CREATED
202 Accepted	SC_ACCEPTED
203 Non Authoritative Information	SC_NON_AUTHORITATIVE_INFORMATION
204 No Content	SC_NO_CONTENT
205 Reset Content	SC_RESET_CONTENT
206 Partial Content	SC_PARTIAL_CONTENT
Weiterleitung (Redirection) 3xx	
300 Multiple Choices	SC_MULTIPLE_CHOICES
301 Moved Permanently	SC_MOVED_PERMANENTLY
302 Moved Temporarily	SC_MOVED_TEMPORARILY
303 See Other	SC_SEE_OTHER
304 Not Modified	SC_NOT_MODIFIED
305 Use Proxy	SC_USER_PROXY
Client Fehler 4xx	
400 Bad Request	SC_BAD_REQUEST
401 Unauthorized	SC_UNAUTHORIZED
402 Payment Required	SC_PAYMENT_REQUIRED
403 Forbidden	SC_FORBIDDEN
404 Not Found	SC_NOT_FOUND
405 Method Not Allowed	SC_METHOD_NOT_ALLOWED
406 Not Acceptable	SC_NOT_ACCEPTABLE
407 Proxy Authentication Required	SC_PROXY_AUTHENTICATION_REQUIRED
408 Request Timeout	SC_REQUEST_TIMEOUT
409 Conflict	SC_CONFLICT
410 Gone	SC_GONE
411 Length Required	SC_LENGTH_REQUIRED

E

Tabelle E.7: HTTP-Statusnummern (Forts.)

Status-Nummer	Konstante in javax.servlet.HttpServletResponse
412 Precondition Failed	SC_PRECONDITION_FAILED
413 Request Entity Too Large	SC_REQUEST_ENTITY_TOO_LARGE
414 Request-URI Too Long	SC_REQUEST_URI_TOO_LONG
415 Unsupported Media Type	SC_UNSUPPORTED_MEDIA_TYPE
416 Requested range not satisfiable	SC_REQUESTED_RANGE_NOT_SATISFIABLE
417 Expectation failed	SC_EXPECTATION_FAILED
Server Fehler 5xx	
500 Internal Server Error	SC_INTERNAL_SERVER_ERROR
501 Not Implemented	SC_NOT_IMPLEMENTED
502 Bad Gateway	SC_BAD_GATEWAY
503 Service Unavailable	SC_SERVICE_UNAVAILABLE
504 Gateway Timeout	SC_GATEWAY_TIMEOUT
505 HTTP Version Not Supported	SC_HTTP_VERSION_NOT_SUPPORTED

Index

B

D

E

F

G

J

K

L

M

N

O

P

S

T

U

V

W

X

Y

Z

Es ist die fünfte Ausgabe des überaus erfolgreichen Programmiertitels von Bernd Held, die kurz nach Erscheinen der Version 2010 von Microsoft Excel herauskommt. Programmierer können unter der neuen Office/Excel-Version, die noch stärker als bisher unter dem Zeichen des Internet-Einsatzes steht, die zahllos verbreiteten VBA-Programme und Schnittstellen aktualisieren sowie mit erweiterter Funktionalität neue entwickeln. Das Buch enthält noch ausführlicher als die bisherigen Ausgaben rund 1.000 Makros. Auf der mitgelieferten CD-ROM kann der Anwender über eine vollautomatische Suchen-Funktion schnellstmöglich Lösungen finden und übernehmen.

Bernd Held
ISBN 978-3-8272-4534-2
49.95 EUR [D], 51.40 EUR [A], 77.90 sFr*
936 Seiten
http://www.mut.de/24534

Markt+Technik

Mehr Bücher & Video-Trainings auf **www.mut.de**

Einfach besser.

*unverbindliche Preisempfehlung

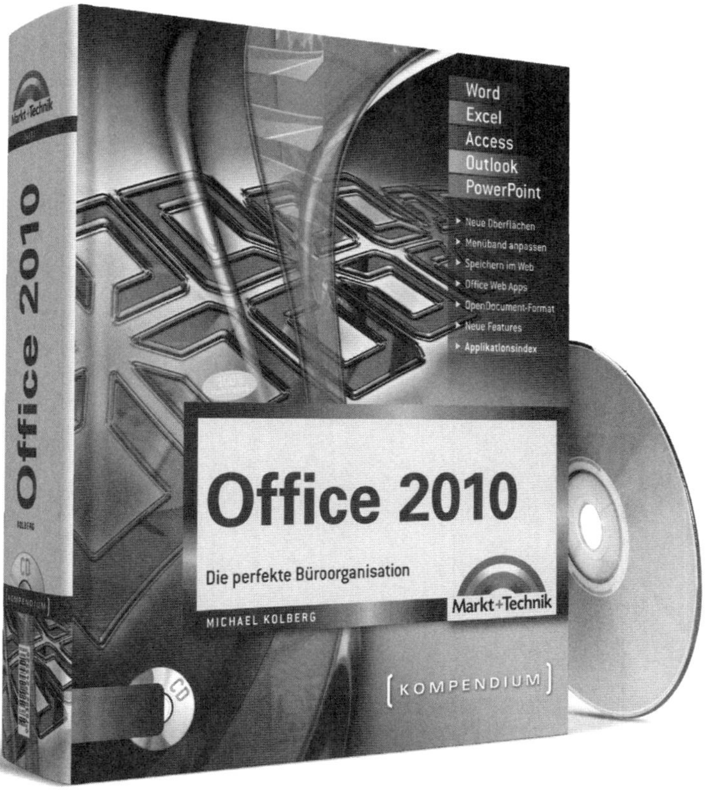

Mit diesem Kompendium nutzen Sie alle Komponenten des aktuellen Office-Paketes von Microsoft. Behandelt werden alle Programmmodule von Office 2010. Die komplette Software wird ausführlich erläutert. Mit zahlreichen Schritt-für-Schritt-Anleitungen zeigt Ihnen Michael Kolberg praxisnah, wo es lang geht. Inklusive CD mit allen Vorlagen und Beispielen für die Übernahme in eigene Arbeiten und dem Buch als eBook.

Michael Kolberg
ISBN 978-3-8272-4552-6
39.95 EUR [D], 41.10 EUR [A], 62.90 sFr*
848 Seiten
http://www.mut.de/24552

Mehr Bücher & Video-Trainings auf **www.mut.de**

Markt+Technik Einfach besser.

*unverbindliche Preisempfehlung

In dieser komplett überarbeiteten Neuauflage des Standardwerks zu Exchange Server erhalten Sie nach einem kurzen Überblick über die Neuerungen von Exchange Server 2010 eine Schnellstartanleitung für die Installation in einer typischen Firmenumgebung und einer Testumgebung. Anschließend geht Exchange Server-Spezialist Thomas Joos auf alle wichtigen Themen und Neuerungen wie Hochverfügbarkeit, PowerShell 2.0, Anbindung an Windows Mobile und die verbesserten Unified Communications-Möglichkeiten ein. Besonders hervorzuheben sind auch die Anbindung von Exchange ans Internet via ISA Server und Forefront TMG. Auf CD erhalten Sie zusätzlich eine Stunde Video-Lektionen von Thomas Joos zum Thema Exchange Server 2010.

Thomas Joos
ISBN 978-3-8272-4586-1
59.95 EUR [D], 61.70 EUR [A], 93.90 sFr*
1344 Seiten
http://www.mut.de/24586

Mehr Bücher & Video-Trainings auf **www.mut.de**

Markt+Technik Einfach besser.

*unverbindliche Preisempfehlung

Noch nie zuvor war die Entwicklung von Android-Apps so einfach. Mit dem kostenlosen Entwicklungstool App Inventor von Google kann jeder Apps selbst entwickeln, ob ambitionierter Anwender, Programmiereinsteiger oder erfahrener Umsteiger. Mit verblüffender Einfachheit lassen sich mit App Inventor schnell nützliche Apps visuell zusammenstellen oder auch anspruchsvolle mobile Anwendungen implementieren ohne eine einzige Zeile Java-Code. Dieses Buch nimmt Sie mit auf eine faszinierende Reise durch die Welt der App-Entwicklung und führt Sie anhand zahlreicher Beispiele umfassend und praxisorientiert zu Ihren eigenen Apps für Android.

Jörg H. Kloss
ISBN 978-3-8272-4699-8
39.95 EUR [D], 41.10 EUR [A], 62.90 sFr*
592 Seiten
http://www.mut.de/24699

Mehr Bücher & Video-Trainings auf **www.mut.de**

Markt+Technik Einfach besser.

*unverbindliche Preisempfehlung

Android ist derzeit eines der wichtigsten und heißesten Betriebssysteme für Handys und andere mobile Geräte. Und jeder, der über ein wenig Java-Kenntnisse verfügt (siehe dazu auch Schnellkurs im Anhang des Buches), kann eigene Programme für diese Geräte schreiben. Die Apps in diesem Buch zielen vor allem auf Handys ab und führen Sie mit Spaß und Kompetenz Schritt für Schritt in die aufregende Welt der Android-Programmierung ein.

Dirk Louis; Peter Müller
ISBN 978-3-8272-4715-5
29.95 EUR [D], 30.80 EUR [A], 47.90 sFr*
432 Seiten
http://www.mut.de/24715

Mehr Bücher & Video-Trainings auf **www.mut.de**

Markt+Technik Einfach besser.

*unverbindliche Preisempfehlung